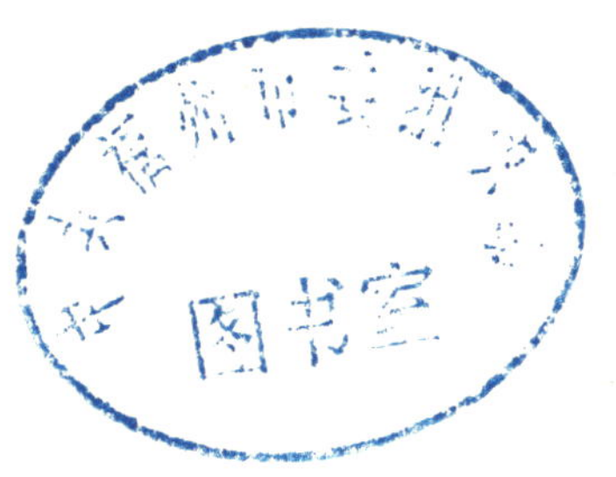

U0920587

2012

（总第25期）

《福州年鉴》编纂委员会 编

方志出版社

图书在版编目（CIP）数据

福州年鉴. 2012/《福州年鉴》编纂委员会编. ——北京：
方志出版社，2012.9
ISBN 978-7-5144-0604-7
Ⅰ. ①福… Ⅱ. ①福… Ⅲ. ①福州市—2012—年鉴 Ⅳ. Z525.71
中国版本图书馆CIP数据核字（2012）第224520号

福州年鉴（2012）

编　　者：《福州年鉴》编纂委员会
责任编辑：刘方圆

出 版 者：方志出版社
（北京市东城区夕照寺14号院富瑞苑公寓6层）
邮编　100061
网址　http://www.fzph.org
发　　行：方志出版社出版发行部
（010）67120966-6008
经　　销：新华书店总店北京发行所
法律顾问：北京市大禹律师事务所
印　　刷：福建省金盾彩色印刷有限公司

开　　本：889×1194　1/16
印　　张：34.25
字　　数：1206千
版　　次：2012年9月第1版　2012年9月第1次印刷
印　　数：0001—2000册

ISBN 978-7-5144-0604-7/K·494　定价：220.00元

《福州年鉴》编纂委员会

总顾问： 杨　岳　（中共福建省委常委、中共福州市委书记）
杨益民　（中共福州市委副书记、市政府市长）
周振华　（市人大常委会主任）
方清海　（市政协主席）

主　任： 黄忠勇　（市政府副市长）
副主任： 张　硕　（市地方志编纂委员会主任）
王小珍　（市地方志编纂委员会副主任）
刘必霖　（市地方志编纂委员会副主任）

委　员： 刘卓群　（市委副秘书长、市委办公厅主任）
瞿理明　（市政府秘书长、办公厅主任）
赵宝昌　（市人大常委会副秘书长、办公厅主任）
陈向上　（市政协副秘书长、办公厅主任）
林汉隽　（市政府副秘书长）
黄建新　（市纪委常委、秘书长）
柳　欣　（市委组织部副部长）
高起平　（市委宣传部常务副部长）
刘少华　（市委统战部副部长）
齐家麒　（市委政法委常务副书记）
关瑞祺　（市发改委主任）
陈继鹏　（市经委主任）
李月健　（市城乡建委主任）
姜卫平　（市委农办主任）
林恒增　（市财政局局长）
朱光华　（市科技局党组书记）
罗恩平　（市外经贸局局长）
江　海　（市投资促进局局长）
蔡福勇　（市商贸服务业局局长）
连国平　（市国资委主任）
林　岑　（市统计局党组书记）
程文光　（鼓楼区人民政府副调研员）
吴晓云　（台江区人民政府副区长）
王晶晶　（仓山区人民政府副区长）
张里岩　（晋安区人民政府副区长）
高兆斌　（马尾区人民政府副调研员）
陈恒东　（福清市人民政府副市长）
陈增国　（长乐市人民政府副市长）
杜　微　（闽侯县人民政府副县长）
黄齐秋　（连江县人民政府副县长）
林从娇　（闽清县人民政府副县长）
汪孝敏　（罗源县人民政府副县长）
吴德泉　（永泰县人民政府副县长）

《福州年鉴》编辑部

主　　　编：张　硕

副　主　编：王小珍

特邀编审：陈文忠

责任编辑：（按姓氏笔画顺序）

苏　颖　吴　燕　邱敏佳　郭进绍　黄　铭

目录翻译：（按姓氏笔画顺序）

曹　斌　曾永志

内文排版：周　燕

封面设计：福州日藤文化传媒有限公司

彩页排版：福州日藤文化传媒有限公司

《福州年鉴(2012)》撰稿人名单

（按姓氏笔画为序）

丁可锋　万　励　万　芳　马　宁　尤　乾　方易晓　方　南　方炳泉　王小雨　王才平

王正凯　王　宇　王庆金　王　均　王学兴　王　勉　王其斌　王晓莉　王珠琴　王　聃

王绮萍　王　鸿　兰爱金　史中华　叶　巧　叶伟奇　叶彭清　叶　智　刘必华　刘建平

刘婷婷　刘　媛　吕南勋　庄亚辉　庄希闪　朱旭辉　朱祖强　朱晓春　朱　颖　江　轩

许　宁　许孙泉　许绍松　许信证　许荣增　严　平　何仲武　何红蓼　余　芳　余荣发

余新赦　余端乐　吴旭华　吴陈勇　吴净真　吴建雄　吴玫颖　吴金捷　吴恭济　吴晓鹰

吴燕芳　吴　薇　宋增清　张大仁　张训杰　张兴亮　张　灵　张　林　张　祎　张　春

张洪新　张晓江　张　斐　张　雄　张　谨　李大林　李财满　李诗婷　李　勇　李　莉

李　敏　杨　军　杨启昕　杨济亮　杨　贵　杨晓翔　杨　晨　杨绪光　肖　涛　肖　艳

肖增华　苏燕玲　邱长新　邱明霞　陈小平　陈中钦　陈为杰　陈云娟　陈少东　陈文琳

陈东升　陈　军　陈　华　陈成铜　陈丽燕　陈　秀　陈直华　陈茂华　陈俊忠　陈俏彬

陈　勇　陈城忠　陈　洁　陈洲凤　陈玲颖　陈　娟　陈　艳　陈艳梅　陈　敏　陈　晶

陈　琼　陈　辉　陈　煜　陈群杰　陈鹏程　陈　嘉　陈毓彪　周　兰　周龙敏　周建国

周珊珊　周培灿　林一超　林中涛　林文亮　林木荣　林艺芳　林　风　林　东　林巧文

林伟群　林　冰　林　宇　林伯方　林希文　林　芳　林　姗　林　怡　林明忠　林　英

林　勇　林　勋　林　盈　林徐峰　林晓雯　林　浚　林　涛　林　莉　林　莹　林培斌

林　捷　林　敏　林盛红　林　焱　林　楠　林　静　林　磊　林燕芳　罗长武　罗明生

郑东新　郑玉捷　郑礼招　郑　佳　郑荣火　郑海云　郑润生　郑彩蝉　郑颖青　金玲玲

施理光　胡志顺　胡艳霞　胡　超　荣　友　赵彦邦　唐良惠　唐　宜　唐泳玲　唐炎曦

唐夏芸　夏飞飞　徐　飞　徐本元　翁发春　翁锦昕　谈张德　郭进绍　郭斯宁　郭耀武

钱聪海　高佳景　高剑旻　高晓燕　曹友权　曹传坚　符　燕　黄一彬　黄庆华　黄　丽

黄绍梁　黄　闽　黄家峰　黄　敏　黄　强　黄蓝子　曾　加　曾庆生　曾彩华　曾　琦

温昌经　温贵平　温盛楠　游丹红　游元秦　游向东　游红梅　程小彬　董似瑾　董炳强

董晓燕　董　颖　蒋维潭　谢　辉　谢　鑫　简海冰　简素玉　廖　飞　潘　珍　潘鸿杰

颜新华　黎发明　薛　博　戴建伟　戴晓铧　戴清泉　戴　新　魏小云　魏文忠

编 辑 说 明

一、《福州年鉴》创刊于1988年，由福州市人民政府主办，《福州年鉴》编纂委员会编纂，每年出版1卷。《福州年鉴(2012)》为总第25卷，主要记载2011年度福州市的基本情况、发展变化及年度大事要闻。

二、《福州年鉴(2012)》设有41个栏目、256个分目、1555个条目。全书配有27幅彩页、114张内文照片、69幅图表。卷中内容主要有三个部分：(1)卷首设特载、专文、大事记、市情概貌；(2)主体部分为各类事业；(3)卷末设县(市)区、人物、调研课题、统计资料以及法规、规章、文件选录。

三、本卷年鉴在保持2011卷基本篇目的基础上，增设"民营经济"和"三坊七巷"栏目，"民营经济"栏目设"综述""主要民营行业""对民营经济的支持""重点民营企业"等4个分目、15个条目，反映福州民营经济发展现状，选介部分福州重点民营企业；"三坊七巷"作为体现福州地域特色的文化品牌为社会所关注，增加后的栏目设"综述""规划设计""保护修复""文化活动""旅游开发""主题活动""景区管理"等7个分目、29个条目，集中介绍三坊七巷的规划、修复、开发和管理工作，以凸显出三坊七巷作为福州"十大名片"榜首的地位。进一步充实"社会团体"栏目，将原"外事·侨务·港澳台事务"栏目中的"福州市台湾同胞联谊会"和"福州市金门同胞联谊会"内容，调整到"社会团体"栏目，还原其原属性；为使栏目名称更加准确、内容更加全面，增设"社会科学"栏目，将原"社会团体"栏目中的"福州市社会科学界联合会"的部分内容和原"科学"栏目中的"社会科学"分目内容，归入"社会科学"栏目；将原"科学"栏目更名为"科学技术"；将原"文化"栏目更名为"文化·出版·传媒"；将原"建筑·房地产业"栏目内容归入"城市建设与管理"栏目。

四、本卷年鉴的稿件主要由市直部门、各县(市)区、驻榕部队、省直单位提供。有些全局性的工作，考虑到各部门、各单位在职能上有所交叉、工作上分工不同，在相关条目中存在少量详略不同、角度各异、交叉描述的现象，以做到既不遗漏各部门的主要工作，又避免简单重复的问题。此外，由于各供稿单位资料来源、统计口径及统计时点不尽相同，个别数据可能略有差异，读者在引用相关数据时应以福州市统计局正式公布的统计数据为准。

五、本卷年鉴的组稿、撰稿及编纂工作得到全市各级领导的关怀和重视，得到各部门、各县(市)区和有关企(事)业单位的大力支持，谨此，《福州年鉴》编辑部向所有关心、支持和直接参与本卷年鉴编纂工作的人员深表谢意与敬意。

福州市城区图
图例
省政府驻地
市政府驻地
区政府驻地
镇政府驻地
机关企事业单位
学校 医院
公园
体育场
山峰
景点
汽车站
地图审图号：闽S（2009）35号
福建省制图院 编制
省政府
福州市
鼓楼区
晋安区
台江区
仓山区
洪山镇
鼓山镇
仓山镇
盖山镇
建新镇
上街镇
新店镇
城门镇
闽江
乌龙江
北港
南港
闽江大桥
洪塘大桥
桔园洲大桥
浦上大桥
鼓山风景名胜区
鼓山涌泉寺
鼓山摩崖石刻-千佛陶塔
福州站
福州南站
福州大学
福建师范大学
福建农林大学
西湖公园
左海公园
金牛山公园
江心公园
高盖山公园
温福铁路
福厦铁路
峰福铁路
绕城高速
机场高速
G70福银

古田县
闽清县
（梅城镇）
闽侯县
（甘蔗街道）
永泰县
（樟城镇）
福州市
仓山区
鼓楼区
晋安区
台江区
莆田市
城厢区
荔城区
涵江区
秀屿区
南平市
宁德市
三明市
泉州市
莆田市
南山镇
洋后镇
凤都镇
大桥镇
卓洋
大甲
赤门
泮洋
巨口
九龙山
黄田镇
太平镇
樟湖镇
西滨镇
洋中镇
溪尾
汤川
大模山
中仙
水口镇
南埕镇
石谷解
1803
后洋
宝湖
桔林
须弥山
坪溪
尚德
东桥镇
池楼
罗山
下祝
渡塘
洋里
雄江镇
水口镇
梅台
梅山
大漠
樟洋
小箬
尚锦
尚格
莲花峰
1213
桥头
古洋
白云
白云山森林公园
城门
金沙镇
金沙互通
白樟镇
梅溪镇
云龙
云龙互通
宝峰
叶洋
白中镇
黄石
坂东镇
三溪
柿兜
池园镇
东前
限头
仁溪
梅坪
塔庄镇
卓溪
顶洋
上莲
前峰
下庄
省璜镇
上丰
佳垄
福顶峰
莲峰
岭兜
上洋
东洋
霞拔
彭洋
下园
盘谷
康乐
大洋镇
大湖顶
渔溪
红星
白云
姬岩风景名胜区
樟洋
前洋
丹云
岭下
小洲
翠云
北斗
蒲边
立洋
清凉镇
下苏
旗东
城峰镇
台口
葛岭镇
嵩前
赤岭
长庆镇
湖头
盖洋
三峰
漈头
连山
赤壁
莒口
古崖山尾
1000
后寨
湖里
下坂
嵩口镇
同安镇
占柄
三捷
富泉
宋利
万石
岭头
梧埕
白社
蛰英
岭路
七斗
山寨
洑口
大喜
洋中
赤锡
叶洋
青云山风景名胜区
赤水
丘演
圳南
寿山
念后
寨下
瑞云山
大洋
梧村
吉坑
里洋
梧桐镇
洑口
光荣
东湖头
1682
紫山
幢关
洪山
马厝
西坑
廷坪
石洋
流源
汶合
牛母山
1403
碾坑
张际
雪峰
大湖
茶坪
仙门
双溪
新塘
角洋
大坪
仙山
联坑
井下
林柄
仁洲
白沙镇
关西
汤院
源口
鸿尾
南坑
大模
半岭
竹岐
竹岐互通
山洋
安樟
罗洋
叶洋
天台
岩石
玳瑁峰
1238
甘蔗站
荆溪镇
荆溪互通
上街镇
榕桥
建新镇
洪山镇
旗山
旗山森林公园
福州西互通
五都
南屿镇
茂田
九都
窝埕
建南
南通镇
双龙
三溪口水库
十八重溪风景名胜区
徐坪
黄鹤
后宦
川边
佳湖
霍口畲族乡
大湖
上洋
深坑
飞竹镇
利洋
小沧畲族乡
六锦
梓山
日溪
点洋
旗山
1130
寿山
寿山矿山公园
上寮
红寮
峨嵋
溪下
吾洋
寿山
新店镇
福州北互通
尚干镇
青口镇
西边
上店互通
东山
后溪
一都镇
王坑
少林
东张镇
镜洋镇
石竹街道
福清
宏路街道
岭下
石竹山风景名胜区
灵石山森林公园
东张水库（石竹湖）
双溪
大帽山
963
侨丰
岭脚
上迳镇
建新水库
渔溪镇
渔溪互通
风迹
大帽山
678
新县镇
庄边镇
白沙镇
游洋镇
石苍
菜溪
钟山镇
常太镇
东圳水库
萩芦镇
梧塘镇
西天尾镇
国欢镇
江口镇
涵江站
新厝镇
东沃
涵江互通
江阴镇
三江口镇
白塘镇
新度镇
莆田西互通
莆田站
黄石镇
盖尾镇
华亭镇
西埔互通
北高镇
郊尾镇
灵川镇
东海镇
仙游互通
东峤镇
埭头镇
大蚶山
江阴港区
下石
梨港
闽江
古田水库
峰福铁路
向莆铁路
合福铁路
福永高速
莆永高速
G3京台
G70福银
G316
G324
S202
S203
S304
图 例
比例尺 1:570 000
设区市行政中心
县级行政中心
街道办事处 镇、乡
居委会 村委会
设区市行政区域界
县级行政区域界
山峰
铁路及车站
在建铁路
高速公路及互通
在建高速公路
国道及编号
省道及编号
县道
一般道路
街道
景点
地图审图号：闽S（2009）35号
福建省制图院 编制

福州市地图
宁德市
三都镇
三都岛
青山岛
三都澳
下浒镇
东冲半岛
浮鹰岛
海岛
西洋岛
飞鸾镇
鉴江镇
起步镇
罗源县
凤山镇
松山镇
碧里
吉壁
濂澳
罗源湾
罗源湾港区
马鼻镇
可门港区
下宫
大帽山
西洛岛
东洛岛
江湾
北茭
苔菉镇
安凯
白山顶
黄岐镇
黄岐半岛
坑园镇
官坂镇
透堡镇
长龙镇
丹阳互通
筱埕镇
黄岐湾
东坪
官坞
蛤沙
定海湾
目屿岛
东湖镇
浦口镇
东岱镇
晓澳镇
连江县
凤城镇
敖江镇
连江站
百胜
粗芦岛
川石岛
川石
青芝山风景名胜区
琯头镇
长安
琅岐镇
琅岐岛
闽江口
闽江口内港区
猴屿
潭头镇
梅花镇
文岭镇
金峰镇
石壁
湖南镇
长乐市（吴航街道）
航城街道
鹤上镇
华阳
大鹤海滨森林公园
福州长乐国际机场
漳港街道
文武砂镇
古槐镇
玉田镇
罗联
新村
漳坂
江田镇
下沙
松下镇
东洛列岛
西洛岛
东洛岛
大祉
城头镇
海口镇
松下港区
竹排屿
山白岛
南班岛
长屿
吉钓
屿头
屿头岛
大练
大练岛
白青
东洲岛
大墩岛
苏澳镇
平原镇
芦洋
君山
小庠岛
东霞
东庠
东庠岛
流水镇
黄土墩
中楼
海岛森林公园
后田
海坛湾
海坛岛风景名胜区
北门
马腿
平潭综合实验区
平潭县（潭城镇）
岚城
北厝镇
澳前镇
平潭海峡大桥
敖东镇
姜山岛
牛山岛
渔庄
白姜岛
龙田镇
东壁岛
启洋
三山镇
四屿群岛
高山镇
沙埔镇
东瀚镇
青屿
大坵
陈庄
东陈
牛峰
文关
万安
莲峰
南海
草屿
江尾
塘屿
南中
东甲岛
南横岛
兴化水道
南日群岛
十八列岛
马祖列岛
高登岛
大丘岛
小丘岛
北竿塘岛（长屿山）
马祖
马祖岛（南竿塘岛）
东引岛
西引岛
白犬列岛
西犬岛
东犬岛
东海
台湾海峡
福州至沙埕港里（193千米）
福州至温州174海里（322千米）
福州至三都67海里（124千米）
福州至上海433海里（802千米）
福州至基隆149海里（276千米）
福州至高雄109海里（202千米）
海口至福州

数字2011

总面积：11968平方公里

市区面积：1786平方公里

年末户籍总人口：649.41万人

年末常住总人口：720万人

地区生产总值：3736.38亿元

第一产业：325.09亿元

第二产业：1711.19亿元

第三产业：1700.10亿元

财政总收入：506.01亿元

地方财政收入：320.04亿元

全社会固定资产投资：2720.28亿元

社会消费品零售总额：1947.81亿元

商品出口总额：241.31亿美元

商品进口总额：105.94亿美元

实际利用外资：12.77亿美元

房屋施工面积：4989.92万平方米

房屋竣工面积：588.93万平方米

商品房销售额：627.81亿元

货物运输量：16028.72万吨

旅客运输量：19506.96万人次

普通高等院校：31所

中等职业技术学校：61所

卫生机构床位：25886张

卫生技术人员：38640人

（仓山区政府办 供）

建成区绿化覆盖面积：9400公顷
建成区绿化覆盖率：40.50%
公园面积：2452公顷
城市供水总量：39305万吨
人民币存款余额：6706.94亿元
人民币贷款余额：5835.43亿元
城乡居民储蓄存款余额：2542.27亿元
职工年平均工资：41725元
城镇居民人均可支配收入：26050元
城镇居民人均消费性支出：17847元
农民人均纯收入：10107元
农民人均消费支出：7353元

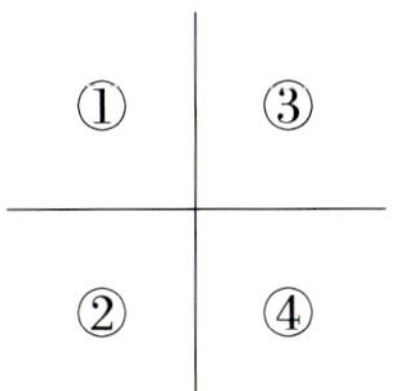

① 6月2日，省委书记孙春兰（左二）、代省长苏树林（左三）一行，在省委常委、市委书记袁荣祥（左四），副省长、市长苏增添（左五）的陪同下，察看安泰河综合整治工程。（俞松 摄）

② 9月27日，中国共产党福州市第十次代表大会在福州海峡国际会展中心开幕。（俞松 摄）

③ 9月27日，在中国共产党福州市第十次代表大会上，省委常委、市委书记杨岳代表九届市委作报告。（俞松 摄）

④ 9月30日，新一届市委常委（从左至右）：吴贤德、陈为民、朱华、徐启源、骆安生、杨益民、杨岳、周宏、陈元邦、陈大强、那兴海、徐铁骏。（俞松 摄）

热烈庆祝中国共产党福州市
第十次代表大会隆重召开

纪念建党90周年

2011年，中国共产党成立90周年。红船领航90载，搏风击浪一帆悬。为重温党的光辉历程，缅怀党的丰功伟绩，福州社会各界举办各类系列活动，庆祝建党90周年。

6月28日，福州市直机关庆祝中国共产党成立
周年合唱汇演暨颁奖仪式在福建大剧院举行。
（俞松

6月26日，“光辉的旗帜——庆祝中国共产党建党90周年红色诗文音乐朗诵会”在于山九日台音乐厅举行。

（俞松 摄）

6月28日，为期7天的“红色印记”——纪念中国共产党成立90周年美术、书法
摄影作品联展在福州画院拉开帷幕。
（杨婀娜 摄

7月1日，“激情跨越，红歌飞扬”——福州市纪念建党90周年激情广场大型群众歌会在温泉公园举行。（俞松 摄）

6月30日，福建省、福州市庆祝中国共产党成立90周年大型文艺晚会在福州举行。（俞松 摄）

纪念辛亥革命100周年

100年前，以孙中山为代表的革命党人发动辛亥革命，推翻清王朝统治，结束中国的君主专制制度。时值辛亥革命百年之际，福州市民以各种形式缅怀先烈，纪念辛亥革命100周年。

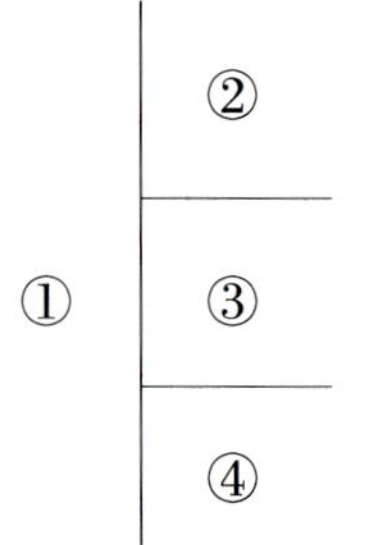

① 10月11日，省委常委、市委书记杨岳等市领导参加福州市统一战线纪念辛亥革命100周年座谈会。（市委统战部 供）

② 10月10日，市民到林觉民故居缅怀先烈。（俞松 摄）

③ 4月16日，《百年情书》首映典礼在榕举行。作为辛亥革命100周年的献礼影片，《百年情书》以革命先驱林觉民就义前的绝笔《与妻书》《禀父书》为独特视点，以林觉民在三坊七巷的故居及故乡闽侯为第一外景地，讲述了林觉民烈士在广州起义前后对爱情忠贞、对家人眷念、对理想执着，舍生取义、短暂而传奇的人生。（市委宣传部 供）

④ 10月10日，《辛亥革命一百周年》纪念邮票正式发售，前来盖邮戳的市民排起长队。（包华 摄）

年情书

“辛亥革命100周年”
纪念活动集邮服务处

创建全国文明城市

12月20日，全国精神文明建设工作表彰大会在北京召开，福州市成为第三批全国文明城市之一全国文明城市称号是城市综合性的最高荣誉，是城市整体实力和综合竞争力的重要体现。福州市创建文明城市为抓手，深入开展交通秩序等十大专项整治、道德模范和身边好人建设、争创“三优志愿服务、“讲文明树新风”“我们的节日”“省市共建”等系列精神文明建设活动，推动省会市经济和社会事业发展，提升省会中心城市的竞争力，市民素质和城市文明程度不断提升。

12月20日，市委副书记、代市长杨益民等市领导前往福州长乐国际机场，迎接携全国文明城市奖牌从北京抵榕的市委常委副市长、宣传部长朱华一行。

（市委宣传部 供

9月18日，来自福州二中的学生志愿者上路参加文明交通劝导活动。（市委文明办供）

3月24日，在全国道德模范与身边好人（福建·福州）现场交流活动中，全国道德模范提名奖获得者、“身边好人”代表与现场观众、网民进行互动；活动现场还为“感动福州”十大人物颁发证书。（市委文明办 供）

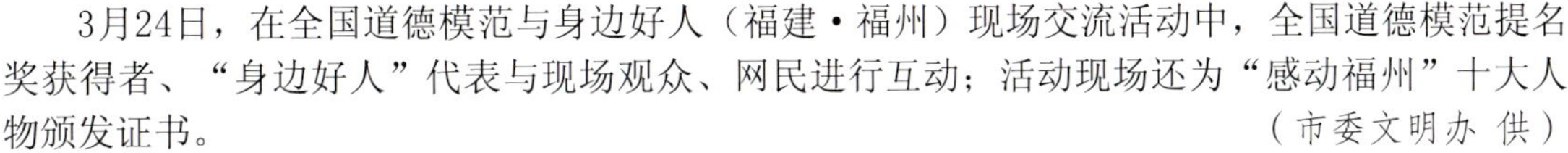

3月3日，“我们的节日·拗九节——孝行榕城、环湖健步”群众活动在西湖公园晨曦广场举行，千名老人参加健步行。（市委文明办 供）

9月6日，在福州市千家青年文明号创建文明城市行动月暨“为民服务创先争优”活动中，10名来自电业、国际航空港、邮政、银行、移动等窗口服务行业工作者获评“全城微笑之星”，同时被授予市青年文明号“岗位能手”称号。（俞松 摄）

2月20日晚上10点，东街口人行天桥开始拆除。东街口人行天桥是福州历史上首座立体天桥，是东街口商圈的标志性建筑，建于1985年。

（杨婀娜 摄）

6月9日晚，经过多年修复的于山多宝定光塔（俗称白塔）亮灯。（杨婀娜 摄）

6月19日，鼓楼区公共便民自行车系统开始运营，图为乌石山北坡的便民自行车站。（鼓楼区政府办 供）

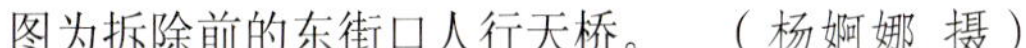

图为拆除前的东街口人行天桥。（杨婀娜 摄）

① ② ③

④

① 12月25日，福州市行政服务中心启用。（包华 摄）

② 9月16日，向莆铁路青云山隧道全线贯通。全长22.175公里，是华东地区最长的铁路隧道。（俞松 摄）

③ 1月17日，福泉高速扩建工程完工通车。这是福州市第一条8车道高速公路。（俞松 摄）

④ 江滨路马尾段新貌。（杨婀娜 摄）

内河整治

2011年初，市委、市政府提出推进75条内河综合整治，年底前实现“水清、河畅、路通、景美”。3月起，福州75条内河陆续吹响整治号角。“十一”长假期间，安泰河首次推出“袖珍福船”内河游览。随后白马河也实现通航。至年底，中心城区75条内河除光明港外基本完成清淤，安泰河、白马河、晋安河综合整治初见成效。

9月25日，福船首次在安泰河试航，几名安泰河附近的老居民成为首批游客。（包华 摄）

整治后的晋安河夜景。
（晋安区政府办 供）

改造后的达道河。　（郑敏良 摄）

整治后的东西河风景。（杨婀娜 摄）

整治后的白马河，两岸栈道成为市民休闲的好去处。　（张旭阳 摄）

9月16日，2011海峡（福州）渔业周、第六届海峡（福州）渔业博览会在海峡国际会展中心开幕。来自台湾的海产品制品受到市民的青睐。（杨婀娜 摄）

建设中的福州绕城高速永丰互通
（杨婀娜 摄

12月2日，仓山万达广场开业第一晚，浦上大道车流暴增，车流长龙从尤溪洲大桥上一直延伸到万达广场。（杨婀娜 摄）

福州市新增长区域建设战役项目之一的奋安铝业铝合金型材技改项目。（包华 摄）

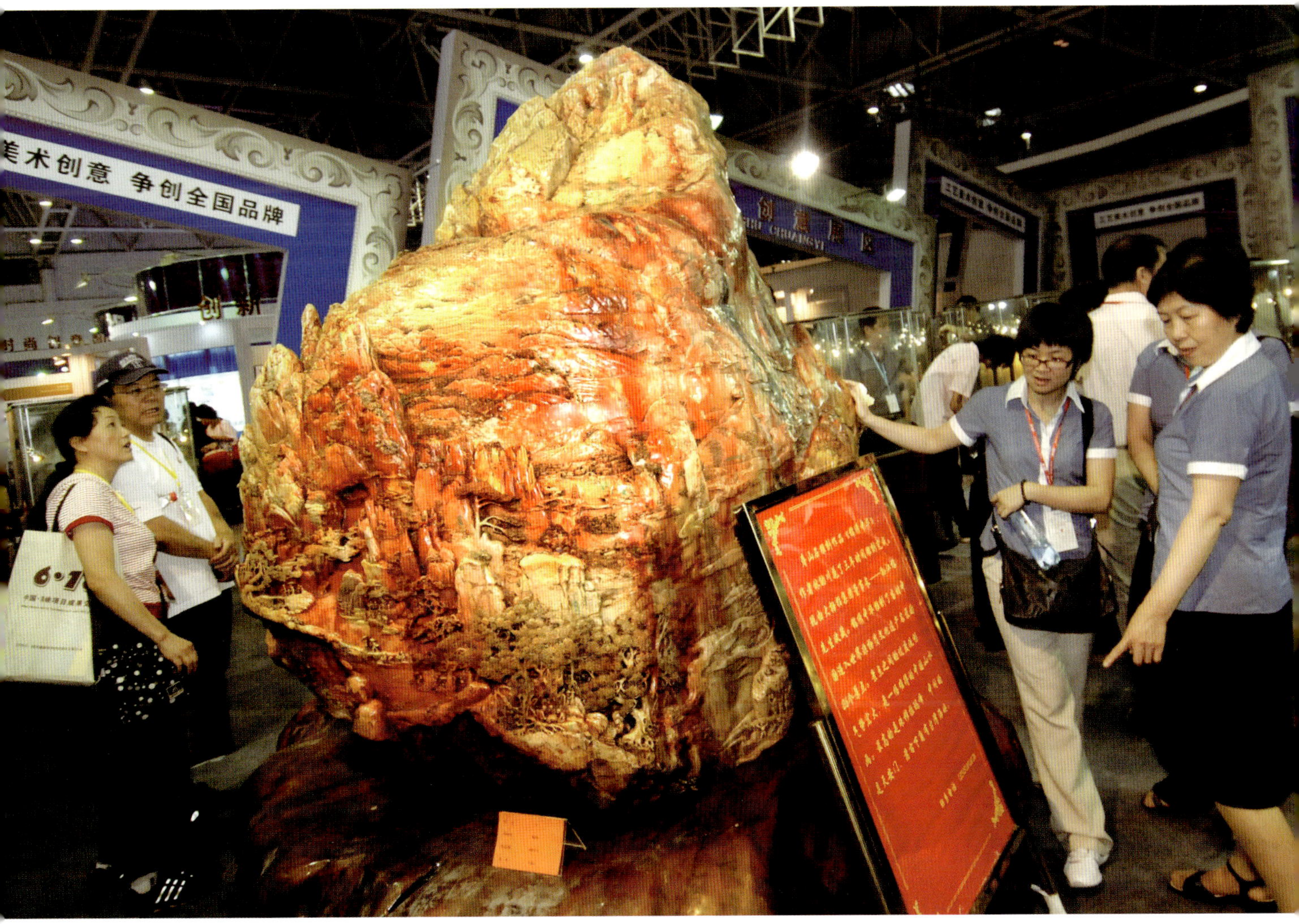

6月20日，在“6·18”工艺美术创意展区，重达8吨的寿山石雕作品《锦绣中华》吸引了众多观众。（叶义斌 摄）

① 5月15日，鼓二小新教学楼落成。（张旭阳 摄）

② 9月6日，福州市30名教师获评“福建省师德标兵”称号，12所学校获评省师德建设先进集体。（俞松 摄）

③ 6月18日，在第六届海峡两岸职工创新成果展上，福州市110项作品获金奖。图为福州电业局研制的电网巡查无人直升机，它能降低电网巡查的成本，提高供电可靠性。（杨婀娜 摄）

④ 6月18日，第九届中国海峡项目成果交易会在福州海峡国际会展中心开幕。台湾发明家展示具有防沙尘暴、浓烟、喷漆等功能的防护衣。（杨婀娜 摄）

11月6日，首届中国歌剧节在福州开幕。图为福建省创作的开幕剧《土楼》。（杨婀娜 摄）

11月5日，闽剧《南归梦》获第25届“田汉戏剧奖”一等奖。图为《南归梦》剧照。

（市文化新闻出版局 供）

9月12日，在整治后的安泰河举行中秋民俗表演活动,其中的中秋灯会祭月活动在福州市尚属首次。（杨婀娜 摄）

5月18日晚，海交会大型焰火民俗文艺晚会上演。（陈建国 摄）

②

①　③

① 1月14日，国际举重超级大奖赛在福州举行。福建选手吴景彪夺得56公斤级金牌。（包华 摄）

② 6月25日，福州运动员郑幸娟在2011年全国田径大奖赛中，越过1.93米横杆，夺得女子跳高冠军。（叶义斌 摄）

③ 5月28日，海峡两岸龙舟赛首次在海峡国际会展中心浦下河段举行。（俞松 摄）

12月30日，平潭“海峡号”客滚船直航台湾。（俞松 摄）

11月4日，第四届海峡两岸少数民族丰收节活动在福州举行，50多名来自台湾的少数民族同胞与连江畲寨畲民共同欢度丰收节。（杨婀娜 摄）

月9日，福建省2011年海峡两岸饭店业职业技能大赛暨闽菜美食展示在福州举行。海峡两岸大厨现场展示手艺，让观众近距离了解制
。 （包华 摄）

6月16日，2011年两岸城市青少年创意族谱联展在福州举行。福州小朋友的一等奖作品《土楼溯情缘》是件立体作品，每个土楼图案翻开，里面都是家族介绍。 （包华 摄）

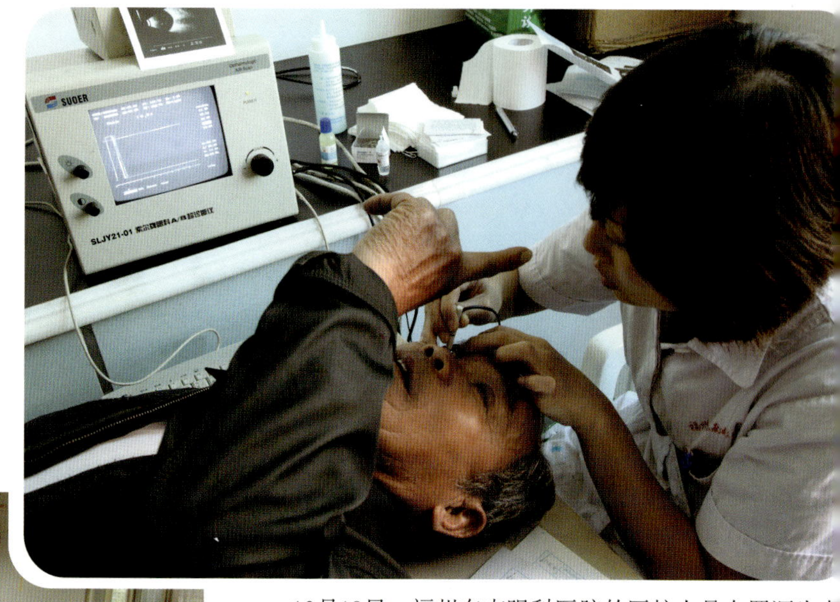

10月19日，福州东南眼科医院的医护人员在罗源为农困难患者提供白内障等眼疾免费检查。（杨婀娜 摄）

3月3日拗九节，志愿者为老人送上热气腾腾的“拗九粥”。（杨婀娜 摄）

瀛洲派出所开展辖区古街走访活动，发放安全防范宣传材料。（市公安局 供）

5月6日，驻榕部队在五一广场开展为民义诊活动。（福州警备区 供）

目　录

特　载

专　文

大事记

市情概貌

中共福州市委

人民代表大会

人民政府

政治协商

民主党派和工商联

社会团体

外事　侨务　港澳台事务

政　法

国防建设

经济管理与监督

财政　税务

农村经济

工　业

城市建设与管理

环境保护

交通 邮政

通信与信息化建设

口　岸

园区建设

民营经济

商贸服务业

对外及港澳台经济贸易

银行业

保险　证券

科学技术

社会科学

教　育

文化　出版　传媒

卫生　体育

旅　游

三坊七巷

社会民生

县(市)区

市委市政府重点调研课题（选编）

人　物

市政府 2011 年地方法规、规章、文件（选录）

统计资料

索 引

Contents

Special reports

Special article

Memorabilia

City profile

CPC Fuzhou Municipal Committee

People's Congress

People's Government

Political consultation

The democratic parties and the Federation of industry and Commerce

Social group

Foreign affairs, Hong Kong and Macao Affairs

Politics and law

National defense construction

Economic management and supervision

Finance and tax

Rural economy

Industry

City Construction and management

Environmental protection

Transportation and postal service

Communication and infomationization construction

Port

District construction

Private economy

Trade and service industry

International and Hong Kong, Macao and Taiwan's business and economy

Banking

Insurance and stock

Science and technology

Social science

Education

Culture, publication and media

Health service and physical culture

Tourism

Three Lanes and Seven Alleys

Society and people's life

County (city) and district

Key research projects(elected) of municipal party committee

Person

Laws and regulations, rules and files of municipal government

Statistical data

Index

实施大开放战略　发展开放型经济

——中共福建省委常委、福州市委书记杨岳2011年12月27日在市委十届二次全体（扩大）会议上的讲话（节选）

新时期最鲜明的特点是改革开放，福州过去的快速发展靠的是开放，未来实现科学发展新跨越更必须坚定不移地深化改革、扩大开放，坚定不移地走新型工业化道路，大力发展开放型经济。与传统的封闭型经济和以出口导向为主的外向型经济不同，开放型经济是一种全方位、宽领域、深层次开放的经济形态，一种内外联动、互利共赢、安全高效的经济体系，它突破空间限制，把一个国家或地区的经济与外部经济广泛深入紧密地联系在一起，具有开放过程的制度性、开放结构的平衡性、开放领域的全面性以及开放行为的双向性等特征。在开放型经济体系内，出口与进口并重，吸引外资与对外投资并行，对外开放与对内开放并举，商品、劳务、资本和人员跨国界、跨区域流动较为自由，从而有利于发挥比较优势，积极参与国际分工，实现最优资源配置和最高经济效率。在经济全球化深入发展的新形势下，实施大开放战略，发展开放型经济已成为世界各国的主流意识，成为我们国家的战略选择。胡锦涛总书记最近在中国加入世界贸易组织10周年高层论坛上的讲话中指出：中国将实行更加积极主动的开放战略，拓展新的开放领域和空间，完善更加适应发展开放型经济要求的体制机制，提高开放型经济水平和质量，形成开放型经济新格局。当前，世界经济结构加快调整，科技创新和产业转型孕育新的突破，新一轮产业转移步伐加快，福州只有进一步发挥区位优势、港口优势、侨台优势，把开放的大门打得更开，把开放的步伐迈得更大，才能更好地利用国际国内两个市场、两种资源，为跨越发展广辟空间，增强动力；才能更加有效地参与国际国内经济技术合作与分工，抢占制高点，分享世界经济发展和科技创新新成果，加快促进经济发展方式转变。全市各级各部门一定要从全局和战略的高度，充分认识扩大开放的极端重要性，顺应时代潮流，强化开放理念，以更加宽广的视野、更加开放的胸怀、更加有力的举措，抢抓机遇，乘势而上，坚定不移地以开放促发展、促改革、促创新，全力推动开放型经济大发展、大提升、大突破，再创福州发展的新优势。

一要着力构建与开放型经济相适应的现代产业体系。开放型经济的基础在产业。今年我市人均GDP预计将超过7000美元，正处在工业化中后期阶段。经验表明，这一阶段经济发展的动能将加速释放，经济总量也将蓄势跨越，产业结构加快向高端演进，服务业发展空间巨大。我们要顺应这一发展趋势，乘势而上，积极作为，以产业的大提升推动开放型经济大发展。要加快提升产业层级。积极参与全球产业分工，承接国际产业特别是先进制造业、高端服务业转移，加快推动产业向高端化、高质化、高新化发展；坚持抓龙头、铸链条，加快引进技术先进、带动力强的龙头产业项目，积极推动电子信息、纺织化纤、机械装备、冶金建材、轻工食品、生物医药、石油化工、新能源新材料等八大重点产业的重点企业与国内外大型企业集团开展战略合作，促进产业链向上游研发设计拓展、向下游营销服务延伸，价值链向中高端攀升，努力把特色优势产业做大做强；抓紧制定新兴产业发展规划和相关扶持政策，集中投入，重点扶持，加快发展新一代信息技术、生物与新医药、新材料、新能源、节能环保等新兴产业，积极开发海洋高新产业，着力以战略性新兴产业的后发崛起引领制造业发展水平提升和发展方式的加快转型，努力抢占产业发展的制高点。要把提升产业能级与提升外贸竞争力紧密结合起来，大力实施品牌战略，大力培育出口龙头企业，重点扶持一批拥有核心技术、自主知识产权的出口产品，力争打出一批在国际市场有一定话语权的优势品牌，推动出口贸易转型升级。要突出发展高端服务业。坚持把服务业作为扩大内需的重要支撑，完善加快服务业发展的政策措施，充分发挥福州作为海峡西岸经济区省会中心城市的独具优势，着力培育“两江四岸”高端服务业产业带,打造海西现代服务业中心。要把发展总部经济作为一项重要战略任务来抓,舍得在企业总部的设立、用地、资金扶持等方面给予倾斜,深入了解世界主要跨国公司和大型企业集团的战略布局、投资重点,大力吸引他们来榕设立地区总部或研发中心、运营中心、采购中心、结算中心等职能总部,使福州成为海西总部经济的高地。要积极拓展海峡金融商务区发展空间,打造一批具有福州特色的金融平台,引入新的金融业态,深化榕台金融合作,加快建设海西现代金融中心。要以成为首批创建国家电子商务示范城市为契机,完善电子商务体系,大力普及电子商务运用,推动电子商务信息服务业大发展。要强化会展服务保障,培育更多精品展会,努力形成与省会一流会展设施相匹配的会展经济规模。要大力实施旅游重点工程,在做大闽江游、文化游、温泉游等旅游品牌的同时,坚持不懈地加强国际旅游市场推广,突出抓好面向台港澳地区的旅游促销,着力扩大入境旅游规模,推动旅游业大发展,努力将福州打造成为海峡西岸重要的旅游目的地。要大力发展海洋经济。紧紧抓住建设海峡蓝色经济试验区的有利时机,全面实施"以港兴市"战略,加快港湾资源整合,优化功能布局,加强配套建设,着力打造国际航运枢纽港;尽快出台推进"海上福州"建设实施意见,在提升现代海洋渔业、海洋运输等海洋优势产业的同时,大力发展海洋工程装备、高端船舶、海洋生物医药等海洋新兴产业,培育发展涉海金融、商贸、信息服务等现代海洋服务业,着力壮大罗源湾、江阴两大临港工业集聚区,构筑现代化海洋产业开发基地,建设海洋经济强市。要积极发展现代农业。进一步巩固农业基础地位,坚持用工业化理念发展农业,用科学技术提升农业,用现代经营方式拓展农业,全面落实强农惠农富农政策,确保农业增效、农民增收。积极推动福州海峡两岸农业合作实验区、福清台湾农民创业园建设,推动榕台农业交流合作取得新突破。加强农田水利基础设施建设,加快发展设施农业、生态农业、观光农业等现代农业和精细农业,扶持壮大一批农业产业化龙头企业,不断提高农业标准化、规模化、组织化、产业化水平。进一步建设"菜篮子"工程,引导并扶持农产品生产基地建设,积极推进农超对接,保障农副产品供应。

二要着力提升与开放型经济相适应的城市国际化水平。城市国际化既是城市现代化的趋势,也是开放型经济发展的重要依托。我们要坚持以国际视野来规划城市,用国际标准来建设城市,按国际惯例来管理城市,着力把福州建设成为高度发达、高度文明,充分体现滨江滨海特色和气派的国际化、现代化大都市区。要加快推进中心城市国际化。按照区域性国际城市定位,抓紧城市总体规划报批,以规划引领城市空间的扩大、城市布局的优化和城市设施的完善;加快城市东扩南进、沿江向海发展步伐,组团式、成片式推进重点区域和重要节点建设,统筹推进福清、长乐、闽侯、连江等周边县(市)城市化进程;以承办城运会为契机,完善城市生活设施,着力建设一批国际特色小区、国际学校、国际医院等,积极构建国际化语境,营造无障碍环境,让外籍人士在福州安居乐业。要加快推进马尾新城现代化。以建设宜居宜业、开放现代的新市区为目标,深化完善马尾新城总体规划及各专项规划,着力构建"两组团一廊道"发展格局;加快福州市行政中心选址论证工作,适时启动新的行政中心建设;跟进落实与中交集团签订的合作协议,加快推进马尾大桥、琅岐闽江大桥、东部快速通道等项目建设,合理布局和建设三甲医院、知名中小学校等,着力提升综合服务功能,迅速集聚新城人气;要推动开发区现有产业和企业改造提升、"腾笼换鸟",促进产业规模做大、实力做强。要加快推进城市管理科学化。借鉴国际国内先进城市的管理经验,有效整合城市信息资源,在主城区推动建设以网格单元为中心,沟通快捷、分工明确、责任到位、反应快速、处置及时、运转高效的网格化城市管理系统,实现城市精细化、网格化、数字化管理,不断提升城市管理水平;大力推进"四绿"工程,全面推进内河整治,加大景观改造力度,打造一批具有福州鲜明格调和风格的景观建筑,使福州更时尚靓丽、更宜居宜业;持续推进文明城市创建工作,深入开展城市综合治理,着力提高市民素质,让文明福州持续文明,让文明福州走向世界。要加快推进城乡发展一体化。加大城乡统筹力度,着力促进城乡规划一体化、基础设施建设一体化、基本公共服务一体化;积极探索符合县域经济发展的路子,突出优势、因地制宜,培育壮大县域特色产业,带动形成产业群、产业链,进一步提升县域经济实力;切实抓好县乡村规划,大力推进县城扩容提质,抓紧抓好试点小城镇和农村综合示范精品村建设,不断提高城镇化发展水平;加强山海协作和扶贫开发,探索建立市域内县(市)区对口协作工作机制,大力扶持革命老区、少数民族集聚区加快发展,增强自我发展能力。要加快推进福莆宁同城化。坚持把同城化作为扩大对内开放、深化区域协作的重点,适时建立同城化工作联络机制,坚持交通先行,加快道路、港口等规划、建设、管理对接,尽快实现福莆宁交通基础设施互联互通;积极探索文化教育、医疗卫生等公共服务领域的合作,加强产业对接和分工,推进人才、资金、技术要素市场融合,力争在同城化发展上取得突破性进展,形成福莆宁连片繁荣发展的新格局。

三要着力强化与开放型经济相适应的支撑保障体系。开放型经济需要强有力、开放性的基础设施、载体平台和人才支撑,我们要下大力气创造条件,强化支撑,为开放型经济发展奠定更坚实的基础。要强化基础设施支撑。坚持着眼长远、基础先行,加快交通基础设施建设,构筑以铁路、高速公路、海空港为主骨架主枢纽的省会中心城市综合交通网络,形成对接台湾、辐射浙南赣东北和更广大中西部地区的对外开放的综合通道,为开放型经济大跃升提供支撑;完善市政设施和公共服务设施,大力推进城市供气、供水、供电以及污水、垃圾处理设施,健全城市防灾减灾和应急管理体系,提高城市综合承载力;加快"数字福州"建设,推进"三网融合",构建一流的基础信息网络,有效服务开放型经济发展。要强化园区载体支撑。全力抓好全市各级各类开发区、工业园区资源整合工作,加强园区发展规划,完善综合服务功能,加快基础设施配套,创新管理体制机制,努力把园区建成环境最优、体制最好、成本最低的投资聚集区,为入区企业提供宜商、宜居、宜业的良好环境;按照"项目支撑、园区承载、集群推动"的思路,强化产业集群观念,积极引导项目到园区落地、企业向园区集中,不断提高园区产业集中度，努力把园区打造成为产业发达、实力雄厚、率先跨越的开放型经济集中区，成为福州对外开放的承载主体。要强化人才支撑。大力实施“人才强市”战略，推进闽都人才集聚工程，构建海西大都市区人才高地；坚持培养和引进并举，一方面，抓紧培养一大批通晓外语、精通国际规则、适应国际市场竞争需要的国际化、复合型人才，重点开发一批高素质的招商人才和国际贸易人才，加快培育一批具备国际眼光的高素质的企业家队伍；另一方面，着力引进一批科技领军人才、高级管理人才和团队，有针对性地引进金融、物流、创意和服务外包领域的专业人才，全面提高人才的国际化水平。同时，建立健全人才激励机制，妥善解决高层次人才的实际困难和问题，创造舒心的工作环境和生活环境。

四要着力实施与开放型经济相适应的大开放战略。进一步广开合作大门，广交天下朋友，广聚四方资源，广泛借资借力，加快形成全方位、多层次、宽领域的大开放新格局。要着力提高招商引资水平。把招商引资作为发展开放型经济的重要任务，抓紧筹建市投资促进局，加快招商专业化建设，创新招商方式方法，健全完善招商引资工作考核办法，更加注重考核项目的开工率、投产率，推动形成科学的招商引资导向，提高招商实效。要持续加强“三维”项目对接。坚持“宁可少一点也要好一点，宁可少一点也要实一点”，优选项目、上好项目，狠抓央企项目落实，狠抓民企项目回归，狠抓外企项目引进，力争明年“三维”项目合作有大的突破、新的实效，当务之急就是要跟踪做好已签约的21项央企项目跟进，抓紧筹划赴珠三角、长三角等开展民企对接洽谈，精心筹备赴东南亚、欧美等开展经贸活动。要着力提升外贸竞争力。深入实施市场多元化战略，发挥重点商品出口基地效应，深度拓展自贸区等国际市场，保持出口稳定增长；以福州保税港区（一期）通过国家验收为契机，把政策、功能优势向重点产业基地和园区延伸，进一步吸引物流、信息流、资金流等要素资源高速集聚，增强对周边地区的辐射能力，形成我市外贸出口新增长点；积极制定鼓励企业“走出去”的优惠政策，降低企业的经营风险和成本，鼓励和支持有条件的企业扩大对外投资，进军海外占领市场、购买资源、跨国经营，不断拓展发展空间。要积极拓展区域合作。牢固树立大开放理念，大力推进榕台交流合作，加强榕台产业对接，推动榕台文化、教育、卫生、科技、体育等领域的全方位交流合作；积极推进与长三角、珠三角及闽东北五市的区域性合作，深化榕港榕澳合作，在合作中抢占先机、赢得主动、借势发展；全面落实与平潭签订的《合作框架协议》，全力支持和融入平潭开放开发，积极争取实验区优惠政策的全方位辐射。

五要着力增强与开放型经济相适应的文化软实力。实践表明，开放型经济的发展活力和国际化城市的竞争实力，必须建立在文化氛围的包容开放之上。我们要充分发挥国家历史文化名城优势，深度挖掘闽都文化丰富内涵，大力推进文化强市建设，彰显文化魅力，提高城市品位，不断提升城市国际化水平。要加快建设社会主义核心价值体系。积极探索用社会主义核心价值体系引领社会思潮的有效途径，切实把社会主义核心价值体系建设融入福州改革开放和现代化建设的全过程、各领域，凝聚全市上下团结奋斗的思想共识和精神力量；大力弘扬“爱国爱乡、海纳百川、乐善好施、敢拼会赢”的福建精神和“海纳百川、有容乃大”的福州城市精神，引导广大市民树立面向未来、融入世界的开放意识，谦虚礼让、团结友善的包容意识，积极向上、勇于竞争的进取意识，努力塑造适应城市国际化要求的市民素质。要不断深化文化体制改革。坚持分类指导、分层推进，加快文化管理体制改革，建立健全党委领导、政府管理、行业自律、企事业单位依法经营的管理体制；深化市属公益性文化事业单位内部机制改革，加快市属国有文艺院团转企改制步伐，鼓励创作具有本土特色、群众喜闻乐见的优秀文化作品；全面推进文化市场体系建设，大力发展图书报刊、演艺娱乐、工艺品等产品市场，加快培育产权、版权、技术、信息等要素市场。要积极发展公益性文化事业。整合建立文化建设发展基金，健全文化建设投入稳定增长机制，鼓励企业和个人兴办公益性文化事业，促进公共文化服务多元化、社会化；深入实施广播电视村村通、文化信息资源共享、县（市）数字电影院、农家书屋等文化惠民工程，加快推进海峡图书馆、工人文化宫等一批大型公共文化设施建设，推动公共文化资源向基层延伸、向农村倾斜，形成覆盖城乡的公共文化服务体系；切实增强闽都文化的吸引力和影响力，加大文化遗产保护力度，力争三坊七巷、福建船政列入中国世界文化遗产预备名录。要大力发展文化产业。抓紧制定文化产业发展规划，重点培育现代传媒、动漫游戏、设计创意等富有活力、形态多样的文化产业集群，把文化产业打造成为福州的支柱产业；加快培养引进名家大师，加快推进闽台文化创意产业园建设，继续打造一批重点文化产业园区和基地，打造一批“航母型”大型骨干文化企业，推出一批在全国市场打得开、叫好又叫座的文化精品、文化品牌；积极培育发展新兴文化业态，拓展文化产品和服务消费，不断提高我市文化产业的竞争力。

六要着力提升与开放型经济相适应的社会建设水平。开放型经济的发展成效，不仅仅体现在经济效益上，更重要的是要落实到惠民上。我们要把改善民生作为发展开放型经济的根本目的，切实加强社会建设和社会管理，不断提高人民群众的幸福指数。要切实保障和改善民生。坚持把就业作为民生之本，落实更加积极的就业政策，以发展扩大就业，以创业带动就业，以服务援助就业，以充分就业促进增收；加快建设覆盖全民的基本公共服务体系，把更多的财政投向基层、投向农村、投向困难地区，解决困难群体的基本养老、基本医疗、公共卫生等问题，努力扩大保障覆盖面，逐步提高保障水平；积极探索政府购买服务、财政贴息等方式，引导社会资金更多投入到民生领域；要充分发挥老干部民生工作志愿督导组的作用，促进事关民生的热点难点问题的解决。要办好惠民实事。坚持教育优先发展战略，健全教育投入保障机制，积极引进外部优质教育资源，提升对外交流办学水平，促进各级各类教育均衡协调发展；深化医药卫生体制改革，加强公共卫生体系建设，完善疾病防控、医疗救治、突发公共卫生事件应急处理体系；大力推进保障性安居工程建设，抓紧落实所需资金和土地，确保按时开工和如期竣工，确保工程建设质量，确保公开公平公正分配；继续做好为民办实事，保障市场供应和物价稳定,抓好食品药品质量安全管理,努力让改革发展成果普惠共享。要加强和创新社会管理。坚持发展硬道理与稳定硬任务一起抓,第一要务与第一责任一起担,积极创新社会管理体制机制,创新流动人口服务管理,不断提高涉外管理服务水平,切实保障外来建设者的合法权益,促进社会各群体、各阶层和谐相处;健全矛盾纠纷排查调处机制,认真落实领导接访、干部下访制度,及时有效化解信访积案和矛盾纠纷,最大限度把不稳定因素化解在基层、消除在萌芽状态;深化"平安福州"建设,强化社会治安综合治理,落实安全生产责任,防止重特大安全事故发生,切实维护省会和谐稳定;以村级组织换届为契机,把基层组织建设、干部队伍建设与创新社会管理的要求结合起来,夯实基层基础,有效提高社会管理科学化水平。

七要着力优化与开放型经济相适应的投资兴业环境。当前区域经济竞争日益激烈,环境成为吸纳资本要素、促进项目落地、集聚提升人气的关键要素。我们必须把环境作为对外开放的第一竞争力,更加注重按国际惯例办事,更加强调按国际标准执行,更加突出按国际水平服务,努力创造更加优越、宽松的环境,让海内外人士在福州这块投资兴业的"福地"和"沃土"上放心、放手发展。要全力打造服务型政府。加快政府职能转变,切实把工作重点转移到公共管理、社会服务和营造良好发展环境上来,做到该管的管好,该放的放开;切实把建设行政服务中心作为服务型政府建设的重要载体,坚持"一站式办公""一条龙服务",真正把市级行政服务中心打造成政务创新的样板、便民利商的平台、政府形象的窗口,让群众满意、让企业满意、让客商满意。要大力深化行政审批制度改革。按照实际需要、国际规则,进一步规范行政审批事项的设定和实施,对不再符合形势发展、有碍投资环境、应当由市场机制替代的行政审批事项要坚决废除,对确需保留的审批事项要做到审批程序公正、手续简便、服务优良;加大政府信息公开力度,进一步健全完善行政权力阳光运行平台,实现审批流程最优化、审批服务网络化、审批成本最小化。要着力强化"四个服务"理念。树立"没有最好、只有更好"的服务追求,进一步健全完善常态化的走访服务机制,深入企业解决燃眉之急、谋求长远发展之策,真正以无微不至的服务、优质高效的服务、周到细致的服务,吸引更多的企业和投资者落地福州、投资福州、扎根福州;大力推行项目代办制、开辟"企业直通车"和"项目绿色通道",以良好的服务保障项目落地,全力打造最优的软环境。

政府工作报告

——福州市代市长杨益民2012年1月3日在福州市第十四届人民代表大会第一次会议上的报告(节选)

2011年暨市十三届政府工作回顾

刚刚过去的2011年,在省委、省政府和市委的正确领导下,我市各级政府紧紧围绕科学发展这一主题,牢牢把握加快转变、跨越发展这一主线,认真实施《海峡西岸经济区发展规划》,大干"十二五"开局之年,较好地完成了市十三届人大六次会议确定的任务。预计全市生产总值3705亿元,增长13%;财政总收入506.01亿元,增长25.7%,其中,地方财政收入320.04亿元,增长29.1%;全社会固定资产投资2800亿元,增长27%;出口总额237亿美元,增长45.3%;按验资口径实际利用外资12.77亿美元,增长7.8%;社会消费品零售总额1866亿元,增长18%;城镇居民人均可支配收入26040元,增长14.6%;农民人均纯收入10080元,增长18%;城镇登记失业率2.6%;人口自然增长率5.23‰;省下达的节能减排任务预计可以完成。在过去的一年,福州荣膺全国文明城市称号,全市人民经过多年来不懈努力终于圆梦,福州发展迈上了一个崭新的台阶。一年来,我们的主要工作及成效是:

(一)着力转变发展方式,产业转型升级加快推进。坚持抓龙头、铸链条,有88项重点工业项目竣工投产,97项重大工业项目动工建设。规模以上工业总产值5500亿元,增长16.1%。高新技术产业工业总产值1869亿元,增长18%。高新技术产业标准化示范区试点工作通过国家验收。制定出台鼓励发展总部经济、会展经济、研发中心、创意产业等一系列政策措施,服务业发展水平进一步提升,福州成为首批创建国家电子商务示范城市之一。组建成立福州农村商业银行,创建海峡沪深指数,设立海西商品交易所,金融业加快发展。温泉游、闽江游、文化游持续升温,全市接待游客2696.75万人次。文化产业蓬勃兴起,年增加值177.8亿元。成功举办中国国际医疗器械博览会等222场全国性、区域性展会。

(二)着力强化项目带动,经济发展后劲明显增强。实施"五大战役"项目485项,完成投资1123亿元,为年度计划的116.9%。实施市级重点项目535项,完成投资1148亿元,为年度计划的111%,建成或基本建成100个项目,新开工建设160个项目。大力加强"三维"对接,成功举办与中央企业项目合作洽谈暨签约仪式、民营企业产业项目洽谈会、赴港澳经贸洽谈活动,签约对接央企项目21项、总投资2256亿元,民企项目64项、总投资1216亿元,外资项目75项、总投资98.85亿美元。

(三)着力强农惠农富农,"三农"基础地位不断夯实。推进农业规模化、设施化、标准化生产,粮食生产保持稳定,农林牧渔业总产值565.3亿元,增长4%,新增设施大棚1.23万亩,209家农业产业化龙头企业年产值突破400亿元。福州被国际茶叶委员会授予"世界茉莉花茶发源地"称号。加强耕地保护,大力推进水利改革发展,实施标准农田改造2900亩,土地整理开发复垦2.03万亩,标准化养殖池塘改造7256亩,除险加固水库16座。全面完成省级试点小城镇、市级示范性小城镇总体规划编制,青口、荆溪、龙田、江田等小城镇启动区动工建设。启动第三轮新农村"双百工程"建设,新建和改造农村公路389.6公里,解决19.41万农村人口饮水安全问题,新建户用沼气池2300口,改造卫生户厕1.44万户,农村生产生活条件持续改善。实施第三轮整村推进扶贫开发,完成"造福工程"搬迁4500人。

（四）着力改善宜居品质，城市功能品位持续提升。编制完成新一轮城市总体规划，启动福州大都市区规划编制，深化马尾新城分区规划和南台岛、晋安等重点建设区域城市设计。加快中心城市东扩南进、沿江向海发展，海峡金融商务区等城市组团建设扎实推进，三环快速路主线通车，地铁1号线站点建设全面启动。新建和改扩建城市道路23条，新增更新公交车785辆，新辟公交线路40条，新增停车泊位3070个。认真实施"四绿"工程建设，超额完成省下达的88.1万亩造林任务，新增100万平方米城市公共绿地。全力打好内河整治攻坚仗，中心城区75条内河除光明港外基本完成清淤，安泰河、白马河、晋安河综合整治初见成效。深入开展市容环境卫生、交通秩序、违法建设等20项专项整治，全面清理城区户外广告，基本完成城区主干道架空缆线下地。实施节能重点项目70个、减排重点项目184个，实现重点污染源自动监控全覆盖，创建40个省级以上生态乡镇、700个市级以上生态村，以较好的成绩通过了创卫复查和创模省级复核。

（五）着力推进先行先试，重点领域改革全面突破。落实省里赋予的在城市总体规划管理和财政体制方面先行先试的政策，统筹推进福清、长乐、闽侯、连江等周边县（市）融入中心城市发展格局。深化行政审批制度改革，下放10类重点项目审批事项，赋予县（市）区更大发展自主权。强化国资运营监管，市属投融资平台、产业集团和专业公司加快发展。全面落实促进民营经济和小型微型企业发展的政策措施。积极拓展直接融资渠道，BT投融资建设模式得到有效应用，新榕城建等融资平台成功申报企业债券29亿元，2家企业在境内外上市。深化社会事业领域改革，完成医药卫生体制改革三年任务，义务教育"小片区"管理改革试点取得较好成效。集体林权制度配套改革持续深化。政府机构改革、事业单位人事制度改革扎实推进。

（六）着力提升对外开放，交流合作空间有效拓展。对外贸易在外需不足的情况下保持较快增长，进出口总额343亿美元，增长39.4%，机电、高新技术产品出口增长22%，福州成为全国首批船舶出口基地之一。招商引资实效进一步提高，新批千万美元以上外（台）资项目57项。福州保税港区（一期）通过国家验收。积极落实海峡两岸经济合作框架协议，榕台经贸合作和空中直航、海上直航不断拓展，福清台湾农民创业园获得国家批准，马尾船政文化园区获批成为海峡两岸交流基地。成功举办第十三届海交会以及海峡两岸合唱节、海峡版权（创意）产业精品博览交易会、海峡（福州）渔业周暨渔博会、两岸城市青少年创意族谱联展等对台特色交流活动。积极支持和融入平潭开放开发，与平潭综合实验区签订合作框架协议。主动推进福莆宁同城化发展。全面完成对口支援三明灾后重建任务，积极推进新一轮援疆、援藏工作。成功举办纪念福州与日本那霸缔结友好城市30周年等友城交流活动。

（七）着力完善公共服务，各项社会事业协调发展。加快发展各级各类教育，新建和改扩建23所中小学，完成522所义务教育学校标准化建设，基本完成中小学校安工程三年建设任务，实现每个乡镇（街道）至少有一所公办幼儿园，校园文化建设、规范办学行为等工作得到中央、省充分肯定。认真实施基本和重大公共卫生服务项目，进一步提高城镇居民医保、新农合补助标准和基本公共卫生服务人均经费标准，动工建设福州儿童医院等4家医院病房楼，在全省率先建设社区医疗康复体系。加强历史文化名城保护，完成第三次文物普查任务，"三坊七巷"社区博物馆成为全国首家生态（社区）博物馆。积极推进文化惠民工程，提前一年实现所有行政村都建有一家农家书屋。文艺精品创作成效喜人，闽剧《王茂生进酒》入选国家舞台艺术精品工程。成功申办第八届全国城运会，参加第七届全国城运会取得优异成绩，福州成为全国全民健身示范城市试点单位。低生育水平保持稳定，人口与计划生育优质服务进一步加强。民族团结进步创建活动深入开展，宗教事务依法管理更加规范。

（八）着力多办惠民实事，人民生活水平稳步提高。全市各级财政用于民生支出239.65亿元，占公共财政预算支出的65.6%，市本级财政超收的82.3%用于改善民生。年初确定的20件125项为民办实事项目件件有落实。城乡就业保持稳定，城镇新增就业15.32万人，转移农业富余劳动力5.88万人。最低工资标准和企业离退休人员养老金、村（社区）"两委"成员补贴、企业军转人员生活补贴、公益性岗位临时人员工资进一步提高。城镇居民养老保险试点全面展开，新型农村社会养老保险制度实现全覆盖，城乡低保、农村"五保"供养标准进一步提高。社区居家养老服务工作获得"中国城市管理进步奖"。实施663万平方米危旧房（棚屋区）改造，超额完成省下达的保障性安居工程开工建设任务。在全国率先实施蔬菜、猪肉价格协商制度，实行物价上涨与社会救助和保障标准挂钩联动，建设51家平价店，开通"菜篮子"社区平价直通车，较好地平抑市场物价，居民消费价格总水平上涨4.7%，低于全省平均水平。组织开展食品安全大整治，在全国率先将食品安全纳入综治考评，全市食品安全检测全部达标。加强和创新社会管理，流动人口、特殊人群、社会组织、信息网络等服务管理机制不断完善。深化"平安福州"建设，安全生产事故下降20.2%，第三季度人民群众对社会治安满意率达94.75%。积极解决信访积案和历史遗留的留用地补偿、"两权证"办理等问题，及时排查化解社会矛盾纠纷，有效维护省会中心城市和谐稳定。

（九）着力优化行政服务，政府自身建设切实加强。坚持依法行政，全面梳理行政职权，集中清理市政府规章、规范性文件，提请市人大常委会审议地方性法规草案2项，制定政府规章和规范性文件42件。组建成立市行政服务中心，90%以上的行政审批、公共服务事项实行集中办理，做到一个窗口受理、"一条龙"服务、"一站式"办结。建立深入企业常态化服务机制，积极开展"服务企业周"等活动。加强机关效能建设，严格绩效管理，坚决治庸治懒，实施效能告诫133人次。健全完善惩治和预防腐败体系，加强行政监察和审计监督，切实治理工程建设领域突出问题及"小金库"、公务用车等问题，廉政建设和反腐败工作进一步加强。构建完善行政权力阳光运行平台，开通网上办事公开系统。认真执行人大及其常委会决定决议，自觉接受人大及其常委会的法律监督、工作监督和政协的民主监督,积极支持人大、政协开展检查、视察、调研等活动,广泛听取各民主党派、工商联、人民团体和社会各界人士意见建议,办复517件省、市人大代表建议、批评、意见和536件省、市政协提案,满意率分别为94%和99.4%。

2011年各项任务的完成,为市十三届政府的工作划上了圆满的句号。回顾过去的五年,勤劳智慧的福州人民,积极抢抓海西建设机遇,有效应对国际金融危机等挑战,用激情与拼搏,谱写了福州科学发展、跨越发展的辉煌篇章。

通过五年来的努力,综合实力显著增强。全市生产总值年均增长13.9%。财政总收入突破500亿元,地方财政收入突破300亿元,规模以上工业总产值突破5500亿元,全社会固定资产投资突破2800亿元,社会消费品零售总额突破1800亿元,出口总额突破230亿美元,均比2006年翻了一番以上。福州相继获得国家知识产权工作示范城市、全国未成年人思想道德建设工作先进城市、国家创新型试点城市、全国绿化模范城市、全国流通领域现代物流示范城市、中国温泉之都、全国文明城市等称号,并蝉联全国科技进步先进市、全国双拥模范城等称号。

通过五年来的努力,经济结构不断优化。全市三次产业比例已达8.9∶45.8∶45.3。农业向产业化、特色化、现代化方向发展,形成水产、果蔬、食用菌、茶叶、花卉、竹木等特色优势产业。工业加速向南北"两翼"集聚,电子信息、冶金建材、石油化工、生物医药、新材料及能源等重点产业集群不断壮大,形成机械装备、纺织服装、轻工食品等3个千亿产业集群和4家百亿企业。商贸、物流、金融、旅游、文化创意、服务外包等服务业加快发展,城乡消费市场繁荣活跃。自主创新体系不断完善,经认定的高新技术企业达342家,研发投入占地区生产总值的比重由1.32%提高到1.81%,累计创建国家级创新型(试点)企业5家、国家级企业技术中心3家、行业技术创新中心34家、院士(专家)工作站62家,中科院海西研究院落地建设。县域经济实力持续增强,占全市经济总量的比重达52%。

通过五年来的努力,城乡面貌深刻变化。城市建成区面积从177.19平方公里扩展到250平方公里,城镇化率从55.5%提高到62.9%。建成温福、福厦高速铁路福州段,高速公路总里程从275公里增加到427公里,长乐国际机场年旅客吞吐量从379万人次增长到725万人次,福州港成为国家主要港口之一。城市道路总长从275公里增加到870公里,公交出行率从17.3%提高到22.1%,水、电、气、通讯等承载服务能力与城市防灾减灾能力有效增强,市容环境卫生和园林绿化水平切实提升。城市环境综合整治定量考核成绩持续位居全国前列,在中国环境规划院公布的宜居城市监测评价结果中福州位居首位。新农村建设扎实推进,基本实现村村通水泥路、客运班车和广播电视,"万村千乡"市场工程建设基本覆盖所有乡镇,累计完成"造福工程"搬迁2.46万人,帮扶2.38万农村人口脱贫。

通过五年来的努力,改革开放持续深化。市属国有企业改革和公用事业企业改制基本完成,国有资产监管体系全面建立。民营经济持续健康发展。公共资源配置、公共资产交易、公共产品生产等领域的市场运行机制加快完善,土地使用权"招拍挂"出让、工程建设项目招投标、政府采购、产权交易等制度全面实施。农村综合改革不断深化,农村工作机制持续创新。投融资、公共财政、政府机构、行政审批、社会管理及科技、教育、文化、医药卫生等领域改革取得良好成效。对外开放水平进一步提高,按验资口径累计实际利用外(台)资51.69亿美元,在榕投资设点的世界500强企业达87家。榕台交流合作不断取得先行先试的突破,率先实施中央惠台政策,率先开通两岸海上直航,率先签订两岸城市合作协议,率先推动两岸双向投资,率先出台台湾居民申办个体工商户、台商子女入学等政策措施。榕港榕澳合作、海内外友城合作、闽浙赣皖经济协作、闽东北五市区域协作、山海协作、对口支援以及侨务、外事、异地商会等工作扎实推进。

通过五年来的努力,社会事业长足进步。教育均衡化、信息化、现代化水平不断提升,在全省率先实现农村地区"双高普九",鼓楼区获得全国推进义务教育均衡发展工作先进地区称号,马尾区、长乐市率先实行高中阶段免费教育,农民工子女入学、数字青少年宫建设、教育督导、乡土文化传承等工作走在全国前列。覆盖城乡的医疗卫生服务体系、疾病预防控制体系和突发公共卫生事件应急体系基本建立,社区卫生服务中心、乡镇卫生院实现全覆盖,居民健康主要指标居全省前列。精心打造"三坊七巷"文化、船政文化、昙石山文化、寿山石文化等四大闽都文化品牌,"三坊七巷"入选中国十大历史文化名街,寿山石雕等13项非物质文化遗产入选国家保护名录,3个村(镇)入选国家历史文化名村(镇)。10项文艺精品获得全国性大奖,"激情广场大家唱"等群众文化活动形成品牌效应。成功举办全国特奥会等重大赛事,竞技体育屡创佳绩,全民健身活动蓬勃开展。人口计生、民族宗教、新闻出版、广播影视、哲学社会科学、科普、防震、地方志、档案、老龄、妇女儿童、残疾人等各项社会事业全面发展。

通过五年来的努力,民生福祉切实改善。全市各级财政累计用于民生支出718.37亿元,累计为城乡人民兴办实事项目91件351项。城镇居民人均可支配收入、农民人均纯收入分别比2006年增长83.3%和80.3%。累计实现城镇新增就业75.5万人次,转移农业富余劳动力33.9万人次。社会保险覆盖面不断扩大、标准持续提高,低收入家庭生活保障、廉租住房保障应保尽保。累计建成保障性住房8.4万套,改造危旧房(棚屋区)1706.97万平方米。"数字福州"建设扎实推进,便民呼叫中心12345系统、"中国福州"门户网站、政府信息公开、行政权力阳光运行平台建设等工作走在全国前列。社会救助、社会福利、社会优抚、社会慈善加快发展,各类扶贫济困活动广泛开展。"平安福州"建设取得良好成效。信访、人民调解、普法、法律援助、法律服务、社区矫正、青少年事务社工以及国防动员、双拥共建、民兵预备役、海防、人防、反走私等工作进一步加强。

在看到成绩的同时,我们也清醒地认识到,当前福州经济社会发展仍面临不少困难和问题:一是思想观念、体制机制某些方面还不适应科学发展、跨越发展的要求;二是经济综合实力与核心竞争力不够强,创新创业领军人才较为缺乏;三是城市规划建设管理水平还需要进一步提升，交通拥堵、违法建设等问题还比较多；四是城乡之间、县(市)区之间发展不够平衡；五是住房、物价、食品安全等民生问题需要继续认真解决，部分群众生活还比较困难；六是社会管理还需要加强，治安防控体系还不健全，安全生产事故、群体性事件仍时有发生；七是政府效能有待提高，不正之风、消极腐败现象仍然存在。我们要正视这些问题，采取更加积极有效的措施，认真加以解决。

新一届政府努力方向和2012年工作意见

今后五年我市经济社会发展的总体要求是：**高举中国特色社会主义伟大旗帜，以邓小平理论和“三个代表”重要思想为指导，深入贯彻落实科学发展观，牢牢把握海西建设重大机遇，进一步敢为、能为、有为，坚持以科学发展为主题，以加快转变、跨越发展为主线，以改革开放为动力，“三化”并举、“三群”联动、“三维”对接，在更高起点上加快富民强市、和谐宜居进程，建设开放、文明、和谐、幸福的新福州**。今后五年，新一届政府的主要任务：**一是**全面完成“十二五”发展规划，力争地区生产总值比2011年翻一番以上，人均地区生产总值率先赶超东部地区平均水平，地方财政收入翻番；**二是**认真实施《海峡西岸经济区发展规划》，加快构建福州大都市区，凸显省会城市的龙头引领作用；**三是**争取率先建成惠及全市人民的小康社会。为此，新一届政府任重道远，应在以下方面作出不懈努力：

——努力在解放思想上实现新突破。坚持以解放思想为先导，敢于突破常规、敢于先行先试、敢于担当责任，坚决破除自满、畏难、守旧的思想障碍，增强干事创业的志气、勇气和锐气。牢固树立和增强“大福州”观念，进一步站位全局、开阔视野，营造比学赶超的良好发展氛围。全面深化收入分配、国有资产、投融资、公共财政、行政管理、社会管理、公共服务等重点领域改革，推进城乡统筹综合配套改革试验，让发展活力竞相迸发、生产要素集聚涌流。

——努力在产业提升上实现新突破。增强传统产业竞争优势、提高服务业比重、培育壮大战略性新兴产业，打造海峡西岸先进制造业基地和商贸物流中心、自然文化旅游中心、金融服务中心、信息研发中心、服务外包基地及海洋经济强市，争取形成电子信息、机械装备、纺织服装、石油化工、轻工食品、冶金建材等6个千亿产业集群，培育15家以上百亿企业。构建完善以企业为主体、市场为导向、产学研相结合的区域技术创新体系，大力推进原始创新、集成创新和引进消化吸收再创新，争创国家创新型城市。

——努力在对外开放上实现新突破。充分利用国内国外两个市场、两种资源，推进全方位、高水平的大开放，增创以技术、品牌、质量、服务为核心竞争力的开放新优势。建设两岸交流合作先行城市，打造两岸经贸合作的紧密区域、文化交流的重要基地和直接往来的综合枢纽。大力实施“人才强市”战略，推进闽都人才集聚工程，打造海西大都市区人才高地。把环境作为对外开放第一竞争力，按国际惯例办事，按国际水平服务，使福州真正成为投资发展的“福地”和“沃土”。

——努力在统筹发展上实现新突破。更加积极地统筹城乡一体发展，构筑“一核引领、两翼崛起、三带并进”的福州大都市区新格局，建设富裕、民主、文明、和谐的社会主义新农村。更加积极地统筹区域发展，促进与平潭综合实验区的互动联动发展和福莆宁同城化发展，提升对口支援、山海协作、区域协作水平。更加积极地统筹经济社会协调发展，推动社会事业全面进步、文化繁荣发展，争取文化、教育、卫生、体育发展水平进入全国省会城市前列，确保成功举办第八届全国城运会。更加积极地统筹人与自然和谐发展，推进资源节约型和环境友好型社会建设，争创国家生态市。

——努力在改善民生上实现新突破。积极推动城乡居民收入与经济发展同步增长，力争实现倍增。建立健全统筹城乡的社会保障体系和公共就业服务体系，切实保障学有所教、劳有所得、病有所医、老有所养、住有所居。加强和创新社会管理，不断提高基本公共服务均等化程度，促进社会公平正义，深化“平安福州”建设，进一步打造人民满意的幸福城市。

各位代表，2012年是新一届政府的开局之年。当前世界经济复苏的不稳定性、不确定性上升，我们面临的形势更加复杂严峻。做好2012年政府工作，必须牢牢把握稳中求进的总基调，以“稳”为基础，“进”为关键，在“稳”的基础上更多地着力在“进”，突出加快开放型经济发展，进一步稳增长、控物价、调结构、惠民生、抓改革、促和谐。初步安排2012年全市经济社会发展主要预期目标是：地区生产总值增长12%；地方财政收入增长18%；全社会固定资产投资增长18%；出口总额增长12%；按验资口径实际利用外资13亿美元；社会消费品零售总额增长15%；居民消费价格总水平涨幅控制在4%左右；城镇居民人均可支配收入增长12%，农民人均纯收入增长12%；城镇登记失业率控制在3.5%以内；人口自然增长率控制在7.6‰以内；确保完成省下达的节能减排任务。为此，重点应抓好以下工作：

(一)进一步转变发展方式，保持经济持续平稳较快发展。

强化内需拉动。坚持不懈打好“五大战役”，大力推进重点项目建设。初步安排“五大战役”项目520项，总投资6667亿元，年度计划投资968亿元；市级重点项目580项，总投资8700亿元，年度计划投资1200亿元。积极拓宽消费领域，促进居民文化、旅游、健身、养老、家政等服务消费，鼓励发展电子商务、信贷消费等新型消费方式。积极申办全国性、区域性展会，大力拓展会展消费。加强农村流通市场体系建设，继续实施家电下乡和“新网工程”建设，积极开拓农村消费市场。繁荣社区商业，实施“便利消费进社区，便民服务进家庭”工程。

强化创新驱动和品牌带动。积极推进国家创新型试点城市建设，加快建设中科院海西研究院，争取新创建一批国家级、省级创新型企业与企业技术中心。加强科技成果转化运用，促进资金、技术、人才、市场的有效对接，发展行业技术创新中心和软件设计、集成电路、工业设计、动漫娱乐、信息传媒等公共创新服务平台，扩建金山科技企业孵化器。认真实施

制造业信息化工程,支持企业加快技术改造和产品升级。提升知识产权创造、运用、保护和管理水平。大力推进企业品牌建设工程,培育、引进、扶持和保护一批品牌商标、名牌产品。落实和扩大甲供甲控政策,积极支持榕货名优产品拓展海内外市场。

强化对企业及时有效帮扶。健全深入企业常态化服务机制,落实和完善促进企业发展的各项政策,"一企一策"加大对重点企业的帮扶力度。深化政银企合作,建立重点企业资金链保障机制,完善中小企业融资担保体系。拓展债权融资、风险投资等直接融资渠道,支持有条件的企业在境内外上市。加强对企业的用工服务与人才指导,着力帮助企业解决用工困难。支持企业参加重点展会。对小型微型企业免征部分行政事业性收费。从严控制并切实减少涉企的各种检查、评比、表彰、达标、庆典、论坛、研讨会、培训、评价评估等活动。

(二)进一步推进产业转型升级,做大做强实体经济。

加快发展现代农业。全面落实强农惠农富农政策,毫不放松地抓好粮食生产,发展壮大水产、果蔬、食用菌、茶叶、花卉、竹木等特色优势产业,保障"米袋子""菜篮子"安全。鼓励农业规模化、标准化生产和产业化经营,大力发展高效设施农业、绿色生态农业、休闲观光农业和农产品精深加工业、流通业,支持农业品牌创建,推进福清龙田全国农产品加工示范基地等现代农业基地建设。加强林业"五大工程""五大基地"建设。积极促进"农超对接"和"产加销一条龙、农工商一体化",培育壮大农业产业化龙头企业、农民专业合作组织。完善农业科技推广体系,加强农业"五新"推广和农技服务。切实防控动植物疫病,严格农产品质量监管,积极推广畜牧、水产健康生态养殖。加强农村土地整理开发复垦,落实补充耕地任务。

加快发展先进制造业和高新技术产业。认真抓好蓝星化工、中国软包装、中化工程己内酰胺、宝钢德盛不锈钢、兆元光电等一批重大产业项目建设,争取引进落地中航国际通用飞机制造、神华煤电一体化等一批产业龙头项目,力争新培育3家以上百亿企业和1~2个千亿产业集群。大力推动产业向园区集中,提升融侨、元洪、江阴、滨海、青口等现有工业集中区,加快发展可门港工业区、长乐不锈钢深加工产业园、连江铝深加工园、福清光电科技园及洪宽机电园、长乐空港工业区、闽侯经济开发区、罗源湾开发区、闽清白金工业园等一批新兴特色产业园区。鼓励企业组建战略联盟。培育壮大新一代信息技术、生物与新医药、节能环保、光电、软件、物联网等高新技术产业,加快建设海西高新技术产业园、生物医药和机电产业园、福兴智能化产业园区,推动普天新一代信息产业研发和生产基地、联通东南区域云计算产业园、移动福建数据(云计算)中心等大项目落地,力争新增50家以上高新技术企业。

加快发展现代服务业。积极培育"两江四岸"高端服务业产业带,打造海峡金融商务区、闽江北岸中央商务区等现代服务业集聚区,加快建设泰禾城市广场、苏宁广场等一批城市综合体,争取引进落地中石油、中石化福建区域总部及华润城市综合体、中金国际交易中心等项目。积极推进海峡钢贸城、医药城、建材市场和中储粮长乐直属库等项目,加快建设物流分拨中心、配送中心,发展第三方物流企业。推进鼓楼区国家服务业综合改革试点和洪山先进技术服务产业园、台江区海峡电子商务产业基地(二期)建设,培育壮大总部经济、楼宇经济、会展经济。做大做强福建海峡银行、福州农村商业银行,鼓励在榕金融机构发展壮大,广泛吸引金融机构落户福州,支持发展产权交易中心、债券市场等金融平台和小额贷款公司、村镇银行等金融组织,加快建设海西现代金融中心。发展温泉游、闽江游、文化游、生态游、乡村游,推进三江口、贵安、桂湖、琅岐、青云山、东壁岛、鼓岭等一批高端旅游综合体建设和旅游片区开发,建成温泉博物馆,争取"三坊七巷"创建5A级旅游景区,加快打造海西重要旅游目的地。推进游艇码头建设,培育发展游艇产业。大力发展服务外包产业,争取进入中国服务外包基地城市行列。

加快发展海洋经济。紧紧抓住建设海峡蓝色经济试验区的机遇,全面推进"海上福州"建设。认真实施"以港兴市"战略,加强福州港资源整合、泊位建设、航道疏浚、航线开辟,积极打造国际航运枢纽港。加快福州保税港区建设发展,充分发挥其政策功能优势及作用。大力推进"两翼"港区基础设施建设,发展壮大临港工业、港口物流、船舶修造、海洋运输、滨海旅游、海洋生物医药等"蓝色产业",加速构建罗源湾、闽江口、福清湾、兴化湾北岸等海洋经济集聚区。加快海峡西岸(连江)水产品加工基地、海西远洋渔业产业园建设,扶持壮大远洋渔业、水产加工业,有序拓展湾外养殖。实施"碧海银滩"工程,科学合理开发海域、岸线和海岛资源。

(三)进一步加快构建福州大都市区,统筹推进城乡一体发展。

全面构建大都市区发展新格局。高起点、高标准、高水平地加快编制福州大都市区发展规划。全力推动马尾新城和南台岛、晋安等区域成片开发建设。统筹推进福清、长乐、闽侯、连江等周边县(市)同城化发展,加快拓展中心市区。加大扶持力度,积极把闽清、罗源、永泰培育成为大都市特色功能承载区。加快推动福莆宁交通互联互通、产业分工协作、公共服务互动对接,促进福莆宁融合发展、连片繁荣。加强闽东北五市区域协作,推动福州—宁德—南平—鹰潭—上饶发展轴联动发展,壮大海峡西岸东北翼增长极。

大力建设马尾新城。把马尾新城作为中心城市东扩南进、沿江向海的主攻方向和新区拓展的重要载体,深化和完善马尾新城总体规划,构建"两组团一廊道"发展格局。加快建设琅岐闽江大桥、南江滨大道东段等项目,动工建设马尾大桥、沈海高速亭江互通及接线工程等项目,抓紧东部快速通道、三江口—营前桥(隧)工程、福马铁路改建城市轻轨等项目前期工作。积极打造快安商贸文体中心、马江文化休闲综合体、江滨总部聚集区,合理布局和建设三甲医院、知名中小学校等社会事业及公共服务项目,进一步提升马尾新城综合服务功能。

加快提升中心城区功能品位。切实维护规划的权威性和严肃性,提高建设的水平。认真抓好海峡国际会展中心、奥林匹克体育中心、火车南站、火车北站周边及横屿、光明港片区等城市组团建设与景观改造，继续提升金山、五四北等片区，打造具有现代风貌的城市建设精品。坚持多拆少建，疏解老城区人口，实施中心城区200万平方米危旧房（棚屋区）改造，启动南街、津泰路改造，加快“城中村”改造。持续推进光明港、新店溪、新西河、潘墩河等内河综合整治，力争启动内河生态补水工程，努力实现中心城区内河“水清、河畅、路通、景美”，推进城市“绿道”、慢行系统建设。认真实施“点”“线”“面”攻坚计划试点，进一步改变城市环境和面貌。规范和提升住宅小区物业管理，加快解决无物业管理小区问题。持续开展市容环境卫生、交通秩序、违法建设、非法采运砂等专项整治，建设数字城管系统，提高城市综合管理、动态管理、精细化管理水平。

切实增强中心城市承载能力。进一步拓展对外联接通道，支持航空公司在榕设立基地公司、开辟重点航线，加快建设向莆铁路、合福铁路福州段，江阴港、可门港铁路支线，福永高速公路等项目，动工建设京台建闽高速公路、湄重高速公路福州段等项目，推进绕城高速公路东南段、福银高速公路闽清梅溪互通等一批项目前期工作。进一步完善和提升市区路网，动工建设湖东东路、浦党路等一批项目，改造提升五一南路等8条市政道路，启动实施金鸡山隧道整治等项目，争取建成螺洲大桥等12个项目。优先发展公共交通，新增更新公交车450辆，新建公交场站10个，新辟、优化公交线路47条，推进城区地下、立体公共停车场建设。全线推进地铁1号线建设，争取动工建设地铁2号线。实施地下综合管沟建设试点和交通信号灯、支路街巷路灯更新改造，力争完成市区架空缆线下地工作。加快建设福清核电站1号~4号机组等一批能源项目。推进三江口防洪工程、琅岐防洪防潮工程等防灾减灾工程建设。

积极支持和融入平潭开放开发。坚持资源共享、合作共建、互利共赢，认真落实与平潭综合实验区合作框架协议。推动基础设施、市政设施等向平潭延伸拓展，支持平潭第二通道、岛外调水、供电走廊等工程建设，加快渔平高速公路延伸线、长平高速公路等项目建设。强化产业对接合作，大力争取平潭综合实验区优惠政策向福清、长乐等周边地区辐射。以“海峡号”高速客轮开通为契机，联手开发“福州—平潭—台湾”一程多站式旅游产品，构建海峡两岸海上便捷通道。继续在科技、教育、医疗卫生、人才和干部培训交流以及社会保障、公共服务等方面，为平潭综合实验区提供支持与服务。

统筹推进城镇化和新农村建设。加强对县域产业发展的统筹规划，支持县（市）推进产业集聚、延伸产业链条、提升产业层次，因地制宜发展壮大县域特色经济。积极实施“大城关”“大县城”战略，推进县（市）城关扩容提质。深化强镇扩权改革，加快省级试点小城镇、市级示范性小城镇建设，培育一批工业强镇、商贸重镇、旅游旺镇和历史文化名镇。组织开展新农村建设“百村竞赛”活动，认真实施农村“家园清洁行动”和生态家园富民工程，实现村庄规划全覆盖，打造一批综合示范精品村。持续改善农村生产生活条件，完成行政村电网改造，新建和改造农村公路200公里，新增农村客车100辆，新建农村户用沼气池2000口，新建改建农村卫生户厕5000户。加强水利建设，认真实施防灾减灾、农田水利、骨干水利、农村饮水安全、水生态环境治理等工程，新解决30万农村人口饮水安全问题，加快推进大樟溪（闽江）引调水工程、罗源霍口水库、闽清葫芦门水库等一批重大项目前期工作。加强农村“六大员”队伍建设，完善农村社会化服务体系。提高扶贫标准，继续实施整村推进扶贫开发，稳定解决扶贫对象温饱问题，实施新一轮“造福工程”搬迁3000人。加大县级基本财力保障力度，完善对口帮扶、山海协作机制，扶持财政困难县和老少边贫岛地区加快发展。

（四）进一步深化改革开放，精心打造良好的投资发展环境。

构建更加有利于科学发展的体制机制。深化行政审批制度改革，依法最大限度减少审批事项、简化审批环节。有效盘活和统筹用好国有存量资产，做大做强市属投融资平台和产业集团，提高国有资本使用效益。拓展民间投资渠道，鼓励民营企业转型升级，支持民营经济发展壮大。大力推行政府购买公共服务，深化污水处理、垃圾处理、市容环卫、绿化养护等领域的市场化经营、产业化运作。分类推进事业单位改革。推进财政管理体制改革和统计制度方法改革。深化农村综合改革，探索建立统筹城乡一体化发展的体制机制。实施集体土地征收制度改革，提高农民在土地增值收益中的分配比例。

实施更加积极的大开放战略。组建招商投资促进机构，大力拓展“三维”对接，深入实施“回归工程”。加大高端制造业、高新技术产业等领域引资力度，拓展服务贸易领域的利用外资，支持上市企业返程投资。继续实施鼓励外贸发展的政策，大力开拓自贸区市场和新兴市场，推进国家科技兴贸出口创新基地和电子信息产品、船舶、家具及装饰品等重点出口商品基地建设。鼓励扩大重要资源、原材料和先进技术、关键设备进口。支持优势企业“走出去”拓展市场、购买资源、跨国经营。推进海交会市场化运营，提高第十四届海交会办会水平，积极参加第十六届投洽会等重大经贸活动。进一步凝聚侨心、维护侨益、发挥侨力。深化拓展榕港榕澳合作交流，提升海内外友城合作层次和水平。加强与长三角、泛珠三角、海西城市群及闽浙赣皖协作市的交流合作。继续做好对口支援新疆、西藏等工作。

拓展更加常态化的榕台交流合作。加强榕台产业深度对接，争取台商投资区扩区，争取海峡两岸汽车整车贸易口岸获批，争取设立涉台商品原产地认证办公室，加快打造海峡两岸区域性金融服务中心和大陆对台贸易中心。大力发展“海峡旅游”，力争成为赴台个人游试点城市，争取开通黄岐环马祖澳旅游线路。拓展榕台空中直航、海上直航，加快建设海峡邮政枢纽中心、邮政电讯直通口岸。深化榕台农业、科技、文化、教育、卫生、体育、民族宗教、红十字等领域的全方位交流合作，推进闽台文化创意产业园建设，办好“两马”同春闹元宵、海峡两岸合唱节、海峡版权（创意）产业精品博览交易会、海峡（福州）渔业周暨渔博会等特色对台交流活动。

营造更加良好的投资发展软环境。强化“四个服务”理念，办好行政服务中心，推广“厦航式”优质服务经验，切实为投资者提供主动、热情、高效、全程服务。大力推行项目代办

制,开辟“企业直通车”和“项目绿色通道”。进一步推进口岸“大通关”,争取实现罗源湾港区口岸开放。切实整顿和规范市场经济秩序,着力打造“诚信福州”。坚持培养与引进相结合,不求所有但求所用,积极培养引进经济社会发展急需的高层次、高技能、高素质人才,加快建设人才公寓、国际学校和留学人员创业园、大学生创业园,营造更加良好的引才、聚才、育才、用才环境。

(五)进一步强化环境保护与生态建设,积极创建国家生态市。

大力推进节能减排攻坚。积极推广运用节能环保新技术、新设备和新产品,推进50家工业企业重点节能项目建设,加快建陶等重点行业清洁能源改造。认真落实建设项目节能评估审查和环境影响评价、环保“三同时”等制度,全面淘汰皮革、造纸、印染、钢铁、水泥等行业落后产能,坚决取缔“十五小”、“新五小”企业。完善红庙岭垃圾处理设施,争取动工建设第二生活垃圾焚烧发电厂,加快建设洋里污水处理厂三期工程及连坂、浮村污水处理厂厂外管网,进一步提高污水集中处理率和垃圾无害化处理率。大力发展绿色经济、循环经济,加强重点企业和产业园区循环经济改造,推进可再生能源建筑应用城市示范工作与垃圾分类处置试点工作。

认真治理环境重点问题。全面落实环境保护“一岗双责”,加强环境执法监管,抓好创模复查工作。综合整治“三江三溪”等重点流域水环境,严控严管干流及重要支流水产网箱养殖,坚决治理畜禽养殖、石板材加工污染,保障水环境安全。深入开展环保专项行动,加强重金属、餐饮油烟、生活噪声、建筑工地粉尘、机动车尾气等污染专项治理。加强重点污染源在线监测监控,提高环境安全突发事件应对处置能力。

不断提升生态建设水平。认真实施“四绿”工程,造林36.5万亩。启动西湖公园榭坪屿改造,扩建晋安河、光明港沿线滨水带状公园及秀峰路沿线带状公园,实施三环一期、东二环等一批道路和重要交通路口绿化景观改造提升。加强生态公益林、沿海防护林建设管理,继续认真治理“青山挂白”、水土流失。滚动实施农村环境连片综合整治,创建50个省级以上生态乡镇、500个市级以上生态村。完善生态补偿机制,加大饮用水源保护区、自然保护区、生态功能区和闽江口湿地及生物多样性保护力度。

(六)进一步推动文化大发展大繁荣,加快建设文化强市。

全面推进社会主义核心价值体系建设。加强理想信念和社会公德、职业道德、家庭美德、个人品德教育,大力倡导和弘扬“爱国爱乡、海纳百川、乐善好施、敢拼会赢”的福建精神和“海纳百川、有容乃大”的福州城市精神。发展健康向上的网络文化。加强未成年人思想道德建设。做好科学知识普及、人文关怀、心理疏导等工作。坚持“八个持续”“八个提升”,构建文明创建长效机制,让文明福州持续文明。

大力弘扬闽都优秀文化。积极整合闽都文化资源,挖掘民俗文化、宗教文化、少数民族文化内涵,提升闽都文化知名度、影响力,争取“三坊七巷”、福建船政列入中国世界文化遗产预备名录。加大历史文化名城保护力度,抓好“三山两塔”核心区整体保护开发,启动实施朱紫坊、上下杭等历史文化街区和烟台山历史风貌区保护修复。科学合理开发永泰嵩口、长乐琴江、马尾闽安、仓山林浦和螺洲等历史文化名村(镇)资源。加强文物保护,推进非物质文化遗产、传统工艺美术的传承和创新。

加快提升公共文化服务水平。推进海峡图书馆、科技馆、美术馆、群艺馆及工人文化宫等项目建设,争取建成城市发展展示馆,加快打造一批高水平的公共文化设施。创新公共文化运行机制,抓好市博物馆、市歌舞剧院等公益性文化事业单位、国有文艺院团改革改制工作,鼓励社会力量兴办公益性文化事业。加大对公共文化的投入力度,推动公共文化资源向基层延伸、向农村倾斜,建设一批村级文化生态示范点、社区文化中心示范点,继续实施广播电视村村通、文化信息资源共享、县(市)数字影院建设、农村电影放映等文化惠民工程。强化文艺精品创作,在“三坊七巷”规划建设创作基地和名家工作室,积极吸引名家大师集聚。进一步繁荣文学艺术、广播影视、新闻出版和哲学社会科学,加强基层文化队伍建设,扶持发展民间文艺、群众文艺。广泛开展群众喜闻乐见的文化活动,推进中国音协福清合唱基地建设。

积极培育壮大文化创意产业。加大文化产业发展扶持力度,培育壮大工艺美术、动漫游戏、文化休闲旅游、设计创意、现代传媒、文化会展、广告创意等七大重点产业。推进国家影视动漫实验园建设,争取成为海峡西岸国家级数字出版基地。提升现有文化创意产业园区发展水平,建设寿山石旅游文化城、海西创意谷、海峡文化创意产业基地、海西文化创意产业园等一批重大项目。积极打造一批大型骨干文化企业集团,培育发展新兴文化业态。

(七)进一步加强社会建设与管理,大力提高公共服务水平。

持续推进教育优先发展。进一步优化教育资源配置,提高各级各类教育办学水平和教学质量。新建和改扩建50所公办幼儿园,大力发展普惠性、公益性幼儿园。新建和改扩建50所中小学,建设400所以上义务教育标准化学校,确保90%的中小学通过义务教育标准化评估。推进普通高中多样化发展。增强市属高校办学特色。大力发展职业教育,规范发展民办教育,办好特殊教育、老年教育、成人教育,加快构建现代化终身教育体系。深入实施素质教育,大力推进校园文化特色品牌建设,筹建学生综合实践基地。推行义务教育“小片区”管理改革,加快培养名优骨干教师。加强学校安全管理,大力推广国标校车。完善家庭困难学生资助制度。

切实提高全民健康水平。积极推进省立医院金山分院、利嘉医院和黄山片区医院等三甲医院建设。加快市属公立医疗机构建设发展,动工建设市二医院内科病房楼、市中医院病房楼等一批项目。改造提升18家乡镇卫生院、社区卫生服务中心和1024个村卫生所,加大基层全科医生和乡村医生培训力度。规范发展民办医疗机构。认真实施国家基本药物制度,完善药品集中采购配送机制。加强公共卫生服务,提高疾病预防控制和突发公共卫生事件应急处置能力。扶持发展中医药事业。推进居民健康信息系统平台建设,争取实现全市医疗机构就诊信息共享。规范和加强医患纠纷调处工作。筹建红十字999救援中心。深入开展爱国卫生运动。稳定低生育水平,实施“生育文明·幸福家庭”促进计划,推动人口长期均衡发展。

认真筹办第八届全国城运会。把办好城运会与改善民生、提升城市有机结合起来,切实让福州因城运会而更精彩。及早备战城运会,组建成立城运会筹办机构,吸引一流人才参与策划,提高城运会组织水平。高效优质抓好海峡奥林匹克体育中心、运动员村等场馆和配套设施建设。加大优秀运动员培养引进力度,提升竞技体育水平。认真贯彻《全民健身条例》,组织开展“全民健身与城运同行”活动,争创全国全民健身示范城市。

大力加强和创新社会管理。加强基层基础工作,完善社区办公场所、服务设施,进一步提高村(社区)“两委”成员待遇。加大流动人口服务管理和特殊人群教育帮扶力度,实施流动人口居住证服务管理制度,建立全市流动人口综合信息服务管理平台,推进社区矫正、青少年事务社工等工作。继续办好便民呼叫中心12345系统、“中国福州”门户网站、市民卡系统、政风行风热线等便民利民公共服务平台。完善社会稳定风险评估和领导干部下访、接访、约访等制度,加强“大调解”工作,切实排查化解社会矛盾纠纷。完善社会治安防控体系,实施视频监控系统续建工程、社会视频监控资源整合工程,严厉打击违法犯罪活动,进一步提高人民群众对社会治安的满意率。全面开展企业安全生产标准化建设和创建安全社区等活动,完善公共安全预防预警和应急处置体系,有效防范和坚决遏制重特大安全生产事故发生。做好“六五”普法和法律援助、法律服务、司法鉴定等工作。进一步扩大基层民主和群众自治,支持做好村级组织换届工作。加强民族宗教工作。深入开展创建双拥模范城(县)活动,积极支持国防和部队建设,加强国防动员、民兵预备役和海防、人防、反走私等工作。

(八)进一步以人为本改善民生,不断提升人民群众的幸福感和满意度。

努力促进城乡居民收入持续增长。实施更加积极的就业政策,争取实现城镇新增就业13.3万人,转移农业富余劳动力4.6万人。加快构建城乡统一的就业援助、就业服务体系,加强职业技能培训,重点帮扶高校毕业生、农民工、就业困难人员、零就业家庭、退役军人等群体就业。支持自主创业、自谋职业、灵活就业,着力增加居民财产性和经营性收入。稳步提高最低工资标准和企业工资指导线,完善工资正常增长机制和支付保障机制。深化和谐企业创建,推行工资集体协商,加强劳动关系三方协调,维护劳动者和企业合法权益。

稳步提高社会保障水平。加快完善均等化的社会保障公共服务体系,着力构建城乡一体化的社会保障工作格局,进一步扩大社会保障覆盖面。提高企业职工基本养老金,推进城镇居民养老保险制度全覆盖,继续做好新型农村社会养老保险和被征地农民养老保障工作。健全城镇职工、城镇居民基本医疗保险和新型农村合作医疗保险制度,对城乡困难居民实施大病医疗救助。完善城乡低保制度,提高城乡低保、农村“五保”供养标准和城乡社会救助水平。改善优抚对象和革命“五老”人员待遇。加快发展老龄服务事业、服务产业,力争实现城市社区居家养老服务中心、服务站全覆盖,推行互助型农村养老服务模式,加强县级社会福利中心、农村敬老院建设。强化妇女儿童、残疾人、青少年等工作,推进海峡妇女儿童活动中心、残疾人康复就业培训中心建设。加快建设救灾物资储备库。大力发展社会福利、社会优抚和社会慈善事业。

着力解决民生热点问题。认真实施以公共租赁房、廉租房、政策性安置房为重点的保障性安居工程建设,争取建成或基本建成2万套保障性住房,新开工建设4万套保障性住房。满足群众多层次、多样化的住房需求,促进房价合理回归,推动房地产市场健康发展。全面推广和谐征迁工作法,切实保障群众合法权益,妥善安排被征地拆迁群众生产生活出路。争取全面解决历史遗留的留用地补偿、“两权证”办理等问题。着力保障市场供应量足、质优、价稳,新增蔬菜基地1万亩,提升生猪基地31家、禽蛋基地22家,加强粮食、蔬菜、副食品储备和农副产品、主要商品价格监测预警,继续实施物价上涨与社会救助和保障标准挂钩联动、主要农副产品价格协商等机制。进一步建设“食品放心工程”,坚决治理“餐桌污染”,健全完善食品安全信息可追溯体系和监测公示制度,确保食品药品安全。坚决打击商业欺诈、制假售假行为,加强消费者维权工作,保障广大群众放心消费、安全消费。

(编辑　黄　铭)

盘点2011：福州，福年

2011年是"十二五"规划的开局之年，福州围绕"富民强市、和谐宜居"的发展定位，从年初提出建设人民幸福的"有福之州"，到岁末喜获"全国文明城市"殊荣，结出累累硕果，市民感觉身边发生不少变化：多条内河经过整治成为市民散步休闲的好去处，地铁施工如火如荼地进行，全线贯通的三环主路使城市交通跃上一个台阶，刚刚启用的福州市行政服务中心让市民和企业得到更便捷的服务……盘点2011年，宜居福州度过一个有为的幸福年！

福州荣获全国文明城市称号

12月20日，中央文明委在北京召开全国精神文明建设工作表彰大会，福州荣获全国文明城市称号。当晚，"全国文明城市"牌匾抵达福州。

全国文明城市称号是城市综合性的最高荣誉，是城市整体实力和综合竞争力的重要体现。通过创建全国文明城市，福州持续推动经济和社会事业发展，不断提升城市竞争力，遵循"为民、惠民、利民"的原则，以实实在在的创建成果赢得广大市民的认可和支持。在2009年、2010年全国城市公共文明指数测评中，福州均取得较好成绩，2009年11月还被中央文明办授予"全国未成年人思想道德建设工作先进城市"称号。在去年中国环境规划院公布的环境宜居城市监测评价结果中，福州位居全国省会城市和副省级城市榜首。

2011年上半年，全市地区生产总值1490.13亿元，比增13.1%，其中工业增加值增速位居东部沿海省会城市第一位。在2011年中国社科院发布的《中国城市竞争力报告》中，福州经济结构竞争力位居第七位。此外，目前福州建成区绿化覆盖率提高到40.3%，人均公园绿地面积达11.15平方米，成为全国最"绿"的省会城市之一。在2011年中国社科院发布的《中国城市生活质量指数报告》中，福州居民生活水平居30个省会城市和直辖市第三位。福州公众教育满意度位居全国30个省会城市第三名。福州在全省率先开展城镇居民养老保险试点工作，首创"社区居家养老"模式，让空巢老人不出家门就能享受政府提供的无偿服务。持续创建文明城市还繁荣了城市文化，优化了发展环境，市民素质和城市文明程度不断提升。

整治内河打造东方水城

自古以来，福州就是一座美丽的东方水城。20世纪后半段，城市化进程加快，内河一度成为"排污渠""臭水沟"。2011年初，市委、市政府提出推进75条内河综合整治，年底前实现"水清、河畅、路通、景美"。

3月起，福州75条内河陆续吹响整治号角。通过截污、清淤、引水补水、驳岸整治、景观改造等措施，安泰河、白马河、港头河、磨洋河等重点景观河道环境有了翻天覆地的变化。

8月5日，光明港整治工程启动，提出打造成综合性城市滨水公园，绿化带面积有60多公顷，相当于再建一个闽江公园。"十一"长假期间，安泰河首次推出"袖珍福船"内河游览。随后，白马河也实现通航。

至年底，福州75条内河整治工程已全面铺开。白马河、安泰河、港头河、五四河、光明港一支河、达道河基本完成步行道及景观建设，部分内河的整治效果得到初步显现。下一步，福州市将在第一阶段完成河道清淤、驳岸整治、沿河截污的基础上，用3～4年时间对本次整治的河道逐步进行景观改造。

市行政服务中心启用

12月25日，位于温泉公园路69号（原福州温泉会展中心）的福州市行政服务中心正式启用。全市约90%的行政审批和公共服务事项在该中心实现集中办理。服务中心以"一个窗口受理、一条龙服务、一站式办结、一个平台收费"的运行模式，为群众提供更加便捷、高效的政务服务。

福州市行政服务中心总建筑面积5.8万平方米，一期使用面积2万多平方米，是目前全省面积最大的行政服务中心。

全市有45个部门和单位、591个审批和服务事项入驻市行政服务中心，从而使全市约90%的行政审批和公共服务事项实现集中办理。该中心有工作人员近400人，其中37个部门或单位在这里常设109个窗口。

按照规定，服务事项只能由市直部门和单位派驻在中心的窗口受理，严格实行“一个窗口对外”，市直部门和单位一律不得另行受理，不得绕开服务中心的窗口直接与申办人接触；接受咨询、收件、补件、出件等工作一律在该中心的窗口进行，现场勘察、技术检测、专家论证、社会公示等环节一律由该中心窗口组织安排，坚决杜绝“体外循环”。

榕城刮起“平价惠民风暴”

“菜篮子”工程一直以来都是市委市政府关注的重点。9月17日，省委常委、市委书记杨岳上任伊始就调研福州市市场供应，对抓好“菜篮子”工作、稳定市场价格作出重要指示。随后，福州市出台措施对5种蔬菜、4种猪肉实行协商价，并通过开设平价菜店，开通“菜篮子”社区平价直通车等手段，对市场价格进行调控，从而让福州菜价一直保持在合理水平，老百姓从中得到实惠。

至年底，50家平价菜店已启动。而在9月26日，20部“菜篮子”社区平价直通车开进社区，老百姓得以购买到比超市和农贸市场售价更低的平价菜。

平价惠民风暴并非局限于“菜篮子”。榕城几家主要超市响应政府号召，11月纷纷推出平价商品区，商品售价比市场价普遍便宜10%～20%。14家国有粮店也于12月11日开始统一销售1900吨惠民大米，每500克仅卖1.75元。福州晚报则开通读者绿色超市，直接将食品生产供应基地和老百姓对接起来。

地铁1号线13个站点开工

福州人离坐地铁的步伐又更近了，地铁1号线三叉街站围挡施工后，地铁1号线全线13个站点（象峰站、罗汉山站、东街口站、南门兜站、上藤站、白湖亭站、葫芦阵站、三角埕站、排下站、城门站、火车南站东西延伸段、斗门站、三叉街站）都已经围挡，即主体结构已开工建设。

地铁1号线全长29.2公里，起点新店象峰站，经火车站、省政府、鼓屏路、茶亭公园，过闽江，经则徐大道到火车南站，最终至规划的东部新城，共设24个站点，分两期建设，一期建21个站点，二期建3个站点。茶亭站已经完成，火车南站主体工程已经完工，正在进行东西延伸段建设。

2012年6月，地铁1号线将开始实施盾构机施工，盾构机将从排下站与葫芦阵站开始施工。地铁1号线预计2015年试通车，地铁2号线预计2016年建成。

三环路主路年底贯通

12月底，福州市第二条全封闭快速路——三环路主路实现贯通。从新店上三环路经洪塘立交到淮安只要10分钟时间，福州新增一条快速进出城通道。

三环路全长约50公里，宽80米～100米，主路双向6车道，辅路双向4车道，设计时速80公里，全线不设红绿灯、收费站，走完环线全程大约只需40分钟。整个项目包括12座大型互通立交、6座分离式立交、2条隧道、2座跨江大桥，总投资约97.6亿元。

福州成央企投资“沃土”

12月11日，福州市与中央企业项目合作洽谈暨签约仪式在北京举行，传来令人振奋的消息：中航国际（香港）集团有限公司拟在福州投资约220亿元建国际航空城；中铁股份有限公司总投资260亿元2012年启动建设福州地铁2号线BT项目和盾构机等高端制造业项目；华电集团拟在福州总投资338亿元建设能源项目等；还有总投资120亿元的中石油集团福建LNG接收站项目、中石化福建总部大厦建设项目、神华集团投资200亿元的国家级煤炭应急储运基地煤电一体化项目、中国黄金集团中金国际交易中心，以及中国交通建设股份有限公司总投资约150亿元参与马尾大桥、乌龙江江底隧道等项目建设。

签约仪式上，21个新项目上台签约，总投资2256亿元。这是福州迄今为止规模最大、规格最高的与中央企业合作洽谈签约活动。

至年底，已有15个央企项目落户福州，总投资2000多亿元。其中，5个项目已竣工投产，总投资286亿元。

榕城房价下降已成趋势

“不分楼层一口价，每平方米8888元”，“房价大革命！低至每平方米6000元起”……岁末，榕城房产市场上，不少房产商开始年终冲刺，打出的价格也是一个比一个吸引人。

2009年之后，福州楼市价格暴涨。尽管2010年国家重新开始进行楼市调控，但是房价上涨的巨大惯性却让不少人觉得房价下跌前景渺茫。根据本地房产营销机构统计的数据，2011年6月以前，福州楼市的平均销售价格基本在每平方米11000元以上，多次月均销售均价达到每平方米13000元以上，甚至在某机构的“全国房价排行榜”上多次冲入前六名。

不过，在全国房价下跌的背景下，榕城房价最终无法“独善其身”，在10月份之后出现拐点，形势急转直下。惨淡的“金九银十”之后，面对房子难卖的现实，部分开发商开始降价促销。有的开发商隔几周就推出一批“特价房”，价格为之前房价的8～9折；有的开发商与中介合作，私下推出价格比售楼部低大几百元的“一、二手联动房”……一时间，不管降多降少，至少降价已经成为趋势。

首部山体保护规划出台

福州城内有58座主要山体，为充分保护和利用城市山体自然资源，打造山水宜居城市，市委、市政府高度重视山体保护和开发利用工作。3月16日，福州市向市民征集58座山体的规划设计“金点子”，为刚刚完成编制的《福州市山体保护规划（草案）》建言献策。此后，共征集到千余条意见。

《福州市山体保护规划（草案）》是福州首部山体规划。规划主要对山体空间格局、用地功能、视线通廊、景观环境等方面提出规划控制要求。其中规定，保护福州市城市山体的总体格局，重点是保护“三山、两轴、一环”的城市山体空间格局，同时提出对58座山体分3级进行保护。

记者从福州市规划局了解到，《福州市山体保护规划》已基本完善，并将出台具体的山体保护管理办法。福州市园林局在采纳部分意见后，将对屏山、烟台山、城门山、天马山等多座山体公园的设施进行完善。

福银高速南连接线试运营

11月12日，福银高速公路福州南连接线建成通车试运营。

福州南连接线项目是海峡西岸经济区高速公路网的重要

组成部分,起于祥谦互通收费站,与螺洲大桥南接线衔接,设置祥谦十字枢纽互通与三福高速公路衔接,向南经琯前、澜澄、井下、三溪口、上梨园、联丰等,与沈海高速公路衔接。

路线全长14.166公里,双向六车道,起点至祥谦互通每小时100公里,其余路段每小时120公里。主要控制工程有:祥谦收费站、祥谦枢纽互通、虎山隧道、三溪口大桥、四峰隧道、上梨园隧道、联丰明洞及联丰1号、2号大桥等。

项目建成通车后,福州往厦门方向在原秀宅经乌龙江大桥、青口枢纽互通通道的基础上,将新增祥谦互通经福州南连接线通道(双向6车道)。两个通道均与沈海线已完成扩建的福泉高速公路(双向8车道)对接,大大增强进出福州市的交通能力。同时,新通道缩短福州市南向进出城行驶里程。

据测算,走新线从福州南互通方向至相思岭隧道比原先走青口枢纽互通近约4公里。建设中的螺洲大桥通车后,从市中心往泉州方向,经螺洲大桥、南连接线比秀宅经乌龙江大桥通道可近约5公里。

智能便民自行车投入使用

5月17日,鼓楼区推出"智能便民公共自行车服务"建设计划,当初计划建设21个站点。此后考虑到市民需求,最终一期工程建设24个站点,其中有18个站点设在限摩限超电路段。

6月19日举行启动仪式后,在福州务工的小伙子曹其华成为福州市首个办理租车IC卡的市民。智能便民公共自行车运营不到一个月,一期600辆便民自行车累计使用上万人次,办卡人数也达到1000多人。几个月过去,智能公共便民自行车系统已逐渐被市民接纳。

此后,鼓楼区启动二期建设项目,计划增设服务站点34个、便民自行车约1000辆。至年底,正在进行站点智能锁柱、安防设备的招标工作,二期建设项目力争2012年3月底前投入使用。

第二届榕台大学生新闻营顺利举行

7月21~28日,由《福州晚报》、台湾财团法人大硕青年关怀基金会、葡萄藤社区社群网、台湾《新新闻》周刊共同主办,福州市台办、福州世欧地产协办的第二届榕台大学生新闻营在宝岛台湾顺利举行。

7月21日中午,经"小三通",《福州晚报》总编辑黄秀泉带队,赴台交流的25名学子抵达台北,在台北松山机场受到台湾主办方的热烈欢迎。来自台湾政治大学、世新大学、台北大学、成功大学等台湾高校的18位营员,台湾财团法人大硕青年关怀基金会与新新闻、桃园新报等10多家台湾机构、媒体,以及福建省广播影视集团驻台记者到场接机。当天下午,新闻营在台欢迎会在台湾大同大学纪念馆举行。

在为期4天的新闻营学习生活中,台湾主办方为营员们安排丰富多彩的研习、采风活动,得到全团成员的交口称赞。台湾知名媒体人、大牌主播的加盟及台北多点采风,让两岸40多名营员对榕台两地深厚的"五缘"有进一步体验。

第二届榕台大学生新闻营为两岸营员安排了2天的采风活动,营员先后前往台北、埔里等地交流,在雨后的日月潭欣赏落日、在云雾缭绕的阿里山跳舞。本次榕台大学生新闻营营员采风的足迹已经从台北延伸至宝岛中部。营员们不仅饱览了宝岛的自然风光,更领略了风土人情、传统艺术,还体验了台北都市文化的魅力,可谓收获良多。

抓获嫌犯数居全省第一

从5月26日起,全国公安机关开展为期204天的网上追逃"清网行动"。福州市公安局全警动员,取得显著成效。截至12月16日零时,全市到案嫌犯4205名,抓获数位居全省第一,在全国省会城市中排名第一,清网率达到88.99%。行动中,市公安局抓获公安部B级通缉犯4人、部省督嫌犯30人、故意杀人嫌犯69人、潜逃10年以上嫌犯588人。全市规劝投案自首嫌犯2847人。

12月16日,福州市公安局被公安部记集体一等功。

(摘自《福州晚报》2011年12月27日A8版,记者陈鹤、何佳媛、赵爽、邱泉盛、张秀冰、江海、叶松、毛小春、吴德峰、程明报道。)

开局之年福州开局良好

——数字解读市委常委会工作报告

2011年以来,市委常委会在中央和省委的坚强领导下,深入实施《海西规划》,继续打好五大战役、大干"十二五"开局之年,预计全年实现地区生产总值3705亿元,增长13%。细读市委常委会工作报告,一串串数字见证了福州市在加快建设开放、文明、和谐、幸福的新福州进程中,经济社会各项事业发展取得的新成效。

超额完成五大战役投资任务

2011年,福州市实施五大战役项目485项,完成年度投资1123亿元,占年度投资计划的116.9%。实施市级重点建设项目535项,完成投资1100亿元,为年度计划的106.6%,建成或基本建成100个项目,新开工建设160个项目。

3个千亿产业集群初步形成

抓龙头、铸链条,全力推进198项工业重点项目建设,锦源纺织等一批项目已投产或部分投产,宝钢德盛不锈钢等97个项目动工建设,引进中化工程己内酰胺等龙头项目取得突破,初步形成机械装备、纺织服装、轻工食品等3个千亿产业集群和4家年产值过百亿的企业。

打造旅游目的地城市

2011年,仓山万达广场、北区水厂源脉温泉等一批服务项目建成开业;1~11月金融业增加值达147.13亿元;温泉游、闽江游、文化游持续升温,全市接待游客2696.75万人次;举办222场全国性、区域性展会,全市社会消费品零售总额居全省第一。

县域经济充满活力

前三季度全市县域经济总量1159.13亿元,占全市地区生产总值比重的48.9%,福清、长乐、闽侯进入全国百强县(市)行列。工业经济加快向南北两翼地区集聚发展,东南电化、耀隆化工、青岛啤酒等城区工业企业搬迁改造取得明显进展,1～11 月南北两翼四县(市)完成规模以上工业产值 2575.4 亿元,占全市比重达 52%。

地铁 1 号线所有站点动建

大力推进城区交通、市政等基础设施建设,三环路基本实现全线贯通,地铁 1 号线所有站点动工建设,林浦大桥、淮安大桥将于年底建成,螺洲大桥、琅岐闽江大桥加快推进,57 条市政道路、街巷改造基本完成。实施公交优先战略,首次引进 CNG 环保公交车,2011 年以来新辟公交线路 42 条,新增、更新公交车 785 辆。城区污水处理率达 95%,城市生活垃圾无害化处理率达 98.8%。中心城区 75 条内河整治已完成总投资的 65.22%,基本完成白马河、安泰河两岸景观提升。

城市宜居品质有力提升

2011 年,福州市集中清理违法建设 1674 处、拆除面积 29.19 万平方米,拆除广告牌和店牌店招 1.3 万面,完成 13 条道路沿线 502 栋建筑立面改造,基本完成主城区架空缆线下地。新增城市公共绿地 100 万平方米,建成面积 10 公顷的琴亭湖公园,道路绿化普及率达 100%。生态环境质量及城市环境综合整治定量考核成绩持续位居全国前列,城区空气质量优良率达 98.5%,市级集中式饮用水源地水质达标率达 100%。

为民办实事件件有落实

年初确定的 20 件 125 项为民办实事项目,件件有落实;海峡奥体中心、海峡图书馆、海峡妇女儿童活动中心、福州市工人文化宫等民生项目进展顺利。预计全年全市新增城镇就业 15 万人,转移农业富余劳动力 5.5 万人,城镇登记失业率为 3.2%。新建、改扩建金山七期小学等 23 所中小学,完成 400 所义务教育学校标准化建设,基本完成中小学校安工程三年建设任务,实现每个乡镇(街道)至少有一所公办幼儿园,建成数字青少年宫活动室 238 间。

保障性住房任务超额完成

截至 11 月底,全市各类保障性住房综合开工率达 106%,基本完工率、主体地上施工率、基础施工率均达到国家和省里的要求,超额完成省下达的保障性住房开工建设任务。

食品安全检测指标全部达标

在全国率先开展蔬菜、猪肉价格协商制度等一系列综合性调控,建设 51 家平价商店网点,开通 20 个"菜篮子社区平价直通车",居民消费价格总指数上涨 4.7%,低于全省平均水平。落实物价上涨与社会保障联动机制,累计发放价格补贴 1005.31 万元,受益对象 22.79 万人次。在全国率先实行食品安全"一票否决制",全市食品安全检测指标全部达标。

(摘自《福州日报》2011 年 12 月 28 日 2 版,记者李效翔、黄戎杰报道。)

创"闽都"新局　建"有福"之州

——福州城市建设与发展纪实

10 年前,在福州二环内还能听到机器轰鸣的噪音,现在工业已逐渐淡出主城区;5 年前,在福州购物逛街首选人挤人的东街口,现在则会直奔住宿、购物、娱乐一站式消费的万达广场;2 年前,在福州出行概念只有公交车和出租车两种选择,现在地铁 1、2 号线陆续开建,内河"水上公交"也即将登场……

福州变大了、变繁华了、变方便了——这是近年来福州老百姓的切身感受。经过多年的建设发展,这个"山、河、湖、海"一应俱全的海峡西岸省会中心城市正由"有福之州"向富强之城、文明之城、美丽之城齐头并进。

加快产业转型升级构建福州大都市区

走进福州的中心城区,一幢幢商务楼、金融大厦、写字楼拔地而起,蔚为壮观。除了代表城市建设的现代性,这些高楼大厦还是"楼宇经济"的重要载体:在城中黄金地块的鼓楼区,一幢普通的写字楼一年产生的税收竟能过亿元。福州市近年来着力推进产业布局优化、产业转型升级和经济结构调整,日渐红火的"楼宇经济"即是其中亮点之一。

近年来,曾经记载福州产业特征的城区老路段如"化工路""工业路"等已名不副实。根据规划,福州中心城区工业布局按照"三环两带一走廊"进行调整,明确"二环以内",工业基本撤离,建成以服务业为主的商业金融中心;"二环与三环之间",主要发展都市型工业、高新技术产业和都市先进制造业;"三环以外",主要发展先进制造业高新技术产业和特色产业集群。

福州工业产业结构也进一步优化,各大支柱产业呈现出各具特色的发展态势,并逐步由电子行业"一业独大"的局面,发展形成电子信息、机械制造、纺织服装化纤、轻工食品、冶金建材等五大产业共同支撑,石油化工、新材料与能源、生物医药加快发展的产业格局。同时,现代物流、金融、信息服务、商贸、旅游、文化产业、服务外包等现代服务业发展迅猛,2010 年全市三次产业结构比例优化为 9.0:44.9:46.1。

福州经济总量年年有新跨越,发展质量年年上新台阶。2007 年,地区生产总值突破 2000 亿元;2008 年、2009 年,在国际金融危机的大背景下,地区生产总值仍保持 13% 以上的增长速度;2010 年,地区生产总值达 3123 亿元;2011 年上半年,全市经济延续快速增长势头,实现地区生产总值 1490 亿元。

随着海西建设的深度推进,福州也面临着发展腹地不足、产业转移转型加剧、带动效应无法充分释放等格局性问题。为此,在福建省的统筹协调下,福州与上下相邻的宁德市、莆田市"优势互补、抱团发展"的战略被提出,三地"同城化"发展摆上议事日程。

福州市委副书记、代市长杨益民表示,构建福州大都市区,推进"福莆宁"同城化发展,是一件三方共赢的好事,必将产生 1+1+1>3 的效果。同时对于加快推进海西区域经济一体化,共同打造布局合理、功能完善、联系紧密的城市群具有十分重要的意义。

坚持民生优先促进社会和谐

"仓廪实而知礼节,衣食足而知荣辱。"民生水平是对一个城市文明程度的重要考量。

60 岁以上的老人只要拨打一个电话,就能享受就医、送餐等一系列服务。这是福州市推出的居家养老服务模式。“非常方便,让我们切身感受到社区的温暖。”年近70岁的老人郑景俊说。

据福州市民政局介绍,2008年,福州市出台政策,在城区成立居家养老服务中心、街道成立居家养老服务站、社区成立居家养老服务点,现已建立起以居家为基础、社区为依托、机构为补充的养老服务体系。

每当夜幕降临,福州各大公园里总能听到一阵阵欢快的歌声,这就是当地久负盛名的“激情广场”大家唱。在政府的支持和引导下,“激情广场”大家唱已成为福州群众性文艺活动的经典场景。

近年来,福州的财政支出结构日益优化,教育、医疗、住房、社会保障……这些群众关心的热点难点问题,成为福州市新增财力、公共资源、工作力量倾斜的重点。据福州市财政局介绍,2011年上半年,福州市财政民生支出达92亿元,占一般预算支出的63%。

为解决群众出行难问题,福州市在本身财力不是太雄厚的基础上争取上马地铁项目。目前地铁1号线建设正如火如荼,地铁2号线也在筹建之中。“城里的学校既整洁又美观,还可以天天和爸爸妈妈在一起。”在晋安区一所小学就读的农民工子女小叶说。从2007年起,福州市陆续出台一系列政策,保障农民工子女平等受教育的权利。

2010年底,在福州打工多年的许明新搬进了东山新苑三期的社会保障性住房。据福州市城乡建设委员会介绍,福州市2011年将继续加强保障房安居工程的建设力度,建设计划达全省总量的40%。

在医疗方面,福州市的城区社区卫生机构公共卫生服务达到全覆盖,居民在家门口就可享受到康复医疗。福州市的城镇职工和居民基本医疗保险参保率超过97%,新型农村合作医疗参合率达到近98%,财政补助标准也逐年提高。“住有所居、学有所教、病有所医、老有所养”,按照这一目标,福州市在民生保障方面加大投入、加量工作,使得城市居民生活水平和满意度不断提高。

呵护青山绿水　打造一流环境

2011年“十一”长假期间,环绕福州著名历史街区“三坊七巷”的安泰河首次运行“袖珍福船”内河游览,引来众多游人参与。经过整治后的安泰河重现浆声灯影的“小秦淮河”景象,河水清澈见底,两岸古香古色的历史建筑倒映其间,一条条鲜亮的锦鲤在荷叶和藤萝间往来穿梭,船行水里,人在画中。

2011年成为福州的内河整治年,这一年,福州将基本完成闽江以北城区67条内河和南台岛流入闽江8条内河的综合整治。经过清理违建、截污疏浚、景观改造等一系列整治,福州内河从原来的“水发黑、味难闻”变成城市中流动的景点,并有望陆续开通“水上公交”。

经由持续改善城市环境的努力,福州正朝着山水园林城市稳步迈进。福州市园林局局长刘晓明说,为了实现“显山露水”,福州市依据“山环水绕、面江向海”的自然条件,严格控制山水周边的城市建设,保护利用城市山水资源。同时持续加强植被和地貌保护,加大城市园林绿化投入。截至2010年底,福州市建成区绿化覆盖率达40.3%,人均公共绿地面积11.15平方米,绿地率36.9%。在城区,市民出门步行500米便有公园、绿地和广场。

据福州市环保局局长纪建平介绍,福州市在“十一五”期间投入175亿元,建成洋里污水处理厂二期、连坂污水处理厂等76项重大环保基础设施。同时,以火电、钢铁、纺织印染、建陶等行业整治为重点,推进节能减排工作,超额完成“十一五”减排任务。福州市还加快城区工业企业搬迁,通过优化产业结构,调整城市布局,强化工业园区环境管理,改善环境状况。

近年来,福州市的生态环境质量各项指标持续位居全国前列,连续多年保持“国家环保模范城市”称号。

除了生态保护和建设,福州城市“软环境”建设方面也不断加大力度,先后大规模开展市容市貌、交通秩序、中小餐馆、农贸市场等五大类20项专项整治工作,着力营造整洁有序的社会环境。

(摘自《福州日报》2011年11月17日2版,据新华社福州11月16日电。)

2011年福州市“五大战役”建设工作情况

2011年,福州市各级各部门以科学发展观为指导,围绕《海峡西岸经济区发展规划》,全面落实省委、省政府作出的“继续打好五大战役,大干‘十二五’开局之年”的工作部署,全面超额完成“五大战役”年度目标任务,为推动福州市科学发展、跨越发展作出贡献。

2011年福州市实施“五大战役”项目485项,总投资6354.63亿元,年度计划投资960.28亿元,累计完成投资1214.2亿元、比增48.7%,达到年度投资计划的126.4%,比年度投资计划多完成253.92亿元,并于11月底超额完成年度投资计划,提前1个月全面完成市级“五大战役”项目年度目标任务,且五个战役项目完成投资数均超过年度投资计划,具体情况如下:

重点项目建设战役成效凸显。实施项目62项,总投资1769.17亿元,年度计划投资216.5亿元,累计完成投资235.81亿元、比增6.5%,达到年度投资计划的108.9%,比计划多完成19.13亿元。汽车客运南站、闽侯新南港大桥及接线工程、海西(永泰)创意产业园区等项目开工建设,福州至泉州高速公路扩建工程(福州段一期)、福州南出口连接线工程、福州港可门作业区4号和5号泊位工程等项目建成或基本建成。

新增长区域发展战役快速推进。实施项目161项,总投资2204.89亿元,年度计划投资260.11亿元,累计完成投资326.8亿元、比增39.7%,达到年度投资计划的125.6%,比计划多完成66.69亿元。福清核电站1~4号机组累计完成投资88.75亿元,占市级“五大战役”项目投资总量的7.3%,所占比重全市最大。经纬新纤科技,金纶高纤三、四期,连江东雁文化旅游综合体等项目开工建设;上润二期暨智能执行器、福融辉BOPP第二条生产线、罗源宇星精品涂镀层板材等项目建成或基本建成。

城市建设战役全面提速。实施项目173项,总投资1730.42亿元,年度计划投资339.61亿元,累计完成投资450.32亿元、比增54.8%,达到年度投资计划的132.6%,比计划多完成110.71亿元。城区75条内河综合整治、泰禾城市广场、罗源湾滨海城等项目开工建设,浮村污水处理厂一期、三迪家居广场、仓山万达广场等项目建成或基本建成。

小城镇改革发展战役步伐加快。实施项目13项,总投资130.83亿元,年度计划投资27.72亿元,累计完成投资45.48亿元、比增176.8%,达到年度投资计划的164.1%,比计划多完成17.76亿元。按照加快城镇化发展的要求,坚持高水准规划,研究出台配套扶持政策,强化项目带动作用,青口、荆溪、龙田3个镇的总体规划已获批,江田、高山、琯头3个镇的总体规划已申报,渔溪、古槐、南屿、白沙、起步、梅溪、葛岭7个镇总体规划已编制完成。

民生工程战役成果丰硕。实施项目76项,总投资519.32亿元,年度计划投资116.34亿元,累计完成投资155.79亿元、比增188.6%,达到年度投资计划的133.9%,比计划多完成39.45亿元。省立医院金山院区一期、海峡体育中心5号安置房、海峡妇女儿童活动中心等项目开工建设,仓山南江滨沿线旧屋区改造、华能三期安置房、闽侯大学城二期安置房等项目建成或基本建成。

项目投资力度不断加强。按照市委、市政府年初确定的“五大战役”项目建设任务强力推进,克服项目实施过程中出现的征迁交地慢、报批周期长、工程协调难等问题,通过团结协作,2011年“五大战役”项目完成投资额比年度投资计划多253.92亿元,五个战役均超额完成年度目标任务,约占全社会固定资产投资年度预计完成额(2800亿元)的四成多,为全社会固定资产投资持续较快增长提供有力支撑。同时,省级重点项目建设战役市管项目、新增长区域发展战役、城市建设战役、小城镇改革发展战役及民生工程战役保障性住房、加快便民商业网点和副食品生产基地建设、加快幼儿园发展等均提前完成年度建设任务。

大项目带动作用明显。在“五大战役”项目中,高速公路、铁路、能源、工业等行业的大型项目投资数量大,拉动福州市全社会固定资产投资的持续增长。向莆铁路福州段、福州至永泰高速公路、核电站1~2号机组、恒申合纤一期、西北三环路、仓山万达广场等22个特大型项目累计完成投资额均超过10亿元,完成投资472.42亿元,超过“五大战役”项目完成投资总额的三分之一(其项目数仅占总数的4.5%),在确保完成“五大战役”项目年度建设任务工作中发挥至关重要的作用。

项目辐射效应持续凸显。“五大战役”项目中有64个项目建成或基本建成,对增强发展后劲、实现科学跨越发展发挥重要作用。如福州南出口连接线工程、甘洪路拓宽改建工程等项目建成通车,缩短周边县市到城区的路程,为福州新城区跨江向海发展提供有力支撑;可门作业区4号、5号泊位项目投产运行,使福州市拥有东南沿海最大的干散货深水泊位(设计年吞吐量3000万吨),为经济社会特别是产业发展提供便捷通达的集疏运条件;福融辉BOPP项目第2条生产线建成投产,BOPP年生产能力达7万吨,年产值近12亿元;泽岐风电场投产发电,新增总装机容量48兆瓦,预计年发电量1.2亿千瓦时,每年可减排二氧化碳约10万吨;海峡汽车文化广场开业运营,产生规模带动效应,在服务福州的同时辐射至周边城市,成为集汽车文化展示、销售、仓储、办证、检测等服务于一体的现代化汽车文化广场;沿海防护林工程全面完成任务面积3520公顷,在福州市沿海地区防灾减灾工作中发挥重要作用,成为保障沿海人民安居乐业的“绿色长城”。

惠民实事工程大幅提升民生水准。升级改造204个便民商业网点和66家副食品基地,保障副食品市场供给,满足居民生活需求,改善城乡居民消费环境;加快33所基层医疗卫生机构和居民健康信息系统建设,较大提升基层医疗卫生服务水平;开通优化公交线路116条、更新公交车辆592辆及改建公交站点110个,减缓城市交通压力、方便市民出行;新增城市绿地46处和立体绿化560处,创建绿色乡镇7个和绿色村庄255个,改善生态环境,美化城乡景观;落实安排59个保障性住房项目、开工建设各类保障性住房3.45万套及竣工7253套,为保障城镇低收入家庭住房需求及稳定房价发挥了作用;中小学校舍安全工程动工38.6万平方米、农村寄宿制学校建设工程完成2.9万平方米、城区中小学新增学位数10715个,优化配置教育资源、促进教育公平和均衡发展;新建、改建28所公办幼儿园全部开工(竣工16所),较好地满足人民群众对学前教育的需求;完成343处村级综合服务场所建设,让村民议事有场所、活动有去处、生活更便利;建成255座公厕,提升城市文明进步程度,为公众提供环境卫生服务设施;建成2240个自然灾害避灾点和57处地震应急避难场所,增强应对各类灾害事故的防御能力,为人民群众提供安全的避灾场所和基本生活保障。

福州市“五大战役”叫得响、打得好,主要原因是市委、市政府坚强有力的组织领导,采取强力措施加以推进:

一是加强领导,落实责任。由市委和市政府领导作为各战役的第一责任人、市人大和市政协领导作为各战役的第二责任人,同时为落实工作任务的责任主体,市委办公厅、市政府办公厅联合印发《福州市2011年“五大战役”项目责任分工表》等文件,采用分级管理制度,每个项目均落实市责任领导、责任单位和具体责任人,将项目年度投资建设任务分解细化。继续采用2010年的有效办法,由市发改委作为“五大战役”项目进展情况汇总上报的牵头单位,市重点办作为“重点项目建设战役”的负责单位,市经委作为“新增长区域发展战役”的负责单位,市建委作为“城市建设战役”“小城镇建设战役”的负责单位,市政府办公厅作为“民生工程战役”的负责单位,日常化深入项目建设一线,了解掌握工作情况,现场研究推进工程进展,保障建设要素供给,及时协调解决存在困难和问题,确保各项工作任务如期完成。

二是强化督查,提速增效。加大督查推进力度,市人大常委会成立4个调研组,对市“五大战役”实施情况进行深入调研,实地走访察看54个项目,听取相关责任单位的情况汇报并进行座谈,提出实施过程中存在的主要问题及改进建议。市纪委、市监察局、市效能办在总结2010年工作经验的基础上,出台《关于对继续打好“五大战役”、大干“十二五”开局之年工作开展监督检查的实施意见》,并组织5个监督检查组分片包干,不定期下基层督促检查,重点对“5·18”海峡两岸经贸交易会、国庆前和元旦开竣工、城区内河综合整治等项目进行检查。市发改委牵头对全市“五大战役”项目实施进展情况实行每半月通报及逐月考核制度,按照项目完成投资进度,每半月、每月通报涉及各责任单位完成投资情况,并分别标注代表完成情况好、中、差的红、黄、蓝三色流动旗进行量化评比,推动“五大战役”项目掀起新一轮建设热潮。

三是细筛项目,自增压力。根据省、市继续“打好‘五大战役’,大干‘十二五’开局之年”的决策部署,在抓好省级“五大战役”任务的基础上,福州市组织开展2011年市级“五大战役”项目安排工作,结合全市经济社会发展水平提出“五大战役”项目准入条件,在各县(市)区政府、市直有关部门共同参与下,对所选项目逐一进行校核落实,汇总形成2011年市级“五大战役”项目盘子,经市政府常务会、市委常务会多次重要会议逐项研究确定,并由市委办公厅、市政府办公厅联合印发《福州市2011年“五大战役”项目责任分工表》,安排2011年市级“五大战役”项目485项、比2010年增加237项,总投资6354.63亿元、比增49.8%,年度计划投资960.28亿元、比增33.2%,明确2011年实施“五大战役”工作任务,加大实施力度。

四是紧盯节点,强力推进。为推进2011年“五大战役”年度目标任务的落实,采取分阶段重点突破的办法,年内分别选择元旦、春节、“5·18”海峡两岸经贸交易会、国庆等数个重大时间节点,组织实施项目开、竣工计划,分阶段通过新闻媒体对外公布项目情况,接受社会和市民监督,推动“五大战役”项目建设任务的实施。2011年全市落实元旦、春节、“5·18”海峡两岸经贸交易会、国庆等四个时间节点开、竣工项目347项,总投资2925.46亿元,其中开工项目223项、投资额2340.21亿元,竣工项目124项、投资额585.25亿元。12月初整理公布2011年年底前拟开竣工项目和下半年新生成项目总计140项,总投资1102.41亿元,其中年底前开工41项、总投资263.11亿元,年底前竣工50项、总投资277.36亿元;下半年新生成项目49项、总投资561.94亿元,正按照2012年元旦开、竣工的节点倒计时安排工作进度,采取措施强力推进。

五是做好服务,高效运作。为加快推进福州市行政审批制度改革,发挥省会中心城市先行先试带动作用,更好地服务“五大战役”建设工作,在《福州市促进重点项目审批工作提速增效的意见(试行)》的基础上,研究出台《福州市促进重点项目审批工作进一步提速增效的意见》,对“五大战役”项目和省、市级重点项目实行审批“绿色通道”服务,为打好“五大战役”、推动福州科学跨越发展提供服务和保障。此外,定期召开全市实施“五大战役”工作相关会议,研究部署工作安排,协调解决困难问题,传达省、市重要会议、文件精神,组织培训按照规范化操作程序报送“五大战役”信息,使每个工作环节任务责任均落实到具体人员,确保“五大战役”各相关方面能及时准确掌握实施“五大战役”工作进展情况,全年核实项目情况10185个、动态数据30555个,汇总问题1606个,编印《五大战役项目专报》21期、发送6790份。

(福州市发展与改革委员会　王其斌)

(编辑　黄　铭)

1月

1日　海峡两岸全面实施货物贸易与服务贸易早期收获计划，大陆销往台湾的267种货物可以享受关税减免待遇进入台湾市场。首份ECFA原产地证在榕签发。

同日　三坊七巷向市民免费开放郭柏荫故居、鄢家花厅、尤氏民居、谢家祠等4处新修复的重点文保单位。

5～9日　市政协十一届五次会议在海峡会展中心召开，方清海当选政协主席。

6～10日　市十三届人民代表大会第六次会议在海峡会展中心召开。市人民政府市长苏增添作《福州市人民政府工作报告》、市发展和改革委员会主任林钟德代表市政府作《关于福州市2010年国民经济和社会发展计划执行情况及2011年计划草案的报告》、市财政局局长林恒增代表市政府作《2010年预算执行情况与2011年预算草案的报告》、市人大常委会副主任施能柏作《福州市人大常委会工作报告》、市中级人民法院院长李有才作《福州市中级人民法院工作报告》、市人民检察院院长陈承平作《福州市人民检察院工作报告》。经审议，会议决定批准6项工作报告，表决通过《关于福州市人民政府工作报告及国民经济和社会发展第十二个五年规划纲要的决议》等相应决议。

18日　福州至泉州高速公路扩建工程（福州段一期）建成通车。该项目总投资22.4亿元，全长55.245千米，扩建后，该段由双向4车道拓展为双向8车道，2011年度完成投资6.894亿元。

22日　召开市政府全体会议。会议分解落实市十三届人大六次会议确定的各项目标任务，研究部署2011年政府工作，动员全市各级政府和政府各部门大干“十二五”开局之年，确保完成年度各项目标任务。

2月

8日　螺洲大桥建成。该桥总长4.95千米，宽43米，是全国跨径最大的三塔自锚式悬索桥。

12日　位于连江县黄岐半岛北部海域的中国第一个碳汇渔业养殖基地动工兴建，标志福州在探索海洋渔业资源可持续利用、发展绿色渔业创新方面率先进行探索。

3月

5日　福州绕城高速公路西北段全线建成通车。项目总投资66.6亿元，年度完成投资12亿元，系国家发改委批准的国家高速公路沈海高速和福银高速公路的重要联络线。通车后，三明、南平经绕城高速公路西北段至宁德、温州方向可节省高速公路里程30公里以上。

7日　福州市生态市建设领导小组授予福清市龙溪村、罗源县八井村等141个村为“福州市生态村”，这是福州市评出的首批生态村。

17日　福州市首次为2008～2010年连续3年考核获优秀等次的90名公务员记三等功。

20日　东街口人行天桥开始拆除。该天桥是福州历史上首座立体人行天桥，是东街口商圈的标志性建筑，始建于1985年。

25日　全市重点项目建设工作暨2010年度实施五大战役先进集体和先进个人表彰会召开。副省长、市长苏增添就全年重点项目建设工作作出全面部署。省委常委、市委书记袁荣祥进一步从抓重点项目促跨越发展，抓产业项目促方式转变，抓惠民项目促民生改善，抓项目推进促社会管理，抓项目管理促能力提升等5个方面对继续打好“五大战役”、推进重点项目建设工作进行强调。

28日　福州市属和鼓楼、台江、仓山、晋安4城区区属两级党政机关、人民团体、事业单位实行错时上下班制度，调整为8:30～12:00、14:30～18:00，夏时制下午上班时间顺延为15:00～18:00。

29日　国家开发银行福建省分行分别与市政府、市住宅发展中心签订《福州市人民政府、国家开发银行推进海峡西岸经济区省会中心城市建设“十二五”开发性金融合作备忘录》和《开发性金融支持福州市保障性安居工程建设合作协议》。

4月

14日　福州地铁标志获国家工商总局商标局核准注册。标志以榕树为设计基本元素，加入“三山一水”概念。

29日　福州马尾开发区标准化示范区通过国家级验收，这是全省首家国家高新技术产业标准化示范区。

5月

6日　市政府公布《福州市征地补偿标准》。福州市征地补偿实行耕地统一年产值和征地区片综合地价两种标准。

13日　福建省立医院（金山医院）正式开工动建。该项目计划总投资13.5亿元，建筑总面积32万平方米。

15日　副省长、市长苏增添向各县（市）区政府和福州出入境检验检疫局、市建委、商贸服务业局、市容管理局、卫生局、粮食局、公安局、农业局、海洋与渔业局、教育局、工商局、质监局、药监局等相关责任单位主要负责人颁发2011年食品安全工作目标责任书。同时实施《2011年福州市食品安全责任目标考核办法》，考核办法规定食品安全工作采取“一票否决制”。

18日　马尾快安城市综合体动工。该项目集合大型商场、影剧院、餐饮中心及酒店式公寓等为一体。总投资4.5亿元，年内完成投资2.16亿元。

18～22日　举办第十三届海峡两岸经贸交易会。首次举办ECFA早收清单产品展览和采购洽谈会，涵盖农产品、石化、机械、纺织、运输工具五大类及其他共计806种产品。

27日　海西文化创意产业园动工。该园由上市公司冠城大通投资约32.5亿元兴建，总占地面积219公顷，总建筑规模逾73万平方米。

6月

1日　福州市实行《外地驻榕办事机构登记备案管理办法》，有效期5年。

同日　福州市市容管理局出台《福州市区便民市场管理规定（试行）》，明确将依法取缔未经批准的占道市场或违反规定的经营摊位。

同日　福州火车站动车组列车实行火车票实名制。

11日　福建省海峡寿山石文化研究院樟林雕刻厂、福州市传承软木画有限公司、福州传统脱胎漆器保护基地3家单位入选福建省首批非遗保护示范基地名单。

18日　举行第九届中国·海峡项目成果交易会福州专场签约仪式。市政府与教育部科技发展中心签订“蓝火计划”战略合作框架协议，福州市正式成为“蓝火计划”试点城市。

19日　鼓楼区公共便民自行车系统启动运营。第一期投放600余辆车，铺设23个站点（服务点），24小时开放，该车突出“绿色环保”“公益便民”“科技智能”三大特点。

7月

1日　福州市除摩托车、农用车外的在用机动车开始核发环保标志。检验标准分为绿色环保检验合格标志和黄色环保检验合格标志。装用点燃式发动机汽车达到国Ⅰ及以上标准的、装用压燃式发动机汽车达到国Ⅲ及以上标准的，核发绿色环保检验合格标志；摩托车和轻便摩托车达到国Ⅲ及以上标准的，核发绿色环保检验合格标志。未达到上述标准的机动车，核发黄色环保检验合格标志。

5日　福州市卫生局和市财政局联合下发《福州市2011年新型农村合作医疗统筹补偿方案指导意见》，全市参合农民看病报销执行新方案补偿。如住院报销封顶线提至7万元，重大疾病报销最高20万元等。

11日　《福州市个人商业性购房贷款转住房公积金贷款试行办法》实行。夫妻购首套房最高可申请60万元公积金贷款。

21日　福州市12个县（市）区党委换届选举工作结束。

8月

6日　海峡汽车广场正式开业。该项目总建设用地97.07公顷，分为汽车商务综合区和4S专营区两大部分。

17日　召开市委九届十八次全会。全会总结市委2011年上半年工作，审议通过《中共福州市委、福州市人民政府关于进一步贯彻落实〈海峡西岸经济区发展规划〉的实施意见》，省委常委、市委书记袁荣祥在会上强调，一要坚持“三群”（产业群、城市群、港口群）联动，增强综合实力；二要坚持先行先试，增强发展活力；三要坚持统筹协调，促进全面发展。确保海西“规划”各项任务落到实处。

同日　福州市在福建省证监局支持下，与兴业证券有限公司共同创建中证兴证海峡指数，为首个表征海西经济区发展的指数。

同日　《福州市城市供水管理办法》颁布施行。增加15条新条款，主要体现在保障用户合法权益、加强供水服务监管以及保障供水企业合法经营方面。

24日　三坊七巷社区博物馆正式揭牌。该博物馆包括1个中心展馆、37个专题馆和24个展示点，是全国首个建成的社区博物馆。

9月

2日　福州港口管理局正式挂牌成立。该局打破行政区域，跨福州市、宁德市、平潭综合实验区三地，下辖9个港区，可实现“港政、航政、沿海水路运政”的统一管理。

15日　召开全市领导干部大会。中共福建省委决定，杨岳任中共福州市委委员、常委、书记；杨益民任中共福州市委副书记，主持市政府工作。省委书记孙春兰代表省委作重要讲话，袁荣祥、杨岳、苏增添、杨益民分别发言。

17日　省公务员笔试省直考区和福州市直考区首次合并为福州考区。

19日　福州市政府出台《福州市直接管理福清、长乐、闽侯、连江等四县（市）财政体制实施方案》，从2013年1月1日起正式执行。

22日　福州市居家养老工作获“2011年中国城市管理进步奖”。该奖是唯一的为老服务获奖项目。颁奖典礼由中国人民对外友好协会、北京国际城市论坛组委会联合主办。

23日　市十三届人大常委会第三十八次会议决定杨益民代理市政府市长职务。

29日　举行中共福州市第十届委员会第一次全体会议。会议选举杨岳、杨益民、周宏、骆安生、陈元邦、徐启源、陈大强、朱华、那兴海、陈为民、徐铁骏、吴贤德为市委常委，选举杨岳为市委书记，选举杨益民、周宏为市委副书记。省委常委、市委书记杨岳对新一届市委领导班子提出要求：一要讲政治重学习，二要讲责任重发展，三要讲担当重实绩，四要讲宗旨重民生，五要讲民主重和谐，六要讲操守重品行。

30 日 福州“温泉博物馆”正式开工建设。该项目选址温泉公园东北角，规划面积 1.4 公顷，总建筑面积约 2.0 公顷，项目总投资约 1.3 亿元。

10 月

1 日 万（象）宝（龙）过街天桥正式投入使用。该桥横跨工业路与大庆河，主桥通道净宽 5 米，长 40 米。

8 日 福州市获准成立引进人才服务中心。其主要职责：为引进高层次创业创新人才（含留学回国人员）协调办理相关手续、落实有关优惠政策和待遇、建立相关数据以及其他服务性工作。

21 日 由福建省政府发展研究中心与福建省统计局联合开展的 2011 年度福建省县域经济实力“十强”，福州市的福清、长乐、闽侯入榜，闽侯还同时入选经济发展“十佳”和科学发展“十优”。

24 日 市政府第 33 次常务会议审议并原则通过《加快引进国内外大型企业在我市设立研发中心的初步意见》，对于从 2011 年开始在福州市设立的国内外大型企业研发中心，按落户当年缴纳的增值税、营业税、企业所得税地方留成部分的 50% 给予一次性奖励，奖励金额最高不超过 500 万元。

同日 2011 世界茉莉花茶发源地会议在榕举行。120 多名来自欧盟、俄罗斯、美国、日本、韩国、非洲、中东等国家和地区的茶叶种植业、加工业及茶叶组织代表参加。国际茶叶协会主席迈克·本斯顿代表国际茶叶协会正式授予福州市“国际茉莉花茶发源地”证书。

31 日 市政府出台《关于加快创意产业发展扶持政策的实施意见》。从 2011 年至 2015 年，福州市将重点发展创意设计、数字服务创意、文化创意、时尚设计及咨询服务创意四大创意产业领域。内容涵盖财税政策、拓宽融资渠道、产业园区（基地）、品牌、人才等方面。

11 月

7 日 市政府第 35 次常务会议审议并原则通过《福州市人才公寓建设方案》和《福州市人才公寓管理暂行办法》，对福州市人才公寓建设标准、租售方式、购租对象作出明确规定。

11 日 福州市与央企项目合作洽谈暨签约仪式在京举行。有 21 个新项目上台签约，总投资 2256 亿元，涉及冶金、石化、装备制造、新一代信息技术、新材料、新能源以及基础设施、城市综合体等项目。

12 日 福银高速公路福州南连接线建成通车。项目总投资 20.8 亿元，全长 14.166 公里，双向 6 车道。南连接线的建成，有效缓解沈海线高速公路福州段的交通压力。

16 日 福州市被国家发改委、商务部等八部委联合授予全国首批“国家电子商务示范城市”。

同日 马尾新城区域规划范围确定，包括三江口组团（含马尾快安、马江，仓山城门、盖山，长乐营前地区），琅岐—长安组团（含马尾琅岐、亭江，连江琯头、粗芦岛，长乐潭头、梅花、文岭），总面积 560 平方公里，城市建设用地面积 130 平方千米，将建设成为“宜居宜业、开放现代”的新城区。

16 日 国家发改委与民企福州泰普生物科学有限公司联合创建分子诊断技术国家工程实验室，这是分子诊断领域全国唯一的工程实验室。

12 月

2 日 福州最大城市综合体——仓山万达广场正式开业。该广场于上年 8 月开工建设，总建筑面积约 65 万平方米，总投资额近 60 亿元。

10 日 闽都民俗园七座古民居完成主体建设。该园总用地 11.89 公顷，建筑面积 1.6 万平方米，绿地率 40%。园内将通过建筑、园林布局、雕塑、实物展示、多媒体运用、互动体验等手段，反映福州地区（以闽侯为重点）明清时期的民俗特征。

15 日 由福州市委政法委、市综治办主办，福州日报社福州新闻网承办的“福州政法网”开通启动仪式在榕举行。为福州市政法战线面向全国的官方宣传平台。

16 日 福州保税港区正式通过国家验收。港区由福州保税物流园区、铁路物流园区、福清出口加工区及江阴港 1～9 号码头等 4 个区域加以整合，规划面积 10 平方公里。这是国内开发层次最高、功能最齐全、政策最优惠的特殊经济区域。

同日 福州市公安局被公安部记集体一等功。从 5 月 26 日至 12 月 16 日零时，福州市到案嫌犯 4205 名，抓获数位居全省第一，在全国省会城市中排名第一，清网率达 88.99%。

19 日 福州市海峡奥体中心场馆建设指挥部揭牌仪式举行，标志海峡奥体中心场馆建设全面拉开序幕。海峡奥体中心是第八届全国城市运动会的主赛场，位于仓山区福湾路附近，面积约 73.33 公顷，总建筑面积 32.5 万平方米，包括可容纳 6 万人的主体育场、容纳 1.3 万人的体育馆、容纳 4000 人的游泳馆、容纳 3000 人的网球馆各 1 座。项目总投资约 30 亿元。

20 日 福州市在全国精神文明建设工作表彰大会上获第三批全国文明城市称号。1999 年起，福州市连续 4 次被授予“全国创建文明城市工作先进城市”称号。

25 日 福州市行政服务中心正式启用，位于温泉公园路 69 号原福州国际温泉会展中心，一期使用面积 2 万余平方米。全市有 45 个单位、591 个审批服务事项入驻，90% 的行政审批、公共服务事项执行集中办理。

30 日 福州长乐国际机场新停机坪正式投入使用。投资近 1 亿元，扩建后停机坪总面积由原来的 20 万平方米增加到 32 万平方米，停机位由原来的 24 个增加到 36 个。

30 日 平潭“海峡号”高速客滚船直航台湾。

31 日 福州市入选国务院确定的三网融合第二阶段试点地区（城市）名单。

同日 永丰互通三环路主线 A、B 两座匝道桥通过交工验收，质量等级合格。永丰互通是绕城高速公路衔接三环路、洪甘路及福银高速公路重要的复合式互通，也是市区西部的重要出城通道，全长 2107 米。

（编辑 吴 燕）

基本情况

【地理】 福州市是福建省省会，位于福建省中部东端，介于北纬25°15′~26°39′、东经118°08′~120°31′之间。东临台湾海峡，西靠三明市、南平市，南邻莆田市，北接宁德市。东西最大横距128公里，南北最大纵距145公里，总面积11968平方公里，其中市区面积1043平方公里。南部为福州盆地的大部分；北部为山地，从西南向东倾斜；西部为中低山地；东部丘陵平原相间。山地、丘陵占全区土地总面积的72.68%，其中山地占32.41%，丘陵占40.27%。鹫峰、戴云两山脉斜切南北，闽江横贯市区东流入海。

【人口】 2011年，全市总户数200.79万户，户籍人口（含持证）649.41万人，流动人口198.74万人，户籍人口比上年增加3.52万人，平均每户3.23人。其中，市区总户数62.75万户，户籍人口190.02万人；八县（市）总户数138.04万户，户籍人口459.39万人。男女比例：男性334.46万人、占51.5%，女性314.95万人、占48.5%，男比女多19.51万人。

人口自然变动 全市出生人数8.57万人，出生率13.2‰，死亡人数3.93万人，死亡率6.1‰，人口自然增长4.64万人，人口自然增长率7.14‰。市区出生人口1.89万人，出生率9.94‰，死亡1.04万人，死亡率5.5‰，人口自然增长8530人，人口自然增长率4.49‰；八县（市）出生人口6.67万人，出生率14.53‰，死亡2.89万人，死亡率6.28‰，人口自然增长3.78万人，人口自然增长率8.24‰；市区人口自然增长率比八县（市）低3.75‰。

人口机械变动 全市迁入12.33万人，迁出13.46万人，迁出多于迁入1.13万人，人口迁移负增长1.74‰。其中市区迁入6.99万人，迁出6.42万人，迁入多于迁出5694人，人口迁移增长2.99‰；八县（市）迁入5.34万人，迁出7.04万人，迁出多于迁入1.7万人，人口迁移负增长3.69‰。

（陈茂华）

【民族】 汉族人口居多，占全市人口总数的98.69%。全市有43个少数民族，少数民族总人口约8.87万人，占1.32%，其中畲族人口4.7万人，约占少数民族总人口的52.86%。超过千人的少数民族有畲族、回族、满族、苗族、彝族、壮族、布依族、侗族、土家族9个民族。城区少数民族人口9000多人，主要有畲族、满族、回族。

少数民族人口分布相对比较集中，有罗源县霍口乡和连江县小沧乡2个畲族民族乡。有民族行政村85个，其中畲族村79个，主要分布在罗源、连江、永泰、晋安、福清一带；回族村5个，分布在福清市、平潭县一带；满族村1个，分布在长乐市。有民族自然村358个，其中罗源县151个、连江县55个、永泰县76个、福清市29个、平潭县21个、晋安区14个、闽侯县8个、闽清县2个、长乐市1个、马尾区1个。

【宗教】 福州是全国、全省宗教工作的重点地区，佛教、道教、天主教、基督教、伊斯兰教五大宗教俱全，宗教历史悠久，具有信众多、活动场所多、分布范围广、与海外关系密切等特点。依法登记的市级宗教团体有5个（佛教协会、道教协会、基督教三自爱国会、基督教协会、天主教爱国会），市区登记开放的宗教活动场所有154处。著名佛教寺院有：鼓山涌泉寺、怡山西禅寺、金鸡山地藏寺、象峰崇福寺、瑞峰林阳寺、芝山开元寺。重点道观有：于山九仙观、金鸡山南天照天君宫、九门局九仙宫。主要基督教堂有：花巷堂、铺前堂、天安堂、观巷堂、仓霞堂、中洲堂。主要天主教堂有：泛船浦天主堂、上渡天主堂、西门天主堂、苍霞洲天主堂。伊斯兰教场所有福州清真寺。

（市民宗局）

【资源】 土地资源 土地面积122.51万公顷，其中耕地16.35万公顷，园地5.63万公顷，林地70.13万公顷，居民点及工矿用地9.26万公顷，交通用地2.28万公顷，水域12.97万公顷，未利用地5.89万公顷。

矿产资源 矿产资源蕴藏丰富，发现矿产56种、444处，探明储量21种。

金属类矿产主要有金、银、铅锌、钼、铜等;非金属矿产主要品种有叶蜡石、石英砂、花岗石、高岭土等。出产于福州北郊寿山村的寿山石,属工艺叶蜡石,品种十分珍贵,其中“田黄石”素称“石中之王”,价比黄金。工业叶蜡石主要用途是陶瓷、耐火材料、造纸、水泥、印纺、油漆等。全市叶蜡石储量达1000万吨以上,占全省90%以上,居全国首位,主要产地有福州晋安区、福清、罗源等地。石英砂、花岗石储量丰富,主要分布在沿江、滨海县区,主要用于建筑业和玻璃工业等。福州高岭土储量在500万吨以上,主要产地有闽清、永泰等县,主要用途是陶瓷业,故闽清素有“瓷都”之称。

(市国土资源局)

水力资源　截至2010年年底,福州市(含平潭)地表水资源量132.6亿立方米,地下水资源量33.62亿立方米,水资源总量132.9亿立方米,人均水资源量1868立方米。蓄、引、提水工程和地下水源供水量分别为7.62亿立方米、5.92亿立方米、19.82亿立方米和0.28亿立方米,总供水量33.63亿立方米。全市多年平均水资源总量101.76亿立方米。境内河流众多,水力资源丰富,主要有闽江、大樟溪、敖江、龙江等。闽江为福建省第一大河,主河道长541公里,境内流长136公里,多年平均径流量621亿立方米,约占全省水资源总量的一半(包括闽江支流大樟溪、梅溪、安仁溪)。

(市水利局)

森林资源　全市有林木面积76.8万公顷,其中生态公益林32.43万公顷,商品林44.37万公顷,森林覆盖率54.9%,活立木总蓄积量2785.8万立方米。初步形成以城乡绿化美化为基础,以道路江河绿化为纽带,以森林公园和古文物为景点,功能齐全的环福州绿色生态体系。沿海防护林面积80533公顷,其中沿海基干林带870.54公里,面积19573公顷,形成抗御风、沙、水、旱、潮五大灾害的沿海防护林体系。全市有省级以上森林公园9个,其中国家级4个、省级5个,省级以上森林公园经营总面积2.14万公顷。全市育苗面积1667公顷,年培育各类苗木1.2亿株。主要树种有杉木、马尾松、湿地松、木麻黄、相思树、油茶等。

(市林业局)

海洋资源　全市海域面积10573平方公里,拥有辽阔的海域和绵长的海岸线,潮间带滩涂面积582.76平方公里;大陆岸线长920公里,乡级以上海岛海岸线长390公里。500平方米以上海岛475个,其中无居民海岛441个,有居民海岛34个。0米~10米等深线浅海面积1314.13平方公里,10米~20米等深线浅海面积1404.64平方公里;潮间带生物1376种,浅海生物2022种,海洋鱼类409种;罗源湾、福清湾、兴化湾是福建省的三大深水良港。

(市海洋与渔业局)

【气候】　2011年,福州市气候属偏好年景,年平均气温正常,年雨量偏少,年

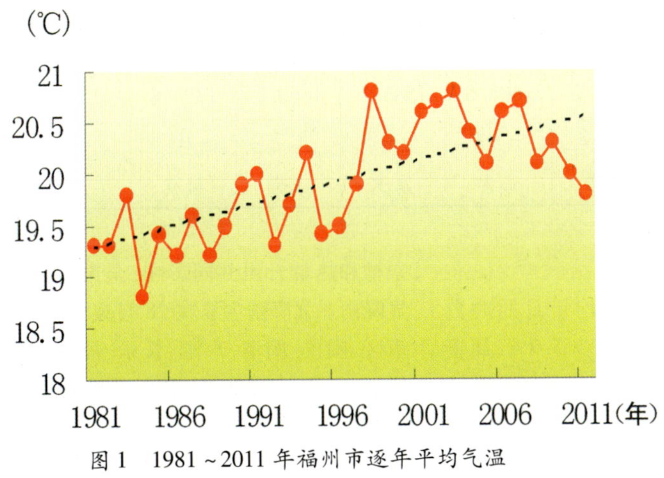

图1　1981~2011年福州市逐年平均气温

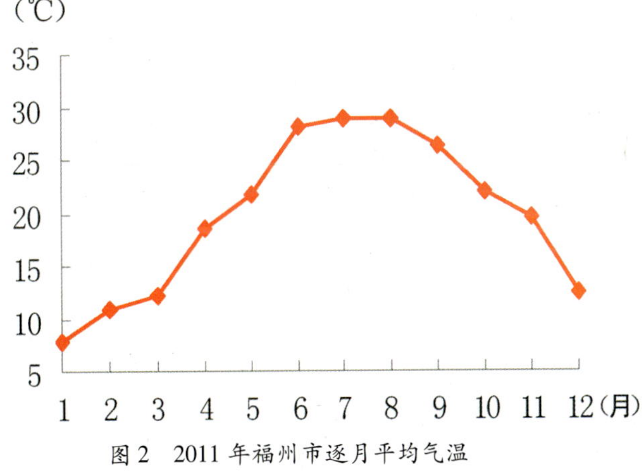

图2　2011年福州市逐月平均气温

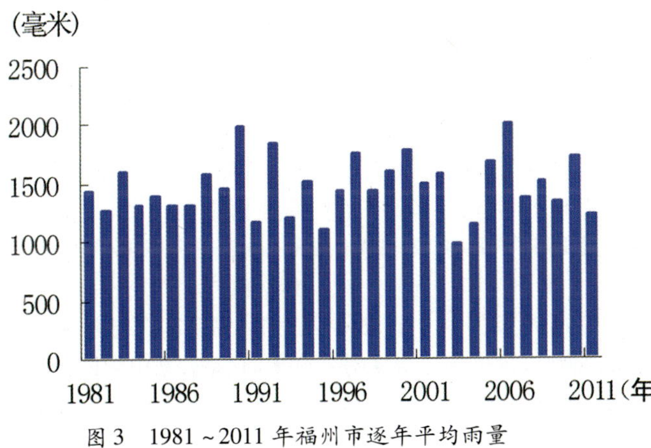

图3　1981~2011年福州市逐年平均雨量

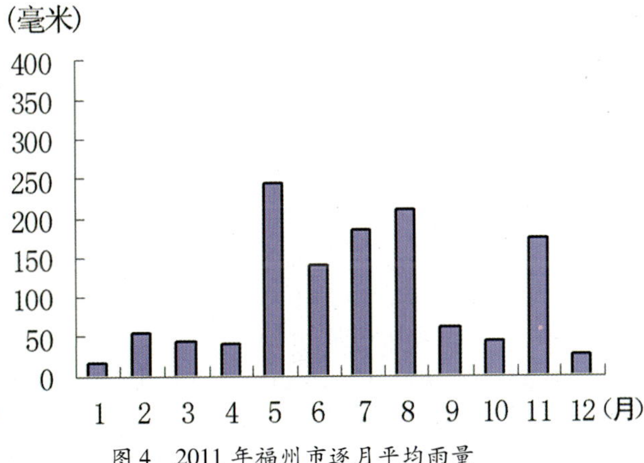

图4　2011年福州市逐月平均雨量

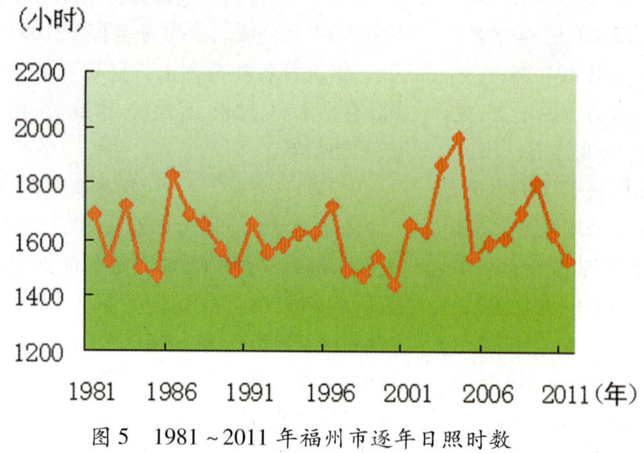

图5　1981～2011年福州市逐年日照时数

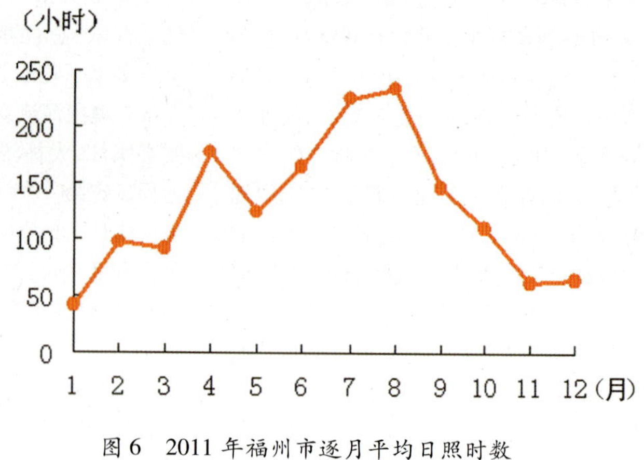

图6　2011年福州市逐月平均日照时数

表1　**2011年福州市各县(市)平均气温、雨量、日照评价**

	闽清	闽侯	永泰	罗源	连江	长乐	福清	平潭	福州市区	全市平均
平均气温(℃)	20.1	20.0	19.6	19.5	19.5	19.8	20.0	19.5	20.1	19.8
距平(℃)	-0.1	0.0	-0.3	0.0	0.1	-0.1	-0.1	-0.5	-0.1	-0.1
评价	正常	正常	正常	正常	正常	正常	正常	正常	正常	正常
雨量(毫米)	1149.5	1284.5	1205.6	1508.0	1244.8	1197.0	1343.9	949.5	1244.9	1236.4
距平(%)	-20.7	-10.2	-20.7	-9.8	-20.3	-17.4	-12.5	-26.8	-10.6	-16.4
评价	显著偏少	偏少	显著偏少	正常	显著偏少	偏少	偏少	显著偏少	偏少	偏少
日照时数	1552.9	1440.5	1598.9	1444.9	1524.2	1605.6	1583.1	1660.2	1394.8	1533.9
距平(%)	-5.1	-10.6	-4.2	-9.7	-2.8	-3.6	-8.3	1.7	-10.8	-5.9
评价	正常	偏少	正常	偏少	正常	正常	偏少	正常	偏少	正常

日照时数正常。气象灾害总体较轻。

气温　福州市区及所属八县(市)(简称为全市)年平均气温19.8℃,比常年平均低0.1℃,属正常;1981年以来全市逐年平均气温,见图1;各月平均气温变化,见图2。各县(市)年平均气温为19.5℃～20.1℃,距平为-0.5℃～0.1℃,均属正常,详见表1。1月17日受强冷空气影响,闽清县最低气温达-1.9℃,是全年全市的低温极值。7月8日闽清最高气温达40.0℃,位居全市高温榜首。

雨量　全市平均年雨量1236.4毫米,较常年平均少16.4%,属偏少,是1981年以来第6偏少年份,见图3;各月雨量分布见图4。各县(市)年雨量在949.5毫米～1508.0毫米之间,其中罗源正常,其余县(市)属偏少—显著偏少,详见表1。8月31日受11号超强台风"南玛都"影响,罗源日雨量114.7毫米,为全年全市日雨量之最。

日照时数　全市平均年日照时数1533.9小时,较常年平均少5.9%,属正常,是1981年以来第8偏少年份,见图5;各月变化状况见图6。各县(市)年日照时数为1394.8小时～1660.2小时,福州、闽侯、罗源和福清偏少,其余县(市)正常,详见表1。

灾害　1. 倒春寒过程:受强冷空气影响,3月21日夜里起全市气温明显下降,过程日平均气温降幅达7.2℃～11.8℃。22日起闽侯、永泰、罗源、连江、平潭5个县出现5天以上日平均气温≤12℃的倒春寒天气,其中连江日平均气温≤12℃长达9天(22～30日)。2. 暴雨(不包含台风暴雨):(1)5月12日8时～13日8时受低层切变影响,全市普降大雨到暴雨,福州市区、闽清、闽侯和连江出现暴雨。(2)6月28～29日受高空槽和热带云团共同影响,全市出现明显降雨。强降雨主要在28日夜间,福州市区、闽侯、闽清、永泰、长乐、福清出现暴雨。(3)7月29日受高空槽东移影响,闽侯、长乐、福清3个县(市)出现暴雨。(4)11月8～10日受热带低压倒槽和高空槽共同影响,全市明显降雨,其中9日部分县(市)出现暴雨天气。3. 强对流天气:(1)6月7日受高空槽东移影响,福州市出现大范围的雷雨和大风天气,连江县观测站出现飑线,陈第公园降一角硬币大的冰雹。(2)8月18日下午到夜里受高空槽影响,福州大部分县(市)出现8～11级大风和猛烈的雷声,一些树木被吹断,17时30分～18时20分,永泰县盘谷乡遭受冰雹袭击,强风大雨夹杂着密集的冰雹,其中荣阳村受灾最为严重,冰雹最大直径20毫米～30毫米,持续时间近1小时。全乡农作物受灾约 13.33 公顷,经济损失 150 多万元。(3)2011 年全市发生雷灾 19 起,造成 2 人死亡,4 人受伤,直接经济损失约 124 万元,雷灾集中发生于 5~8 月。4. 干旱:2 月下旬起全市降水持续偏少,各县(市)出现不同程度干旱,福州市区、永泰、连江和长乐达气象特旱标准。罗源 13.8 万人饮水困难,水田缺水 16.67 公顷,旱地缺墒 56.67 公顷。闽清、闽侯和平潭 4 月底先后解除旱情,其余县(市)于 5 月初解除旱情。5. 高温:2011 年除平潭外,各县(市)均出现≥35℃的高温天气。其中闽清、闽侯、永泰和福州市区出现 46~57 天≥35℃的高温天气,还出现 3~14 天≥38℃的高温天气,连江也出现 1 天≥38℃的高温天气。高温天气主要出现在:6 月 22~26 日,受第 5 号强热带风暴"米雷"北上影响,全市出现焚风效应,大部分县(市)出现 35℃以上高温天气;7 月 1~9 日、7 月 22~31 日、8 月 1~9 日和 8 月 13~24 日,受副热带高压控制,大部分县(市)出现 35℃以上高温天气。38℃以上的高温天气主要出现在 7 月 5~8 日、7 月 23~24 日、8 月 16~19 日。6. 热带气旋:2011 年福州市受 4 个热带气旋(不含热带低压)影响,分别是第 5 号强热带风暴"米雷"(6 月 24~26 日)、第 11 号超强台风"南玛都"(8 月 27 日~9 月 2 日)、第 17 号强台风"纳沙"(9 月 26~30 日)和第 19 号强台风"尼格"(9 月 30 日~10 月 3 日),其中以"南玛都"影响最明显。"南玛都"于 8 月 31 日 2 时 30 分在晋江市沿海登陆,登陆时近中心最大风力 8 级(20 米/秒)。受"南玛都"影响,27 日 2 时福州市沿海开始出现 8 级偏北阵风,而后风力逐渐增大,29 日傍晚到夜里达到最大,台风过程各县(市)城区均出现 6~9 级阵风,共有 48 个区域自动站出现 10 级以上阵风,以平潭南海 30.2 米/秒(11 级)最大。该次台风过程降雨持续时间长,过程雨量大;降雨从 8 月 27 日~9 月 2 日持续 7 天,暴雨从 8 月 30 日~9 月 1 日持续 3 天;统计 8 月 27 日 8 时~9 月 2 日 8 时(包括区域自动站)过程雨量,以福清灵石林场 477.2 毫米最大,其中大于 400 毫米有 2 站,300 毫米~400 毫米有 8 站,200 毫米~300 毫米有 31 站,100 毫米~200 毫米有 72 站。11 号超强台风"南玛都"过程全市 3.29 万人受灾,转移 1.16 万人,倒塌房屋 47 间,受灾县、市、区 8 个,乡镇 72 个,直接经济损失 9342 万元。

(郑颖青)

建置沿革

福州新石器时代晚期为闽族聚居地。青铜器时代,隶属于商周;战国为闽越诸侯国封地;秦为闽中郡;汉为闽越国都城,后立为冶县;三国属吴;晋为晋安郡;五代十国为闽国都城;南宋景炎元年(1276 年),益王赵昰登基于福州,定为行都。元设路,明改路为府。明末,朱聿键即帝位,定都福州。清为府,民国为省会所在地。1933 年,十九路军发动"闽变",于福州成立"中华共和国人民革命政府"。1946 年 10 月,正式设立福州市。中华人民共和国成立后,成立福州市人民政府。

表 2　福州历代建置沿革暨领辖县份简示

朝　代	纪　年	建置名称	隶　　属	领　辖　县　份
秦	秦始皇三十三年(前 214 年)	闽中郡	—	辖地相当于今福建全省,浙江省温州、台州、丽水,江西省铅山县和广东省潮、梅一带的部分地。
西汉	汉高祖五年(前 202 年)	闽越王国(王都)	—	闽越国辖地,除今福建全省外还包括浙、赣、粤的部分地。
西汉	汉昭帝始元二年(前 85 年)	冶　县	会稽郡东部都尉	辖地相当于今福建省和江西省铅山县。
东汉	建武二年(26 年)	冶　县	会稽郡东部侯官都尉	—
东汉	建安元年(196 年)	侯官县	会稽郡南部都尉	—
三国	吴永安三年(260 年)	侯官县	建安郡	—
西晋	太康三年(282 年)	晋安郡	初隶扬州,元康元年(291 年)改隶江州。	原丰、侯官、新罗、宛平、同安、罗江、晋安、温麻 8 县。

续表2

朝代		纪年	建置名称	隶属	领辖县份
南朝	宋	泰始四年(468年)	晋安郡改名晋平郡。不久,复名晋安郡。	江州	原丰、侯官、晋安、罗江、温麻5县。
	齐	—	晋安郡	江州	原丰、侯官、晋安、罗江、温麻5县。
	梁	天监元年(502年)	晋安郡	初属江州,普通六年(525年)改属东扬州。	原丰、侯官、罗江、温麻4县。
	陈	永定元年(557年)	闽州	—	原丰、侯官、罗江、温麻4县。
		天嘉六年(565年)	晋安郡	东扬州	原丰、侯官、罗江、温麻4县。
		光大二年(568年)	丰州	—	原丰、侯官、罗江、温麻4县。
隋		开皇九年(589年)	泉州	—	原丰(开皇十二年改名闽县)、建安、南安、龙溪4县。
		大业二年(606年)	闽州	—	闽县、建安、南安、龙溪4县。
		大业三年(607年)	建安郡	—	闽县、建安、南安、龙溪4县。
唐		武德元年(618年)	建州	—	—
		武德六年(623年)	泉州	贞观初,隶岭南道	闽县、侯官、连江、长乐、长溪5县。圣历二年(699年),从长乐析出万安,合计6县。
		景云二年(711年)	闽州	—	闽县、侯官、连江、长乐、长溪、万安6县。
		开元十三年(725年)	福州	开元二十一年(733年)置福建经略使,驻福州,属江南东道。	开元二十九年(741年),增辖古田、尤溪,计辖8县(是年万安县改名福唐)。
		天宝元年(742年)	长乐郡	江南东道	—
		乾元元年(758年)	福州	—	福州辖闽县、侯官、连江、长乐、长溪、福唐、古田、尤溪8县[永泰二年(766年),划侯官、尤溪部分地设永泰县,辖9县]。
五代	后梁	—	福州	—	闽县、侯官、连江、长乐、长溪、福唐、古田、尤溪、永泰、闽清[乾化元年(911年)置闽清县]10县。
	后唐	长兴四年[闽龙启元年(933年)]	长乐府(闽国国都)	—	闽县、侯官、连江、长乐、长溪、福清(原福唐)古田、尤溪、永泰、闽清、永贞、宁德、德化、顺昌14县。
	后晋	开运二年[闽天德三年(945年)]	闽以福州为东都	—	闽县、侯官、连江、长乐、长溪、福清、古田、尤溪、永泰、闽清、永贞、宁德、德化,辖13县。
	后汉	乾祐元年(948年)	福州	吴越	闽县、侯官、连江、长乐、长溪、福清、古田、永泰、闽清、永贞、宁德,辖11县。
	后周	—	福州	吴越	闽县、侯官、连江、长乐、长溪、福清、古田、永泰、闽清、永贞、宁德,辖11县。

续表2

朝代	纪年	建置名称	隶属	领辖县份
北宋	太平兴国三年（978年）	福州	初属两浙西南路，雍熙二年（985年），置福建路，乃隶福建路。	闽县、侯官、连江、长乐、长溪、福清、古田、永泰、闽清、永贞、宁德，计11县[乾兴元年（1022年），永贞改名罗源。崇宁元年（1102年），永泰改名永福]。太平兴国六年（981年），从闽县中析出怀安，辖12县。
南宋	—	福州	福建路	闽县、侯官、连江、长乐、长溪、福清、古田、永福、闽清、罗源、宁德、怀安、福安，辖13县。
	景炎元年（1276年）	福安府（行都）	—	
元	至元十五年（1278年）	福州路	初隶福建行省，至元二十二年（1285年）后，隶江浙行省。	元初，辖13县，同上。至元二十三年（1286年）后，辖福清、福宁2州和闽县、侯官、连江、长乐、古田、永福、闽清、罗源、怀安9县。
明	—	福州府	初属福建行省，洪武九年（1376年）改行省为布政使司，乃属福建布政使司。	辖闽县、侯官、连江、长乐、古田、永福、闽清、罗源、怀安、福清、福宁、福安、宁德13县。成化九年（1473年），减福宁、福安、宁德3县，辖10县。万历八年（1580年），怀安县并入侯官县，福州府辖9县。
	南明隆武元年（1645年）	福京、天兴府（行都）		
清	顺治三年（1646年）	福州府	福建行省	清朝建立后，沿袭明朝，辖闽县、侯官、连江、长乐、古田、永福、闽清、罗源、福清9县。雍正十二年（1734年），增辖屏南县。嘉庆三年（1798年），增设平潭厅。 福州府计辖10县1厅。
中华民国	民国2年（1913年）	闽侯县（废福州府，闽县、侯官先合并为闽侯府，又改为闽侯县，为福建省会。）	东路道（翌年改称闽海道）。民国14年，直属省辖。	民国元年10月，平潭厅改为平潭县。
	民国22年11月至23年1月	“中华共和国人民革命政府”首都——福州特别市	—	—
	民国23年	闽侯县	福建省第一行政督察区	—
	民国32年	林森县	福建省第一行政督察区	—
	民国35年	福州市（省会）	福建省	鼓楼、大根、小桥、台江、仓山5区。
中华人民共和国	1949年10月1日	福州市（省会）	福建省	1949年，福州市人民政府成立，辖鼓楼、大根、小桥、台江、仓山5区。年底增辖鼓山、洪山2区。此后，领辖范围经多次变动，不断扩大。1983年，计辖鼓楼、台江、仓山、马尾、郊区5区和闽侯、连江、长乐、福清、永泰、闽清、罗源、平潭8县。20世纪90年代，福清、长乐先后改为县级市，福州现辖5区8县（市）。

（市方志委）

行政区划

【概况】 福州市简称榕,辖鼓楼、台江、仓山、晋安、马尾5个区和闽侯、连江、罗源、闽清、永泰、平潭6个县及福清、长乐2个县级市。总面积11968平方公里,其中市区面积1043平方公里。市人民政府驻鼓楼区乌山路96号。2011年,全市辖43个街道、99个镇、45个乡(含连江县马祖乡)、2个民族乡;494个社区居委会、2390个村民委员会。

表3　2011年福州市县(市)区行政区划一览

县(市)区名称	面积(平方公里)	街道、乡(镇)名称	社区居委会(个)	村委会(个)
鼓楼区	35	东街、南街、安泰、水部、温泉、鼓东、鼓西、华大、五凤街道,洪山镇	79	—
台江区	18	茶亭、洋中、后洲、新港、瀛洲、苍霞、义洲、上海、宁化、鳌峰街道	73	—
仓山区	142	仓前、下渡、临江、三叉街、对湖、上渡、金山、东升街道,建新、盖山、仓山、城门、螺洲镇	88	102
晋安区	567	茶园、王庄、象园街道,新店、岳峰、鼓山、宦溪镇,寿山乡、日溪乡	76	113
马尾区	281	罗星街道,马尾、亭江、琅岐镇	14	62
福清市	1518	玉屏、龙山、龙江、音西、宏路、石竹、阳下街道,东张、海口、龙田、高山、渔溪、城头、江镜、三山、江阴、港头、沙埔、东瀚、上迳、新厝、镜洋、一都、南岭镇	40	438
长乐市	658	吴航、航城、营前、漳港街道,梅花、金峰、潭头、玉田、江田、古槐、鹤上、首占、文武砂、湖南、文岭、松下镇,罗联、猴屿乡	22	231
闽侯县	2136	甘蔗街道,白沙、尚干、祥谦、青口、南通、南屿、上街、荆溪镇,竹岐、洋里、鸿尾、大湖、小箬、廷坪乡	25	297
连江县	1168	凤城、晓澳、浦口、琯头、敖江、东岱、东湖、丹阳、马鼻、透堡、官坂、黄岐、筱埕、苔菉、长龙、坑园镇,潘渡、蓼沿、下宫、安凯、江南、马祖乡,小沧畲族乡	29	242
罗源县	1187	凤山、鉴江、松山、起步、中房、飞竹镇,白塔、西兰、洪洋、碧里乡,霍口畲族乡	7	188
闽清县	1466	梅城、坂东、池园、梅溪、白樟、白中、塔庄、东桥、雄江、金沙、省璜镇,云龙、上莲、三溪、下祝、桔林乡	20	271
永泰县	2241	樟城、嵩口、梧桐、葛岭、城峰、清凉、长庆、同安、大洋镇,塘前、富泉、岭路、赤锡、洑口、盖洋、东洋、霞拔、盘谷、红星、白云、丹云乡	10	254
平潭县	371	潭城、苏澳、澳前、北厝、流水、平原、敖东镇,岚城、中楼、白青、南海、屿头、大练、东庠、芦洋乡	11	192

(市民政局区划地名处)

国民经济与社会发展情况

【概况】　2011年,福州市实现地区生产总值3736.38亿元,比增13.0%,其中:第一产业增加值325.09亿元,比增4.1%;第二产业增加值1711.19亿元,比增15.9%;第三产业增加值1700.10亿元,比增11.9%。三次产业结构由上年的9.0:44.9:46.1调整为8.7:45.8:45.5。三次产业对经济增长的贡献率分别为2.8%、54.8%和42.4%。全市人均地区生产总值52152元,比增11.9%。

完成财政总收入(不含基金)506.01亿元,比增25.7%;地方财政收入320.04亿元,比增29.1%;地方财政支出363.30亿元,比增38.4%。

【农业】　完成农林牧渔业总产值552.60亿元,比增4.0%,其中:农业产值144.64亿元,比增4.1%;林业产值15.81亿元,比增5.7%;牧业产值74.24亿元,比增1.2%;渔业产值299.20亿元,比增4.7%。全年粮食播种面积11.32万公顷,比上年减少0.28万公顷;全年粮食总产量59.98万吨,比降1.2%。农业产业结构优化升级,水产、果蔬、食用菌、茶叶、竹木、花卉等特色优势产业发展壮大,全市食用菌产量11.69万吨,比增9.5%;茶叶产量1.82万吨,比增9.6%;肉、蛋、奶总产量40.87万吨,比增3.3%;蔬菜产量299.5万吨,比增3.7%;水果产量38.02万吨,比增9.0%。渔业生产在生态养殖、高优养殖上取得突破,全市水产品产量184.79万吨,比增4.3%。

农业产业化经营水平提高,农业生产向规模化、设施化、标准化全面推进。加快茉莉花、橄榄、福橘等特色农产品种质资源圃和良种繁育基地建设,年内福州被授予"世界茉莉花茶发源地"称号。至年底,全市有农业产业化龙头企业249家,实现产值673.35亿元,比增29.4%;有国家级农业标准化示范区12个,省级农业标准化示范区12个,市级农业标准化示范区24个。推进榕台农业合作,全年新批准台资农业项目16项,总投资4800万美元,比增5%;榕台农业合作从单纯的生产合作,逐步向资金、品种、技术、市场、经营管理、科技人才等多领域合作发展。

【工业科技】　实现工业增加值1355.19亿元,比增15.2%,占全市GDP的36.3%,对GDP增长的贡献率42.2%。全年完成规模以上工业总产值5321.18亿元,比增16.1%;企业整体规模提升,全市有规模以上工业企业2050家,其中产值超过10亿元的有94家,产值超过50亿元的有15家;企业运行质量提高,规模以上工业实现主营业务收入5153.32亿元,比增23.8%,经济效益综合指数达237.38%,内涵式发展水平大幅提升;产销衔接良好,产销率达97.15%,比上年提高0.29个百分点;工业经济加速向南北"两翼"集聚,南北"两翼"四县(市)完成规模以上工业总产值2807.00亿元,比增19.1%,占全市比重为52.8%,对规模以上工业经济增长的贡献率达60.4%;加快重点工业项目动建速度,88项重点工业项目竣工投产,97项重大工业项目动工建设,全市工业固定资产投资完成651.14亿元,比增32.8%。重工业领跑规模以上工业经济增长,重工业实现规模以上工业产值3130.61亿元,比增17.7%;轻工业实现规模以上工业产值2190.57亿元,比增13.6%。规模以上工业的37个行业大类中,14个行业产值超过100亿元,占规模以上工业总产值的82.6%。计算机、通信和其他电子设备制造业,纺织业,黑色金属冶炼和压延加工业产值位居前三甲,分别完成产值733.63亿元、486.96亿元、486.55亿元。

全市有3家国家级企业技术中心、60家省级企业技术中心、103家市级企业技术中心;有3家国家级创新型企业、2家国家级创新型试点企业、31家省级创新型企业。全年实施星火计划项目68项,其中国家级6项;火炬计划项目51项,其中国家级10项。全市专利申请公告量7402件,专利授权量4773件,其中发明专利申请量与授权量分别为2673件、838件,居全省首位;登记各类技术合同1967项,技术合同成交金额14.38亿元,比增36.7%。已认定高新技术企业317家,全市工业高新技术产业总产值1903.80亿元,比增20.2%。各类高新技术园区成为集聚创新资源、发展先进生产力的重要载体,福州软件园有软件及电子信息等各类企业424家;国家863软件专业孵化器入驻企业55家;金山科技企业孵化器入驻企业126家;福州高新区有各类企业213家,实现高新技术产品产值398.7亿元、比增11.12%,利税33.2亿元、比增7.10%,出口创汇13.1亿美元、比增9.44%。

全市有国家产品质量监督检验中心1个,产品检测实验室1个,法定计量技术机构8个。全市质量技术监督部门抽查生产领域2305家企业产品、2793批次,批次合格率94.60%。全市8项产品获得"中国名牌产品"称号,283项产品获得"福建名牌产品"称号,7项产品成为国家地理标志保护产品。全市3家企业6项产品采用国际标准或国外先进标准。

【固定资产投资】　完成全社会固定资产投资2720.28亿元,比增23.2%,其中城镇固定资产投资2649.63亿元,比增23.2%。城镇项目投资完成投资额1693.19亿元,比增14.4%,其中第一产业完成投资额20.21亿元,比增48.5%;第二产业完成投资额654.27亿元,比增25.5%;第三产业完成投资额1018.71亿元,比增7.8%。房地产开发投资完成投资额956.45亿元,比增42.6%。全市商品房屋施工面积4989.92万平方米,比增38.6%,其中新开工面积1630.50万平方米,比增12.3%;竣工面积588.93万平方米,比增70.3%。商品房销售面积622.18万平方米,比增4.1%;商品房销售额627.81亿元,比增24.8%。保障性住房完成投资额45.39亿元,保障性住房全年施工面积266.69万平方米,全年竣工152.56万平方米。

省、市级重点项目建设提速,向莆铁路(福州段)等铁路项目加快建设;福州南出口连接线工程试通车,绕城高速公路西北段基本建成,甘洪路改扩建工程竣工验收;林浦大桥、淮安大桥基本建成,三环路实现主线贯通;长乐机场扩建停机坪项目完工;地铁1号线站点建设全面启动;福清生活垃圾焚烧发电厂、长乐滨海污水处理等项目建成投产;高山风电二期、长乐午山风电场、福清泽岐风电场等项目已建成或部分建成投产,福清核电站建设加快。

【城乡建设】　加快市政基础设施建设,年末市区面积1786平方公里,其中建成区面积232.12平方公里。新建和改扩建城市道路23条,至年底,城市道路总长度870.2公里,道路面积2169万平方米,新增道路面积150万平方米。公共交通网络完善优化,年末全市共有公交营运线路261条,其中市区186条;新辟公交线路40条,调整线路41条,延长服务时间线路45条,延伸公交线路85.3公里,公共交通网覆盖面不断拓宽。有公交营运车辆3930辆,全年新增更新公交营运车辆785辆;有各类出租车6002辆,全年新投入使用出租车350辆。新型CNG公交车、出租车在市区投入运营,公共便民自行车系统在鼓楼区投入使用,低碳环保成为公共出行亮点。城市供电、供水、供气能力增强,市区有自来水厂8座,日综合生产能力154.50万吨,全年供水总量3.93亿吨,其中生活用水2.18亿吨。液化气供气总量7.30万吨,其中家庭用气3.56万吨;天然气供气总量9794万立方米,其中家庭用气3117万立方米,城市气化率99.82%。全社会用电量294.59亿千瓦时,比增11.48%,其中:居民用电61.76亿千瓦时,比增4.67%;工业用电175.05亿千瓦时,比增11.27%。

提升城市宜居品质,改造228条城区支路街巷、31座普通公路危桥;加紧推进75条内河综合整治,重点打造12条重要景观河道,白马河、安泰河、晋安河等部分河道整治效果显现;建成湖滨支路、乌山路、白马南路、华林西路和六一北路5条城市林荫景观道,道路绿化普及率98%;加快城区重污染企业搬迁,加大淘汰落后产能力度,推进畜禽养殖整治,开展机动车尾气污染专项治理,城区污水处理率95.6%,垃圾无害化处理率99.94%,空气质量优良率98.6%。加快6个省级试点小城镇和7个市级示范性小城镇建设,13个试点镇全年在建项目204个,完成投资149.23亿元。全市新建改造农村公路360公里,至年底,建制村通客车率达98%。新建改造乡镇综合文化站14个、农家书屋800个、乡镇卫生院5所、村卫生所686所,乡(镇)农民体育健身活动中心4个、农村健身路径251个,新建户用沼气池2300口,改造卫生户厕1.44万户,解决19.41万农村人口饮水安全问题,改善农村生产生活条件和人居环境。

【贸易】　实现社会消费品零售总额1947.81亿元,比增19.9%。市场结构优化,限额以上企业实现商品零售额979.38亿元,比增30.2%,占全市社会消费品零售总额的50.3%。消费结构升级,居民消费向享受型和发展型转变,在限额以上企业商品零售额中,家具类商品零售额比增62.2%,金银珠宝类商品零售额比增39.1%,汽车类商品零售额比增17.5%。家电下乡、以旧换新政策有效拉动内需,全年家电以旧换新销售量128.85万台,销售额48.03亿元,分别比增103.1%、103.2%;家电下乡销售量43.52万台,销售额10.2亿元,分别比增20.4%、31.1%。推进便民商业网点建设,全市建设改造"农家店"109家,新建农家店配送中心2个,升级改造农贸市场20个,政府扶持新建便利店80家。全市有大中型专业批发市场20个,总面积284.4万平方米;连锁经营企业101家,连锁网点3254个。"菜篮子"生产基地供应能力充足,全市有生猪直控基地31个,年出栏量77万头;禽蛋基地22个;蔬菜基地面积8700公顷,蔬菜基地产量92万吨。31家企业96个产品获得绿色食品使用权,72家副食品生产企业通过无公害农产品认证。

举办各类会展活动222场,其中全国性会展17场,总展览面积211万平方米。举办海峡(福州)渔业周暨渔博会、中国(福州)动漫消费电子展、第66届中国国际医疗器械博览会、第13届中国国际医疗器械设计与制造技术展览会等大型展会,带动广告、住宿、餐饮、旅游、通讯、购物、交通、娱乐等相关行业的快速发展。其中第66届医博会吸引20多个国家和地区的2400多家企业参展,展会面积11万平方米,招展5795个展位,100多个国家和地区的5.7万名专业代表和观众前来观展。

【旅游】　旅游业发展突出区域特色,坚持文化、特色、产业联动,充分挖掘多元化旅游资源,实现温泉游、闽江游、文化游三大品牌发展新突破,扩大昙石山文化、船政文化、三坊七巷文化、寿山石文化等闽都文化旅游品牌影响力,安泰河、白马河、晋安河三大内河文化旅游休闲带初见雏形;加快贵安、桂湖、中心城区三大温泉旅游片区建设,福州温泉集群粗具规模,环福州温泉休憩圈初步形成,首届福州温泉旅游节、第二届海峡(福州)温泉旅游文化节引发"温泉热",展现"中国温泉之都"独特魅力。全年接待境内外游客2756.25万人次,比增17.5%,其中境外游客76.17万人次,比增9.0%。年末全市有星级宾馆饭店64家,客房10457间。

【对外经济】　新批合同外资项目170项,合同外资金额17.70亿美元,比增5.78%;实际利用外资(按验资口径)12.77亿美元,比增7.78%。进出口贸易较快增长,实现进出口总额347.25亿美元,比增41.16%,其中进口总额105.94亿美元,比增27.87%;出口总额241.31亿美元,比增47.91%。从出口主体看,外资企业出口86.13亿美元,内资企业出口155.18亿美元,分别比增5.92%和89.64%。私营企业出口增长迅猛,实现出口额117.38亿美元,比增130%。从出口方式看,一般贸易出口170.88亿美元,加工贸易出口69.20亿美元,分别比增95.19%和1.33%。从出口产品看,高新技术产品出口35.92亿美元,比降9.63%;机电产品出口98.82亿美元,比增21.65%。从出口地区看,产品主要出口美国、欧盟、东盟、拉丁美洲、日本等国家和地区。

加强国际经济贸易合作,实施"走出去"战略,拓展国际市场。境外投资发展势头良好,新批境外投资项目41项,协议投资总额2.39亿美元,比增19.4%,其中中方协议投资额2.13亿美元,比增27.0%。新签对外劳务合作合同金额4600万美元,比降23%;完成营业额3500万美元,比增54.9%;年内在外人员3620人,比增0.9%。

【交通】　年末全市高速公路总里程

408公里，高速铁路总里程337公里，福州港生产性泊位125个，福州空港国内航线（含港澳台）66条、国际航线5条，基本形成以高速铁路、高速公路、海港、空港为主构架、主通道、主枢纽的综合性、立体化交通体系。交通运输能力不断增强。货物运量中，全年铁路货物发送量361.73万吨，比增7.5%；公路货物发送量9600.28万吨，比增14.4%；水路货物发送量6061.57万吨，比降1.8%；民航货邮吞吐量8.76万吨，比增10.4%，其中货邮出港量5.14万吨，比增8.7%。旅客运量中，全年铁路旅客发送量1524万人次，比增16.0%；公路旅客发送量1.75亿人次，比增3.8%；水路旅客发送量71.74万人次，比增28.9%；民航旅客吞吐量719.68万人次，比增11.1%，其中旅客出港量368.68万人次，比增11.1%。全年港口货物吞吐量8218.28万吨，比增15.3%，其中外贸货物吞吐量3318.75万吨，比增22.0%；集装箱吞吐量166.02万标箱，比增12.9%。两岸交流往来频繁，空中直航往返台湾航班3007架次，比增89.8%；客流增长势头迅猛，旅客吞吐量32.10万人次，比增51.7%；货邮吞吐量3800吨，比增90.7%；对台直航集装箱吞吐量31.58万标箱，“两马交流”客运直航1212航次，旅客吞吐量3.95万人次。

【邮电】 邮政业务收入5.72亿元，比增13%；电信业务收入91.46亿元，比增9.9%。全市有邮政局（所）227处，邮路单程长度11198公里。年末全市有程控电话交换机容量337.25万门，固定电话用户193.51万户，IC卡公用电话0.93万部，移动电话用户821.77万户。互联网日益普及，互联网宽带接入用户107.27万户，全年新增用户20.61万户。

【金融】 年末全市有金融机构25家，各类金融机构营业网点1235个；3家外资金融机构在福州设立分行。全市金融机构存款余额（本外币，下同）6910.13亿元，比增13.22%，其中储蓄存款余额2625.06亿元，比增8.98%；单位存款余额3634.48亿元，比增14.29%。全市金融机构贷款余额6190.73亿元，比增21.98%，其中中长期贷款余额4019.56亿元，比增25.57%。

证券市场稳定，期货交易遇冷。年末全市有上市公司28家，总市值2703.71亿元；有证券公司2家，证券营业部82家，股民资金开户总数153万户，其中年内新开户数16万户，全年股票、基金交易额21817.77亿元，比增5.99%；有期货公司2家，期货营业部24个，期货交易额27335.52亿元，比降4.25%。

全市有各类保险营业网点383个，外资保险机构在福州设立8家分公司和2个代表处。全市保险业务保费收入114.91亿元，比增10.32%，其中财产险保费收入39.23亿元，比增18.41%；人寿险保费收入64.85亿元，比增4.85%；健康险保费收入8.14亿元，比增16.73%；意外险保费收入2.70亿元，比增21.52%。保险业务赔付支出34.43亿元，比增39.30%，其中财产险赔付支出20.59亿元，比增44.05%；人寿险赔付支出8.40亿元，比增37.19%；健康险赔付支出4.62亿元，比增28.55%；意外险赔付支出0.82亿元，比增16.09%。

【教育】 新建和改扩建23所中小学，完成522所义务教育学校标准化建设，基本完成中小学校安工程3年建设任务；学前教育加快发展，实现每个乡镇（街道）至少有一所公办幼儿园；义务教育阶段生均公用经费标准大幅提高，完善贫困学生资助体系，进城务工人员子女入学问题得到基本解决。各类教育均衡发展，全市有高等学校31所，专任教师1.79万人，在校大学生29.27万人；中等职业技术学校61所，专任教师0.48万人，在校生17.02万人；高中104所，专任教师0.84万人，在校生10.95万人；初中268所，专任教师1.55万人，在校生19.87万人；小学1013所，专任教师2.45万人，在校生43.25万人。全市有市级示范性幼儿园38所、省级达标中学59所，其中一级达标中学14所，高中阶段毛入学率112.7%；有民办小学19所、民办普通中学34所、民办职业中学13所、民办高等学校12所，民办高校在校生7.03万人。

【文化】 推进公共文化服务体系建设，加快推进海峡图书馆、海峡妇女儿童活动中心、工人文化宫、海峡文化广场等公共文化设施建设，省少年儿童图书馆落成开馆，“三坊七巷”社区博物馆成为全国首家生态（社区）博物馆。继博物馆、纪念馆免费开放之后，图书馆、美术馆、文化馆等公共文化场所逐步向社会免费开放。全市有市级、县级文化馆12个、群艺馆1个、艺术表演团体12个，艺术表演团体演出3071场次；电影院19个，剧场、剧院2个；博物馆、纪念馆15个，收藏文物2.33万件；公共图书馆13个，总藏书312.58万册；乡镇综合文化站173个，农家书屋2195个。全市有市级广播电台1座、电视台1座，县级广播电视台7座；自办广播节目11套，其中市级广播节目4套、县级广播节目7套，广播综合人口覆盖率98.26%；自办电视节目6套，其中：福州市电视台5套、福清市广播电视台1套，电视综合人口覆盖率98.50%，行政村电视联网率83.71%。年末有线电视用户171.05万户，比增7.86%，有线电视入户率91.08%；数字电视用户53.70万户，比增18.60%，数字电视入户率28.59%。

坚持文化项目产业化、特色文化品牌化的理念，打造文化产业发展集群。芍园壹号文化创意园、榕都318文化艺术创意街区、福百祥1958文化创意园等文化创意产业园区（基地）加速发展，加快海西创意谷、海西（网龙）动漫创意之都、海峡（时代华奥）文化创意产业基地等创意产业项目建设。至年底，全市有1个国家级文化产业示范基地、1个国家影视动漫实验园和16个省级文化产业示范基地，全年文化产业增加值181.99亿元，比增28.0%，占地区生产总值的4.9%。

【卫生】 实现基层医疗机构社保卡就诊“一卡通”，建成居民健康信息系统。提升基层医疗环境和服务水平，社区卫生服务中心、乡镇卫生院实现全覆盖，在全省率先建设社区医疗康复体系。至年底，全市有卫生机构1934家，其中医院85家；卫生机构床位2.59万张，其中医院床位2.07万张；专业卫生技术人员3.86万人，其中医生1.50万人；每千人拥有医疗床位4.25张，每千人拥有卫生技术人员6.35人。全市有社区卫生服务中心46个,卫生技术人员1258人;社区卫生服务站127个,卫生技术人员913人;乡镇卫生院119个,卫生技术人员4136人。基本公共医疗保障覆盖面不断扩大,新型农村合作医疗人数335.98万人,参合率99.26%。

【体育】 举办全国徒步大会开幕式暨第七届健步行活动、全国门球公开赛、全国群众登山健身大会等全国性赛事活动;海峡两岸传统龙舟和竞技龙舟邀请赛、第五届海峡两岸门球邀请赛和第五届海峡两岸登山活动等体育活动形成海峡品牌特色;"8·8"全民健身日规模宏大,福州成为全国全民健身示范城市试点单位。至年底,全市有体育场418个、体育馆3个,全民健身路径3035条;年内举办县以上群众性体育竞赛活动115项。

【民生保障】 全市户籍人口649.41万人,其中市区户籍人口190.02万人。据抽样调查数据推算,全市常住人口720万人,其中市区常住人口296万人,人口自然增长率5.32‰,城镇化率63.3%。

全市城镇单位在岗职工年平均工资41725元,比增19.9%。城镇居民人均可支配收入26050元,比增14.6%,扣除价格因素实际增长9.4%;人均消费性支出17847元,比增13.1%,扣除价格因素实际增长7.9%;消费结构不断优化,城镇居民恩格尔系数37.7%,比上年下降1.2个百分点,需求更多地投向发展资料和享受资料,城镇居民人均购买衣着支出比增27.7%,人均购买金银珠宝饰品支出比增56.3%,人均购买家用电器产品支出比增42%。农村居民人均纯收入10107元,比增18.3%,扣除价格因素实际增长13.1%;人均生活消费支出7353元,比增21.1%,扣除价格因素实际增长15.8%;恩格尔系数44.8%,比上年下降0.7个百分点。

基本医疗保障覆盖城乡居民,城镇居民医保、新农合补助标准和基本公共卫生服务人均经费标准提高,对城乡低保、五保等社会弱势群体实施医疗救助。城镇居民养老保险试点全面展开;新型农村社会养老保险制度实现全覆盖,全年新型农村社会养老保险参保人员196.33万人。城镇职工基本养老保险参保人员135.20万人,其中领取基本养老保险金的离退休人员28.54万人。企业离退休人员按时足额领到基本养老金,养老金社会化发放率达100%。城镇职工基本医疗保险参保人员118.57万人;失业保险参保人员91.51万人,领取失业保险金人员9700人;生育保险参保人员88.01万人;工伤保险参保人员96.92万人。提高城乡低保、农村"五保"供养标准,帮扶城镇居民最低生活保障对象2.03万人,农村居民最低生活保障对象7.75万人,农村五保供养对象8476人。加大保障房建设力度,全年动工建设保障性住房3.44万套,比增16.7%,开工率104.4%,保障性住房受益范围扩大。平抑市场物价,在全国率先实施蔬菜、猪肉价格协商制度,实行物价上涨与社会救助和保障标准挂钩联动,建设51家平价店,开通"菜篮子"社区平价直通车,居民消费价格总水平上涨4.8%,低于全省平均水平。

城镇登记失业率2.36%,城镇新增就业15.32万人,转移农业富余劳动力6.37万人,实现下岗失业人员再就业9223人,"4050"人员再就业3886人。年末全市经工商注册登记的个体工商户14.28万户,比增10.4%,从业人员28.72万人,比增11.0%;私营企业6.70万个,比增17.0%,从业人员62.18万人,比增9.9%;城镇个体私营从业人员73.79万人,比增12.9%。

【园林绿化】 完成人工造林总面积61414公顷,比增265.7%,森林覆盖率54.9%,商品材产量15.42万立方米。"四绿"工程建设全面开展,改造提升乌山北坡公园、白马河公园等一批公园以及东北三环、福飞路等一批道路沿线绿化,城区新增立体绿化400处。市区有公园52座,公园绿地面积2452公顷,新增公园绿地面积164公顷,人均公园绿地面积11.2平方米;建成区绿地面积8604公顷,建成区新增绿地面积482公顷,绿地率37%;建成区绿化覆盖面积9400公顷,绿化覆盖率40.5%。

【环境保护】 实施节能重点项目70个,减排重点项目184个,实现重点污染源自动监控全覆盖。立案查处环境违法企业62家,市级挂牌督办2家,拆除闽江流域禁养区内养殖场108家,关停敖江流域石材企业334家,对所有石材加工企业和矿山征收差别电价,基本完成市、县、乡级集中式饮用水源保护区划定工作,实现定期监测,水质总体保持良好,闽江流域(福州段)和敖江流域(福州段)水质达标率100%,龙江流域水质达标率75%,全市6个主要饮用水水源地水质平均达标率100%。全市有国家级生态示范区1个、省级生态示范区9个,自然保护区13个,自然保护区面积(不含海域)1310.84平方公里。

注:1. 2011年规模以上工业统计范围的起点标准从年主营业务收入"500万元及以上"调整为"2000万元及以上";

2. 农业条目的产业化及台资农业数据、工业科技条目的科技数据、固定资产投资条目的保障性住房数据、城乡建设条目的农村建设数据、教育条目的数据、文化条目的公共文化服务体系数据、卫生条目的数据、体育条目的数据、民生保障条目的城乡低保及农村五保数据不含平潭数据。

(肖 艳)

机构及负责人

中共福州市委机构及负责人名单

中共福州市委员会

书 记:杨 岳
副书记:杨益民
周 宏
常 委:骆安生
陈元邦
徐启源
陈大强
朱 华
那兴海
马丽君(挂职)
陈为民
徐铁骏

吴贤德
秘书长:徐启源
副秘书长:刘卓群
陈建平
陈奕辉(援藏)
郑建平
吴晓杰
黄诗杨
张源生(挂职)

市纪律检查委员会
(与市监察局合署办公)
书　记:骆安生
副书记:陈　旭
连世潮
张秀榕
常　委:林子波
鄢　荣
黄建新
肖敦颖
苏　建
秘书长:黄建新

市委办公厅(市委政策研究室,市委、市政府接待办,机要局,保密局)
主　任:刘卓群
副主任:朱秀兰
黄善贺
游　昕
叶　谊

政策研究室
主　任:(缺)
副主任:王振松
戴清泉

接待办
主　任:陈建平
副主任:林香平
江立强

机要局
局　长:王璐莹

保密局
局　长:林水华
副局长:王贤伟

市委组织部
部　长:陈元邦
副部长:徐诗文(常务)
柳　欣
陈涌华
王玉琴(兼)

市委宣传部(市委对外宣传办公室、市委网络文化建设和管理办公室、市政府新闻办公室)
部　长:朱　华
副部长:王　征(常务)
高起平(常务)
余作尧
鲍　闽
杨　凡
陈忠霖
林　矗

市委统一战线工作部
部　长:徐启源
副部长:刘少华
莫雪平
郭荣贵

市委政法委员会(市社会治安综合治理委员会办公室)
书　记:陈为民
副书记:时小雨(兼)
徐凡新(兼)
占朝中(兼)
叶忠育
林阿善
齐家麒
陈钦华
许铭忠
秘书长:丁　萍

综治办
主　任:(缺)
副主任:佘永俤
陈　长

市委台湾工作办公室
(市政府台湾事务办公室)
主　任:郑　晓
副主任:曾秋玲
郭　云

市委机构编制委员会办公室
(市政府机构编制办公室)
主　任:邱幸青
副主任:高　颐
唐文贵

市委市直机关工作委员会
书　记:周　宏(兼)
常务副书记:王　聪
副书记:陈一飞
林　敏

市委教育工作委员会
书　记:朱　华
副书记:俞云金(兼)
郑　勇
翁桂香(常务)

市委老干部局
局　长:王玉琴
副局长:倪为民
高锦利

市委精神文明建设办公室(市精神文明建设指导委员会办公室)
主　任:杨　凡
副主任:王苏闽
曾　玉

市委信访局(市政府信访局)
局　长:张性魁
副局长:林廷瑞
陈吕南

市委农村工作领导小组办公室
(市政府农村工作办公室)
主　任:姜卫平
副主任:郭宜超
陈可传
黄礼滨
刘用通(兼)

市委机关效能建设领导小组办公室
主　任:李　锋
副主任:陈武光
伍南腾

福州市人大常委会机构及负责人名单

市人大常委会
党组书记:周振华
副主任:薛海玲
鄢　萍
柯有民
秘书长:陈公文
副秘书长:赵宝昌
许燕英

市人大常委会法制委员会
主　任:(缺)
副主任:陈伯吉

市人大常委会办公厅
主　任:赵宝昌
副主任:陈又菲

市人大常委会研究室
主　任:张　诚
副主任:丘志强

市人大常委会人事代表工作室
主　任:吕　英
副主任:吴　菁

市人大常委会法制工作委员会
主　任:陈伯吉

副主任:余则连

市人大常委会内务司法工作委员会

主　任:梁文仪

副主任:黄定国

市人大常委会财政经济工作委员会

主　任:王培德

副主任:唐庆机

市人大常委会城建环境工作委员会

主　任:林　清

副主任:陈　巍

市人大常委会华侨(台胞)工作委员会

主　任:陈明建

副主任:王洵斌

市人大常委会农村经济工作委员会

主　任:詹燕燕

市人大常委会教科文卫工作委员会

主　任:吴三八

副主任:官君璧

福州市人民政府

代市长:杨益民

副市长:陈大强

朱　华

陈　奇

时小雨

徐凡新

陈为民

徐铁骏

严可仕

黄忠勇

秘书长:瞿理明

副秘书长:王国华

潘丽珠

罗若谷

陈希治(兼)

张性魁(兼)

胡冀闽

胡孝辉

林树立

朱汉民

张定锋

林汉隽

福州市中级人民法院

院　长:李有才

副院长:许先丛

陈天灯

黄贤光

林智明

欧阳春

施　平

福州市人民检察院

检察长:叶燕培

副检察长:杨玉勋

顾　颀

董良馨

盖宣闽

张　捷

福州市人民政府机构及负责人名单

市政府办公厅(挂市海防委员会办公室、市爱国卫生运动委员会办公室、市双拥工作领导小组办公室牌子)

主　任:(缺)

副主任:林　雯

朱训志

郭春曦

海防办

主　任:(缺)

副主任:李光宝

陈　明

爱卫办

主　任:陈厚才

副主任:钟　军

林　怡

双拥办

主　任:陈希治

副主任:洪小榕

王建荣

市发展和改革委员会

主　任:林钟德

副主任:朱光华(兼)

陈继鹏

李占卫

李支酉

林万震

罗恩平

王韶红

市经济委员会

主　任:江　海

副主任:牛建春

游通铃

林端雄

王国晓

吴银恕

市城乡建设委员会

主　任:林瑞良

副主任:林京洪

罗蜀榕

黄霄辉

张　帆

郑　鸿

总工程师:林宝钧

市交通运输委员会

主　任:左美俊

副主任:刘选华

施向文

林昌达

刘起宏

许　潮

市重点项目建设管理办公室

主　任:胡冀闽

副主任:梁文心

林榕森

刘　宇

王石融

俞　敏(挂职)

市教育局

(与市教育工作委员会合署办公)

局　长:郑　勇

副局长:翁桂香

郑家夏

严　星

陈　红

黄　林

陈　亮

市科学技术局

局　长:林治良

副局长:庞　跃

郑寿平

王建忠

市民族与宗教事务局

局　长:刘晓强

副局长:杨国富

饶春贵

市公安局(挂市政府打击走私综合治理工作办公室牌子)

局　长:徐凡新

副局长:林　祥

张　鸿

郑雷声

冯　明

打私办

副主任:罗　锋

市监察局

局　长:陈建新

副局长：陈诚文
程良琛
兰鸣伟

市民政局（挂市革命老根据地建设办公室牌子）

局　长：（缺）
副局长：林文铨
庄　严
颜培林
吴　越

市司法局

局　长：俞建春
副局长：杨　波
方振荣
柯家欣
王信标

市财政局

局　长：林恒增
副局长：黄木基
林贞华
李小荣
韩芝玲
蒋爱玉
总会计师：（缺）

市人力资源和社会保障局

局　长：卢　林
副局长：陈荣生（兼）
孙鲁闽
秦　健
袁苏欣
熊玉平
高远忠

市公务员局

局　长：陈荣生
副局长：黄　震
龚家飒
冯　音

市国土资源局

局　长：郑建闽
副局长：彭永麒
陈慧英
李　仲
聂晓梅
俞文峰（挂职）

市环境保护局

局　长：纪建平
副局长：任义文
赵炳荣
汪家升
总工程师：许爱琼

市城乡规划局

局　长：李月健
副局长：林仕滔
黄宇清
林　强
金国栋
总工程师：王秀卿
总规划师：吴建青

市住房保障和房产管理局

局　长：李　凡
副局长：兰仰金
张海舟
高学良

市市容管理局（挂市城市综合执法局牌子）

局　长：林　辉
副局长：郑保胜
李伟贤
江玉坤
金德荣

市安全生产监督管理局（挂市安全生产委员会办公室牌子）

局　长：程爱国
副局长：梁文凌
李洪臣
林　晞

市农业局

局　长：吴建成
副局长：石允淦
聂德毅
陈文辉
黄　菁

市林业局

局　长：陈信平
副局长：张顺恒
冯　平
廖胜彪
总工程师：（缺）

市水利局

局　长：黄文希
副局长：陈谋祥
陈济斌
巫贤成
总工程师：林　凯

市海洋与渔业局

局　长：李振泰
副局长：林心銮
陈珍光
陈　钰

市商贸服务业局（挂市食品安全工作办公室、市支前办公室牌子）

局　长：林厚新
副局长：叶　震
陈燕敦
陈　源
沈鹭滨
马国武（挂职）

支前办

主　任：林厚新（兼）
副主任：樊新江

市粮食局

局　长：赵时可
副局长：陈春恩
陈　颖
周　岚

市对外贸易经济合作局（挂市政府口岸工作办公室牌子）

局　长：张献勇
副局长：杨　光
潘　啸
林　周
陈镜清
严周文

口岸办

主　任：张献勇（兼）
副主任：黄　瑾

市文化新闻出版局（挂市文物局、市版权局牌子）

局　长：陈梅良
副局长：黄修钗
林剑生
卢　玲
胡　南
杨　勇
陈思源

市广播电影电视局

局　长：陈　燕
副局长：赵　洵
陈炳荣

市卫生局

局　长：关瑞祺
副局长：于　萍
缪　伟
吴翔天

市人口和计划生育委员会

主　任：周应忠
副主任：黄　升

郑维忠
刘惠珍

市体育局

局　长:黄其钦
副局长:陈光华
高慧萍
刘　丹

市审计局

局　长:林良云
副局长:郑子平
郑生明
刘小红
总审计师:翁国荣

市统计局

局　长:郑新清
副局长:王金聚
朱　政
金昌勇
总统计师:曹寿全

市旅游局

局　长:郑　立
副局长:陈学禄
林从宇
李春茂

市机关事务管理局

局　长:陈建平
副局长:林　平
吴光俊
林春贵

市政府外事侨务办公室(挂市政府港澳事务办公室牌子)

主　任:游晓东
副主任:郑建榕
张　萍
马亚明
张素燕

市人民防空办公室(挂市民防局牌子)

主　任:吴　强
副主任:张景颂
郑清辉

市国有资产监督管理委员会

主　任:连国平
副主任:蔡立福
林敬金
谢建明
蔡道振(挂职)

市政府法制办公室

主　任:赵彦邦

市物价局

局　长:朱光华
副局长:黄家华
黄敬池

市政府驻北京办事处

主　任:郭建国
副主任:洪　斌

市政府驻上海办事处

主　任:林　麟

市政府驻深圳(广州)办事处

主　任:(缺)

福州市政治协商委员会机构及负责人名单

市政协

主　席:方清海
副主席:陈书碧
陈今明
雷成才
郑有光
范美先
郑建闽
林治良
秘书长:林　雄
副秘书长:夏良宝
邱吉明
陈向上

市政协办公厅

主　任:夏良宝
副主任:黄建春

市政协调查研究室

副主任:曹　波
陈小刚

市政协提案委员会

主　任:薛林甦
副主任:张克恭

市政协经济建设委员会

主　任:邱连生
副主任:袁诚勇

市政协教科文卫体委员会

主　任:汪茳江
副主任:林恩健

市政协港澳台侨和外事委员会

主　任:李肖琴
副主任:吴瑞成

市政协社会和法制委员会

主　任:高孔霖
副主任:胡慧玲

市政协民族和宗教委员会

主　任:石　亮
副主任:邱孝魁

市政协文史资料和学习宣传委员会

主　任:戚信总
副主任:郑新俊

市政协人口资源环境委员会

主　任:黄树灿
副主任:王荔仙

民主党派和工商联机构及负责人名单

民革福州市委会

主　委:夏先鹏
专职副主委:陈寰中
林　端
蔡恩典

民盟福州市委会

主　委:林治良
专职副主委:刘福莲
江瑞平

民建福州市委会

主　委:王宗华
专职副主委:林　敦
倪　真

民进福州市委会

主　委:陈　奇
专职副主委:李松铨

农工党福州市委会

主　委:郑新清
专职副主委:林　澄

致公党福州市委会

主　委:鄢　萍
专职副主委:陈京香

九三学社福州市委会

主　委:林绍彬
专职副主委:吴　茗

台盟福州市委会

主　委:郑建闽
专职副主委:甘海疆

福州市工商业联合会

主　席:雷成才
副主席:郭荣贵
张翠芳
张　强
林　升

社会团体机构及负责人名单

福州市总工会

主　席:陈元邦
副主席:郑湘国
傅春英

贤　青(兼)
朱琴厦
金　纶

共青团福州市委员会

书　记:何杰民
副书记:郭海阳(援疆)
雷连鸣

福州市妇女联合会

主　席:陈　晔
副主席:贤　青
傅春英(兼)
陈小玲
娄月琴

福州市科学技术协会

主　　席:雷成才
专职副主席:曾章钗
陈玲玲
林　伟

福州市文学艺术界联合会

主　　席:徐　杰
专职副主席:米　伟
武夏红

福州市归国华侨联合会

主　　席:蓝桂兰
专职副主席:付小苑
余岸明

福州市社会科学界联合会

主　　席:林　山
专职副主席:陈由岖

福州市台湾同胞联谊会

会　　长:陈小凡
专职副会长:林鸿榕

中国国际贸易促进委员会福州市支会（中国国际商会福州商会）

会　长:潘邦瑞
副会长:吴毓青
陈晓玲
林连华

福州市人民对外友好协会

会　长:袁荣祥(兼)
副会长:郑建榕

福州市残疾人联合会

理 事 长:俞昌林
副理事长:黄大明
陈孔乐
林　支

福州市计划生育协会

专职副会长:黄　升(常务)
王　锋

福州市红十字会

会　长:朱　华(兼)
副会长:胡晓强(常务)
何　北
胡树林

福州中华职业教育社

主　　任:陈今明(兼)
专职副主任:陈美华

福州市直属副处级以上事业单位

闽江学院

党委书记:王新民
党委副书记、院长:杨　斌
党委副书记、纪委书记:刘桂荣
党委副书记:叶锦文
副　院　长:赵麟斌
金德凌

中共福州市委党校（市行政学院、市社会主义学院、共青团福州市委团校）

校　长:陈元邦
副校长:陈志昇(常务)
游伯笙
林秀玲
唐为民

福州职业技术学院

党 委 书 记:俞云金
党委副书记、院长:林承超
党委副书记:林福荣
副　院　长:金昌余
刘松林
詹碧卿
纪 委 书 记:沈锦华

中共福州市委党史研究室

主　任:刘德洪
副主任:张和琛

福州市档案局(馆)

局　长:李运启
副局长:蔡光荣
宋美榕

福州市社会科学院

院　长:林文平
副院长:张兰英

福州日报社

社　长:鲍　闽
副社长:黄秀泉
叶向荣

中共福州市委干部理论教育讲师团

团　长:贺晓军

福州市农业科学研究所

所　长:郭建铭

福州市蔬菜科学研究所

所　长:陈文辉

福州市人民政府水电站库区移民开发局

局　长:(缺)

福州市事业单位登记管理局

局　长:林仁建

福州市人民政府发展研究中心

主　任:郭艳芳
副主任:孙占秋
林高星

福州市地方志编纂委员会

主　任:张　硕
副主任:王小珍
刘必霖

福州市地震局

局　长:黄春鹏
副局长:戴　黎

福州市仲裁委员会秘书处

秘 书 长:陈公文(兼)
副秘书长:邓世清

福州市行政服务中心

主　任:胡冀闽
副主任:伍南腾(兼)

福州市土地发展中心（市地产开发总公司）

主　任:王　松
副主任:张志强
陈韩德
刘　锋

福州市国有房产管理中心

主　任:曾国俊
副主任:陈永辉
肖贤荣

福州市住宅发展中心

主　任:任志强
副主任:何　振

福州住房公积金管理中心

主　任:林　锋
副主任:张美香
蔡　颖
郑宗沐

福州市房地产交易登记中心

主　任:陈　津
副主任:陈明辉
刘心欣
林礼岑

福州市港口管理局

局　长:刘岩松

副局长:杨晓峰
邓　坤
黄振辉
许传新
总工程师:林　团

福州市供销合作社联合社
主　任:(缺)
副主任:林洪锦
黄家禄

福州市园林局
局　长:刘晓明
副局长:刘用斌
杨　晓
陈锵艳
陈志光
总工程师:杨　晓

福州市三坊七巷管理委员会
主　任:林　飞
副主任:林　矗(常务)
叶子文
盖文玲

福州市"数字福州"建设领导小组办公室
主　任:朱汉民

福州教育学院
院　长:高　山
副院长:张昌勋
程季平
黄耀荣

福州高新技术产业开发区管理委员会
主　任:许用贵
副主任:黄　超
杨信国
张　彪
陈　辉

福州市知识产权局
局　长:(缺)

福州市第一技工学校(省机械工业技术学校)
校　长:(缺)
副校长:母安明
刘伟诚
余　丰
陈学祥

福州市第二高级技工学校
校　长:吴宗伦

福州市民用建筑统建办公室
主　任:任志强
副主任:林国良

福州市规划设计研究院
院　长:高学珑

福州市政工程管理处
主　任:王家荣

福州市环境卫生管理处
处　长:(缺)

福州市五一广场管理处
主　任:(缺)

福州市道路运输管理处
处　长:洪德平

福州市水路运输管理处(福州市地方海事局)
处　长:颜永忠

福州市公路局
局　长:林著惠

福州市海洋与渔业技术中心
主　任:陈国生

福州市海洋与渔业执法支队
支队长:王　林
政　委:朱　斌

福州市文化市场综合执法支队
支队长:吴　跃
政　委:赵民凡

福州市妇幼保健院
院　长:林美华

福州市卫生局卫生监督所
所　长:颜国添

福清卫生学校
校　长:郭廷富

福州市疾病预防控制中心
主　任:(缺)

福州市第一医院(红十字医院)
院　长:张　帆

福州市第二医院
院　长:郑道新

福州结核病防治院
院　长:王　琳

福州神经精神病防治院
院　长:方　向

福州市中医院
院　长:黄秋云

福州市传染病医院
院　长:潘　晨

福州市皮肤病防治院
院　长:王　林

福州市第八医院(福州铁路中心医院)
院　长:(缺)

福州市体育运动学校
校　长:(缺)

福州市业余科技大学
校　长:(缺)
副校长:黄兆津

福州市鼓山风景区管理处
主　任:邱泰斌

福州市港口管理局直属分局
局　长:(缺)

福州市航道航标管理中心
主　任:李安平

福州市建筑设计院
院　长:林兴年

福州市城镇集体工业联合社
主　任:黄济霖
副主任:王昌桃
陈　明

福州广播电视集团
董事长:刘　屏
总经理:王　晋
副总经理:曹金旺
刘义萍
陈　航
总工程师:林钦华

中共各县(市)区委员会　县(市)区人大　人民政府　政协负责人名单

中共鼓楼区委
书　记:林　飞
副书记:杭　东
林碧芬
常　委:俞章华
陈仁德
黄良平
胡道坦
林　峰
张晓容
林锦辉
林　颖

鼓楼区人大常委会
主　任:李　力
副主任:郭光杰
林文华
张宏荣
严孝义

鼓楼区人民政府
区　长:杭　东
副区长:林　颖(常务)
谢谦华
刘建兴
徐金泰

翁华锋
刘用全
陈　辉

鼓楼区政协

主　席：陈　亢
副主席：柯岩辉
程建国
谢裕波
倪　真（兼职）

中共台江区委

书　记：张　忠
副书记：陈曾勇
陈宗胜
常　委：邓万铣
程　辉
陈高英
李　辉
黄少杰
何长嘉
叶仁佑

台江区人大常委会

主　任：林培清
副主任：郑琪鸿
郑功敏
宋晓非
卓小明

台江区人民政府

区　长：陈春光
副区长：何长嘉（常务）
严立武
郑则传
唐　寅（援藏）
李　强
吴晓云
陈　锦
刘华杰

台江区政协

主　席：林品光
副主席：王建东
陈东波
姚　强
陈　飞

中共仓山区委

书　记：林文芳
副书记：杨新坚
范建敏
常　委：梁　栋
崔兆英
陈忠银
阮　锋
翁国平
谢　侹
林建伟
林　宇

仓山区人大常委会

主　任：张为民
副主任：吴文华
陈玉莲
张玉俤
刘玉卿

仓山区人民政府

区　长：杨新坚
副区长：谢　侹（常务）
潘仰武
陈　峰
秦　凡
邓祥云
胡森群
王晶晶

仓山区政协

主　席：余凤玉
副主席：杨沂光
郭松钿
魏道航
陈京香（兼职）

中共晋安区委

书　记：阮孝应
副书记：郑云春
陈　斌
常　委：郑章干
赵　坚
唐　希
童桂荣
孟　翔
魏晓辉
陈华辉
郭　勇

晋安区人大常委会

主　任：林圣婉
副主任：林继锵
王乃平
林菊容
许国政

晋安区人民政府

区　长：郑云青
副区长：童桂荣（常务）
陈信英
金昌钦
周志坚
林文福
张里岩
张则铭

晋安区政协

主　席：刘昌棋
副主席：黄　玲
张秉洁
郑喜明
丁如丹

中共福州经济技术开发区、马尾区委

书　记：马必钢
副书记：许毅青
李　明
马尾区常委：沈　甦
吴友习
蓝　锋
潘　威
张学勇
王命瑞
郑　毅
开发区党委委员：沈　甦
吴友习
蓝　锋
潘　威
张学勇
王命瑞
张　凌

马尾区人大常委会

主　任：范公榕
副主任：吴　强
李　贞
程鸿远
王　峪

福州经济技术开发区管委会

主　任：许毅青
副主任：潘　威
高洪霖
张　凌
杨木泽
戴　希（挂职）

马尾区人民政府

区　长：许毅青
副区长：潘　威（常务）
高洪霖
李利民
陈秋伸
张　林
戴　希（挂职）

游　力
刘晓东

马尾区政协

主　席:施敏华
副主席:郭龙生
江国强
侯爱平
林海鹰

中共福清市委

书　记:陈春光
副书记:林　贤
林　中
常　委:刘　迟
高国富
陈　惠
翁芳明(援藏)
蔡福勇
张文胜
蔡和斌
陈　生
陈金友

福清市人大常委会

主　任:王德玉
副主任:陈建文
林茂清
朱育平
严　萍

福清市人民政府

市　长:林　贤
副市长:陈　生
王建生
陈恒东
陈存枫
吴晓凡(科技,省下派)
叶小斌
俞大军
陈　丹

福清市政协

主　席:游美兴
副主席:陈力奇
陈向群
方朝钦
吴　敏

中共长乐市委

书　记:吴贤德
副书记:王绍知
唐新文
常　委:林福明
邓达木
程小马
林建国
吴文琪
邓　岚
李　明
晁　旭

长乐市人大常委会

主　任:张礼强
副主任:黄玉钗
郑宽挺
林　忠
魏义锋

长乐市人民政府

市　长:王绍知
副市长:林建国(常务)
陈增国
王命发
郑子记
林秀燕
郑子毅
陈航星

长乐市政协

主　席:延建霖
副主席:陈　真
曹以强
宋丽晶
林少惠

中共闽侯县委

书　记:赵学峰
副书记:严金官
张大斌
常　委:郑华琼
李永祥
周韦景
施玉安
许舜举
江智文
陈乐森
陈长泽

闽侯县人大常委会

主　任:胡光礼
副主任:林善匡
郑铭魁
张德兴
曾小榕

闽侯县人民政府

县　长:严金官
副县长:李永祥(常务)
欧　建
林建善
杜　微
许启华(援藏)
张建彬
张　旗
林琼华(科技,省下派)
郑学锦

闽侯县政协

主　席:王彦强
副主席:叶　玲
周　敏
赖登球
吴文英(兼职)

中共连江县委

书　记:高　明
副书记:林　峰
陈　彪
常　委:曾开寿
陈晓晖
刘　明
李雄平
张金潮
林　涛
林承祥
杨洪华

连江县人大常委会

主　任:邱德光
副主任:滕忠华
王大荣
王同生
李　晋

连江县人民政府

县　长:林　峰
副县长:张金潮(常务)
孙祥光
雷言钦
林贤清
张发春
黄齐秋
冯慧钦

连江县政协

主　席:林伦健
副主席:易立群
林　竹
林　文
吴　斌

中共罗源县委

书　记:何代钦
副书记:吴兰铮

尤典真
常　委:吴国辉
陈敏鸿
陈武成
傅历光
蔡　文
刘延梅
刘毅宙
郑立敏

罗源县人大常委会

主　任:雷光秀
副主任:王永春
邱清崇
周在勤
昌建勤

罗源县人民政府

县　长:吴兰铮
副县长:蔡　文(常务)
董志干
兰可明
汪孝敏
黄元祥
刘用场(科技,省下派)
何瑞强
邓　斌

罗源县政协

主　席:何宗乐
副主席:姚建传
于红旗
李恒炎
陈丽霞

中共闽清县委

书　记:陈铁晗
副书记:肖　华
蔡劲松
常　委:林裕煌
刘久兴(援疆)
付　群
林　健
黄　钢
张新怿
郭家彬
陈诸凯

闽清县人大常委会

主　任:郑子升
副主任:王　强
陈孝贤
陈婉霞
黄　坚

闽清县人民政府

县　长:肖　华
副县长:林　健(常务)
李荣寿
林志斌
郑仕平
江家良
林从娇
黄　斌

闽清县政协

主　席:毛行青
副主席:华秀敏
张　文
陈　峰
叶林生

中共永泰县委

书　记:林　强
副书记:李新贤
阮文光
常　委:陈家恬
李瑞琨
陈日官
赖颂辉
廖美样
张仁灿
孙晓岚

永泰县人大常委会

主　任:吴秋惠
副主任:冯常胜
侯文辉
江晓鸣
陈振杰

永泰县人民政府

县　长:李新贤
副县长:赖颂辉(常务)
吴德泉
王寿钦
黄小平
祝海辉
曾海方
林　实(科技,省下派)
黄修瑜

永泰县政协

主　席:王德冠
副主席:王礼灯
江惠文
官井玲
陈永青

琅岐经济区党工委

书　记:蓝　锋
副书记:杨木泽
郑是平
黄志明
许善坤

琅岐经济区管委会

主　任:蓝　锋
副主任:杨木泽
吴红城
江典顺
张依俤
余广暖
刑鼎斌

(周龙敏)

(编辑　黄　铭)

重要会议

【市委常委(扩大)会】 2011年,市委召开3次常委(扩大)会议,主要内容是:传达学习全省县域经济发展工作会议精神;传达学习中共十七届六中全会精神以及省委常委(扩大)会议精神,研究部署福州市初步贯彻意见;传达学习省第九次党代会精神,研究部署福州市贯彻意见。

【市纪委九届九次全会】 1月30日召开。全会学习贯彻十七届中央纪委六次全会以及省纪委八届九次全会精神,研究部署全市党风廉政建设和反腐败工作。省委常委、市委书记袁荣祥要求各级各部门要切实把以人为本、执政为民的要求贯彻到反腐倡廉建设中去,不断取得党风廉政建设和反腐败工作新的成效。

【全市重点项目建设工作暨"五大战役"表彰会】 2月25日召开。副省长、市长苏增添就全年重点项目建设工作作出全面部署。省委常委、市委书记袁荣祥进一步从抓重点项目促跨越发展,抓产业项目促方式转变,抓惠民项目促民生改善,抓项目推进促社会管理,抓项目管理促能力提升等5个方面对继续打好"五大战役"、推进重点项目建设工作进行强调。

【省市共建省会文明城市工作推进会】 3月16日召开。省直部门、驻榕(福州简称"榕")部队、在榕高校以及市委、市政府就共创共建全国文明城市工作进一步总结经验,深化共识,并对相关工作作出具体部署。省委常委、省委宣传部长唐国忠,省委常委、市委书记袁荣祥出席会议并讲话。

【市委九届十七次全会】 6月7日召开。全会讨论筹备召开市第十次党代会有关事宜,省委常委、市委书记袁荣祥强调筹备党代会要做好的三项工作:一要形成一个好的市委工作报告,二要做好代表的推荐选举工作,三要选出一个好的市委班子。会议审议通过《关于召开中国共产党福州市第十次代表大会的决议》等文件。

【全市纪念建党90周年大会】 6月29日召开。大会纪念中国共产党成立90周年,表彰全市先进基层党组织、优秀共产党员、优秀基层党组织书记和优秀党务工作者。省委常委、市委书记袁荣祥出席大会并讲话,对全市各级党组织和广大党员提出四点要求:要坚定理想信念,高举伟大旗帜不动摇;要突出第一要务,推动科学发展新跨越;要坚持以人为本,加强社会建设促和谐;要注重改革创新,提高党建科学化水平。

【市委九届十八次全会】 8月17日召开。全会总结市委2011年上半年工作,审议通过《中共福州市委、福州市人民政府关于进一步贯彻落实〈海峡西岸经济区发展规划〉的实施意见》,省委常委、市委书记袁荣祥在会上强调,一要坚持"三群"(产业群、城市群、港口群)联动,增强综合实力;二要坚持先行先试,增强发展活力;三要坚持统筹协调,促进全面发展。确保海西规划各项任务落到实处。

【全市领导干部大会】 9月15日召开。会上,省委常委、省委组织部长姜信治宣读省委关于福州市主要领导同志职务任免的通知。根据省委决定:杨岳任福州市委委员、常委、书记,免去袁荣祥福州市委书记、常委、委员职务,杨益民任福州市委副书记,主持市政府工作,免去苏增添市委副书记、常委、委员职务。省委书记孙春兰代表省委作主要讲话,袁荣祥、杨岳、苏增添、杨益民分别作表态发言。

【市委九届十九次全会】 9月23日召开。会议听取《关于确定福州市出席省第九次党代会代表候选人预备人选建议名单的情况报告和代表候选人预备人选建议名单简介》,确定福州市出席省第九次党代会代表候选人预备人选;听取市第十次党代会筹备工作情况报告,审议通过九届市委工作报告(草案)、九届市纪委工作报告(草案)等;审议通过《关于市管党费收缴、使用和管理情况的报告》;酝酿通过新一届市委委员、候补委员和市纪委委员候选人预备人选。

【市第十次党代会】 9月26～29日召开。大会听取和审议九届市委、市纪委的工作报告，选举产生市委第十届委员会和第十届纪律检查委员会，选举福州市出席省第九次党代会的代表。省委常委、市委书记杨岳代表九届市委作题为《富民强市、和谐宜居，为实现科学发展新跨越而奋斗》的报告，总结过去5年工作实践积累的经验和启示，谋划福州市未来5年发展的目标和思路，提出要在更高起点上加快富民强市、和谐宜居进程，建设开放、文明、和谐、幸福的新福州。

【市委十届一次全会】 9月29日召开。全会选举杨岳、杨益民、周宏、骆安生、陈元邦、徐启源、陈大强、朱华、那兴海、陈为民、徐铁骏、吴贤德为市委常委，选举杨岳为市委书记，选举杨益民、周宏为市委副书记。会议还通过市纪委一次全会的选举结果。省委常委、市委书记杨岳对新一届市委领导班子提出要求：一要讲政治重学习，二要讲责任重发展，三要讲担当重实绩，四要讲宗旨重民生，五要讲民主重和谐，六要讲操守重品行。

【市委学习中心组（扩大）会】 12月21日召开。会议学习贯彻中央经济工作会议和省第九次党代会精神，谋划、研究2012年全市工作思路。省委常委、市委书记杨岳结合福州实际情况，就产业发展、民生改善、城乡建设、工作作风等方面发表讲话，要求全市各级各部门要着眼发挥省会龙头引领作用，着力破解突出问题，突破关键环节，推动科学发展新跨越。

【市委十届二次全体（扩大）会议】 12月27日召开。会议学习贯彻中共十七届六中全会、省委九届二次全体（扩大）会议精神，回顾总结2011年工作，研究部署2012年任务；审议通过《中共福州市委关于贯彻落实〈中共中央关于深化文化体制改革、推动社会主义文化大发展大繁荣若干重大问题的决定〉的实施意见》，对加快推进文化强市建设作出部署。

（市委办公厅）

重要接待

2月13日晚，省委常委、市委书记袁荣祥，市政协主席方清海在香格里拉大酒店宴请十届全国政协副主席张思卿一行。

3月8～10日，中共中央政治局常委、中央纪委书记吴官正在榕视察活动。在省委副书记于广洲，省委常委、纪委书记陈文清，省委常委、市委书记袁荣祥，副省长、市长苏增添的陪同下参观考察中国船政文化博物馆、新大陆科技集团有限公司、三坊七巷和福州雕刻总厂。

3月18日晚，省委常委、市委书记袁荣祥，市人大常委会副主任陈吉在芳沁园宴请全国人大常委会副委员长路甬祥一行。

3月24～27日，中共中央政治局常委李长春到榕视察。在省委书记孙春兰，省长苏树林，省委常委、市委书记袁荣祥，副省长、市长苏增添的陪同下考察新大陆公司、网龙公司、群众路小学、三坊七巷、“12345”便民中心和省广电中心等。

4月29日，全国政协副主席厉无畏到榕参加汽车展。29日中午，市委副书记周振华在香格里拉大酒店宴请厉无畏一行。

5月18日晚，省委常委、市委书记袁荣祥，市政协主席方清海，市委秘书长徐启源在芳沁园宴请全国政协副主席林文漪一行。

5月19日早，省委常委、市委书记袁荣祥，市委常委、市委秘书长徐启源，市人大常委会副主任陈吉在香格里拉大酒店与十届全国人大常委会副委员长蒋正华一行共进早餐。

6月5日，中共中央政治局常委、全国人大常委会委员长吴邦国在榕视察。在省委书记孙春兰、副省长苏增添等省、市领导的陪同下视察平潭综合实验区。

12月28日，中共中央政治局常委、中央纪委书记贺国强在福州考察指导工作。在省委书记孙春兰，省长苏树林，省委常委、市委书记杨岳，代市长杨益民等省、市领导的陪同下参观考察三坊七巷、安泰河综合整治工程、福州市行政服务中心等。

（方易晓）

纪检监察

【概况】 2011年，全市各级纪检监察机关围绕全市工作大局，做好党风廉政建设和反腐败工作。开展对中央、省、市重大决策部署落实情况的监督检查，推进惩治和预防腐败体系建设，查办违纪违法案件，加大纠风工作力度，加强领导干部教育、管理、监督和廉洁自律工作。全市纪检监察机关新立案747件，其中涉及县处级干部10件。市效能办对全市各级各部门的工作作风、办事效率进行明察暗访，给予效能告诫141人次。

【落实党风廉政建设责任制】 严格执行新修订的《关于实行党风廉政建设责任制的规定》，将其纳入全局工作，与业务工作一同部署、一同检查、一同考核，全市形成横向到边、纵向到底，管人与管事相结合的责任体系。抓好责任分解、考核、追究等关键环节，增强领导干部“一岗双责”意识。制定考核评价指标体系，将定量考核与定性考核相结合，责任考核与民主评议、测评相结合。由市领导带队考核各县（市）区和市直58个单位落实党风廉政建设责任制情况。拓展考核结果的运用，增强党风廉政建设责任制工作的严肃性和约束力。

【惩防体系建设】 落实中央《建立健全惩治和预防腐败体系2008～2012年工作规划》、省委《实施办法》和福州市《工作方案》确定的各项任务，建立健全深化惩防体系建设的工作汇报、情况报告、督查考核等制度，指导督促各县（市）区、市直各职能部门做好《实施方案》的贯彻落实。总结福州市惩治和预防腐败体系建设的成效和经验，培育一批具有福州特色的工作亮点，明确2012年底前的重点工作。

【廉洁从政教育】 开展以“严守廉政规定、坚持执政为民、服务跨越发展”为

8月4日,市委常委、纪委书记骆安生(左二)到福州反腐倡廉警示教育馆参观。

主题的廉政教育活动。组织领导干部学习《中国共产党党员领导干部廉洁从政若干行为准则》等法规制度,组织开展党纪政纪知识测试和竞赛,举办廉政图片展,开展廉政文化进基层活动,将警示教育列入党校教育培训的课程。挖掘福州历史文化资源和地域人文资源,整理历代廉政人物的言行资料,丰富廉政文化教育内容,全市组织3000多人次党员干部到警示教育馆接受教育。

【农村基层党风廉政建设】 实施农村"五要"工程,并向城市社区延伸。把农民群众普遍关注的事项纳入实施内容,加强对农村集体资金、资产、资源"三资"监管,全市各县(市)区健全"三资"监管制度,开展清产核资,规范农村经济合同,健全完善资产资源台账;规范"三资"委托代理行为,加强乡镇"三资"监管中心建设,健全民主理财制度,加快建立乡镇集中交易场所,规范农村招标投标活动。加强农村基层民主管理监督,建立健全村民会议、村民代表会议以及户代表会议制度,实现民主参与、讨论、决策;成立村务监督小组、村务监督委员会,实行村干部勤廉双述、重大事项报告、经济责任审计、村民质询评议制度,强化民主监督制约。

【党内监督】 加强对党员领导干部民主生活会、述职述廉、诫勉谈话、任前廉政谈话等制度执行情况的监督检查,保证各项制约机制的落实。建立市纪委主要领导同县(市)区党政主要领导、市直部门主要负责人廉政谈话制度。全市有1618名处级干部进行个人有关事项的报告,领导干部任前廉政谈话505人次,纪委负责人同下级党政主要负责人谈话408人次,诫勉谈话73人次,2042名领导干部进行述职述廉。对117个单位143名党政领导干部进行任期和离任经济责任审计。

【廉政专项治理】 加强对领导干部遵守和执行廉洁从政规定情况的监督检查和专项治理。治理领导干部违规送收现金、有价证券、支付凭证、礼品礼金等问题。深化"小金库"专项治理,查处6家单位设立"小金库"问题,涉及金额682万元。开展公务用车专项治理,制定《关于开展党政机关公务用车问题专项治理工作的实施方案》,推进该项工作有序开展。制止利用婚丧嫁娶事宜大操大办、铺张浪费行为,查处领导干部违反规定操办子女婚宴问题。严控领导干部出国(境),制止压缩出国境团组33批69人次,节约资金241.5万元。

【腐败案件查办】 全市纪检监察机关接受信访6302件次,其中检举控告类2876件次;新立案件747件,其中涉及县处级干部10件,乡科级干部80件,经济大案132件,给予党纪、政纪处分720人,移送司法机关案件59件;为国家和集体挽回经济损失1672万元。加强办案点规范化建设,提升办案的信息化水平。做好案件审理和申诉复查工作,保障党员干部的合法权益,为56名受到诬告或错告的党员干部澄清是非,对190名受到处分的党员干部进行回访教育。发挥查办案件的治本功能,对典型案件实行"一案一整改",协调、督促发案单位及其主管部门抓好案后整改,堵塞制度漏洞。

【规范权力运行】 行政权力阳光运行平台建设 推进网上审批系统建设,全市有50个市直部门、3个公用企事业单位和12个县(市)区开通网上审批系统。市直部门和公共企事业单位有623项行政审批和公共服务项目、各县(市)区有320个单位3266项审批事项纳入网上审批系统管理。推进网上行政处罚及执法监察系统建设,全市55个市直部门完成清权确权工作,确认行政职权7115项,并逐项统一编码,实现标准化管理。全市45个执法部门5156项行政处罚事项、处罚的法律依据、处罚细化标准、处罚结果及执法人员资格等内容全部在网上公开,接受社会的查询、对照和监督。网上行政处罚及执法监察系统同时向县(市)区全面推广,逐步实现省、市、县三级联网审批。拓展公共资源市场化配置领域,建设公共资源交易市场,市本级有219个建设工程项目实行电子招投标,1774个政府采购项目实行电子招投标和网上竞价,8项国有产权转让实行电子竞价。

落实办事公开制度 落实《关于深化政务公开加强政务服务的意见》和《福建省办事公开暂行办法》,推进行政权力运行程序化和公开透明,重点公开行政机关在实施行政许可、行政处罚、行政收费、行政征收等执法活动中履行职责情况,探索执法投诉和执法结果公开制度。坚持方便群众知情、便于群众监督的原则,丰富公开内容与形式,运用科技手段,推进福州市网上办事公开系统建设和"福州市农村党风网"建设。规范各级各部门公开政府信息发布程序、环节,全市各级政府及其工作部门主动公开政府信息2.05万条,依申请公开信息574条。

市行政服务中心建设　根据市委、市政府关于把福州市行政服务中心建设当做要事、急事抓紧抓好的要求，市效能办推进市行政服务中心的筹建，对入驻的45个审批部门和单位的592个审批和服务事项进行梳理和规范。12月25日，福州市行政服务中心正式运行。该中心位于温泉公园旁，总建筑面积5.8万平方米，集中办理全市90%的行政审批、公共服务事项。实行“一个窗口受理、一条龙服务、一站式办结”的运行模式，为企业和市民提供便民、高效、规范、廉洁的政务服务。

【制度廉洁性评估】　福州市是该项工作的全省试点之一。市纪委协调有关部门对全市2011年起草制定的2项市政府规章、9项市政府规范性文件和37项市直部门规范性文件的廉洁性进行评估，并结合清理法规、规章和规范性文件对施行的制度进行廉洁性评估，把预防腐败贯穿于制度建设中。解决一些生效的制度存在的扩张权力、减免责任、谋取不正当部门利益、监督问责乏力等突出问题，发挥防范廉政风险的作用。

【绩效管理】　深化市、县、乡镇（街道）三级绩效管理，12个县（市）区、76个市级机关单位纳入绩效管理。制定《福州市2011年度县（市）区及市级机关单位绩效管理工作实施方案》和《2011年度福州市政府绩效管理工作实施方案》。开展绩效评估，推进政府管理创新和职能转变，激发各级各部门创先争优的积极性和主动性，推动服务型政府建设。《人民日报》6月2日第11版发表长篇通讯《依据区县类型发展实际，量身定制特色考核指标——福建今年改了“考题”》，介绍福建省和福州市的绩效管理经验做法。

【纠风专项治理】　会同和督促有关部门，检查强农惠农资金9507.32万元，纠正和整改违规问题涉及金额1219.55万元，查处损害农民利益问题16件，给予党政纪处分及其他处理13人；清退学校乱收费金额25.47万元，实行电脑派位解决进城务工人员随迁子女入学问题；检查食品生产经营企业5.24万家，取缔610家，发出整改意见书3935份，立案305件，罚没金额62.27万元；加强药品采购监督，全市乡镇社区基层医疗机构全部实行药品网上采购，县以上医院通过网上采购集中招标药品总金额13.62亿元，降价总额2.59亿元；开展清理和规范庆典、研讨会、论坛活动，撤销活动项目17项。

【政风行风建设】　开展民主评议政风行风工作，调整评议范围，突出对群众生产生活密切相关的重点部门和基层站所的评议；改进评议方式，突出日常考评所占比重，增加调查问卷数量，使参与调查的人员更具代表性和广泛性；注重评议所发现问题的整改，将民主评议中发现的问题和群众提出的意见建议反馈给有关部门，督促其整改问题、转变作风。对被评单位工作进行指导164人次，开展明察暗访活动342人次，参加政风行风测评等工作93场次，发现问题、提出意见建议251条。继续办好“政风行风热线”，新增“新浪微博”“腾讯微博”官方微博等传播途径；探索推进市、县两级“热线”的互联互动，安排89个部门（单位）上线，主要领导上线率93.26%，办理群众诉求1064件，当事人对办理结果满意率95.46%。

【监督检查工作】　开展加快转变经济发展方式监督检查，重点对中央关于经济结构战略性调整、管理通胀预期、水利改革发展、保障性安居工程建设以及规范和节约用地、节能减排、环境保护等政策措施落实情况进行监督检查，及时发现和纠正存在问题，查处违规违纪违法行为，并向党委政府提出完善政策措施的建议。开展对“五大战役”实施情况的监督检查，组织监督检查围绕“效率、廉洁、质量”3个方面，检查建设项目350项，发现问题142个，提出整改意见81条。加强对创建文明城市、清理整治违法建设、城区交通管理综合整治、重点流域水环境综合整治和对口援建三明市灾后重建等专项工作监督检查，推动有关工作的落实。加强对换届纪律执行情况的监督检查，确保换届工作风清气正。开展对民政、水利系统依法行政情况的综合监察，检查行政行为2176件，纠正违规问题108个，督促健全管理制度18项。

【机关作风督查】　在日常督查的基础上，每季度组织市效能监督员督查县（市）区，组织县（市）区效能监督员督查市直部门，对全市各级各部门开展大规模的明察暗访。组织各县（市）区之间开展交叉督查、互查互访，形成循环检查模式。全年效能告诫违规人员141人次，诫勉教育47人次，其他处理11人次。

【效能投诉办理】　全市机关效能投诉中心受理社会各界投诉2312件，应办结2264件，实际办结2259件，办结率99.78%。其中，市机关效能投诉中心受理投诉740件，应办结708件，实际办结708件，办结率100%。办理省机关效能投诉中心转办件107件。强化“12345”诉求件督办，坚持日查阅、周督办、季通报以及责任追究等制度，从受理、批转、办理、审核、评论5个环节，对“12345”便民呼叫热线运行的整个过程进行网上监督，促进各级各部门认真解决群众和企业诉求。2011年，市级网络单位逾期查阅、逾期办理的诉求件明显减少，及时办结率98.99%，比上年提高0.26个百分点。2月15日，《人民日报》、新华通讯社、中国新闻社、福建电视台、东南网、《东南快报》和《海峡都市报》等7家中央、省级新闻媒体对福州市效能办开展“12345”诉求件的督办工作进行专访并予以肯定。

（程小彬　胡志顺）

组织工作

【概况】　2011年，中共福州市委组织部突出抓市县乡集中换届这一中心工作，重点抓创先争优活动、深化干部人事制度改革、加强各级干部学习培训、落实人才发展规划4件大事和加强基层组织建设等各项工作。全年培训县处级、乡科级领导干部480多人，差额投票产生4名市直部门正职领导，新发展党员8646人。

【换届工作】 抽调66名业务人员组成6个干部考察组,深入各县(市)区开展换届考察工作,顺利完成市、县两级党委、人大、政府、政协的换届以及乡镇党委、人大、政府的换届。班子结构素质得到优化,县级党政班子平均年龄44.4岁,比上届小1.9岁;人大、政协班子平均年龄50.8岁,比上届小1.8岁;乡镇党政班子平均年龄40.5岁,比上届小0.5岁。换届风气保持良好态势,基层对乡镇换届的满意率99.97%,县(市)区换届满意率99.85%,市级换届满意率99.34%。

【创先争优活动】 组织"着力三为促跨越,马上就办求实效"创先争优主题实践活动,开展"百名领导干部结百家亲""文明创建见行动""公共文明8个'十佳'""党员诚信示范店""农村党员示范户"等活动。坚持把服务群众作为全市窗口单位创先争优的重要内容,推广马尾区亭江镇建设惠民便民服务中心的经验做法,"12345"联动热线群众满意率93.12%。以纪念建党90周年为契机,开展"四个一百"评选表彰、"群众满意窗口"等推荐评比和征文比赛、主题实践等纪念活动。从全市筛选20个先进基层党组织、20名优秀共产党员在市级新闻媒体进行集中宣传,在福州新闻网开设"创先争优"网页,在《福州日报》开设"创先争优榕城在行动"栏目,宣传"全国先进基层党组织"军门社区和"全国人民满意的公务员"郑伯武等一批先进典型。中央创先办《简报》和中央媒体先后66次、省创先办《简报》和省属媒体先后101次刊载福州市的经验做法。

【干部教育培训】 健全组织调训为主、自主选学为辅的干部参训机制,加大干部教育培训体制和教学方式改革创新力度。强化领导干部党性修养和作风养成,重点抓换届后领导干部教育培训。举办1期福州市领导干部社会管理及其创新专题研讨班,230多名处级以上领导干部参加。举办1期全市乡镇党政正职领导干部专题研讨班,250多名乡镇党委书记、乡镇长参加,完成市本级15班次677人次培训和上级187人次调训任务。

【干部选拔任用】 加大竞争性选拔干部力度,继续实行"五差额"办法选拔市直部门党政正职和市委全委会票决重要干部制度,市委召开两次全委会选任4名市直有关部门新任党政正职拟任人选和推荐人选,同时指导10个县(市)区开展联合公开选拔科级领导干部工作。实行"阳光作业"安置办法,完成2011年度62名团职军转干部的接收安置工作。做好援藏、援疆、援宁和对口支援三明、平潭等干部管理服务工作,接收安置11名中央三部委、宁夏和省住建厅到榕挂职干部。健全组织部门电话、信访和网络"三位一体"的举报平台,建立健全涉及用人问题举报和舆情的快速反应机制。严格执行任前公示制度,做好拟提任处级职务的干部和县(市)区换届对象公示工作;配合省委组织部做好拟提任的省管干部任前公示工作。

【人才队伍建设】 提出"推进闽都人才集聚工程、构建海西大都市区人才高地"的人才工作定位,出台《福州市中长期人才发展规划纲要(2010~2020年)》《关于进一步鼓励和支持留学人员来榕创业的若干意见》《人才公寓管理暂行办法》等文件,完善人才政策体系。牵头举办闽东北五市高层次人才招聘会,150多家福州企事业单位招收具有硕士以上学历或副高以上职称的高层次人才188人。成立市引进人才服务中心和引进海外人才北美联络处。"6·18"海峡项目成果交易会期间,促成22名来自美、英、法的生物医药博士与福州市对口单位达成初步合作协议。市委、市政府表彰首批引进的19名高层次优秀人才和2个创新团队。加强院士(专家)工作站建设,出台《福州市院士(专家)工作站认定办法》,28家院士(专家)工作站通过国家认定。与有关单位举办海峡两岸经济合作框架协议(ECFA)实务研讨会、第二届海峡版权(创意)产业精品博览会等活动,促进榕台港澳四地人才交流与合作。全年培养技师615人,高级技师159人。

【基层党组织建设】 推进"168"农村基层党建工作机制,开展农村基层组织建设专题调研,重新摸排确定后进村145个,实施逐村整治和销号管理。提升村干部素质,组织536名村"两委"成员参加大专学历培训。建立健全基层干部激励保障机制,提高村(社区)主干和"两委"成员固定补贴标准,从优秀村党组织书记中招聘84名乡镇事业编制人员。总结推广提升"135"社区党建工作模式,"135"社区党建工作模式写入省委、省政府《关于加强和创新社会管理的实施意见》,新华社等国内主流媒体作了宣传报道。充实基层干部队伍后备力量,选聘84名大学生村官、90名大学生社区工作者。巩固"三有一化四服务"工作成果,241个社区落实办公及活动用房,完成省下达的26个村级综合服务场所基础建设任务,在96个乡镇(街道)建立非公有制企业党建工作领导机构,规模以上企业党组织组建率100%,盛辉物流集团党委获评全国非公企业"双强百佳"党组织。

【党员队伍建设】 创新培训机制,抓农村(社区)党组织书记培训、大学生村官培训、党员创业就业技能培训等重点工程,福州市实施党员教育培训"十百千万工程"的经验做法在全省得到推广。推进党员电化教育,全市农村100%建立远程教育终端站点,电教片《梅花香自苦寒来》被中组部评为最佳作品奖和十佳音效奖,电教片《郑伯武》获优秀作品奖。

建立流动党员管理信息库,实行流动党员双向管理。规范党费管理,推进党费信息库建设,做好党内统计、组织关系接转、"12371"党员咨询服务等工作。健全党内激励关怀机制,加强和改进困难党员慰问帮扶工作,实现党员挂钩帮扶、一对一帮扶等工作的制度化。"两节"期间,全市慰问生活困难党员1.08万人,发放慰问金、慰问品639.33万元。

(陈剑雄 许 宁)

宣传工作

【概况】 2011年,福州市宣传思想文

化工作围绕科学发展这一主题和加快转变、跨越发展这一主线,开展十七届六中全会、建党90周年、“回顾十一五、展望十二五”等20多个重大主题集中宣传报道活动,组织形势政策宣讲4860多场次,举办群众文化“三下乡”活动200多场,开展激情广场大家唱、海峡两岸合唱节等福州特色文化宣传活动。中央、省属主流媒体和境外媒体刊播福州报道2.8万多篇(条)。

【理论工作】 组织学习宣传贯彻中共十七届五中、六中全会精神和中共中央总书记胡锦涛“七一”讲话精神,推进中国特色社会主义理论体系、科学发展观、社会主义核心价值体系的学习宣传教育,开展以“回顾十一五、展望十二五”为主题的形势政策宣传教育。组织党委中心组“月读一书”、评选“读书之星”和创建学习型城市活动,建立8个市级示范点,福州市委、长乐市被福建省树立为先进典型,相关经验做法被中央学习简报总结推广。发挥理论“八进基层”、各类讲坛、理论在线、手机报等平台作用,推动党的创新理论深入人心。组建市县乡三级宣讲团和千人理论宣讲员队伍,全年开展宣讲4860多场次,直接受众97.2万人次。开展课题调研、政策解读、理论阐释和咨询服务,制定实施《加强和改进中国特色社会主义理论体系研究基地建设意见》,修订《福州市社科理论专家库管理暂行办法》,扩充市社科理论专家库,总人数186人。

【新闻宣传】 开展“富民强市、和谐宜居”“回顾十一五、展望十二五”、继续打好“五大战役”、贯彻落实海西规划、“三维对接”、城区内河综合整治等20多个重大主题集中宣传报道活动。结合“创先争优”活动,建立完善典型宣传工作机制,“感动福州”十大人物评选活动参与投票的网民达181万人次。加强新兴媒体阵地队伍建设,挂牌成立市互联网信息办公室,筹备建立市互联网新闻中心。开展“杜绝虚假报道,增强社会责任,加强新闻职业道德建设”专项教育活动,举办福州市首届“十佳文明网站”评选活动。开展“走基层,转作风,改文风”活动,市属各新闻单位400多名编辑记者投身“走转改”,建立100多个基层联系点,开办相关专栏20多个,刊发相关报道1600多篇。着力提高新闻发布能力,制定《福州市党委新闻发布及新闻发言人制度实施细则》,在福州新闻网、市政府门户网开辟新闻发布专页。

【建党90周年宣传】 组织“十个一”系列宣传教育活动,开展激情广场大型群众歌会、百首红歌进社区、“红色之旅”主题夏令营等近千场群众性文化活动;组织纪念建党90周年知识竞赛活动,参与人数27万人次;举办“党旗红·新跨越”理论研讨会,征集论文1300多篇;市属媒体开辟“先锋颂”“福州党旗红·省会新跨越”“峥嵘岁月”等专栏、专版、专题,发稿1460多篇(条);举办网络党史知识竞赛活动;利用手机短信平台发送党史知识宣传短信20万条。通过新闻宣传、理论研讨、群众活动等多种形式,宣传引导、发动群众参与纪念建党90周年系列活动。

【城市形象宣传】 结合大干“十二五”开局之年、创建全国文明城市、申办城运会、提升城市旅游形象等中心工作和重大主题,组织“台商眼中的福州十二五”“走进中国历史文化名街三坊七巷”等8场大型采访活动,央视《走遍中国》《探索发现》《远方的家》等再次走进福州市拍摄系列专题节目。加强在中央和省属主流媒体上的正面报道,《人民日报》刊发福州各类报道近80篇(条)。注重福州海交会、项交会经贸代表团赴港澳推介等重大经贸文化活动宣传,海外25家主要华文媒体同步刊发报道。创办首个面向美国主流社会的《走进福州》英文电视专栏节目,福州电台《左海之声》3个栏目落地纽约,建立起以“四个海外版、一个英文网、四个广播电视栏目”为基础的境外立体传播体系,实现对台港澳侨新闻宣传常态化,全年中央、省属主流媒体和境外媒体刊播福州报道2.8万多篇(条)。

制作《泡在温泉里的福州》《多福之州》等城市形象宣传品投放辖区四星级以上酒店、涉外场所、风景区,推动宣传品进入厦航班机,进入海外福州籍华侨华人社团和超市、中餐馆等。拍摄反映福州市“五大战役”成就的《新创福州·兴达天下》,获“福建新跨越”对外电视专题片一等奖。

【文化惠民工程】 海峡图书馆、海峡妇女儿童活动中心、城市发展展示馆三大地标性公共文化场馆正式开建,村村建农家书屋任务提前一年完成,161个乡镇综合文化站完成改造。出台《乡镇综合文化站考评暂行办法》,村级文化协管员培训工程入选全国公共文化服务体系示范项目,长乐市被授予“全国服务农民服务基层文化建设先进集体”称号。开展“三下乡”“走进美的小区”“新福州人歌手赛”“每月一台戏”等群众文化活动,基本实现每月每村放映一场电影,全年举办“三下乡”活动200多场,市属文艺院团下基层演出1000多场,民间闽剧演出3万多场。闽剧《王茂生进酒》入选国家舞台艺术精品工程,大型电视纪录片《天趣人意——福州脱胎漆器》获中国电视纪录片十优作品奖,闽剧《红裙记》获第12届中国戏剧节“优秀剧目奖”和“优秀表演奖”,闽剧《南归梦》、双人舞《青恋》、表演唱《总书记来到古田》等文艺精品获国家级、地区级大奖。拍摄制作电影《百年情书》《烽火墙》《少年侯德榜传奇》。

【闽都文化传承】 成立闽都文化研究会,编辑出版《闽都文化概论》,举办“纪念《闽都别记》刊行一百周年”“三坊七巷与台湾”“闽都文化与中国现代化论坛”等多场学术研讨会。围绕纪念辛亥革命100周年,组织“辛亥革命与福州”系列活动,开展学术研讨会、专题展览等系列宣传教育活动,弘扬福州优秀历史文化传统。闽都大讲坛被授予福建省科普基地,坚持每周一讲,全年开讲150多次(集)。新开设福州话广播频道,开办“左海讲坛”,举办首届三坊七巷文化节和温泉旅游节。修复完善三坊七巷、闽王祠、胡也频纪念馆等一批文物保护单位,三坊七巷社区博物馆成为中国首批生态(社区)博物馆示范点。海峡寿山石文化研究院成为福建省首家第一批国家级非遗生产性保护示范基地。福清市(闽剧)、鼓楼区(南后街花灯)、晋安区(寿山石雕)、晋安区新店镇(腰鼓)等4家单位被文化部授予“中国民间文化艺术之乡”称号。福州传统脱胎漆器保护基地等3家单位入选省级非物质文化遗产生产性保护示范基地。

【文化体制改革】 完成市属电影发行放映单位、文化行政主体、文化综合执法机构改革。市属文艺院团完成各项改革任务,市群艺馆、市图书馆、市博物馆、市考古队4家公益性文化事业单位全面完成人事、收入分配和社会保障3项内部制度改革。新闻传媒体制机制改革稳步推进,福州日报社建立起“媒体—公司—网站”的发展格局,福州广电集团建立“台—频道(频率)—栏目(节目)”三层结构。成立福州市文化市场综合执法支队,挂牌成立12个县(市)区文化市场综合执法大队,建立起市、县两级统一的文化市场综合执法格局。

【文化创意产业】 加强产业政策扶持力度,出台《福州市关于加快创意产业发展扶持政策的实施意见》《福州市文化创意产业示范企业和示范基地(园区)评选认定和考核管理办法(试行)》《福州市展会管理办法》,编制起草《福州市文化创意产业“十二五”发展规划》和《福州市文化创意产业公共服务平台认定办法》,兑现各类扶持资金3000多万元,评定首批市级文化创意产业公共服务平台3家。实施项目带动战略,中国东方漆空间创意园、海峡工业设计创意园等54个文化创意产业项目建设加快推进,全年完成投资超过25亿元。增强龙头企业带动作用,全市有国家级文化产业示范基地1家、省级18家,评选出第一批19家市级文化创意产业示范企业、示范基地。

扩大文化创意产业品牌效应,举办三坊七巷系列推广活动、中国(福州)动漫电子消费展等大型活动。全年出产动漫原创作品近千集、1万多分钟,3部作品在央视播出,4部作品被国家广电总局推荐为优秀动画片。提升文化创意产业榕台合作平台,举办第二届海峡版权(创意)产业精品博览交易会,532家(名)单位和个人作者参展,项目签约及现场交易额61.2亿元,版博会被列入国家新闻出版总署对外交流重点项目。

12月10日,三坊七巷与台湾研讨会在福州开幕。

【榕台文化交流】 加强项目规划和布局,形成7个国台办重点项目和60多个项目常态交流的对台交流格局。举办海峡两岸合唱节、海峡两岸民俗文化节、“两马”同春闹元宵、福建船政文化台北展等74场对台文化交流活动,其中新拓展中国(福州)寿山石精品赴台交流展等13个项目,榕台文化交流向文化、教育、民间信仰、服务业、青少年等领域持续拓展。在台湾新竹举行的第四届海峡两岸合唱节有两岸22支合唱团队的1100多名演员参加,创下两岸最大规模大众文艺交流盛会等多项新纪录。马尾船政文化博物馆被国台办列为海西对台文化交流基地。榕台媒体合作取得突破,第二届榕台大学生新闻营在台湾举办,福州电台左海之声频率在岛内落地,福州电视台首部系列节目《福州特色温泉游》在台湾播出。文化创意产业的交流合作得到加强,加快建设闽台文化创意产业园等两岸文化产业合作平台,组织10多场两岸文化创意产业专项对接会,吸引一批台资项目入驻福州发展文化创意产业。

(郑玉捷)

统战工作

【概况】 2011年,福州市统一战线通过“两会”等平台提交意见建议1100多条,推动对接产业项目112项2247亿元,筹措635.2万元用于助推民生工程,处理港澳台及海外乡亲来信和来访20余件次。在县乡党委换届中,县(市)区委统战部部长继续全部由同级党委常委担任,部分乡镇(街道)新设立商会。举办“2011年福州市统一战线理论研究征文”活动,获全省统战理论研究工作优秀组织奖,1篇调研论文获全省统战理论研究优秀成果一等奖。

【多党合作和政治协商】 实行市委与市各民主党派、工商联季谈会制度;组织百名党外人士实地考察福州市内河整治和城市规划工作,为创建全国文明城市建言献策;完善对口联系工作制度,支持各民主党派加强与市教育局、市卫生局、市科技局等单位的对口联系;健全完善“党委出题、政府支持、党派调研、部门落实反馈”调研工作机制,支持市各民主党派、工商联围绕榕台交流、城市建设、社会民生、科教文卫等方面开展89项课题调研,其中完成市委交办重点课题15项,21篇调研文稿在《福州调研》刊发,部分建议意见被市直部门采纳。

在2011年福州市“两会”上,各民主党派提出议案、提案、意见、建议332份,被列为重点提案9份。其中,《关于进一步贯彻落实〈民办教育促进法〉的建议》获国务委员刘延东批示,《台商承包部队驻地附近农田须引起警惕》《当前福州中小学校舍安全工程存在的问题及建议》《福州部分社区和生产企业消防隐患不容忽视》《关于解救街头卖艺乞讨儿童的建议》《关于降低咪表收费标准,控制咪表盲目投资和乱设置的建议》等12件获省、市领导批示。

【非公有制经济工作】 促成召开福州市加强和改进工商联工作会议,推动出台《中共福州市委、福州市人民政府关于加强和改进新形势下工商联工作的实施意见》。开展“百家企业大走访”活动,帮助协调解决企业发展中的困难。支持市工商联做好异地商会、行业协会工作,指导北京、合肥、郑州等地福州商会和温州、晋江等异地在榕商会完成换届工作。成立呼和浩特、南昌、义乌等地福州商会和福州市装饰景观商会,全市异地商会增至36家,行业商会增至6家。召开2011年异地商会新春座谈会和福州市异地商会(成都)工作交流会,加强异地商会与福州市委、市政府的沟通和交流。分别在清华大学和市委党校举办福州市非公经济代表人士高级研修班,引导非公有制企业加快转变发展方式。

【“回归工程”工作】 走访异地商会、重点企业,宣传推介福州投资环境、政策和项目,了解收集产业项目对接意向,征询产业项目对接政策建议。赴各县(市)区调研了解民企项目对接进展情况,明确目标任务,沟通对接双方,协调存在问题。以全省民营企业产业项目洽谈会、2011年异地商会新春座谈会和福州市异地商会(成都)工作交流会为契机,全市推动对接产业项目112项,投资总额2247亿元。

【“春风·春雨·光彩”行动】 开展“百名榕商对接百名‘三老’感恩活动”、五区帮五村和“同心·榕商联村”等活动,引导党外代表人士在扶贫帮困中接受教育,树立社会主义核心价值观。促成上海福州商会、广州福州商会分别与永泰县葛岭镇台口村、罗源县洪洋乡石塘村结对帮扶,2个商会计划各捐助120万元对两村进行公益帮扶。福州中华职教社争取到“温暖工程”800名培训指标,组织团体社员开展农村富余劳动力转移就业培训。市海外联谊会、市光彩事业促进会向福州华侨中学捐款100万元,用于危房改造、奖学奖教基金以及推广华文教育等项目。市光彩事业促进会还向330名困难学生发放助学金35.2万元。

市各民主党派助困助学工作取得实效,民革市委会聘请专家对连江县厦一村的农业发展及规划设计献计献策;民盟市委会在连江华侨中学开展“农村教育烛光行动”,以辅导、讲座等形式帮助提升基层教师的教学水平与学生的学习能力;民进市委会到红寮中心小学开展“春风助学,名师送教”活动;农工党市委会组织科技农业专家赴永泰县同安村开展科技帮扶,为村民增加收入出谋划策,引进“光明工程”为贫困白内障患者开展手术;致公党市委会组织“致公小学”教师参加培训教育活动;九三学社市委会跟踪落实晋安区东坪村园林苗木种植基地建设,帮助联系引入药材种植项目。

【民族工作】 开展福州市第四个民族团结进步宣传月活动。牵头召开市民族工作协调委员会成员单位会议,研究、收集和整理福州市创建全国文明城市指标体系中关于创建民族团结进步活动的有关资料。会同公安、城管等部门研究、探讨在新形势下做好城市少数民族服务管理工作,特别是外来流动人口中少数民族群众的工作举措。指导连江县为清禄鞋厂穆斯林员工举行聚礼活动,解决1500名穆斯林员工过伊斯兰教节日的需求,维护民族领域安定稳定。筹措240万元扶持全市12个少数民族村基础设施建设,改善村容村貌,使其成为新农村建设和民族特色村寨建设的示范点,惠及少数民族2261户1.06万人。

【宗教工作】 定期召开宗教工作联席会议,协调处理宗教房产政策落实、维护安定稳定等突出问题。加强与省宗教工作领导小组办公室的联系沟通,协调民族宗教、公安、国家安全等有关职能部门,发挥县、乡、村三级宗教工作网络作用,处置各类宗教信息113件。加强市直部门与属地联动,确保开斋节和古尔邦节期间清真寺的安定稳定。开展“和谐寺观教堂”创建活动,推进宗教活动场所的规范化、制度化建设。举办为期4个多月的首届福州宗教教职人员高级研修班,为培养一支政治上靠得住、学识上有造诣、品德上能服众的爱国教职人员队伍积累经验。协调民族宗教、国土、房产等部门和属地政府做好宗教教产落实和拆迁安置工作,完善泛船浦教堂保护性建设方案,推进清真寺整修改造工作,完成甘泉寺拆迁安置工作。推动解决仓山基督教施埔堂内部矛盾纠纷、佛教普觉寺与道教宇灵殿产权纠纷、福清市西涧寺信访等宗教领域矛盾问题。支持宗教界开展对台交流活动,举办第三届海峡论坛闽台佛教文化交流周活动,两岸佛教界600多名僧人参加,其中台湾年轻学僧160多人。

【联谊工作】 接待港澳台、海外团组1500人次。组团参加马来西亚沙捞越诗巫福州公会110周年纪念庆典,巩固与东南亚榕籍乡亲和华人华侨社团的友谊。成立福州海内外青年联合会,吸收260多名海内外20多个国家和地区的榕籍杰出青年为首批会员。支持港澳榕籍乡亲社团加强自身建设,培养港澳榕籍中青年代表人士,增强榕籍社团在港澳民众中的凝聚力、号召力。重视榕台民间交流,促成市金门联先后两次赴金门开展“返乡之旅”和参加第四届世界金门日活动,加深与各金门乡亲社团、组织,尤其是东南亚金门社团的联谊与交流。

【党外代表人士队伍建设】 以纪念中共建党90周年和辛亥革命100周年为契机,开展系列活动。组织福州市统一战线合唱团,参加市直机关庆祝建党90周年合唱比赛并获得一等奖。召开统一战线纪念建党90周年座谈会,回顾多党合作历程与成就,坚定“永远跟党走”理想信念。举办“我把赞歌献给党、平凡岗位作奉献”——福州市统一战线纪念建党90周年暨树立和践行社会主义核心价值体系报告会,8名党外代表人士报告立足岗位作贡献的先进事迹。在《福州日报》专版刊登市各民主党派、工商联、无党派人士纪念建党90周年文章。召开福州市统一战线纪念辛亥革命100周年座谈会,与市委宣传部联合在三坊七巷举行“辛亥革命100周年”纪念邮票暨“与妻书”个性化邮票首发活动。

协助各民主党派、工商联市级组织开展换届工作,选举产生新一届领导班子。其中,夏先鹏当选为民革市委会主委,林治良当选为民盟市委会主委,王宗华当选为民建市委会主委,陈奇当选为民进市委会主委,郑新清当选为农工党市委会主委,鄢萍当选为致公党市委会主委,林绍彬当选为九三学社市委会主委,郑建闽当选为台盟市委会主委,雷成才当选为市工商联主席。牵头做好十二届福州市政协委员的安排工作,协商产生30个界别488名市政协委员。

牵头协调16家参评审核单位开展非公经济代表人士综合评价工作,引导各民主党派市委会领导班子成员开展“走基层、讲传统、作表率”活动,了解民主党派成员思想动态。全市有56名民主党派成员获得57项市级以上各类荣誉称号。

(何仲武)

精神文明建设

【概况】 2011年是全国文明城市总评年,福州市获评“全国文明城市”,另有4个村镇获“全国文明村镇”称号,7个单位获“全国文明单位”称号。全年的精神文明工作围绕创建文明城市的中心目标,开展交通秩序、卫生环境等专项整治,深化“百万市民看福州”“文明进社区”等各类群众性创建活动,推进“人文福州”建设,城市文明水平和市民素质获得整体提升。

【文明城市创建活动】 12月20日,福州市在全国精神文明建设表彰会上被中央文明委授予“全国文明城市”称号。

年内,市委召开4次常委会,听取创建工作汇报,研究创建工作中存在的问题。召开由市四套班子领导参加的创建全国文明城市工作部署会,创建全国文明城市和迎接国家卫生城市、环保模范城市复查工作推进会,省市共建省会文明城市工作推进会,市文明委成员(扩大)会,市创建工作领导小组会等会议,推动创建工作开展。市创建办坚持周例会制度,掌握各成员单位工作进展情况,总结交流创建工作动态,研究查摆存在问题,推进创建工作开展。

市创建工作领导小组印发5批《迎评重点突出问题责任分解表》,把市场管理、生鲜超市、乱张贴等测评项目中存在的问题进行梳理,推进薄弱环节整治。加强市容环境卫生常态化管理,全面治理城乡结合部、“城中村”、背街小巷、公共场所等部位环境卫生,改变乱扔垃圾、乱搭乱建、乱贴乱画等现象。开展大规模交通综合整治,引导市民文明出行,营造合理有序的城市交通环境。开展城区小街巷整治,做好路灯、排水系统、道路桥梁修补改造等各项工作。推进无物业小区整治,完善基础设施,消除安全隐患。整治城区主干道沿线和重点建筑工地,统一建筑工地整治标准,对工地围挡、垃圾处理、建筑噪音等问题进行监管。

成立全国文明城市迎检工作小组,围绕迎评总体汇报、软件审核、实地考察、入户调查、网络媒体调查、整体观察等方面开展工作。3月,委托省委文明办和市调查队,从实地考察和问卷调查两方面进行模拟检查,对福州市创建工作和专项整治工作的成效和问题开展评估。6月,省级文明城市测评,针对省考评团指出的软件、实地、问卷等方面存在的薄弱环节,梳理出20项需要重点抓好的工作并进行整改提高。按照《全国文明城市测评体系》和《全国未成年人思想道德建设测评体系》的要求,逐项收集、汇总相关文件材料,并针对软件材料审核中发现的问题,进行梳理研究并督促有关部门整改达标。

在《福州日报》等市属新闻媒体开辟“城市文明观察哨”等文明创建专栏。开展公益广告征集评选活动,在市区主干道设立户外大型宣传广告,在公交车、公交车站、社区阅报栏、建筑工地围墙等发布文明公益广告,设立交通文明公益广告一条街。编写并发放5万多份《创建全国文明城市知识概览》宣传材料。开办福州文明网和福州志愿者网,并协助中国文明网承办“我们的节日”频道。组织“百万市民看福州”“文明进社区”活动,引导市民群众了解创建、支持创建。调动省直部门、驻榕部队、在榕大中专院校等方面的力量,参与文明城市创建工作,148家省直单位、26所在榕高校、45家驻榕部队与福州市38个街(镇)、302个社区开展共建共创活动。

【公民道德素质建设】 组织全国第三届及省市第二届道德模范推荐评选活动,3人获评第二届福建省道德模范,12人获评第二届福州市道德模范。组织“我推荐、我评议身边好人”和“感动福州十大人物”等评选推荐和学习宣传活动,至年底,有26人登上“中国好人榜”、15人登上“福建好人榜”。举办有中央文明办参加的道德模范和身边好人现场会。福州市“好人建设”经验被中宣部列为2011年公民道德建设十大典型之一,在中央主流媒体上重点宣传。

开展“做文明有礼的福州人、不给他人添麻烦”宣传教育活动,推动“创建和谐企业,负责任地生产产品”和“文明交通行动计划”活动在全市开展。举办第四届短信文化节和“无线城市杯”手机动漫大赛及文明短信征集传递活动。开展第七届“拗九节”孝老爱亲系列活动、“红歌慰忠魂”与“网上祭先烈”清明节活动,以及端午诗词吟诵、中秋诗会等各种形式的节日活动。举办第六届福州读书月活动,评选表彰十大“书香门第”和“读书明星”。

【未成年人思想道德建设】 开展“做一个有道德的人”“福州文明,我说我行,争做文明小公民”、榕台青少年创意族谱大赛、经典诵读展演比赛、优秀童谣征集传唱、“童心向党”歌咏比赛等道德实践活动以及“美德少年”评选活动。在全省联合开展的首届“美德少年”评选活动中,福州市2名学生上榜。推动《闽都文化青少年读本》等乡土文化丛书进课堂。

设立市未成年人课外阅读实践基地,推动市级以上德育基地、爱国主义教育基地全部向未成年人免费开放,加快乡村学校少年宫建设步伐,提升福州数字青少年宫等网络德育平台建设水平。

探索建立市未成年人心理健康服务中心，推进社区心理咨询站建设，组织青少年事务社工立足社区开展心理健康服务。结合文明城市迎检工作，开展校园周边环境督查整治，完善综合治理长效机制。

【社会志愿服务活动】　推动五城区和市直有关部门成立志愿服务工作机构。召开空巢老人工作协调会，在每个社区成立3支以上社区志愿者队伍，开展“环境卫生整治”“文明交通劝导”“关爱农民工”“关爱空巢老人”志愿服务活动。组织招募网络志愿者，组建网络志愿者队伍，开展志愿者心得征集活动。在全省首届志愿服务先进评选中，福州市12人当选省优秀志愿者，3人获评省志愿服务先进工作者，福州市“12345”青少年服务台获评优秀志愿服务组织，市总工会“春风行动”、福州市“救助一个智障儿童，解放一个弱势家庭”获评优秀志愿服务项目。

【基层基础创建活动】　启动“万名干部进社区”活动，动员党员干部走进社区、走进家庭，开展创建宣传工作，帮助社区居民解决实际问题。各城区抽调1名副科级以上干部下派到社区，指导协调社区创建工作。下发《关于开展2009～2011年度全国、省级、市级精神文明建设各类先进评选活动的通知》，开展相关推荐评选工作。推进农村精神文明建设，开展福州市首届农村文明户评选活动，评选表彰农村文明户221户，创建文明集市联系点11个。至年底，建成达标农村文化广场119个。

（何红蓼）

机关党的工作

【概况】　2011年，市委市直机关工委引导各级党组织履职尽责创先进、机关党员干部立足岗位争优秀，把重点课题调研、党建信息与机关党的各项工作相结合。全年收到105篇论文，评选一等奖2篇、二等奖3篇、三等奖4篇、优秀奖7篇，并汇编优秀调研成果集，其中市直机关工委课题组撰写的《在探索与创新中前行》研讨文章被《中直党建》刊载。福州机关党建研究分会向省机关党建研究会报送6篇调研论文，其中1篇获二等奖、2篇获三等奖。

【基层组织建设】　以“阵地建设规范、运行机制规范、工作制度规范、党员教育管理规范”为主要内容，加强基层党组织制度建设。建立基层党组织日常工作台账，规范“三会一课”，指导41家基层党组织做好换届选举工作，为基层党组织购置100多套党建电教设备，规范党建阵地建设。建立完善考核评估体系，分8个考核组深入100个市直单位开展2011年度市直机关党建工作考核检查，其中优秀占29%，合格占68%，一般占3%。严格遵循程序，推选市直机关出席省、市党代会代表，基层党组织100%参与，党员参与率98.2%。推选产生188名市直机关党代表会议代表，选举出席市第十次党代会代表145人，推荐出席省第九次党代会代表初步人选20人。

【创先争优活动】　组织市直机关窗口单位开展以“亮标准、亮身份、亮承诺；比技能、比作风、比业绩；群众评议、党员互评、领导点评”为主要内容的“三亮三比三评”主题活动，在市直窗口单位、服务行业和建设一线启动开展“争创一流业绩、争当岗位标兵”活动。召开福州市直机关创先争优活动推进会，推广宣传先进经验做法和模范典型。市直各机关采取挂钩领导调研检查点评、召开座谈会、经验交流会和推进会等措施，查找问题、总结经验、督促整改，促进创先争优活动深入开展。评选出2008～2010年度市直机关先进基层党组织95个，优秀共产党员150人，优秀基层党组织书记50人，优秀党务工作者50人。

【学习型党组织建设】　编印《学习文选》12期近15万册，举办加强和创新社会管理、中共中央总书记胡锦涛“七一”讲话精神、中共十七届六中全会精神、市第十次党代会精神等专题辅导。市直各机关通过邀请专家办班授课、领导干部上党课、岗位技能比武、开展主题教育等各种形式，实施党员教育培训工作规划。全年市直各单位领导干部上党课500多课时，举办各类辅导报告会1512场次，组织党员干部参加理论、业务培训263期，培训机关党员1.1万人次。

会同市委办等单位在全市机关党组织中开展“深化创先争优、增强素质能力、服务跨越发展”读书活动，编辑印发《2011年福州市机关党员干部学习材料汇编》，结合举办市直机关领导干部读书会，向领导干部赠送学习书籍并进行读书情况问卷调查等，发挥领导干部示范带动作用。市直各单位通过中心组学习、党员集中学习、举办读书讲座、学习讲坛等方式，掀起读书学习热潮。市直机关和12个县（市）区近6万名党员、干部和职工，包括2000多名处级领导干部参加持续5个月的读书活动，4.2万名机关（含部分企业）党员、干部参加集中测试，参考率96.3%，处级领导干部参考率97.3%。

【纪念建党90周年系列活动】　开展庆祝中国共产党成立90周年“颂歌献给党”合唱比赛，市直各系统及各单位76支代表队、1万多名党员干部，500多名厅、处级领导干部领衔参加合唱比赛，市四套班子领导和省直机关工委领导出席并参加“颂歌献给党”合唱汇演。组织市直机关演出方阵参加省市庆祝建党90周年大型晚会演唱活动等。开展市直机关纪念建党90周年诗歌征集评选活动，收到诗歌作品416首，汇编诗歌集《潮·帆》。市直各机关开展唱红歌、展风貌、学党史和征文理论研讨等800多场庆祝活动。

【廉政文化建设】　把廉政文化建设纳入精神文明建设总体部署，组织多形式的廉政文化进机关活动。市直各单位开展“严守廉政规定、坚持执政为民、服务跨越发展”主题教育活动，组织党员干部系统学习党纪党规，举办廉政讲座，观看警示教育片，组织廉政准则知识测试，以及层层签订党风廉政建设责任书等，增强党员干部反腐倡廉意识与拒腐防变能力。结合开展阶段重点工作检查、年度机关党建绩效考评、党员干部参加组织生活情况督查等，推动各机关惩防体系和党风廉政建设落到实处。

成立市直机关党务公开领导小组,召开市直机关党务公开暨平安建设工作推进会,全面实现市直机关党组织党务公开。举办市直机关纪检干部培训班,召开机关廉政文化建设研讨会,加强机关纪检干部队伍建设。拓宽信访举报渠道,探索改进查办案件的方式方法,严格实行“一案一整改”制度。全年受理各类信访举报件9件,审批党员违纪处分案件8件。

【作风建设】 开展“三结对三服务”活动,市直机关100多个单位、1300多个基层党组织分别到中心工作一线,到基层与500多个农村(社居)、“两新组织”党组织结对共建,1.4万多名机关在职党员干部到居住社区登记,亮明党员身份,建立750个处级党员领导干部挂钩联系点,开展1900多场次结对共建活动。组织市直机关党组织和党员干部开展机关作风和效能建设金点子活动,配合市纪委、市效能办到市直单位开展政风行风考评、效能暗访,促进市直机关作风改进。

【党建制度建设】 建立健全领导班子和领导干部党建工作述职和考评制度,党员教育、管理、服务和发展制度,机关党组织管理制度,建立健全惩防体系和党风廉政建设体系,健全落实保持共产党员先进性的4个长效机制等,构建互相衔接、配套管用的制度体系。各级机关党组织健全完善“党组统一领导、党组书记负总责、分管领导具体抓、班子成员协同抓、机关基层党组织抓落实”的领导体制和工作机制,健全落实机关党务干部配备、经费保障、工作条件等方面的规章制度。全年下拨党建经费120多万元,并使用自留党费110万元用于基层党组织建设。

【文明城市创建】 召开市直机关创建全国文明城市工作动员会,开展“万名党员、干部进社区、进家庭”志愿服务活动,市直各单位组织3.2万多人次到100多个结对社区开展清洁社区卫生、宣传政策法规、义务咨询义诊以及助老帮扶等各项志愿活动,为社区办实事1280多件。推进党员志愿服务活动,市直机关96支党员志愿者服务队、3700多名党员志愿者围绕“海西建设我先行”等主题开展交通文明劝导、整治公共环境等志愿服务活动。组织“我为党旗添光彩”无偿献血活动,2000多名党员干部、团员青年累计献血27万多毫升。市直各机关与省直机关联合开展“争当文明有礼的福州人”等主题创建活动,270多个省直单位、110个市直单位和1.4万多名市直机关干部参与。开展市直机关第七届文明单位评选表彰工作,授予市财政局等73个单位为市直机关文明单位。

5月6日,市直机关“万名党员干部进社区、进家庭志愿服务活动”启动。

【党员服务和发展工作】 坚持党内激励、关怀、帮扶机制,健全机关困难党员数据库,全年筹措28万元慰问生活困难党员干部职工。执行新党章和《中国共产党发展党员工作细则(试行)》的规定,按照“坚持标准、保证质量、改善结构、慎重发展”的方针,严格执行二级预审制度,全年市委市直机关工委举办发展对象培训班5期,培训480人次,发展新党员591人。

【群团组织工作】 举办第三届福州市直机关运动会,68个市直单位、322支代表队、2371人次的干部职工参加篮球、游泳、拔河、象棋等9个大项、18个小项的比赛。开展“永远跟党走、青春促跨越”主题团日竞赛活动、巾帼志愿者服务新农村建设活动和“小手拉大手·共创文明福州城——市直机关庆祝‘六一’儿童节亲子游园活动”、七夕鹊桥交友、团员主题演讲比赛、青年公益交友活动等。成立福州市直机关关心下一代工作委员会,并指导18个市直单位设立关工委机构,为开展该项工作打下组织基础。

(张洪新)

信访工作

【概况】 2011年,全市各级信访部门畅通群众信访渠道,推行依法依规处理信访事项“路线图”工作,做好领导干部接访活动的服务保障,开展矛盾纠纷排查化解,督促责任部门化解信访积案,维护群众合法权益。全市信访态势平稳,接待群众上访993批4904人次,分别比降14.1%、15.3%;办理国家投诉办转送件221件,比增31.5%;办理“省长信箱”邮件2400件,比增1.5%;办理群众来信1.08万件次,比增6.3%。批转审核“12345”网上诉求问题19.82万件次,比增25.1%。

【排查化解突出信访问题】 全国和省、市“两会”,省、市党代会以及经贸交易会、建党90周年等重大会议活动期间,市信访局牵头各有关部门摸排突出信访问题，梳理台账资料，排查出2008年之后进京及到省市信访积案229件。市委办公厅下发《关于对信访突出问题实行市领导包案督办的通知》，按照“属地管理、分级负责”和“谁主管、谁负责”的原则，实行领导包案和挂牌督办。并由市委、市政府领导督办16件重点信访积案化解工作。市信访局组织督查组检查相关县(市)区、市直单位重点信访问题化解工作，敦促落实信访工作责任。对办结未息访的积案，信访部门落实信访事项依法终结申报工作，减少积案存量。至年底，229件信访积案问题全部办结，其中55件息诉息访。中央联席办交办的重点信访案件中涉及福州市的11件非涉法涉诉信访积案，3件息诉息访，8件完成终结程序。

【开展领导接访活动】 市委、市政府领导每季度安排1天到所联系挂钩的县(市)区带案下访、重点约访、接待群众来访。各县(市)区党政领导落实每月开展大接访活动，把问题解决在基层。年内，福州市和县(市)区党委、政府领导接待群众3457批次1.49万人次。其中，市领导接访221批次1412人次，县(市)区领导接访3236批次1.35万人次。全年领导干部接访活动受理信访件3718件，其中当场调解解决606件，落实领导包案1105件，落实责任单位办理3112件，年内化解3019件，占81.2%。

【信访“路线图”工作】 各级各部门按照处理信访“路线图”工作程序，依法依规办理信访事项，化解矛盾问题。年内，全市接收群众来信、接待群众来访7.98万件人次。职能部门受理信访事项纯件数(剔除重复)1.44万件，其中经调解息诉息访3506件。进入行政“三级办理”程序1.22万件，进入处理答复程序1.12万件，处理后进入复查程序829件，复查后进入复核程序179件。与法院衔接4件。信访事项经调解、处理、复查、复核，息诉息访或暂时息诉息访1.23万件，占78.6%。

【维护信访秩序】 加强非正常上访处置，强化责任追究机制，细化处置措施，明确各相关单位工作责任，严肃问责

11月4日，省委常委、市委书记杨岳参加福州市、闽侯县联合接访活动。

工作不到位的责任人员。重大会议、活动时期，市信访局协同有关部门加强省、市党政机关门口非正常上访处置工作，引导群众依法依规反映问题，维护正常信访秩序。加大查处问责力度，全年公安机关依法查处违法上访人员205人次，纪检监察机关查处问责信访问题化解工作落实不到位干部53人。

(邱长新　叶　智)

老干部工作

【概况】 2011年，市委老干部局服务管理老干部3022人。其中，离休干部2063人(抗日战争时期参加革命工作的290人、解放战争时期参加工作的1773人)，厅级退休干部57人，“5·12”退休干部902人。年内，市委老干部局被中组部评为全国老干部工作先进集体。

【落实政治待遇】 市县两级及时向老干部通报党委换届工作情况，组织离退休干部学习重要会议文件精神及参观重点项目工程。全年召开组织工作通报会90场，参加人数4200人次；举行离退休干部通报会、学习报告会300场，参加人数6200人次；举办各类读书班、培训班100场，参加人数3200人次；组织416批次7000人次离退休干部参观考察活动。开展市直机关离退休干部“五好”党支部创建和“四好”党员争创活动，离退休干部党支部自评90分以上的达100%。依托全市30个离退休干部党建工作联系点，开展创先争优活动。

【“争当五大员”倡议】 8月25日，在全市离退休干部创先争优座谈会上，与会的55名离退休干部党支部书记向全市离退休干部党员发出“学习杨善洲、争当五大员”创先争优倡议书：一是争当党委政府和部门的参谋员，二是争当创建文明城市的宣传员，三是争当党风政风行风的监督员，四是争当青少年思想道德教育的辅导员，五是争当健康生活示范员。该倡议书在《福建老年报》上头版头条全文刊发。

【发挥老干部作用】 市级老领导通过季度座谈会围绕福州市重点工程项目、民生工作、社会管理、物价问题和创建全国文明城市等方面工作提出意见和建议74条，市直有关部门均予以整改反馈。向省委常委、市委书记杨岳提出关于弘扬习近平任福州市委书记时倡导并形成的“马上就办”的好传统好作风和恢复市级行政办事大厅，方便群众办事的意见和建议，被市领导采用并付诸实施，福州市行政服务中心于12月正式启用。

10月，福州市老干部民生工作志愿督导组成立。30名老干部分为6个组，在市容环境卫生、内河综合整治、公共交

通、医疗卫生、食品安全、市场物价等6个方面,对各个职能部门进行督导检查,提出意见和建议42条,促进各项民生工作的落实。

市关工委组织"五老"开展"走近青少年宣传党的历史"和"老少一帮一"等活动,全年"五老"宣讲报告129场,4.23万名青少年接受党史教育,与1.87万名青少年结成帮扶对子,帮助解决生活、就学、就业等困难。鼓楼区关工委老干部服务军门社区、琼河社区的"四点钟服务站",增加社区儿童的活动场所。

【保障生活待遇】　协助市经委开展机构改革后800多名离休干部服务管理的衔接工作,保证老干部工作有机构、办事有人管、经费有保障;落实3名离休干部享受副省级医疗待遇标准;落实全市196名离休干部无工作遗偶定期定额生活补助费按当地最低工资标准的正常增长机制,为离休干部无工作遗偶缴纳医保费,报销医药补助费,发放慰问金30多万元;协调解决市粮食局离休干部拆迁安置问题;制定《福州市易地安置离休干部服务管理工作若干规定》,走访慰问易地安置离休干部和离休干部遗偶63人,发放慰问金12.6万元。"七一"期间,走访慰问离退休干部2200多人,发放慰问金60多万元。

提请市委解决鼓楼、台江、仓山、晋安四城区老干部医疗保障待遇参照市直标准,实现市、区两级老干部看病就医同城同待遇。仓山区将原属乡镇的离休干部和"5·12"退休干部医疗关系纳入区直机关公费医疗统一管理,免除老干部医疗费报销周期长的困扰;闽清县采取发放就诊卡的措施,为老干部看病就医提供便捷服务;罗源县设立定点医院,解决老干部看病垫资问题。

【学习活动阵地建设】　老干部活动中心　基本完成市老干部活动中心二期修缮工程。设立离退休干部电脑室,并开展老干部电脑培训。福清市老干部活动中心加入市老体协离退休老干部夏季纳凉点工程。至年底,全市建成老干部活动场所面积2.76万平方米,在建活动场所面积1.15万平方米,新增投资3152万元。

老年学校　福州市老年大学开设10个系、52个专业、131个教学班。依托市委组织部农村(社区)党员干部现代远程教育网络,开通老年远程教育网络,各基层接收站点悬挂老年学校牌子,每月安排1~2次网络课,普及基层老年教育,使参加学习的老年人数比例从8%提高至15%。

【丰富文化生活】　组织全市离退休干部开展征文、书画摄影展、大型党史人物专题影片展播、文艺演出等庆祝建党90周年系列活动。在"与党同呼吸、共命运、心连心"征文评选活动中,福州市离退休干部有3篇征文获中组部表彰,13篇获省委老干部局表彰。组织市老干部文化艺术团和市老年大学艺术团参加省、市老体协庆祝建党90周年"丰碑颂"文艺汇演排练、演出工作,参加福州市庆祝建党90周年五一广场文艺演出。老年大学聘请十番音乐传承人陈英木授课,并组建一支十番音乐表演队。

【日常服务管理】　市委老干部局设立接待室,发放老干部工作联系卡,在活动中心电子显示屏设立老干部政策宣传栏,为老干部释疑解惑提供方便。启动"三解"平台(生活上解难、思想上解困、精神上解闷),13名市委老干部局工作人员与29名空巢独居、失去自理能力的离休干部、"5·12"退休干部结成帮扶对子。召开全市利用社区资源服务老干部工作现场观摩会,推广鼓楼区军门社区、福清市玉屏镇金墩社区等10个试点社区的典型经验。

(李　敏)

党校工作

【概况】　2011年,中共福州市委党校发挥干部培训主渠道作用,完成各项培训任务。全年举办各种轮训班、培训班79期,培训学员1.02万人,比上年多2130人,培训人数首次过万。年内,市委党校获评福建省2009~2011年度"文明单位"。

【教学工作】　举办主体班次15期;举办福州市社区党组织书记、社区工作者岗位资格培训班2期;举办专题研讨班2期,分别是福州市领导干部社会管理及其创新专题研讨班、福州市乡镇党政正职领导专题研讨班;承接省、市单位培训班56期,包括市人大新当选代表培训班、市直部门副科科员培训班、市公务员初任培训班等;举办新疆奇台县科级干部培训班、新疆州社区干部培训班和西部地区乡镇领导干部培训班。

更新充实教学内容。开设24个新专题,专题更新率超过30%。在政治理论教学单元,新开设"胡锦涛'七一'讲话学习辅导""党的十七届六中全会精神学习辅导"等专题。在马列经典著作单元,新开设"矛盾论""实践论"学习辅导。在党性教育教学单元,新开设"中共党史第二卷精神学习辅导"。在知识教育与能力培养教学单元,新增加"加强与创新社会管理""干部的心理调适"等6个专题。围绕贯彻落实市党代会精神,新开设"推进福州科学发展新跨越"专题。

规范研究式教学。新推出"基层常见突发事件的应对与处置"和"城市化进程中的法治问题——以晋江市和谐征迁为例"2个案例教学专题。全市挂牌的现场教学基地达11个。注重规范提高各类研究式教学方法,每个主体班次都开设3种以上研究式教学专题课,形成多形式的教学方法体系。

拓展开放式办学。坚持开办"专家论坛""领导讲坛"和"学员论坛",全年选聘有关部门领导、专家学者114人次到校授课交流。坚持办学模式创新,新推出分段式培训,组织中青班学员赴清华大学参加"中青年干部素质与能力提升高级研修班"学习,组织干部班学员赴浙江大学参加"提高组工干部素质研修班"学习。坚持课堂教学与社会实践考察相结合,围绕"推进福州科学发展新跨越"和"社会管理及其创新"主题,组织学员参观考察市重点工程项目建设和外出考察调研。

加强教学管理。实行教学质量评估末位专题淘汰制度,全年组织新课试讲24次,召开征求学员意见座谈会15次。组织教学质量评估前3名的教师开展教学示范活动，帮助青年教师提高授课水平。

【科研工作】 课题立项 全年申报国家社科规划项目4项。福建省社科规划项目申报10项，立项2项，实现省社科规划重点项目零的突破。省中国特色社会主义理论体系研究基地申报7项。省党校中特理论研究基地申报35项，立项16项，立项数连续6年居全省设区市党校第一。福州市中特理论基地课题申报14项，立项4项，立项数连续6年保持全市参与申报单位第一，其中“提高福州党建科学化水平研究”为首次获市重大课题立项。

论文专著 组织教研人员向省、市各级部门组织的“纪念建党90周年”理论研讨会提交论文26篇，其中，1篇入选全国党校系统纪念建党90周年理论研讨会，2篇入选全省纪念建党90周年理论研讨会，3篇入选全省党校系统建党90周年理论研讨会。9篇在全市纪念建党90周年理论研讨会上获奖，获奖数居全市各单位首位，另有4篇在市直党群系统纪念建党90周年理论研讨会上获奖。全年发表科研论文118篇，其中省级以上CN刊物80篇，市级CN刊物30篇，省级内刊4篇、市内刊4篇。另完成4本独著和1本合著。

校刊和市情论坛 在校刊《党校学报》上新开设“纪念中国共产党建党90周年”和“文化改革发展”专栏，突出市情研究相关稿件的采集和使用，全年出版6期。举办以“富民强市、跨越发展”为主题的中共福州市委党校2011年“福州市情论坛”，组织教师为福州的改革发展建言献策。

【队伍建设】 举办第六期全市党校系统师资培训班，并选派1名年轻教师到北京大学进修学习，选派3名教师到基层单位挂职调研。鼓励年轻教师报考博士研究生学历教育，年内有2名年轻博士生毕业回校任教。实行导师制，对新入校的2名年轻教师采取“一对一”的方式，对其教学全过程进行指导帮助。

完善兼职教师队伍，建立“外聘师资库”。在原有兼职教师队伍的基础上，充实部分福州地区高等院校的专家学者，形成130人的兼职教师队伍，供市委党校及县(市)区委党校举办各类培训班选用。

(朱晓春)

政策研究

【概况】 2011年，中共福州市委政策研究室围绕全市中心工作，编发《福州调研》77期、《福州政研专报》16期、《闽都通讯》12期、《决策参考》24期；撰写调研报告28篇，其中6篇次获市委领导批示；编印《2010年福州调研文集》。

【课题调研】 承担全市重点课题调研的组织协调工作，督促各重点课题责任单位、牵头单位制定调研计划，分解调研任务，明确分工安排，推进“提高人民群众幸福指数”“建立现代产业体系”“提升城市宜居品质”等8个市领导牵头负责的重点课题和“外贸转型升级”“科技创新平台体系建设”“完善服务业统计工作”“加强对外对台文化交流”等21个市直部门承担负责的重点课题研究，部分调研成果被吸收转化为具体工作举措和政策性文件。

开展福州滨海大道建设、马尾新城建设、征地拆迁安置工作、第三产业发展、支持和融入平潭开放开发、规划建设福清湾城、建立健全与平潭综合实验区合作共赢机制，以及全力打造泛闽江口滨海繁荣带、推进“海上福州”建设等专题调研，提供研究专报和具有参考价值的观点建议，供市委领导参阅。

推进经济社会难点重点热点课题调研，完成“缓解金山新区过江交通拥堵”“构建福州大都市区绿道网”“物联网产业发展”“县域经济发展状况及对策”“促进文化建设”等13个课题调研，并开展“推动福州大都市区‘五个统筹’规划建设”系列调研，形成一批具有前瞻性、操作性的调研文章。《打造福州“中国温泉城”的对策研究》获中国科协优秀调研报告二等奖和第八届福建省科技工作者优秀建议奖。

【决策信息服务】 收集总结国内外经济社会形势发展的最新动态、实践经验以及部分部委领导、专家学者的观点论断，在做好常态性编发工作的同时，根据阶段性工作重点和形势需要，增发“加强和创新社会管理”“创新型城市建设”“行政服务中心”等多个专题，并在市领导参加重要会议活动或开展专题调研前夕收集基础性参阅资料，提供“关于内河文化保护”“美国迈阿密市、台北市与福州市市情比较”等综合性、资料性文稿，供市领导参考。

强化决策咨询信息服务体系建设，编发《报刊资料索引》12期、《报刊专送件》6期、《福州城市科学》4期、《福州城市研究》6期，为推动福州科学发展、跨越发展建言献策。

【文稿资料编写】 参与市第十次党代会主报告的起草、修改、征求意见等工作，组织编写《海西省会中心城市新跨越——市第九次党代会以来发展成就汇编》，协助做好党代会期间电子信息查询编辑、会议简报等工作。在全省“拉练”检查活动期间，完成福州市近30万字的广播稿《榕城无处不飞花》，并负责全市“拉练”检查活动的车载广播稿撰写工作，完成现场直播组织服务任务。编印《富民强市、和谐宜居，推动福州加快转变跨越发展——中共福州市委九届十五次全会文件材料汇编》，供查阅学习交流。在印发《政策研究常用名词解释(一)》的基础上，整理编印《政策研究常用名词解释(二)》。

(林徐峰)

保密工作

【概况】 2011年，福州市国家保密局加强新修订《中华人民共和国保守国家秘密法》(以下简称《保密法》)宣传教育，改进保密安全防护手段，加强监督检查，严肃案件查处，履行保密工作“保安全、保发展”的职责。全年召开3次全市保密工作会议，各级各单位召开保密工作会议360多场，参会6500多人。开展保密知识讲座23场，参加2700多人。举办保密培训班45期，参训3000多人。全市有7人获评2007~2010年度全省保密工作先进个人,有6个单位获评2007~2010年度全省保密工作先进集体。

【监督检查】 1~2月,在各级各单位自查的基础上,市保密局与市安全局联合对重点单位的网络进行单项检查,抽查市委组织部、市委宣传部、市公务员局、市委政法委、市外经局、市口岸办和市民政局等7家单位。3月31日,召开全市专项保密检查工作动员部署会议,成立相关领导小组和检查组,部署专项保密检查工作。整理"涉密信息设备使用保密管理档案"发放给各级各单位,提供参照借鉴。各县(市)区国家保密局和122家市直机关、涉密单位向市专项检查组报告自查结果,市专项检查组对6个县(市)区和22家市直单位的专项检查工作进行抽查检查。5月,协同市教育、公安、监察等部门对全市各考点的保密室、考场的保密工作开展专项保密检查,确保高考工作顺利进行。配合市委组织部开展春秋2次公务员考试录用考场的保密检查工作。联合市国土资源局不定期对永泰等有关单位涉密图纸的使用管理进行保密检查。

【宣传教育】 5月,利用广播、电视、墙(板)报、悬挂宣传标语、发送短信等方法,播出有关保密法规宣传报道32条次。编发3期保密工作简报,通报交流全市各单位保密工作情况。在"5·18"海峡两岸经贸交易会前夕组成涉外保密检查组,前往海交会主委会等重点单位开展涉外保密工作宣传检查。8月20日~9月20日,组织全市党政机关领导、涉密人员和机关干部5500多人参观省保密局举办的"全国窃密泄密安全警示教育展"。全年各级党校、行政院校在主体班、公务员初任培训班等开展保密讲座22场,其他培训机构、机关单位开展保密讲座5场。全市征订《保密工作》杂志1544份,居全省第三位。各级各单位开展学刊测试40多场,参加1.5万多人。

【技术防护】 构建省、市、县三级联网的保密监控管理体系,市直单位基本完成该系统的安装配备工作,市所属12个县(市)区中有70%单位安装该系统。下发《福州市国家保密局关于内网安全保密监控管理系统使用管理的若干规定》,规范保密监控管理系统的使用管理。转发省委保密委、省国家保密局《关于加强国家秘密载体印制保密管理的通知》,加强计算机、存储介质及印制载体保密管理。年内,全市发生1起失泄密事件,追查处理20多起违规外联事件。

(陈云娟)

4月29日,市保密局专项保密检查人员在市直单位检查资料。

党史研究

【概况】 2011年,中共福州市委党史研究室向市委常委会作党史专题汇报1次,组织召开全市党史工作会议1场和全市党史研究室主任座谈会3次。开展革命遗址认证调研2次。编辑出版《福州党史》刊物5期。发行福建省委党史研究室主办的《福建党史月刊》2106份,名列全省发行量第1名。

【党史专著】 党史专题书籍《福州市建设社会主义新农村带头人口述历史》完成统稿并报送中央党史研究室审核,计划2012年出版。该书记录全市30多名获得地市级以上党组织表彰的新农村带头人带领本村干部群众创业致富的历程、经验做法和创业精神,全书字数约19万字,收录照片近百张。承办编纂《江山多娇》大型画册,该画册分17个部分,展示中共十六大之后,福州市全面推进社会主义经济、政治、文化、社会建设、生态文明建设和党的建设,致力实现科学发展、跨越发展所取得的成就,计划2012年出版。《福州市革命遗址通览》一书经中央党史研究室初审后,进入二次审读阶段,计划2012年出版。

【党史刊物】 编辑出版《福州党史》季刊4期和增刊1期,发表文章86篇38万字。不定期编印《福州党史信息》内刊15期,编发信息28条,被省委党史研究室采用10条1万字。每期印数151份,共印2265份,发至省市有关部门领导,并与外省市兄弟单位交流。

【党史会议】 2月9日,市委召开2011年第6次常委会议专题研究党史工作。听取市委党史研究室主任刘德洪汇报全省党史工作会议精神和初步贯彻意见,作出召开全市党史工作会议、下发加强和改进新形势下党史工作实施意见、组织筹建福州市革命历史纪念馆前期工作调研、开展纪念中国共产党成立90周年系列活动等4项决定。

3月17日,召开全市党史工作会议。市委副书记、组织部长周振华到会

3 月 17 日,召开全市党史工作会议。

并作讲话,市委常委、秘书长徐启源主持会议,省委党史研究室副主任巩玉闽、市人大常委会副主任薛海玲,市政协副主席陈书碧,市委党建工作领导小组成员单位、市直有关单位领导,各县(市)区委分管领导及各县(市)区委党史研究室负责人 60 多人参加会议。

【出台加强和改进新形势下党史工作实施意见】 4 月 3 日,以市委名义下发《中共福州市委关于加强和改进新形势下党史工作的实施意见》。明确新形势下党史工作的重要意义、指导思想、基本要求和发展目标;确立深化党史研究、组织党史宣传教育、扩大党史宣传、抓紧党史资料征编、加强党史遗址保护等 6 项任务;并对加强新形势下党史工作的领导提出全面落实党委领导、重视发挥党史部门职能作用、统筹协调党史工作、加强领导班子和干部队伍建设、加大对党史事业投入等 5 点要求。

【纪念中国共产党成立 90 周年系列活动】 5 月,与团市委、市老促会、市少工委 3 家单位联合举办"庆祝建党 90 周年万名红领巾走进青少年革命传统教育基地"活动;与福州电视台联合推出"党旗映榕城"系列专题节目;与《福州晚报》联合推出"峥嵘岁月九十载"专栏。6 月 24 日,与组织部、宣传部、政策研究室、教育局、社科联、社科院联合召开"福州市纪念中国共产党成立 90 周年理论研讨会",市委副书记、组织部长周振华出席研讨会并作讲话,7 家联办单位领导及机关干部、论文作者代表近 100 人参加会议。6 月 28 日,由党史研究室、宣传部、文化新闻局和文联共同主办的"红色印记"——纪念中国共产党成立 90 周年福州市美术、书法、摄影作品联展开幕式在福州画院举行,省文化厅副厅长张远、市政协副主席陈今明等省、市有关单位领导及干部、群众 100 人出席仪式。7 月,与宣传部、福州新闻网联合举办福州市"学习党的历史,继承革命传统"网络知识竞赛活动和"红色短信"发送活动。

【《红色感动——林白同志纪念文集》首发式座谈会】 8 月 17 日,由市委党史研究室承办召开。省政协原主席、福建老年大学校长、《红色感动》主编游德馨作《红色感动》编纂过程和意义的讲话。市委副书记、组织部长周振华到会并发言。市委常委、市委秘书长徐启源在会上介绍林白的生平。省市有关老领导、市委党建工作领导小组以及林白的夫人舒诚和革命烈属代表及新闻媒体记者等近 100 人出席座谈会。

【福州市青少年革命传统教育基地授牌】 6 月 24 日,与团市委、市老促会、市少工委在福州市双虹小学联合举行"福州市青少年革命传统教育基地授牌仪式"。3 家联办单位领导及部分机关干部、双虹小学师生代表及新闻媒体记者 100 人参加活动。主办单位领导分别为 11 家福州市青少年革命传统教育基地授牌,并向少先队员代表赠送"红领巾书屋"。

【驻村帮扶工作】 1 月 13 日,市委党史研究室一行到帮扶驻点村闽清县桔林乡汤兜村看望慰问驻村干部和困难群众,调研指导帮扶工作。在实地查看汤兜村新农村建设情况、走家入户了解群众发展愿望和现实困难后,与乡、村两级领导班子座谈。后经党史研究室协调,该村整修机耕路项目得到福建省移民局批准,获 30 万元整修资金。

(吕南勋)

档案工作

【概况】 2011 年,全市有各类档案馆 16 个,包括综合档案馆 13 个,专业档案馆 3 个,工作人员 297 人。全市档案馆档案资料馆藏总量 499.19 万卷(册)、35.1 万件,其中市档案馆馆藏总量 40.83 万卷(册)、1.7 万件。

年内,福州市档案馆被福建师范大学列为实习基地,被市社科联授予"社会科学普及基地"。福清市档案馆晋升为国家二级档案馆。

【档案开发与利用】 全市各档案馆新接收档案 20.4 万卷、3.32 万件,照片档案 1.03 万张,其中市档案馆接收档案 1.38 万卷、5931 件,资料 875 册。市档案馆与师大档案专业学生联合邀请三坊七巷大光里住户郑子端讲述家族史,开展口述声像档案的制作。开展"城市记忆工程",全程参与市政府办公厅主持的福州市城市历史影像资料拍摄项目,完成福州市轨道交通 1 号工程、内河整治工程等项目的拍摄任务,并将城市历史影像资料接收进馆。马尾区档案馆成为福州市第一个整合城建档案的综合档案馆。开展改制破产企业档案的接收进馆工作,全年接收 22 家破产企业档案 1.23 万卷。年内,全市各档案馆接待社会各界查档利用 8.44 万人次,提供档案和资料 24.51 万卷(册)3170 件,接待各界参观 8344 人次,其中市档案馆接待查档利用1.01万人次,提供档案和资料6.74万卷(册)。

利用档案馆藏资源,开展编研工作和举办各种展览。福州市档案馆整理编辑《福州党史资料汇编》,福清市档案馆编写《福清市档案志》《福清市财政收入发展历程》等材料,马尾区编研《福州开发区惠民政策文件汇编》《福州开发区企业投资优惠政策文件汇编》。福州市档案馆结合纪念建党90周年,举办游嘉瑞“苦笋颂”艺术作品展。鼓楼区档案馆征集到孙中山秘书吴适的字画、所藏印章等实物档案,举办“纪念辛亥革命100周年馆藏文物展——孙中山秘书吴适作品专题”展览。

【新农村档案工作】 市档案局到长乐市、福清市开展社会主义新农村建设档案示范县监督指导工作。福清市档案局以海口镇岑兜村等新农村建设档案工作为试点,推广新农村建设档案工作新经验。仓山区指导镇街文书档案归档范围与保管期限表的编制工作,将土地承包经营档案材料收集归档,各镇街档案室为农民免费寄存土地承包合同。仓山区农林水局档案部门实行档案、农科资料、图书、情报信息一体收集、管理、交换和提供利用,打造仓山区科技档案、信息情报中心。

【信息化建设】 要求机关单位向档案馆移交档案时,同时报送电子档案目录,完成机关单位与档案信息化建设衔接。福清市落实《电子文件管理暂行办法》,加快电子文件(档案)中心建设,开展馆藏存量档案数字化和增量档案电子化工作,投入资金14万元建设数字档案信息网在线管理平台系统。长乐市档案馆开展创建“电子文件中心”工作,古槐镇使用“长乐档案在线利用管理平台”,实现从文件生成、流转到归档、管理、利用、统计等全过程的电子化管理。

全市13个国家综合档案馆完成“福建省分布式档案基础数据库(二期)”建设任务,并通过省档案局验收。市各级档案馆推进馆藏档案文件级目录数据库建设,完成3个阶段数据库建库工作任务。部分档案馆开展珍贵、重要、古老、利用频繁档案数字化扫描工作,建立馆藏珍贵档案全文数据库、多媒体档案数据库以及利用频繁档案全文数据库。各级档案馆建立的网站,全部接入“福建省分布式档案网站系统”,实现已公开档案和已公开信息目录的网上查询服务。

【档案规范管理】 4月19日,召开全市档案工作会议,总结全市“十一五”期间档案工作,部署“十二五”期间档案事业发展规划。

市委、市政府办公厅先后转发《福建省委办公厅、省政府办公厅关于加强新时期档案工作的意见》,印发《福州市重要会议、重大活动、重点建设项目档案管理办法》,要求全市各级党委、政府、市直各部门做好全市重要会议、重大活动、重点建设项目档案工作。市政府拨专款17.8万元,为市档案馆“三重”档案影像资料添置电子接收及存储设备。

推进乡镇档案管理法制化进程,各县(市)区档案局对本行政区域内乡镇档案管理实施检查。全市各级档案部门组织22名工作人员参加行政执法资格考试,提高全市档案行政执法人员的执法水平和依法治档的能力。

【创建文明城市软件组工作】 成立以市档案局局长为组长的创建全国文明城市软件组工作领导小组,明确工作任务,制订工作计划,推进创建工作。在全国文明城市评比中,福州市软件组实现“软件资料测评不丢分”目标。部分县(区)档案部门也担负创建全国文明城市软件组工作任务,完成辖区内相关单位报送材料审核、收集、整理、编目等工作。

【档案馆库建设】 福清市动工建设占地2公顷、建筑面积1.46万平方米的档案新馆;闽侯县档案新馆建设项目实现立项,投资约3500万元,建筑面积1.1万平方米;连江县档案馆拟在县行政中心规划内按国家一类标准独立新建档案馆,建筑面积6800平方米;罗源县为档案新馆建设预留建设用地,并把档案馆库建设列入2011年政府为民办实事项目。

(林　敏　陈　辉)

民族宗教工作

【概况】 2011年,福州市民族宗教工作围绕“民族促团结发展、宗教促和谐稳定”的目标,促进少数民族和民族乡村经济发展,推进少数民族社会事业全面发展和民族团结进步创建活动。开展和谐寺观教堂创建活动,加强宗教团体自身建设,引导宗教与社会主义社会相适应,维护民族宗教领域的安定稳定。年内,福州九门局九仙宫等18个宗教活动场所和1名宗教教职人员获得全省创建和谐寺观教堂先进集体和先进个人称号。

【扶持民族乡村基础设施建设】 投入250万元,扶持32个民族村的安全饮用水、道路建设等基础设施项目建设和18个民族村的文化中心建设。协调统筹240万元扶持12个少数民族行政村作为新农村示范村建设,受惠人口2261户1.06万人。投入造福工程补助资金61.2万元,惠及少数民族群众240户1020人。协调安排80万元推进连江县东湖镇天竹畲族村、长乐市航城镇琴江满族村民族特色村寨的保护和建设。协调民族教育补助款20万元,帮助福清三山钟厝中心中学和福州民族中学改善办学条件。

【扶持民族社会事业发展】 安排8万元扶持福州市高山族同胞医疗、卫生、教育及发展生产。安排54.22万元补助福州民族中学、连江华侨中学初高中生747人。5月,与市体育局共同组队参加全省第七届少数民族传统体育运动会,福州市少数民族运动员获得竞赛项目的3枚金牌、1枚铜牌和1个表演项目金奖。9月,在第九届全国少数民族传统体育运动会上,福州市选送的《铃卜·情》《畲山·猎》分获表演项目综合类二、三等奖。

【民族团结进步创建工作】 1月24日,中共福州市委2011年第四次常委会专题听取福州市民族工作汇报。会议原则同意对福州清真寺在原址上改造修缮，以满足穆斯林群众宗教生活需要。走访慰问少数民族代表人士 30 多人、贫困户 100 多人、贫困生 40 多人次。慰问新疆州奇台县在闽江学院学习培训的 21 名学员。开展全国文明城市迎检工作，按照测评指标体系要求，牵头市民族协调委员会成员单位，收集整理汇总上报开展民族团结进步创建活动的相关材料。7 月，组织近 20 名少数民族企业家参加第五届中国（呼和浩特）民族商品交易会福州市推介活动。9 月，开展第四个民族团结进步宣传月活动，编制民族工作手册 3000 多册，发送宣传短信 1000 多条，制作民族工作宣传片，并采用悬挂跨街横幅标语、电子屏幕播放、图片展示、现场发放民族知识宣传单和宣传卡包等方式，宣传党的民族宗教政策。推进民族团结进步创建进社区活动，确定鼓楼区温泉街道河东社区、台江区瀛洲街道两街社区、仓山区金山街道金环社区、晋安区鼓山镇茶会社区为试点社区。10 月 19 日，与市政协、市台联联合福建中医药大学海外学院专家学者和在榕的台湾学生到偏远少数民族乡村罗源县松山镇八井村开展义诊活动，义诊村民近 200 人并送出价值 2000 元的药品。11 月 18 日，与市台联联合承办第四届海峡两岸少数民族丰收节福州开幕式活动。来自台湾台东、花莲、南投多个部落的少数民族代表、相关团体 50 多人以及贵州、海南两省台湾少数民族（高山族）代表、在榕台胞代表和福州市的畲、回、维吾尔、侗族等少数民族同胞参加丰收节活动，并指导连江县东湖镇天竹村举办海峡两岸少数民族丰收歌会。

【启动民族宗教系统“六五”普法活动】

与市司法局沟通协作，将向社会宣传宗教法规和法制宣传进宗教活动场所的“双向进入”工作纳入福州市“六五”普法规划中。配合综治宣传和“12·4”法制宣传活动，在五一广场设宗教法规宣传栏，发放宗教法规宣传册（单）1 万多份。11 月 11 日，召开民族宗教系统“五五”普法总结表彰暨“六五”普法动员部署会，表彰福州怡山西禅寺等 20 个“五五”普法先进集体和陈瑛等 33 个先进个人，动员部署民族宗教系统“六五”普法工作并制定出台《福州市民族宗教局关于开展“六五”普法工作的实施意见》。罗源县民族宗教局、闽侯县基督教两会获得全省民族宗教系统“五五”普法先进集体称号，3 人获得先进个人称号。

【宗教事务管理】 全市宗教教职人员和工作人员通过参保新农合、城镇居民医保、城镇职工医保等方式，基本实现医疗保障全覆盖。养老保险参保率达到有意愿参加养老保险人数的 94.6%。

城区 129 处宗教活动场所全部完成换发新版登记证工作。旧版登记证全部回收，新的场所公章开始启用。县级宗教事务部门作为登记机关。

对全市 1852 名宗教教职人员进行认定备案，其中佛教教职人员 834 人、道教教职人员 637 人、天主教教职人员 54 人、基督教教职人员 327 人，占全市宗教教职人员的 90% 以上。

完成市政绕城高速路建设涉及的闽侯昆山寺、甘泉寺、普觉寺和光明天主教堂拆迁安置工作，对因道路施工造成损失的灵山寺殿堂进行加固修复。协调落实因地铁一号线建设涉及的福州清真寺整体修缮和邦克楼重建工作。推进金山新区、罗源滨海新区筹建基督教堂工作。

【榕台宗教文化交流】 5 月 25 日，市民宗局与市社科联、市文新局、市台办等部门联合主办首届海峡（福州）顺天圣母陈靖姑文化论坛活动，闽台 10 家顺天圣母陈靖姑宫观现场签约结对子，结成“金兰姐妹庙”，并明确每年进行一次互访活动。6 月 6 ~ 12 日，鼓山涌泉寺举办海峡论坛·闽台佛教文化交流周活动，以台湾“中国佛教会”理事长圆宗长老为团长的台湾 24 个佛教会 300 多名法师，台湾圆光佛学院、香光尼众佛学院等佛学院 200 多名学僧，与大陆佛教界人士就闽台佛教文化合作与展望等方面进行交流。同时，由鼓山涌泉寺承编的福建省第一本佛教刊物《闽台法缘》于 6 月上旬创刊发行，主要面向台湾所有佛教协会和佛教寺院。8 月，由 11 个临水宫组成的陈靖姑文化参访团一行 57 人赴台参加海峡两岸陈靖姑文化交流会。

（唐良惠）

（编辑　郭进绍）

人民代表大会

综 述

2011年，福州市人大常委会颁布施行科学技术进步若干规定、城市供水管理办法等2项地方性法规，审议通过河道采砂管理办法。对地方性法规中涉及行政强制的有关规定进行专项清理。配合全国人大、省人大常委会开展8部法律法规草案的征求意见工作。对3项法律法规执行情况进行检查，听取和审议14项“一府两院”专项工作报告，审查25件市政府、县(市)区人大常委会报送的规范性文件。对市十三届人大五次会议主席团交付审议的4件议案、453件代表建议，分别交由市人大常委会有关工作委员会、市人民政府、市中级人民法院和市人民检察院办理。

重要会议

【市十三届人民代表大会第六次会议】 1月6～10日在福州海峡国际会展中心举行，出席会议代表436人，出席市政协十一届四次会议的全体委员、市政府组成人员和市直机关团体负责人列席会议。20名公民旁听大会。

会议听取市人民政府市长苏增添作的《福州市人民政府工作报告》、市发展和改革委员会主任林钟德代表市政府作的《关于福州市2010年国民经济和社会发展计划执行情况及2011年计划草案的报告》、市财政局局长林恒增代表市政府作的《2010年预算执行情况与2011年预算草案的报告》、市人大常委会副主任施能柏作的《福州市人大常委会工作报告》、市中级人民法院院长李有才作的《福州市中级人民法院工作报告》、市人民检察院院长陈承平作的《福州市人民检察院工作报告》。经过审议，会议决定批准6项工作报告，表决通过《关于福州市人民政府工作报告及国民经济和社会发展第十二个五年规划纲要的决议》等相应决议。

会议接受施能柏辞去福州市第十三届人大常委会副主任职务的请求，接受陈承平辞去福州市人民检察院检察长职务的请求。补选柯有民为福州市第十三届人大常委会副主任，补选黄忠勇为福州市人民政府副市长，补选叶燕培为福州市人民检察院检察长。

【市十三届人大常委会会议】 第三十四次会议 2月23日召开，会期一天。会议审议通过《福州市科学技术进步若干规定》(修订)；表决通过市人大常委会2011年立法计划；听取和审议市十三届人大六次会议主席团交付市人大常委会审议的代表提出的4件议案办理意见的报告，并作出相关决定；听取市人民政府关于国有资产运营管理工作情况的报告。会议增补吕英为市十三届人大常委会代表资格审查委员会副主任委员；作出关于接受魏颖明辞去市十三届人大常委会委员职务的请求的决定。会议还进行人事任免。

第三十五次会议 4月27日召开，会期一天。会议传达学习省人大中国特色社会主义法律体系暨全省地方立法工作座谈会精神；听取和审议市人民政府关于加快造林绿化、城市绿化，推进生态宜居城市建设情况的报告；听取市人民政府关于发挥侨力资源优势，促进福州市跨越发展相关情况的报告；审议并表决通过《福州市城市供水管理办法》(修订)。会议还进行人事任免。

第三十六次会议 6月28日召开，会期一天。会议听取市人民政府关于禁毒工作情况的报告，听取和审议市人大常委会执法检查组关于《福州市城市内河管理办法》执法检查情况的报告、关于《福州市除四害条例》执法检查情况的报告。会议还进行人事任免。

第三十七次会议 8月29日召开，会期两天半。会议审议《福州市物业管理若干规定修正案》(草案)、《福州市河道采砂管理办法修正案》(草案)；听取和审议市人民政府关于2010年市本级决算(草案)及2011年上半年预算执行情况的报告、关于2010年市本级预算执行和其他财政收支情况的审计工作报告、关于2011年上半年国民经济和社会发展计划执行情况的报告；听取和审议市人民政府关于“五五”普法工作情况和“六五”普法工作安排意见的报告、市中级人民法院关于民事审判工作情况和市人民检察院关于侦查监督工作情况的报告;表决通过市人大常委会关于批准2010年市本级决算的决议、关于进一步加强法制宣传教育的决议。会议接受陈吉辞去福州市第十三届人大常委会副主任职务的请求,决定免去王鑫的福州市公安局局长职务,任命徐凡新为福州市人民政府副市长、福州市公安局局长。会议还进行其他人事任免。

第三十八次会议　9月23日召开,会期半天。会议审议并表决通过市人大常委会关于接受苏增添辞去市政府市长职务请求的决定,并报市十四届人大一次会议备案;审议表决通过市人大常委会主任会议关于提请决定杨益民代理市政府市长职务的议案,决定副市长杨益民代理市政府市长职务;审议市政府关于提请陈大强任市政府副市长的议案,决定任命陈大强为市政府副市长。会议还审议市中级人民法院有关人事任免事宜。

代表们为福州发展建言献策。

第三十九次会议　10月31日召开,会期两天。会议传达学习中共十七届六中全会、福州市第十次党代会和省委常委、市委书记杨岳在《福州市人大常委会学习贯彻市第十次党代会精神情况报告》上的重要批示精神。审议《福州市河道采砂管理办法》(修订草案修改稿),表决通过《福州市人大常委会关于修改〈福州市河道采砂管理办法〉的决定》;审议2011年市本级预算调整方案(草案),表决通过福州市人大常委会关于批准2011年市本级预算调整方案的决议。审议并表决通过《福州市人民代表大会常务委员会关于福州市第十四届人民代表大会代表选举问题的决定》。听取市人大常委会评议公安(边防)派出所工作领导小组关于评议公安(边防)派出所工作情况的报告,审议并表决通过《福州市人民代表大会常务委员会关于授予福州市公安局东街派出所等三十个公安(边防)派出所2009~2010年度"福州市优秀派出所"荣誉称号的决定》。听取和审议福州市第十三届人民代表大会常务委员会代表资格审查委员会关于个别代表的代表资格的审查报告,表决通过福州市第十三届人民代表大会常务委员会公告。听取和审议市人大常委会关于市十三届人大六次会议代表议案办理情况的报告;市人民政府关于市十三届人大六次会议代表建议、批评和意见办理情况的报告;市人民政府关于水利建设工作情况的报告;市人民政府关于学前教育工作情况的报告。听取市人民政府关于市管四县(市)财政体制的实施方案和马尾区财政体制调整方案的报告、关于打好"五大战役"工作情况的报告。会议还进行人事任免。

第四十次会议　12月2日召开,会期半天。会议审议并通过《福州市人民代表大会常务委员会关于召开福州市第十四届人民代表大会第一次会议的决定》。会议还进行人事任免。

第四十一次会议　12月24日召开,会期一天。会议审议通过市十三届人大六次会议主席团交付市人大常委会审议的代表提出的4件议案办理情况的综合报告,市十三届人大六次会议代表建议、批评和意见办理情况的综合报告;审议通过市十四届人大一次会议日程(草案)、《福州市人民代表大会常务委员会工作报告(稿)》、市十四届人大一次会议有关人员名单(草案)、《福州市第十四届人民代表大会第一次会议选举办法》(草案)和《福州市第十四届人民代表大会第一次会议通过福州市第十四届人民代表大会法制委员会组成人员名单办法》(草案),提交市十四届人大一次会议审议;审议市十三届人大常委会代表资格审查委员会关于福州市第十四届人大代表资格审查的报告,表决通过市人大常委会公告;听取市十四届人大一次会议筹备工作情况和会议安排意见的报告;审议通过市人大常委会执法检查组关于检查《中华人民共和国老年人权益保障法》及《福建省老年人保护条例》实施情况的报告。会议还进行人事任免。

地方立法

【福州市科学技术进步若干规定】　2月23日,市十三届人大常委会第三十四次会议对该法规修订草案修改二稿进行审议,表决通过该规定修正案,进一步明确政府职责,在科技资源整合、服务企业开展技术创新、加强榕台科技交流合作、完善知识产权制度及优化人才服务环境等方面作出规定。5月21日,该规定经省十一届人大常委会第二十三次会议批准后,由市人大常委会颁布施行。

【福州市城市供水管理办法】　4月28日,市十三届人大常委会第三十四次会议对该办法修订草案进行审议,表决通过该办法修正案,着重规范供水设施维护责任、一户一表和终端收费等问题。7月28日,该规定经省十一届人大常委会第二十五次会议批准后,由市人大常委会颁布施行。

【福州市河道采砂管理办法】 11月1日,市十三届人大常委会第三十九次会议作出关于修改《福州市河道采砂管理办法》的决定,报请省人大常委会批准。市人大常委会在采砂船舶管理、河砂运输、执法力度和措施等方面对该办法进行修改和完善,进一步规范河道采砂管理,巩固整治成果。

监督工作

【开展《福州市除四害条例》执法检查】 5月25~26日实施检查。强调市政府及相关部门要加大宣传力度,在提升公民素质、发动群众参与、扩大社会监督等方面下工夫,营造除四害工作的良好社会氛围。要加大经费投入,力争逐年增加专项经费,并对基础薄弱的地区予以资金倾斜,如农区除四害经费的安排。要完善公共卫生基础设施,特别对城乡结合部、无物业小区、背街小巷等区域要有规划、有计划地改造提升,如排水(污)沟等。新区建设要与基础设施配套同步进行。要尽快理顺爱国卫生部门工作机制、出台条例的配套规范性文件,加强队伍建设,加大执法力度。要建立健全部门管理、三级联合的"条块结合"长效管理机制,发挥各级政府、爱国卫生委员会的组织协调作用,推动各级、各部门、各企事业单位齐抓共管。

【开展《福州市城市内河管理办法》执法检查】 6月3日实施检查。强调全市各级政府要强化城市内河管理工作,加大宣传力度,提高全社会爱河护河自觉性。理顺内河管理体制,明确部门职责,加强部门间的协调配合,建立健全内河长效管理机制。加强执法队伍建设,强化巡查,加大对内河周边单位及个人违反"办法"行为的处罚。全面排查内河沿岸污染源,加大污水接驳力度,严厉打击接污后偷排污水现象。强化"规划先行"理念,统筹考虑生态、景观、文化、防洪排涝等功能,编制内河规划设计方案。积极筹措整治资金,确保按时足额拨付到位。加大沿河违法建设拆除力度,留足岸线空间,构建富民强市、和谐宜居的省会中心城市。

【开展《中华人民共和国老年人权益保障法》和《福建省老年人保护条例》执法检查】 11月15~16日实施检查。要求市政府及有关部门要重视老龄工作,采取措施解决存在的问题。要加大"一法一例"宣传力度,弘扬尊老、敬老、爱老、助老、孝老的传统美德,在全社会倡导和形成关爱老人的浓厚氛围。要加大对老龄事业的经费投入,统筹规划老龄事业发展资金。要在推进居家养老服务的同时,统筹发展机构养老。要加快公办养老机构建设,鼓励社会力量、民间资本参与,促进民营养老机构发展壮大。要理顺老龄工作管理体制,建立和完善工作机构,明确任务和职责。要贯彻落实相关法律法规,依法保障老年人合法权益。

【听取和审议市政府关于加快造林绿化、城市绿化,推进生态宜居城市建设情况的报告】 要求市政府要加大对造林绿化工作的宣传力度,发动全社会共同参与。要加强督促检查,强化责任,狠抓落实,确保6月底前完成当年的造林任务。要加强对造林人员的技术指导和培训,严把检查验收关,保证造林质量,提高造林成活率和保存率。城市绿化方面,要创精品上档次,合理优化行道树树种结构,实施道路和公园"花化、彩化、香化"的改造提升。要强化森林资源管护,加强对公共绿地、生态公益林和古树名木的保护。明确市、县、乡(镇)、村各级森林防火和森林病虫害防治责任。要严格落实执法监管,依法打击乱砍滥伐、毁坏林木绿地的违法行为。巩固和提高森林覆盖率、人均公园绿地占有率,推进生态宜居城市建设。

【听取和审议市政府关于2011年上半年市本级预算执行情况的报告】 要求市政府及有关部门要整合产业发展资金,集中扶持特色优势产业和重点产业集群,壮大骨干财源;用足、用活各项扶持政策,支持发展新兴产业、中小企业,培育后续财源,优化财源结构。要强化收入的组织工作,执行市人大常委会关于加强税收保障工作的决定,加大综合治税的力度,确保全年收入目标的顺利实现。要发挥财政的支出保障职能,应对货币、土地等政策的调整,加大资金统筹力度,保障跨越发展的资金需求。要做好市管四县财政体制的实施和马尾区财政体制的调整,促进大都市区建设发展。要严格执行人大批准的预算,控制预算追加、调整;加强对预算执行的动态监控,及时发现并解决存在的问题,加快支出进度;简化审批流程,完善国库集中支付工作,提高资金运行效率。要强化财政监督职能,加强对专项资金、预算外资金的跟踪监督,规范资金的拨付、使用。要着力抓好2012年的预算编制工作,督促部门加强项目前期论证,细化预算内容,编实、编细预算。

【听取和审议市政府关于2011年上半年国民经济和社会发展计划执行情况报告】 要求市政府及有关部门要贯彻落实省委八届十一次全会和市委九届十八次全会精神,力争全年各项目标任务顺利完成。要加快实现产业突破,推进经济结构调整、积蓄发展后劲;集中力量发展优势产业,着力打造先进制造业产业集群;发展现代服务业、文化创意产业,培育经济新增长点;加快工业园区资源的整合升级,尽快形成园区规模优势。要紧盯固定资产投资年度目标,打好"五大战役",抓好重点工程建设,发挥项目投资带动作用;应对外经贸形势变化,促进出口发展方式转变;帮助中小企业化解融资、用工等难题,切实把各项扶持政策落到实处。要构建福州大都市区,促进城乡区域协调发展;加快推进以民生为重点的社会建设,将资源向保障性住房、就业、社保、教育等公共服务领域倾斜;做好价格调控管理,保持物价水平基本稳定。

【听取和审议市政府关于2010年度市本级预算执行和其他财政收支情况的审计工作报告】 要求市政府要支持审计部门依法履行职责,对审计查出的问题,要严格落实责任,责成相关部门限期整改;对部门存在的共性问题,要从体制、机制上研究解决的对策。财政部门要重视审计反映的问题，剖析原因，采取有效措施，完善预算管理工作。各有关单位要抓好审计查出的问题的整改，加强内部财务管理；一级预算单位要加强对所属二、三级单位的监管，建立健全内审制度。审计部门要做好整改督办工作，加强对整改情况的跟踪监督，确保整改落到实处。要突出审计重点，围绕本级预算深化预算执行审计，加大对民生支出、重点建设项目支出等资金的审计监督。要拓宽审计覆盖面，加大审计力度和延伸审计的深度，加快推进绩效审计、计算机联网审计。要着眼经济发展大局，加强对审计成果的分析、运用，为政府宏观决策提供依据，提升审计的层次和水平。要做好审计结果的公开工作，增强审计透明度，接受社会监督。

【听取和审议市人民检察院关于侦查监督工作情况的报告】 要求全市各级检察机关要全面履行侦查监督职责，提高法律监督能力。树立“立检为公、执法为民”的宗旨意识，增强做好侦查监督工作的责任感、使命感，做到敢于监督，善于监督。要规范侦查监督工作，改进监督方式方法。加强对自侦案件的监督力度，严把质量关，提高监督案件的质量。加强侦查监督工作队伍自身建设，充实侦监部门力量，推进队伍专业化建设，提高审查案件和纠正违法水平。加强协调与合作，逐步建立和完善检察机关与公安机关之间的刑事案件信息互通、行政执法与刑事司法相衔接等工作协调机制，提高侦查监督工作的整体效能，增强监督实效。

【听取和审议市法院关于民事审判工作情况的报告】 强调全市各级人民法院要强化大局意识，围绕公平与效率，改进和创新机制，提升民事审判工作质量。要加大调研力度，及时掌握新形势下民事审判工作的新情况、新特点，加强对新类型案件的研究，满足人民群众对司法的新需求、新期待。要健全和完善质量评估、考核奖惩等案件管理和监督机制，提高案件审理质量。要完善人民陪审员工作机制，保障公民依法参加审判活动，促进司法公正。要加强对基层法院民事审判工作的指导，统一立案、审判标准，避免“同案不同判”现象发生。要坚持“调解优先、调判结合”原则，健全完善诉讼调解与人民调解衔接机制，促进社会矛盾纠纷大调解格局的形成。要加强法官队伍的思想政治建设和业务学习培训，提高法官在民事审判中适用法律、驾驭庭审、判决说理和化解社会矛盾的能力，提升民事审判的质量与水平。

【听取和审议市政府关于水利建设工作情况的报告】 强调要抓紧建立健全水利投入稳定增长机制，加大财政投入力度，落实从土地出让金中提取10%用于水利建设的政策。同时，多渠道筹措资金，鼓励全社会共同参与水利建设，落实各级对水利建设项目的投资。要确保城乡居民饮用水安全，落实《福州市人大常委会关于加强集中式供水的饮用水水源保护的决定》，加大对水污染防治整治的力度。要落实防汛抗旱责任制，做好大汛、大旱、台风、山洪、地质灾害的防御预案，预警到村、责任到人。要加强各级防汛抢险队伍建设和物资储备，提高防汛应急处置能力和防灾减灾整体水平。要抓紧“五大战役”重点水利工程项目的建设和江河海堤、病险水库、农田水利基础设施的除险加固和水毁工程修复。要强化水资源监管保护，实施水土保持和江河流域综合治理，改善水生态质量。要加强对大樟溪水资源的保护。建立水资源生态建设奖惩机制，落实对饮用水源地群众的补偿政策。要统筹规划水资源开发和保护，加快节水型社会建设，提高水资源利用效率和效益。

【听取和审议市政府关于学前教育工作情况的报告】 强调市政府及相关部门要认识发展学前教育的重要性和紧迫性，将大力发展学前教育作为重要的民生工程。要强化政府责任，完善学前教育管理体制，加大财政投入，建立以政府投入为主的学前教育保障机制，推进城乡学前教育事业的均衡发展。要明确学前教育的公益性和普惠性，发展普惠性公办幼儿园和扶持普惠性民办幼儿园，逐步构建“广覆盖、保基本”的学前教育公共服务体系。要按照《福州市保护城市中学小学幼儿园建设用地若干规定》《福州市建设项目配套建设幼儿园管理规定》等法规和规范性文件要求，做好新建项目幼儿园配建和产权交付等工作，并本着实事求是、先易后难的原则尽快解决历史遗留问题。要加强教师队伍建设，逐步配足幼儿教师，完善教师持证上岗、职称评聘、专业培训等各项制度。要规范收费管理，加强分类指导，严格监管乱收费行为，实行收费公示制度。

【听取“五大战役”工作进展情况的报告】 4月下旬至8月，市人大常委会分4组对福州市“五大战役”实施情况开展调研，实地走访察看54个项目，听取相关责任单位的情况汇报。对调研中发现的问题，建议市政府各责任单位和有关部门要破解征地拆迁、资金投入、项目审批等难题，加大融资工作力度，完善BT等融资模式，建立全方位、多层次的投融资体系。要加快推进行政审批制度改革，探索实行容缺预审、合并审批、联合审批等措施，简化环节，提高效率。要优化项目建设环境，严格执行项目跟踪落实责任制，加强督促检查和考核，抓好各项工作的落实。10月，市人大常委会会议听取市政府关于打好“五大战役”工作情况的报告，市政府就市人大常委会调研报告中提出的相关问题给予回应，并提出具体改进措施。

【评议公安（边防）派出所工作】 5月下旬开始，市人大常委会组织对全市190个公安（边防）派出所2009～2010年度的工作开展评议。评议过程中，全市有8686名市、县、乡三级人大代表，8894名群众参加评议，召开座谈会539场，发放测评表9934张，征集到代表、群众意见建议1219条。市人大常委会强调要将评议整改工作贯穿于评议工作全过程，并及时把征求到的意见建议，与公安机关和派出所沟通对接交办，要求整改落实。10月14～17日，市人大常委会组织对各县（市）区评议工作总体情况和市人大评议工作领导小组确定的“福州市优秀派出所”候选单位进行复查。经市人大评议工作领导小组研究，并报经市委同意，决定授予福州市公安局东街派出所等30个候选单位“福州市优秀派出所”称号。

【其他监督工作】 常委会还听取市政府关于企业国有资产运营管理、发挥侨力资源优势、禁毒等工作情况的报告，对春耕备耕、防汛备汛、少数民族干部培养等工作开展视察调研，及时向政府有关部门提出意见建议。

代表工作

【议案办理】 关于制定《福州市城乡规划管理条例》的议案 市人大城环委开展《福州市城市规划管理条例》(以下简称《条例》)修订的前期调研工作，加强与市政府相关部门的联系和沟通，听取各方面对《条例》修订的意见和建议，并就法规主体框架及主要内容达成共识。同时召集多场专题会议，协助市政府相关部门结合福州市城市规划工作实际修订法规条款，探讨城市规划有效管理的路线图。

关于制定《福州市幼儿教育法》的议案 市人大教科文卫委结合市人大常委会听取和审议市政府关于学前教育工作情况的报告，开展《福州市学前教育管理办法》实施情况的专题调研，赴有关县(市)区实地查看各类幼儿园办园情况。2010 年，国务院出台《关于当前发展学前教育的若干意见》，市政府也出台《福州市学前教育管理办法》。鉴于国家、省、市相关配套规定和政策尚未完善，结构性发展不平衡、投入保障机制不健全、规划建设不完善等方面问题的解决办法还有待探索，且尚无其他省市在学前教育立法方面的成熟经验可借鉴。教科文卫委建议先继续实施《福州市学前教育管理办法》，在实践中积累经验，待条件成熟时再制定法规。

关于制定《福州市垃圾分类收集和处理条例》的议案 市人大城环委会同市市容管理局进行专题研究，并就国内垃圾分类试点城市试点情况、城市垃圾分类处理立法工作以及福州市垃圾分类处理工作现状等开展系列调研。鉴于福州市生活垃圾的分类、收集、处理工作尚未形成管理模式，且尚无其他省市有关生活垃圾分类处理立法的成熟经验可借鉴，因此制定地方性法规的条件还不具备。城环委建议先制定市政府规章或规范性文件，对适用范围、部门职责、经费来源、分类标准、设施配套和处罚规定等作出规定，待条件成熟时再制定法规。

关于制定《福州市缓速区交通管理条例》的议案 市人大内司委多次与提议案代表联系沟通、交换意见，组织代表实地查看、听取专题汇报，并邀请提议案代表参加福州市道路交通管理工作的视察检查。市交巡警支队采纳并落实代表议案的部分内容，如在市区部分路段设置人行横道信号灯、倒计时信号灯，完成道路沿线学校交通安全设施的设置等。鉴于该议案的相关内容在有关法律法规中已有较明确的规定，内司委建议继续跟踪监督福州市道路交通管理工作情况，待条件成熟时再制定法规。

【代表建议办理】 市十三届人大六次会议期间，代表们围绕改革发展稳定大局，围绕政治、经济、文化和社会生活中的重大问题以及人民群众普遍关心的问题，就全市各方面的工作向大会提出建议、批评和意见(以下简称建议)共 453 件(包括大会主席团决定作为代表建议处理的代表议案 1 件)。代表对建议办理结果表示满意或基本满意的 427 件，占总件数的 94.26%；表示不满意的 26 件，占总件数的 5.74%。

市政府系统承办 446 件市十三届人大六次会议代表建议，涉及具体承办单位 72 个。代表建议所提问题已经解决或基本解决的 185 件(A 类)，占总件数的 41.5%；所提问题正在解决或列入计划逐步解决的 211 件(B 类)，占总件数的 47.3%；所提问题因政策、财力或客观条件限制暂时无法解决的 37 件(C 类)，占总件数的 8.3%；所提建议有关部门留作参考的 13 件(D 类)，占总件数的 2.9%。市人大常委会机关承办 6 件市十三届人大六次会议代表建议，代表对 5 件建议办理结果表示满意或基本满意，对 1 件建议办理结果表示不满意。

【保障代表依法履职】 围绕常委会开展的城市内河管理办法、除四害条例执法检查和新代表法、“十二五”规划纲要、监督促进“五大战役”等内容，举办 2 期代表培训班，培训 284 人次，提高代表履职能力。开展市人大代表履职情况调查摸底，向全市 14 个选举单位和 461 名代表发放“履职情况调查表”，并请各工作委员会对履职较好的代表提出建议名单，为连任代表的推荐工作提供依据。密切与代表的联系，采取召开座谈会和个别走访的形式，听取企业界代表意见，了解他们在工作和履职过程中的困难，为他们的履职提供引导和帮助。

【组织代表闭会期间活动】 向全体市人大代表发出征求意见表，征集代表参加 2011 年常委会监督工作计划的意愿，以便合理安排代表参加常委会开展的执法检查、视察、专题调研活动。组织

6 月 20 日，人大代表视察保障房建设情况。

开展“代表视察话福州”活动，组织代表围绕城市景观改造、城市路网、内河整治、旅游发展、商贸服务、保障房建设、医保社保、社区管理、教育事业、城市文明10个方面重点内容开展视察检查。召开专题座谈会，组织代表围绕福州市近年来发展变化畅言恳谈。

【市县乡人大换届选举】 收集福州市及所辖县(市)区人口数据，向省人大常委会报告以重新确定各级代表总名额，拟出福州市和13个县(市)区新一届人大常委会组成人员建议名额，上报市委、省人大常委会确定。草拟《中共福州市人大常委会党组关于做好全市县乡两级人民代表大会换届选举有关工作的意见》并经市委转发，召开全市县乡人大换届选举工作部署会议，开展市、县、乡选举办工作人员的培训工作。草拟《中共福州市人大常委会党组关于福州市第十四届人民代表大会换届选举工作有关问题的意见》并经市委转发，召开市人大代表换届选举工作会议。经过各级投票，选出市人大代表488人，县(市)区人大代表2854人，乡镇人大代表8833人。

调研宣传

【调研工作】 向各县(市)区人大常委会发出《关于开展市十三届人大代表2011年专题调研的通知》，围绕民生热点问题，开展专题调研。支持和鼓励代表深入基层，特别是革命老区县、乡及经济欠发达地区开展视察、调研和小组活动，为当地经济社会发展出谋献策，为提高代表议案建议质量做好前期准备。开展“加强和创新社会管理与地方人大工作”课题调研，赴部分县(市)区人大常委会开展课题选题工作指导。选出9篇调研文章报送省人大常委会参加全省人大“加强和创新社会管理与地方人大工作”研讨会，有5篇文章获奖，其中《浅析人大信访在加强和创新社会管理中的作用》获一等奖，《加强社会领域立法，夯实社会和谐根基》获三等奖。组织全市重点调研课题“加强食品安全工作”，调研成果在《福州调研》刊发。

【宣传工作】 落实与新闻媒体的联系与沟通制度，召开市属新闻单位负责人座谈会、新闻记者通气会。做好常委会会议和重要活动的新闻报道，组织新闻单位对市人大常委会开展的内河整治和造林绿化工作调研、代表建议交办、代表专题培训班、人大机关专题学习会等重要活动进行宣传报道。组织“代表视察话福州”系列宣传报道，采取专栏、专版、专题等形式，图文并茂地报道视察活动。《福州日报》刊发1个专版(《喜看榕城新变化，代表视察话福州》)、11个专栏，《福州晚报》刊发报道3条，福州电视台播出专题报道12条，省属新闻单位刊发报道7条。组织参评省二十届人大新闻奖，《福州日报》通讯《编制修改规划要多听民意》、福州人民广播电台专题《人大代表“两会”关注学前教育，入园难入园贵问题有望解决》分获三等奖，摄影作品《代表们听取磨洋河整治工程介绍》被省人大常委会推荐参加第21届中国人大新闻奖评选。全年编发《福州人大信息》44期、增刊9期，在《人民代表报》《人民政坛》《福州信息》、中国人大新闻网、省人大网等刊物网站刊发信息通讯30余条，在《闽都通讯》发表通讯10余篇。召开全市人大宣传信息工作座谈会，表彰2010年度全市人大宣传信息工作的先进单位和先进个人。

人事任免

2011年，市人大常委会接受常委会组成人员辞职2人，任免市水利局局长、市公安局局长、市民政局局长等国家机关工作人员75人次。

表4 **2011年福州市人大常委会及“一府两院”副职以上领导任免情况**

时间	被任免人员	通过任免会议	任免职务
2月24日	黄贤光	市十三届人大常委会第三十四次会议	任命为福州市中级人民法院副院长
4月28日	吴钟夏	市十三届人大常委会第三十五次会议	免去福州市人民检察院检查委员会委员、副检察长、福州市鼓山地区人民检察院检察长职务
6月28日	欧岩峰	市十三届人大常委会第三十六次会议	免去福州市中级人民法院审判员、审判委员会委员、副院长职务
8月31日	陈　吉	市十三届人大常委会第三十七次会议	决定接受辞去福州市第十三届人大常委会副主任职务的请求，报福州市第十四届人民代表大会第一次会议备案。
8月31日	徐凡新	市十三届人大常委会第三十七次会议	任命为福州市人民政府副市长、福州市公安局局长职务

续表4

时间	被任免人员	通过任免会议	任免职务
8月31日	施　平	市十三届人大常委会第三十七次会议	任命为福州市中级人民法院副院长
8月31日	张　捷	市十三届人大常委会第三十七次会议	任命为福州市人民检察院副检察长
9月23日	苏增添	市十三届人大常委会三十八次会议	决定接受辞去福州市人民政府市长职务的请求，报福州市第十四届人民代表大会第一次会议备案。
9月23日	杨益民	市十三届人大常委会三十八次会议	决定代理福州市人民政府市长职务
9月23日	陈大强	市十三届人大常委会三十八次会议	决定任命为福州市人民政府副市长
9月23日	许先丛	市十三届人大常委会三十八次会议	任命为福州市中级人民法院副院长、审判委员会委员、审判员
12月24日	严可仕	市十三届人大常委会第四十一次会议	决定任命为福州市人民政府副市长

表5　**2011年福州市政府职能部门主要领导人事任免名单**

时间	被任免人员	通过任免会议	决定任免职务
2月24日	吴兰铮	市十三届人大常委会第三十四次会议	免去福州市水利局局长职务
6月28日	陈曾勇	市十三届人大常委会第三十六次会议	免去福州市人力资源和社会保障局局长职务
6月28日	卢　林	市十三届人大常委会第三十六次会议	任命为福州市人力资源和社会保障局局长
6月28日	黄文希	市十三届人大常委会第三十六次会议	任命为福州市水利局局长
6月28日	郑云春	市十三届人大常委会第三十六次会议	免去福州市住房保障和房产管理局局长职务
8月31日	李　凡	市十三届人大常委会第三十七次会议	任命为福州市住房保障和房产管理局局长
8月31日	王　鑫	市十三届人大常委会第三十七次会议	免去福州市公安局局长职务
12月2日	徐小榕	市十三届人大常委会第四十次会议	免去福州市民政局局长职务

（戴晓铧）

（编辑　郭进绍）

人民政府

重要会议及活动

【市政府常务会议】 2011年，市政府召开40次常务会议，主要议题是：

研究2011年市级重点项目安排、2011年福州市主要经济指标任务分解、五大战役项目、“5·18”前开竣工项目、市级重点项目安排、省级新增长区域发展战役计划、2010年度市重点项目建设先进评选、1月经济运行形势、福州市国家卫生城市复查迎检工作方案、2010年福州市补充耕地任务完成情况与城乡建设用地增减挂钩指标、福州保税港区和保税区管理体制和机构设置、第二届中国·福州版权(创意)产业精品博览交易会总体方案、评选福州市2010年度“十佳市级办事窗口”、推荐评选福州市“十一五”主要污染物总量减排先进单位和企业及个人、第十三届海交会总体方案、福州第一批引进高层次优秀人才奖励和给予入选福建省引进高层次创业创新人才(团队)配套奖励、2010年度安全生产目标管理责任制考核表彰、2011年保障性安居工程、福州垃圾焚烧发电厂建设、1～2月经济运行形势、《福州市国家公路运输枢纽总体规划》、加快民政福利单位发展、海峡妇女儿童活动中心设计方案、2011年度县(市)区及市级机关单位绩效管理实施方案、市公安智能交通控制中心建设、贯彻落实国务院和省政府关于加强食品安全工作一系列部署及福州市开展食品安全专项整治、国家环保模范城市复查迎检、1～4月经济运行形势、海峡现代医药物流交易中心项目和仿古福船式游船初步设计方案、2011海峡渔业博览会总体方案、市生物医药和机电产业园区建设以及农场改制、下半年福州市部分保障性安居工程和危旧房改造项目建设计划、1～7月福州市经济运行形势、年度福州市政府绩效管理工作实施方案、申报“创建国家电子商务示范城市”、完善社会救助和保障标准与物价上涨挂钩联动机制、推荐评选全国民政系统先进集体和先进工作者、下达“十二五”期间主要污染物总量减排责任书、中心城区被征地农民养老保障、提高城区城乡低保标准、福州市社会福利中心和敬老院建设、残疾人康复就业中心建设、2012年省级重点项目申报工作、《福州大都市区规划(2011～2030)》编制工作、福州市建设和谐宜居城市创新社会管理、2012年市委和市政府为民办实事项目及福州市市区道路照明提升改造工程、2012年市级重点项目安排、“十二五”期间市级医疗机构建设方案、市行政服务中心管理制度等有关问题。

审议《福州市医患纠纷预防与处置办法》《福州市鼓励会展发展专项资金使用管理办法》《关于促进福州市民办教育发展的若干意见》《福州市城乡医疗救助办法》《福州市城镇老年居民养老保险试点办法》《福州市2011年小城镇改革发展战役实施方案》《福州市国家创新型城市创建工作综合评价指标体系》《福州市人民政府2011年规章立法计划》《福州市地方税收保障实施办法》《福州生态市建设规划》《福州市公共租赁住房管理暂行办法》《福州市城市商业网点规划(2011～2020)》《福州市创建国家创新型城市若干配套政策》《永泰县城市总体规划(2007～2020)》《2011年福州市深化医药卫生体制改革实施方案》《福州市城镇老年居民养老保险试点办法》《福州市2011年经济体制改革要点》《福州市关于贯彻落实〈海峡西岸经济区发展规划〉的实施意见》《福州市“十二五”环境保护与生态建设规划》《福州市“十二五”教育事业发展规划》《福州市“十二五”卫生事业发展专项规划》《福州市医疗机构设置规划(2010～2015)》《福州市展会管理办法》《关于进一步鼓励和支持留学人员来榕创业的若干意见》《关于居家养老服务工作的实施意见》《福州市“十二五”旅游业发展专项规划》《福州市“十二五”文化事业发展专项规划》《福州市“十二五”现代服务业发展专项规划》《加快引进国内外大型企业在福州市设立研发中心的初步意见》《福州市“十二五”现代工业发展规划》《福州市优先发展城市公共交通的实施意见》《福州市鼓励总部经济发展实施办法》《福州市残疾人事业“十二五”发展规划纲要》《福州市老龄事业发展“十二五”规划》《福州市“十二五”人口和计划生育事业发展规划》《市本级2012年预算编制和〈福州市2011年预算执行情况和2012年预算

草案的报告〉(讨论稿)》《福州市2011年市国民经济和社会发展计划执行情况及2012年计划草案(讨论稿)》《市十四届人大一次会议〈政府工作报告〉(讨论稿)》《福州市妇女发展纲要(2011~2020)》《福州市儿童发展纲要(2011~2020)》等有关问题。

学习中共中央总书记胡锦涛“七一”讲话精神,传达省政府办公厅关于进一步改进文风会风的通知精神、省委书记孙春兰和省长苏树林关于全省学习厦航式服务的重要要求、全国和全省保障性安居工程会议精神,听取审计工作、地铁一号线建设进展、“5·18”活动前开竣工项目进展等有关情况的汇报,通报2010年各县(市)区保障性安居工程目标任务考评、2011年市委市政府为民办实事工作进展、关于进一步落实党政机关厉行节约要求、第二季度对市直部门和县(市)区开展机关作风明察暗访、市长环保目标责任书(2006~2010年)考核等有关情况,部署防抗2011年第9号强台风“梅花”工作。

【福州农村商业银行开业】　1月11日,省委常委、市委书记袁荣祥,副省长、市长苏增添,市委常委、常务副市长杨益民出席开业庆典。福建福州农村商业银行是福州市第一家在城区农村信用合作联社基础上改制成立的股份制商业银行,福州市城区农村信用合作联社的全部资产、负债、机构和人员依法由设立后的福州农商银行承继。该行下辖1家营业部、24家支行、37家分理处,资产规模超百亿,全行从业人员500多人。

【市政府全体会议】　1月22日召开。分解落实市十三届人大六次会议确定的各项目标任务,研究部署2011年政府工作,动员全市各级政府和政府各部门大干“十二五”开局之年,确保完成年度各项目标任务,发挥省会中心城市的龙头带动作用,推动福州科学发展、跨越发展。副省长、市长苏增添主持会议并讲话。

【名城企业集团“慈善基金”捐赠仪式】

2月28日,副省长、市长苏增添,副市长黄忠勇出席。名城“慈善基金”总额达7000万元,以留本付息的形式,向市慈善总会捐资1050万元。市慈善总会将采用统筹与定向结合的方式,将这笔捐款用于慈善公益项目。仪式上,苏增添向名城企业集团董事局主席俞培俤颁发慈善捐赠牌匾。

【福州市廉政工作电视电话会议】　3月25日召开。会议贯彻落实国务院、省政府关于政府系统反腐倡廉工作的一系列决策部署,副省长、市长苏增添强调,全市各级政府和政府各部门要以促进发展为目标,以改善民生为根本,以源头治理为重点,以责任落实为保证,结合福州实际,采取更有针对性、更加有力的措施,把国务院、省政府关于廉政建设和反腐败工作的各项具体部署和要求落实到位。

【市政府与国家开发银行签订开发性金融合作协议】　3月29日,福州市人民政府、国家开发银行推进海峡西岸经济区省会中心城市建设“十二五”开发性金融合作备忘录签约仪式在福州举行。副省长、市长苏增添,国家开发银行福建省分行行长张伟,市领导杨益民、朱华、陈奇、时小雨、徐铁骏,国家开发银行福建省分行副行长曾丽卿、陈节出席签约仪式。国家开发银行福建省分行分别与市政府、市住宅发展中心签订《福州市人民政府、国家开发银行推进海峡西岸经济区省会中心城市建设“十二五”开发性金融合作备忘录》和《开发性金融支持福州市保障性安居工程建设合作协议》。

【福州—衢州缔结友好城市】　4月8日,福州市与浙江省衢州市缔结友好城市签约仪式在福州举行。省委常委、市委书记袁荣祥,副省长、市长苏增添,衢州市委书记孙建国,衢州市市长尚清出席签约仪式。市委常委、常务副市长杨益民在仪式上介绍福州市经济社会发展情况,副市长陈奇主持签约仪式。福州市长苏增添、衢州市委书记孙建国分别在签约仪式讲话,表示将加强两市间产业、人才等方面的交流合作,拓展合作空间。

【食品安全工作目标责任书颁发仪式】

5月15日举行。副省长、市长苏增添向各县(市)区政府和福州出入境检验检疫局、市建委、商贸服务业局、市容管理局、卫生局、粮食局、公安局、农业局、海洋与渔业局、教育局、工商局、质监局、药监局等相关责任单位主要负责人颁发2011年食品安全工作目标责任书。苏增添要求全市各级各部门明确责任,履行食品安全监管职责,加强辖区食品安全综合管理工作和各部门食品安全监督管理工作。市政府同时实施《2011年福州市食品安全责任目标考核办法》,考核办法规定食品安全工作采取“一票否决制”。凡被“一票否决”的单位,取消其当年先进单位评选资格,其主要负责人、分管食品安全工作的负责人、食品安全监管责任人当年不得授予任何荣誉称号,不得参与评先,并将受到通报批评。

【台湾海峡海洋生物增殖放流活动启动】　6月9日,由农业部和福建省政府联合主办,农业部渔业局、省海洋与渔业厅、福州市政府共同承办的“2011年台湾海峡海洋生物增殖放流活动”在福州启动。农业部部长韩长赋、代省长苏树林出席启动仪式并讲话。启动仪式由农业部副部长牛盾主持。省领导袁荣祥、苏增添、倪岳峰、李祖可参加活动。启动仪式结束后,韩长赋和苏树林一行前往连江县川石岛海域放流大黄鱼、鲈鱼、鲻鱼、鳗鲡、曼氏无针乌贼和中国鲎等重要海洋经济和珍稀濒危生物。

【市委市政府工作检查总结暨县域经济工作会议】　6月17日召开。省委常委、市委书记袁荣祥出席会议并讲话,副省长、市长苏增添主持会议。市委、市政府于6月13~17日在全市组织开展工作检查活动,市四套班子领导和各县(市)区、市直有关部门主要负责人组成检查组,深入12个县(市)区的企业、工厂、学校、村居以及工业园区、重点项目建设工地,察看50多个项目情况,实地了解各地打好五大战役、大干“十二五”开局之年的新举措、新进展。会议强调全市各级各部门要以工作检查为动力,贯彻落实省委、省政府的一系列重要部署，抓好海西“规划”贯彻实施，按照富民强市、和谐宜居的发展思路，进一步抢抓机遇、比学赶超、加快发展。

【市政府与省电力公司签订战略合作协议】 8月5日举行签订仪式。市委常委、常务副市长杨益民与国家电网福建省电力有限公司总经理张磊共同签署《福州市“十二五”电网发展战略合作协议》。根据协议，“十二五”期间，福建省电力公司计划投资230亿元，用于福州电网的建设与改造，规划在福州新建福建省首座特高压变电站，容量600万千伏安；新（扩）建500千伏变电站3座，220千伏变电站19座，110千伏变电站76座；新建500千伏输电线路710公里，220千伏输电线路485公里，110千伏输电线路800公里；开展新一轮农村电网改造升级工作，2012年实现全市所有乡镇电网双电源供电。

【福州·三明对口协作工作座谈会】 8月20日在福州召开。座谈会就两地对口援建工作进行交流，并就进一步深化对口协作工作交换意见。省委常委、市委书记袁荣祥，副省长、市长苏增添，三明市委书记黄琪玉，三明市人大常委会主任刘鑫，三明市政协主席程立双出席会议。福州市自2010年下半年开始对口支援三明灾区恢复重建工作，截至8月，援建的8个集中重建点项目和泰宁新桥自来水厂、泰宁东洲大桥、将乐太平桥、泰宁上青安置点乡村道路等9个项目相继竣工并交付使用，包括安置点规划、桥梁勘测设计、城镇规划等在内的49个技术援助项目全面完成。同时从援建专项资金中划拨给1万多户重建对象每户3000元的补助款全部到位，基本完成3亿元总盘子的援建任务。

【市政府与中国化学工程集团公司签订合作项目协议】 9月4日举行签订仪式。市委常委、常务副市长杨益民和中国化学工程集团公司副总经理赵显棣共同签署合作项目协议。根据协议，该集团公司将在福清江阴工业集中区分阶段投资200亿元，开发包括己内酰胺在内的以苯、氨为原料的化工产业基地，其中一期总投资预计41亿元，建设规模20万吨己内酰胺/年，建设期20个月。

【市领导与在榕央企、外企、民企负责人座谈会】 10月9日举行。市领导杨岳、杨益民、徐启源、陈为民、徐铁骏等出席，宝钢德盛不锈钢、利莱森玛福州公司、华映集团、锦江科技等19家福州市重点企业负责人介绍发展新动态，并对加快推进福州科学发展新跨越提出意见和建议。市委副书记、代市长杨益民对企业家们提出的有关具体问题当场回复初步解决意见，要求福州市各级政府要建立企业诉求的长效解决机制，切实解决好发展过程中存在的困难和问题，促进企业持续健康发展。

【杨岳杨益民赴莆田宁德商谈推进福州大都市区建设工作】 11月10～11日，市四套班子主要领导带领市直有关部门负责人，走访对接莆田、宁德两市，共商推进福莆宁连片发展、构建福州大都市区大计。座谈会上，福州市委副书记、代市长杨益民介绍推进福州大都市区建设的总体工作思路；莆田市长梁建勇、宁德市长廖小军分别介绍莆田、宁德推进福州大都市区建设相关情况。经过商谈，三市在共同推进基础设施共建共享、产业合作共赢、基本公共服务合作、资源要素统一市场体系建设、生态环境保护等方面工作达成共识，一致表示将在进一步协调、研究的基础上择机签订合作框架协议。

【福州市与平潭综合实验区管委会签订合作框架协议】 11月12日，省委常委、市委书记杨岳，市委副书记、代市长杨益民等市四套班子主要领导带领市直有关部门负责人赴平潭综合实验区，就全力支持和融入平潭开放开发进行沟通商谈，共谋区域联动发展大计。平潭综合实验区党工委书记、管委会主任龚清概介绍平潭的开放开发情况，杨益民介绍福州市支持融入平潭开放开发的有关举措。市委常委、常务副市长陈大强和平潭综合实验区党工委副书记、管委会副主任杜源生共同签订合作框架协议。

【福州市与央企项目合作洽谈暨签约仪式】 12月11日在北京举行。82家中央企业、金融机构、大型国企领导与国务院国资委、福建省、福州市领导及相关人士共300多人参加洽谈签约活动，市委副书记、代市长杨益民主持项目合作洽谈暨签约仪式。有21个新项目上台签约，总投资2256亿元，项目涉及冶金、石化、装备制造、新一代信息技术、新材料、新能源以及基础设施、城市综合体等，投资额大、带动力强、支撑作用明显，对省会城市集聚各类资源要素、构建现代产业体系、提升经济综合实力，具有重大而深远的意义。

（市政府办公厅）

政务督查

【概况】 2011年，福州市政务督查以贯彻落实《政府工作报告》206项重要工作部署为主线，对市政府召开的常务会议和市长办公会议179个议题进行跟踪落实。组织政府办公厅系统落实办理省、市领导批示（办）件8986件。落实督办市委、市政府为民办实事20件125项，组织开展或配合相关部门开展治理违法建设、治理交通乱象、治理违章摊点等专项督查26件次。承办或转办省、市人大代表建议、政协委员提案1053件。探索建立与党委督查、效能监察、组织部及市直单位等多部门联合督查机制，制定《2011年市政府重点工作督查考核办法》，促进工作的有效落实。

【综合性工作督查】 对综合性强的工作部署，及时分解督办，明确责任单位、责任人与办结时限。坚持“领导督查”和“重点项目回访”等制度，对发现的问题或下发《督办（催办）通知单》，或与相关部门组成督查小组实施问责，确保各项工作落实到位。督办落实《政府工作报告》8大方面206项工作部署，对市政府召开的35次“常务会议”109个议题189个细项，以及22次“市长办公会议”70个议题142个细项进行逐件、逐项跟踪落实、分期通报。落实督办市委、市政府为民办实事20件125项，坚持每月一查一报、取信于民。组织开展或配合相关部门开展治理违法建设、治理交通乱象、治理违章摊点、治理“三江两溪”水资源污染等专项督查26件次。

【领导批办件督查】 按照“马上就办、急事特办”的原则确定办理时限，主要领导批办件反馈期一般为10天，特别紧急的事项则立即落实办理并报告结果。严把落实反馈质量关，承办单位须按“批则必查、查则必清、清则必办、办则必果”的原则，高效、高质量地办理市政府领导批办件，做到件件有着落，事事有回音。反馈件须由承办单位主要领导审定、签发，并正式行文报送。健全批办件落实通报、退件重办、回头督办等制度，并通过“月通报、季回头”等措施，杜绝“批而不办、办而不实”问题，实现三无要求，即“无领导审查退回重办的批办件、无群众反映处理不公的批办件、无积压延误未办的批办件。”

年内，政府系统落实办理省、市领导批示(办)件11075件。其中，承办省委、省政府及领导交办、督办的事项88件，办结率100%；承办或转办市政府领导批示(办)件10987件，办结率99.8%，承办市政府主要领导批示(办)件2886件，办结率99.7%。

【人大建议、政协提案督查】 要求各承办单位将办理工作列入“一把手”工程，形成主要领导亲自抓、负总责，分管领导直接抓、严把关，处室领导具体抓、认真办，市政府分管领导总督办、促落实的办理格局。在完善《福州市县(市)区和市级机关单位绩效管理实施方案》的基础上，形成《2011年市政府重点工作督查考核办法》，细化操作规程，将落实办理人大建议、政协提案工作纳入政府机关效能考核内容，表彰在落实办理工作中表现突出的16个单位和24名个人。

全年承办或转办省、市人大代表建议、政协委员提案1053件(其中省人大代表建议35件、省政协委员提案74件，市人大代表建议482件、市政协委员提案462件)，办复率100%；省、市人大代表满意率分别为94.3%和95.4%；省、市政协委员满意率分别为100%和99.49%。

(陈 敏 林明忠)

市委市政府为民办实事项目

【概况】 2011年，市委、市政府安排为民办实事项目包括菜篮子工程、食品安全、住房保障、改善交通等20个方面，涉及蔬菜基地建设、肉品质量安全追溯体系建设、廉租房建设、公交车辆更新等125个项目。

【“菜篮子”基地与便民商业网点建设】

(一)建成“菜篮子”工程生猪基地31家、禽蛋基地15家和蔬菜基地17家。新增菜地666.67公顷(1万亩)。

(二)加强城市郊区、郊县蔬菜基地建设，建成以蔬菜生产为主的设施大棚818.47公顷。

(三)做好畜禽生产供应。1. 全市落实10家年出栏万头以上省级标准化商品猪示范基地。即福州永福畜牧有限公司、连江县绿明农牧有限公司、闽侯县白沙和盛畜牧养殖有限公司、福州东泰农牧综合开发有限公司、连江县恒友农业发展有限公司、长乐市康建农业综合开发有限公司、罗源福田农业综合开发有限公司、福州万宇农牧有限公司、福建永盛农牧发展有限公司和闽侯县盛源农牧发展有限公司等。上述10家示范基地完成粪污处理系统建设，标准化猪舍改建1.4万平方米，新建场区道路1700平方米和水电路5770米。2. 扶持福建省福丰农业发展有限公司(年出栏10万头以上生猪的特大型养殖企业)，完成有机肥厂区建设1700平方米，新建免冲洗猪舍3900平方米和沼气池1000立方米。3. 扶持福清市文华实业有限公司和连江县浦口惠发蛋鸡养殖场，完成蛋鸡场标准化禽舍改建1万平方米。扶持福清宏宝露乳业公司第三牧场和福州康利达乳业公司，新建“青贮窖”800立方米，新建沼气池800立方米和人工牧草地13.33公顷。4. 补助发放1.22万支冷冻配种精液，提高良种覆盖率。

(四)建设优质水产品供应基地，实施标准化池塘改造483.73公顷，完成194.73公顷。

(五)加强城市猪肉生猪储备，按城区7天消费量储备活体生猪近3万头。

(六)建设农家店和配送中心。1. 投入4345万元，建成农家店109个，其中晋安区5个、仓山区6个、马尾区10个、福清市25个、长乐市3个、闽侯县10个、连江县5个、罗源县10个、闽清县30个和永泰县5个。2. 投入1.04亿元，建成2个配送中心。即永辉超市有限公司配送中心和东南电器(福建)有限公司配送中心。

(七)完成20个集贸市场改造任务。其中晋安区3个，台江区、仓山区、马尾区、福清市、闽侯县、闽清县各2个，鼓楼区、长乐市、连江县、永泰县和罗源县各1个。

(八)建成便利店80个。其中鼓楼区11个，台江区10个，晋安区14个，仓山区13个，马尾区5个，福清市14个，长乐市4个，闽侯县、连江县和永泰县各3个。

【建设食品放心工程】 (一)加强食品污染全面治理及长效机制建设。全市主要食品安全检测指标均达标。其中生猪“瘦肉精”尿样检测合格率99.98%，蔬菜农药残留快速检测合格率99.69%，大米黄曲霉毒素指标市场抽检合格率100%，水产品药物残留市场抽检合格率98.74%，二次供水水质4项常规指标抽检合格率100%，酱油、鱼露、食醋卫生指标市场抽检合格率100%，豆腐等豆制品卫生市场抽检合格率100%，食用油黄曲霉素B1、过氧化值、酸价市场抽检合格率100%。市食品安全监管部门组织联合执法1.81万次，查处案件1133起，涉案金额345.31万元。

(二)开展肉品质量安全追溯体系试点建设工作，实现食品跟踪、信息上传、数据处理和追溯查询功能，确保食品消费安全。投入600万元，全面建成肉品质量安全信息可追溯体系。78家生鲜超市、127家肉品专卖店、4个配送中心、39家农贸市场、10家冷库、213个团购单位、34个加工厂销售的肉品，凭追溯小票均可追溯查询。

【实施保障性安居工程】 (一)建设远东丽景廉租房项目589套。

(二)启动经济适用住房建设项目

1038套。其中联建新苑188套、双湖新城850套。

（三）启动公共租赁住房建设项目7677套。1. 竣工1213套。其中浦上一期229套、飞凤水岸516套、马尾区飞毛腿电子公司员工宿舍468套。2. 在建6464套。其中东部12号地块1112套、螺洲新城848套、后坂新城一区1000套、后坂新城二区1000套、首山丽景2504套。

（四）启动限价商品住房建设项目22173套。1. 竣工或主体完工12601套。其中东山佳园680套、横屿佳园1685套、滨海嘉年华532套、义井佳园562套、三远佳园1613套、盘石佳园389套、天马佳园666套、洋里佳园492套、君竹佳园103套、六一佳园1942套、临江新天地3937套。2. 在建9572套。其中远东丽景722套、后坂新城一区1036套、后坂新城二区871套、后坂新城三区（东浦新苑）704套、江夏小区1786套、东城御景（潘墩保障房）1300套、官路小区346套、小柳新苑504套、锦绣滨城981套、东城9号地块1106套、东城14号地块216套。

【改善农村生产生活条件】 （一）建成16个村级综合服务场所。即仓山区建新镇冠洲村、半道村，螺洲镇吴厝村，金山街道刘宅村、新颐村、卢滨村；连江县浦口镇官岭村、丹阳镇桂林村；闽侯县青口镇幸福村、竹岐乡苏洋村、祥谦镇三溪口村；福清市高山镇山后村；永泰县城峰镇石圳村和太原村、葛岭镇赤壁村；罗源县凤山镇岐阳村。

（二）建成10个由县（市）区自行规划建设的村级组织活动场所。即福清市城头镇吉兆村、龙江街道霞楼村、阳下街道北林村；闽清县上莲乡莲埔村、下祝乡源溪村；闽侯县竹岐乡里洋村、白沙镇白沙社区、洋里乡金田村、甘蔗街道南山村；连江县江南乡滨江社区。

（三）全市2185个村实施村级组织活动场所配套建设项目，计有32895个。即晋安区105个村1695个，马尾区62个村930个，长乐市231个村3465个，连江县242个村3630个，永泰县254个村3810个，福清市438个村6570个，闽侯县292个村4380个，仓山区102个村1530个，闽清县271个村4065个，罗源县188个村2820个。

（四）实施森林综合保险。全市生态公益林（32.04万公顷）全部参保，参保率100%。商品林（41.54万公顷）投保40.87万公顷，参保率98.4%（省定80%为达标）。

（五）全市落实水稻种植保险6.36万公顷，占种植面积的83%（省定80%为达标）。

（六）实施渔船保险。全市60马力以上的海洋渔船投保1630艘。其中连江县1022艘、长乐市504艘、福清市39艘、闽侯县59艘、马尾区6艘，落实保费665.66万元，占应保渔船的98.3%。

（七）实施渔工责任险。全市落实海洋渔工投保23748人，其中连江县14022人、仓山区334人、长乐市3849人、马尾区383人、福清市2760人、闽侯县1027人、罗源县1373人。落实保费714.78万元，占应保渔工数的98.6%。

（八）实施农村住房保险。当年落实理赔802户294万元。

（九）推进农村家园清洁行动。完成19个乡镇、557个行政村的清洁行动省级验收。10个县（市）区（晋安、仓山、马尾、长乐、福清、闽侯、连江、永泰、罗源、闽清）均出台长效管理办法，落实长效管理经费和奖励考评办法。

（十）开展农村实用技术远程培训。全年落实12期（10万人）农村实用技术远程培训工作。主要培训内容：绿色无公害果品生产标准化、生态园建设、农村“六大员”职责与服务、惠农政策解读及农事要领讲解、海洋藻类养殖技术、水稻病虫害发生与防控技术、珍贵树种造林、大棚蔬菜栽培技术要点、福建的地质灾害与防灾减灾应急措施、果蔬的保鲜与食品安全、沙岸沿海防护林建设技术、柚类关键栽培技术、夏季主要农业气象灾害及生产建议、仔猪断奶养殖实用技术要点、生猪的标准化养殖技术、马尾松高产脂丰产栽培技术、水产养殖中的增氧技术、高温期大黄鱼网箱养殖管理、高温期大黄鱼网箱养殖管理和农民技术问题咨询。

（十一）更新农村客运车355辆。其中晋安区44辆、马尾区19辆、福清市109辆、长乐市66辆、连江县85辆、闽清县9辆、永泰县3辆、罗源县和闽侯县各10辆。

（十二）全市139个乡镇，全面实现通客运班车，乡镇通车率100%。符合通客车安全条件等级的农村公路100%通车。

（十三）新建、改造农村公路389.6公里，完成任务数的139%。

（十四）落实农村公路安保工程650公里，完成任务数的130%。

（十五）完成20座危桥改造工程。即闽侯县南港大桥，琅岐红旗桥、红光小桥，永泰县洋尾桥、丁鱼坑桥、大展二桥、康乐桥，福清市彭洋一桥、新后港二桥、梁厝桥、大坝溪桥，长乐市首址大桥、前连桥、六林桥、长庆桥，闽清县雄江中桥、擀面一桥，罗源县古流桥、方厝桥，连江县陀市桥。

（十六）建成永泰刘岐大桥（8月通行），并完成撤渡。

（十七）实施村邮通工程。“邮政便民站”“商易通”进入355个村庄，覆盖行政村1025个，覆盖率达43.2%。其中福州市本埠覆盖率56.6%，福清市56%，长乐市57.8%，闽侯县50.9%，连江县48.9%，罗源县43.9%，闽清县29.2%，永泰县10%。

（十八）落实5县17个乡镇19.41万人饮水安全工程。即闽侯县祥谦镇、竹岐镇、上街镇、荆溪镇，长乐市金峰镇、古槐镇、漳港街道、江田镇、首占镇、鹤上镇（二期），福清市东张镇、江镜镇、城头镇、沙埔镇，永泰县清凉镇、岭路乡，闽清县下祝乡。

（十九）完成农村无害化卫生户厕改造14371户。其中福清市2365户、长乐市1588户、闽清县2747户、连江县2385户、永泰县1594户、闽侯县1693户和罗源县1999户。

（二十）建成农村户用沼气池2300口。其中福清市1050口、罗源县200口、闽清县250口、永泰县500口、闽侯县300口。

（二十一）建成省级农民健身工程篮球场341个（占任务数的136.4%）。其中仓山区5个、晋安区15个、马尾区12个、福清市50个、闽侯县35个、罗源县40个、永泰县56个、长乐市47个、闽清县32个、连江县49个。

（二十二）新建251条农村健身路径(占任务数的114%)。其中福清市64条,闽侯县40条,连江县33条,永泰县17条,马尾区12条,长乐市和闽清县各20条,仓山区、晋安区、罗源县各15条。

（二十三）建设农村社区综合维修服务体系。1. 罗源县综合维修服务中心于6月底建成开业,另有6个乡镇维修站和5个村级联系点建成开业。2. 永泰县综合维修服务中心于6月15日建成开业,另有5个乡镇维修站和5个村级联系点建成开业。3. 连江县综合维修服务中心于8月建成开业,另有5个乡镇维修站和5个村级联系点建成开业。

（二十四）完成造福工程搬迁4500人。其中闽侯县1809人、罗源县和连江县各900人、闽清县300人、永泰县297人、福清市294人。

【疏解城市交通拥堵问题】　（一）基本建成螺洲大桥和林浦大桥(11月全线合龙)。基本完成厦坊路、火车南站广场高架桥、火车南站东高架桥、福新东路、福兴大道、南平东路等6条道路12公里改扩建工作。

（二）落实219条支路、街巷改造工程(占任务数438%)。其中台江区97条、仓山区21条、鼓楼区37条、晋安区64条。

（三）建成福州市公安智能交通控制中心。含7个子项目:交通违章抓拍大厅、交通信号灯倒计时器、视频监控项目、交通诱导系统、“交控中心”集成系统软件、交通信号灯控制系统、中心控制大厅机房及配套。

（四）新开辟公交路线40条。其中市城区25条、福清市1条、长乐市2条、永泰县7条、连江县3条、罗源县2条。

（五）新增、更新公交车785辆。其中市本级590辆、福清市65辆、长乐市60辆、永泰县20辆、连江县36辆、罗源县10辆、闽清县4辆。

（六）建成10个公交首末站。即市区鹤林公交首末站、五孔闸公交首末站、东山新苑首末站,长乐市森林公园首末站、营前公交枢纽站、鹤上公交枢纽站,闽清南北大街公交首末站,福清光电园公交枢纽站,闽侯青口公交首末站一期,连江火车站站前广场公交站。改造市区公交停靠站101个。

（七）完成41条公交线路优化工作(占任务数205%)。其中市城区33条、县(市)8条。

（八）落实45条公交班线的延长服务时间(占任务数225%)。其中市城区30条、县(市)15条。

（九）落实延伸公交线路83.2公里(占任务数104%)。

（十）市中心城区3038辆公交车全部安装车载GPS监控系统。

（十一）落实投放300部清洁能源出租车;3个加气站及配套新型服务站(闽江大道中院站、三环一期北侧湾边站、福湾路站)开始动工建设;另有1个加气站和1座清洁能源公交车改装厂完成选址,进行土地报批。

【城区内河整治和垃圾处理】　（一）基本完成晋安河主河道及其9条支流(琴亭河、茶园河、浒洋河、茶园水闸—东浦路段、屏东河、华林河、龙峰河、五四河、旧树兜河)截污工程,另有2条支流(树兜河和湖前河)在施工。

（二）实施磨洋河河道截污、驳岸建设、桥梁改造、绿化和清淤工程。福马路南段工程完成工程量75%;北段一标完成工程量23%,二标完成工程量15%。

【城乡绿化建设】　（一）全市落实46处城市绿地建设工作。其中市城区32处、福清市10处、长乐市4处。

（二）全市落实新增立体绿化460处。其中市城区300处,长乐市和福清市各80处。

（三）建成市区琴亭湖公园。落实7个县(市)综合性公园绿化建设。即长乐市长安公园(一期)、福清市两馆一中心广场公园、连江县王家庄公园、闽清县梅城森林公园、罗源县江滨公园、闽侯县闽都民俗园(一期)、永泰县联奎公园。

（四）完成非规划林地造林3800公顷(占任务数107.5%)。

（五）建成湖滨支路、乌山路、白马南路、华林西路和六一北路5条城市林荫景观道,道路绿化普及率100%。

（六）完成9个绿色乡镇创建工作(通过省级验收)。即长乐市江田镇、福清市江阴镇、闽清县白樟镇、连江县透堡镇和潘渡乡、罗源县起步镇和中房镇、永泰县同安镇和梧桐镇。

（七）建成235个绿色村庄(通过省级验收)。其中福清市41个、闽侯县40个、长乐市35个、罗源县25个、连江县40个、闽清县20个、永泰县20个、晋安区和马尾区各5个、仓山区4个。

【闽江流域水环境整治与水源保护】

（一）闽江流域水环境整治。1. 畜禽养殖污染整治:建成闽侯县白沙和盛牧养有限公司污染治理工程。2. 工业污染治理:闽侯县闽兴工艺品公司、东阳塑料制品有限公司、协源金属(福州)表面处理有限公司均完成在线监控设备安装任务,并与闽侯县环保局的监控平台联网;福州大北农生物公司污水处理工程完成设备安装,正在调试。3. 环保基础设施建设:闽侯县荆溪污水处理厂完成主体工程;闽侯县青口镇污水处理厂完成前期手续报批、征地摸底及丈量工作;建成马尾快安污水处理厂一期管网配套工程、青洲污水处理厂管网配套工程和大学城污水处理厂一期配套管网工程;大学城污水处理厂二期管网工程完成工程量的75%。4. 饮用水源管理:闽侯县县城自来水厂、溪源宫水源地完成视频监控设备安装,并与闽侯县环保局监控平台联网。闽江流域干流水质累计达标率100%,支流水质累计达标率91.7%。市级集中式饮用水源水质累计达标率达到100%,县(市)级集中式饮用水源水质累计达标率均达到99.99%。

（二）落实8个省级生态乡镇验收工作。即长乐市吴航街道、猴屿乡,闽清县雄江镇、省璜镇、上连乡,永泰县白云乡、丹云乡、赤锡乡。

（三）连坂污水厂土建项目按10万吨/日建设一步到位,设备按5万吨/日安装,于6月运行,日进水量最高达3.4万吨。

（四）浮村污水处理厂于4月30日竣工投产,污水处理规模为2.5万吨/日。

（五）实施西区北区水厂一级水源保护区上下店路居民搬迁。该项目涉及拆迁居民14户,年内完成拆迁10户,3户同意拆迁方案,另有1户拟通过法律程序予以解决。

【公厕建设】　新建公厕208座(完成任务数202%)。其中市城区180座(鼓楼区41座、台江区24座、晋安区17座、马尾区35座、仓山区27座、公建配套公厕36座);县(市)城关及试点小城镇28座(福清市8座,长乐市、闽侯县和连江县各5座,罗源县3座,永泰县和闽清县各1座)。

【城乡信息化建设】　(一)完成农村基站291个(占任务数145.5%),新建信息化示范村504个,建成农村服务网点500个。农村市场投放手机终端8万台,为农民举办4100场现场便民惠民服务活动。举办"送戏曲""送文艺"300场,"送电影"800场,"科技下乡活动"300场。

(二)新建3G站点1000个(占任务数200%),加强福州机场、绕城高速及乡镇网络覆盖。

(三)全面落实146个乡镇、2111个村的乡情网组建,为100万农民提供村级总机和平安联防服务,建成100个信息乡镇和500个信息村。

(四)新增1300个3G基站,建成15918个AP(WIFI)接入设备(占任务数265.3%)。规划7个城市灾难移动应急通信重要基站。实现开通3个(福清、长乐、鼓楼),1个基本建成(连江),另有3个在建(马尾、仓山、晋安)。

(五)新增700个3G基站(占任务数107.7%)和3000个AP(WIFI)接入设备(占任务数150%)。落实新增无线宽带城市用户37万户(占任务数102.8%),新增信息化应用用户43万户(占任务数102.4%)。

(六)建成15个信息化社区。即鼓楼区福尚名居、闽赋苑、置福大厦、阳光城、苍霞社区、西营里、军门社区、福新社区、龙田村、西坑村,永泰县樟城镇吉祥社区、南门社区、城关社区、沙浮社区、扬梅社区。

(七)建成覆盖23万户的宽带接入,满足社区及乡镇用户宽带接入需求。

(八)在已建成的民生信息化社区内新建510个光纤入户小区(占任务数102%),提供20兆以上高速宽带接入能力,满足社区内各种信息服务需求。

【基层医疗卫生建设】　(一)建成5所乡镇卫生院。即连江县敖江卫生院、江南卫生院,闽侯县尚干卫生院、小箬卫生院,长乐市文岭卫生院。

(二)提升改造20所中心乡镇卫生院。其中福清市4所,闽侯县、连江县和闽清县各3所,长乐市、罗源县和永泰县各2所,晋安区1所。

(三)建设福清市医院新院,计划总投资5.2亿元,完成一期投资7600万元(占年度投资的190%)。门诊楼和后勤供应楼主体封顶,病房大楼主体即将封顶。

(四)建成8所社区卫生服务中心。即晋安区茶园、鼓楼区鼓西、长乐市营前、罗源县凤山、仓山区上渡、福清市阳下、台江区宁化、闽清县梅城。

(五)提升686所村卫生所服务能力。即福清市88所、长乐市50所、闽侯县70所、连江县136所、罗源县74所、闽清县130所、永泰县138所。

(六)全市162所基层医疗机构全面落实"一卡通"接口改造工作,配套发放读卡器2933个,并投入使用。

(七)全市完成居民健康档案326.2万份;健康教育更新宣传栏2669期,发放印刷材料129万份,举办讲座等健康宣传活动2159次;建立预防接种证10.2万人,常规免疫接种145万人次,应急接种1361人次;登记传染病病人8314人,协助管理非住院结核病人3238人;慢病管理45.9万人,其中高血压病系统管理38万人、糖尿病管理7.9万人;重性精神疾病规范化管理10064人;儿童系统管理31.95万人;全市孕产妇管理人数5.69万人,产前检查16.77万人次,产后访视5.39万人次;65岁以上老年人健康管理40.85万人,对65岁以上老人体格检查30.38万人次。

(八)下发实施《关于印发福建省城乡已婚低保妇女常见妇女病免费检查为民办实事工作实施方案(2011～2012年)的通知》,并落实普查4650人。

【改善教育条件】　(一)建设完成173项中小学校舍安全工程,竣工面积32.2万平方米。

(二)新建、改建36所公办幼儿园。其中仓山区8所,台江区7所,连江县5所,鼓楼区4所,马尾区3所,晋安区、永泰县各2所,福清市、长乐市、闽侯县、罗源县、闽清县各1所。完成21所达标幼儿园评估工作(占任务数140%)。其中市级示范幼儿园8所(福清市4所,鼓楼区、仓山区、闽侯县、长乐市各1所),县区级示范幼儿园13所(福清市4所,闽侯县3所,晋安区和马尾区各2所,闽清县和仓山区各1所)。另有3所(鼓楼区、马尾区、连江县各1所)省级示范幼儿园通过初审。投入153万元,补贴"办园规范、质量合格、低收费"的普惠性民办幼儿园。

(三)完成23项农村寄宿制学校建设工程,竣工面积2.9万平方米。

(四)下拨市属中职学校涉农专业学生及家庭经济困难学生补助资金172.32万元;下拨旅游职专(非物质文化遗产专业学生)免学费资金68.22万元。

(五)下发《关于下达2011年福州市中等职业学校"两后生"劳动预备制培训招生计划的通知》和《关于继续抓好"两后生"免费培训工作的通知》。全市落实免费培训150人。

(六)投入2058.42万元,全面落实19018名中职(含技校)一年级学生免除学费。

(七)完成永泰县特殊教育学校综合楼建设工程,建设面积1800平方米。新建闽侯县特殊教育学校综合楼,建设面积1450平方米,预计2012年春节前主体完工。实施仓山区培智学校教学楼改扩建工程,建设面积1000平方米,预计2012年春节前完工。

(八)投入53.2万元,全面落实城乡低保家庭入园幼儿保教费补助。其中春季580人、秋季484人。

(九)投入694万元,落实4401名普通高中学生国家助学金补助工作。其中经济特别困难家庭普通高中生1274人,经济困难普通高中生3127人。

(十)投入2592万元,落实8924名市属高校生助学金补助工作。其中贫困学生6624人、特困学生2300人。

(十一)投入5669万元,完成城区中小学11033个学位扩容工作(占任务数的103%)。

【基层公共文化服务体系建设】

(一)建成800家“农家书屋”。其中仓山区39家、晋安区45家、马尾区17家、福清市157家、闽侯县110家、闽清县109家、连江县100家、永泰县88家、长乐市70家、罗源县65家。

(二)下发《福州市农村有线广播“村村响”工程实施方案》。全市完成2197个行政村有线广播“村村响”工程。

(三)建成县(市)数字电影院5个。即福清市、长乐市、连江县、罗源县、闽清县数字电影院。另有2个在建,其中闽侯县县城电影城规划在城市综合体中,预计2012年9月建成;永泰县数字影院规划在永泰县人民会堂,预计2012年春节前建成。

(四)建设海峡妇女儿童活动中心。该项目投资2亿元,9月1日举行动工仪式,至年底完成投资2000万元,进入桩基施工阶段。

(五)推进县(市)区妇女儿童活动中心建设。台江区、连江县妇女儿童活动中心完成主体工程并进入装修,晋安区、闽清县和永泰县妇女儿童活动中心正进行基础施工,福清市妇女儿童活动中心因选址方案变更,另行选址。

【加强城乡社会保障】 (一)落实新型农村社会养老保险制度全覆盖。其中晋安区参保率96.5%、连江县参保率90.4%、长乐市参保率86.53%、闽清县参保率84.13%、永泰县参保率73.6%、马尾区参保率73.5%、闽侯县参保率72%、罗源县参保率70.69%、福清市参保率63%、仓山区参保率36.5%。落实60周岁以上老年农民养老金应发均发。

(二)下发《福州市2011年深化医药卫生体制改革实施方案》。福州市城镇居民医保财政补助标准统一提高到每人每年220元,居民医保最高支付限额由原来的6万元提高到14万元。

【改善养老服务条件】 (一)建设长乐市社会福利中心。该项目占地4公顷,建筑面积4.1万平方米,10月开始动工。

(二)新建7所农村敬老院。有4所主体完工(福清市沙埔镇敬老院、仓山区盖山镇敬老院、连江县坑园镇敬老院和闽清县池园镇敬老院);3所在建(罗源县洪洋乡敬老院、永泰县白云乡敬老院和连江县长龙镇敬老院),预计2012年春节前主体完工。

(三)建成100个社区居家养老服务中心。即鼓楼区20个、台江区20个、仓山区10个、晋安区21个、马尾区5个、闽侯县2个、长乐市2个、连江县3个、罗源县2个、福清市12个、闽清县3个。

【计划生育服务及奖励】 (一)实施农村孕妇和城市低保孕妇免费产前筛查诊断。落实采血检查9959例,完成任务数的199.18%。落实B超检查8667例,完成任务数的173.34%。

(二)全面实施免费孕前优生健康检查,完成4.13万人次。

(三)调整全市12个县(市)区的农村计划生育家庭奖励扶助标准,从每人每月80元提高到100元。特别扶助标准中子女死亡的家庭扶助标准从每人每月150元提高到200元,子女伤残的家庭扶助标准从每人每月120元提高到180元。

(四)开展计划生育小额贴息贷款工作。该项目落实贴息257.42万元,完成3413户计划生育小额贴息贷款工作(占任务数的136.5%)。其中省级财政贴息767户,帮扶贷款2345万元;市级财政贴息2646户,帮扶贷款7984万元。

【弱势群体帮扶】 (一)颁布《福州市城乡医疗救助办法》,全市城乡低保、五保、“三无”人员、重点优抚对象(含革命“五老”人员)和重度残疾人、低收入家庭中的重病患者及其60周岁以上老年人医疗救助工作均按办法规定落实。

(二)提高农村儿童白血病和先天性心脏病保障水平,实施范围扩大到闽侯县、连江县。全市有15名患儿获得补偿,计26.25万元;另有28名患儿在定点救治医院接受规范治疗。

(三)建立专项资金救助,对城乡困难居民实施若干病种的重特大疾病医疗救助。落实大病重病救助245人,救助金额520万元。下发《福州市红十字城乡困难居民重特大疾病医疗救助实施办法》,2012年1月1日正式实施。

(四)扶持贫困残疾人创业就业。1. 落实实用技能培训贫困残疾人1100人,其中晋安区、闽侯县、罗源县各120人,闽清县、永泰县、连江县各100人,福清市280人,仓山区80人,长乐市60人,马尾区20人。2. 投入40万元,扶持80名贫困残疾人开展种植养殖、生产经营及创业就业。其中仓山区、晋安区各5人,长乐市、闽侯县、连江县各9人,福清市20人,闽清县7人,永泰县8人,马尾区2人,罗源县6人。3. 投入71.5万元,扶持“零就业”残疾人家庭创业就业143户(完成任务数的204%)。其中鼓楼区、台江区各12户,长乐市、闽侯县各16户,闽清县、永泰县、罗源县各8户,福清市30户,晋安区10户,连江县14户,仓山区5户,马尾区4户。

(五)在全市城乡妇女中实施人均最高贷款额度10万元的妇女创业小额担保贷款服务,鼓励城乡妇女创业就业帮扶1891名妇女创业贷款12514万元。

(六)实施“光明行动”。为贫困白内障患者免费实施复明手术874人(占任务数109.3%)。其中台江区30人、鼓楼区19人、晋安区50人、马尾区21人、仓山区20人、福清市102人、长乐市60人、连江县136人、闽清县141人、罗源县104人、闽侯县70人、永泰县121人。

(七)实施570名残疾人托养(占任务数的190%)。其中鼓楼区、台江区、晋安区、仓山区各60人,长乐市、闽侯县、闽清县、永泰县各39人,连江县40人,马尾区45人,福清市53人,罗源县36人。

(八)对290名在康复机构接受康复训练的贫困学龄前残疾儿童,每人补助康复费用1万元。其中鼓楼区35人、台江区19人、仓山区24人、晋安区27人、马尾区9人、福清市89人、长乐市13人、闽侯县16人、连江县25人、罗源县19人、永泰县6人、闽清县8人。

(九)全面落实100户贫困残疾人家庭居家无障碍改造。其中台江区20人,闽侯县15人,鼓楼区、仓山区、晋安区、福清市、长乐市各8人,马尾区、连江县、罗源县、永泰县、闽清县各5人。

【救灾避险】（一）建成自然灾害避灾点2240个。其中晋安区146个、鼓楼区70个、仓山区148个、台江区66个、马尾区60个、福清市381个、闽清县247个、连江县240个、长乐市218个、罗源县168个、永泰县233个、闽侯县263个。同时，完成全市所有避灾点的救灾应急物资储备工作。

（二）建成58处地震应急避难场所。其中鼓楼区7处，台江区、仓山区、福清市和长乐市各6处，晋安区和马尾区各5处，闽侯县和连江县各4处，永泰县、罗源县和闽清县各3处。

（三）建成300个LED电子气象显示屏气象灾害预警发布终端。其中市区80个、连江县100个，福清市、长乐市、闽侯县各30个，罗源县、闽清县和永泰县各10个。

【平安创建活动】（一）下发《关于对上半年落实〈2011年福州市社会治安综合治理工作责任书〉情况开展检查的通知》《关于开展2011年上半年各县（市）区党政领导社会治安综合治理责任制落实情况检查的通知》和《市委政法委关于推进乡镇（街道）"一个中心、三支队伍"规范化建设的实施意见》的通知，推进基层平安建设。公众对社会治安的满意率94.75%。

（二）福州公安公众服务网上办事大厅于6月30日正式投入使用。网上办事大厅完善办事指南、法律法规、热点问答、便民资讯以及场景式导航的个性化服务流程，涵盖5大公安业务，226个办事项目。

（三）建成620个流动人口服务管理站（占任务数的112.3%）。其中鼓楼区89个、台江区83个、晋安区139个、马尾区21个、仓山区102个、福清市61个、长乐市39个、罗源县11个、永泰县21个、闽清县16个、闽侯县15个、连江县23个。

（四）全面建成12个县（市）区人民调解中心，负责调解民间纠纷。

（五）市县两级13个法律援助中心服务窗口全面建成。

（六）全市12个县（市）区均按每个乡镇（街道）人民调解委员会至少配备2名以上专职人民调解员的标准落实到位。

（七）全市12个县（市）区均建立刑释解教人员从监所接回机制，并按要求落实到位。

（八）建成集食宿、教育、技能培训、救助为一体的过渡性安置基地——"福州市曙光教育服务中心"，面积500平方米，于11月投入使用。主要承担"三无"（无家可归、无业可就、无亲可投）刑释解教和社区矫正人员过渡性安置救助工作。

（九）全市12个县（市）区建立23个过渡性安置基地。其中鼓楼区6个，连江县3个，马尾区、永泰县、罗源县和闽清县各2个，台江区、仓山区、晋安区、福清市、长乐市、闽侯县各1个。

【拥军项目】（一）投入100万元，建成信息网络、图书室等14个科技拥军和文化拥军项目。

（二）投入30万元，帮助驻榕部队基层连队建成15个"四个一好"（即一个好食堂、一块好菜地、一个好猪圈、一个好饮水）项目。其中饮水改造5项，食堂改造4项，猪圈改造、菜地改造和除湿改造各2项。

（张兴亮）

重点项目建设

【概况】2011年，完成市级重点项目投资1148.43亿元，占年度计划投资的111%，创历年新高。其中在建重点项目完成投资825.16亿元，占年度计划投资的107.7%；计划新开工重点项目开工率82.5%，完成投资323.27亿元，占年度计划投资的121.4%；鼓楼温泉博物馆等17个项目提前动建或部分动建。

【交通项目】铁路　合福铁路、江阴铁路支线、可门铁路支线和火车北站改扩建等在建铁路工程建设加快推进，全年完成铁路投资约40亿元；向莆铁路线下工程和可门港铁路支线项目温福铁路至港湾站段的建设基本完成；福州至平潭快速铁路前期工作加快推进。

公路　高速公路建设加快，福州南出口连接线建成试通车，秀宅收费站搬迁基本建成，福州绕城高速公路西北段闽侯段永丰至西岭互通段基本建成贯通；福永高速公路、渔平高速延伸线等在建项目加快建设；沈海复线宁德蕉城至连江浦口、绕城高速东南段及可门疏港支线、国高网京台线建瓯至闽侯高速公路福州段等项目加快推进前期工作。普通公路项目加快推动，甘洪路改扩建工程、长乐滨海大道南北澳段、长乐203省道峡漳线改扩建等项目建成通车，乌龙江大桥及接线拓宽工程年底基本贯通；连江201省道文山至马鼻段公路改建工程、闽侯大漳溪新南港大桥及接线工程、罗源碧里至将军帽疏港战备公路等项目建设进度加快。

机场　长乐国际机场加快升级，一期停机坪扩建工程建成并投入使用，机坪总面积由18.8万平方米增至30万平方米，机位数量由24个增至36个，候机楼扩容工程部分启动。

港口　可门作业区4号、5号泊位建成试投产，年新增吞吐量2000万吨；松下港牛头湾0号、3号码头基本建成，年新增吞吐量200万标箱；罗源湾港区将军帽15万吨级散货码头、江阴港区6号、7号、10号码头和松下港区18号泊位等5万吨级以上集装箱、散货和化工码头加快建设；闽江口内港区洋屿作业区9号、10号泊位等项目动工建设；狮岐作业区1～4号通用码头、可门19号泊位、江阴港区15～17号码头等项目加紧推进前期工作。

【能源项目】福清核电站一期1～4号机组建设全面加快，全年完成投资约80亿元；风电项目建设进一步提速，高山风电场（二期）、长乐午山风电场、福清三山嘉儒（二期）、三山泽岐风电场建成或部分建成发电，年新增发电量160百万瓦（MW），连江北茭风电项目动工建设，福清鲤鱼山风电场完成用地初审和可研初稿，福清高山三期48百万瓦（MW）风电场项目开展施工图设计等前期工作，福州主干电网完善工程、福清110千伏输变电工程等电网重点项目建设加快实施，总装机容量160万千瓦的国电福州江阴电厂二期、120万千瓦的永泰凤际抽水蓄能电站等重大能源项目前期工作加快推进。

【城建项目】 道路桥梁 林浦大桥、淮安大桥、三环路东北段B段、三环二期年底建成通车,三环快速路主线通车。螺洲大桥、琅岐闽江大桥和福州火车北站站东路、福兴投资区道路、福清龙江南路A段(含隧道)等市政项目加快建设进度,螺洲大桥南接线等一批市政工程先后动工建设。

城市轨道交通 实施公共交通优先战略,大容量公共交通项目建设加快推进。轨道交通1号线项目站点建设全面启动;轨道交通2号线项目报批等前期工作加快推进。

旧屋区改造 推进五城区危旧房(棚屋区)改造工程,仓山南江滨旧屋区改造项目基本建成,鼓楼区明望新村、台江区上海东新村、晋安区王庄、马尾区魁岐片等旧屋区改造安置房建设加快推进,鼓楼区国棉厂、晋安横屿组团、马尾君竹环岛片等旧屋区改造拆迁工作加快推进。同时加大小城镇建设启动区公共配套设施建设力度,闽侯荆溪、青口、白沙和福清龙田等省、市级小城镇建设快速推进,超额完成年度建设目标。

生态环保 推进垃圾、污水处理项目建设。长乐滨海污水处理厂、福清生活垃圾焚烧发电厂等项目建成投入使用,福清江阴工业集中区污水处理厂二期等项目动工建设,闽侯垃圾焚烧发电厂推进环评、业主招标等前期工作。城区内河整治工程加快推进,基本完成除光明港外其余内河整治任务。“四绿工程”基本完成,建成绿化苗木培育基地项目,完成沿海防护林造林3520公顷和绿化造林5.98万公顷。

水利设施 永泰县城区防洪堤进入扫尾阶段,福州市闽江下游南港防洪工程(盖山、义序、禄家洲段)、闽江北港南岸南江滨休闲路(排涝及护岸部分)、闽侯闽江下游南港南岸防洪堤一二期、福清闽江调水江阴支线、罗源敖江供水工程等项目加快主体工程建设;三江口防洪堤项目完成环保审批和土地分类工作。同时加大填海造地工程建设力度,连江大官坂可门填海造地工程(一期)加快施工,累计完成填砂量350万立方米;江阴工业集中区填海工程东部填海完成约300公顷,西部填海完成约720公顷。

【工业项目】 长乐新华源纺织、锦源纺织、长源纺织三期和闽侯华达纺织,以及罗源海峡西岸软包装科技园三期、福清捷星显示科技、福清新福兴LOW-E镀膜玻璃等33项工业项目建成或部分建成投产;罗源德盛镍25合金及冷轧不锈钢带、福清东南电化搬迁、耀隆化工搬迁和长乐雪人制冰系统生产基地等项目加快建设;中江石化聚丙烯、中景石化聚丙烯等55个项目动工建设。一批重大工业项目开展前期工作,中国化工集团公司重油催化热裂解项目正式委托SEI做方案研究;LED产业基地填方基本完成,进行施工图设计;德盛镍合金二期(宝钢德盛)可行性研究报告上报待审。

海西高新区海西园建设初见成效,中科院海西研究院、久策集团、戴姆勒研发中心及福汽集团总部等18家入驻企业,以及创业大厦、创新园、园区基础设施等项目全面动工建设。长乐人创业基地、闽侯经济技术开发区建设加快推进,部分入驻企业建成投产。市生物医药和机电产业园安置房(BT项目)正式动工,兆元光电LED产业基地、海寰生物制药等入园项目基本完成前期工作。鼓楼软件园五期产业区、闽清县白金工业园区等项目加快建设,园区产业集聚地的功能获得提升。

【商贸旅游项目】 城市商贸综合体 总建筑面积65万平方米,总投资60亿元的仓山浦上万达广场于12月2日正式开业;台江苏宁广场、仓山红星国际、仓山海峡西岸国际物流商贸城、晋安泰禾城市广场、台江海峡金融商务区、台江北江滨中央商务中心、马尾快安城市综合体、福清城市商贸综合设施项目等一批城市综合体项目加快建设,闽侯奥特莱斯等项目举行动工仪式,仓山大润发购物广场项目开展土地报批工作。

市场物流 马尾海峡水产品交易中心商务配套一期交易市场投入使用,仓库基本建成。海峡(青口)汽车文化广场汽车超市一期建成开业,附属工程加快建设。海峡农副产品批发物流中心、连江海峡钢贸城开展主体及配套设施建设;闽侯铁岭苏宁物流园区二期土方工程进场施工;海峡医药城项目由利嘉集团摘牌,进行前期工作。

旅游 北区水厂源脉温泉休闲园、长乐闽江口湿地省级自然保护区和国家湿地公园等项目建成或部分建成,连江海峡文化村温泉公园、接待中心年底建成试营业。福州旗山森林温泉度假村、永泰樱花泉休闲养生俱乐部、福州“三坊七巷”保护修复工程建设有序推进;连江东雁文化旅游业综合体,福清东壁岛旅游度假区(二期)和鼓岭柱里旅游业宾馆、商务中心、度假中心等项目动工建设;福清市东龙湾海上温泉项目完成工程可行性报告编制;晋安桂湖生态温泉城项目生态农庄及养生中心、温泉疗养中心、温泉酒店、温泉博览园、温泉旅游商务中心项目土地挂牌出让。

文化创意产业 鼓楼动漫产业基地二期、长乐海西动漫创意之都等项目主体工程加快建设,海西(永泰)创意产业园区、连江海峡文化创意产业基地等项目动工建设,海峡(永泰)影视基地建设项目概念性规划编制等前期工作加快推进。

【民生项目】 教育 新建、改扩建36所公办幼儿园,农村义务教育阶段寄宿生宿舍建设、晋安西园新苑小学、福建商业高等专科学校新校区等项目建成或部分建成;三江口高级中学、福州外语外贸职业技术学院长乐新校区、闽江学院六期等项目加快主体工程建设;福建师大二附小搬迁、永泰县实验小学搬迁等项目动工建设,鼓楼区教工幼儿园教学楼建设完成前期准备工作。

文体卫生 福清市体育馆、马尾滨江城市广场、福州晚报印刷厂搬迁改造等项目基本建成;总建筑面积32.5万平方米,总投资30.99亿元,建设内容包括可容纳6万人的主体育场、1.3万人体育馆、4000人游泳馆、3000人网球馆和配套用房的海峡奥林克匹体育中心项目进场试桩;总建设面积12.3万平方米的福州市工人文化宫改扩建工程建设加快进度,计划2012年底完成主体工程建设;省妇幼医疗保健综合楼、市神经精神病防治院、市肺科医院负压隔离病房、闽清神经精神病防治院等卫生服务项目和福清市三馆建设、闽清图书馆文化馆博物馆综合楼等公共服务设施加快主体施工；福州海峡妇女儿童活动中心、马江举重基地二期、闽侯县科技中心、福州儿童医院病房楼项目、省立医院金山院区(一期)等项目动工建设；闽侯县市民服务中心，闽清妇儿、少年、老人活动中心项目推进前期工作。

保障性住房　华能三期拆迁安置房、福清西环小区保障房等项目建成并投入使用，远东丽景保障房、盛世新城保障房、台江红星苑限价房等保障房项目加快建设；台江新港苑限价房、闽侯向莆铁路安置房等项目动工建设。

(曾　加)

政府信息公开

【概况】　2011年，市政府制定并分解落实《福州市2011年度政府信息公开工作要点》，第一次将政府信息公开工作纳入对县(市)区政府和市直机关绩效管理考核体系，及时向社会公开政府信息，保障人民群众的知情权、参与权、表达权和监督权。全年主动公开政府信息2.69万条，办理公开申请708件。3月，中国社会科学院公布的《中国政府透明度年度报告(2010)》中，福州市政府信息公开(政府透明度)评测得分在43个省会城市及较大的市中排名第二位。

【机制建设】　一是强化市政府信息公开工作办公室的工作职能，晋安、马尾、福清、连江、永泰、鼓楼6个县(市)区成立专门工作机构，其他县(市)区及市直各部门均依托办公室，确定专门人员负责政府信息公开工作。二是完善政府部门政府信息公开工作规则，规范主动公开政府信息发布主体、内容、形式、范围等环节。完善依申请公开的处理工作规程，规范依申请公开接收、办理、答复、提供、存档等环节，确保每件申请按时得到规范答复。依法处理涉及政府信息公开的行政复议和行政诉讼工作。2011年，全市因政府信息公开被申请行政复议3件，被提起行政诉讼3件，举报1件。三是完善公开信息更新维护、历史文件梳理、数据统计报送、工作考核、社会评议和责任追究等制度，促进政府信息公开工作规范有序开展。四是将政府信息公开纳入公务员培训计划，全市举办32场业务培训班，参训1634人次。五是首次将政府信息公开工作纳入对各县(市)区政府及市直机关绩效管理考核体系。首次对各县(市)区政府及市直机关政府信息公开工作情况开展社会评议，并将评议结果向社会公布，接受公众监督。市政府办公厅每季度组织检查各级各部门政府网站信息公开平台建设、主动公开政府信息报送公共查阅场所、年度报告编制与公布、依申请公开办理等情况，对检查情况进行通报并公布。

【主动公开政府信息】　全年，市各级政府及其工作部门主动公开政府信息2.69万条。其中，市、县(市)区、乡镇(街道)各级政府主动公开政府信息8545条，各级政府工作部门主动公开政府信息1.84万条。信息主要类别有：机构职能类信息3795条，占14.10%；政策、规范性文件类信息1865条，占6.93%；规划计划类信息900条，占3.34%；行政许可类信息2475条，占9.20%；重大建设项目、为民办实事类信息1302条，占4.84%；民政扶贫救灾、社会保障就业类信息672条，占2.50%；国土资源、城乡建设、环保能源类信息1842条，占6.85%；科教文体卫生类信息1925条，占7.15%；安全生产、应急管理类信息2793条，占10.38%。

财政性和社会公共资金信息公开　一是将2007年以后的政府财政总预算、总决算信息全部公开，重点公开与人民群众利益密切相关的教育、医疗卫生、文化事业、社会保障和就业、住房保障以及“三农”等方面的财政专项支出。二是完善政府采购信息公告制度，“中国·福州”网站“政府采购”专栏及时发布政府采购信息，主动公开有关政府采购法律法规政策、集中采购目录、政府采购限额标准和公开招标数额标准等招投标信息。全年主动公开政府采购类信息1.59万条。三是公开各类社保基金、住房公积金等社会公共资金年度收支情况，加大社会公共资金公开力度。四是依法向社会公布国有资产状况和国有资产监督管理工作情况，包括公开所出资企业生产经营总体情况，国有资产保值增值、经营业绩考核总体情况，公开所出资企业国有资产有关统计信息等。

政府管理相关公共信息公开　一是主动公开国民经济和社会发展规划及专项规划、城市总体规划、重要地区控制性详细规划及土地利用规划等各类规划信息。2005年以后各年度政府工作报告、国民经济和社会发展计划报告全部公开。公布《福州市国民经济和社会发展第十二个五年规划纲要》和各县(市)区“十二五”总体规划。“十二五”现代服务业、物流、人才发展等专项规划陆续上网公开。二是加大政府投资项目和重大建设项目信息公开力度，坚持每月发布本地区年度为民办实事项目、政府重点建设项目进展情况。土地征用及国有土地“招拍挂”相关信息全部向社会公开。三是推进行政审批过程和结果公开透明。网上行政审批系统应用范围拓展覆盖到市直各有关部门和各县(市)区。截至2011年年底，有50个市直部门和电业、广电、煤气等3个公用企事业单位623个审批项目，各县(市)区320个单位3266项审批事项纳入网上行政审批系统管理。全年受理审批申请47.29万件，时限内办结率达99.8%。四是全部公开行政机关职责、内设机构、职权目录和权力运行流程图以及调整、变动情况，接受群众监督。将全市45个执法部门5399项行政处罚事项、处罚依据、处罚标准、处罚结果以及执法人员的资格等信息全部在互联网上进行公开，基本实现行政处罚裁量“零自由”。福州市成为全国首个实现行政处罚事项全部网上公开、运行的城市。

政府政策制定过程及执行情况信息公开　一是推进重大公共政策决策过程公开，凡涉及经济社会发展全局、事关人民群众切身利益、社会关注度高的重大事项，都对决策的可行性、必要性进行调研，征求人大代表、政协委员的意见和建议，通过听证会、论证会、座谈会、政府网站、新闻媒体等途径听取社会各方意见。2011年市政府在修编《福州市城市总体规划(2010～2020)》时，多次组织专家评审会，吸收采纳合理建议，并将草案进行为期30天的社会公示,提高规划成果的可行性与科学性。在内河综合整治、公共租赁房建设管理等项目建设中,邀请专家参与设计和论证,并听取、吸收市民的合理意见。二是及时公开涉及社会公众利益的重大政策,《福州市展会管理办法》《福州市医患纠纷预防与处置办法》《福州市城乡医疗救助办法》《关于进一步完善粮食安全保障体系的实施意见(试行)》《关于进一步推进县域义务教育均衡发展的意见》《关于推进居家养老服务工作的实施意见》等社会公众关注度高的信息都通过政府网站、新闻媒体等途径向社会公开,推动政策落实。三是推进政策执行情况公开,关注、收集社会各方对政府政策实施情况的反应,为推进政策实施和完善政策提供依据。

公共企事业单位信息公开　推动学校、医院、供水、供电、供气、公共交通等公共企事业单位的信息公开,构建"福州市网上办事公开平台",丰富政务公开、厂务公开、校务公开、院务公开、公用企事业单位公开等内容,公开范围覆盖全市市属学校、医院。围绕社会普遍关注的价格、质量、服务等领域,重点公开收费标准、办事结果、监督渠道等内容。通过"中国·福州"门户网站,加大教育、社保、就业、医疗、住房、交通、证件办理、资质认定、企业开办等九大重点民生服务领域信息公开力度,新增婚育收养、经营纳税、公共事业三大领域的信息公开,方便市民生活和企业生产。

【依申请公开政府信息】　全年,市各级政府及其工作部门收到政府信息公开申请695件。其中,各级政府收到71件,各级政府工作部门收到624件。申请内容主要涉及土地征用与补偿、拆迁许可和补偿安置、城市规划和建设、建设项目立项审批、财政资金管理、工商管理等方面。

全年,市各级政府及其工作部门办理答复政府信息公开申请708件(其中13件为结转办理上一年度已受理未办结的政府信息公开申请件),政府信息公开申请全部办结。在已答复件中,"同意公开"403件,占56.92%;"同意部分公开"22件,占3.11%;"非政府信息、政府信息不存在或者不属于本部门所掌握的信息"254件,占35.86%;"不予公开"29件,占4.10%。"不予公开"的主要原因有:属于国家秘密、商业秘密或个人隐私,属于正在内部研究、讨论或审议过程中的信息,属于公开可能危及国家安全、公共安全、经济安全和社会稳定的信息,以及法律法规禁止公开的信息等。

【公开渠道建设】　一是规范各级政府网站信息公开专栏建设,在"中国·福州"门户网站首页显著位置设置"政府信息公开"专栏,增设"政府信息公开监督检查"和"政府职权公开"2个二级栏目。各公开单位重新修订完善政府信息公开指南和目录,全市政府信息公开专栏总目录调整细化为23大类。2011年11月"中国·福州"门户网站开通手机版,公众可以通过手机查询政府信息。全年,政府信息公开专栏(网页)访问量476.83万人次。二是提升档案馆、图书馆等各类公共查阅点的服务水平。截至年底,市档案馆累计接收市政府及市直公开单位报送的主动公开的政府信息2.39万件。各县(市)区也设立政府信息公共查阅点,为公众查阅政府信息提供服务。全年,市各级政府信息公共查阅场所接待现场查阅政府信息的社会公众2.19万人次。三是构建多样化的公开渠道。调整政府公报栏目设置,增设"文件解读"等栏目,丰富公开内容,按时出刊发行。扩大公报赠阅范围,通过指定的书报亭、书店、邮局等免费向公众发放,每期公报赠阅量超过6000册。建立健全政府新闻发布体系,及时发布和解读公众关注度高、公益性强、涉及面广的重要政策等政府信息。发挥报刊、广播、电视、公共服务平台等媒体渠道的作用。市公安局及各县(市)区公安局、市旅游局等单位开通"政务微博",在新建立的市行政服务中心开设政府信息公开查阅点。四是推动政府信息公开向基层延伸。探索建立社区、农村政府信息公开平台,创建"福州市农村党风网",新开辟党务公开、村务公开等领域,公开范围覆盖全市151个乡镇、2356个村(居)。

(叶伟奇)

政府法制

【概况】　2011年,福州市政府提请审议地方性法规草案2件,出台规章和规范性文件47件,清理规范性文件587件。市政府本级办理行政复议案件105件,行政应诉案件32件。全面梳理审核市直45个部门和单位591项行政审批和公共服务事项入驻市行政服务中心,并起草相关配套制度。组织2011年行政执法资格考试,全市1026人取得行政执法资格证件。加强规范性文件备案审查,向上级行政机关和同级权力机关报备47件规章和规范性文件,审查市直部门、各县(市)区人民政府报备的规范性文件106件。

加强政府法制机构和队伍建设。市政府法制办新设3个处室,增加5个编制。各县(市)区政府全部落实省编办提出的在县政府办公室加挂法制办工作牌子的要求。福清、闽侯等县(市)区在新一轮政府机构改革中,增加法制工作人员编制,配齐配强法制队伍,确保法制工作机构规格、编制、经费与所承担的工作任务相适应,提升组织保障力度。连江、闽侯、福清等县(市)区还试行建立法制员制度,在各镇街配备专职或兼职法制员。

【推进依法行政工作】　调整充实市推进依法行政领导小组,印发《福州市人民政府办公厅关于贯彻落实福建省2011年推进依法行政建设法治政府工作要点的通知》,将依法行政工作内容具体分解到各个责任部门。加强学习和培训,完善领导干部学法用法制度,政府常务会议、部门局务会议都安排法律知识专题讲座。加强对新法的学习、宣传和培训,邀请法律专家对市直部门进行《中华人民共和国行政强制法》《国有土地上房屋征收与补偿条例》等法律法规的培训。闽侯、连江、长乐、闽清等县(市)区政府通过建立中心组学法制度、专题法制讲座制度、集中培训制度等,对领导干部进行学法用法培训,提高领导干部依法行政的能力和水平。

健全科学民主决策程序,完善以政

12 月 16 日，举办《行政强制法》专题讲座。

府为主体，公众参与、专家论证和政府决定相结合的行政决策制度。在内河综合整治、公共租赁房管理以及修编《福州市城市总体规划（2010～2020）》时，多次组织专家评审会，邀请专家参与设计和论证，并广泛征求市民的意见与建议。

【立法工作】 建立健全专家咨询论证制度，扩大政府立法工作的公众参与程度，对关系人民群众切身利益的草案，采取听证会、论证会、座谈会或者向社会公布草案等方式听取社会公众意见。年内，提请市人大常委会审议《福州市物业管理若干规定》和《福州市河道采砂管理办法》2 件地方性法规草案，并制定《福州市展会管理办法》《福州市地方税收保障实施办法》《福州市医患纠纷预防与处置办法》《福州市人民政府关于印发福州市国有土地上房屋征收与补偿实施意见（试行）的通知》等 47 件政府规章和规范性文件。

全面清理 2000 年 1 月 1 日至 2011 年 12 月 20 日市政府及市政府办公厅颁发的所有 587 件规范性文件，决定废止和宣布失效 218 件，修改 198 件，继续有效 171 件，并将清理结果向社会公布。开展有关涉及行政强制、征地拆迁及创新政策与提供政府采购优惠挂钩的规章和规范性文件专项清理工作。涉及征地拆迁的规章规范性文件共清理 30 件（继续有效 16 件，废止和宣布失效 10 件，修改 4 件），涉及创新政策与提供政府采购优惠挂钩的规范性文件共修改 5 件。各县（市）区政府完成 1258 件规范性文件清理及涉及征地拆迁、行政强制的专项清理工作。

采取专门机构会审、组织专家论证、公开征集意见等方法对地方性法规草案、政府规章和规范性文件的廉洁性进行评估，形成评估报告，针对容易滋生腐败的重点领域和关键环节，从制度设计上逐一提出防范措施。结合地方性法规《福州市物业管理若干规定》（修订）、《福州市河道采砂管理办法》（修订）和政府规章《福州市地方税收保障实施办法》《福州市展会管理办法》的制定，开展制度廉洁性评估工作。

【行政复议】 畅通行政复议渠道，全年市政府本级办理行政复议案件 105 件，首次突破 100 件，比增 45.83%。其中，涉及土地征收、房屋拆迁、工伤认定的案件数量增长较明显。做好 32 件行政应诉工作，履行人民法院依法生效的行政判决和裁定。

【行政执法监督】 组织市本级行政执法主体和行政执法依据的审核确认工作，规范行政执法主体，清理行政强制权实施主体，保障和监督行政执法主体依法行使职权。截至年底，在“中国·福州”政府门户网站上公布 3 批共 30 个市本级行政执法机关的执法主体资格，审核确认行政执法依据 707 件。

市直各行政部门和具有行政管理职能的事业单位根据机构改革、职能调整和法律法规变更等情况，重新梳理本部门本单位的所有行政职权，并完善依申请行使的行政职权和公共服务项目的办事指南。市法制办梳理审核入驻行政服务中心的全市 45 个部门和单位 591 项行政审批和公共服务事项，起草《福州市行政服务中心管理办法》及配套制度，提请市政府审议。

以案卷规范和评查为抓手，规范行政执法行为。下发《关于规范全市网上审批档案管理的通知》，明确案卷装订规范。拟定《缺件告知单》《受理承诺单》《整改通知书》等 7 个重要文书的范本，促进福州市行政审批案卷的规范化。评估检查市直部门的行政执法行为，重点抽查行政许可和行政处罚案卷，对存在的送达回证填写不规范、申请材料不齐全、未明确告知当事人救济途径等问题发出整改意见书要求限期整改。

组织全市行政执法资格考试，有 50 多个行业系统执法部门及各县（市）区 1897 名行政执法人员参加考试，1026 人取得行政执法资格证件。

【规范性文件备案审查】 2011 年市政府制定的 47 件规章和规范性文件均按时按要求向上级行政机关、同级权力机关报备。对市直部门和下一级政府报备的 106 件规范性文件进行审查，做到有错必纠，保证规范性文件合法适当，从源头上规范行政管理行为。

（赵彦邦）

机关事务管理

【概况】 2011 年，福州市机关事务管理局以“管理科学、服务精细、工作勤勉、办事廉洁”为标准，修改完善《福州市市直行政事业单位办公用房管理办法》，开展福州市党政机关公务用车问题专项治理工作，完成各类重要会议和重大活动保障任务300多场次,劝导上访群众100批2000多人次。

【财务管理】 加强公务用车配置、会议差旅、公务接待及一般性支出等各项行政经费管理。严格执行财务制度,推行国库集中支付,完成市委办公厅、市政府办公厅等20多个单位的经费保障任务。开展全市党政机关礼品礼金登记、收缴及处置工作,全年收缴礼金93.84万元,礼品69件。做好财务代管单位干部职工个人住房公积金、医保基金变更解缴和个人所得税网上申报缴纳等工作。加强国有资产"一体化"管理,联合市财政局等有关部门,探索建立权责清晰、监督约束、协调高效的国有资产调配和运行机制。

6月10日,召开全市机关公务用车专项治理工作会议。

【办公用房管理】 实施新修改的《福州市市直行政事业单位办公用房管理办法》。结合新一轮机构改革,调整市统计局、国家统计局福州调查队等14家单位办公用房,改善其办公环境。配合有关部门继续跟进东部商务办公楼建设。完成福州人民会堂无障碍设施改造、机关食堂修缮、武警中队营房维修等工作。

【公务车辆管理】 开展福州市党政机关公务用车问题专项治理工作,对纳入治理范围的119家市直机关(不含公安部门)公务用车逐辆进行核实甄别,分类处理清查中发现的超标车、超编车、违规借车等问题。上半年,有30个市直机关事业单位要求财政预算内资金购置更新公务车辆41部,机关局按照厉行节约、保障重点的原则,提出购车意见,经市长办公会议研究同意,仅为12个单位购置更新公务车辆13部。在6月公务用车专项治理后,全市未再新购一部公务用车。按照公务车辆"一统三定"(即统一保险、定点采购、定点维修、定点加油)要求,全市有1420辆公务用车(不含省直垂管单位的车辆)参加统一保险,7303辆次公务用车参加定点维修,153家机关事业单位接受车辆维保监督。对相关保险公司、维修企业进行严格管理,建立健全明察暗访、征求意见、设立举报等机制,保证统一保险和定点维修工作有序开展。

【会务工作】 做好大型会议和重大活动期间车辆调配、场地布置等方面的保障工作,在福州市第十次党代会、"5·18"海峡两岸经贸交易会、"6·18"海峡项目成果交易会、"9·8"厦门投资贸易洽谈会等活动中,参与上下沟通协调、活动方案制定、会议场地设计、物资器材筹措、人员工作分工、安全工作指导、不同活动地点联动等方面工作,保证各项活动顺利进行。全年,机关局完成各类会议和活动保障任务300多场次,福州人民会堂完成各种会议、演出及宴会任务300多场次。

【公共机构节能工作】 不定期召开福州市公共机构节能协调组成员会议和节能联络员会议,举办能源消耗统计培训班,出台《福州市公共机构节能"十二五"专项规划》《关于做好2011年公共机构节能工作的通知》等文件。对100多家未进行办公区照明设备节能改造的市直机关进行督促检查。与市委文明办等单位联合发起资源回收利用倡议活动,推动乌山机关大院垃圾分类管理。开展节能宣传周、能源紧缺体验日等活动,完成金安大厦电梯节能改造等重点节能示范项目,新申报4个节能示范项目。"十一五"期间,福州市公共机构在机构、人员、设备不断增加的情况下,人均综合能耗降低20.93%,人均用水量降低4.44%,单车年油耗降低12.3%。

【安全与消防管理】 开展"平安先进单位"创建活动,以乌山机关大院、金安大厦安全保卫工作为重点,完善和落实《乌山机关大院自然灾害应急处置预案》《乌山机关大院火灾事故应急处置预案》和《警卫执勤方案》等各项安全工作规章制度,组织武警、保安等有关人员开展安全检查和反恐演练。加大对安保、消防、爱卫等公共事务指导力度,及时更新大院消防设备,同乌山大院25家单位签订《安全与消防工作目标责任书》。不定期开展市直单位保卫、消防、卫生检查,全年进行乌山大院环境卫生消杀72次。严格实行机动车通行证管理制度,发放乌山机关大院工作人员出入证,并做好外来人员的登记检查工作。注重技防、物防设施建设,完善更新大院安全监控技防系统。协助信访部门劝导上访群众100批2000多人次,维护机关大院正常工作秩序。

【政府采购中心工作】 健全内部监督运行机制,通过公开办事流程、建立独立评审和变声系统、对公共区、评标区实施远程监控等途径,实现政府采购项目的透明性与公正性。提升软硬件建设水平,在添置配齐专用设备、优化升级电子化招投标系统的同时,落实一次性告知和限时办结等制度。同时推进福州市政府采购中心与其他服务窗口入驻市行政服务中心集中办公。全年,完成公开招标项目 127 项，节约资金 691.25 万元，节支率 7%；网上竞价项目 613 项，节约资金 206.48 万元，节支率 5%。另外完成服务类公开招标项目 2 项。

【后勤保障与服务】 定期对乌山机关大院、金安大厦办公区的电梯、空调、弱电、多媒体等设备进行维护保养，全年实施各项水电、办公场所维修 1000 余次，及时排查抢修受到自然灾害影响的破裂水管及受损线路。完善《乌山大院停水停电应急措施暂行办法》《金安大厦消防安全应急预案》《运行值班及泵房巡查注意事项》等制度。

规范机关公务车队管理，完善车辆回场制度，提高驾驶员安全行车和节约用油意识。实行公里数、维修费、停车费、百公里油耗、过桥过路费“五公开”制度，每月定期公示。完成省、市领导调研和重大活动保障用车任务，安全行车 153 万公里，连续 17 年被福州市道路交通安全协会评为安全行车先进集体，获“市直机关共产党员先锋岗”称号。

机关食堂加大对食品采购、加工、卫生等环节的监管力度，尽量稳定价格，丰富饭菜品种，保证每日菜肴品种 15 个以上，在传统节日免费提供时令水果及糕点，服务机关干部职工。

（张　雄）

机构编制

【概况】 2011 年，福州市政府 42 个工作机构“三定”规定全部印发施行，县(市)区政府机构改革方案开始实施，乡镇机构改革和小城镇机构改革持续推进。基本完成全市 5000 多家事业单位的清理规范。全年受理编制使用申请 2212 人次，其中机关 1199 人次，事业单位 1013 人次。

【地方政府机构改革】 福州市政府机构改革顺利完成，42 个工作机构的“三定”规定全部印发施行。开展机构改革评估工作，保证改革任务和“三定”的落实。县(市)区政府机构改革方案获福建省委编办备案同意，各县(市)区政府机构比改革前平均精简 7 个。9 月，市委、市政府陆续批复 12 个县(市)区政府机构改革方案，各地开始着手组织实施。连江县于 12 月 25 日召开政府机构改革动员大会。

【乡镇机构改革】 印发《关于深化乡镇机构改革的实施意见》，围绕乡镇职能定位、组织机构、体制机制、社会管理和公共服务能力等方面，推进乡镇机构改革工作。闽清县向各乡镇下发乡镇机构设置征求意见表，长乐市、罗源县、连江县研究拟定深化乡镇机构改革的总体方案，各县(市)区在乡镇挂牌成立农业技术推广中心、农产品质量监管中心、动植物疫病防控中心和环境保护工作站，健全“三农”公共服务体系。推进闽侯青口、长乐金峰小城镇机构改革试点工作，探索激发小城镇活力的体制机制。

【事业单位改革】 成立由代市长杨益民担任组长的福州市事业单位改革领导小组，加强对全市分类推进事业单位改革工作的领导。市属事业单位清理整顿基本完成，下发《福州市市属事业单位机构编制情况调查表》，对市直 400 多家事业单位的机构编制情况包括机构规格、人员编制、经费渠道、领导职数、内设机构、职责任务及法律法规依据、业务开展和历史沿革等情况进行调查摸底；开展单位职能梳理，清理规范机构编制，精简机构 11 个，减少事业编制 554 人，其中收回市房管局建筑设计院、市城乡建设发展总公司、市电力建设发展公司、市祥坂污水处理厂、市榕桥物业管理处、市直机关澡堂等 6 个单位 214 名事业编制。完成市地震局、市地方志编纂委员会及市城市管理综合行政执法支队的“三定”工作。县(市)区清理规范工作有序推进，马尾区整合马江海战纪念馆和马限山纪念园管理处，成立新的马江海战纪念馆，重新核定人员编制。

【社会管理创新等相关体制机制改革】

研究解决加强社会管理创新涉及的机构编制事项。成立福州市公安局文职人员管理机构，核定文职人员编制。建立健全市、县(市)区社区矫正和刑释解教人员安置帮教机制，增加司法系统有关机构编制。增加福州市环境监测站事业编制，用于配备核辐射专业处置人员。成立福州市医患纠纷调解处置机构，加强对医患纠纷的调解和处置。参与教育、科技、文化、卫生等领域体制机制改革，文化市场综合执法机构整合工作基本完成，市、县(市)区文化市场综合执法队伍逐步健全。交通综合执法改革全面展开。组织开发区(投资区、保税区、工业集中区)机构编制管理和城市化进程中基层政权建设课题调研。长乐、连江、罗源、马尾等沿海县(市)区设立渔港监督机构。

【经济社会发展相关机构编制资源配置】 审核成立市重点项目拆迁服务中心。研究提出保税港区、台商投资区管理体制调整和机构设置的具体方案。提出市行政服务中心机构设置、职能配置和人员编制配备方案，整合市直各有关部门和单位的行政审批职能进驻行政服务中心。连江县委编办结合县工业园区现状及发展需要，提出可门开发区、贵安温泉旅游区、海西水产品加工基地、福建连江经济开发区等机构编制调整方案。马尾区委编办、永泰县委编办结合生态区(县)创建需要，在环保局增设自然生态保护科。

配合有关部门开展教育、卫生医疗和文化等各类社会事业服务机构的动态调整、合理配置等工作，特别是落实加快学前教育发展的决策部署，调整核定公立幼儿园急需的编制。开展中小学教职工编制一年一定工作。核增市第六医院、市传染病医院、市第二医院事业编制。审核下达社区服务中心和乡镇卫生院的人员编制和人员结构，社区卫生服务中心覆盖率超过 95%，城乡公共卫生服务体系初步建成。长乐、永泰、鼓楼、马尾等县(市)区成立救助管理站，加强对城市生活无着的流浪乞讨人员的救助。

【机构编制实名制管理与监督检查】

从紧从严管理机构编制，建立对超编县(市)区补充人员的审批控制机制，把握政策关、把住人员“入口关”、把紧审批关。建成机构编制数据库，基本实现对机关、事业单位机构编制执行情况的即时动态监督管理。与市财政局联合下发《关于进一步落实机关事业单位核编制度的通知》,重申和明确机关事业单位人员招考、调动及使用领导职数的程序和要求。

推动党政机关超编人员消化工作。连江县采取“严格退休制度、加大岗位交流、严把人员入口”等举措,推进消化超编工作,提前完成县直党政机关消化超编人员任务;鼓楼区按照“疏通出口、严把进口”的原则,制定消化党政机关超编人员工作方案,5年精简行政编制人员54人;马尾区办理调出人员的编制核减20人;福清市坚持由编办、组织人事部门参加的人事调配小组会议制度,严把人员进口关,办理到龄人员退休232人,清理清退自动离职人员68人。

【事业单位登记管理与年检】 规范事业单位登记管理工作程序,整理下发登记管理服务指南供全市登记管理机构工作人员学习借鉴。全年受理市属事业单位新设登记22家、变更登记189家、注销登记6家、补领证书4家,年检371家,年检率100%。探索推进事业单位分类登记、分类监管工作,坚持与法院、检察院、公安局、财政、人力资源和社会保障、国税、地税、工商、质量监督、银行等14个部门相互协调配合,健全完善事业单位法人证书联动机制。鼓楼、台江、闽清等县(市)区委编办执行《事业单位登记管理档案管理办法》,重点实施事业单位“一户一档”制度。永泰县委编办坚持日常管理与专项检查、法人监管与法定代表人监管、登记管理与编制管理相结合,完善事业单位监管链条,做好跟踪管理和服务。罗源县委编办在登记管理工作中按照受理、审核、核准、发证的程序办理,注重审查事业单位法人及单位变更事项的真实性、合法性。

【机构编制管理基础性工作】 机构编制网络信息系统(二期)建设硬件配备到位,进入安装调试阶段。开展政务和公益域名注册,做好已开通中文域名单位的续费工作,鼓励有条件的单位注册中文域名。加强对全市机构编制统计数据的汇总、分析,完善统计“月清、季结、半年报、年终汇总”制度,实时反映市直、县(市)区机构编制调整变动情况,为机构编制管理提供支撑。做好综合协调和参谋咨询工作,办理领导批示(批办)件60多件,受理各级各部门提出的130多项有关增设机构、增加编制、核定职数等方面的请示报告,办理人大代表和政协委员有关机构编制方面的建议、提案6件。市委编办的《社区卫生服务中心机构编制问题研究》课题调研文章,被省委编办评为一等奖。

(陈　华)

人事人才

【概况】 2011年,福州市面向社会招考政府系统公务员(含参公人员)721人,招考事业单位工作人员2167人。首次重奖高层次引进人才,设立博士后科研工作站14个。举办人才集市44期,提供职位4.15万个。市属高校毕业生总体就业率94.02%,其中本科生就业率93.46%,专科(高职)生就业率94.17%。市公务员局获评福建省人事系统先进集体,市人事人才公共服务中心获评福建省“三八”红旗集体。

【高层次人才工作】 人才引进　举行福州市第一批引进高层次优秀人才和入选福建省引进高层次创业创新人才颁奖仪式,首次大规模重奖高层次人才,颁发660万元奖励19名优秀人才和2个创新团队。举办闽东北五市首届高层次人才招聘会,首次采用直接面试考核方式招聘事业单位各类高层次人才。在北美成立福州市首家引进海外人才联络处,引导海外人才到榕工作。出台《关于进一步鼓励和支持留学人员来榕创业的若干意见》,在海西高新技术园筹建福州留学人员创业园(闽侯园),吸引鼓励海外留学人员到榕创业。成立福州市人才引进服务中心,实行“一站式、保姆式服务”,为引进高层次创业创新人才协调办理各类手续,落实优惠政策和待遇。筹备建设福州市人才公寓,探索建立人才住房保障体系,解决在榕高层次高技能人才安居问题。

人才交流培养　组织代表团赴港澳开展人才交流与项目合作,与多家香港机构签署高层次人才引进与培养合作协议,组织开展榕港台规划互动研讨会、首届榕港口腔全科医学培训班、香港教联会教师义工援助福州连江县英语师资培训等活动。市人事人才公共服务中心与台湾1111人力银行签订人力资源合作协议,开展业务交流合作,实现福州官方人力资源服务机构与台湾人力资源企业首次合作。首次独立组织赴境外培训团组,组织24名城建部门技术骨干赴新加坡参加城市建设与管理培训。选拔2名副处级以上中青年优秀公务员赴美国大学开展中长期培训,推荐5名青年高层次人才赴著名高校、科研院所、国家重点实验室院士、专家身边访学研修。

博士后工作站建设　经国家人力资源和社会保障部批准,福建海源自动化机械股份有限公司和福耀玻璃工业集团

4月15日,福州市第一批引进高层次优秀人才颁奖仪式在福州于山宾馆举行。

股份有限公司获准设站，全市博士后科研工作站达14个。

【引智工作】 引智项目 17个引智项目获国家外专局立项和经费支持。举办海外博士海西行福州专场、福州市海外人才与项目对接洽谈会等活动，促成150名来自美、英、法等国家的海外博士与福州重点单位开展项目对接与智力服务洽谈，并邀请风险投资公司提供融资服务。利用经贸交流和人才交流平台，围绕各类企业对国际高端人才需求，开展系列人才项目对接活动。

外国专家聘请单位年检 开展福州市外国文教专家聘请单位年检工作，检查各单位执行国家相关政策法规、建立管理制度等情况，对存在的问题提出整改意见。获得聘请国外文教专家资格认可的单位有42家，聘请美国、加拿大、英国等国家的文教专家或学者74人次。

【公务员管理】 招考录用 健全公务员考试工作机制，成立由市委常委、常务副市长牵头的公务员考试录用协调工作领导小组，统筹全市公务员考试录用工作。提高笔试、面试、体检、网上公示等环节工作质量，确保公平公正。市直机关录用公务员2年基层工作比例达100%。市政府系统2011年春季计划招考公务员（含参公人员）375人，审批录用353人；秋季计划招考公务员346人，年内完成面试工作。

考核培训 出台《福州市公务员绩效考核试点工作指导意见》，以马尾区为试点开展公务员绩效考核试点工作。推进公务员竞争上岗工作，全年审核竞争上岗方案9个，竞争上岗职位14个。加强公务员年度考核，市直行政机关及参照管理单位7957名工作人员参加考核，其中优秀1348人，称职6586人，基本称职23人。组织公务员初任培训班2期，培训192人。办理市直单位科级职数审核及任职资格审查，审核审查正科级干部173人，副科级干部225人。

评先表彰 首次开展公务员记功表彰活动，分别对2008～2010年连续3年年度考核获得优秀等次的90名公务员、在“五大战役”中表现突出的60名先进人物、全市“十佳办事窗口”10名主要负责人进行记三等功表彰或奖励。审核推荐上报各系统全国、全省先进集体候选单位148家、先进候选人271人，会同市重点办评选推荐全市重点项目建设先进个人100人、先进集体50家。

参公单位审批 市房地产交易登记中心、市住房公积金管理中心、市三坊七巷管理委员会等3家单位获批为参照公务员法管理事业单位，新增参公人员97人。

【工资收入分配制度改革】 完成调整机关津贴补贴和市属事业单位绩效工资水平任务。完善事业单位工资收入分配制度，落实事业单位实施绩效工资的各项政策，基本完成全市事业单位基础性绩效工资审批兑现工作，研究奖励性绩效工资发放方法。

【事业单位人事制度改革】 岗位设置 细化岗位设置工作内容，实现全市事业单位岗位设置信息化管理。全市应纳入岗位设置管理的3293家事业单位的核定工作完成96%。

规范公开招聘 全面实施公开招聘制度，加强对招聘方案审核、报名资格审核、笔试面试组织，严把体检、考核和聘用等环节。上半年，市教育、卫生系统组织2场事业单位补充工作人员考试，市县区中小学公开招考1224人，卫生系统市直事业单位招考276人。下半年，有254家事业单位面向社会公开招聘667人，年内完成面试工作。

职称制度改革 在全市各系列职称评审中实行答辩考核、分层次量化评审等办法。开展在榕台湾居民专业技术职务任职资格评审、中小学教师职称制度改革等试点工作。对全市教育系统职称评审实行按岗推荐，各学校根据岗位设置学科空缺岗位数的1:2比例推荐人选。

【促进高校毕业生就业】 出台《关于做好2011年普通高等学校毕业生就业工作的通知》，引导和鼓励毕业生面向中小企业、面向基层就业。对到福州中小企业就业并符合一定条件的应届高校毕业生，其社会保险个人缴纳部分由市政府给予一定的补助。高校毕业生参加职业技能培训可获得补助。会同相关部门开展市级“三支一扶”、选调生、选聘生、志愿服务欠发达地区和服务社区计划等活动，选招195名毕业生到基层服务。拟定福建勃莱特彩焰工艺品有限公司等15家企事业单位作为第二批市级毕业生就业见习基地，组织1500名高校毕业生参加见习。

【人事人才公共服务】 人才招聘 开展“真诚服务、走进企业”系列活动，为重点企业、大型代理单位优先提供人事人才服务。开展企业人才需求情况调查，发布企业人才需求目录。在福州市人事人才公共服务网上发布人才需求信息8400条，委托招聘单位2800家次，网上访问37.4万人次，网站人才库储备人才9.1万人。举办各类人才招聘会，搭建人才就业择业平台。除定期举办人才交流会外，还举办“大中专毕业生供需见面暨人才交流大会”“女大中专毕业生创业就业专场招聘会”“全国高校毕业生就业服务月大型就业招聘会暨毕业生就业创业政策咨询会”等。全年举办人才集市44期，进场招聘的用人单位1300多家次；提供职位4.15万个，入场交流6.45万人次。

人才储备 加大特困毕业生就业帮扶力度，将福州生源农村低保家庭、城镇特困职工家庭、零就业家庭的未就业本科学历应届高校毕业生纳入福州人才储备范畴。高校毕业生储备生活补助标准提高到每人每月360元。市人才储备中心累计储备各类高校毕业生1.2万人，发放生活补助1300万元，储备毕业生就业率超过97%。

【军转干部安置】 承担福建省下达的242名军转干部安置任务，完成择岗、报到等工作，并组织军转干部适应性培训。完善自主择业军转干部管理服务，推进自主择业军转干部就业创业工作。落实企业军转干部解困政策，核发各类补贴727.48万元。

【专业技术人员继续教育】 开通福州市专业技术人员继续教育网络平台，实行“网络教育”与“上机考试”相结合的培训模式。举办网络继续教育培训班,培训1063人。加强继续教育基地管理,重新确认市委党校、市教育学院等25家单位为福州市专业技术人员继续教育基地。各继续教育基地举办专业技术人员继续教育培训班82期,培训3.64万人次,其中教育专业1.82万人次、卫生专业1.03万人次、公需科目0.79万人次,有3个班次被评为全省高级研班示范班。开展企事业单位专业技术人员继续教育证书验证工作,审验4.78万人,其中高级0.42万人、中级1.51万人、初级2.85万人。

【工勤人员岗位升级考核】 规范机关事业单位工勤人员升级考核报名、培训、考试等工作,实行网络报名。组织1746名工勤人员参加岗位升级考试培训、考试,合格451人,合格率25.9%。

【离退休干部管理服务】 完善"福州银色人才网"功能,与"福建银色人才信息网"、市老龄办网站联网,搭建银色人才作用发挥平台。组织科技文化卫生"三下乡"、健康讲座等有益老年人身心健康的活动。落实退休干部待遇,开展春节、老年节慰问活动,办理到龄退休手续630人。

(张训杰)

发展研究工作

【概况】 2011年,市政府发展研究中心完成《福清、长乐、闽侯、连江融入福州大都市区的研究》《以五个统筹推进福州大都市区建设的研究》《创新福州大都市区管理体制》等系列调研报告。研究构建福州大都市、推进福莆宁同城化发展的工作思路和合作框架协议,经市政府专题会议和市委常委会原则通过。《福州市"十二五"榕台产业合作重点与对策研究》获2010年度福建发展研究奖一等奖。全年完成重点调研课题30个,编发《研究报告》19期、《领导参阅》11期,起草领导讲话、政策文件、调研报告、情况汇报等材料12篇。

【政策咨询服务】 为第七届泛珠三角省会城市市长论坛草拟市长演讲稿;完成《福州市基本公共服务均等化的实践和探索》《大力推进福州家庭服务业发展研究》《福州第三产业发展研究报告》等市委、市政府重点调研课题;参与起草中共福州市委关于贯彻落实《中共中央关于深化文化体制改革、推进社会主义文化大发展大繁荣若干重大问题的决定》的实施意见及市政府《海水综合利用业发展实施计划》和《发展海洋经济配套政策建议》。对《支持、鼓励发展居家养老服务的工作意见(送审稿)》《福州市海洋战略新兴产业发展专题规划》《福州市2012年工作思路》《政府工作报告》等市委、市政府重要文件提出修改意见。

受市妇联委托,调研起草《2011~2020年妇女发展纲要》《2011~2020年儿童发展纲要》,并经市政府常务会讨论通过;受福州保税港区管委会委托,完成《创新管理机制加快福州保税港区发展的建议》;与致公党福州市委合作完成《做好新时期非公经济组织和经济类社团工作服务我市科学发展》的研究报告;与市重点办合作完成市委重点课题《加强我市重点建设项目投融资工作的调研报告》。

【经济刊物和文集】 编发《福州经济》6期,每期发行量3000册。编撰2010年《福州发展研究》文集,为福州经济社会的发展提供政策咨询信息和资料参考。

(王正凯)

地方志工作

【概况】 2011年,福州市地方志编纂委员会以组织、指导全市二轮修志工作和年鉴编纂为抓手,扎实推进市县二级志书编纂指导工作,加强方志理论研究和队伍建设。《福州市志(1995~2005)》完成47篇总纂稿,召开第一、三、五册省市评稿会;《船政志》完成初稿;编辑出版《福州年鉴》2011年卷。

【地方志事业列入福州市"十二五"规划】 1月11日,福州市第十三届人大第六次会议通过《关于福州市国民经济和社会发展第十二个五年规划纲要的决议》。该规划纲要首次将地方志事业列入其中,明确"完成《福州市志(1995~2005)》《船政志》和《福州年鉴》等编纂出版,建设方志书库,加快地方志事业信息化步伐"的五年规划目标,以此作为"十二五"期间推进文化事业和产业跨越式发展、推动文化大繁荣、增强福州城市文化软实力的一项重要任务,福州地方志事业实现历史性的突破。

【二轮志书编纂】 《福州市志(1995~2005)》编纂情况:第一册、第三册、第五册完成总纂稿并召开省市评稿会,进入落实评稿意见、补充修改阶段;第二册完成总纂稿;第四册17篇完成总纂稿14篇;凡例形成初稿;大事记、人物传召开

11月15日,召开《福州市志》第三、五册评稿会。

征求意见会,处于修改阶段。

各县(市)区修志工作进展:《台江区志》出版发行;《永泰县志》《长乐市志》《闽侯县志》召开省市评稿会,其中《永泰县志》《长乐市志》完成评审会修改稿并报送市方志委审定验收,经初审,《永泰县志》退回重新修改,《长乐市志》完成审定验收并出具审改意见书;《福清市志》召开部分志稿评稿会;《连江县志》《马尾区志》篇目报送市方志委审查。

【年鉴编纂】 《福州年鉴(2011)》共121万字,9月中旬出版,为全省设区市最早出版的地方综合年鉴。2011卷在框架设计上取消2010卷的"出版传媒"栏目,将相关内容并入"文化"栏目;将"商业贸易"栏目分成"商贸服务业"和"对外及港澳台经济贸易"2个栏目;增设"市委、市政府重点调研课题(节选)"专栏,增强年鉴资料的记述广度和理论深度。9月,《福州年鉴(2010)》获中国版协年鉴工作委员会主办的第五届全国年鉴编校质量检查评比一等奖。12月,召开《福州年鉴(2012)》组稿会议暨2011年度优秀撰稿人表彰会议,会议总结回顾2011年年鉴工作,部署2012卷组稿任务,表彰优秀撰稿人20人。

县(市)区中,永泰县连续两年出版《永泰年鉴》,闽侯县出版《闽侯年鉴》2011卷。

【专志编纂指导】 《船政志》编纂 继续与市社科院联合开展该项工作。3月1日,市方志委召开《船政志》编纂培训会暨《船政志》编修工作会议,各方专家及撰稿人员等20余人参加会议。培训会由省文史馆馆长卢美松作如何编纂方志的专题讲座,《船政志》主编、福建省交通职业技术学校教授沈岩对志书的篇目,包括撰写分工、审稿及完成时间等作具体说明和安排。至年底,完成初稿编写。

县(市)区专志编纂 连江县指导出版《连江林业志》,评审《连江佛教志》《连江青塘志》和《连江审计志》;永泰县全面启动乡镇志、部门志编纂工作;罗源县组织编纂《罗川图志》(暂名)。

【重要业务会议与调研】 1月中旬,市方志委主任张硕、副主任王小珍和福州民俗学者方炳桂赴长乐市、闽侯县调研语言民俗,听取两地知情人士关于新时期生产生活习俗的介绍,为《福州市志(1995~2005)》语言民俗篇编纂搜集素材。

1月25日,市方志委召开全市各县(市)区方志委(办)主任会议暨《福州市志》总编室成员会议。市方志委主任张硕传达2010年12月27日全省设区市方志机构主任会议精神,详细解读《福州市方志委2010年工作总结及2011年工作思路》和《福州市地方志事业"十二五"发展规划(征求意见稿)》,并征求与会人员对两份文件的意见、建议。

7月13日,市方志委召开全市各县(市)区方志委(办)主任会议暨《福州市志》总编室成员会议。省方志委副主任方清莅会指导,省方志委市县辅导处处长林浩作指导讲话;市方志委主任张硕传达6月24日全省设区市方志机构主任会议精神,并就福州市地方志上半年工作和贯彻全省会议精神发表讲话;副主任王小珍主持学习中共中央总书记胡锦涛"七一"讲话。与会人员就会议议题进行座谈交流。

【业务学习与交流】 加强学习交流,提高方志队伍的理论与业务水平。参与三明、莆田二轮志书评稿会,参加全省地方志编纂业务骨干培训班,参加全国中心城市地方志工作交流会议暨中国西部城市方志编修研讨会,参加华东地区市县区方志协作会2011年年会,赴内蒙古、厦门地方志委学习交流,与到访的西安、南宁及北京海淀区方志办交流修志经验。

【方志资源共享利用】 地情网站建设 至年底,福州地情网全文数据库有80部书存量,总字数约6035.3万字。其中市志数据库8册1134.8万字;专志数据库7部297万字全文上传,4部上传目录;部门志数据库1部36万字;年鉴数据库16部1735.8万字;县(市)区数据库13部2182.3万字;旧志10部454.4万字;期刊21期195万字。网站全年点击量超过200万人次,接待各类地情资料查找人士上百次。县(市)区中,长乐市和永泰县方志委正式开通地方志网站。

馆库建设 连江县方志委建成65平方米的资料库,可藏书5000册,设有阅览室、古籍保存室、县志藏书室、地情资料专库、各地志书专库,初步形成颇具专业特色的志书和史料书库;永泰县方志委在文庙设置地情资料展览室,展示《福建省志》等系列地情丛书。

(张 灵 郭进绍)

驻北京办事处

【概况】 2011年,福州市政府驻北京办事处推动信访维稳、项目招商、公务接待、内部管理等各项工作。处置群众进京非正常上访220人次,促成特易购、中石化LNG等项目落地签约,完成公务接待143场942人次。

【信访维稳工作】 年内,福州市群众进京上访出现跨街镇、跨地区串访,个别上访人员行为偏激等新情况、新问题。市驻京办加强与国家信访局、省驻京办、北京治安总队等有关部门联系,学习最新信访政策,交流上访信息动态。抽调精干人员,调整工作思路,强化京榕联动,形成有序、高效劝返工作机制,落实"两会"和建党90周年庆祝活动等重大活动及节假日期间的信访维稳责任人制度。全年处置福州市群众进京非正常上访220人次,比增35.8%。

【项目促批与招商引资】 项目促批工作方面,协助市发改委完成福州市台商投资区扩区项目申请工作;协助市外经局开展服务外包示范城市工程申报工作;协助市财政局等部门向国家有关部门汇报沟通市直在榕机关公务员规范津贴补贴方案;协调相关部门推动福建联合动力设备制造有限公司高效节能环保100马力~120马力驱动型农用机具技改及产业园改扩建项目纳入国家发改委、工信部2011年重点产业振兴和技术改造专项计划(第一批),并获得中央预算内投资1500万元用于土建施工。

招商引资工作方面,提出"央企为主,外资、民企为辅"的招商工作思路,陪同市领导走访数十家重点央企,并于12月11日协助福州市政府在人民大会堂举办"福州市与中央企业项目合作洽谈暨签约仪式",21个项目上台签约,总投资额2256亿元。促成世界500强企业、全球三大零售企业之一特易购地产集团"Life space乐都汇"购物中心落户福州市新店地区,项目投资额10亿元;促成中石油LNG项目与福州市江阴港区正式签约,预计投资额50亿元;促成京东商城在福州建设京东电子商务物流港,投资额约4亿元;促成冠城大通在永泰县投资成立创意产业园,投资额30亿元。

【公务接待工作】 强化公务接待为信访维稳、项目招商等重点工作服务理念,发挥接待"载体"功能,以修缮一新的福州宾馆投入运营为契机,提高接待服务水平。完成接待任务143场942人次,安全行车18.21万公里,实现在外公务接待"零差错"目标。福州宾馆完成向市财政年上缴121万元任务,并实现营业额1001万元。

(简海冰)

驻上海办事处

【概况】 2011年,福州市政府驻上海办事处加强与上海各有关部门联系,引进长三角地区的先进技术以及管理经验,促成国内外大型企业在福州投资10多亿元。全年完成公务接待50多批320多人次,编辑《上海信息》24期。

【招商引资】 与日本贸易振兴协会、美中贸易协会,中华两岸连锁经营协会等建立联系,搜集大型跨国企业的最新投资信息,有重点地与有扩张意愿的跨国集团驻中国总部进行联络,介绍福州市产业概况、发展机会及投资软硬环境,激发外资企业产生到福州考察、投资的兴趣。引导国内外大型企业在福州市投资10多亿元。驻沪办参与并促成的项目有:1. 世界500强企业、美国最大的食品零售企业美国通用磨坊公司在福州市区铺设门店;2. 全国最大的家居零售企业"红星·美凯龙"集团在福州开设门店,并正式营业;3. 世界500强企业、全球第九大汽车零部件供应商法国佛吉亚集团明确表示希望与福建省汽车工业集团公司进行合作。

【服务榕籍在沪企业】 榕籍在沪企业有1000多家,从业人员8万多人。驻沪办走访了解企业的现状和需求,帮助协调与当地政府和综合经济部门的关系。通过上海市福州商会,宣传上海的发展规划、产业导向,引导企业遵纪守法,健康快速发展。同时,驻沪办还引导一批会员企业参与家乡扶危济贫、捐资助学等公益事业。

【接待工作】 为福州各部门、单位与上海各界沟通联系提供具体服务,为到沪考察的团组和出访中转团组做好前期联系和酒店安排、接送工作。全年接待到沪公干和出访中转组团组50多批320多人次。

(吴金捷)

驻深圳(广州)办事处

【概况】 2011年,福州市政府驻深圳(广州)办事处加强与驻地有关部门、企业联络沟通,促进招商项目对接。全年接待各界人士69批325人次,编辑《广深信息快报》28期582条。连续5年获评为"全国各地驻穗机构先进单位"和"信息工作先进单位"。

【招商工作】 先后赴深圳、广州、东莞、顺德、南海、中山、珠海、虎门等地开展小分队招商,行程约7200公里,走访中小型企业55家。主动走访在粤榕籍企业家和广东省高科技产业商会、深圳台商协会、东莞台商协会、中国海外招商公司等招商中介组织,推介福州地理、环境等优势。多次在深圳、广州召开小规模"海交会"项目推介会,邀请广东知名企业及榕籍企业家参加,发放"5·18海交会展手册"约290册、"福州投资项目手册"约200册。组织深圳华强集团高层赴福州考察,该集团表示有意向在榕投资50亿元建设大型城市文化综合体及电子信息高端产业基地。

【商会工作】 保持与深圳市福州商会、广州市福州商会的沟通联系,定期上门拜访,经常参加商会会议,听取意见建议,促使其成为推动福州经济发展和参与家乡公益事业的社团组织。至2011年底,深圳榕籍企业家回榕参加"榕商联村"项目捐助资金400多万元,广州市福州商会向"榕商联村"项目捐赠资金110万元。

【接待工作】 接待福州市委、市政府、市直机关部门、各区县(市)领导及

11月17日,常务副市长陈大强(中)在深圳华南城集团考察。

深圳、广州市政府相关部门领导、各国驻广州总领馆官员、企业人士等69批325人次,其中厅级领导21人次,处级领导124人次。主要接待有:1月,保障副市长时小雨率福州城建考察团在广州、深圳考察学习活动;4月,保障副市长陈为民率团赴广州参加广交会;4月,保障省委常委、市委书记袁荣祥在深圳公务活动;10月,保障市领导在深圳召开"市政协港澳委员座谈会";11月,先后两次保障常务副市长陈大强赴深圳参加"国际人才交流会"和"高交会"并开展招商活动;11月,保障副市长徐铁骏赴广州开展招商活动。

【信息工作】 收集深圳、广州等地在经济、科技、人才政策等方面的好做法、好经验,及时发给福州,为全市各级领导决策提供借鉴。采编福州在经济、政治、社会等方面的发展情况及市领导在粤考察调研、开展招商引资等主要活动情况,发给深圳、广州相关政府部门、闽籍在粤企业、重点跟踪的广东知名企业等,促进双方了解。全年编辑《广深信息快报》28期582条,被市政府办公厅《福州要讯》采用21条,被评为优秀稿件6条,被市政府办公厅专报省政府办公厅14条,被省政府办公厅采用3条,市领导重要批示2条。信息工作连续5年被广州、深圳相关单位评为"信息工作先进单位"。

(谢　鑫)

(编辑　郭进绍)

综　述

2011年，政协福州市委员会召开全体委员会议1次、常务委员会会议7次、主席会议10次、市政府与市政协领导联席会议2次。联合相关部门，就行风评议、政务公开、效能建设等方面进行督查，开展“百名委员视察文明城市创建”和“政协委员看福州”等活动，组织统筹城乡一体化、马尾新城建设等专题调研20多项。全年收到提案532件，立案477件，办复率100%。收集编发信息1000余条，被全国、省政协采用269条。

政协会议

【政协福州市第十一届委员会第五次会议】　1月5～9日召开。会议审议并同意市政协主席陈扬富所作的常务委员会工作报告和副主席郑有光所作的提案工作情况的报告。委员们列席市十三届人大第六次会议，听取并赞同市长苏增添所作的《政府工作报告》，讨论并赞同《福州市国民经济和社会发展第十二个五年规划纲要（草案）》，赞同市计划和预算报告；听取并赞同市中级人民法院、市人民检察院工作报告。会议同意陈扬富辞去十一届市政协主席职务，选举方清海为市政协主席，补选郑新清、王熙云为市政协常委。

【市政协十一届常委会】　第二十七次会议　1月4日召开。会议审议通过《中国人民政治协商会议福州市第十一届委员会增补委员的决定》《关于撤销林孟良、林燕城政协福州市第十一届委员会委员资格的决定》。会议同意增补方清海、郑新清、王熙云为中国人民政治协商会议第十一届福州市委员会委员。按照政协章程规定，撤销林孟良、林燕城委员资格。

第二十八次会议　1月5日召开。会议审议通过《关于同意陈扬富同志辞去福州市政协十一届委员会主席职务的决定》（草案），同意将决定（草案）提交市政协十一届五次会议审议。会议听取市委副书记、组织部部长周振华关于补选福州市政协十一届委员会主席候选人名单（草案）的说明；听取市委常委、统战部部长王玲关于补选福州市政协十一届委员会常务委员候选人名单（草案）的说明，并对两份名单进行审议，同意将名单草案提交各组酝酿。会议审议《中国人民政治协商会议第十一届福州市委员会第五次会议选举办法》（草案）和《中国人民政协协商会议第十一届福州市委员会第五次会议大会选举总监票人、监票人名单》（草案），同意将选举办法（草案）及总监票人、监票人名单（草案）提交各组讨论酝酿，提交市政协十一届五次会议第三次大会审议通过。

第二十九次会议　1月8日召开。会议听取市政协秘书长林雄对《福州市政协十一届五次会议决议》起草和讨论

1月8日，新当选的市政协主席方清海（左）与市政协原主席陈扬富亲切握手。

情况的说明，原则通过《福州市政协十一届五次会议决议》（草案），要求会议秘书处根据审议意见进行修改后，提请市政协十一届五次会议审议通过。

第三十次会议　3月21日召开。会议传达学习全国“两会”精神和中共福州市委常委（扩大）会议精神；听取和评议市人力资源和社会保障局关于全市人力资源和社会保障工作情况。市政协主席方清海通报市政协第一季度主要工作情况并作总结讲话。

第三十一次会议　6月23日召开。会议分别听取市委综治办、市司法局、市民政局工作情况的通报并进行评议，对3个单位的工作表示肯定。会议审议通过《关于我市建设和谐宜居城市，创新社会管理若干问题的建议案》。市政协主席方清海通报市政协第二季度在加强民主监督、开展参政议政、促进社会和谐、强化机关建设4个方面的工作情况，并对做好第三季度及往后的工作提出要求。

第三十二次会议　9月14日召开。会议围绕市委九届十八次全会精神，就加快福州市经济发展，完成全年工作目标建言献策。会议听取副市长徐铁骏关于贯彻实施《海峡西岸经济区发展规划》有关情况的通报、市发改委主任林钟德《今年以来福州市经济运行情况汇报》、市经委主任江海《福州市工业经济工作情况汇报》、市重点办主任胡冀闽《关于1~8月份市级重点项目建设和金融工作运行情况的汇报》。会议组织委员建言献策，6名市政协常委分别就做好保障房建设工作、加快经济社会发展、推动县域经济发展、推进产业技术创新战略联盟、实现“南北两翼”产业区域的可持续发展、加强工业设计工作进行发言。市政协主席方清海发表讲话，并对做好下一阶段政协工作提出要求。

第三十三次会议　12月23日召开。副市长陈奇代表市政府作《政府工作报告》（征求意见稿）起草情况说明，并通报市政府系统办理市政协提案情况。市纪委副书记陈旭代表市纪委作关于全市党风廉政建设和反腐败工作情况的通报。市委常委、秘书长、统战部部长徐启源作关于市政协十二届委员推荐人选名单（草案）的说明，会议对名单进行审议，同意市委统战部提出的新一届市政协委员和特邀委员名单。会议审议常委会工作报告（送审稿）和提案工作报告（送审稿），要求进一步修改完善后，提交市政协十二届一次会议审议。会议审议通过市政协十二届一次会议有关文件，同意将提交市政协十二届一次会议审议。会议决定市政协十二届一次会议于2012年1月2日在福州召开，会期5天半。市政协主席方清海就开好市政协十二届一次会议提出具体要求。

【市政协十一届委员会主席会议】
全年召开政协主席会议10次，主要内容是：审议《关于同意陈扬富同志辞去福州市政协十一届委员会主席职务的决定》（草案），听取市委副书记、组织部部长周振华关于补选市政协十一届委员会主席候选人名单（草案）的说明，听取市委常委、统战部部长王玲关于增补市政协十一届委员会常委候选人名单（草案）的说明。审议《中国人民政治协商会议第十一届福州市委员会第五次会议选举办法》（草案），听取各组讨论《福州市政协十一届五次会议决议》（草案）情况汇报，审议通过市政协2011年工作计划安排、市政协2011年常委会议和主席会议建议案调研方案、各专委会调研课题以及市政协2011年重点提案及督办分工建议，审议通过《关于福州市大都市区发展中统筹城乡一体化建设的若干建议》主席会议建议案，审议通过市政协十二届委员推荐人选名单，审议通过《关于表彰福州市政协十一届“优秀委员”“优秀调研成果”的决定》和《关于表彰福州市政协十一届优秀提案、提案承办先进单位、提案先进工作者的决定》等。

主要工作

【协商工作】　召开市政协常委会议7次、主席会议10次，着重就加强社会管理、统筹城乡一体化建设等重要问题，组织各参加单位和各界代表人士开展协商。省委常委、市委书记袁荣祥，副省长、市长苏增添多次在政协报送的调研报告和社情民意专报上作出批示，要求有关方面研究制定具体落实措施。2次召开市政府、市政协领导联席会议，互相通报工作，反馈重点提案督办情况，就市政府为民办实事项目、市政协重点调研课题开展协商。市政府进一步明确市政协建议案办理程序，健全提案办理工作制度，强化重要社情民意信息督办。市政协十一届四次会议上，委员们听取和讨论政府工作报告、计划、财政报告和法院、检察院工作报告，对福州市的改革发展提出意见和建议。市政府办公厅将全会期间委员分组讨论提出的意见建议分解到各部门，市政府督查室专题向市政协反馈部门采纳委员意见建议的情况。市政协分管领导应邀参加市政府常务会议和市长办公会议，就促进城市困难家庭和农村特困家庭医疗救助、节约用电等问题开展协商，所提意见建议被市政府出台的文件所采纳。开展地方法规立法前协商，促进《福州市城市供水管理办法》等法规的完善。

【民主监督】　制定年度《民主监督工作意见》，经市委同意批转市直有关部门，保证监督工作的实施。结合政风行风民主评议、机关效能建设，组织委员和市效能办、市政府纠风办联合开展检查。政协监督员就行风评议、政务公开、效能建设等开展明察暗访，针对问题，提出意见，促进政府部门提高办事效率。召开第六次监督员工作会议，开展监督工作交流，出台加强政协民主监督的意见，推动监督工作的制度化、规范化、程序化建设。实行部门工作通报制度，相关专委会先后就福州市产业结构调整、城市规划建设、国土资源管理、教育卫生发展、城乡环境保护、人口素质提升、民族宗教工作等，听取对口部门的情况通报并提出改进意见。开展“五大战役”实施情况督查，督促解决工程进度、政策落实中存在的问题。参与县（市）区领导班子党风廉政建设情况检查和创建全国文明城市工作督查。

【提案工作】　收到提案532件，立案477件，转为委员来信和社情民意专报55件。市委、市政府多位领导对重点提案和重要提案作出批示，并亲自领办，推动提案的采纳落实。各承办单位把办理政协提案与建设服务型政府相结合,使提案的经济效益和社会效益得到有效转化。全年提案办复率100%,提案提出的问题已解决或基本解决的占26.4%,列入计划逐步解决的占67.8%,因条件限制或其他原因不能解决的占5.8%。在收到的反馈件中,提案者表示满意和基本满意的占98.5%。《关于加快我市养老事业发展的建议》《健全农民工管理机制促进社会和谐》等提案被纳入市委、市政府为民办实事项目。市政协主要领导督办的《提升农业专业合作社发展层次建议》提案得到落实,促成相关文件的出台。委员们在提案中提出的高起点规划,优化乡镇布局、提升小城镇综合承载能力、加强福州市农村环境综合整治、加快试点城镇建设步伐等意见和建议,纳入市政府关于《2011年小城镇改革发展战役实施方案》等文件。

9月14日,市政协主席方清海带领常委们视察软件园五期工程。

【视察调研】 组织市、县政协委员近千人次,开展"百名委员视察文明城市创建"和"政协委员看福州"活动,针对交通秩序、社区管理、市容市貌方面存在的突出问题和薄弱环节进行视察督导,推动创建全国文明城市活动的开展。开展高科技园区建设情况视察,推动园区的建设进度和环境优化。视察保障房建设情况,推动该项惠民工程的实施。

围绕打造福州大都市区中统筹城乡一体化建设、推进马尾新城建设和主动融入、对接平潭开放开发等问题,开展专题调研20多项。市政协调研报告提出的建设福州台湾农产品集散中心、发展港口物流等建议纳入市政府《福州市现代物流发展规划》。牵头组织"国内外宏观环境变化给我市经济发展带来挑战与机遇的研究",召开经济形势报告会、政策推介会、政银企座谈会、企业协调会,为促进全市经济平稳较快发展献策。开展"弘扬'马上就办'精神"专题调研,推动机关作风建设。

【信息工作】 收集信息1000余条,编发《福州政协信息》普刊、增刊、专报件、参阅件25期,工作信息被省政协采用175条,增刊1期。编发《社情民意专报件》67期,其中19条获市领导22人次批示。向省里编报社情民意信息860条,被采用252条,其中33条获省领导49人次批示。《建议扩大实行医保门诊统筹制度》获省委常委、副省长陈桦批示后,省深化医药卫生体制改革领导小组办公室制定有关措施,开展城镇居民医保门诊统筹,提高医保补助标准。17篇社情民意被全国政协采用,其中《党员干部参与宗教、迷信、民间信仰活动日渐增多应引起足够重视》获中央领导批示。

【文史工作】 编辑出版《光影话福州》《政协委员纪事》等文史书籍和《福州文史》期刊4期。参与全国和省政协《福建与辛亥革命》等史料书籍的征编工作;与省政协文史和学习委联合开展辛亥革命文物调研;与省台盟等单位共同举办"纪念辛亥革命100周年·福州船政与辛亥革命——第二届海峡两岸船政文化研讨会",收到世界各地学者提供的论文近40篇。

【联谊活动】 开展与美国、英国、阿根廷等海外福州社团侨领的新春联谊活动。召开福州市政协港澳委员暨深圳市福州商会代表联谊会。组织市政协代表团赴台与台湾投缘画会交流联谊,出席"榕台小学生书画交流展"等相关活动。邀请中国台湾、香港地区和新加波画家到榕参加"相约福州——海内外书画家作品交流展"和"相约福州——海内外书画家纪念辛亥革命100周年联谊笔会"。举办"跨越海峡·真情相约——2011年榕台青年夏令营",邀请台湾台南市长荣中学、凤和中学师生与福州格致中学、福州第十一中学师生参加活动。邀请接待台湾著名农业专家陈昭朗一行,台湾画家陈明弘、张月华、施来福一行,台湾台南市文化局体育总会组织的小学校长团一行,组织客人参观三坊七巷和福州市政建设。组织福建中医药大学海外教育学院港澳台大学生35人参观福州市政建设与市容市貌。接待到榕参加第十三届海交会、第八届商交会的美国、英国、日本、加拿大、马来西亚等国家的32名海外福建社团侨领。参与接待台中市福州十县市同乡会理事长陈天汶一行和香港十邑同乡会访问团。"两节"期间,走访慰问在榕港澳台侨界知名人士,赴福清看望慰问贫困归侨。

(李大林)

(编辑 郭进绍)

民革福州市委会

【概况】 2011年,民革福州市委会下辖5个工委,3个总支,46个支部,党员944人。其中大学以上学历414人,占46.3%;中高级职称567人,占60.1%。担任市级以上人大代表、政协委员101人次。全年提交提案、建议68件,报送社情民意信息102条。

【参政议政】 在省市"两会"上,民革福州市委会提交提案、建议68件,市政协集体提案7件,委员个人提案31件。其中,《做好吸引与服务领军人才工作为海西建设提供智力支持》《关于进一步推进福建省农村社区化工作的建议》被民革福建省委会选为省政协十届四次大会发言,《加强榕台旅游合作,打造闽都旅游名牌的建议》获评市政协重点提案。

健全市委会重点调研课题领导负责制,开展《关于加快福建海洋新兴产业发展的对策建议》《深化榕台文化交流,促进海西跨越发展》《加快发展农民专业合作组织,推进福州现代农业建设》等6项重点调研,并形成调研报告。

收集报送社情民意信息102条,其中36条被采纳,9条被省、市领导批示,《案件新闻报道应注意社会效应》获2010年度市政协系统优秀信息一等奖,《严查非法组织利用电话等手段散布反动言论》等6条获二等奖,《建议避免从阿根廷进口镉含量超标的饲料用白鱼粉》等8条获三等奖。民革市委会获评市政协2010年信息工作先进单位称号,2人获评市政协优秀信息员。

【政治学习】 组织党员学习贯彻全国"两会"、中共十七届六中全会、中共省委八届十一次全会、中共市委九届十八次全会以及中共福州市第十次党代会精神。制定学习方案,开展征文、展览会、报告会等一系列纪念活动,引导广大成员学习、领会中共中央总书记胡锦涛"七一"讲话精神。在全市开展纪念中共建党90周年和辛亥革命100周年系列活动:鼓楼、台江、仓山、马尾工委、福清总支先后召开主题学习活动;鼓楼工委与省收藏家协会在三坊七巷举办文献资料图片收藏展;仓山工委召开纪念大会;福清总支结合学习开展主题征文活动;企业二支部举办专题红歌会等。《孙中山与福州》《恭读林觉民〈与妻书〉》等7篇文章入选福州市辛亥革命100周年纪念专辑,《忆当年革命何为,所怀在国家民族》被《福州文史》纪念辛亥革命100周年专刊收录。

【组织建设】 发展新党员21人,其中中级职称9人,高级职称7人。组织部分骨干党员、机关干部赴延安学习考察,先后选送15名后备干部到中央、省、市社院和中共市委党校学习深造。推进争创双优(优秀基层组织、优秀党员)活动,深入工委、总支、定点和非定点支部以及社联小组,把握基层工作动态,检查落实执行情况。组织基层推荐树立和践行社会主义核心价值体系先进典型,并参与"我把赞歌献给党·平凡岗位做奉献"——福州市统一战线纪念建党90周年暨树立和践行社会主义核心价值体系报告会工作。

12月17~18日,召开民革福州市第十次代表大会,选举产生民革第十二届委员会领导班子,夏先鹏当选主任委员。

【服务榕台交流】 召开祖国统一工作座谈会,组织党员听取台情报告。与中共市委统战部联合举办讲座,邀请福建师大教授陈孝华作"发扬辛亥革命精神,推进海峡两岸和平发展"专题演讲。加强榕台联谊工作,接待台湾高雄县书画学会陈忠平一行15人;联系台湾前海军界人士,协商向马尾船政捐赠船政文物资料事宜,陪同参观考察船政文化博物馆和昭忠祠,向他们介绍大陆对台方针政策;促成台湾"张北两岸联合法律事务所"在榕设立分支机构并开业;组织律师赴台与台湾律师界交流。

【社会服务】 组织党员赴连江县厦乙村开展送法、送医、送科技扶贫活动;组织农业、教育、医疗界党员赴连江县安凯乡镇安村开展扶贫助学活动,为村民义诊200多人次,送出药品价值1500元,向8名困难学生捐款4800元。开展"春风送暖进社区"活动,组织民革医卫界党员、书法家赴太平洋社区为贫困户送上慰问金3000元,为社区群众提供义诊服务100多人次,书写春联200余幅。联合民革社会和法制工作委员会举办“全国普法宣传日”和“法律三进”(进社区、进农村、进企业)活动,提供法律咨询,普及法律知识,推进街道司法矫正对接;开展送法进校园专题报告,为福清六一中学、十九中学及闽江中学开展法制讲座。全年开展扶贫、助学、科技、文化、法律、卫生下乡等社会服务8场。

(王晓莉)

民盟福州市委会

【概况】 2011年,民盟福州市委会下辖2个县级市委会,5个区工委,2个总支,68个基层支部。盟员总数1581人,其中具有中高级职称的占73.7%,教育、文化、科技界占75.1%。全年提交提案13件,报送信息121条。

年内,民盟福州市委会及福清民盟市委会、长乐民盟市委会获民盟中央“纪念中国民主同盟成立70周年先进集体”称号,6人获民盟中央“纪念中国民主同盟成立70周年先进个人”称号,1人获科技部“全国科技进步工作先进个人”称号,10个基层组织获民盟福建省委“先进民盟基层组织”称号,38名盟员获民盟福建省委“优秀盟员”称号,7名工作人员获民盟福建省委“优秀盟务工作者”称号。

【参政议政】 在市政协十一届五次会议上,提交集体提案13件,其中《建议大力推进闽江、敖江流域综合整治》作为大会发言,《关于加快福州市社区服务业发展的建议》被评为重点提案;在市十三届人大六次会议上,盟员领衔提出的《关于制定福州市幼儿教育法》被列为4件代表议案之一,提交市人大常委会审议。

全年向盟省委、市政协和市委统战部报送信息121条,其中《农资涨幅太大已影响农民生产的积极性》被中央统战部采用,《加强监管“有抗食品”刻不容缓》《关于修改〈刑事诉讼法〉的几点建议》《建议女农民工年满50周岁也可依法享受养老金待遇》等3条信息被全国政协采用,《关于改进我市教师轮岗支教工作的建议》获省委常委、副省长陈桦批示,《关于解决福飞路铁路涵洞口附近拥堵的建议》获副省长、市长苏增添批示,另有《我省部分地区发生大面积死鱼应及时引起重视》等3篇获省市领导批示。盟市委获评民盟福建省信息工作组织一等奖。

【政治学习】 组织盟员和机关干部学习贯彻中共十七届六中全会精神、中共中央总书记胡锦涛“七一”讲话精神,参加盟中央、盟省委、市委统战部举办的纪念中国共产党成立90周年和纪念建盟70周年的征文、唱红歌、摄影展、报告会、演讲比赛等纪念活动。组织学习《海峡西岸经济区发展规划》、中共福建省第九届党代会和中共福州市第十届党代会精神等。

12月15日,市民盟召开第十三次代表大会。

【组织建设】 加强领导班子和基层组织“三力”(活力、凝聚力和影响力)建设,在民盟福州市十二届五次全委会上增补江瑞平为专职副主委。年内,民盟福州市委会法律支部成立,完成所属1个县级市委会、2个总支、48个基层支部的换届工作。全年发展盟员52人。

12月15～16日,民盟福州市第十三次代表大会召开。大会审议通过民盟福州市第十二届委员会工作报告,并举行换届选举,林治良当选主任委员。

【社会服务】 开展“农村教育烛光行动”,组织以3名特级教师为首的教育专家服务团赴福清三山中学、连江华侨中学进行示范教学,以“名师带徒”结对培训的方式,搭建农村教师与优秀教师互动平台。与福州新厦社区签订共建协议书,为社区基础建设、政策咨询等方面提供帮助,组织晋安医院和合伦律师事务所的盟员到该社区开展义诊和法律咨询活动。组织盟员前往下派村永泰县盖洋乡盖洋村开展春节慰问、调研活动,向盖洋村两委捐赠1台新电脑,为特困村民送上年货和慰问金,并协商在科技、教育、医疗义诊等方面提供帮扶。为连江天竹村提供智力支持,帮助该村获评“福建省生态村”。11月,民盟市委会获民盟中共“民盟社会服务工作先进集体”称号。

(王　翀)

民建福州市委员会

【概况】 2011年,民建福州市委会有1个县级市委会、5个区工委、30个支部、6个专门委员会。会员总数892人,平均年龄53.3岁。具有各类专业技术职称的648人,占73%;经济界人士724人,占81.2%。全年提交提案14件,报送各类信息120条。

年内,市民建企业家委员会被民建中央评为全国社会服务工作先进集体,2

名会员被评为全国社会服务工作先进个人。福清市委会、仓山工委、晋安工委被省民建评为社会服务工作先进集体，9名会员被评为省民建社会服务工作先进个人。

【参政议政】 在政协第十一届福州市委员会第五次会议上，民建市委会围绕福州市会展经济、旅游、文化建设、民生等方面向大会提交14件集体提案，其中大会发言《关于发挥省会优势加快福州会展经济发展的建议》，由《福州日报》择其主要内容进行刊载，并获省委常委、市委书记袁荣祥批示。《关于探索我市公交发展新思路的建议》被列为2011年市政协重点提案。

编发《2007～2011资政建言汇编文集》，举办"十二五"规划与福建发展专题讲座。全年完成调研报告及论文30篇，选出10篇作为提案。其中《关于发展我市公共交通，缓解市区交通拥堵的调研》《关于对接台湾产业优势，做强我市现代服务业的调研》2项重点调研课题在中共市委调研室专刊《福州调研》上全文刊载。

全年报送各类信息120条，其中民建中央采用3条，省委办采用1条，省政协采用15条，市政协采用26条，市委办采用12条。在省民建2011年社情民意信息员培训班上，民建市委会被省民建评为2009～2010年全省民建社情民意信息工作先进单位一等奖，10名会员获评先进个人，14篇信息被评为好信息。

【政治学习】 结合学习贯彻中共十七届六中全会、中共中央总书记胡锦涛"七一"讲话和全国全省统战工作会议、中共福建省第九次党代会、中共福州市第十次党代会精神，开展各种形式的学习活动。组织中国特色社会主义理论体系、社会主义核心价值体系、会章会史和形势任务的学习教育活动。举办"纪念民建福州市委会地方组织成立60周年大会"，并出版纪念专刊。参加"我把赞歌献给党，平凡岗位作奉献"——福州市统一战线纪念建党90周年暨树立和践行社会主义核心价值体系报告会；参加福州市统一战线纪念建党90周年座谈会，并在《福州日报》专版发表市各民主党派、工商联纪念建党90周年署名文章；参加福州市纪念建党90周年歌咏比赛。开展理论研究，撰写《论民主党派对推进"十二五"民生发展的独特作用》《人民政协与协商民主研究》《新时期参政党执行力的探讨与建设》《网络民主对我国政党制度的影响和对策》等文章，为市统战理论研讨会、政协理论研讨会召开做准备。编辑出版《福州民建》会刊季刊4期。加强民建网站建设，更新完善网页内容和形式，为会员参政议政提供平台。

【组织建设】 发展新会员34人，平均年龄36.2岁，其中中高级职称18人，经济界26人。成立民建培训中心，为会员提供参政议政、组织建设、社会服务、会务活动的交流平台。12月21～22日，召开中国民主建国会福州市第十一次代表大会。通过《民建福州市第十一次代表大会决议》，选举产生新一届民建福州市委会，王宗华当选主任委员。

【社会服务】 2011年是民建"社会服务工作年"，全国人大常委会副委员长、民建中央主席陈昌智到民建福建省委会调研社会服务工作，并参观民建福州市委会会员企业。与市审计局、省联信社赴永泰县东洋村举行调研座谈会，并为当地困难户送去2000元慰问金和慰问品，促成会员企业福建中正药业有限公司与该村签定6.67公顷中药材种植协议。春节期间，赴晋安区日溪乡党洋村和台江中选社区看望困难户，送去慰问金、慰问品，同时分别与党洋村、中选社区签订"结对共建协议书"和"共建共创文明社区协议"。

（余端乐）

民进福州市委员会

【概况】 2011年，民进福州市委会设工委5个，总支3个，支部36个，会员673人。在具有评定职称资格的585名会员中，具有中高级职称的占95.6%。全年提交提案、建议107件，报送社情民意81条。年内，市委会获"民进全国机关建设先进单位"称号。

【参政议政】 参加中共市委、市人大、市政府、市政协以及市委统战部召开的各种季谈会、协商会、通报会、座谈会等40余次，对福州市经济、政治、社会等各方面发表意见和建议。参与党代会报告、市政府工作报告、福州市国民经济社会发展"十二五"规划等重要文稿的意见征询和重要人事安排的协商，多条修改意见被吸纳。民进市委会各级人大代表、政协委员参与各级人大、政府和政协组织的视察和评议活动，10多名会员被聘为纪委、法院、检察院、教育、电力等部门的特约人员或行风评议代表，对行业和有关部门开展民主评议，对政风行风和效能建设提出意见和建议。

完成中共福州市委重点调研课题2项，其中《关于推进我市居家养老工作的调研及思考》获2010年度福州市优秀调研课题成果一等奖。完成省民进调研课题6项，关于教师绩效工资、农村职业教育以及动漫衍生产品等3篇调研成果入选2011年度省民进调研成果选编，《促进我省动漫游戏衍生产品开发推广的研究》获第七届海西建言献策论坛优秀调研成果三等奖。与市政协科教文卫体委员会联合提出的《建议把儿童医院建设项目列入为民办实事项目》，获市政协十一届委员会优秀调研文稿。在民进福建省委第七次服务海西参政议政调研及参政党理论研究工作会议上，民进市委会被评为2009～2010年度调研工作先进单位，《幼儿教育亟待规范管理》和《我省社区矫正现状及对策建议》分获优秀调研成果一等奖和三等奖。

在各级"两会"上，提交议案、提案和建议107件。其中市级提案31件，县（市）区级提案76件。内容涉及社区卫生服务工作、文化创意产业、完善学前教育公共服务体系、提高退休人员生活补贴等方面。关于居家养老、食品卫生安全的政协大会发言获省委常委、市委书记袁荣祥和副省长、市长苏增添批示，同时还获评市政协十一届委员会优秀大会发言。《对我市绿化工作的几点建议与期盼》被列为2011年度市政协重点提案，《推进农技进村入户的几点建言》《关于美化和优化城市垃圾桶的建议》

等5篇提案获评市政协2009～2011年度优秀提案，《加强居民小区消防器材配备与监管的建议》和《加强对社区的防火设施检查和使用培训》被列为市政协主席会议督办的重点提案。

全年报送社情民意信息81条，其中2条信息被省民进第七次参政议政年度会议评为优秀信息一等奖，2条信息作为市政协专报件，13条信息被评为优秀信息三等奖，多条信息被省、市政协以及省、市委办公厅采用。在民进福建省委第七次服务海西参政议政调研及参政党理论研究工作会议上，民进市委会被评为2009～2010年度信息工作先进单位。

【政治学习】 以开展中国特色社会主义主题教育活动和“树立和践行社会主义核心价值体系”活动为契机，推动学习型参政党建设。以主委会、常委会、学习中心组会议、专委会会议、支部主委会议、调研工作会议等多种形式，组织会员学习中共十七届五中、六中全会精神，全国和省、市“两会”精神，中共中央总书记胡锦涛“七一”讲话精神以及《海峡西岸经济区发展规划》等。全年组织召开座谈会10余次，参会200余人。参与新时期参政党理论研究，向市政协理论研究会和中共市委统战部理论研究会报送研究论文5篇，1篇入选《福州市第六次政协理论研讨会论文选编》。

【组织建设】 新发展会员23人，平均年龄39岁。全年选送10名中青年会员到各级社会主义学院、党校学习，组织骨干会员和新会员开展暑期读书班学习和培训活动，参加培训60多人次，完成格致中学支部、机关支部等9个基层组织的换届工作。

年底，开展民进福州市第五届委员会换届工作，届中增补3名常委和2名委员。12月，召开民进福州市第六次代表大会，选举产生由21名委员组成的第六届民进福州市委员会，陈奇当选主任委员。

【社会服务】 与浦下社区、连辉社区开展结对帮扶工作，定期送去慰问品和慰问金。会同下派单位市农业局、捆绑单位马尾保税区管委会，助力闽清东桥镇安仁溪村发展。与晋安区工委联合开展“春风助学·名师送教”活动，智力扶持洪寮中心小学。协助民进福建省委会、民进河北省委少年智力开发报社等单位开展赠阅《少年智力开发报》活动，关爱在榕台胞子女的成长。参与民进福建省委会在宁德屏南开展的“春风春雨”行动，组织企业界会员与屏南有关部门座谈，商谈项目对接事宜。

（黄庆华）

12月13日，市民进召开第六次代表大会。

农工党福州市委员会

【概况】 2011年，农工党福州市委会有县(市)委会1个，工委会5个，总支5个，支部64个。全市党员1445人，其中新发展党员28人。党员平均年龄52岁，高中级职称占80%，医卫界占60%，教育界占24.5%。有14人在政府部门担任副科级以上职务，担任各级人大代表21人，政协委员72人。20人担任各级特约监督员。全年提交集体提案12件，上报社情民意信息121条，报送理论文章11篇。编辑《福州农工》6期，《工作简讯》12期，在各类媒体上刊登稿件23篇。

年内，被农工党中央授予“社会服务工作先进单位”和“中国环境与健康宣传周先进集体”称号，被农工党福建省委授予“社情民意信息工作标兵单位”和“社会宣传工作二等奖”。获市级以上单位表彰51人次。

【参政议政】 在市政协十一届五次全会上，农工党市委会提交集体提案12件，大会发言《关于鼓励引导社会资本办医促进非公立医疗机构持续健康发展的建议》获省委常委、市委书记袁荣祥批示，《关于加强福州市海洋环境保护，促进海洋经济可持续发展》被列为重点提案。《健全农村公共卫生服务体系，推进城乡公共卫生均衡发展》获评市政协十一届委员会优秀大会发言文稿。与市政协科教文卫委联合调研的《关于实施“医药分开”的若干建议》获市政协十一届委员会优秀调研文稿。4名委员获市政协十一届“优秀委员”称号。3篇集体提案和3篇个人提案获评2009～2011年度福州市政协优秀提案。《关于制定〈福建省外来物种管理条例〉》《关于制定〈福建省食品安全风险监测和评估管理办法〉》被省十一届人大四次会议主席团立案，《关于制定〈福州市城市规划管理条例〉》被市十一届人大五次会议主席团立案。

完成调研文章16篇，其中市各民主党派、工商联2011年重点课题1项，农工党福建省委重点课题2项，被中共市委政策研究室采用3篇。《关于加强兽用医疗垃圾废弃物管理的建议》获省政府颁发的第八届福建省科技工作者优秀建议提名奖。1篇获2011年度农工党

12 月 6 日，市农工党第十二届领导班子合影。

全省优秀论文一等奖，2 篇获二等奖，4 篇获三等奖。农工党福清市委会开展《福清市原发性肝癌病因及防控对策调研》，为当地政府决策提供参考。

上报的 121 条社情民意信息中，全国政协采用 6 条，中央统战部采用 1 条，农工党中央采用 25 条，省委办公厅和省政协采用 35 条，农工党福建省委采用 49 条，市委办公厅和市政协采用 26 条。4 条信息获省、市主要领导批示，6 条信息被市政协评为好信息，受农工党中央、农工党福建省委、市政协、市委统战部“信息工作先进个人”表彰 13 人次。

【政治学习】 学习贯彻中共十七届六中全会、中共中央总书记胡锦涛“七一”讲话、中共福建省第九次党代会、中共福州市第十次党代会精神。组织党员参加农工党福建省委和市委统战部举办的树立和践行社会主义核心价值体系先进人物事迹报告会，推荐 1 名先进个人作事迹报告。以发表纪念文章、征文、观看电影等形式庆祝中国共产党建党 90 周年。组织党员参加福建省统一战线、福州市统一战线纪念辛亥革命 100 周年座谈会以及“辛亥革命一百周年”纪念邮票首日封发行活动。组织中心组学习 6 次，机关干部学习 31 次。参加省社院、市委党校、农工党福建省委和市政协组织的培训班 40 人次，参加市委会举办的培训班 100 人次。

【组织建设】 完善市委统战部后备干部人才库，按市委委员、科处厅级干部、专家学者等 8 类人员造册，实行动态管理。向县（市）区政府部门推荐优秀人才 20 人次，5 人获得任用。配合市、县（市）区人大、政协换届，举荐农工党人才 100 人次，有 69 人担任县（市）区人大代表、政协委员。完成 13 个支部的换届工作，任命 5 个区工委和 7 个专门工作委员会班子成员，福清市委会增补 1 名委员。

12 月 5 ~ 6 日，召开农工党福州市第十二次代表大会，选举产生由 36 名委员组成的农工党福州市第十二届委员会，郑新清当选主任委员。

【社会服务】 捐资 1.15 万元开展定点扶贫工作。与永泰县同安镇同安村签订共建文明协议，定期开展医疗下乡工作，捐资 5000 元支持该村道路硬化建设，向特困村民送去 2500 元慰问金和节日用品。与台江区洋头口社区签订共建文明协议，围绕文明城市创建开展工作。“两节”期间，为宁化、凤凰、洋头口 3 个社区特困家庭送去 4000 元慰问金和年货。开展“人居环境与健康”宣传周活动 7 场，受益群众近千人次，发放宣传材料 1900 份。组织各区工委、总支开展“国际科学与和平周”活动 9 场，受益群众 2000 人次，赠送 6000 元药品，发放宣传手册 2000 份、计生药品 500 份。1 人被农工党中央评为“社会服务工作先进个人”。

（林　风）

致公党福州市委员会

【概况】 2011 年，致公党福州市委会有县（市）委会 1 个、工委会 5 个、支部 34 个。党员 765 人，其中福清市委会 261 人。党员平均年龄 55.2 岁，中高级以上职称占 70.9%。有 19 人在政府机关和司法部门担任副科级以上职务，担任各级人大代表 19 人次、政协委员 72 人次。全年提交提案（议案、建议）97 篇，报送社情民意信息 97 条，编印《福州致公》杂志 4 期，《福州致公简报》12 期。

年内，获评致公党福建省委“2011 年度调研和提案工作先进集体”“2011 年度反映社情民意信息工作先进集体”、市政协“2010 年度社情民意工作先进集体”，党员获市级以上单位表彰 25 人次。

【参政议政】 在省、市“两会”期间提交提案、议案和建议 97 篇，其中在市政协十一届五次大会上报送党派集体提案 10 篇、委员个人提案 26 篇。大会发言《关于创建中国（福州）中小企业融资中心的建议》获省委常委、市委书记袁荣祥和副省长、市长苏增添批示，获评“政协福州市第十一届委员会优秀调研成果”奖。《关于提升我市农民专业合作社发展层次的建议》被列为重点提案，并由市政协主席方清海督办。有 5 篇提案获评“福州市政协 2009 ~ 2011 年度优秀提案”奖，6 名党员获评“福州市政协第十一届优秀委员”。

编辑上报社情民意信息 97 条，被全国政协、中央统战部采用 5 条，被中共省委办、省政协专报件采用 69 条（75 条次），被中共市委办、市政协专报件采用 38 条；1 条信息获国家级领导人批示，6 条信息获省级领导批示，5 条信息获市级领导批示。全年，获致公党省委、市政协“好信息”一、二、三等奖表彰 13 条次，获致公党省委、市政协“信息工作先进个人”表彰 4 人次。

完成调研课题 40 个，被《福建省社

会主义学院报》等刊物刊载8篇次,1篇调研文章获"中共市委2011年重点课题优秀成果三等奖",2篇调研文章获"福州市委统战部政党理论文章三等奖"表彰,2篇文章获致公党省委"树立和践行社会主义核心价值体系优秀论文"表彰。选辑2007年换届之后的参政议政成果,编印完成《参政议政·服务海西》文集。

【政治学习】 组织学习各级"两会"、中共中央总书记胡锦涛"七一"讲话、中共十七届六中全会、致公党中央主席万钢在"中国致公党第十三届中常会第十四次会议"上的讲话、中共省委八届十一次全会、中共市委九届十八次全会、中共福州市第十次党代会以及2011年全市统战工作会议等会议文件精神。组织纪念"中国共产党建党90周年和辛亥革命100周年"系列活动,开展知识竞赛和问卷调查,征集纪念文章17篇。全年召开中心组学习4次、机关干部集中学习讨论会11次,分发自学材料3次。选送党员参加各级党校、社会主义学院、致公党省委和中共省委、市委统战部和政协组织举办的各类学习班约150人次。

【组织建设】 指导完成20个支部委员会换届改选工作,建立健全后备干部人才库,实现动态管理。开展"重心下移服务基层"活动,走访致公党老领导、老党员近40人次。新发展党员29人。

12月14~15日,召开中国致公党福州市第六次代表大会。审议通过《中国致公党福州市第六届委员会工作报告》和《中国致公党福州市第六次代表大会决议》,选举产生第七届致公党福州市委员会领导班子,鄢萍当选主任委员。

【联谊工作】 加强与海外侨团的联谊工作,出访欧洲、泰国、美国、印尼、加拿大等国家和地区进行友好访问和商贸交流,接待来自美国、日本、非洲、北美洲等国家和地区的侨胞侨眷以及访问团300多人次。与台湾访问团、台商考察团友好交往,传递福州及海西发展新形势。培养新侨资源,与致公党省委联合举办海外华裔及港台青少年"中国寻根之旅"夏令营。致公党福州市委主委鄢萍被福州海内外青年联合会聘为第一届理事会高级顾问。

【社会服务】 以海西"春风·春雨·光彩"为平台,组织引导基层组织开展下乡义诊、扶贫助困及"送教下乡"等活动,服务对象超过500人次。持续落实闽清县茶口村"致公小学"帮扶,捐建"致公投影教室";联系落实闽清县雄江镇梅洋村卫生所建设资金5万元;协助落实"金银花良种培育基地"建设经费15万元。

(魏小云)

九三学社福州市委会

【概况】 2011年,九三学社福州市委会下辖2个县级市委会、5个区工委、1个基层委员会、39个支社。全体社员589人,平均年龄51.53岁,高级职称占50.42%,中级职称占40.41%。有14人担任各级人大代表,66人担任各级政协委员,27人担任各级特约监督员。全年提交提案、议案和建议130件,报送社情民意信息163条。

社市委、社晋安区工委获第二十二届中国"国际科学与和平周"突出贡献奖,1人获评"国际科学与和平周"突出个人,4人获评九三学社福建省委参政议政先进个人,1人获评2010年度福州市实施"五大战役"工作先进个人,1人获评福州市"十一五"主要污染物总量减排工作先进个人,1人获评第二届福州市杰出科技人员,2人获评市政协十一届优秀委员。

【参政议政】 在各级"两会"上,社市委提交提案、议案和建议130件。其中向全国政协全会提交委员提案12件,在省政协全会提交大会发言1件和党派提案3件,在市"两会"提交提案或建议55件。《大力发展低碳经济,加强转变发展方式》获省委常委、市委书记袁荣祥批示。《关于发展我省科技风险投资业的建议》获第八届福建省科技工作者优秀建议提名奖,并被评为全国"为全面建设小康社会作贡献"献言献策优秀成果。《关于大力扶持立体绿化的建议》被市政协列为重点提案。在市十一届政协表彰大会上,《加快科学发展,创建宜居城市》获优秀大会发言奖,《关于保护修复"三坊七巷"的几点建议》获优秀调研成果奖,3篇提案获优秀团体提案奖,6篇提案获优秀委员提案奖。

开展调研活动,完成生态园林城市、休闲经济、文化创意产业知识产权保护、发展海洋经济、县域经济发展等方面的调研报告6篇。其中《关于加强文化创意产业知识产权保护的建议》《依靠科技推进海洋经济跨越发展的建议》《关于我省一般发展水平县域产业结构优化的建议》3篇调研文章分获2011年"海西论坛"一、二、三等奖。

编辑上报社情民意信息163条。其中,被全国政协、中央统战部、九三学社中央采用10条,被省委办、省政协采用

10月23日,市致公党接待北美致公协会访问团一行。

65条，被市委办、市政协采用91条。《对中共福建省第九次代表大会开幕的反映》等2条获省委书记孙春兰批示，《关于降低咪表收费标准，控制咪表盲目投资和乱设置的建议》获副省长、市长苏增添批示，《建议福州设立于山和乌山风景名胜区》获副省长洪捷序批示，《我市应加强城市供水应急系统建设》等3篇获市领导批示。

【政治学习】 开展树立和践行社会主义核心价值体系学习教育活动。一是组织各基层组织和成员学习中共十七届五、六中全会精神，中共中央总书记胡锦涛"七一"讲话和省市党代会精神。组织社员参与九三学社中央"纪念中国共产党成立90周年辛亥革命100周年暨社章社史100题"知识竞赛，开展书画摄影作品征集、专题征文、红歌卡拉OK比赛、考察调研、座谈会等系列活动。二是注重传统教育与学习典型相结合，开展向杨佳同志学习活动，组织社员参加纪念九三学社建社66周年暨树立和践行社会主义核心价值体系先进事迹报告会。举办读书班，引导社员忆社史、学社章、学多党合作历史和统一战线理论。三是发挥媒体宣传作用，在社市委网站、《福州九三》社刊开辟专栏，刊登纪念文章、推介社员先进事迹、反映社务工作动态、报道参政议政成果等。在各级两会期间，社市委有10多人次接受人民网、《福建日报》《福州日报》等媒体采访，22篇提案、建议被媒体刊载。

【组织建设】 完成社鼓楼区工委所属支社的换届和长乐市委会、台江工委、台江第五支社的届中调整，成立鼓楼第八支社、台江第六支社。新发展27名社员，平均年龄37.49岁，其中高中级职称占74.01%。安排14名社员参加第二十一期各民主党派无党派人士进修班、2011年度九三学社福建省委会社员骨干培训班、福州市第三期党外干部培训班。开展"走基层、讲传统、作表率"活动，赴鼓楼、长乐、闽侯、连江、仓山等地开展调研，就组织发展、组织建设和后备干部队伍建设等与社员们座谈。

12月16～17日，社市委召开第六次社员代表大会，进行换届工作，选举产生由17名委员组成的九三学社福州市第六届委员会，林绍彬当选主任委员。

1月26日，市九三学社赴罗源县王庭洋村慰问贫困户。

【社会服务】 与华美社区签订共建共创文明协议书，对晋安区华美、砌池社区10个贫困户进行帮扶。联合市红十字会到下派干部捆绑帮扶村罗源县王庭洋村慰问10户低保困难户。在日溪乡东坪村开展科技扶贫活动，提供种苗和相关技术培训等服务，争取项目经费5万元。参与九三学社省委组织的贵州省威宁县"同心·智力行"活动，促成晋安区3所小学与威宁县3所小学结对帮扶。开展科技卫生下乡、进社区活动，组织社内医疗专家参加2011年福州市科技·人才周活动，与晋安区工委、晋安区科协、连江支社联合在晋安区茶会社区、连江开展健康咨询、义诊和第二十三届"国际科学与和平周"活动，为当地民众进行义诊，并发放各类医疗、科技宣传材料近千份。

（吴陈勇）

台盟福州市委员会

【概况】 2011年，台盟福州市委会有基层组织4个，盟员93人，其中新发展盟员3人。盟员平均年龄53岁，具有中高级职称39人，各级人大代表6人，政协委员26人。全年提交提案（议案、建议）53件，报送信息80多条。年内，台盟市委获台盟中央参政议政先进集体称号。

【参政议政】 在各级"两会"上提交提案、议案、建议53件，向中共市委统战部、市政协等部门报送信息80多条，其中14篇被省政协采用，20篇被市政协采用，2篇获省、市领导批示。完成《突出名城特色，打造海西旅游中心城市》《关于台湾农民创业园的几点建议》《关于破解福州市"两权证"历史遗留问题的建议》《关于加强涉台文物史迹旅游开发的调研》《关于解决动漫产业融资难的建议》等7篇调研课题，其中《浅析我市土地证历史遗留问题的成因及对策》《关于新生代农民工文化融入的思考与建议》2篇调研报告被台盟福建省委会评为重点调研报告。

【政治学习】 3月，召开盟员学习会，传达学习全国"两会"、盟省委八届十五、十六次全委会、台盟福建省第八届委员会盟员代表大会精神；开展树立和践行社会主义核心价值体系活动。5月，组织青年盟员及所联系台胞开展"传承五四精神，服务海西规划"主题活动；传达市委统战部贯彻落实《海峡西岸经济区发展规划》动员大会精神。7月，举办2011年度暑期读书班，邀请全国人大代表、盟省委原副主委陈正统作台情报告讲座;邀请市台办联络处处长陈彪作赴台注意事项讲座;组织盟员和所联系台胞学习贯彻中共中央总书记胡锦涛“七一”讲话。盟市委同时还通过每周机关例会,以及不定期的政治学习,提高机关干部的政治素质和水平。

【换届大会】 12月13～14日,召开台盟福州市第七次盟员大会,审议通过《台盟福州市第六届委员会工作报告》和《台盟福州市第七次盟员大会决议》,选举产生台盟福州市第七届委员会,市政协副主席郑建闽连任台盟福州市委员会主任委员。

【服务榕台交流】 协办“榕台青年夏令营”联谊活动,使更多的台湾青少年尤其是中、南部青少年有机会了解中国大陆。协办“第二届海峡两岸船政文化研讨会暨纪念辛亥革命100周年·福州船政与辛亥革命”活动,发挥船政文化连接两岸同胞感情的文化纽带作用。向台湾同胞宣传福州的各项投资优惠政策,鼓励、动员岛内台商到福州投资。深入在榕台企,了解他们在投资中遇到的问题以及对建设平潭综合实验区的意见建议,并向有关部门反映。全年接待台湾客人10批118人次,走访慰问台商90人次。

【社会服务】 赴永泰慰问挂钩的清凉镇村尾村困难群众和下派干部,并与村尾村签约结对共建;赴连江县东风村慰问困难学生;走访鼓楼区福屿社区慰问困难群体;慰问福州第二福利院,送去近4000元的慰问品,并以捐献衣物、义卖工艺品等方式帮助福利院孤残人员。全年捐助公益事业3万元。

(谈张德)

福州市工商业联合会

【概况】 2011年,福州市工商联会员数2.05万家,基层商会11家,行业协会10家。异地商会73家,其中市级异地商会38家(在外26家、在榕12家),县级异地商会35家,异地商会企业会员9808家,个人会员1.04万人。在非公经济人士中,市人大代表28人,政协委员66人。全年上报议案、提案30多份,社情民意等20多件,引进回归工程对接项目112项。

【参政议政】 开展“百家非公企业大调研”活动,到会员企业开展调查研究,了解企业发展状况,听取企业的意见建议,形成议案、提案30多份,情况反映和社情民意专报等20多件,上报市委、市政府;开展专题调研,围绕推动民营经济加快发展方式转变、加强异地商会管理、创新社会管理等方面展开调研,形成6篇调研报告,上报省工商联、市政协、市委统战部等供参考;引导非公经济代表人士建言献策,多次召开座谈会、征求意见会等,吸收他们对促进非公经济发展的意见建议;规范信息工作机制,在13个县(市)区工商联、30家异地商会、10多家基层商会和行业协会以及近百家重点企业设立信息联络员,构建面向基层的信息沟通网络。

【回归工程】 市工商联把握省委、省政府举行全省民营企业产业项目洽谈会的契机,联合市经委、市回归办等部门,将对接民资项目作为当年回归工程的重点,全市引进产业项目112项,投资额2247亿元,其中具备签合同条件的项目69项,投资额1075亿元。

【换届大会】 12月20日,召开福州市工商业联合会(总商会)第十三次会员代表大会。会议通过《福州市工商业联合会(总商会)第十三次会员代表大会决议》,选举产生新一届执委会,雷成才当选新一届工商联主席。

【服务会员】 拓展融资方面,组织“百家中小企业与银行、担保公司对接”活动,推动三方加强合作,拓宽非公企业与异地商会会员企业的投融资渠道,至年底,累计有2500多家中小企业与银行、担保公司签订各类合作协议。职称评审方面,与市公务员局联合开展两次非公经济人士专业技术人员职称评审,上半年有185名非公有制企业专业技术人员通过考核与评审,并获得相应职称,其中中级职称123人,初级职称62人。进修培训方面,联合市委统战部在市委党校免费为50名非公经济代表人士举办研修班,组织50名非公经济代表人士到清华大学参加高级研修班,先后组织非公有制经济人士及其企业管理人员8407人次参加11场企业发展战略、企业高管培训、企业投资与上市操作等各类专题培训讲座。宣传推介方面,依托福州新闻网,开辟“榕商频道”网络宣传载体,为海内外榕商提供回归项目、政策法规、投资指南等信息。创办《榕商》内刊,展示福州市非公有制经济的发展情况和市工商联的服务宗旨,树立宣传非公经济人士先进典型12人。健全管理制度方面,建立在榕异地商会、行业协会、基层商会每月例会制度,每月定期召开一次会议,传达贯彻各级有关非公有制经济发展的最新精神,研究解决商会建设与发展过程中存在的困难和问题。年底,市工商联的异地商会工作经验在全国商会建设工作座谈会上作专门介绍。

【社会服务】 在助学助困方面,引导各异地商会以及非公经济人士通过海西“春风·春雨·光彩”行动、感恩助学活动和“善能助学”计划等,采取对口帮扶、“一对一”帮扶、设立助学基金等形式,长期资助家乡以及在异地商会所在地就学的困难群体和贫寒学子。在安置就业方面,与市劳动局、市总工会联合举办“民营企业招聘周”活动,缓解用工与就业方面的供需矛盾。在参与“榕商联村”方面,广州福州商会与上海福州商会分别捐资120万元与罗源县洪洋乡石溏村、永泰县葛岭镇台口村结成帮扶对子。全年帮扶15个少数民族村,涉及3755户1.47万名群众,落实300万帮扶资金,帮助解决饮水难等问题。

(余　芳)

(编辑　郭进绍)

社会团体

福州市总工会

【概况】 2011年,福州市总工会团结动员全市职工为推动“文明福州持续文明”,服务科学发展新跨越贡献力量。开展党工共建创先争优活动,评选表彰市劳动模范280人,新命名市级“工人先锋号”“五一先锋岗”836个。推进职工技术创新,10项创新成果获第二十届全国发明展览会金奖。拓宽职工利益诉求渠道,受理信访1457件次。至年底,全市有基层工会1.7万家,涵盖法人单位3.56万家,工会会员约175万人,企业法人单位组建率85%以上,职工入会率87%以上。全市各级“工人先锋号”2799个,数量居全省首位。

【“工人先锋号”创建】 以创建“工人先锋号”活动为载体,以“比学赶超促跨越、开局之年作贡献”为主题,组织全市基层企业和职工投身“当好主力军、建功十二五”创先争优劳动竞赛系列活动。在高速公路、民生工程、城区地标、内河整治等重点建设项目工程开展以“比优质工程、比安康工程、比和谐工程,创‘工人先锋号’”为主题的“三比一创”劳动竞赛活动;在公交出租车、邮电通信、金融、医务、教育、旅游景点等服务行业开展以建设和谐宜居文明城市为目标,以爱岗敬业、提升质量、诚实守信、创新服务为内容的争创“工人先锋号”劳动竞赛活动;在《福州日报》开辟“来自工人先锋号的报道”专栏,报道连江清禄鞋业、福州超高压输变电局等30多个“工人先锋号”班组先进事迹,在全市职工中营造爱岗敬业、比学赶超、争作贡献的氛围。

【职工技术创新】 开展“名师带高徒”“节能减排职工行动”等活动,“五一”期间表彰“十佳技师”“十佳职工发明人”“十佳技术创新能手”“十佳带徒名师”和“十佳创新班组”;命名“职工创新工作室”47个,“职工创新设计室”20个,“职工创新小分队”64个;征集558项职工创新成果参加第六届“6·18”海峡两岸职工创新成果展,获金奖110项,银奖129项,铜奖112项,获奖数占全省43%;征集65项职工创新成果参加第二十届全国发明展览会,获金奖10项,银奖13项,铜奖23项,获奖数占全省获奖总数的1/3;举办“我为企业发展献一计”——第三届“金点子”大赛,参与职工32万多人,提出“金点子”近10万条。

【职工教育培训】 开展“坚定不移跟党走”职工主题教育活动,引导广大职工坚定理想信念,践行中国特色社会主义工会发展道路。开展“创建学习型组织,争做知识型职工”活动,推动职工文化社团和职工文化阵地建设,市工人文化宫主体工程实现封顶。加强“职工书屋”建设,引导职工“好读书、读好书”,培育国家级职工书屋5家,省级职工书屋13家。举办以“跨越2011”为主题的福州市职工文艺展演比赛,营造职工与企业内在和谐、相融共进的发展氛围。

畅通技术工人成长成才渠道,推进100个职工职业技能实训基地建设。全市取得各类职业技术等级、资格证书的职工近13万人。在园林、纺织、制造、窗口服务、IT等行业举办职工技能竞赛专场活动,参赛职工6.37万人;联合市园林局举办“我为福州添美景”园林专场职工职业技能竞赛;在市房地产交易登记中心举办首届窗口服务职工技能竞赛;联合市人力资源和社会保障局举办制造业、纺织业职工职业技能竞赛;在软件园举办IT高新技术人才专场竞赛。

【职工权益维护】 参与市政府涉及职工利益的法律、法规、政策,尤其是企业改制安置方案的制定、修改。发挥工会界人大代表、政协委员作用,建立市总工会与市人大常委会内司委联系会议制度,拓宽职工诉求渠道。建立健全工会领导信访接待制度,加强“12351”职工维权热线建设,拓宽职工利益诉求渠道,受理职工各类信访案件1457件次,比降46.2%。推动企业普遍开展工资集体协商,全市签订集体合同5012份,覆盖建会企业29004家,覆盖职工135.4万人;全市签订工资专项合同4873份,覆盖建会企业28317家,占建会企业总数的94.39%,覆盖职工132.4万人,培训各级工资集体协商指导员和职工协商代表3371人次。开展厂务公开、职代会建制专项行动。全市建会企业建立职代会制

7月4日,市总工会在工人文化宫改扩建工地启动"关爱职工·夏送清凉"工作。

度16517家,占基层工会数的97.32%;建立厂务公开制度的企业16941家,占基层工会数的99.8%。

开展劳动法规宣传教育和"安康杯"竞赛,引导职工依法维护自身权益,促进相关法律、法规的贯彻实施,近百家集体被评为全国、省、市"安康杯"先进单位。加强工会劳动保护监督队伍建设,8000名工会小组劳动保护检查员经培训持证上岗。推进"和谐企业"创建工作,获评"福建省和谐企业"45家、"福州市和谐企业"232家。开展"职工之家"创建工作,获评"全国模范职工之家"8家。开展"关爱职工·夏送清凉"防暑降温慰问活动。

【职工帮扶服务】 全市建立职工服务站示范点20个。市、县(市)区两级全部建立困难职工帮扶中心,为职工群众提供集推荐就业、法律援助、困难帮扶、生活救助于一体的快捷方便、一站式、综合性服务。全年采集就业岗位3.5万多个,举办各类招聘活动20多场次,帮助2456名职工实现就业、再就业。筹措1119.12万元助学金,帮助1万多名困难职工子女就学。协调社会爱心组织建立12个勤工俭学基地,安排312名困难职工子女勤工俭学。开展职工医疗互助活动,福州市第一期职工医疗互助活动参加职工12万多名,补助1787人次,支付补助金额295.98万元;第二期职工医疗互助活动参加职工12.21万人,补助182人次,支付补助金额28.97万元。举办"情系海西·爱在榕城"2011年新福州人集体婚礼,调动新福州人在福州发展、创业的积极性。"两节"期间,各级工会筹措送温暖资金1223万元,慰问困难企业300家、困难职工(含农民工)1.25万户。开展春节"平安返乡路"和"温馨在榕城"活动,帮助农民工返乡近15万人次,帮助农民工购买车票14.5万张,并组织留榕农民工共进年夜饭。

(陈丽燕)

共青团福州市委员会

【概况】 2011年,福州市有团组织2.1万个、团员42.77万人。党建带团建、党团共建创先争优、参与社会管理创新等工作位居全团前列,中央创先争优领导小组办公室刊发简报介绍福州团市委的工作情况;青年就业创业、非公团建、组织格局创新、团队经费落实、舆论阵地建设等工作在全省共青团综合排名中位居榜首。年内,团市委获全国优秀志愿服务集体、全国帮助青年创业计划优秀组织奖、全国保护母亲河行动先进集体、第五届全国特奥会优秀组织奖、福建省文明单位、福建省学习型组织先进单位等称号。

【服务科学发展】 组织1028家青年文明号集体与青年突击队结对联建,促进重点项目工程建设提速增效;开展"青年岗位技能比武",鼓励青年参与创新创造;举办青年普工"订单式"培训班、就业直通车和"寻工专列"大型招聘会等98期,服务企业缓解用工压力;组织5166人次青年志愿者服务"5·18"海峡两岸经贸交易会、"6·18"海峡项目成果交易会等;对照测评标准,开展"全城公益一小时"和"我们一起让福州变得更美"等系列活动,服务全国文明城市创建。接待23个团组2377名台湾青少年到榕考察交流,举办17场榕台青年经贸交流活动,推动农业、环保和文化创意等领域的产业项目对接。

【服务青年创业】 以组织就业创业技能培训、完善中国青年创业国际计划(YBC)工作网络、发放小额贷款、举办大型招聘会、建立就业见习和创业孵化基地等方式,服务青年就业创业。全年联合相关金融机构发放贷款1.2亿元,成功申报YBC青年创业项目95个,建立青年就业创业见习基地255家,举办青年就业创业培训班和就业专场招聘会237场,为3.27万名青年提供就业创业帮助。在全省率先成立大学生创业园和青年文化创意园等一批青年创业孵化基地。

【思想政治教育】 以纪念建党90周年、"五四"运动92周年和省、市党代会召开为契机,开展"永远跟党走,青春促跨越""红领巾心向党""敢为能为有为,服务跨越发展"等主题教育活动,引导全市青少年坚持把个人理想与民族复兴、福建发展、福州建设紧密结合起来。全年开展党史宣讲、青年马克思主义者培训、青年干部座谈、"五大战役"标兵选树、青春红歌会、"美德少年"评选和革命传统教育基地命名等活动178场,初步构筑起覆盖各类重点青年群体的分类引导体系。

【参与社会管理】 建立"社工+志愿者"为前沿主力、"12355"服务台和鲲鹏青少年事务中心为受理平台,福州青少年事务社工协会为后台支撑的立体化青少年事务服务体系。全年为青少年提供心理咨询、法律援助、就业指导等服务3万多人次,动态监控初中毕业未升学青少年生存发展信息4064人,结对帮扶323所学校的务工人员子女7.8万人。

【维护青少年合法权益】 起草《福州市社会闲散青少年的基本情况》和《福州市罪错闲散青少年调查分析报告》,推动建立关爱闲散青少年的数据收集、查询、分析、帮扶机制。开展"大爱福州·温暖2012"福州共青团服务万名外来务工青年大型公益活动、共青团与人大代表政协委员"面对面"、希望工程助学、"关爱农民工子女志愿服务"等活动,募集捐款253万余元,帮扶贫困生716人,援建希望小学2所,征集提交涉及青少年权益的提案建议1013条。

(胡 超)

福州市妇女联合会

【概况】 2011年,福州市有县(市)区妇联12个、街道妇联43个、社区妇联460个、乡(镇)妇联130个、村妇代会2193个。市妇联以建设"坚强阵地"和"温暖之家"为目标,团结动员全市妇女为推动福州经济社会发展作贡献。全年发放妇女创业小额贷款1.39亿元,组织农村妇女农业实用技术培训近8000人,发放"春蕾计划"助学款92.42万元。

【妇女创业就业服务】 搭建妇女创业就业平台,协调财政局、人社局和金融部门做好扶持妇女创业小额贴息信贷工作,召开该项工作推进会,组织人员到基层指导妇女创业小额贷款工作,确保1亿元贷款任务完成。全市发放贷款1.39亿元,获得创业贷款妇女2153人。开展福州市十佳"巾帼示范基地"评选表彰活动,树立妇女参与新农村建设、发展规模化农业的典型,带动更多农村妇女主动创业增收。联合市人社局、市公务员局举办女性专场招聘会,为农村进城务工妇女、城镇失业妇女、女大中专毕业生等提供就业服务。各级妇联全年举办招聘会60期,提供岗位2.55万个,帮助2854名下岗失业人员就业。组织女企业家参加"5·18"海峡两岸经贸交易会、"6·18"海峡项目成果交易会,有2家企业实现项目签约,总投资3000多万元。

开展农业实用技术培训工作,全市妇联系统举办新农村建设女性大讲堂95期,参训农村妇女近8000人。培训内容涉及福州市五大农业主导产业的种养殖、产品加工、质量安全、市场营销等各个环节,提高农村妇女的学习能力、竞争能力和生产致富能力。

深化"巾帼建功"品牌工作。联合市广电集团举办纪念"巾帼建功"20周年女性职业技能风采展示暨颁奖晚会;举办2011年新上岗巾帼文明岗负责人培训班,并以"学楷模,跟党走,建新功"为主题,开展交流考察活动;开展"巾帼创新功 岗位争优秀""服务满意竞赛活动""学习厦航,打造优质软环境"等主题活动,提升服务水平;复查考核历年受表彰的718个市级巾帼文明岗,继续保留701个,规范文明岗管理。

【引导妇女参与和谐社会建设】 加强妇女思想道德建设,围绕纪念建党90周年的主题,组织妇女学习贯彻中共中央总书记胡锦涛"七一"讲话精神,开展革命歌曲大家唱、女性摄影展、各界妇女看福州等活动,激发爱党爱国热情。

开展2010~2011年度"三八"红旗手、"五好"文明家庭的评选推荐工作,发挥家庭在促进社会和谐稳定中的重要作用。开展家庭助廉教育活动,征集评审廉洁治家优秀格言警句,并将优秀作品印制成册,发放到基层。牵头召开廉政文化进家庭工作联席会议,制定《福州市家庭廉政文化建设联系会议制度》,促进反腐倡廉宣传教育和廉政文化"六进"创建活动深入开展。围绕全市创建全国文明城市的工作部署,利用广播、电视、报刊、公共宣传广告栏等宣传媒体和激情广场群众文化阵地,宣传家庭美德规范内容,确保在较短的时间内实现家庭美德知晓率高于80%的测评指标任务。

开展巾帼志愿服务活动,发动各巾帼·家庭志愿者队伍参与秩序维护、文明劝导、入户宣传等创建全国文明城市志愿服务活动。开展"红红火火过大年""敬老助老·爱在身边"、关爱女农民工及其子女等送温暖、献爱心活动,引导妇女、家庭在创建全国文明城市、建设和谐宜居福州中发挥作用。

【促进榕台妇女儿童交流】 联合台湾高雄县妇女会、新北市青溪新文艺学会主办"和谐海峡·快乐家庭"福州—高雄、新北海峡两岸家庭联谊活动,两岸快乐家庭40多名成员参加联谊。福州市结对家庭代表也赴台进行为期7天的回访交流活动。举办"两岸同心·共绘和谐"海峡两岸女书画家交流笔会,增进两岸妇女同根同源、同文同宗的情谊。

【维护妇女儿童权益】 开展2001~2010年"妇女儿童发展纲要"终期评估,通过省级终期督察。推进新一轮纲要的编制和颁布工作,2011年市政府第40次常务会议原则通过新纲要,明确由市政府颁布实施。推进福州市海峡妇女儿童活动中心建设,协调相关单位开展项目选址、立项、环评、设计、征地拆迁、招标等工作,并于9月动工,至年底完成投资额3062.78万元,桩基工程基本完成。配合卫生和民政部门,开展第二轮城乡低保妇女免费妇女病检查的协调、组织工作。

加强法制宣传教育,利用"三八"节、"6·26"国际禁毒日、"12·4"法制宣传日等时机,组织维权文艺表演、广场法律宣传咨询、志愿签名、书法作品展、巡回演讲、专题讲座、有奖竞答、播放专题电影、法律图片展、慰问等多种形式的法制宣传活动,提高妇女学法用法,依法维权的能力。同时开展平安家庭创建、普法培训班等活动,扩大普法宣传面,增强妇女法律意识、平安意识。

参与社会管理创新,在晋安区前屿村举行妇女议事制试点启动仪式。开展矛盾纠纷排查调处工作,组织"省市区妇联主席下基层大接访"活动;中秋期间,开展"送服务、助帮教、促回归"温暖教育主题活动,组织心理专家与在押女犯开展"一对一"心理咨询活动。与闽侯县甘蔗街道三福社区签订结对共治协议,将该社区定为市妇联预防青少年违法犯罪工作的联系点。召开"平安家庭"创建工作现场会暨表彰大会,表彰"平安家庭"24个、示范社区(村)99个和标兵户100户。参与农民工工作督察活动和流动人口"一站式"服务,受理妇女信访投诉,提供法律援助和心理咨询服务。市妇联系统全年受理信访案件1362件次,其中来信43件次,来电605件次,来访697件次,网络来信17件次,办结率100%。

【关爱流动留守儿童及"春蕾女童"】 协调推进"共享蓝天·共建和谐"全市关爱农村留守流动儿童联合行动,普查统计全市留守儿童,了解他们的家庭、学习、生活情况。扩大"爱心妈妈"队伍,两节和"六一"期间,慰问贫困留守流动儿童219人,慰问金额10.95万元。丰富留守流动儿童的课余生活,援建"春蕾爱心书屋"17个,兴建留守流动儿童之家11个,捐赠图书、体育器材价值20余万元。举办"幸福家庭·和谐社会"庆"六一"运动会,促进城市家庭和农民工家庭之间的交流沟通。举办"关爱留守儿童,关注祖国未来"夏令营活动,同时针对留守流动儿童暑期监管的真空时段,发动社会各界爱心人士与农村留守流动儿童结成"1+1"对子。

实施"春蕾计划",开展贫困女生的调查摸底工作,确保将资助款用到最需要资助的女童身上。全市各级妇联举办各种形式的捐资助学活动,发放"春蕾计划"款92.42万元,资助义务教育阶段"春蕾女童"1007人、贫困女高中生112人、贫困女大学生130人,向资助者转达贫困女生感谢信253封。

【家庭教育工作】 举办家庭教育骨干培训班,并在全市中小学、幼儿园开展争创"福州市第三届优质家长学校"活动,提升家长学校办学水平。到家长学校、社区和乡镇举办家庭教育公益大讲堂巡回报告会57场次,培训家长、家长学校骨干2.5万多人次。开展早期亲子家庭教育活动,举办"相约读书日·阅读伴成长"早期教育公益讲座,普及科学家教知识。

【妇联基层组织建设】 开展"千村妇代会创先争优"活动,推进"妇女之家"建设,指导县区妇联通过"妇女之家"开展各种活动,组织百优"妇女之家"评选表彰工作。联合市委组织部举办2011年乡镇(街)妇联主席培训班和全市妇女干部培训班,93名乡镇(街)妇联主席和50名女干部参加培训。推荐女领导干部和基层妇干参加省妇联等部门举办的培训班。

(林燕芳)

福州市文学艺术界联合会

【概况】 2011年,福州市文联有作家协会、美术家协会、音乐家协会、书法家协会等11个文艺家协会,会员约5000人。年内,以纪念建党90周年和辛亥革命100周年为主线,组织各类文艺活动,打造地域文艺品牌,开展对台文化交流,扶持诗歌、漆艺、音乐等艺术创作,有50余件作品获得国家级和省级奖项。

【主题系列活动】 6月26日,与市委宣传部共同主办"光辉的旗帜"庆祝建党90周年音乐朗诵会。6月30日,与市委宣传部、市委党史研究室、市文化新闻出版局联合主办"红色印记"纪念建党90周年福州市美术、书法、摄影作品联展,并出版同名画册;举办"漆彩中国"庆祝建党90周年网络漆画展。7月20日,与市妇联共同举办"颂歌献给党"福州市纪念建党90周年女性摄影展。10月17日,与市委宣传部、市教育局等联合主办"林觉民故乡行"海峡两岸少儿书画采风行活动。10月20日,举办"辛亥百年沧桑巨变"摄影展。在《闽都文化》开设专栏,刊登纪念建党90周年、辛亥革命100周年的文章,缅怀福州革命先烈。

【特色文艺活动】 1月21~22日,与闽江学院、省漆艺文化研究会共同主办"寻根"福州老脱胎漆器收藏展品品鉴会,展示20世纪80年代福州的脱胎漆器精品。

1月27日,与省图书馆、省海峡文艺出版社、省诗歌朗诵协会共同举办"春天里"诗歌朗诵音乐会,在省图书馆举行。

2月25日,纪念福州东方书画社成立30周年座谈会在于山堂举行,省政协、省文联及全省书画团体相关负责人出席活动。会议期间,举行"福州市文艺产业著名品牌基地"授牌仪式、红星宣纸系列产品闽台总代理现场签约仪式等活动。纪念东方书画社成立30周年题词展、名家名作邀请展、书画交流笔会等活动相继开展,免费向市民开放。

5月18~22日,市文联在"5·18"海峡两岸经贸交易会的版博会上首次承接海峡两岸原创音乐展区参展工作,以全新的形式展示海峡两岸原创音乐,为两岸音乐人提供交流平台,邀请福建本土和台湾歌唱家现场演唱。

8月6日,由市政府斥资100万元,市文联组织省内知名画家创作的5幅壁画通过专家组验收,交付福州南站使用。

8月25日,由省文史馆、市闽都文化研究会主办,市文联、海峡文艺出版社、市民间文艺家协会承办的"纪念《闽都别记》刊行百年暨闽都文化传播研讨会"在福州召开,百余名海峡两岸闽都文化研究专家学者参会。《〈闽都别记〉与闽都文化研究文集》在研讨会上正式发行。

9月9日,与省文联、省作协、市社科联共同举办蒲风诞辰100周年纪念大会,同时举办长篇传记《蒲风传》首发式,蒲风诞辰100周年纪念封、纪念邮票首发式和纪念封签名仪式。

9月13~14日,市文联分别在石鼓别院和百家会成立福州市文学艺术创作基地。

10月21~24日,举办2011年城市摄影发展战略研讨会,全国15个省(市、自治区)28个城市摄影社团负责人出席活动。

12月26日,邀请谢冕、孙绍振、徐敬亚3位诗歌理论权威到福州参加"温泉文学论坛",还举办"源脉诗心·温泉实景诗歌朗诵会"。

12月26日,由市文联主办的2011年通仙杯"福州记忆"原创歌曲创作演唱大赛演唱会暨颁奖晚会在于山九日台举行。该项活动历时3个多月,分别从近100首以"福州记忆"为题材的创作歌曲中选出30首优秀原创作品,从400多名参赛选手中选出22名优秀歌手参加总决赛。

【文艺精品创作】 注重培育具有地方特色的文艺精品，组织各类研讨、观摩活动30多场，扶持选题好、创作实力强的文艺创作，编辑出版《闽都作家文丛（第一辑）》和《闽都文化》文学专号，完成《乡亲们》《小说手册》《英雄的走向》等20余部作品创作。闽剧《红裙记》获中国戏剧节优秀剧目奖，闽剧《南归梦》获田汉戏剧奖，话剧《青春起跑线》获第三届中国戏剧奖·校园戏剧奖优秀剧目奖，双人舞《青恋》获第九届全国舞蹈比赛优秀创作奖，张钧、林传生、柯学刃作品入展全国第十届书法篆刻展，摄影《劳动者之歌》获2011大众摄影优秀奖，摄影《飞羽瞬间》获第二届中国国家地理摄影大赛金奖，漆画《十三点》获全国第四届青年美展优秀奖。福州有39件作品获福建省第六届百花文艺奖，获奖数量、获奖等级均创历年之最。其中校园剧《青春起跑线》、福州评话《网上情缘》、伬艺《水榭欢歌》、摄影《橱窗里的风景》4部作品获特别荣誉奖；电视片《天趣人意——福州脱胎漆器》、闽剧《红裙记》、歌曲《鼓山》、中篇小说《风火墙》、漆画《为同一个梦想》5部作品获一等奖，实现福州在省百花文艺奖一等奖上零的突破。还有多部作品在省第十一届音乐舞蹈节、省首届兰亭书法展、省首届“金钟花奖”声乐比赛、省第二十四届优秀文学作品奖评奖等重要奖项中获得优秀成绩。

【文化交流活动】 承办“第四届国际新移民华文作家（闽都）笔会”，邀请全球50多名华文作家、学者齐聚榕城，探讨华文文学的创作和研究，并组织作家、学者在榕采风。围绕福州市与日本那霸市缔交友好城市30周年，与那霸市文化交流协会签署福州市、那霸市文化交流协定书，促进两地文化交流，增进两地人民友谊。接待中国文联党组副书记、副主席李屹率领的中国文联调研组到榕考察调研。在北京举办“漆·沈克龙艺术展”、在上海举办“漆、器、气”汪天亮个人漆艺作品展。组织文艺家参加“辉煌90年”全国10个城市大型美术、书法、摄影作品邀请展，与高雄、陇南、安顺、泉州、三明联合举办“海峡情缘”友好六市摄影联展，并缔结友好摄影协会。在榕举办英国女摄影家Celest生态摄影展。组织文艺家赴闽西革命老区、贵州贫困地区以及四川、陕西等地开展对口交流。

【榕台文化交流】 以摄影、音乐、民俗等艺术为突破口，举办“海峡两岸摄影名家聚焦福州”摄影展、福州市首届海峡两岸摄影作品交流展、2011年海峡两岸民俗文化节，邀请两岸音乐人在第二届版博会原创音乐展区参展参演等；以两岸共同景仰的人物事件为切入点，邀请海峡两岸少年代表在林觉民故乡采风，并现场创作书画“百米长卷”，增进榕台两地少年的文化同宗共源的认同；以闽都文化为切入点，邀请台湾著名专家、学者、文艺家参加纪念《闽都别记》刊行百年暨闽都文化传播研讨会。

【文化惠民活动】 组织文艺家和文艺工作者利用传统节庆日分赴部队营区、基层乡村、社区企业进行慰问演出、书画笔会活动。全年开展公益惠民活动130多场次，赠送书画作品200多幅。另外，每周举办“墨香飘万家”活动，推动书画艺术走入民间。举办全民摄影培训班，开展“爱我福州”摄影作品联展，带动全民摄影热潮。帮助新见村、大坂村等成立乡村书屋，培训基层文艺骨干。

（杨绪光　郑　佳）

福州市社会科学界联合会

【概况】 2011年，福州市有县级社科联12个，市属中国特色社会主义理论体系研究基地6个，市级社会科学普及基地7个，省级社会科学普及基地3个，社科类学会（协会、研究会、促进会）57个，其中新成立2个（福州市传统文化促进会、福州市闽都文化研究会）。学会团体会员1900多个，个人会员约1.3万人。年内，完成市人力资源和社会保障学会、市统计学会、市会计学会等社科学会的换届工作。市社科联获评“全国大中城市先进社科联”。

【理论学习】 7月7日，召开福州市社科界学习贯彻中共中央总书记胡锦涛“七一”讲话精神座谈会。市属理论研究基地，社科类学会、研究会的专家学者结合福州革命、建设和改革实际，围绕理论、思想、政治、经济、文化、法治等方面，回顾在中国共产党领导下各项事业发展取得的成就。下半年，组织社科专家学者为福建科学发展、跨越发展建言献策，其中“当代福州脱胎漆器的保护、传承和开发利用”“建构服务海西科技创新的公共行政平台”“对福州温泉旅游产品的组合开发思考”等11篇被省社科联评为优秀建言。

【学术活动】 1～8月，与市政协、市海峡两岸和平统一促进会等单位联合开展“辛亥革命与福州”征文活动，出版《辛亥革命与福州》纪念专辑。3～6月，与市委宣传部、市委党史研究室等单位联合举办“福州市纪念中国共产党成立90周年理论研讨会”征文活动，出版论文集《党旗红·新跨越》。3～8月，组织编写安泰河、白马河、晋安河等内河导游词并提交使用。5月25日，与市文新局、台湾顺天圣母联谊会等单位联合召开首届海峡（福州）顺天圣母陈靖姑文化研讨会。8月，组织编著的《闽都文化概论》公开出版。12月10日，与市三坊七巷管理委员会联合举办“三坊七巷与台湾”文化研讨会。12月22日，与市社会科学院等单位联合承办第五届中国（福州）船政文化研讨会，海峡两岸150多名专家学者参会。

【文化活动】 3月3日，与市委文明办、市传统文化促进会在三坊七巷举办闽都“孝”文化活动，表达“孝德我传承、孝德我践行、孝德我宣扬”的活动宗旨。4月10日，与市传统文化促进会在林觉民故居举办祭祀林觉民烈士活动，纪念辛亥革命百年。5月2日，与三坊七巷管理委员会、市传统文化促进会在三坊七巷水榭戏台举办“玉尺·孟夏”诗词吟诵活动。6月6日，与省文史馆、市委文明办、三坊七巷管理委员会等单位联合举办“儒雅吟诗、品味端午”闽都文化诗词吟诵会。9月，参与组织“我们的节日·重阳”主题活动和省、市“书香八闽”读书月活动。

【社会科学宣传普及】 9月,市档案馆、中国船政文化博物馆、鼓楼区闽都乡学讲习所、长乐市博物馆获福州市第二批社会科学普及基地称号,中国船政文化博物馆获福建省第二批社会科学普及基地称号。9月17~23日,组织主题为"学习科学知识、推动跨越发展、服务海西建设"的"2011年福州市社会科学普及宣传周"活动。9月17日,市社科联所属10个学会和鼓楼区50名志愿者参加在温泉公园主会场举行的"福建省2011年社会科学普及宣传周"开幕式和社科咨询普及活动。活动周期间,各县(市)区委宣传部、社科联举办社会科学百场报告会、社科咨询普及、社科专题讲座、社科歌曲传唱等活动,部分人文展馆免费向市民开放。

(严　平)

福州市红十字会

【概况】 2011年,福州市红十字会有基层组织479个,团体会员383个,成人会员3.6万人,青少年会员3万人。红十字志愿组织50个,志愿工作者2.5万人。长乐潭头卫生院冠名长乐市红十字医院。全年,救助各种急危险重患98人,发放救助资金145万元。有845人获"省级大病救助"1810万元,12名白血病患者得到中国红十字基金会"小天使救助基金"36万元救助。接受捐款3997.81万元、物资价值近45.9万元,救助弱势群体2万多人次。帮助共建单位连江辋川村、晋安湖滕社区建立博爱图书室、博爱工作站、博爱超市等。市红十字会获"第十一届省级文明单位"称号。全年编发《福州红十字信息》10期,各级媒体报道红十字活动850多篇。

【援助帮扶】 *"红十字博爱送万家"活动* 元旦、春节期间,筹集价值百万元的救助物资和百万元慰问金,走访慰问2000户因病因灾因祸致困的弱势人群和失地农民,每户获得配有价值300元的食品救助箱1个、价值200元的一级棉被1床,部分特困户还获慰问金500~1000元。

助学活动 8月26日,举行"博爱情·学子梦"助学金发放仪式,向30名大中小学生发放总额近5万元的助学金,一批家庭困难学生还得到红十字会每月200~500元的资助。9月16日,市红十字会为永泰东洋小学送去教学电脑7台。

大病救助 建立市级大病救助基金,救助各种急危险重患98人,救助资金145万元。开展省级"大病救助"的审核申报工作,全市有845人次获得救助金额1810万余元。另有12名白血病患者得到中国红十字基金会"小天使救助基金"每人3万元、共36万元的救助。

专项救助 开展"救助一个患儿、解放一个家庭——自闭症儿童关怀行动",为福州恒爱语训康复中心、鼓楼开元社区"福乐家园"、闽侯善恩园等特殊托教机构的孩子们送去食品、服装、玩具和救助金。与省第二人民医院联合开展"关注弱残、托起希望——脑瘫儿童救助行动",救助一批脑瘫儿童。

引导爱心单位参与公益 与省体彩中心、融信集团、怡人媛美容养生机构等爱心单位联合开展山地自行车公益赛、和美家庭公益登山赛、感恩心灵巡回歌会等善款筹募活动,接收修正药业、以岭药业、佳士得实业有限公司捐赠的食品、药品、服装和电脑等物资。组织爱心单位前往闽西北考察援建项目,为南平市红十字会、长汀县红十字会分别送去100床棉被和50箱凉鞋等物资。

【生命工程建设】 *造血干细胞捐献* 7月22日,成立全省第一个市级造血干细胞捐献工作站,列入中华骨髓库的志愿者超过5000例,完成造血干细胞捐献动员208人次,采集高分辨血样32人份,体检5人,实现捐献10人,数量居全省第一,获评"全省造血干细胞捐献服务先进单位"。9月27~28日,联合福建血液中心分别在福建医科大学、福建中医药大学和闽江学院开展无偿献血和造血干细胞捐献宣传系列活动,64名大学生现场登记成为捐献志愿者。

遗体和器官捐献 在福建医科大学附属第一医院举行"遗体和器官捐献指定服务中心"授牌仪式,福建医科大学附属第一医院、省肿瘤医院、省第二人民医院、市第一医院等4家省、市属医院被指定为福州市首批"遗体和器官捐献服务中心"。指定专人负责捐献志愿者服务工作,并开通24小时电话专线。召开"遗体和器官捐献志愿者及家属座谈会",听取报名捐献志愿者及家属意见。在三山陵园人生广场举行首届大型悼念追思音乐会暨第四次刻碑仪式。全年报名登记遗体器官捐献110人次,实现捐献9例。

【应急救护培训】 3月18日,闽侯县红十字卫生救护培训基地在闽侯红十字医院挂牌成立。5月29日,挂牌成立"福州红十字水上安全救生员培训基地"。组建2支"福州红十字水上救生志愿服务队",推动水上安全志愿活动的开展。举办"老牛生命学堂——自救互救进校园"活动,2000名中小学生接受应急救护技能培训。全年举办卫生救护培训62期,发证3074人次,普及讲座35期5280人次。闽侯县政府向红十字会购买服务,拨出30万元专款用于培训普及工作。

【志愿者服务】 组织各项志愿服务活动110多场次,内容包括尊老敬老、助残扶弱、募捐筹款等,参与志愿者1万人次。鼓楼区红十字会举行志愿者服务队、红十字博爱门诊志愿者健康服务小队和红十字志愿者服务基地授旗授牌仪式,并现场开展志愿服务。年内,林晓、刘栋宾、严晨等获"福州市志愿服务工作先进个人"称号,市红十字义工服务团获"福州市志愿服务工作先进集体"称号。

5月7日,市红十字会在宝龙广场举行纪念活动,启动"携手人道促和谐,志愿服务为民生——'5·8'博爱周志愿服务活动",开展义诊咨询和社区慰问、城乡困难居民大病救助宣传和咨询、无偿献血及造血干细胞、遗体和器官捐献知识的普及宣传、大病救助筹募专款等活动,组织海西志愿者艺术团、西湖"记忆中的歌声"演唱团等红十字志愿者进行文艺演出。组织红十字志愿者进农村、进社区、进学校、进企业,开展帮贫济困、大病救助、扶老助弱等系列志愿服务活动,重点救助白血病、尿毒症、各种肿瘤等急危险重病患者100余人,培训自救互救骨干1000人,并为1万名困难群众提供生活救助、义诊服务。

【监督管理】 制定《募捐工作暂行规定》《募捐工作"五要五不准"》等规章制度，要求所有善款善物发放均按捐赠者意愿和《红十字会法》及《红十字会章程》进行，并及时上网公布，接受审计、监察部门的审计、监督和社会各界监管，确保善款善用。7月14日，召开县(市)、区红会专职副会长、秘书长及各红十字医院院长参加的专题会议，部署自查自纠工作，要求基层红会对照重点自查，组织财务、赈济人员逐一对照，逐项审核，做到不漏不错。通过自查，市红十字会及所属基层红会，在捐赠款物、专项基金管理使用和合作项目及经营项目管理方面，未发现违规违纪现象，所有重大募捐活动，均通过审计部门审计。

(林 怡)

福州市残疾人联合会

【概况】 2011年，福州市有5项助残工程列入省、市为民办实事项目，举办残疾人就业招聘会25场，新增城镇残疾人就业1732人。发放残疾学生助学金约80万元，办理信访108件。发放二代残疾人证15.8万本，换发比例40.19%。至年底，全市有残疾人39.3万人，特教学校10所，普校附属特教班27个，在读学生2271人。聘用残疾人联络员1050人，登记志愿者1903人，受助残疾人6883人。市残联获评中国残联"两刊"征订工作先进单位、福建省残联系统"组织建设年"工作先进单位，台江区残联被国务院残工委授予"全国残疾人工作先进单位"称号。

【福州市残疾人事业"十二五"发展纲要】 12月16日，市政府印发《福州市残疾人事业"十二五"发展纲要》。"十二五"期间，福州市将实施一系列政策措施，帮助5万名残疾人得到不同程度康复，减少残疾人青壮年文盲，帮助5000名城镇残疾人就业，为1万人次残疾人提供托养服务补助。

【助残工程项目】 5项"助残工程"列入省、市为民办实事项目。

就业扶助项目 对1100名贫困残疾人开展实用技能培训；扶持80名贫困残疾人开展种植养殖、生产经营及创业就业等；支持143户"零就业"残疾人家庭开展创业就业，超额完成70户的年度任务。

"光明行动"项目 免费筛查眼病患者4645人，发放眼科健康科普宣传资料4702份。筛出基本适应会诊手术的贫困白内障患者1250例，免费实施手术874例，超额完成800例的年度任务。

"贫困残疾儿童康复救助"项目 审核确认12家省级康复机构和3家市级康复机构，开展全市在训残疾儿童调查摸底工作，对290名在定点机构接受康复治疗的贫困残疾儿童每人给予1万元的康复费用补助，省、市各配套5000元。

"居家托养服务"项目 资助省级270名、市级300名智力、精神和重度残疾人开展居家托养服务项目，每户每年补助5000元。

"家庭无障碍改造"项目 为100户贫困残疾人家庭实行居家无障碍改造，根据各类残疾人的不同需求，结合家居环境要求，进行施工改造，按照每户3000元的标准给予资金补助。

【康复工作】 开展盲人定向行走训练24例，肢体功能训练200例，训练听障儿童70例，免费为8名聋人配戴助听器，完成智力康复救助27人、脑瘫儿童康复10人。免费为160名贫困肢残人装配假肢，供应残疾人辅助器具1133件，配发助听器100台、轮椅100辆，完成台湾曹氏基金会轮椅598辆的申报工作。

开展社区康复医疗试点工作，在全市医疗服务体系建立康复室，形成三级联动的康复模式。为30个试点社区卫生服务中心配备31种基本康复器材，给予扶持经费5万元。累计发展16家民办康复机构，投入资金近2000万元，康复训练7129人，已康复毕业走上社会6198人，在训学员931人。

【残疾人就业服务】 举办25场残疾人就业招聘会。借助残疾人就业服务大厅、残疾人就业招聘会和残疾人就业信息网络平台，登记失业求职残疾人684人和有职业培训需求的残疾人1069人，为残疾人提供职业介绍370人次，全市新增城镇残疾人就业1732人。采用地税代征形式征缴残疾人保障金，审核1646家用人单位2370名残疾职工的身份，残保金征收覆盖面55.4%，分散按比例安排2381名残疾人就业。

举办盲人按摩、计算机基础操作等各类残疾人职业技能和农村残疾人实用技术培训班近60期，培训残疾人3116人。残疾人参加社会培训机构组织的职业技能培训，并取得劳动部门颁发的职业资格证书或技术等级证书的，每人最高给予报销培训费600元和鉴定费120元。选送3名残疾人参加第四届全国残疾人技能竞赛，永泰黄身淳在珠宝首饰比赛中获全国第二名，也是福建省获得的唯一奖牌。

【扶贫助学】 实施"危房改造"工程项目，为400户无房或极度危房户贫困残疾人家庭改善居住条件，每户市级补助5000元。全市有残疾人扶贫基地16个，安排和扶持贫困残疾人300余人。资助505名智力、精神和重度残疾人，按照每人每年2000元的标准给予补助。"两节"期间，走访慰问贫困残疾人3000户，每户给予300～500元的慰问金。

福州籍残疾学生及贫困残疾人家庭子女考上中专、大专、本科院校的，分别给予1000元、1500元、2000元的就学补助，对就读于义务教育阶段和中等职业学校的残疾学生实施免费教育，对就读于高中的残疾学生提供助学金。全年发放助学金约80万元，助学517人。

【维权工作】 建立残疾人法律救助体系，为刑事案件中盲、聋、哑被告人指定辩护人，法律援助机构免费为其提供法律援助。全年办理来信来访108件，其中处理来信28件，来访7件，"12345"诉求件73件。

【文体活动】 3月12日，市残联、台江区政府及市电视台共同在台江区江滨休闲广场举办"爱心助残，春暖榕城——2011 年福州市残疾人手工艺品展示义卖活动”,27 件残疾人手工艺品和来自社会各界爱心人士的艺术品共拍得 14.62 万元。

5 月 21 日,市残联与市肢协共同在市残联举行榕台残障人士书画摄影交流会。台湾无障碍旅游发展协会理事长郑淑匀等 10 余名台湾代表参加。中国聋协名誉主席、省摄影家协会会员丁佑,残疾人书法家黄维耀,剪纸艺术家陈标等与台湾代表开展交流,双方互赠书法等艺术品。

6 月 22 日,“纪念建党 90 周年”2011 年度福州市残疾人摄影作品、优秀手工艺品展览在福州画院举行,展出 110 多幅摄影作品、20 余幅书画和 30 多幅手工艺作品,其中部分展品出自台湾残障摄影家之手。现场有残疾人创作书画及手工艺品挂牌出售。

6 月 28 日,福州市在省闽剧院举办庆祝建党 90 周年文艺演出,参与演出的演职人员大部分是残疾人及残疾人工作者,表演歌曲、小品等 12 个节目。

10 月,组队参加在杭州举行的第八届全国残疾人运动会,获金牌 3 枚。

12 月 1 日,“关爱残疾人——‘十二五’我们在行动”第 20 个“国际残疾人日”宣传庆祝活动在乌山城市广场举行,现场还开展残疾人就业招聘及轮椅捐赠活动。

12 月 16 日,在市开智学校举行以“快乐特奥 · 快乐成长”为主题的市特殊奥林匹克运动基地挂牌仪式,宣告福州市首个特奥基地正式落成。

【“组织建设年”活动】 全市 174 个乡镇(街道)均成立残联并配备专(兼)职理事长和专职联络员,2657 个村(社区)均成立残协并选聘兼职残疾人联络员,每个县(市)区残联均设置 5 个专门协会,所有县(市)区均完成残疾人联络员选聘和实名录入工作。12 月 26 日,市政府办公厅批转《关于进一步加强和规范基层残疾人组织建设的实施办法》,规定除五城区外,其他县(市)残疾人联络员的选聘经费等由市级按 30% 比例承担,同时对各乡镇(街道)残联办公条件、工作经费等也作出具体要求和安排。

市残疾人就业服务指导中心和福清市、永泰县获评“十一五”期间全省残疾人工作先进单位,9 人获评先进个人。仓山区、晋安区、福清市、连江县、罗源县、闽清县被确定为第五批全国基层残疾人组织规范化建设达标县(区、市)。

(郑海云)

福州市侨联

【概况】 2011 年,福州市侨联引进或达成投资意向的侨资项目 6 项,总投资 4.665 亿美元,募集资金 4823.4 万元投入侨心工程和各种慈善公益项目,联系、接待海内外侨胞百余人次,办理海内外华侨华人来信来访 200 多件次。“两节”期间,走访慰问贫困归侨 265 户、老侨务工作者 15 人、归侨之家联络员 43 人和侨资企业家 30 人,发放慰问款物 26.85 万元。

12 月 1 日,在乌山举行“国际残疾人日”宣传活动。

【侨联基层组织建设】 8 月 9 日,市委、市政府颁布《关于进一步加强和改进新形势下侨联工作的实施意见》。各县(市)区党委出台措施贯彻该实施意见,把侨联建设纳入党建目标责任制,给予街镇、社区侨联负责人每月固定工作补贴,从财政中为基层侨联拨付或增加每年工作经费。下半年市县两级人大、政协换届之后,全市侨联班子成员(专职)任职人大、政协班子的人数明显增加,市级侨联 1 名正职领导任市人大常委,1 名副职领导任市政协常委,市县两级侨联班子成员任职人大、政协共 13 人,其中任人大常委的人数由 2 人增至 6 人。

【侨资项目引进】 组织侨联委员、侨商和侨资企业参与招商会、投资洽谈会,引导海内外华侨华人到平潭综合实验区、马尾琅岐经济区等地考察。帮助侨资企业与省、市有关部门和科研院所联系,在“6 · 18”中国海峡科技成果交易网招标,吸引企业表达对接意向。全市侨联系统引进或达成投资意向的侨资项目 6 项,投资总额 4.665 亿美元。其中由市侨联副主席、长乐市侨联副主席、香港长乐联谊会会长高玉鼎创办的香港中诺集团引进的中诺安吉汽车租赁项目,是与全球 500 强企业、世界最大汽车租赁公司美国安吉(AVIS)国际租车公司合作的成果,该项目总投资 1 亿美元,前期投资 2500 万美元,注册资金 1000 万美元。

【维护侨胞权益】 市侨联法律顾问委员会每周召开 1 ~ 2 次工作例会,讨论自身建设和维权问题;不定期开展法律咨询,为侨界群众提供法律服务。市法律援助中心侨联工作站在为低保归侨办理法律援助同时,帮助联系申请并落实廉租房 1 套。组建由高校教师、律师、侨资企业家等组成的特邀调解员队伍，运作涉侨案件调解衔接机制，成功调解侨胞欧某与陈某房产买卖合同纠纷等案。全年接待办理海内外华侨华人来信来访200多件次，并协助办理省委统战部、省侨联、市委统战部批转的一系列涉侨纠纷、案件。

发挥侨界参政议政职能，全市各级人大归侨代表提出议案38件，各级政协侨联界委员提出提案50余件，6名市政协侨联界委员获评市政协十一届“优秀委员”，占侨界委员数的48%。市侨联题为《充分发挥侨力资源优势，加大海外引智工作力度》的政协大会书面发言，得到省委常委、市委书记袁荣祥批示。成立参政议政工作小组，邀请侨界人大代表、政协委员、侨联委员和热心侨联工作的各界人士加入，创建侨界参政议政新平台。

【引导侨胞参与公益事业】 全市各级侨联引导募集资金4823.4万元投入侨心工程和各种慈善、公益项目，其中侨心工程捐资2254.9万元。走访结对共建的永泰县梅村村、罗源县水口洋民族村等，输送扶贫款7万余元。促成东建公司就“魏可英助学奖学金”完成捐助意向，累计发放奖金70余万元，受益130多人次。参与省侨联“骏马育才”计划，帮助9名贫困学生，为“市海联助学金”筹资2万元。全年筹捐10.35万元帮助解决63名贫困学生升学问题。

【联络联谊】 联系、接待海内外侨胞百余人次，接待美国福州三山会馆、澳门三山同乡会、美国新泽西福建同乡会与福清同乡会、匈牙利福建同乡会、缅甸福州三山同乡会等海外社团乡亲及张晓卿、陈清泉、蒋梦麟等侨界领袖，接待参加第三届海峡论坛的中国侨联海外顾问团。赴马来西亚、新加坡和印尼参加诗巫福州垦场110周年纪念庆典系列活动，随省侨联团组出访美国、加拿大和柬埔寨、老挝、缅甸，拜访当地社团乡亲。赴广州、珠海看望在两地投资发展的澳门乡亲、侨联委员和澳门社团侨领。与省侨联、市辛亥革命纪念馆联合主办省、市侨界纪念辛亥革命100周年暨“福建省侨联爱国主义教育基地”授牌仪式，主办“黄乃裳与辛亥革命”学术研讨会，举行全市侨界迎中秋餐叙会。关注海外福州籍华侨华人生存状况，了解中国公民从利比亚撤至希腊安顿的工作进展情况，委托当地华侨社团帮助组织撤离。日本强烈地震后，及时联系旅日乡亲社团，了解受灾情况，表达侨联组织的关心。

（唐　宜）

11月4日，福州市台胞参加第四届海峡两岸少数民族丰收节。

福州市台湾同胞联谊会

【概况】 2011年，福州市有台胞1886人，其中担任各级人大代表、政协委员33人。市台联全年接待台湾同胞60多人次，组织各种节日联谊活动5次，慰问困难台胞117户。

【榕台交流活动】 “5·18”海交会和“6·18”项交会期间，接待广州台联会长率领的当地台商8人到福州参加海峡经贸活动，接待澎湖县政府旅游处大陆事务科科长薛宏营，探讨合作事宜。8月26日~9月2日，邀请台湾华梵大学校长朱建民一行4人到闽参加第四届海峡两岸朱子之路活动，华梵大学分别与福建武夷学院、福建闽江学院签署合作协议。11月4日，承办第四届海峡两岸少数民族丰收节，丰收节以“欢聚金秋、相聚海西——我们都是一家人”为主题，来自台湾台东、花莲、南投多个部落的少数民族代表、相关团体50多人以及贵州、海南两省台湾少数民族（高山族）代表和福建省畲族同胞参加。中华全国台湾同胞联谊会副会长陈杰、福建省政协副主席叶家松出席开幕式并致辞。活动期间，举办“少数民族文化保护与家园建设座谈会”“海峡两岸少数民族丰收歌会”，进行“两岸少数民族交流合作协议”签订仪式。12月，邀请台湾学者、专家到福州参加以“三坊七巷与台湾”为主题的首届三坊七巷文化研讨会。

【联谊活动】 2月，组织台湾籍全国人大代表、政协台联组委员游览福州三坊七巷。3月，组织在榕女台胞前往闽侯县参加种植“海峡姐妹林”活动。端午节，组织63名在榕中老年台胞前往福州郊外棋盘山欢度佳节。中秋节，举办“同赏闽江景、共叙两岸情”活动，邀请在榕投资兴业的台商、在闽求学的台生及在榕定居台胞126人搭乘“闽江之春”号游轮，观赏福州夜景。重阳节，组织在榕老年台胞乡亲61人，前往福州西湖公园观赏菊花展。年内，还举办2011年暑期读书班，在榕台胞、在校台籍大中专生42人参加，并前往平潭综合实验区参观学习。

【为台胞排忧解难】 1月，组织18名在榕台商与台籍全国人大代表、政协委员座谈。对于台商代表反映的城市化进程中土地征用、招工难、统一检验检疫标准和完善台胞证和暂住证管理等意见,代表、委员们表示将通过参政议政的渠道予以反映。4月,协商解决台胞金先生夫妇在大陆遗留房产纠纷问题。7月,百佳(中国)妇婴医院投资公司负责人——台商黄志烽到福州考察投资、合作联办妇婴医院等事宜,市台联帮助寻找投资发展商机。年内,市台联还走访台商投资的北峰休闲观光果园农场、福清洪良染织科技公司和福州上和树脂材料公司,帮助解决生产经营中的问题。

开展台胞困难群体和老龄群体的摸底、统计、建档等基础性工作,了解并核实台胞困难情况、享受社会保障和社会救助情况,编制详实的台胞档案,并建立台胞数据库,将"两补"专项资金划入个人账户,有232名台胞受益。开展"送温暖"活动,把两节慰问与平时探望结合起来,深入各县(市)区,看望、慰问台胞117户,发放慰问品、慰问金4.6万元。开展台胞困难学生补助,为全市9名困难台籍学生发放助学金9000元。

【台胞参政议政】 1月,12名台籍人大代表、政协委员分别参加市十三届人大六次会议和市政协十一届五次会议,9月、11月,4名台籍党员代表分别出席中共福州市第十次、福建省第九次代表大会。代表和委员们向大会提交《建议出台台生就业政策相配套的婚姻登记特殊政策》《关于组织农民专业合作社骨干赴台进行专题交流的建议》《新形势下做好台湾青少年工作的研究》《新时期做好海外台胞代表人士工作的研究》《关于福州市中青年台胞基本情况的调查》等多篇议案、提案,履行建言献策的职责。

(叶彭清)

福州市金门同胞联谊会

【概况】 2011年,福州市金门同胞联谊会围绕"以金联台、以金促台"的目标,开展对金、对台交流工作。组团赴金门拜会金门县政府、议会,参加"世界金门日"等活动,在春节、中秋节、老人节等重要节日安排各种活动,增进在榕金门同胞的情谊。同时通过简报、春节及其他联谊场合,向在榕金门同胞传达最新政策形势和科学发展、跨越发展的相关时事。全年编辑、发放《简报》5期。

【榕金交流】 1月14~17日,市金联一行10人,赴金门拜会金门县政府、金门县议会、金门县商会等6个单位、团体,实现建会之后首次单独组团前往金门参访和开展交流联谊活动。

10月15~17日,市金联组织18名在榕金门同胞赴金门参加第四届"世界金门日"。会议期间,参访团成员参加"世界金门日"论坛、祭祖大会、联欢晚会、族谱展览等活动。

年内,还接待台中市、台中县金门同乡会、桃园县金门同乡会巡访团、金门县政府社会局参访团等团组。

【服务金胞】 完成2011年度扶贫济困专项基金工作,全市受惠生活困难金门同胞14人、老龄金门同胞及遗偶67人,实际发放补助金9.78万元。登记新增在榕金门同胞2人,为5名金门同胞办理户口更改及考生登记手续,探望患病住院的金门同胞3次,慰问金门同胞遗属3次。

(林　静)

福州市个体劳动者协会 私营企业协会

【概况】 2011年,福州市个私协开展诚信经商宣传,召开企业融资座谈会5场,举办私营企业省外招聘会1场,并参与政府招商引资工作。至年底,市个体劳动者协会、私营企业协会分别有个体会员14.09万户,从业人员28.15万人;私营企业会员6.56万家,从业人员6.6万人。全市个体劳动者协会15个,私营企业协会2个,有个协分会82个,市私协分会10个,个协行业分会12个,会员小组770个,全市个协工作人员279人,私协工作人员62人。个协建立党总支1个、党支部30个,建立团支部29个,个体经营者中有党员1454人,团员3047人,"会员之家"53个,其他服务组织20个,文体组织51个。市私协建立党组织357个,建立团组织190个,建立企业工会2886个,会员企业负责人中党员1167人,团员1177人。

【诚信经商宣传】 举办以"诚信兴商、放心消费"为主题的座谈会,邀请14家会员企业参与讨论,向全市个私企业发出"诚信兴商、放心消费"倡议,为诚信兴商创造环境。长乐协会联合长乐市工商局、消委会举办"诚信兴商宣传月"咨询活动,接受群众咨询270多人次,发放《诚信兴商倡议书》《中华人民共和国反不正当竞争法》《中华人民共和国消费者权益保护法》等各种宣传材料6000多份。

【服务银企对接】 召开有贷款需求的企业座谈会5场,会员单位福建中融汇银融资担保公司为12家企业解决融资担保贷款2400万元,福州民生银行为中小企业续贷款2000多万元。长乐协会召集会员企业与民生银行长乐支行召开银企对接会,民生银行承诺对于会员企业的小额贷款,不再需要其他抵押、担保手续,直接放贷。至年底,帮助76户个私企业贷款2280万元。平潭协会联合工商银行、邮储银行为15家会员单位融资小额5万~30万元不等的信用贷款共100余万元,并为会员单位提供营业执照、经营规模和收入担保资质证明。

【服务企业用工需求】 2月14~18日,市个私协会与省个私协分别在河南省洛阳市和四川省自贡市举办两场福建省私营企业专场招聘会。发放招聘简介1.2万份,有1000多名当地务工人员与会员企业达成就业意向,现场签订就业协议300多人。闽侯县个私协会参与由闽侯县劳动社会保障局、闽侯县党员创业中心、闽侯县人事局等单位联合举办的"2011年闽侯县春风行动——专场招聘会",有66家重点企业提供413个工种3350个岗位。6000名求职者到现场应聘,达成就业意向568人,现场发放春风卡、《2011年福州市就业服务指南》和《福州市2011年春节后寻工地图》等宣传材料1万多份,同时通过移动、联通平台发布招聘信息短信17.2万条。

【服务商贸投资】 市个私协会通过举办接待或座谈会活动,直接或间接参与由政府主办的招商引资工作,在政府与企业之间发挥桥梁纽带作用,也为会员企业向外拓展空间搭建平台。"5·18"海交会期间,接待马来西亚代表团和世界十邑同乡会成员。"6·18"项交会和"9·8"投洽会期间,邀请台湾企业家与福州中小型企业就企业管理、企业升级、产业转型、进出口包装等问题进行交流。6月,配合省工商局、省个私协会、市工商局接待新疆工商局民营企业商务考察团一行,陪同参观福建盛辉物流集团总部以及物流配送办理大厅,促进福建与新疆的产业对接及企业合作。

【服务企业年检】 开展会员企业的年检宣传和前期准备工作。对上网有困难的,帮助下载相关资料;对逾期年检的,协调工商部门予以补检。推荐20多家副会长、常务理事、理事单位给市工商局作为免审企业。针对美可食品公司网点众多的问题,协调市工商局实行统一集中办理,方便该公司完成年检工作。7月起,在市个私协会和市工商局办照大厅开设会员便捷服务绿色通道。对逾期年检的会员企业,只要是在继续生产和经营的都给予以协会名义出具凭证,建议工商局免于处罚,给予补检;对变更登记的会员企业,帮助协调2~3天完成。至年底,无偿帮助逾期年检会员企业178家,办理变更登记169户(60次)。

【党建工作】 8次下企业基层开展党建调研活动,改进工作方式方法,将全市68个支部优化整合为58个支部。帮助3家党员人数在3人以上的规模企业或中小私营企业成立独立党支部,帮助4家党员人数在50人或100人以上的规模企业成立基层党委。福建龙川等16家企业获评福州私企2009~2010年度先进基层党组织,80人获评优秀共产党员,20人获评优秀党务工作者。福州私营企业党委和龙川集团党支部还获评福州市直机关工委先进基层党组织称号,其企业支部书记获评优秀党务工作者。推荐福州国荣百货店陈国荣和新洋公估有限公司支部参加省个私协以及市工商联创先争优典型事迹报告会。

(王小雨)

福州市消费者权益保护委员会

【概况】 2011年,福州市消委会围绕"消费与民生"年主题,与社科联联合开展"学习科学知识,推动跨越发展,服务海西建设"宣传咨询活动,与市移动公司联合开展评选"百佳放心店"活动,参与市工商局"诚信兴商"宣传月活动,参与创建文明、卫生、环保、模范城市专项治理,参与"12·4"全国法制宣传日活动,营造和谐消费环境。

全年,组织专题新闻发布会5场,在国家、省、市、县级媒体发表各类新闻报道91篇,发布消费警示、提示、忠告153篇。受理消费者投诉1.28万件,解决结案1.26万件,结案率98%,为消费者挽回经济损失2298.74万元,其中欺诈行为得到加倍赔(补)偿16件,赔(补)偿金额4.68万元。接待来访、咨询1.32万人次,收到消费者锦旗、表扬信17件。按受理消费者投诉的商品类别中:服务类、百货类、家用电子电器类分别占投诉总量的39.43%、29.08%、17.5%。消费者投诉的商品性质主要集中在商品质量与合同纠纷,分别占投诉总量的38.37%和21.89%。全年发生消费重大典型案例2件,死亡1人,直接经济损失28.95万元。

全市有县(市)区级消委会14个,乡镇、街道分会183个,消费维权站点3596个。

【"3·15"消费者权益日活动】 3月15日,与省、市有关部门在福建会堂召开"3·15"国际消费者权益日纪念会。省工商局、省质检局、省检验检疫局、省卫生厅发布相关信息,省消委会发布医疗、通信服务行业消费者评议报告。副省长李川、副市长陈今明和有关部门领导出席会议,并共同启动"募集维护消费者权益志愿者"仪式。省农资、蜂产品、摄影行业协会、市烹饪行业协会和永辉超市在会上向社会作出承诺,诚信经营,示范服务,共建"诚信承诺联盟"。

全市组织各种纪念活动88场次,参加活动7.25万人次,受理消费者投诉275件,咨询服务9756人次,为消费者挽回损失19.45万元,发放宣传材料14.15万份,发放各种纪念品8780件,组织宣传车下乡巡回宣传37车次,销毁假冒伪劣产品价值37.05万元,各新闻媒体报道26篇。

【开展社会监督】 各级消委会参与工商部门组织的对食品、保健品、"家电下乡"产品、市场物价、酒类食品添加剂、台湾饮料等专项监督检查,加强监测抽检结果的综合分析和后续处理工作,完善不合格商品退市和处理制度。召开辖区内餐饮企业行为规范行政指导会,对餐饮行业"一次性餐具"不合理收费问题进行专项点评,发布"一次性消毒餐具收费不合理"消费警示,运用行政手段叫停餐饮业强行收取消毒餐具使用费的行为,对消毒餐具收费实施专项治理。

【酱腌菜卫生质量抽查检验】 会同市商品检验所在超市、商场开展酱腌菜食品随机采样(购买),抽查4家经销企业销售的43家生产企业生产的48个批次的酱腌菜。由商品检验所依据《酱腌菜卫生标准》《预包装食品标签通则》等国家相关标准,对酱腌菜内在质量和商品标识进行专项检测,结果合格商品46个批次,不合格商品2个批次,总合格率95.8%。不合格商品为标签标识不合格,无内在质量不合格商品,并通过新闻媒体予以公布。

【消费教育引导】 在鼓楼、台江、晋安、长乐、罗源举办"关注食品安全,引导科学消费"知识讲座5场,到场听课650人。邀请食品营养讲师为消费者讲授《中华人民共和国食品安全法》和《中华人民共和国消费者权益保护法》等法律法规知识以及食品添加剂和"瘦肉精"对人身体的危害,授课现场还开展互动有奖答题。在中小学设立"消费维权联络点",组织消费知识有奖征文和

"12315"漫画宣传展板校园巡展,宣传法律法规和传授商品选购知识,提高少年儿童的维权和自我保护意识,引导中小学生养成科学健康的消费理念。

【老年人消费保护公益调查】 在鼓楼、台江、仓山、晋安、马尾选定5个社区老年人活动中心,对50名老年人消费者权益保护情况进行问卷调查,结果显示:老年人消费习惯一是对食品安全比较关注,但缺乏食品安全知识;二是有病乱投医的情况比较突出,往往花高价购买保健品代替药品进行疾病治疗;三是只注重商品价格,忽视商品质量,容易受到伪劣商品的侵害;四是防范意识薄弱,容易上当受骗;五是由于缺乏新商品知识,维权力不从心。

【价格调整听证】 适时举行价格调整听证会,扩大消委会公信力。长乐市消委会受长乐物价局委托,向社会公开征集15名消费者代表参加长乐客运出租车调价座谈会,对长乐市客运汽车运输、价格管理发表意见;闽侯县消委会受物价局委托,向社会公开征集20名消费者代表参加青口片区水价调整听证会;连江县消委会受县物价局委托,在马鼻镇公开征集15名消费者代表参加马鼻自来水价格听证会。

【调解技能培训】 开展消费维权调解大练兵活动,组织调解人员进行专项学习培训。举办培训班41场,培训人员2069人次,省市级示范站点培训率100%,乡镇基层维权站点培训率60%。在省工商局维权服务考察评估中,消费者咨询满意率98.5%、诉求办结率100%、和解息诉率93%、调解成功率98.36%,有16件消费纠纷案例通过人民调解得到司法确认。由市消委会、市工商局"12315"热线组成的市投诉调解技能代表队在全国消协组织的投诉调解技能大赛福建赛区预赛中获团体总分第一名,市消委会获优秀组织奖,鼓楼区消委会获"2011年度全国消协组织消费纠纷处理先进集体"称号。

【案例举要】 1月8日,连江县凤城镇陈女士使用某品牌电压力锅发生爆锅、烫伤,引发"美尼尔"综合症。经调解,厂家、商场支付医疗费9500元,另补偿陈女士3万元。

2月20日,连江县凤城镇小学生余某某使用燃气热水器洗澡发生意外,送医院抢救无效死亡,医院诊断系一氧化碳中毒。经调解,死者家属获厂家、经销商补偿25.03万元。

4月25日,长乐市首占镇某村发生"劣质家电下乡",引发群体投诉,营前工商所查处发现该活动涉及无证经营,现场退货532件,退款金额4万元,对当事人罚款3500元。

8月8日,平潭县高先生在某汽车租赁公司租1部汽车跑长途,到某洗车场洗车加水,由于洗车工操作不当,将水注入汽车机油口,导致汽车发动机爆缸。经调解,洗车场补偿高先生2.3万元。

9月8日,长乐市城关镇周某某在某超市购买6元钱糕点。2名小孩吃后出现腹泻呕吐症状,医生诊断为肠道感染。经卫生部门检测,该糕点沙门氏菌超标。经调解,超市支付医疗费1.1万元,另补偿2名小孩各5000元。

9月9日,闽侯县青口乡郑某诉称:在某油漆店购买大7组接缝王油漆装修房屋,不到2个月时间油漆全部开裂脱落。经调解,油漆店补偿郑先生1.5万元。

12月6日,罗源县陈女士在城关镇某美容店烫发,染上烫发水后头皮灼伤,头发大把脱落,医生诊断头皮创伤。经调解,美容店补偿陈女士3.33万元。

(陈成铜)

(编辑 郭进绍)

外事 侨务

【概况】 2011年，福州市人民政府外事侨务办公室接待外宾团组80批996人次，其中副部级以上团组7批132人次，友城来访团组10批347人次，外国驻华使领馆官员26批131人次，经贸团组16批；与国际友好城市及地区开展文化交流12次，经贸和科技交流22次，举行福州市与日本那霸市结好30周年纪念活动；批准因公出国(境)428批1074人次，制止出访33批87人次，调整压缩出访13批10人次；批准非公企业出国(境)220批592人次；处置各类涉外事件35件，完成日本"3·11"特大地震海啸事件等涉外事件处理。全市外侨系统接到来信、来访2150件次，接待重点华侨华人49批730多人次。

【部级团组参访】 5月8～12日，瑞典韦姆兰省省长艾娃·埃里克森一行8人访问福州等地。5月11日，省委常委、市委书记袁荣祥会见代表团一行。

5月18～29日，印尼驻中国大使易幕龙一行40人访问福州，参加"印尼贸易、旅游、投资推介会"和"印尼文化之夜"等活动。

10月18～21日，南非共产党中央委员乔治·马萨姆巴一行12人访问福州，参观东南(福建)汽车工业有限公司和军门社区，与公司和社区的基层党组织进行座谈，并游览鼓山、南江滨公园和三坊七巷。

10月22～23日，越共中央政治局委员、政府副总理阮春福一行37人访问福州，参观星网锐捷和三坊七巷。22日晚，代市长杨益民陪同省长苏树林会见并宴请代表团全体成员。

11月2～4日，越南社保委主任黎白鸿等党政干部考察团一行16人访问福州，参观三坊七巷、南江滨公园和福州城市规划馆。

11月14～15日，芬兰国家就业与经济部副部长厄基·维尔塔宁一行7人访问福州。15日，市委常委、副市长陈为民会见代表团一行。

12月3日，博茨瓦纳酋长院主席普索·哈博罗内等非洲传统领导人考察团一行12人访问福州，参观闽江公园南园和三坊七巷，并走访军门社区。

【经贸团组参访】 1月15日，美国博能特国际公司总裁乔希·柯林斯一行2人访问福州，为在榕增资建设博能特二期作准备。

3月27～30日，西班牙坎塔布里亚自治区旅游和经贸代表团一行9人访问福州，举办旅游资源介绍会，推介高端旅游。

4月6日，墨西哥索诺拉州代表团一行访问福州，副市长陈为民会见客人，洽谈在经贸领域的合作。

4月14日，美国百通集团客人一行访问福州，拜会省委常委、市委书记袁荣祥。计划在福州保税港区投资建设"美国中小企业产品展示中心"，将美国优秀中小企业的创新产品和技术引进中国。

5月13日，ABB集团电力产品部北亚区总裁、ABB中国高级副总裁穆赫一行到榕参观考察，有意与福州加强在绿色环保高新技术方面的合作。省委常委、市委书记袁荣祥会见客人。

5月16～19日，日本那霸市经济观光部副部长平良克己一行2人访问福州，参加第十三届"5·18"海峡两岸经贸交易会。

6月18日，葡萄牙前进战略投资有限公司董事安东尼·塞奎尔一行访问福州，洽谈经贸合作事宜。

7月，美国达美航空中国区总经理一行访问福州，与福州市洽谈福州—美国航线事宜。

8月30日，南非塔瑞萨矿业集团公司董事长卢卡斯普洛勒斯一行访问福州，拜会副市长徐铁骏，洽谈在榕投资建设铬铁生产基地事宜。

9月14～18日，日本长崎县日本厨师技能士会会长前川敬一、长崎鱼糕水产加工业协同组合专务事多比良纯一等3人应邀到榕参加第六届海峡(福州)渔业博览会。

9月16日，新任的日本财团法人、冲绳县产业振兴公社驻福州代表玉城里那应邀参加第六届海峡(福州)渔业博览会开幕式及相关活动。

9月29日，日本冲绳县物产公社株式会社事业开发部海外事业课主任与那霸义隆一行2人到福州访问,就那霸市举办“物产展”“旅游展”以及“物产与观光推介会”的会场设置等事宜进行协商。

10月8~10日,日本长崎市经济局水产农林部部长原田泰光一行4人到福州考察,座谈交流渔业养殖技术,市委副书记周宏会见原田部长一行。

10月11日,日本阪急百货执行董事荒木和台湾统一梦时代总经理张国光一行10人到福州考察投资环境,洽谈项目合作,代市长杨益民会见客人。

10月18日,土耳其伊克尔公司总裁梅哈梅特·伊尔特一行访问福州,副市长陈大强会见客人。

10月20日,日本爱德克斯株式会社专务董事松本修三一行8人到福州考察,洽谈项目,代市长杨益民会见客人。

10月26日,中国美国商会葛国瑞副会长一行访问福州,了解福州的投资环境和相关投资政策,加强福州和美国企业之间的互利合作。

11月4~9日,福州国际友城美国塔科马市港务委员会主席考妮·培根一行访问福州,拜访市外侨办、市外经贸局,并与市港口管理局和集装箱码头相关人员进行交流。11月7日,副市长黄忠勇、陈奇分别会见客人,就“城市水资源”项目进行会谈;就如何继续两市于2008年到2009年间开展的为期18个月的经贸交流试点项目、华南女子学院和塔科马市普吉湾大学互派研修生、两市结好20周年庆祝活动等交换意见。

11月8日,亚洲银行官员考察团安永轩一行访问福州。

11月15日,芬兰国家就业与经济部副部长厄基·维尔塔宁一行访问福州,副市长陈为民会见客人。

【文化教育交流与合作】 3月3~4日,福州国际友城美国塔科马市文化艺术团一行18人访问福州。艺术团参观福州画院,并与市文化新闻出版局、福州画院相关领导以及福州艺术家进行座谈交流。

3月5~6日,福州国际友城美国塔科马市市长玛丽莲·斯特里克兰一行3人访问福州。5日晚,副省长、市长苏增添会见客人。

3月23日,荷兰海尔德兰省副省长范海琳一行访问福州,参观三坊七巷历史文化街区。

6月17~21日,澳大利亚塔斯马尼亚州经济发展部长大卫·奥伯恩一行21人访问福州,与福州八中就中澳合作办学进行交流。

6月,美国塔科马市政府发函邀请福州市青少年参加塔科马市青少年艺术展,市青少年宫选送100多幅作品,有22幅作品入选(共展出75幅)。

7月16~20日,由美国塔科马市塔科马—福州友城委员会主席游子国率领的塔科马市教育代表团一行21人访问福州。代表团访问福州高级中学,交流建立友好学校的意向,还参观访问马尾港、星月创意公司、闽兴编织品有限公司等。

10月16日,瑞中友协法语区分会主席白鹄一行访问福州,了解福州市发展情况和人文风貌。

11月3日,世界遗产研究院院长古斯塔夫森一行访问福州,参观三坊七巷和马尾船政,与福州交流三坊七巷申遗事宜。

11月18~19日,第三届中拉论坛在福州举行,29个拉美和加勒比地区国家30多个友好组织派出代表参会,同中国各级友好协会和相关部门就增进中拉地方交流、经贸合作、文化交往等议题进行探讨。

11月22日,马来西亚霹雳州州务大臣顾问拿督郑可扬一行访问福州,与福州交流两地建立友城关系事宜。

11月26日,日本那霸市“御座乐复原演奏研究会”在福建省闽剧艺术中心举办琉球宫廷音乐与舞蹈。

12月5~8日,福州市少儿交流团一行19人赴日本那霸市交流访问,与那霸市石嶺中学、石嶺小学以及上山中学的师生进行听课交流,参观冲绳水族馆、首里城等,并举行联欢活动。

【市领导出访活动】 3月8~19日,副市长陈为民应印尼三林集团、菲律宾凯赛金属制品公司、马来西亚PMI科技有限公司、香港华榕有限公司邀请,率团赴印尼、菲律宾、马来西亚、中国香港地区考察、洽谈。

4月18~20日,省委常委、市委书记袁荣祥带领福州市经贸代表团一行6人访问波兰、土耳其和印度。在波兰科沙林市,代表团一行会见市长杰林斯基,就加强友城合作交换意见,并与当地工商界代表就加强经贸合作进行座谈和项目对接;在波兰什切青市,考察冠捷科技集团在当地投资发展情况;在土耳其和印度,分别商洽一批招商项目。

5月25日~6月6日,副市长徐铁骏随省政协组团赴津巴布韦、肯尼亚、南非考察、洽谈。

5月27日~6月7日,副市长陈奇应德国美因茨市市政府、俄罗斯圣彼得堡亚太合作中心、荷兰欧中科技发展中心邀请,率团赴德国、俄罗斯、荷兰考察、洽谈。

5月29日~6月12日,市人大常委会副主任薛海玲应南美洲阿尔坎特拉展览公司、阿根廷米西奥内斯省政府、香港华榕(集团)有限公司邀请,率团赴巴西、阿根廷、中国香港地区招商、洽谈。

6月5~16日,市人大常委会副主任鄢萍随省人大组团赴葡萄牙、西班牙、意大利考察、洽谈。

6月6日,副市长陈奇率团访问德国美因茨市,该市市长延斯·博伊特尔在市政厅为福州市政府代表团举行欢迎招待会。驻法兰克福总领事温振顺、美因茨市议会各议会党团、企业及莱法州—福建友好协会等代表应邀出席。

6月21~26日,副市长陈为民应日本财团法人大分县产业创造机构邀请,率团赴日本进行经贸洽谈。

7月11~22日,市政法委书记、公安局局长王鑫应以色列爱曼美坦有限公司、南非吉尔曼房地产有限公司、奥柯玛数字技术非洲有限公司邀请,率团赴以色列、南非、肯尼亚考察、洽谈。

8月7~18日,副市长时小雨应西班牙科里亚多·比利亚尔瓦市政府、瑞士伯尔尼污水处理厂、阿联酋中铁中东工程有限公司邀请,率团赴西班牙、瑞士、阿联酋考察、洽谈。

9月14~23日,副市长陈奇应美国塔科马市政府、圭亚那乔治敦市政府邀请,率团赴美国、圭亚那友好访问。出席塔科马市“中国协和园福州亭”落成典礼,参加由美国福建公所在纽约举办的以“振兴中华、民族复兴”为主题的纪念辛亥革命100周年研讨会和美国福建公所成立21周年庆典活动,并与圭亚那乔治敦市副市长罗伯特·威廉姆斯等就友城关系进行交流。

9月17～26日,市政协副主席、国土局局长郑建闽应菲律宾八打雁市政府、澳大利亚乔治亚洲商会、新西兰中华总商会邀请,率团赴菲律宾、澳大利亚、新西兰考察、洽谈。

10月9～20日,市政协主席方清海应墨西哥瓜纳华托州西劳市府、古巴对外友好协会、秘鲁利马科市政府邀请,率团赴墨西哥、古巴、秘鲁考察、洽谈。

10月17～28日,副省长、市长苏增添应瑞典韦姆兰省卡尔斯塔德市政府、芬兰凯睿安达国际传播咨询公司、丹麦马士基集团邀请,率团赴瑞典、芬兰、丹麦考察、洽谈。

11月9～21日,市政协副主席范美先应美国新堡市市政府、智利亚美有限公司、巴西中国经济贸易促进会邀请,率团赴美国、智利、巴西考察、洽谈。

12月2～12日,市委副书记周宏一行5人赴日本和澳大利亚访问。在日本长崎期间,拜会长崎市市长田上富久、议长中村照夫,拜访中国驻长崎总领事馆,参加“孙中山·梅屋庄吉与长崎”专题展有关活动。在那霸期间,周宏一行拜会那霸市长翁长雄志、议长永山盛广,出席那霸市举办的庆祝两市缔结友好城市30周年植树纪念活动。在澳大利亚友好城市肖尔黑文市期间,与市长保罗·格林等市政府官员就扩大两市交流进行座谈。

【服务商贸交易会】 5月18～22日,第十三届海峡两岸经贸交易会、第六届中国福建商品交易会在福州举行。市外侨办邀请外国友城团组1个、使领馆团组6个,香港驻华机构团组3个,海外华侨华人团组34个,重要侨资企业代表35个,其他团组1个,共计80个团组642名外宾前来参展、参会。海交会期间,省市领导苏树林、陈奇、鄢萍等分别会见使领馆团组、友城和华侨团组,向客人介绍福建省、福州市的经济社会发展情况、资源优势,希望客人通过海交会平台扩大合作,实现共赢。

6月18～20日,第九届中国·福建项目成果交易会在福州举行。市外侨办配合省外办,为欢迎晚宴提供小语种翻译,并接待到榕参加项交会的澳大利亚塔斯马尼亚州经济发展部长大卫·奥伯恩一行和日本神奈川县政府和企业代表团一行。

9月7～8日,第十五届厦门投资贸易洽谈会在厦门举行。在投洽会开幕式、市领导参观展馆、省团项目签约仪式、市投资推介会暨重大项目签约仪式、“投资福建”对口洽谈会等多场重要活动中,市外侨办安排人员陪同并提供翻译。

9月29日～10月3日,中国(福州)动漫消费电子展在福州举行。市外侨办承担电子展的开幕式、签约仪式、欢迎晚宴及市领导会见重要嘉宾等系列活动的安排和翻译等工作。

10月23～24日,2011国际茶业暨首届茉莉花茶发源地交流会在福州举行。市外侨办承担并完成大会的开幕式、市领导会见重要嘉宾的安排及翻译等工作。

【拓展友城关系】 2月,在市外侨办协调和指导下,福清市、闽清县和鼓楼区分别与马来西亚诗巫市签署建立友好城市关系意向书。

3月,福州市与印度尼西亚北哥伦打洛行政区签署建立友好城市关系意向书。

10月,福州市与瑞典韦姆兰省首府卡尔斯塔德市签署建立友好城市关系意向书。

10月10日,福州市与墨西哥瓜纳华托市签署建立友好城市关系意向书。

12月27日,经市外侨办上报,长乐市与美国得梅因市获全国友协批准确立友好城市关系。

【福州市与日本那霸市结好30周年纪念活动】 2011年为福州市与日本那霸市结好30周年(1981年5月20日,两市缔结友好城市关系)。11月4～7日,以那霸市长翁长雄志为团长、议长永山盛广为副团长的那霸市“友好之翼”访问团一行29人应邀到福州访问。在榕期间,省委常委、市委书记杨岳,市委副书记、代市长杨益民会见那霸市官员团一行29人;在闽江公园南园举行植树活动,市委副书记、代市长杨益民,副市长陈奇,那霸市长翁长雄志、议长永山盛广等共同栽下象征两市友好关系的榕树;在香格里拉大酒店举行“福州市文学艺术界联合会与那霸市文化协会交流协议书”签字仪式;在国谊酒店举行2011年福州国际空手道—武术交流大会欢迎晚宴;在市人大举行座谈交流会;在台江万达广场举行“那霸市物产展销”“那霸市旅游展”“那霸市旅游推介会”,向福州市民推介那霸市特色物产、民俗风情及旅游线路;那霸市访问团分组考察福州企业、文化设施,举行“福州—那霸经贸洽谈会”,20家那霸企业、85家福州企业参加洽谈会。

【美国“福州亭”落成】 9月22日,由福州市捐建的美国友城塔科马市“中国协和园福州亭”举行落成典礼。塔科马市市长玛丽莲·斯特里克兰等塔科马市各界人士和福州副市长陈奇率领的福州市友城交流团出席典礼。陈奇与玛丽莲·斯特里克兰一起为“福州亭”揭牌,标志着“福州亭”正式落成,“中国协和园”即日起也正式向公众开放。

【“福州市荣誉市民”称号授予】 6月9日,福州市政府授予2006年诺贝尔经济学奖得主、美国哥伦比亚大学社会与资本研究中心主任、闽江学院新华都商学院院长埃德蒙·费尔普斯“福州市荣誉市民”称号,表彰其为福州市教育事业、经济和社会发展作出的贡献。省委常委、市委书记袁荣祥,副省长、市长苏增添出席授予仪式。

【涉外事务】 全年处置各类涉外事件35件,完成年度涉外文书核查工作。配合外交部完成日本“3·11”特大地震海啸事件中涉榕人员的统计、救援工作;处置美国驻广州总领馆官员秘密到福州开展环境污染调查事件;处置“7·23”甬温特大铁路交通事故中两名遇难美籍华人善后事宜及多起外籍公民在福州市死亡事件;协助处理2起福州公司与外国贸易公司的经济纠纷;协助非法入境巴哈马被扣留的12名福州公民回国;协助处理福州市一货轮在菲律宾领海沉没的善后工作。联合安全部门，向上级上报境外非政府组织在榕活动的情况，加强对其业务管理。

代办领事认证896份，主要涉及个人工作、探亲、定居、求学等所需要的各种公证资料及单位外派劳工合同证明、国外贸易相关文书证明。

【菲律宾沉船事故处理】 12月11日，福州市连江县华榕船务公司CHANGDA 216轮在菲律宾领海沉没，船上15名船员1名遇难、1名失踪、13名获救。市外侨办启动涉外突发事件应急预案，与船务公司负责人联系，追踪了解、掌握事件进展情况，并就善后处理进行指导和帮助。在多方协调下，获救船员和遇难者骨灰顺利回到国内，双方并就相关补偿和赔偿事宜达成协议。

【因公出国（境）管理】 全年审核和审批因公出国（境）428批1074人次，其中党政干部因公出国（境）117批427人次，民营企业因公出国（境）220批592人次；制止出访33批87人次，调整压缩出访13批10人次133天。颁发新护照393本；颁发新通行证310本。办理各国签证175批595人次，签证成功率99.5%。为32家民营企业37人次向外交部申请APEC商务旅行卡。

【侨资侨智引进】 市外侨办邀请34个侨商团组、453名侨商代表参加"5·18"海峡两岸经贸交易会，35个重要侨资企业代表122人参加该届海交会。经市外侨办邀请，著名侨领、马来西亚常青集团董事局主席张晓卿率领常青中国投资公司管理层一行9人到榕参加海交会，并开展相关经贸考察。常青集团表示将从文化创意产业方面在平潭、永泰两地寻找投资项目；著名榕籍侨领黄双安计划在福州投资建材市场，市外侨办向市规划局、市外经局了解福州市建材市场发展规划和投资情况，促成黄双安回榕考察。

【侨务联谊工作】 全年接待重点华侨华人49批730多人次，先后向美国、英国、荷兰、加拿大、澳大利亚、阿根廷等国家和地区的20多个社团的会务工作发电致贺，向市政协推荐20多名海外华侨华人代表人士作为福州市政协第十二届特邀委员人选。

6月3～12日，市外侨办与福清市外侨办主办"2010年海外华裔青少年中国寻根之旅夏令营"，组织35名新加坡榕籍青少年在福州开展寻根问祖、学习参观活动。

9月5日，福州市海外交流协会第五届会员代表大会在福州举行，来自30多个国家和地区的200名会员代表出席大会。会议聘请市委副书记周宏为荣誉会长，选举副市长陈奇为第五届理事会会长，福州市外侨办主任游晓东为主持日常工作常务副会长，世界华人华侨（亚洲）青年总商会会长俞培俤、世界福州十邑同乡总会副会长林祥华为常务副会长。大会选举理事285人，常务理事93人，副秘书长9人，副会长19人。

10月11～25日，市外侨办组织的中华美食——福州厨艺团赴印尼雅加达、棉兰、泗水三地开展闽菜、闽厨厨艺培训和展示活动。出访期间，举办培训和展示活动7场，培训当地厨师200多人次，宴请侨界重点人士和当地政要近300人。在棉兰期间，厨艺团与中国驻棉兰总领馆联合推出"中华美食之夜"活动。

12月26日，市外侨办组织70名印尼榕籍青少年参加省侨办举办2011年"中国寻根之旅"冬令营活动。

【服务侨资企业】 市外侨办组织福州市40多家侨资企业董事长、总经理等高级管理人员参加"2011年度福建出口政策报告会"，帮助侨资企业梳理有关出口政策脉络，解读福建外贸经济形势；组织侨资企业参加"5·18"海峡两岸经贸交易会、"6·18"海峡项目成果交易会和东盟华商投资西南项目推介会暨亚太华商论坛等各类经贸活动，重点促进海外高新项目和先进技术与福州侨资企业的对接交流。

【侨务法制宣传】 开展侨法进侨场、进侨社活动。在市外侨办下属东阁华侨农场举行"侨法宣传暨送温暖医疗队专家义诊活动"，内科、妇科、五官科、内分泌科等专科的医疗专家免费为近百名归侨侨眷现场问诊，免费发放常用药品价值7000多元，发放200多份侨法宣传资料。

开展大型广场侨法宣传活动。利用12月4日全国法治宣传日，市外侨办及鼓楼区、晋安区外侨办参加市委宣传部、依法治市领导小组办公室、司法局联合举行的"12·4"法制宣传日大型广场系列活动，现场进行侨法宣传。

编印发放侨法宣传资料。向福州市直有关部门发放省侨办编印的《重要涉侨法律、法规、规章及规范性文件汇编》300本，向各县（市）区侨务部门发放1500本，并印制发放各类侨法宣传资料2000多份。

协助晋安区、鼓楼区外侨办在茶园街道、鼓楼区水部街道、马尾区亭江镇、福清市高山镇前王村等设立"侨法宣传角"，设置"侨法宣传栏"和"侨务之窗"，搭建侨法宣传平台。

【维护归侨侨眷权益】 *侨务信访工作* 全年接到来信、来访2150件次，涉及30多个国家和地区。问题主要集中在：旧城改造的拆迁安置、补偿问题；落实侨房政策；侨资企业在投资、生产经营中遇到的困难和问题；散居农村的归侨侨眷宅基地、承包地、祖坟地的纠纷；出入境定居以及其他日常信访等。市外侨办将每件信访来信都转交给相关部门办理，并协调推动困难问题的解决。

"三侨子女"身份证明认定 主动到涉侨考生相对集中的福清市为参加普通高考和成人高考的归侨子女、华侨子女、归侨学生出具"三侨"子女高考升学证明249份，实现零投诉。

扶助贫难归侨 全年为归难侨争取生活补助经费72.6万元，给605名散居贫困归难侨每人每月发给生活困难补助100元；为归难侨争取建房经费172万元，对41户无房户的归难侨落实每户给予建房补助4万元；两节期间，走访慰问困难归侨侨眷、侨界代表人士、侨务重点工作人士等250人次，发放慰问金19.5万元。发动各级外侨办开展对就业和生活困难、患大病或遭受重大灾害的归侨侨眷等进行走访慰问550人次，发放慰问款15.5万元。

【华侨农场工作】　6月下旬，市外侨办到3个华侨农场开展调研，对农场现状、存在的困难和问题以及未来的工作发展思路进行梳理，并对农场在安定稳定、生产经营及民生和队伍建设等提出建议和意见。

9月30日，副市长陈奇率市政府办公厅、市外侨办、市安监局、市消防支队等单位领导及相关人员到福州市长龙华侨农场开展国庆节期间安全生产工作大检查。

11月30日，常务副市长陈大强主持召开华侨农场融入平潭综合实验区开放开发工作会议。会后，市外侨办组织人员对福州市华侨农场体制、产业发展等内容开展调研，并形成调研报告上报市政府。

【侨胞捐助公益事业表彰】　全年接受侨胞捐赠社会公益事业金额1.3亿元。市外侨办为捐赠金额在1000万元以上的曹德旺、黄如论、林绍良、林文镜、陈存明等8名海内外乡亲颁发“华侨捐赠公益事业突出贡献奖”金质奖章、奖匾和荣誉证书，表彰他们对家乡的贡献。

港澳事务

【概况】　2011年，福州市深化与香港、澳门在对外经贸、人才交流等方面的合作。全年审批因公出访港澳155批455人次，办理港澳通行证481本；接待香港官员和各类团组5批20人次；办理香港居民身份确认57份；帮助香港居民解决困难，处理房屋纠纷、房产问题等5起8人次。

【交流合作】　3月27日～4月1日，省委常委、市委书记袁荣祥带领市经贸代表团随省委书记孙春兰赴香港、澳门，开展以“叙友情、谋合作、促发展”为主题的经贸交流、招商推介活动。市港澳办承担并完成联系港澳榕籍乡亲重点人士及社团，协办两场招商联谊活动，邀请港澳客商赴会，办理赴港澳通行证，负责外事纪律教育，与省外办联络对接等工作。

“5·18”海峡两岸经贸交易会期间，市港澳办邀请香港特区政府中央政策组总研究室、香港特区政府驻粤办、香港贸发局及香港有关企业参加海交会。客人表示将加强榕港经贸合作交流与人员往来。

5月，市港澳办参加全省港澳系统干部赴港澳对口交流，代表团拜会香港特区政府多个部门，畅通福建、福州与港澳政府间的联系渠道，香港政制及内地事务局、澳门特首办均表示希望加强榕港、榕澳间的全方位合作。

11月，香港特区政府政制及内地事务局常任秘书长罗智光一行8人访问福州。9日，副市长陈奇会见客人，双方就落实香港特区政府行政长官曾荫权施政报告中提出的加强与海西经济区合作等事宜进行交流。香港特区政府正式决定将特区政府驻福建办事处设在福州市。

（林木荣）

台湾事务

【概况】　2011年，福州市落实海峡两岸经济合作框架协议（ECFA），拓展榕台经贸合作、文化交流和空中直航、海上直航，举办合唱节、族谱展等各种对台特色交流活动。福清台湾农民创业园获得国家批准，马尾船政文化园区获批成为海峡两岸交流基地。全年组织54个交流团组708人次赴台，随团44个135人次。接待台湾中上层人士及其他来访团组17批558人次，中国国民党荣誉主席吴伯雄、新党主席郁慕明等先后到榕参访。

【经贸合作】　*榕台产业对接*　全年，福州市新批台资项目41项（含第三地），合同台资3.62亿美元。截至2011年年底，累计批准台资项目3030项（含第三地），合同台资65.2亿美元，实际到资41.3亿美元。5月，福建海峡银行在台湾与台湾华南商业银行签定《业务合作协议书》，实现榕台金融业务合作先行先试的新突破。6月，在福州举办第三届海峡论坛两岸金融合作与发展研讨会，国泰金控、兆丰金控、富邦金控、华南金控、玉山金控等台湾知名金融机构参会，研讨合作。6月，农业部、国台办批准设立福清台湾农民创业园，为拓展榕台农业合作提供平台载体。

发挥榕台经贸活动平台作用　举办第十三届海峡两岸经贸交易会。新党主席郁慕明、台湾中小企业协会理事长林秉彬等台湾嘉宾、参展商近1700人参会。签约台资项目28项（不含第三地），利用台资5.18亿美元。举办2011年海峡（福州）渔业周暨第六届海峡（福州）渔业博览会、中国（福州）动漫消费电子展、第二届海峡（福州）医药健康产品博览会、海峡两岸婚庆展等涉台专业性展会论坛，打造系列常年举办、多元化的两岸经贸合作平台。

服务在榕台资企业转型升级　举办台商产业升级辅导及教育训练、台资企业税费问题等10多场政策宣讲和座谈会，向台商、台资企业宣讲政策、答疑解惑。赴东莞、昆山等地考察台资企业转型升级工作，对福州市台资企业相对集中的福兴经济开发区开展调研，撰写《东莞、昆山等地经验对福州市台资企业转型升级工作的启示》《推进福兴投资区改造提升也需关注台资企业顺利转型发展》等调研文章，为推动台资企业转型升级提升改造提供新思路、新建议。

拓展榕台贸易　加强对海峡两岸经济合作框架协议（简称ECFA）内容的宣传、讲解，增进福州市相关单位、在榕台商等对ECFA的理解和认识。1月，福州关区首票ECFA出口货物通关，福州市专门组织媒体进行采访报道。海交会期间，举办ECFA实务研讨会，首次专设1000平方米的ECFA早收清单产品展区。同时举办《ECFA项下进出口货物原产地管理办法》说明会、ECFA原产地证业务说明会等。全年，榕台贸易总额20.28亿美元，比增0.25%。全市台轮停泊点对台小额贸易总额7343.79万美元，比增23.26%。

【文化交流】　*扩大特色交流品牌效应*　举办“第九届两马同春闹元宵”“第四届（福州）陈靖姑民俗文化节”“第二届中华梦乡石竹山梦文化节”等榕台特色文化民俗交流活动，“第四届海峡两岸合唱节”“同根同源情相牵——2011

5月24日,第四届海峡两岸合唱节在台湾新竹开幕。

年两岸城市青少年创意族谱展”被国台办列为2011年对台重点规划交流项目,福州马尾船政文化园区被国台办批准为海峡两岸交流基地。

推进入岛交流　一是拓展“两马”交流。“两马”交流10周年之际,代市长杨益民率“福州市赴马祖交流访问团”从马尾乘“两马小三通航线”直航马祖,开展交流访问。二是在台湾新竹市举办“第四届海峡两岸合唱节”,两岸18支合唱队及4支童声展演队共1100多人参加活动,创两岸合唱节规模、专业水准之最。三是闽王(王审知)金身先后赴马祖、澎湖巡安并开展相关交流活动。

举办海峡论坛福州市活动　一是举办“海峡两岸烹饪邀请赛”,海峡两岸15支参赛队伍(台湾8支)参赛,近百名两岸烹饪精英同台竞技,交流榕台美食文化。二是台湾24个县、市佛教会300多名法师,200余名佛学院学僧参加“闽台佛教文化交流周”,是闽台交流史上规模最大,参与单位、人员最多的佛教交流活动。三是榕台10对乡镇近百名代表参加“福州市两岸特色乡镇交流对接活动”。台湾彰化县北斗镇与福州市仓山区城门镇等10对乡镇签订合作交流备忘录,4对企业就茉莉花茶、李梅加工产品、高山乌龙茶、蜂产品等产业签订合作协议,彰化县北斗镇与仓山区城门镇互赠500棵茉莉花苗,其中彰化赠送的为原产福州但在福州已绝种的单瓣茉莉花苗,使这一品种回归故乡,谱写“茉莉—莫离”佳话。四是举办“和谐海峡·快乐家庭”福州—高雄、新北海峡两岸家庭联谊活动,增进两岸同胞间的了解和友谊。

旅台福州同乡社团恳亲会　10月,举办“第三十二届台湾区福州同乡社团联谊大会暨第五届旅台福州同乡社团返乡恳亲会”,21个旅台福州同乡社团157名福州籍乡亲回榕参会,创近20年间在福州市举办的两岸福州乡亲交流盛会规模之最。在台乡亲通过会议交流和实地游览,体验福州社会、经济、文化和城市的变化,增进对家乡的情谊。省委常委、市委书记杨岳,代市长杨益民等市领导会见参会的旅台福州同乡社团理事长和特邀嘉宾。

青少年交流和教育交流　举办第八届“跨越海峡·相约榕城——2011年榕台青年夏令营”和2011年两岸城市青少年创意族谱展,福州市科技馆率团赴台参加“第五届两岸中学生自然探索夏令营”等青少年交流活动。福州职业技术学院、福州外语外贸职业技术学院、格致中学、仓山区金昕仪幼儿园等赴台开展教育交流访问。

体育交流　举办“2011年福州海峡传统龙舟和标准龙舟邀请赛”“全国门球公开赛暨福建·福州第五届海峡门球邀请赛”“第五届海峡两岸十万人登山活动”等榕台体育交流活动,马尾经济文化交流合作中心组团赴马祖参加第六届“两马”体育联谊。

旅游合作　7月,福建居民赴金马澎地区个人游正式启动。并依托赴马祖游,推动规划黄岐(环马祖澳)旅游区发展。全年福州市民赴台旅游646个团组1.48万人次,台胞到福州旅游21.5万人次。

纪念辛亥革命百年系列活动　结合纪念辛亥革命100周年,市政协等单位举办“爱我中华·情系两岸——福州、南京、台湾纪念辛亥革命100周年书画摄影联展暨文化创意产业发展研讨会”“相约福州——海内外书画家纪念辛亥革命100周年联谊笔会”“福州船政与辛亥革命”等纪念活动。

【榕台直航】 空中直航 福州至台北松山、桃园、台中、高雄等4条空中客运直航航线每周26个航班52个往返架次,福州至台北邮政专机航线每周三、四、五共3个航班。全年福州空港往返台湾航班3010架次,旅客吞吐量32.8万人次。

海上直航 2011年“两马”航线运营1215航次,运送旅客3.95万人次。与马祖方面开展海上搜救桌面演练以及研讨会等活动,维护“两马”航线安全。开通马尾至台湾高雄、基隆港的集装箱海上定期航线,江阴港区有4家航运公司经营台湾直航航线。全年对台直航集装箱吞吐量31.6万标箱。

【媒体交流合作】 邀请台湾《中国时报》《旺报》、东森电视台、中视等媒体参与采访报道第十三届海峡两岸经贸交易会、第二届海峡版权创意产业精品博览交易会、第三届“海峡论坛”福州市活动、海峡渔业周等活动,宣传榕台经贸合作、文化交流、三通直航等方面的亮点,增进台湾同胞对福州的了解和认识,提升福州市涉台活动在台知名度和影响力。

打造榕台媒体交流品牌。一是提升福州电视台《海峡面对面》栏目品牌效应。栏目时间调整到每天20:25黄金时段播出,并设置看东岸、锐新闻、东游西逛、故事汇、榕树下等版块,播放榕台两地渊源、两岸交流合作情况以及岛内热点资讯、两岸旅游生活信息等。二是举办第二届“两岸媒体福州行”活动,邀请台湾《工商时报》、中天电视台等台湾媒体,以及《福建日报》《福州日报》等省市媒体参访福州保税港区、福清台湾农民创业园及福州市台资企业等。三是福州晚报社组团赴台与台湾大硕青年关怀基金会联合主办第二届榕台大学生新闻营,两岸26所高校43名大学生参加活动。

【服务台胞台商】 完善台商投诉求助案件调处工作机制,规范工作程序,落实台商权益保障工作联席会议成员单位联络员会议等制度化工作。全年受理台商诉求件50件,办结41件。落实《福州市台胞救急救难暂行办法》,发挥台胞救急救难工作部门联席会议作用,及时通报和交流工作情况,协调解决存在的问题。全年受理需救急救难的台胞9起10人次。接待台胞台属上门投诉咨询185人次,受理投诉信访件66件(已办结61件),出具台籍证明(更改籍贯)33人次,出具台籍、台胞学生证明79人次,出具大陆学生赴台就读大学证明57人。

(陈 煜)

(编辑 郭进绍)

综 述

2011年，福州市政法工作以开展“发扬传统、坚定信念、执法为民”主题教育实践活动为契机，将推进廉洁公正执法与政法队伍思想建设、作风建设、廉政建设相结合，深化执法规范化建设。

全市政法各部门推进“阳光执法”，评查案件1300个。开展主题教育实践活动，组织唱红歌、上党课、听讲座、看影片等多种形式的学习教育活动，引导广大干警转变执法理念，增强服务意识。市委政法委、市检察院先后与福州市新闻网联合举办“我身边的优秀共产党员”和“学李彬、争先进、见行动”主题征文活动，引导广大干警挖掘身边党员的先进事迹。市直政法部门通过分析政法干警违法违纪的典型案例，开展以案析理，查摆政法工作和队伍管理中存在的不足和问题，促进廉洁执法。

公安机关推进执法标准体系、法制室和执法执勤主体建设，出台法制室设置规范和建设要求，设置法制室119个，配备法制员859人，制定出台各类执法制度95件；全面推广涉案物品管理规范模式，建立规范的物证室143个；讯（询）问室同步录音录像系统安装196套，超额完成建设任务；智能枪柜在20个派出所推广应用；全面启用网上执法监督平台，发现执法问题2.96万条，实现执法监督平台与工作执法考核系统的自动对接，将监督情况直接纳入民警的绩效考核；实施项目带动战略，推出一批便民利民措施，建设网上“5+N”服务大厅（公安公众服务平台），涉及消防、交管、治安、户政、出入境服务等内容，实现“一站到达、一站受理、一站办结”。

检察机关针对刑事拘留、另案处理等容易出现问题的关键环节，开展类案监督和专项监督活动，同时加强对民事审判和行政诉讼的监督，提出和提请民事行政抗诉38件，提出再审检察建议18件，监督民事执行案件79件，纠正民事虚假诉讼等违法问题21件。同时试行侦查人员出庭作证和建议更换办案人制度，落实检察长列席同级法院审判委员会会议和量刑建议制度。全市检察机关查办贪污、贿赂及渎职等职务犯罪案件181件258人，重点查办一批重点工程领域案件。市检察院设立案件管理中心，实现对执法办案的动态管理、同步监督和实时预警。

审判机关全面推进诉讼服务中心建设，为当事人提供立案审查、救助服务、查询咨询、来访接待、诉讼引导、材料收转、诉前调解、判后答疑、调处衔接和效能监督等一站式全程诉讼服务。同时调节民商事法律关系，审结一审民商事案件4.29万件、诉讼标的53.46亿元，审结二审民商事案件3204件。加大执行工作力度，执结3.32万件，执结率95.71%，执结标的额21.14亿元。拓宽涉台审判职能，创建涉台审判司法品牌，推动两岸司法交流合作。

司法行政机关注重提升法律服务水平，全市101家律师事务所办理各类案件1.3万余件，办理公证19.8万余件。依托“12348”法律咨询电话热线，引导

12月16日，举行福州政法网开通仪式。

11月16日，召开省、市突出治安问题重点整治单位工作情况汇报会。

群众通过法律途径解决诉求，接待群众法律咨询8292人次，接受电话咨询2.8万人次，办理各类法律援助案件2581件。接受委托办理各类鉴定件2.58万件。

政 法 委

【概况】 2011年，福州市政法系统推进社会矛盾化解、社会管理创新、公正廉洁执法“三项重点工作”，深化“平安福州”建设，推进政法综治各项工作深入开展，居民对社会治安满意率94.81%，高于全省平均值0.18个百分点。

【综治工作】 *集中解决治安热点难点问题* 以开展“排查整治突出问题、服务保障跨越发展”活动为抓手，全市确定12个单位为市级挂牌重点整治单位，同时将10个突出区域性治安稳定问题列入市综治委重点跟踪督导，并重点跟踪督导省综治委排查认定的4个突出治安稳定问题，通过挂牌整治促进治安状况好转。针对城区部分乡镇（街道）盗窃警情大幅上升的态势，市综治办领导约谈四城区综治办主任、公安分局分管副局长、有关乡镇（街道）及派出所主要领导和分管领导，促进突出治安问题整改。加强交通安全综合整治，交通事故起数、死亡人数、受伤人数分别比降11.44%、2.58%、9.61%。

集中排查化解涉法涉诉信访问题 突出以进京非正常上访案件为工作重点，按照“信访路线图”的要求，全面落实“五抓”和“四个到位”工作机制，着力解决群众合理信访诉求。市委政法委多次召集处理涉法涉诉信访工作专题会议，落实副书记包案责任制，市直政法部门主要领导为本系统化解积案的第一责任人，各县（市）区党委政法委书记、政法部门主要领导为本地区、本部门化解积案的第一责任人，不断加强督促指导力度。2010年来全市排查确定涉法涉诉信访积案981件，化解979件，其中195件进京访案件全部化解，786件非进京访案件化解783件，信访积案化解率99.6%，达到年初中央和省委政法委要求6月底前进京重复访基本办结息诉、信访积案年底前化解90%的目标。

刑释解教人员帮扶与管理 全面摸排可能危害社会治安的重点人员，落实管控措施。完善“福建省刑释解教人员安置帮教信息管理系统”，开展刑释解教人员排查走访专项活动，全面掌握刑释解教人员动态，帮助他们解决实际困难和问题。筹办市、县两级过渡性安置基地，引导刑释解教人员回归社会。建成全省首家集食宿、教育、培训、救助于一体的过渡性安置机构“中途之家”。全市有安置帮教对象1.91万人，147名符合低保条件的刑释解教人员全部办理低保手续，实现应保尽保。推进社区矫正工作，全市接收社区服刑人员7169人，经过社区矫正，2994人解除矫正回归社会，重新犯罪率0.18%。加强重点人员排查管控，逐一落实管控措施。创新青少年等特殊人群的服务管理模式，坚持依法从宽办理未成年人犯罪案件，台江区以“鲲鹏青少年事务服务中心”为纽带，与民间公益社团以及相关部门联合开展各种教育活动，预防青少年违法犯罪。

基层维稳队伍建设 推进“一个中心、三支队伍”规范化建设。全市“综治信访维稳中心”和“综治信访维稳工作站”建设基本达到规范化要求，173个乡镇（街道）全部建立维稳工作队，村（社区）发展近7000名维稳信息员队伍，组建由多个警种组成的网络舆情引导员队伍。依托公安信息网平台在全省率先推出“维稳群众工作队管理系统”，实时采集、录入辖区重点人员稳控、涉稳信息，落实基层维稳工作。年内，社区服务协管员新招补充人员186人，为社区综治维稳、平安建设、劳动保障、计划生育、流口管理、市容、文明创建和阶段性中心工作等提供保障。

校园等重点部位整治 建立完善校园及周边治安综合治理长效机制，以推广应用校园治安管理创新服务系统为抓手，落实校园及周边治安防控措施。全市中小学校、幼儿园应安装音、视频系统的全部安装到位，并连入所在辖区警务室、派出所，实现24小时适时监控；应配备保安员的全部配备到位，防卫器械配备率100%。侦破涉校涉生案件15起。加强行业场所监管，发挥歌舞娱乐场所远程监控系统作用，推进娱乐场所禁毒工作。落实娱乐场所分级管理制度，加强从业人员IC卡实名登记。

【社会管理创新】 *推进矛盾纠纷多元调解衔接工作* 健全经常性矛盾纠纷排查化解工作机制，加强敏感时期多发的各类矛盾纠纷排查调处。完善人民调解、行政调解、司法调解三位一体的“大调解”工作体系，在矛盾纠纷多发的行业推进专业性人民调解委员会建设。在仓山区、闽清县先行先试“检调对接”的基础上，在全省率先全面启动“检调对接”工作。推进“诉调对接”，加强审判工作与人民调解、行政调解、仲裁等方式的衔接,建立群体性纠纷调解机制。检察机关促成刑事和解 814 件、民事申诉调解 248 件。审判机关调撤一审民商事案件 2.54 万件,调撤率 59.14%。全市 12 个县(市)区人民调解中心共配备专职人民调解员 351 人,促使大量社会矛盾纠纷通过基层调解渠道得到优先化解。马尾区法院在重大交通事故民事赔偿案件中实行"多受害人合并调解机制"。闽侯县在海峡农副产品批发物流中心建立人民调解委员会试点,加强人民调解的基础作用。加强涉侨案件调解工作,实行涉侨案件"每案必调"。坚持科学民主决策,把社会稳定风险评估作为作决策、上项目的前置条件,严格执行经济效益和社会稳定风险"双评估",防止因决策不当引发社会矛盾。年内,全市各级人民调解组织调处各类矛盾纠纷 4.01 万件,调处成功 3.81 万件,调处成功率 95%。

完善医患纠纷调解机制　推进医患纠纷第三方调解组织建设,市、县两级均建立医患纠纷人民调解组织。规范医患纠纷调解处置工作,出台《医患纠纷调解处置办法》,充实涉及医学、法学、法医学等多个学科的专家库,建立完善案件专家责任机制、专家会商机制和现场应急处置机制,探索化解医患纠纷的 32 字工作方法。2011 年全市医调中心接访医患纠纷投诉 296 件(其中市医调中心接访医患纠纷投诉 172 件),立案 81 件,结案 109 件,结案率 92.6%。

小区治安防范和管理　推行新版物业服务合同,落实物业企业安全防范责任。市综治委继续对街(镇)、公安派出所及物业服务企业实行责任捆绑问责,对社区民警采取责任倒查和综治责任捆绑问责,并将物业小区发案情况纳入社区民警绩效考评。台江区法院在房地产管理局设立全省首家物业纠纷法律服务中心,推动物业纠纷司法调解工作。2011 年,五城区确定建设物业小区示范点 81 个,通过示范带动,规范全市物业小区的治安防范管理。同时,解决 73 个无物业小区治安管理问题,加强小区人防、物防和技防建设。通过规范物业小区管理和加强治安防范,遏制入室盗窃等高发案件的发生,入室盗窃案件比降 9.6%。

12 月 25 日,平安文化千里行走进永泰嵩口活动。

流动人口服务管理工作　推广流动人口"一站式"服务管理规范化建设,并列入为民办实事项目。全市 639 个流动人口"一站式"服务管理站(点)建成并投入使用。创新出租屋物业管理系统,对整幢出租和经济条件较好的地区采用"出租屋视频门禁系统",对散居的出租屋采用"出租屋门禁系统",通过"租住必先到派出所登记办卡"和以租住时限设置门卡使用时效,促使租住人员主动到派出所登记、更新信息。全面推广仓山、晋安试点经验,建设集公众网(包括互联网、电话语音、手机短信)群众自主申报、政务外网一站式办公和公安网民警走访调查等三网合一的信息采集和服务管理平台。全市登记出租房屋 19.8 万户,比增 9 万多户;登记流动人口 186 万多人,比增 81 万人。创新旅馆式出租户管理服务系统,对公寓式酒店实行旅店业管理,全部安装旅馆业治安管理信息系统,全面采集住宿人员信息,消除管理"盲点"。

"两新"等社会组织管理　重点培育和扶持慈善公益类社会组织,规范发展行业协会,简化审批程序,缩短审批时限,加强对社会组织的日常管理和年度检查,加大对违法违规社会组织和非法组织的查处力度,同时推动政府部门向社会组织转移部分服务职能,依法向社会组织开放更多的公共资源和领域,通过政府购买服务方式,逐步将事务性、服务性等社会管理委托社会组织承担。创新完善虚拟社会综合监管系统,加强虚拟社会管理。

【平安建设】　深化平安创建活动　以创建"平安先行乡镇(街道)"和"平安先行单位"为载体,将平安创建作为精神文明、党建先进单位评比的前提条件。经对申报的 124 个乡镇(街道)进行考评验收,鼓楼区华大街道等 115 个乡镇(街道)获评"平安先行乡镇(街道)"。市综治委先后对治安问题突出的 8 个单位予以综治黄牌警告,促进综治领导责任落实。拓展平安创建领域,将平安创建活动向各行各业及新经济组织、新社会组织延伸,在县级以上工业园区(经济开发区)设立综治服务站,在"两新组织"特别是民营、台资等非公有制经济组织设立综治平安工作机构,扩大平安创建覆盖面。出台"平安铁路示范县(市)区"创建规划,落实和加强铁路护路联防工作。以纪念中央关于加强社会治安综合治理两个"决定"颁布 20 周年为契机,通过多种形式,掀起新一轮平安建设宣传热潮,提高平安建设知晓率、参与率和满意率。

打击整治违法犯罪活动　保持严打高压态势,组织开展"打黑除恶""打击两抢一盗""亮剑""清网"、打拐及打击电信诈骗等专项打击行动。全市破获各类刑事案件 2.75 万起,其中年内案件 1.77 万起,全市破案绝对数、现行破案数分别比增32.9%、8.2%，追逃数比增10.3%。打掉黑社会性质犯罪组织7个150人，摧毁恶势力团伙196个1078人。打击多发性侵财犯罪活动，破获“两抢”案件1006起、盗窃案件2.18万起、诈骗案件1578起、银行卡犯罪案件253起。深化打拐行动，破案5422起，打掉犯罪团伙495个，解救被拐妇女儿童203人。扎实开展“打四黑除四害”、食品安全整治等专项行动，查获“四黑四害”案件3660起，捣毁黑作坊35处、黑工厂137家、黑市场1089处、黑窝点350处。其中，福清市公安局于9月中旬打掉一个非法制贩炸药“黑工厂”。检察机关批捕各类刑事犯罪人员7247人，起诉1.06万人。审判机关受理一审刑事案件6912件1.09万人，审结二审刑事案件1141件。

技防工程建设　全面推进以视频监控和报警系统为主的技防建设。市委、市政府将城区主次干道设立的2275个监控点列入为民办实事项目，并在市保安公司建设监控中心，同时在相关警务室、派出所、公安分局建立三级应用平台。继续推进物业小区视频接入公安专网整合工作，将全市686个物业小区1.29万路探头视频接入公安专网，完成120个小区、1440路探头的整合工作。各行业部门筹集资金建立单位内部视频监控系统，并与公安机关实现资源共享，物业小区也按照要求安装社区视频监控探头，街面、主要路口特别是校园门口及周边部位分别安装路口电子警察、全球眼等。截至2011年年底，全市安装监控探头近5万路，初步形成覆盖城区、较为完善的视频监控网络。各县（市）区也加大投入，健全城区主要路段、商业繁华区、学校等重点要害部位、娱乐场所和治安复杂场所的视频监控网络，并逐步向农村延伸覆盖。市公安局“公安智能交通控制中心”年内建成并投入试运行。鼓楼区开展“平安电话联防”，形成“一家求助、十家帮助”，实现联防到户，技防到人。

（陈鹏程）

公　安

【概况】　2011年，福州市公安机关以打造民生警务为重点，以“三大战役”（规范执法活动、重点项目建设、社会管理创新）为抓手，推进公安工作和队伍建设。全年采集涉稳信息1.5万余条，调处矛盾纠纷1万余起，参与接访处置医患纠纷163起，预防和处置群体性事件452起；抓获各类刑事犯罪嫌疑人比增1.4%；现行命案破案率达96.7%；盗窃、诈骗案件破案数分别比增44.8%、99.7%；打击毒品犯罪数保持全省第一；经济犯罪破案数比增20.5%；“清网行动”受公安部表彰。整治治安热点难点，落实校园及周边治安防控措施，完善校园安防体系；坚持打黄扫丑，遏制“黄赌毒”违法犯罪活动；实施“打四黑除四害”、食品安全整治等专项行动。推进“三大战役”，名列全省前茅，全市建成执法办案中心14个，完成率100%；完成11个业务装备、4个业务技术用房重点项目建设；省公安厅部署的13个社会管理创新项目完成9个，自建的12个项目全部完成。在公安队伍建设方面，组织实施“大走访”开门评警活动，征求意见建议2600余条，解决实际问题8000余个，出台便民服务新政127项；加强党风廉政建设，落实“打招呼”谈话制度，查处民警违法违纪案件21起32人，分别比降48.78%、38.46%；培训、考核、训练公安民警1.5万人次。6月在全国第四届“我最喜爱的人民警察”评选活动中，鼓山派出所副所长林春兰获特别奖，被授予“全国公安系统二级英雄模范”称号。三叉街派出所民警邱昌明当选“2011福建年度十大人物”。晋安分局刑侦大队大队长林新、平潭县公安局刑侦大队城关中队中队长魏文洪当选福建省第三届“我最喜爱的十大人民警察”。11月，东街、可门等30个公安（边防）派出所被市人大常委会评选授予“福州市优秀派出所”称号。

被授予全国第四届“我最喜爱的人民警察”特别奖、“全国公安系统二级英雄模范”称号的鼓山派出所副所长林春兰赴京归来。

【实施“清网行动”】　5月26日～12月16日，在全国公安机关开展“清网行动”中，市公安局制订专门实施方案，各级公安机关先后召开党委会、分析会、推进会和新闻发布会等702场次，采取全警动员、领导包案、警种协作、检查督察、表彰奖励、宣传发动等措施，加大追捕负案在逃人员的力度。张贴市政法机关《关于敦促在逃人员投案自首的联合通告》4.2万张，发放《动员在逃人员家属督促在逃犯投案自首告知书》1.5万份、《致在逃人员家属的一封信》1.2万封，发送手机短信91万条。全市通过群众举报线索抓获逃犯499人，有2847名逃犯投案自首，其中161名潜逃境外的逃犯从70多个国家和地区前来投案自首。历时204天的“清网行动”，全市抓获各类逃犯5985人（其中外省市689人），其中清网行动前上网逃犯4205人，占上网逃犯4725人的88.99%;属于重大逃犯270人(其中公安部B级通缉犯4人、公安部督捕1人、省十大要犯3人、省公安厅督捕22人、命案逃犯240人);有588名潜逃10年以上的逃犯归案(其中“漂白”身份的逃犯53人)。从中破获500多起久侦未破的积案;曾因犯罪嫌疑人长期在逃而得不到解决的涉法涉诉的60多件信访积案得到彻底清理,为198名受害者挽回经济损失3334.6万元。在12月16日公安部召开的全国公安机关“清网行动”总结表彰电视电话会议上,市公安局被记集体一等功,授予奖状。

【刑事犯罪侦查】 破获各类刑事案件2.7万起,比上年多破6813起。其中年内案件1.7万起;抓获刑事犯罪嫌疑人1万余人(依法逮捕7238人)。打掉黑社会性质犯罪组织7个150人、恶势力团伙191个1078人。发生现行命案91起,破获88起,破案率96.7%,其中“1·5”晋安杀人焚尸案、“3·10”福清一家3口被害案、“10·13”晋安入室抢劫杀害3人案等一批大要案均在短期内告破;另破年前积案42起。抓获年前命案在逃嫌犯263人,协抓外省市命案在逃嫌犯68人。全市破获拐卖妇女儿童案件311起,破获组织未成年人、残疾人违法犯罪案件5111起,打掉作案团伙495个,打击处理2840人,解救被拐儿童101人、妇女102人,解救被组织操纵的未成年人674人。破获电信诈骗案件2220起,涉案总金额2133万元,打掉团伙31个275人,缴获银行卡179张,查扣现金、存款1786万元。破获盗窃、抢劫、抢夺、诈骗等各类侵财案件2.1万起,比上年多破6402起,上升41.6%。

全市勘验现场数2.6万起,其中属盗窃、命案、强奸等十类案件现场1.2万起,勘验率87.7%。全市刑事技术部门完成各类检验鉴定1.6万起,其中活体检验8412起、尸体检验987具(起)、理化与毒物毒品检验1409起、痕迹物证检验2235起、法医物证检验1284起等。

【十大刑事要案】 ①破获张某忠黑社会性质犯罪组织案,抓获组织成员12人。刑满释放人员张某忠纠集部分刑释人员、负案在逃人员和社会闲散人员,在闽侯县青口镇等地,以暴力、威胁手段涉嫌刑事案件20余起,致死1人、伤多人。②10月13日,晋安区茶园街道环北某单元房发生持刀入室抢劫并杀害3人案,案发10小时后公安机关在江苏省常熟市抓获嫌犯丁某亮、陈某。③破获闽侯县祥谦镇的“8·28”杀人焚尸案,于8月29~30日将嫌犯蔡某硕、林某润抓获归案。④10月23日,闽清县白中街鑫缘金行被3名歹徒持砍刀、仿真手枪,抢劫价值近30万元的黄金、铂金饰品。公安机关于10月29~30日相继在江苏省常州市和贵州省铜仁市将嫌犯黄某洪、胡某松抓获(尚有1人在逃),追回部分赃物。⑤4月7日,共青团福建省委某书记下班路过鼓楼区蒙古营地下通道,见一男子正对一中学生行窃,当上前制止时遭到该男子及其同伙殴打,背部被刀刺伤。4月12日,鼓楼分局在浙江省绍兴县、广西柳江县抓获嫌犯廖某山、张某,缴获作案工具弹簧刀、镊子等。并促使另1名同案人张某投案自首。⑥7月7日,破获公斤级特大贩毒团伙案,抓获何某玲(女)等6名贩、吸毒人员,查获冰毒2.29公斤、麻果40余克和作案工具汽车1辆。⑦破获“6·3”上街大学城的特大绑架大学生案,次日于泉州抓获嫌犯江某发、江某,解救被绑架学生蔡某。⑧7月11日,长乐市破获6月24日发生在金峰镇的系列尾随强奸中学生案,抓获嫌犯陈某敏(34岁),其供认先后强奸女学生作案7起。⑨9月27日,摧毁公安部交办的“6·30”台湾籍人员纠集的特大跨国跨境系列电信诈骗团伙。在菲律宾马尼拉奎松市抓获涉案嫌疑人93人,缴获一批作案工具,并将其中67名大陆籍人员押解回榕审查,依法逮捕58人,破案200余起,涉案价值近千万元。⑩12月25日,摧毁一专门盗窃丰田皇冠轿车的犯罪团伙,抓获嫌犯黎某、梁某有、张某寿3人,缴获作案用的皇冠轿车1部及作案工具,破获皇冠车被盗案7起。

【经济犯罪侦查】 市公安局在经侦支队建立情报信息中心,并充实15名警力。该情报信息中心核查线索112条,从中破获各类经济犯罪案件32起,抓获嫌犯46人(其中在逃人员31人)。

开展打击涉众、涉企、涉农型经济犯罪以及可能影响民生、侵犯法人和公民合法财产的各类经济犯罪,特别是打击非法集资、传销、侵犯知识产权、制售假冒伪劣商品等罪案。全年破案865起(含破往年案件)、比增20.5%,抓获嫌犯676人、比增2.6%。其中打击银行卡犯罪的“天网—2011”专项行动,破案253起,涉案金额达人民币4.8亿元,移送起诉的犯罪嫌疑人168人。在“亮剑”行动中,破获侵犯知识产权和制售假冒伪劣商品案件291起(其中案值100万元以上的大要案36起,案值500万元以上的大要案13起),涉案金额约1.12亿元,抓获犯罪嫌疑人464人,捣毁生产窝点584个,摧毁犯罪团伙8个。10月8日,在公安部经侦局统一组织指挥下的“猎鲨九号”集群战役对由福州市调查发现的涉嫌销售假冒汽车配件的罪案实施收网行动。市公安机关出动325名警力,搜查晋安区一带汽配市场涉嫌售假窝点,当场抓获嫌犯105人,捣毁售假窝点58个(其中销售窝点34个、储存窝点24个),破获案件36起,查获假冒大众等品牌汽车配件18.2万个(件),涉案金额3500万元。

(曹友权)

【禁毒工作】 市公安机关相继开展“毒品查缉专项行动”“集中收戒吸毒人员专项行动”“娱乐场所涉毒问题专项整治”和“禁毒清网行动”等。破获毒品刑事案件991起(其中千克以上毒品案件11起),抓获犯罪嫌疑人1026人(已逮捕948人),缴获各类毒品66.1千克(其中海洛因2.7千克、冰毒18.4千克、K粉36.2千克、鸦片8.8千克)。

加强情报信息交流和办案协作。市公安禁毒部门与福州海关缉私部门制定《共同打击邮政寄递渠道走私毒品犯罪工作协作机制》,遏制通过邮路进行走私毒品的犯罪活动。4月21日,市禁毒支队在杭州警方的配合下,拦截一个从福清寄出的邮包,发现其中藏匿冰毒270克,并与福清市公安局联合抓获该案的3名团伙成员。市禁毒支队同时与相关部门开展高速公路毒品公开查缉工作,力堵利用大巴或租赁货车从高速公路贩运毒品的通道。

加强禁毒情报信息系统建设。5

月，福州市被公安部确定为禁毒情报研判系统（简称 DISA 系统）试点运行单位。市公安局对相关领导和部分基层民警进行“DISA”操作、手机分析仪使用的培训，对在侦案件和可疑人员、已破案件信息和深挖扩线信息、举报线索以及GPS 车辆信息等进行全面采集录入。至12 月，录入量达 140 条。

强化吸毒人员管控排查和强制隔离戒毒工作。全年查获吸毒人员 3480 人次，其中强制隔离戒毒 363 人。同时依托社区开展戒毒工作，在台江、晋安、仓山、福清、长乐设 6 个门诊点，全市参加社区药物维持治疗累计 3462 人，在治人员 915 人，保持率 71%。有关社区开展戒毒人员的帮、教工作，至年底，全市在社区戒毒 878 人，参加社区康复 302 人。禁毒支队与驻地兰庭社区共建活动开展禁毒宣传，与社区戒毒、康复人员交流谈心，帮助其解决生活特殊困难，增强其重返社会的信心。支队派员到协和医院、省测试技术研究所、福建省福抗药业股份有限公司等一线易制毒化学品、精麻药品使用单位，与企事业单位负责人和相关人员商讨源头管控、堵塞漏洞工作，规范易制毒化学品的管理。

通过召开新闻发布会、制作专题节目、组建宣传小分队、印发宣传资料等多种形式，开展系列禁毒宣传教育活动。春运期间，市禁毒部门在汽车北站候车厅举办禁毒“流动课堂”，吸引数千群众听讲。从 4 月 1 日起，市禁毒办与市移动公司、联通公司协作，分期分批给 600 万手机用户发送禁毒公益宣传短信。4～6 月，市禁毒支队在省电视台、海峡卫视和福州电视台的新闻、影视、生活、少儿频道黄金时段播放“禁毒公益宣传片”。6 月上旬，国家统计局福州调查队受市禁毒办委托，采取电话、问卷等形式对福州市各县区城镇居民、在校学生、娱乐场所从业人员有关禁毒工作的知晓度进行调查，其情况是：公众对毒品危害认识度 94.5%，对吸食合成毒品违法性的认识度 96.6%。6 月，市禁毒办会同市文明办在 1500 多辆公交车电子显示屏上滚动显示“珍爱生命，拒绝毒品”等宣传标语。

（宋增清）

【社会治安管理】　围绕“三大战役”，加强社会管理创新，推进社会安全稳定。整治突出治安问题。全市组织“春季攻势”行动，排查危爆物品从业单位 394 家，发现整改安全隐患 325 起，排查登记涉爆涉枪重点人员 685 人。立案查处涉枪、涉爆违法犯罪案件 9 起，抓获违法犯罪人员 89 人，抓获涉枪涉爆案件在逃人员 57 人，查获雷管 2714 枚、枪支 7 支、子弹 146 发、管制刀具 226 把。检查重点单位 5546 家、中小企事业单位 1.32 万余家，发现治安隐患 1175 处（已整改 1160 处），警告单位 7 家。坚持“以打开路、以打促防”的方针，打击“黄赌毒”违法犯罪活动。治安部门查获三类案件 6613 起 1.4 万余人，其中，赌博案件 3075 起 9337 人，卖淫嫖娼案件 658 起 1112 人，吸贩毒案件 2880 起 3560 人。治安拘留 6906 人，罚款 5394 人。查获赌博团伙 122 个、卖淫团伙 21 个。

福州市交巡警进幼儿园宣传交通安全。

开展以打击整治从事制假售假等违法犯罪的“黑作坊”“黑工厂”“黑市场”“黑窝点”为重点的“打四黑除四害”专项行动。全市查获“四黑四害”案件 3670 起，其中属治安案件 2049 起、刑事案件 1611 起，移送行政机关处理 10 起。捣毁“黑作坊”78 处，“黑工厂”104 家，“黑市场”1184 处，“黑窝点”409 处。抓获违法犯罪人员 1659 人，刑拘 663 人。

加强重点单位保卫和行业监管。全市开展校园“安全教育日”活动，中小学校、幼儿园增加保安员 481 人，现有保安员达4646 人，配备率达 100%；配备防卫器材 1.21 万件。组织金融安防专家对 69 个银行业务库进行达标验收，对 271 个银行业机构开展安全评估工作，督促整改安全隐患 1583 起。执行春节期间限放烟花爆竹的有关规定，查处非法储存、销售、运输烟花爆竹的违法犯罪案件 97 起 98 人，收缴、销毁非法烟花爆竹 1.33 万余件。强化行业场所治安管理，查获娱乐场所吸毒案件 65 起 201 人，查处违法旅馆和留宿洗浴按摩场所 208 家次，依法取缔 29 家。通过旅馆业治安管理信息系统抓获网上在逃人员 260 人。

全年治安部门参与、协调处置群体性非正常上访和群体性事件 164 批 5318 人次；平息“3·14”农大学生溺水死亡引发家属围堵该校大门的上访事件；应急处置闽侯县上街镇某村村民因征地索赔纠纷封堵新东阳高尔夫球场出入口的群体性事件等。参与现场应急处置并获调解成功医患纠纷 98 件，参与市医患纠纷调处中心调解的纠纷 163 件。

（陈茂华）

【特警工作】　1 月 12 日～3 月 18 日，特警支队出动 215 名警力携装赴琅岐经济区驻训处置群体性事件。抓获 4 名系列打、砸、烧案件的首要嫌疑人，完成处置任务。针对一些重点路段的治安状况，支队加强 30 个路口夜间执勤工作，规范执勤执法行为。年内出动警力 1.7 多万人次。组织抓捕队配合刑侦、技侦、禁毒等部门执行缉捕任务 12 次，抓获各类犯罪嫌疑人61人。出动警力3370人次,完成省市"两会""两节"、第十三届海交会、第九届项交会等警卫保卫任务97场次。

加强战术课目及处置各类群体性事件的训练,从打击"两抢"现场缉捕实际需要出发,加强警组配合、楼道搜索、协作攀登、搜身上铐、盘问技巧、枪械射击等专项训练。4月22日,支队45名民警赴长乐实施成建制跨区域增援的实兵调动反劫机训练,完成队伍跨区域开进、队员异地集结、劫机处置等考核项目。7月7日至11月,省公安厅战训大队民警188人在福州特警支队进行培训,支队组织专门工作小组,制订训练计划,就处置群体性突发事件、手枪基础射击、防暴枪的使用等科目进行系统培训。9月25日,支队抽调10名队员代表福州前往广州市参加"2011年粤闽桂琼4省(区)公安特警协作交流比武演练"。

(宋增清)

省公安厅副厅长、副市长、市公安局局长徐凡新(右)看望慰问三叉街派出所民警邱昌明(左)。

【社区警务】 落实"三大战役"工作要求,创新流动人口管理工作。全年登记流动人口195.8万人,出租房屋19.8万户。应用市公安机关自行研制开发的"网吧上网流动人口登记系统",实时比对排查全市网吧存库未登记的流动人员,并录入登记系统,确保未登记流动人口及时得到登记。对拒登人员,开展重点访查并要求依法登记。在科技园区、工业园区等重点区域实行流动人口"一站式"服务管理,全市建成服务管理站(点)609个。社区民警通过"警务通"采集流动人口4930人,注销2.72万人,采集出租房屋103户,撤销127户。设置出租屋门禁系统2241个,涵盖出租屋9347户、流动人口12.56万人。每月开展涉案流动人口案前漏登情况倒查通报,建立市、区(县)、所三级流动人口案前登记工作协调制度,处罚未落实责任的2052家出租户。组织3次流动人口登记专项清查行动,清查重点场所3.77万家次,出租房屋4.77万户,补报备708户;核查流动人口9.98万人、补登记3.23万人。从中抓获刑事案件嫌疑人员300多人,查获治安案件违法人员700多人。

开展户口登记管理专项清理整治。清理挂口挂户9602人,清理纠正跨省重人重号和消除重人、重证记录3587条,清理同名同号人员3435人。核查906名百岁老人户口,注销已死亡764人。受理审核出境人员回国落户1309笔,户籍迁移和项目更正审批3.78万笔,办理跨区、县(市)直系亲属投靠1.94万人。答复户籍问题和来信来访接待6450件,提供人口信息查询服务170万人次。通过办理户口、暂住证、二代证并与派综系统核查比对,从中抓获在逃人员68人。

全市208个派出所均建立网上派出所,开通526个网上警务室,占全市598个警务室的88%。

全市已制发二代身份证586.8万张,占应发人口的95.6%。为行动不便人员上门送证2.22万张。在长假休息期间,方便受理申办二代身份证5413人,发证1426张。对长期外出经商、务工人员委托当地照相馆采集人像信息申办二代身份证200多人。入户采集人像信息2198人。缴获使用、购买伪证、冒领居民身份证24张;打击查处仿造、变造证件案件6起,缴获证件7张,抓获违法犯罪嫌疑人员8人。查处使用虚假证件材料骗领居民身份证、冒用他人居民身份证案件11起,处罚违法人员17人。

(陈茂华)

【出入境管理】 全年公安出入境管理部门办理各类出入境证件57.93万件次,比增20.4%,其中因私出国(境)48.73万人次(公民因私出国15.48万人次),内地居民往来港澳地区28.86万人次,大陆居民往来台湾4.39万人次,办理出入境通行证3670人次,办理各类外国人证件、签证、居留许可2.18万件次,办理台湾居民签注、证件2.83万件次,长乐国际机场口岸落地签注办证2.94万件次,"两马"(马尾、马祖)直航办证签注8763件次。

开通网络预受理服务功能。申请人在互联网上填写信息通过安全接入平台交换至公安内网出入境管理信息系统数据库,窗口受理民警实时调用互联网上预填写的信息。5月底至12月,受理1980份申请。建设网上报备项目,对5种类型的报备手续实行网上申报,企事业单位只需将相关资料扫描后以图片形式通过网上报备平台传输到出入境部门即可。完善出入境服务大厅建设,在服务大厅的网上办事功能与市公安局"5+N"服务大厅完成整合的基础上,推出7大类26项网上办事项目,并完成出入境网上办事场景导航服务功能设置。至12月,港澳旅游签注网上受理达2017件;回复出入境业务在线咨询576条。

推行商务直通车服务制度,为台资

企业提供预约专窗服务，开通"绿色通道"，优先办理证件签注手续452人次。同时，出入境民警走访台资企业57家，组织外事联络员培训3场139人次。开展"海峡号"通航的公安口岸入境签证工作，健全完善窗口软硬件建设。12月1日，为8名乘坐"海峡号"首航入境的台胞办理证件。对应邀赴台人员实行特事特办。第四届海峡两岸合唱节236名赴台人员和福建省经贸交流团赴台参加第三届海峡论坛的17人，出入境部门用时一天完成受理、审批、制证工作。在福州长乐机场为台湾居民落地签注达2.5万人次，比增64.4%；办证4486人次，比增48.8%。

依法查处"三非"外国人案件1096起，其中非法就业外国人9人，非法居留872人，遣送出境5人，依法列入"不准入境人员"名单19人。接收查处外国遣返人员3735人，查获出入境领域案件5起，批捕2人，抓获网上在逃人员7人，行政处罚5人次。

（宋增清）

【网络安全监察】　全年发现、处置网上有害信息5.68万条，报送各类情报信息2429条。

3月10日～9月30日，全市开展网吧整治专项行动，查处违反实名登记网吧101家、未落实技术安全措施网吧53家。协助查处取缔黑网吧13家，并配合有关部门做好杜绝未成年人进入网吧的管理工作。

自侦快破刑事案件159起，刑事拘留20人。5月5日，连江县公安网安部门侦办网络淘宝钓鱼诈骗团伙案，抓获违法犯罪嫌疑人7人，破获案件100余起。同日晚上，市局网安支队、仓山分局出动警力150人，摧毁仓山区"西来国际"网站六合彩赌博团伙，当场抓获违法犯罪嫌疑人15人，查获电脑15台，赌资135.5万元。

协破各区县案件373起，抓获犯罪嫌疑人539人（其中命案13人）。3月15日破获"3·13"在汽车内作案的盗窃团伙，抓获犯罪嫌疑人11人。5月，协破拐骗案2起，解救被拐人员4人。协破外省市案件410起，抓获网络诈骗嫌犯160人，其中受刑事处理148人。

运用计算机被盗抢定位追踪报警系统，破获上街学区电脑被盗案，抓获犯罪嫌疑人6人，从中带破上街、晋安、福清等地高校学生宿舍被盗笔记本电脑案件14起，追回笔记本电脑8台。

建立健全同步上案机制，把网侦技术手段与刑事案件侦破融为一体，从中速破鼓楼"4·7"抢劫并捅伤见义勇为的省级某部门领导人的案件，查获犯罪嫌疑人3人。协破闽侯"8·28"杀人焚尸案、仓山"3·13"伤害致死案、台江"5·19"平安大厦伤害致死案、晋安盗割电缆案、闽清持刀抢劫案等一批大要案。

【警卫工作】　全年完成等级警卫任务54批次。主要有：3月25～26日，中共中央政治局常委李长春在福州考察经济社会发展成效，并到平潭综合实验区考察。5月6～7日，中共中央政治局常委、国务院副总理李克强到福州考察经济运行和民生民情。5月17～19日，全国政协副主席林文漪、十届全国人大常委会副委员长蒋正华到福州出席海交会开幕式。6月17～19日，全国人大常委会副委员长、民盟中央主席蒋树声，澳门特别行政区行政长官崔世安到福州出席海峡项目成果交易会。10月20～22日，中共中央政治局委员、国务委员刘延东到福州考察社会主义文化建设。12月25～28日，中共中央政治局常委、中央纪委书记贺国强到福州市三坊七巷和平潭综合实验区等地考察调研。

完成省市党代会、省市"两会"、第十三届海峡两岸经贸交易会和第八届中国福建商品交易会、第九届中国·海峡项目成果交易会、第三届海峡论坛福州系列活动、第五届南后街灯会、"两马"同春闹元宵等重要会议和大型商贸活动及群众娱乐活动等238场安保任务。2011年完成各类警卫任务371批（场）次。

【道路交通管理】　全年发生道路交通事故（含平潭县，下同）3568起，死亡761人，受伤4252人，直接财产损失488.96万元。"四项指数"与上年相比三升一降，其中，起数上升2.79%，受伤人数上升8.19%，直接财产损失上升14.93%，死亡人数下降8.09%。1次死亡2人以上交通事故39起、死亡90人，1次死亡3人以上事故8起、死亡28人。发生交通肇事逃逸案件135起，破获113起，侦破率83.7%；死亡事故逃逸案件38起，破获35起，侦破率92.11%。

全市排查列入市级督办整治的交通事故"黑点"15处、县级督办的危险路段19处；市县两级投入专项整治资金6934万元。组织实施创建文明城市交通集中整治等17项专项整治行动。在主要道路设置146个执勤点，对7座位以上客车检查登记，杜绝超员、超载违法行驶。重点整治客运企业9家、客车90辆、客运驾驶员82人。查处"黑的"294辆、"摩的"2491辆；会同有关部门查扣违规

元宵灯会期间，交巡警在东街口人行天桥指挥疏导人流。

渣土车130辆、查处渣土车交通违法8.6万多起;查处出租车交通违法6万余起、公交车交通违法3352起、电动自行车交通违法28.6万起。集中整治酒驾醉驾、涉牌涉证、疲劳驾驶、超速、超员等5类严重交通违法行为,每月实施一次统一行动,查处总量9万余起,行政拘留1256人、刑事拘留812人。在创建全国文明城市检查验收中,道路交通管理项目实现"零失分"目标。

市政府拨专款3000万元建设公安智能交通控制中心系统,内含交通诱导、交通状态、交通信号、视频监控、非现场执法、统计分析、设备管理等中心集成软件子系统的功能。市、区属两级机关实行错时上下班制度,减轻交通高峰车流量骤增的压力。同时,分别在北后街、福寿巷、解放大桥、火车北站等片区的76条支路实行单向通行,平衡交通流量。增设路边停车泊位1517个、施划道路红线外泊位112个,增设信号灯倒计时显示器849台、交通诱导屏27面,施划1800组"车让人"标识。组织驾校学员、行业职工、单位驾驶员、志愿者等群体开展"文明交通体验"和"斑马线文明礼让"活动。

交通服务创新,实现驾驶人指纹确认点入场考试、考卷由电脑自动评判。全年考试57.39万人次;实现机动车安全技术检验合格标志远程核发;完成汽车销售商场注册、转移登记车辆远程查验10万余起;实现机动车驾驶人考试只需登录交巡警网站预约;实现交通违法网上查询、处理、缴款等。

制作6条交通安全卡通公益广告在市电视台滚动播出;建立公安交通微博窗口17个,与新浪网合作开展文明交通"随手拍"活动;印发交通安全漫画图册1万册、"榕城路路通"交通信息图20万份、"醉驾入罪"宣传单10万份、"斑马线文明礼让倡议书"10万份、文明交通宣传彩页10万张、交通安全教育系列光盘2000套;在中小学校、沿街商店和2500辆公交车LED显示屏上发布文明交通宣传标语。

【重大交通事故案例】 1月1日10时50分,陈某驾驶闽AJ7928号轻型货车,途经闽清125县道25公里加250米路段,车辆碰撞右护桩后冲出路外翻下水库,造成驾驶人和乘员3人死亡。

4月12日13时20分,陈某驾驶闽BD8950号小轿车,途经324国道68公里加500米福清市渔溪镇路段,因疲劳驾车连续碰撞在道路右边行走的7名行人,造成4死3伤。

6月15日6时许,肖某山驾驶闽ACY251号轿车,途经宦寿公路8公里加320米处,轿车翻落右侧路外39米深的悬崖,造成驾乘人员3人当场死亡、1人受伤。

9月23日凌晨1时41分,康捷运输有限公司驾驶员王某全驾驶闽A22040号重型箱式货车,途经104国道快安路段2321公里加200米处车刚停,遇严某惠醉酒驾驶燃油助力车,其车头撞上货车尾部,造成助力车上驾乘人员3人死亡。

【消防工作】 全市发生火灾771起,死亡4人,无人员受伤,直接财产损失5707.9万元。与上年相比,起数下降10.9%、死亡数下降63.6%、受伤数下降100%、直接财产损失数下降47.1%。消防官兵接警出动3325起,抢救和疏散人员4743人,抢救财产价值4.9亿元。扑救和处置市级重点文物、千年古刹法海寺火灾以及平潭货轮爆炸事故。

开展"清剿火患"战役,检查指导消防安全工作。3次组织17个市直部门组成13个检查组对各地消防安全开展专项督查。各乡镇、街道实行"网络化"排查火灾隐患。消防官兵检查单位2.40万余家次,排查高层建筑2670栋,下发责令改正隐患通知书1.12万份。整改火灾隐患3.97万处,罚款982.2万元,临时查封1081家,责令"三停"371家,拘留处罚68人。

市政府拨消防经费1.39亿元,比省政府下达任务多6010万元。新购置消防车36辆,其中市支队增购53米举高车3辆、32米举高车4辆,马尾区增购53米举高车1辆,福清、长乐两市各增6辆消防车。新建福清江阴和长乐滨海以及特勤等3个消防站投入使用。通讯装备新增"一站三台"(卫星通讯便携站、短波基地台、短波车载台、短波单兵电台)。升级火场无线图像传输系统至3G,实现现场实时图像的传输。

消防支队开展岗位练兵活动,组织5次比武对抗赛,以及登高车操作使用训练。组织开展支队级大型跨区域综合演练9次、大(中)队级演练2274次,组织开展石油化工单位灭火救援演练110次。

开展消防安全宣传活动1353场次,发放宣传资料270万余份,悬挂公益广告牌7000多面,利用LED显示屏、楼宇视频1200余块开展宣传,发送消防安全短信360万条,受教育群众达600多万人次。在网络上刊发消防安全稿件1653篇。举办讲座培训授课6551人。在市级以上媒体刊发消防稿件1687篇,其中中央级95篇、省级726篇、市级866篇。在福建电视台、福州晚报等设立"消防曝光台",及时披露一些火患较严重的公共场所等,国庆期间播出、刊发26条,曝光15家。

【重大火灾案例】 1月27日晚19时40分,台江区苍霞街道荔枝弄棚屋区起火。市消防支队出动32辆消防车,至21时30分大火被扑灭。受灾居民30多户90余人,火灾过火面积约1200平方米。

2月7日凌晨3时许,鼓楼区千年古刹法海寺起火,过火面积约650平方米,法堂和大雄宝殿被烧毁。市消防支队调集21辆消防车、147名消防官兵奋力抢救,保住天王殿和观音阁,大火在1小时后被扑灭。

9月22日凌晨4时许,仓山区城门镇昕汇鞋业有限公司三层楼厂房起火。市消防支队调动23辆消防车与100多名消防官兵前往灭火。两个多小时后,大火被扑灭,过火面积约1000平方米。

9月29日早上6时10分,南门兜西营里福州市商贸大厦茶叶批发市场起火。大厦内有多家商家、宾馆、网吧、桑拿以及幼儿园等。市消防支队派出10多辆消防车和80余名消防官兵赶赴扑救,分别救出被困群众11人。大火两小时后被扑灭,总过火面积980平方米。

(陈茂华)

【边防管理】 市公安边防支队在沿海地区开展反偷渡、海上治安整治、"亮剑""国门利剑"、打击毒品、缉枪治爆等专项行动。破获刑事案件337起，查处治安案件1707起，抓获违法犯罪嫌疑人2913人。辖内无发生重特大暴力罪案。破获偷渡案件23起130人，接收移送偷渡案件68起224人，抓获"蛇头"282人；查扣非法船舶7艘，查获非法成品油82起、3725吨，以及非法采(运)砂船舶100艘；捣毁非法经营烟草团伙2个，抓获嫌犯13人，缴获香烟1万余条，总案值150万元；破获涉毒案件112起58人，缴获冰毒、"K粉"220千克、仿"七七"式钢珠手枪2支；破获拐卖儿童案件18起18人，解救妇女儿童9人；缴获假人民币50万元。破获"9·13"特大涉爆案，抓获涉案人员16人，缴获土制炸药35.43吨。

市边防部门制定出台《关于建立健全社会矛盾纠纷化解工作机制的若干意见》，开展矛盾纠纷及信访积案查处清理活动。在沿海地区排查出各类矛盾纠纷1461起，至年底，已调处化解1438起，查处率98.43%。预防和处置群体性事件苗头13起。采取定时间、定责任、定措施的"三定"做法，化解重点疑难信访积案19起(占总数90.5%)。

辖区348个行政村分别由216名民警兼任村官。有1个单位和2名民警被公安部边防局评为"爱民固边"先进集体和个人，2名被评为"模范民警村官"，5名被省公安厅、省委农办联合评为全省"优秀边防民警村官"。

年内全市46个边防派出所均开通网上派出所，开始实行网上办理边境管理区通行证、出海船民证。先后组织12批260人进行信息化应用培训。给包括平潭4个岛屿等16个基层单位网络提速升级。新增辖区监控探头149个。为基层民警配备"警务通"528部，查询项目由13项增至65项。

【森林公安】　受理各类森林案件533起，查处466起，其中立刑事案件211起，破获144起，抓获犯罪嫌疑人210人(其中负案在逃人员106人)；查处治安案件9起、林政案件322起，处罚675人次，收缴木材532.9立方米、省级以上野生保护动物153只(条)、制品112公斤；为国家挽回经济损失306.49万元。市森林公安局被国家林业局森林公安局记集体三等功。

从2010年12月中旬～2011年5月下旬，全市森林公安机关组织实施打击破坏森林资源违法犯罪的"攻势三号"行动，出动警力1957人次，查处各类森林案件129起，其中破获刑事案件16起，抓获犯罪嫌疑人30人(其中在逃人员14人)；查处林政案件113起，收缴木材243立方米。7月开展"夏季攻势"行动，破获刑事案件30起，抓获嫌犯42人；查处林政案件25起，收缴木材81.4立方米、省级以上野生保护动物24只(条)和制品50公斤。8月1日～9月30日，在开展打击破坏林地资源违法犯罪专项行动中，破获刑事案件25起，抓获犯罪嫌疑人60人；查处林政案件39起，其中非法征占用林地案件19起，协助督促补办林地审核5起5.6公顷，为国家挽回经济损失40余万元。

破获森林火灾刑事案件59起，查处森林火警等案件46起。闽清县坂东镇大坑山场擅自炼山引发大火，烧毁林地近53.33公顷，经济损失16万元。当地森林公安部门经过调查，抓获犯罪嫌疑人杨某。

在开展"整改规范月""优质服务月"等活动中，采取开群众座谈会、上门走访、开门接访、带案回访、领导约访等形式，听取民声民意。各级领导走访71人次，走访362个单位和796个家庭，召开座谈会15场。对征求的85条意见，已经整改41条。54件信访件已办结52件。排查、解决矛盾纠纷18起，整治治安隐患和治安乱点18个，破案22起。

【"110"指挥中心】　全年接处警138.65万余起(日均3798起)，其中警情类44.79万起，占32.2%，包括刑事、治安类230.19万起(其中盗窃4.72万起，路面抢劫、抢夺1108起)，交通类13.16万起(其中交通事故9.58万起、交通堵情4805起、其他交通事件3.1万起)，警务类580起，火警类5313起，求助类1.17万起，其他类6.48万起；非警情类93.86万起，占67.6%，包括接转"110"联动单位服务处理的8921起。在接处警中，"110"指挥中心通过接收发布重点对象的动态信息，抓获违法犯罪在逃人员632人。

指挥中心对路面"两抢"(抢劫、抢夺)案件和入室盗窃案件开展线索排查、重点对象管控、情报信息串并、趋势分析预测等情报研判工作。采集盗抢案件信息3.49万起，从中指导基层单位抓获盗抢嫌犯2388人。

在全市公安机关开展"大走访"开门评警活动中，市局"110"指挥中心把警情回访倒查作为开门评警的一项举措，采用电话回访、短信回访两种形式向报警人倒查21.44万次，其中对"110"接处警工作表示满意的17.3万次、基本满意的2.04万次、不满意的531次。扣除与报警人电话联系不上外，群众对"110"报警服务工作满意率99.72%。针对回访中群众反映的意见，指挥中心编发《回访情况通报》23期，整改涉及民警公正执法和工作作风等问题。7月，根据省公安厅《关于对接处警工作开展倒查整改的通知》，市公安局通过接处警查询平台、"警情动态监控"平台等进行随机抽查，全年倒查警情6724起，其中市局抽查1561起，各分局、县(市)区局自查上报5163起。对发现在接警、派警、出警、先期处置和处警信息填报等环节存在不规范问题予以整改。

【监所管理】　全市看守所、拘留所、戒毒所、收教所以及安康医院等22个单位，以建设"安全、文明"监所为工作目标，落实"标准化管理、规范化建设、程序化运作、法制化保证"等措施，促进监所管理。全年未发生非正常死亡事故。制止12起在押人员自伤自残事件。推进监所医疗社会化。在2010年试点和初步推行监所医疗改革的基础上，2011年全市10个看守所均实现由协作医院派驻医疗室，申领医疗机构执业许可证，配备医护人员51人，比上年增加15人。1～11月，共接诊病患4.89万人次，使在押人员出所就医数比上年月均减少20人次、住院治疗费月均减少27万元，节省看押、监护警力870人次，抢救危重病犯150人次，防止病亡8人次。其工作经验在全省监管会议上推广。推行在押人员视频会见。市戒毒所、拘留所和福清市、罗源县看守所4单位完成视频会见室的硬件建设并启用。营造监区文化氛围。悬挂名言警句牌，购置法律、科技、文艺等书籍设立阅览室供在押人员选阅。创新看守所安全管理、人权保障、服务诉讼、监督制约工作机制。市第一看守所在88个监室全部设立“检察信箱”,畅通投诉渠道;市第二看守所将汇编有维权和心理辅导内容的手册2000本分发给在押人员自学;长乐、永泰、福清看守所将在押人员羁押期间的表现提供给司法机关作为量刑的依据参考,体现区别对待政策。看守所推进“阳光监所”建设,对社会开放工作呈常态化。1~11月,全市组织110多场“开放日”,共接待人大代表、政协委员、在押人员亲属、律师、媒体记者、党政机关企事业单位、社会群众等1672人次;召开社会各界代表座谈会13场;征求意见38条全部整改。被各级媒体报道128篇次,其中中央国家级媒体报道15篇次。

开展深挖犯罪工作。1~11月,全市监所收集转出各类犯罪线索1406条,协破刑事案件1483起(其中部、省督办的各1起,命案4起),抓获犯罪嫌疑人519人(其中网上缉捕对象6人)。平潭县看守所在押人员游某平犯拐卖儿童罪判刑5年,因病于2004年6月获监外执行而脱逃,2011年9月25日,被平潭看守所在福清将其抓获归案。12月14日,市第二看守所在深挖工作中,通过比对在押人员信息,破获公安部督办的1996年10月发生于浙江省温州市龙湾区的杀人分尸大案,抓获犯罪嫌疑人吴某迪。

(曹友权)

【公安法制】 以开展“三大战役”为抓手,全力打好规范执法活动的5个攻坚战。一是设立执法办案场所。市公安机关筹集资金8000多万元,建成规范执法办案中心14个(市公安局本部和各分局、县(市)区局各1个);全市有119个行政派出所设立包括办案区和候问室、讯(询)问室、物证室等“四区八室”;46个边防派出所均设“四区八室”。二是配备法制员和设立法制室。全市公安机关配齐专兼职法制员850人(其中专职142人、兼职708人),建成法制室119个。三是制定执法规范性文件94件,其中涉及程序规范类45件、执法监督类26件、执法协作类3件、实体处罚类5件、专项活动类12件、其他执法类3件。四是深化信息化建设。市公安局法制部门实现受理案件、审批流转、文书生成等全程网上办案;完成执法监督平台与工作执法综合考核系统的对接、运行。全年应用执法监督平台发现各类问题2.96万条,综考系统抽取执法监督平台信息数7.68万条。191个使用涉案财物管理系统的基层单位录入涉案物品信息1万多条。五是开展执法执勤培训。组织各类培训290期,参训人员3万多人次。全市9812名民警参加基本级执法资格考试,参考率98.9%。

各级公安法制部门通过“110”接处警查询系统和执法办案系统,查询各类案件4.1多万起,发执法监督日报1996份。审核各类案件及强制措施9001起,发现纠正各类执法问题3260件。办理个案督办件218件,纠正执法不当115次,追究执法责任2起2人,发出执法建议书、纠正违法通知书48份。

市公安局法制处审核报批劳(少)教187起,决定少教2人、劳教176人、不予劳教9人;组织聆询4起5人。全市公安机关受理行政复议351起,办结325起、未结26起。受理行政诉讼案件61起,审结49起、未结12起。受理国家赔偿案件18起,办结17起、未结1起;受理国家赔偿复议案件7起,维持7起。受理刑事不予立案复议案件19起,办结19起。

年内办结中央政法委交办的39件进京信访积案,均停访息诉及议定息诉,化解率100%;132件非进京信访积案,息诉或认定化解息诉的124件,化解率93.3%。市局在基层单位组织“局长接访日”23场,接待来访群众80批165人次;各县级公安机关组织局长集中接访322场。全市公安机关受理初信初访947起、重信重访1030起,办理612起,息访421起。

(宋增清)

【公安科技信息通信工作】 加强“三大战役”中有关信息化领域的重点项目建设。由中央转移支付资金的业务装备14个项目,其中11个项目取得进展。讯(询)问室的同步录音录像系统完成安装196套(原计划安装134套)。智能枪柜建设项目在20个派出所应用。“公安智能交通控制中心”基本建成,开始试运行。完成警用地理信息系统建设,并在“一张图”上展现应用,其中有全市1302家旅店业的分布方位、人口管理应用中的人房关联功能、案(事)件分析和数据实时更新、1446个社区视频探头和182个全球眼探头等上图,获公安部测试验收,并对全市民警开放应用。

3月,市公安局制订有关实施方案,发放《公安信息化应用技能训练教程》,举办业务骨干培训和组织全员培训工作。全市有8422名民警参加考试(占总人数的99.5%),及格率100%。

完成治安卡口建设。已建治安卡口19个,连同7个后端管理平台均上线运行。开通7个月来,各治安卡口上传5365万张照片;协破平潭县“两抢”案件15起,抓获嫌犯8人;破获系列盗窃汽车案件6起、盗窃摩托车案件38起。

推行便民利民短信主动告知平台。市公安局科通部门从各分局、各业务单位收集有关短信告知需求应用系统13个。其中完成福州市公安局交通管理身份认证平台、道路交通违法处理服务平台(违法网上办理)验证短信、福州市机动车驾驶证补换证平台等3个系统的接入开发工作。发送短信3.4万多条。

深化普及“警务通”。在上年完成“警务通”查询、交巡、社区等业务开发、运用推广的基础上,2011年继续完成常住人口变更、出租屋登记等10项社区业务功能的研发。发放终端6742部、蓝牙打印机1052部。运用“警务通”终端查询各类信息279万多次,开具交通违法处罚单104万笔,办理社区业务26.5万笔。

(曹友权)

检　察

【概况】 2011年,全市检察机关组织“百个工程专项预防”和“百场预防讲座”活动,加大对“五大战役”重点项目的保障力度。针对外来人员犯罪居高不下的问题,开展“走访百家企业”和“回访百名当事人”活动,听取意见、建议,提供法律咨询,帮助企业加强员工法制教育。深化榕台检察官司法互助和实务研讨，加强对平潭检察工作的指导和支持，服务和促进平潭综合实验区建设。鼓楼、福清、长乐、闽清、平潭检察院接访窗口获评全国检察机关"文明接待室"。鼓山地区检察院获评全国"监所派出检察工作先进集体"。鼓楼、福清检察院获评"2011 年全国检察宣传先进单位"。福清市检察院获评全国"先进基层检察院"。

全市两级检察院有检察人员 1284 人，其中，检察员 536 人，助理检察员 206 人，书记员 171 人，司法警察 77 人；中共党员占 93%，大学本科以上学历占 87%（其中 82 人具有硕士以上学位），45 岁以下中青年占 76%。

【刑事检察】　全市检察机关批准逮捕各类刑事犯罪嫌疑人 7247 人，起诉 10605 人，其中，市检察院批准逮捕 309 人，起诉 505 人。深化"打黑除恶"专项斗争，批准逮捕黑社会性质组织犯罪嫌疑人 68 人，起诉 35 人，严厉惩处一批工程建设、商品流通、文化娱乐等领域的黑恶势力团伙。参与打击涉枪涉爆等专项行动，起诉杀人、伤害、强奸、绑架、毒品和"两抢一盗"犯罪嫌疑人 6827 人。以初犯、偶犯以及主观恶性不大、犯罪情节轻微的未成年人、聋哑人、老年人为重点，坚持"三结合"（即结合社会危险性的大小和程度，结合一个时期的社会治安状况，结合案件的后续走向），依法决定无逮捕必要不捕 405 人、相对不起诉 500 人。落实轻微刑事案件快速办理机制和案件繁简分流工作机制建设，快速办理轻微刑事案件 986 件，适用"两简"程序办理刑事案件共 2423 件 3123 人。鼓楼区检察院建立"简易审"案件"三个集中"（即集中移送、集中起诉、集中审判）制度。长乐市检察院推行分组办案模式。闽侯、闽清、罗源、永泰等检察院把"补植复绿"作为从宽办理失火毁林案件的必要条件。

建立检察和解与人民调解、司法调解衔接机制，加强与乡镇、街道综治机构的工作对接。会同市司法局出台检调对接工作指导意见，将轻微刑事案件和民事申诉案件交由人民调解中心先行调解。定期联合接访活动，与公安、法院、司法局等有关部门形成调处合力，通过带案下访、巡回接访、预约接访等方式，前移接待窗口和工作场所。建立"一站式"信访接待窗口，探索开通民生服务热线，化解涉检信访积案 88 件，评查疑难复杂案件 258 件。在审查起诉阶段对故意伤害、交通肇事等轻微刑事案件开展刑事和解 99 件 124 人。鼓楼、台江、马尾、长乐等基层院深入社区、乡镇探索设立检察官办公室和检察联络室，就地受理诉求、化解矛盾，促进社区、乡镇规范内部管理、深化政务财务公开。

受理各类民行申诉案件 428 件，审结 405 件，同比增长 92.8%；其中两级检察院立案 124 件，不立案 145 件，中止审查和审查息诉以及其他处理 139 件（含执行监督和纠正诉讼违法情形案件）。发现、调查审判人员职务犯罪案件 2 件，移送自侦部门立案 1 件 1 人；发现其他普通犯罪线索 5 件，移送公安机关立案 5 件 6 人；办理督促起诉、支持起诉和公益诉讼案件 34 件。

4 月 15 日，承办"法治与责任——全国检察机关惩治和预防渎职侵权犯罪展览福建巡展"福州专场会。

依托"青少年维权岗"，指派 75 名干警担任法制辅导员，通过定期进校授课、座谈，寒、暑假期间组织在校生开展法制冬令营、夏令营等活动，以全校师生为对象、以日常表现较差的边缘学生为重点，加强校园普法，全年组织送法进校园 150 多场，帮助 25 名失足学生重返校园。针对校园安全、电讯诈骗和职务犯罪等问题，发出检察建议 59 份，推动发案单位和主管部门堵塞漏洞、完善机制。加强对社区矫正的法律监督，纠正脱管、漏管等问题 37 件，帮助 56 名矫正对象协调解决生活保障问题，促进矫正对象回归社会。做好不捕、不诉、不抗诉等文书的释法说理，对 45 件当事人可能产生疑义的案件进行公开审查，向生活确有困难的当事人及其近亲属发放救助款 16.5 万元。

【职务犯罪侦查和预防】　立案侦查各类职务犯罪案件 161 件 255 人，其中，贪污贿赂案件 126 件 213 人，渎职侵权案件 35 件 42 人。市检察院运用督办、参办、交办等手段，立大案 125 件、县处级要案 5 人、科级要案 21 人，查办窝串案 26 起 58 件 116 人。敦促 28 名职务犯罪嫌疑人投案自首，抓获 7 名在逃职务犯罪嫌疑人。开展查办工程建设领域贪污贿赂案件、商业贿赂案件和涉农案件等 3 个专项工作，查办工程建设领域案件 72 件 86 人，查办涉农案件 36 件 62 人，查办商业贿赂领域案件 68 件 79 人。

开展预防咨询 2063 次、警示教育 528 场、预防调查 160 次（其中引起当地党委人大政府领导重视并做出批示 16 件次），从中发现并移送职务犯罪线索 31 件，发出检察建议 377 份（其中被有关单位采纳 162 份），进行职务犯罪案例分析 318 件，受理行贿犯罪档案查询 4063 批次（其中对有行贿犯罪记录的单位或个人做出处置 6 次）。晋安、闽清检察院的预防检察建议获评全省"十佳检察建议"。在工程建设领域专项预防中,对市"五大战役"和区县重点工程建设项目(共107个重大工程项目,资金投入合计2056亿元)展开专项预防,共开展预防咨询1294次、警示教育235场、预防调查50件,向建设单位或相关部门发出预防建议139件,进行职务犯罪案例分析106件,受理行贿犯罪档案查询3275批次。4月15日,举办"法治与责任——全国检察机关惩治和预防渎职侵权犯罪展览福建巡展"福州专场会,组织市直机关和社会各界1250人次参观巡展。

【诉讼监督】 对应当立案而不立案和不应当立案而立案的,督促侦查机关立案80件、撤案80件。对应当逮捕而未提请逮捕、应当起诉而未移送起诉的,决定追加逮捕236人,追加起诉67人。针对刑事拘留、另案处理等容易出现问题的关键环节,开展类案监督和专项监督活动。两级检察院推进侦查人员和技术人员出庭作证制度,要求侦查人员出庭作证39次。仓山区检察院建立追诉线索集体评估、专人跟踪催办、追诉案件引导侦查等3项机制,加强纠正漏诉工作。

对认为确有错误的刑事裁判提出和提请抗诉36件(其中市检察院向市中级法院提出抗诉7件,提请省检察院抗诉2件),法院审结的24件中改判9件、发回重审4件。对违反办案程序、司法鉴定结论不当等刑事诉讼违法问题,发出纠正违法通知书105份、检察建议书148份,其中向侦查机关发出139份,向法院发出114份。全市两级院检察长列席审委会136次(其中市检察院列席12次)。向法院提出量刑建议6214件9334人,同期法院采纳率92%。

开展打击"牢头狱霸"、清理久押不决案件、维护监管场所安全等专项活动,检察发现刑罚执行和监管活动各类违法情况93件(次),提出书面纠正意见44件(次)、口头纠正意见6件(次),已纠正47件(次),提出检察建议45件(次),已采纳37件(次)。依法打击罪犯又犯罪和劳教人员犯罪活动,批准逮捕1件1人,提起公诉10件11人,法院做出有罪判决10件11人。审查监管单位减刑呈报8132人次,假释呈报491人次,保外就医呈报281人次;审查减刑裁定8114人次,假释裁定478人次,保外就医决定281人次;发现并口头或书面提出纠正减刑、假释、保外就医呈报不当14人次。鼓山地区检察院立案侦查监管人员职务犯罪案件1件1人。

对认为确有错误的民事、行政裁判,提请省检察院抗诉26件,省检察院采纳18件,采纳数量比增125%;向市中级法院提出抗诉12件,同期法院改判7件,发回重审1件。两级检察院发出检察建议144件,采纳133件;提出再审检察建议18件,采纳17件。办理民行执行监督案件93件,办理监督纠正民行诉讼违法情形案件35件,办理民行检察和解案件33件,开展民行检察息诉工作,息诉61件。查办涉及民事虚假诉讼案件5件,涉及金额450万余元。

【完善检察监督制度】 接受人大及常委会的监督。继续实施省、市人大常委会关于加强人民检察院对诉讼活动法律监督工作的决定、决议,加强法律监督工作措施。向市人大常委会专项报告侦查监督工作,促进解决侦查监督信息来源渠道不畅等问题。重视市人大常委会审议意见和市人大代表的建议、批评、意见,办结市人大常委会交办件6件、人大代表转交的个案7件。

接受人大代表、政协委员和社会各界的监督。听取市直单位和县(市)区党政机关的意见、建议,争取支持和配合。开展联系人大代表、政协委员"四个一"活动(市检察院班子成员每半年走访一次所联系的人大代表团,市检察院各内设机构每半年开展一次有内容的联系活动,市检察院办公室每季度联系一次人大代表,各基层检察院每个月开展一次有主题的联系活动),通过实地察看、视频演示、座谈讨论等形式,专题视察侦查监督、反渎职侵权、监所检察、社区矫正法律监督、"青少年维权岗"、举报宣传、检察文化建设等7项工作,有230人次参与视察活动。主动向人大代表、政协委员寄送《福州检察之窗》专刊7期。规范和完善人民监督员制度,重新选任人民监督员68名,监督评议查办职务犯罪工作"七种情形"(按照最高人民检察院于2010年10月26日新出台的《关于实行人民监督员制度的规定》,"七种情形"是指:1. 应当立案而不立案或者不应当立案而立案的;2. 超期羁押或者检察机关延长羁押期限决定不正确的;3. 违法搜查、扣押、冻结或者违法处理扣押、冻结款物的;4. 拟撤销案件的;5. 拟不起诉的;6. 应当给予刑事赔偿而不依法予以赔偿的;7. 检察人员在办案中有徇私舞弊、贪赃枉法、刑讯逼供、暴力取证等违法违纪情况的)22件25人。市检察院开通检察门户网站,在福州电视台播放以介绍检察职能和履职情况为主题的"检察纪实"系列节目13期,送发《福州检察之窗》画册和《福州检察工作纪实》短片,增强检察工作透明度。

依法接受侦查、审判机关的制约。严格执行侦查、检察和审判机关之间分工负责、互相配合、互相制约的法律规定。对公安机关要求复议、复核的案件,进行全面复查,严格依法办理。对法院判决无罪、改变定性、删减事实的案件,深入分析评查,提高办案质量和执法水平。

【检察队伍建设】 开展"发扬传统、坚定信念、执法为民"主题教育实践和向李彬、詹红荔同志学习等活动,突出学习和践行"六观"(即推动科学发展、促进社会和谐的大局观,忠诚、公正、清廉、为民的核心价值观,理性、平和、文明、规范的执法观,办案数量、质量、效率、效果、安全相统一的业绩观,监督者更要自觉接受监督的权力观,统筹兼顾、全面协调可持续的发展观)、"六个有机统一"(即检察工作政治性、人民性和法律性的有机统一,服务科学发展与自身科学发展的有机统一,打击、预防、监督、教育、保护职能的有机统一,强化法律监督、强化自身监督、强化队伍建设的有机统一,法律效果、政治效果和社会效果的有机统一,继承、创新、发展的有机统一)、"四个必须"(检察权必须严格依法行使,检察权必须受到监督制约,检察职能的发挥必须与经济社会发展相适应,法律监督工作必须遵循法治原则、司法规律和诉讼原理)等发展理念和执法理念。加强检察文化建设,参与"和谐政法文化"下基层活动,开展书法、摄影、歌咏、演讲和建设文化走廊等活动,倡导

10月28日，举办福州市检察机关“李彬精神在我身边、光荣传统伴我成长”主题演讲比赛决赛暨“学李彬、争先进、见行动”创先争优征文活动颁奖仪式。

“讲身边事、学身边人”，弘扬“忠诚、公正、清廉、文明”的检察职业道德。推进大规模教育培训，举办全市检察机关综合业务和反贪侦查业务培训班，会同华东政法大学联合举办疑难法律问题研讨班，邀请曲新久教授到市检察院开展“刑事司法解释应用若干问题”专题讲座，开展法律文书练赛活动，完善案例指导制度，加强对排除非法证据的研讨和实践。组织全市检察干警参加《检察机关执法工作基本规范(2010年版)》电视电话网络轮训活动和全国统一的《执法工作基本规范》网络在线考试，优秀率98.4%，比全省平均数高出4个百分点。

推行案件集中管理(由专门机构对各项执法办案活动进行“统一受理、全程管理、动态监督、案后评查、综合考评”的专门活动)改革，设立案件管理中心，对执法办案实行统一受理和综合考评。改进工作作风，市检察院班子成员带头主抓重点任务和重大案件，营造树好风气、做实工作的氛围。建立廉政风险防控机制，开展落实廉政准则等专项督察活动，及早发现和防范违法违纪问题。

（刘　媛）

法　院

【概况】　2011年，福州市审判工作以法院推进“社会矛盾化解、社会管理创新、公正廉洁执法”三项工作为重点，全面加强执法办案、队伍建设、基层基础工作。全年受理各类案件10.38万件，审结9.97万件，审结率96%，其中福州市中级人民法院(下称“中院”)受理1.75万件，审结1.69万件，审结率96.74%。案件总量居全省各设区市法院和各中院首位。

全市法院系统强化队伍建设，开展“发扬传统、坚定信念、执法为民”主题教育实践活动、创先争优活动、“群众观点大讨论”、社会主义法治理念再学习再教育、向詹红荔学习等活动，着力提高干警的思想政治素质和职业道德修养。全市法院77个集体、387人次受到市级表彰；43个集体、123人次受到省级表彰；6个集体、20人次受到国家级表彰，获评全国巾帼文明岗、全国法院先进集体、全国法院审理企业破产案件工作先进集体、全国法院党建工作先进个人、全国政法系统优秀党员干警、全国法院办案标兵等称号。全市法院9个集体被授予“全省法院党建工作先进集体”，34名党员干部被授予“全省法院党建工作先进个人”和“创先争优”活动先进个人。中院被福建省委、省政府授予“2009～2011年度省级文明单位”。

【刑事审判】　全市法院受理一审刑事案件7155件1.15万人，审结6912件1.10万人，审结率96.60%；受理二审刑事案件1170件，审结1141件，审结率97.52%。推进打黑除恶专项斗争，审结黑社会性质组织犯罪案件11件87人，依法严惩王某雄、高某、任某明等一批在当地有重大影响的黑恶势力犯罪头目。中院召开8场宣判大会，一批罪行极其严重的犯罪分子被依法执行死刑。在“国际禁毒日”前夕，召开毒品犯罪集中宣判会，打击涉毒犯罪。依法严惩金融诈骗、走私、生产销售伪劣商品等经济犯罪，审结省内涉案金额最大、非法经营额达10亿余元的“地下钱庄”案，11名罪犯依法受到惩处。对在服刑期间有悔改或立功表现的8437名罪犯予以减刑，对494名罪犯予以假释。

【民商事审判】　全市法院受理一审民商事案件4.50万件，审结4.29万件，审结率95.31%，诉讼标的额53.46亿元；受理二审民商事案件3310件，审结3204件，审结率96.80%。中院审理涉及道路征地、商品房买卖、物业管理、劳动争议等民事群体性案件330件，调撤72件商品房预售合同纠纷等系列案件，依法保护公民财产权益。注重保护中低收入阶层等弱势群体的合法权益和涉军案件审判，妥善审理陈某等58人与省属某高校劳动争议纠纷案；在福州警备区设立第二个民事涉军维权基地，保障驻军单位、军人、军属的合法权益。推进闽发证券有限责任公司破产清算案，分配破产财产73亿余元，清偿率63%，并在全国法院破产座谈会上作经验介绍。审结福建八闽汽车总厂政策性破产案件，协助有关部门安置职工707人，安置费用1.3亿余元。

加强知识产权案件调解工作，邀请高校计算机软件和法学专家参与调解，分析、解释技术问题和侵权事实，调解微软公司诉福建某集团股份有限公司操作系统软件、办公软件、服务器软件著作权纠纷侵权系列案件。加大知识产权宣传力度，通过典型案例报道、公开庭审、设置法制服务点，向社会公众宣传知识产权保护，发放宣传手册，并为现场群众答疑解惑，引导公众树立尊重知识产权意识。

建立“涉台、涉侨法律联络点”，加

12月10日,福州中院召开闽发证券第三次债权人会议。

强两岸司法互助,运用互联网等方式解决台侨案件送达难问题。与市侨联联合出台《关于涉侨民商事案件诉讼调解与人民团体调解衔接机制的若干意见》,在全省首次聘任7名涉侨审判特邀调解员,参与涉侨案件调解。调解1起涉案金额2050万元的台企福建某水产公司的纠纷。依法审结涉外金融不良债权转让系列案。

【行政审判】 全市法院受理一审行政案件1255件,审结1199件,分别比增75.28%和79.22%,审结率95.54%;受理二审行政案件355件,审结342件,分别比增42.57%和41.32%,审结率96.34%。中院审理涉及土地征收的5个系列案和13件原告10人以上的群体性纠纷,并首次受理以省政府为被告的行政案件44件,在省法院指导和相关部门协调配合下,做好矛盾化解和稳控工作。妥善处理在推进城镇化进程中发生的土地征收、房屋拆迁等行政争议,对拆迁案件中拟准予先予执行的案件一律由中院批准。

【执行工作】 全市法院受理执行案件3.46万件,执结3.32万件,分别比增7.22%和3.26%,执结率95.71%,执结标的额21.14亿元。其中中院受理1704件,执结1518件,执结率89.08%,执结标的额8.16亿元。开展反规避执行专项活动和集中清理执行积案活动,成立福州榕乐集团系列执行案件专门工作小组,完成被执行人财产评估,评估价3.25亿元,进入委托拍卖阶段。中院1起反制被执行人利用“转租”方式逃避执行的案例被最高法院列为反规避执行的9起典型案例之一。运用限制出境等强制措施,执结1起涉外执行案件。

【审判监督】 通过再审程序纠正原审确有错误的裁判,中院受理各类再审案件212件,审结170件,其中改判和发回重审130件。加大案件质量评查力度,中院制定《案件质量评查工作规则》,对评查的案件逐案写出书面评查报告,对发现的问题提出评查意见;实行发改案件和死刑复核不被核准案件评析制度。以信息化手段加强案件流程管理,开展长期未结诉讼案件专项清理活动,清结长期未结诉讼案件486件,占应清理总数的98%。

【调解工作】 坚持“调解优先,调判结合”原则,全市法院调撤一审民商事案件2.54万件,调撤率59.14%。创新调解工作模式,中院采用部分调解加撤诉模式,调解6件总标的额2.7亿余元的建设工程施工合同纠纷。推动建立诉讼与非诉讼相衔接的矛盾纠纷多元解决机制。全市法院设立调解工作室、衔接联系点、调解超市等48个,诉前调解2495件,委托调解145件,依法确认具有法律效力的人民调解协议1236件。设立“无讼”社区(单位)建设试点9个,派驻社区法官14名,诉前化解纠纷117件。与市工商局、市消委会联合出台《关于加强工商行政调解、人民调解与司法调解衔接工作的若干意见》,在全市法院建立涉消费维权纠纷的大调解工作机制。

【司法服务】 推进全市法院诉讼服务中心标准化建设,推广快速立案、网上立案、巡回审判、驻点服务等司法为民措施,全市42个人民法庭深入130个巡回审判点,巡回审判案件2608件。依法扩大适用简易程序的范围,全市法院一审案件简易程序适用率63.22%。健全司法救助机制,全市法院为938件案件的当事人缓减免交诉讼费385.68万元,中院为16件案件当事人发放涉法涉诉救助资金54万元。举办“法院开放日”活动,全市法院邀请市、区人大代表、政协委员、社区居民等社会各界代表498人参加活动。加强案件审理的透明度,全年福州法院网实施案件庭审直播6场,网民观看2万多人次;在福州新闻网政法频道开办“福州法院”专栏,报道福州法院工作动态。

【涉诉信访工作】 开展定期接访、重点约访等活动。中院领导先后30余次深入基层法院带案下访,进行专项调研督导,接待信访人130余人,有109件长期信访的当事人息诉息访。注重矛盾纠纷的源头治理,出台《信访预警机制暂行办法》,加强案件审判效果与社会稳定风险“双评估”,全市法院排查防范矛盾纠纷398起。畅通信访申诉渠道,中院信访窗口接待日常群众来访475人次,办理群众来电来信365件次,在“12345”福州便民呼叫中心网络平台在线解答群众各类疑问311件;举行12场院长接待日活动,接待人民群众和案件当事人983批次。全市法院153件进京重复访案件和610件非进京访案件全部化解。

【社会管理】 参与预防和矫治青少年违法犯罪工作。少年审判坚持“教育、感化、挽救”方针,实行审前调查评估制度,全市法院依法对174名未成年刑事被告人从轻、减轻、免予刑事处罚和判处缓刑,对64名未成年犯实行轻罪记录封存,帮助84名失足青少年复学、就业。参与特殊人群关怀帮扶工作,在社区建立预防青少年违法犯罪的联系点,组织帮教,配合做好1937名缓管免人员、刑释解教人员的社区矫正工作。在商事审判中设置不诚信污点记录。向行政机关等发出司法建议65条。

【队伍建设】　开展在职培训教育。中院举办审判监督、知识产权、商事等审判业务培训10场,两级法院近600人参训;选送两级法院282人参加国家法官学院培训和省法院培训,邀请中国政法大学、中国社会科学院等高校的专家教授和最高法院法官等到院举办讲座4场,全市法院干警700余人次参加讲座。加强学术调研工作,年初与省法院协办全国法院系统第22届学术讨论会,被最高法院授予"组织工作先进奖";福州法院参加全省、全国法院系统第23届学术讨论会,论文获奖数均居全省各地市法院之首,中院再次获全省、全国法院"组织工作先进奖"。法官队伍结构不断优化,全市法院本科以上学历的干部占总数的91.8%,法学博士、硕士学位、研究生学历占11.7%。组织全市法院开展新一轮人民陪审员增选工作,在原有474名人民陪审员基础上增选66人,年内举办2期陪审员培训班。

开展"严守廉政规定、坚持执政为民、服务跨越发展"主题教育、廉政文化"进法院、进庭室、进家庭"等活动,通过寄送干警家属廉政公开信、观看警示教育片、组织学习警示教育案例、旁听职务犯罪庭审、参观廉政教育图片展等形式,营造反腐倡廉氛围。以最高法院、省法院到福州法院开展司法巡查为契机,查摆问题加以整改。制定《关于开展司法巡查工作实施方案》,在马尾法院开展司法巡查工作。制定《关于在全市法院开展廉政风险防控机制建设的工作实施方案》,监督重点岗位、重点人员、重点环节,全市法院纪检监察部门参与监督摇号选择评估、拍卖机构184起,标的351个,价值6.9亿元;参与监督大宗物品采购14起,涉及金额137万元。发挥外部监督的作用,组织特邀廉政监督员开展明察暗访、旁听庭审、视察法院等形式的督查活动。

(吴旭华)

司　法

【概况】　2011年,福州市司法行政工作致力化解社会矛盾,促进和谐社会建设,推动人民调解、法律服务、社区矫正、司法鉴定、普法依法治理等工作的全面开展。市司法局被司法部、人力资源和社会保障部评为"全国司法行政系统先进集体",被中宣部、司法部评为"2006~2010年法制宣传教育先进集体",蝉联五届省级文明单位,被省司法厅评为"2006~2010年省司法行政系统先进集体";市公证处获评福州市"十佳市级办事窗口"称号,在全国司法行政系统为民服务创先争优和主题教育实践活动座谈会上作典型发言;福清市公证处获评"全国优秀公证处"称号。

2011年全市(含平潭)有司法所188个,司法助理员291人;公证处14家,执业公证员83人,公证从业人员211人;律师事务所101家,执业律师883人;法律援助中心14家,法律援助工作人员44人;司法鉴定机构22家,注册执业鉴定人员315人,从业人员500余人;基层法律服务所83家,基层法律服务工作者404人。

【人民调解】　健全完善人民调解组织建设,12个县(市)区人民调解中心全面建成,配备专职人民调解员351人。推进行业性人民调解委员会建设,基本实现人民调解组织在卫生、国土资源等矛盾多发行业中的全覆盖。11月11日,联合市检察院召开全市检调对接推进会,在全省率先启动检调对接工作,拓宽人民调解的深度和广度。开展专项攻坚活动,加强"两会""两节"及省、市党代会召开期间矛盾调解工作。健全完善"大调解"工作格局。全年调解矛盾纠纷2.01万件,调解成功1.92万件,调解成功率95%。各级司法行政机关"12348"法律服务咨询热线电话接受电话咨询1.1万次,接待群众来访4007人次,解答来电来访提出的涉法问题以及群众关心的热点难点问题,引导当事人通过法律途径解决诉求。

【社区矫正】　2011年,全市接收社区服刑人员7169人,解除矫正2994人,重新犯罪13人,重新犯罪率0.18%。市司法局增设社区矫正处,全市招录社区矫正工作者317人,社区矫正专项经费按照社区服刑人员人均1500元标准列入县(市)区财政预算。完善入矫教育和公益性劳动,探索应用信息管理系统对服刑人员进行实时定位管理。会同公安局、检察院、法院等部门制定《福州市社区服刑人员违反社区矫正监督管理行为处罚办法》等5件规范性文件,进一步规范、统一社区矫正制度。在全省率先实行非监禁刑审前社会调查制度,各县(市)区司法局接受人民法院委托,对1138名刑事案件被告人实施审前社会调查评估,评估报告采信率99%,实现社区矫正向审前延伸。

【安置帮教】　在全省率先建立集食宿、教育、培训、救助于一体的过渡性安置实体"福州市曙光中途之家",解决无

4月15日,省委书记孙春兰(左一)在省委常委、市委书记袁荣祥(左二)陪同下视察福州市医患纠纷调解处置中心。

家可归、无亲可投、无生活来源和有重新违法犯罪倾向的刑释解教人员过渡性安置问题。各县(市)区全部建立刑释解教人员从监所接回机制,推动过渡性安置就业基地建设,建成安置帮教就业基地28个,安置就业157人。全年,全市刑释解教人员2.01万人,其中刑满释放人员1.63万人,解除劳教人员1490人,重新犯罪197人,重新犯罪率1.3%。

【医患纠纷调解处置】 全年各级医患纠纷调解处置中心接访医患纠纷投诉296件,市医患纠纷调解处置中心接访医患纠纷投诉172件,其中涉及患者死亡的重大纠纷68件,赴现场应急处置62起,符合受理条件予以立案81件,结案75件,结案率92.6%。在接访咨询中通过解惑释疑,当事人放弃诉求41件,进入诉讼程序4件。

【普法依法治理】 成立福州市法制宣传领导小组,完善领导体制和工作机制。会同市委宣传部制定《福州市"六五"普法规划》,并由市委、市政府批转。8月31日,市人大常委会审议通过《关于进一步加强法制宣传教育的决议》。10月10日,组织召开"五五"普法总结表彰暨"六五"普法动员部署大会,启动新一轮普法工作。深化"法律六进"活动。开展领导干部、青少年、企业经营管理者、农民工等重点对象的法制宣传活动,推动福州法治社区信息化公共服务平台等法治文化载体建设。联合市人大内司委、市政协社法委等单位举办大学生法律辩论赛;组织"法治福州论坛"征文活动,选取30篇汇编成优秀论文集;联合市政府法制办、市委党校和市法学会举办"法治福州"论坛。开展"法治城市"创建活动。制定《福州市法治建设考核测评体系暨依法治市中期督导指标体系(试行)》,在全市组织开展依法治市"三五"规划落实情况自查自评活动。全市2193个建制村和480个社区全部开展"民主法治村(社区)"创建活动。

【律师工作】 全市执业律师担任法律顾问1186家,其中,担任政府法律顾问109家、企事业单位及社会团体法律顾问829家。参加义务法律咨询1868人次,办理诉讼案件1.05万件、非诉讼案件1211件,收费1.01亿元。

规范律师执业准入制度,加强对申请执业人员实习的管理、考核工作。举办第二届福州律师论坛、资本市场与法律服务沙龙等培训班。开展涉法信访法律咨询工作,律师坚持每周参与涉法信访接访,依法疏导和帮助上访群众通过法律途径解决问题,全年接待信访2300余起,接待法律咨询2.8万人次。贯彻司法部海西服务先行先试的部署,引进台湾地区律师事务所设立代表机构,促成台湾地区的张北两岸联合律师事务所、大方长江国际法律事务所在榕设立代表处。与公安局、检察院、法院等部门沟通协调,改善律师执业环境。为全市律师投保"律师职业责任险",防范化解律师执业风险。

【公证工作】 办理各类公证19.84万件,其中国内民事公证3.28万件,涉外公证14.99万件,涉台公证1.48万件,涉港澳公证913件;公证收费5032.3万元。围绕南台新城、王庄旧城改造、马尾新城建设等城市重点建设项目,指派公证员深入现场,受理证据保全、继承等公证事务。推行新的定式公证书格式,针对《国有土地房屋征收与补偿条例》《关于适用〈中华人民共和国婚姻法〉若干问题的解释(三)》等法律、法规的出台,调整业务规程,规范公证程序。开拓经济、民事等公证类型,鼓楼等8家公证处实现经济公证零的突破。9家公证处与当地效能办进行监控联网,提高窗口服务水平。

【法律援助】 各法律援助工作机构办理各类法律援助案件2685件,比增10.7%,接待群众法律咨询9778人次。投入74.5万元,改扩建法律援助便民窗口,提升窗口服务水准。将医疗纠纷、最低生活保障申请等62类案件纳入法律援助受理范围,扩大免于经济困难审查的受案范围。打造"城区半小时、乡村一小时"法律援助服务圈,推出法律援助中心律师上门服务便民新举措,让残疾、重病重伤等困难群众在家即可获得法律援助服务。在全市188个乡镇设立法律援助工作站,在2746个村(居)委会设立法律援助联络员,形成市、县、乡、村(居)四级法律援助网络。针对不同群体陆续在福州市金太阳老年综合服务中心、福建元一律师事务所、闽江学院、福建中医药大学等设立法律援助站。同时组织法律援助工作人员培训,开展法律援助案件质量和经费使用情况检查,提高办案质量,确保专项经费使用到位。

【司法鉴定】 2011年全市司法鉴定机构接受委托办理各类鉴定件2.58万件,收费2278.92万元,为社会提供法律援助16件。鉴定人出庭42次。组织全市司法鉴定机构开展"高举旗帜,忠诚履职,树立严格公正文明执业形象"主题实践活动。在全市开展司法鉴定所规范执业大检查活动,规范司法鉴定机构"八公开"(名册公开、收费公开、程序公开、标准公开、业务范围公开、执业类别公开、职业道德公开和执业监督公开)。完成《司法鉴定人聘用与管理有关规定》的修订,进行司法鉴定法医、文检、电子物证三大类检查验收。

【国家司法考试】 2011年,国家司法考试福州考区网上报名4899人,现场确认4142人(其中香港考生1人);参加考试人数3455人,参考率83.4%。达到合格分数线的考生人数741人,上线率21.4%,其中普通高等学校2012年应届本科毕业生405人。

(张　祎)

(编辑　黄　铭)

国防建设

兵　　役

【概况】　2011 年，福州市征兵工作从 6 月开始准备，至 12 月中旬结束。6～8 月，征集航海技术、轮机工程技术、计算机网络技术等 11 类专业直招士官入伍。8 月中旬针对 2010 年“征兵冷”“征兵难”问题，专题召开征兵工作形势分析会，查找不足，分析预测形势，指导各县（市）区开展兵役登记、宣传发动、体检政审、定兵和送兵工作。当年征集新兵高中以上学历占 49.7%，大专以上学历占 24.7%；党员占 2.7%，团员占 66.1%。

【征兵宣传】　先后以召开征兵工作宣传大会、发表电视讲话、平面媒体答记者问和公交广播等方式，宣传征兵政策，在全市营造“政府主导、部门合力、人人参与”的征兵氛围。各县（市）区结合实际采取进村居、进学校、进厂矿、进企业等办法，逐家逐户进行宣传发动。

【优待政策】　市政府出台《关于对两所高校征兵工作隶属关系进行调整的通知》和《关于进一步做好新形势下征兵工作的通知》。调整福建农林大学、福建中医药大学的征兵隶属关系，整合高校兵员资源。针对 2010 年部分单位没有及时落实市征兵优待政策，征兵办协调各级政府相关部门，督导落实 2010 年市政府第 38 次市长办公会议优待政策。解决突出矛盾，提高征兵优抚待遇，调动适龄青年及其家长的应征热情。

10 月 16 日，福建省暨福州市 2011 年度征兵宣传大会在五一广场举行。

民　　兵

【概况】　2011 年，民兵工作着眼“三时一体”（“平时服务、急时应急、战时应战”）职能定位，突出完成多样化任务能力建设，加强基层规范化建设。通过整组，基干民兵中党团员占 81.5%；转业退伍军人占 67.1%；地专人员占 57.3%；高中以上学历占 59.2%；出入队民兵占 8.1%。

【民兵组织整顿】　2 月中旬，研究确立以编实建强“三支队伍”（快反分队、民兵突击队、民兵应急连）为基础，以重要目标防卫、保交护路、“三战”、抗洪抢险等多样化任务分队为重点的工作思路。3 月上旬，组织人武部军事科长、分管参谋进行为期 2 天的业务培训；3 月中旬，在福清市召开整组工作试点观摩会议。5 月上旬，警备区检查验收“四项工作”（民兵整组、民兵武器装备管理、民兵军事训练和人武部规范化建设）。

在晋安、福清、连江、闽侯、闽清等地编建铁路护路分队；在各县（市）区编建道路交通保障分队；在仓山、福清、长乐组建机场抢修分队和工兵分队；在台江、福清、长乐、连江、罗源、平潭等地组建港口综合保障分队和海上救护分队。针对福州的气候特征和自然条件，在每个县（市）区组建防台抗台分队；在晋安、福清、长乐、闽侯、闽清、永泰分别组建森林灭火分队。加大城区重点应急营建设力度，在每个单位编建民兵应急连的基础上，增建民兵突击队和消防灭火、供水、供电、燃气设施抢修分队。

【民兵政治教育】 针对非战争军事行动中民兵预备役人员思想实际，在2月、5月和9月开展以“坚强党性、改进作风”等主题的政治教育，开展以坚定理想信念教育和树立正确人生观、价值观为主要内容的专题教育。利用民兵应急分队拉动演练、民兵实弹射击和完成抢险救灾等契机，加强实践磨炼和日常养成，培养战斗作风。

【人武部规范化建设】 信息化建设 出台《福州市国防动员信息化建设方案》，推动各单位信息化建设进程，普遍建成综合信息网、政务网、局域网和指挥专网，提高全区信息化建设水平。

基础设施建设 出台《福州市人武部规范化建设推广方案》，明确基础设施标准、经费来源、实施步骤、完成时限等。年内3个人武部在省军区检查考评中达标。2个单位新的办公楼完成选址工作，提前完成年度达标建设任务。

基层规范建设 全市188个乡镇(街道)、2850个村(居)规范化建设达标。长乐、鼓楼、罗源3个人武部完成规范化建设走在全省前列。同时采取措施调动民兵骨干参与规范化建设的积极性，8月出台《关于发放民兵营(连)长岗位津贴的通知》，民兵津贴提高到每月150元。

【民兵军事训练】 1~3月，完成专武干部和民兵营长集训。4月起，组织民兵应急维稳和应急救援分队训练；组织路桥抢修大队开展应对突发事件路桥抢修演练。5~6月，组织民兵技术骨干参加上级培训；组织步兵分队、重要目标警戒分队和城市管制分队训练。6月，组织全区冲锋舟操作手进行集训，完成480摩托小时的训练任务。6~8月，组织民兵勤务保障分队和信息战分队训练；组织民兵信息骨干、民兵专业技术骨干参加上级培训。9月，组织空军预编预备役士兵参加军区组织的演练；参加省军区民兵高炮分队实弹战术演练。10月，组织边海防作战分队和海上作战分队训练。11月，联合市机动通信局、市移动公司开展专用通信应急保障演练活动。

9月15~16日，福州警备区民兵应急分队野战化拉动演练宣传。

【民兵三项比武竞赛】 9月，由警备区组织福州市民兵代表队，在战坂仓库集中进行1个月的封闭训练。10月18~21日，赴三明市参加第七届省农运会民兵三项尖子比武竞赛，取得个人单项第一名、第三名各1个，单项团体第一名1个，团体总分第四名的成绩。

国防动员

【概况】 2011年，福州市国防后备力量建设以军事斗争准备任务为牵引，以争创全国双拥模范城“七连冠”为载体，推进军民融合式发展，将军事需求融入基础建设中，加大国防动员信息化、人防警报、救援工程设施、战备铁路、高速公路、水路、港口、输油管道等重大工程建设力度。

12月21日，省军区考评组对福州市国防动员工作、国防动员工作先进单位和先进个人进行考评，评选出先进单位4个、先进个人5人，同时检查调研市国动委专业办公室支前办、连江国动委。

【国防教育宣传】 以电视、电台、报刊杂志、国防教育基地开展全民国防宣传教育。组织“全民国防教育日”系列活动，宣传爱国拥军模范单位和个人的先进典型事迹。开展《中华人民共和国国防教育法》的宣传、学习和贯彻，利用征兵期间，开展《中华人民共和国兵役法》《中华人民共和国国防法》咨询活动，协调市属2报2台进行国防教育宣传。发挥全市21个省级国防教育基地、110多个市级国防教育基地作用，全年接待参观学习团队50多万人次，开展国防教育宣传活动20场次。

全市64所中学350个班级、360多名科处级以上领导在市委党校接受国防知识教育。4月，全市1904所中小学、92.2万名学生及数万名教职员工参加防空防灾演练。

4月15日，市委、市政府、警备区召开县(市)区人武部党委第一书记述职报告会，分析党管武装工作形势，查找不足，研究对策。6月，组织四套班子领导73人到驻榕某部过军事日，加强党政领导的国防观念。

【国防基础设施建设】 争取国家补助2245万元，完成交战公路建设项目总投资4.18亿元，其中投资建设军用公路5条，包括永泰马洋至埔埕口公路投资2140万元，永泰埔埕口至洑口梧村公路投资8313万元，罗源碧里至将军帽公路投资4150万元，连江安凯至大建交通战备公路投资3000万元，县道126线闽清金沙至汤川公路闽清段投资1745.18万元；投资建设部队进出口道路2条，包括福建森林武警总队训练基地进出道路投资7500万元，闽侯小城镇综合改革建设试点荆溪新城新区中路（永丰经杜坞、铁岭至坝头段）部队进出道路投资1.5亿元。在建项目中落实8项国防和军事需求，把湄渝高速、长平高速公路建设项目列入国家交通战备建设计划，争取国家用地指标近533公顷。

【后勤保障建设】 出动15批次、警力约5000多人次，各种保障车辆200多台次，为陆、海、空三军部队赴闽轮训特殊重要装备输送和驻训归建等军交运输提供公路交通保障。配合73127部队在罗源淡头战备码头进行装备装卸载演习，检验战备滚装码头在平战中的作用。

完善14个供应站物资供应网点的管理和建设，确保能够在4小时内供应3万人（份）符合卫生标准的食品，并送达指定地点。7～11月，组织晋安、马尾、长乐、永泰、连江5个支前供应站年度演练。

对全市150多家高新技术企业人员，科研生产、装备维修保障能力、气象水文科研机构的装备配备和军民通用技术情况等数据进行重新核对，组建一批专业保障分队。开展军地应急通信对接活动，依托国家通信网络应急平台建设项目，建立健全战备应急通信会商室，与省信动办及福州市机动通信局建立网络连接，实现视频可互通互联、情况共享。建立信息资源数据库，在市、县电信运营公司储备应急通信基站车13辆、卫星传输车6辆、应急油机车31辆、卫星电话44部。

双拥共建

【概况】 2011年，福州市双拥工作以争创全国双拥模范城“七连冠”为载体，推动军民融合式发展。全年各级财政共投入资金1.6亿多员支持部队各项建设和拥军活动，全市有近700多对军民共建点和军民共建“三挂钩”单位，其中85%以上被评为县（团）级以上文明单位或先进单位，4对被评为全国军民共建先进单位。

【拥军支前】 各级各部门投入资金帮助驻榕部队改善水、电、路等基础设施、训练设施、文化设施及菜篮子工程建设215项。市财政支持国防建设和驻榕部队各项建设1.5亿多元。晋安区拨专款19万元扶持95839部队、73126部队、武警总队直属支队、边防总队后勤基地用于基础设施建设；长乐市拨专款90多万元支持73125部队用于改善生活、文化设施；福清市投入202万元帮助驻榕部队建设规范化后勤保障基地、文化设施和综合训练场。闽侯县为8个绿色军营提供资金28万元。永泰县为武警中队投入20多万元，用于“四项”标准化建设。

市财政安排拥军专项经费764万元，开展科技、文化、教育等拥军活动。市菜科所组织科技人员30多人次到驻榕部队指导科学种菜，为驻榕部队举办17期培训班，培养蔬菜生产骨干1000多人。市图书馆开展“送图书进军营”活动，给每个图书流通点配送图书1000～3000册，共计4.95万册，并随时免费轮换，缓解各部队购买经费不足的问题。市双拥办补助经费8万元用于支持警备区购置作战室、值班室、国动委多功能会议室信息化器材；补助6万元用于支持预备役高炮团建设图书馆；补助10万元用于支持武警福州支队后勤部信息化网络建设；补助15万元用于支持武警8710部队农副业基地现代循环农业科技示范园建设；补助30万元用于支持福州空军场站开发台站值班正规化管理和通信专业模拟训练系统。市支前办从支前专项资金中安排256万元，其中165万元用于支持18个部队副食品基地生产基地发展养殖、种菜，91万元用于担负抗洪抢险的驻榕部队改善生产生活基础设施。

【拥军优属】 春节前夕，市四套班子领导率市“两节”慰问团，分组走访慰问24个驻榕部队机关单位；市双拥办代表市委、市政府走访慰问驻榕部队17个副师级和团级机关单位及60个基层连队。市本级向南京军区领导机关及空军部队官兵赠送慰问金375多万元。各县（市）区各有关部门及共建单位也组织开展多种形式的走访慰问活动。年内，全市向部队赠送慰问品、慰问金2000多万元。

协调军地双方召开军地协调会、军地联席会议、涉军问题专题协调会等60多场次，帮助驻榕部队解决随军家属就业、子女入学、部队建设征用地等问题，协调处理涉军投诉件75件，接收退役士兵、转业士官2600人以上，发放一次性经济补助金1200万元，全市为1.24万名优抚对象发放经费403万元。全年安排随军家属就业50人次，发放未就业随军家属基本生活保障金110万元。

【文明共建】 派出校外辅导员近2000

6月24日，仓山区人武部在福建师范大学开展“远离毒品 珍爱生命”宣传活动。

多人次,帮助各类学校军训学生3.7万多人。会同驻榕部队开展"我为第二故乡作奉献"活动,引导驻榕部队官兵投入地方精神文明建设。3月,出动官兵6000多人次,参加三环路造林绿化,植树5万多棵。5月上旬,省军区、福州总院等5个单位50多名医务人员,携带数万元药品,在五一广场联合开展为民义诊活动。9月,在福州市争创全国文明城市考评中,协调驻军700多名官兵组成志愿者小分队,上街劝导交通。

【抢险救灾】 驻榕部队出动官兵2万多人次、车辆3000多台次,参加抢险救灾200多次,扑救火灾100多起、扑灭山火面积1122.13公顷、转移危险区域和被困遇险群众3706人次,加固修复海堤142处、渔排1200余个,清理路面卫生32公里,挽回经济损失1500多万元。

(史中华)

人民防空

【概况】 2011年,福州市人民防空工作重点提高信息技术条件下防空防灾应急保障能力,新增警报器41台,警报网络控制软件10套,防空警报鸣响率达100%,警报音响覆盖率达96%以上,监督结建人防工程107个。市人防办连续八年被国家人防办评为全国人防宣传报道先进单位;被国家人防办评为全国人民防空综合防护体系建设和管理先进单位。

【人防宣传教育】 市人防办加强"五进"(进党校、进学校、进社区、进企业、进网络),向党委、政府、军事机关、街镇、社区、学校赠阅《中国人民防空》《福建人防》1.68万册,《福州人防》344份;组织重新编写《中小学防空防灾知识读本》3.4万册,发放到五区和永泰、连江及闽清等地中学;赠送琴亭社区100册防空防灾知识书本和材料,供居民学习阅览。全市159所初中开展防空防灾知识教育,年受教育学生8.3万人次;8期457名市委党校科处级进修班学员在市人防指挥所接受国防教育。年内有340篇(幅)稿件或图片被《中国人民防空》《福建人防》等市级以上报刊杂志及网站采用,发表研究性文章10篇,编发《福州人防》工作简报4期,福州人防网站累计刊登福州人防系统工作动态180条(市本级89条、县(市)区91条),图片资料165幅。

4月21日,在全市中小学应急疏散演练中,组织学生有序疏散。

4月21日,市人防办与市教育局、市地震局、武警福州消防支队四部门联合组织"2011年福州市防空警报试鸣暨全市中小学生应急疏散演练",全市1904所中小学、92.2万名学生及数万教职员工参加,新华社、中新社、中央电视台、人民网、新华网、《福建日报》、福建电视台、《福州日报》及福州电台等30多家媒体进行报道,《福建日报》4月22日头版刊登题为《百万师生应急演练》的报道。

【人防工程建设】 完成防空地下室竣工验收82项,审批缴纳人防易地建设费3176.7万元,监督结建人防工程107个,检查验收防护设备工程项目53项,防护单元138个,发现并督促整改问题76处。率先在全省开展城市人民防空工程规划编制和城市轨道交通兼顾人防工程建设。编制《福州市人民防空工程规划》,并通过省内外专家和市政府相关部门的评审。城市轨道交通工程是全省首个地铁兼顾人防工程,轨道交通1号线兼顾人防工程预计可新增防护面积30万平方米,市人防办协调市轨道办及市地铁公司轨道交通兼顾人防工程建设的审批和相关政策的咨询工作,并参与轨道交通2号线工程的前期准备工作。

【指挥通信建设】 制订《市人防办应急指挥通信保障方案》,组织机动指挥所开展83次场内和野外训练。全年新增41台警报器、10套警报网络远程控制软件,增加部分远程遥控警报终端电源设备。福清市应急指挥中心完成土建施工,长乐市应急指挥中心完成桩基施工,闽侯县、永泰县、连江县、闽清县、罗源县、马尾区、台江区等地均在筹划建设应急指挥中心。指导华能和可门火电厂按照要求修订《突发事件总体应急预案》,建立防护组织及队伍,开展防护训练。

【人防法制建设】 制定出台《福州市防空地下室竣工验收备案管理实施细则》;与市建委联合颁发《关于进一步明确防空地下室工程建设管理有关事项的通知》;与市国土局、市房地产交易登记中心联合出台《关于〈福建省投资建设人民防空工程产权登记管理办法〉的实施意见》。组织福州地区审图机构召开防空地下室审图技术交流会议,对结建审图存在的常见问题、政策法规及程序进行辅导。召开人防工程监理专题会议,培训人防工程监理师,规范人防工程监理工作。

(邱明霞)

武装警察

【概况】 2011年，武警福州支队围绕武警福建总队的总体思路和工作部署，落实经常性、基础性工作，稳步推进各项工作，完成中心任务，保持部队内部安全稳定和全面建设发展势头。支队被总部评为“连续16年预防事故案件工作先进单位”，被总队评为“基层建设先进支队”，支队团委被总部评为“十大红旗团委标兵”。

【政治思想建设】 开展核心价值观主题教育，“推门听课、定题试讲、难题会诊”和按照复习串讲、难点辨析、热点辩论、心得交流等做法被总政、总部和总队转发，《解放军报》报道。在“加强党性修养、锤炼思想作风”学习教育整顿活动中，23篇理论研究文章被《解放军报》《政治指导员》等媒体刊发，19项工作经验被上级转发。

加强警营文化建设，投入40余万元为大队配备摄像机，为中队购置摄录一体机，建成支队警史馆，完善录播室；拓展局域网育人功能，网络电视台开办“警营访谈”讲座；组建百人威风锣鼓队，多次在省、市重大活动现场演出；组织新兵自编、自导、自演、自拍“贺岁片”《奋战2011》，有关新闻在中央七套播出。在各类媒体刊稿253篇，其中中央级88篇(条)，《人民武警报》32篇，并有1篇上头版头条。

划拨经费4.5万元补助15名特困干部，解决13名干部子女入学入托问题。解决基层官兵的“闹心事”“烦心事”“难心事”56件；开展“最想说的一句话”大家写活动，征求官兵意见建议，采纳合理化建议20类84条。

【基层建设】 围绕基层“四项设施”(执行设施、训练设施、生活设施、文体设施)建设、勤务改革等重难点问题，现场办公21次。召开支队合并整编后第一次党代会，研究通过《支队建设发展规划》。《人民武警报》5月6日头版头条以“强化法规意识、提升决策质量”为题，报道武警福州支队党委加强自身建设破解发展难题的做法。

开展学、知、用法规活动、从严治警教育整顿、作风纪律整顿，以及“谈感触、思不足、献计策”大讨论，3次对基层正规化建设情况进行检查。开展“三查一除”专项整顿，建立领导挂钩包干责任制，实行“挂账销号”，成立督察组，不定期对部队进行督查、纠治；组织开展“从严治警、遵纪守法、同心同德、共创安全”倒计时活动。开展“大练基本功”活动，3次组织干部综合素质考核，支队在总队基层政工主官集训军事素质考核中名列第一。坚持创先争优活动与“双争”活动相结合，开展基层三大组织“联建联动联创”活动。五大队党委及3个中队党支部被总队评为“先进基层党组织”；2个大队被总队评为“先进大队”，2个中队被总队评为“基层建设标兵中队”，8个中队被总队评为“基层建设先进中队”。

5月30～31日，召开中国共产党武警福州市支队第一次代表大会。

【执勤处置突发事件】 1月6～18日，支队派出官兵担负省市“两会”临时警卫勤务。

1～9月，支队每日派出官兵，昼间对福州市区的重点区域以及长乐、连江城区和长乐国际机场，夜间对福州城区的重要路口实施武装巡逻，动用车辆524台次，协助处置各类治安事件32起，处置群众纠纷44起。

2月13～17日，2011新春元宵灯会在三坊七巷、五一广场、闽江公园等地举办。支队先后出动车辆358台次，处置各种突发情况13起，有效增援警力16批次，协助找回走散儿童和老人22人。

2月15日，马尾琅岐经济开发区海屿村发生一起群体性闹事事件。支队根据福州市委、市政府和总队的统一部署，调集官兵赴琅岐海屿村执行驻训维稳任务。

3月2日，1名可疑男子攀爬市第一看守所北侧监墙，企图进入目标。十一中队接警后，立即按预案展开行动，抓获可疑人员。

4月7～13日，福清市三山镇前薛村400多名村民受日本福岛核泄漏事件的影响，以土地赔偿问题和海产养殖减产等为由围堵核电站办公大楼，堵塞通往厂区的道路，影响核电站正常的施工和办公秩序。根据福清市政府的请求和上级指示，支队出动官兵前往三山镇政府担负机动备勤和处置突发事件任务。

7月5日至8月23日，深圳“大运会”时期，支队每日派出官兵协助市公安局对重要目标周围、重要路口、重点区域实施联合武装巡逻。

9月25～29日，中共福州市第十次代表大会期间，支队每日派出官兵，执行代表住地、会议现场的安保任务。

11月15～19日，中共福建省第九次代表大会在福州召开。支队每日派出官兵，执行会议期间代表住地警卫和主会场安保任务。

10月，支队出动兵力，执行“2011长

途调犯”福州地区武装押解和马保集结地现场警戒任务,押送犯人3批次3000人。

【拥政爱民】 先后参加三坊七巷、温泉公园、江滨公园环境整治等义务劳动,累计出动车辆150余台次,清运垃圾670余吨。3月,支队参加福州市三环路植树绿化任务,种植树苗2000余株。9月8～26日,支队每天派出官兵以志愿者身份参与福州市创建“全国文明城市”活动。参勤官兵身着由市文明办统一制发的服装,在火车站、汽车站、主干道、主要商业大街、公园、广场等10个场所和路段,针对乱停车、不遵守公共秩序、乱扔垃圾、在禁烟场所吸烟等不文明行为进行劝导,维护秩序。

【后勤保障】 先后投入2400余万元用于“四项设施”建设,购置营具29项9630件,完成总队“四项设施”建设试点任务。福清核电站执勤点、四大队部及十三、十四中队入住新营房;小柳经济适用房封顶。支队指挥中心迁建已形成市长办公会纪要,“平潭支队”筹建组正式成立。

加强应急保障能力建设,完善保障预案,组织岗位练兵。选送人员参加炊事员、军械修理工、驾驶员、汽车修理工、卫生员等专业技术学兵培训,组织现任军械员培训驾驶员复训。在总队司务长业务技能比武、后勤专业岗位练兵考核评比中,分获团体第二名和第三名,取得6个单项第一。

(戴建伟)

(编辑　黄　铭)

2月13～17日,武警支队官兵参加元宵灯会执勤。

经济管理与监督

宏观经济管理

【概况】 2011年，福州市围绕海峡西岸经济区的战略部署，研究、拟订发展战略、规划和政策，以宏观调控和经济调节为工作重心，推动福州大都市区各项工作全面发展。全市生产总值3734.78亿元，增长13%。第一产业增加值325.09亿元，增长4%；第二产业增加值1737.5亿元，增长16%，其中规模以上工业增加值1387.43亿元，增长16.8%；第三产业增加值1672.19亿元，增长11.7%。全社会固定资产投资2720.28亿元，增长23.16%，其中城镇固定资产投资2649.63亿元，增长23.2%。社会消费品零售总额1896.77亿元，增长19.9%。财政总收入506亿元，增长25.7%，其中地方财政收入320亿元，增长29.1%。出口总额241.31亿美元，增长47.91%。规模以上工业经济效益综合指数237.38%。

【发展规划】 编制完成《"十二五"规划纲要》并经市十三届人大六次会议审议，由市政府正式颁布实施。牵头完成《福州生态市建设总体规划》《福州保税港区总体发展规划》《福州市游艇产业总体规划》《2010～2015年中职教育基础能力建设规划》等专项规划编制。拟定福州市贯彻实施《海峡西岸经济区发展规划》的任务分工方案和考核评估办法。草拟"构建福州大都市区，实施'五个统筹'"的初步意见，从规划、布局、建设、管理、政策等5个方面，统筹闽侯、福清、长乐、连江等周边县（市）加快融入中心城市发展格局。探索建立与平潭综合实验区协作机制，拟定《福州市支持和融入平潭开放开发工作方案》，从基础设施、产业发展、社会事业和生态环境等方面进行对接、统筹合作、联动发展。

牵头完成《关于2011年深化经济体制改革工作的意见》《2011年福州市深化医药卫生体制改革实施方案》《福州市人民政府关于加快创意产业发展扶持政策的意见》《福州市鼓励总部经济发展实施办法》《加快引进国内外大型企业在福州市设立研发中心的初步意见》《福州市关于扶持民航发展若干意见》《福州市贯彻中共福建省委福建省人民政府关于支持和促进革命老区加快发展的若干意见的实施意见》编制。开展《优化产业结构，建立现代产业体系的研究》等课题调研。

【体制改革】 推进企业改制上市 全市重点上市后备企业65家，确立20家企业作为重点推进和培育的上市目标，雪人股份、瑞达精工2家企业在境内上市，募集资金6亿元；5家企业上报中国证监会，4家企业在福建证监局备案。协调解决三奥信息、百仕韦、金飞鱼、茶花家居、中环海运、顶点软件、水务公司、聚春园集团公司等企业上市过程中的具体难题。对企业上市进行培训辅导，主办或配合举办"中国力量——中国资本市场高峰巡回论坛""安永2011年企业上市巡回研讨会""赴台上市及并购研讨会"等业务培训活动8场。至年底，福州市有上市企业68家，其中27家企业在境内上市，41家企业在境外上市。

审批制度改革 市政府出台《福州市促进重点项目审批工作进一步提速增效的意见》《关于建立重大建设项目社会稳定风险评估机制的意见（试行）》，从合并、减少、取消环节简化报批手续，缩短办理时限等方面加快审批制度改革，下放10类重点项目审批事项。配合全市51个具有行政审批和公共服务职能的部门对行政流程进行梳理和再造，12个部门下放审批事项26项，取消17项，调整3项。21个部门151项行政审批事项总时限压缩为1044个工作日，减少137个工作日，压缩幅度11.6%；比法定时限减少1484个工作日，压缩幅度58.7%。

医药卫生体制改革 全市城镇职工、城镇居民基本医疗参保率逾95%，新农合参合率99.3%，新农合和城镇居民医保政府补助水平从上年120元提高到220元。165家政府办基层医疗机构实行基本药物零差率改革，门诊和住院次均费用下降，门诊人次增加。推进市二医院改革，启动实施连江、闽侯县级公立医院综合试点改革。

【宏观管理】 推进基础设施建设 开展市政基础设施项目前期和审批工作，审批闽江北岸中央商务中心片区路网工程、市鹤林片区横屿组团市政路网工程(鹤林路、前横路),东部新城路网等市政道路项目、市轨道交通指挥中心工程、市城市发展展示馆工程等市政公共基础设施、交通配套设施项目38项,总投资52.92亿元。推进国家高速公路网与海西高速公路网重大项目建设,配合市交通委推进福州绕城高速公路东南段、长乐至平潭高速公路、京台线福州段等项目前期工作。配合省发改委开展福永高速旗山互通、湄洲湾至重庆公路设计方案等项目协调工作。加快在建铁路建设进度,全市在建铁路完成投资44.10亿元。向莆铁路福州段完成年度投资23.60亿元,合福铁路福州段完成年度投资16.40亿元,可门港铁路支线完成年度投资0.70亿元,江阴港铁路支线完成年度投资3.00亿元,福州火车北站站房工程年完成年度投资0.40亿元。开通福州—首尔旅游航线。

优化产业结构　农业方面,重点推进闽江北港南岸防洪排涝工程(壁头—乌龙江大桥段)、闽江北港驳岸整治一期工程、新一轮海堤强化加固等项目前期工作;解决24万农村人口饮水安全问题;滚动实施农田节水灌溉、渔港、沿海防护林、生物防火林、生猪标准化规模养殖场、品牌农业良种等项目;加快推进省级试点小城镇、市级示范性小城镇总体规划编制工作,青口、荆溪、龙田、江田等小城镇启动区动工建设。工业方面,完成97项重点产业梳理项目对接合作;推动东南电化搬迁、耀隆化工搬迁、宝钢镍25合金及冷轧不锈钢带、经纬新纤科技等一批重大工业项目建设;打造福州光电显示产业集群、福州金属深加工产业基地、长乐纺织化纤产业集群3个千亿产业集群和福州汽车及零部件产业集群、福州江阴化工新材料产业集群2个500亿元~1000亿元产业集群。现代服务业方面,推动鼓楼区服务业综合试点改革,开展服务业统计制度试点改革,获国家发改委等8部委联合授予的全国首批“创建国家电子商务示范城市”称号;发展总部经济,出台鼓励发展总部经济、研发中心等一系列政策措施;推进创意产业、游艇产业等新兴业态发展,加快创意产业发展政策扶持,重点发展创意设计、数字服务创意、文化创意、时尚设计及咨询服务创意4个领域,牵头推进创意产业重点园区(基地)发展;推进高新技术产业发展,福州泰普生物科学公司被国家发改委授予“分子诊断技术国家地方联合工程实验室”,是全国唯一分子诊断领域国家级工程实验室,新大陆物联网获1亿元中央、省创投投资资金,成立“福建物联创业投资基金”;推动等离子体空气净化器系列产品、LED光源在植物生长领域的研究与应用等一批国内外领先科技项目对接。

加快发展社会事业　新建、改扩建公办幼儿园36所,建成金山七期小学、西园新苑保障房配套小学等11所中小学,启动建设三江口高级中学、金山三期小学。中小学校舍安全工程拆除重建开工面积32.2万平方米,累计竣工面积72万平方米。完成农村寄宿制学校学生生活用房建设23项,建筑面积2.9万平方米。建成投入使用连江县、闽清县医院病房楼,启动建设省立医院金山院区、福州儿童医院病房大楼。推进海峡妇女儿童活动中心、市奥林匹克体育中心、寿山石旅游文化城等项目建设。重点推进远东丽景、地铁项目安置房、晋安新城鹤林片区横屿组团开发和马尾新城开发建设保障性住房项目,全年完成21项安置房、保障房项目前期审批备案工作,总建筑面积319万平方米,总投资150亿元。

【固定资产投资】　推进重大项目前期工作　完成地铁2号线工程可行性研究及13项配套专题研究,组织完成省内预审,上报国家发改委批复。推进福州至平潭铁路、沿海客运专线、沿海货运专线、长乐松下港铁路支线,福清核电、LNG利用工程,福清核电4号~6号机组、可门电厂三期、江阴电厂二期、罗源火电厂,中化CPP、力恒CPL、宝钢镍合金二期热轧工程、冠海大型修船基地、中石油百万吨乙烯项目、盾构机项目、东南电化、耀隆化工等一批重大项目前期工作。牵头开展福州市闽江北港驳岸整治改造工程可行性研究工作,并通过市政府专题会议审议。

“五大战役”项目超额完成　汇总“五大战役”实施进展情况,进行量化评比,督查、分析研究和协调解决战役实施过程中存在的问题。485项“五大战役”项目超额完成任务,完成投资1214.2亿元,增长48.7%,其中重点项目建设战役62项,完成投资235.81亿元,增长6.5%;新增长区域发展战役161项,完成投资326.8亿元,增长39.7%;城市建设战役173项,完成投资450.32亿元,增长54.8%;小城镇改革发展战役13项,完成投资45.48亿元,增长176.8%;民生工程战役76项,完成投资155.79亿元,增长188.6%。

跟踪落实“三维”项目建设　全市纳入省三维项目动态跟踪管理信息系统的央企、外企、民企项目157项,总投资4160.36亿元,年度计划投资192.27亿

12月1~3日,省发改委在福州市组织召开《福州市轨道交通2号线工程可研报告》预审会。

元,完成投资 208.77 亿元。其中央企项目 14 项,总投资 1727.36 亿元,年度计划投资 76.52 亿元,完成投资 90.64 亿元;外企项目 34 项(含省团赴港澳签约项目),总投资 194.31 亿元,年度计划投资 20.96 亿元,完成投资 15.28 亿元;民企项目 109 项,总投资 2238.69 亿元,年度计划投资 94.79 亿元,完成投资 102.89 亿元。

促进项目成果对接转化　主办或联办机电行业技术提升对接会、福州渔业周海峡两岸渔业对接活动、院士专家专项项目对接活动、国际化纤及纱线产品定货会暨国际化纤技术对接会、福州塑胶行业技术需求对接会等对接活动 20 场。第九届“6·18”海峡项目成果交易会,全市对接项目 646 项,总投资 188 亿元,其中合同项目 392 项,总投资 159.48 亿元,协议项目 229 项,总投资 26.26 亿元,合同、协议项目占对接项目总数 96.1%,投资额占对接项目总投资 98.8%。投资 1 亿元以上项目 28 项,占对接总数 4.33%,总投资 135.78 亿元,占对接总投资额 72.22%。教育部科技发展中心与市政府签订“蓝火计划”框架合作协议;院士王家耀与福大经纬科技信息有限公司、院士陈志南与福州泰普生物科学有限公司、院士朱英浩与福州天宇电气股份有限公司、院士吴常信与福建光阳蛋业股份有限公司、院士陈文新与福州春伦茶业有限公司、院士庞国芳与福建省神蜂科技开发有限公司签订建立院士工作站合作协议。至年底,第九届“6·18”海峡项目成果交易会福州市对接的 646 项项目中,动工或投产项目 525 项,占对接项目总数 81.3%。

(林　焱)

工商行政管理

【概况】　2011 年,福州市工商系统开展“创新服务年”和“学习厦航”等活动,出台支持服务大项目建设和重点企业“十二条”措施、提高工商服务水平的“七项措施”,优化市场主体准入环境,服务各类市场主体。新增内资企业 929 户,注册资本 275.55 亿元;新增私营企业 1.39 万户,注册资本 692.62 亿元;新增外资企业 359 户,注册资本 17.17 亿美元;新增个体工商户 3.03 万户,资金额 17.95 亿元;新增农民专业合作社 211 户,出资总额 4.95 亿元。至年底,全市各类市场主体逾 22 万户,其中实有内资企业 1.01 万户,注册资本 594.1 亿元;实有私营企业 6.7 万户,注册资本 2750.92 亿元;实有外资企业 4556 户,注册资本 158.47 亿美元;实有个体工商户 14.28 万户,资金额 57.74 亿元;实有农民专业合作社 692 户,出资总额 12.75 亿元。查处各类案件 6030 件,罚没入库 1965.81 万元。

【助推产业转型升级】　为 14 家国有企业改制重组提供服务,为 34 家上市后备企业提供指导,为 76 户重点项目企业办理筹建登记,为 430 家企业办理分期到资延期手续,为 1176 家困难企业延续主体资格,指导企业运用股权出资出质、动产抵押、商标质押等方式实现融资 240.28 亿元。加快新兴文化产业发展,组织广告企业赴港招商引资 3.2 亿元;服务海峡影视基地、福百祥 1958 文化创意园、福州动漫产业基地等文化创意产业园区落户福州。

【榕台经贸交流】　新增台资企业 53 户,注册资金 7972 万美元;新增台湾个体工商户 166 户,注册资金 2325.5 万元。

平潭综合实验区管委会出台支持台商投资企业发展工商行政管理 13 条措施,并在全省率先实行“注册零首付制”和“直接登记制”。平潭新增内外资企业 682 户、注册资本 37.8 亿元,分别比增 87%、42%,其中新增内资企业 653 户、注册资本 22.6 亿元,分别比增 78%、11.2%;新增外资企业 29 户、注册资本 1.8 亿美元、投资总额 3.5 亿美元、外方投资 1.6 亿美元,分别比增 222%、220%、103%、1078%。至年底,平潭内外资企业总数 1893 户,比增 57%,其中内资企业 1821 户,比增 56%;外资企业 72 户,比增 67%。内外资企业注册资本总额 112 亿元,比增 50.3%。新增台资企业 22 户,比增 214%。平潭台资企业总数 34 户、注册资本总额约 1 亿美元、投资总额 2.2 亿美元、外方投资 3997 万美元,与实验区成立前相比分别增长 7.5 倍、15 倍、18 倍、5.5 倍。

【商标品牌注册认定】　新增注册商标 8969 件,新增中国驰名商标 6 件、省著名商标 80 件、市知名商标 114 件、地理标志证明商标 4 件。全市有效注册商标数 47403 件,其中驰名商标 22 件、著名商标 452 件、知名商标 534 件、地理标志证明商标 9 件、商标国际注册近 200 件。市工商局首次推荐的台企“美利达”商标被认定为中国驰名商标,台湾品牌企业联盟在台湾《工商时报》《经济日报》上登文致谢。

【企业注册登记】　个体经济　有个体工商户 14.28 万户,比增 10.39%;注册资金 57.74 亿元,比增 27.78%;新开业个体工商户 3.03 万户,比减 6.03%;开业资金额 17.95 亿元,比增 48.71%;注销、吊销个体工商户 1.69 万户。在个体工商户总户数中排名前 5 位的是批发和零售业、居民服务和其他服务业、住宿和餐饮业、制造业和交通仓储业,分别有 10.016 万户、1.720 万户、1.422 万户、4453 户和 2057 户,各占总户数的 70.12%、12.04%、9.95%、3.12% 和 1.44%;从事第一、二、三产业个体工商户分别为 843 户、4570 户和 13.743 万户,分别占个体工商户总数的 0.59%、3.2%、96.21%。

私营经济　有私营企业 6.7 万户,比增 16.98%;注册资金 2750.92 亿元,比增 33.65%;从业人员 62.18 万人,比增 5.59 万人,增长 9.88%;注册资本亿元以上的私营企业 412 户,比增 122 户,增长 42.07%;1000 万元~1 亿元的私营企业 6027 户,比增 1814 户,增长 43.06%;500 万元~1000 万元的私营企业 6106 户,比增 1622 户,增长 36.17%;100 万元~500 万元的私营企业 1.147 万户,比增 2082 户,增长 22.17%。从事一、二、三产业的户数分别为 2090 户、1.365 万户和 5.127 万户,分别占私营企业总数的 3.12%、20.37% 和 76.51%。私营企业呈多元化发展,家政服务、电子商务、物流服务、投资担保等新兴行业涌现,信息咨询服务业和计算机应用服务业等高新技术产业发展迅速。

内资企业　新增内资企业929户，实有内资企业1.006万户，其中国有企业1798户，集体企业3631户，股份合作企业212户，公司4150户，其他企业270户。在总户数中排列前5位的是批发和零售业、金融业、制造业、租赁和商务服务业、建筑业，分别有3171、1504、1360、767和677户，各占总户数的31.52%、14.95%、13.52%、7.62%和6.73%。全市企业注册资本594.1亿元，比增86.5%。

农民专业合作社　登记农民专业合作社692户、出资总额12.75亿元，分别比增43.87%、80.18%。

外商与港澳台商企业　实有外资主体4556户(含分支机构1197户)，比增6.73%；投资总额283.78亿美元，比增7.81%；注册资本158.47亿美元，比增27.05%；外方认缴额126.5亿美元，占认缴注册资本的79.8%，比增8.39%。企业法人户均注册资本471.78万美元，比增24.36%。外商投资企业(含分支机构)三大产业实有户数所占比重分别为1.89%、47.79%、50.34%，三大产业注册资本比重分别为3.08%、58.05%、38.88%。第三产业投资比重较上年略有增长，第一、二产业稍有下降。从分布情况看，企业法人户数位居前5位的国家或地区分别是：中国香港地区1382户，中国台湾地区570户，美国241户，日本208户，英属维尔京群岛189户；其余国家或地区的企业所占比例均低于3%。从新登记情况看，全年新增外资主体359户，比增42.46%；投资总额27.97亿美元，比增327.02%；注册资本17.17亿美元，比增426.05%；外方认缴额13.23亿美元，比减130.49%。注吊销企业152户，比减62.18%，其中注销90户(法人29户，分支机构61户)，吊销62户(法人企业54户，分支机构8户)。

【市场监管执法】　查处各类案件6030件，比增23.36%；罚没入库1965.81万元，比增2.24%。市工商局实施市场业主责任制的经验做法先后在全国工商系统市场网络监管工作会议和市场信用分类监管会议上作典型发言。结合落实业主责任制，健全创建机制，加大诚信市场培育力度，福州喜盈门建材家具广场被国家工商总局评为“全国创建诚信市场先进单位”。

流通环节食品安全监管　深化流通环节食品质量可追溯体系建设，发挥企业自检、工商所快速检测、流动监测车巡检和商检中心实验室检测“四位一体”食品安全监测体系作用，开展抽检1126批次，合格率99.92%；食品快速检测筛查2.63万批次，合格率96%。开展“红盾出击——食品市场专项执法大行动”，处理“染色馒头”“食盐抢购”等市场突发事件，组织开展乳制品、食品添加剂、塑化剂等各类专项整治行动。

6月9日，市工商局在福州市大学城开展“共同防范传销，共建和谐校园”巡回宣传活动。

企业主体监管　查处无照经营行为，创建“零无照诚信经营一条街”57条，查处无照经营案件1503起，罚没343.11万元。在2011年“查无”工作量化考评中，福州市总分位居全省第一。延伸治理领域，完善违规中介企业惩戒、信用信息采集等监管机制，中介市场秩序明显好转，全年查处中介组织违法案件126起，罚没176.5万元。探索建立信用监管体系，代拟相关工作方案、管理办法和实施细则，建立福州市信用体系建设联席会议制度，完成企业主体信用监管软件研发的前期评估。

公平竞争执法　查处电力、水务、燃气、金融机构等公共服务类案件191起，罚没116.61万元，入库97.89万元。针对供水企业不合理收取滞纳金的问题，提请市人大修改《福州市城市供水管理办法》有关条款并得到采纳。开展打击合同违法行为专项执法行动，立案查处124起，罚没34.27万元。市工商局被国家工商总局授予“2011年全国工商系统合同监管工作先进单位”。

商标广告管理　开展打击侵犯知识产权和制售假冒伪劣商品专项行动，立案查处1019起，罚没337.5万元，移送司法机关案件21起。完善广告信用评分、违法广告公告、广告整治联席会议等制度，培训广告审查员300多人次，公告违法广告40余条。开展户外广告、保健品广告、互联网和手机媒体不良广告等专项执法行动，立案查处各类广告案件785件，罚没282.1万元。

参与社会综治工作　建立工商、公安、高校三方打击和防范传销联络员制度；开展打传宣传月活动。查处取缔传销窝点40个，教育遣散传销人员554人，查处传销案件4起。参与打击走私贩私、扫黄打非、禁毒防艾、查处非法卫星电视接收设备等专项执法行动。

【消费维权】　开展“12315”五进工作，完善全市四级维权网络，加强消费维权服务示范站点建设，建立省级示范站点80个、市级示范站点125个。编制“12315”“四个平台”整体建设规划，编写“12315工商百事通”，组织技能培训会6场，基本完成平台软件研发、线路扩容等工作,“四个平台”建设进入调试运行阶段。与市中院、市消委会联合下发《福州市工商局关于加强工商行政调解、人民调解与司法调解衔接工作的若干意见》。全年系统受理申诉举报2.77万件,办结2.74万件,办结率99.18%,挽回经济损失4154.4万元。

【基层基础建设】 开展创先争优活动 新增“规范达标示范工商所”6个、市级“青年文明号”6个、市级“巾帼文明岗”7个。在民主评议政风行风工作中,全市工商系统4个单位获免评单位、7个单位获前三名、3个单位获优秀。在第六届文明行业评选中,全市工商系统位居全市行政执法类行业第一名。市工商局及参评的13个县(市)区工商局全部获评省级文明单位。

法治工商建设 下发“六五”普法规划,发挥系统公职律师作用,开展系统内外法制宣传教育,市工商局在全市“六五”普法工作会议上作典型发言。加强规范性文件清理和备案,对全市工商系统1979年以来的所有规范性文件进行清理,重新梳理行政执法依据325部、行政职权955项。

基层综合服务场所建设 正式启用市工商局新办公大楼。6个县(市)级工商局和9个工商所建设任务纳入全省基层工商部门综合服务场所建设计划。推进15个基层综合服务场所项目建设,2个项目建成并投入使用。

(王才平)

国有资产监督管理

【概况】 2011年,市政府国有资产监督管理委员会履行出资人职责企业(简称“所出资企业”)资产总额689亿元,比增36%;国有权益316.73亿元,比增62.94%;主营业务收入比增43.32%;利润总额比增50.42%;上缴税金比增62.33%;实现国有资产保值增值率103.8%。城乡建总公司、交建集团、房地产发展集团3家企业资产总额逾100亿元;归属母公司的所有者权益中城乡建总公司逾100亿元。所出资企业资产总额、归属母公司所有者权益、主营业务收入、利润总额、上缴税金比增数均高于全省国企平均比增数,位居全省各设区市前茅。

【国资履职监管】 外派监事会 1月,市政府任命3名国有企业监事会主席(副处级),从市直有关部门抽调6名专职监事,组建3个国有企业监事会。9月,市政府召开市国有企业监事会外派工作部署会议,正式向15家所出资企业派驻国有企业监事会,对企业的资产状况、财务活动及企业负责人的经营管理行为进行监督。

行业对标 选择7家所出资企业进行行业对标与管理登高活动,组织其与国内行业领先企业对标,针对资本运作、产业结构提升、品牌战略、体制机制等方面,制定赶超路线图和时间表,明晰转变发展方式路径。

国资监管 健全和完善企业负责人责任落实与考核机制,重点考核净资产收益率与经营效益,加大主业发展与经济增加值(EVA)考核权重,签订11家所出资企业第二任期经营业绩目标责任书,落实上年度10家所出资企业负责人业绩考核、评价工作。在所出资企业推行新会计准则。梳理企业出资人关系,组织对所出资企业及其权属企业的出资人、股权结构、企业性质和法人代表,以及不动产“两权证”办理等情况进行核实和梳理,摸清所出资企业的公司治理、“两权证”办理情况。组织办理资产评估核准备案项目17项,涉及资产评估值3.27亿元,增值率65.4%。开展“五五”法制宣传教育活动,完善企业选聘法律顾问运作机制。

法人治理结构完善 修改《福州市国有独资公司章程》《董事会议事规则》《党委会议事规则》和《监事会议事规则》,规范决策层、执行层、监督层行为,确保董事会和监事会决议程序合法。推进企业领导班子建设,开展企业经营管理人员业务培训和党务干部培训。

【国企改革与发展】 主业转型升级 督促企业落实资产经营责任,引导企业加快资源市场拓展和产业层次提升,向产业链价值链高端拓展。交建集团拓展交通建设和物流两大板块业务,加快海峡电子商务平台投资建设。城乡建总公司拓展城市区域综合开发市场。水务投资公司加快拓展永泰、琅岐、连江等地水务项目,新设青口水务公司,组建水务管网维护公司。房地产发展集团拓展保障性住房建设市场,承接全市城区79.46%的保障房建设任务,工程总造价逾88亿元,开工率100%,竣工套数8936套,竣工面积62万平方米。公交集团开辟新线17条,延伸调整线路24条,延长25条线路服务时间;成立闽侯惠民巴士公司,开拓城区外围公交市场。聚春园集团保护“福聚楼”“味中味”“福龙泉”等自有知识产权,组建文旅公司,加快四季如春旅馆扩张。三坊七巷公司实现项目融资近3亿元。民天集团拓展蔬菜、果品两大主业市场份额。新榕燃气公司拓展周边县(市)服务市场。农工商集团做大养殖主业,其“美国海兰蛋鸡种苗工程”项目被列为2011年省政府确定建设的十大种业创新与产业化项目之一。国资公司追讨企业国有债权,维护出资人权益。商储公司整合仓储结构,引进优质承租客户。

“五大战役”项目 各所出资企业在省、市“五大战役”中,共承接经济社会发展任务178项、总投资1911亿元。其中,交建、城乡建总、水务投资、新榕城建和房地产发展集团5家公司承接172项投资项目,总投资1666亿元。所承接项目中属于省市重点项目47项,总投资993亿元,分别占项目数和总投资的26.4%、51.9%;属于“五大战役”项目63项,总投资1178亿元,分别占项目数和总投资的35.4%、61.6%。交建集团落实市委、市政府“百日攻坚战”部署,完成16项、投资75.24亿元的交通重点项目,高速公路投资70.85亿元,累计通车总里程414千米。新榕城建公司、民天集团完善福州海峡国际会展中心、海峡汽车文化广场、海峡农副产品批发物流中心等的配套设施。城乡建总公司推进市政基础设施投资建设,所承建的琴亭湖完成蓄水、开园,三环站东高架桥、厦坊路、桂山路等完工,推进闽江北岸中央商务区等五大片区开发以及东部新城商务中心建设。水务投资公司推动水厂扩建、水源更换、内河整治、污水管网建设,所承建的源脉温泉项目于“5·18”海峡两岸经贸交易会前竣工并正式对外营业。地铁公司推进一号线工程建设,完成投资25亿元,茶亭站完成土建工程,实现14个站点围挡施工,20个站点进场施工。三坊七巷公司完成25处文保单位修复、105处历史建筑以及37处更新建筑项目建设。

构建管控体系　推行集团管控、管理登高等措施,加强所出资企业财务集中管理、风险防范、制度建设和降本增效等工作。交建集团建立董事会投资管理工作制度,规范二级企业法人治理结构监管,开展财务审计,规范会计核算,强化资金管控,全年归集经营收入和闲置资金5亿元。房地产发展集团成立竞赛办,对成本控制、工程进度、工程质量、安全生产、文明施工、精神文明6个方面开展立功竞赛活动。水务投资公司完善法人治理结构,优化企业运行管理,落实各项工作责任。城乡建总公司正式运行《项目管理手册》《项目管理日志》,试运行企业自动化办公OA系统,梳理完善内部管理流程,提升企业内控和风险管理水平。新榕城建公司制定并实施《集团建设工程项目招标管理暂行规定》《集团招投标监督工作暂行办法》。地铁公司建立完善“质量、环保、职业健康安全”三标一体管理体系,实施过程运行控制,推进企业规范化建设。公交集团通过安装GPS卫星定位和电脑自动报站系统,推进科学调度。民天集团在海峡农副产品批发物流中心投资1400多万元引进全国同行业领先的银企资金“圈存圈提”、交易一体机、监控、门禁等智能化系统,并先后引进多家知名物流企业。

注重社会效益　水务投资公司参与市政府水资源工程建设,抓水源保护,确保供水安全;推进白马河综合整治,实现沿岸水清、河畅、路通、景美目标。公交集团增开城乡小巴士线路20条。民天集团成立51家“民天平价蔬菜供应店”,出台惠农举措,带动全市蔬菜平均价格回落。新榕燃气公司采购溢价气源,确保供气安全。

【国有资本运作】　国有企业上市培育　经市政府批准确定水务投资、聚春园、新榕城建3家企业的部分核心主业作为福州市国有企业上市资源。水务投资公司进入培育期第二年;聚春园集团进入上市前期准备,构建上市载体,整合内部资产。

10月15日,举行第二届海峡(福州)医药健康产品博览会开幕式。

拓宽融资渠道　4家投融资公司获银行授信151亿元。房地产发展集团与国开行合作签订100亿元合作框架协议。交建集团将福州市高速公路投融资模式调整为市、县两级共同出资,全年到位资金10.8亿元。城乡建总与新榕城建公司拟分别发行10亿元、7亿元企业债上报国家发改委审批;水务投资公司与兴业银行合作融资租赁1.5亿元资金;完成向光大银行申请首发6亿元的中期票据申报。

(王学兴)

价格管理

【概况】　2011年,福州市价格管理重点抓价格惠民工作,发挥价格杠杆调控作用和价格信号引导作用,支持农业产业结构调整,引导群众合理安排消费;抓住关系老百姓切身利益的价费问题,加强和改进价费监管,探索建立有利于保障和改善民生的价格监管机制。发挥价格减负、价格扶持和价格服务3项职能,开展涉企清费、治乱、减负工作,实施差别价格政策、梯级价格政策、支持性和鼓励性价格政策,整顿和规范市场价费秩序,通过价格政策导向作用和有效价格监管服务,优化经济发展的价费环境。

【价格总水平调控】　福州市CPI上升4.8%(其中市区上升4.9%),涨幅在全省9个设区市中列第九位(市区CPI在36个大中城市中列第三十一位),实现全市CPI涨幅低于全省平均水平的价格调控目标。从月度走势看,2011年福州市CPI整体呈现冲高回落、高位运行态势,即从1月同比上涨3.7%开始,涨幅逐月攀升,8月达到上涨6.2%的峰顶。9月起涨幅逐月回落,11月降至3.4%的谷底(具体走势详见下图)。从分类指数看,构成CPI的八大指数呈“七升一降”态势,即食品类价格上涨10.7%,居住类价格上涨5.2%,医疗保健和个人用品类价格上涨3.2%,家庭设备用品及维修服务类价格上涨2.3%,烟酒及用品类价格上涨2.1%,衣着类价格上涨0.9%,交通和通信类价格上涨0.9%,娱乐教育文化用品及服务类价格下降1.7%。

平价网点与价格异动协商相结合　推进农超对接,建成平价商店51家,在50个社区开通“菜篮子社区平价直通车”,在56家超市门店推出“平价商品区”。在价格相对平稳时期平价商业网点以低于市场平均价格销售商品,在价格异动时期实行价格协商机制重点调控与平价商业网点面上调控有机结合。价格异动协商机制将适用范围扩大至猪肉、禽蛋等重要民生副食品。9月18日起对5种大众蔬菜及四大肉品实施价格异动协商,即在主要超市销售的空心菜、上海青、包菜、白菜、豆芽价格(每斤)在1.8元、2.0元、1.5元、1.5元、1.2元以下,上排肉、条肉、戈肉、瘦肉价格(每斤)在16.5元、14元、12.5元、14元以下。

农副产品产销环节减负 取消集贸市场和工商管理费,免征收费金额5730万元;落实鲜活农产品高速公路通行费减免政策,免征高速公路通行费21.90万车次,金额3671万元;按照保本微利原则,将全市11家国有农贸市场摊位费降低50%。

完善社会救助和保障标准与物价上涨挂钩的联动机制 7月起,联动机制救助范围在城乡低保、农村五保、城市失业人员基础上,增加重点优抚对象、革命五老人员。年内除马尾外的4个城区发放价格补助资金938.8万元,受益对象26.3万人次。

价格调节基金恢复全额征收 1月起,价格调节基金由2009~2010年的减半征收恢复为全额征收,全年征收金额1800余万元,比增126%。

价格跟踪监测 健全价格监测、市场巡查和信息反馈机制,加强民生重要商品价格异动应急监测预警、市场价格舆情跟踪监测巡视,跟踪反馈价格调控政策落实情况,发布重要农副产品价格走势信息,引导合理消费,稳定社会通胀预期。

【商品价格改革与监管】 电价改革 贯彻实施趸售电价管理政策,组织实施对趸售县电价执行情况进行监审,逐步推进民用电阶梯电价、差别趸售电价、城乡用电同价,核定6家趸售县小水电上网电价。

水价改革 跟踪落实已出台的水价结构性调整政策,居民生活用水实行阶梯式水价,非居民生活用水实行超定额累进加价,初步建立水价管理制度。9月1日起,在供水企业基本实现抄表到户前提下,福州终端水价改革政策实施到位,民用水1.70元/吨,特种行业用水3.00元/吨,其他行业用水1.90元/吨。

天然气价格改革 制定七县(市)管道天然气试销价格,促进清洁能源供应链向县(市)延伸。已与福州市区管网相连区域,管道天然气试行售价按照与市区“同网同价”政策执行,即居民用气价格为3.65元/立方米,非居民用气中准价格为3.50元/立方米,允许上浮20%,下浮35%(即在4.20元/立方米~2.28元/立方米之间),城市燃气公司可在规定的浮动范围内与用户协商确定具体价格。未与市区管网相连的独立区域管网,管道天然气试行销售价格按管道液化石油气热值置换原则核定,居民用气价格为4.29元/立方米,非居民用气最高销售价格为5.15元/立方米,城市燃气公司可在不超过最高销售价格的前提下与用户协商确定具体价格。

药价监管 2次集中调整3531个剂型规格药品价格,药品价格平均调降幅度20.9%;核定市皮肤病院等4家医疗单位制剂价格。

商品房销售价格监管 召开房地产价格政策提醒会16场(次),对辖区内98家商品房开发企业、105个在售楼盘进行检查,督促整改明码标价和收费公示不规范问题。

【非商品价费监管】 行政事业收费 开展2010年度收费年审,全市审验收费单位1164个,审验率100%。取消或免征44项涉企行政事业性收费,取消8项行政事业性收费的地方收入部分,全年减轻企业和群众负担约6300万元。同时开展三年一次的收费许可证换证工作。

医疗服务收费 督查落实自2010年以来试行的结节性甲状腺肿等3个单病种付费试点工作,制定《关于基层医疗卫生机构一般诊疗费有关问题的通知》,缓解群众“看病难、看病贵”问题。

停车收费 出台《关于重新制定市区道路车辆停放收费标准的通知》,新的占道停车收费标准于1月1日起执行,根据部分新建(设立)景区、车站、专业市场的不同情况制定相应收费标准。

教育收费 调整部分民办学校收费标准,缓解成本上升带来的压力;调查福州市幼儿园发展现状,指导各县(市)区民办幼儿园收费备案工作,督促开展价格服务进校园和收费公示工作。

交通运价 公布新增、临时变更的客运线路基准票价和燃油附加收取标准;调整福州市始发的500余条省内非农村客运线路燃油附加费标准(0.03元/公里)。调整出租车燃油附加费,4月18日起,出租车燃油附加费由1元/趟(次)调整为2元/趟(次)。

涉房服务价费 贯彻落实停止收取房地产网上签约服务费及降低部分建设项目收费标准的规定;完成20家房地产评估机构从业行为年检,开展省市两级房地产评估机构资质认定网上联动审批工作。

【价格监督检查】 开展涉农价费、涉企收费、药品和医疗服务价格、教育收费等价格与收费专项检查,查处价格违法案件112件,实施经济制裁7000余万元。组织对主副食品、交通、旅游、商业价格促销等涉及民生的价费检查,防范串通涨价、囤积居奇、哄抬价格等扰乱市场价格秩序的不正当价格行为,福州市、区两级价格部门出动检查人员1000多人次,检查经营单位1900多家次。全年受理群众价格举报、咨询4209件,涉及停车场收费、副食品价格、客运价格、医药价格、电动自行车价格、房地产价格等民生价费问题。

【价格服务】 成本监审和调查 完成17项成本监审任务,核减成本18亿余元;调查管道燃气运输成本,推进福州市管道燃气分区并网工作开展;监审6个趸售县的供电成本。开展蔬菜、猪肉等民生商品价格成本应急调查和预测,跟踪民生商品成本变化趋势,把握价格和成本变动规律。

价格认证 完成刑事案件涉案财物价格鉴定2121件,标的金额2772万元,完成海关走私案件财物及企业放弃物价格鉴定案件110件,涉案金额3.8亿元;推进涉税财物、涉纪财物价格认定工作,开展抵税物、应税物价格认定5起,标的金额2亿元;推进价格信息数据库建设,实现全市各级价格认证机构价格数据和信息资源共享。

价格调研 开展医疗机构收费、猪肉价格、保障性住房价格管理、有线电视收费管理、温泉资源费调整、殡葬服务收费管理、路桥收费、检验检测收费等重点、热点、难点价格问题的调研,有关生猪价格、食用油价格、路桥收费的信息调研专报及监管对策建议,得到市领导的重视和采纳。

(郑礼招)

食品药品监督管理

【概况】 2011年,福州市食品药品监督管理局推进"六型监管",参与省政府、国家食品药品监督管理局共建海西食品药品安全先行区活动,推进食品药品安全先行区建设。市食品药品监督管理局调整工作职责,取消已公布取消的行政审批事项;从市卫生局划入保健食品、化妆品监管职责;将原承担的食品安全综合协调、组织查处重大事故等职责划归市政府食品安全工作办公室承担。增设直属分局和药品不良反应监测中心。除连江局"食安办"职能未移交外,其他县(市)局均完成职责移交工作。市食品药品监督管理局获评"第十一届省级文明单位"。

【保健食品和化妆品监管】 福建仙芝楼生物科技有限公司等4家保健食品生产企业成为福建省首批通过GMP认证现场审查企业;建立化妆品生产企业基础数据库,做到"一企一档";出动执法人员7470多人次,检查保健食品生产企业90多家次、经营企业(含药店)4090多家次、化妆品经营使用单位2360多家、检查保健食品1.27万多种次、化妆品6580多种次,责令下架不合格保健食品3250多种次,监督抽样保健食品46批次、化妆品85批次,核发"保健食品经营企业卫生条件审核证明"517家。

【药械监管】 指导全市基本药物生产企业完成生产线电子赋码改造工作;建立基本药物生产监管档案;检查在产无菌和植入物生产企业、中药生产企业和医院制剂室、生产企业含麻制剂销售情况;新增药品生产企业2家,新增药品生产线12条;受理审批一类医疗器械产品注册36个,一类医疗器械产品注册证变更6个。

对基本药物配送进行监管;定期上网检查企业扫码情况和上传数据准确率;强化驻店药师在岗履职和处方药销售监管。开展为期半年的专项检查,建立健全驻店药师备案建档、挂牌上岗、定期考勤等监管制度;落实药械经营企业信用分类管理制度。开展"诚信示范单位"创建和评选活动,在市政府和局政务网站定期公布"三品一械"安全质量监管信息和各类案件查处情况。

【推行GSP认证】 开展药品零售企业认证综合监管试点工作,建立认证审评、日常监管、专项检查、稽查处罚、社会监督、现场指导、纪检监察结合的联动机制,完成GSP认证172家次,跟踪检查312家次。

【"三品一械"市场整治】 开展打击侵犯知识产权和制售假冒伪劣药品、保健食品非法添加和滥用食品添加剂、非药品冒充药品等专项检查。出动执法人员5870人次,检查药品生产、经营、使用单位3171家次,受理举报投诉108个,核协查193件,立案263件,罚没款入库金额307万元,移送司法机关案件12个,监测发现违规保健食品广告31个品种445次,违规药品广告33个品种159次,违规医疗器械广告40种次。

【药监网建设】 梳理整合政务网站、行政执法文书系统、药品安全信用分类管理系统、QQ群监管系统等软件系统,筹建食品药品综合监管信息和数据中心。行政许可和行政案件实行网上受理、审批和处罚。启用OA办公系统,实现无纸化办公,市县两级文件实现网络传递。投资5万余元购置网络安全保密设备。新增医疗器械网络直报单位30个,ADR网络直报单位30个。在15乡镇开展监测网络覆盖到所辖村卫生所的试点工作。全市收到药品不良反应报告3267份,其中新的和严重的报告907份,占总数27.76%,医疗器械不良事件报告302份。

【药检能力提升】 完成基本药物检验和监督性检验任务1642批,完成药品快检任务3041批。市药检所检验能力涵盖药品、空气洁净度、食品、化妆品4个领域140个检验项目,拥有检验设备150多台套,总价值1100多万元,有高效液相色谱—质谱联用系统、高效液相色谱仪等仪器10多台。

【医药产业平台建设】 产业集群化 引导医药企业向闽侯南屿生物科技园和连江医药园集中,有11家企业入园或正在洽谈入园。帮助和引导福抗、福药、迈新等药械生产企业加大新药开发研究力度和资金投入。

建立对接平台 实施"产销对接""商商对接",举办对接会3场,形成产销协作机制。促成市医药行业办成立专门机构,建立联席会议制度。承办第二届海峡(福州)医药健康产品博览会。

基地培育 打造"2个基地和2个中心",即闽侯生物医药产业基地和以福抗为龙头的原料药生产基地;建设仓山医药城,培育海西最大的现代医药物流配送中心和药品连锁配送中心。

【建立安全责任体系】 将药品安全工作纳入市、县、乡三级政府综合考评内容;与工商、卫生、质监等部门就保健食品违法行为查处明确分工;与全市"三品一械"企业签订规范生产经营承诺书。

【药监宣传】 开展《福建省药品和医疗器械流通监督管理办法》宣传、食品安全法宣传月、"安全用药宣传月""创建文明城市、保障百姓用药安全"宣传活动、食品药品安全宣传"五进"和志愿者服务活动。印发安全用药宣传海报、安全用药基本知识宣传单20余万张。真伪药品展示室收集存放各类标本1000多份,接待群众800多人次。

【完善行政管理体系】 修订完善《行政执法职权事项》《行政职权目录》等制度和工作流程图,编写《福州市食品药品监督管理局制度汇编》。新审批核发药品零售企业药品经营许可证147家(其中连锁门店20家),受理行政变更事项302项,换发药品经营许可证172本,注销药品零售企业33家。受理审核新开办医疗器械法人经营企业50家、非法人经营企业75家，新增体外诊断试剂企业16家，审批一类医疗器械产品注册27个。

开展“三服务”活动，实行限期办结制，推行政务公开，实行一站式服务。全年为企业服务360余人次。对涉药企业经营者和质检管理人员2000多人次进行药品管理法律法规、GSP规范管理、药品不良反应监测等内容的宣传教育。

（吴净真）

质量技术监督

【概况】 2011年，福州市质量技术监督局围绕国家质检总局提出的“抓质量、保安全、促发展、强质检”工作方针，开展认证咨询机构、食品安全、计量器具、特种设备等质量监管；进行名牌产品培育推荐工作，推动福州市企业申报省、市质量奖；推进标准化管理，国家高新技术产业标准化示范区通过国家标准委组织的专家组验收，组织修订《福州市农业标准化示范区管理评价体系》，加快推进省第一个服务标准化试点项目——健康体检服务标准化的验收工作。

【质量检查与整治】 人造板企业实验室能力比对 26家人造板企业参加活动，由省产品质量检验研究院承担技术工作。市局和省质检院针对人造板容易产生不合格的项目进行研究，分别把细木工板、中密度纤维板、刨花板甲醛释放量和静曲强度，浸渍纸层压木质地板、浸渍胶膜纸饰面人造板、装饰单板贴面人造板的甲醛释放量作为比对项目。通过比对结果分析，掌握人造板企业实验室自检能力和水平，对结果值存在偏差的企业进行重点帮扶和指导。

“双打”专项行动 1～6月，全市质监系统出动执法人员4719人次，检查各类企业1735家，立案查处176件（其中重大案件11件），移交公安机关立案查处7起，查获违法产品货值777.76余万元；受理举报投诉816件，均核实查处并按时回复。该行动取缔非法食品生产加工黑窝点36个、白酒造假窝点1个，涉案货值56.9万元；捣毁土制熏房、腌池25个；查获假冒“五粮液”白酒426瓶，非法腊肉、腐竹、猪皮等制品2063千克，原料生猪肉5098千克，玉米淀粉1495千克，盐325千克；扣押注水机、封口机、冰柜、粉碎机、烘箱、豆花机器等生产设备、工具45台（套）；查获涉嫌用于非法运输车辆3部，移送公安追究刑事责任6起。

【名牌产品培育和推荐】 组织开展2011年福建名牌产品申报工作，106项产品获评2011年度“福建省名牌产品”。6月，正式启动2011年度“福州市产品质量奖”申报工作，接收企业正式申报材料62项，经材料复核、现场检查、征求各有关部门意见，并经市产品质量奖评审委员会审议，48项产品获评。

【省市质量奖评审】 组织福建星网锐捷通讯股份有限公司和福州钜全汽车配件有限公司开展网站投票和手机投票。在第二届省质量奖评选中，“星网锐捷”公司通过材料评审，进入现场评审环节并获奖。至年底，全市有2家企业（全省7家）获“福建省政府质量奖”。

6月，市政府颁布《福州市政府质量奖管理办法》，设立“福州市政府质量奖”。11月2日，市政府质量奖评审委员会召开首次会议，首次将服务业（仅限软件开发）纳入申报范围，并为小型以下企业设立单独申报类别。

【电动自行车目录管理】 公布第三批《福州市合格电动自行车产品目录》（共4个品牌11个车型）和第四批《福州市合格电动自行车产品目录》（共115个品牌596个车型）。向市政府提交《关于进一步加强电动自行车管理工作的报告》，提出加强电动自行车目录管理工作，实行定期审验制度、完善目录退出机制、从严控制车速、加强车架号打刻与合格证管理4点措施。

【认证咨询机构监管】 结合2011年“世界认可日”活动，宣传《认证咨询机构管理办法》等相关规定，指导认证咨询机构提出设立申请等，帮扶、督促有条件的咨询机构保持认证咨询资质的有效性。建立认证咨询机构档案，在市质监局门户网站及时更新已获资质机构信息。

【食品安全监管】 监督抽检食品生产企业产品1896批次，合格1829批次，合格率96.5%；监督抽检五类经营单位产品228批次，合格220批次，抽检合格率96.5%；监督抽检食品小作坊产品183批次，合格179批次，合格率97.8%（五类经营单位和小作坊未检测卫生指标）。

食品农产品认证监管 以有机产品认证为重点，出动执法人员138人次，涉及企业63家76张证书，其中有机产品企业11家15张证书，绿色食品企业28家34张证书，无公害食品企业24家27张证书。在流通领域涉及企业43家46张证书。

乳制品监管 全市质监部门检查乳制品生产企业26家次。长乐市局对明一（福建）婴幼儿营养品有限公司实施驻厂监督，对驻厂监督工作做到“六个到位”（驻厂人员要到位、工作职责要到位、工作方案要到位、人员培训要到位、企业配合要到位、监督检查要到位），落实“三项措施”（专项监督检查、监督抽样、常规监督检查），加强原料及产品监督抽查，统一驻厂监督专项监督检查、常规监督检查内容及记录格式。对乳制品生产企业购入的生鲜乳及乳制品和含乳食品生产企业购入的原料乳粉按不少于所有批次15%比例进行监督抽查；对乳制品企业生产产品，按每企业每品种每周抽检1次要求进行监督抽查；对含乳食品生产企业的成品按每月1次进行监督抽查。全年抽检食品生产企业采购的生鲜乳原料及乳制品成品1210批次，经检测三聚氰胺项目均为合格。

非法添加及滥用食品添加剂专项整治 制定并下发《关于开展严厉打击食品非法添加和滥用食品添加剂专项工作的通知》等文件。5月1日起，全市质监部门围绕辖区“重点行业、重点产品、重点企业、重点区域”，出动执法人员2369人次，检查食品生产企业970家次，食品添加剂生产企业18家次，五类经营单位和食品加工小作坊582家次，下达责令整改通知书58份，责令停产整顿10家，暂扣生产许可证5张，立案查处涉嫌滥用食品添加剂案件11起,将2家涉嫌使用硼砂加工粉条、使用滑石粉加工豆制品等故意违法添加案件移送公安机关。

“地沟油”整治　2次召集食品生产企业,对防止餐厨废弃油脂流入食品领域工作进行动员部署,要求食品生产企业增强主体责任,杜绝标签标标识不规范行为,严格进货查验和相关台账制度。开展生物柴油、工业油脂生产企业调查建档工作。未发现该两类企业产品有流入食品生产环节。出动执法人员256人次,检查食用油生产企业和使用食用油生产加工食品生产单位94家次。由食安办牵头,与相关部门联合查处无证猪油炼制窝点、泔水油熬制窝点以及使用来源不明油脂加工食品的黑窝点10余个。在获证食品生产企业中,未发现有采购无食品生产许可证企业生产的食用油和来路不明食用油的行为。

“塑化剂”整治　组织对饮料、果冻、果酱等食品企业进行专项检查和监督抽检。现场检查相关企业32家,抽检产品121批次,未发现食品、食品添加剂生产企业库存有邻苯二甲酸酯类物质,未发现企业存在采购和使用邻苯二甲酸酯类物质生产加工食品违法行为。

食品生产企业许可　审查403家企业408单元的食品生产许可申请材料,其中受理396单元,补正224单元,补正超时等企业撤回申请78单元,补正为35%;组织安排现场核查518家(含省局受理的)、657单元,合格74%、不合格25%(其中现场核查不合格18%,发证检验不合格8%);上报材料76批、483家545单元,其中已发359张许可证(新发证135张,占38%;换证变更224张,占62%)。

【标准化管理】　国家高新技术产业标准化示范区通过考核　4月29日,该示范区(马尾)通过国家标准委组织的专家组考核验收。区内有28家重点企业实现企业研发与标准化基本同步;8家重点企业承担国家、行业标准制修订32项,28家企业承担或参与国家、行业标准制修订120项;1家企业参与2项国际标准的制修订工作;获批成立1个国家标准化技术委员会分技术委员会,获批筹建1个国家标准化技术委员会分技术委员会;18家企业参加21个全国标准化技术委员会、分技术委员会或工作组;1家企业组建福州LDA系列微型耕作机产业链合作产业联盟,7家单位加入技术联盟或产业联盟;43个标准获福州经济开发区标准创新贡献奖;124项企业产品技术指标、检测方法等采用国际标准或国外先进标准。

地理标志产品保护　开展地理标志产品调研、摸底和挖掘工作,对具有原产地域特征的产品,提出保护意见,列入保护计划。通过市、县两局的调研和推动,市政府审议通过《福州茉莉花茶地理标志产品保护管理细则》《福州脱胎漆器地理标志产品保护管理细则》。选定茶口粉干和连江鲍鱼作为地理标志保护产品进行立项申报。8月2日,“茶口粉干”获国家质检总局批准成为闽清县第一个地理标志保护产品。连江县成立连江鲍鱼申报工作领导小组和办公室,正式启动“连江鲍鱼”地理标志产品保护申报工作。

农业标准化　开展国家、省、市三级农业标准化示范区建设,组织修订《福州市农业标准化示范区管理评价体系》,加强农业标准化示范区建设和后续管理。重点开展农标示范区检查指导,组织质监、农业等部门专家深入2个国家级、7个省级、9个市级农业标准化示范区进行现场指导。10月底,到期的5个省级、9个市级农标示范区全部通过验收并获专家肯定。

服务标准化　重点开展永泰生态旅游国家级服务标准化试点项目和闽侯乡村休闲游、健康体检等2项省级服务标准化试点项目建设。由市第二医院承担的健康体检服务标准化试点项目(全省第一个服务标准化试点项目)通过省局验收。6月,由试点承担单位与省标准化研究院、市质监局共同起草制定的《健康体检服务规范》地方标准通过专家审定。该标准获国家标准委批准立项制定,并被确定为国家级标准化试点项目,为国内首个健康体检服务方面标准。

【计量管理】　市场计量秩序专项整治　协助市工商、商贸局开展市场秩序专项整治,检查150家(次)超市和集贸市场的计量检定工作。重点检查计量器具检定情况,市场内公平秤配备情况,以及是否存在使用不合格电子秤或利用作弊电子秤欺诈消费者的现象。对检查中发现的个别经营者使用未检定或经检定不合格的电子计价秤、电子秤未贴强检标识等问题,进行督促整改和反复检查,市民对市场计量的投诉明显减少。

“三表”检定　对市区52家新建和即将交付使用的住宅小区住户民用“三表”(水、电、煤气表)的首检情况进行监督检查,检查住宅1.24万户。要求供气公司提交新建住宅小区住户燃气表安装计划。对拒不整改单位,移交市质量技术监督稽查支队立案,并按相关法规处罚。

机动车安检机构监查　督促安检机构按国家标准开展检验业务,规范机动车尾气检测工作程序,联合环保部门开展全市机动车尾气专项整治。协助环保部门在市区各机动车检测站设立7个机动车环保标志核发窗口。开展尾气检测,对不符合排放标准的车辆一律不予检测过关,不予发放环保绿标。全年对辖区内安检机构检查3次,发出整改通知书13份。

诚信计量体系建设　组织开展餐饮业、商业单位、医疗机构、眼镜制配场所诚信计量活动。与110家商业单位、60家餐饮业、62家医疗机构、105家眼镜店签订诚信计量承诺书。“5·20”世界计量日期间,省、市质监局会同省计量院,在中石化加油站开展“加油站诚信计量宣传日”活动,现场演示加油机防作弊技术方法。

医学计量进社区服务中心　突出“计量检测健康生活”世界计量日主题,结合“3·15”国际消费者权益日、“5·20”世界计量日等活动,组织相关技术人员到人口比较集中的社区医疗服务中心开展医学计量检定服务,进行计量法律、法规宣传,向患者宣传计量科普知识。

能源计量　推动45家年综合能耗万吨标准煤企业的能源计量数据采集工作,全市44家企业与安装单位签订设备改造合同,其中28家能耗企业完成数据采集并联网。推进锅炉能效测试工作,对新制造、安装、移转的锅炉能效测试严格把关,全市75台锅炉进行定型能效测试或签订能效测试协议,其中45台在用锅炉进行能效测试或签订能效测试协议。

【特种设备管理】 出动监察人员4200余人次，开展现场监督检查2120家，发出监察指令书563份，取缔土制特种设备7台，立案63起，调查处理投诉件176件，协助市经侦支队调查电梯商标侵权案1件。至2011年，全市在册特种设备45291台，其中锅炉3395台、压力容器6571台、电梯22211台、起重机械10873台、厂内机动车辆2148台、大型游乐设施90台、客运索道3条。在用特种设备39399台，其中锅炉1524台、压力容器5099台、电梯21303台、起重机械9309台、厂内机动车辆2076台、大型游乐设施85台、客运索道3条。另有压力管道850.3公里、气瓶119.7万只。

瓶装液化气市场专项整治 要求各气瓶充装单位须取得气瓶充装许可和有关部门的安全资质审查和许可。专项整治期间，加强现场监察力度，重点查处充装单位违规充装超期钢瓶、非自有产权钢瓶、报废气瓶等违法行为。帮助和督促市区各气瓶充装单位做好超期钢瓶送检工作，出动特种设备安全监察人员235人次，检验液化石油气瓶24.59万只，检验判废2.42万只，比增34.19%。

车用气瓶监督管理 下发《关于进一步加强车用气瓶安全管理的通知》，在办理车用气瓶使用登记证，与各车用气瓶使用单位签订履行特种设备安全义务承诺书，明确车用气瓶使用单位、充装单位、检验单位职责，落实企业安全生产主体责任。全市有6个车用气瓶加气站，其中2家取得省局颁发的车用气瓶充装许可证，2家正在向省质局申请车用气瓶充装资质，2家在建车用气瓶改装厂。年内向21家车用气瓶使用单位（公交公司2家、客运公司3家、出租车公司15家、其他单位1家）颁发541本车用气瓶使用登记证，其中公交车383辆（LNG气瓶）、客运车50辆（LNG气瓶）、出租车107辆（CNG气瓶）、其他车1辆（CNG气瓶）。

自动扶梯自动人行道专项检查 全年检查1334台。市、县两级安全监察机构对机场、火车站、酒店、大型商场等人员密集场所的自动扶梯和自动人行道进行专项检查，出动监察人员90人次，检查使用单位40家电梯213台，发现隐患6处，发出安全监察指令书6份，完成整改6家。

（董 颖）

安全生产监督管理

【概况】 2011年，福州市安全生产监督管理局内设机构增设“政策法规处”（市安全生产宣传教育中心）和“安全监督管理三处”，成立“福州市安全生产应急救援中心”，在市安全生产执法支队加挂“福州市重大危险源监控中心”牌子。

继续深化“安全生产年”“责任落实年”活动，落实“一岗双责”，开展落实企业主体责任活动、企业安全生产标准化建设、打击非法违法生产经营建设行为、隐患排查治理等工作，按照“谁主管、谁负责”“属地管理”原则，在道路交通、消防等11个重点行业（领域）开展安全生产专项整治，加强监督检查，降低事故总量，有效防范各类事故发生。全年发生各类生产安全事故2497起，比减447起，下降15.2%；死亡457人，比减48人，下降9.5%；受伤2116人，比减231人，下降9.8%；直接经济损失1624万元，比减743.4万元，下降31.4%。

【安全工作协调部署】 3月12日，召开全市安全生产工作大会，传达全国、全省安全生产工作会议精神，部署2011年全市安全生产工作。针对温州动车事故之后中央领导的重要指示，8月1日，召开市安委会全体成员会议，分析全市安全生产形势，部署贯彻落实中央指示精神。8月19日，市政府专门召开各县（市）区分管领导座谈会，组织学习安全生产监管业务及相关法律法规。10月，根据市委书记、市长关于加强县区安监机构批示精神，各县（市）区安监局均成为政府组成部门或政府直属机构。11月2日，省委常委、市委书记杨岳，市委副书记、代市长杨益民到省安监局共商福州市安全生产工作。

市政府每季度召开1次防范重特大安全事故会议，传达贯彻落实国务院、省政府有关会议精神，分析安全生产形势，通报安全生产情况，对开展隐患排查治理和安全生产大检查、“打非治违”、企业安全生产标准化创建、道路交通综合整治、“黑点”整治、编制化工规划、指标控制等进行专题研究协调。针对道路交通事故总量偏大问题，市政府多次召开会议，研究部署开展道路交通综合整治措施。市政府、市安委会（安办）、安监局先后下发《福州市安全生产“十二五”规划》《重点工作分工方案》等450多份有关加强安全生产工作的文件。市安委会每月对全市安全生产形势与指标完成进展情况进行分析、统计，对较大事故多发的县（市）区发出预警通报，约谈事故多发或安全管理不到位、隐患整改不力的16家企业单位负责人。

【编制《福州市安全生产“十二五”规划》】 “规划”对开展企业安全生产标准化、完善安全监管执法体系、创新安全生产监管方式、应急救援体系等重点工作作了部署，对道路交通、危险化学品、消防火灾、建筑施工等重点行业（领域）的安全监管工作制订明确的目标和要求。“规划”明确“十二五”期间福州市安全生产的6项主要任务：一是加强企业安全保障体系建设；二是加强安全监管体系建设；三是加强安全科技支撑体系建设；四是加强安全生产规章制度体系建设；五是加强完善应急救援体系建设；六是加强宣传教育培训体系建设。“规划”于7月下发执行。

【编制《福州市五区化工行业安全发展规划（2010～2015）》】 11月7日市政府第35次常务会议审议通过。该规划明确福州市化工行业安全发展和布局总体思路，提出优化化工行业空间布局方案，是福建省首个地级市化工行业安全发展规划。

【重点行业（领域）专项整治】 危险化学品方面 办理非药品类易制毒生产备案证明2家、安全生产许可证41本、危化品生产企业歇业手续6家。办理危化品经营许可事项448项。对8家危化企业建设项目安全许可进行审查。市安全生产执法支队对何某伟非法储存酒精15吨进行立案查处，福清市安监局对非法储存油漆、香蕉水的福清鑫方园涂料公司给予责令停业整顿并罚款3万元。

非煤矿山方面 对26家矿山企业进行47次“三同时”(同时设计、同时施工、同时投入生产和使用)审查，对符合颁证条件的17家非煤矿山企业颁发安全生产许可证，对4家非煤矿山企业进行延期换证，对39家非煤矿山企业进行标准化考评。统一规范非煤矿山企业张挂管理规章制度和档案资料存放，在罗源县先行试点推行《非煤矿山安全生产日志》制度。全年检查矿山183家(次)，发现隐患357条，发出责令整改通知书46份。

【“打非治违”专项行动】 制定下发《福州市集中开展严厉打击非法违法生产经营建设行为专项行动实施方案》，重点打击非煤矿山、道路交通、危险化学品、水上交通、烟花爆竹和民用爆炸物品等9个非法违法生产经营建设行为。8月31日，永泰县公安局在潼公村查处非法制造爆炸物窝点1处，抓获违法嫌疑人温某林，在其家中搜出“土炸药”约30千克。9月13日，福清市公安局在海口镇牛宅村一废弃养殖场内捣毁制造、储存、买卖土制炸药地下工厂1个，抓获嫌疑人13人，查扣土制炸药成品467包(重约18.7吨)，半成品等制爆原材料约7.73吨及部分制作炸药工具。交警、交通部门查处“黑的”294辆、“摩的”2491辆，运管部门对9家不按工艺规范作业、随意出具出厂合格证的机动车维修企业进行停业整顿和经济处罚。建设部门对未获得施工许可证擅自开工、违法分包等违规行为立案查处80起。质监部门吊销3家不符合条件的电梯安装施工单位的许可证。渔业部门查获“三无”船舶12艘、查获各类非法捕捞渔船53艘，查处无营业执照小型渔船修造点4处。国土部门查处无证非法开采72起，关闭取缔无证矿山35家，没收、暂扣发电及其他采矿设备89台，对非法盗采矿山资源的5人进行治安拘留，1人追究刑事责任。

【落实企业主体责任活动】 参加落实活动的企事业单位和个体工商户12.64万家，全部开展活动，覆盖率100%，其中注册企业3.88万家全部开展级别评定。企事业单位和个体工商户完成自查自评12.62万家，占99.9%，完成复核确认12.60万家，占99.7%，其中评为A级1.67万家、B级9.81万家，C级1.12万家，D级企业全部整治升级或关闭。至7月，福州市完成全部工作任务。

【企业安全生产标准化建设】 市政府制定《福州市深入开展企业安全生产标准化建设实施方案》，在危险化学品和非煤矿山行业开展标准化创建工作。7月22日，在长乐市召开首届民营冶金企业安全生产标准化建设座谈会，福建鑫海冶金有限公司等9家福州民营冶金龙头企业联合向全国民营冶金企业发出推行标准化建设“倡议书”。8月11日，市政府在马尾福建东南造船厂召开推进企业安全生产标准化建设现场会，300多人参加。10月13日，全省危化企业标准化现场会在福清召开，肯定福州市企业安全生产标准化工作。至年底，114家危化品企业和44家非煤矿山企业通过达标考评。

【安全生产宣传教育】 举办“落实企业安全生产主体责任”征文评选和知识竞赛活动，全市500多家重点企业参加；市安监局编写《安全生产行政执法政策法规选编》，发放至安委会成员单位、基层单位和企业。消防部门在市区各主要街道悬挂7000多块消防公益宣传牌，在街道、社区安装900多个固定消防宣传栏。公安交巡警部门组织大型主题宣传活动90场(次)、文明交通志愿者劝导活动110场(次)，制作6条交通安全卡通公益广告在福州电视台3个频道滚动播出。海洋渔业部门利用信息平台，在台风、汛期来临等时节，向渔民发送宣传和教育短信30多万条。

6月12日，省、市安委会联合在五一广场举办“安全生产月”咨询日活动，45个省市安委会成员单位和企业参加，发放各类安全生产宣传资料2万多份，接受群众现场咨询2000多人(次)。同时各县(市)区开展集中宣传咨询活动。

市政府拨出30万元专款在《福州日报》《福州晚报》开辟安全生产专栏，在福州电视台《福州新闻》《法眼》等栏目制作新闻和专题节目，在“福州新闻网”开辟安全生产专题网页，加强安全生产宣传报道。

8月上旬，市安办先后举办新上任乡镇(街道)安全分管领导及安监人员培训班3期，参训240人。全年培训企业负责人、安全管理人员和特种作业人员1.97万人。

6月12日，省市安委会联合在五一广场举办安全生产月咨询日活动。

【应急救援能力建设】 成立市安全生产应急救援中心，编制《福州市突发事故应急响应预案》，梳理、完善危化、非煤矿山等各行业专项应急预案，采集安全生产基础数据，普查摸底应急装备与资源，组织开展应急救援演练。6月17日，省、市安委会在福州耀隆化工集团公司联合组织危险化学品(氨气泄漏)应急救援综合演练；6月20日，开展突发交通事故应急演练；9月28日，开展星级饭店消防演练；10月10日，省、市地方海事局联合在闽江组织救援演练，出动船舶9艘，参与230多人；11月8日，在福州"四大商圈"之一的仓山万达广场开业前，开展以"全民消防，生命至上"为主题的消防疏散演练；12月2日，组织综合应急救援联合拉动演练。全年组织应急预案演练活动1000余场(次)，参演人员1万多人，修订完善预案300多件。

【监管执法和事故查处】 2月，针对春节前客流量大的特点，对超市商场组织安全大检查；3~4月，针对福州市重点建设项目多的实际，带领市政府安全生产专家组，对全市在建重点项目安全建设情况进行专项检查；9~10月，组织对工业企业和危化品企业进行专项检查，责令17家企业限期整改。制定《福州市一般生产安全事故查处挂牌督办办法》，规范一般生产安全事故查处程序。全年调查处理生产安全事故42起，罚款272.7万元。

(许荣增)

审 计

【概况】 2011年，福州市完成审计和审计调查项目(单位)402个，查处违规金额4.30亿元，管理不规范金额62.70亿元。应上缴财政3.63亿元，应归还原渠道资金3800万元，移送司法机关和纪检监察及有关部门经济案件线索24件，涉及金额7506万元。市审计局被审计署评为地方政府性债务审计工作先进集体、记三等功，13人被省审计厅评为地方政府性债务审计先进工作者。在全省审计系统考核评比优秀审计项目和AO应用实例中，全市有19个项目获奖，其中，优秀和表彰审计项目5个(市审计局2个、县(市)区审计局3个)，AO应用实例项目14个(市审计局5个、县(市)区审计局9个)。市审计局获评全省审计系统AO应用实例活动组织奖。同时，被中央文明委授予第三届"全国文明单位"。

【地方政府性债务审计】 2月，由审计署广州特派办和市审计局组织审计人员80人，分别对市本级和12个县(市)区的地方政府性债务进行审计。时间范围为债务发生的起始年、1997年、1998年、2002年和2007~2010年8个年度，主要对象是地方政府及其所属部门及机构、经费补助事业单位、公用事业单位和融资平台公司等，重点审计内容是地方政府负有直接偿还责任的债务、负有担保责任的债务和其他相关债务3类，实施审计部门机构单位541个、项目936个和债务4925笔。至年底，全市地方政府性3类债务余额386.68亿元(不包括粮食企业和供销企业政策性挂账3.11亿元)，其中市本级279.07亿元、县(市)区107.61亿元。发现存在举债规模控制、风险评估和偿债准备金等管理制度不健全，债务资金投向和使用不规范，融资平台公司偿债能力较弱，以及个别单位违规集资，部分项目资本金未及时到位等方面问题。从制度、机制和体制上提出加强和完善地方政府性债务控制、监督和实行绩效管理等建议意见13条。市审计局还对全市中小学校舍安全工程的债务进行跟踪审计，并牵头教育和财政部门对全地区公办普通高中债务情况进行调查。

3月21日，举行2011年全市审计工作会议。

【预算执行情况审计】 对89个具体组织预算执行部门单位进行审计和审计调查，并对12个部门进行决算审计。查处违规和管理不规范金额45.39亿元，应上缴财政2.05亿元，应归还原渠道资金2821万元。移送纪检监察和有关部门经济案件线索3件，涉及金额201万元。针对存在的预算编报不真实、未按规定征收和缴纳预算收入、隐瞒转移截留预算收入、财政收入不实、资金滞留闲置、财政支出核算不实、违规改变资金用途、超预算列支、决算草案编报不完整、预算结余不实等方面问题，8月31日市领导召开专题会议研究部署审计整改工作，逐项制定整改措施。

【财政决算审计】 2011年度财政决算审计县级政府2个、乡镇(街)政府57个。发现存在决算编制不规范、未按规定征收和缴纳财政收入、财政收支核算不实、违规改变资金用途等方面问题，查出违规和管理不规范金额4.99亿元，应上缴财政119万元，应归还原渠道资金

246 万元，应调账处理金额 449 万元。

【政府投资审计】 审计和审计调查 85 个重点建设项目（单位）。审计总金额 257.76 亿元，发现存在概预算编报不规范、项目超计划超概预算、计划外投资、项目资金闲置、账外资产、违规招投标、征地拆迁补偿政策不落实、竣工决算高估冒算等方面问题，查出违规、损失浪费和管理不规范金额 9.53 亿元，核减工程价款 7630 万元，核减率 9.11%。移送有关部门经济案件线索 1 件，涉及金额 5977 万元。

【民生资金审计】 对廉租房、经租房建设资金使用管理、城镇职工基本医疗保险基金、中小学校舍安全工程、商品住宅专项维修资金、乡村医疗卫生服务状况、土地整理、舟曲救灾资金物资、“6·13”抗洪救灾资金、对口支援三明市灾后项目建设、对口支援新疆资金等 59 个涉及民生和涉农的专项资金进行审计和审计调查，审计资金额 160.52 亿元，查出违规和管理不规范金额 3.80 亿元，发现侵害人民群众利益 521 万元，应上缴财政 139 万元。针对一些部门单位在贯彻落实市委、市政府惠民利民政策措施方面不够及时到位，项目实施和资金管理使用不规范，工程手续不完整、超比例拨付进度款及超预算等方面问题，提出加强和完善管理的建议意见。

【经济责任审计】 制定《福州市审计局关于 2011 年度党政领导干部任期经济责任审计的实施意见》《福州市内部管理领导干部经济责任审计管理暂行办法（试行）》。对 118 个部门（单位）党政领导干部和国有企业领导 144 人进行任期经济责任审计，查出违规金额 9824 万元，其中主管责任金额 5951 万元、直接责任金额 3873 万元；管理不规范金额 51265 万元，其中主管责任金额 45564 万元、直接责任金额 5701 万元。依法移送立案查处 1 起，2 人被撤职和降级处理。

【绩效审计】 转变审计模式，从政策执行、资金使用、资源利用和行政效能入手，以合规性、经济性、效率性、效果性、公平性、环保性、安全性为主要内容，全市开展绩效审计项目（单位）176 个，占完成审计（调查）全部项目数 402 个的 42.79%，其中生产经营项目 9 个、基础设施项目 80 个、农业发展项目 5 个、科教文卫项目 39 个、生态环保项目 3 个、社会保障项目 11 个、其他项目 29 个。查出超规模超计划超概算 6.1 亿元，资金滞留闲置、管理不规范等造成潜在损失浪费金额 7.29 亿元，侵害人民利益金额 521 万元。

【“小金库”专项审计】 专项审计检查市本级 19 家（社会团体 12 家、部门所属国有及国有控股集团企业 7 家），查出设立“小金库”5 家，金额 682 万元。移送纪委、监察机关立案查处 8 起，受到党纪政纪处分 4 人。

【审计整改检查】 对 2011 年度市本级预算执行和其他财政收支审计查出的问题进行审计整改检查。至 11 月底，上缴财政资金 1.98 亿元，减少财政拨款或补贴 1176.35 万元，清理收回土地出让金和承包金等 5.1 亿元。充实、完善和规范一批规章制度，市政府制定出台《福州市市直行政事业单位办公用房管理办法》，市财政局出台《预算绩效管理试点实施意见》，推进项目预算精细化管理。在校安工程建设方面，制定《关于进一步加强中小学校舍安全工程质量安全管理工作的通知》；在廉租房和经租房建设方面，修订出台《福州市公用租赁住房管理暂行办法》；在乡村医疗卫生建设方面，市政府常务会议研究通过市卫生局、发改委、财政局、公务员局联合起草的《关于加强基层医疗卫生机构人才队伍建设的若干意见》，市卫生局下发《福州市卫生局关于加快推进乡村卫生服务一体化管理工作的通知》。

【机关文明建设】 制定实施文明审计规范，加强以“责任、忠诚、清廉、依法、独立、奉献”为核心价值观的审计文化建设，做到以责立志、以德立身、以能立业、以行立信。开展进社区、进企业、进农村“三进、三服务”和“万名党员、干部进社区、进家庭”志愿服务活动，组织 67 名机关党员干部深入共建社区商铺、店面开展创建全国文明城市知识宣传、文明劝导、卫生清洁志愿服务，被市直机关评为“万名党员、干部进社区、进家庭”志愿服务活动先进集体”。并被中央文明委授予第三届“全国文明单位”。

【审计信息采编】 采集、开发、编报《福州审计信息》《福州审计要情专报》《福州审计动态》117 期 404 篇（条），被市级以上党政部门和新闻媒体采用 296 篇（次），采纳率 73.27%。10 多条信息被上级党政领导批示或批转到相关部门进行研究整改落实，其中《福州市商品住宅专项维修资金归集管理和使用情况专项审计发现的主要问题》，代省长苏树林作重要批示，要求有关部门完善政策，全面清缴，规范管理，有效使用，并组织对全省的情况进行研究，强化管理。

【审计信息化建设】 在实现办公自动化、无纸化和审计管理系统（OA）与现场审计实施系统（AO）交互应用，以及在审计业务网上复核和审理的基础上，完成审计会商系统建设和“联网审计”管理系统硬件建设。在全市推广运用计算机辅助审计方面推荐的 14 个 AO 应用实例项目，获省审计厅优秀奖、应用奖和鼓励奖。其中 3 个项目获优秀奖，占全省 8 个获奖项目的 37.5%；10 个项目获应用奖，占全省 20 个获奖项目的 50%。

【内部审计】 福州市部门内部审计机构 179 个，其中专职机构 34 个。内审人员 536 人，其中专职人员 129 人。完成审计项目 1747 个，其中，财务审计 804 个，效益审计 16 个，经济责任审计 333 个，基本建设审计 101 个，专项资金审计 199 个，内控评审及其他 32 个，其他审计事项 263 个。查出损失浪费金额 61 万元，增加经济效益 1598 万元，提出审计建议意见被采纳 3285 条，建议给予行政处分 2 人。

（陈直华）

统计与统计调查

【概况】 2011 年，福州市统计工作发挥统计咨询、统计分析、统计监督功能，如实反映全市经济社会发展成果。定期编印《福州统计月报》《福州市情》《福州统计年鉴》等统计资料;3月下旬在《福州日报》发布《2010年福州市国民经济和社会发展统计公报》,6月发布《福州市第六次全国人口普查公报》;定期提供设区市、省会城市横向对比统计资料。开展关于经济社会运行情况分析监测等专题调研;为"两会"提供统计咨询服务;完成"海交会"等经济发展宣传任务。配合开展创建"全国文明城市""全国环保模范城市""全国卫生城市"等统计服务。国家统计局福州调查队以"三个提高"为目标,推进各项改革,完成城镇住户、农村经济、居民消费价格等10项常规调查,并为市委、市政府等提供专项调查服务。全年1347人参加统计从业资格考试,194人参加统计职称考试,2362名持证统计人员参加继续教育。年内,市统计部门获2010年度实施"五大战役"工作服务奖。福州调查队被国家统计局授予"2006~2010年全国统计法制宣传教育先进单位",被省委、省政府授予"第11届省级文明单位"称号。

【普查与专项调查】 第六次全国人口普查 完成全市人口普查表编码、光电录入、数据编审、上报、评估等,开展普查小区城镇户主姓名底册资料汇总和录入,开展数据分析研究,发布《福州市第六次全国人口普查公报》,获"第六次全国人口普查省级先进集体"称号。

人口变动抽样调查 11月1日起开展调查,范围涉及全市61个乡镇街道的155个小区,调查1.24万户4.65万人。

文化产业调查 采取委托社区统计员上门了解情况、"114"查询、互联网查找,基本单位名录库、工商红盾信息网名录库资料等多种方式筛查被调查单位信息,完成调查,并结合市文化产业发展实际情况,撰写统计分析报告。

第二次全国R&D(即研究与试验发展)资源清查 发布该项调查数据公报,完成全市第二次全国R&D资源清查的分析研究、资料整理、清查总结等后续工作。

保障性住房调查 下半年开始,正式建立保障性住房统计调查制度,与相关主管部门沟通,利用部门行政记录,从一级汇总单位落实保障性安居工程统计数据。

其他专项调查 完成2010年私营单位工资情况抽样调查,印发《关于开展2010年福州市城镇私营单位工资统计调查工作的通知》,全市抽取私营单位1533家;完成2010年非公有制企业人才资源状况调查工作,全市抽取542家,占全省抽中样本单位23%;组织开展农业产业化龙头企业调查、少数民族乡、村社会经济调查,妇女、儿童"两纲"监测统计及海洋经济专项调查;完成2010年统计年报和2011年定期统计报表工作。

【常规调查】 城镇住户调查 完成城镇居民家庭人口、就业、收入、消费、储蓄、耐用消费品和住房情况等调查;完成2011年城镇住户常规调查样本全面轮换;召开多场调查员培训会和调查户座谈会;完善台账建设,建立逻辑评估台账、督导记录台账、离退休人员台账、调资记录台账、样本结构比对台账;执行数据评估制度、数据反馈制度、易漏指标反馈制度、相关指标上报制度、数据质量检查制度。2011年,城镇居民人均可支配收入26050元,比增14.6%,扣除价格因素实际增长9.4%;人均消费性支出17847元,比增13.1%,扣除价格因素实际增长7.9%。

农村经济调查 正式启用3类新调查网点,开展农村住户、农产品生产价格、农业(产量、面积)、农户固定资产投资调查。加强对调查网点(户)的管理和维护,培训、指导辅助调查员。加强资料开发,每季度开展农村经济运行情况分析。2011年,农民人均纯收入10107元,比增18.3%,扣除价格因素实际增长13.1%;人均生活消费支出7353元,比增21.1%,扣除价格因素实际增长15.8%。

居民消费价格调查 采用新基期权数计算居民消费价格指数(CPI);聘用专职采价员6人开展采价工作。对闽侯、连江、福清、长乐、永泰、闽清6个县(市)的专业调查基层网点、基础台账数据、调查企业、调查户的原始数据及汇总数据等方面进行检查,走访调查点76户,检查数据2582笔。组织开展2011年度国际比较项目(ICP)调查工作。2011年,福州市居民消费价格指数(CPI)为104.8。

工业品价格调查 在调查网络基础上,对关、停、并、转企业进行替换,对新增直报企业有关人员进行培训、指导。全年工业品价格调查企业630家,其中省点企业571家、市点企业59家,省点企业中市直报企业145家。抽样调查企业中,上报的产品行业覆盖全市工业统计的34个大类、153个中类,含福州所有大型企业,每个产品生产企业超过2家的至少选择2家。调查网络覆盖90%以上中类,产值占全市工业总产值的55.4%,超过国家40%的要求。2011年,福州市工业生产者出厂价格累计上涨3.2%,工业生产者购进价格累计上涨9.9%。

房地产价格调查 调查新建住宅销售企业67家,其销售额占全部企业销售总额比重79.1%,样本覆盖率超过国家调查制度规定的75%。二手住宅价格调查中介企业24家,房屋租赁价格调查15家,房屋物业价格调查26家,土地交易价格调查1家。全年房价运行呈现同比涨幅逐月回落态势,新建房屋销售价格累计上涨3.7%。

固定资产投资价格调查 调查样本企业36家,其中建安价格调查样本企业27家,其他投资价格调查样本企业9家。建安价格调查与其他投资价格调查的样本企业数均为全省最多。

服务业调查 扩大调查范围,在11个服务行业调查的基础上,增加对物业管理、房地产中介服务2个行业中类的调查,调查样本企业由328家增加到433家。增加年报调查,调查频率由一年2次改为一年3次,全面推行样本企业联网直报制度。实施市县两级分别建立联网直报工作培训体系办法,多次到县(区)指导和开展业务培训。

限额以下商业调查 开展全市交易市场变动情况调查统计,调整增加2个交易市场调查样本。召开业务培训会和调查员座谈会。完成全国批零住餐业行业抽样调查并执行联网直报。开展实地明察或暗访抽查,对鼓楼、台江、闽侯、晋安、马尾、连江、永泰、罗源、长乐等县

(区)的限下商业样本点进行质量检查。全年限额以下批发和零售业、住宿和餐饮业累计实现销售额1724.2亿元,比增13.5%;实现零售额917.4亿元,比增10.6%。

福建产品市场占有率调查　调查2063家样本企业。全市工业产品三大市场全年实现总销售收入3935.84亿元。规模以上工业产品三大市场销售额比重:省内销售占32.18%,省外销售占31.64%,境外销售占36.18%。规模以下工业企业(500万元以下)抽样框中,企业名录库单位数6327家,个体名录库单位数26347家。规模以下工业实现总产值336.86亿元,可比价增速12%。

企业景气调查　调查样本企业268家,企业家填报率和报表回收率均为100%。从全年看,企业家信心指数和企业景气指数呈下滑趋势,第四季度企业家对宏观经济的信心指数140.46,企业综合经营景气指数138.38,较第一季度分别下跌10.06个和6.22个百分点,但二者仍处于较为景气区间,企业家对市场期望较高,企业经营状况总体趋稳。

9月20日,开展第二届“中国统计开放日”活动。

【调查服务】　福州调查队接受国家统计局和省总队委托完成“公众对城市环境保护工作满意率调查”“全省九个设区市政府绩效考评公众评议调查”“全省九个设区市社会治安公众安全感电话调查”“组工工作公众满意率调查”“党风廉政建设公众满意度调查”等。

接受市委、市政府和部门委托开展专项调查:受市委市政府委托,每年2次(中期、年终)对12个县(市)区政府开展绩效公众评议调查,对76个市级机关单位开展绩效管理公众评议调查;受市综治办委托对12个县(市)区开展社会治安公众安全感电话调查;受市环保局委托对12个县(市)区开展公众环保满意度调查;受市禁毒办委托开展市政府禁毒工作知晓率调查;受市公安边防支队委托开展市公安边防派出所辖区群众满意率调查;受市文明办委托,在5城区37个社区开展城市公共文明问卷调查。

【统计信息化建设】　开展数据库建设与应用,加强统计信息网站建设,全面推进联网直报工作,至年底,12个(市)区均实现统计数据网上直报,参与企业数近8000家,上报率逾90%;组织开展地理信息系统建设,实现福州市经济和社会数据与电子地图挂接,各种统计数据在地理信息系统数据库中可以定位到“楼”,年内该项目完成城区部分建设。开展2010年度县(市)区政府绩效管理有关指标数据的科学采集和考核评分工作,改进2011年度县(市)区绩效评估指标体系、评估办法、计算方案。

【统计课题调研】　加强对经济社会运行情况分析监测和重大问题调研,结合《国务院关于支持福建省加快建设海峡西岸经济区的若干意见》,撰写《福州市人均GDP与东部地区比较分析》《福州市主要指标与华东省会城市及省内设区市比较分析》;围绕市委办公厅重点课题开展“福州市GDP发展现状及加快GDP增长的思考和建议”“完善我市服务业统计工作的思考”等专题调研。

【统计执法】　福州调查队实施统计执法人员资格制度,开展全员统计执法培训;利用各种会议、检查指导、短信平台、大型广场活动等方式,加强法制宣传;建立完善统计报表签领、催领、催报、查询等制度,查处迟报、瞒报、拒报统计调查数据现象和弄虚作假等违法行为,全年各专业累计走访企业(网点)356家,立案查处福建中福实业股份有限公司拒报统计资料的违法行为,并通过短信平台给予通报。

【统计法制建设】　首次在《福州统计月报》开辟统计法律法规宣传栏,摘录新修订的统计法和《统计违法违纪行为处分规定》中的部分条款,扩大新法新规宣传面;通过“中国·福州”政府门户网站和福州统计信息网宣传统计法普法内容,开展宣传活动的图片和新闻稿首次登入福州市普法网;完成统计行政处罚自由裁量权修订工作,新修订的《福州市统计行政处罚自由裁量权量化标准暂行规定》自5月30日正式实施;4月召开全市统计法制工作会议。5月到鼓楼区南街街道小柳社区开展统计法“六进”(进机关、进乡村、进社区、进学校、进企业、进单位)活动,发放统计法宣传材料300多份;9月开展第二届“中国统计开放日”活动,开展法律咨询、发放统计法和《福建省企业统计工作规范化管理办法》手册。市统计局获“五五”普法法制宣传教育先进集体称号。

全市统计系统检查单位1127个,立案查处统计违法案件61起、结案61起。其中予以警告47起、通报19起、罚款43起,罚款金额27.79万元。

(王珠琴　杨　军)

(编辑　吴　燕)

财政

【概况】 2011年,福州市财政总收入506.01亿元,比增25.7%。地方财政收入320.04亿元,完成预算的112.3%,比增29.1%;上划中央收入185.97亿元。财政支出363.30亿元(含省专款和上年结转支出等),增长38.4%,其中用于民生的支出228.86亿元,占总支出的62.7%。政府性基金收入531.43亿元,完成年初预算的148.6%,增长26.7%;支出557.95亿元,增长75.3%。社会保险基金收入30.01亿元,完成预算的116.73%,增长26.2%;支出24.54亿元,增长24.82%。

市本级财政总收入181.49亿元,增长27.0%,其中地方财政收入124.42亿元,增长31.4%;上划中央收入57.08亿元。预算支出74.13亿元,省专款和上年结转等支出20.67亿元,支出共计94.80亿元,增长26.4%。政府性基金收入345.09亿元,增长25.4%;支出316.73亿元,增长114.3%。社会保险基金收入19.29亿元,增长24.0%;支出16.23亿元,增长18.2%。

全市财政总收入占全市GDP比重13.54%,比上年提高0.66个百分点。中央和省级下达专项补助资金47.50亿元,比增5.0%。

重新梳理确定252项行政职权,完成梳理权力运行流程图146个。制定《福州市财政局规范性文件制定管理办法》,清理2000~2010年出台的规范性文件。开展制度廉洁性评估工作,完善34项网上行政审批,推进政务公开和预算公开工作。被财政部授予2006~2010年全国财政法制宣传教育先进集体称号。

【优化投资杠杆】 支持科技创新和人才培养 拨付2411万元奖励和补助11家高成长性高新技术示范企业。安排动漫产业资金700万元,支持打造海峡西岸最大动漫产业基地。加强知识产权保护,安排735万元用于企业专利申报与奖励。支持人才战略实施,市级“三支一扶”高校毕业生生活补贴提高至1400元/人/月;发放院士(专家)工作站建站补助500万元,拨付500万元奖励引进的高层次创业创新优秀人才和团队。

扶持传统产业 支出3亿元用于落实市政府质量奖、优秀新产品奖、地理标志产品保护等工业企业扶持政策。提升各类工业园区,重点支持生物医药和机电产业园、海西高新技术产业园区建设。兑现企业上市奖励,为中小企业融资担保机构提供风险性补贴。完成对福州聚春园文化旅游发展公司、福建明辉机电有限公司的市级股权风险投资。扶持出口市场,调整优化出口增量扶持政策。对参加国际展会企业给予展位补助。

支持发展现代产业 做大会展业,投入展会扶持资金1400万元,支持中国(福州)动漫消费电子展、中国(福州)国际家具家居建材博览会、中国国际医疗器械博览会等展会举办。促进物流业,重点扶持市级规划的物流园区和第三方物流企业,促进企业从传统运输、仓储、货运向大型连锁经营、快递等现代物流转型,兑现物流企业奖励金496万元。加大旅游投入,安排资金2000万元,支持打造温泉游、文化游、闽江游三大旅游品牌,培育“乡村旅游”等旅游新兴业态,支持“畅游温泉古都·感受有福之州”的旅游推广活动。投入8000万元改造建设三坊七巷,古建筑修缮工作完成85%,启动“申遗”工作。

推进榕台交流 安排对台经贸交流经费,支持海峡两岸金融合作与发展研讨会、少儿美术大展、烹饪邀请赛、闽台佛教文化交流周、海峡温泉旅游节、两岸城市青年创意族谱联展、第三届“海峡两岸家庭联谊活动”等活动开展。支持海峡两岸农业实验区建设,重点扶持16家台资农业示范企业发展,推进农产品出口加工基地建设。支持组团参加中国国际农产品交易会和海峡两岸林博会、花博会、茶博会招商引资。

【支持城市建设】 综合交通建设 拨付47.8亿元保障东北三环、林浦大桥、淮安大桥、螺洲大桥等一批市政道路、桥梁项目以及城市道路白改黑等大修项目开展。拨付11.5亿元支持城市轨道交通1号线建设。为投融资平台承担的公益性及半公益性建设项目给予固化补助6亿元,实施平潭海峡大桥复线、机场二期、西北绕城高速、渔平高速以及福泉高速扩建、福永高速续建工程,促进连坂、洋里、浮村污水厂区及管网建设。投入6.1亿元支持温福铁路、福厦铁路、向莆铁路、合福铁路、江阴港铁路支线建设。拨付2.9亿元,对公交政策性亏损给予补助、贴息,实施燃油补助,新建、改建公交场站和站台。

绿色生态建设　投入18.5亿元实施四城区75条内河整治等工程。投入2.8亿元实施福州新儿童公园、会展岛周边及浦下河两岸绿化。拨付4.69亿元支持电力线路缆化下地,基本完成主城区架空缆线下地任务。拨付环保资金3054万元实施污染减排、工业污染防治、闽江、敖江流域整治、重点流域农村环境整治。对通过认定的36家企业给予能源节约利用奖励并支持举办节能文化展。推进生态乡镇建设和农村环境连片综合整治示范项目。拨付资金300万元支持机动车尾气检测治理。完成超标电动车回购工作,拨付回购补贴2100万元及榕城一卡通换购补贴3000万元。投入1.5亿元建设闽江北港南岸、魁岐排涝站、南江滨休闲路护岸及排涝等防洪工程。

文明平安建设　支持公安行动技术综合大楼、全国基层公安分局达标示范点晋安分局讯问中心和备勤训练中心建设,支持公安网上维稳,配备高科技执勤联动设备、刑侦设备,提升交通智能控制系统。完善社区视频监控体系建设,推进综治信访维稳及社区服务协管员队伍规范化管理,扶持医患纠纷调节处置和涉访涉诉救助工作。投入3680万元推进行政权力阳光运行平台、空间地理基础数据库、社会保障卡等政务信息化建设。投入1.08亿元用于消防装备设施及消防队伍建设。拨付600万元实施机动车远程年检、二代身份证智能认证等创新便民服务设施建设。

【推进新农村建设】　水利设施建设投入　从土地出让净收益中计提农田水利建设资金。完善水资源费、水利建设基金、江海堤防维护费等征收管理制度。

现代农业投入　以农业产业化为重点,实施“强龙带动”工程,推动农业产业科企对接,促成23家企业与省农科院签约。支持农业“五新”技术,保护和推广名优特色食用菌、橄榄、茉莉花、金银花、福橘等品种。扶持设施农业,安排资金1584万元鼓励新扩建大棚果蔬。实施森林生态效益补偿机制,投入2675万元支持造林5.33公顷。安排760万元完善动植物疫情防疫防控和病虫害预防体系。支持防汛预警系统、应急视频会商指挥系统等农业防灾抗灾体系建设。安排2000万元推动渔港建设及远洋渔业、水产品加工企业发展。

惠农办实事　安排资金2000万元支持10个精品示范村建设。补助“造福工程”、渔工责任保险和渔业船舶全损互助保险。全市发放种粮农民农资综合直补7842万元,惠及农户53.75万户。发放家电下乡补贴1.2亿元。支持全市534个行政村开展“一事一议”财政奖补试点。投入1109万元推进新农村服务网络工程和“万村千乡市场工程”。安排清洁家园和农村改厕资金1400万元。安排资金7600万元用于农村公路网建设、安保工程和养护费用。

【保障民生】　社会保障和就业补助　安排资金8868万元落实再就业管理、职业技能培训、小额担保贷款等配套政策。7月起,实行领取失业保险金人员免缴基本医疗保险费政策。全市实现新型农村养老保险全覆盖,在晋安、闽侯、福清3个县(市)区开展城镇居民养老保险试点。全年核拨被征地农民养老补助金9805万元,将2008年2月19日前四城区被征地农民全部纳入养老保障范围。城镇居民医保和新型农村合作医疗保险政府补助标准分别提高至220元。拨付5000万元用于市属国有企业退休职工的医疗保险从大病统筹转为基本医疗保险。

菜篮子工程　市本级和四城区两级财政下拨物价上涨补贴资金846万元,惠及2.1万人。安排“菜篮子”基地建设、市场流通和监控体系建设、水产养殖、食品安全监管等“菜篮子”资金1.01亿元,支持建立健全蔬菜、副食品储备制度和猪肉、蔬菜价格异动协商机制。为城乡困难群众发放一次性生活补贴,在中央、省补助基础上,市、县财政补助100元/人。

支持安居工程建设　投入9.06亿元用于购置和建设廉租房、公租房。扶持旧屋区(棚屋区)改造,启动太平汀洲、洋下、浦下、乌山西福大片、烟台山危旧房(棚屋区)改造,通过预拨资金、土地优惠等政策支持加快改造。支持开展住房公积金贷款用于保障性住房建设试点工作。

医疗卫生事业投入　投入9815万元支持市属医院基础设施建设,扶持中医、骨科等特色专科医院发展。推动基层卫生发展,完善乡镇卫生院人员经费保障机制,支持免费孕前优生健康检查,加强基层医疗卫生人才配置、培养和培训。人均基本公共卫生服务经费从15元提高到25元。

社会救助经费　城市和农村低保对象人均补助每月分别提高60元、50元,农村“五保”供养金每月提高50元,全年为1.63万人发放低保金4671万元。革命“五老”人员定期生活补助标准统一提高到500元。推进医疗救助城乡一体化,设立统一的城乡医疗救助基金,扩大救助范围,筹集标准统一调高至每人每年130元。落实残疾人居家托养服务、贫困残疾儿童康复补助、金秋扶残助学等为残疾人办实事项目。探索居家养老服务模式,提高服务补偿标准。

教育支出　教育支出12.70亿元,增长18.7%。保障义务教育阶段学生免学杂费,提高农村义务教育阶段生均公用经费,免费为农村寄宿学生提供住宿和营养早餐,为低保学生发放生活补助。秋季起,为中等职业教育一年级新生免除学费,落实高校、高等职业学校和中职学校学生国家助学金政策。推进市属中小学校舍安全工程建设,启动三江口高级中学、金山三期小学、职业教育公共实训基地等新区学校建设,对仓山区、晋安区保障房配套学校建设给予补助。奖励和补助公办幼儿园建设。安排资金实施特殊教育提升工程;帮助福州职业技术学校解决债务。

文体事业投入　推动文化产业发展,继续支持免费开放博物馆、纪念馆。支出337万元奖励19家文化创意产业示范企业(基地)。投入421万元保障第二届海峡版权博览交易会、第四届海峡两岸文博会、合唱节召开。投入942

万元支持农村乡(镇)综合文化站、农家书屋、农村电影、农村广播电视和无线覆盖工程项目建设,实施科技富民强县和科普惠农兴农计划。支持体育事业发展,支出3408万元支持参加第七届城运会、申办八城会,奖励十四届省运会、十六届亚运会运动员,开展全民健身运动等。

对口支援　支出9085万元援建新疆奇台县,实施游牧民定居工程、县中心医院、农业示范园种苗科研培训中心等项目。支出3027万元支持西藏朗县小康示范村、安居工程等项目建设。安排1亿元支持平潭综合实验区建设。

【创新财政机制】　预算管理改革　进一步细化和规范预算编制,逐步建立和完善市本级和部门预算基础信息库。强化预算支出执行责任制度,控制预算追加调整。探索财政资金预算绩效评价制度,扩大市级预算部门绩效评价范围。加强结转结余资金清理,统筹资金2.28亿元。强化地方政府债务管理,建立完善地方政府性债务统计报表制度。

财政管理机制　推进非税收入征缴规范化,实现非税收入管理信息化,市本级86家非税收入单位纳入收缴管理信息系统,纳入率90%。推行国库集中支付制度,市本级除个别单位因特殊原因经批准暂缓外,其余均纳入国库集中支付范围;县(市)区除闽清、晋安外均开展国库集中支付改革。健全政府采购工作机制,规范采购信息公告,推进电子化政府采购,全市实现政府采购金额13.1亿元,节约资金1.3亿元,节约率9.03%。创新财政评审机制,试行专家会议评审方案,采取项目各方人士沟通论证以及第三方权威专家佐证的方式进行评审。将市产权交易中心电子竞价项目范围从国有企业产权扩展到行政事业单位资产、法院裁定清算资产拍卖等。

财政监督　实施全市财政专户清理整顿,规范财政资金管理。强化政府非税收入票据管理和监督,实现源头控收。组织开展部门所属国有及国有控股企业"小金库"专项治理,市本级检查发现5家企业"小金库"金额277万元,并移送纪检、司法等部门立案查处。继续开展强农惠农监管、工程领域重点突出问题治理、会计信息质量检查、农业综合开发资金及其项目管理检查等工作。建立政府集中采购机构和社会中介采购代理机构业务考核机制。实施全市行政事业单位国有资产及所办企业情况统计调查,推动行政事业单位国有资产逐步实现动态管理。

城乡财政体制改革　调整统一马尾区与四城区财政体制,创新市级直接管理福清、长乐、闽侯、连江等四县(市)财政体制。完善财政转移支付制度,市财政下达县(市)区专项补助资金16.51亿元,比增87.0%,重点扶持欠发达县。安排资金21亿元基本解决历史遗留的2000~2006年期间市区农村集体留用地补偿问题。

(陈洲凤)

国家税务

【概况】　2011年,福州市国家税务局组织入库税收收入280.10亿元,比增43.41亿元,增长18.34%,其中直接收入261.83亿元,比增37.14亿元,增长16.53%;免抵调库18.27亿元,比增6.27亿元,增长52.21%。海关代征税款61.66亿元,比增8.39亿元,增长15.76%。至年底,管征各类纳税人10.02万户,比增7529户,增长8.12%,其中企业5.95万户;个体工商户3.52万户;一般纳税人2.35万户。探索实施国税文化建设工作经验被省国税局推介。

国税收入总量和增量位居厦门、泉州之后,列全省第三位。完成年度计划264.2亿元的106.02%,超预算6.02个百分点,超收15.90亿元,其中台江局、鼓楼局、开发区局、罗源局和平潭局增幅逾25%,平潭局以45.90%居全市增幅第一位。全市宏观税负7.56%,较上年7.71%略有下降。税收增幅与GDP增幅的弹性为1.41,与GDP可比价增幅的弹性为1.02,表明税收收入与市宏观经济发展趋势相吻合。在各税种中,企业所得税135.91亿元,比增22.65%,占总收入48.52%,超越增值税成为全市第一大税种;增值税117.74亿元,比增15.47%,占总收入42.04%;车辆购置税和个人所得税分别为16.90亿元和720万元。在各产业中,第三产业税款达155.83亿元,比增32.51亿元,增长26.36%,对收入总量贡献度55.63%,对收入增量贡献度76.66%,其中银行业和商业增收30.46亿元,占全市国税直接收入增量82%。

【货物劳务税征管】　开展棉纺行业专项评估,31户棉纺企业自查补税3300多万元;对某钢铁生产企业开展评估,补税640.85万元,进项税额转出21.83万元。开展应征消费税车辆进项抵扣核查,转出金额533.55万元,补缴滞纳金12.97万元。开发应用增值税优惠事项备案系统,受理增值税优惠备案440户。在全市8个车辆购置税征收大厅启用车辆购置税电子档案和二维码申报信息系统。推广网上办税,全市防伪税控远程抄报税户数1.42万户,推广比例由年初61%上升到年末77%;全市增值税网上申报2.23万户,占一般纳税人总数98%;网上认证开户2.26万户,占一般纳税人总数99%。

【企业所得税征管】　开展2010年度企业所得税汇算清缴工作。全市办理税务登记的企业所得税户4.23万户,开业3.87万户,开业面91.58%;应参加汇算清缴企业3.58万户,实际参加汇算清缴企业3.52万户,汇算面98.2%,其中赢利企业2.11万户占59.97%,亏损企业7239户占20.59%,零申报户6837户占19.44%。

简化规范企业所得税征收方式鉴定工作。全市企业所得税查账征收占总户数80.78%,比增7.04个百分点。对查账征收企业亏损面、零低税负面进行控管。规范房地产企业税收管理。开发应用企业优惠审批、备案和年度申报优惠比对软件,对不符合税收优惠条件的企业补缴企业所得税和滞纳金250万元,核减研发费加计扣除基数253万元。

【国际税收管征】　开展反避税调查工作。筛选集团化企业关联交易作为调查重点,上报反避税调查立案5户。完成清禄鞋业转让定价调查,确定补税

2547万元。福州跃升鞋业有限公司反避税案件结案,调增应纳税所得额8895万,补税1089.32万。开展反避税跟踪管理,对118户2010年度无申报关联交易的企业逐户进行核实,跟踪管理调增应纳税所得额8007万元,影响税额1771.5万元,平均利润率由-0.43%上升到5.20%。重点监控检查上市公司股息红利分配、非居民企业股权置换、减持股份、非居民金融企业、国际医疗劳务合作、劳务设计费等,组织非居民收入3.60亿元。向美国、日本、韩国、加拿大、澳大利亚5个国家提供280条电子自动情报,向英属维尔京群岛发出股权转让调查专项请求并获支持。

【出口退税】 全市出口型生产企业2023户,外贸企业1421户,全年办理出口退(免)税115.26亿元,比增30.26亿元,增长35.61%,其中出口退税97亿元,比增24亿元,增长32.88%。审核免抵税额22.98亿元,比增10.8%。推行市局出口退税专业化管理和各基层局生产企业"免抵退"税专业化管理,编写《出口货物退(免)税专业化管理操作指南》,各基层局均由专门机构和专业人员负责退税管理。探索建立国税、外贸企业、外经贸局、进出口商会等单位共同参与的出口退税风险防控群防体系,分片分批召开企业座谈会交流风险防控经验,开通3个外贸企业出口退税风险防控QQ群。

【税源专业化管理】 7月1日起,全市国税系统全面推行税源专业化管理。在保持机构编制数量不变的前提下,调整各税源管理机构的职能。全市33个税源管理分局负责纳税评估和生产性企业免抵退税管理,57个分局负责税源基础事项管理。将信息中心转型为数据处理中心。简化分局管理员职责,规范为3大类29项税源基础管理事项,逐步取消管理员直接管户。出台《行业性税源税收风险管理工作指引》,开展行业建模工作,建立111个行业模型,涉及68个工业行业(小类)、8个商业行业(小类)以及房地产、商业银行和应用软件服务行业等。针对房地产、汽车销售、汽车维修、塑料鞋制造、计算机及辅助设备、家电批发、煤炭经销等7个重点行业开展市级评估,增加税款2.44亿元。开发应用"一户式税收征管档案管理系统"、税源地理信息系统、门店户籍管理系统、税收管理员任务平台等软件。

【税收法制建设】 *规范执法* 在全省率先推行说理式税务稽查执法文书。创建税法咨询维权中心,开发应用咨询维权工作电子信息系统。提高税收执法管理信息系统运行质量,全市实际执法准确率97.91%,比增2.07%,总过错信息减少2.41万条。办理行政复议案件17件,行政诉讼案件6件。3月15日,市政府发布《福州市地方税收保障实施办法》。

税法宣传 联合5个单位在三坊七巷开展"共建历史文化街,争创税收示范区"宣传活动。联合3个单位在平潭综合实验区开展"助力平潭先行先试,共建两岸幸福家园"大型税收宣传和直播活动,中新社、新华社、台湾"中央社"发出5条新闻通稿,百余家海内外媒体转载报道。在新浪网开通"福州国税青年政策评论"微博。创办《税法解读》刊物,免费寄送纳税人。

税务稽查 全市国税稽查机关检查纳税户258户,问题户258户,结案户228户,立案户258户,自查户4942户,合计查补收入5.16亿元。推行市区一级稽查管理模式,规范税务稽查。在全省率先尝试由稽查局直接介入的方式组织企业开展自查,查补入库收入3.55亿元。开展发票违法犯罪专项整治,查办"厦门假发票案件"中福州涉嫌假发票受票企业27户,对9大集团企业组织企业自查和重点检查,对六大行业企业发票使用情况和200户违法受票企业开展检查。依法采取阻止出入境、冻结、拍卖等手段,清回欠税及滞纳金7498万元。

【纳税服务】 *办税服务厅建设* 落实"一县一区一办税服务厅",全市设置15个办税服务厅,延伸点从41个减少为23个。建立办税服务厅应急管理机制和办税服务厅负责人现场管理、分管领导每天定时巡查的工作机制。依托市效能办"全球眼"视频监控平台,建成全市办税服务厅视频系统。分3期对全市291名办税服务服务厅工作人员进行服务礼仪培训。规范94项即办涉税事项和73项审批事项操作流程。确定鼓楼局、开发区局、福清局办税服务厅作为省级办税服务厅规范化建设示范点,10月底通过检查验收。开展星级办税服务厅评定工作,首次评选出全市国税系统十佳"纳税服务之星",并进行表彰和宣传。

3月31日,市国税局、市地税局、鼓楼区国税局、鼓楼区地税局、三坊七巷管委会、南街街道六个单位联合在三坊七巷南后街开展"共建历史文化街,争创税收示范区"宣传活动。

税收政策落实　办理结构性减税、税收优惠、出口退税、调库等各类减免退税130.15亿元，落实固定资产抵扣30.84亿元。推行汇总纳税，享受该政策的企业总部近80家，涉及总、分机构近700家。支持平潭综合实验区建设，市局和平潭局成立台湾税制研究小组、税收优惠政策研讨小组、服务重点企业工作小组等，开展综合实验区税收政策调研和宣传，提出《关于在平潭综合实验区先行先试的税收优惠政策的建议》等多项工作建议。

（魏文忠）

地方税务

【概况】　2011年，福州市地方税务局组织入库地方税费384.92亿元，比增101.63亿元，增长35.88%。其中，税收收入259.63亿元，比增58.32亿元，增长28.97%；"耕契"两税入库33.24亿元，比增7.84亿元，增长30.89%；费金入库92.04亿元，比增28.96亿元，增长45.9%。

管征各类纳税人12.37万户，比增9087户，增长7.9%，其中管征内资企业6.97万户、港澳台商投资企业2412户、外商投资企业2045户、个体经营户4.31万户、其他类型纳税户6425户。

规范数据录入管理，筛查并清理7.18万个非空和逻辑错误数据项。清理非正常及证件失效户6万户，其中1326户转正常户管理，清理虚欠1463户568.14万元。

【科学征管】　综合业务管理数字化　正式纳入省级数据大集中系统，重点开展数据清理迁移以及软硬件系统升级改造工作，加强师资、干部、纳税人的系统操作培训，师资培训993人次，内部培训干部146场8000多人次，外部培训纳税人298场6万多人次。抽调市局34人、16个基层局155人组成运行维护队伍。加强与房产、国土、社保、医保、人行、财政、银联等部门沟通联系，通过新闻发布新系统上线消息。上线首月全市办理纳税申报7.59万户，申报率94.76%，申报税款23.02亿元，入库22.28亿元，入库率96.77%；领购发票2.31万笔，窗口代开发票1.33万份，开票金额78.098亿元；涉税受理6.44万户次；设立登记4558户。

税源管理专业化　确定"重点局+属地局+类型局""重点局+属地局""区域重点局+属地局"3种管理模式。如将台江鳌峰分局定为个体专业局，专业管征全区近万个个体户；台江双杭分局、晋安新店分局、鼓楼洪山分局、仓山仓前山分局等定为重点税源管征局，重点管征各区重点行业及重点大户。平潭县局落实收入目标责任制，全年入库环岛路、金井湾填海造地等重点工程项目税收8696.34万元。直属分局完善委托代征管理，委托证券公司代征限售股个人所得税、委托市房地产交易登记中心代征二手房交易税收、委托财产保险公司代征车船税等，对分散税源实行集中管理，建立经济税源保障体系。

1月20日，市委常委、常务副市长杨益民到市地税局开展调研。

娱乐餐饮业税收定额核定　对娱乐餐饮业开展典型调查，调整个人所得税征收率，调整税收定额标准对纯营业税户按照建筑面积作为核定标准。引导娱乐餐饮企业和个体大户实行查账征收或单定征收，引入风险管理机制，实行大户预警值管理，按季通报娱乐餐饮业大户营业税税负，采取纳税辅导、纳税评估、税务稽查等风险应对措施加强管征，市区40户受监控餐饮业提高餐饮业月预警监控额290万元，30户娱乐业大户提高月预警监控额1260万元，月增收营业税37万元。

发票管理　开展发票换版工作，完成旧版发票核销工作。在房地产、广告、旅游等行业推广机打票，加强票表比对，全市推广房地产机打票278户5.4万份，推广住宿、广告、旅游等行业机打票4030户107.2万份。配合公安机关开展打击假发票行动，鉴定涉案发票5.35万份，其中假发票5.25万份，涉及经侦案件6件、内部稽查49件、出具发票鉴定书56份。

行业专项评估　将培训学校、品牌餐饮列为重点评估行业，开展国税、地税联合评估，建立评估模型、行业征管指南。利用第三方信息数据加强评估，建立定期信息交换机制和部门分工负责制，拟定确认33个部门92类878项指标数据，通过市政府政务网获取。全年全市评估纳税户3800户，评估入库税款1.7亿元。

国际税收管理　以非居民税收管征为重点，加大反避税调查力度，开展税收情报管理和"走出去"企业管理服务，各项涉外税费收入入库28.23亿元，比增5.16亿元，增长22.4%。开展外籍人员个人所得税管理，建立外籍人员任职登记和离职注销制度。针对企业间股权重组频繁、股权交易价格偏低等情况，将非居民股权转让行为纳入调查重点，审核非居民企业的股权交易行为，闽侯县局和鼓楼区局在纳税审核中发现关联企业间平价转让股权行为,对涉案2家企业调增补税1100万元。开展税收情报交换工作,提交40件涉及美、日、韩、澳、加的自动税收情报件。

【纳税服务】 办税窗口建设 办税服务厅配备自助办税电脑94台,自助缴税终端195台。将停业登记、个体共管双定户注销、万元版以下发票领购申请、新登记个体户税收定额核定等19项涉税事项下放办税服务厅即办,即办事项受理率由35%提高至80%。八县(市)推行同城通办业务,市区申报征收、涉税证明、税务登记等部分涉税事项实现同城通办。在办税服务厅设立导税台、咨询台引导纳税人办理涉税事宜,配备专职咨询人员,提供现场咨询、电话咨询、网络咨询等形式的咨询服务。完善"12366-2"服务热线平台建设,增加5个人工服务专职座席和16个兼职座席,实现短信告知、预约服务、满意度评价、需求分析、税情通报等五大功能,年接听4万人次。定期向纳税人免费发送涉税信息,全年发送短信30万条。

国地税联办 在基层办税服务厅设立国地税联合办税服务中心,实现一个窗口对外,国地税同步流转的服务模式。开发国地税联合办税服务软件,实行"窗口当场核定,管理员后期复核"的定税模式,在办理税务登记后当场打印送达《国地税联合定额核定通知书》,纳税人可以在办税服务厅触摸屏上进行定额测算,实现纳税人"明白交税、交明白税"。

涉税维权服务 以"税法援助中心"为主体,提供上门来访、来信来电、电子邮件、网络诉求等形式的无偿涉税维权服务。全年中心为纳税人提供维权服务1173人次,其中福州市"12345"便民呼叫中心转来纳税人涉税维权诉求223件,市地税门户网站维权317人次,上门来访维权157人次,"12366"纳税服务热线维权476人次,维权内容主要包括社保民生、税收优惠落实、税收征管和涉税举报等4个方面。

【信息化建设】 信息管税 与中国电信福州分公司签署《"信息管税"战略合作框架协议》,搭建移动办公平台、信息管税指挥平台等。整合"税企通""易遵从纳税服务网"资源,通过信息共享、实时在线交流、资料传送、群发短信等,完善纳税服务,将7万户纳税人纳入服务范围。

电子缴税 建成网上办税服务厅,提供网上申报、报表报送、报表下载、网上受理等服务功能,注册户数7万户,其中网上申报户数5万户。开发自助缴税系统,在商业银行网点、中国移动、中国电信营业厅、邮政便民服务点、社区超市拉卡拉支付点2900台自助缴费终端添加申报缴税功能,全市4万双定征收户和10万名灵活就业人员享受服务。开发委托代征POS缴税系统,代征税费实时分解入库,全市63家代征单位安装缴税机136台。推广应用"福州地税自助开具缴税(费)凭证系统",纳税(费)人可以通过互联网和"福州地税24小时多功能自助终端"2种途径登录,进行各类缴税(费)凭证和部分涉税证明自助打印、查证。

【依法治税】 检查企业617户,查补收入3.08亿元,比增5802.93万元,增长23.18%,其中查补税款2.83亿元,加收滞纳金1090.25万元,罚款1471.16万元;查补收入入库3.23亿元,自查补缴入库260.07万元,合计入库3.26亿元,完成全年稽查任务的151.82%。重点在资本交易项目、广告业、房地产业、建筑安装业、保险业、陆路水路货物运输业等行业开展税收专项检查,其中资本交易项目主要检查企业股东股权转让收益是否缴纳企业所得税,非上市公司个人股东股权转让收益是否缴纳或代扣代缴个人所得税,查补企业所得税、个人所得税、营业税等税款1.02亿元;房地产行业主要检查土地增值税预征及清算情况,查补土地增值税、营业税等税费8650.22万元;货物运输业查获"海旺"等3家船务公司虚开货物运输业发票,虚开金额14.52亿元。

开展税收执法责任制自动化考核,加强申辩调整、执法过错通报和执法责任追究制度执行,如通过抽查税票联审率指标,发现1069户饮食业中有115户存在执法过错,过错率10.76%,过错计税金额417万元,追补税款、滞纳金32.8万元。建立健全内部执法监督机制,加强对税收执法行为的事前监督,确定税收规范性文件会签、报告制度,明确凡具有普遍约束力的税收规范性文件在出台之前,必须经过法制机构统一审核把关。加强对重点环节执法行为的事中监督,执行总局重大税务案件审理制度。加强对执法行为全过程的事后监督,开展税收执法督察,17个基层局围绕企业注销清算、减免税等5项重点内容开展自查,自查发现有问题户数143户次,涉及税额8196.47万元,整改入库金额7427.88万元;复查发现4大类问题232户次,违规税额669.19万元。建立监察员工作制度、定期座谈制度、执法结果反馈制度;配合、接受财政、审计等部门的专项执法检查;邀请新闻媒体监督,加强对重大案件的追踪报道。

【营业税征管】 房地产业、建筑业 建立房产重点税源户管征台账,掌握各房地产企业土地征用、建筑面积、销售价格等涉税信息。建筑业建立重点税源监控台账,把确立的重点工程征管资料实行一户一档,对重点工程从立项、招标、施工实行全程跟踪监控,重点监控将要完工和开始结算的工程项目,采取深入施工现场对建筑工程项目进行摸底核查的管理方法。同时加强建筑业发票管理,加强"以票控税"。

货运业 开展货物运输业自开票纳税人年审工作,审核检查291户自开票纳税人提供的年审资料和纳税人的营运车辆、办公经营场所、财务核算、发票使用等情况,为符合条件的220户自开票纳税人办理合格审批手续,34家被通知整改,37家被取消自开票资格。全年入库营业税105.87亿元,首次逾100亿元,比增20亿元,增长23.3%。

【企业所得税征管】 加强对关联企业交易的监管,入库企业所得税32.26亿元,比增11.87亿元,增长58.24%,占税收收入比重为13%,增量贡献率为18.76%。税收增量主要来自房地产业、建筑业和服务业,3个行业增收均逾亿元,同时拉动企业所得税增幅达52.67个百分点。

规范和理顺建安企业所得税管征办

法，对参与重点项目的外来施工企业建安业企业所得税统一管征，入库建筑业企业所得税 7.03 亿元，同比增收 1.61 亿元，增幅 29.66%。

开展企业所得税汇算清缴，2010 年度企业所得税入库 11.36 亿元，比增 105.13%，规模以上企业利润增长 65.2%。2011 年全市应汇结算企业 17731 户，全部实行自核自缴。

【个人所得税征管】 推行全员全额扣缴申报，开展年所得 12 万元以上个人所得税自行申报工作，加强限售股个人所得税委托代征工作，入库个人所得税 41.39 亿元，比增 8.36 亿元，增长 25.29%。长乐市局与工商部门配合，掌握股权转让信息，入库股权转让个人所得税 1.55 亿元。

【地方小税种征管】 全年财产行为税组织入库 110.65 亿元，比增 33.81 亿元，增长 44%，占全市地方税收收入比重的 45.32%，比增 3.77%。

土地增值税 入库土地增值税 31.27 亿元，首次逾 30 亿元，比增 12.81 亿元，增长 69.39%。

耕契两税 入库耕契两税 32.27 亿元，比增 6.87 亿元，增长 27.05%。

地方教育费 针对 1 月 1 日起福建省地方教育费征收率由 1% 调整为 2% 的调整政策，开展地方教育费补征自查比对工作，继续抓委托国税窗口代征附征税费工作。全年入库地方教育费附加 4.04 亿元，比增 2.26 亿元，增幅 126.66%。

【规费征缴】 抓社保覆盖率、参保率、征缴率“三率”质量，全市企业覆盖率达 88.8%，参保企业达 6.08 万户，比增 5820 户；企业参保人数 79.98 万人，比增 6.59 万人。组织入库基本养老保险费 39.5 亿元（含省直征局 1.91 亿元），完成年度计划的 110.41%，比增 9.36 亿元，增长 31.02%；失业保险费入库 5.75 亿元，比增 2.68 亿元，增长 87.54%；医疗保险费入库 23.55 亿元，比增 7.58 亿元，增长 47.52%；工伤保险费入库 1.68 亿元，比增 6789 万元，增长 67.96%。

（夏飞飞）

（编辑 吴 燕）

农村经济

新农村建设

【概况】 2011年，福州市农林牧渔业总产值553.1亿元，比增4.1%，农民人均纯收入10107元，比增18.3%，实际增长13.1%。启动实施第三轮“双百工程”建设，新培育“双百工程”试点村269个，实施基础设施项目428项，完成投资1.32亿元，硬化村内道路248.2千米，完成130多个村的电气化建设任务，新建农民新村100多万平方米，自来水普及率96%，农村饮水安全87.5%。加快延伸农村基本公共服务，新建、改造农家书屋130家，建设文化活动、老人活动中心93个、体育设施85个、健身路径60条，固定电话、无线电话、宽带网等农村通信网络覆盖率逾88.4%，广播电视覆盖率80%，农村新型合作医疗保险参保率逾99%，村级卫生所健全率100%。

“双百工程”村初步形成“一村一品”“一村一业”，呈现福清设施大棚农业、连江水产养殖和水产品加工、闽侯休闲观光农业、仓山及马尾城郊农业等现代农业体系。“双百工程”村年平均村财收入26.03万元，其中逾100万元20多个，逾50万元40多个，逾10万元111个。

10个综合示范精品村累计投入资金3830万元，硬化道路30千米，修建公园2.8万平方米，种植各类树木1.5万株，沿街立面装修6425平方米，铺设管道1.8万米，基本实现村村有公园，环村道路、村主干道及区间道路水泥硬化。

235个绿色村庄创建村全部完成年任务，累计投入7105万元，新、扩建公园187个，新增公园面积128公顷，种植各种树木129万株。完成全市村级综合服务场所建设及2193个村的“六有五室四中心”配套建设，累计投入6000多万元。

【强农惠农政策】 发放种粮农民农资综合补贴资金7834.13万元。新购置各类农机具1.10万台，补贴资金6195.86万元，拉动农民投资1.44亿元，直接受益农户8300多户。免除农村学生学杂费以及补助困难学生生活费9859万元，查处涉农乱收费、乱罚款和乱摊派等，减轻农民负担金额150万元。没有发生涉农负担的恶性案件。

【农村沼气建设】 新建农村沼气用户2300户，项目分布5个县(市)区，其中，福清市1050户、永泰县500户、闽清县250户、罗源县200户、闽侯县300户。项目总投资460.58万元，其中中央预算内投资136.5万元，省级地方配套投资42万元，设区市地方配套投资184万元，农户自筹资金198.08万元。新建乡村沼气服务网点6个，其中福清市5个，罗源县1个，项目总投资30万元，其中中央投资15万元，省级地方投资15万元。福清市龙田农凯畜牧实业有限公司大中型沼气工程列入中央预算内投资大中型沼气项目，项目总投资280万元，其中中央预算内投资补助70万元，地方配套投资70万元，企业自有投资140万元。

【村财监督管理】 开展农村集体财务管理检查，对10个县(市)区的21个乡(镇)街道、32个村的集体财务管理制度建设、货币资金管理、征地补偿费使用管理等内容进行抽查，对发现问题督促其整改。推进“农村党风网”——农村“三资”网络公开模块建设工作。借助现有的农村财务计算机网络监管平台，对村级财务货币资金、财务公开及登账进度进行监控督查，并指导村集体建立健全各项内部控制制度。

农业产业化

【概况】 2011年，新一轮市级以上农业产业化龙头企业229家实现产值418.8亿元，比增9.4%，带动当地农户93.8万户，农民收益88亿元。全市省级以上农业产业化龙头企业30家，其中国家级农业产业化龙头企业8家。全市土地流转面积1.28万公顷，流转率12.27%，涉及农户10万户。

【设施农业】 继续实施财政奖补政策，对连片发展的标准钢架大棚蔬菜和大规模发展大棚蔬菜的乡镇给予补助。新建标准钢架蔬菜大棚818.47公顷，其中，中央农机具购置补助3548.49万元、面积454.87公顷，占全省总面积

34.2%。全市蔬菜大棚面积3333.33公顷(其中钢架大棚1733.33公顷),奖励资金2625.93万元。

【农民专业合作社】　发展农民专业合作社642家,注册资金11.09亿元,成员总数5757人。6家合作社被列为省级示范社,2个"一村一品"被评为省级示范项目。

【龙头企业】　福建春伦茶叶集团有限公司和福建满堂香生态农业有限公司成为全国农业产业化重点龙头企业,9家企业升级为省农业产业化龙头企业。1家企业被列为省级加工示范企业,2家企业被列为省级加工提升工程企业。闽榕敖峰茶叶有限公司"崟露"商标获中国驰名商标称号;9家企业10个产品获省名牌农产品称号;8家龙头企业商标获省著名商标称号;5家龙头企业产品获福建名牌产品称号。

【休闲农业】　闽侯县获评全国休闲农业示范县,闽侯棋盘寨、福清天生农庄获评全国休闲农业示范点,福清天生农庄、闽侯白沙湾生态农庄、永泰千江月台式休闲农场、闽侯龙台山生态园、连江青芝农业休闲农庄、长乐九龙山庄6家企业被评为首批省级休闲农业示范点。

【农业服务】　3月18日,市委、市政府成立春季农业暨粮食生产领导小组,组织8个春季农业暨粮食生产工作督导组,在全市开展春耕生产千人服务团活动。3月25日,在连江县召开全市春耕生产暨重大动物疫病防控工作现场会,市政府与各县(市)区签订《福州市粮食生产暨重大动物疫病防控工作责任书》。

市农业局成立粮食高产创建工作领导小组,下发《关于扎实抓好粮食生产的工作意见》,编印1万册《春耕生产指南》,组织市、县、乡三级百名高级专家服务团,分片包干负责指导春耕生产。各级农业部门以"12316"农业热线为载体,开展春耕综合服务,推广应用"五新"技术。各地开展科技下乡、现场咨询指导、科技培训等活动近100场(次),接受技术咨询1.5万人次,发放科技书籍、农业技术资料2.5万份;组织机耕服务队1592个,维修服务队385个,检修农机具和下田拖拉机近1万台(套)。

【农业执法】　开展农资打假专项整治行动,重点查处假冒伪劣农药、种子、肥料、兽药等农业生产资料和违法生产经营行为,打击各种侵犯农业知识产权和生产经营假冒伪劣农资行为。全市共出动农业执法人员3540人次,检查农资企业1096个/次、整顿农资市场221个/次,检查各类农资3282.39吨,涉及货值2634.18万元,查获违法农资0.189吨。采取分类指导、加快流转、组织代耕等措施,制止抛荒现象。一是鼓励耕地流转,培育种植大户,鼓励农民规模耕种。二是对因旱面临抛荒的耕地,引导农民改种甘薯、花生等耐旱作物。三是调整种植结构,提高复种指数,提高耕地肥力,增加农户收入。四是组织代耕,对耕种困难农户,组织助耕队帮种;对确实无力耕种和举家外出打工的农户,动员就近农户或村干部代为耕种。

【农产品质量安全监管】　全市没有发生重大农产品质量安全事故。"瘦肉精"检测合格率100%,蔬菜检测合格率97.5%。

"三品一标"认证　全市新增无公害农产品产地认定企业9家,产品认证企业13家、产品17个;新增绿色食品认证企业8家、产品16个;新增有机食品认证企业2家、加工品5个;福州茉莉花、福州橄榄、福州福橘等3个产品获国家农产品地理标志登记保护。

农业标准化工作　构建农牧业支柱产业标准体系,完成4项标准制定,其中参与国家标准1项;主持或参与农产品质量安全相关科研项目2项。组织申报建设国家、省级农业标准化生产示范基地和GAP农产品出口基地。落实在建2个国家级农业标准化示范区、7个省级农业标准化示范区和12个市级农业标准化示范区监管工作,完成12个市级农业标准化示范区项目验收。出动监管采样人员400多人次,抽取1.7万个样品,完成3.5万项次检测任务。

动物及动物产品质量监管　动物产地检疫乡镇开展面100%,设立产地检疫报检点152个,产地检疫畜类134.8万头、禽类61.1万只;动物定点屠宰检疫率100%,市区牲畜定点屠宰场所有进场生猪耳标佩带率100%,动物检疫合格证明持有率100%,屠宰检疫畜类105.4万头、禽类177.7万只。对检出病死动物及动物产品进行无害化处理。

农产品质量安全可追溯体系建设　对城区5个农产品批发市场全部监测监管,开展农药残留和"瘦肉精"等违禁药品残留例行监测工作。推行检测结果告知制度,试行农产品抽检超标溯源整改通知制度,发出溯源整改通知书21份。在福建绿百合现代农业有限公司、福州超大现代农业发展有限公司开展全程可追溯试点工作。率先在农业标准化示范区、农民专业合作组织、规模种植(养殖)基地、龙头企业落实用药记录制度和休药期制度。

(黄蓝子　朱祖强)

农业科技交流与培训

【农业科技交流】　组织名优新农产品参加全国农交会、绿博会、有机食品博览会,省农博会、茶博会,"5·18"海峡两岸经贸交易会、"6·18"海峡项目成果交易会、"9·8"厦门投资贸易洽谈会等经贸活动,签订合同或协议金额3.5亿元。8个产品获第八届中国国际农产品交易会金奖,占全省(18个)44.44%;6个产品获中国绿色食品博览会畅销产品奖,占全省(9个)66.67%;2个产品获中国有机食品博览会金奖,占全省(3个)66.67%。

【农广校招生培训】　招收中专学历生319人,开设专业8个,居全省第三。其中福清市107人、长乐市63人、连江县52人、闽侯县48人。在校生人数944人。完成2008级学员毕业验收工作,7个专业261人获中专学历文凭,毕业率94%。

(朱祖强)

种植业

【概况】 2011年，福州市种植业产值160.32亿元，增长36.25%。粮食播种面积12.74万公顷，单产387千克，单产亩增4千克。经济作物生产总面积20.67万公顷，总产量38亿千克，总产值95.0亿元，其中蔬菜面积10.73万公顷、产量29.2亿千克；果树面积4.67万公顷，产量3.8亿千克，产值15.0亿元；茶叶面积9000公顷，产量0.18亿千克，产值5.5亿元。新植名优和区域优势果茶面积2000公顷，其中茶叶333.33公顷，果茶低产改造6666.67公顷，推广新技术10多项，面积约3.33万公顷。食用菌总产量2.44亿千克(鲜品计)，秀珍菇、白色金针菇产量逾全省50%。

【粮食生产】 种植逾6.67公顷的种粮大户由上年250户增加到292户，逾33.33公顷的由上年32户增加到75户，逾66.67公顷的由上年8户增加到24户，其中种植面积最大的是福清市龙田镇种粮大户施忠辉，种粮433.33公顷。开展超级稻、再生稻、抛秧等高产创建活动，组装配套“五新”技术，建立超级稻高产示范片2000公顷、再生稻高产示范片1333.33公顷，通过高产典型示范推广超级稻1.53万公顷、再生稻4666.67公顷。

【经济作物】 蔬菜 全市蔬菜种植面积10.73万公顷、产量29.2亿千克。推广高山反季节蔬菜生产技术，推广反季节大白菜1666.67公顷，反季节花椰菜1000公顷，反季节甘蓝400公顷，夏芹菜266.67公顷，推广高山夏季番茄、茄子、苦瓜、西瓜、甜瓜、辣椒等1000公顷。加强冬种蔬菜配套技术示范与普及。闽侯重点发展大白菜、小白菜、甘蓝等叶菜类生产和200公顷反季节空心菜设施栽培；长乐市种植蚕豌豆666.67公顷，白萝卜、西芹等冬菜4000公顷；福清重点发展甘蓝、西芹等出口创汇蔬菜4000公顷，结合推广蔬菜微喷灌技术2000公顷；连江县重点发展蚕豆、莴苣、西兰花等2333.33公顷；闽清、永泰推广芋头1333.33公顷。

水果 果树面积4.67万公顷，产量3.8亿千克，产值15.0亿元。引进晚熟优质龙眼品种东宝9号、东壁龙眼、白壳龙眼、扩繁青山0号、溪北1号、立冬本等10多个品种。在全市示范推广南方早熟优质翠冠梨、台湾梨、台湾水蜜桃、油桃等。继续在闽清、闽侯、永泰橄榄产区示范推广橄榄加工类良种惠圆1号，新增面积33.33公顷；在橄榄主产区推广橄榄矮化嫁接新技术333.33公顷。全市推广台湾春蜜1号水蜜桃、早熟油桃、翠屏晚柰等20多个示范点进入结果期，台湾春蜜1号水蜜桃产生示范效应。推进地方果树发展，在闽清县建立福橘良种苗木繁育基地，在闽清县、闽侯县、晋安区设试验点开展福橘珠心胚苗优良单株人工驯化栽培，在闽侯县小箬村新建优质福橘生产示范基地20公顷。在长乐、福清建立晚熟荔枝品种资源生产园，重点引进广东、海南的晚熟、特晚熟荔枝红绣球、大丁香、牛心荔、马贵荔等10多个品种，建立高接品种园2个。加大长乐青山龙眼等地方名特优新品种示范推广力度。建立省级果树生产标准化示范基地，永泰县李梅生产标准化基地；闽侯日本甜柿生产标准化基地通过省级验收，带动永泰李梅、闽侯日本甜柿农业标准化生产1333.33公顷。

茶叶 全市茶园面积9000公顷，茉莉花面积666.67公顷，茶产量0.18亿千克。其中茉莉花茶产量0.11亿千克，产值15.2亿元，比增19%。福州茉莉花茶获国家级奖项18项，国际茶叶委员会授予福州市“世界茉莉花茶发源地”称号，福州茉莉花茶获“2011消费者最喜爱的中国农产品区域公用品牌”茶叶类第4名，闽榕敖峰茶叶有限公司“崟露”商标获中国驰名商标，2家茶企业成为全国农业产业化重点龙头企业，“闽茶中国行”组委会授予市农业局“茉莉花茶复兴奖”。8月19日，福州海峡茶业交流协会成立。10月23~24日，首次承办2011国际茉莉花茶发源地会议。国际茶叶委员会、中国食品土畜进出口商会、市农业局三方签订战略合作协议，共同打造福州茉莉花茶城市品牌。推广芽期早、品质优、产量高、效益好的优质乌龙茶新品种金观音等，扩大新选育优质茶树品种“榕春早”的繁育与种植示范推广范围，形成永泰红星和闽侯雪峰2个乌龙茶种植中心。

食用菌 食用菌总产量1.17亿千克(干鲜混合)，比增9%，其中干品0.23亿千克，鲜品0.94亿千克。食用菌产值亿元以上的县(市)3个，珍稀食用菌比例36%，工厂化生产企业19家。制定并实施《2011年福州市食用菌产业实施项目及奖励办法》，与13个产业关联密切的项目开展合作，从新品种示范基地建设及推广、新技术示范推广(代用料开发利用、废料循环利用、智能化控制技术)和产业文化宣传等方面，扶持食用菌产业发展。

【“五新”技术推广】 新品种 引进、试验、示范推广农作物新品种132个，建设各类作物示范片72个、示范片面积2986.67公顷、核心示范片600公顷，示范片平均亩增收159.3元，其中优质稻亩增收103.57元、专用旱作亩增收99.4元、高效蔬菜亩增收244.85元。主要粮食作物良种覆盖率逾98%，蔬菜良种覆盖率逾92%，主要粮油作物优质专用率逾76%。

新技术 在长乐、福清、闽侯种粮大户中示范推广早稻机割留桩再生稻稳粮增收项目，再生稻推广面积63.33公顷，平均亩产190千克，亩增效益400多元。

新肥料 推广测土配方施肥10.07万公顷，其中水稻6万公顷，发放配方施肥建议卡15.2万份，入户率逾90.5%，施用配方肥4.33万公顷。建立新肥料示范片333.33公顷，在福清、连江建立水肥一体化示范片66.67公顷；长乐、连江实施土壤有机质提升项目9666.67公顷；建立土壤定位监测点10个。

新农药 重点示范推广10种农药，建立核心示范片41个，核心示范面积2.86万亩次，辐射推广面积91.9万亩次，防治效果88%。植保专业合作社8个，从业人员250人，统防统治面积6万亩次。

新机具 全市机耕面积11.67万公顷，机械插(抛)秧4668.67公顷，机收水稻3万公顷。新增插秧机35台，新建市级水稻机械化育插秧技术推广示范片6个，推广各类农机2143台，举办新机具现场会等26场次、培训班25期，培训人员1821人，培育农机化技术示范户177户。

【植物病虫害防控】 全市农作物主要病虫发生785.1万亩次，开展农作物病虫害防治896.7万亩次，挽回粮食损失0.37亿千克，农作物病虫害造成损失控制在3%以内，属中等偏轻发生。完善、健全50盏农作物病虫测报灯建设，聘请主要县重要乡镇村级植保员30人。全市发布病虫情报95期、7665份，病虫情况电视预报18期，手机短信22期、6020条，被各级农业信息采用22条，发放资料1.72万份。在闽清、福清各举办农作物病虫测报技术人员培训班1期。全市合作社统防统治面积6万亩次，从业人数250人，其中技术人员29人，拥有大中型药械35台，背负式机动喷雾器248台。

（朱祖强）

农 垦 业

【概况】 2011年，全系统（包括县属企业）实现营业收入1819.3万元，国民生产总值2.158亿元，亏损640.8万元，上缴税金201.9万元。市属企业职工年人均收入1.9万元，茶叶产量49.1万千克，水果产量27.8万千克，生猪1.1万头，出栏肉猪2780头。

【垦区产业发展】 茶业 省现代农业茶叶产业技术体系福州试验站2011年继续引进茶树新品种，建设无公害、标准化生态茶园。修建茶园机耕路6千米，应用节水灌溉系统20公顷。种植防护林和绿化树1.8万株、绿肥134.33公顷。确认以适制绿茶、红茶、乌龙茶的梅占、金观音、黄观音，以及适制高级绿茶的乌牛早作为当地主力推广的茶树品种，其中金观音、梅占品种为主推品种。恩顶茶场建成26.67公顷标准化茶园示范区。

种植业 扩大名优水果种植面积。江洋农场扩种甜柿4公顷。长乐市文武砂农场投资500多万元，在农场四站、七站建设18.67公顷大棚蔬菜基地，年增收15万元。福清市海口农场加大台湾火龙果种植项目基地建设投资力度，完成火龙果“海农一号”嫁接改良及灌溉排涝设施建设，提高火龙果的品质和产量。罗源县曹湾农场与台商合作，引进台湾阳明山的海芋花卉新品种，试种2000多株，进行海芋花卉高山栽培适应性实验。

养殖业 种禽公司进行新鸡场建设。该场位于江洋农场西洋岭，计划占地面积25.67公顷，5月26日开工。第一期工程建设用地面积10公顷，投资3000万元。公司“美国海兰蛋鸡种苗工程”项目被列为2011年省政府确定建设的十大种业创新与产业化工程项目之一。开展福建省福丰农牧发展有限公司养猪项目续建工作，投资200万元引进荷兰生猪自动饲喂系统设备。

【垦区危旧房改造】 8月，垦区危旧房改造任务工程全面动工，年内完成投资719.8万元，竣工184套，其中，江洋农场44套、红旗茶场34套、田垱茶场7套、鸿尾农场20套、福清市海口农场29套、永泰县北斗农场30套，罗源叠石茶场12套、罗源综合农场8套，完成目标任务316套58%。

【鳝溪农场改革】 制定《福州市鳝溪农场职工分流和村民补偿方案》，方案经市长办公会议通过，形成市政府2011年第16次市长办公会议纪要。集团总公司和市财政局、市社会保障局，实行3家联合审核鳝溪农场关闭解散职工分流安置各项费用。

【土地确权】 完成土地确权10.07公顷，鸿尾农场完成80公顷土地指界工作。6月，省市县三级国土局领导到集团总公司，协调解决闽侯县3个国有农场土地确权工作；9月，市政府出台《关于加强国有农场土地权益保护的意见》。

（张 春）

林 业

【概况】 2011年，实现林业总产值164.27亿元，其中第一产业45.75亿元，第二产业113.04亿元，第三产业5.48亿元。林地面积76.8万公顷，其中林地面积63.6万公顷。活立木总蓄积量2785.8万立方米，森林覆盖率54.9%。建有国家级森林公园和其他各级森林公园19处，各类自然保护（小）区、湿地保护区219处。沿海防护林0.5万公顷，基干林带870千米。油茶林0.5万公顷、竹林7.6万公顷、经济林5.47万公顷、花卉面积0.28万公顷。11月，市林业局获评“全国绿化先进集体”。

【集体林权制度改革】 全市完成林权登记面积61.43万公顷，占应登记发证面积86.48%。登记林权证9.78万本，林权到户率68.39%。完成9个县（市）区林权档案室建设，建立县级林业服务中心9个，乡（镇）林改机构111个，成立林业专业协会57个。成立林业合作经济组织660个，经营面积7.23万公顷。林权抵押贷款金额6408万元，其中林农小额贷款915万元。林权流转面积366起，流转面积1.77万公顷，流转金额9400万元。森林综合保险被列入市政府2011年为民办实事内容，生态林面积32.04万公顷、市属国有林场森林全部参加森林综合保险。商品林参保面积37.43万公顷，占应保面积41.54万公顷90%。

【造林绿化】 完成造林6.14万公顷，占任务104.46%，其中人工造林3.45万公顷，人工更新、促进天然更新0.51万公顷，疏林地补植1.67万公顷，非规划林地0.51万公顷。完成沿海防护林建设任务3520公顷。“四绿”工程建设方面：“绿色城市”新增城市绿地0.17万公顷，“绿色村镇”植树390万株，“绿色通道”完成高速公路边坡绿化700千米，“绿色屏障”完成造林0.83万公顷、水土保持综合治理0.49万公顷。3月，开展以“大力植树造林、建设宜居城市”为主题的义务植树月活动。植树月期间，市、县市（区）、乡（镇）三级安排植树活动超过200场，直接参加植树人数逾10万人次。完成全民义务植树1207万株，占计划105%；参加植树人数298.71万人，占应参加人数的90.5%。

【森林资源保护】 新建防火林带449千米,抚育林带1050千米。发生森林火灾33起(晋安区、马尾区、仓山区、鼓楼区实现零火灾),过火面积1628.1公顷,受害森林面积916.8公顷。森林火灾发生率和森林受害率分别为4.78次/10万公顷、1.32‰,未发生重大火灾事故。全市开展各种森林病虫害防治3347公顷,实施各种森林病虫害监测面积80.11公顷,监测覆盖率84.11%,测报准确率96.2%。松材线虫病和松突圆蚧疫情发生面积分别比上年下降517公顷、3161.4公顷。鼓楼区解除松材线虫病疫情,不划为松材线虫病疫区。开展"攻势三号""夏季攻势""亮剑行动"和网上追逃专项督察"清网行动"等专项整治行动,受理各类森林案件398起,查处340起,挽回直接经济损失252.51万元。全市审批征占用林地项目745.607公顷,其中,涉及基础设施、民生等重点项目面积占79%。

【林业产业】 商品材产量15.42万立方米,销售15.22万立方米。锯材产量6.87万立方米,人造板产量11.22万立方米,油茶子产量9694吨,各类经济林产品总量14.52万吨。林业重点项目完成投资4.27亿元,占总投资102.9%。花卉产业实现产值11.43亿元,比增37.7%,其中鲜切花(叶、枝)、盆栽、盆景、观赏苗木、草坪等花卉植物产值7.61亿元,人造花、根艺、赏石、观赏鱼、花卉资材等花卉相关产业产值3.82亿元。

福建新世景园艺有限公司、福州旗山花卉有限公司、福清天生林艺花卉开发有限公司获评"2011~2012年省级林业产业化龙头企业"。第七届海峡两岸林业博览会暨贸易洽谈会参展展品"雅禾木牌木塑复合材料板材""简能牌无患子精油手工皂"获金奖。

投入森林公园基础设施建设资金577.6万元,建成旅游道路40千米,完成公园绿化造林265.73公顷,改造景观林181.25公顷。森林公园接待旅游人数134万人,实现旅游收入5567万元,吸收社会就业人员500人。6月,投资2亿元的旗山森林人家温泉度假村正式开业,日均接待110人次。全市建成森林人家36家(含五星级森林人家1家),实现营业总收入3576万元。

【林业科技】 实施中央财政林业科技推广示范项目"永泰县油茶良种繁育及配套技术推广",建立油茶良种育苗示范圃0.8公顷,培育优良无性系苗30万株,建立丰产栽培试验示范林20公顷。从浙江舟山引进3个树种,进行抗风、耐盐碱、耐旱研究。由白沙、美菰、白云山、大湖等国有林场承担的"福州市大径材培育基地建设"项目,完成基地建设70.67公顷。全市参加林业科技推广行动的林业科技人员153人次,培训林农1524人次,发放林业科技宣传资料8000余份。科技周期间,举行各类活动94场(次),98个单位、189名科技人员及1万余名群众参加活动。编写完成《榕城科普读本》林业部分,文字约3万字,图片50张。

【爱鸟周活动】 3月27日,"第29届爱鸟周福州市宣传活动启动仪式暨全国野生动物保护科普教育基地授牌仪式"在福州动物园广场举行,福州动物园被正式授予"全国野生动物保护科普教育基地"。同时启动市林业局、福州动物园、省观鸟会联合主办的第二届少儿数鸟活动。

(高佳景)

畜 牧 业

【概况】 2011年,全市畜牧业产值70.1亿元,增长16.7%。肉蛋奶总产量4.35亿千克,其中肉类产量2.71亿千克,禽蛋产量1.42亿千克,奶类产量0.22亿千克;生猪出栏290万头,家禽出栏2266万头。

【产业化经营】 新建标准化规模养殖场3家,4家养殖企业入选2010年国家级畜禽养殖标准化示范场,1家和7家企业分别通过国家级和省级畜禽标准化示范创建活动的示范场验收,12家企业通过2008~2010年生猪标准化项目竣工验收。控制生猪养殖总量,全市禁养区内畜禽养殖场搬迁拆除3905家,完成率93.9%,禁养区外规模养殖场2164家完成污染治理,完成率90.1%。建立全省最大生猪养殖基地福建福丰农业发展有限公司,存栏种猪6000头,出栏生猪10万头。福清市永城畜牧有限公司原种猪场扩建项目和福清市丰泽农牧科技开发有限公司第二种猪场扩建项目通过省农业厅竣工验收。福建黄兔种质资源保护场扩建项目,完成种兔舍、幼兔舍、育成兔舍、饲料加工车间及仓库的建安改造工程。农业部拨款200万元对8家取得省级种畜禽生产经营许可证且猪人工授精基础好的种猪场进行生猪良种

3月27日,举行爱鸟周宣传活动。

补贴,完成补贴母猪5万头,受益农户280户。推广生猪人工授精技术,利用农业部奶牛良种补贴优良种公牛的冷冻精液1.22万支,累计冻精使用1.17万支,产犊995头。

【重大动物疫病防控】 3月5日,在连江县召开全市春耕生产暨重大动物疫病防控工作现场会,市政府与各县(市)区政府签订重大动物疫病防控责任书。市县两级农业畜牧部门下发《动物疫病强制免疫实施方案》《监测实施计划方案》《流行病学调查工作方案》。落实动物"月免疫日"制度,完成春秋两季集中强制免疫工作,对所有应免疫畜禽类实施强制免疫,免疫率100%。开展动物疫病监测,免疫抗体合格率达到规定要求。开展动物疫病流行病学调查,对检出阳性样品,开展动物疫病追踪溯源。由专人负责申购应急物资,实行台账管理,落实到位预算内防控经费1713万元,储备消毒剂21.5吨,消毒设备、防护用品3.46万台套,扑杀器具5.05万个,调拨并下发各类疫苗4700万毫升、1179万头份。举办防控技术培训235期、6802人次。春、夏两季开展畜禽养殖场(户)、畜禽屠宰、经营场所全面消毒灭源工作,使用消毒剂47.84吨,覆盖142个乡镇、1664个行政村、2976个规模场、51个屠宰场、90个活禽交易市场,消毒总面积4788.92万平方米。完善兽医实验室设施设备,组织7个县级实验室检测人员开展检测能力比对试验。指导开展117个乡镇兽医站动物防疫体系建设,指导连江、罗源、永泰3个县申报54个乡镇兽医站动物防疫体系改扩建项目。

(朱祖强)

海洋与渔业

【概况】 2011年,渔业产量18.48亿千克,产值299.2亿,分别比增4.3%、4.7%。渔业经济总产值737亿元,比增28%,产值占福州市大农业54%,水产品产量、产值均占全省1/3左右。水产品加工总量13.37亿千克,比增3.99%,水产品加工总产值198.72亿元,比增21.62%。产量、产值均占全省约50%。马尾海峡水产品批发市场水产品交易额约113亿元,是亚洲最大的水产品专业批发市场。

【海洋综合管理】 *用海规划和用海项目* 完成省海域功能区划涉及福州部分的调整上报工作,全市32个重大海洋功能区划调整方案获采纳。加快江阴工业集中区东部片区,可门经济开发区临海工业区,松下港区牛头湾作业区,长乐文武砂垦区等区域用海规划编制和报批工作。指定专人负责、落实用海项目,用海预审、审核等环节实行"一站式"服务。促进罗源宝钢不锈钢、马尾船政基地、沈海高速复线、东绕城高速、福耀玻璃浮法玻璃生产基地、官坞社会主义新农村建设等项目在福州市落地及其用海项目审批。全年确权发证21宗,面积752.53公顷,征收海域使用金2726.93万元。办理填海面积小于10公顷以下的用海项目预审6宗,上报4宗。

海域采砂临时用海管理 批准3宗海域采砂临时用海。完成三江口旅游综合体、可门港工业区、福泉高速等4宗海域采砂临时用海报批。预审通过松下物流园区等4宗海域采砂临时用海。开展《福州市海域采砂临时用海规划》编制工作,年底形成初稿。

无居民海岛管理 配合省海洋与渔业厅研究制定《福建省海岛保护规划》,完成无居民海岛地名普查登记工作。上报第一批开发利用无居民海岛建议名单,至年底,国家海洋局公布12个,其中旅游娱乐项目用岛逾50%。12月12日,正式在罗源县开展海岛名称标志设置工作。

海域资源市场化配置 会同市监察局组织全市养殖用海二次发包工作专项检查。实行海域资源市场化配置108宗,面积4878.46公顷,收取海域出让金2.09亿元。配合省纪委、省海洋与渔业厅开展推进海域资源市场化配置工作专题调研,撰写《福州市规范村委会养殖用海二次发包工作成效与对策措施》。12月13日,《福州日报》对福州市养殖用海二次发包工作以《阳光用海"奏响"致富曲》作专题报道。

海洋经济发展规划 牵头组织编制《福州市"十二五"海洋经济发展专项规划》,提出"十二五"期间全市海洋经济总体思路和发展目标。编制《福州市海洋战略性新兴产业发展专项规划》,提出海洋生物医药业,邮轮游艇、海洋工程装备业,海洋可再生能源业,海水综合利用业等海洋战略性新兴产业的发展方向。编制《福州市海洋现代服务业发展专项规划》,指导海洋经济发展方式转变与可持续发展。

【海洋环境保护】 *制度建设* 编制《福州市海洋环境保护规划》。完善《罗源湾海域排污总量控制规划》。和市环保局正式签定协作框架协议,组织海洋环境保护联合执法,对重点用海企业开展联合监督执法检查,基本形成全市海陆统筹联动保护海洋环境机制。

环境评价 开展海洋环评10宗,环评率100%。开展对福清核电、长乐松下码头等9宗海洋工程环境跟踪监测工作。加强海洋倾废管理审查,审查倾废量、废弃物和倾倒方式等内容,全年审查2宗海洋倾废预申请并上报。

资源保护 参与筹办2011年台湾海峡海洋生物增殖放流活动;监管各县(市)区组织的渔业资源增殖放流工作,全年放流鲻鱼、大黄鱼、鲈鱼、乌贼、中国鲎、大鲵、海蚌苗、黑鲷鱼苗、锯缘青蟹苗等1000多万尾。加强水生野生动物经营利用许可审查,审查5宗上报省海洋与渔业厅。完善海洋保护区管理工作,健全规章制度和建设规划,开展一系列救助保护活动。连江黄湾岛、长乐人屿岛、平潭牛山岛、山洲列岛4个典型生态海岛被列入"无居民海岛生态特别保护区"。

综合整治 安排30万元开展重点海滩和海湾"海漂垃圾"整治工作,安排20万进行罗源湾排污总量控制试点工作。运转闽江口(长乐市陈塘港段)海洋环境生态综合整治项目,由10人专业清理队伍负责清理海漂垃圾。清淤"陈塘港"入海口,长1530米,土方7.45万立方米,建设小型渔港;人工清理互花米草10公顷,种植本地原生植物芦苇、红树林等6.67公顷,恢复整治区生态系统。

项目申报 申报3个项目申请中央

分成海域使用金补助,经国家海洋局审查,连江县江湾海域浮动式消波堤项目获2800万补助,项目建设内容包括罗源湾生态环境整治修复、海域空间保护、建设良好海洋生态环境防灾减灾等。筛选15个项目,申报2011~2020年全国海洋生态保护与建设规划。筛选14个项目,申报国家、省2012~2015年海域使用金分成项目库。筛选长乐漳港海蚌、泥东风螺、方格星虫、福清东张香鱼、闽侯单脚蛏5个品种申报农业部水产种质资源保护项目。经申报评估,拟在长乐市漳港镇建设福州市长乐国家级海洋公园项目。

网上审批　受理网上申报行政和非行政许可审批事项17项,全部在规定时限内办结。

【水产养殖业】　鲍鱼养殖　投放鲍苗11亿粒,累计在养总量逾21亿粒。全年产量3.16万吨,可实现产值28亿元。成品鲍统购价格波动较大,上半年价格低,下半年鲍鱼价格有所回升,价格基本保持120元/千克。

鳗鱼养殖　标准成鳗价从上年每吨7.5万元最高上涨至17万元,菜鳗收购价维持在11.5万元历史最高价。在出口带动下,全年投放各类鳗苗近9000万尾,产量0.497亿千克。

南美白对虾养殖　南美白对虾养殖面积5333.33公顷、产量4.3万吨,分别比增26.5%、8.5%,年产值逾20亿元。福清、长乐、马尾等地推广应用高位池+循环水+池底曝气+温棚保温、微生物制剂调节水质等新型养殖模式、技术。

海带养殖　养殖面积4666.67公顷,产量近19万吨,比增8.5%,每千克售价逾6元,年产值逾10亿元。

刺参养殖　连江、福清、罗源等地均有养殖,年产量1585吨。连江县官坞海洋开发有限公司建成标准化育苗室2000平方米,培育苗种700万头,该苗种为近两年主推的高优新品种,至此,冬季养殖技术基本发展成熟。

苗种养殖　淡水育苗场29个、面积48公顷,海水育苗场242个、面积3902亿立方米,培育淡水育苗5.75亿尾、海水鱼苗5.2亿尾、南美白对虾77.43亿尾、海带156亿株等。其中,花蛤育苗水域总面积约4000公顷,产值1.6亿元,出苗量比增50%。

观赏鱼　"2011北京·金鱼锦鲤大赛",福州金鱼获16个奖牌,囊括总冠、亚、季军。至年底,全市有养殖场100多家,上规模30家,开发产品200余种,以金鱼、锦鲤等为主,主要销往上海、广东、日本、美国及东南亚等地,年销售额逾1亿元。

休闲渔业　5个休闲渔业基地通过市级评审,其中晋安区飞云峡景区、闽清丰达生态农业大观园、长乐滨海九龙山庄休闲渔业示范养殖基地3家通过省级评审,获"水乡渔村"称号。至年底,全市有"水乡渔村"11家。

6月9日,举行2011年台湾海峡海洋生物增殖放流开幕式。

【水产加工业】　安排水产加工专项补助资金495万元扶持水产加工企业。新增投资6亿元用于新、改、扩建项目。全年加工鲍鱼约830吨,利用新鲜鲍鱼近1200吨,创产值1.7亿元。9家水产企业被认定为第七轮"农业产业化省级重点龙头企业",26家企业被确定为2011~2013年度"福建省水产产业化龙头企业"。连江县信洋公司通过"定海湾丁香鱼"国家地理标志认证。

【远洋渔业】　远洋企业投入资金4.7亿元,建造远洋渔船35艘(9艘投产),其中大洋性大吨位大功率鱿鱼钓船8艘,超额完成全年新增远洋渔船的计划任务。全市拥有远洋渔船221艘,在境外有项目远洋渔船198艘(其中10艘辅助船),比上年增加12艘。全市远洋渔业产量18.40万吨、产值17.57亿元,回运自捕鱼12.09万吨。福州宏东远洋渔业公司于2010年和毛里塔尼亚国签订远洋渔业基地建设项目,总投资1亿美元。海西远洋渔业产业园完成规划编制和选址工作,正向马尾区政府申请用海用地。

【渔业监管】　水产品质量安全监管　开展三级抽检工作,全市抽样检测540批次,其中苗种37批次,合格率59.5%;产地311批次,合格率97.1%;流通环节192批次,合格率94.8%。甲醛、双氧水快速抽样检测450批次,合格率99.55%。完成马尾海峡水产品交易中心批发市场日常水产品快速检测自检工作1.8万批次,未发现不合格水产品。开展水产苗种生产、水产养殖滥用渔业投入品专项整治。出动执法和水产技术推广人员813人次,监督检查水产养殖场、三类基地、育苗场402家。配合市工商局开展农贸市场专项检查41次,派出执法、检测人员62人次,检查农贸市场、超市200多家次。

以市海峡水产品交易中心为试点,分品种、分3阶段逐步推进市场准入工作。选定3家养殖企业对鲍鱼、对虾2个优势养殖品种,开展水产品质量安全可追溯体系建设试点工作。推进无公害水产品产地认定和产品认证,以海区、库区及大型养殖场、大宗养殖产品为重点，开展规模化无公害产地认定25个，认定面积1026.67公顷；认证产品30个，认证产量1.51万吨。全年接到市民举报和市食安办移送案件29起，全部向市民反馈或移送有关部门。

渔业安全生产管理　制定下发《2011年福州市渔业安全生产年活动工作方案》等32份文件，部署安全生产工作。全年召开安全生产工作会议6次。开展渔业安全警示教育和整顿2次。组织教育会27场，参加2200多人，发放宣传材料1.32多万份。组织船长代表100人、执法人员20人旁听林礼锦抢船头事故案件审判。向全市渔民发送安全信息18次，36万余条。组织2次专项督查，参加60多人次。进行海上执法检查155次，参加767人次，航程1.23万多海里，登临渔船880多艘。进行港口检查383多次，出动人员1360多人次，检查港口440多次，登船检查渔船5800多艘次。市海洋与渔业局获2011年度市直部门安全生产目标管理责任制考核第一名。

【渔业惠民政策】　燃油补贴　全年获中央财政直补的油价补助资金2.6亿元，至年底，将全部补助发放相应的远洋渔业公司。

政策性渔业保险　全市海洋渔工责任保险投保渔工2.51万人，占应保渔工数2.41万人的104.29%，签单保费714.78万元，其中连江1.40万人、长乐3875人、福清2938人、闽侯1027人、仓山334人、马尾383人、罗源2552人。全市60马力以上海洋渔船保险投保渔船1674艘，占应保渔船1658艘的100.96%，签单保费710.58万元，其中连江1053艘、长乐507艘、福清49艘、闽侯59艘、马尾6艘。

标准化池塘改造　争取省级标准化池塘改造项目立项面积486.07公顷，其中完工项目217.73公顷，通过现场验收50.67公顷。

渔业专业合作社建设　推荐连江县官坞渔业养殖专业合作社、连江县黄岐后仑养殖专业合作社等7家(次)合作社，参加年度省级农民专业合作示范社、市级农民专业合作示范社评选，其中3家合作社获“省级农民专业合作示范社”称号。

鲍参藻网箱立体生态养殖验收

渔港建设　在建项目2个，通过审批计划投入建设项目1个，申报待批项目8个，要求调整规划项目5个和升级项目3个，其中2个三级渔港完成竣工验收，连江黄岐中心渔港项目组织初步验收。开展辖区内二级渔港经营许可审批工作，普查全市渔港经营管理情况，在《福州市海洋与渔业局网上行政审批办事指南》中规范渔港经营许可申请与审批流程，保障渔港设施正常运作。

海洋与渔业培训　全年举办各类培训班57期，免费培训渔民和技术人员8768人，其中水产品质量安全培训班14期824人，船东船长安全责任培训班26期5964人，各级水产技术人员培训班3期291人，四等职务船员和普通船员培训班6期819人，远洋渔工培训8期870人，参加人员比增20.1%。

【科技兴渔】　海洋与渔业环境监/检测　完成闽江口海湾环境质量监测、陆源入海排污口监测及普查、海水入侵监测、赤潮监测与防灾减灾工作、罗源湾海水质量监测等11项海洋与渔业环境调查监测任务，全年采样170多航次、人数700多人次、监/检测的样品数1800份、监/检测因子6000多项次，出具检测报告120余份。

渔业技术推广　申报“鲍海藻网箱立体生态养殖示范”“马鲛鱼人工试养”2个示范推广项目，获立项支持。推进“中科红海湾扇贝养殖”项目进展，“鲍鱼、海参、海藻网箱立体生态养殖”使单位海区面积产量提高177.8%，在“膨化饲料在大黄鱼全程养殖中的应用试验”中，使用膨化饲料喂养大黄鱼成活率90%。

渔业病害监测与防治　在罗源湾、琅岐和雄江设立9个固定监测点，针对大黄鱼、鲍鱼、草鱼等主要养殖品种进行长期动态病害监测，编制12期《病害预测报》。6～7月大黄鱼暴发刺激隐核虫病、瓣体虫病期间，每周到生产一线了解情况、检测病原、指导养殖户开展疾病防控。全年对渔业突发性事故(包括渔业病害)现场病害检测38次，收样检测35次，电话咨询、诊断85次。

【综合执法】　海洋监察　全年岸线巡查工作派出执法人员3063人次，执法车643辆次，执法船265航次，开展检查1144次，检查项目897个，发现并制止违法行为52起，立案56起，结案56起，收缴罚没款830.33万元。查办非法采砂案件45起，收缴罚没款262.1万元。查办违法倾废案件5起。福清市东翰镇海亮大礁岛发生非法采石案件。开展跨地区、跨部门执法合作，配合中国海监福建省总队与台湾海巡机构开展两岸海上协同执法活动，福州出动执法船艇11艘次，执法人员153人次，2次行动查获违法船只17艘。

渔政渔监　开展港口检查行动378次，检查港口总数358个次，参加1386人次，登临检查60马力以上渔船1032

艘次,对562艘存在隐患的渔船发出整改意见书,登临检查60马力以下渔船4530艘次,责令现场整改156艘次。开展海上巡查行动156航次,参加海上执法1125人次,登临检查渔船647艘次,查获"三无"渔船10艘,查获各类非法捕捞渔船68艘次,罚款156.88万元。执行伏季休渔制度。率先提出并实行经营单位承诺制度,向80多家酒楼、餐馆发放水生野生动物保护宣传图册及倡议书,要求经营者签订保护水生野生动物承诺书,告知水生野生动物经营利用许可证的办理机关和办理程序。

渔船检验　检验渔船5041艘,其中大中型渔船1719艘,小型渔船3322艘。受理新建造渔船45艘,完成新建造渔船设计图纸审查20套,完成新建造渔船初次检验34艘。开展渔船安全生产专项整治行动,未发现违规开工建造渔船现象。

【海峡渔业周】　2011海峡(福州)渔业周主会场设展馆面积2.2万平方米、标准展位1148个。马尾海峡水产品交易分会场设展销平台300多个,品种190种,特色展位60多个,其中台湾精品馆展出龙胆石斑鱼、金枪鱼、鲈鱼、虱目鱼、台湾蟹、旗鱼、野生乌鱼等40多种。韩国、日本等国家和包括台湾在内的省内外1000多名渔业龙头企业代表、供货商、采购商参加交易会。渔业周现场交易金额17.8亿元,市水产企业与国内外及台湾、香港地区相关企业签约22个项目,签约金额64.6亿元。

福州金鱼展区面积3000平方米,展示各类金鱼3000多尾。全国"十一五"渔业科技创新成果展示区展出"十一五"期间获国家科技进步二等奖、省部级科技进步一等奖以及农业部丰收奖的项目70项。马尾海峡水产品交易会现场提供5万份台湾美食供市民品尝,日均人流量约2万人。

中央电视台、新华社、《中国渔业报》,香港《文汇报》《大公报》《商报》等80多家海内外媒体对渔业周、渔博会活动作跟踪报道;人民网、新华网、网易、新浪、腾讯网等近30个网站作现场直播或转播。

(林　莹)

水　利

【概况】　2011年,福州市水利局以"三大水利"(民生水利、安全水利、生态水利)为重点,开展冬春水利及水毁工程修复、重点水利工程建设、农村饮水安全工程建设、水土流失治理、中小河流治理和节水改造、水利化县建设等水利建设工作。完成全国第一次水利普查台账建设工作,参与制定各类水行政管理制度,进行水资源与河砂资源的管理工作。3月市委、市政府下发《关于加快水利改革发展的实施意见》;11月,召开全市水利工作会议,明确福州市"十二五"期间水利改革发展的总体要求、目标任务和工作举措,突出"安全屏障""饮用安全""农业生产""项目建设""生态环保""改革创新"等各项工作。

【水利工程建设】　冬春水利建设及水毁工程修复　2010~2011年度冬春水利建设完成投资3.78亿元,投入劳动力1645.80万工日,完成土石方1423.80万立方米,修复水毁工程416处,疏浚河道33.60千米,加固病险水闸15处,加固堤防30.90千米,新增有效灌溉面积200公顷,改善灌溉面积6533.33公顷,新增节水灌溉面积2266.67公顷,除险加固小型水库15座,新建小型水库(塘坝)21座,新增蓄水能力286万立方米,兴建山地水利工程蓄水池5个,新增除涝面积3266.67公顷,改造中低产田面积200公顷。2011~2012年度冬春水利建设及水利工程水毁修复完成投资3.31亿元,占计划76.80%;投入劳动力1036.65万工日,完成土石方1111万立方米,完成179处水毁工程修复。开展2011~2012年度病险水库和海堤除险加固工作,完成全国重点小(1)型水库3座,完成5条总长10.80千米海堤强化加固项目初设审批。

省市重点工程　续建2项工程:南江滨东段休闲路(护岸及排涝)工程和闽江下游南港防洪工程(盖山、义序、禄家洲堤段),分别完成投资8403万元、9399万元;新建3项工程:魁岐排涝二站工程5月开工,完成投资1.00亿元(含前期费用);闽江下游南港农大洪塘段防洪排涝工程完成投资5012万元;三江口(壁头—乌龙江大桥段)防洪排涝工程完成投资200万元。该5项工程均列入市"五大战役"建设项目,累计完成年度投资3.30亿元。

农村饮水安全工程　完成2批农村饮水安全项目,实现投资1.22亿元,解决全市24.40万农村居民和1.28万农村学校师生饮水问题。

农田水利重点县与初级水利化县建设　开展罗源县与闽侯县全国小型农田水利重点县建设,永泰县中央财政小型农田水利专项工程完成投资110万元。闽清县、马尾区是省第六批(市最后一批)初级水利化建设县,分别完成年度投资1000万元、110万元。

灌溉围垦工程　开展节水灌溉工程6项,其中,4项基本完工,闽清岭里灌区骨干工程节水改造和永泰县清凉镇渔北渠灌区改造工程完成逾50%。开展2项山地水利示范工程,完成投资92万元。完成福清沙埔太子屿围垦工程,推进三山五七场围垦工程建设,计划合龙面积1.58平方公里。

水土流失综合治理　福州市(市级与各县市区)、水利部门分别投入资金1605.80万元、503万元。水土保持委员会成员单位完成水土流失综合治理1万公顷,占任务113.60%。水利(水土保持)部门完成水土流失综合治理面积4020公顷,占任务251.40%,减少水土流失面积1566.67公顷,其中完成封禁治理3106.67公顷、坡改梯426.67公顷、水土保持林和水源涵养林346.67公顷、经济果林120公顷、种草20公顷。小型水利水保工程建成蓄水池49口,护岸护坡1.43千米,排、引、截水沟26.61千米。完成"四绿"工程任务1600公顷,占任务104.30%。完成闽清西溪小流域综合治理水土保持工作,投资273万元,治理面积623公顷。重点开展罗源南溪清洁型、连江东湖(东塘片)、闽清下祝麒麟山茶园坡耕地、晋安寿山田黄溪等小流域建设,完成投资316万元。各级水土保持监督部门组织675人次,开展水土保持监督执法检查128次,监督检查项目78个(省级9个、地级19个、县级50个)。市、县两级水利水保部门审批开发建设项目水土保持方案40个。市本级依法征收水土保持补偿费203.55万元。

中小河流治理 完成连江县潘渡乡、闽清县梅溪(闽清一中段)防洪治理工程,该2个项目被列入全省第三批重点地区中小河流治理工程。连江县东岱河道完成计划91%;罗源县起步溪沈厝北洋河道完成计划92%。

【水行政工作】 完成第一次全国水利普查工作台账建设,进入普查数据汇总阶段。参与协调闽江乌龙江两岸游船码头游艇码头选址规划、白马河光明港旅游景观水位调控等问题。

市水政监察支队与市公安边防支队抓获违法违规采运砂船舶109艘,处理108艘,拆解拍卖非法采运砂船57艘(含2010年查扣船舶),上缴市财政罚没款1180万元(含2010年处罚船舶罚没款)。开展6次连家船专项整治行动,拆除连家船2艘、浮舟12艘,清理整治北港沿岸违章搭盖1390平方米。配合市环保局开展重点流域水环境综合整治。

制定《闽江下游(福州段)2011年度河道采砂计划实施方案》,上报市政府批转实施。批复《福建省连江县敖江流域下游(长后—东岱入海口)河道规划》。配合太湖流域管理局完成《太湖流域闽江下游河道采砂管理规划报告》编制。拟定《闽江下游(福州段)2012年度河道采砂计划实施方案》上报市政府审批。发放闽江下游河道346万立方米采砂定额凭证和42.4万立方米河砂出口准运单。核发采砂船采砂许可证8本,设置审批9处堆砂场。修订《福州市河道采砂管理办法(草案)》,上报福建省人大常委会审批。

完成3个水资源论证项目,核发取水许可证2本,征收水资源费1201.50万元。完成二级水功能区划和9处重要饮用水水源地水质监测。协助水利部水规总院完成《大樟溪流域水资源评价与供需分析》初步成果。完成20个农民用水户协会注册登记。

宣传新修订《中华人民共和国水土保持法》,发放宣传手册200份,接受现场咨询320人次。开展17所基点学校5723人次中小学生新法宣传普及教育和"水保杯"作品竞赛活动。

(陈　嘉)

防汛抗旱

【概况】 2011年1~4月,福州市部分地区因降雨持续减少、饮用水水库水源地蓄水不足;5~10月,先后遭受4次热带气旋(台风,不含热带低压)、4场暴雨过程和1次小洪水影响。8个县(市)区、72个乡镇受灾,受灾人口3.29万人,倒塌房屋47间,农作物受灾面积3620公顷,其中粮食作物2106.67公顷、经济作物损失1309万元。全市直接经济损失0.93亿元,其中农林牧渔业2771.74万元、水利设施2554.10万元。

【抗旱】 1~4月,福州市降雨持续减少,平均降雨量144毫米,比多年均值偏少62%。重要饮用水源水库蓄水严重不足,部分地区发生人饮水困难,市防汛抗旱指挥部发出通知督促指导各县(市)区申领增雨弹,配合气象部门申请作业空域,4月下旬至5月初分别在罗源、福清、闽侯、永泰等地实施人工增雨11场。全年投入抗旱6.68万人,投入抗旱资金253.80万元,抗旱浇灌面积582.33公顷,临时解决人饮水困难23.56万人。

【防汛防台风】 先后遭受"米雷""南玛都""纳沙""尼格"4次台风影响和4场暴雨过程袭击,6月7日闽江干流发生超警戒水位的小洪水。

人员物资与预案准备 3月,按照防汛工作行政领导负责制规定,落实市、县两级防汛领导责任人和11座大、中型水库,101座小(一)型水库,45条万亩片江海堤防防汛责任人;按照"预警到乡、预案到村、责任到人"防灾减灾机制,落实全市2483个村村级预案;完成中型水库汛期调度运用计划审查审批。组织驻军抢险力量4780人,市直单位抢险队伍2104人。县(市)区、乡镇、村组建以乡镇干部、村民组干、驻军、武警等为主的抢险队伍3.29万人。市、县两级在汛前清理、维修及补充防汛抗旱器材设备,市级防汛物资储备麻袋3万条、编织袋10万条、冲锋舟28艘,其中市防汛仓库储备13艘、装备市武警支队10艘、市海警一支队5艘。市消防支队购置防汛橡皮舟10艘、救生抛投器6具等抢险救生物资装备。

设备维护和组织工作 维护、联调市、县(市)区、乡三级视频会商指挥系统;完成卫星应急通讯维修和组网通讯试验;维修、维护、调试洪水预警报系统;完成卫星云图系统、电话录音系统、电脑传真系统、短信收发系统、指挥决策支持系统、备用电源等系统的整修、调试和年检工作。防汛抗台风期间,市防汛抗旱指挥部成员单位气象、水利、防汛、水文、国土等部门均布置应急值班,开展分工协作,监测台风与暴雨情况,发布预警预报。对地质灾害隐患点进行排查,沿海在建工程项目进行防风、防浪、防潮。全年组织4.58万艘渔船按时回港避风,3.82万人次安全转移撤离。主城区防内涝,停止内河引水,压低内湖、内河水位,腾空城区水库。

第11号超强台风"南玛都" 8月23日在菲律宾以东洋面生成,25日晚加强为强台风,26日8时加强为超强台风,27日8时减弱为强台风,29日4时25分在台湾台东县大武乡沿海登陆,29日10时在台湾高雄县境内减弱为强热带风暴,31日2时20分在晋江市沿海再次登陆,登陆时近中心最大风力8级(风速20米/秒),5时减弱为热带低压。受"南玛都"台风过程影响,沿海风力7~9级,瞬时最大风力达11级,全市连续普降暴雨到大暴雨。从8月27日20时至9月1日8时,罗源、永泰、福清和连江4县(市)城区(人工站)累计雨量超过150毫米,以罗源县253.9毫米最大;区域自动站累计雨量超过100毫米的有132个,200毫米~300毫米32个,300毫米~400毫米3个,超过400毫米2个,以罗源县中房镇442.8毫米最大。持续暴雨造成敖江发生洪水,8月30日连江山仔水库、马尾白眉水库开始泄洪,泄洪最大流量山仔水库2000立方米/秒、白眉水库120立方米/秒。

(林　芳)

(编辑　吴　燕)

综 述

2011年，福州市工业经济稳步增长，一批带动力强、辐射面广的高成长性企业培育形成，捷联电子、华映企业、海峡钢铁集团、金纶高纤4家企业（集团）产值逾百亿，机械制造、纺织服装、轻工食品3个产业产值超千亿。全市工业总产值5873亿元，工业增加值1398亿元，其中规模以上工业总产值5536亿元，比增16.1%；增加值1387亿元，比增16.8%，比市人大确定的预期发展目标16%高出0.8个百分点；工业经济综合效益指数达233点。

完成工业固定资产投资651亿元，增长32.8%，其中企业技术改造投资完成428亿元，增长38.4%。锦源纺织、锦江科技、宇星精品涂镀层、悦得软包装薄膜、金泰纺织三期等88项工业重点项目竣工投产；推进宝钢德盛镍合金二期、恒申合纤、力恒锦纶、东南电化搬迁、耀隆化工搬迁等97项工业重点项目建设；中国化学工程己内酰胺等项目前期工作取得突破。实施省级新增长区域发展战役项目234项，完成投资555亿元，超年度计划38.9个百分点；实施市级新增长区域发展战役项目161项，完成投资326亿元，超年度计划25.6个百分点。

举办央企项目合作洽谈会，21个项目上台签约，总投资2256亿元，包括宝钢集团、中石油、华电集团、神华集团等大型央企项目，涉及冶金、石化、装备制造、新一代信息技术、新材料、新能源以及基础设施、城市综合体等。举办民企产业项目对接洽谈会，签约64项，总投资1216亿元，推动中景中江石化、经纬新纤科技等一批大型民企落地。配合赴港澳招商，参加“5·18”海峡两岸经贸交易会、“9·8”厦门投资贸易洽谈会，工业项目签约7项，总投资10.86亿美元。

提高企业自主创新能力 开展“6·18”海峡项目成果交易会项目对接，组织企业参加机电行业、塑胶行业等15场分行业对接活动，对接项目98个。金纶高纤等7家企业被认定为省级企业技术中心，明辉机电等23家企业被认定为市级企业技术中心。11个项目获省级优秀新产品奖，14个项目获市优秀新产品奖。推动中国（福州）东方漆空间创意产业园项目建设。原创动漫节目产出逾1万分钟，比增103%。福州软件园被认定为“国家新型工业化产业示范基地”，5家软件企业列入国家规划布局内重点企业名单，5家列入全国软件企业百强名单。培育物联网、云计算等战略性新兴产业，福州市被认定为三网融合第二批试点城市。

推进节能降耗 落实节能降耗目标责任制，支持企业实施节能技术改造。世钻建材等8家企业获省级资源综合利用认定。组建福州市节能监测中心，提供节能专业服务。闽江制革等9家企业淘汰落后产能。推广节能新技术新产品，举办“首届海峡西岸（福州）节能产品博览会”“福州市节能文化展”。

编制产业规划 开展“十二五”现代工业发展规划、福州市及环罗源湾地区工业产业布局规划、福兴经济开发区改造提升规划编制，完成装备机械、汽车、数控机床、冶金、纺织、电子信息、光电、石化和塑胶等重点产业发展路线图编写。推进海西高新技术产业园、南屿生物医药园和机电产业园等一批高新技术产业载体建设；打造青口汽车城、铝深加工产业园、不锈钢产业园等一批专业园区；加快福兴经济开发区改造提升。加快临港产业园区建设和港区联动，建设闽江口产业对接集中区。

加大企业扶持力度 争取国家、省工业扶持项目147项，扶持资金1.51亿元；安排市工业发展扶持项目477项，落实资金1.74亿元。落实涉企收费减免政策，减轻企业负担5.9亿元。加强中小企业融资担保体系建设，185家融资性担保公司为1.13万家企业提供融资担保262亿元，4家小额贷款公司为166家企业发放贷款7.01亿元。雪人股份、联合动力、一化股份等3家企业在国内外成功上市，融资12亿元；腾新食品、瑞达精工、三奥信息、顶点软件、富春通信、昇兴集团等6家企业向中国证监会递交上市申请；新大陆集团、嘉园环保2家企业进入省证监局辅导阶段。组织开展企业管理培训9期、培训2549人，推动开展53项企业管理咨询诊断项目。支持地产品市场开拓，推进甲控、甲供（指由甲方即业主方核定价格或提供材料）工作，全年审核1206个项目,总金额63亿元。

推进市属国有、集体企业改革善后工作,分流安置福建八闽汽车总厂破产和青岛啤酒异地搬迁2300名职工。开展"安全生产年"活动,强化责任落实,防范各类事故发生。开展"平安先行单位"与和谐企业创建活动,落实社会治安综合治理工作目标责任制。

对外协作交流　与浙江衢州市签定友好城市协定。签定《闽浙赣皖福州经济协作区加强文化产业合作框架协议》。完成省、市政府部署的第十三届海交会海西协作区、友好城市布展、国内城市代表团接待任务。开展第五批援疆、第六批援藏项目规划实施工作,开展重庆对口支援和产业对接。

(张晓江)

机械冶金

【概况】　2011年,机械冶金全行业有规模以上企业677家,完成产值1605亿元,新增产值近330.8亿元,比增18.3%。行业总产值占全市工业比重达29%,产值总量继续位列全省机械冶金行业首位,占全省机械冶金行业比重达23%。产值分别比厦门、泉州高515亿元、529亿元。

【机械行业】　规模以上企业完成产值1027.9亿元,比增15.8%。总产值占全省机械工业比重达23%,比厦门高85.2亿元。其中,交通运输设备制造业完成产值404.1亿元,比增13.2%。电气机械及器材制造业完成产值280.5亿元,比增13.1%。通用设备制造业完成产值105.7亿元,比增19.5%。金属制品业完成产值85.1亿元,比增31.4%。专用设备制造业完成产值85.4亿元,比增24.1%。仪器、仪表办公用机械制造业完成产值67亿元,比增10.9%。

【冶金行业】　规模以上企业完成产值577亿元,比增23%,净增161.2亿元。12月当月产值55.1亿元。产值位居全省第一,占全省冶金工业比重达23.7%,比泉州市多124.2亿元、比三明市多236亿元。其中,钢铁行业完成产值480亿元,比增27.6%,有色金属业完成产值97亿元,比增4.3%。

(陈群杰)

电力工业

【概况】　至2011年底,福州电网供电面积1.197万平方千米,供电人口711.5万人,拥有35千伏及以上变电站163座,主变压器303台,总容量1755.85万千伏安,其中,220千伏变电站25座,110千伏变电站98座,35千伏变电站40座。拥有35千伏及以上输电线路(含电缆)4625千米,10千伏线路(含电缆)1.795万千米。福州市电业局获评"全国文明单位"。

【电网结构】　全市有500千伏、220千伏电压等级主干电网2个。500千伏电网内有福州变、东台变、洋中变3座变电站,变电总容量450万千伏安。500千伏主网电源由连江可门火电厂(4×60万千瓦)、福清江阴火电厂(2×60万千瓦)、闽清水口水电站(7×20万千瓦)支撑,通过6回500千伏线路,西与水口水电站,南与泉州、厦门,北与宁德、浙北联络,电网架构形成三向延伸、南北贯通、布点均匀的链式结构。220千伏电网以500千伏变电站作为主电源点,辅以东部长乐华能电厂(4×35万千瓦+2×66万千瓦)、西部水口水电站作为补充,网内有220千伏变电站25座,容量912万千伏安,线路1620千米,形成闽江南北两岸双回环网。

【新能源发电】　新增牛头尾、泽岐风力发电场2座;新增福清城市生活垃圾焚烧生物质能源发电厂。至年底,电网联网中小型电厂总装机容量58.22万千瓦,其中生物能电厂容量2.57万千瓦、水电容量49.25万千瓦、风电容量6.4万千瓦,所占比例分别为4.41%、84.59%、10.99%。

【社会用电】　全社会用电最高负荷514.63万千瓦,比增11.03%,网供最高负荷为496.7万千瓦,比增12.29%。全社会用电量294.59亿千瓦时,比增10.9%,社会用电总量约占全省的1/5。地区用电方面,直供区(含闽侯县)用电量126.4亿千瓦时,比增11%;七县(市)用电量168.19亿千瓦时,比增11.9%;工业用电125.99亿千瓦时,比增12%。产业用电方面,第一、二、三产业以及居民生活用电量分别为4.1亿千瓦时、180.72亿千瓦时、48亿千瓦时、61.77亿千瓦时,分别比增31.19%、11.62%、19.39%、4.67%;工业用电量175.05亿千瓦时,比增11.27%。重点支柱行业用电方面,纺织业用电量31.93亿千瓦时,比增0.13%;橡胶和塑料制品业用电量10.62亿千瓦时,比增6.43%;黑色金属冶炼及压延加工业用电量27.7亿千瓦时,比增17.91%;有色金属冶炼及压延加工业用电量11.84亿千瓦时,比降5.48%;交通运输、电气、电子设备制造业用电量12.44亿千瓦时,比增5.74%。

【电网建设与维护】　完成投资22.5亿元,其中配电网完成投资6.2亿元;新开工220千伏变电站7座、110千伏变电站8座;220千伏线路18条、110千伏线路14条。投产220千伏变电站3座、容量102万千伏安;投产110千伏变电站5座、容量50万千伏安;建成6条220千伏线路和13条110千伏线路,线路总长192千米。新建、改造10千伏线路358千米、配电变压器203台、低压线路367千米,解决2.1万用户低电压问题,福州市10个排涝站等重要用户实现双电源供电。长乐市营前变、福州市福飞变、平潭县北厝变等重点输变电工程均投产。农村电网方面,下达改造资金2.49亿元,新建或扩建变电站14座,容量47.9万千伏安,新建或改造输电线路42千米,新增或改造配电变压器570台,完成60个新农村电气化村建设。

投产福建省首座220千伏智能变电站——先农变电站。安装智能电表42.7万架。鼓楼区配电自动化试点工程通过省电力有限公司验收。建成全省首家电力光纤到户试点工程,完成3000户PFTTH光纤到户及1150户BPLC光纤到户,为智能电网终端用户接入及用

市电业局工人在巡视电力设备。 (陈蒸 摄)

电信息交互提供通信保障。省委华林宿舍成为省内首个智能家居试点项目。

完成配网带电作业878次,比增42次;向县公司拓展带电作业279次,比增178次;客户业扩工程带电作业率97.41%,增供电量1011.03万千瓦时,比增17.16%。综合线损率4.08%,供电可靠率99.96%,电压合格率99.83%。市区高压故障平均修复时间比降25.9%,低压故障平均修复时间比降24.2%。专业化抢修队伍抢修一次性复电率95%。

【重点项目建设】 开辟省市重点项目"绿色通道",推动地铁1号线、仓山万达广场、魁岐大桥、罗源百亿钢铁城等128项重点项目用电施工。承担地铁1号线施工用电项目23项26台施工变用电,完成秀山站、东街口等17个站点19台施工变送电;完成地铁建设涉及110千伏高压杆线迁改项目设计2项。承担安置房项目永久性用电申请53项,完成天马佳园等项目送电37项。完成仓山万达广场项目一回永久性供电电源和一回备用电源建设,容量3.8万千伏安,投产配电室16座。完成三环路亮灯电力工程,敷设路灯电缆总长50.4千米、安装路灯箱变20台。

推进市区二环内主、次干道电力线路缆化下地工作。完成缆化投资10.62亿元(土建部分6.17亿元,电气部分4.45亿元),完成鼓屏路、闽江大道、福新东路等62条道路及10条110千伏及以上输电线路缆化项目,竣工电缆总长度107.9千米。

【科技开发创新】 投入科技开发费用1309万元,比增30%。参加第二十届全国发明展览会,福州电业局职工技术创新项目"变电站室内巡检机器人研制与应用"获金奖,另有8个项目分获2银、6铜;参加第六届海峡两岸职工创新成果展,"输电线路导线带电修补与压接新型操作法的研究与应用""无人飞行器在电力系统防灾减灾和线路巡视的研究与应用"等10个项目获金奖。13项成果获省公司2011年度科学技术奖。全年申请发明专利、实用新型专利20项,取得专利授权8项。

【优质服务】 在省内率先开放业务扩展市场,执行"三不指定"(不指定电力工程设计、施工、设备供货单位)政策。改进客户服务全流程评价,实施服务稽查监控,24小时内送电服务。实行重要供电场合"定人、定岗、定哨"现场巡视,完成"5·18"海峡两岸经贸交易会、"6·18"海峡项目成果交易会、高(中)考等重点保电任务291项。完善居民缴费通道,建成缴费网点和通道1300个;设立远程工作站;实施"95598"光明服务工程,开展"让声音微笑起来"主题行动,全年受理话务量139.42万件,比降6.5%。发起"我们一起让福州变得更美"文明行动,清洗户外电气设备852个,对680个户外设施进行防粘贴喷漆,修复破损盖板116个,配合整治市区内河75条,重点实施跨河迁杆、沿河道景观灯建设与改造。

【安全生产】 开展"两抓一建"(抓过程、抓执行,建机制)安全管控活动,实现连续安全生产1642天,获国家电监会授予"年度供电可靠性金牌企业(B级)"称号。开展设备状态评估,检修110千伏及以上设备状态,首家通过福建省电力有限公司继电保护状态检修验收,输变电可靠性指标较实施状态检修前提升36%。设备检修前先细化分解可靠性指标,计划停电实行"先算后用"(可靠性指标先计算后使用),最大限度地实现"一停多用"(检修计划1次停电,结合开展多项工作)。建立由256人组成的专业化应急救援队伍,配备高压线路抢修塔、移动发电车、变电抢修综合试验车、海事卫星电话、军用餐车等应急保障装备。开展应急物资管理,定点储备及补充应急物资200余种9000多件。

(朱旭辉)

医药化工

【概况】 2011年,医药化工行业规模以上企业完成总产值192.36亿元,比增39.8亿元,增长19.4%,其中医药制造业完成产值58.59亿元,比增13.7%;石油加工及炼焦业完成产值42.12亿元,比增19.7%;化学原料及化学制品制造业完成产值91.64亿元,比增23.3%。

双强公司主产品二丁脂完成产值6.67亿元,比增72%。耀隆公司(8月搬迁停产)1~8月完成产值2.31亿元,比增6.37%。一化公司主要产品氯酸钠及ADC发泡剂完成产值1.83亿元,比增16%,出口交货值增长50%。福抗药业公司完成工业产值10.2亿元,比降2.86%,拳头品种头孢类抗生素中间体7-ACA产量下降。海王福药完成产值6亿元,比增5.3%。丽珠福兴医药完成产值4.11亿元,比增14.8%。北京同仁堂健康药业(福州)有限公司完成产值

8.4亿,比增23.9%,中药饮片加工量增加较多。福建南少林药业有限公司完成产值3.79亿,比增49.8%。福建金山医药实业集团有限公司完成产值7.85亿,比增66.3%。福州闽海药业有限公司完成产值2.60亿,比增23.9%。

开展医药行业新版GMP认证实施、基本药物省级集中采购,抗生素临床应用等专项治理。

【重点项目建设】 有3个重点建设项目:福建省福抗药业股份有限公司2.5万吨/年维生素E项目落户江阴,计划总投资2.5亿元。完成安评、环评、设计等前期工作,推进主体厂房建设,完成设备订购和工艺完善。福州海王福药制药有限公司第二生产基地建设项目,在连江敖江镇工业园内征地17.97公顷,计划投资6亿元,建设厂房面积约18万平方米,片剂、针剂等GMP车间中西药生产线40多条,完成征地,交纳部分征地款,推进安评、环评、设计等前期工作。中国化工建设150万吨/年CPP项目,开展可行性研究、项目申请报告编制、项目环境影响评价、安全预评价、节能评价等项目报批前期工作。

【生物医药产业园】 位于闽侯县南屿镇,规划面积200公顷,以生物工程、生化医药、现代中药、医疗器械为主。园区新药创制中心处于评估、咨询、设计阶段,申请入驻企业15家。5月,福抗药业股份有限公司设立的全资子公司海寰生物医药股份有限公司生物制药项目动工建设,占地14.64公顷,总投资5亿元。主要生产冻干、非冻干头孢无菌原料药、头孢粉针制剂、固体制剂、非头孢固体制剂、生物酶、保健品等,完成安评、环评、设计等前期工作,完成投资1亿元。久策气体公司投资约2亿元,推进氧、氮、氩、氢、高纯氨等气体产品生产线建设。

【招商项目】 9月,市政府与央企中国化学工程集团公司签定合作协议,拟定耀隆公司与中国化学工程集团公司子公司中国天辰公司合资建设20万吨/年己内酰胺。项目落户江阴工业集中区,采用液相重排技术,以氢气、苯、液氨、双氧水等为原料制备己内酰胺。己内酰胺装置分2条线,单线生产能力10万吨/年。总投资200亿元,建设包括己内酰胺在内的以苯、氨为原料的化工产业基地,其中一期投资41亿元。

【搬迁改造】 已定址项目2个:耀隆搬迁改造项目完成投资10亿元,完成原厂区设备拆卸和交地工作,新厂区部分主体厂房封顶,室外设备50%安装到位。完成机修厂房、临时办公区、倒班职工公寓、食堂、施工用水用电辅助工程。完成主体设备采购,非标设备现场制作陆续开工。东南电化搬迁项目完成长周期设备订货、桩基和厂前区土建施工,地下管网全部建成,8月,开展主装置土建工程建设。

处于选址阶段项目2个:福州一化化学品公司搬迁改造项目,总投资15.5亿元,建设氯酸盐、双氧水、环氧丙烷等产品生产线。空气化工产品公司搬迁项目,总投资3.85亿元,征地3.33公顷,建设日产液氧、液氮、液氩、氢气等产品生产线。

【安全管理】 重点开展危险化学品整治和规范管理,组织、配合有关部门开展安全生产工作检查5次,整改安全隐患20处,督促一化公司做好发电分厂水库安全管理,完成油洋水库的安全等级鉴定,监控3座水库水位安全运行和汛期安全调度。全年因工死亡事故控制在0.1‰,因工重伤人数控制在0.1‰以下。全行业均实现无重特大事故。工业卫生各指标控制在上级主管部门下达的指标内。

（翁锦昕）

电子信息产业

【概况】 2011年,福州电子制造业完成产值788亿元,比增7.4%;完成出口产值525亿元,比增4.1%;出口对产值的贡献率为66.6%。液晶显示器、液晶投影仪、POS终端、瘦客户机、打印机、调制解调器、手机电池等主要产品产量位居全国前列。软件产业完成主营业务收入270亿元,比增30%;新增软件产品登记440项,比增28.8%;新增软件著作权登记650项,比增33.1%。年内有国家规划布局内重点软件企业、全国软件百强企业各5家。

星网锐捷和新大陆成为首批国家技术创新示范企业。天晴数码手机阅读软件"91熊猫看书"和福富软件的"福富统一认证平台软件"获"2011中国年度十大创新软件产品"。瑞达精工获"中国工业设计十佳创新型企业",宜美电子企业技术中心获"中国工业设计十佳最具创新力企业设计中心"。

【产业结构】 形成以捷联电子、华映光电、华冠光电等为代表的平板显示产业;以新大陆电脑、实达外设、联迪商用等为代表的计算机外设产业;以星网锐捷、邮科通信、三元达通讯等为代表的通信及网络终端产业;以瑞芯微电子、福顺微电子、福顺半导体等为代表的集成电

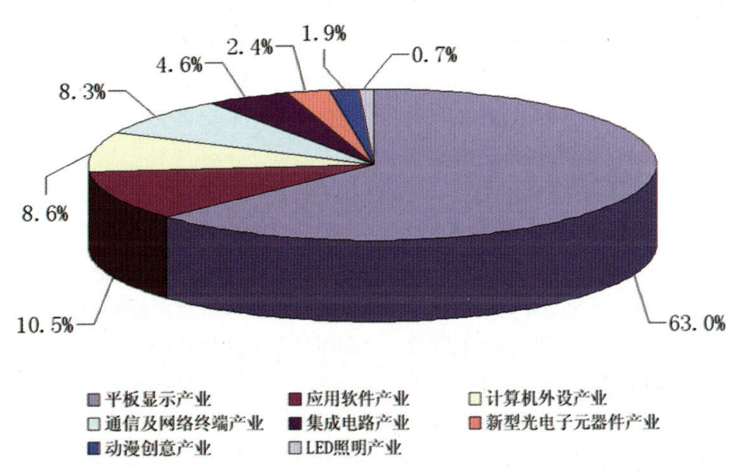

图7　福州市电子信息产业结构图

路产业;以高意科技、福晶科技、国光电子等为代表的新型光电子元器件产业;以鸿博光电、苍乐电子、慧丰机电等为代表的LED照明产业;以福大自动化、福建富士通、榕基软件等为代表的应用软件产业;以网龙天晴、神画时代、天狼星动漫等为代表的动漫创意产业。

【三网融合试点】 利用政策支撑、产业配套、技术支持和市场带动等有利因素,推动三网融合。三奥科技和南京邮电大学联合成立中国首家三网融合研究院,推出全国首款基于电视的智能媒体终端解决方案"三奥智能媒体终端"。邮科通信完成福建省区域科技重大项目"基于多网络多业务融合的家庭信息化关键技术研发及产业化"。福州市成为国家三网融合第二批试点城市。

【平板产业转型升级】 捷联电子研发生产3D偏光眼镜显示器、网络显示器等高附加值产品。全省第一条触控模组一条龙项目在华映光电投产。华映科技与金丰亚太公司共同投资设立科立视公司,生产和销售平板显示屏及触控组件材料器件,项目总投资10亿美元,其中一期项目投资1.7亿美元。

【促进物联网产业发展】 中国首只由财政参股的物联网创投基金"福建物联网产业创业投资基金"成立,首期规模为2.5亿元。该基金由国家财政部(国投高科技投资有限公司)出资5000万元,省政府(福建大同创业投资有限公司)出资5000万元,其余1.5亿元由新大陆公司为主出资(出资6650万元)并吸收其他社会资本。新大陆公司加快条码解码芯片核心技术的后续研发,在第一颗条码解码芯片基础上,研发支持所有标准主流码制的系列条码解码芯片,在全国率先应用省域高速公路一卡通统一联网收费系统,实名制铁路客票快速检票及验票系统在全国各大车站投入使用。慧翰微电子超小型、低功能、高性能的WIFI/BT4.0/GPS无线模组CBM302和CBM202,市场占有率全国第一。四创软件、鼎天农业、新泽尔资讯入围"2011年中国中小企业100强",在防灾减灾、农业生产、智慧校园建设中推广物联网技术。

【移动互联产业崛起】 由网龙公司承办的"第四届海西移动互联网高峰论坛"在榕举行,网龙旗下的安卓网成为中国最大Android手机门户网站。91手机助手软件是全球唯一一款全面支持iPhone、WindowsMobile、Android、Wince、SymbianS60五大智能手机系统的PC端管理软件。瑞芯微电子与美国WebM联合发布新一代移动互联平台RK29xx解决方案,在全球率先实现Android平台上对VP8解码支持,推出RK2918移动互联芯片,占据国内平板电脑市场。在移动互联终端方面,网讯公司、思迈特公司自主研发生产Vpad牌、歌航牌平板电脑。

【云计算产业项目与央企合作签约】 12月,在北京举行的"福州市与中央企业项目合作洽谈暨签约仪式"上,福州3个云计算项目签约,分别是"中国联通东南区域云计算产业园基地项目"(总投资50亿元)、"中国移动福建数据(云计算)中心项目"(总投资50亿元)、"中国普天信息产业股份有限公司新一代信息产业研发和生产基地项目"(总投资30亿元)。

【与民企签约对接】 在"福建省民营企业产业项目洽谈会暨签约仪式"上,5个项目签约,累计总投资51.3亿元。福建省时代华奥动漫有限公司连江海峡文化创意产业基地项目、福建三元达通讯股份有限公司三元达科技园项目、福建省航悦文化投资有限公司数码动画项目、星网锐捷股份有限公司星网锐捷总部基地、佳信(福建)光电科技有限公司佳信科技中心项目。

【拓展云计算业务】 有24家企业从事云计算业务,40项云计算产品,提供基础设施即服务、平台即服务、软件即服务等多种服务。星网锐捷发布国内首个全面具备云计算特性的数据中心交换机产品、下一代防火墙产品系列、云计算瘦客户机等产品,成为国内云计算基础设施即服务领域的引导者。福富软件获福建电信2011年云租赁平台项目总集成开发权,获福建省发改委云计算专项资金扶持。

【研发新一代移动通信(TD-LTE)技术】 福建省无线宽带泛在共网技术与应用工程研究中心(筹备办)落地福诺公司,研发TD-LTE、泛在网、无线宽带城市等关键共性技术。三元达通讯与厦门大学合作研究"开发基于TD-LTE商用平台的无线中继传输技术的实验设备"。邮科通信完成"新一代宽带无线移动通信网"国家重大专项"无线局域网与蜂窝移动通信网络融合技术研究与验证"课题研究。

【品牌建设】 联迪商用连续4年获国家金卡工程优秀成果"金蚂蚁奖",非接触式读卡器R80是中国首个通过非接触认证的金融POS产品,巩固金融POS领域第一品牌的地位。爱普生80列平推票据打印机300万台下线,针式打印机产销量连续16年位居全国第一。新大陆通信成为2011年广播电视十大传输民族品牌,其自主研发的机顶盒在省内市场占有率高。

冠林科技智能建筑安防产品获"2011年中国安防产品市场占有率十佳品牌"和"2011年中国安防十大品牌对讲行业第一名",并成为行业内第一家入选住建部保障性住房采购平台的企业。星网锐捷安防科技获"中国安防行业十大创新品牌",成功研发基于同轴电缆传输高清数字信号的一线通产品,可为模拟监控用户实现网络化升级,中标国内首个全网络监控项目。

亿榕信息电子公文安全传输系统、统一搜索与即时通讯系统、企业级协同办公系统,在国家电网公司、各电网省公司应用,在电力行业市场占有率第一。

【动漫创意产业】 天晴数码、时代华奥、神画时代、金豹动画成为省重点创意企业。五彩动漫的《白马少年》,神画时代的《红军长征的故事》,育港信息的《三七小福星之海峡兄弟》和时代华奥的《乌龙小子(一)》入选优秀国产动画片。天之谷动漫的3D动画短片《小小天空》获"美猴奖·中国动画短片大奖"。天狼星动漫的《手机小子》获"最

表 6　　获"2011 年福州市产品质量奖"电子信息产品

序号	商　标	产品名称	获奖企业
1	冠林 + aurine	ah3000 小区智能化管理系统	福建省冠林科技有限公司
2	冠林 + aurine	ah6000 小区智能化管理系统	
3	冠林 + aurine	ah8000 数字家居智能终端系统	
4	晨曦软件	工程量清单预结算系统	福建晨曦软件开发有限公司
5	图形	nmc(w261)半自动空调控制头嵌入式系统	福州丹诺西城电子科技有限公司
6	福锐思	全省药品电子追溯监管平台	福建锐思软件开发有限公司
7	伊时代 + 图形	网剑综合安全网关 v1.0	福建伊时代信息科技股份有限公司

表 7　　福州市电子信息产业上市公司名单

序号	股票代码	公司名称	上市地点	附注
1	002222	福建福晶科技股份有限公司	深圳	
2	002229	福建鸿博印刷股份有限公司	深圳	鸿博光电
3	000536	华映科技(集团)股份有限公司	深圳	华映显示科技
4	000997	福建新大陆电脑股份有限公司	深圳	
5	002093	福建国脉科技股份有限公司	深圳	
6	002396	福建星网锐捷通讯股份有限公司	深圳	
7	002417	福建三元达通讯有限公司	深圳	
8	002474	福建榕基软件股份有限公司	深圳	
9	600203	福建福日电子股份有限公司	上海	
10	600734	福建实达电脑集团股份有限公司	上海	
11	0591	中国高精密自动化集团有限公司	香港	上润精密仪器
12	0777	网龙网络	香港	
13	0903	冠捷科技	香港	捷联电子
14	1399	飞毛腿电子	香港	
15	3335	DBA(电讯)	香港	缔邦实业
16	8115	华翔微电子	香港	福强线路板
17	8270	新意科技	香港	
18	CHEN99	网讯无线技术股份有限公司	德国	

佳手机动漫形象大奖",金豹动画的《囧囧和囧妮》获"最佳网络动漫形象大奖"。神画时代与台湾和利得多媒体公司联合投资拍摄闽台两地首部动漫电影《小星星的愿望》。

【获奖项目】　产品质量奖　星网锐捷获"2010 年度福建省政府质量奖",是福州市、全省信息产业唯一获奖企业。冠林科技、伊时代信息等 5 家公司的 7 个产品获"2011 年福州市产品质量奖"。

中国国际软件博览会金奖　长威网络的"集群式信息发布管理系统""视频会商服务管理平台"和亿榕信息的"企业级知识管理系统"获 2011 年第 15 届中国国际软件博览会金奖。

【上市企业】　至 2011 年,有 18 家企业在境内外上市,其中,制造业企业 9 家,软件企业 9 家。

【人才引进和培养】　26 人入选"福建省引进高层次软件人才名单",慧翰信息公司、瑞芯微公司 2 个团队 8 人入选"福州市第一批引进高层次优秀人才(团队)名单"。市经委与福州职业技术学院合作成立"福州市电子信息与机械行业政校企合作工作委员会",建立"校企合作实习实训基地",开展工学结合、订单培养、项目实战、顶岗预就业等人才培养工作,开展电子类生产管理、技术开发和销售服务等员工知识更新及继续教育培训。新大陆公司和福州大学合作成立"福州大学新大陆物联网学院",是全国第一家校企合作的物联网学院;新大陆公司与福建 16 家高职院校签署《福建省物联网人才培养校企合作协议书》。

(林　捷)

轻纺塑料工业

【概况】　2011 年,福州市轻纺行业规模以上企业 940 家,完成工业总产值 1660.98 亿元,比增 27.53%,工业总产值占全市工业比重 30%。城镇集体工业联合社行业规模以上企业 490 家,完成工业生产总值 601.74 亿元,比增 23.07%,比全市(现价比增 22.15%)高 0.92 个百分点,占全市规模以上企业工业生产总值比重 10.87%。纺织业和食品业继续位列福州市工业八大支柱产业的第二位和第四位。

市轻纺行业管理办公室并入市经委,设轻纺行业管理处,继续行使行业管理职能、处理原行业内国有(集体)企业遗留问题的善后事宜。原技术改造、节能降耗、招商引资、人事管理和老干部管理等职能由市经委其他职能处室承担。

【纺织工业】　规模以上企业 453 家,完成工业总产值 1033.03 亿元,比增

31.07%(按可比价增长18.5%),占全市规模以上企业工业总产值5536.5亿元的18.65%,占全省纺织工业总产值3325.37亿元的31.07%,位居全省第二。全市纺织业237家企业,产值505.65亿元,增幅32.01%;化学纤维制造企业26家,产值236.78亿元,增幅37.94%;毛皮、羽绒制造企业55家,产值171.08亿元,增幅24.35%;服装企业135家,产值119.52亿元,增幅24.6%。

【食品业】 规模以上企业318家,完成工业总产值544.51亿元,比增22.52%,其中,农副食品加工业396.11亿元,比增21.52%;食品制造业92.63亿元,比增26.01%,饮料制造业55.77亿元,比增24.07%。

【塑胶制品业】 规模以上企业316家,完成工业产值339.9亿元,比增24.91%,占全省37.59%,位居全省第一。全年行业经济保持平稳增长,其中管材制造业由于主营内销市场,年初受惠国家拉动内需政策、房地产复苏和市政建设,发展增速;7、8月后,受宏观调控政策、房地产业调控等影响,增长放缓;年底受市政工程、农村供水工程影响,增长有所回升。管材业龙头福建亚通新材料科技有限公司完成产值18.98亿元,比增14.68%;福建振云塑业股份有限公司完成产值13.37亿元,比增21.36%。塑料包装类同一集团下的2家企业因新生产线投产,增长明显,福建景泰包装材料公司完成产值6.71亿元,比增138.39%;福建时代包装材料有限公司完成产值14.46亿元,比增32.7%。福建明达工业公司主营塑料玩具,出口订单稳定,完成产值12.77亿元,比增26.87%。塑料再生料类、塑料复合膜及制品类均保持平稳增长。

【鞋类及皮革制品业】 规模以上企业52家,完成工业产值171.08亿元,比增24.35%,占全省行业总量的9.43%。制鞋企业对外依存度逾90%。福建清禄集团、福建建乐鞋业、祥龙鞋业等订单稳定。清禄集团下属连江清禄、开发区钜联鞋业、开发区福禄、福建清禄鞋业4家企业完成产值53.83亿元,比增27.2%。祥兴(福建)箱包集团有限公司新增内销直营店1000多家,完成产值48.34亿元,比增29.57%。

【家具制造业】 规模以上企业122家,完成工业产值90.76亿元,比增14.58%,占全省37.36%。上半年增长较为明显,下半年受国际大环境影响,原材料上涨幅度较大,家具出口退税率减少,人工和销售成本增加等原因,大多数家具企业利润空间受压缩,生产意愿下降,增长幅度放缓。代表企业诚丰家具有限公司全年完成产值10.81亿元,比降5.35%,好事达(福建)股份有限公司完成产值4.87亿元,比增3.39%。

【技术改造与创新】 有27家企业被认定为省级高新技术企业,拥有省级企业技术中心20家、市级技术中心45家。产品获中国名牌产品6项;获省名牌产品奖56项,其中纺织14家14项、服装3家3项、食品6家6项、饮料7家7项、饲料2家2项、其他轻工1家1项、塑胶17家18项、家具4家4项、皮革箱包1家1项;获市产品质量奖34家企业35种产品,其中纺织5家5种产品、饲料1家1种产品、其他轻工5家5种产品、塑胶7家8种产品、家具3家3种;获中国驰名商标6项;获省著名商标企业22家,其中纺织7家、服装1家、食品3家、饮料1家、其他轻工2家、塑胶5家、家具1家、皮革箱包2家。

帮助企业申报列入国家、省、市重点投资项目计划。75家轻纺企业76个项目列入市重点投资项目计划,其中11项列入省重点投资计划项目,总投资额达256.9亿元。对重点项目实施动态管理,年度完成投资89.1亿元。福融辉公司的高阻隔塑料软包装材料和多功能农膜项目等8个项目完成投资建设,并投入生产。

利用"6·18"海峡项目成果交易会等平台推动科技创新和产学研工作,完成8项新产品开发,福建祥龙塑胶科技有限公司与福建师范大学的《塑料管道材料制造装备节能降耗技术研发及应用》、福建亚通新材料科技股份有限公司与福建省改性塑料技术开发基地的《非开挖电力电缆用改性聚丙烯套管开发及应用》等10项产学研项目签约。长乐力恒锦纶科技有限公司的"大容量聚酰胺6聚合及锦纶6全消光多孔细旦纤维制造关键技术及装备项目"获2011年度"中国纺织创新年会产品开发贡献奖"。

参与市企业技术中心推荐评定、科技创新、技改投资项目资金补助审定工作。全行业获省市科技进步奖3项,市产品质量奖3项,市优秀新产品奖1项;获市杰出科技人才奖1人。争取固定资产投资补助金(6家480万)、产学研补助款(5家100万)、技术中心补助(4家40万)等各项补助合计约650万元。

(王 均 肖增华)

工艺美术

【概况】 2011年,福州工艺美术行业加大对传统工艺美术的抢救保护和振兴发展工作力度,全市规模以上企业完成产值96.30亿元,比增19.6%。全市有寿山石行业协会、脱胎漆器行业协会、西园软木画协会3个行业协会。

【工艺美术传承与创新】 对濒临灭绝的脱胎漆器、软木画等传统工艺品种实行大师带徒授艺津贴制度。开展第六届中国工艺美术大师、第四届省级工艺美术大师、省级工艺美术名人推荐评审工作,评选推荐9名国大师候选人、34名省级大师候选人、53名省级名人候选人。开展省级技能大师工作室推荐工作,在寿山石雕、脱胎漆艺、软木画、根雕4个传统工艺品种中设立10家省级技能大师工作室。举办第一届寿山石中青年从艺人员培训提高班,50多人参加。会同市公务员局联合举办福州市工艺美术专业技术人员培训班,邀请专业院校教授、学者传授美学理论、创新思维拓展等专业知识。

建设产业平台,推进福州漆艺基地、福州意达工艺雕刻厂等实训基地建设,接纳中央美院、福州大学厦门工艺美术学院、省商业专科学院漆艺专业、省旅游职业学校、福建师大美术系等专业院校100多名学生实习。举办大师点评讲座5场,邀请行业资深创作大师为新人现场指导创作技巧。发挥寿山石、脱胎漆器行业技术创新中心作用，加强与专业院校产学研合作，对行业关键技术、公共技术难题进行研发创新。开展脱胎漆器地理标识贴标工作，首批10家企业领取标识。

11月4～6日第21届工艺美术创新设计"如意奖"大赛在福州漆艺术苑举行，100多人约300件作品参赛。由中国工艺美术大师、高级工艺美术师、高等专业院校教授、省级工艺美术大师等组成专家评委团，对作品技艺、技法创新、题材创意、构图造型、工艺性、材质选择5方面进行综合评选，评选一等奖12件，二等奖17件，三等奖34件。

【项目建设】　*寿山石旅游文化城项目*　按照市政府建设寿山石旅游文化城构想，开展前期规划设计、土地报批、征地拆迁等前期工作，完成寿山石旅游文化城股份有限公司工商注册登记工作。

寿山石文化艺术品产权交易所　由市经委牵头成立，年内完成交易所工商注册登记，建立电子交易平台，同时制定完善交易规则制度。12月18日，在省人民会堂举行首场海外回流的寿山石雕精品拍卖会。年底，正式成立寿山石鉴定中心，该中心依托寿山石行业专家委员会，是具有法律效力的寿山石专业鉴定机构。

中国·东方漆空间创意园项目　该项目利用福建同春中药材库区旧厂房进行改造。一期总投资4500万元，组建东方漆空间创意园实体，完成注册登记及旧楼内部装修，并动工建设新厂房。

【宣传交流】　在三坊七巷林聪彝故居和南后街分别举办中国脱胎漆器艺术展和福州市首届旅游纪念品、商务礼品评选活动。开展传统工艺美术资料的收集编辑，组织编写《闽都巧艺——福州工艺美术主要技法》和《福州工艺美术三宝》接待手册。编印《世博行》，展示市工艺美术在上海世博会取得的成就。

开展版博会寿山石和漆器展区布展和招商工作。先后组织参加中国工艺美术百花奖大赛活动、扬州漆器精品博览会、莆田艺博会、海峡两岸（厦门）文化博览交易会、中国名石雕刻艺术展（巴林），与福建省城镇集体工业联社联合举办福建（福州）工艺美术北京精品展。

【参展赛事】　由市经委和中国工艺美术学会石雕专委会牵头组织参与，市寿山石行业协会、市脱胎漆器行业协会、软木画行业协会协同配合，市传统工艺美术企业、工艺美术大师、从艺人员及工艺美术专业院校师生近300件作品，分别参加中国工艺美术"百花奖"评选和福建省第六届工艺美术精品"争艳杯"大赛。在中国工艺美术"百花奖"评选中，福州市获68个奖项，其中金奖22件，银奖24件，铜奖19件，最佳创意奖2件，最佳工艺奖1件。在福建省第六届工艺美术精品"争艳杯"大赛中，福州市获82个奖项，其中15件金奖（寿山石雕10件、漆艺1件、木雕2件、根雕1件、软木画1件），银奖19件，铜奖22件。

【福州工艺美术行业大会暨表彰大会】

9月19日，召开福州市工艺美术行业大会暨2010～2011年度工艺美术行业先进工作者表彰大会，中国工艺美术大师代表，受表彰的行业先进工作者、行业重点企业、行业协会会员代表200多人参加。会议表彰了从事经营管理、创新设计、研发制作等方面工作的53名先进工作者。

（吴　薇）

（编辑　吴　燕）

城乡规划

【概况】 2011年，福州市城乡规划工作按照海峡西岸经济区建设的战略部署，进行大都市区建设专题研究，开展总体规划、专项规划、控制性详细规划、地段修建性详细规划与城市设计编制。加强规划管理，推进建设项目审批，服务重点项目、旧屋区改造工程、保障房、安置房等项目建设，指导各县(市)规划及城乡建设。

【重点规划编制】 福州大都市区规划 按照省委、省政府提出的“着力构建福州大都市区”目标要求，启动编制工作。由中国城市规划设计研究院联合市规划设计研究院承担编制任务，完成基础资料收集、现状调研、部门征求意见等前期工作，并提交初步方案思路。

新一轮城市总体规划 5月10日，省长办公会议审查通过市政府提交的《福州市城市总体规划(2011～2020)》，9月1日经省委常委会议研究总规成果后，由省政府上报国务院审批。

城市专项规划 一是组织编制《福州市中心城区地下空间利用专项规划》，通过专家评选方式选定广州市规划勘测设计院承担规划编制任务。二是编制完成《福州市“十二五”近期建设规划》，并报住建部、省住建厅备案。三是会同市园林局修编《福州市山体保护规划》，规划成果在《福州晚报》征求意见，并组织专家研讨。四是编制完成抗震防灾专项规划，并报省住建厅、省地震局备案。五是配合市直部门编制完成“十二五”各行业发展规划以及中小学、环卫设施、化工行业等专项规划。

控制性详细规划 继续深化马尾新城分区规划、晋安新城控制性详细规划；启动南台岛控制性详细规划编制工作。

重点区域城市设计 鳌峰片及光明港沿线城市设计、鹤林片及横屿组团城市设计、火车北站周边区域城市设计通过市政府专题会议研究。南台岛概念性规划及重点区域城市设计、晋安新城茶会核心区城市设计、三坊七巷周边景观整治规划通过专家评审。启动马尾城区中心及重点地段城市设计及马尾造船厂周边、104国道以北区域城市设计。

历史文化名城特色塑造 启动历史文化名城保护规划确定的螺洲、林浦等历史文化风貌区、名镇名村规划编制工作。

市政基础设施规划 组织审查福州市海峡奥林匹克体育中心及省科技馆等多个项目的交通影响评价报告；参与编制完成市地铁1号线、2号线沿线规划调整，完善轨道站点与各类交通设施接驳；开展《福州市城市综合交通规划环境影响评价》，8月，该规划通过专家评审。配合有关部门加快城市地铁工程、上岛铁路、三环路、螺洲大桥、南台大道、铜盘路、江厝西路延伸段、湖东东路、斗池路、西洋路以及社会保障房周边路网等市政道路建设。配合内河整治工程，优化水环境；推进排尾路、福飞路、六一路等道路的电力杆线缆化下地工作。加快“数字福州”项目中地下管线数据库建设。

【规划管理】 建设项目规划审批 核发《选址意见书》411项，选址面积2241.5万平方米；用地规划许可证204项，用地面积940.6万平方米；建设工程规划许可证(建筑)283项，总建筑面积1477.24万平方米；建设工程规划许可证(市政)587件。办理建设项目规划条件审核363件。

服务重点项目建设 开展政府收储地、公开出让地规划手续的审批工作。办理市土地中心收储用地130幅，面积961.87公顷；市城乡建总收储用地51幅，用地面积约373.73公顷。推进寿山石旅游文化城项目、海峡体育中心项目、中国温泉博物馆、福建省科技馆(新馆)等重点项目的开发建设。

旧屋区改造工程 办理朝阳公园、东升工业小区、三叉街新村、共和路片、程厝里商办用地、凤湖路以东福大老校区及山头角村、福州三中教工宿舍、鼓东支路周边旧屋区、桂枝里8号周边旧屋区、加洋路34号、加洋巷市人大宿舍及周边危旧房收储地块(扩征)、状元、江墘下、浦西村等20幅旧屋区改造地块的规划审批手续，面积约66.67公顷。

保障房、安置房建设 建设社会保障房、安置房，重点解决城市中低收入家庭和市政工程、旧屋区改造被拆迁居民的住房需求，选址确定2011年各类保障性住房用地18幅，总用地面积194.41公顷。

指导各县（市）规划编制　会同相关部门开展第二批省级试点小城镇（福清市高山镇、长乐市江田镇及连江县琯头镇）规划编制工作，3个省级试点小城镇总体规划方案通过省住建厅组织的评审。指导各县（市）进行市级示范性综合改革小城镇规划编制工作。7个市级小城镇总体规划完成技术审查。指导各县（市）进行总体规划修编工作，继续做好《永泰县城市总体规划》报批工作，指导福清市、长乐市、连江县开展城市总体规划编制。

领导批办件信访件办理　承办市委、市政府督查件545件，省、市人大、政协提案118件。办理"12345"便民呼叫系统诉求件3187件，全部在时限内办结。收到群众信访件225件，反馈率100%，接待群众信访81次。督查有无退件或超时限件。落实"急办件"制度，对省市重点项目，按照特事特办原则进行跟踪、督办、反馈，全年办理急办件420余件。

规划信息化建设　完善规划信息一体化系统和行政执法业务监管系统，制定《福州市城乡规划局网站管理规定（暂行）》《福州市城乡规划局网站安全管理规定（暂行）》《福州市城乡规划局网站信息发布暂行规定》及信息安全应急预案。提高网上申报率，加强对网上审批的监控，规范网上审批行为。

【规划监察】　规划法规体系建设　推进《福州市城乡规划管理条例》《福州市规划管理技术规定》的修订工作，并上报市政府研究审定。通过电视、标语、报刊等多种形式宣传城乡规划法，举办城乡规划法咨询活动，发放规划法律法规读本。主动公开信息73份，依申请公开信息96份。市规划局网站获全省建设系统网站建设三等奖。6月，规划展示馆临时展区开馆，接待党政机关、社会团体、企事业单位、专家学者以及市民等逾20万人次，其中接待参观团体340场。

违法建设查处　公布第10～13批公示4批次内河违建项目，完成城区75条172处内河两侧国有土地上违法建设项目的清理整治工作。配合创建文明城市，完成全市84家超市违法建设的调查摸底并开展专项清理整治，拆除违法建设20家。全年拆除违法建筑1785处，拆除面积31.68万平方米。

规划批后跟踪管理　对全市114个建设项目实施批后跟踪，严格建设项目竣工规划审核工作，敦促不按规划建设的项目按规划整改落实，自行拆除违法建设。

（温贵平）

国土资源管理

【概况】　2011年，国土资源管理围绕保障国家和省、市重点项目建设，服务经济发展为目标，加强土地资源调查、土地供需调控和总量平衡，发挥国土规划、土地利用总体规划的整体控制作用；加强矿产资源规划和合理开发利用管理，强化资源开采回采率和资源综合利用率监管等职能。市行政服务中心国土资源管理常设窗口，办理审批事项。

【土地利用规划修编】　开展新一轮福州市土地利用总体规划修编，《福州市土地利用总体规划（2006～2020年）》上报国土资源部。市辖9个县（市）区土地利用总体规划除涉及中心城区的晋安区、闽侯县需待福州市土地利用总体规划批准后方可审批外，其他县（市）区规划均获省政府审批。推进乡镇土地利用总体规划编制，其中永泰县21个乡镇土地利用总体规划获市政府审批。开展第二轮矿产资源总体规划编制，市、县两级规划分别获省政府、市政府审批并印发实施。

【地籍管理】　进一步完善"两证合发"窗口建设。土地办证大厅实行一次性告知制度、首问责任制度、受理承诺制度、限时办结制度和责任追究制度。实行全市不分区域统一收件，设立导办台；在办理二手房产交易中，房产证过户同时即可申请办理土地证过户，签订国有土地使用权转让合同；已办理二手房交易且房产证过户，土地证因转让方不配合而导致办理困难的，报经市政府同意，受让方可持《房地产买卖契约》及变更后的房屋所有权证单方申请办理土地变更登记。在"中国·福州"门户网站"在线访谈"栏目，开展关于土地登记的专题访谈，解答热点、难点问题。按照"先易后难"原则分批解决"两权证"历史遗留问题。全年办理土地登记发证55681本，其中单位548本，个人55133本。

开展土地登记资料查询业务，办结土地登记资料单位公开查询162件。协助执行各级法院土地查封冻结及执行裁定案件87件。加强土地变更调查，及时更新调查成果。完成全市1.225万平方千米农村土地调查工作，并汇总上报国土资源部。完成市辖区200多平方千米的城镇土地调查及数据库建库工作。完成全市2010年度土地变更调查与遥感动态监测工作，开展2010年度城镇土地利用现状更新、汇总及基本农田调整补划工作。完成农村集体土地所有权确权登记发证的前期准备工作，实施方案获市政府正式批准。完成《福州市"十一五"基础测绘规划》各项任务，编制并实施《福州市"十二五"基础测绘规划》。

【土地管理】　执行建设用地预审制度，严格建设项目占用基本农田的审查报批。开展土地整理复垦开发工作，全年土地整理复垦开发立项22宗，项目规模1423公顷，完成补充耕地965公顷。获批农用地转用和土地征收4317公顷，其中新增建设用地3621公顷，保障可门港铁路支线、轨道交通1号线、沈海高速复线、三环路、鼓山大桥、林浦大桥、琅岐闽江大桥、福州海峡医药城、洋里污水处理厂三期、福清风电、奥体中心等省市重点建设项目用地需求。

建设项目征地报批前开展土地现状调查、征地告知，经村集体确认，征地经批准后执行"两公告一登记"程序；按征地统一年产值标准和区片综合地价计算征地补偿费用并及时足额兑现给被征地村集体和村民；在城区范围实行留用地政策和货币补偿方式，政府引导留用地货币化补偿资金开展多种经营，解决失地农民生活保障问题；逐步建立失地农民生活保障制度，配合劳动保障部门出台《福州市城区及各县（市）被征地农民养老保障的试行办法》。

供应经济适用房、廉租房、公共租赁房用地44公顷,拆迁安置用地58公顷。招拍挂出让经营性用地777公顷,土地出让总价款321.43亿元;工业用地812公顷,土地出让总价款18.5亿元。采矿权出让1宗,价款770万元。

【地质灾害防治】 编制并颁布市、县两级年度地质灾害防治方案。落实948处地质灾害隐患点防灾责任制,确定监测、防灾责任人,逐点制定临灾避险转移预案,设立警示牌948面,发放避险明白卡5000多份。建立健全汛期防灾值守、预警预报、巡查监测、灾情速报等各项制度。加强地质灾害群测群防"十有县"建设,推进地质灾害详查工作。全年发生地质灾害26处,无人员伤亡。

【矿产管理】 全市采矿权数控制在整合目标数168个之内。应参加年检的116个矿山中有88个矿山开展综合利用,饰面花岗岩矿开采荒料率提升逾35%,建筑石料矿开采回采率逾98%。督促指导各地按标准征收矿产资源补偿费。收缴矿山生态环境恢复治理保证金1267.4万元,各类矿山均按要求编制矿山生态环境恢复治理方案。完成治理"青山挂白"点18个,治理面积32公顷,完成治理任务69.23%,累计投入902.05万元。配合相关部门开展重点流域水环境和饰面石材业整治工作。开展地质勘查项目和勘查资质中期检查、年检,全面停止涉铅锌项目勘查,将29个勘查项目整合为10个。全年打击取缔无证非法采矿65起,查处率100%。

【执法监察】 清理整治违法建设 立案查处国土资源违法案件926宗,涉案土地面积199公顷,其中耕地105公顷;处罚898宗,涉及土地面积192公顷,强制拆除建筑物21.85万平方米,罚款1076万元。

土地卫片执法检查 完成遥感图斑数执法检查6196个,监测总面积3620万公顷。发现卫星遥感监测图斑涉及违法用地411宗,面积191公顷(其中耕地90公顷),全部立案查处。土地卫片执法检查工作通过国土资源督察上海局验收。

信访件办理 受理上级批办转办件、群众来电、来信投诉件1169件,全部办结;接待群众来访771批2241人次;办理信访复查173件。

(高剑旻)

工程建设管理

【概况】 2011年,福州市建筑业以保障性安居工程、校安工程、地铁1号线工程监管为重点,强化工程质量和安全管理,建成电子信息监管平台。全市建筑业从业人员75.32万人,完成建筑业总产值1358.7亿元,比增25%,其中在福州市完成产值434.5亿元,比增25.24%;省外建筑市场完成产值688.53亿元,比增20.3%。全年市级监管在建工程452项,建筑面积2133万平方米,比增30.3%。保障性安居工程新开工60项,建筑面积416万平方米,办理竣工验收备案工程87项,竣工备案面积225.82万平方米;实现建筑业增加值347.45亿元,增长15.8%。

【行政审批服务】 全年办结各类审批服务事项1235项,其中资质类业务539项,许可类业务241项,监督检查类业务455项。年内福州市3家企业新取得房建施工总承包一级资质,3家企业新取得市政工程施工总承包一级资质,3家企业筹备升级特级总承包企业。市建委行政服务中心入驻全市行政服务大厅,办事时限缩短105日。

【建筑市场监管】 招投标管理 全年完成房建和市政工程招投标293项,其中公开招标234项,邀请招标项目59项;房屋建筑项目184项,市政项目100项,其他项目9项;使用综合评估法招标项目65个,合理底价法项目20个,使用随机抽取法项目208个。出台《关于进一步规范房屋建筑和市政设施工程招标投标监督管理有关事项通知》《福州市工程建设项目招标代理机构从业人员管理办法》等一批规范性文件。

市场监督执法 全年对未获施工许可证擅自开工、违法分包、弄虚作假骗取中标以及未经竣工验收交付使用等违法行为立案查处82起,处罚金额542.5万元,安全专项处罚立案50起,结案47起,处罚款72.1万元。

外地进榕企业监管 全年99家外地企业到榕承揽业务,备案人员3927人;10家备案企业因人员到位率不足被清出市场。

建设领域突出问题专项整治 中央、省、市各级检查发现的问题,整改率99.7%。协调处理农民工工资拖欠投诉42起,工程款拖欠投诉2起,启动农民工资保证金24次。

【工程质量安全监管】 一是建立建设工程远程动态监管平台,在市区新办理施工许可证项目和重点建设项目安装探头和监控系统。至2011年,有85个项目接入监管平台(房建工地73项,市政1项,地铁5项,内河2项,液化气4项)。二是建立责任制监督巡查机制和共性问题专项整治机制。全年发出责令改正通知书近2700份(其中质量隐患整改通知书2100多份,安全隐患整改通知书590多份),责令停工整改通知书103份(其中因质量问题停工整改通知书76份,因安全问题停工整改通知书27份)。发生一般安全生产责任事故6起,死亡7人,低于省住建厅下达的安全生产责任事故指标,未发生较大以上生产安全事故。三是开展脚手架、建筑起重机械设备等专项整治活动,督查塔吊180台,施工升降机124台,脚手架126项,责令20台塔吊、19台施工升降机停止使用,对16家企业建筑起重设备违法违规行为和2家企业外脚手架违规搭设行为进行行政处罚。建立混凝土搅拌站实验室数据联网系统,推进搅拌楼配合比实时监控系统建设;开展全市预拌混凝土搅拌站质量控制专项检查,关停"三无"(无规划、无报批、无资质)搅拌站分站5家。年内全市有资质生产单位23家,产能1500万立方米。抽查22家商品混凝土生产企业、13家检测机构,抽检136个工程现场的混凝土构件强度、钢筋保护层等易出问题的施工细节,对存在问题较多的企业和项目进行通报批评。四是采取约谈、发联系函、通报、责任人记分等方式,加强隐患整改。约谈建设单位6家次，对总监31人记分285分，项目经理41人记分345分。五是推行分户验收，由专家验收组按10%比例抽查分户验收执行情况。42个项目（含15个保障性安居工程）进行分户验收。115项（含16项保障性安居工程）新竣工项目设置永久性标牌，载明建设、勘察、设计、施工、监理等质量责任主体和主要责任人姓名。

【文明施工监管】 制定并实施《福州市建筑施工安全文明标准化示范工地评选办法》，全市申报创建市级示范工地项目56个，参加省级示范工地评选项目51个。开展“安全生产月”宣传检查、安全教育培训工作，开办特种作业人员培训班4期，培训440人；发放安全月活动材料，督促施工单位悬挂安全月宣传标语及横幅，项目部设置宣传栏，同时开展施工现场安全防护。

【保障性安居工程监管】 提请市政府转发《关于进一步加强保障性安居工程及社会公共事业项目质量安全管理的若干意见》，要求保障性安居工程及社会公共事业项目建设单位要加强现场管理人员配备和履职管理，针对模板及支撑体系、施工机械和商品混凝土进行专项整治。抽调业务骨干、外聘专家组成2个专项督查组对保障性安居工程进行专项检查，组织不同项目施工单位开展互查、互学。组织量化考评，每月通报排名前三位和倒数后三名项目，全年15个项目的8家施工单位、17个项目的12家施工单位分别受到通报表彰和通报批评。加强层级质量安全监督指导，先后3批次组织技术骨干和行业技术专家对五区七县（市）的保障性安居工程、校安工程建筑质量安全进行检查，对主体结构钢筋连接头、钢筋原材料力学性能、混凝土强度等关键环节进行比对检测，发出责令整改通知书142份，责令停工通知书7份。

【勘察设计监管和建筑节能工作】 对勘察、设计单位执行国家强制性条文（标准）情况进行检查，抽检全市22个项目施工图设计文件、29个项目勘察成果文件及5个项目勘察作业现场，发出责令整改通知40份，对12家违反工程建设强制性条文的设计单位进行行政处罚。组织参加2011年福建省优秀工程勘察设计项目比赛，福州市获一等奖5项，二等奖7项，三等奖15项。组织保障性安居工程设计质量评估调研，对6个保障房项目的设计招标和中标方案进行评估，从总平规划、户型设计、立面设计等角度对比分析，提出提升保障性建筑设计方案品质的措施。开展福州市可再生能源建筑应用城市示范工作，完成2批可再生能源建筑应用示范项目申报、上报、批准等工作，示范建筑面积156万平方米。牵头组织企业参加“海峡绿色建筑与建筑节能博览会”“低碳八闽行活动启动仪式暨两岸城市照明与低碳经济论坛”“第五届海峡两岸土木建筑学术研讨会”等相关活动，推广绿色建筑和节能技术。

【造价定额制定】 配合省住建厅调研编制《城市轨道交通工程费用取费标准（试行）》，编制新材料、新工艺消耗量定额33项，报经省住建厅批准发布；编发建筑、安装、市政专业材料价格信息约19万条；完成全国造价员继续再教育2300人次。参加全省“建融杯”造价技能竞赛，福州市获团体第一名，其中获奖单位5个，6人获评全省十大造价标兵。

【城建档案管理及烂尾楼处理】 全年核发《福州市建设项目档案审查意见书》130项，参加项目竣工验收200项，接收档案160项，整理入库档案2800盒，5000卷，形成录像档案1900分钟，照片档案9800张，接待查档550人次，调阅档案1300卷。

【房地产企业资质管理】 将房地产企业资质年检与日常监管、受处罚情况相结合，逐步淘汰无项目、无资金、无人员的“三无”公司，新申报资质企业34家，通过资质检查企业371家（含八县市），其中办理暂定延期100家；拟注销企业21家。继续开展乌山嘉苑、晓康苑、侨益大厦、新兴大厦、榕航花园、鸿业大厦等烂尾楼项目扫尾工作。

（许信证）

房地产开发管理

【概况】 2011年，福州市完成房地产开发投资956.45亿元，比增42.6%，占城镇固定资产投资的36.1%。全市商品房施工面积4989.92万平方米，比增38.6%，新开工1630.5万平方米，比增12.3%，竣工588.93万平方米，比增70.3%，其中商品住宅竣工505.87万平方米，比增71.7%。

【市场管理】 制定并实施《福州市人民政府办公厅贯彻国务院办公厅关于进一步做好房地产市场调控工作的实施意见》，提出2011年度福州城区新建住房价格控制目标：新建住房价格增幅低于2011年城镇居民可支配收入增长水平，且新出让的商品住房用地楼面地价保持在2010年水平。全年商品房销售面积622.18万平方米，比增4.1%，其中商品住宅销售面积536.87万平方米，同比微降1.1%。市区商品房销售套数3.26万套，同比下降11.95%，销售面积259.57万平方米，同比下降13.76%，其中住宅销售套数1.72万套，同比下降20.01%，销售面积186.87万平方米，同比下降18.83%。至年底，市区可售商品房面积547.94万平方米，比增32.14%。二手房交易2.25万件，面积230.81万平方米，分别同比减少46.79%、52.01%，其中市区二手房交易1.75万套，同比下降50.20%。成交面积160.18万平方米，同比下降57.25%，其中住宅交易1.39万套，同比下降50.39%，面积129.69万平方米，同比下降53.27%。1～12月，市区新建住宅价格指数涨幅2.7%～5.2%，经营性土地出让中商品房楼面地价5626元/平方米，低于上年5734元/平方米，完成年度城区新建住房价格控制目标。

【物业管理】 修订《福州市物业管理若干规定》。开展规范提升城市住宅小区物业管理专项行动，建立业主满意度测评机制，全市物业服务行业开展“学厦航经验创和谐小区”活动。同时将无物业小区整治纳入各区年度绩效考评内容，全年市区投入4270万元整治118个无物业小区,实现“沟通、路平、灯亮、整洁、有序”的整治目标。年内20个项目获“福州市物业管理优秀项目”称号,11个项目获“福建省物业管理示范项目”称号,1个项目获“全国物业管理示范项目”称号。

【住房保障】 放宽福州市城区保障房准入条件,扩大住房保障覆盖面,廉租住房申请人家庭年收入条件由上年的3万元以下放宽至3.5万元以下;经济适用住房申请人家庭年收入从3.8万元以下放宽至4.5万元以下,人均住房建筑面积从14平方米以下放宽至15平方米以下。年内落实59个保障性住房建设项目,完成投资114亿元,开工建设各类保障性住房3.44万套,竣工或基本完工(含续建项目)2.9万套(户),占当年新开工量的84.3%。启动35个城市棚屋区改造项目,超额完成省下达的目标任务。

【房屋征收】 出台《福州市国有土地上房屋征收与补偿实施意见(试行)》《福州市城区集体土地征收房屋补偿若干意见(试行)》,确定省、市发展改革部门立项、市级以上财政出资和跨区项目由市政府负责房屋征收与补偿工作;区发展改革部门立项、区级财政出资项目、市政府下达由各区政府组织实施的其他项目由各区政府负责房屋征收与补偿工作。市住房保障和房产管理局是福州市房屋征收部门,各区房屋管理部门是各区房屋征收部门,市、区房屋征收部门负责组织实施城区房屋征收工作。全年市本级启动12个国有土地上的房屋征收项目,发布横屿组团、轨道1号线新店车辆基地、三环路东北段B段等29个项目集体土地上的房屋补偿方案,涉及用地411.8公顷,拆除房屋272万平方米,征收户数1.03万户。

【解决历史遗留办证难题】 加强开发企业的尾盘销售、登记管理,督促符合办证条件的企业尽快申报测绘及产权初始登记(总登记)。“两权办”组织专人收集、梳理38个历史遗留项目未办证资料,市政府“两权会”研究解决28个历史遗留项目办证难题,2929户群众办理个人产权证。

表8 1~12月福州市区商品房交易情况表

月份	面积(万平方米)	金额(亿元)	均价(元/平方米)
1月	28.61	37.58	13136
2月	17.42	23.87	13713
3月	32.38	45.34	14004
4月	23.08	31.46	13631
5月	21.86	27.2	12439
6月	36.11	47.92	13269
7月	23.73	30.22	12733
8月	17.5	26.03	14875
9月	13.51	19.31	14296
10月	17.12	25.85	15097
11月	14.63	20.79	14211
12月	13.62	21.92	16097

【二手房交易服务平台建设试点】 8月,市房地产交易登记中心牵头筹备建设全市统一的二手房交易服务平台,为福州市城区内二手房交易各方提供房源信息发布、租售信息核验、交易信息查询、买卖合同网上签约、交易资金监管等服务。该项目可行性研究暨初步设计方案通过市数字办评审。

【房地产市场信息系统统一平台建设】 市房地产交易登记中心完成市本级个人住房信息系统数据镜像与映射工作。利用现行房屋登记系统,建立市本级个人住房信息数据库,开发个人住房信息查询平台,依托该系统可进行个人住房信息查询。年内完成房地产信息系统7个子系统研发、测试工作。

(温昌平 翁发春 曾彩华)

市政建设管理

【概况】 2011年,完成道路新建、改扩建23条,实现三环路主线贯通;完成除光明港外的内河清淤以及白马河、晋安河、安泰河两岸的景观提升。城市供水普及率99.8%,日均供水量100.73万立方米;社会用电量293亿千瓦时,比增10.9%,居民生活用电量61.76亿千瓦时,比增4.67%;完成20项110千伏、122项10千伏电力线路缆化;城市污水处理率95.6%;燃气普及率98.9%。全年列入城市建设战役项目189项,年度计划完成投资303.85亿元,实际完成投资426.42亿元,完成年度计划的140.3%。

【城区路桥建设】 完成路桥建设投资64.9亿元,新增道路面积150万平方米,市区8米以上道路总长度870.2千米,道路总面积2169万平方米。三环路主线贯通,增强城区与外围交通的快速连接;建成站东高架、站前高架、宝龙万象人行天桥、厦坊路等路桥工程23项,推进螺洲大桥、南平东路等一批项目建设,推动江厝西路延伸段、斗池高桥西路、环岛路等项目建设,开展湖东东路、三江口旅游文化城配套道路等30多个项目前期工作。

【市政维护】 道路及路灯维护 整治支路街巷219条,完成11条道路路面“白改黑”和531条道路人行道整修,市政设施完好率逾90%;完成52条道路和59条小街巷路灯维修,主干道亮灯率99.18%,次干道和小街巷亮灯率98.5%。

桥梁维护 完成71座大型桥梁、重

点桥梁检测,186座中小桥梁常规检测和26座桥梁、12座地下通道加固维修、涂装、美化提升,福州市桥梁管养工作受到省检专家组肯定。

破路管理 实行协议管理,破路申请必须缴纳违约保证金,现场管理人员需先培训后上岗,1个项目只能申请1次破路,缆化和"白改黑"路段3年内不得申请破路,第一批22条主次干道5年内不得破路,全市有12家管线单位、118家房建单位、施工单位签订占道施工协议。市政管理部门破路审批后实行道路分片包干巡查,重点路段重点巡查,建立安全隐患及时抢修制度。

【内河整治】 启动75条内河整治工作,由市、区两级分工负责,市级负责统一规划、截污与补水,以及白马河、晋安河、光明港等17条主干河道整治;各区负责辖区内内河整治(其中鼓楼区9条、台江区8条、仓山区8条、晋安区33条)。完成投资26.4亿元,铺设沿河截污管道65.38千米,完成除光明港外其他内河清淤和69条内河沿岸截污管建设、沿河3100多个污水排放口的截污,推进白马河、磨洋河、安泰河整治,晋安河清淤工作完成80%。

【城市景观建设】 完成福飞路、道山路、温泉片区、东三环路沿线约555栋楼体立面景观整治,大学城新区、甘洪路、福新中路沿线和镇海楼周边地区建筑立面改造方案审批。拆除城区违章广告830面,改造店招店牌1.2万面,发布创文明城市、"5·18"海峡两岸经贸交易会、"6·18"海峡两岸项目成果交易会活动公益广告703面,组织442座公交候车亭灯箱广告使用权拍卖。完成闽江两岸150栋楼体、5座跨江桥梁以及江心岛节点的夜景提升,完成五一路过街天桥、乌山高架桥、斗门高架桥等节点的光源改造。完成20项110千伏、122项10千伏的电力线路缆化和83条道路通信杆线缆化。

【开展创建文明城市迎检活动】 由市建委牵头,协调电力、电信等部门开展公共设施维护、园林绿化、户外广告等专项整治工作,组成20个执法检查组、1个督查组,分片包干巡查,对全市房建在建工程、市政道路、地铁工程、路灯、缆化下地、窨井盖、内河整治、污水管道、液化气管道设施完好情况、维修施工情况等进行督查,抽查房建工程405项(次),发出责令整改通知书154份,停工通知书72份;巡视市政道路发现病害884处,发出责令整改通知书48份、责令停工通知书12份,对存在较大安全生产隐患的16个项目工程进行处罚。

(许信证)

【供水】 完成供水量3.677亿立方米,比上年下降0.64%;出厂水水质综合合格率100%,管网水水质综合合格率99.95%,比增0.01%;全年日均供水量100.73万立方米。建成城门水厂二期,通水试运行;东南区水厂备用水源工程竣工通水,东南厂深度处理技改工程完成投资额90%。至年底,户表改造完成13.8万户,接收服务完成1153个小区39.29万户,福州市区生活用水户实现抄收服务到户。

投资4678.6万元加强管网建设,完成琴亭湖、秀山路、金洲南路、甘洪路、金融街、福飞路、南平东路、鹤林路、螺城路、福新东路等41项管网建设和管网改造工程。投资4217.5万元,对牛眠山、文儒坊、洋中路、岭下路等26条小街巷进行管网改造。配合地铁建设完成管网改迁13项,总投资1301.9万元。至年底,城区管网总长1619.4千米(其中口径100毫米以上1097.8千米)。9月1日起,居民生活用水价格从1.40元/吨调整为1.70元/吨;行政事业单位用水和其他行业用水从1.70元/吨调整为1.90元/吨。

(游丹红)

【供电】 福州市社会用电最高负荷514.63万千瓦,比增11.03%,网供最高负荷496.7万千瓦,比增12.29%。全社会用电量293亿千瓦时,比增10.9%,社会用电总量约占全省1/5。从地区用电来看:直供区(含闽侯县)用电量126.4亿千瓦时,比增11%;工业用电49.06亿千瓦时,比增9.4%。七县(市)用电量168.19亿千瓦时,比增11.9%;工业用

表9 **2012年福州市自来水有限公司水质合格情况** 单位:%(合格率)

月份		1	2	3	4	5	6	7	8	9	10	11	12	全年平均
出厂水		100.00	100.00	100.00	100.00	100.00	100.00	100.00	100.00	100.00	100.00	100.00	100.00	100.00
管网水	浑浊度	100.00	98.81	100.00	10.00	99.46	100.00	100.00	99.39	99.44	99.46	100.00	100.00	99.71
	色度	100.00	100.00	100.00	100.00	100.00	100.00	100.00	100.00	100.00	100.00	100.00	100.00	100.00
	臭和味	100.00	100.00	100.00	100.00	100.00	100.00	100.00	100.00	100.00	100.00	100.00	100.00	100.00
	余氯	100.00	100.00	100.00	100.00	100.00	100.00	100.00	100.00	100.00	100.00	100.00	100.00	100.00
	细菌总数	100.00	100.00	100.00	100.00	100.00	100.00	100.00	100.00	100.00	100.00	100.00	100.00	100.00
	总大肠菌群	100.00	100.00	100.00	100.00	100.00	100.00	100.00	100.00	100.00	100.00	100.00	100.00	100.00
	CODMn	100.00	100.00	100.00	100.00	100.00	100.00	100.00	100.00	100.00	100.00	100.00	100.00	100.00
	其余30项	100.00	98.92	100.00	100.00	100.00	100.00	100.00	100.00	100.00	100.00	100.00	100.00	100.00
水质综合合格率		100.00	99.72	100.00	100.00	99.93	100.00	100.00	99.92	99.93	99.93	100.00	100.00	99.95

电125.99亿千瓦时,比增12%。从产业上来看,第一、二、三产业以及居民生活用电量分别为4.1亿千瓦时、180.72亿千瓦时、48、61.76亿千瓦时,分别比增31.19%、11.62%、19.39%、4.67%;工业用电量175.05亿千瓦时,比增11.27%。

重点支柱行业中,纺织业用电量31.93亿千瓦时,比增0.13%;橡胶和塑料制品业用电量10.62亿千瓦时,比增6.43%;黑色金属冶炼及压延加工业用电量27.7亿千瓦时,比增17.91%;有色金属冶炼及压延加工业用电量11.84亿千瓦时,比降5.48%;交通运输、电气、电子设备制造业用电量12.44亿千瓦时,比增5.74%。

(朱旭辉)

【供气】 完成天然气利用工程(LNG)建设投资5616万元,建成CNG加气母站、标准站各1座,敷设高压、中压管道41.5千米,完成仓山区、马尾区天然气并网,全市38.8万户用上天然气。全年供应天然气9795万立方米,液化石油气7.3万吨,城市气化率98.9%。

开展瓶装液化气安全专项整治,依法查处液化气企业违法充装行为8起,采取"以块为主、边排查边整治、市和区联合执法"方式,查处黑气店、点165处,查扣钢瓶1060只,没收倒充设备7套,治安拘留3人。检查管道燃气管安全保护范围内的施工项目83项,向建设、施工单位发出告知函77份,整改隐患点31处,立案处罚6起。加强燃气行业日常安全督查,检查企业180多次,发出整改意见书35份,提出整改意见195条。开展《福州市城市供气系统重大事故应急预案》演练。

【污水处理】 浮村厂建成投入使用,启动洋里厂三期建设前期工作,基本完成洋里污水处理厂污泥无害化处理技改工作。新建成污水管道127.1千米,累计建成污水管道1011千米,其中洋里厂厂外管网三期敷设40.3千米,连坂厂厂外管网一期敷设68千米,浮村厂厂外管网敷设37.2千米。全市污水处理能力达55.5万吨/日,全年处理污水1.8亿吨,削减COD排放量2.91万吨,城市污水处理率95.6%。

【温泉资源】 完成桂湖、淮安、螺洲地热资源勘探和新店地热物探勘查。重建德天泉澡堂、工人澡堂、华清楼澡堂、三山座澡堂等一批老字号澡堂。源脉温泉休闲园建成营业。推进桂湖温泉城项目建设。

【小城镇建设战役】 省级下达项目完成投资121.59亿元,完成计划的160.2%;市级下达项目完成投资45.48亿元,完成计划的164.1%。全年有9个乡镇完成"绿色乡镇"创建工作,新增公园15个,新增公园面积16.76公顷。完成18个乡镇农村家园清洁行动,完成557个行政村整治并通过省级验收,累计有130个乡镇、2088个行政村完成环境卫生整治,分别占镇、村总数的100%和95.1%,建成97座垃圾焚烧(窑)炉、184座垃圾转运站,农村生活垃圾处理率逾72.9%。

(许信证)

园林绿化

【概况】 2011年,福州市园林绿化工作按照省、市实施"四绿"工程、打好"五大战役"及开展"城市绿化美化年"活动,建成区绿化覆盖率40.5%,比增0.5%;绿地率37%,比增0.27%;市区人均公园绿地面积11.2平方米,比增0.45%。

【城市绿化】 建城区新增城市绿地32处、垂直绿化点460处、绿地面积320公顷,道路绿化普及率98%,建成城市林荫景观道5条、屏山公园二期0.4万平方米、凤湖绿地0.4万平方米及华侨公园、天峰绿地、高架桥下绿地等。

三环路道路绿化 3月,完成三环路东北段A段道路配套绿化,全长14.9千米,一期绿化面积8.1万平方米,绿化投资约1486.6万元,种植黄槿、大叶榕、大叶杜英、碧桃、洋紫薇、台湾栾树等乔木9683株,种植毛鹃、扶桑、黄金榕、蟛蜞菊、三角梅、水鬼蕉等地被152.94万株。二期绿化面积53.06万平方米,绿化投资约7907.7万元。3月11日开始绿化施工,种植香樟、盆架子、木棉、大花紫薇、湿地松、水杉、白千层、美人树等乔木1.96万株,种植黄金榕、黄金叶、海芋、鹅掌柴、细叶棕竹等地被约1200万株。三期绿化面积6.7万平方米,绿化投资约1247万元,6月26日~9月6日完成绿化施工。种植杨乔3100株,种植红叶石楠、红绒球、扶桑、黄花双夹槐等地被170万株。

五里亭桥下互通绿化工程 绿化面积约2.8万平方米,3月进场绿化建设,12月完成种植面积2.31万平方米,种植垂叶榕、大花紫薇、垂叶榕、腊肠树、伞树等乔灌木1400多株,种植八角金盘、海芋等地被约55万株。

福飞路拓宽改造绿化 绿地面积约3万平方米,投资1390万元,6月完成。种植小叶榄仁、美人树、栾树、兰花楹、黄花槐、刺桐、大花紫薇、杨树等乔灌木6615株,种植八角金盘、龙船花、扶桑、毛鹃、栀子花等地被78.67万株。

浦上大道改造绿化 绿化面积约2.3万平方米,投资680万元,4月完成。种植小叶榄仁、盆架木、小叶榕、大叶杜英、大花紫薇、黄花槐等乔木1461株,种植黄金榕、扶桑、毛鹃、变叶木、丰花月季等地被14.27万株。组织实施凤湖绿地、三环路东北段B段(福飞路至西岭互通)分车带绿化工程、黎明片安置房周边道路绿化、柳兴路省委党校东侧3块绿地绿化工程、厦坊路项目配套绿化工程、北二环原天峰宾馆拆除地块绿化、喜盈门道路绿化等10多条道路及路旁绿地建设。种植香樟、洋紫荆小叶榄仁等乔木7634株,种植毛鹃、黄金榕、黄金叶等地被200多万株。

绿化景观 对江滨大道、南二环、古田路等道路的驳岸、桥墩、堤坝及沿街小区栏杆实施垂直绿化300多处;在屏山绿地、乌山绿地、则徐大道分车带等处增加山樱花、碧桃、大花紫薇等开花植物;利用花船、花球、花亭、花柱及配置雕塑等形式的植物造景20多处;对环岛、道路换种时花及节假日、会议、重大活动等摆花约175.8万盆;结合创建国家文明城市工作,在46条(段)道路补植1300多株行道树,对江滨大道围墙边、建新北路旁、橘园四路等地块进行绿化改造,在绿地缺株断档处补植花灌木逾45万株。12月，与市总工会联合开展“我为福州添美景”——福州市园林景观建设职工技能竞赛活动，在白马路、八一七路、福飞路等主要道路上选取16个景点进行园林景观建设。万达集团、福州商会等捐资对鳌峰大桥北引桥下、尤溪洲大桥北引桥下、橘园洲大桥桥下、南江滨大道东侧绿化等地块进行绿化建设和景观提升。

古树名木保护　组织各古树名木管护单位分2次对古树名木进行巡查；完成省妇幼保健院重点项目涉及二级古樟树及市西峰小学重点建设项目涉及二级古香椿的移植保护工作，开展地铁上藤站涉及古树的前期保护工作并提出保护要求；对闽江学院内、原国棉厂内等古树进行保护性修剪，对秀冶里河边倒伏古树进行抢救性保护等；完成第一批城市古树名木挂牌和GPS定位工作。

【公园景区建设】　琴亭湖公园　位于晋安区五四北路琴亭高架桥下，南起三环路，北至南平路，西至福飞路，东至罗汉山、福建儿童发展学院，面积31.6公顷。规划设计八大景观，分别是廊架、香堤蛤翠、青螺优水、落阶览胜、拾叶入波、寻石吟、水波廊影、网湿园。湖体设计库容71万立方米，蓄洪量57.6万立方米，其中绿化面积约6万多平方米，投资585.76万元，绿化提升投入约200万元。至6月，完成交地绿化。种植加杨、香樟、池杉、垂柳、落羽杉等乔木1947株，细叶紫薇、山茶、红绒球等灌木813株，红竹2151株，龙船花、红继木、软枝黄蝉等地被105万株，种植萍蓬、睡莲、荷花等水生植物2667平方米。

公园景区改造提升　西湖公园重点实施大梦山景区杜鹃园建设，在大梦山景区墨池周边先后种植5个品种大毛鹃近2000株；金山公园在流花溪建设“风荷流韵”景点；鼓山风景区恢复梅里历史景观带，打造“赏梅寻茶思圣贤”梅里新游线，台胞向鼓山捐赠梅花苗。鼓山梅里一带种植梅花4个品种2765株。在茶亭公园水区增设水处理系统，处理荷塘水质，投放观赏鱼7000多尾。

公园花展　2月、10月、11月，西湖公园分别举办迎春花展、国庆花展、金秋菊展。迎春花展展出郁金香、仙客来、花毛茛、报春花等各种莳花12个品种3万多盆，组成“玉兔报春”“闽都春晓”“大丰收”“玉兔呈祥”等5个景点；国庆花展展出大丽花、香水百合、向日葵、百日草等12个品种3万多盆，组成“湖畔旋律”“和谐古城”“梦幻故园”“顾盼生辉”“情真意切”等景点；金秋菊展展出各类艺菊、造型菊等300多个品种2万多盆。2月3～8日，于山风景区举办“闽都之春”兰花精品展，展出兰花80多个品种6000余盆，同时展出与兰花养植相关书画、摄影作品图片。

琴亭湖公园绿化实景

风景名胜区管理　配合省住建厅开展省级风景名胜区综合整治检查验收，对全市3个省级风景名胜区组织机构、总体规划、标志标牌、管理制度等方面进行检查。

【园林管理】　园林规划　3月，与市规划局共同编制《福州山体公园主题·概念性规划方案》，对景观价值、生态价值和历史文化价值较为重要的一、二级共30座山体进行专项山体公园主题研究（含分类、命名及定位等）。将“小三山”、大梦山、烟台山、冶山、闽山等7座山体定位为风景名胜公园，将“中三山”、五凤山、清凉山、城门山、黄山、飞凤山、牛港山、秀山等19座山体定位为山地公园，将妙峰山、赤塘山、金山、长门头山等4座山体定位为风景林地。结合福州内河综合整治工程，推进福州内河水系滨水绿地建设，拆除省幻灯片厂地块，使白马河公园增加3400多平方米绿地；晋安河综合整治工程全面开工；光明港综合整治工程完成前期可研阶段工作，进入方案设计。

法规建设　开展租赁合同相关法律制度建设、施工项目管理及招投标程序、如何正确行使行政执法权等法律知识专题讲座。完成市政府规范性文件清理，对2000年1月1日至2010年12月31日市政府及市政府办公厅颁发的由市园林局主管的相关规范性文件提出清理意见。为通过行政执法资格考试的相关人员发证，汇总相关资料并上报法制办。完成《福州市城市公园管理办法》行政处罚权申报和裁量标准编制、报批，上报FZ01YL－CF－0001至FZ01YL－CF－0009行政处罚权9项，细化行政处罚裁量标准，获市政府法制办批准，各公园开始根据相关规定对游客的禁止行为进行劝导及处罚。

园艺互动活动　3月10日、12日、19日和4月2日，开展园林服务进机关、进军营、进学校，进景区活动，为市民赠送茉莉花、园林画册，传授居家园林小技艺，宣传园林法规和园林绿化小常识，倡议大家参与“爱绿、建绿、护绿”活动。1月22日，举办“秀出你的阳台”家庭绿化比赛;6月28日,举办摄影大赛等活动。

(曾庆生　陈城忠)

市容管理与执法

【概况】　2011年,开展市容环境综合整治20余次,办理省、市人大政协建议、提案34件,办结、回复率100%,满意率分别为93.89%、94.49%;受理"12345"便民呼叫系统投诉1450多件,群众信件50多件;"110"社会联动电话接警8970多件;办理领导决策件、批办件680多件。

【市容环境综合整治】　组织创建全国文明城市市容环境卫生整治、城乡环境卫生整治行动、市区占道摊点整治、市区两车停放管理专项整治、全市生鲜超市专项整治行动,开展查处"无证无照"大排查、大整治百日会战,组织扫黄打非行动、市容环境卫生"八项"综合整治、市区机动车载货占道整治、学校周边市容环境卫生整治、市区核心路段夜间摊点清理、海西报刊亭和早餐工程网点整治、违法占道及联合执法整治、市区外地摊点综合整治、千人开展集中清理乱张贴城乡环境卫生整洁春季行动、城区超市、农贸市场及占道市场周边集中清理整治行动、城乡结合部和城中村整治活动、全市公厕集中整治活动等系列专项整治;签订"门前三包"责任书3万余份,市区二环路以内签订率逾98%,处罚违反"门前三包"行为1万余起;治理占道摊点、饮食排档,清理店外店占道10万余起;取缔清理占道摊点近6万起,查扣摊车等大件占道物品5940余件;清理夜间饮食摊档、烧烤摊3930余起,查扣摊车、烤架3080余件;清理沿街叫买叫卖行为9500余起,查扣收录机、高音喇叭、大功率音响设备941件;纠正"两车"停放12.34万辆次;收缴红布条、布幅广告7350余面;收缴占道移动广告牌7630面;清理"乱张贴"91万多张,停机5762部;清理乱悬挂、乱晾晒1.4万余起;拆除户外广告516面;清理乱堆放杂物9300多处等。

【环境卫生管理】　道路专业清扫长度扩至约700千米,清扫面积1689万平方米。机械清扫作业面增加至77条道路,机械清扫率58%。推行快速保洁机制,50条道路被列入快速保洁路段。主干道人行道每半月冲洗1次。推进垃圾分类、餐厨垃圾处理、车载桶装垃圾转运试点工作。推进保洁作业市场化,鼓楼区将15座固定公厕、39座移动公厕承包给3个保洁公司管理。推进天元美树馆、融侨锦江A区、双安城、心家泊、风景蓝水岸(江岸豪庭)、江南水都、三盛巴厘岛、金域榕郡、阳光二期、凯兴花园等10个垃圾分类试点工作。全年征收垃圾处理费3810万元。

【生活垃圾无害化处理】　启用二期填埋场,合理控制填埋现场作业面、填埋垃圾及时实施覆盖、定期进行填埋库区消杀;采取措施减少垃圾渗滤液产生量。全年消纳处理市区生活垃圾约80.14万吨,其中焚烧发电厂消纳垃圾57.46万吨,发电1.55亿千瓦时;填埋处理22.68万吨。填埋气发电厂抽取沼气量590万立方米,发电670万千瓦时。

配合市发改委开展红庙岭垃圾焚烧发电厂焚烧炉渣综合利用项目前期工作;推进污水厂清淤工程,保障垃圾渗滤液达标处理;红庙岭垃圾综合处理场污泥储坑除险加固工程完成招投标;开展数字化信息监管系统项目立项审批工作。加强垃圾处理BOT项目监管。生活垃圾无害化处理率98.8%。红庙岭垃圾卫生填埋场一期扩容工程、垃圾车洗车场工程、污水处理厂进厂道路和垃圾场进场备用道路连接段工程竣工并投入使用。

【环卫基础设施建设】　完成鼓山洋里环卫停车场建设规划选址、总评审批、土地预审、工程可行性研究报告和环评等前期工作;完成公厕建设180座;安装导厕牌900多面;完成新建的200多座公厕电子图版制作;增补果皮箱4100个;斗池转运站改造工程进入工程招标环节;加强对垃圾转运站的维修与更新,对14座转运站进行地面硬化、粉刷墙体30座、机械设备维修及油漆39台;更新垃圾板车2343辆、垃圾运输车23辆、维修箱体114个、更换新箱体39个;新增环卫设备,护栏清洗车2辆,桶装垃圾车3辆,电动高压清洗车6辆,后装式垃圾压缩车16辆,5吨拉臂车2辆,工具车1辆,垃圾桶2500个。

【内河管理】　与市直管河道沿河单位住户签订新一轮《护河公约》176份,向沿河社区发放《福州城市内河管理办法》宣传本360本;实施光明港垃圾专项清理与保洁行动;制止乱扔乱倒行为120多人次,制止临河乱搭缆线9起,拆除缆线3000多米,完成2个涉河建设审核审批工作。开展机电设备维修维护招投标和维护工作,全年各泵站保持安全运行

7月25日,开展占道流动摊点整治行动。

无事故状态。加大中心城区内河生态补水量,完善内河水闸科学调控,在防抗台风、暴雨中,适时开机排涝。

【建筑垃圾管理】 组织审验渣土运输车982车次;办理渣土处置申报工地60家;办理运输卡近3万张;核准报备临时受纳场20个,处置渣土150多万立方米;强化GPS平台监管,规范"净车出场",推进渣土车辆密闭改装,与公安交巡警开展渣土联合执法专项整治,查扣违章车辆440多辆,查处工地噪音800多起;水车冲洗污染路段1000多车次,清扫清洗路面面积120多万平方米。为新成立符合资质渣土公司办理准运证1张。

【便民服务】 便民市场建设 设立便民市场43个,其中早市26个、全日市17个。在便民市场和农贸市场内调整出摊位216个,专门用于摊点疏导。制定《福州市市区便民市场管理规定(试行)》,规范早市设置管理标准,实行准入登记制度,亮证经营制度,在全市便民早市、全日市配备蔬菜农药残留物快速检测仪、公平秤以及监督服务台等设备设施,与市农业局等部门配合,培训市场农药快速检测人员50人。

广场、商场管理 加强五一广场秩序管理,设立水、电等无偿服务项目,整治公厕、下水道,公厕内铺设防滑垫,安装扶手,24小时开放无障碍通道;在市老体协、"激情广场"队伍中选拔骨干担任公共文明宣传员,劝导纠正不文明行为。

【制度法规】 制定《福州市市容局2011~2015年第六个五年法制教育规划》,全面开展市民市容管理法律知识教育基础工作。完成《福州市市容和环境卫生管理办法》《福州市建筑垃圾管理办法》(建议)修订草案和《福州市城市生活垃圾分类管理规定》《福州市餐厨废弃物管理办法》立法建议草案。

【行政执法】 网上办理各类行政处罚案件1400多件,其中查处园林绿化案件20多起,市政案件425起。办理行政强制拆案件4件。查扣盗版光碟3.49万片、盗版书籍5430本、六合彩报2.55万张;收容无主流浪犬1167只。

【环境卫生宣传】 在省市各类新闻媒体上发表市容管理工作新闻报道229条,局网站用稿546篇,省住建厅、市委、市政府刊物用稿51篇。发放"门前三包"宣传材料6万余份,《规范城市摊点管理,人人关注食品安全,建设平安美丽福州》《市容管理市民手册(漫画说法)》《市容管理市民手册(便民服务)》等宣传材料6900余份。市内河引水管理所文山里泵站获省级"工人先锋号"称号。

【环卫队伍】 在岗环卫工人6965人,其中在编661人,编外6304人;退休1274人(含编外105人)。年内为编外环卫工人办理城镇职工基本养老保险2457人,城镇职工基本医疗保险2618人。

(周建国)

(编辑 吴 燕)

环境保护

综　述

2011年,福州市生态环境持续良好,环境质量状况继续保持优良水平。全年市区空气质量优良率98.6%,市区饮用水源水质达标率100%,建成区区域环境噪声年均值为56.7分贝,交通噪声年平均值为69.4分贝。城市生活污水集中处理率96.85%,生活垃圾无害化处理率98.38%。工业废水排放量5491.91万吨,工业固体废物综合处置利用率99.74%,工业危险废物综合处置利用率95.5%。市环保局获“全国环境保护系统先进集体”称号。

建立健全农村三级环保管理机构,173个乡(镇)街道均挂牌成立环保工作站(所),专(兼)职环保人员173人,2635个村(社区)均指定环保专干。成立“福州市环境应急与事故调查中心”。按照“五大体系”(应急组织/指挥、应急管理、应急预案、应急保障、应急响应)要求,开展环境应急管理。组织对153家企业开展沿海陆源溢油污染风险防范工作检查;组织开展全市重点企业环境应急预案评估,开展突发环境事件应急演练。

为巩固福州市创建国家环保模范城市成果,实施城区内河整治等重点整治工程,完善红庙岭垃圾渗滤液处理厂等环保基础设施建设,实施产业结构调整,突出抓流域性、区域性、行业性污染整治,推动主要污染物减排工作,强化饮用水源地管理,推行清洁能源,巩固城区“禁煤”成果,实施机动车环保检验合格标志管理,对城市环境开展综合整治和长效管理,推进环保能力标准化建设。

环境质量

【大气环境】　城区空气污染指数(API)平均值为58,略低于上年(59),全年空气质量以优、良为主,优良率98.6%,高于上年(96.17%),全年出现轻微污染5天,首要污染物为可吸入颗粒物。空气质量在全国31个省会城市、直辖市中列第4位。城区空气中二氧化硫、二氧化氮和可吸入颗粒物的均值分别为0.010毫克/立方米、0.032毫克/立方米、0.069毫克/立方米,均达到国家环境空气质量二级标准。城区降水pH均值为4.9,酸雨率77.18%。各县(市)中,永泰城关空气质量最好,闽清最差;永泰、长乐空气质量等级为优,其余为良。

【水环境】　闽江流域福州段水质总体保持良好,闽江干流福州段,支流大樟溪、梅溪口断面水质均值达到相应的功能区标准,达标率100%;敖江流域福州段水质功能区达标率100%;龙江流域

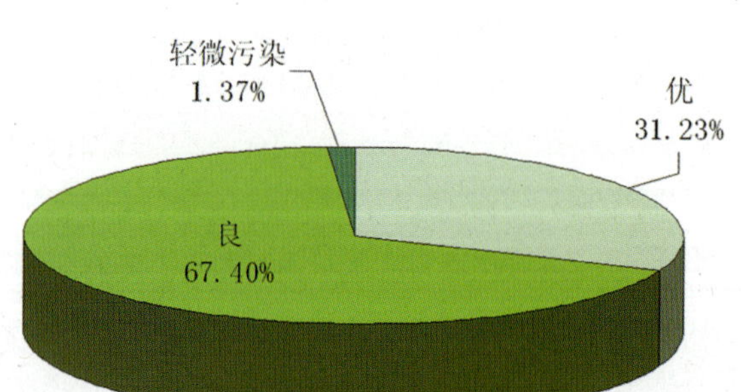

图8　2011年福州市空气质量分级比例

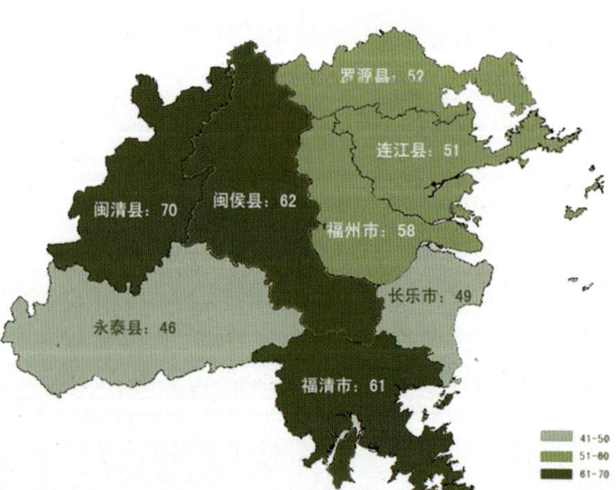

图9　2011年福州市各县(市)API年均值

各断面水质功能区达标率75%,与上年持平。

山仔水库、东张水库除总氮、总磷外其余各项水质指标年均值均达到地表水(湖、库)Ⅱ类标准,水库水质处于中营养状态水平。西湖水质指标达到地表水(湖、库)Ⅴ类功能区标准,水质处于轻度富营养状态。

城区6个饮用水水源地水质达标率为100%,较上年提高1.1个百分点。各县(市)中城关饮用水水源地水质良好,除福清、闽清外达标率均达100%。

城区内河仍然以有机污染为主,省控断面以上达标率为54.2%,略高于上年(50%)。近岸海域9个监测点位年均值达标率为28.6%,低于上年(42.9%)

表10　**2011年福州市3条河流水质达标情况**　单位:%

河流		断面数	水域功能达标率		Ⅰ类~Ⅲ类水质比例		交界断面达标率	
			2011年	2010年	2011年	2010年	2011年	2010年
闽江	干流	8	100	100	100	100	100	100
	梅溪	1	100	100	50	83.3	—	—
	大樟溪	3	100	100	100	100	100	100
	全流域	12	100	100	95.83	97.61	—	—
敖江干流		5	100	100	100	100	100	100
龙江		4	75.0	75.0	45.83	50	83.3	83.3
合计		21	95.24	95.24	87.30	89.68	—	—

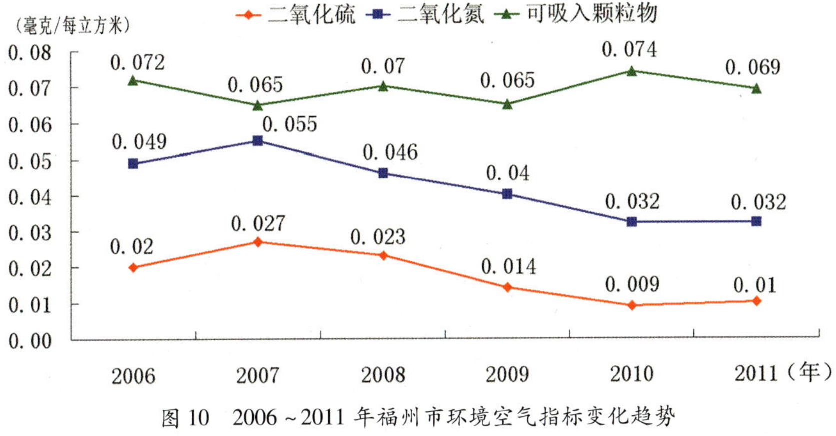

图10　2006~2011年福州市环境空气指标变化趋势

【声学环境】　建成区区域环境噪声年均值为56.7分贝,处于轻度污染水平。交通噪声年平均值为69.4分贝,维持在较好水平。在开展监测的市区62条交通干道中,道路交通噪声声级大于70分贝的长度73.89千米,占总长比例为40.2%,高于上年的38.7%。

【生态环境】　落实“以奖代补”和“以奖促治”政策资金2098万元,结合新农村建设和清洁家园行动,推进生态县(市)、乡镇(街道)、村(居)等系列生态创建活动,力争于2015年创建成为国家级生态市。全年创建734个市级以上生态村,至2011年,创建国家级生态乡镇3个、国家级生态村1个、省级生态乡镇33个、省级生态村86个和市级生态村875个。全市建成区园林绿地面积8604公顷,市区公园面积2446公顷,建成区绿化覆盖率40.5%,绿地率37%,城市人均公共绿地面积11.2平方米;各类自然保护区面积430.4平方千米,森林公园面积556.4平方千米,一级水源保护区面积122.75平方千米;林地面积75.7万公顷,森林覆盖率54.9%。

环境监察

【环保专项行动】　开展2011年“整治违法排污企业、保障群众健康”环保专项行动、“百日”环境监察执法专项行动、重金属企业专项执法检查、铅蓄电池环境专项整治、化学品环境管理和危险废物专项执法检查、沿江沿河化工企业排查行动及专项整治、“十五小”“新五小”企业专项清理整治、中高考噪声环境监管等,出动执法监察人员1.3万多人次,现场检查企业6700多家(次),下达环境监察整改通知书170多份,对涉嫌违法的105家企业立案调查处理,对2家存在突出环境问题的企业挂牌督办,对重要区域、重点行业、重点企业、历年挂牌督办单位等开展环保后督查;对75条内河全面开展排污口整治,出动人员7500多人(次),排查内河沿线未配套隔油设施餐饮单位165家,工业企业及医疗单位61家,排污管口近1500个,并对154家存在问题的单位下发整改通知书,督促内河周边企业、医疗机构的污水接驳市政管网。

全年排污费征收入库8700多万元,发放排污许可证143件,办理危险废物转移165家,办理辐射安全许可证22件。

【污染减排】　化学需氧量、氨氮、二氧化硫分别比上年减排3.09%、2.95%、3.02%,氮氧化物比上年增排7.64%。实施结构减排,搬迁、改造城区化工企业,淘汰1万吨以下废纸造纸和全部皮革加工企业,实施清洁能源改造和工业区集中供热工程。落实项目减排,实施57项工业和生活水污染物减排项目、33项大气污染物减排项目、94项畜禽养殖减排项目。新建并投入运行5座污水处理厂,新增污水处理能力8.5万吨/日,全年累计污水处理量2.347亿吨,比上年新增2869万吨,污水处理厂平均运行负荷率逾90%。完成50%燃煤火电机组脱硝治理工程,开展脱硫旁路取消试点工程。实施在用机动车环保标志牌管理制度。

加强减排管理,建立减排联席会议

制度,对所有减排项目实行"月调度、月通报、季督查",完成全市所有国控、省控重点污染源在线监测设备的验收和有效性审核。

【水环境综合整治】　闽江整治以畜禽养殖和工业污染治理为重点,落实《福州市畜禽养殖污染治理规划》《福州市畜牧业发展规划》,闽江流域拆除禁养区内养殖场108家,完成禁养区外规模化养殖场污染治理25家。加快推进流域内造纸、皮革、化工、医药、印染、重金属以及沿江食品、工艺品加工等行业污染整治。制定实施《福州市重金属污染综合防治"十二五"规划》及年度实施方案,闽江流域福州段的省级工业区全部实现污水集中处理,淘汰或停产皮革企业8家、造纸企业47家,完成闽兴工艺品公司等7家蜜饯加工、工艺品加工企业的废水治理,完成闽清城关定点屠宰场污水处理设施建设。

敖江整治以石板材行业治理和塘坂水源地保护为重点,将原有20个集中区调整到12个。全面停止审批新、扩建建筑饰面石材开采项目,对所有石材加工企业和矿山征收差别电价。提高废渣、废料的综合利用率,建成3家废渣制砖厂,每年消化废石渣粉16万立方米。加强敖江塘坂水源保护区周边乡(镇)、村污水和垃圾处理设施的日常管理和在线监控,投入生活污水和垃圾处理运行经费130万元,保障敖江塘坂水源地周边11处生活污水处理设施和5个乡镇生活垃圾处理设施正常运行。

龙江整治坚持治污、治洪、治乱"三治并举"。投入3500万元,完成龙江流域禁养区剩余100家畜禽养殖场的拆除扫尾任务,全面实现禁养区内和东张水库饮用水源保护区无畜禽养殖污染目标。扩建闽江调水工程,建立科学的水源调度系统,对龙江干支流实施常态补水,维护水景观。开工建设福清市第二污水处理厂,开展东张水库汇水区3个镇的污水管网改造,配套污水干支管10千米。

【固体废弃物处置】　全市具有危险废物经营资质企业7家。全年综合处置利用工业固体废物691.89万吨,处置利用率99.74%;综合处置利用工业危险废物2.05吨,处置利用率95.5%;无害化处置医疗废物3678.01吨,处置率100%。

【机动车尾气管理】　全年停放地检测车辆2500多辆次、路面抽检车辆826辆,查处尾气超标车91辆。加快车辆更新步伐,督促公交公司召回25辆"冒黑烟"公交车,办理二手车转入3100多辆。至2011年,核发机动车环保检验合格标志11万多件。

环境监测与科研

【环境监测】　编制《福州市环境质量报告书(2006~2010年)》。福州、福清、连江完成监测站省级2007版新标准化验收工作。完成国家、省、市重点污染源废水、废气的监督性监测,取得数据3.75万个;监测30多个国控、省控河流断面和湖库断面地表水环境质量。建成投运长乐炎山水源地水质自动站和城门环境空气质量监测站,开展城区灰霾监测项目,扩大空气质量监测范围,开展农村环境质量监测试点,实现国控点位空气质量日报。

【环保信息化建设】　继续完善全市环境监控中心功能和污染源在线监控体系。加快推进环境信息与统计能力建设项目,继续完善市环保局环境管理GIS应用系统、市环境监测及污染源管理地理信息系统。更新完善福州环境保护网信息公开、在线办事、公众互动和便民服务等网络平台建设,推行环保信息网上公开和环保公众信息化服务。

【环保科研】　重点开展流域污染控制、景观水体生态修复、大气污染联防联控、机动车尾气污染控制、土壤修复、农村污染控制新技术研究和推广;开展山仔水库、塘坂水库生态鱼放养,加强敖江山仔、塘坂水源地藻类应急处理处置跟踪科研;完成福州市"十二五"环境保护规划、"十二五"污染减排、闽江流域水环境整治等环保专项规划编制工作;推进城区内河整治等45项财政性投资市政重点建设项目的环评报告编制,完成《福州市交通综合规划环评》等7项规划的环评文件编制。

环保宣传与投诉件受理

【环保宣传教育】　结合国家环保模范城市复核迎检和重大环境纪念日活动,以"共建生态文明共享绿色未来"为主题,开展环保宣传进社区、环保歌曲大家唱、纪念世界环境日文艺晚会等"环保宣传月"系列活动,发放宣传材料20万份。开展创建"绿色社区"和"绿色学校"活动。至2011年,全市创建3个国家级、16个省级、129个市级"绿色社区";创建2所国家级、25所省级、171所市级"绿色学校"。11个县(区)成立环保协会,16所在榕高校成立23个环保志愿者协会。

【环保信访投诉件处理】　受理各类环境投诉5642件,处理率100%,办结率98.5%。环境噪声污染和大气污染是群众信访投诉热点,占投诉件总数的91.3%。办理答复涉及环保工作的人大代表建议、政协委员提案40件,办结率100%。市环保局获评"福州市十一届政协提案承办先进单位"。

(陈　艳)

(编辑　吴　燕)

交通 邮政

公路建设与养护

【概况】 至2011年底，福州市公路总里程10441千米，公路密度为90.2千米/百平方千米。其中，高速公路427千米，二级以上普通公路759千米。全市行政村均通水泥路，符合通车条件行政村均通客车。全年完成交通建设投资106亿元，位列全省第一。福泉高速扩建福州段、甘洪路、福银高速福州南连接线、乌龙江复线桥等交通重点建设项目建成通车。104国道罗源水古至上楼段、琅岐闽江大桥、闽侯新南港大桥等普通公路项目开工建设，福州汽车客运西站基本建成。完成以324国道、104国道、203省道等干线改建，建成绿色长廊1192千米、绿化生态单位43个、园林景观工程28处。完成公路客运量及周转量1.71亿人次、76.86亿人千米，分别增长1.51%、1.06%；完成公路货运量和周转量9300万吨、125.38亿吨千米，分别增长11.4%、12.4%。甩挂运输方面，盛辉物流被列为国家重点甩挂运试点单位，盛丰物流和八方物流2家企业成为省级甩挂运输试点单位。全年新增牵引车82辆，挂车125台，新增甩挂运输线路12条。

【重点项目建设】 安排交通重点项目19项，高速公路在建规模181千米，总投资196亿元。福泉高速扩建福州段、甘洪路、福银高速福州南连接线、乌龙江复线桥等交通重点建设项目建成通车；推进福永高速、渔平延伸线、沈海复线福州段等工程建设；推进京台线建闽高速公路福州段和湄渝线莆田兴化湾至三明尤溪高速公路福州段的前期工作。

福银高速公路福州南连接线 项目起于闽侯县祥谦镇五虎山旁，设枢纽互通北接福州螺洲大桥南接线，与国家高速公路网福银线相连，经闽侯县祥谦、青口，福清市镜洋，在沈海线福泉高速公路相思岭隧道出口附近以主线分岔的方式与沈海线福泉高速公路相接。建设里程14.2千米，总投资19.21亿元，设计标准为高速公路双向6车道。项目于2009年5月动工建设，2011年11月12日建成通车。

福永高速公路 是海西高速公路主骨架网中“二纵”宁德至诏安高速公路（即“沈海”复线）的重要组成路段，全线里程66.3千米，按双向6车道高速公路标准建设，设计行车速度100千米/小时，项目估算总投资80.6亿元，建设工期4年。工程于2009年6月25日动工建设，2011年完成投资21亿元，累计完成路基挖方94.81%、填方80.46%、桥梁桩基97.17%、隧道掘进开挖79.04%。

渔平高速公路延伸线（平潭复线桥） 起于渔平高速公路东瀚互通，建平潭大桥跨越海坛海峡，终于平潭县娘宫，与省道305线顺接，路线全长6.001千米，设计时速80千米，建设总工期3年。工程于2010年9月28日开工建设，2011年完成投资4.3亿元，临建工程全部完成，平潭大桥沉放钢护筒338根，赤表大桥完成桩基混凝土灌注57根，水上工程施工同时进行。

京台线建瓯至闽侯高速公路（福州段） 主线起于建瓯的弓鱼枢纽互通，与国高长深线相交，途经建瓯市、古田

1月18日，举行福泉高速扩建工程通车典礼。 （俞松 摄）

县、闽清县、闽侯县,终于闽侯白头枢纽,与福州绕城高速西北段衔接,线路全长约152千米,双向4车道,设计时速100千米,估算总投资约197亿元,2011年完成投资3.5亿元。项目工程许可报告获国家发改委批复,初步设计文件获交通运输部批复,施工图设计通过省高速公路指挥部(省高指)审查和复审。

沈海复线宁德蕉城至连江浦口高速公路(福州段)　项目起于宁德市蕉城区飞鸾镇,与沈海复线福鼎至宁德段相衔接,经罗源县起步镇、罗源城关,连江马鼻、透堡,终于连江浦口,与福州东南绕城高速公路衔接,路线全长48千米,双向6车道,设计时速100千米,项目估算总投资约49.1亿元,2011年完成投资5.7亿元。该项目"工程可行性研究"及初步设计均获批,施工图设计通过省高指复审,各参建单位进场开展驻地建设,部分标段进行"三集中"等临时工程场地建设,罗源湾特大桥钢栈桥同时开工建设。

绕城高速公路西北段　完成年度投资12亿元,年底,西岭至永丰互通段建成通车。

【农村公路建设】　完成农村公路建设389.6千米,总投资2.761亿元,占年度计划的139%;完成农村公路安保工程650千米,总投资9162万元,占年度计划130%;完成危桥改造20座,总投资3449万元,占年度计划100%;完成撤渡建桥1座,总投资2590万元,占年度计划100%。其中市公路局完成农村公路建设里程74.63千米。完成闽清126县道16千米、115县道8.46千米、闽侯116县道12.92千米农村公路水泥路面改造;实施连江195县道5千米旅游公路改造;6月,完成晋安区寿山、日溪两乡镇的新霍线25.53千米农村公路建设项目。

【管理养护】　开展3年1次的桥梁定期检查,检查桥梁483座,评定一类桥23座、二类桥441座、三类桥19座、四类桥1座。加强"绿色通道"建设,实施国道104、316、324和省道201、202、203等线路绿化补植与品质提升工作,完成绿化里程313千米,生态景观工程17处、绿色生态单位16个,管养公路县乡道可实施里程绿化率达87%。推进交通"黑点"整治工程,投资2197万元,完成10项市级"黑点"整治任务。公路工程项目交工、竣工验收合格率100%。

【路政管理】　开展专项整治活动,强化路面管控,规范叉道口、路边店、广告牌管理。组织执法人员巡查3.77万人次,拆除违章建筑482平方米,清理占道堆放345起、拆除非交通标志牌69起,累计查处各类路政案件8583起,结案率100%。治理整顿超限超载行为,开展治超站班之间交叉执法,落实固定检测站"四班三运转"24小时巡查制度,针对"职业车托""集中冲关"等车辆,加强与公安部门合作,开展联合执法行动。全年检测车辆2.46万部,处理超限车辆7214部,卸载4157部5.14万吨,辖区公路货车超限率控制在5%以内。

(张　斐　王绮萍)

公路运输与城区交通

【概况】　2011年,完成道路运输客运量1.638亿人次、旅客周转量74.338亿人千米,货运量9438.58万吨、货物周转量127.48亿吨千米。制定并实施《优先发展城市公共交通实施意见》,新辟公交线路40条,新增更新公交车辆785辆,调整公交线路43条,延伸公交线路85.3千米,新增公交首末站10个。全市公交车辆普遍安装GPS管理系统,主城区公交出行分担率23.35%。首批推出300辆CNG清洁能源出租车。

【客运市场管理】　全市客运企业(含旅游包车客运)有67家,其中从事班车客运42家,从事旅游(包车)客运22家。客运车辆4069辆10.7万座,其中客运班车3297辆7.83万座,旅游(包车)客运车辆772辆2.87万座。

推进客运市场精品工程和公铁客运衔接工程建设。道路客运许可行政审批18项,新增省市际客运线路10条、县际客运线路15条,新增客车28辆,更新客车450辆(其中更新新能源LNG客车56辆)。加快平潭综合实验区、长乐国际机场、火车南站班线车辆更新和商务快客发展。通过现有班车线路延伸、节点运输、预约客车、周末班车等模式,推动"村村通客车"工程。新开通农村客运线路27条,新增更新农村客车355辆。4月20日,福州新汽车客运南站正式动工建设。福州新汽车西站主站房工程完工。福州新客运北站成立业主单位,进行规划手续报批、准备。

制定《客运站创建文明城市突出问题整改方案》《福州市道路客运站创建文明行业环境秩序专项整治工作方案》,对全市三级以上客运站环境秩序开展专项整治,在福州市创建文明城市总评中,客运站创建工作达到测评体系标准。完成客运企业年度质量信誉考核工作,考核84家客运企业(含平潭及分公司),评出AAA级企业25家,AA级企业43家,A级企业12家,B级企业4家。

【货运市场管理】　有道路货运企业690家,其中危险货物运输企业24家。拥有各类货物运输车辆5.28万辆、36.47亿吨,大、中、小型货运车辆占营运货车比重分别为31%、2.3%和66.7%;货运车辆平均吨位达6.9吨。

现代物流业　形成零担运输、港口集装箱运输、危险货物运输、大件运输、工程渣土运输、水泥罐式运输、冷藏运输、搬家运输和城市配送等专业化运输队伍。有5家道路运输物流企业进入全国物流百强行列,其中福建交通运输集团有限公司、福建盛辉物流集团有限公司被中国物流与采购联合会评为全国AAAAA级综合型物流企业,福建盛丰物流集团获评AAAA级物流企业。福建盛辉物流集团公司、福建八方物流有限公司、中外运大裕储运有限公司、福建盛丰物流集团有限公司、福建实华油运有限公司以及福建华威物流有限公司6家企业被列入福州市首批具有省内影响力和示范品牌效应的道路货运企业。

货运枢纽站场　有4家公用型货运配载中心,其中,华威物流园基础配套设施健全,其二期城市配送中心和南屿农副产品配送中心被确定为省级重点物流项目。

货运行业节能减排　全市80%大、

中型货运企业应用 GPS 和信息化管理系统，实现与工业生产和制造业的信息交换和互动，降低车辆空驶率；部分企业采用甩挂运输等组织方式，单车运输效率提高 2.5 倍，车辆燃料消耗总量下降近 30%。福建盛丰物流集团有限公司甩挂运输项目被推选为全国交通运输行业第四批节能减排示范项目。开展甩挂运输试点工作，全年新增牵引车 82 辆、挂车 125 台，新开通甩挂运输线路 12 条；市港口集装箱运输企业基本实现港口之间、运输企业与生产制造业之间的甩挂作业；在长途干线运输中，以福建盛辉物流集团有限公司和福建盛丰物流集团有限公司为主要代表的甩挂运输粗具规模。福建八方物流有限公司、福建盛丰物流集团有限公司被确定为省级甩挂运输试点单位。

【城市出租车管理】　市区有出租车 5445 辆，其中企业出租车 3242 辆，占 59.54%；个体出租车 2203 辆，占 40.46%；户籍人口每万人拥有出租车 28.87 辆。市区有出租车企业 19 家，其中国有企业 5 家 1492 辆，集体企业 9 家 2569 辆，有限责任公司性质企业 3 家 629 辆，其他性质企业 2 家 255 辆。具有出租车从业资格驾驶员 3.3 万人，在岗出租车驾驶员 1.44 万人。出台《福州市客运出租汽车管理办法》（征求意见稿），规范出租汽车经营行为。

在火车北站建设 2 条出租车专用通道，并安装防暑降温设备和旅客导流栏；引导企业新建出租车服务站，至年底，市区有 7 家综合型服务站、10 个服务点投入使用，提供车辆清洁、车辆维修、餐饮休息等服务；调整出租车计价器打印模式，缩短打印时间，引导督促出租车司机主动打票。

【城市公共交通】　全市有公交车 3362 辆，比增 320 辆。其中，新能源公交车 705 辆，比增 385 辆；欧 3 排放标准公交车 1681 辆，比增 289 辆；欧 2 及以下排放标准公交车 976 辆，比减 354 辆。折合标台数 3968 辆。有营运线路 186 条，比增 25 条，其中新辟 27 条线路，停驶线路 2 条，调整（延伸）39 条线路。车辆及线路分布 4 家公交企业：福州市公共交通集团有限责任公司车辆 2359 辆，线路 140 条；福州闽运公共交通有限公司车辆 380 辆，线路 20 条；福州康驰新巴士有限公司车辆 485 辆，线路 20 条；福州营达公交有限公司车辆 138 辆，线路 6 条。

车辆及场站投资　投资 3.05 亿元购车 590 辆，其中新增 320 辆，更新 270 辆。新增车辆主要用于新辟东三环及周边新建道路，增加大学城、金山、浦上大道、火车南站等重点地段周边路网，填补仓山区、金山新区、晋安区城乡结合部、鼓楼片区部分道路公交空白。完成场站建设投资 5166 万元，竣工项目有大学城中心公交站，五孔闸公交首末站，东山新苑公交站，化工路公交站，鹤林新城公交站 6 项，完工投入使用的公交标准站台 101 个。斗门加气站建成使用。

营运指标　完成公交客运量 6.75 亿人次，营运里程 2.2 亿千米，分别比增 13.64%、12.82%，线路长度 2902 千米，比增 401.2 千米，线网平均密度 2.83 千米/平方千米。其中，中心区 3.3 千米/平方千米，公交站点 300 米覆盖率 57.6%，500 米覆盖 94.8%，与上年持平。按常住人口计算，每万人拥有公交车 13.58 标辆，新增 1.39 标辆，比增 11.48%。市民出行率约 23.35%，比增 5.66%。

编制公交发展规划　邀请交通运输部规划研究院编制公共交通发展规划，进一步明确城市公共交通运营结构、线网分布、用地规模、建设计划等，将场站布局、城市地铁布局以及公交专用道布局相结合，实现城市交通无缝对接。3 月，专家组先后调研市交通委、市发改委、市规划局、市建委、市港航局等部门，初步完成基础资料收集。5～6 月完成公交发展规划近期、中期、终期编制及评审工作。12 月交通运输部规划研究院基本完成规划书稿。

新增线路投标　设计确定 20 条公交线路的车辆数及走向。方案上报市政府批准后，拟定《20 条公交线路招标投放方案》。首次委托招标公司对线路进行减补招投标，市公共交通集团有限责任公司中标 12 条线路，福州康驰新巴士有限公司中标 8 条线路，至 2011 年，该项目缩减补助近 9500 万元。

部分路段延伸延时　配合福州市限摩限超电区域较上年延伸 16 个路段及 7 座跨江大桥，新开 2 条城乡小巴士，延伸线路 6 条，延时公交线路 11 条。过江线路公交运力比增 9%。

公交行业管理　一是加快智能公交系统建设。牵头组成福州市智能公共交通系统建设领导小组，负责项目推进。组织相关单位赴广州、武汉及北京考察智能交通系统运营情况。委托交通运输部公路科学研究院进行系统功能需求及建设方案设计。二是提升公交行业的服务水平。重点开展公交车司机教育培训和岗前培训。加强行业文明创建督查力度，市道管处成立公交行业文明服务督导组，对市区公交车进行明察暗访，对发现问题要求整改，对相关人员进行经济处罚。三是开展公交车尾气治理工作。新增欧 3 及以上公交车 674 辆，其中新增清洁能源车 385 辆；加强对驾驶员教育和督查，减少因操作不当引起车辆冒黑烟现象；执行车辆召回报修制度，由市道管处配合市环保局不定期开展公交车尾气排放抽检工作，对于排放不达标车辆，要求企业立即召回报修。四是接受社会监督。办理人大、政协提案 70 件，其中省人大代表提案 4 件，省政协委员提案 8 件，市人大代表提案 30 件，市政协委员提案 16 件，区人大、政协提案 12 件。处理“12345”便民呼叫中心、主任信箱等诉求件 2954 件。

【机动车维修】　全市有一、二、三类机动车维修企业 462 家，其中，一类企业 59 家、二类企业 262 家、三类 141 家。形成以一类企业为骨干、二类企业为基础、三类企业为补充的机动车维修市场服务体系。落实汽车维修合同签订、质量保证期和服务承诺制度为基础，建立营运车辆二级维护竣工检测及车辆综合性能检测监控网络，对营运车辆出厂竣工检验、维修材料单、维修合同等有关原始凭证实行电子备案制度。

【运输驾驶从业人员培训】　有机动车培训机构 93 家，训练场面积 169.13 万平方米，教学场所 1.62 万平方米，训练道路 8.23 万米，教练员 4129 名，教练车 3671 辆。培训机动车驾驶人员 12 万人，道路运输驾驶员 8419 人。3 家企业驾培企业质量信誉考核获 AAA 资质;5000 多名在岗客运驾驶员参加道路客运驾驶员驾驶应急处置和节能技术教育;出租车从业人员培训增设岗前服务实习。

(陈为杰　林　勇)

水　路

【概况】　2011 年,福州市注册经营的各类航运(服务业)企业 233 家,其中海运企业 94 家、内河运输企业 37 家、服务业 102 家。拥有各类用途船舶 771 艘,船舶净载重量 255 万吨,比增 4.21%。完成客运量 71.74 万人次,比增 28.91%;旅客周转量 934.42 万人/千米,比增 30.41%;货运量 6061.57 万吨,比降 1.79%,货运周转量 806.92 亿吨千米,比增 20.44%。"两马"航线完成客运量 4.15 万人次,比降 29.09%,"两岸"直航完成货运量 415.43 万吨,比增 17.63%。监管运输船舶 1.61 万艘次。市辖管水域实现零事故、零死亡、零经济损失。全市航运业呈现"运量回升、运价反弹、运力增加"态势。

【船舶市场管理】　清理整顿船舶管理公司 58 家,其中国际船舶管理业 20 家,国内船舶管理业 38 家,取消 2 家经营资质达不到要求的船舶管理业单位。福建冠海海运有限公司位居全国沿海干散货船队第 6 名。

【水上安全管理】　筹集资金近 1700 万元建成福州市内河搜救分中心。5 月 20 日起在螺洲大桥上下游 1000 米设立交通管制点,对施工水域实施水上交通管制 1 年。10 月 10 日,联合省地方海事局、东海救助局福州基地以及福建八方海上客运公司开展"2011 年内河水上交通应急救援联合演习",10 艘船艇、4 辆应急救援车辆、230 多人参加,有船舶消防、人员落水搜救等 4 个科目演练。

(庄亚辉)

港　口

【概况】　2011 年,福州港完成货物吞吐量 8218.25 万吨,比增 15.35%,其中集装箱吞吐量 166.02 万标箱,比增 12.90%,外贸货物吞吐量 3318.75 万吨,比增 22.02%。引航船舶 3214 艘次,比增 5.58%,其中引航 5 万吨级以上船舶 1297 艘次,比增 32.75%。

完成港航建设投资 17.80 亿元,超年度计划的 8.07%。建成 5 万吨级以上泊位 2 个(可门 4 号、5 号),万吨级客滚码头 1 个(平潭澳前),新增吞吐能力 800 万吨,旅客 36 万人次,车辆 10 万辆次。年内福州港口管理局挂牌成立。

【港口规划编制】　编制并实施《福州港"十二五"信息化建设发展规划》,开发安全证书管理等应用程序。《福州港平潭港区总体规划》于 4 月通过交通运输部和省政府联合组织的审查,福州港发展格局将由"一港四区"转变为"一港五区"。交通运输部规划研究院完成《福州港总体规划(征求意见稿)》,规划含宁德港、平潭港区在内。《福州港总体规划环境影响评价》于 5 月通过国家环保部主持的审查,8 月国家环保部印发《关于福州港总体规划环境影响报告书的审查意见》。《闽江北港航道整治建筑物景观改造工程设计方案》通过市政府审定,并于 5 月 18 日开工建设,全年完成投资约 5000 万元。

【"五大战役"港口工程项目】　列入省厅"五大战役""百个重点工程项目"的有罗源湾港区可门 4 号和 5 号泊位工程、松下港区牛头湾作业区 3 号泊位工程、平潭澳前对台滚装码头工程、江阴航道二期工程 4 个项目,其中完成可门 4 号、5 号泊位工程码头水工主体工程和设备安装,码头水工结构通过交工验收,并进行重载试验,30 万吨级散货码头建成使用;平潭澳前对台滚装码头工程基本完成码头主体施工,10 月 21 日、28 日分别完成平潭至台湾基隆、台中航线试航;松下港区牛头湾作业区 3 号泊位工程码头主体工程、江阴航道二期工程基本建成;同时推进码头后方陆域堆场建设。

【港口经营业务】　一是推进远洋集装箱航线开辟工作,马士基航运、地中海航运、东方海外、达飞轮船、韩进海运等集装箱海运企业开辟 6 条远洋干线,其中 2 条美西线、2 条西非线、1 条南非线、1 条中东线。二是发展"水水中转"业务,华电储运码头"水水中转"至省外煤炭 35.8 万吨、铁矿石 152.5 万吨,港内"水水中转"至华能电厂码头煤炭 271.1 万吨。三是推进海铁联运业务,全年运至三钢铁矿石 171.8 万吨,运至黄金埠电厂煤炭 35.6 万吨。四是拓展新货种业务。松下码头公司新辟三明市将乐县的福建通海镍业科技有限公司进口镍矿 10 万吨。五是加强与三明、武夷山等陆地港的交流,为经营武夷山陆地港的福建武夷山港务有限公司颁发港口经营许

10 月 10 日,开展"2011 年内河水上交通应急救援联合演习"。

可证。

“南北两翼”海港码头货物吞吐量占全港货物吞吐量比重达62.99%，较上年提升5.46个百分点。全港完成货物吞吐量超年度计划900多万吨。

【港政航政管理】　一是规范港口经营许可、岸线使用审批、从事港口危险货物作业资质认可、日常危险货物作业申报、规定权限范围内的施工图设计、初步设计批复以及行政处罚等工作。二是加强港口安全生产监管，开展企业主体责任活动，完成64家港口企业安全生产评级工作，其中32家企业被评为A级、32家企业评为B级。落实安全生产责任制和安全生产检查等监管防范措施，及时启动防台防洪应急预案，指导码头企业开展防台防洪工作，同时加强全港对外开放港口设施安保工作。三是加强沿海、内河航道行政执法，制止非法侵占航道行为。同时将河道采砂与航道疏浚相结合，降低闽江内河航道维护成本。四是形成局和局属单位两级联动服务工作机制，推进港口建设和港口生产发展。年内针对吉安码头因被撞受损，影响长乐金纶石化原材料乙二醇装卸情况，市局和长乐分局协调象屿码头布设管线，临时增加乙二醇装卸。指导可门4号、5号泊位和平潭澳前对台客滚台码头项目业主开展码头水工交工验收、航道验收、港口经营许可等工作。

【港口公用基础设施建设】　基本建成罗源湾港区北航道、福清湾深水航道、江阴航道二期、平潭港区进港航道以及松下港区防波堤工程5个港口公用基础设施项目，新增航道里程90.31千米，其中30万吨级航道4.5千米，15万吨级航道47.4千米，10万吨级航道31.65千米，5万吨级航道1.2千米。11月8日，新造“榕拖12”4000匹大马力拖轮建成使用。

（符　燕）

铁　路

【概况】　2011年，福州辖区铁路有峰福线（含福马线）、杭深线及其联络线，营业里程244.4千米。由福州工务段负责其线路、桥梁、隧道、路基设备维修养护任务。峰福线从水口车站K324.605千米（属南平市）向东进入福州市雄江镇浦后车站K334.075千米，至马尾车站K429.869千米，营业里程约100千米；杭深线从宁德进入福州市罗源县K818.920千米开始，又过透堡、连江、温福线路所、福厦线路所、福州南、福清、渔溪、至涵江K949.241千米处进入莆田境内，营业里程约130千米。福州联络线K3+585~K17+355，约13.77千米，杭福联络线K0+000~K4+234，约4.23千米。

10月9日，向莆铁路青云山隧道全贯通。　　（俞松　摄）

福州机务段配属机车320台，其中电力机车189台，内燃机车131台。福州车辆段配属客车1503辆（负责检修），福州动车段配属动车组39组（负责检修），动车组乘务工作由福州客运段承担。福州站为一等站，全年每日图定开行旅客列车62对，福州南站每日图定开行旅客列车42对。

全年福州火车北站、南站发送旅客1540.58万人次，日客运量4.22万人次，运输收入16.15亿元，其中客票收入15.68亿元。货运站有闽清、闽侯、杜坞、福州东、樟林、魁岐和马尾，发送货物361.51万吨。

【福州车站日开行旅客列车62对】　分别发至北京、上海、深圳、沈阳、洛阳、青岛、合肥、西安、成都、重庆、贵阳、南京、长沙、武昌、南宁、杭州、宁波、温州、南昌、吉安、南平、武夷山、邵武等23个城市，其中，温福动车9对、福厦动车31对（有2对待定开行）、普速19对、福厦假日动车3对，通过货物列车18对。实际福州车站每日始发旅客列车54列，其中，福州至厦门动车组列车25列：D6213次、D6215次、D6201次、D6219次、D6221次、D6223次、D6225次、D6227次、D6229次、D6231次、D6233次、D6235次、D6239次、D6241次、D6243次、D6245次、D6203次、D6247次、D6249次、D6251次、D6253次、D6255次、D6257次、D6259次、D6261次。福州至厦门北动车组列车3列：D6211次、D6217次、D6237次。福州至上海虹桥动车组列车2列：D3104次、D378次。福州至温州南动车组列车2列：D3128次、D3110次。福州至宁波东动车组列车1列，即D3124次。福州至泉州动车组列车1列，即D6321次。直达快车有Z60次（至北京西），快车有K46次（至北京西）、K1682次（至长沙）、K392次（至成都）、K804次（至重庆）、K478次（至贵阳）、K322次（至合肥）、K8740次（至吉安）、K30次（至洛阳）、K8718次（至南昌）、K8738次（至南平）、K68次（至青岛）、K164次（至上海南）、K8752次（至邵武）、K638次（至深圳）、K666次（至沈阳北）、K524次（至武昌）、K8750次（至武夷山）。

4月26日，福厦高铁开通运营1周

年,开通期间发送旅客1928万人次、实现运输进款12.9亿元。9月21日起,配备17个人工售票窗口、27台自售机,增设广场售票窗口6个。车站针对网上购票后旅客到站换票、退票、改签需求,开通所有售票窗口、代售点换票功能。

【福州南站日开行旅客列车42对】 福州南站中心里程为杭深线883.390千米处,每日图定开行旅客列车42对,其中温福始发终到动车9对、福厦始发终到动车2对、杭深线经过停靠动车29.5对(其中0.5对待定开行)、福厦经过停靠假日动车1.5对。

(周吉平　刘建平)

机　场

【概况】 2011年,福州机场安全保障航班起降6.79万架次,旅客吞吐量719.68万人次,货邮吞吐量8.76万吨,分别比增9.27%、11.12%、10.36%。新辟11条国内航线,1条国际航线。福建空港快线运输有限公司(原机场巴士公司)先后开通福州机场至福鼎、泰宁和福州台江万达的巴士班线;福建佰翔天厨有限公司(原空港食品公司)将配餐业务延伸到火车、动车及轮船航班(平潭—台湾台中的"海峡号"客滚轮船)上。实施机场扩能建设和相关设施设备改造,全年实现固定资产投资2.17亿元。

福州国际航空港有限公司(福州空港公司)在港龙航空全球28个航站旅客测评中得分第一,同时获2011年度海航配载代理"卓越贡献奖"。福州空港公司被推举为福州市诚信促进会理事单位。

【机场发展与航空运输】 新辟福州—澳门、福州—赣州—贵阳、福州—桂林—重庆等11条航线;新引进华夏航空和天津航空2家航空公司;新增石家庄、赣州、运城、连云港、澳门5个通航城市。5月1日起港龙航空将一航班执行机型由A320更改为A330;邮航福州—台北桃园货运航班由每周2班加密至每周3班;吉祥航空福州—上海浦东由每周3班加密至每日1班。

7月,市政府出台《福州市扶持民航发展若干意见》,每年给予航线补贴支持额度5000万元,加大对开通国际航线和新投放运力的扶持。福州机场加大对航空公司执飞新航线优惠力度,全年给予航空公司优惠支持1249万元。推动市政府与东航签订战略合作协议,对东航投放飞机、增飞航线给予支持。制定《福州空港货运扶持政策》,首次奖励石狮市友谊航空货运公司等8家航空货运代理企业36万元。

10月30日起,冬春新航季日均进出港航班194架次,每周比夏秋航季增加82架次。西部航空、山东航空、天津航空、吉祥航空等公司的航班执行率均提高。对台直航旅客吞吐量人次居大陆第5位。全年榕台直航航班总数为3005架次,比增89.71%;旅客吞吐量32.09万人次,比增51.69%;货邮吞吐量3787.7吨。以"温泉+高尔夫"特色吸引并促成大韩航空加大定期包机业务,12月8日起,冬春季"首尔—福州"包机执行32架次,比增60%,运送旅客3261人次。

12月,提出"十二五"期间打造现代化航空城雏形,打造临空商业产业集群、酒店产业集群、物流客流产业集群目标。

【机场服务】 开展"福州机场服务质量提升年"活动,建立《福州机场关键环节服务标准》《2011年服务质量目标》,编制航班保障、旅客服务、货主服务、投诉等服务标准95项,生产作业标准44项。完成《福州机场质量手册》和26个程序文件修订、符合性评审,通过ISO 9001质量体系审核。与港龙航空联合开展"微笑天使"评比活动,福州机场地勤公司旅客服务部5人获评"微笑天使"。

开发上线福州机场值机二代身份证识别系统、港龙航空条形码刷牌系统、贵宾服务管理系统。推行"生日快乐行""爱心宝贝""晚到行李早知道"、行李检查"春之旅"等服务项目。候机楼1楼国内到达厅增设软式座椅和投币按摩椅等,停车场添置充电充气设备装置。候机楼三楼3000平方米贵宾新区域投入使用。

引进知名连锁餐饮企业"两岸香榭"中餐厅,实行"同城同价",营业面积536平方米;神州租车、大宋官窑、片仔癀等商家相继入驻候机楼。

服务参加第十一届全国人大四次会议、第十一届全国政协四次会议的省"两会代表"160人。接待第六十六届医博会贵宾1636人。国际残疾人日开展以"关爱之旅、从心开始"为主题的一系列助残公益活动。保障"5·18"海峡两岸经贸交易会、"6·18"海峡项目成果交易会和第六十六届医博会等会展供餐工作;将配餐延伸到动车和轮船。原机场海滨酒店转型为"佰翔家"品牌商务酒店;投资约1亿元对福州航空港花园

3000平方米贵宾新区域投入使用。

酒店(原民航海天大酒店)按照四星级标准进行重新装修改造。

福建空港快线运输有限公司开通“机场—火车站”“机场—台江万达”2条专线。投入约800万元购置豪华大巴12部,升级换代“机场—阿波罗酒店”专线车辆。市际线路增加“机场—福安”专线,参与莆田、宁德专线运营,开通“机场—泰宁”专线。成立武夷山机场快线公司,筹建龙岩机场快线公司。

【基础设施建设】　全面实施机场扩能第一轮建设及相关配套设施建设,全年完成基建投资1.4亿元。投资近1亿元扩建的福州机场新停机坪于12月正式投入使用,扩建后停机坪总面积由20万平方米增至32万平方米,停机位由24个增至36个。候机楼南北翼扩能项目、航空综合业务配套用房项目、航空食品新厂房、业务用车加油站、特种车辆维修基地、一层贵宾厅装修及景观绿化等项目开工建设。全年完成设备采购和设备技术改造维修等7700万元。

投资500多万元对候机楼内外650个标识牌进行升级换代,各类指示符号与国际接轨,增加“饮水提示”“残疾人车位提醒”等功能。国际出发厅率先使用国内首创的机场边检智能通关系统,每名旅客平均验放时间缩短约5秒。扩建机场停车场,新增6个车道、280个停车位,扩建后泊车位总数达1446个。

投资近5000万元进行景观改造工程,其中,投入约2800万元改造迎宾路绿化景观,绿化面积约10万平方米。同时在显要位置设榕树桩景。

【机场安全建设】　完善设备设施　投入约3000万元完善各类安全设施设备,其中投入760.5万元购置消防主力泡沫车和火场照明车;投入205.5万元增加5台爆炸物分析仪;投入152万元完成监控与车场周界系统改造。增加82个探头,完成候机楼高架桥违章自动抓拍监控系统二期项目。

11月,助航灯光03方向PAPI系统通过中国民航飞行校验中心的飞行校验,各项参数指标均达标准。安检护卫部QC小组撰写“研制简易围界防翻越报警系统”“提高安检通道监管区域执勤人员查出率”2个课题,分获“全国优秀质量管理小组”“福建省优秀质量管理小组”称号。

年底,扩容后的机场停机坪正式投入使用。

安全管理　深化安全管理体系(SMS)建设,组织完成各层级、各岗位的运行手册和操作手册编写;启动航空保安管理体系(SEMS)建设,该手册涵盖组织保障、质量控制、风险管理、应急管理、威胁评估等内容。开展“安全生产隐患排查专项治理”活动,全年排查各类隐患16项,并整改到位。组织开展“靠机作业专项整治”活动,治理机坪违规行为330起,整改运行保障问题46项。强化值机和旅检现场锂电池运输管理,按照“双复核制”制度,加强货物邮件的安全检查和防爆探测。

安全培训和演练　举办11场以应急管理研讨、应急信息传递、机场应急救援法规以及各种突发事件应急处置预案为主题的专题培训,组织“航空器冲出跑道爆炸起火”“歹徒冲击道口”“危险品运输处置”“候机楼旅客疏散”“航班大面积延误”等11个单项演练。4月举行福建省“闽盾3号”反劫机实战演练,首次使用直升机参与演练。10月,在停机坪北远机位举行“失事航空器破拆及旅客救治演练”演练,机场安检、急救、地勤、机务及福建空港快线公司、机场公安局、民航福建监管局等有关单位共同参与。

(林中涛)

邮　政

【概况】　2011年,福州市邮政局完成业务总收入5.72亿元,比增13%,完成省公司下达指标的101.47%。完成收支差额1201万元,完成预算的102.2%。有效收入比增17.64%,高于总收入增幅4.64个百分点。百元收入变动成本为36.94元,百元收入代办费为1.69元,均为全省最低;有效收入增量6131万元,位居全省第一;集邮品差价率36.2%,居全省第二。

【业务经营】　实行专业业务奖励切块及财务派驻,打造“以专业营销为主,综合营销为辅”的营销体系,强化专业公司“市管县”职能,完善地面局和专业公司的沟通协调机制。全年金融收入2.6亿元,比增16.34%,完成率达102.2%;邮务类收入2.622亿元,比增9.42%,完成率达99.78%;代理速递结算收入1704万元,比减15.11%,完成率达79.89%。

邮政营销业务　推进金融、报刊、集邮、对账短信、贺卡五大项目发展。建党90周年项目实现收入628万元;特色资金项目揽收企业分红款、土地补偿款等各类特色资金5亿余元;房地产行业直邮项目实现全区联动,实现收入135万元,增收50万元;邮品定向开发项目亮点频现,全区申报项目101个,创收1063万元。第四季度邮储余额净增11.79亿元,跨年度净增8.21亿元,完成跨年度第四季度指标的157%;跨年度平均余额净增4.20亿元,完成跨年度第四季度指标的179%;实现报刊战役、集邮战役、对账短信战役设定目标;贺卡战役位列全省第三,收入规模位居全国地(市)级第三。

培育保险业务　保险业务作为邮政金融业务中第二核心和新的增长点,突出市场营销,开展“百场高端产说会、千场网点产说会”推广计划,坚持每月每市、县召开一场市、县级高端客户和特色大客户专场营销产说会,坚持每月每个网点召开一场产说会。支行长(专柜主任)、理财经理落实前期策划及客户邀约工作,改变单一保险推介,落实72小时事后追踪,提高成功率、出单率。开展联动营销,发动支局长、营业员、投递员及代办人员,利用其客户资源和人脉资源。全年销售保险3.25亿元,完成跨年度第四季度发展目标的57%。

【网点建设】　促进网点从交易型向销售型转变,从传统唯金融经营管理向现代商业银行转变。加快“村村通”、便民服务站精品网点等项目建设,优化自营网点。加大网点损益结果与网点绩效挂钩的力度,引导支行长(专柜主任)能算账、会算账。推进大户投递机动化、城市街巷投递电动化、农村投递摩托化、末梢投递社会化、商务投递市场化等工作。

【便民服务站建设】　设立渠道部负责全市和辖区内便民站建设,便民站日常管理维护按属地原则划归支局管理,收入划归所属支局。开展业务叠加,统谈统签各类适合便民服务站开办的业务。推进农村便民站、城市示范网点建设。

(荣　友)

(编辑　吴　燕)

通信与信息化建设

中国电信股份有限公司福州分公司

【概况】 2011年,公司落实“123456”工作任务,完成全业务经营收入28.24亿元,比增6.8%。申报《采用身份证认证的无线上网自助服务系统》和《通过检测区域无线网卡信号判定WiFi应用聚焦区域的定位系统及方法》成为国家专利局正式受理的专利项目,《宽带用户上网助手软件项目》获中国电信2011年度科技进步奖二等奖,利用PHS站址资源快速部署WIFI热点技术研究项目》获2011年省无线电技术创意和应用大赛一等奖。

【通信业务】 坚持以天翼、宽带、信息化三大业务为主线,聚焦聚类、农村、校园三大市场,开展“宽带中国,光网城市”“智领3G翼起来”“3G校园行”“新农村翼起来”等活动,加快卖场改造,成立专职运营团队,强化融合、流量经营,打造城市光网等。“智慧福州”被纳入市政府“十二五”规划发展纲要,正式提出FTTH光纤化改造进程加速和福州“光网城市”概念,福州分公司与五区七县(市)及平潭综合实验区签订战略合作协议,在金融保险、数字医院、远程抄表、智慧传媒等行业树立信息化标杆。福州分公司以“和谐社区”为出发点,整合社区服务总机、平安联防、互动电视、全球眼监控、社区服务网站、信息化综合管理等社区特色服务功能,构建“智慧社区”服务平台,实现社区服务“统一门户、一点登录、聚合功能”的目标,重点打造军门社区等15个信息化标杆社区(小区)。至年底,宽带用户数106万户,天翼用户144万户,3G手机用户36万户,转型业务收入占比提升9个百分点。

【网络建设】 光纤改造和城市光网建设 提升“宽带中国·光网城市”品牌影响力。新增DP节点2500个,累计达5350个;光纤入户新覆盖用户54万户,累计覆盖用户68万户,覆盖小区或村庄2200个,完成铜退133万线对公里。

无线城市和天翼网络建设 WIFI网络覆盖全区主要交通枢纽、星级酒店、大中专院校等。天翼网络实现对城乡区域和交通干线的良好覆盖。开展“打造天翼精品网络”劳动竞赛,加强网络运行质量的监控分析,规范网优作业,强化天翼及WIFI网络基础维护工作,末梢装维管控取得显著成效,提高网络资源利用率。全年新建天翼网络站点333个,WIFI网络AP6200个。1月,中国电信福建公司云计算实验室挂牌成立,该实验室搭建专业开发测试云、设计云,促使其成为云计算产品的推介平台,并在仓山建成福建省第一个云开放式展示厅。

【客户服务】 通过开展基础服务提升、存量客户维系和服务手段创新3项重点工作,增强客户的电信服务体系化、差异化、品牌化感知,提升企业的全业

9月2日,与鼓楼区政府签订智慧城市协议。

务、全渠道服务及信息化服务竞争力。构建客户服务部—专业部门—属地部门三级联动的责任体系,加强“营销政策、产品套餐、渠道服务、增值业务、网络质量、IT 支撑”六大服务管控区域的服务质量监督,重申服务首问负责制,规范基础服务,建设和改造客户版知识库,为客户提供快速查询检索、提问自动应答和综合辅助决策等服务。组织开展“营业厅专柜、10000 专台、VIP 客户经理专人、网掌厅专区、机场/车站贵宾专厅、天翼会员专刊”六专服务,开展客户关怀,实现被动维系向主动维系的转变;创新基于移动互联网的自助式与互助式服务,拓展积分回馈客户及天翼客户俱乐部运营新模式。全年全业务万用户投诉率 20.19 次/万用户,投诉处理及时率 93.95%,宽带 48 小时装移机竣工率 83.93%,宽带修障及时率 97.36%。

(陈俏彬)

11 月 18 日,启动“动力 100”杯数字福建无线城市应用推广大赛。

中国移动通信集团福建有限公司福州分公司

【概况】 2011 年,中国移动福建公司福州分公司围绕“巩固规模争份额,创新拓展促增长,提升品质强能力,优化管理提效益”的发展主线,向销售型企业转型,全区运营收入完成 48.05 亿元,比增 7.02%,通信用户数 570 万户。6 个项目获“6·18”海峡两岸职工创新成果奖(3 银 3 铜)。完成“两会”、“5·18”海峡两岸经贸交易会、“6·18”海峡项目成果交易会等重大活动的应急通信保障工作 69 场次。

【网络建设】 全年开展网络质量提升百日会战、A+劳动竞赛、工兵行动、室分深耕等专项活动,提升网络指标。GSM 小区环比改善度 69%、半速率下降 55.62%、GSM MOS 值提升 19%;日均百万用户投诉较年初下降 32.27%。加强工程建设管理,新增 2G 载频 1.45 万块,增幅 29.7%,新增 TD 载频 5209 块,增幅 46.6%;完成机场、火车站、三环、仓山万达等重点项目网络建设,实现“海峡号”滚装船无线网络全程无缝覆盖。增强全业务基础网络和业务能力,完成光缆建设 1542 千米;新增移动铁通宽带端口 27.7 万,增幅 225%;加强高校、酒店、交通枢纽、三甲医院等重要热点区域 WLAN 覆盖,新建 AP1.5 万,热点区域 WLAN 平均覆盖率 90%。搭建全业务项目管理系统、推进 ICT 售前标准化,实现视频监控、IMS、一卡通等产品标准化支撑;深化与铁通融合,打造社区经理“营装维”一体化服务模式;提高对集团客户的支撑响应能力,AAA 级客户响应及时率 100%。

【信息化建设】 推进无线城市运营 市政府成立“数字福州无线城市”建设领导小组,公司与 9 区县人民政府签订战略合作协议。引入市民生活与智能城市管理信息化应用,推出交通违章查询与处理、掌上公交等应用,完成全省(移动)首个“无线城市”市民主页开发并向全市推广。至年底,福州无线城市平台手机访问量逾 360 万人次;引入各类信源 263 项,上线应用 76 项;通过集团公司无线城市“百城达标”评比。

推进物联网发展 完成 M2M 订购集团 1373 家,订购终端 7.86 万户,新增 2.03 万户;M2M 收入增幅 88.87%;“物联网鼓楼示范区”——“智能交通”建设项目被市政府列为重点项目。

推进一卡通应用 探索高校、企业、公众领域一卡通发展模式,逐步形成以发展手机一卡通双界面卡为主的思路,新增有效发卡 3.3 万户;与福建银联合作移动支付业务,推广一卡通在金融及公众服务领域的使用。

推进政务信息化建设 完成市行政服务中心综合信息化建设并交付使用,满足福州 41 家市直单位信息化需求。

【客户服务】 加强网络、营业、促销等基础服务及商业过程薄弱环节管理。投诉工单平均处理时长 11.09 小时,优于全省平均水平 0.59 小时。福州移动铁通宽带安装及时率由 72.4% 提升至 96.65%。开展“感谢有您 满意 10 分”、“移动之家”客户俱乐部等客户关怀活动;以“流程穿越闭环管理”为抓手,改进业务流程,提升客户感知。在市级“政风行风”评比中,公司排名公共服务行业类第一名。年内,通过国家级移动通信营业厅服务标准化试点验收。

【品牌建设】 建立羽毛球俱乐部、汽车俱乐部、高尔夫球俱乐部等服务平台,结合“金盾计划”等高价值回馈计划,增强全球通客户“尊享”感知。结合高校迎新,开展 18 场校园现场品牌文化活动,并借助孙燕姿明星歌友会等无线音乐艺人资源、娱乐英雄新人新歌赛等活动,提升动感地带品牌影响力。围绕“和谐”“公益”等特性,以“惠农”“惠民”为主线,通过联合市委市政府启动全市“情系三农惠万家”工程,联合市总工会开展“百万真情送保险、关爱新福州人”活动,为农民及外来务工人员提供通信服务及人身保障,深化神州行品牌形象,拓展农村及外来工市场。

(刘婷婷)

中国联通有限公司福州市分公司

【概况】 2011年,福州联通连续第四年实现两位数增长,全年通信服务收入首次逾11亿元,3G收入比增逾200%。根据"以客户为中心,以效益为目的"的经营理念,将体验营销模式引入校园,校园3G用户占总体移动用户数比例逾70%。推动宽带提速升级和产能提升,公众宽带收入比增逾40%。从产品优化、渠道优化、存量经营优化三方面推进2G业务营销模式转型,2G业务实现稳定发展。年内,福州联通获市"安康杯竞赛先进单位"称号及第六届"海峡两岸职工创新成果展"铜奖。

【信息服务】 与市政府签订云计算产业园建设项目合作投资协议以及"幸福数字福州"合作协议,在推动电子政务发展转型、参与政府民生工程、提升行业信息化水平、拉动产业升级、加强两岸信息交流等方面开展合作。与福建江夏学院、福建商贸学校等院校签订"数字校园"合作协议,针对中小企业客户和交通、物流、金融、保险等行业,提供信息通信产品及行业应用。

【网络建设】 新建3G基站665个,2G基站702个,网络能力分别提升44%、31%,移动基站新增数达上年的3倍以上;新增宽带端口数14万个,网络能力提升63%。室内分布新建258个站点。完成县至乡33个乡镇OTN传输工程,基本解决县域城关与重点乡镇带宽资源问题。同时针对市区、县域、重点交通干线及市场热点区域开展专项优化。

【客户服务】 以"构建完善全业务、全过程的大服务体系"为核心,聚焦"重点业务、重点客户、重点渠道、重点问题",改善客户服务水平。初步建立大服务体系,形成服务质量督办落实与投诉响应的闭环处理。对3G、宽带业务、核心集团建立涵盖销售前中后的服务监测体系。构建面向VIP客户的服务管理体系,改善落实关键点服务,重点针对高端客户关注的信控优化、国际漫游无障碍等服务热点进行专项优化提升。提升固网质量,采取集中调度、设立专家坐席、逐日盯单的强化管理模式。2011年,公司各业务客户满意度与客户服务综合绩效指标排名全省第二。

(江　轩)

4月21日,与江夏学院签订数字校园战略合作协议。

福州市政府信息化建设

【概况】 2011年,福州市信息化重点建设项目96项,其中在建重点项目46项,计划新开工建设项目42项,预备、前期重点建设项目8项;建设完成或基本建设完成的信息化重点建设项目9项:福州市网上审批系统后台平台提升改造项目,福州统计网上直报系统,福州市公安智能交通控制中心,福州市公安智能交通诱导系统,福州市统计局、国家统计局福州调查队办公楼网络机房装修工程,福州市居民健康档案信息系统——市级平台建设一期工程,福州市住房公积金网上审批系统建设(一期)项目,福州市网吧网络监控平台,福建电子口岸(福州)一期建设。

【"中国福州"门户网站群】 落实四大举措:一是修订完善政府信息公开目录,政府信息公开总目录调整细化为23大类。构建"福州市网上办事公开平台""福州市农村党风网",充实政务、厂务、校务、院务、公用企事业单位公开等内容,新开辟党务、村务公开等领域,公开范围覆盖全市市属学校、医院以及151个乡镇、2356个村(居)。二是拓展教育、社保、就业、医疗等服务领域9个,增设婚育收养、经营纳税、公共事业等服务领域3个。设立网上行政审批、网上行政处罚、网上公共资源交易、市场中介组织信用信息等4个系统的统一入口。三是将可以实现在线办事的公共服务类项目,直接链接到网上行政审批系统,实现"在线申报"及"在线办事状态查询"。建设福州市公安公众服务网上办事大厅,实现交巡警、户政、出入境、治安、消防等5大公安业务上网办理,公安系统网上办事项目226项,其中,全流程办理项目40项。新开设"场景式导航"人性化服务项目15个。四是及时更新"加强电动车管理""温泉古都,有福之州"等专题,新建"大干'十二五'开局之年""烟花爆竹专题""5·18海峡两岸经贸交易会专题""创文明城市科普专栏""普法宣传专题"等5个专题。至年底,建成1个主站、5个频道、31个子网站,网站月访问量6500多万次,在"第三届中国政府网站绩效评估暨第六届特色政府网站评选"中位居全国32个省会城市及计划单列市政府门户网站第5位。

【行政权力阳光运行平台】 网上行政审批系统　构建虚拟审批服务大厅,提供网上申报、网上查询、网上反馈、网上投诉等服务。至年底,市属50个部门和3个公用企事业单位623项行政审批和公共服务事项,12个县(市)区320个单位3266项审批事项纳入系统管理,闽侯县等部分县(市)区还将系统延伸到乡镇和工业区,7个市直部门的审批项目实现市、县联动审批。全年,系统受理审批申请47.29万件,时限内办结率99.8%。

网上行政处罚系统　公开全市45个执法部门5399项(2.19万个处罚档次)行政处罚事项、处罚依据、处罚标准、处罚结果以及执法人员资格等信息。福州市成为全国首个实现行政处罚事项全部上网运行的城市。全年,市直部门在系统登记案源1.11万件,立案7584件,结案6199件,处罚金额计3637万元。鼓楼区、台江区、连江县、闽侯县的网上行政处罚系统开始试运行。

网上公共资源交易系统　建设工程网上招投标平台、政府采购网上交易、国有产权网上交易、国有土地出让网上交易等4个系统,有367项项目进行网上交易。至年底,电子招投标建设工程项目436个,总标的金额133.51亿元,中标金额119.26亿元,节约率10.7%;网上产权交易项目38个,交易金额2.05亿元,平均增值率27.4%;市本级网上政府采购7.95亿元,节约率11.3%。

市场中介组织信用信息系统　将福州市场中介组织的基本信息、良好信息、不良信息等信用信息在网上统一发布,至年底,公布中介企业信用、企业资质许可、企业年检、从业人员等信息1.80万条,网站访问量69.53万人次。

【便民呼叫中心"12345"系统】　至年底,全市有市、县、乡三级1391个单位加入系统服务,受理群众有效诉求件逾69万件,及时回复率为98.6%。系统为市民服务532万次。6月,省数字办在榕召开"12345系统"运行模式全省推广现场会。

【市直党政部门办公自动化系统】　在发文方面,对已建办公自动化系统的71家市直党政部门,市政府及市政府办公厅的所有公文通过电子公文传输系统进行交换,不再印发纸质文件;在收文方面,58家主要政府部门向市政府及市政府办公厅行文,全部通过电子公文传输系统进行交换,市政府办公厅不再受理其报送的纸质公文。至年底,全市注册用户4470个,实现网上处理发文4.5万余份,收文近6.7万份;通过电子公文传输系统发文3.2万份,收文12万份。至2006年开通以来,市直机关年均节约印刷费、邮寄费、通讯费等约450万元。

【空间地理基础数据库】　一期工程建设内容包括1个平台(数据共享服务平台)、1套基准(GNSS基准站及平面高程控制基准系统)、5个子数据库[数字正射影像(DOM)、数字线划地图(DLG)、数字高程模型(DEM)、地址编码、地下管线]。加快相关子数据库建设,建成1:500数字线划地图<DLG>数据库(一期)、地址编码、数字正射影像等数据库。完成在建地下管线数据库的初步验收,GNSS基准站及平面高程控制基准系统经过终验后投入使用。启动一期工程第二阶段项目建设,1:500数字线划地图<DLG>数据库(二期)和1:2000数字线划地图<DLG>、数字正射影像、数字高程模型项目通过评审。编制《空间地理基础数据库管理办法》,对空间地理基础数据入库、更新、交换、共享、管理等方面作出规定。环保、税务、消防等单位共享空间地理基础数据库建设成果。2011年,"福州市1:500数字线划地图<DLG>数据库"和"福州市地址编码数据库"获中国地理信息产业协会颁发的"中国地理信息产业优秀工程银奖"。

【社会保障卡(市民卡)项目】　全年制卡471万张,发卡409.47万张,制卡任务完成率达92.2%。在加快制发卡、实现就诊一卡通的同时,拓展市民卡在公用事业及商业领域的应用、具备水费代扣代缴功能;电费、数字电视、燃气等代扣代缴达成合作意向,并进入系统开发阶段;启动医院就诊预约、动物园收费、零售商户等小额支付的应用。

【政务网系统建设】　全市接入政务网节点500多个,其中市直部门接入节点156个。全市召开电视电话会议83场,其中依托政务网视频会议系统,省级召开70场、市级召开10场;依托应急会商指挥系统召开3场。

(叶伟奇)

(编辑　吴　燕)

口岸管理

【概况】 2011年,福州市海港口岸完成货物吞吐量8218.30万吨,比增15.35%,其中,完成外贸货物吞吐量3318.75万吨,比增22.02%;完成集装箱吞吐量166万标箱,比增12.89%,其中,完成外贸集装箱吞吐量113.27万标箱,比增10.67%;"两马"客运直航出入境旅客3.95万人次,比减32.54%;空港口岸出入境旅客84.88万人次,比增15.23%。

【口岸开放】 10月20日,松下港口岸牛头湾港区的对外开放通过海关总署、公安部、交通运输部、国家质检总局、总参谋部、市政府、省口岸办验收。江阴港区2~5号泊位新增外贸作业点通过省级验收。12月16日保税港区通过国家级验收。罗源湾港区、连江瀚海船业有限公司码头临时靠泊国际航行船舶继续获交通运输部批准。

【口岸建设】 江阴口岸检验检疫应急处置中心主体工程通过初验收。连江县可门查验中心完成土地平整10公顷,投资1.03亿元。罗源湾港区福建可门港物流有限公司4号、5号深水泊位和福建华东船厂有限公司18万吨级船坞建成并投入外贸生产作业。

【口岸通关】 福州海关开展进出口

表11 **2011年福州口岸客运情况** 单位:人次

类型	出/入境	客运量	比增(%)
海港口岸(人次)	出境	19597	-34.95
	入境	19886	-29.98
	合计	39483	-32.54
空港口岸(人次)	出境	424188	15.32
	入境	424619	15.14
	合计	848807	15.23

表12 **2011年福州海港口岸对台客货直航情况**

类别	完成量	比增(%)
客运(人次)	39483	-32.54
货运(万吨)	332.36	-2.62
集装箱(万标箱)	31.6	0.2

表13 **2011年福州口岸海运情况**

类别	完成量	比增(%)	进口累计	比增(%)	出口累计	比增(%)
货物吞吐量(万吨)	8218.30	15.35				
外贸吞吐量(万吨)	3318.75	22.02	2492.58	27.71	826.17	7.56
集装箱(万标箱)	166.00	12.89				
外贸集装箱(万标箱)	113.27	10.67	54.28	8.84	58.99	12.40

分类通关改革,分类通关模式使海关通关作业方式由“纸面人工为主、逐票审核”向“电子自动为主、重点审核”转变。福州检验检疫局加大“直通放行”制度的实施力度,合并口岸、内地关口。福州边防检查部门从“固定化定式养成、创新勤务机制、强化口岸维稳”等方面提升边检服务水平。福州海事局开展“对台交流合作、服务海西发展、海事自身发展”3项内容工作。投资280万元建设福建电子口岸福州分中心(二期),包括海关船舶网上报检系统(海关端)、机场物流监控系统、国检电子闸口系统(二期)、船舶网上报检系统(检验检疫局端)(二期)。

(陈　勇)

海关监管

【概况】　2011年,福州海关关区包括福州、莆田、三明、南平、宁德5市和平潭综合实验区,主要口岸有福州长乐国际机场空港、武夷山机场空港、福州马尾港、福清江阴港、莆田秀屿港、宁德三都澳港等。有17个内设机构、3个派驻机构、9个隶属海关及3个事业单位。在平潭东澳、霞浦三沙、莆田秀屿、连江黄岐设有科级海关办事处,主要负责对台小额贸易监管工作。关区监管进出口货物4704.7万吨,货物总值246.6亿美元,监管进出境运输工具1.74万辆(架)次,出入境人员113.8万人次,分别比增35.79%、23.4%、47.80%、11.8%;征收关税和进口环节税109.01亿元,比增29%。立案侦办走私犯罪案件110起,案值8586.7万元,涉嫌偷逃税款1838.9万元,分别比增189.5%、-3.4%、0.5%,逮捕45人。行政案件立案705起,案值2.819亿元,分别比增36.89%、-13.52%。

【支持地方建设】　一是推动《平潭综合试验区总体发展规划》正式获批和实行全岛开放。组织开展平潭海关税收、通关监管模式创新研究,支持海峡号客货滚装船开航。二是推动福州保税港区(一期)通过国务院联合验收组验收,争取海关总署在福州关区设立原产地办公室,促进福州港江阴港区设立国家整车进口口岸获批准。加大政策指导和服务支持力度,推动福州和福清2个出口加工区业务量增长。三是按照“属地申报、口岸验放”通关模式,与25个直属海关的区域通关合作,全年办理该类报关单845票,货值4.78亿美元,征收税款4.97亿元,分别比增8.06%、140.75%、118.29%。实行“7天工作制”,周末加班人员9180人次,审核进出口货值31.41亿美元,分别比增2.77%、6.78%。四是发挥“12360”热线平台作用,搭建微博、短信服务平台,全年接待来访150批次,受理热线咨询电话8000人次,微薄“粉丝”逾2万人。开展争创“为民服务创先争优”示范窗口活动,完善企业协调员制度,为企业提供个性化贴心服务。五是服务两岸“大三通”,全年监管对台空中客运直航航班1395架次,进出境人员32.21万人次,分别比增7.46%和68.72%。发挥“小三通”优势,对台小额贸易进出口值7680.4万美元,比增7.5%。监管“两马”航线船舶1232艘次,进出境人员4.61万人次。全年ECFA审批684票,享受优惠货值3144万元,减免税款903万元。

【税收征管】　一是实时跟踪征管。有针对性地采取各种调控措施,全年税收入库109.01亿元,比增29%。二是加强规范申报。在海关总署2011年第一次报关单抽样考核中,规范申报准确率为85.21%,较上年提升38.53%。一般贸易价格水平保持“绿色区间”,化验命中率38.18%,税款核销率99.29%,5项考核指标的正确率均高于全国平均水平。三是推进综合治税。组织多项缉私专项行动,以打促税,开展减免税、保税中后期核查稽查行动,全年归类、审价、稽核查、缉私等各种渠道补税入库2.28亿元,有效防止税款流失。

【通关监管】　一是推行通关作业改革。将改革范围推广至关区主要业务现场。全年关区受理分类通关报关单约39.64万份,占关区报关单总量的78%,其中逾80%货物享受低风险快速验放便捷措施。8月,率先试行出口货物通关单无纸化模式,是海关总署第一个正式批准通关单无纸化改革试点海关。二是提升关区实际监管能力。按照“升级一批、规范一批、注销一批”思路,完成关区61个监管场所验收。三是定期进行考核评比。加大对超长报关单的监控治理力度。四是加强后续实际监管。全面铺开企业稽查、减免税核查和保税中后期核查的“三查合一”改革。在全国海关中首创企业风险式管理制度,加强对进出口环节的事前监管。关区风险布控率、布控有效率等6项业务指标高于全国海关平均水平,稽查有效率等10项业务指标保持全国海关前列。五是提高执法效能。定期对关区业务运行情况进行通

12月16日,开展码头进出口集装箱检查。

报、分析和评估，实现对业务职能监控的量化管理和业务工作的质量控制。在2011年全国海关执法评估综合评价中，福州海关得分98.41分，全国海关排名第八位。关区布控有效率达20.97%、查获率11.61%。

【遏制走私】　一是查缉毒品走私。全年查获毒品走私案件34起，缴获毒品12688.14克，其中冰毒3946.02克、氯胺酮8742.12克，抓获多名毒品走私团伙成员。二是开展专项行动。加大情报分析和巡查力度，开展“国门利剑”等打击海上成品油走私专项行动，立案查办走私成品油案件34起，查获成品油4602.92吨，案值2931.25万元，涉嫌偷逃税款797.22万元。三是查办大要案。侦办“3·3”汽配走私案、“4·22”台货走私案、梅花水产专案等5起案件，被总署缉私局列为二级挂牌督办案件。其中“4·22”台货走私案，经扩案后案值由4405万元扩大到3.1亿元，涉嫌偷逃税款由580万元扩大到4100万元。四是加大知识产权海关保护力度。查获知识产权侵权案件342批次，案值921.1万元。查扣各类涉嫌侵权货物405.9万件，比增68.4%。

（黄家峰）

检验检疫

【概况】　2011年，福州市检验检疫局受理报检19.95万批、货值113.26亿美元，分别比增－1.92%和25.68%，其中出境15.92万批、货值53.90亿美元，分别比增－2.43%和16.38%；入境4.03万批，货值59.37亿美元，分别比增0.18%和35.50%。

完成出入境货物检验检疫13.98万批、货值83.29亿美元，分别比增－0.50%、32.52%，其中完成出境检验检疫12.36万批、货值40.02亿美元，分别比增－3%、14.13%；入境检验检疫1.62万批、货值43.27亿美元，分别比增23.89%、55.73%。检出不合格货物726批、货值19.84亿美元，分别比增21.4%、46.85%，批次、货值不合格率分别为0.52%、23.83%。其中出境货物175批、货值549.26万美元，分别比增－12.06%、10.42%，批次、货值不合格率分别为0.14%、0.14%；入境货物551批、货值19.79亿美元，分别比增38.1%、46.98%，批次、货值不合格率分别为3.40%、45.74%。

签发各类原产地证6.4万份，帮助出口企业获国外减免关税约7700万美元；完成检验检疫规费收入7798.89万元，比增18.76%；发放行政建议书42份，比增121.05%，办结一般程序行政处罚案件40起，比增110.52%。检务窗口获评福州市“十佳市级办事窗口”。

【工业品检验检疫】　检验检疫出口工业品30.89亿美元，占出口总货值的77%，涨幅为13.68%，比降20.64个百分点，其中轻工品（含家具）19.56亿美元，比增13.51%；机电产品9.25亿美元，比增19.63%；化工品6246.4万美元，比增18.63%；纺织品1.42亿美元，比增－14.70%。进口工业品32.91亿美元，占进口总货值的76%，涨幅为67.88%，比增15.20个百分点，其中矿产品18.68亿美元，比增80.14%；进口机电产品9.57亿美元，比增105.98%；废物原料1.22亿美元，比增61.71%；金属及其制品1.36亿美元，比增－9.65%。

【出口食品检验检疫】　受人民币升值以及劳动力工资、原材料价格上涨等因素影响，出口企业减少订单，但部分出口产品价格提高，造成出口批次下降货值上升。全年检验出口食品1.06万批、6.74亿美元，比降6.24%，货值上涨29.16%，其中，出口烤鳗374批、2.00亿美元，分别比增－3.36%、79.90%；出口其他水产品1489批、1.50亿美元，分别比增－13.93%、8.59%；出口食用菌1729批、1.33亿美元，分别比增21.25%、38.64%。由于马尾口岸“海峡水产品批发市场”建成使用，吸引进口商选择从马尾口岸进口水产品。全年检验进口水产品1.46亿美元，比增21.78%。

【轻纺产品检验监管】　提升企业自控能力，对新纳入法检目录商品企业进行帮扶，完成66家新增企业的分类评级、考核审批以及建档立卷工作，新增6家出口一类企业、16家二类企业。开展风险信息收集整理，确保产品质量不发生行业性质量安全问题。试点开展“出口沙滩鞋、灯具质量安全示范区”建设。组织考核、筛选鞋类、服装、塑料制品等9家企业先行先试验证监管模式，成为全国进口废塑料PET瓶装监管模式试点，承办省检验检疫局口岸生物突发事件应急处置演练。

【进出境货物不合格情况检验检疫】出口货物总体不合格率与上年同期基本持平，进口货物不合格率同比略有下降，但仍高达45.74%，主要集中于铁矿砂、煤炭以及大豆等高货值产品。其中检出出境不合格货物175批、货值549.26万美元，批次、货值不合格率为0.14%、0.14%。出口不合格货物主要集中在鞋靴类、食品、塑料餐具、服装等，共138批、394.53万美元，占出口不合格批次、货值的78.86%、71.83%；入境不合格货物551批、货值19.79亿美元，批次、货值不合格率分别为3.40%、45.74%。其中，进口铁矿砂不合格151批、10.50亿美元，进口大豆不合格78批、6.53亿美元，进口煤炭不合格31批、2.30亿美元，占进口不合格批次、货值的47.18%、97.68%。

【进出境货物疫情检验】　检验检疫输往187个国家或地区的出境货物，产自88个国家或地区的入境货物。出境方面，美国、日本、英国居货值前3位，出口货值分别为10.24亿美元、7.68亿美元、1.69亿美元，分别比增7.15%、28.35%、－10.13%，占出口总货值的25.58%、19.20%、4.22%；欧盟各国合计货值为7.87亿美元，比增0.06%，占出口总货值的19.67%。入境方面，产自美国、澳大利亚、巴西的货物占据前3位，进口货值分别为6.02亿美元、5.53亿美元、4.53亿美元，分别比增37.83%、97.20%、207.72%，占进口总货值的13.90%、12.78%、10.46%；产自欧盟各国的货物合计货值为6.12亿美元，比增71.50%，占进口总货值的14.14%。

截获进境货物疫情种次呈较大幅上

升,主要从进口大豆中检出,旅客携带物中截获疫情大幅增加,种次比增656%。截获动植物疫情514批、3707种次,出境疫情64批、10种、119种次,疫情种类为镰刀菌、交链孢、黑粉菌等一般性有害生物;入境疫情450批、239种、3588种次,其中在进境货物中截获疫情236批、198种、3211种次,分别比增39.64%、17.16%、28.85%。检出致病性微生物8批、3种、8种次,为沙门氏菌、禽沙门氏菌、其他真菌;检疫性有害生物78批、14种、224种次,疫情种类为豚草、三裂叶豚草、菜豆荚斑驳病毒、假高粱、假苍耳、少花蒺藜草、刺蒺藜草、烟草环斑病毒、玉米褪绿斑驳病毒、大豆北方茎溃疡病、齿小蠹属、法国野燕麦、意大利苍耳、飞机草。在入境船舶检疫中截获疫情33艘次、15种、95种次,均为非检疫性有害生物。在旅客携带物中截获疫情71批、18种、121种次,其中检出检疫性有害生物橘小实蝇5种次,其余均为非检疫性有害生物;在进境集装箱中截获植物性有害生物142批次、38种、160种次。

【对台检验检疫】 检疫对台直航船舶3605艘次(比增-1.15%);检疫进出港旅客3.97万人次(比增-32.33%),截获旅客携带禁进物310批次(比增8.40%)。

检疫查验"两马"直航进出港客轮1246艘次,比增-10.87%。检疫进出港旅客3.97万人次,比增-32.33%,其中,进港旅客2万人次,比增-29.84%;出港旅客1.97万人次,比增-34.67%。获旅客携带禁进物310批次,比增7.26%。检疫"两马"砂船207艘次,比降24.45%。

检疫对台小额贸易船舶1204艘次,比增17.12%。完成对台小额贸易出入境货物检验检疫473批次、货值299.30万美元,分别比增-9.21%、-16.67%。

【专项整治行动】 *"双打"行动* 重点加强在大宗出口商品、标识标志查验、输非产品检验与口岸查验、与地方政府和职能部门协作,打击非法出口、查处假证伪证,建立出口酒类产品与卷烟等方面监管长效机制,出动执法人员4100多人次,检查企业603家,完成服装、鞋靴、玩具、小型家电等15种重点产品风险评估,完成241家木质家具人造板生产企业风险评估。查处不如实申报案例1起,违规加贴认证标识案例2起。

食品专项整治 对2010~2011年被国外通报的49批出口食品情况、特别是非法出口食品情况开展专项调查,并提请市政府协调有关部门开展专项整治。打击食品非法添加和滥用食品添加剂专项工作,对辖区出口食品、食用农产品种植、养殖备案基地和食品生产企业开展拉网式清查,确保企业依法落实原材料采购验证、入库查验、领取投料等记录制度,全年完成43家企业203项次的添加剂备案审查,对597批进出口食品实施添加剂或非食用物质抽样检测。

"质量月"活动 在完成各项规定动作的基础上,创新性地开展"质量进窗口""质量进口岸""质量进展会"等3项主题特色活动,得到国家质检总局肯定。

其他专项整治 应对日本强震和核泄漏事件,对20艘船舶、6884个集装箱、391人次实施放射性检测,妥善处置部分集装箱货物检出放射性超标事件。针对台湾通报的"塑化剂"污染事件,加强台湾进口食品DEHP和DINP的检测,逐单排查2010~2011年进口台湾食品,建立台湾进口食品电子数据平台,妥善处置"罗源湾"养殖环境风波。开展部分出口企业木质包装物违规闯关、热处理企业无序竞争乱象专项整顿。加强宣传教育、规范标识加施热处理企业监管、加强口岸巡查,截获1.74万批、6.55万件未施加IPPC标识的出境货物木质包装物,对20家违规出口企业和1家热处理企业进行调查处理。组织人员研究美国FDA对食品不洁物的检验方法、判定标准、通关机制,3次召开输美食品企业研讨会,通报输美食品安全问题,率先在全省实施开验不洁物项目。

(杨晓翔)

7月23日,福州边检站热情服务马祖福澳境华光大帝庙进香团。 (陈川 摄)

边防检查

【概况】 2011年,福州市边防检查站以创建模范边检站为中心,全面推动提高边检服务水平和口岸维稳工作,构建边检区域化勤务中心,实行"一站式"服务。着眼对台工作大局,优化两马通关环境,创新旅客逾期居留预通报机制、假期返乡无陪护儿童专属服务等服务举措,缩短旅客候检时间,提升通关速度。开展边检职业文化建设试点工作,针对马尾临马近台的特殊位置,严密管防。

全年查处违法违规人员45人次、船舶1艘次,查获在控人员5人次。加强科技运用,设置266个视频监控探头,完善全球眼监控系统,对辖区所有港区、码头、锚地和营区进行24小时监控。有针对性地搜集台港情报资料,加强对台港各党派、军警系统、情治机关、黑社会势力等的调查和掌握,从中获取内幕性、预警性、深层次的台港情报资料,超额完成上级下达任务的"双指标"。全面建立完善与口岸查验单位、公安、国保等部门的协作机制，结合实际工作开展联合行动，强化口岸通关管理。

【优化通关环境】　进一步拓展“网上报检室”、边检“110”、对台服务窗口等服务亮点，实现优质服务覆盖网上、网下2个领域。固化重大节假日、重要政治敏感期、重大勤务工作的边检服务模式。推广“边检约谈制”等帮扶机制，化解劳资纠纷6起27人次，协助渔工和工人追讨欠薪4万多元。结合“大走访”开门评警活动，建立常态化走访机制，征求地方党委政府、口岸部门、服务对象的意见和建议，聘请人大代表、台湾同胞和船舶代理员等10人担任社会监督员，通过发放边检服务监督卡、设立“科长—经理”信箱、边检警务微博、QQ视频等方式，实现前台“点对点”的开门评警、个体“面对面”的征询、网络“键对键”的纳评。召开社会监督员座谈会5次，接受办理意见建议11条。

（钱聪海）

【出入境检查核辐射防范】　针对日本核泄漏事故辐射范围向周边地区扩散事件，为确保“两马”航线出入境旅客安全，市边检站执勤业务三科结合“开门评警”活动，走访检验检疫部门，通过多渠道了解掌握核辐射的相关信息。邀请检验检疫人员为检查员普及核辐射相关常识；配合检验检疫部门开展出入境查验过程中核辐射问题的应对工作，建立信息通报和协作机制，通过在边检微博、QQ群上发布核辐射相关信息，发放宣传册等方式，对旅客开展核辐射相关常识宣传。

（林　莉）

【“两马同春闹元宵”灯会安保】　2月4～6日，边检站组织官兵执行第十届“两马同春闹元宵”灯会安全保卫工作。该活动是两岸同胞共庆元宵佳节的一项盛大民间活动，针对灯会设点多、覆盖面广、人流量大等情况，福州边检站详细制定执勤方案，明确任务，突出重点，逐项落实，同时制定处置预案，反复组织演练，完成该次活动安保工作。

（金玲玲　杨　晨）

海防管理

【概况】　2011年，福州市海防管理以深化海防基础设施建设和“平安海域”创建为基础，着力推动福州海防管控联防联治。全年市公安边防支队破获偷渡案件23起130人，抓获各类涉嫌组织者、运送者271人；省公安边防总队海警第一支队办理各类案件23起，查获无合法齐全手续成品油2080余吨，案值约1705万元，破获成品油走私案件的起数和吨数分别比增43%和28%；市海洋与渔业局开展岸线检查1144次，收缴罚没款830.33万元，检查港口358个次，开展海上巡查156航次，登临检查渔船647艘次，检验渔船5041艘，累计安装渔业船舶自动识别系统船载终端2234台（套），全面完成渔业船舶AIS系统船载终端安装任务；福州海事局接到各类海上险情54起，遇险船舶59艘，遇险人员553人，组织救助54起，救助遇险人员537人，救助成功率97.1%。

在政府机构改革中，不再保留市口岸与海防管理委员会办公室，将海防管理的职责划入市政府办公厅，市政府办公厅加挂市海防委员会办公室牌子。

【平安海域创建】　*加强组织部署*　3月，市海防委员会办公室印发《2011年全市“平安海域”建设工作要点》，制订“平安海域”建设年度工作计划。8月，在福清市召开“平安海域”建设工作试点点评会，交流海防管理、“平安海域”管控、发挥基层组织作用、海防基础设施建管用训等方面经验和做法。12月，完成全市“平安海域”建设考评工作，各县（市）区考评均逾90分。

专项整治行动　市公安边防支队出动警力2100余人次，检查沿海船舶3593艘次，渔船民9685人次，开展海上巡逻186次，参与海上救助3起，救助群众12人次，查获非法运砂船29艘、无合法手续成品油469.66吨、各类品牌卷烟2951条，抓获违法犯罪嫌疑人29人，摸排往年越界生产船舶65艘，查处违规违章船舶12起12人，检查海上治安复杂地区、海域184处。省公安边防总队海警第一支队在各类专项行动中出艇188艘次，出动警力4119人次，检查船舶261艘次，查处违法违规船舶39艘，发放“海上‘110’报警便民服务联系卡”1100余份，在开展辖区“大巡防”和平潭金井湾附近海域治安巡查活动中，动用舰艇404艘次，出动警力8109人，总航程2.64万海里，检查各类船舶562艘次，渔船民3567人。

两岸协同执法　6月30日和9月5日，福州市海洋与渔业执法支队同马祖海巡队联合开展60年来福州—马祖首次海上协同执法行动，福州出动执法船艇11艘次，执法人员153人次，马祖出动执法船艇6艘次，执法人员50人次，查获违法船只17艘。

加强宣传教育　市海洋渔业部门在重点渔业乡、镇、村、渔港召开渔业安全生产宣传座谈会28场，参加5890人，印发安全宣传材料约2.1万份，与海事部门联合开展2011年商船渔船安全警示教育活动。市公安边防支队在“三无”船舶清理整顿活动中，发放各类宣传材料2000余份，张贴标语156张，悬挂横幅300多条，召开教育座谈会185场次，在海上治安专项整治行动中，发放宣传单1.83万余份，张贴公告1650余张。

【军警民联防】　*联防联勤*　构建“打、防、控”一体化联勤联动机制。4～6月，市公安边防支队、省公安边防总队海警第一支队、市海洋与渔业局、福州海事局等4家主要涉海单位在福州海域开展联合行动。11月，市公安边防支队与罗源县共同开展“爱民固边模范县”创建活动。

警地共建　市公安边防支队开展警地共创“爱民固边模范县”“七访七个一”“优质服务月”“群众生活月”、开门评警“整改规范月”等活动。福清东营、连江可门边防所分别被公安部边防局和市公安局列入省、市“大走访”开门评警活动示范点。省公安边防总队海警第一支队在“大走访”开门评警活动中，走访政府部门37个，公安机关21个，执法部门18个，企业63家，走访船舶1187艘，渔船民8731人，解决实际困难58件，发放警民联系卡和宣传手册5430份，问卷调查1620份，开展网络评议20次。

【海防基础建设】 组织沿海县(市)区完成2010年度海防基础设施项目建设,并组织协调市公安边防支队视频监控系统的网络改造升级。下达2011年度海防基础设施建设任务及维护管理任务,协调市财政局下达2011年度海防基础设施建设资金及维护资金。市海防委员会办公室陪同省海防委员会办公室检查福州辖区2004~2010年度海防执勤道路建设情况,对福清市海防视频监控中心及2009、2010年度海防视频监控站建设情况进行检查验收。

7月,市海防委员会办公室向省海防委员会办公室上报福州市2012年度海防基础设施建设项目计划。11月,督促沿海县(市)区申报2013~2015年海防基础设施建设项目规划,并组织实地查看。

(高晓燕)

海上防务

【概况】 2011年,福建省边防海警第一支队以海上执勤执法工作为中心,构建和谐警民关系,突出执法规范化建设和舰艇装备规范化管理,维护辖区治安安全稳定。海警35001艇("武夷山号")作为全国公安系统唯一推荐的现役部队青年集体,获全国"青年文明号"称号,被公安部边防局评为"爱民固边先进集体"。海警35021艇("海峡号")执行双向遣返接运任务3次62人,连续21年保持安全无事故,省委、省政府为该艇记集体一等功。海警35001艇获评"全省公安机关上海世博会安保工作突出贡献奖";支队刑事侦查队被省公安厅授予"全省公安机关执法示范科所队"。1人当选第四届福建省"十大边防卫士",1人被公安部边防局评为"爱民固边先进个人",1人获评"全省公安机关和谐警民关系建设先进个人",2人获评"全省海防工作先进个人"。

【海上治安管控】 开展重点、敏感海区专项整治,先后与福州边防支队等单位开展海上治安联合整治行动6次、"三无"船舶清理整顿活动54次、"国门利剑"集中统一行动3次,开展"大巡防"和平潭金井湾海域治安巡查。全年出动舰艇404艘次,航时2884小时53分钟,航程2.64万海里;检查各类船舶562艘次,渔船民3567人;办理各类案件25起,总案值2000余万元。成功侦办"6·29"非法捕捞水产品案,该案属福建省首例因违反海洋伏季休渔规定非法捕捞水产品被刑事处罚案件。

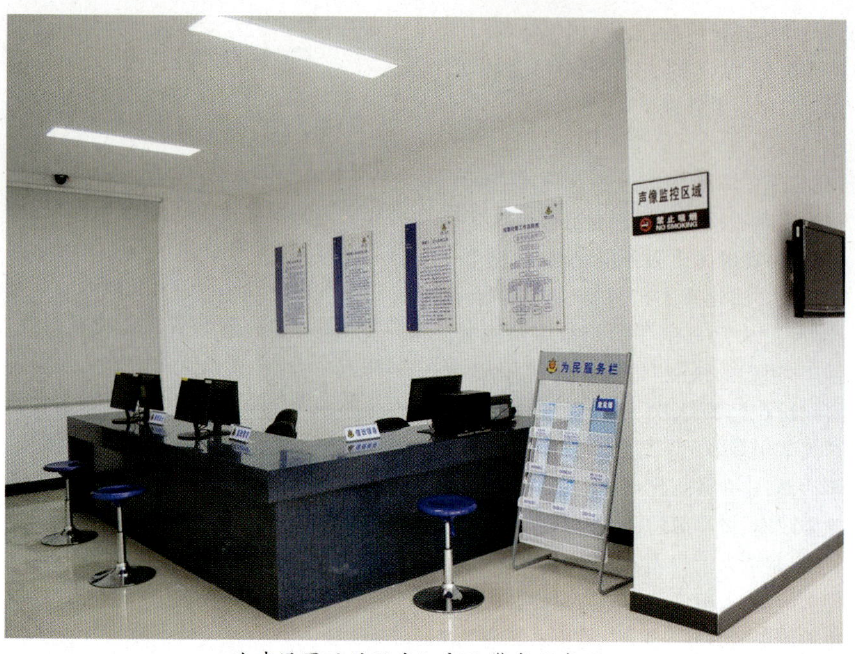

改建设置后的驻亭江部队警务服务厅

【警民协作】 开展"大走访"开门评警和走访宣传活动。走访地方党委政府部门及单位100余个,船舶568艘、渔船民4263人,发放警民联系卡和宣传手册7050份;解决群众实际困难45个,救助遇险船舶6艘,扑灭山火1起,慰问孤寡老人19人次,义诊渔船民114人次;与驻地学校、幼儿园等签订共建协议5份。

【执法规范化建设】 投入60万元改建驻亭江部队警务服务厅,设置办公区和办案区2个重点区域和报案室、调解(接访)室等7个功能室,配发"流动执法箱"等执法装备,全面统一舰艇海上执法基本标识、制度、台账、装备器材;制定执法岗位标准、业务标准、证据标准和裁量标准,完善接处警、现场取证等执法工作制度和流程12项。建设海警35002舰海上执法示范单位,规范海上调解室、办案场所,推广示范建设成果。

【舰艇装备管理】 3月10日~8月12日,建立"六个一套"舰艇装备管理工作标准。编撰《舰艇装备管理主要工作制度和流程汇编》,拍摄舰艇规范化建设示范片,投入183万余元完善舰艇硬件建设,制定7类9种舰艇装备管理手册,制订3类舰艇222项装备使用保养规定和战位工作职责。8月12日,承办总队舰艇装备管理规范化试点建设观摩现场会。

(王 鸿)

打击走私

【概况】 2011年,查获走贩私及行政违规案件1534起,案值2.60亿元,分别比增15.6%和96.9%,其中,走私刑事案件46起,比增27.7%;行政违规立案532起,案值2.09亿元,分别比增41.8%和98.9%;涉嫌走私和无合法手续成品油117起6073.8吨,案值4898.2万元,分别比增62.5%、69.5%、70.9%;各类毒品42起,42.61千克,分别上升55.5%和下降0.71%;走私香烟263起329件,案值115.2万元,起数比降126.6%,件数、案值分别比增37.6%和35.3%;查获部分枪支配件、濒危动植物、平板电脑、违禁品、反动淫秽宣传品、盗版光盘、洋酒、手机、奶粉等走贩私案件、案值均呈上升态势。马尾海关缉私分局、省海警一支队、市边防支队获评2009～2011年度福建省反走私工作先进集体，13人获评先进个人。

【专项打私行动】 元旦、春节期间，开展打击走私联合行动。下半年，开展为期3个月的打击成品油走私“国门利剑”专项行动。福州海关缉私局海缉处在连江海域和马尾青州码头分别查获走私成品油案件1起406.38吨和无合法手续成品油1起2.86吨，案值约327万元。马尾海关缉私分局行政立案346起，总案值1.65亿元。查获走私案件1起，洋酒108瓶，案值4.74万元；审结案件287起，案值1.248亿元，罚没入库310.01万元，补税入库68.85万元。福清海关缉私分局查获走私刑事案件1起，罚没入库101万元；行政立案186起，案值4413万元；查获无合法手续成品油8起172吨，案值132万元。审结案件151起，案值4285.33万元，罚没入库138万元，补税入库8.6万元。省海警一支队查获各类走贩私案件14起，总案值1365.34万元，其中走私成品油1起93.21吨，案值74.5万元；无合法手续成品油13起1630.42吨。涉案船舶17艘（“三无”船舶7艘），车辆3台，抓获违法嫌疑人57人。市边防支队查获走贩私案件99起，总案值3000余万元，其中走私固体废物1起，废旧空调、电瓶等24件；无合法手续成品油95起3769吨、香港“红油”11.55吨；非法经营卷烟案件3起1.02万条，查扣涉案船舶29艘，车辆96台，非法储油罐41个。

福州海关驻邮办查获各类案件154起，其中毒品38起，38781.54克；濒危物品38起（象牙制品23起25039克、沉香木9起27365克及其他濒危物品）；枪支配件8起（枪管、瞄准镜及配件、仿真手枪、气手枪、M9枪刺、气枪铅弹等）；淫秽物品5起（淫秽DVD226张）；侵权案件93起（侵权香烟76起1147条；反动宣传品、音像制品2691件以及服饰配件等）。福州海关驻长乐机场办查获各类违法案件345起，移送缉私部门立案处理57起，其中毒品走私4起，缴获毒品氯胺酮（俗称K粉）3828克；违禁品、反动淫秽宣传品394件，盗版光盘1411张，象牙制品8120克以及侵权物品、濒危动植物等。

市工商局立案查处涉嫌走贩私案件104起，案值95.02万元。查获无入网许可证进口品牌手机180台，无合法进口手续平板电脑17台，无合法来源的进口电脑配件31件，无中文标签进口酒类521瓶以及进口奶粉、化妆品等。市烟草专卖局开展“五大市场”专项整治，查获各类案件2328起，涉案卷烟1519件，其中涉嫌走私卷烟263起329件，案值855.4万元，假烟635件、乱渠道烟555件（其中5万元以上案件38起），破获国标网络案件10起，市标网络案件6起，移送大要案33起，刑拘62人，批捕52人，判刑13人。

【打私部署和打私宣传】 研究确定福清湾、罗源湾、连江、长乐海域和闽江口海域作为打击成品油走私重点区域，邮递、旅检渠道毒品走私作为查缉重点。

每季度召开沿海县（市）打私办主任工作例会，听取汇报，分析动态，部署工作。检查福清市、长乐市反走私综合治理工作，实地察看重点镇村，定期走访缉私职能部门，听取马尾、福清缉私分局、福州海关驻邮办、省海警一支队、市边防支队、福州市工商局、市贸发局、中石化森美福州分公司等单位对走私现状情况介绍。指导各县（市）打私办印制反走私宣传手册，定期维护反走私宣传牌，在连江县苔箓乡、长乐市谭头镇进行反走私法律法规宣讲。收集缉私职能部门反走私工作图片资料，配合省打私办开展《福建反走私》画册图片宣传。

（庄希闪）

（编辑　吴　燕）

福州经济技术开发区

【概况】 2011年，福州经济技术开发区完成生产总值277.9亿元，比增13.1%；工业总产值704.39亿元，比增16.1%，其中规模以上工业产值700.52亿元，比增16.1%；地方财政收入21.68亿元，比增12.9%；固定资产投资72.2亿元。

【基础设施建设】 总投资10.3亿元，其中琅岐闽江大桥完成投资5.1亿元，完成主墩承台第一分层浇注。实施环山观光道、快洲路等15项市政基础设施项目，动工建设滨江文化广场，建成城市中心广场。实施节能减排重点工程22项，新增绿地面积29.6万平方米。完善雨污水管网接驳，全区污水处理率达91%。基本完成城区主干道缆线下地和户外广告清理；基本完成马尾至亭江、琅岐扩供水工程；新辟、调整公交线路5条，新增公交车48辆。编制完成《马尾新城（快安、马江片）规划》《琅岐—长安概念性总体规划》。

【招商引资】 总投资10亿美元生产平板显示屏和触控组件的"一条龙"项目科立视材料科技有限公司获批落地；引进一批与中铝瑞闽、飞毛腿等相配套的产业链项目；统一、康师傅实现增资扩股。新增对外贸易经营权企业49家。新批外资和增资项目28项，合同利用外资2.36亿美元，比增5.6%。引资结构实现内外资并举。全年实际利用外资2.8亿美元，比增9.6%。完成出口总值28.79亿美元，增长26.7%。"5·18"海峡两岸经贸交易会签约内外资项目17项，总投资8.65亿美元。"6·18"中国海峡项目成果交易会落实成果63项，总投资3.6亿元。"9·8"厦门投资贸易洽谈会签约项目9项，总投资4.58亿美元。

【重点项目建设】 完成投资57.9亿元，占固定资产投入的80%。新开工建设科立视项目一期；建成中铝瑞闽高精铝板带、上润智能执行器等一批重点工业项目；汽车尾气净化器、料盘移动式编烟机等19个项目获国家、省、市科技扶持资金，新大陆集团入选首批国家技术创新示范企业，天晴数码被科技部认定为创新发展示范企业，慧翰微电子研发成功全球首款同时支持WIFI与蓝牙4.0标准无线模组；国家电子信息产品检验中心落成。建设快安商贸文体中心、马江文化休闲中心、江滨总部集聚区三大城市综合体，完成投资9.3亿元。海西物流、百事达等企业总部相继建成，推进华浔、福建移动、阳光钢贸城等9个总部项目。"两馆一中心"（马尾科技馆和图书馆、城市中心广场）完成投资2.2亿元。

（兰爱金）

融侨经济技术开发区

【概况】 2011年，融侨开发区实现工

福州经济技术开发区内的江滨总部集聚区。（陈晓静 摄）

业总产值705亿元，比增6.7%；销售收入700亿元，比增8%；进出口总额117亿美元，其中出口交货总值64亿美元；实际利用外资9398万美元；财税收入14.8亿元；主导产业电子信息产业完成404亿元；累计合同外资22.2亿美元，完成固定资产投资58.6亿元。年初，被国家科技部评为"国家高新技术产业基地"。

【基础设施建设】 总投资约695万元。福融路北段道路工程（清荣—西环），总投资约588万元，年内完成投资500万元，4月完工通车。完成清宏路（福政—福玉）道路、路灯建设，完成清华路破损路面修复。制订南部片区防洪流域排涝规划；推进河道建设，基本完成涉及大朋电子、融工海洋、南大洋包装以及新世界厨具等项目用地周边的河道建设。

【新兴企业】 捷星显示科技（福建）有限公司 由全球最大的专业电脑显示器制造商冠捷科技集团（TPV）和韩国电子电器制造业先驱LG集团共同合资设立，2010年7月正式投入生产，有员工2400多人，2011年完成产值39亿元。主要从事TFT－LCD平板显示屏、显示屏材料，液晶显示屏、液晶显示器、液晶监视器、液晶电视、电脑显示器一体机、电脑电视一体机等显示产品及其部件的开发、设计、生产与销售，提供自产产品的技术及售后维修服务。

福建中能电气股份有限公司 是全省首家创业板上市企业，也是国内最早生产中压预制式电缆附件的企业之一，系行业内龙头企业，市场占有率第一。主要产品为高低压电气设备、电缆附件、互感器、变压器、高低压开关、地埋式配电设备、综合继电保护装置等。"中能电气"是福建省著名商标和福州市知名商标。年内，项目由福州金山街道迁往福清市，位于融侨开发区南部片区，总投资3.5亿元，完成投资1.96亿元，其中，一期旧厂房改造完成并投入使用，二期厂房于10月动工建设。

【招商引资】 第十三届"5·18"海峡两岸经贸交易会签约合同项目17个，总投资4.45亿美元。第八届"6·18"海峡项目成果交易会实现对接科技项目15个，总投资6.57亿元。第十四届"9·8"厦门投资贸易洽谈会开发区签约项目16个（其中外资项目11个，内资项目5个；合同项目10个，协议项目3个，意向项目3个）。新批及增资外资项目19家，合同外资1.127亿美元，实际使用外资7818万美元，内资实际到资9.84亿元，其中，中心区新批及增资外资项目7家，合同外资3821万美元，实际使用外资4002万美元，内资实际到资5.76亿元。总投资3亿元的诺希靶材项目、总投资1.5亿元的斯泰克手提电脑电池项目、总投资5亿元的捷创ITO透明导电玻璃项目、总投资3.5亿元的中能电气等一批新型项目落地动建。

表14　福州融侨经济技术开发区在建项目情况

项目名称	总投资（亿元）	年度投资（亿元）	年度完成占比（%）
桥明玩具	0.15	0.08	100
捷联光电园餐厅	0.4	0.4	100
华顺混合集成电路	1.4	0.77	128
瑞鑫鞋帽	0.21	0.1	100
飞龙食品	0.3	0.2	100

【项目建设】 桥明玩具、捷联光电园餐厅等9个项目完成年度投资计划，福融辉BOPP第二条生产线、中能电气一期、捷星科技、易佰特电子、明辉保健、日暮里保健、天使二期、一期7个项目实现投产；大朋电子、盛辉物流、睿鸿光电、融达物流4个项目完成前期工作。

【自主创新】 天海东方、福耀集团等6家企业进行福建省名牌申报和复评，5家企业申报福建省著名商标认定和复评。组织天使日用品开展福建省高新技术企业申报，组织万达玻璃、捷联电子等5家企业申报高新技术企业复评获批复。6个科技成果获2011年度福州市科学技术进步奖，2项产品获福州市产品质量奖，4个项目获2011年省工商发展资金企业技术创新专项补助。

（陈玲颖）

福州高新技术产业开发区

【概况】 2011年，全区拥有各类企业213家，新增6家，其中，经认定的高新技术企业76家。全年高新区实现工业总产值570亿元、总收入564亿元、利税49亿元，分别比增15%、18%、25%，完成固定资产投资63.03亿元。

【基础设施建设】 海西园乌龙江大道一期完成交地部分的路基施工和管网铺设，完成部分路段的沥青面层铺设，道路东半幅贯通2.3千米；高新大道一期A标段完成交地部分1.1千米的路基、管网和沥青面层施工；10条园区市政道路基本完成施工前期准备工作；完成冠洲路的勘察设计，勘察、设计乌龙江大道二期、高新大道二期；海西园一期供电枢纽110千伏马保变电站竣工，污水管网接入上街污水厂，海西园一期安置房B、C区以BT方式融资建设，A、D区进行规划设计，推进一期综合用地内的星级酒店和金融服务配套项目前期工作。

【招商引资】 坚持以国家制定的高新技术产业和战略性新兴产业为发展方向，推进央企、外企、民企三维对接，培育和孵化中小科技型企业，促进项目落地。举办"5·17"创新园一期项目签约暨动工仪式，组织参加第十五届中国国际投资贸易洽谈会、福建省民营企业产业项目洽谈会等大型招商活动，推介海西园招商项目。建立招商引资项目库，对意向投资园区、符合园区产业规划的企业和客商进行登记、分类、筛选。至年底，经市政府审批入驻海西园企业37家，总投资67.3亿元。

【项目建设】 签约入驻18个高新产业项目,其中,创业大厦、中青创投、山亚科技等总部大楼实现主体封顶;海西研究院项目一期、永福设计、中冶二局、创新园一期、星网锐捷一期、戴姆勒研发中心、博思软件、福抗总部、久策总部、邦邦科技、福汽集团、佳信科技等项目处于主体结构施工阶段;网讯信息、润富科技等项目实施桩基工程;东南设计、仙芝科技、世纪财富等项目实施工地围挡和场地平整工作。

(黄 闽)

福州保税区

【概况】 2011年,福州保税区(含保税物流园区)引进引进项目170个,项目总投资1.93亿美元,实际利用外资503万美元,进出口总值为27.34亿美元,财政收入3.15亿元。区内百万税收企业有300家,为福州市及周边企业提供各类物流配送总值48.28亿美元。福州保税港区(一期)3.1平方千米通过国家11部委验收,成为第14个通过国家验收的保税港区。

【投资环境建设】 加强投资服务中心和经发局2个对外窗口建设,对企业投资生产、经营中的各种问题实行"一条龙"服务。为企业办理有关项目审批、变更、进口设备审批、加工贸易审批等350多项,年检外企40多家。定期和不定期走访企业、召开企业座谈会,协调海关、国检、工商、税务等驻区机构,及时解决企业遇到的难题。保税区海关推进分类通关改革,实现"由企及物"管理模式;完善物流监管体系,有效运用风险分析,提升查验效率。

【现代物流产业】 新引进厦门优传、新远通、万诚、圣安等8家物流企业,全区物流企业达74家,为福州市及周边地区企业提供物流服务总值45.17亿美元。

【文化创意产业】 聚集以蔚蓝广告有限公司、十方文化传播有限公司等为龙头的文化创意企业28家,经营范围涉及现代传媒业、文化会展业、广告创意、咨询策划创意、工艺美术和建设设计六大行业。

【市场集群建设】 钢材城引进185家钢材企业,年营业额70亿元,服务范围辐射至全国。引进厦门优传物流,在园区设立福州优传进口酒交易中心,预计年销售量逾500万元。

(黎发明)

12月16日,福州保税港区(一期)通过验收,举行合格证书颁发仪式。

元洪投资区

【概况】 2011年,元洪投资区完成规模以上工业产值92.65亿元(含天生农业3.87亿元),比增8.3%;完成固定资产投资17.17亿元,比增28%;完成合同外资619万美元;外资实际到资544万美元;内资实际到资8.89亿元,比增90.17%;上缴税收1.316亿元,比增93.96%。骨干企业有康宏油脂、坤彩精化、红冠面粉、新福兴玻璃、万年青水泥等。源华能源、坤彩精化、万年青水泥、晟扬管道4家企业上缴税收近6500万元,占园区总税收近60%,7家中小型汽摩配企业上缴税收近700万元。坤彩精化、恒仕达食品2家企业产品获省驰名商标称号。

【基础设施建设】 总投资6644.14万元。完成及在建的工程有宏港项目等3项填方工程,排洪沟工程、电力走廊、梁厝11万千伏变电站工程、绿化工程、路灯工程及其他配套工程14项。

推进回归园一期(东部区域)基础配套路网建设前期工作。完成区内配套河道工程。完成洪嘉大道延伸段、元城四路、元城次四路、元城五路、元城次五路、元城九路延伸段、洪新大道及东皋溪、山下溪、河道连接线工程选址规划报批手续。

【重点企业】 福州集佳油脂有限公司 2011年,加工植物油料45万吨、生产饲料蛋白粕26万吨、食用植物油27.9万吨、浓缩磷脂2700吨,增加松下港区吞吐量逾60万吨。产品主要销往湖北、四川、云南、贵州、福建、广东等地。公司成立于2010年6月,注册资金1.5亿元,总投资3.15亿元,配套建设有粮仓、油罐、粕库、成品库以及其他储运设施、给排水、供配电、锅炉房、消防、环保等公用和辅助工程设施。公司拥有一条日加工1500吨植物油料的生产线,分为预处理压榨、浸出工段,日加工300吨棕榈油分提工段,日加工900吨植物油精练工段等。部分设备采用德国进口。植物油料生产技术在国内同行业中排名前10位。

福建经纬新纤科技实业有限公司 成立于2010年9月，是一家由福建经纬集团投资设立的现代化大型差别化聚酯纤维生产企业。2011年，总投资58亿元，建设年产120万吨的聚酯纤维项目，主要生产聚酯切片、超细旦差别化涤纶短纤和POY、FDY以及DTY涤纶长丝等产品。该项目列入2012年省重点项目，完成征地工作，一期填方工程基本完成，部分主体建筑动工建设。

【招商引资】 洽谈14个新项目，总投资20.33亿元，其中，在建项目15个，总投资11.68亿元，总用地62.59公顷，主要有经纬新纤、泰华电力、集佳油脂、双胞胎饲料、新福兴光伏玻璃等。在批项目31项，总投资62.41亿元，总用地322.60公顷。

"5·18"海峡两岸经贸交易会期间，签约项目5项，征地22公顷，总投资5.05亿元。"9·8"厦门投资贸易洽谈会签约项目3项，签约项目投资总额8.83亿元，分别为融荣物流项目，主营物流仓储，总投资1230万美元，征地6.67公顷；宏港纺织项目，主营纺织染整，总投资5亿元，征地29.07公顷；鸿生建材项目，主营水泥管柱，总投资3亿元，征地13.8公顷。

（曾 琦）

青口投资区

【概况】 2011年，青口投资区完成工业总产值313.85亿元，比增17.5%，其中规模以上工业产值306.55亿元，比增18%。东南汽车产量11.04万辆，比降8.5%，产值87.7亿元，比增0.1%；戴姆勒汽车产量1.27万辆，比增11.2%，产值44.42亿元，比增21.6%。汽车配套厂产值110.72亿元，比增20.4%；非汽车行业规模以上产值63.72亿元，比增45.6%。固定资产投资60亿元，比增17.0%。上缴税收22.5亿元，比增19.5%，其中国税18.93亿元，比增15%，地税3.54亿元，比增50.6%。

【基础设施建设】 确定重点基础设施项目21项。道路工程12项，分别为祥青路A段道路、3号路道路、洋洲路延伸段（卜洲桥）、前洋路、青圃工业区规划路、324国道峡南至青口一桥段改拓建工程、洋山路延伸段二期、山后路拓宽、东台大道及支线工程、三盛二期规划路、东南大道三期、324国道至203省道五虎线路口段道路改拓建工程。河道工程2项，分别为三港河延伸段、东台大道支线河道改造。填工工程5项，分别为青口新市区污水处理厂填方工程、五虎山片区二期场地平整、海越南侧土地平整、六和二期土地平整、东台工业园区工业一期土地平整。市政配套工程1项，为洋下污水提升泵站。其中，3号路道路工程、324国道至203省道五虎线路口段道路改拓建工程、洋下污水提升泵站工程完工，其余部分工程完成前期准备工作，部分进入工程施工阶段。工程总投资3.07亿元，全年完成投资2.5亿元。

【招商引资】 新批内资项目15项，总投资22亿元，实际到资16.56亿元，比增13.4%；新批（增资）外资项目12项，总投资2.3亿美元，实际到资6412万美元，比增79.8%。引进爱德克斯（福州）汽车零部件有限公司（总投资9100万美元）、协展水岛（福建）机械工业有限公司（总投资1000万美元）、福州中瑞铝业有限公司（总投资1.3亿元），福建奔驰汽车工业有限公司增加投资4200万欧元。

【重点项目建设】 海峡汽车文化广场项目 总建设用地97.07公顷，分为汽车超市综合区和4S专营区两大部分，其中4S专营区用地约36.4公顷，规划容纳4S汽车销售企业45家；汽车超市综合区用地60.67公顷。汽车超市综合区规划分汽车超市区、汽车用品市场区、办证检测区、仓储维修区、汽车文化区、休闲娱乐区、配套生活区七大功能区，总建筑面积约75.5万平方米。项目分3期建设，一期工程主要包括海峡汽车超市主楼、汽车用品市场、办证大厅、检测中心和主干路桥等单项工程，建筑面积22.4万平方米，汽车超市一期主楼完成建设，5月20日举办首届海峡汽车文化节，同时推进附属工程施工。

福建青口科技有限公司镁合金项目 该公司是集矿山开采，精镁冶炼、镁合金制造、镁合金产品加工于一体的专业生产厂家，是福建经纬集团全资控股子公司，成立于2008年4月，总投资6.5亿元，其一期项目于2011年3月1日进行试生产。

福州荻原泰山友模具冲压有限公司NCV3车身模具技改项目 该公司是福建戴姆勒汽车工业有限公司的重要配套企业，由日本荻原株式会社与泰国泰山友集团共同投资设立，公司总投资5250万美元，注册资本1850万美元，主要生产汽车车身、钣金件、模具、夹具、检具等。年内NCV3车身模具进行试生产。

福建三盛实业有限公司塑料发泡系列产品项目 总投资6000万美元，注册资金2000万美元，生产汽车塑料装饰件、塑胶制品。该公司6～11号、16～18号、23号厂房已完工，14～15号，19～21号厂房通过验收，8条生产线投入使用。

东南（福建）汽车工业有限公司三期扩建项目 通过扩建厂房，新增冲压、焊装、涂装、总装四大工艺生产线，实现新增产能24万台/双班。年内完成项目前期可研、环评。进行设备发包，利用现有厂房进行技术改造，部分设备进口到位。

（林巧文）

福州软件园

【概况】 2011年，福州软件园实现技工贸总收入208亿元、税收6.23亿元，分别比增23%、20%。园区软件开发、系统集成、芯片设计、动漫游戏制作、服务外包等产业集群迅速发展，集聚各类技术人才2.1万余名。有入驻企业436家，其中上市企业3家、另有6家上市公司在园区设立分支机构，产值超亿元企业22家，超千万元企业52家，入选国家规划布局内重点软件企业4家；入选第十届中国软件业务收入前百家企业2家，享受省政府奖励政策的全省软件骨干企业7家，获评全省软件骨干企业17家，通过CMM认证企业3家。10家企业被认定为福建省高新技术企业，全园高新企业增至54家；新增福建省名牌产品7项。获评"国家新型工业化产业示范基地”“2011 中国软件和信息技术服务业最具品牌影响力的产业园区”称号。

【海峡软件新城建设】 位于闽江与乌龙江两江分流入城口,定位为“国际科技软件新都、海峡两岸高科技发展的引擎”,占地面积 35 公顷,建筑面积约 66 万平方米,总投资 25 亿元,由总部及研发大楼、动漫二期、福晶科技园、三元达科技园、大腹山生态公园、配套公寓楼等 6 个功能区组成,2010 年 9 月动建,其中总部及研发大楼(软件园五期)建筑面积 38.5 万平方米。

年内研发大楼 A 楼施工至 18 层,完成投资 1.47 亿元;动漫二期建筑面积 8.7 万平方米,13 幢研发楼封顶,5 幢研发楼主体结构施工,完成投资 1.19 亿元;福晶科技园被纳入福州市 2011 年度“五大战役”重点建设项目,建成投入使用。

【招商引资】 新增安明斯集团、福建南威软件等一批高成长性企业。“5·18”海峡两岸经贸交易会上签约 14 个项目,总金额 3.9 亿元;“6·18”海峡项目成果交易会征集对接项目 18 项、企业需求 13 项。新进驻园区企业 107 家,实际到资 4.35 亿元,新批合同外资 1600 万美元。

【企业上市】 中金在线、富春通讯等 4 家企业完成股改,待审核。睿能电子、福工混合动力等 10 余家企业进行上市前期工作,索天科技、闽保信息等企业筹备在“新三板”上市。

【动漫产业】 福州动漫游戏产业基地创作出《抗战奇兵》(红军长征的故事)、《逗逗虎(三)》等近 10 部动画影视片,年内获发行许可证的动画影视作品达 9610 分钟,其中福州天之谷网络科技有限公司制作的 3D 动画短片《小小天空》在 2011 年中国国际动漫节上获“美猴奖·中国动画短片大奖”,这是国内最高级别的动漫奖项。

改变每年 2 次评审惯例,实行随时申报、随时评审,全年兑现动漫扶持政策资金 576 万元。

福州动漫体验馆 1 月 1 日建成开放,先后引进 4D 动感旅程、裸眼 3D、XBOX 等与动漫相关设备。全年接待观摩学习 5000 人次,参观体验 2.5 万人次。

【技术与产业服务】 国家发改委增投项目“福州软件和信息服务公共检测评价中心”建成并通过验收;改造测试评价研发空间,面积 6200 平方米;实现无线上网和三维导航,通过三维模型直观呈现各入驻企业的信息与资源,具备三维空间数据实时交互显示、园区信息查询、检索及分析等功能。

完成动漫集群渲染平台搭建,重点提供渲染计算和渲染测试服务,6 家企业享受该项服务。

将国家及省中小企业创新基(资)金、省信息化专项扶持资金、区科技 3 项经费等项目申报信息发送相关企业,全年新增“软件企业”15 家。

【人才体系建设】 8 月,发挥先行先试政策优势,选聘台湾 IT 专家王朝隆出任管委会副主任,成为福州市参公事业单位中首位引进的台湾专才。上任后共协助闽台开展两岸行业交流活动 12 场,促成台湾奇乐互动娱乐与福建神画时代数码动画有限公司合作,投资共建华智文化公司。

两院院士张钹、李德毅、林惠民、社科院学部委员杨圣明受聘出任“福州软件园顾问”,推进院士的科技成果与企业的需求对接。园区 8 人、1 个团队分别获评“福州市杰出科技人才”,福建省第二批引进高层次创业创新人才,在评选活动中,中科光芯光电的苏辉博士获评“高层次创业创新人才”,福群电子陈日清带领的新型电子元器件创业团队获评“高层次创业创新团队”。为 16 名企业高管解决子女就学问题。完成丞相坊 68 套公寓房的统一装修,9 月全部分配到企业骨干手中。

首次与台北市电脑商业同业公会合作,承办福建省第五届计算机设计大赛,将赛事辐射到 1000 多个台湾高校学院和信息服务社团,通过“以赛促培训,以赛选人才,以赛增合作”模式,加强闽台两岸软件人才交流,促进学生就业与企业揽才,推进科研院所和闽台企业产学研合作。

福州软件园产业服务有限公司与北京大学光华管理学院合作,制作“北大光华 EMBA 精品课程班暨海西软件企业家沙龙”高级培训课程并组织产业交流活动,有 60 多名企业家代表参训。

(郭斯宁)

滨海工业集中区

【概况】 2011 年,滨海工业集中区完成规模以上工业总产值 442 亿元,比增 32.23%,占全市比重 36.69%;上缴“两税”突破 6 亿元,比增 35.97%;固定资产投资完成 58 亿元,比增 132.98%,占全市比重 18.71%;合同外资 538 万美元,比减 72.65%;外资实际到资 1033 万美元,比减 37.81%。在产规模以上企业有 101 家,较上年新增 16 家。初步形成以鑫海冶金为龙头的冶金产业,以力恒锦纶、凯邦锦纶为龙头的锦纶产业,以金源纺织、华源纺织为龙头的棉纺产业,以东龙针纺、永丰针纺为龙头的花边产业,以雪人制冷、鑫隆机械为龙头的装备制造产业,以元成豆业为龙头的粮油加工产业。其中,棉纺企业 9 家,工业总产值 119 亿元,占全区工业总产值 26.9%,上缴税收 1.4 亿元,占全区税收 23.6%;化纤行业 9 家,工业总产值 151 亿元,占全区工业总产值 34.3%,上缴税收 1.6 亿元,占全区税收 28.2%;经编针织企业 35 家,工业总产值 46 亿元,占全区工业总产值 10.5%,上缴税收 0.5 亿元,占全区税收 8.7%;冶金机械行业 28 家,工业总产值 75 亿元,占全区工业总产值 17%,上缴税收 2 亿元,占全区税收 33.8%。全区亿元工业企业 47 家,比增 6 家,实现工业总产值 424 亿元,占全区比重的 96%。

【基础设施建设】 污水管网主干管全部建成并通过验收,乡镇接入支管建设完毕。完成滨海污水厂主体建设和运营商招商工作,污水处理厂和提升泵站分别移交福州恒友水务公司和长乐市建设局管理运营。完成牛头湾作业区防波堤工程堤心推填,北侧平台完成 1430 米,南侧平台完成 1500 米。完成松下码头 0 号泊位桩基平台施工、陆域开挖平整回填、驳岸建设和靠船构件预制。完成松下码头 3

号水工主体部分、沉箱预置、基床抛石、基床平整工作。完成后方陆域工程建设，实现投资6亿元。完成山前作业区鑫海码头18号、19号泊位疏港公路路坯和码头水工工程，省林业厅审批林地并办理林木采伐证，其余主体工程正在建设。完成松下作业区元载码头3万吨级散货码头泊位土地平整，进行工程规划设计。完成滨海中心街拓宽改造工程可研报告编制和项目立项手续。完成松下码头疏港路拓宽改造工程施工，进行腿头段炸山平整工程委托松下镇及首祉村施工。营滨路建设工程投资8亿元，完成工程招投标。完成两港路拓宽改造工程可研报告编制审查并委托市公路局实施代建。滨海二期土方平整全面完工并通过工程竣工验收，合同金额618万元。

【重点企业】 工业总产值净增长前10名企业分别为：金纶高纤净增22.23亿元，力恒锦纶净增12.47亿元，鑫海冶金净增10.09亿元，金源纺织净增6.78亿元，元成豆业净增6.08亿元，二棉厂净增3.80亿元，泰源纺织净增3.48亿元，正隆纺织净增3.46亿元，双强化工净增2.80亿元，金沙港纺织净增2.75亿元。上缴两税净增长前10名企业分别为：金纶高纤净增6964.33万元，鑫海冶金净增3886.44万元，雪人制冷净增1610.43万元，华源纺织净增785.50万元，正隆纺织净增752.64万元，力恒锦纶净增579.64万元，凯邦锦纶净增530.05万元，华冠纺织净增458.95万元，泰源纺织净增343.06万元、佳亿纺织净增285.80万元。

【招商引资】 参加“5·18”海峡两岸经贸交易会、“6·18”海峡项目成果交易会及“9·8”厦门中国投资贸易洽谈会等，其中海交会期间共签约国创合纤、榕威高纤、松下港牛头湾作业区13号、14号泊位等项目16项，总投资253亿元。项目交易会期间对接“CNC车床”“JWG1001型自动络筒机”“年产30万吨钢铁冶炼废渣微粉”等项目15项，总投资1.59亿元，其中项目合同13个，项目协议2个，发布企业技术需求9项。厦门投洽会期间签定内资项目5项，包括海西企业港、海港商贸城、科达纺织、凯捷纺织等，总投资27.5亿元；签订外资项目5项，包括华讯亚太国际孵化基地、华润风力发电等项目，总投资2.8亿美元，利用外资1.35亿美元。项目服务方面，完善项目包办服务，对华讯基地、国创合纤、榕威高纤、海西高科技企业港等省市重点项目和“五大战役”重点项目，指定专人挂钩联系并定期召开主任办公会跟踪协调推动项目建设。

【五大战役项目】 长乐市级项目57项，完成投资42.08亿元，其中在建重点项目4个，年度计划投资4.2亿元，完成投资5.32亿元，占年度计划126.67%。松下码头2号泊位、松下港散粮中转库、力恒锦纶二期建成投产；松下码头0号、3号泊位，鑫海码头18号、19号泊位，福州面粉厂整体搬迁，榕振船舶一期，松下物流园区，大唐午山风电场等项目正在建设。

【用地报批】 上报审批12个批次17宗项目用地271.27公顷，上报未审批3个批次5宗项目用地18.87公顷，拟上报2个批次2宗项目用地4公顷。年内审批项目：铁牛金属、东港纺织、松下码头2号和3号泊位、通宇电缆等4宗65.39公顷（2010年度申报）；恒申合纤、雪人股份、山力化纤、海西企业港、翔孚物流等13宗205.83公顷（2011年度申报）。

挂牌出让16宗工业（商住）用地，合计出让土地面积185.22公顷。其中铁牛金属1.99公顷，通宇电缆1.86公顷，雪人股份0.78公顷，恒申合纤22.17公顷，山力化纤65.65公顷，中国储备粮18.47公顷，鸿达机械1.86公顷，闽昕机械1.33公顷，文丰器材3.60公顷，升远电力1.67公顷，中圆轴承0.92公顷，物资公司0.66公顷，协创食品0.70公顷，福源针织6.67公顷，翔孚物流28.3公顷，海西企业港29.1公顷。

（林一超）

罗源湾经济开发区

【概况】 2011年，罗源湾经济开发区完成工业总产值270.88亿元，比增62%，其中，规模以上工业产值270.75亿元，比增62%；地方级财政收入1.99亿元，比增100.9%；完成固定资产投资57.87亿元，比增61%。至2011年，累计批准投资项目93个，落地投产企业52家，合同投资总额逾460亿元，实际投资总额95亿元。在宝钢德胜、时代包装、华东造船、华能集团等一批龙头企业的带动下，形成冶金、建材、轻工、食品、船舶修造等产业集群。

【基础设施建设】 铝产业园路网填方工程 完成岐鹤路砼路面污水排水供水和通信管道铺设；完成岐鹤桥工程进度95%；完成松岐中路路基填方65%；启动站前路、白黄路、白黄北路、正祥南路前期工作，并完成项目选址、用地预审，开始进行项目环境评价、勘察和设计委托等工作，其中站前路、白黄路、白黄北路、路基工程完成60%。累计完成投资3667万元，占总投资的244%。

金港片区防洪排涝体系工程 燕窝新水闸工程完工验收，并移交白水围垦管理处试运行，完成土港排洪渠1300～2155段施工任务，完成亿鑫排涝闸站工程设备采购招标，定制设备，“可湖排洪渠左岸加高＋JB截洪沟＋雨水箱涵”工程委托亿鑫公司组织建设。累计完成投资5000万元，占总投资的100%。

碧里作业区3～5号泊位投资3.5亿元扩能技改 泊位扩能改造包括增加3台卸船机、2台门机、2条皮带机，改造后，港区年设计吞吐能力可由820万吨/年提高到1435万吨/年，吞吐能力提高75%。累计完成投资3.4亿元，占总投资的98.2%，项目进入设备招标阶段。

【招商引资】 新引进项目5个：旺达码头、源鑫码头、源鑫水泥搅拌站、侨源空分、福亮玻璃等，合同投资总额约10亿元。储备项目8个：管道天然气、海水淡化、濂澳油码头、管桩生产、汽车配件、五星级酒店、弘景木塑二期、顺丰钢化玻璃。呈现产业链招商项目增多、项目科技含量提高、服务性项目突破、项目产品附加值含量高4个特点。

【五大战役项目】 项目17个，完成投资55.02亿元,其中,7个项目建成投产:即恒久专用车生产、BOPP第四条生产线、宇星彩板冷轧线与酸洗线、三金高炉煤气发电及TRT工程、亿鑫钢铁小蕉厂轧钢技改生产二线、顺丰钢材市场、源鑫商品混凝土搅拌站;10个项目开工建设:即宝钢德盛不锈钢、罗源湾滨海城、博美生物制药、中亚客车空调、晟元冷轧精品板带不锈钢、弘景木塑复合材料制品、华鑫物流、侨源空分气体、铝产业园路网工程、金港防洪排涝工程。

(罗源湾开发区管委会)

福兴经济开发区

【概况】 2011年,福兴经济开发区规模以上工业完成产值110.6亿元,固定资产实现投资6.57亿元,新批合同外资5657万美元,实际利用外资3810万美元,自营出口9.19万美元。

【基础设施建设】 开展以道路改造为主的配套基础设施建设,福新东路、福兴大道基本改造完毕。落实城市综合配套区和钢材市场及周边地块改造工作。抓住晋安新城茶会核心区改造建设机遇,加快落实龙安路以东25.66公顷城市综合配套区改造建设,跟踪落实连江、长乐等地新钢材市政的建设情况,促进钢材市场尽快搬迁,全面启动智能化产业示范区建设。启动主干道沿线有一定规模地块改造建设,以点带动推进镇、村工业小区改造提升。加快编制产业发展规划、控制性详规规划和城市设计规划,完善方案上报市政府审定后实施

【招商引资】 招商引资力度进一步加大,“5·18”海峡两岸经贸交易会签约内资项目1项,总投资2亿元;外资项目3项,总投资4800万美元。“6·18”海峡项目成果交易会共征集对接项目15项,技术需求6项,超额完成区里下达的指标。“9·8”厦门投资贸易洽谈会签约内资项目2项,总投资2亿元;外资项目5项,总投资10320万美元。依托开发区光机电和精密机械制造的主导行业优势,优先安排符合开发区产业规划的制造业项目,促进产业集聚。

【园区改造提升】 首批盛辉物流、盛丰物流等2家企业自建总部大楼项目相继动工,福晟六建、宏捷物流加快办理报批手续,加快有实力、有潜力企业自建总部大楼工作进度。以高意、华科等7家高成长、高附加值企业为主,分别对待,帮助企业提出在原有基础上提升的思路方案,做强做大优势企业,充分调动区、镇、村工业小区改造提升积极性。加大招商合作力度,生成一批新项目。对不符合园区产业发展规划的企业,责令搬迁或关闭,重点开展海燕饲料、扬帆空调、鸿福等企业关闭前期工作。

【服务企业】 对开发区内50多家企业进行名录库调查,摸清企业基本资料,按行业、产值大小、地块位置、企业性质、镇村厂房及征地企业等进行归类。同时进行科技含量调查,指导企业进行高新技术产值申报。先后为华科、高意、闽东本田、日立工机、顺大、福华纺织、钜全活塞等几十家规模企业、台外资企业协调解决厂房租赁、生产车间建设、厂区周边治安环境等难题。

【安全生产级别评定工作】 纳入开发区企业评级工作的单位共561家(户),其中法人单位413家(户),个体工商户148家(户)。至年底,完成266家法人单位及个体工商户的评定工作,评定单位中A级企业9家、B级企业252家、C级企业1家,剔除特殊类型单位63家,包含关停并转类、债权债务清理类、不属辖区范围类、无法查找等类型;通过对逐家单位核查,对58家辖属安排错误的单位进行二次分解。

(潘鸿杰)

连江经济开发区

【概况】 2011年,连江经济开发区完成规模工业产值122.96亿元,比增37.86%;完成固定资产投资19.65亿元,比增44.5%;新批合同外资2000万美元,比增28.48%;实际利用外资1131.8万美元,比增98%;外贸进出口4.922亿美元,比增29.8%;内资到资5.09亿元,比增55%。

【基础设施建设】 年内投入5783万元。推进山岗园区日供水2000吨规模供水工程建设;组织山岗建设污水处理厂招标;完成丹阳虎山变电站至山岗片区11万伏双杆单回电力线路建设;完成通园大道水泥路面铺设,延伸段完成路坯建设,规划二路、三路和五路部分路段路坯工程正在建设。完善敖江园区小洋片、岱云片、山亭片区间道路、水电等基础配套设施。整治琯头园区中央大道周边环境。

【招商引资】 引进签约项目10个,总用地92.93公顷,投资总额约23.1亿元,其中,引进投资超亿元项目有海王福药、金山药业、好事达家具、马尾造船厂等。在谈项目有福晟集团塑钢型材、聚春园食品加工等17个,总用地185.67公顷,总投资42.7亿元。福泰钢铁公司增资3.5亿元开展技改项目,二期技改项目征地33.33公顷;冠海造船(四期)增资3亿元,扩增30公顷用地。

【项目建设】 建设项目33个,总投资21.76亿元,年计划投资8.93亿元,其中,列入重点建设项目18个,总投资21.5亿元。年计划投资7.05亿元,完成投资10.09亿元,占年计划投资的143.36%,超序时进度43个百分点,其中,青岛啤酒、茶花塑料、劳安设备等13个项目超序时进度完成;推进海王药业、东湖园区水厂、110千伏变电站等3个项目前期手续办理。

【土地征用】 全年报批土地农转用124.89公顷,获批84.34公顷。促进劳安设备、茶花(二期)、源博建材、富得巴机械、海王、金山、冠海三期等项目落地动建。开展闲置土地、厂房清查,企业闲置率逾50%有8家,闲置土地面积31.2公顷;土地闲置率10%~50%企业有16家。

(杨　贵)

金山工业集中区

【概况】 2011年，航空港工业集中区市本级66.67公顷100幢标准厂房约61万平方米，完成全部招商任务，56家企业入驻航空港工业集中区，认购和认租99幢59.5万平方米标准厂房，总投资逾30亿元，其中外资项目5项，总投资2300万美元。29家企业投产，其余27家企业进行厂房装修和厂房移交。

生物医药和机电产业园签约项目16项，总投资107亿元，其中外资项目4项，总投资6.6亿美元，协议外资4.2亿美元。年内完成园区概念规划、产业规划、城市设计规划、水利规划、控制性详细规划和环保评价等编制工作。采用BT模式投资总额50亿元。完成兆元LED、海寰制药、1号路和2号路安置房、欧普登、新药创制中心、迈新土地审批，审批土地约100公顷。动工建设首期46万平方米安置房，1号路、2号路、海寰制药、兆元LED安置房基本完成设计，正在陆续动工兴建。

【基础设施建设】 完成“两园”园区1～4号、6号、13号道路选址，并进入道路勘探和设计阶段，其中2号路征地长90米、宽40米竣工验收；1号、2号路完成设计，进行图纸审查，所涉及的农保地和林地进行调整和报批。正式启动首期第1座11万伏变电站。原高新区征用的19公顷地块调整并入“两园”规划范围，作为园区安置楼建设用地。首期启动约14.27公顷，设计总建筑面积约46万平方米，容积率3.2，建筑密度19.1%，可安置4266户。该项目完成立项、土地预审、可研报告、地灾评估、总评会审、钻探等前期工作。基本交地6.67公顷，10月30日正式动建。

【用地报批】 完成41个项目选址手续，选址面积477.4公顷。完成安置楼、兆元LED、海寰制药、欧普登、迈新、1号路、2号路等项目的土地报批手续，用地面积100公顷，进行土地报批手续的项目有40项，用地面积463.07公顷。

（朱　颖）

金山投资区

【概况】 2011年，园区占地约7.9平方公里，实现开发工业用地573.33公顷、生活区配套建设约266.67公顷，其中，金山片108.73公顷、橘园洲片145公顷、浦上片143.07公顷和福湾片176公顷。辖区内有道路52条，总长度约49.14千米。入驻企业以科技和环保定位为主，涉及纺织服装、电子设备、机械制造、生物医药、食品加工等产业。企业552家，其中上市企业4家，拟上市企业4家，规模以上企业213家，亿元以上企业42家，被评为“国家级企业技术中心”企业2家，被评为“省级企业技术中心”企业5家，建有厂房面积约380万平方米，企业员工近8万人。区内有鼓楼园、台江园、平潭园和仓山园等4个“飞地”工业园，引进“飞地”企业177家，员工1.41万人。

全年实现规模工业总产值约279.47亿元，占仓山区工业总产值47.3%，比增11.88%；全社会固定资产投资完成约3.83亿元，其中重点项目完成2.07亿元；社会消费品零售总额2.5亿元；实际利用外资1918万美元；出口交货值（海关口径）6.253亿美元。逐步推进工业园区土地集约利用工作开展，全面摸查园区企业与用地情况，形成工业园区整合提升的初步设想。工业用地和标准厂房实现全部租售。

【基础设施建设】 对工业园区内破损水、电供应管网、瞎眼路灯，有计划、分步骤进行全面维护检修；重点开展园区消防管网与设施的改造维修，完成第一期消防管网（橘园洲、浦上部分消防管网）改造工作，改造厂房14栋，改造管网长度4313米。

【项目建设】 在建项目18项，年内投入3.83亿元。基本建成联合动力设备“8－20KWATS超静音高效能型移动电流”、博能特“700万美元投资产能扩大项目”、金和生物“年产9000万木瓜果汁等饮料生产线技改项目”、腾新食品“二号厂房建设”、凯华包装“新建厂房”、顺喜贸易“厂房扩建”等项目；推进博能特“二期产能扩大”、鸿博光电“鸿博福湾光电园，组合式集成LED照明光源产业化示范工程”、源盛纺织“海西纺织服装中小企业公共服务平台建设”、鸿博印刷“引进全自动智能标签生产线”、联合动力设备“1－5千瓦高效节能环保变频发电机项目”、中能电气“智能化免维护型环网设备（C－CIS）技术改造”等重点项目，其中，博能特二期项目总投资3亿元，完成637万元，完成占比2%；鸿博光电光电园、产业化示范工程项目总投资2.6亿元，完成1118万元，完成占比4%；源盛纺织服务平台建设项目总投资9700万元，完成6050万元，完成占比62%。

（吴燕芳）

江阴经济开发区

【概况】 2011年，江阴经济开发区完成工业总产值85.5亿元，比增23.71%，其中规模以上工业产值85.17亿元，比增23.95%；上缴税收3.07亿元，比增37.2%；内资实际到资8.97亿元；外资实际到资1855万美元，比增125.67%；完成固定资产投资48.48亿元，比增27.07%。码头集装箱吞吐量75.40万标箱，比增16.59%。

【优惠政策】 12月16日，由海关总署牵头、国家11部委组成的联合验收组对保税港区进行实地考察和评审，符合《海关特殊监管区域基础和监管设施验收标准》要求，同意福州保税港区（一期）正式通过验收并向福州保税港区管委会颁发《保税港区验收合格证书》。12月21日，经国务院批准，福州港江阴港区成为继大连新港、天津新港、上海新港、广州黄埔港、钦州港之后全国第6个沿海汽车整车进口口岸，也是海峡西岸经济区唯一一个汽车整车进口口岸。

【环保配套设施】 3月，江阴经济开发区污水处理工程（污水处理厂、厂前收集管网＋厂后排海管网）通过环保验收。

污水处理厂一期提标及二期工程除曝气生物滤池池内滤层支撑框架梁柱及上部风机房女儿墙未浇筑,墙体未砌筑外,土建主体全部完工,进入设备安装阶段,其中初沉池、厌氧池、絮凝沉淀池池内设备安装完成,工艺管线完成约70%,厌氧水解池、SBR池等主要单体启动满水试验。

其他重要基础设施　区内路网建设方面,完成总投资3304万元的新江公路沥青罩面工程;完成林芝路(二期)路基填方,港前路和新沙路砼路面以及林芝路、兴林路、顺宝路等道路路灯工程;完成建港路二期、福隆路二期等道路两侧和口岸服务中心大楼周边绿化工程,绿化面积21.26万平方米;完成高港大道三期、四期道路、圣发路延伸段(含配套污水管网)、云高路、国盛大道、西片内河等基础设施配套工程设计以及施工图预算等前期工作。基本完成江阴港区进出港航道二期工程建设,总投资1.4亿元;完成江阴口岸检验检疫应急中心、口岸联检单位办公设施配套建设,实现口岸查验单位一栋楼办公。

【招商引资】　签约合同项目7项,项目总投资103.67亿元,其中外资项目2项,分别是:香港世纪阳光投资有限公司大型优质镍铁项目,总投资2.98亿美元;三林集团大型煤炭中转储运中心项目,总投资3亿美元。内资项目5项,总投资64.8亿元,分别是:中国化学工程集团公司己内酰胺项目,总投资41亿元;海欣药业维生素E项目,总投资2.5亿元;中国软包装集团丙烷脱氢项目,总投资19.6亿元;新世纪仓储物流项目,总投资1.2亿元;中外运仓储物流项目,总投资5000万元。重点跟踪工业气体项目、国电IGCC项目、福耀浮法玻璃项目、印尼能源贸易和仓储基地项目、上海华信石油集团化工园区项目、庄明重装设备等项目。

【五大战役项目】　有21个项目,总投资359.12亿元,年度计划投资28.61亿元。至年底,完成投资34.65亿元,完成计划数的121.11%。

港口建设项目　江阴港区6号、7号泊位进行码头水工主体工程施工,完成投资2.1亿元;8号、9号泊位项目完成初步设计、码头安全预评价初稿以及施工图设计勘探,项目环评报告书通过国家环保部内审查;10号泊位完成后方陆域工程,进行陆域南驳岸和引堤工程施工,化工码头区平面规划调整通过通航安全论证;11号泊位工程项目岸线使用申请报告上报交通部,设计项目初设施工图,办理海域使用权证;陆续开展12号、13号、13A号、21~23号以及国电江阴电厂24号、25号泊位项目前期工作。

中国化工集团CPP项目　初步完成产品方案筛选和化工流程编制,委托SEI编制预可研,开展产品方案论证和总图布置,确定江阴经济开发区企业原料互供、总图运输及配套公用工程方案,与有关单位达成合作意向。

中国软包装集团聚丙烯项目　其子公司福建省中江石化有限公司完成项目备案,安评、环评完成送审本,与中石化签约技术转让、技术设计合同,第二套装置与美国英力士公司就60万吨/年共聚聚丙烯签订技术专利转让合同。其子公司福建中景石化有限公司完成项目备案、安评与环评,开始厂前区土建。

东南电化项目　全厂桩基工程完成90%,厂前区上部土建工程进入装修扫尾阶段;结束TDI生产装置五大厂房基础施工,进入上部工程施工阶段;锅炉本体进行基础垫层施工;烧碱生产装置20个工号中13个工号开始施工,其中冷冻站厂房封顶、蒸发工段二层完成框架结构;二院部分外管廊土建工程完成管廊基础100个、框架10榀、管廊钢结构40榀;锅炉烟囱工程、热电联产建筑及安装工程主厂房进行基础承台施工。

耀隆化工项目　合成氨车间管桩基本完成,完成大部分建筑及装置基础建设,进入地上部分施工,推进全厂地管理设。制作联碱部分的非标设备。

(许绍松)

上街投资区

【概况】　2011年,上街投资区完成工业总产值20.8亿元,比增36.5%,其中规模以上工业产值完成14.6亿元,比增44.6%。上缴地税4.92亿元,比增27.7%;上缴国税1.72亿元,比增44.6%。实现固定资产投资72.26亿元,比增38.1%。内资到资10.74亿元,外资到资1353万美元。完成出口总值3420万美元,比增21.1%。

【基础设施建设】　投入1.163亿元。完成国宾大道景观改造工程和邱阳河道路工程建设,分别投资1109万元和7500万元。新建源通北路411米已进场施工;惠好东侧路309米,完成项目立项,进入项目招投标;新峰溪清淤及污水管网工程竣工验收;选址在污水处理厂三期用地范围内建设的垃圾中转站(日处理300吨垃圾)完成主体工程、设备安装,进行场外道路施工。

【招商引资】　借助"5·16"闽侯县招商会、"10·29"厦门文博会等大型招商平台,签订合同内资项目2项,其中,上街根雕生产基地总投资1.2亿元,福建高速物流有限公司总投资2.3亿元,市创意产业项目总投资2.3亿元;合同外资项目2项,其中,戴姆勒汽车研发中心合同2200万欧元,台湾英孚公司1.5亿美元。

【五大战役项目】　完成总投资43.36亿元,完成项目交地55.2公顷,拆除房屋6.23万平方米,其中大学新校区交地22.6公顷,拆除房屋4.6万平方米;海西高新产业园交地32.6公顷,拆除房屋1.63万平方米,推进大学新区大学生体育场馆、福大专家公寓、江夏学院二期、医大附三医院等项目建设和入驻海西高新技术产业园37个项目建设。推进安置房建设,在建安置房总建筑面积约19万平方米,分别是中美2号、厚美(阳光)、庄南、榕桥4个安置点,其中中美2号安置点约12万平方米主体工程全部封顶。筹建安置点总建筑面积约47万平方米,有建平1号三期、侯官等10个安置点,推进手续报批、征地、钻探、设计、财审及招投标等前期工作。

(杨启昕)

(编辑　吴　燕)

民营经济

综　述

2011年，福州市有个体工商户14.28户，比增10.39%；注册资金57.74亿元，比增27.8%。私营企业6.88万户，注册资金3491.19亿元，分别比增16.07%、13.95%。注册资金在100万以下的私营企业有4.30万户，占私营企业总户数的62.46%。

新注册私营企业1.41万户，注册资金631.52亿元，分别比增12.65%、10.94%。私营企业投资逐步进入新兴领域和高端产业，民间资本快速进入民营科技孵化、金融创新、生物医药和电子信息等新兴产业。从新注册私营企业产业分布情况看，第一产业384户，注册资金10.83亿元，分别占新注册私营企业总量2.73%、1.71%；第二产业1928户，注册资金86.99亿元，分别占新注册私营企业总量13.72%、13.77%；第三产业11739户，注册资金533.7亿元，分别占新注册私营企业总量83.55%、84.52%。年末，从事小额贷款、担保、典当等金融业私营公司中注册资金超千万的有96户。

（余　芳）

主要民营行业

【民营农业】　发展农民专业合作社642家，注册资金11.09亿元。连江县丹朱食用菌专业合作社、福清市一都善山融都枇杷专业合作社、罗源县希望食用菌专业合作社、闽清县省璜三星山油茶专业合作社、连江县官坞渔业养殖专业合作社、罗源县农兴水产农民专业合作社6家被列为省级示范社，长乐石壁蔬菜和闽清三溪溪源油茶2个“一村一品”被评为省级示范项目。

春伦和满堂香公司成为全国农业产业化重点龙头企业，福清市星源农牧开发有限公司、福州大世界橄榄有限公司、福建益升食品有限公司、福建天生农业股份有限公司、福州旺成食品开发有限公司、福建敖峰闽榕茶业有限公司、福建仙芝楼生物科技有限公司、福清市绿叶农业发展有限公司、福建省福丰农业发展有限公司9家企业升级为省农业产业化龙头企业。福州延福橄榄有限公司被列为省级加工示范企业，永泰县新人景食品有限公司、福州好麦食品有限公司2家企业被列为省级加工提升工程企业。有福建省天海东方食品集团有限公司、福州昌盛食品有限公司、福建绿百合现代农业有限公司、福建省福清市东阁华侨蛋品有限公司、福州亚峰蔬菜批发市场、闽侯县大春农科贸食用菌开发有限公司、福建农凯畜牧实业有限公司、福建信鼎农业发展有限公司、福建阳光生态农业发展有限公司、福建仁锋种猪有限公司、福建省永泰县顺达食品有限公司11家省级农牧业产业化龙头企业。闽榕敖峰茶叶有限公司“崟露”商标获中国驰名商标称号，福建光阳蛋业股份有限公司、福清市圣禾现代农业有限公司、利农农业技术（福州）有限公司、福清市火麒麟食用菌技术开发有限公司、闽侯县大春农科贸食用菌开发有限公司、福清市星源农牧开发有限公司、福建海兴保健食品有限公司、福建省神蜂科技开发有限公司8家企业的产品获省名牌农产品称号。福州福民茶叶有限公司、福建昌盛生物科技有限公司、福建东建集团有限公司、西岸（福建）现代农业发展有限公司、永泰县永丰果子厂、福州市永禾米业有限公司、福建亿达食品有限公司、福州名源食品有限公司8家龙头企业商标获省著名商标称号。福建益升食品有限公司、福建仙芝楼生物科技有限公司、福州大世界天然食品有限公司、福建春伦茶业集团有限公司、福建敖峰闽榕茶业有限公司5家龙头企业产品获福建名牌产品称号。

闽侯棋盘寨、福清天生农庄获评全国休闲农业示范点，福清天生农庄、闽侯白沙湾生态农庄、永泰千江月台式休闲农场、闽侯龙台山生态园、连江青芝农业休闲农庄、长乐九龙山庄6家企业被评为首批省级休闲农业示范点。

（朱祖强）

【民营工业企业】　全市有民营工业企业5万多家，从业人员50多万人。其中，注册资金5000万元以上的有907家；规模以上工业民营企业（不含外商及港澳台投资企业）1860家，占全市规模以上工业企业数的64.6%,完成产值2421.3亿元。“非公经济新36条”等政策出台后,福州市民间投资快速增长,涉及冶金建材、电子信息、医药化工、机械制造、纺织化纤、修造船、房地产、食品加工等多个行业。工业民营企业提交发明专利申请1027件,占全市发明专利申请量的46%。成立143家企业技术中心,其中国家级3家、省级53家、市级87家,民营企业占80%以上。12家民营企业获“中国名牌”称号,10家民营企业被授予“中国驰名商标”,在265项“福建省名牌产品”中,民营企业占85%以上。

福州民营工业企业普遍存在企业规模较小,管理和技术水平有待提高,市场竞争力不够强,创新能力较弱,相当部分民企缺乏自主知识产权,低水平重复建设,以贴牌生产为主、产品雷同及存在无序低价竞争等问题。融资难突出,随着国家银根收紧,能够从银行贷款的民营企业较少,资金匮乏成为企业进一步发展的主要瓶颈。用工成本加大,企业缴纳的“五险一金”约占职工工资总额的42%,加上民营企业职工工资普遍上涨。原材料、燃料、动力购进价格普遍上涨,高出同期工业品出厂价格涨幅的7~8个百分点,原材料成本上涨明显。出口复苏缓慢,人民币升值使福州市民营企业的出口压力加大,民营企业亏损面上升等问题显现。重点民营工业企业涉及机械冶金、石油化工、医药产业、电子信息、轻工纺织等。

机械冶金 船舶行业有规模以上民营企业10家,其中亿元以上企业3家;完成产值48.43亿元,占全行业的49.70%。龙头企业福建冠海造船工业有限公司,2006年建成投产以来,生产出全省迄今为止单体最大造船吨位8.03万吨散货船,2011年产值达19.5亿元,比增27.9%。输变电行业民营企业完成产值42.93亿元,占全行业的25%。该行业民营企业以生产配件为主,在完善产业链中起重要作用,龙头企业有福建山亚开关有限公司,2002年创建,是集开发、生产、销售输配电设备于一体的高新技术企业。通用设备制造业产值为105.72亿元,其中民营企业产值100.44亿元,占全产业的95%。主要企业有福清市五友机械模具有限公司、福州机床厂、福州文泰机械铸造有限公司、福州贝石轴承有限公司、福州宏施轴承有限公司、福州立洲精密弹簧有限公司。专用设备制造业产值85.42亿元,其中民营企业产值72.61亿元,占85%。主要企业有福建海源自动化机械股份有限公司、福建省鑫港纺织机械有限公司、福建雪人股份有限公司、福建乾达重型机械有限公司。黑色金属冶炼及压延加工业(钢铁行业)民营企业产值393.9亿元,占行业总产值的82%。形成一批重点企业,如吴航不锈钢有限公司、福建鑫海冶金有限公司、福建宇星实业有限公司、闽清金盛钢业有限公司、长乐宏顺型材有限公司、福建三金钢铁有限公司等。生产的重点产品有各类建筑用的棒材(螺纹钢)、线材、角钢、槽钢、彩涂板及不锈钢板带等。有色金属行业民营企业产值54.46亿元,占行业总产值的56.2%。重点企业有色金属企业有福州奋安铝业有限公司等。生产的重点产品有铝箔坯料、PS版基、铝幕墙板、铝复合板(卷)、铜排、钼酸铵等。

石油化工 规模以上工业总产值144.1亿元,产值超亿元企业有10家,超5亿元企业有5家。福州一化榕树牌氯酸盐是国家的名牌产品,规模达年产6万吨,占全国产量的2/3;ADC发泡剂年产1万吨,占全国产量的1/5以上;东南电化的产品产量在全国22家大型氯碱企业中排名第十;福州耀隆的纯碱年产18万吨,是福建省唯一纯碱生产企业。盐化工产业链方面,福州一化生产的氯酸钾(钠)、高氯酸钾、双氧水等氯酸盐系列,东南电化生产的烧碱、盐酸、PVC等氯碱系列产品,产量和质量都有一定知名度;煤化工产业链方面,福州耀隆公司和各县区化肥企业生产的联碱、氯化铵、碳铵、合成铵等产品形成一定规模;精细化工产业链方面,全市涂料、农药、胶粘剂、塑料助剂、造纸化学品、食品添加剂等精细化工企业有近20多家,涂料年产能力3万吨,农药年产能力2.5万吨,增塑剂年产能力2万吨,胶粘剂年产能力2000吨;生物柴油近2年发展较快,年生产能力达30多万吨。

医药产业 全市药品生产企业有35家,医疗器械生产企业有49家。该行业生产30多种原料药和800多种中西药制剂,形成生物制药、化学药、医疗器械等医药行业门类。基因诊断试剂、生物医学分析仪、中药和天然药物等生物医药生产与研发取得重要进展。氨基糖苷类抗生素及β-内酰胺类产品成为国内重要生产基地。年内医药工业总产值58.6亿元,占全省医药工业总产值37%,是福建省重要的药物生产基地。产值超亿元企业有近10家,超10亿元企业有1家,产业粗具规模。基因工程药物、基因诊断试剂的生产企业有:福州泰普生物、福州迈新生物技术开发有限公司、福建金山生物制药股份有限公司、福建新大陆生物技术股份有限公司、福建大百特科技有限公司等企业。中药及天然药物生产企业有:北京同仁堂健康药业(福州)有限公司、福州海王金象中药制药有限公司、金陵药业福州梅峰制药厂、福建南少林药业有限公司、福建麝珠明眼药股份有限公司、福州闽海药业有限公司、福州回春中药饮片厂有限公司、福州屏山制药有限公司、福建炎洪生物工程有限公司、福州长富星新药开发有限公司。医疗器械、生物医学分析仪器、生物应用软件生产企业有:福州泰普生物科学有限公司、福建梅生医疗科技股份有限公司、丽声助听器(福州)有限公司、福州大学科技开发总公司。原料药生产(发酵生产工艺)企业有:福建福抗药业股份有限公司、丽珠福州福兴医药有限公司。

电子信息 民营企业19家,完成产值109.32亿元,占全行业总产值的14%,主要涉及通讯终端、电子元器件和软件等。重点企业有:福建新大陆电脑股份有限公司、福州福大自动化科技有限公司、福建三元达通讯股份有限公司、福建榕基软件股份有限公司、福建瑞芯微电子有限公司等。存在的问题主要有:市场准入,财税政策,公共服务等产业发展环境不佳;民营企业整体规模偏小,从事信息产品制造业的较少,从事软件和信息服务业的较多;人才支撑较弱,在与国企、外企争夺人才时,民营企业地位相对较弱,同时产业政策的导向不明、企业管理水平不高、企业经营理念和投资方向把握不准等因素,加剧民营企业在高端人才引进和人才队伍建设困难。

福州市信息产业民营企业技术中心有国家级技术中心1个（福建新大陆电脑股份有限公司），省级技术中心3个（福建榕基软件股份有限公司、福建三元达通讯股份有限公司、福建顶点软件股份有限公司），市级技术中心6个（福建省凯特科技有限公司、福州福大自动化科技有限公司、国脉科技股份有限公司、福建国通信息技术有限公司、福建伊时代信息科技股份有限公司、福州瑞芯微电子有限公司）。

轻工纺织　全市轻纺行业规模以上企业940家，完成工业总产值1660.98亿元，比增27.53%，占全市工业比重的30%。其中，纺织工业规模以上企业453家，完成工业总产值1033.03亿元，比增18.5%，占全市规模工业总产值的18.65%，位居全省第二。纺织各行业的情况分别如下：纺织业237家企业，产值505.65亿元，比增32.01%；化学纤维制造企业26家，产值236.78亿元，比增37.94%；毛皮、羽绒制造企业55家，产值171.08亿元，比增24.35%；服装企业135家，产值119.52亿元，比增24.6%。轻工业中规模以上企业487家，完成产值627.95亿元，比增22.11%。食品业规模以上企业318家，总产值544.51亿元，比增22.52%。其中，农副食品加工业396.11亿元，比增21.52%；食品制造业92.63亿元，比增26.01%，饮料制造业55.77亿元，比增24.07%。其他轻工规模以上企业169家，工业总产值83.44亿元，比增19.44%。

（张晓江）

【民营对外贸易】　福州市外贸环境逐步改善，口岸优势得以发挥，民营企业实力增强。至年底，有出口实绩的民营企业达2066家，超过外资企业成为最大的外贸经营队伍。全市出口总值241.31亿美元，比增47.91%，其中民营企业出口111.7亿美元，比增127.87%，占全市出口额的4.6%。

（万　励）

【民营金融业】　担保企业　年末全市有420家担保企业（含福建省工商局登记数），注册资金总额284.23亿元，户均注册资金6767万元，户数及注册资金总额居全省第一，其中注册资金逾1亿元的有92家，5000万元~1亿元（含1亿元）的有115家，1000万元~5000万元的有55家，500万元~1000万元的有62家，500万元以下的有96家（其中分公司有13家）。融资性担保企业有183家，注册资金总额220.65亿元，分别占全市担保企业的43.57%、77.7%，户均注册资金为1.21亿元，其户数及注册资金均居全省首位。担保企业分布以中心城区为主，有347家分布在五城区，占总数的82.62%，半数以上集中在鼓楼区，占总数的51.9%，其余73家分布在8县（市）（其中福清市22家、闽清县12家、闽侯县11家）。

股权投资　全市海外乡亲约300万人，华侨华人约210万人。每年至少能收到海外资金200亿美元。但福州的股权投资公司和股权投资管理公司的数量很少，资本与企业合作管道不畅。至年末，全市登记股权投资企业和股权投资管理企业9户，注册资金3.3亿元，分别占全省户数和注册资金数的16.07%、8.94%，比厦门少30户、17.89亿元。

【民营租赁业】　融资租赁业　至年底，在全市登记注册的金融（融资）租赁企业有3户，1家为内资企业，注册金2.1亿元；2家为外资企业，注册资金1.5亿元。与省内先进市相比，融资租赁业发展缓慢。

楼宇经济　福州城区楼宇经济大幅度增长，鼓楼区入驻楼宇、园区企业1856户，占新增企业总数的53.86%，比增33.93%，注册资金总额127.6亿元，比增145.32%。

（余　芳）

【民办教育】　全市取得办学许可证的民办学校有1340所，其中，高职院校7所，普通中学38所，中等职业学校13所，小学21所，幼儿园933所，文化培训机构328所。与上年相比，学历制民办学校数量基本不变，民办幼儿园与文化培训机构数量均递增约10%。民办幼儿园在园幼儿有13.92万人，占全市在园幼儿总数(23.06万人)的60.35%。

民办教育贯彻落实《福州市人民政府关于促进民办教育发展的若干意见》，执行“支持民办教育发展的各项优惠政策”，通过以奖代补解决民办教师和公办教师社会保险待遇差距过大问题。应用民办学校教育专项资金的杠杆调解作用，落实民办学校教师在职称评聘、评先评优、业务培训、参加社会活动等方面与公办学校教师同等待遇，降低民办学校教师流动性，促进民办教育健康发展。福州市名师工作室成员到民办学校开展“名师进民校课堂”和“送教上门”服务，为民办学校学生上公开课，指导民办学校开展听课、评课活动。5所优质民办校与5所农民工子弟学校开展“手拉手”帮扶活动，在软件建设、常规管理、师资培训、教育科研等方面进行全方位帮扶。公办校赠送农民工子弟学校旧课桌椅数百套。福州融侨中心幼儿园通过“省级示范园”检查评估。仓山区融侨杰座幼儿园等4所民办幼儿园通过“市级示范园”验收。福州文博中心和福清西山学校参加省三级达标校的市级验收，两校均以高分通过检查验收。

（林伯方）

【民营文化产业】　以文化创意园为载体，带动创意策划、艺术创作、文化传媒、影视动漫、数码软件等多种行业领域的文化产业发展，并形成“三坊七巷”、闽江文化、内河休闲旅游等景观品牌效应。至年末，全市有文化行业内资企业568户，注册资金34.26亿元；个体工商户521户，出资金额0.41亿元。

（余　芳）

【民营医疗卫生】　福州市批准开业的民营医院有52家，其中二级综合性医院3家、二级专科医院8家，床位2311张。福州市的民营医院具有准确的市场定位，包括服务对象以及医院自身专科特色市场地位，同时注重设备投入。民营医疗机构推行全员聘用制的用人制度和“多劳多得”、“优质优酬”的绩效工资制度，注重高素质人才引进，通过全国各地招聘各类拔尖人才。与公立医院相比，民营医院具有经营机构灵活、融资渠道多元化、市场开拓意识和服务意识强等优势。福州东南眼科医院发挥在眼科人才、技术、设备方面的专业优势，投身防盲治盲公益事业，参与光明行动、复明工程、红十字复明行动等公益活动。

(曹传坚)

对民营经济的支持

【政策扶持】 出台《福州市鼓励加快总部经济发展的实施意见》《福州市展会管理办法》《关于印发"福州市展会发展专项资金"、"福州市展会发展专项资金管理实施细则"的通知》等政策,加快和规范民营经济发展。从财税扶持、资金支持、改善投资环境、用地保障等强化民企产业项目对接。

国家、省、市每年工业发展财政专项资金逾2亿元扶持民营企业发展。扶持担保机构发展,缓解民营企业融资难、担保难。支持小额贷款公司发展,直接为民营企业提供信贷支持。出台金融机构对小微企业贷款的风险补偿政策措施,鼓励引导金融机构加大对民营企业的信贷支持力度。组织开展企业成长培训,政府出资补助社会机构免费培训企业中高级经营管理人员。鼓励开展企业管理咨询诊断,帮助企业提高经营管理水平。贯彻落实《全国统一取消和停止征收的涉企行政事业性收费项目》《福建省取消、停征、减征的行政事业性收费和政府性基金》。加大涉企突出问题的专项治理,建立健全减轻企业负担兼职监督员网络。全年在江海堤防工程维护费、新型墙体材料基金、城市副食品价格调节基金、社保三项费用下调等方面减轻企业负担4.8亿元。

市工商联实施"五百工程",即"百家非公企业大调研""百名非公企业家大走访""百名榕商进高校""百家中小企业与银行、担保机构对接""百名企业家与百名'三老人员'结对帮扶"等活动,促进非公经济发展和非公经济人士的健康成长。开展"百家非公企业大调研"等系列活动,对民营经济发展中存在的热点难点问题开展调研,其中《发挥统一战线优势,推动回归工程实施》获得全省统战理论调研成果一等奖;《关于加快信用担保业发展的建议》等调研成果得到市领导批示,并得到市经委、市房产交易登记中心等部门的支持,推动福州市融资性担保业风险补偿金的增加、业务范围的拓宽和担保协会的健康发展。

(余 芳 张晓江)

【拓宽融资渠道】 各大银行在福州的分支机构均设立中小企业融资部,加大对中小企业的信贷支持力度。政府鼓励扶持企业上市融资,全市成立183家融资性担保机构,设立19个典当行,成立5家小额贷款公司,以缓解企业资金困难。

(张晓江)

【异地商会建设】 全市有市、县两级异地商会、行业协会、基层商会及综合性商会114个,其中异地商会69个,发展会员逾2万个。1999年,市工商联在沈阳组建第一个异地商会——"沈阳市福州商会"。至年底,"福州商会"在各大中城市组建25个;安徽、温州等福州市以外地区在榕组建"异地商会"11个;各县(市)区组建异地商会33个。福州异地商会分布在全国30多个重要城市,团结联系在外近60万"榕商"中70%以上代表性人士。异地商会在管理上实行"双重领导、属地管理"模式,定期开展商会交流互动,连续10年在每年春节期间(固定在正月初九)组织"福州市异地商会企业家座谈会",每月召开1次"在榕异地商会、行业协会、基层商会例会",并形成制度,利用现代网络通讯手段,在异地商会秘书处工作人员间建立"QQ群""飞信群",及时发布商会动态、帮助解决困难和开展工作经验交流。市工商联出台《关于加强异地商会建设与管理的意见》;出版《榕商》杂志(季刊)、《福州工商会讯》(月刊)。每年开展"百名榕商进高校"活动,定期组织异地商会负责人到北大、清华及中央党校等高校学习,参训人员逾200人次。在加强异地商会组织建设成为全国工商联2011年度"十大创新案例"。

【榕商回归工程】 在国内其他省份有榕商57万人,在海外的榕籍华侨华人有300多万人,实施"榕商回归工程",引导榕商实现感情回家、信息回传、人才回乡、资金回流、股份回投、项目回迁、公益回报。年底成立"行政服务中心""投资促进局",简化行政审批程序,解决回归企业在准入、审批、生产经营等环节存在的实际困难,建立服务回归企业发展的"绿色通道"。设立"公益回归"奖项,对表现突出的企业和个人进行表彰,并登报鸣谢。通过"三引导一鼓励"(在回归行业上加以引导,在公益回归上加以引导,在乡情、亲情、友情上加以引导,鼓励在外榕商携带优质产业、资本资源、高端人才、高新技术回乡投资发展,参与家乡的社会主义新农村建设和三次产业结构调整),为榕商回归寻找最佳投资项目,打造优质投资环境,营造"亲商、安商、富商"发展氛围。深圳福州商会组织会员企业投资8.5亿元建设融深工业园,南宁福州商会会员林瑞财在江阴工业区投资10亿元建设高档生活用纸生产项目,西安福州商会会员、西安兴正元

9月28日,福州市民营企业产业项目洽谈会暨签约仪式在万达威斯丁酒店举行。

集团投资25亿元参与连江港口码头开发。

2月17日，福州市委、市政府在深圳召开福州民营企业产业项目投资推介会，138个招商项目吸引300多家大型民企前来“相亲”；19日在上海举行的推介会，邀请到24家中国民企500强和507家知名民企。

【民营企业产业项目投资恳谈会、洽谈会】 7月25日，福州市民营企业产业对接项目投资恳谈会暨签约仪式在上海举行，包括红星·美凯龙集团股份有限公司、海王生物工程股份有限公司等中国民营企业500强企业在内的一批民企与福州市签订总投资约101亿元的8个项目，涉及商贸服务、机械制造、纺织、IT等行业。

9月28日，举行福州市民营企业产业项目洽谈会暨签约仪式，福州市签约53个项目，投资额1107亿元。签约项目涵盖机械、电子、冶金、化工、文化旅游、商贸物流等诸多领域，其中有投资额逾50亿元的大项目。省委常委、市委书记杨岳和代市长杨益民，市领导徐启源、徐铁骏以及80多名民企代表出席签约仪式。

重点民营企业

【福州市重点民营企业名单】 福耀玻璃工业集团股份有限公司、福建永辉集团、冠城大通股份有限公司、福建鑫海冶金有限公司、长乐力恒纺织有限公司、祥兴（福建）箱包集团有限公司、福建吴航不锈钢有限公司、名城地产有限公司、大世界企业集团有限公司、长乐市金源纺织有限公司、福建锦江科技有限公司、福建元成豆业有限公司、福建融旗建设工程有限公司、福建金纶高纤有限公司、福建省长源纺织有限公司、一丁集团、三盛集团、福建省永泰建设工程有限公司、长乐市金磊纺织有限、福建海源自动化有限公司、福建盛辉物流有限公司、福建亚通新材料科技有限公司、福建金辉集团、福建力源纺织有限公司、福州翔隆纺织有限公司、福建天和建材有限公司、福建吉利诺集团、苏宁电器福州有限公司、福建安波电机集团有限公司、福建唐力电力有限公司、福州环达机械有限公司、福州百洋海味食品有限公司、福建东海漆业有限公司、福建经纬集团、福建恒杰新材料有限公司、福建福铭食品有限公司、福建光阳蛋业有限公司等。

【2011年福州民营企业进入福建企业100强名单】 永辉超市股份有限公司（第16名）、福耀玻璃工业集团股份有限公司（第26名）、冠城大通股份有限公司（第28名）、福建正荣集团有限公司（第32名）、宝钢德盛不锈钢有限公司（第45名）、宝龙集团发展有限公司（第48名）、福州福大自动化科技有限公司（第53名）、福建新华都购物广场股份有限公司（第54名）、福建省金纶高纤股份有限公司（第57名）、福建亿鑫钢铁有限公司（第58名）、福建三木集团股份有限公司（第66名）、祥兴（福建）箱包集团有限公司（第80名）、长乐力恒锦纶科技有限公司（第81名）、福建吴航不锈钢制品有限公司（第86名）、福建鑫海冶金有限公司（第89名）、福建阳光实业发展股份有限公司（第90名）、福建星网锐捷通讯股份有限公司（第98名）。

（余　芳）

（编辑　邱敏佳）

商贸服务业

商贸经济

【概况】　2011年,福州社会消费品零售总额1896.77亿元,比增19.9%。限额以上企业呈现大幅增长,占比提高。完成979.38亿元,同比增长30.2%,占比51.6%,比上年提高3.6个百分点。全市第三产业入库税款155.83亿元,增长26.36%,其中商业入库税款50.44亿元,比增10.80亿元,增长27.25%,增收居各行业第二位。

【投资建设】　商贸重点项目36项,总投资335.19亿元,年度计划投资71.76亿元,其中在建和计划开工项目32项,总投资305.19亿元,年度计划71.76亿元;预备项目4项,总投资50亿元。实际完成投资100.39亿元,完成年度计划139.9%,其中城市综合体项目9项,总投资197.25亿元,年度计划投资49.36亿元,实际完成71.69亿元,完成年度计划145.2%;商贸卖场项目7项,总投资27.2亿元,年度计划投资6.6亿元,实际完成10.19亿元,完成计划154.4%;交易中心项目5项,总投资75亿元,年度计划投资4.5亿元,实际完成8.58亿元,完成计划190.7%;物流项目15项,总投资55.74亿元,年度计划投资11.3亿元,实际完成9.93亿元,完成计划87.9%。仓山万达城市综合体建成开业,青口海峡汽车文化广场建筑面积约12万平方米的汽车商务综合区建成投入使用,医药城、苏宁广场、泰禾城市广场、马尾快安城市综合体、长乐海峡医用设备市场等项目全面动工建设。建成109个农家店和2个配送中心,完成20个集贸市场升级改造和80家便利店建设。年内新开业大型商场有:红星美凯龙12.5万平方米、仓山万达万千百货2.8万平方米、仓山沃尔玛1.2万平方米、大润发金山店1万平方米、乐购仓山店0.97万平方米。

【物流业】　制定并实施《关于加快现代物流业发展若干意见(试行)》《福州市十二五物流业发展规划》《福州市现代物流业专项资金管理办法》,在土地、交通、人才、融资、财政等多方面政策扶持物流业。推进各物流园区规划建设和以江阴港各港区为重点的物流基础设施建设,国务院批准设立的福州保税港区一期通过预验收。继续推进以福州东西南北物流分拨中心为核心的物流项目规划选址,南面(南通)物流分拨中心和北面(晋安益凤、园中、汤钭地块)物流分拨中心的选址规划基本落实。引导推动物流企业转型升级,年内获评全国先进物流企业12家,获评AAAAA级物流企业3家,获评AAAA级物流企业5家。推进物流企业税收试点,列入国家物流税收试点企业12家,财政奖励物流A级企业和纳税大户,其中,A级企业奖励210万元,纳税贡献奖励440万元。建设福新投资区物流总部经济中心,盛辉、盛丰等物流总部大厦开工建设。

【会展业】　举办各类会展222场,比增14场。大型展会有:第十七届福州国际汽车展览会、第六届海峡(福州)渔业博览会、第十八届中国(福州)国际汽车博览会、中国(福州)动漫电子消费展、第六十六届中国国际医疗器械博览会、第十三届中国国际医疗器械设计与制造技术展览会,其中,第六十六届中国国际医疗器械博览会有20多个国家和地区2400多家企业参展,100多个国家和地区5.7万名专业代表和观众观展交流,展会面积11万平方米,招展5795个展位。第十七、十八届车展成交1.48万台车,成交金额30亿元。制定并实施《福州市展会管理办法》《福州市展会发展专项资金管理办法》《福州市展会发展专项资金管理实施细则》。全年投入财政资金1300多万元扶持鼓励办展,比增逾200%。成功申办全国糖酒商品交易会,拟定2012年秋季举办。

【拍卖业】　全市67家拍卖企业和7家分支机构共组织各类拍卖活动1126场,比上年减少4.1%,总成交额达120.65亿元,同比增长7.8%。

【典当业】　典当总额17.24亿元,比增65.0%,其中,动产9.14亿元,比增94.5%;房地产5.55亿元,比增27.9%;财产权利2.54亿元,比增80.6%。余额4.86亿元,比增70.6%。

【副食品商业】　基地生产　市级财

政投入扶持资金3400万元,比增80%以上,其中蔬菜基地建设资金1900万元,副食品(猪、牛、羊、肉禽、禽蛋)生产资金1500万元;省财政投入资金343万元;市财政安排便民商业网点建设扶持资金220万元,投入专项资金1100万元用于保障城市蔬菜副食品供应调控。扩大市级直控副食品基地规模,调整市级直控城市副食品基地,确定2011～2013年度市级直控城市副食品基地58家,其中生猪基地31家、羊基地5家、蛋禽基地18家、肉禽基地4家。全市直控基地年出栏生猪77.32万头,肉禽411万羽、蛋品2237万千克,分别比增39.5%、82.3%、47.8%。生猪年末存栏39万头。以城区7～10天消费量储备生猪活体。新增菜地66.67公顷,蔬菜直控基地0.87万公顷,其中13.33公顷以上连片蔬菜基地近150片,面积0.67万多公顷(包括逾333.33公顷蔬菜基地近40片),大棚设施栽培面积666.7公顷,旱涝保收基地占基地总面积逾50%。

市场调控　猪肉、蔬菜均启动价格协商机制,范围从零售环节扩大到批发环节。促进副食品产销对接,牵头组织蔬菜副食品基地企业及福州部分农产品经销商参加农产品产销对接会。组织召开2场蔬菜农超对接座谈会。牵头组织市直控蔬菜、副食品基地与超市、学校、企事业等采购单位对接。降低国有农贸市场摊位费,开办蔬菜平价商店,开通"菜篮子"社区平价直通车试点,华威菜多多"菜篮子"平价直通车在福州20个社区设点,依托民天集团有限公司建设51个平价商店。永辉超市在全市56家门店推出"惠民商品"销售活动,惠民商品50种。发展订单农业,推广种植千亩秋、冬季大棚空心菜。在福清、长乐、闽侯等12个大棚蔬菜基地种植66.67公顷空心菜。增加财政投入,其中猪肉调控补贴340.17万元,蔬菜调控补贴630.82万元,国有农贸市场减免摊位费11万元。

市场执法　在市场监管中,继续把食品安全工作列入"为民办实事"项目,制定并实施《福州市食品安全案件查处流程》《福州食品安全工作目标责任书》《福州市食品安全责任目标考核办法》《福州市食品安全工作目标考核细则》《福州市食品安全违法案件投诉举报奖励办法》等规章。将食品安全责任目标纳入各级政府绩效考核和社会综合治理工作。承办食品安全案件,实行首问责任制,对七大类食品安全问题实行一票否决。强化监管,每月开展1次食品安全专项整治,开展重点整治食品非法添加剂和滥用食品添加剂、"瘦肉精"、私宰、黄酒、餐饮业、"地沟油"、夏令食品、早市、大排档卫生、"窝点"等9个方面内容的百日食品安全专项整治,出动执法人员3.9万多人次,检查食品生产经营户5.2万多家,取缔各类违法企业610家。开展"放心肉"服务体系的"屠宰监管技术系统、肉品质量安全信息可追溯系统、大型屠宰企业肉品冷链建设"3个系统建设。全市30多项食品安全检测指标全部达标。推进"放心菜"工程建设,培训全市120名蔬菜质量安全管理员,超额年度工作目标20%。培训全市近2万名菜农无公害蔬菜生产技术,继续开展蔬菜市场准入证年审工作。完善"12312"市场监管公共服务体系,健全"12312"商务举报投诉中心工作机制及执法联动机制。加强监督行政执法工作,将"12312"商务举报投诉系统与市委、市政府网上处罚及执法监察系统进行有效衔接。建立举报投诉案源信息库,全年"12312"商务举报投诉中心和"12345"便民呼叫中心受理案件2477件。其中投诉件208件,办结率100%;咨询件2269件,回复率100%;接受"12345"便民呼叫中心转来的有关商务领域诉求件784件,均按办理时限及时回复、反馈。

在市场执法中,整顿、规范市场经济秩序,开展打击侵犯知识产权和制售假冒伪劣商品专项整治,成立以市直38个部门为成员的专项整治领导小组,组成联合执法队,各县(市)区政府成立相应的"两打"专项领导小组,全市出动执法人员18.45万人次,开展执法检查3.25万多次,检查各类市场7561家,查处案件1.04万件,涉案金额26亿多元,罚没总值2942.04万元。市政府批准成立市商务综合行政执法队伍,组织酒类流通联合执法检查36次,出动执法人员300多人次,受检超市、酒楼等单位60多家,立案查处违规经营酒类商品案件21件。

【家电产品下乡】　家电产品下乡和家电以旧换新拉动内需效应明显,家电产品下乡销售43.52万台,比增20.4%,销售金额10.2亿元,比增31.1%,销量额占全省16.4%,居各地市首位,财政发放补贴1.2亿元,比增31.9%。"家电以旧换新"销售新家电128.85万台,比增103.2%,销售额48.03亿元,比增103.1%,回收旧家电119.44万台,比增76.1%。财政发放补贴3.95亿元,比增136.5%。

【超标电动车回购】　建立超标电动车回购网络信息管理系统,制定回购流程和审核程序,对每1辆车按其回购价给予20%财政补贴和300元公交卡补贴,全市85家总店、258个零售网点参加回购活动,回购并审核通过超标电动车13.83万辆,财政补贴金额2094.19万元。至7月31日,历时15个月的超标电动车回购工作全面结束。

(刘必华)

粮油贸易

【概况】　2011年,市政府出台扶持政策,每年安排财政预算资金1000万元完善粮食安全保障体系建设,福州市粮油储备总量达历史新高,推进市面粉公司(松下港)重点项目建设,全年完成投资1.71亿元。粮油供应充足、价格保持基本稳定,启动"平价大米"供应,国有粮食企业经济效益全行业保持赢利。

【粮食储备管理】　落实新增储备规模,调整储备品种结构,储备粮品种有早谷、晚谷、小麦、粳谷,全市地方粮油储备总量、人均储备量均达到历史最高水平。执行《福州市级专项储备粮油管理责任追究办法(试行)》,完善储备粮和粮油质检规范化管理体制。执行储备粮轮换计划,完成储备粮轮换任务。首批安排3000吨储备晚谷加工成品大米,以3.5元/千克价格投放市场。

【粮食安全保障】　4月,市政府制定

并实施《关于进一步完善粮食安全保障体系的实施意见(试行)》,每年安排财政预算资金1000万元扶持省外粮食生产基地建设和骨干大米加工企业、骨干粮店发展。全市设立骨干粮食加工企业18家、骨干粮店23家。与哈尔滨、佳木斯、宜春等粮食主产区建立多渠道、全方位、长期稳定的产销协作关系。组团参加省内外粮食产销协作会议,全年签订粮食购销合同90多万吨。引导企业到省外粮食主产区建立粮食生产基地,建立属于福州的省外粮仓。上瑞集团、新世纪经贸发展有限公司等到黑龙江省承租耕地建设生产基地。粮食批发市场年交易量180万吨。

【现代粮食流通产业发展】 协调服务好福州海峡(松下港)粮食产业集群暨物流园区规划建设,促进实力强的粮食企业入驻园区,加快推进市面粉公司整体搬迁松下港粮食物流园区,至年底,该项目累计完成投资1.71亿元。园区内入驻各类粮油企业10家,全年实现工业产值70亿元。加快实施市场扩建工程,福州粮食批发交易市场利用原预留建设用地,累计投资4500万元,建成油脂批发市场和杂粮交易中心及配套设施。

【市场监管】 重点加强对粮食收购、储存、运输、政策性用粮购销活动中的粮食质量和原粮卫生监管,全年组织粮油质量检查和巡查22次,检查企业138家,抽检样品28份,成品粮质量合格率100%。下发《粮食质量安全监管工作实施意见》,加大治理"餐桌污染"力度,开展打击面粉非法添加剂和整治地沟油专项行动。开展粮食收购资格审核,全市持有有效粮食收购许可证企业122家。年内市粮食局和市诚信促进会联合开展创建粮食经营诚信示范单位活动,全市29家企业被评为诚信示范单位。

4~6月,市粮食局联合市财政局、发改委、农发行等单位在全市首次开展普查式食用植物油库存专项检查。通过企业自查、县(市)粮食行政管理部门督查、省粮食局抽查3个阶段,摸清食用植物油库存量,查明全市各级储备食用植物油账账相符,账实相符,管理规范,质量良好。

【粮食订单收购】 执行国家种粮直补、良种补贴等各项扶持粮食生产政策,市政府下达市本级储备订单粮食收购计划1000吨,完成收购1647吨,其中,市本级储备订单粮食1000吨,闽清县600吨,琅岐47吨,100%兑现售粮款和种粮直补资金。

(胡艳霞)

烟　草

【概况】 2011年,福州市烟草系统卷烟销售28.24万箱,增幅3.14%;实现税利14.51亿元,比增18.7%;卷烟条均批发价90.88元,比增12.9%。

重点品牌规模进一步做大,1~3类烟销售19万箱,占总量67.4%,同比提高10.7个百分点;全国销量排名前15名(1~3类烟)品牌比重64.4%,同比提高10.6个百分点;全国销售额排名前15名的品牌比重89.5%,同比提高2.7个百分点。丰富低焦产品线,突出蓝狼培育,全年低焦卷烟销售3.44万箱,比增45.8%,占总量比重12.2%。超高端卷烟(零售价300元/条以上)销售1.16万箱,比增24.3%,占一类烟比重34.1%。构建品牌销售策略审视调整模型,初步实现市场需求适度满足和品牌发展良性循环,全年"通系列"目标上柜率100%;"通仙狼"满足率保持约65%,订足率逾80%;"通运狼"满足率约60%,订足率逾50%;"纯雅狼"满足率约35%,订足率逾80%。

【营销网络建设】 开展零售终端服务需求调研、属性分析,科学评价终端。扩大商超业态客户数量和规模,规范商超及特营场所终端管理。发展品牌培育功能客户,建设4000家形象店,打造"样板店",引导"百"家终端发挥在高端、超高端品牌培育中的窗口作用。发放2万张消费者VIP积分卡,建立完善卷烟消费者数据库。开发赢利评价模型,提升终端赢利水平,全市零售户月均毛利4849.59元,毛利率10.6%。提升卷烟营销信息化水平,全区网上订货率86%,一机一户比率51%,发展网配客户2080户,pc-pos使用3322户,在全市35%的客户中推广使用烟草联名贷记卡,结算金额占比44.3%,550名客户使用网上结算。通过AAA级物流企业评审。完成中转站撤站对接工作,分流、调整、减少人员27人,精简车辆5部。福清中转站被评为全省"十佳标准化物流中转站"。全面实行"当日订货,当日结算,次日送货"快速响应服务模式。全市平均送货响应时间24小时,同比缩短24小时;单箱物流成本151.54元,同比下降7.38%;物流费用占销售收入比重0.78%,同比下降17.89%。市公司推动营销中心"一心三部"职能转换。4个分公司实行客服中心副经理直管模式;按照"客户、品牌、市场"三要素划分客户经理、品牌经理、内务信息员岗位职责,推进基层营销人员分级分档和考核管理。

【卷烟专卖市场监管】 推进"五大市场"整治,重点打击严重违规户。明确"四重市场""三类区域"范畴目标策略,确定32个重点治理区域,基本实现"三无目标"。打击落地销售,完善专项行动联查、打网破网联动以及适用法律衔接等机制,构建覆盖各县(市)区烟草、公安联合打假合作机制,先后组织"集结号"第二期、"亮剑""芝麻开门""夜莺""打黄牛""赶集""拔钉子"等联合整规行动,开展礼品卷烟回收、高端卷烟市场整治专项行动。全年查办各类案件2377起,查获涉案卷烟1581.6件,其中非法生产卷烟634.7件,非法渠道卷烟617.7件,非法进口卷烟329.2件。移送5万元以上大要案件49起,破获国标级制售假烟网络案件10起(其中部督案件2起、省督案件1起),市标级网络案件6起,刑拘78人,批捕52人,直诉13人,判刑21人。市局稽查支队获"全国卷烟打假工作先进集体"。开展终端分类管理、信息平台运用、监控指标测量、绩效考核等课题实践创新活动,开展许可证延续工作,启用监督管理信息抄告平台,建立烟草"12313"和工商"12315"双平台对接模式,与工商部门联合开展证照治理专项行动,证照齐全率81.6%,全区持证零售客户数2.94万户。加强所、队案件查处衔接，完善借助司法强制手段介入行政案件处理长效机制，行政案件结案率91.2%。启动行业“六五”普法，开通节假日法制宣传“大篷车”，建立交通枢纽“网状”法制宣传教育长效机制。深化“百街千店”创建工作，开展“诚信经营伴我行”系列活动，开设“百家故事汇”网站专栏，建立16类预警“六查三分”工作法。规范卷烟促销、绿色通道使用、合理供货审批、预警处理等内管制度。加强监管金闽公司，开展代送代收点客户信息管理专项检查，内管预警专查，行业内部规范经营“大排查”等活动。深化内管信息点建设，开展“局长在线接待日”活动。对南平“7·20”和漳州“10·28”等区外非法经营大要案开展“一案双查”。启动纠违问责机制，纠违问责30起，查处送货人员“集中送大户”案件1起。

【完善企业管理机制】 搭建ISO综合管理平台，构建以8个文本为支撑的文件体系。制定质量目标管理及考核办法，建立质量管理体系案例系统，全面应用ISO综合管理平台文控系统。以实现“双体系”取证、队伍、内审“三整合”为目标，组织2次内审，发展内审员264人，其中“双体系”内审员234人，科级干部73人。注册成立46个QC小组，在全省QC成果发布会上，2项QC成果分获三等奖和优秀奖。成立市县两级对标工作领导小组，组建7个对标专业项目指导小组。将对标管理与绩效考核相结合，完善对标指标体系建设，拓展130项对标指标，制定50项对标目标值，建立对标指标体系库，推进“三全”对标。持续开展对标课题实践活动，物流对标课题获全省“十佳对标课题”称号。企业人均劳动效率238.11箱，比增3.3%；人均卷烟销售收入462.37万元，比增16.6%；三项费用率4.86%，同比降低0.19个百分点。构建财务立体监管体系，全面加强资金管控，推行资金监管系统，整合资金支付业务，探索支出账户集中管理模式。全区160名客户实行对公扣款业务，月结算金额5000多万元。引入资产管理系统，制定资产处置预案。制定6大项160小项预算指标。全市行业费用预算执行率98.91%。

（林　勋）

石　油

【概况】 2011年，中石化森美福州分公司根据成品油市场资源变化，制定相应措施，有效保障成品油供应，全年销售成品油69.12万吨。推广自助加油，全面实施“最佳客户体验的经营战略”。

【拓展便利服务】 发挥品牌优势，落实客户维护制度，拓展小额配送市场，送货上门。在10月、11月成品油市场资源紧张之际，公司上下总动员，调配运力，保障供应。对23座加油站进行形象改造，提升网络整体形象。结合各站实际情况，提升便利店服务水平，配备冷热食品、饮品、各地特产、汽服精品、车饰、润滑油、燃油宝等商品，展示和推广易捷精品店和样板店的经营管理模式，提升便利店档次，力争把长汀加油站打造成高起点、高标准的旗舰店。规定所有便利店办齐食品流通许可证、营业执照、税务登记证、烟草专卖证、酒类经营许可证“五证”，及时领取销售发票，落实“易捷万店无假货”承诺，不销售假冒伪劣商品、过期商品和“三无”产品。在6月“塑化剂”食品事件中，及时全面排查问题产品，凡发现问题商品立即下架。支持福建特色产品进入中石化森美福州分公司所有加油站便利店销售。

【推广自助加油】 在福州市首次推行全自助加油新模式，宣传自助加油劳动创造价值，引导IC卡消费双倍返积分，倡导省钱省时自助新体验，给予采取自助式加油消费的客户一定价格优惠，以优惠价格吸引客户参与自助体验，熟悉适应自助加油，培养客户自助消费习惯，实现客户和员工“双满意”。

【规范化管理】 开展“加强加油现场干净整洁”“清理、排查站内外杂乱的标牌、广告等”“精神风貌建设”“文明用语及服务态度”“我要安全”等13期加油站规范化管理主题活动，增强规范化管理意识，有针对性地改进服务态度、提高服务技能、完善服务功能，打造“环境整洁、质优量足、服务规范、安全便捷”服务窗口，提升客户满意度，降低投诉率。

中石化森美福州分公司在福州首次推行全自助加油新模式。

【安全管理】 全面落实HSE体系，做好预案演练，开展“我要安全”“安全生产月”等强化安全意识、提高安全素质、规范安全行为、落实安全责任为重点的活动。开展全区加油站安全隐患大排查。在全区加油站开展安全生产标准化体系建设，并全部通过专家组考核和安监局评审。按照《易燃易爆场所消防安全“四个能力”建设指南》,开展消防安全“四个能力”(检查消除火灾隐患的能力、组织扑救初期火灾的能力、组织人员疏散逃生的能力、消防安全教育培训的能力)建设活动。

【数量质量管理】 开展“每一滴油都是承诺”主题活动,坚持“质量第一,信誉至上”方针,从接卸、储存、销售等各环节着手,确保销售油品质量100%合格。按照市质监局《测量管理手册》的指导内容,开展加油站测量管理体系建设,获省质监局颁发的AA级测量体系证书。

(陈俊忠)

供销合作

【概况】 2011年,供销合作商品销售总额32.92亿元,比增12.51%,其中售给农民的农业生产资料3.68亿元,比增10.08%;消费品零售15.44亿元,比增15.05%;农产品购进额12.50亿元,比增25.53%;再生资源购进额1.28亿元,比降33.29%;利润汇总实现赢利524.6万元,同比增幅12%;上缴税费总额1550.6万元。年底,资产总额6.4亿元,所有者权益2.9亿元。

【烟花爆竹安全经营】 春节期间全市设立1454个烟花爆竹零售网点,烟花爆竹供应工作坚持“保安全、保供应”原则,各级供销社烟花爆竹企业强化管理,规范经营,保障市场,鼓楼、台江、晋安、仓山四城区设立149个帐篷式临时零售点,全市销售各类烟花爆竹13.85万件,其中烟花7.85万件,爆竹6万件,配送额4155万元。省供销社和市社共同投资的股份制企业省新合作烟花爆竹有限公司加强与福清、闽侯合作经营,全年公司实现利润118万元,比增35.6%。

【农资供应服务】 各级社、农资公司克服国内外化肥市场“价格高、变数多、风险大”等不利因素,多方筹集资金组织货源,至3月底,储备9.85万标吨化肥,完成市发改委下达任务的109%。全年销售化肥16.88万吨,农药5260吨,农膜743吨。春耕期间,各营业网点采取电话咨询、延时供应、拆整零卖、预约销售、送肥送药到村入户等措施服务生产。市供销社和市诚信促进会联合开展创建农资经营诚信示范单位活动,表彰农资经营诚信示范单位29个。

【新项目投资】 福州干鲜果总公司、福州土产棉麻总公司、盖山社、城门社合计出资4800万元,占股权8%投资民天实业有限公司,参与海峡农副产品物流中心建设。该中心占地面积57.93公顷,建筑面积约37万平方米,总投资约12亿元,建有蔬菜、果品、副食品、家禽、冻品五大专业批发市场,年交易额逾100亿元,为海峡西岸规模最大、层次最高、功能最全的现代化农副产品物流中心。福州物资回收利用公司与福州佳新实业有限公司合作建设新福州大鞋城,原福州大鞋城实行整体搬迁。该项目由佳新公司提供闽侯县荆溪镇永丰村约4公顷土地作为市场建设用地,项目计划投资7000万元,总建筑面积3万平方米,物资回收利用公司投资比例占40%。再生资源回收利用体系建设项目,建成187个社区回收网点,则徐大道废五金分拣加工中心计划投资500万元,完成投资465万元。市社资产经营管理有限公司与闽侯县祥谦供销社、闽侯县社共同投资建设青口日用品配送中心(青口供销大厦),计划投资2000万元。与市物资总公司合作的市物供再生资源有限公司的报废汽车拆解场设施设备升级改造项目,占地2.6公顷,年拆解报废汽车8000辆,总投资800万元,完成投资520多万元。福清市供销社烟花爆竹配送中心投入使用,项目占地1.45公顷,建筑面积1200平方米,总投资300万元。闽侯县烟花爆竹配送中心全面动工,长乐市烟花爆竹配送中心、连江县烟花爆竹配送仓库各投资500万元,进行前期征地和审批手续。连江县农资配送中心总投资1000万元,完成投资245万元。盖山供销社白湖亭网点拆迁补偿款从900多万元增加到1500多万元。

【“新网工程”建设】 实施新农村现代流通服务网络工程(简称“新网工程”),推荐福州市则徐大道废五金分拣加工中心改造、福州烟花爆竹仓库附属工程、闽侯祥谦供销社海京超市更新改造3个项目上报省社和省财政厅,获项目专项资金95万元。全系统建设农资连锁配送中心13个,培育发展消费品配送中心9个,改造建设农产品批发交易市场8个,建设再生资源交易市场(分拣中心)10个,建设烟花爆竹配送中心12个,建设农资连锁经营网点853个,建设日用消费品连锁经营网点805个。

【搭建为农服务平台】 新发展各类专业合作社8个,总数69个,发展专业协会1个,总数23个,为社员、会员推销农产品金额1868万元,为社员、会员增收178万元,带动周边农户930户,建立农产品基地20公顷,与超市对接3家。全系统新建和改造村级综合服务社90个,总数1068个,新建90个村级综合服务社,新建3个农村社区综合服务中心,新办1个省社示范专业合作社,新完成2个专业合作社农产品商标注册,新建基层信息站(点)21个。全年发布各类信息1422条,接受各种咨询31万人次,信息网络促进商品成交6.36亿元。

【农村维修服务体系建设】 将农村社区综合维修服务体系建设列入为民办实事项目,承办县连江、永泰、罗源均分别制定维修体系建设实施方案,成立领导小组,省、县政府各拨给每个县配套资金50万元。网络建设工作全面完成,连江、永泰、罗源县分别设立面积340平方米、288平方米、610平方米的县级维修服务中心,3个县共设立16个乡镇维修站,面积1183平方米,15个村级维修服务站点总面积626平方米,3个县利用有限资金改造装修维修服务中心和维修站点,吸收维修技术人员,设置各种维修服务项目,为群众提供家用电器、农业机械、手机、交通工具等方面维修服务。

(戴　新)

(编辑　邱敏佳)

利用外资及港澳台资

【概况】 2011年，新批准外商及港澳台商投资企业170家（项），合同外资及港澳台资17.7亿美元，比增5.78%；全年实际到资12.77亿美元，比增7.78%，增幅比全省（6.86%）高0.92个百分点，其中，引进港澳投资项目75项，合同港澳资11.82亿美元，实际利用港澳资4.58亿美元；新批台湾直接投资项目41项（不含第三地），新批合同台资7745万美元，占全市新批合同外资及港澳台资总额的4.38%，行业主要分布在制造业、批发零售业、信息传输、计算机服务和软件业。新批总投资千万美元以上项目60项，合同外资及港澳台资10.12亿美元，占全年合同外资及港澳台资总额的57.2%。有106家外商及港澳台商投资企业投产开业。外商及港澳台商投资企业出口86.13亿美元，比增5.92%，占全市出口总额的35.69%。

至年底，全市批准外商及港澳台商投资企业9408家，在业投产的外商及港澳台商投资企业2629家。87家世界500强企业在榕投资设厂或设立办事处。

【外商及港澳台商投资项目】 外商及港澳台商直接投资的170项中，农、林、牧、渔业8项，金额7411万美元；采矿业1项，金额1050万美元；制造业37项，金额6.1亿美元；电力、燃气及水的生产和供应业金额423万美元；建筑业1项，金额119万美元；交通运输、仓储和邮政业5项，金额2618万美元；信息传输、计算机服务和软件业10项，金额1.17亿美元；批发和零售业71项，金额3.26亿美元；住宿和餐饮业3项，金额884万美元；金融业3项，金额2407万美元；房地产业3项，金额1.76亿美元；租赁和商务服务业16项，金额9022万美元；科学研究、技术服务和地质勘查6项，金额5410万美元；水利、环境和公共设施管理2项，金额4516万美元；居民和其他服务2项，金额－43万美元；文化、体育和娱乐业2项，金额2833万美元。主要来自新加坡、美国、加拿大、澳大利亚、日本、匈牙利、塞浦路斯、马来西亚、英属维尔京群岛、塞舌尔、萨摩亚及中国香港、台湾地区等22个国家与地区。其中，中国香港地区11.82亿美元，塞舌尔1.96亿美元，中国台湾地区7745万美元，英属维尔京群岛8084万美元。

【服务贸易】 服务贸易领域（不含房地产）合同外资7.2亿美元，占合同外资总额的41.15%，涉及金融、仓储、计算机应用、租赁等服务业。福建省第一家跨国汽车租赁公司福建中诺安吉租车有限公司拟在福州设立地区总部，在全省九地市设置9个连锁分公司，经营范围涉及国际连锁汽车租赁、大中小各种会议及中长期汽车租赁、仓储物流配送、商务餐饮、商务物业、汽车租赁特许经营业务的配套服务等。

【重大利用外资项目】 成立总投资10亿美元的福建英孚集成电路有限公司，至年底，实际到资2950万美元，处在办理农转用手续阶段。总投资20亿美元的三林集团开展在榕战略投资4个项目，参与江阴、可门等港口开发，打造福建省外向型先进煤化工产业基地和绿色新能源供应基地。成立福建万佳油脂工业有限公司，注册资本2980万美元；成立筹建江阴港区21号～23号泊位的福建江阴万业能源港口有限公司，总投资7800万元。第十五届厦门投资贸易洽谈会签约连江可门港区6号～7号泊位项目。

【招商引资活动】 3月，省委常委、市委书记袁荣祥率团随省委书记孙春兰赴中国香港、澳门开展经贸交流活动，福州市签约投资类项目75项，总投资额达98.85亿美元，利用外资及港澳台资43.23亿美元。市委常委、副市长陈为民率市经贸代表团出访印尼、菲律宾、马来西亚洽谈项目，落实上年出访印尼洽谈的成果，专访印尼三林集团、AG集团。

6月，福州市组织经贸代表团赴日本开展投资贸易促进活动，签约项目5项，总投资额1.58亿美元，利用外资及港澳台资5050万美元。

7月，副省长、市长苏增添率市经贸代表团赴香港考察招商，拜访世茂集团董事局主席许荣茂、香港中诺集团董事长高玉鼎、华懋集团代主席龚仁心、香港海淀集团董事局主席韩国龙、恒隆地产董事长陈启宗、香港嘉里集团董事长郭孔丞、信和集团董事局主席黄志祥、港中旅集团总经理王帅廷等知名企业家,进行项目对接洽谈。

第十三届海峡两岸经贸交易会福州市签约外资及港澳台资项目127项,利用外资及港澳台资27.95亿美元。第十五届厦门投资贸易洽谈会福州市签约外商投资项目130项,利用外资及港澳台资25.17亿美元。

对外投资与劳务合作

【概况】 2011年,福州市新核准境外投资企业41家,对外投资总额2.39亿美元,其中,中方投资总额2.13亿美元,外方投资总额2655.26万美元。对外投资总额、中方投资额、外方投资颇,分别比增(减)19.3%、27.6%、-45%。至2011年,全市经核准设立的对外投资企业(含境外机构)217家。在台湾设立企业13家,协议投资总额1.248亿美元,其中,大陆投资额6149.05万美元。年内,新签对外及港澳台劳务合作合同1089份,合同金额4647.9万美元。

【劳务输出】 全年输出劳务人员3246人次,期末在外人数为3620人。派出对台渔工18批、469人次。主要输出南非及中国台湾、澳门、香港地区等国家与地区。主要从事近、远洋渔业、餐饮业、建筑、制造业等业务。

对外及港澳台贸易

【概况】 2011年,进出口总额347.25亿美元,比增41.16%。出口总额241.31亿美元,比增47.91%,占福州市GDP的40.71%(按1美元=6.3元人民币换算),占全省出口总值的25.99%;出口商品销往206个国家与地区。进口总额105.94亿美元,比增27.87%,进口商品来自117个国家与地区。

在进出口总额中,对台进出口总额20.28亿美元,比增0.25%,其中,出口4.98亿美元,比增17.2%,占全市出口比重的2.06%;进口15.3亿美元,比增-4.25%,占全市进口比重的14.44%。港澳进出口总额12.51%亿美元,比增30%,其中,出口10.49亿美元,比增16.09%;进口2.03亿美元,比增241.93%。

福州市冠捷电子(福建)有限公司、福建华冠光电有限公司、福建华映显示科技有限公司、福建华闽进出口有限公司、中国(福建)对外贸易中心集团5家企业列入2010年中国对外贸易500强企业。

【国家级外经贸平台建设】 年内,福州市被评为国家船舶(海洋工程辅助船)出口基地。福州保税港区江阴港汽车整车进口口岸获国务院批准,该口岸将实现年进口整车10万辆的规模,产值逾10亿美元。

表15 **2011年福州市出口额3000万美元以上商品情况**

金额分类	商品名称及类型	出口金额(亿美元)	占出口总额比重(%)
10亿美元以上(1种)	液晶监视器	16.74	6.94
1亿美元以上(40种)	塑料制小雕塑品及其他装饰品,塑料或纺织材料作面的提箱、小手袋等,塑料片或纺织材料作面的其他类似容器,棉制针织或钩编的女式上衣,棉制针织或钩编的女裤,橡胶或塑料制外底及鞋面的其他运动鞋靴,用栓塞法装配鞋底及面的橡、塑鞋,塑料制人造花、叶、果实及其零件和制品,其他上釉的陶瓷砖、瓦、块及类似品,瓷制塑像及其他装饰品,拖轮及顶推船,其他带软垫的金属框架坐具,其他木家具等。	97.20	40.28
5000万~1亿美元(50种)	冻对虾仁,干香菇,制作或保藏的小虾及对虾,塑料制餐具及厨房用具,塑料片或纺织材料作面的手提包,塑料或纺织材料面的置于口袋或手提包内物品,非瓦楞纸或纸板制的可折叠箱、盒、匣,聚氨基甲酸酯浸涂、包覆或层压的人造革,合成纤维制针织或钩编的男式便服套装,棉制针织或钩编的男式上衣,棉制针织或钩编的男裤,合成纤维制针织或钩编的女式便服套装,合成纤维制针织或钩编的女式上衣,建筑用其他贱金属制附件及架座,微型自动数据处理机等。	34.89	14.46

续表 15

金额分类	商品名称及类型	出口金额（亿美元）	占出口总额比重（%）
3000 万～5000 万美元（58 种）	干木耳，供运输或包装货物用的塑料盒、箱及类似品，聚氯乙烯浸渍、涂布、包覆或层压的人造革，合成纤维制针织或钩编的男式上衣，合成纤维制针织或钩编的男裤，棉制针织或钩编的女式便服套装，合成纤维制针织或钩编的女式连衣裙，棉制针织或钩编的婴儿服装及衣着附件，车辆用钢化安全玻璃，贱金属制帽架、帽钩、托架及类似品，彩色卫星电视接收机，厨房用木家具等。	22.44	9.30
合　计	149 种	171.27	70.98

表 16

2011 年福州市主要出口市场情况

国家和地区	出口金额（万美元）	占出口总额比重（%）
美　国	578514	23.97
欧　盟	528451	21.90
东　盟	278043	11.52
日　本	156625	6.49
中　东	118987	4.93
中国香港	103217	4.28
中国台湾	49771	2.06
印　度	49501	2.05
阿联酋	47047	1.95
加拿大	44383	1.84
澳大利亚	40730	1.69
韩　国	39339	1.63
巴　西	37364	1.55
巴拿马	34991	1.45
南　非	29755	1.23
俄罗斯	25795	1.04
墨西哥	24186	1.00
沙特阿拉伯	22983	0.95
波　兰	22290	0.92
智　利	22187	0.92
埃　及	17255	0.72
以色列	17220	0.71
阿根廷	16101	0.67
土耳其	15553	0.64
伊　朗	14864	0.62
尼日利亚	11359	0.47
合　计	2345811	97.21

表 17

2010 年福州市进口额 3000 万美元以上商品情况

金额分类	商品名称及类型	进口金额(亿美元)	占进口总额比重(%)
10 亿美元以上(2 种)	单项记录价值≤2,000 元非税、证进口商品,液晶显示板	31.74	29.96
1 亿美元以上(12 种)	黄大豆,饲料用鱼粉,镍矿砂及其精矿,乙烯聚合物的废碎料及下脚料,铬铁,按重量计含碳量在 4% 以上,仅冷轧铁或非合金钢卷材,厚 < 0.3 毫米,品目 8471 所列其他机器的零件、附件,处理器及控制器等。	29.02	27.39
5000 万~1 亿美元(13 种)	无烟煤,炼焦煤,甲醇,聚对苯二甲酸乙二酯的废碎料及下脚料,纵锯切刨或旋切白松(云、冷杉)木材,厚 > 6 毫米,船舶用柴油机,自动络筒机,拉舍尔经编机,车身(包括驾驶室)的未列名零件、附件,液晶显示板的零附件等。	8.30	7.83
3000 万~5000 万美元(20 种)	其他煤,石油沥青,精对苯二甲酸,其他芳香多元羧酸及其酸酐等及其衍生物,其他工业用单羧脂肪酸;精炼所得酸性油,初级形状的乙烯-乙酸乙烯酯共聚物,聚氯乙烯纯粉,其他塑料的废碎料及下脚料,合成纤维长丝纺丝机,船用推进器及桨叶,机动巡航船、游船等主要供客运的船、渡船等。	7.37	6.96
合　计	47 种	76.43	72.14

表 18

2011 年福州市主要进口市场情况

国家和地区	进口金额(万美元)	占进口总额比重(%)
韩　国	168082	15.87
中国台湾	153021	14.44
欧　盟	138787	13.10
日　本	87933	8.30
东　盟	86204	8.14
美　国	86113	8.13
南　非	63715	6.01
瑞　士	54238	5.12
澳大利亚	47086	4.44
巴　西	33773	3.19
中国香港	20213	1.91
秘　鲁	16425	1.55
加拿大	13385	1.26
合　计	968975	91.46

(林　珊)

(编辑　邱敏佳)

中国人民银行福州中心支行

【概况】 2011年，中国人民银行福州中心支行启用差别存款准备金动态调整工具，监控法人金融机构贷款增长，采取“有扶有控”的信贷政策，调整区域融资结构，加速发展直接融资。牵头制定《“十二五”福建省金融业发展专项规划》《福建省金融服务业产业梳理报告》，从建设两岸区域性金融服务中心与金融产业方面提出措施建议，被省政府列入省“十二五”经济社会总体发展规划和重点领域改革规划，印发全省实施。联合驻闽金融监管部门制定并实施《2011年金融服务福建科学发展跨越发展工作要点》，分解细化金融服务工作任务，传达拓展信贷增长空间、扩大直接融资规模、强化重点领域金融服务、推进金融组织体系建设、加强闽台港澳金融合作等9个方面政策信号。加大信贷窗口指导力度，引导信贷资源更多地向重点项目、“三农”、中小微企业、民生保障、节能减排和战略性新兴产业等经济重点领域和薄弱环节配置。

建立政府部门与金融管理部门沟通协调机制，密切区域金融风险防控合作；健全日常金融风险监测机制，开展具有地方特色的定点监测；改进新设金融机构央行管理与服务，完善金融风险应急处置机制；强化重大金融突发事件报告制度，加强金融风险提示，前移风险防范关口；审慎开展区域金融稳定评估，探索金融机构稳健性评估。

以业务创新提升金融服务和管理水平，推进金融统计标准化建设，完善和创新经济监测制度；支付体系建设取得新进展，辖内城乡支付服务差距不断缩小；持续增强征信系统功能，逐步拓展社会服务领域，进一步推进中小企业和农村信用体系建设；经理国库安全高效，开展“货币金银制度年”“反洗钱工作质量年”活动。

围绕“控流入、促流出、减顺收”的辖区外汇管理中心任务，实行主体监测与主体监管联动，加强外汇资金流入与结汇管理，开展查堵外汇资金违法违规流入专项检查，推动货物贸易外汇管理、进口付汇核销、出口收汇存放境外等各项改革，扩大人民币在跨境贸易和投资中的作用，辖区外汇管理工作在国家外汇管理局2011年各项业务考核中获得综合成绩全国第三名。

【服务海西建设】 支持重点项目建设 牵头召开48个重点工业项目银企资金对接会。促成省政府将专利权质押贷款纳入财政贴息范围。牵头主办第九届“6·18”海峡项目成果交易会金融服务馆展览会，有11家融资机构与21家企业和单位达成25项战略合作意向或贷款协议，总授信额398.8亿元。制定《关于金融支持旅游业发展的指导意见》，协调工行省分行与省文化厅、国开行省分行与省广电局及省旅游局分别签订授信合作协议（授信金额总计550亿元）。牵头制定《涉海金融业发展专项计划》，引导金融机构集中信贷资源支持海洋产业发展。继续推广“赤道贷款”业务，扩大绿色金融融资。

创新农村金融服务 在全国率先试行“核定额度、随借随贷、循环使用”支农再贷款授信管理新模式。引入主办行

6月14日，由中国人民银行福州中心支行与福建省人民政府台湾事务办公室、福州市人民政府共同主办的第三届海峡论坛子论坛——海峡两岸金融合作与发展研讨会在福州举行。

机制,引导金融机构开办茶园、果园等经济林抵押贷款业务,推动林权抵押增量拓面,促成森林保险纳入农业政策性保险试点范围,逐步拓宽保险覆盖面和保障范围,年末辖内林权抵押贷款规模约占全国1/3。

拓宽中小微企业融资渠道　配合省政府出台支持小微企业发展12条财税金融措施,引导金融业加大对中小微企业信贷投放力度,年末辖区小企业贷款余额在企业类贷款中占46.56%,居全国首位;余额在3年时间内翻近两番,居全国第6位。力推直接债务融资工具发行,全年辖区企业债务融资工具发行金额比增89.73%,中小企业集合票据融资取得零突破。

保障民生金融服务　发挥小额担保贷款支持妇女创业就业功能,将小额担保贷款贴息对象扩大至法定年龄段内、在辖内创业的所有城乡劳动者,小额担保贷款贴息由省级财政承担,辖内累计发放各类促就业小额贷款接近2003～2010年历年发放贷款总和;推动扩大助学贷款保证保险覆盖面,生源地信用助学贷款业务试点范围扩大至全省;引导金融机构做好保障性安居工程建设金融服务,协调国开行省分行与市住宅发展中心,签订总额100亿元的全市保障性安居工程建设开发性金融合作协议,全年全市保障性安居工程完成投资114.5亿元。

规范跨境人民币结算业务　与福州海关等7部门联合拟定进一步推进辖内出口货物贸易人民币结算试点指导意见,从健全联席会议制度、加强配合、明晰流程、加大宣传培训力度、开展金融产品创新及防范业务风险等9个方面提出具体措施。

推动闽台港金融机构和业务合作　增加辖内受理新台币现钞兑换业务的银行机构;联合省台办、市政府共同主办第三届海峡论坛子论坛——“海峡两岸金融合作与发展研讨会”;完成省赴港澳重大经贸活动金融分团组织考察工作,促成兴业银行、福建海峡银行、厦门银行、厦门国际银行、香港恒生银行、中国银行(香港)等金融机构签署《业务合作协议》;参与《平潭综合实验区总体发展规划》制定和完善,协调福建银监局、福建证监局、福建保监局、平潭综合实验区管委会成立“贯彻实施平潭综合实验区总体发展规划金融工作小组”,制定落实方案并督促实施。

【维护金融稳定安全】　加强辖内金融业系统性风险监测,将信托公司、财务公司等地方非银行金融机构纳入月度监测体系,开展地方涉外企业、民间融资及非法金融活动、小额贷款公司、担保公司及典当机构运行风险等项目的定点监测,探索开展融资融券等创新类金融业务的监测预警;督促金融机构落实重大事项报告责任制,向地方政府提示非法金融活动风险,促成省政府《关于进一步做好维护金融稳定工作的通知》印发全省实施;开发“福建省村镇银行合作联盟信息平台”,指导草拟《福建省村镇银行自律公约》,加强各成员单位自律协作;拟定辖内银行业金融机构稳健性评估指引和现场评估内部操作规程,组织辖内各级人民银行从经营审慎性、内在风险水平及发展趋势、风险抵补能力、风险管控能力、央行金融稳定制度执行情况5个方面,以地方法人金融机构为重点,开展金融机构稳健性现场评估。

【推动金融服务创新】　督促引导中小金融机构落实金融统计标准化工作,在全国率先完成中小金融机构数据测试、验收;扩充辖内经济金融时间序列数据库,收录1.57万个指标、45.48万个数据;执行涉农贷款统计、企业分类统计等制度,建立民间融资调查监测制度。

在全辖推广网上支付跨行清算系统,消除自助渠道跨行转账障碍;开展金融IC卡应用推广,辖内金融IC社保卡发行量居全国首位;拓展特色银行卡服务,妈祖平安卡成为全国发卡量和使用量最大的地方卡;在全国率先实现银行卡自助终端和助农小额取现服务行政村一级全覆盖,推动电子商业汇票的普及应用,对福州台资及高科技企业集中区实施重点突破。

完善企业和个人征信系统建设,两类系统收录的信用信息涉及人民币个人贷款余额均比增近20%,企业征信系统日均查询量比增30%,辖内应收账款质押登记公示系统登记、查询数量均列全国第五位。农村青年信用示范户试点走在全国前列,被人行总行推荐为2家先进单位之一。在全国率先规范住房公积金管理中心接入个人征信系统的业务管理。

在仓山区推行国库集中支付改革,在全市推广财税库银横向联网系统,实现各级税收收入入库、退库和更正业务电子化。全面实现出口退税业务批量办理,出口退税资金拨付时间由7天缩短至1小时。开发建成“福建省银行业金融机构代理国库业务信息交流平台”。

加大跨行政区划发行基金调拨力度,加强人民币流通和收付业务管理,制定辖内金融机构人民币流通监管评价办法,全面实行小面额货币合理搭配、定额投放制度,实行“清分业务三项操作流程优化”、“残损人民币清分”试点,完成全年钞票处理工作任务,实施反假货币“海陆联防”工程重点战役,全年收缴假币数额比增189.4%,配合公安机关破获辖内1起案值近1.8亿元的特大半成品假币案件。

加强反洗钱监管,推动全国首家反洗钱自律组织(福建省反洗钱协会)成立,全年报案数、立案数分别比增26.8%、20.4%;加强与侦查、司法机关的案件协作,打击重点洗钱及其上游犯罪,案件协查数、破案数、洗钱罪立案数分别比增30.4%、16.6%、20%。

【改进外汇金融管理】　在全国率先出台“控流入、促流出、减顺收”具体措施,扭转跨境异常资金净流入态势。有针对性地加强银行收结汇、表内外融资、外汇衍生业务、短债指标执行情况的监管,重点对购汇率低、售付汇金额较大的企业开展特殊性现场核查。在辖内推行外商直接投资外汇资本金结汇发票真实性网上核查,加强外商投资企业外债结汇和逾期外债管理;外汇资金流入和结汇管理初显成效,6月以来辖内贸易顺收小于顺差且差额逐月扩大。

适时调整货物贸易外汇管理方式,允许辖内银行为企业办理境外结汇。在全国率先规范跨境货物贸易报关与结算币种错配业务管理,建立跨境贸易人民币业务管理部门与外汇管理部门之间的信息共享与监管协调机制。推动出口收汇存放境外政策实施；在政策原则内满足企业合理购付汇需求，协助福建联合石化集团办理原油进口业务；有序推进人民币跨境使用，辖区资本项下跨境人民币交易金额、交易品种和交易方式实现新突破；全面推广外商投资企业外汇年检网上申报和委托会计师事务所申报方式，辖内代申报率 99.2%；促成国家外汇管理局批准天津渤海通汇货币兑换有限公司在榕开办个人本外币兑换特许业务。

在全国率先规范金融机构外汇业务监管，开展区域银行外汇检查，部署开展辖内银行短期外债和融资性对外担保非现场核查，严格个人外汇业务监管，加大对个人分拆结售汇异常情况的核查力度，开展查堵外汇资金违法违规流入专项检查，联合公安机关破获非法交易额近 100 亿元的“2·12”特大地下钱庄案，全年罚没款收缴较上年增长近 3 倍。

（王　勉）

中国农业发展银行福建省分行营业部

【概况】　2011 年，中国农业发展银行福建省分行营业部履行政策性银行职能，推动营业部业务转型和发展。年末各项贷款余额 95.8 亿元，比增 21.8 亿元，增幅 29.5%；各项存款余额 37.7 亿元，比增 17.9 亿元，增幅 91%；实现账面利润 2.6 亿元，比增 0.7 亿元，增幅 40%；实现人均创利 242 万元。

【服务海西建设】　按照“两轮驱动”业务发展战略，支持地方新农村建设。全年累放各类贷款 65.7 亿元，比增 9.6 亿元、增幅 17%。一是确保国家粮食安全，做好粮油购销储业务。全年累放各级储备和调控贷款 4.8 亿元，支持轮换和增储 62.8 万吨储备粮油（其中回笼款周转使用支持轮换 37.5 万吨）；支持“北粮南调”业务，发放 11.6 亿元粮食调销和流转贷款，支持带动调入粮食 262 万吨，促进引粮入闽和产销衔接。二是推进银政合作，重点开展以新农村建设为重点的政策性中长期信贷业务。落实省分行签订的 300 亿元战略合作备忘录，加大对平潭综合实验区信贷支持力度，累计实现信贷投放 15.8 亿元，年内投放 11.8 亿元。三是支持实体经济，培育具有营业部特色的优质客户群体。开展新客户营销工作，新增商业性贷款客户 6 家，投放贷款 4.2 亿元；做好存量客户的维护和服务工作，重点支持一批规模较大、带动能力较强、具有竞争优势的农业企业发展壮大。至年末，营业部超亿元贷款客户 10 家（不含政府融资平台客户），贷款余额 20.34 亿元，占全部贷款 21%。

【加强客户服务】　采取本币业务与国际业务一体营销方式，重点对辖内大中型进出口企业营销。全年办理国际业务 771 笔，比增 326 笔，总金额 1.224 亿美元，比增 6214 万美元，增幅 103%。扩大客户短信通知服务平台，推行网银结算业务。按照“三突出、一重点”（突出新机构、突出新员工、突出前台窗口提升服务能力，重点发挥党员先锋模范作用）要求，加强前台队伍建设。营业部本部获省银行业金融机构支付结算“优秀网点奖”。

【强化风险管控】　一是开展“合规管理年”活动。加强合规教育，促进合规经营。成立贷后管理督导组，加强对贷款条件落实、贷款资金使用和贷后管理制度落实情况检查指导。二是推广应用各种信息系统平台。利用开展综合报表平台系统、信贷信息真实性核查系统、统计数据集中管理系统、综合办公系统、电子商业汇票系统等的推广应用和上线升级工作，做好信贷运营情况分析和风险预警。三是组织开展各类信贷基础管理检查工作。对全区贷款客户进行风险排查，进一步掌握客户生产经营、财务状况、风险保障等情况；对抵押物实行定期、不定期核查，确保抵押物完整；开展省分行审批贷款批复条件落实情况自查；做好政策性粮油库存检查工作，检查 29 家客户粮油库存数量与占贷，确保资金流与物质流相统一。

（张　雄）

中国工商银行福建省分行营业部

【概况】　2011 年，中国工商银行福建省分行营业部经营利润突破 27 亿元，再创历史新高；中间业务收入首超 18 亿元；贷款余额突破 600 亿元，增量突破百亿元；存款余额突破 800 亿元，增量突破 140 亿元；贷款、存款增幅均实现全国工行系统第一；信贷资产质量保持稳定；安全经营无案件无事故。在工总行全国直

8 月 10 日上午，中国工商银行平潭万宝支行开业，中国工商银行总行李晓鹏副行长、福建省分行乔晋声行长、省分行副行长兼营业部总经理郑志伟及有关部门领导为该行开业剪彩。

属分行和一级分行营业部经营绩效考评及业务发展考评中连续7个季度获第一名。

【服务海西建设】 服务两岸三通 对中国首个两岸水上直航项目海峡(平潭—台湾)高速客滚发放项目贷款2.1亿元,办理2604万美元大额付汇理财通业务。在辖属2个支行开展新台币兑换业务。

支持重大项目及民生工程建设 支持先进制造业、现代物流业、战略性新兴产业、优质固定资产支持融资项目、技术改造项目,全年为温福铁路、厦深铁路、福州地铁、沈海线高速公路、松下码头、可门码头、江阴建滔化工码头、省电网220千伏兴泰输变电工程、福清核电、鸿山热电、福清镜洋粮食产业项目等发放项目贷款35亿元。

支持中小微企业 在资源配置上优先向中小企业倾斜,全面推行小企业信贷业务评级、授信、审批、押品评估"四位一体"。拓展随借随还的小企业"网贷通"业务,为长乐纺织经编设备小企业量身定做小企业设备按揭贷款,全年发放中小企业贷款84.43亿元,比增11亿元。

加强绿色信贷建设 推动节能环保、新一代信息技术、生物、高端装备制造、新能源、新材料等新兴战略产业发展,严控"两高一剩"行业贷款,加快淘汰落后产能行业贷款。

创新发展国际业务 开立首笔大额跨境人民币进口信用证业务,办理全省金融系统最大金额出口贸易跨境人民币业务、全省工行系统最大金额"出口代融"业务,办理全省工行系统首笔远洋渔业费用T/T融资业务、人民币外汇期权业务、出口代付项下"票财通"业务、出口应收账款融资业务。

解决客户融资需求 全年通过北京金融资产交易所债权融资、工总行理财委托贷款、省行区域理财、股权收益权主理银行业务等方式对接解决融资需求约48亿元。

推广结算与现金管理及贵金属服务 建立3家"工银金行家"贵金属旗舰店,推动网点贵金属仿真金宣传展示,推广黄金租赁、第三方贵金属代销和赎回业务。

深化风险管控 加强化解重点领域信贷风险,全年潜在风险贷款退出8亿元。在信贷资产中全面引入托管机制,托管产品扩大到10类30项。强化支付限额管理与贷后监测。在工行总行全国直属分行和一级分行营业部2010年度风险管理评价考核中名列第一。完成省银监局和市公安局2010~2011年度安全评估验收,评价等级为优秀。

【网点建设】 调整机构网点布局,新设平潭万宝支行等网点8个,迁址或升级改造网点12个,建设财富中心3个,新设离行式自助银行(自助设备点)46个,净增ATM机137台。

【个人金融业务】 支持商品交易市场、产业集群上下游私营业主及个体工商户,推广商友卡、存富宝、个人小额贷款、个人"卡贷通"贷款、个人经营贷款存贷通等新产品,成立商友俱乐部24家,发展俱乐部会员近2.7万人。推出消费后直接办理分期付款的逸贷信用卡,加快牡丹卡分期付款业务发展。推广牡丹卡交通IC卡、手机支付信用卡等芯片卡。开展电子银行体验式宣传,以银企互联、资金归集等为总部经济服务的电子银行重点产品为海西重点企业服务,依托"95588"外呼平台加强客户回访、售后服务。

【文明建设】 2011年是"服务质量提升年",组织开展"落实规范服务,提升服务品质""微笑服务,打造工行名片"系列活动。开展服务标准化培训,打造8个服务标杆网点,客户测评满意度100%。在全市28个公共服务业优质服务测评中排名第四,比上年上升18位,四行同业排名第一。闽都、南门支行营业室获评中国银行业文明规范服务千佳示范单位。闽都支行营业室获《福州晚报》2011年"榕城十全十美银行网点"称号。鼓楼支行营业室被省总工会评为省"工人先锋号",台江支行营业室被省总工会授予模范"职工小家"称号。

【服务社会】 开展向"双留儿童"捐赠"爱心红书袋"活动。参加福州市2011年"春风送暖"活动,坚持与特困户结对子献爱心。发动员工向省"母亲健康天使基金"捐款。为福州大学、福建师范大学、福建工程学院等院校发放助学贷款7639笔,金额3193万元。

(董似瑾)

中国农业银行福建省分行营业部

【概况】 2011年,中国农业银行福建省分行营业部推进网点网络建设,提升行业服务水平。年末外币各项存款比增46.1亿元,本外币各项贷款比增56.88亿元,不良贷款比年初下降9698万元,不良占比比年初下降0.42个百分点,实现中间业务收入6.12亿元,拨备后利润18.48亿元,同比增赢5.12亿元。

【服务海西建设】 一是支持省市重点项目建设。调整信贷结构,对接市政府2011年"五大战役"项目、中央企业在榕投资项目、前期续建项目、市拟建在建重点项目等,重点支持省电力、福清核电、福州地铁、向莆铁路、合福铁路、绕城高速公路等。二是支持小企业发展。发挥小企业金融服务分中心、小企业服务特色支行、金融服务精品机构等专业化优势,创新业务流程、担保方式,丰富金融产品服务,努力满足小企业融资需求。年末,小企业贷款余额20.96亿元,比增4.9亿元。三是推进小城镇建设,跟进闽侯、福清试点镇建设情况,加强与福清市龙田镇小城镇改革建设融资机构—滨海小城镇建设开发有限公司等合作,信贷支持2.4亿元。跟进平潭流水镇、长乐江田镇、福清高山镇、连江琯头镇等新试点镇建设情况,了解其金融需求。推进银村共建活动,签订合作协议,创新五户农户联保方式,与99个行政村开展银村共建活动。四是推进农户小额贷款业务。开展新型农村养老保险业务代理工作,开展农村个人生产经营贷款,启动"客户关怀"机制,组织"送金融服务下乡"等活动。至年末,发放惠农卡26万多张,新增2.6万张;农户贷款余额6.18亿元,新增3.26亿元。

【网点建设】 开展网点转型项目立项工作,确定转型项目9个,新购建网点1个,拟建成财富中心;升格辖内9个网点,加强网点转型跟踪监督、后续检查;对转型网点进行综合验收、网点建设与转型后评价。年末,全辖转型网点占比46.96%。加快自助渠道建设,年内电子渠道交易占比64.75%。加强县域现金类自助设备、自助服务终端、转账电话等电子渠道建设。全年向县域投放现金类自助设备64台,占总投放台数51%,有效转账电话2587台,占全辖总有效户47%。

【推行文明服务】 建设内训师专业队伍,开展网点标准服务现场导入活动,倡导微笑服务,落实"三声、三检、三姿",搭建营销墙、文化墙,开展"学习厦航打造优质服务环境"活动,落实《网点文明标准服务责任书》,制定《网点文明标准服务考核办法》,组织检查12次,其中现场检查2次,抽查13个支行54个网点;非现场10次,抽查17个支行78个网点。被中国银行业协会评为文明规范服务"百佳"示范单位的网点1个,"千佳"示范单位1个,文明规范服务明星1人。被省银行业协会评为文明规范服务示范单位网点4个,文明规范服务明星3人。

【服务社会】 开展"讲文明树新风""送温暖、献爱心""关爱空巢老人"、义务献血、义务植树、交通劝导等系列公益活动。以"文明社区共建""文明单位与驻点村挂钩帮扶""金秋助学行动"为平台,帮扶贫困村、贫困社区、贫困家庭、贫困学生、农民工等,与19个社区建立共建关系,将永泰县霞拔乡福长村作为挂钩帮扶对象,与福建农林大学等建立银校合作关系,累计帮扶贫困学生1.34万人,发放助学贷款6906万元。组织参加第六届文明行业总评工作在福州市28个参赛行业中总成绩排名第五,金融系统排名第一。

(林盛红)

中国银行股份有限公司福州地区直属支行

【概况】 中国银行福州地区直属支行发挥福州地区统一经营优势,激发基础网点活力,提高网点营销人员占比,强化全行业经营能力的提升,在有效控制风险的前提下,取得良好的经营业绩。全年考核利润比增67.19%,中间业务收入比增46.95%。福州地区5家机构获省级文明单位。

【公司业务】 支持福州城市地铁、港口码头、能源电力、绕城高速公路等重点民生工程,累计支持福州地区重点企业项目29家,授信金额80亿元。采取专业化运行模式和服务方式,对中小企业授信资源倾斜,帮助中小企业解决"融资难"问题。注重对行政事业单位、非授信客户营销,提升公司金融产品覆盖率。年末,福州地区各项公司贷款比增18.62%。

【个人金融业务】 拓展个人存款,转变客户服务经营模式,创新业务和产品。通过长短结合,"五大管理""九大项目"促进日均存款及存款稳定性。创新开发"农村小额POS""农民工汇款超市""海西文化卡"等产品。年末,福州地区本外币各项存款余额较上年增长106亿元,比增16.92%,本外币贷款余额较上年增长68.3亿元,比增17.56%。

【国际业务】 依托国际化和多元化程度高的优势,扩大跨国跨境经营,延长服务链条,拓宽服务领域。发挥跨境人民币业务的带动作用,通过抓住"客户链""政策链""产品链""资金链",利用境内外利率、汇率差,推进人民币协议付款、人民币转汇款、跨境转开证、双币种信用证、人民币转收款等产品。同时推进跨境人民币业务,市场份额稳居同业第一。

【网点建设】 在管理机制、渠道布局、业务功能、服务品质、运营保障、资源投入等方面提出具体措施。重点推动渠道建设、两表两系统落地、业务功能丰富、营销队伍培育等方面工作。网点硬件建设方面,全年新增网点3个,搬迁改造项目12个,投放自助设备162台,实施"亮窗工程"和标准化营销设施布放。软件建设方面,提升网点营销服务能力,制定"网点厅堂营销工作指引",明确网点销售服务流程,定期举办网点负责人、大堂经理、营销人员培训班。

【风险管控】 落实银监会"三个办法一个指引",将风险管理和业务发展目标有机结合。加强对当前政策性风险和经营性风险较大的房地产行业、融资性担保工作、钢贸授信业务项目合规性审查。推进合规文化建设,实施贷款新规,提高贷款全流程管理和精细化管理水平,以IT蓝图成功上线为契机,开展"蓝盾行动"等一系列活动。

(陈 琼)

中国建设银行福建省分行

【概况】 2011年,中国建设银行福建省分行定期召开文明优质服务动员大会,加大"金丹·银燕"服务品牌培塑力度;调整业务流程,推进前后台业务分离。年末在福州地区各项存款余额1167.6亿元,贷款余额763.6亿元,在当地四大国有银行中占比分别为34.3%、32.3%,均居首位。在总行组织的服务质量调查中,取得全国建行系统第一名;辖属3个机构获"全国文明单位"称号,其中福州地区2个。

【网点建设】 将福清支行升格为二级分行;整合福州地区各机构对公经营职能,成立省分行信用卡消费信贷中心;在福清分行、长乐支行分别建立小企业"信贷工厂"。根据市政府"一核、两翼、三带"联动发展战略部署,加大营业机构调整、增设工作力度,2010~2011年,在福州地区装修改造营业网点133个、自助银行53个,建成旗舰式理财中心46家,升格为网点型支行的分理处或储蓄所31个。

【加大信贷投放】 将福州地区作为信贷投放的重点区域以支持经济社会发展,年末福州地区各项贷款余额763.5亿元,存贷比达65.4%,新增贷款99.8亿元,占全省建行新增总额的36.8%,贷款增幅高于全省建行平均水平。

铁路方面 对合福铁路等3个重点在建项目发放贷款12.3亿元。

电力方面 为福清核电项目1~2号机组发放贷款近6亿元,为5~6号机组出具承诺和意向性承诺贷款232亿元,对福清核电、省电力等重点客户(项目)出具承诺和意向性承诺贷款245亿元。

高速公路方面 累计发放贷款11.3亿元,新增3.8亿元,居当地同业前列,同时在表外业务、现金管理、造价咨询等方面提供金融服务。

小企业业务方面 推广"速贷通""成长之路"、网络银行"e贷通"等特色产品,按四部委统计口径,至年底,福州地区小企业贷款余额达137.4亿元,新增24.2亿元,占全省建行小企业贷款新增量的26.6%,增幅为21.4%。

住房金融方面 加大支持普通住房特别是保障性住房建设力度,与福州地区10个政府主管部门和保障性住房开发机构签订合作协议,与15个保障性住房楼盘项目建立合作关系,向各类保障性住房项目发放房地产开发贷款和个人贷款累计逾6亿元,帮助3500多户中低收入居民实现购房梦。

"教育慧民"方面 以福州地区全日制本科院校、高等职业学院及重点中专为支持重点,累计投放信贷资金9.5亿元,支持16家高等院校、5所职业中专学校及中学建设。

"医疗健民"方面 支持4家医院建设,担负福州地区省级医疗机构大部分资金结算任务。

"环保益民"方面 支持垃圾处理、风力发电以及水利工程等节能减排行业,年底,福州地区节能减排行业贷款余额56.3亿元,比年初新增7.5亿元。

"社保安民"方面 提供代收付社保养老保险、医疗保险等各类社会保障资金等配套金融服务。

"文化悦民"方面 加大对福州地区重点发展文化产业领域支持力度,年底,福州地区十大文化行业的贷款余额达5亿元,较年初增长2.1亿元。

【拓宽融资渠道】 构建"大金融""大投行"服务体系,多渠道筹措资金:一是通过理财资金渠道为合福铁路福州段、东南铁路、华能福州电厂、市房地产发展集团保障房项目等重点建设项目提供融资52亿元。二是通过债券市场为大型企业募集低成本资金,累计为福建省投资开发集团、福建高速、福耀玻璃、福建建工4家优质企业发行6期债务融资工具,承销总额达57亿元。三是通过资本市场帮助一化控股(中国)有限公司等企业在香港成功上市,募集资金5亿港元。

【履行社会责任】 参加"三下乡"活动,组织实施为期6年的"资助贫困高中生成长计划"和为期10年的"资助贫困英模母亲计划"公益项目,福州7所中学80名品学兼优、家境贫寒的高中生和12名贫困英模母亲家属得到资助。年内,福建建行再次获福建省红十字会颁发的"红十字人道金质奖章"。针对市场上有关银行业的热点问题和公众金融认识误区组织开展公众教育日活动,被省委省政府授予"省直首批平安先行单位"。配合市政府开展福州地铁建设拟征用办公区域搬迁工作。

(罗长武)

中信银行福州分行

【概况】 2011年,中信银行福州分行围绕总行"转型、提升、发展"的指导思想,把握形势,控制风险,强化管理和营销,核心指标创历史新高,资产质量保持良好,合规经营基础稳固。年末,分行总资产551亿元;本外币各项存款余额529.34亿元,各项贷款余额374.16亿元,全年实现经营利润11.57亿元;在福州、泉州、莆田、漳州设立营业网点26家,其中福州15家、泉州7家、莆田3家、漳州1家。

【服务海西建设】 支持交通、能源、通讯、电子信息、物流、纺织服装鞋帽等符合国家和省"十二五"发展规划的重点产业(包括福银高速、漳州古雷石化、福建荣耀纺织、福建正麒高纤科技等项目)。推出围绕核心企业的"商票通"业务等供应链金融产品,为战略客户承销短期融资券、办理首笔并购贷款业务。成立福建小企业金融中心及5个直营团队,加强与省再担保公司合作,控制授信风险。年末,对公贷款余额254.68亿元。

【零售业务】 依托理财业务、公私联动、专业市场、出国留学、"商贸通"个人经营贷款等"十个渠道",满足客户需求。举办教育、健康、养生方面讲座,为贵宾客户提供保管箱、洗车等增值服务。

【国际业务】 推出商票质押开证、买方付息国际信用证、国内信用证保付通等产品。推进跨境人民币结算,开立省内首笔跨境人民币直接投资账户,办理省内首笔跨境人民币股权收购业务。年末,进出口收付汇量、国际业务中间收入创新高。

【资金资本业务】 加大远期购汇、利率互换产品拓展力度,重点满足中等规模和民企客户需求,办理国内首批人民币对外汇期权组合业务。

【风险管控和内控管理】 通过贷款"三查"、信贷管理系统、"天眼"、人行征信系统、媒体报道等现场与非现场渠道,获取风险预警信息。落实平台贷款风险缓释、贷款新规实施、中长期贷款合同补正等重点监管工作,提高担保公司准入门槛,建立授信企业面谈制度,增加贷后检查频度与覆盖面,调整信贷结构,实现不良贷款"双降"。

将内控合规与案件防控指标纳入考核体系,开展员工行为排查活动、"啄木鸟合规行动",与辖内经营单位签订"合规承诺书"。加大现场审计力度,组织内控风险排查、存款滚动排查等排查、自查,完善会计操作规程和管理办法,强化会计风险防控,完善突发事件应急制度。

(唐夏芸)

中国光大银行福州分行

【概况】 2011年，光大银行福州分行资产负债规模平稳增长，业务结构有所调整，经营效益明显提高，资产质量良好。表内外资产总额444亿元，贷款余额264亿元，一般性存款余额225亿元，同业存款余额36亿元，不良贷款余额564万元，不良率0.02%。实现税后利润7亿元，实现中间业务净收入1.92亿元。

【业务经营】 着力建模式、搭平台、增客户、提效益、控风险，围绕配套型、集聚型、创新型和单一优质型市场，财政性存款营销卓有成效，中小企业结算客户数明显增加。利用银行授信、结算、理财、现金管理、养老金等产品以及银信、银证、银保、银资等渠道，为客户提供综合服务，并加大对客户经理队伍的培训和建设力度，增强整体营销能力，加快扩大客户规模、夯实客户基础。对公贷款余额增长前三名的行业为纺织服装、钢铁、建材。

通过模式化经营，扩大基础客户群、增加中小企业业务占比、提高中小企业客户综合贡献度。新增授信客户90%为中小型企业，新增对公贷款规模80%投向中小型企业；中小企业新增客户数、新增贷款规模在光大银行系统内排名均进入前列。

推广电子商业汇票，获评福州金融系统的“优秀成果奖”。中期票据、定向票据等业务都实现较大成效。零售条线在存贷款规模、客户数量、信用卡发卡量、赢利能力、市场竞争力等方面均得到大幅完善和提升，并保持持续发展态势。

【风险防控】 加强专业化审查、平行作业，从源头控制风险；加强贷后管理，特别加强低质量及特别关注客户监控及催收力度；进一步强化风险排查、提示和预警；加大资产保全力度。坚持员工的合规教育和培训；深化财务合规工作，加强指导和管理；规范操作风险管理，加强操作风险的工作督导。

【机构网点和团队建设】 引进各类人才124人，推进机构网点建设，龙岩分行、泉州晋江支行分别于7月15日、12月22日开业，台江支行于2月14日迁址，杨桥支行完成原址装修改造，泉州石狮支行、漳州龙海支行的设立获得总行、银监部门批准。

【开展“阳光服务”工作】 加强客户服务体系建设和优质服务示范网点建设，提升服务品质和企业形象。福州分行阳光服务工作围绕着“夯实基础，提升意识，标准到位”3个阶段全面展开，开展员工技能培训，加强服务考核与监督，对营业网点功能分区优化，开展阳光服务工作。以分行营业部为试点机构，树立“阳光服务”硬件标杆，并推广至辖内各机构，总体提升客户服务体验。

（林　磊）

华夏银行福州分行

【概况】 2011年，华夏银行福州分行加强客户开发和产品营销，强化内控和合规风险管理，完善考核机制，实现全年安全运行目标。年末一般性存款余额112.69亿元，增长10.78%；各项贷款余额92.28亿元，增长21.39%。信贷风险、不良贷款实现双降，年末不良贷款率0.52%，比年初下降0.34个百分点；实现利润增长44.61%。年度实现中间业务收入增长126.42%，中间业务收入占比比年初提高3.79个百分点。对公客户数增长29.64%，个人贵宾客户增长43.7%，新增个人网银客户数7297户，新增信用卡客户5147户，理财客户增幅达50%，国际业务有效户增长77.89%，中小企业对公有效客户增长122.11%。新增离行式自助设备10台，T－POS投放378台，完成长乐支行筹建并开业。先后获人行福州中心支行2011年度金融统计工作综合考评一等奖，金融统计数据单项考核优秀单位，银联2011年度福建省银联银行卡联网通用交易质量标兵单位。

【业务经营】 实行计划体系和评价体系双重考核，并根据全行经营目标适时调整经营导向，强化当年增量、客户开发和产品推广运用考核；加强营销人员日常营销行为考核评价，重点考察评价营销联系客户频率，业务办理时限和质量，贷后管理实施程度；完善会计专业各层级考核体系。组织2次流动性管理应急演练、3次压力测试；加强大额资金预约管理。拓展同业业务，适度发展票据业务。调整资源配置，提高资产使用效率和费用配置效益，加强贷款定价管理和规模调控，日均贷款比增20.18%，年度纯贷款收益率，同比提高1.14个百分点。

公司业务围绕产品、客户和服务3个重点环节，加大营销费用支持和考核力度。分阶段开展营销竞赛活动，通过召开推进会、现场走访，找准重点、有针对性开展工作。落实授信客户服务方案。

个人业务落实营销考核机制，推动信用卡和“易达金”业务快速发展；搭建四大理财营销平台，推动理财产品销售和个人客户增长；调整大堂经理管理，提升网点阵地营销能力和服务水平；加强个人业务目标履职测评和细化个人客户经理考核，加强个人业务过程管理，推动个人业务营销工作职责与规范落实；完善贵宾增值服务内容，加强支行网点环境改造，持续开展服务行为培训、考核评比工作；推动自助渠道建设和维护外包、三方平台建设，促进卡渠道建设。

国际业务根据规模优先发展战略，单列业务发展费用，加强本外币业务一体化营销，实现上下游客户链式开发，突出重点区域、重点机构对国际业务的贡献度。加强与总行联动，以产品带动业务发展，进一步挖掘收益高的进口开证、进口代付、结售汇等传统业务和见效快的资本项下业务，着力营销国内信用证等重点产品。全年国际结算量增长87%。

中小企业业务选择省内主要产业集群作为营销重点，明确全年新增小企业客户不低于100户目标。先后开发“上渡林产品交易市场”“福州冷冻品批发市场”“居然之家”家居广场3个市场；批量开发市场内小企业、个体工商户，推广“联保联贷”“循环贷”“宽限期还本付息”产品。

【产品营销推广】 制定年度重点产品推广方案,确定产品推广目标客户,切出专项营销费用,把供应链融资、国内信用证、易达金、接力贷、第三方存管、TPOS作为全年营销推广重点,纳入综合经营考核。年内供应链金融比增151%,电子银行替代率逾52%,易达金发放金额系统排名第二,办理国内信用证32.77亿元,销售理财产品新增30亿。

【合规管理】 合规制度 制定《关于加强我行落实“三个办法一个指引”工作的通知》《华夏银行福州分行对账管理实施细则》《华夏银行福州分行会计业务事后监督实施细则》等业务制度24项。制定完善业务制度,调整信贷流程、结构,转变营销方式等6个方面42条落实意见和整改措施,进一步明确授信业务全过程操作规范、各操作环节衔接流程和相关人员岗位职责。

合规警示教育 1月、7月分别召开全行合规警示大会和授信问题剖析会;对新入员工开展合规培训;制作合规风险提示书。对监管部门、总行稽核和总、分行专业检查发现的问题,及时召开防止差错重犯会议,研究制定整改方案,落实整改措施。加大对差错重犯处罚力度,对未按要求开展整改的专业管理部门或经营机构扣减年度绩效得分;针对会计专业环节开展每季一提升活动。年内内外部检查发现问题整改率达100%。

合规考核 建立违规积分考核机制,将合规评价和违规操作与绩效考核挂钩,对各经营单位和业务条线合规管理专项工作完成情况、合规管理机制、监管问题整改率、差错重犯率、监管联系、监管工作完成情况、制度管理、信息报送、合规问题库系统数据质量、合规文化建设及合规建议等方面按季考核,加大合规问责力度,年内对11名相关责任人问责处理。

【风险管控】 规范业务流程 对信贷资金发放与支付、营业柜面现金收付、代保管抵质押品管理和银行承兑汇票业务等18项业务流程进行规范;强化柜面业务操作合规性的非现场检查力度,重点对接送钞、重要物品保管等关键环节进行持续的实时监控。

加强账户管理 落实账户管理员持证上岗制度;会计作业中心按月组织营业机构账户管理员开展“一对一”培训;开展账户集中上收流程梳理,账户资料完备率达100%。加强对账管理,推广实时“短信通”对账和网上银行银企对账功能,新开账户均实现“短信通”对账功能,网银对账开通率81.19%。配备专职对账人员,实行每季上门对账,连续3个季度银企对账率逾90%,重点账户对账率100%,会计业务差错率控制在0.03%以内,出纳业务差错率在0.0001%以内。

保障业务安全 开展支付密码器推广和应用工作,制定分行支付密码系统推广措施,全行客户加载支付密码器占账户总数的61.02%。通过开发非税收入系统、新业绩考核系统、会计人员管理系统、大额资金监控系统上线运行,完善机房关键基础设施和外联单位保障机制;加强系统、网络、自助设备、机房设施运行监测和应急演练工作。

强化贷后管理 完善贷后管理工作季度分析制度、贷后检查走访情况报告制度和重点客户实地抽查制度,制定《关于切实落实岗位责任进一步提高贷后管理工作质量的若干规定》,推动分行督导与检查、支行组织和参与、客户经理执行与反馈的三层面工作联动机制的形成,在执行实地检查电话录音制度基础上,对重点授信客户不定期现场走访检查。对贷后管理工作实行按月评价、按季考核。

组织专业检查 先后组织开展会计业务重要风险节点检查、不良贷款排查、信贷业务内控制度执行力自查、会计业务内控制度执行力自查、关键岗位员工行为排查、信用卡业务和理财业务等创新业务自查、网银业务自查、营业网点安全保卫工作突查和“防范操作风险13条”落实情况自查;开展福清支行全面内控检查。针对检查发现的问题,梳理出82个风险节点,加强防控。

加强案件防范 3、4月份组织对授信客户参与民间融资情况和发生民间融资纠纷的可能性以及企业法定代表人与实际控制人变化情况风险排查。按季度对员工进行不良行为排查,每半年对中层干部和重要岗位人员进行1次排查。按月组织召开会计内控风险分析会,按季召开贷后联席会和案件防范排查分析会。落实面签、实地见证等各项规章制度,防控各环节的操作风险和道德风险。落实关键岗位轮岗,组织鼓楼、闽江支行会计专业全员强制轮岗,归集2个机构在轮岗期间发现的15个操作性问题,制定整改措施,并进行整改跟踪。组织开展“内控和案防制度执行年”“抓合规运行,防案件风险百日”活动,分别开展柜台存款业务、票据业务、不良贷款等排查自查。

【服务管理】 提升营业网点服务水平,制定相应考核措施和实施方案,对营业网点外部环境、营业环境、大堂服务、自助服务等逐项逐条进行规范整改。召开“2011年度投诉客户座谈会”。改进一线评价二线服务办法,从评价部门扩大到评价二线全体员工。完善重点督办、督查工作机制积分考核制度,并将重点工作检查纳入绩效评价体系,督促各部门履行管理职责。

(林 冰)

招商银行福州分行

【概况】 2011年,招商银行福州分行面对资本约束、贷存比约束、信贷规模调控、定价提升以及费用管控等各方压力,探索“创新求变、二次转型”新的工作思路,推动各项业务实现快速发展,内控合规管理持续完善,信贷资产质量健康发展,风险防范机制不断健全,机构网点建设全面铺开,成为福建银行业中连续2年蝉联福建银监局唯一“Ⅰ级”评级的银行。年末,分行全折人民币自营存款余额375.5亿元,比增16.29%;全折人民币自营贷款余额294.77亿元,比增16.34%。其中中小企业贷款余额95.84亿元,比增42.83%;分行不良贷款比率0.141%,不良贷款余额、比率均实现“双降”。

【服务海西建设】 分行专设小企业信贷中心、中小企业金融部，开展针对特定客群的产品研发，全面落实中小企业专业化经营，集中信贷资源支持中小企业；调整信贷结构，加强与中央、省、市重点项目合作，提供信贷支持。先后与福州市政府、宁德市政府签订银政战略合作框架协议，举办宁德创新成长型企业“千鹰展翼计划”项目对接会、福州高新园区银政企产品推介等活动。参加“6·15”宁德投资洽谈会、“6·18”海峡投资项目成果交易会等大型推介会，举办针对特定客户群体的推介活动，培育具有潜力的创新成长型客户，为中小企业提供全面、优质的金融服务。

【客群服务】 开展高尔夫畅打、观影答谢会、积分兑换礼品、搭建异业合作联盟等一系列增值服务活动。通过完善符合考核、组织服务培训、深入服务督导、开展服务监测、组建内训师队伍等措施，完善网点服务规范，提升员工服务品质。至年末，全行对公基本客户比增49.86%，中小企业客户比增40.2%；零售高端客户比增35.1%，金葵花卡客户比增26.1%，信用卡新户数比增6.3%。

【产品与业务创新】 公司业务方面，开展恒康计划、公司理财、融资租赁、现金管理、黄金业务、同业代付等新兴产品和创新业务。零售业务方面，发展与居民密切相关的个人黄金、受托理财、代理保险等零售业务；创新营销，拓展手机银行、I理财等电子银行业务。国际业务方面，发挥招商银行离在岸以及海外平台联动优势，发展境外资金交易、境外联动贸易融资、跨境人民币结算FDI、人民币国际信用证等新兴业务。

【风险管控】 开展全面风险管理与日常业务操作两个方面重点工作，落实各项贷款调控政策，信贷资产继续保持“规模快速增长，质量持续优化，清收效果显著”的良好局面。开展各项内控和案件防控工作，提升合规管理水平，探索实践反洗钱“减负提效”新思路，全面贯彻落实操作风险管理。

【网点建设与终端投入】 网点布局全面铺开，年内完成龙岩分行、莆田分行2家二级分行设立；新增2家同城支行、5家自助行。至年底，在福州、泉州、龙岩、莆田设有21家同城经营网点，在省内县域经济百强地区福清、长乐、晋江、石狮、南安设有5家县域支行，共计26家经营网点。

（李诗婷）

浦发银行福州分行

【概况】 2011年，浦发银行福州分行结合海西经济区域特色，摒弃传统简单业务营销模式，培育“专业化、高效率、低成本、严合规”的业务经营风格和市场形象，发挥产品特色和业务优势，为客户提供优质高效金融服务，年末，本外币资产总额288亿元；本外币离、在岸各项存款余额229亿元，其中一般性存款余额179亿元，本外币各项贷款余额141亿元。

获人行2011年度“福建省金融统计工作综合考评一等奖”，被评为“福建省金融统计工作单项考核（金融统计管理）优秀单位”；在2011年度福建省银行卡跨行交易质量竞赛中获“联网通用交易质量先进单位”。

【服务海西建设】 至2011年，3年累计投放贷款逾300亿元，上缴各类税收1.33亿元，支持省内重点项目建设和产业升级，服务中小企业发展。对融资难的困难中小企业，专门成立中小企业业务经营中心，倾斜资源，为中小企业发展创造条件。3年中，省内进出口行业、泉州先进制造业、莆田木业、福安机电业、长乐纺织业、福鼎及南安石材业中的众多中小企业得到支持。年底开展授信业务的中小企业逾300家，累计发放贷款逾50亿元，年内新增贷款的26%投给中小企业。同时探索中小企业融资产品创新，成功推出“闽商1号”“海西助力1号”中小企业集合信托产品。先后成立泉州分行、闽都支行、长乐支行、福清支行、石狮支行。

【风险管控】 以有效防范案件为重点，强化基础管理，合规管理水平、风险防范与控制能力稳步提升。年内无不良资产、案件和违规违纪行为。全年开展十大重点领域案件风险排查、服务收费自查自纠、开展员工涉及社会融资行为排查等多项自查活动，同时通过省银监局高息揽储情况检查、总行全面审计及2次行领导责任审计、人行福州中心支行反洗钱工作检查、福建银监局常规检查、福建证监局基金销售业务现场检查等检查。

（罗明生）

兴业银行福州分行

【概况】 2011年兴业银行福州分行全面实施企业金融客户服务方案评审制度，全年受理评审项目147笔。同时改进小企业业务运营机制，开展小企业集群式营销。立足区域特点推进供应链金融业务发展。至年末，分行总资产796.75亿元，同口径增加66.91亿元；本外币各项贷款余额382.72亿元，比年初增加57.90亿元；按五级分类法，不良贷款余额3928万元，较年初减少15万元；不良贷款比率0.10%，比年初下降0.02个百分点，不良贷款余额、比率均实现“双降”。

在中国人民银行研究生部和《当代金融家》杂志联合举办的“第三届中国银行业‘好分行’评选”活动中，获“产品创新奖”。

【服务海西建设】 调整信贷投向，合理安排贷款规模，加大对“海西”重点建设项目支持力度，推进“五大战役”重点沙盘项目落实。促成兴业银行范围内首笔碳资产质押业务，组织开展高速公路通行费代扣业务专项营销活动，至年末，代扣车辆数在福州地区占比40%，排名第一。

【零售业务】 加大各项主要零售产品交叉营销力度，组织开展系列主题营销活动。以兴业通统一收单系统上线为契机，拓展优质兴业通商户，依靠专业批发市场推动个人经营贷市场营销。关注三方存管一对多新模式政策推出后的市场动态,组建专业营销团队,加强与重点券商沟通配合。人民币理财产品销售量和代理贵金属交易量快速增长。组织主题鲜明的信用卡市场营销活动,加强银行卡营销管理。推进社保卡发放进度,构建和完善社保卡用卡环境,累计发放省本级社保卡29.5万张,完成省政府设定的省本级社保卡发卡任务。

【风险管控】 加强行业调研和信用风险评价,调整授信流程。按"名单制"管理要求,对平台贷款实施分类管理,推动政府融资平台贷款后续整改及退出工作以及中长期贷款还款方式整改工作。加强"三个办法一个指引"执行力度,年末达到监管部门"双80%"的受托支付比例要求。加强风险提示和风险排查,评估担保机构风险状况和风险控制机制,严格主体资格审查。开展全面合规体系二期推广工作,推动内部评级工作实施。组织开展内控风险专项检查和"深化内控和案防制度执行年"活动,加大会计检查监督力度,推进反洗钱和反假币工作。组织开展创建"平安先行单位"活动,安全宣传教育,开展安全评估检查和整改,堵截3起诈骗案件,在公安和银监部门组织的安全检查评估中获评"优秀"。

(林晓雯)

中国民生银行福州分行

【概况】 2011年,中国民生银行福州分行支持海西小微企业发展,服务民营经济尤其是产业集群发展,提升服务能力,探索高端客户服务新模式。年末,分行总资产278.51亿元,比增22.51亿元,增幅8.79%;实现账面利润8.98亿元,比增3.35亿元,增幅59.38%。分行各项存款余额190.83亿元,比增9.16%;分行各项贷款余额(含贴现)207.41亿元,比增5.61%。全年保持不良资产率基本为零、安全运营无事故。

【支持小微企业】 全年在省内小微贷款余额159亿元,较年初新增22亿元,增幅达16%;服务逾1.35万客户,客户数较年初新增2429户,增幅达22%。贷款主要投放于"衣食住行"等行业,特别是批发、零售、服务业。打造专业化支行,拓展海洋产业、茶产业、石材产业领域,信贷支持行业内小型企业在"专、精、特、新"方面提升,促成微小型与行业内大企业协作配套。

【服务民营经济】 创新的融资产品"产业链融资"业务累计为七匹狼、特步、九牧王、利郎等品牌核心企业授信46亿元,累计服务这些品牌企业上下游中小企业客户近300户。将省内优秀产业集群如长乐纺织、福清鞋业、石狮布行、南安石材、晋江鞋服等向总行推介。

【客户服务】 开发股权收益权信托计划、票据集合信托、私募股权基金产品等。建立私人银行客户服务体系,体系内容包括建立客户档案、日常关怀、产品服务及客户其他需求等。拓展并推出合作律师、财务、税务、名牌汽车、文物鉴赏等诸多服务内容,多次组织主题活动,如寿山寿鉴赏、红酒文化与品鉴、美容养生等。

倡导"问题到我为止、服务因我增值"服务理念,在全辖网点开展"清理三乱、拆乱透亮、严肃纪律、开门迎客"活动。

【风险管控】 成立内部控制委员会,制定内控信息报送管理制度和内部控制委员会工作制度,开展深化"内控和案防制度执行年"活动,规范中间业务收费管理。

对所有存量客户进行风险排查,制定售后服务评价表、资产监测与售后服务反馈表,对容易出现风险的环节设置相应内容,填报收集汇总。组织全行各业务条线开展操作风险排查,对操作风险易发环节多次开展常规性检查,加强对新设机构合规检查辅导工作,

坚持"全面风险管理意识、风险量化意识、尽职合规意识、主动接受监管意识和客户服务意识"等理念,采取措施防范道德风险、信用风险、操作风险、声誉风险和包括流动性风险在内的各种风险。

定期召开分行反洗钱工作会议,集中宣导反洗钱政策,分析可疑交易案例,落实反洗钱各项工作,邀请人行专家开展反洗钱业务培训。配合开展反洗钱协查工作,对所涉客户进行客户身份重新识别。完成人行部署的各项调研工作,在省反洗钱协会"会标"征集竞赛中获第二名。

(陈小平)

平安银行福州分行

【概况】 2011年,平安银行福州分行围绕建设区域金融中心目标,调整信贷结构,强化金融服务意识,加大对全市经济社会发展的信贷支持,强化批量营销理念,推进"万佛朝宗"项目,重点突出综合金融和中小企业2个经营亮点,实现管理、效益和亮点提升。在合规文化建设、信贷风险防范、运营集中优化、安全服务保障、后勤保障支持等方面提升管理水平,支持业务发展,促进海西建设。提高客户服务,通过优化柜面作业流程和接待环节,缩短客户等候时间。推进两行整合,整合后新银行的总资产规模逾1.2万亿。

存款规模首次突破百亿,资产总额126亿元,比增39.1亿元,增幅45%;存款总额104.56亿元,比增32.5亿元,增幅45%;贷款总额102.65亿元,比增19.6亿元,增幅24%;资产质量良好,不良贷款率为0.04%,低于总行设定的0.28%的比例。全年保持"三无",即无重大差错,无责任事故,无经济案件。

【信贷支持海西建设】 提高各类授信业务权限,建立贷款优先审批快速通道,及时满足实体经济信贷需求;采取人民币贷款向外币贷款转换等方式,灵活解决贷款额度不足的问题;拓展非信贷融资业务,引导企业更多地运用承兑汇票、信用证等金融工具,进一步满足企业短期、临时性融资需求;落实信贷管理新规,规范贷款用途管理,执行"实贷实付"原则,确保信贷资金进入实体经济;筹建平潭支行网点,年底获批筹建;开展

多领域创新金融服务，增设金融网点和自助设施，增加金融业务品种；针对不同资金需求特征和制约瓶颈进行金融产品创新，拓展应收账款、仓单、订单、股权、商标权、收费权、在建工程、存货等抵质押方式贷款，拓宽企业的贷款抵押范围；金融合作模式创新试点，推动构建高新技术评估和抵质押平台，推广知识产权质押贷款等业务，建立适合科技型中小企业特点的授信管理、风险控制、考核激励、产品创新等信贷管理机制；完善小企业信贷考核体系和信贷评审模式；支持发展多层次中小企业信用担保体系，落实中小企业贷款税前全额拨备损失准备金政策。

【公司业务】 综合业绩持续领先，KPI得分蝉联全行冠军。存款日均、余额均超预算，存款结构调整，财政存款、保证金存款、同业存款比例大幅提高。贷款稳步增长，信贷结构调整改善，收益水平不断提高。总收入和中间业务收入大幅提升，全年实现对公业务收入3.5亿元，中间业务收入6130万元，计划完成率达274%。

【零售业务】 扩渠道、促营销，核心业务增长强劲。年底，零售存款日均25.7亿元，计划达成率120%；理财产品（不含日日安盈）销售逾20亿元，日日安盈系列产品日均达10.3亿元；新一贷累放2.37亿元；平安信托销1.4亿元，达成197%。累计实现零售总收入1.03亿元，达成率108%。

【中小企业业务】 抓批量、树品牌，凸显业务发展亮点。全年新增中小企业客户347户，年底中小企业客户数1202户，占对公总客户数的75.55%，增幅达40.58%。中小企业贷款余额达33.46亿，计划达成率141.8%，较年初新增16.72亿元，规模接近翻番，SME贷款占比比年初提高17.24个百分点，增量占对公贷款增量119.86%。

【风险管控】 由分行内控委员会统一组织，形成案件防范、报告、查处、责任追究和整改落实的案件防控体系。建立风险滚动检查机制，完成全行案件防控责任书签署，定期开展案件风险排查、员工失范行为排查及不正当交易行为和商业贿赂排查活动。

开展政府投融资平台清理，实现“两个确保”；执行“贷款新规”，严查资金走向；加强票据风险防范。加强贷后管理与检查，分行信贷管理部落实贷款“三查”制度，强化贷后管理与检查，提高贷后风险评级认定与调整的规范性和准确性，不加强贷款资料真实性和贷款用途合法性审查。

（温盛楠　唐泳玲）

中国邮政储蓄银行福州市分行

【概况】 2011年，中国邮政储蓄银行福州市分行以服务“三农”和中小企业为立足点，形成小额贷款以行政村、个人商务贷款以商务圈、二手房贷款以中介机构、小企业贷款以“两园百会”为中心的业务发展模式，借助政府、共青团、妇联等平台，发展“小额贴息贷款”“青年创业贷款”“妇女创业贷款”业务。全年发放贷款40.8亿元，净增13.69亿元。在农户、养殖户密集的县（市）建立42个信用村，惠及农户6015户。支持地方政府畅通农村支付与结算渠道，推进“小额助农取款”。年末各项存款余额169.22亿元，比增12.66%，各项贷款余额35.91亿元，比增61.53%。

【网点建设】 完成浦上支行、台江支行、市分行营业部、永泰支行、闽侯马腾支行等7个网点迁址、扩建、装修改造等工程，装修面积7980平方米，累计完成投资872万元。加强电子渠道建设。年末，全区各网点有ATM机60台，存取款一体机21台，自助终端27台，个人网银终端18台，圈存机4台，离行24小时自助银行一处。同时“以客户为中心”引导全行员工转变经营观念，以示范网点为抓手，推进规范化管理，规范服务流程。

【风险管控】 依托风险管理委员会推动构建业务条线、风险合规条线、审计稽查条线3道风险防线，推动各业务部门自律监管工作。开展“合规管理年”“业务行为规范年”和银行业“内控和案件防控制度执行年”、“反洗钱工作质量年”等活动。推进不良资产保全工作，明确资产保全工作人员。至年末，全区资产保全累计清收移交不良贷款本息147.45万元。

（周珊珊）

福建海峡银行股份有限公司

【概况】 2011年，福建海峡银行完善公司治理，推进特色化和差异化经营，加大产品创新力度，加强风险管控。年内资产总额617.90亿元，比增84.42亿元，增幅15.82%。存款余额478.23亿元，比增100.47亿元，增幅26.60%。贷款余额287.84亿元，比增46.60亿元，增幅19.31%。不良贷款率0.86%，比年初下降0.03个百分点。累计实现拨备前利润10.60亿元，比增2.76亿元，比增35.25%，其中账面利润9.01亿元，比增1.77亿元，比增24.38%；累计实现净利润7.53亿元，比增1.53亿元，比增25.41%。各项经营指标均符合或优于监管要求。

【公司治理】 成立董事会战略委员会，制定《监事会议事规则》《监事会对董事履职评价办法实施细则》。真实完整披露股东持股情况和重大关联交易情况等年度报告内容，编辑发布4期《投资者家园》。修订《福建海峡银行股份有限公司与内部人和股东关联交易管理实施细则》，制定《关联交易管理程序》。成立引资工作领导小组，按照法律法规和银行制度要求推进引进战略投资者工作，争取中国银监会政策支持。

【业务经营】 全力保障市民卡项目建设，完成省市政府制定的目标任务。全年制卡471万张、发卡433.9万张，并同时启动市民卡公共应用工作，开发福州电力、闽运公交等9个项目的商业应用。5月与台湾华南银行在台北正式签订《业务合作协议书》,办理账户开立和汇入汇款业务,推进内保内贷、内保外贷业务,选派业务骨干赴台湾进行为期1个多月交流和培训。500万元以下小企业贷款余额在福州市场占有率保持领先地位,"企明星"小企业贷款和客户数分别比增52.1%、32.7%,单户贷款1000万元(含)以下对公贷款客户数占比87%,房地产业贷款有所减少,产能过剩行业贷款比重下降,客户、品种、行业和期限结构有较大改善。

【产品创新】 开展同业转贷业务合作,创新同业代付(他代本)业务,办理委托他行代理承兑商业汇票业务,调整改善结构;发行4期"海蕴理财稳健系列"理财产品;开发海蕴委托贷款业务,搭建资金融通渠道;推出国内信用证业务,开展新台币业务和跨境人民币业务前期准备工作。

【网点建设】 实施网点渠道升级改造,新设和筹建9个营业网点,实施福州金城支行等6个机构搬迁和装修改造,入驻市行政服务中心设置服务收费点。推进总部大楼建设和综合营运中心选址工作。建设自助网点32个,通过电子银行渠道办理业务比重达47.41%。

【风险管控】 严格和审慎准入,加强关联担保识别,防范非法集资活动和民间借贷风险,防范票据业务风险,防范政府融资平台风险。加强流动性风险管理,保持对案件防控高压态势,增强信息科技风险管理能力,开展不良贷款防控工作。新制订管理制度和控制程序259份,涵盖授信业务、信息科技、风险管理、合规建设等内控管理各方面工作。整改落实监管部门年度监管意见书、内部控制现场检查意见书、外部审计管理建议书,加大内审和问责工作力度。

(黄　敏)

浙江稠州商业银行福州分行

【概况】 2011年,浙江稠州商业银行福州分行探索专业市场银行发展道路,完善渠道,创新产品,重点发展小企业及专业市场贷款业务。10月14日,获准筹建首家支行——福清支行。至年末,分行资产总额33.74亿元,各项存款余额23.96亿元,各项贷款余额14.6亿元,不良贷款为零,超额完成总行下达利润指标。

【支持海西建设】 对农业龙头企业和农户授信,灵活抵押和担保,带动"三农"事业的发展。至年末,涉农贷款5.38亿元,其中,农林牧350万元、农户2500万元、农村企业及各类涉农组织4.675亿元、城市企业及各类组织涉农贷款435万元。

【服务中小支持个私】 采取差异化竞争策略,主要授信客户定位在200万~500万元。至年末,500万元(含)以下贷款(含贴现)331户,金额11.2亿元,占贷款余额(含贴现)76.74%,开发中亭街服装市场、特艺城黄金市场2个专业市场,授信总额6亿元,龙福机电市场、海峡茶叶批发市场等几大专业市场开发取得实质性进展。

【机构理财】 围绕"零售业务批发做"经营思路,对中小企业及高端个人客户个性化需求,推出一对一专项"财赢理财"服务。至年末,累计发售"财赢理财"10期,销售总额约4.75亿元。

(唐炎曦)

福建省农村信用社联合社福州办事处

【概况】 2011年,福建省农村信用社联合社福州办事处指导福州农商行及八县(市)农村信用社改革与发展,福州农商银行、福清农商银行开业,平潭联社改制工作正式启动。全市9个行社增资扩股2.07亿元,全辖资本充足率14.12%、拨备覆盖率323.75%、拨贷比3.73%,抗风险能力持续提升。辖区有321个营业网点,2393名职工。其中,福州农商银行在市区设有1家营业部、24家支行、38家分理处,并在闽侯发起设立闽侯民本村镇银行,在职员工591人。至年底,全市农村信用社、农商银行各项存款余额347.21亿元,比增25.94%;各项贷款余额228.77亿元,比增22.13%;不良占比1.15%,比年初下降0.35个百分点,实现不良贷款"双下降",其中福州农商银行资产总额128.81亿元,比增32.14亿元,增幅33.25%;存款总额115.69亿元,比增30.02亿元,增幅35.05%;贷款总额72.24亿元,比增13.43亿元,增幅22.85%;不良贷款占比0.62%。福州农商银行获"全国级青年文明号""全国和谐商业企业"称号;连江、罗源联社获福州市首批"和谐企业"称号。

【服务海西建设】 支持涉农及小企业贷款　全辖涉农贷款余额146.6亿元,比年初增加31.72亿元,增长27.6%,高于贷款增幅5.47个百分点;全辖小企业贷款26.13亿元,支持小企业、农业龙头企业、品牌农业企业生产发展;罗源联社与石材企业召开银企座谈会,共谋农信社和石材业协调健康发展;支持农民专业合作社贷款24户285万元发展生产。

创建信用村　全辖启动创建6个信用村,累计创建信用村(社区)336个、信用乡(镇)5个,小信贷款证累放5.4万本,授信累计金额4.88亿元;全辖总农户数124.19万户,农户贷款面逾30%。

发放政策性贷款及补贴　发放巾帼创业贷款3.2亿元支持1791户农村妇女创业;发放计生"二女户"贴息贷款1304户4387万元;发放生源地助学贷款2718户1728万元;发放青年创业贷款1237户7623万元;发放扶贫小额贷款996户3415万元;发放林权抵押贷款69户2032万元;发放救灾贷款253户865万元;发放少数民族聚集区贷款1271户4443万元。累计代发种粮补贴2.48亿元,开户61.32万户;累计代发油价补贴1.67亿元,开户3.47万户;代理发放库区移民直补4.18万户3333.4万元。

【"金融服务不出村"建设】 全辖布设1092个"小额支付便民点",连江、罗源联社创建"综合服务示范社",福清联社南岭分社、连江联社下宫分社、永泰联社丹云分社、平潭联社大练等7个分社正式开业,助推"金融服务不出村"工程建设。扩大新农保覆盖面,辖区有8家行社代理新农保业务,与当地县(市)政府部门举行"新农保"首发仪式,至年底,应参保人数204.21万人,开户建账176.37万人,发放养老金1.52亿元。

【网点建设】 全辖布设ATM机209台、CRS108台、自助终端99台、自助银行78个、离行式自助银行18个,其中闽侯联社在大学城各大校区内设立4个离行式自助金融服务点;长乐联社在大酒店大堂内安装自助存取款一体机;连江联社在县闽运车站附近设立环岛自助银行、在贵安温泉旅游区内布设自助银行。

【风险管控】 组织开展年度稽核工作综合评价,按A、B、C、D类确定评价;组织开展安全评估及安保量化考核,9家行社均通过公安部门安全评估达标验收,安全评估得分均超过88分;组织召开3场现金调拨、押运安全保卫工作座谈会,全辖投入安防资金2781.26万元,安防改造62个营业网点,9个行社实现社会化押运;组织开展新增不良贷款、大额贷款、存款风险滚动式、融资性担保贷款、票据业务、安全保卫、案件专项治理、抵质押、已置换、核销贷款、信息科技风险、高管离任审计等32项专项稽核审计项目,启动高管"约谈"机制,加强内审,强化整改效果。

(吴恭济 陈 晶 林 盈)

(编辑 邱敏佳)

4月18~22日,举办福州农信系统稽核员培训班。

中国人民财产保险股份有限公司福州市分公司

【概况】 2011年，人保财险福州市分公司围绕效益和质量，整合资源，调整业务结构，发展高效业务，培育长效业务，逐步退出低效业务，形成高效业务拉动、长效业务推动发展局面。同时，以车商渠道、电销渠道、银保渠道等网络渠道资源支撑业务发展，增强对外合作平台；运用新考核和激励手段，调整业务结构和管理流程，合理配置资源，促进公司集约化发展，通过“全国文明单位”创建工作考评验收。全年保费收入9.62亿元，增幅7.9%；支付赔款6.885亿元，简单赔付率71.6%，综合赔付率63.2%，实现报表利润总额9629.8万元。

【业务经营】 强化精细化管理，由粗放型向精细化转变，突出经营、管理、责任统一。集中核保、核赔、财务等方面，保持内部资源完整性。完成三代业务系统上线工作，新旧业务系统切换平稳过渡。分析整理承保理赔数据，对全区车险业务进行ABCDE细化分类，制定2011版承保指南，通过优惠系数适用、投保险种组合、手续费配置等差异化手段，鼓励拓展优质客户群。

建立健全4S店车险专管专营体系，加大驻店服务团队建设，稳固车商合作渠道，促进新车保险业务发展。实施督导项目机制，重点督导未出险家用车及非营业用车。连续15年以第一名中标省直机关、市直机关公务用车保险。出台非车险业务费用奖励办法、千分制考核办法、提高部分业务绩效等措施，加大对效益型险种奖励及考核力度，鼓励发展家财险、产品责任险、电梯责任险、ERU、借款人意外险等非车险业务。密切客户沟通与联系，实现船舶险、保赔险及重大客户的平稳续转和承保，保持船货险市场份额基本稳定。分解落实2011年重点在建项目及预备项目目录，配套相应考核奖励办法。跟踪或承保福州轨道交通1号线建工险及建工团意险、耀隆化工建工险及建工团意险、华威集团责任意外险、省属医院医疗责任保险业务、兴业银行统保业务等项目。拓宽销售渠道，开展银保、电销和交叉销售工作。扩大与银行的合作，发展以个人房屋、写字楼、车库等抵押物及其他风险较低标的物的承保。拓展航运公司货运业务。电子商务e-Cargo系统得到广泛应用。重点推进职场队伍建设、业务培训、技术支持。推广手机远程销售。创新互动工作方式，构建资源共享、业务协作新途径。

【风险管控】 监控车险经营数据，定期分析经营现状，监控各支公司发展速度与业务质量之间的平衡。针对高危行业企业以及存货占比较大的企业开展防灾防损检查，评估风险情况，督促企业配合整改。同时对承保的高速公路进行风控检查，在台风季节前做好准备，防范大型项目风险。

【客户服务】 开展短信回访，包括出险短信、期内日常短信问候提醒等内容，开展客户实名制实时抽样。以“服务年”活动为契机提升理赔服务质量和效率，前置理赔服务，加快万元以下赔案理赔速度。实现理赔柜台“一站式”服务。升级改造4S店远程定损流程，实现3G手机远程系统理赔服务。实行现场服务质量监督，现场查勘服务录音监听和现场查勘督导，跟进理赔现场服务，强化服务规范考核。制定《服务标准化神秘人服务测评执行方案》，引入神秘人服务测评机制，对销售承保服务、理赔查勘服务、4S店驻点服务等客户接触端口服务标准化开展全面测评督导。实施客户分级管理，开展VIP客户优先服务、专属服务、限时赔付、免费故障救援、预约“上门”服务、人伤案件全程跟踪指导、祝福问候、提醒服务、机场贵宾服务、车务代办服务10项服务内容。通过VIP服务升级，逐步启动增值服务计划。

（肖　涛）

中国人寿保险股份有限公司福州分公司

【概况】 2011年，人保寿险福州分公司实现总保费27.04亿元，比增2.28%；

新单保费收入13.36亿元;期交保费收入4.04亿元;10年期以上期交保费1.38亿元,比增39.88%。长险首年标保1.2亿元。短期险保费0.7亿元,比增10.98%,其中意外险保费0.47亿元,比增20.22%。总保费占福州市场份额36.42%,其中首年期交市场份额32.52%,个险期交市场份额27.5%,银保趸交和期交市场份额均占福州市场约50%,列行业首位。总体成本费用控制在核定预算范围内,预算使用率98.57%,其中业务推动及非基本制度支出、重点办公行政与业务拓展费用、教育培训费用、银保团险渠道综合直销成本、个险渠道短期险直销成本均控制在预算范围内。全区绩效工资比增17.78%。

全市系统有国家级青年文明号1个,省、市级青年文明号分别为7个、2个,三友区部获评全国巾帼文明岗,连江支公司获评省巾帼文明岗。2人获评省巾帼建功标兵。

【业务经营】 个险渠道,以业务发展和队伍建设2项工作为中心,加强营销基础管理建设,深化个险销售管理体制改革,推进个险专业化进程,实现新单保费2.261亿元,比增0.05%;实现期交保费2.256亿元,比增0.36%;其中10年期及以上保费1.330亿元,比增36.95%。实现首年标保9418.43万元;实现短期险保费2867.86万元,比增9.53%。银保渠道,发挥公司整体资源优势,克服取消驻点、银根紧缩、信贷资源大幅萎缩、同业恶性竞争等带来的影响,实现银保趸交和期交业务平稳发展,实现新单保费11.051亿元,比增-16.43%,总量及完成率位居全省第一;期交保费1.787亿元,期交总量位居全省第一,占全省45.13%;标保保费2367.41万元。团险渠道,以意外险为突破口、以项目运作为抓手、以队伍建设为基础、以合规经营为准绳、以效益优先为准则,发展短期险业务。实现短期险保费4122.68万元,比增24.26%。意外险达成2820.93万元,比增41.66%;小额贷款达成160.14万元,比增11.47%;长期险6453.13万元;企业年金2850.34万元。

【经营管理改革】 完善薪酬分配制度,制定市县两级员工2011年薪酬管理实施办法;完善公司绩效激励考核体系,全员签订业绩目标合同。推进全面预算精细化管理。财务预算政策在资源分配上向业务一线倾斜,向基础建设倾斜,向重点城区倾斜,突出长远经营和重点帮扶。规范渠道核算,真实准确反映各渠道费用开支情况。实行费用预算执行与绩效工资挂钩制度。

分批次实施业务处理集中,集中后保全受理后3个工作日内给付到账率逾97%,理赔案件5日结案率逾98%。出台业管人员差错绩效考核办法,全市契约、保全、理赔差错率低于全省平均水平。开展转账收付费工作,柜面办理给付业务均采用银行转账形式,防范资金风险,减轻柜面资金首付压力。

【客户服务】 将客服活动与慈善捐献结合起来;开展VIP俱乐部活动;通过国寿大讲堂、牵手系列活动、特约商家以及特色客服活动,扩大客户与公司接触的渠道,为客户提供附加值服务;开展"助飞"和"柜面服务升级达标"活动,促进柜面服务时效升级、服务流程时效和服务品质升级,推广零现金优化、农信社银保通、国寿E家等项目服务销售。

【风险管控】 完善风险管控协调机制,案件防范工作实行公司主要领导负总责、分管领导和部门负责人各负其责、纪委牵头、监察部门组织协调的工作机制。推进销售督察队伍建设。开展销售人员诚信合规教育,利用销售风险预警系统监控销售风险,规范查处违规行为。开展内控标准执行工作,对《内部控制执行手册》中的关键控制措施开展穿行测试,完成1000多条测试样本记录工作。组织各县(市)区支公司、机关全体员工网络签署内控标准执行声明书。开展客户风险等级划分程序试点,对2010年12月~2011年4月存量客户进行基本信息补录和等级划分。开展客户身份识别、客户身份资料和交易记录保存、大额和可疑交易报告3项反洗钱核心工作。

(黄一彬)

中国太平洋人寿保险股份有限公司福州中心支公司

【概况】 2011年,太平洋人保寿险福州公司实现保费收入5.48亿元(含宽限期),总保费市场份额占比10.49%,行业排名第三;短期意外保险占市场份额16.02%,市场排名第三;总赔款574.75万元,总给付4099.52万元。

【业务经营】 个险渠道抓双线发展、双轮驱动,全年完成标保5835万元,培训上岗750人,标保总量、贡献占比及新增人数均位居全省第一。银保渠道面对市场转型,保持业务稳步发展,年度产生标保总量8935万元,全省贡献度达30.7%;新保保费1.5亿元,全省贡献达22%;期缴保费3984万元,全省贡献达31.8%,标保及期缴总量均位居全省第一。8月成立福州银保客户经营部,其年内全省贡献率达59.4%,规模标保全省排名第一,业绩全国排名第六。营销渠道全年13个月继续率达91.5%,同比提升3.83%。续期渠道业务规模达1.95亿元,比增41%。年内全系统实现保费收入5.48亿元(含宽限期),总保费市场份额占比为10.49%,行业排名第三位;短意险市场份额16.02%,市场排名第三位;总赔款574.75万元,总给付4099.52万元。

【客户服务】 在"零距离"客户服务中心推行"一站式"服务模式,提供欢迎、引领、接待、受理、后台、送客等系列流程服务。推进标准化柜面建设,完善服务流程,延伸服务功能。午休时间和周六上午实行柜员轮班制。客户办理保全业务时可享受规定项目免填单服务。为客户提供快捷业务办理,如材料完整,手续齐全,不涉及金额的客户信息变更业务5~10分钟可完成;现金支付的正常业务,支付款在1~2个工作日完成;转账支付业务,小额支付在3~5个工作日完成,大额支付5~7个工作日完成。年内,柜面服务接待客户约5万人次,日均逾200人次。启动客户满意度调查项目,客户可以通过3种方式评价相关业

7月,太平洋人保寿险福州公司举办回馈客户《百年情书》电影观影活动。

务。

推出“心连心”理赔书面承诺服务,开通即时理赔机制、绿色理赔通道,对材料齐全、事实清楚,赔付金额800元以下的理赔案件,承诺30分钟内完成相关手续。福州中支理赔工作人员为住院重伤、重病患者,送去鲜花、果篮、精美理赔服务慰问卡。

“零距离”创新多种模式开展客户服务活动。5月制定心型爱心祝福墙。7月举办《百年情书》电影观影活动。公司“零距离”获市总工会“工人先锋号”称号。在香港召开的亚太杰出顾客关系服务及优质顾客服务标准高峰会上,“零距离”作为太平洋寿险全省唯一实地考察点,通过香港评审团考察,并代表太平洋寿险福建分公司参赛,获“2010年亚太杰出顾客关系服务奖”之“最佳顾客服务中心”称号。

【内控管理】 加强合规工作督促和检查,在员工学习方面,利用会议经营基础,以司务会、经营管理夜校、部门学习制度为平台,将合规管理工作更加系统化、细致化、普及化,并加强各部门、机构间沟通协调,加大行政管控,保证公司具体政策措施落实到位。以反洗钱工作作为日常合规工作的重点,全面提升履职效能。参与人行“反洗钱工作质量年”系列活动,组织员工反洗钱培训,参加人行竞赛,参加常态化宣传评比,组织大型广场户外宣传,11月20日在福州五一广场参加“反洗钱,福建在行动”巡展。

【社会公益】 9月1~3日,举办主题为“责任照亮未来,爱心点燃希望”全员爱心捐书活动,募捐书籍390余本。11月17日,联合市第二福利院举办“让爱照亮被遗忘的角落”大型爱心公益活动,募捐爱心款6200元全部用于购买食品、学习用品等。

(陈　娟)

中国太平洋财产保险股份有限公司福州中心支公司

【概况】 2011年太平洋产险福州中心支公司保费收入4.25亿元(2010年3.11亿元),比增36.6%,占福州产险市场份额11.86%,同比上升1.54个百分点。完成乔迁至晋安区连江北路566号和源居综合楼。

【业务经营】 在福州市乃至福建省范围内加大对大型企业和重大建设项目的公关力度,承保的大型标的有:福建省三钢(集团)有限公司、福建三钢闽光股份有限公司、东南(福建)汽车工业有限公司、福建湄洲湾氯碱工业有限公司、福建盛丰物流集团有限公司、新南港大桥及连接线工程。

客户出险后的理赔项目有新世界(福州)农业开发有限公司、中铁隧道集团有限公司京福铁路客专闽赣VI标项目经理部等上百万元的赔款;有福建盛丰物流集团有限公司、福建省鑫隆物流有限公司、FUJIANAGROTECHORIENTALIMP. &EXP. CO. ,LTD. 等重大赔付案例。

【风险管控】 重视风险控制和防范,按福建分公司财务、核保、理赔全省集中的要求执行工作,并遵守福州分公司的各项风险防控规定,在内部制定一整套具体风险管控措施和实施细则,如在入夏台风季节来临前,由客户服务部的非车险理赔组人员协同业务经办人员到各重点客户那检查防范台风暴雨的情况;10月邀请重大客户(温州港务集团)来访进行防灾防损经验交流。

【客户服务】 太保产险福州中心支公司一楼服务门店作为太保产险福建分公司首批示范星级服务门店之一,从8月开始导入中国质协的现场服务管理星级评价模式。按照福建分公司创建五星级服务门店标准进行门店定位、选址装修、硬件设施布置、软件服务提升等,专门成立领导小组和项目小组,建立督办检查制度,推进现场管理工作。“五星级服务门店”一楼客户服务大厅排号机、自助查询机、VIP室等各种硬件设施和功能区域设置齐全、方便快捷,服务人员秉承“用心承诺、用爱负责”服务理念和“诚信天下、稳健一生、追求卓越”企业核心价值观,为上门客户提供保险投保、保险理赔、保险咨询等“一站式”服务。服务口号是“您的需求就是我的服务、您的满意就是我的标准”。10月23日,邀请福州汇智达企业管理顾问有限公司培训,提升柜面服务人员服务意识和服务水平。服务门店于12月14日接受中国质量协会专家组评审和验收,12月24日被授予“五星级服务门店”称号。

(陈　秀)

证券期货业

【概况】 2011年,福州市资本市场保

持健康平稳运行态势，未发现新增重大违法违规和风险事件。全市有A股上市公司27家，总市值2703.71亿元，比减19.5%。新增上市公司1家，首发融资额7.92亿元。3家上市公司通过增发实现股权融资13.41亿元，7家上市公司通过公司债、短期融资券、次级债、金融债等实现债券融资441亿元，全年实现直接融资462.33亿元，比增52.47%。

全市有兴业证券股份有限公司、华福证券有限责任公司2家法人证券公司，82家证券营业部（新增6家），3家证券分公司，2家基金分公司。2家法人证券公司资产总额263.7亿元、利润总额7.2亿元。年内，2家证券公司实现营业收入22.78亿元、净利润5.64亿元。福州地区证券营业部2011年证券交易量21817.77亿元，比增2.01%。

全市有兴业期货有限公司、金友期货经纪有限责任公司2家法人期货公司，24家期货营业部（新增1家）。2家法人期货公司资产总额18.61亿元、净资产3.52亿元。全年2家法人期货公司实现营业收入1.3亿元，净利润0.06亿元，福州地区24家期货营业部期货交易额27335.52亿元，比减4.25%。

新增上市辅导备案企业8家，投资咨询公司1家，具有从事证券、期货相关业务资格的会计师事务所1家，资产评估机构2家。

【推动优质企业进入资本市场】　支持上市公司通过增发、配股等各种方式实现再融资。实地走访60余家上市后备企业，辅导验收15家拟上市公司；联合各设区市政府及相关机构举办各类推介会、培训、座谈活动19场，1100多人次参加。福建雪人股份有限公司实现首发上市，募集资金7.92亿元，福建瑞达精工股份有限公司通过发行审核，拟募集资金1.75亿元；神州学人集团股份有限公司、国脉科技股份有限公司、福建鸿博股份有限公司等3家上市公司通过增发方式实现再融资13.41亿元；国脉科技股份有限公司、福建发展高速公路股份有限公司等2家上市公司通过发行公司债实现融资24亿元；兴业银行股份有限公司、福耀玻璃工业集团股份有限公司、永辉超市股份有限公司等3家上市公司通过发行短期融资券、次级债、金融债融资417亿元。

1月21日，福建辖区证券期货监管工作会议在福州召开，福建省政府副省长张志南出席会议并作重要讲话。

【支持证券期货经营机构创新发展】

推动证券期货公司组织创新、业务创新、服务创新、管理创新。推动兴业证券被评为A类A级，设立泉州、厦门分公司和香港子公司。鼓励证券公司建立证券投资顾问队伍，推动传统经纪业务向财富管理转型。支持证券公司开展单客户多银行业务、直接投资业务等创新业务，参与场外市场建设。指导兴业证券设计并冠名国内首只反映海西板块上市公司股市表现的海峡指数。培育期货机构投资者，引导期货经营机构走进企业研究并贴近企业服务，推动设立期货交割仓库。

【整治违法违规行为】　建立由省政府领导牵头、省直11个部门参加的全省打击和防控内幕交易联席会议机制。研究建立整非转常规监管工作机制，严厉打击非法证券活动。全年暗访排查非法证券活动场所6个，移送非法活动线索16个，协调关闭非法网站3个，配合公安机关破获“大智慧网络”“东方财经”“中融财经”“上昇财富”等非法证券活动案件10起，抓获犯罪嫌疑人162人，涉案金额近亿元。

（黄　丽）

（编辑　邱敏佳）

综　　述

2011年，福州市科技工作以创新、产业化为主线，开展国家级创新型试点城市创建工作，完善科技创业、创新、创意"三创"载体和公共服务体系建设，开拓产学研发展新路，推动科技成果转化，发展高新技术产业，做大做强县域经济，扶持科技型中小企业技术创新活动。

通过"市校（院所）科技合作"专项，鼓励高校院所与企业加强合作，对依托高校科研院所建立行业技术创新中心申报的市校合作项目给予优先支持。市政府与国家教育部科技发展中心在第九届"6·18"中国海峡项目成果交易会福州签约专场上签署战略合作框架协议。全年专项支持市校合作项目30项，新增市科技局备案的省技术贸易机构28家。市技术交易活动总金额呈现强劲增长趋势，国际技术出口合同额2.8亿元，增长122%（不含港澳台地区）；完成技术合同认定1967项，合同交易总金额14.378亿元，其中，技术开发合同642项、合同金额7.412亿元，技术转让合同97项、合同金额3.556亿元，技术咨询合同527项、合同金额7315.03万元，技术服务合同701项、合同金额2.679亿元。

新组建粮油深加工、海峡电子商务等4家行业技术创新中心，累计组建34家行业中心，覆盖全市逾60%重点行业。102家企业通过2011年度省高新技术企业复审，2011年当年认定60家高新技术企业，截至年底经认定的高新技术企业达317家。组织企业申报国家、省、市科技项目，获国家创新基金2批立项支持55项，获省创新资金立项12项，下达市创新资金配套项目25项。全市165家企业研发费用获税前加计扣除6.1亿，比增60.5%，10家企业被认定为第二批"福建省创新型企业"。至年底，全市有3家国家创新型企业，2家国家创新型试点企业，31家省级创新型企业。

福建星网锐捷网络有限公司的"云计算数据中心TOR交换设备研发及产业化项目"等10个项目被列为省区域重大项目；福建捷联电子有限公司的"提升LED背光电视能效的区域研发和产业化项目"等29个项目被列为市区域科技重大项目；"优质白肉枇杷优株选育研究"等141个项目被列为市科技计划项目；68个农业科技项目获国家、省、市立项扶持，其中，获科技部农业科技成果转化资金项目1项，省区域重大专项和星火计划项目10项，市级农业科技计划项目57项。福州市有14个项目获"2011年度福建省科学技术奖"，57个项目获"2011年度福州市科学技术进步奖"，其中，一等奖3项，二等奖12项，三等奖42项。在获奖项目中，按成果类型分：鉴定类成果12项，评审类11项，验收类8项，发明专利类10项，软件著作权2项，省自主创新产品6项，标准类3项，农业新品种2项，新药、新医疗器械3项；按技术水平分：国际领先3项，国际先进4项，国内领先22项，国内先进17项，省内领先5项，省内先进3项，福州市领先3项。

全市专利申请量与授权量分别为7402件、4773件，比增20.7%、13.2%，其中，技术含量高的发明专利申请量与授权量分别为2673件、838件，占全省发明专利申请量与授权量38.76%、43.08%，比增20.6%、58.4%，位居全省第一。全市专利申请结构逐步实现从注重量到注重质的转变，发明专利申请量占全市专利申请总量36.11%。市知识产权局获国家"知识产权系统打击侵犯知识产权和制售假冒伪劣商品专项行动先进集体"称号。获第十三届中国专利外观设计优秀奖1项。12个项目列入2011年福建省专利技术实施与产业化项目，获300万元资金支持。获2011年省第二届专利奖12项，超过全省总数1/4，囊括特等奖1项和一等奖3项的全部奖项。评选出18项2011年福州市专利奖（金奖3项、优秀奖15项）。获第二十届全国发明展金奖10项、银奖13项、铜奖23项。

开展第二届福州市杰出科技人员评选工作，经征集、评审、市政府审定，10人当选市杰出科技人员。

（陈艳梅）

科技创新体系建设

【国家级创新型试点城市创建】　组

4月27日，召开2011年全市创新型城市建设暨科技工作会议。

织市政府办公厅、市科技局、市财政局等市直单位，到武汉、长沙、南京、厦门等创新型城市调研，学习借鉴先进经验。制定《关于扎实推进国家创新型城市试点工作的实施意见》《福州市国家创新型城市试点工作综合评价指标体系》，明确各级各部门工作目标、责任，建立年度目标责任制和考核评价机制。制定实施《福州市创建国家创新型城市若干配套政策》。编发《创新型试点城市简报》。在福州科技网开辟"创新型城市建设"专栏。编印《福州市国家创新型试点城市建设文件汇编》。总结创新型试点城市建设工作，填报监测评价数据，召开2011年全市创新型城市建设暨科技工作会议。

（林　宇）

【科技进步考核】　5月，国家科技部正式启动2009～2010年度全国县（市）科技进步考核，福州市组织市本级及所辖县（市）区开展各项考核迎检工作。11月，福州市获全国科技进步先进市。市所辖12个县（市）区中，10个县（市）区通过2009～2010年度全国县（市）科技进步考核，其中仓山区、马尾区、福清市、闽侯县4个县（市）区被评为2009～2010年度全国科技进步先进县（市）区。全市16人被科技部授予"2011年全国科技进步工作先进个人"称号。

（林伟群）

【行业技术创新中心建设】　依托福建工程学院机电及自动化工程系建立"福州市汽车机电行业技术创新中心"，依托福建省粮油科学研究所建立"福州市粮油深加工行业技术创新中心"，依托国家化学工业气体产品质量监督检验中心（福建）建立"福州市气体行业技术创新中心"，依托福州市台江区科学技术局、省国际电子商务中心建立"福州市海峡电子商务行业技术创新中心"，作为市行业技术创新中心试点单位，全市有34家行业技术创新中心，较上年增加4家。

为企业完成约6万批次的检测及成型服务；举办培训班90多期，培训各类人员4000多人次；引进、推荐各类人才近900人；举办近40场专项研讨会。邀请韩国、日本和中国台湾地区及内地有关专家进行交流、指导；各个行业中心均建立相应网站，同时与北京大学、清华大学、厦门大学、福州大学、台湾成功大学、台南科技大学、韩国中央大学等高校科研院所建立合作关系。机电装备与自动化等13家行业中心通过专家考核。工业自动化、气体、模具、陶瓷等行业中心获国家创新基金项目资助，塑胶、纺织服装、建筑智能化、食品加工、光电信息等10多家行业中心获市科技计划项目扶持，陶瓷行业中心建设的"闽清陶瓷技术孵化器"项目获国家发改委资金补助。

（叶　巧）

【现代农业技术创新基地建设】　全市有37家现代农业技术创新基地，涵盖福州市所属县、市、区及农业主要产业，其中，水产企业10家、畜牧企业7家、食用菌与茶叶企业7家、果蔬企业6家、花卉企业3家、粮油制品加工企业2家及其他类企业2家。福清市星源农牧开发有限公司获科技部农业科技成果转化项目立项；福州满堂香生态农业有限公司、福州百洋海味食品有限公司、福建海壹食品饮料有限公司获国家星火计划项目证书；福州日兴水产食品有限公司、福建腾新食品股份有限公司获省区域科技重大项目资金扶持；福建嘉成现代农业旅游开发有限公司等3家企业获省星火计划项目资金扶持；福建福铭食品有限公司等6家企业获市区域科技重大项目资金扶持；福建光阳蛋业股份有限公司等多家企业获省区域科技重大项目市级配套资金扶持；福建敖峰闽榕茶业有限公司等3家企业获市科技计划项目立项。

（林文亮）

【科技企业孵化器建设】　市属3家科技企业孵化器有孵化场地面积11.5万平方米，在孵企业348家，其中高新技术企业26家，在孵企业总产值12.35亿元、利税1.27亿元。生物医药公共技术服务平台进一步完善硬件设施，平台服务机构省分子诊断技术工程实验室升格为"国家地方联合工程实验室"。海峡工业设计创意园的国家专利展示与交易中心、多功能会议室、咖啡厅等公共服务配套设施建成投入使用，分别与福州大学创意产业研究所、福州大学厦门工艺美院签订合作共建创意设计中心、工业设计创新中心协议。福州863软件专业孵化器改造T－PARK空间，在三坊七巷衣锦坊规划1000多平方米的福州动漫体验馆。全年市科技企业孵化器举办专业技术培训15期，培训总人数逾1200人；组织企业参加各类公益培训和论坛逾32期，培训人员超2300人次。福建福大百特科技发展有限公司"废弃茶渣中茶叶蛋白的酶法降解及新型多功能茶叶蛋白保健肽的开发"等3家企业3个项目获市科技进步奖三等奖，福建广生堂药业有限公司"一种阿德福韦酯的M

晶型及其制备方法和药物应用”获省专利特等奖,福建福大百特科技发展有限公司“植酸酶APPB及编码该植酸酶的DNA”获专利三等奖,“福州海峡工业设计公共服务平台”建设项目列入2011年国家发改委服务业重点领域发展规划。在孵企业的26个项目获政府资金扶持,其中,福建福大百特科技发展有限公司“年产3000吨新型酶制剂(半纤维素酶、脂肪酶)”列入国家发改委高技术产业化示范工程项目,福州诺邦畅想环保科技有限公司“智能无线电动扫地机”、福州泰普生物科学有限公司“B族链球菌荧光定量PCR检测试剂盒”、福州沃太新能源科技有限公司“便携式太阳能移动电源”获国家科技型中小企业技术创新基金立项扶持。

(陈　军)

【生产力促进中心建设】 市生产力促进中心举办“2011年《中国生产力促进中心协会标准》辅导暨授牌仪式”,科技部高新司巡视员耿战修等出席开幕式,会上市生产力促进中心被授予“海西(福州)工业设计创意基地”“台资企业转型升级服务团福州工作站”。组织召开市县区生产力促进中心工作会议,解读《省级重点生产力促进中心管理实施细则(暂行)》,辅导市县区中心申报2011年省重点生产力促进中心。编制《福州市生产力服务体系“十二五”规划》并通过专家论证。编发《福州市生产力促进协会简报》12期。经过复查,市生产力促进中心再次获市公务员局授予的“福州市专业技术人员继续教育基地”,同时获国家科技部授予“2010年度生产力促进(发展成就)奖”。

(林　东)

【科学技术经费】 市本级科技事业费用专项预算1.52亿元,实际支出2.24亿元。市科技局组织和引导企事业单位申报国家、省级各类科技计划项目,获得国家和省级科技计划项目93项,扶持经费5119万元,其中,国家级55项,获得扶持经费3600万元,省级38项,获得扶持经费1519万元。

表19　福州市科学技术支出占2011年市本级财政一般预算支出比例

考核年份	本级科学技术支出(万元)	本级财政一般预算支出额(万元)	本级科学技术支出占2011年本级财政决算支出比例(%)
2010年	19508	750207	2.60
2011年	22352	948026	2.36

表20　福州市科学技术支出使用情况

序号	使用领域	经费主管部门	经费额(万元)	
			2010年	2011年
1	科学技术管理事务	市科技局等	385	449
2	基础研究	市科技局等	46	198
3	应用研究	市科技局等	1293	1378
4	技术研究与开发	市科技局等	5290	5580
5	科技条件与服务	市科技局等	4831	6182
6	社会科学	市社科院等	221	246
7	科学技术普及	市科协等	837	1089
8	科技交流与合作	市科技局等	52	0
9	科技重大专项	市科技局等	0	708
10	其他科学技术支出	市科技局等	6553	6522
合计			19508	22352

(张大仁)

高新技术产业

【高新技术企业】 鼓励符合条件的企业申报高新技术企业,对“十二五”期间省级以上认定的高新技术企业给予10万元一次性奖励,对国家火炬计划重点高新技术企业给予项目重点扶持。开展2008年的高新技术企业复审培训工作,推荐109家企业参与2011年高新技术企业复审,认定102家。推荐3批72家企业参与2011年高新技术企业认定,有60家企业获得认定,至年底,全市有高新技术企业317家。对省2009年第四批和2010年新认定的79家高新技术企业各奖励3万元,奖励总金额237万元。

继续加强引导和支持创新型(试点)企业建设,推荐51家企业参与省第5批创新型企业试点,对符合条件的15家省创新型试点企业开展省第3批创新型企业评价工作。至年底,全市有星网锐捷、新大陆科技集团、福晶科技3家国家级创新型企业,福耀玻璃、邮科通信2家国家级创新型(试点)企业,上润精密仪器等31家省创新型企业,占全省124家的25%。

(谢　辉)

【火炬计划与高新技术研究开发计划】

省、市区域科技重大项目以提升区域重点产业技术支撑水平和区域创新能力为目标,针对区域重点产业发展的重大关键共性技术需求进行扶持,该项目集成省、市科技资源,通过产学研结合,突破制约区域重点产业发展的关键共性技术问题,推进区域科技进步。福州市获科技部国家级火炬计划项目10项;省级火炬计划项目20项,其中重大专题1项、区域科技重大项目7项;市级火炬计划项目21项。

表21　**2011年国家级火炬计划项目**

序号	项目名称	承担单位
1	基于共建共享的第三代移动通信室内覆盖系统	福建邮科通信技术有限公司
2	跨平台移动阅读系统《91熊猫看书》	福建网龙计算机网络信息技术有限公司
3	基于RIA应用平台的博思财政票据电子化改革管理系统	福州博思软件开发有限公司
4	内网安全综合管理系统	福建伊时代信息科技股份有限公司
5	基于光学影像识别技术的嵌入式互动应用系统和终端设备的产业化	福州锐达数码科技有限公司
6	三网融合数字高清多媒体接收终端关键技术研发及产业化	福建新大陆通信科技股份有限公司
7	药品(器械)追踪监管电子谱系平台	福建锐思软件开发有限公司
8	替米沙坦原料药及其片剂的产业化	福州海王福药制药有限公司
9	单系统全电脑针织横机控制系统	福建睿能电子有限公司
10	福州市技术转移公共服务平台建设	福州技术市场

表22　**2011年省级火炬计划项目**

序号	项目名称	承担单位
1	低成本高性能激光与非线性晶体元器件工程化技术开发	福建福晶科技股份有限公司
2	RJ－DTS榕基环保数据分析平台	福建榕基软件股份有限公司
3	高抗冲改性聚氯乙烯给水管产业化	福建祥龙塑胶有限公司
4	高效制冰机系统研发与产业化项目	福建雪人股份有限公司
5	光纤可调色散补偿模块的研发与生产	福州高意通讯有限公司
6	北斗应急通信传输系统在气象行业的应用研究	福建星海通信科技有限公司
7	新一代安全电话POS终端系列产品开发及其产业化	福建联迪商用设备有限公司
8	ETIM－UTM下一代应用防火墙	福建伊时代信息科技股份有限公司
9	采用全国集中模式的出版物连锁经营系统	福建国通信息科技有限公司
10	住宅用计量表无线远传抄表系统的研发及产业化	福建智恒电子新技术有限公司
11	木纹共挤型材的开发	福建亚太建材有限公司
12	电力线载波家庭智能控制系统	冠林电子有限公司
13	云计算数据中心TOR交换设备研发及产业化	福建星网锐捷网络有限公司
14	高效节能型冷水机研发及产业化	福建雪人股份有限公司
15	高档珠光颜料合成核心技术研发及产业化	福州坤彩精华有限公司
16	基于MIMO技术的FDD－LTE数字直放站	福建三元达通讯股份有限公司

续表22

序号	项目名称	承担单位
17	无线信息服务平台(RJ-WISP)	福建榕基软件股份有限公司
18	物联网感知与信息识别芯片研发及其产业化	福建新大陆电脑股份有限公司
19	东南汽车V5E增程式纯电动轿车研发与产业化技术攻关	东南(福建)汽车工业有限公司
20	车联网与智能交通信息服务关键技术研究与应用	福建新大陆电脑股份有限公司

(叶　巧)

农业科技

【农业科技园区】　园区管委会构建闽台农业合作和农业科技示范2个平台,园区工业总产值9.576亿元(其中规模工业产值8.337亿元),出口交货总值6998万美元,粮食总产量5473吨,农业产值3.96亿元,农民人均收入8558元。

参加省、市、县组织的各种招商活动,全年园区洽谈项目9项,达成协议3项,协议投资额1500万美元。接待国内外客商20批次、150多人次,其中台商13批次、80多人次。做好区内台资农业企业服务工作,为企业无偿办理各类证件10多项,协助台商、企业融资300万元。开展闽台农业科技交流,邀请台湾屏东科技大学、高雄商学院、台湾毒物研究所专家到园区工作,合作申请国家级、省级引智专项经费。开展农业科技项目申报、实施、结题验收工作,结题验收县级科技项目2项,组织实施省、市、县科技项目3项,实现投资1000万元。申报农业科技项目9项,为园区管委会及相关企业争取扶持资金45万元。贯彻实施《福建省促进闽台农业合作条例》,制订规划,形成以闽侯县北部山区台湾高山茶叶种植加工为主,中部以园林品种、食品加工、休闲观光农业为主,南部以台湾水果种植、家具生产为主的大开发农业发展格局。

(陈少东)

【星火计划】　市星火计划重点围绕农业"五新"(新品种、新技术、新农药、新肥料、新机具)研发、应用、推广,扶持农村科技服务体系建设和农业科技型龙头企业发展,提升水产、畜牧、果蔬、食用菌、茶叶等农业特色优势产业科技水平,推进县域经济发展。

全年实施国家、省、市级星火计划项目73项,扶持金额1005万元,其中,国家级6项,省级10项,市级57项,项目主要由农业科研与推广机构、农业产业化龙头企业承担实施。

表23　**2011年国家级星火计划项目**

序号	项目名称	承担单位
1	生态茶园建设与名优茶加工技术研究与示范	福州满堂香生态农业有限公司
2	超声波结合酶解技术高效提取高纯度浒苔多糖	福建海兴保健食品有限公司
3	低温凝胶类鱼糜制品加工工艺研究与产品开发	福州百洋海味食品有限公司
4	新型健康鱼皮饺生产综合技术研究及其产业化	福建海壹食品饮料有限公司
5	大鲵仿生态规模化健康养殖及产业化开发	福建福鲵现代农业有限公司
6	规模化养猪场物质循环及菌渣堆肥发酵生产的工艺控制技术及应用	福清市星源农牧开发有限公司

表24　**2011年省级星火计划项目**

序号	项目名称	承担单位
1	优质"黑翡翠"西瓜与"中甜1号"甜瓜新品种的示范推广	长乐市航农农民蔬菜专业合作社、福建省农科院农业生物资源研究所、福州市农业科学研究所
2	贝类节能环保净化技术研究及冷冻调理制品开发	东水食品有限公司、福建农林大学
3	含乳果汁生产关键技术的研究与开发	福建省台福食品有限公司、福州市食品工业研究所

续表 24

序号	项目名称	承担单位
4	鳗鱼养殖、加工质量安全可追溯体系建立与示范	福建铭发水产开发有限公司、福建农林大学、福州市水产深加工行业技术创新中心
5	蝴蝶兰煤烟病防治技术示范	福建新世景园艺有限公司
6	双孢蘑菇新品种 W2000 示范推广	闽侯县竹岐乡蘑菇生产专业合作社
7	百香果引种与优质丰产栽培技术示范	福建省闽清丰达生态农业大观园有限公司
8	油茶高效综合栽培技术及其产业化示范	福建嘉成现代农业旅游开发有限公司
9	海参罐头加工关键技术研究与示范	福州日兴水产食品有限公司、福建农林大学食品工程设计研究所
10	新型鱼糜制品冰温气调保鲜技术研究与应用示范	福建腾新食品股份有限公司、福州市食品工业研究所

表 25　**2011 年市级星火计划项目**

序号	项目名称	承担单位
1	茉莉花茶窨制关键技术的研究与示范	福建敖峰闽榕茶业有限公司、福建农林大学
2	秀珍菇工厂化栽培的高优品种选育及示范	福建农科院土壤肥料研究所、福州市农业科学研究所、闽侯县大春农科贸食用菌开发有限公司
3	优质白肉枇杷优株选育研究	福州市农业科学研究所
4	食品安全检验和检测技术研究及应用	长乐聚泉食品有限公司
5	规模化猪场生产管理体系研究与绩效提高	福建双福原种猪有限公司
6	浮筏式笼养三疣梭子蟹健康养殖技术开发	连江罗源湾金牌渔业科技有限公司
7	环保型大黄鱼饲料研究与应用	福建农林大学、福建大昌生物科技实业有限公司
8	蝴蝶兰主要病虫害防控技术研究	福建农业职业技术学院、福建新世景园艺有限公司
9	杏鲍菇优良菌种选育及其产业化	福清市火麒麟食用菌技术开发有限公司、福建师范大学生命科学学院
10	节水耐盐碱景观植物的选育收集平台	福州市园林科学研究院
11	福州市耕地土壤有效镉含量调查及评价	福州市农产品质量安全检验检测中心

续表25

序号	项目名称	承担单位
12	鲍温和加工技术研究	福建农林大学食品科学学院、福州市水产品深加工行业技术创新中心
13	环保型生物农药0.5%氨基寡糖素水剂的研发	福建新农大正生物工程有限公司
14	鲍鱼、海参、海藻网箱立体生态养殖技术研究	福州市海洋与渔业技术中心、连江捷丰海珍品养殖基地
15	烟粉虱无公害防控策略与关键技术研究	福州市农业科学研究所、福建农林大学植物保护学院
16	海蜇工厂化人工繁育技术研究与开发	连江县台海高新农业有限公司
17	行道树精准施药技术研究与应用	福州市农业科学研究所
18	设施茄科蔬菜灰霉病综合防治技术研究	福州市蔬菜科学研究所、福建省农科院植物保护研究所、福清市绿丰农业开发有限公司
19	魔芋葡甘聚糖功能基料的制备、分析评价及其应用	福清市质量技术监督局、福建师范大学福清分校、福建农林大学食品科学学院
20	球根花卉试管鳞茎抽薹技术研究	福州园林科学研究院、福建省农科院生物技术研究所
21	抗逆优质菜心新品种选育	福州市蔬菜科学研究所
22	灰树花室内栽培模式的研究与示范	长乐希尔帆食用菌开发有限公司、福州市食用菌行业协会
23	山地低碳生态茶园建设及示范	福建省农业科学院农业生态研究所、福州满堂香生态农业有限公司
24	红花油茶优良品种引种繁育种植试验示范	福州金穗粮油贸易有限公司、福建省林学会科普工作委员会
25	橄榄害虫种群发生动态及防治技术研究	闽侯县植保植检站、福建农林大学亚热带果树研究所、闽侯县竹岐国强橄榄种植场
26	洋桔梗夜冷育苗技术研究	福建省农业科学院农业工程技术研究所、福州农业气象试验站
27	新型渔用软质饲料研发及产业化	福建格林生物科技有限公司
28	“次郎”甜柿新品种示范与推广	福建省闽侯延青农业开发有限公司、福建省农业科学院果树研究所
29	海带、紫菜加工技术研究与示范	福州海林食品有限公司、罗源县水产技术推广站
30	优质茉莉花新品种引进及推广	福州福民茶叶有限公司、仓山区农林水局经作站
31	牡蛎、藻类深加工技术研究与开发	福建馥华食品有限公司

续表25

序号	项目名称	承担单位
32	罗非鱼鱼皮、鱼鳞胶冻的研制与中试生产	福建农林大学食品科学学院、福州市水产品深加工中心、福建帅孚食品实业有限公司
33	台湾文心兰新品种引进栽培及切花产业化研究	福州多芬园艺有限公司、福州市林业科技推广站
34	烟熏牡蛎罐头技术开发及其产业化	福州今日食品有限公司
35	珍稀药材金线莲快速繁殖与高优栽培模式研究	福州市农业科学研究所
36	茶园套种绿肥的生态效能及其机理研究	洋里乡农业服务中心、福建农林大学应用生态研究所
37	专用粉加工关键技术研究及其应用	元洪面粉食品(福建)有限公司、福建省粮油科学技术研究所
38	黄酒非生物沉淀澄清新工艺技术研究及产业化应用	福建省轻工业研究所、福建省宏盛闽侯酒业有限公司、福州出入境检验检疫局
39	鮟鱇鱼肝保鲜新技术研究及产业化应用	福清隆裕食品开发有限公司
40	火龙果花多糖功能食品关键技术研究与中试	福建省农业科学院农业工程技术研究所、福州大世界橄榄有限公司
41	普陀鹅耳枥等珍稀绿化树种引种试验及配套栽培技术研究	福州市林业科技推广站
42	马来西亚10号番木瓜示范推广	福建省农业科学院果树研究所、西岸(福建)现代农业发展有限公司
43	甜橄榄优质丰产栽培技术研究	福建绿百合现代农业有限公司
44	福州市粮油深加工行业技术创新中心建设	福建省粮油科学技术研究所
45	橄榄优良单株选育与配套技术研究	闽侯县白沙青年果场基地、福建农林大学园艺产品贮运保鲜研究所
46	特色甘薯的引进、筛选和配套高产栽培技术研究	福州市农业科学研究所、永泰县长庆镇长庆村
47	金银花良种繁育基地建设	闽清县雄江镇农业技术推广站、福建闽清雄峰金银花专业合作社
48	竹荪废弃物开发利用技术研究	永泰县溯源食用菌专业合作社、福建省农科院土壤肥料研究所
49	小型水库过滤净化配套设施建设	连江县苔菉镇东洛村民委员会
50	新型营养黄酒的研制和开发	福建南湖酒业有限公司
51	无公害木本金银花规范化种植技术与示范推广	福州康源中药材种植有限公司、永泰县东洋乡东洋村、福建省中医药研究院中药产业研发中心

续表 25

序号	项目名称	承担单位
52	螺旋藻多糖的研究开发	福清市新大泽螺旋藻有限公司
53	复合酶——膜技术制备鱼类加工下脚料胶原蛋白技术及其产业化	福建福铭食品有限公司
54	珍稀食用菌工厂化栽培与废菌渣循环利用关键技术集成示范	福建益升食品有限公司
55	海洋酶转化水产品加工下脚料为鱼胶原蛋白的研发和规模化生产	福建大昌生物科技实业有限公司
56	新型微生物发酵产品的研制及其在饲料中的应用	福建省新闽科生物科技开发有限公司
57	大中型畜牧场物质循环模式构建及生物质能源开发利用工艺技术应用与示范	福清市星源农牧开发有限公司

(丁可锋)

科技成果管理

【科学技术奖励】 有14项科技成果被授予2011年度省科学技术奖，其中，“UNIMARS电子支付统一核心技术平台开发及其应用”等6项成果获二等奖，“基于AMD双路解码技术的双视频IP机顶盒”等8项成果获三等奖。

下发《福州市人民政府关于颁发2011年度福州市科学技术进步奖的决定》，“HGM63/1全电脑多梳栉提花经编机的研制”等57项科技成果获奖，其中，一等奖3项、二等奖12项、三等奖42项。在获奖项目中，按成果类型分：鉴定类成果12项，评审类11项，验收类8项，发明专利类10项，软件著作权2项，省自主创新产品6项，标准类3项，农业新品种2项，新药、新医疗器械3项；按技术水平分：国际领先3项，国际先进4项，国内领先22项，国内先进17项，省内领先5项，省内先进3项，福州市领先3项。

获奖成果大部分得到推广应用。可统计经济效益的51项获奖成果累计新增产值511.14亿元，利润39.68亿元，税收12.07亿元。新增产值逾千万元的获奖成果有39项，其中逾亿元18项。

【第二届福州市杰出科技人员评选】 3月29日启动评选工作，经市科学技术奖励委员会评审、市政府第37次常务会议审议，决定授予10人为“第二届福州市杰出科技人员”称号，并进行表彰和奖励，各奖励10万元。

表 26　2011年福州市获省科学技术奖项目

序号	项目名称	授奖等级	主要完成单位	主要完成人员
1	UNIMARS电子支付统一核心技术平台开发及其应用	二等奖	福建联迪商用设备有限公司	刘世英　林　英　李登希　洪晓辉　吴　旋　孟陆强　张炽成
2	HGM63/1全电脑多梳栉提花经编机的研制	二等奖	福建省鑫港纺织机械有限公司	郑依福　郑自海　谢春旺　郑春华　郑春乐　赖秋玉
3	基于五类线传输的3G通信设备	二等奖	福建邮科通信技术有限公司	张健荣　陈群峰　林　宇　谭金生　许祥政　曾　物　翟红光
4	V3菱悦轿车节能、安全及汽车电子研发应用	二等奖	东南(福建)汽车工业有限公司	许　苘　李玉桂　胡红兵　谢俊淋　林来道　李立东　林　清

续表 26

序号	项目名称	授奖等级	主要完成单位	主要完成人员
5	70M 平台供应船	二等奖	福建省马尾造船股份有限公司	关俊滨　占玉金　周　建　张慕石　王　颖　王永智　蔡　兵
6	“邮科通信”新一代移动网络设备及移动新业务技术创新工程建设	二等奖	福建邮科通信技术有限公司	
7	基于 AMD 双路解码技术的双视频 IP 机顶盒	三等奖	福建星网锐捷通讯股份有限公司	林鋆娟　林剑宇　王　勇　马雪怀　邹应双
8	SSR-100-L 生活垃圾立式双回路热解炉	三等奖	福建省丰泉环保控股有限公司	陈泽峰　卢川鑫　姚　艳　杨建森　陈金儿
9	环保型高抗冲改性聚氯乙烯(PVC-M)管材研制	三等奖	福建振云塑业股份有限公司	莫晨杰　严立万　陈向生　陈远贞
10	内网安全综合管理系统	三等奖	福建伊时代信息科技股份有限公司	许元进　曾　勇　林华斌　杨泉清　张　建
11	高精度光学非球面元件检测平台的开发与应用	三等奖	福建福光数码科技有限公司、厦门大学	汪建平　肖维军　林春生　郭隐彪　王振忠
12	高效节能制冰技术创新工程	三等奖	福建雪人股份有限公司	
13	国家三类新药米格列奈及胶囊	三等奖	福州闽海药业有限公司	陆伟民　陈国华　吴东晶　陈家煊　黄梅锋
14	HC2100 耐火砖自动液压机	三等奖	福建海源自动化机械股份有限公司	李良光　王　琳　林希平　陈　远　黄鸿杰

表 27　**2011 年获福州市科技进步奖项目**

序号	项目名称	授奖等级	主要完成单位	主要完成人员
1	HGM63/1 全电脑多梳栉提花经编机的研制	一等奖	福建省鑫港纺织机械有限公司	郑依福　郑自海　谢春旺　郑春华　郑春乐
2	聚合物片式叠层铝电解电容器	一等奖	福建国光电子科技股份有限公司	潘德源　张易宁　王在安　程云来　陈素晶　王文芳　陈远强　林俊鸿　王国平　江景峰
3	橄榄种质资源征集鉴定与品种选育利用	一等奖	福州市经济作物技术站、福建农林大学园艺学院、福州市果树良种场	许长同　潘东明　陈思聪　赖钟雄　王艳娜
4	铸轧 3005H26 铝塑复合板用铝及铝合金冷轧带材	二等奖	中铝瑞闽铝板带有限公司	蔡　峰　吴建新　庄越秀　卢金华　许徐宗
5	RJ-iTOP 榕基网络隐患扫描系统	二等奖	福建榕基软件股份有限公司	陈明平　万孝雄　李典敏　林子忠　庄绍民
6	苦瓜新品种“佳玉”的选育	二等奖	福州市蔬菜科学研究所	高　山　林碧英　许端祥　林　峰　傅睿清
7	渔平高速公路项目进度优化控制技术研究与应用	二等奖	福州渔平高速公路有限责任公司、福州大学房地产研究所	陆清玉　张利铨　杨立熙　叶仙寿　夏建勇

续表27

序号	项目名称	授奖等级	主要完成单位	主要完成人员
8	肺结核蛋白指纹图谱诊断技术研究	二等奖	福建省福州肺科医院	翁丽珍 王琳 李学玲 黄明翔 郭巧玲
9	东南V3菱悦(DN7150系列)轿车	二等奖	东南(福建)汽车工业有限公司	谢俊淋 李玉桂 许茼 胡红兵 李立东
10	可烘弯低辐射镀膜夹层玻璃	二等奖	福耀玻璃工业集团股份有限公司	尚贵才 丁杰 李艺明 刘福 林柱
11	UNIMARS电子支付统一核心技术平台开发及其应用	二等奖	福建联迪商用设备有限公司	林英 洪晓辉 吴旋 孟陆强 张炽成
12	液晶模组发明专利系列技术研发与应用	二等奖	福建华冠光电有限公司	游源敏 王贺 沈廷斌 郑树忠 刘幼春
13	NL-ER6800电子凭证业务受理终端	二等奖	福建新大陆电脑股份有限公司	张义锦 蔡春水 杨韬 林辉辉 沈锦兴
14	红曲米色调判定指标的建立和色价快速检测方法的研究	二等奖	连江县质量计量检测所、福建省农科院农业工程技术研究所、福州隆利信生物制品有限公司	曾文贞 杨成龙 朱呈雄 邓思珊 杨晓君
15	“连杂1号”海带新品系	二等奖	福建省连江县官坞海洋开发有限公司	林哲龙 董志安 邱其樱 陈德富 林文
16	车载DVD导航影音装置系统	三等奖	福州思迈特数码科技有限公司	高尔登 林剑森 谢小斌 陈慧 施情
17	超载作用下混凝土梁桥承载力衰退研究	三等奖	福州市公路局、福州大学土木工程学院	左美俊 宗周红 方德铭 陈思明 刘发水 王绍平 夏樟华 吴正思 邱钰婷 王俊高
18	真空浇注变压器线圈隔离气道成型模具及其制备工艺	三等奖	福州天宇电气股份有限公司	刘红 王能龙 何柳体
19	替米沙坦原料药及其片剂的研究与开发	三等奖	福州海王福药制药有限公司	徐敏华 郭文璟 章卫中 曹永辉 陈瑜 陈志航 陈才河
20	废弃茶渣中茶叶蛋白的酶法降解及新型多功能茶叶蛋白保健肽的开发	三等奖	福建福大百特科技发展有限公司、福州大学生物科学与工程学院	叶秀云 周建武 张洋 靳伟刚
21	升腾F2950 Linux瘦客户机	三等奖	福建升腾资讯有限公司	张辉 汪汇 郑芳友
22	高清数字电视机顶盒	三等奖	福建新大陆通信科技股份有限公司	沈少阳 吴迎晖 张书义 吴好 李辉
23	介质纠正机构专利成果转化应用	三等奖	福建实达电脑设备有限公司	曾光贤 林艳青 李桂海 苏剑斌 彭建明 郑国日 郑辉飞
24	地面数字电视广播发射机	三等奖	福建三元达通讯股份有限公司	李卫校 康文彪 刘霖 吴雄宾 杨天星

续表 27

序号	项目名称	授奖等级	主要完成单位	主要完成人员
25	纺织机械专用伺服控制器	三等奖	福建睿能电子有限公司	杨维坚　王开伟　杨文全
26	蓝光 DVD 光头的三波段消色差波片	三等奖	福州福特科光电有限公司	郭少琴　林勇杰　林孝同 黄木旺
27	一种动态降低液晶显示器功率的方法	三等奖	福建捷联电子有限公司	高华平　关　芸
28	黑盾入侵防御系统	三等奖	福建省海峡信息技术有限公司	金华松　陈　健　刘志光 蓝友枢　张章学
29	智能建筑通用系统集成研发与服务平台建设	三等奖	福建恒锋电子有限公司	欧霖杰　魏晓曦　林文忠 陈朝学　刘庆新
30	内网安全综合管理系统	三等奖	福建伊时代信息科技股份有限公司	许元进　曾　勇　林华斌 杨泉清　洪跃强
31	基于三网融合通信新一代电子政务系统	三等奖	福建新东网科技有限公司	陈融圣　曾忠诚　郭　永 赖诗长　王新影
32	农村供电所规范化管理系统	三等奖	福建锐思软件开发有限公司	高　飞　何林洲　王枢昊 李振宇　黄为勇
33	高强高导高韧铜母线	三等奖	福州市广福有色金属制品有限公司	朱长榕　卢庆忠　张炳根 高松峰　陈升炳
34	70M 平台供应船	三等奖	福建省马尾造船股份有限公司	关俊滨　占玉金　周　建 王　颖　蔡　兵
35	SSR－100－L 生活垃圾立式双回路热解炉	三等奖	福建省丰泉环保控股有限公司	陈泽峰　姚　艳　杨建森 卢川鑫　陈金儿
36	新型铝熔体在线除气净化装置(简称:除气机)	三等奖	福州麦特新高温材料有限公司	柯东杰　陈　群　范敬盛 张　洪　陈文石
37	无石棉汽车用离合器面片及其生产工艺	三等奖	福建冠良汽车配件工业有限公司	王长达　张世绍　周怀良 安忠文
38	一种仿梭织针织面料及其制造方法	三等奖	福清洪良染织科技有限公司	钟玉辉　胡玉权
39	非开挖电力电缆用改性聚丙烯(MPP)套管	三等奖	福建亚通新材料科技股份有限公司	陈黎星　吴林江　陈　鹊 许盛光　吴亚平
40	《针织经编花边》行业标准及其应用	三等奖	福建东龙针纺有限公司	林朝旺
41	废弃路面水泥混凝土再生利用研究	三等奖	福州市公路局、福州大学土木工程学院	左美俊　胡昌斌　刘发水 陈思明　马玉兰　邱钰婷 林兆荣　杨振俤　何天建
42	DB35/T　970－2009《增强改性聚丙烯非开挖排水管》及应用	三等奖	福建恒杰塑业新材料有限公司	王存奇　许建钦
43	刺参浅海大型抗风浪网箱笼式吊养新模式、新技术研究	三等奖	福清市宏峰泰海珍品养殖有限公司、福建福铭食品有限公司	杨利雄　杨宗铭　黄大松 杨　新　杨　和

续表27

序号	项目名称	授奖等级	主要完成单位	主要完成人员
44	无致敏原植物蛋白饲料用的复合酶配方及其应用	三等奖	福建省新闽科生物科技开发有限公司	况应谷 周安国 陈炳钿 王盛之
45	褐尾库蚊生物防治蚊子研究	三等奖	福州市农业科学研究所、福建农林大学作物病虫生物防治研究所	陈　伟 吴珍泉 黄恩炯 郑建英 林丹青
46	新型健康速冻鱼皮饺生产综合技术的研究及产业化	三等奖	福建海壹食品饮料有限公司	卞智英 陈由强 陈凤祥 陈民坚 李品周
47	青梅整果果冻的集成化技术研究与开发	三等奖	福州市食品工业研究所	陈日春 杨成龙 唐胜春 陈兴才 黄秀娟
48	甘薯新品种"榕薯756"的选育	三等奖	福州市农业科学研究所	王正荣 郭建铭 鄢　铮 王元森 林怀礼 王丹红 钟林珍
49	福清市水产品精深加工技术示范	三等奖	福建福铭食品有限公司、福建医科大学公共卫生学院、福清市隆裕食品开发有限公司	林文庭 杨宗铭 黄大松 张彦定 朱萍萍
50	酸性土壤有效镉测定技术优化研究与应用	三等奖	福州市农产品质量安全检验检测中心	肖振林 王　果 黄瑞卿 张利敏 林明义 陈明华 余广兰 张建丽 陈石榕
51	痰液基细胞学技术在肺癌患者检查中的临床运用价值	三等奖	福建省福州肺科医院	陈丽珠 陈　群 蔡　霖 林清华 吴联平
52	生物酶高效净水剂	三等奖	福州晨翔环保工程有限公司	孙祥章 齐爱玖 孙靖远 刘润洁
53	促红细胞生成素内皮素做为围生儿危险因素标志的研究	三等奖	福州市第一医院	严　争 林敦彬 刘　凡 康　强 李慧贞
54	丁香挥发油及其药物组合物生产方法	三等奖	福州屏山制药有限公司	王跃仁 陈秀斌 邝国华 侯　琨 李　莹
55	应激激素与精神分裂症的相关研究	三等奖	福建省福州神经精神病防治院	纪家武 蒋　昕 陈红岩 黄少雅 陈　涛
56	超氧化物歧化酶(SOD)检测试剂盒	三等奖	福建福缘生物科技有限公司	陈　俊 叶丽娜 金　霆 汪泽云 鲍凌珊
57	DAB染色液(聚合物法)	三等奖	福州迈新生物技术开发有限公司	杨清海

表28　**第二届福州市杰出科技人员名单**

序号	姓　名	工作单位
1	李诗勤	福州瑞芯微电子有限公司
2	方淑桂	福州市蔬菜科学研究所
3	郑维宏	福建星网锐捷通讯股份有限公司
4	夏　昌	福州市规划设计研究院

续表 28

序号	姓　名	工作单位
5	吴少凡	福建福晶科技股份有限公司
6	陈明平	福建榕基软件股份有限公司
7	唐瑞庆	福建捷联电子有限公司
8	陈雪金	福州市农业科学研究所
9	陈　鹊	福建亚通新材料科技股份有限公司
10	黄木旺	福州福特科光电有限公司

（郑荣火）

技术市场管理

【产学研活动】　深入福州大学、福建工程学院、闽江学院、福建信息职业技术学院等高校，探讨高校科研平台建设、校企合作等内容。3月25日，由省经贸委与福州大学联合主办的省功能材料专场对接会在福州大学举行，福州市功能材料行业技术创新中心作为承办单位参与对接会。会议推介省相关功能材料企业技术需求253项，有6个对接项目举行现场签约仪式。

经各设区市科技局推荐，省科技厅组织专家评审，确定首批科技成果转化重点企业名单。认定的首批省科技成果转化重点企业中，全市有30家企业入围，占全省认定企业总数39%。

6月，市政府与教育部科技发展中心在第九届“6·18”海峡项目成果交易会福州签约专场上签署战略合作框架协议。在“6·18”期间，把握成果转化重点，结合福州产业实际，开展有针对性的征集工作，征集推荐31个对接项目、15个技术需求项目。

（薛　博）

知识产权

【企事业单位知识产权工作】　推荐企事业单位列入各级各类知识产权试点示范。福建新大陆通信科技股份有限公司等7家企业入选2011年福建省知识产权优势企业。认定福建新大陆电脑股份有限公司等21家企业为2011年度福州市知识产权示范企业。至年底，全市拥有各级各类知识产权试点示范企业168家，其中国家级17家、省级70家、市级81家。

【扶持与培育自主知识产权】　办理专利申请资助4481件，资助金额300.6万元；专利授权奖励677件，资助金额487.5万元。市政府出台《福州市创建国家创新型城市若干配套政策》，鼓励和支持科技型企业以软件著作权、专利权、商标权等知识产权产品进行质押贷款。

组织推荐专利项目参加各级专利奖评选，争取资金扶持。福州瑞芯微电子有限公司的“高性能移动互联终端SOC芯片产业化”等12个项目列入2011年福建省专利技术实施与产业化项目，获300万元资金支持。福州宜美电子有限公司的“电子秤（EM2885）”外观设计专利（ZL200930171787.8）获第十三届中国外观设计优秀奖，12件专利项目入选首届省专利奖，其中，中铝瑞闽铝板带有限公司的发明专利“一种铝箔基材的生产方法”发明专利获特等奖，福建海源自动化机械股份有限公司的“砖的自动生产线”等3项发明专利项目获一等奖，其他8件专利分获二等奖2项、三等奖6项，超过全省总数1/4。

【专利行政执法】　开展“雷雨”“天网”执法专项行动，省、市、县三级联合组织开展30多场专项行动检查，出动人员600多人次，检查涵盖医药、食品、玩具、电器等10余类逾2万种商品，指导商场超市纠正82件专利商品标识不规范问题。与全省8个设区市建立全省知识产权联席会议制度，8月，市知识产权局承办省第七届设区市知识产权工作联席会议，与闽粤两省11个沿海城市建立跨区域知识产权保护联合协调机制，10月，第八次联席会议签署《闽粤沿海十二城市专利侵权纠纷案件移送合作备忘录》。巩固专利联络员制度，有10家大型商场、超市建立商场联络员制度。

加强展会知识产权保护，在“5·18”海峡两岸经贸交易会、“6·18”海峡项目成果交易会及第66届中国国际医疗器械博览会、第13届中国国际医疗器械设计与制造技术展览会期间，受理专利纠纷调解案件4件，移送专利侵权案件3件。

【知识产权宣传培训】　利用“4·26”世界知识产权日、知识产权宣传周、中国专利周、科技宣传周等开展知识产权系列宣传普及活动，邀请电视台、报社等新闻媒体对知识产权工作进行宣传报道。发布《福州市知识产权保护状况》，编写《福州市知识产权政策汇编》《知识产权服务手册》；依托福州知识产权网实时更新信息，定期编辑《福州知识产权》期刊，全年编辑12期期刊、2期增刊，面向全市600多家企事业单位发行逾8000份。

组织企业领导和知识产权专职人员参加第四批全国企事业知识产权试点单位专利管理人员培训班和专利信息传播与利用培训班。多次邀请深圳知名专家开展“企业知识产权管理与软件专利保护”等内容的知识产权培训，组织企业、中介等300多人参加。推荐福清第二中学等3所中小学入选“2011年福建省知识产权试点中小学”。

【知识产权强县工程】 推进实施国家、省知识产权强县工程,将专利申请量增长率纳入政府绩效考评指标,全市12个县(市)区全部挂牌成立知识产权局,长乐、马尾等县(市)区出台政策,规定对新授权的发明专利给予奖励;长乐市对列入国家、省、市级试点示范企业分别奖励30万元、15万元、10万元,闽侯县对列入国家、省、市级试点示范企业分别奖励15万元、10万元、5万元;仓山区探索建立专利转化扶持资金项目,率先开展"消灭零专利"活动,直接对相关企业进行分类指导与服务;福清、长乐、连江、罗源重视知识产权规则的运用,在相应的配套政策中规定对拥有自主知识产权参与国际、国家、行业等技术标准制定的项目单位进行奖励。2011年,闽侯、长乐、鼓楼、台江专利申请量增长率分别达129.60%、80.68%、39.05%、31.64%。

表29 **2011年各县(市)区专利申请量与授权量统计**

县/市区	专利申请量(件)				专利授权量(件)			
	总数	发明	实用新型	外观设计	总数	发明	实用新型	外观设计
鼓楼区	2115	784	1030	301	1200	248	670	282
台江区	570	183	251	136	298	43	143	112
仓山区	1591	656	656	279	976	174	511	291
晋安区	682	214	381	87	564	90	368	106
马尾区	440	213	173	54	523	149	302	72
闽侯县	861	370	387	104	378	62	230	86
长乐市	374	34	291	49	256	4	219	33
福清市	513	145	308	60	406	48	292	66
连江县	63	33	23	7	66	6	38	22
罗源县	79	7	26	46	19	0	16	3
永泰县	41	16	22	3	31	6	15	10
闽清县	52	14	19	19	36	3	16	17
平潭县	21	4	9	8	20	5	8	7
校正值	0	0	0	0	0	0	0	0
合计	7402	2673	3576	1153	4773	838	2828	1107

注:表中统计数据的原始资料由省知识产权局提供并校正确认,并经市知识产权局分离处理后所得。

表30 **2011年第十三届中国专利奖福州市获奖项目**

奖项	项目名称	专利号	专利权人	发明人(设计人)
外观设计优秀奖	电子秤(EM2885)	200930171787.8	陈祖元	陈祖元

注:根据2010年度福建省专利奖励决定(闽政〔2011〕9号文),对获得中国外观设计优秀奖的外观设计按二等奖给予奖励。

表31 **2011年第二届福建省专利奖福州市获奖项目**

序号	奖项	项目名称	专利号	专利权人	发明人(设计人)
1	特等奖	一种铝箔基材的生产方法	200710008919.5	中铝瑞闽铝板带有限公司	黄瑞银 司开田 朱明志 庄越秀
2	一等奖	砖的自动生产线	200610040081.3	福建海源自动化机械股份有限公司	李良光
3	一等奖	网络安全防御系统、方法和安全管理服务器	200710163125.6	福建星网锐捷网络有限公司	吴晶晶 林雁敏 王 湧

续表 31

序号	奖项	项目名称	专利号	专利权人	发明人(设计人)
4	一等奖	沼气工程用红泥复合卷材及其制备方法	200910111483.1	福建思嘉环保材料科技有限公司	张宏旺 黄万能 蒋石生 赖德荣
5	二等奖	电缆接头及其制造方法	02113027.2	福建中能电气股份有限公司	陈添旭
6	二等奖	TD－SCDMA 直放站基带解码装置及实现解码同步的方法	200810070477.1	福建邮科通信技术有限公司	赖克中 张健荣 陈群峰 冯 凯 林 雨
7	三等奖	计算机外围设备共享服务器控制方法	200710008477.4	福建升腾资讯有限公司	张 辉
8	三等奖	深紫外、可见、近红外偏振器	200510018753.6	福州福特科光电有限公司	黄木旺 吴秀榕
9	三等奖	屠宰加工过程中动物产品追溯方法	200810071664.1	福建新大陆电脑股份有限公司	孙 伟 卢 景 林志强 林晋发
10	三等奖	穿根藤总甾醇及其药物组合物和应用	200510134684.5	福州屏山制药有限公司	王跃仁 郑 勇
11	三等奖	非开挖专用电力管材	200410016593.7	福建恒杰塑业新材料有限公司；上海电力电力设计院有限公司	许 峻 王存奇
12	三等奖	数字电视(手提式)	200930171075.6	福州思迈特数码科技有限公司	王光灿 高尔登 胡 鑫

表 32 **2011 年福州市获第二十届全国发明展览会金奖项目**

序号	项目名称	单位名称	发明人
1	水工程分质系统活化水节水装置	福建金源泉科技发展有限公司	徐道华
2	中央水处理装置(金源泉功能水机)	福建金源泉科技发展有限公司	徐道华
3	超/特高压交流输电线路单端故障测距新技术	福建省电力有限公司福州超高压输变电局	曾惠敏 林富洪 黄 海 郑志煜 李生坤 岳 军 陈 灵 吴善班 蔡建煌 林力辉 陈 灵 丁依启
4	TD－SCDMA 直放站基带解码装置及实现解码同步的方法	福建邮科通信技术有限公司	赖克中 张健荣 陈群峰 冯 凯 林 雨
5	变电站室内巡检机器人研制与应用	福建省电力有限公司福州电业局	张 丰 陈 钊
6	高效价苏云金芽孢杆菌制剂的制备技术	福建农林大学	关 雄 黄志鹏 陈锦权
7	珠型绞股蓝保健茶制备方法	福建农林大学	肖贵平 张育松
8	履带式运输车的研制及推广应用	福建省第二电力建设公司	张德美 王 凌 唐 光 林兆淦
9	植物活性有机腻子膏	福建山外山涂料科技开发有限公司	尹国华
10	挂钩型自锁门碰	福州市台江第六中心小学	黄言何

（黄绍梁）

科学普及

【科技政策培训】 2月24日,市科技局、市国税局、市地税局等相关部门联合在福州大饭店举办"企业研究开发项目申报培训班",300多家企业400多联络员、财务人员参加培训。培训班重点对研发费用加计扣除政策做宣传与解读,并对企业如何报备研发费用加计扣除、申报研究开发项目进行讲解咨询。

11月3日,全省工业高新技术及国家、省创新基(资)金项目管理(福州片区)培训会在榕召开,来自省科技厅、省高新技术创业服务中心、福州、三明、南平、宁德有关高校、科研院所、企业200多家单位近400人参加会议及培训。主要培训内容有"福建省科技计划体系框架及科技项目改革思路""福建省工业高新技术领域项目管理工作及要求""项目经费账目处理""创新基(资)金项目监理及验收管理工作要求"等科技政策。

省科技厅、市科技局联合举办4场高新技术企业认定申报、复审培训班,参加培训600多人次,培训班主要就高新技术企业认定申报注意事项和研发费用归集做说明,对高新技术企业认定申报系统使用注意事项进行讲解,并现场解答参会人员提出的问题。

(王庆金)

【科普宣传活动】 5月13日,举行2011年福州市科技·人才活动周开幕式,省、市、区、街道相关单位和各县(市)区科技部门的代表、高等院校、科研院所及社会各界人士500多人参加。开幕式活动现场组织地震、知识产权、气象、环保、医疗卫生、食品等科普知识咨询、宣传、服务;组织30多家高新技术企业、农业创新基地举办科技创新成果和产品展示;组织省农业科学院、福州大学、福建师范大学等部分在榕高校、科研院所与多家高新技术企业、农业创新基地代表进行项目洽谈、对接活动,举行现场签约仪式;活动现场有中小学生演示自己创作的机器人表演。活动周期间,全市组织活动360多场,参与各项活动22万多人次,电视、电台、报刊、网站等新闻媒介刊登宣传报道180多篇。

全年开展科技下乡活动23场,其中大中型咨询活动17场,科技培训4场、科技进社区2场。发放农业科技类资料7000多册,优良蔬菜种子4900多包,挂历、台历1750本,春联500副。参加科技下乡2.01万多人次,其中参加各类培训班310人次。

(王庆金 郑东新)

5月13日,福州市、晋安区科技·人才活动周暨晋安区第八届科技节开幕。

防震减灾

【概况】 2011年,市地震局围绕地震监测预报、震害防御、应急救援三大工作体系推进各项工作。地震监测预报方面,坚持365天24小时不间断值班制度和国庆、春节等重大节假日及全国"两会"等重要时段地震"零报告"制度;开展月、半年、年度地震趋势会商会;开展市区防震减灾"三网一员"培训;主持召开水口库区联防协作会。地震灾害防御方面,开展地震安全性评价工作和地震安全性评价执法检查工作;开展地震科普知识"进学校、进社区、进乡村、进机关、进工厂"活动。地震应急救援方面,牵头组织2011年省政府和市政府为民办实事项目——地震应急避难场所建设;推进地震应急指挥系统升级改造;开展地震应急演练,4月21日,与市民防局(人防办)、市教育局、武警福州消防支队共同开展全省规模最大的2011年市防空警报试鸣暨全市中小学生应急疏散演练。

市地震局获全省市县(区)防震减灾工作综合评比二等奖;市数字地震前兆流体观测网罗源洋后里井水位观测获2010年地震监测预报工作质量全国评比第三名,长乐营前井水位观测获2010年地震监测预报工作质量全省第二名,福州浦东井水位、水温观测获2010年地震监测预报工作质量全省第三名。

【地震监测预报】 坚持365天24小时不间断值班制度和国庆、春节等重大节假日及全国"两会"等重要时段地震"零报告"制度,落实值班制、责任制,开展地震观测、地下流体观测、宏观观测等日常地震监测工作,完成地震速报20次。开展月、半年、年度地震趋势会商会,组织召开福州市年中和2012年度地震趋势会商会,参加由省地震局组织召开的省2011年年中地震趋势会商会和省2012年度地震趋势会商会,并提交地震趋势会商报告。开展市区防震减灾"三网一员"培训班以及七县(市)防震减灾"三网一员"更新备案工作。配合省地震局在福清、闽侯、罗源、连江、永泰建设地震烈度速报台。

【水口库区联防协作会】 9月20~21日,在闽清县召开水口库区地震联防协作会议。省地震局、闽清县政府、福州市地震局、南平市地震局、宁德市地震局、三明市地震局、水口电站运营管理有限公司、水口库区周边各县地震办公室领导和相关人员参加会议。水口库区地震联防协作单位总结2010年工作情况,讨论通过2012年水口库区联防工作思路,共同探索库区联防协作新机制。

【地震灾害防御】 从市委、市政府下达的2011年重点建设项目中确定需要进行地震安全性评价的项目,向业主单位、有关县(市)政府、地震办等41个单位发放地震安全性评价通知书,通过项目联络员跟踪了解项目进展情况，52 家业主单位完成项目地震安全性评价工作。检查闽江下游防洪工程建设公司、福州神经精神病防治院、文化宫改扩建项目等工程场地地震安全性评价工作执行情况。4 月，结合全国人大《防震减灾法》执法检查，检查福清核电站地震安全性评价和监测台网建设工作。8 月 22～23 日，协同闽侯县有关部门配合省地震局在闽侯县双龙村实验场地实施人工地震爆破观测项目。

【地震应急救援】 一是与省地震局、省地震学会、市科协等合作，在全市部分中小学校和社区开展地震应急演练活动，先后指导福建医科大学、福建工程学院、晋安区二化社区、仓山区村东社区、仓山区东升小学、福建师范大学福清分校、闽侯一中、永泰一中等学校和社区开展地震应急避险演练。4 月 21 日，配合市民防局（人防办）、市教育局、武警福州消防支队组织开展 2011 年福州市防空警报试鸣暨全市中小学生应急疏散演练，1904 所中小学校 92.2 万名学生及数万名教职员工参加演练活动。二是市地震信息处理和应急指挥系统通过初步验收并投入试运行。三是继续依托团市委向社会招募 50 名地震应急志愿者，对志愿者进行地震基础知识、地震救援能力、应急救护知识培训。四是组织全体工作人员开展野外应急演练活动，实地学习卫星电话、对讲机、手持 GPS 等应急工具的使用，进行搭建帐篷、户外炊事、救护演练等户外救援装备使用和野外生存技能训练。

【地震应急避难场所建设】 该建设列为省政府和市政府为民办实事项目。市政府主持召开 2 次地震应急避难场所建设协调会，市地震局主持召开 2 次地震应急避难场所建设协调会，组织各县（市）区地震应急避难场所建设责任部门相关负责人员赴泉州考察交流地震应急避难场所建设经验，并于 6 月 17 日～7 月 15 日、11 月 28 日～12 月 9 日赴各县（市）区开展地震应急避难场所现场检查。全市投入 960.4 万元，完成 59 处地震应急避难场所建设工作，超额完成 1 处。

【防震减灾科普宣传】 借助县（市）区科协力量，抓全市地震科普四级宣传网点建设。指导晋安附小、温泉小学、钱塘文博小学、闽侯一中 4 所地震科普示范学校开展科普宣传活动。倡导开展“四个一”活动——阅读一本关于防灾减灾的书籍，观看一部涉及灾害的影视作品，与他人分享一次避险经历和避险经验，开展一次家庭灾害风险隐患排查。结合全国科普日、唐山地震纪念日、防灾减灾日、科技人才活动周、防震减灾宣传周、地球日等重大纪念日，举办地震科普讲座，分发防震减灾宣传材料，悬挂或张贴防震减灾宣传标语，利用电视网络等媒体开展地震科普知识进学校、进社区、进乡村宣传活动。全市组织近 50 场科普知识宣传活动，受教育 4 万多人，发放《中华人民共和国防震减灾法》《家庭应对地震策略》《防震减灾三网一员手册》《防震减灾知识 300 问》《防震减灾科普课堂》《地震科普常识》《家庭防震减灾常识》《国殇勿忘》《防震避震与自救要诀》《城市防震措施》《机关企事业单位（社区）防震减灾手册》《中小学地震科普读本》《青少年防震减灾科普读本》等宣传材料 3 万多份。在市地震局门户网站开办地震科普知识宣传专栏。

（郑彩蝉）

福州市科学技术协会

【概况】 2011 年，福州市科协所属市级学会 73 个，新增 1 个。个人会员约 1.5 万人，团体会员 800 多个。新成立企业科协 31 家，总数 287 个，会员近 7000 人。科协专家人才库入库专家近 3 万人。全年，市本级预算内科普经费 810.29 万元，市级人均科普经费 1.18 元，比增 1.03%。县（市）区科普经费 713.7 万元，比增 22.1%。全市评审认定企业院士（专家）工作站 28 家，下拨兑现首批建站补助经费 540 万元。新建院士工作站 7 个，开展合作研发项目 9 个。

5 名科技工作者获全国、省、市级科技奖项，其中，福耀玻璃公司总工艺师周遵光获“第十四届中国科协求是杰出青年成果转化奖”（全国共 10 人），为福建省科技工作者首次获该奖项。1 人获“第三届紫金科技创新奖”，2 人获“第十八届福建运盛青年科技奖”。闽侯县科协林燕、马尾造船厂陈净获全国科协系统先进工作者称号。22 名学会工作者获福建省“优秀企业科协秘书长”和“讲理想·比贡献”活动“科技标兵”“优秀组织者”等称号。179 名非公企业科技人员通过初、中级职称评审。市科协获全国、全省 2006～2010 年度《全民科学素质行动计划纲要》实施工作先进集体、福建省学会工作先进集体等称号。

【企业科技工作】 联合市委组织部、市公务员局制定《福州市院士专家工作站认定办法》，首批评审认定 28 家企业院士（专家）工作站，下拨建站补助经费 540 万元。新建 7 个院士工作站，开展 9 个项目合作研发。截至年底，推动全市企业设立 62 个院士（专家）工作站（其中院士工作站 15 个，专家工作站 47 个），联合设站企业开展 125 个科技项目研发攻关，6 个项目达到国内先进水平。聘请张钹、李德毅、林惠民 3 名院士担任福州软件园科技顾问。完善“科技成果对接网站”功能，链接 20 多家主要在榕高校院所、人才、企业等网站，网站累计访问量 461 万人次、日均访问量 4852 人次，成为福州市科技成果转化对接的重要网络平台集散地。

联合中科院福建物构所、福建师大、鼓楼区政府，先后举办功能材料、食品行业、塑胶产业项目对接会，鼓楼区与福建师范大学项目成果专场对接会，海西研究院专家福州企业行，海西研究院专家服务闽清陶瓷企业研讨会等活动。实施科技人员服务企业行动，在企业中开展“讲·比”竞赛、“四技”服务等群众性科技创新活动，全年推介高校院所科技成果 428 项，促成 200 个院士（专家）技术成果项目与企业对接成功，组织 170 名专家服务福州 181 家企业，担任企业常年科技顾问，帮助企业培训技术人才、制定技术发展规划，解决技术难题 112 项。

【科普工作】 科普设施建设 福州科技馆合并原福州市城市规划展示馆，总面积 8000 平方米。五城区整合科艺宫、少年宫等设施资源，建成总面积超过 6000 平方米的科普场馆。长乐、罗源建成科普场馆并对外开放。新建城市标准科普画廊38座,重建30座,总数达359座,其中五城区280座,社区覆盖率达88%。新建电子科普画廊11座,总数达27座。新建、重建青少年科学工作室4个,总数达18个,辐射群众超过6万人次。新增市级科普教育基地1个,总数达33个。开通运行全省首个数字科普地图网站,改版升级市政府门户网站"科学普及"专题网页。

科普活动 "全国科普日"期间,动员300个部门单位、1743名志愿者开展98场科普活动(重点科普活动50项,社区系列活动48场),发放科普资料16.23万份,受益城乡群众约21万人次。"科技·人才活动周"期间,动员组织150个部门单位、1600多名科技人员参与活动,开展重点科技活动360项,赠送科普图书1万册、科技资料3.5万份、科普挂图3000套,受益城乡群众约22万人次。结合各类"纪念日"开展科普活动,引导全市学会、社区的科普志愿者开展"红红火火过大年""绿色地球·绿色我家""环保、核能与安居"等主题活动,做到"日日有活动、场场有主题、人人有收获"。市科技馆联合福建农林大学等高校和神蜂、仙芝楼、光阳蛋业等企业,共同举办"探月初体验""新春科普游园""兔年兔趣""蛋生美好"等主题活动,全年到馆观众超过6万人次。科普大篷车全年完成科普展教活动2432场,科普宣传受众近3.6万人次。

科普创优 指导鼓楼区、台江区、闽侯县、福清市等8个县(市)区争创"2011~2015年度全国科普示范县(市、区)",全部通过中国科协测评、验收,获奖数量位列全省首位。新命名20个乡镇(街道)为"2010~2011年度福州市科普先进乡镇(街道)"。市科技馆"开心农场"项目入选中国科协"全国科普教育基地特色科普活动",市科技馆、鼓楼区福屿社区青少年科学工作室入选全省"十佳科普场馆",市科普志愿服务总队、市科技馆获"福州市2009~2010年度志愿服务工作先进集体"称号,市科技馆还获"福州市未成年人思想道德建设先进集体"称号。

【科普惠农兴村】 全市农村科普工作站、科普宣传栏、科普宣传员总数分别为1767个、2002座、2080人。新建长乐市古槐镇青山村等农村科普示范点21个,全市示范点达28个。市级科普惠农兴村专项经费增至60万元,评选表彰市级科普惠农先进单位和个人26个,推荐14个农技协、7个基地和7名带头人参评全省及全国科普惠农先进,有20个项目获得表彰,获得奖补资金163万元。农技协、基地开展近100场培训讲座,培训农民近2万人。全市各级农函大在闽侯、罗源等8个涉农县(市)区,举办水产养殖、食用菌培养、毛竹种植等各类培训班146期,培训新型农民6485人次,组织福州市医学会、闽侯县科协等13个学会和4个县市科协实施28个"学会联村送科技"项目。市农函大获福建省"十佳农函大"称号。

【青少年科技活动】 组队参加第二十六届福建省青少年科技创新大赛,48个项目获奖,其中一等奖16项,推荐9个项目参加全国竞赛且全部获奖,获奖总数列全省第一位。第二十七届福州市青少年科技创新大赛评出优秀科技创新项目214项,优秀科技实践活动30项,优秀科幻画作品148幅,优秀科技辅导员科教创新作品29项,优秀科技教师10人,优秀组织奖8个。第七届福州市青少年机器人竞赛的参赛学校评出25金、40银、53铜。参加第九届福建省青少年机器人竞赛,福州65支代表队有63队获奖,占全省获奖总队数的23.68%,其中一、二、三等奖分别为11项、25项、27项,7个代表队晋级全国总决赛并全部获奖。联合市教育局、省科技馆举办2011年福州市少年科学素养竞赛,五城区20所小学2000多名学生参加网络在线竞答,分别评出一、二、三等奖3项、7项、8项,10所学校获组织奖。举办"第四届福州市大学生科普动漫创意设计作品竞赛"及"动漫日"活动,福州大学、福建师范大学等10所在榕高校166件作品参赛,分别评出一、二、三等奖3件、8件、20件。福州科技馆等8个科普教育类基地被授予首批"福州市青少年学生第二课堂"称号。

【学术活动】 举办专题论坛、学术报告会、研讨会260多场次。以"富民强市·和谐宜居"为主题举办学术年会,征集论文1200多篇,选择131篇汇编《福州市科协2011年学术年会论文集》。举办21场学术年会分会,全市2500多名各领域科技工作者参加学术交流。开展教育工作者科技教育论文评选活动,评出一等奖10篇、二等奖15篇、三等奖30篇,推荐25篇优秀论文参加第二十届全省教育工作者科技教育论文评选活动,10篇获奖。

组织市土地矿产测绘学会等18个学会的专家学者,围绕内河整治、畜牧业发展、小城镇建设、设施农业等问题,开展课题调研。"福州市内河整治现状与对策"等10个课题入选市科协重点调研课题,"福州市畜牧业发展与环境保护调研"等11个课题入选学会调研课题。编印10期《福州科协调研》和1期《决策与参考》递交市领导及相关部门。《打造福州"中国温泉城"的对策研究》获中国科协优秀调研报告二等奖和省政府科技工作者优秀建议奖,是全省唯一获奖的调研报告。《关于加强兽用医疗废弃物管理的建议》和《关于发展我省科技风险投资业的建议》获福建省优秀建议提名奖。

【榕台科技交流】 与台湾地区近百个科研机构、高校、科技社团、企业、科普场馆,400多名专家学者之间建立联系渠道。邀请90多名海峡两岸专家、学者,500多名业界人士参加海峡两岸"动漫与数字媒体技术的创新发展主题研讨会""中国渔业科技成果应用推广专题讲座"等大型学术交流和科技项目推介、对接活动。联合"台湾中华创意发展协会"举办"第四届海峡两岸创意设计作品巡回展",两岸143所大学、近30家科研企业参与活动,创意作品在全国10个城市巡回展出,邀请5名台湾专家赴福州、青岛、沈阳高校开展巡回讲座交流。联合台中自然科学博物馆、台湾马祖经贸文化交流协会等台湾民间科技社团,分别举办2011年榕台中学生自然探索夏令营和"两马"青少年科技创新作品巡回展,其中榕台中学生夏令营入选福建省对台交流"百团小分队"项目。

(游红梅)

(编辑 邱敏佳)

社会科学

综述

2011年,福州市社会科学界围绕海西省会城市建设开展研究,完成市委、市政府的重大、重点社科咨询课题和研究课题。中国船政文化博物馆获福建省第二批社会科学普及基地称号。市档案馆、中国船政文化博物馆、鼓楼区闽都乡学讲习所、长乐市博物馆获福州市第二批社会科学普及基地称号。

加强社科宣传及普及,组织2011年福州市社会科学普及宣传周活动。闽都大讲坛按照"紧跟形势、贴近群众、再现历史、系列推进"原则,推出船政之光、从"三坊七巷"走出的名人与世家、福州坊巷院落记忆、山水福州、走进峥嵘岁月纪念建党90周年特别节目、辛亥革命与福州等6大系列52讲,每周在福州电视台播出3次,累计播出156集(次)。举办"闽江论坛"32场。全年举办的主要学术活动有:"辛亥革命与福州"征文活动、首届海峡(福州)顺天圣母陈靖姑文化研讨会、首届三坊七巷文化研讨会、第五届中国(福州)船政文化研讨会。

(严　平)

学术活动

【"辛亥革命与福州"征文活动】 1～8月,由市海峡两岸和平统一促进会、民革福州市委会、市人大侨委会、市政协港澳台侨和外事委、市社科联、市文联、《福州晚报》、市博物馆、省中山堂管理处、台北福州十邑同乡会等单位联合举办,出版纪念专辑《辛亥革命与福州》,该书近40万字,详细记述福州在辛亥革命中的作用与地位,突出表现广州"3·28"起义中23名福州籍烈士的感人事迹,为榕台文化交流提供重要素材,并被国家图书馆、首都图书馆、北京大学、中国人民大学、南开大学、复旦大学及广东翠亨孙中山故居纪念馆、广州大元帅府、武昌起义纪念馆等机构收藏。

【"福州市纪念中国共产党成立90周年理论研讨会"征文活动】 3～6月,由市委宣传部、市委组织部、市委政策研究室、市委党校、市委党史研究室、市教育局、市社科联、市社科院等单位联合举办,收到论文360篇,评出一等奖5篇,二等奖10篇,三等奖20篇,优秀奖55篇,出版论文集《党旗红·新跨越》。6月24日召开研讨会,会议围绕深入研究、总结、阐释中国共产党在革命、建设和改革开放各个时期的光荣历史、丰功伟绩、宝贵经验,中共十七大和十七届历次全会提出的新思想、新观点、新论断,总结福州科学发展、跨越发展的成就与启示以及福州市"十二五"时期建设的重大理论与现实问题等展开研讨,各县(市)区委宣传部分管领导、理论科长,市直机关工委、市委教育工委宣传部、市属理论研究基地等分管领导和获奖论文作者等100多人参会。

【首届海峡(福州)顺天圣母陈靖姑文化研讨会】 5月25日,由市社科联、市文化局、市台办、市民宗局、市旅游局、台湾顺天圣母联谊会等单位联合主办,省文史馆、仓山区政协、仓山区委宣传部等单位协办,闽台文史、民俗、宗教专家,中国港澳地区及海外陈靖姑团体代表等200多人参会,会议围绕陈靖姑信俗文化在两岸的起源、现状、发展等问题展开探讨。

(严　平)

【首届三坊七巷文化研讨会】 12月10日,由市三坊七巷管理委员会、市闽都文化研究会主办,省文史馆、市社科联、市社科院协办,主题为"三坊七巷与台湾",台湾"中央研究院"及13所大学、6个协会的36名学者参会,会议从历史文物、文化教育、成台名人、文化产业建设等多个层面阐述三坊七巷与台湾的密切联系。

【第五届中国(福州)船政文化研讨会】 12月21～24日,由中国社科院近代史研究所、中国人民大学历史学院、中国太平洋地区合作委员会、华中师范大学近代史研究所、福建船政交通职业学院、福建省马尾造船股份有限公司、福建社科院历史研究所等单位主办,市社科院、市社科联、中共马尾区委宣传部、市船政文化研究会、马尾船政文化研究会等单位承办。会议以“弘扬船政精神，促进两岸合作交流”为主题，海峡两岸150多名专家学者参加，会议就船政与中国现代化的关系、船政对辛亥革命的贡献、船政与台湾的近代化进程等方面进行研讨。

（杨济亮　严　平）

【其他学术活动】　市社科院4月出席市闽都文化研究会第一届会员代表大会。5月参加学习贯彻中国特色社会主义法律体系暨全市地方立法工作座谈会。南宁市社科考察组7人到访考察，双方就“应对中国——东盟自由贸易区建成”课题进行交流座谈；6月青岛社科院一行6人到访考察。8月西安市社科院一行8人到访学习调研，双方就“新形势下城市创业就业的现状和发展问题”进行交流。9月参加由台盟福建省委、政协福州市委员会、省文史馆、马尾区政府主办的第二届海峡两岸船政文化研讨会。10月参加市政协理论研究会举办的研讨会，参加省海洋与渔业厅、省炎黄文化研究会、省社科联、省社科院联合举办的第二届海峡两岸海洋文化研讨会。11月参加省社科联学术联会——严复思想与社会进步学术研讨会，派科研人员先后参加市社科联组织的社科界学习胡锦涛总书记在庆祝中国共产党成立90周年大会讲话座谈会和贯彻落实《海峡西岸经济区规划》座谈会。

闽江学院举办2011年中国增值税改革国际学术会议、“家业长青——中国企业传承及可持续发展”高峰论坛、2011全球菁英论坛等高层次学术会议。

（杨济亮　万　芳）

社科研究成果

【市社科院研究成果】　与市直有关部门合作完成课题2项：一是“关于深化福州市文化体制改革、推动社会主义文化大发展大繁荣的实施意见”子课题——“增强福州文化竞争力和软实力”调研；二是“福州市体育设施管理中心改制方案及经营性体育场所社会化经营调研报告”。完成福州市中国特色社会主义理论体系研究基地课题3项，其中重点课题1项，一般课题2项。院立项课题19项，其中重点课题6项，一般课题13项。全年完成调研报告5篇，获市优秀调研课题奖2项，发表论文20多篇，编辑出版《船政文化研究》第七辑，由鹭江出版社出版发行，全书收录参加第五届中国(福州)船政文化研讨会学者论文50多篇。编辑出版《福州社会科学》6期，刊发79篇文章约48.3万字。

（杨济亮）

【闽江学院科研成果】　主持各级各类科研项目296项，其中，教育部人文社科项目4项、省社科规划项目2项、省中国特色社会主义理论体系项目1项、省

表33　闽江学院2011年省部级人文社科项目一览表

项目名称	项目来源	主持人
中国古文理论的“终结”——林纾古文理论研究	教育部人文社科研究	
审美现代性的后现代实践：以批判美学、先锋派为考察中心	教育部人文社科研究	陈开晟
地震灾害及潜在危险地区居民灾害认知与应付行为研究——以闽台地区为例	教育部人文社科研究	赵　明
中国农业品牌的品牌结构优选模型研究	教育部人文社科研究	戴　程
海峡西岸经济区工业循环经济综合评价及发展策略研究	福建省社科规划项目	吴飞美
福建省建阳小说出版研究	福建省社科规划项目	缪小云
福建省产业技术创新实证研究	福建省软科学科技项目	甘应进
转变经济发展方式视角下工业园区循环经济综合评价研究	福建省软科学科技项目	吴飞美
基于DPSIR模型的平潭综合实验区生态安全评价指标体系研究	福建省软科学科技项目	潘　晖

12月21～24日，在榕举行第五届中国(福州)船政文化研讨会。

表 34　闽江学院 2011 年获第九届省社科优秀科研成果奖一览表

获奖者	获奖成果名称	成果形式	获奖等级
薛　菁	闽都文化述论	专著	二等奖
阮晓莺	拓展与超越：多维视野中的生态文明建设	专著	二等奖
杨　斌	税收学原理	专著	三等奖
杨章钦	中国共产党执政思想研究	专著	三等奖

教育厅人文社科研究项目 108 项、省高校思想政治工作研究专项 1 项、省教育科学“十二五”规划项目 5 项、政府；发表论文 830 多篇，出版著作 27 部。《闽江学院学报·闽文化》专栏被评为教育部第二批高校哲学社会科学学报“名栏”。

（万　芳）

【福州职业技术学院科研成果】　开展市重点调研课题“福州市‘促进高等职业教育发展’专题调研”，省教育厅委托调研课题“福州小城镇建设对人才需求的影响与趋势”“贯通中高职教育培养体系研究”。“基于土地集约节约利用视角下的产业空间布局研究——以福州市为例”入选省杰出青年科研创新人才计划，省社科规划项目《加快福建公共租赁住房体系建设研究》获省百项建言献策奖；参与《2010～2020 年福州市中长期教育发展规划》制定以及宁德地区“十二五”规划制定等。《高职研究》获全国高职高专 2009～2011 优秀学报评比一等奖。学院高教所获全国高职高专科研先进单位。

（林艺芳）

【福州教育学院科研成果】　承接省教育厅教育改革试点中的“中小学教育教学改革试点”项目。开展 2010～2011 学年度教科研成果评选工作，5 项课题获省教育科学“十二五”规划 2011 年度常规课题立项，2 项课题获 2011 年省教育厅人文社科研究项目立项，1 项成果获“第六届福建省高等教育科学研究优秀论文”优秀成果奖。组织各县（市）区教师进修学校、市属学校申报 151 项市教育科学研究“十二五”规划 2011 年度课题，64 项批准立项，9 项课题获院级课题立项。《福州教育研究》编辑出版 6 期，约 200 篇文章 100 余万字，开辟《领导视点》《校长论坛》《教研员笔谈》《考试研究》《中学教育》《小幼教育》《高职教育》《科研之窗》等栏目，同时发挥封二、封三宣传功能，及时报道教育教学活动，并首次根据《中国图书馆分类法》，对刊发文章进行分类编码。

（福州教育学院）

【《闽都文化概论》】　市社科联组织编著。8 月，该书由福建人民出版社出版。全书 12 章，分专题论述闽都政治、哲学、文学、史学、教育、宗教、民俗与民间信仰、艺术、建筑、科技、商贸、新闻出版等，探索闽都文化的发展源头，分析闽都文化发展的历史脉络，展示闽都的物质文化与非物质文化成果，揭示闽都文化的特质与人文精神，探讨闽都文化影响力的发展趋向，对闽都文化的研究、宣传、普及具有重要的学术价值。

（严　平）

（编辑　邱敏佳）

教育

综　述

2011年，福州市通过实施义务教育均衡工程、学前教育发展工程、素质教育推进工程、职业教育提升工程、教师队伍优化工程、学校安全工程等六大工程，促进全市教育整体提升。

全市办学条件均衡发展，年内提高义务教育阶段生均公用经费标准，农村小学550元/生，农村初中750元/生，城区小学450元/生，城区初中650元/生，分别比增100元。全年529所义务教育学校标准化建设通过评估验收。新建、改扩建23所中小学校，投入1亿元改善教育设备配置，重点加强薄弱学校网络和信息技术设备更新，实现所有中小学多种方式接入福州教育城域网或互联网。

实施城镇中小学教师到农村学校任（支）教服务期制度，推进师资力量均衡。全年1316名教师参加农村学校、薄弱学校以及区域内捆绑学校间帮扶共建互派交流，其中市属学校207名教师到农村支教。增加鼓楼、仓山2个义务教育阶段教师“校际交流”试点单位，推广“小片区”管理模式，做到人员管理、工资待遇、编制标准、岗位结构、聘用条件、调动配备、绩效考核“七个统一”。

加强区域内中心校与一般校、优质校与一般校、城市学校与农村学校之间的对口帮扶工作，促进优质资源共享。巩固“农远工程”成果，推进“班班通、堂堂用”。建成使用“福州市教育视频联播网”，开设名师讲堂、辅导讲座、教师培训、同步课堂等版块。建立健全义务教育督导监测机制，规范办学行为，推行均衡编班、均衡配备教师、不设重点校和重点班。

年内在全省率先推动马尾区、长乐市实现免费高中教育；推进校园文化建设和小片区改革试点；福州市规范办学行为受到国家七部委检查组肯定；福州数字青少年宫受到中央领导关注肯定。

学前教育

【概况】　市政府制定下发《福州市人民政府办公厅关于进一步加快学前教育发展的若干意见》《福州市人民政府关于印发福州市教育事业发展“十二五”专项规划的通知》，明确2011～2015年学前教育发展目标，提出“以大力建设公办幼儿园为重点，高质量普及学前教育”要求，完善由市政府统筹指导，县（市）区政府负责，有关部门分工合作的学前教育分级管理体制。市教育局下发《关于下发〈福州市幼儿园办园基本标准〉的通知》《关于印发〈农村小学附设学前班（幼儿班）和幼儿教学点管理规范〉的通知》《关于下发〈福州市幼儿园精细化管理内容与要求〉的通知》。

投入1.08亿元，新建、改扩建36所公办幼儿园，新增学位4980个，保证全市每1个街道至少有1所公办幼儿园，每1个乡镇至少建有1所公办中心幼儿园，街道公办园、乡镇公办中心幼儿园覆盖率均为100%。从2011年春季起实施保教费补助政策，全市给予580名低保家庭的入园幼儿1000元/人/年保教费补助。对进城务工人员随迁子女入园提供市民待遇，全市接纳4.45万名生源，占在园幼儿总数19%。

全市幼儿园1256所（其中独立园1136所），在园幼儿23.06万人，学前三年入园率93.70%，农村学前三年入园率89.92%。

【提高办学水平】　开展幼儿园办学水平评估，全市省、市、县三级示范性幼儿园122所，占独立园所数10.73%。指导福州市马尾实验幼儿园、福州融侨幼儿园（民办）、连江县实验幼儿园通过省级示范性幼儿园验收。建立以奖代补促评机制，新增三级示范性幼儿园25所，其中12所获评省、市级示范性幼儿园（民办5所），并分别获市级财政20万元和10万元奖励。建立健全办园质量跟踪评估体系，对公、民办幼儿园的办园行为和质量进行跟踪监管与动态管理，依托三级示范性幼儿园建立覆盖城乡各类学前教育机构的片区教研网络，实行“抓底部、带中间、促整体”帮扶，“名园办分园、名园帮扶薄弱园、名园带动农村园”对口帮扶机制初见成效。

【师资培训】　全市9356名学前教育专任教师参加全员岗位培训，213名公民办幼儿园园级干部取得园长任职资格，259名幼教专干、教研员、三级示范性幼儿园园长、骨干教师参加“0～3岁婴幼儿早期教育指导培训”，976名公民办幼儿园教师取得育婴员中高级职业任职资格，950名保育员取得中高级任职资格。

【扶持民办幼儿园】　推进优质民办园办分园、办连锁园；完善民办幼儿园年审制度，开展“公带民”教研活动。落实民办园各项优惠政策，以财政补贴方式，引导和支持规范办园、质量合格的民办园为社会提供普惠性学前教育服务，全年为158所人均月收费在150元（不含伙食费）以下的民办园发放补贴171万元。

（陈　洁）

初等教育

【概况】　全市小学招生8.13万人，小学适龄人口入学率100%；初中招生6.19万人，初中适龄人口入学率99.26%。辖区内小学1013所，比2010年（1173所）减少13.64%；在校学生43.25万人，比增3.7%；专任教师2.45万人，比减0.2%。

年内招生工作突出“服务、均衡、公平”三大主题。将进城务工人员随迁子女报名时间提前并拉长；将晋安区接收台商子女定点小学之一的晋安区实验小学更换为晋安区鼓山新区小学，将仓山区接收台商子女定点初中之一的福州外国语学校更换为福州十六中；福州格致中学鼓山校区对口小学的留城借读生和进城务工人员随迁子女由安排较远的福州八中鳌峰初级中学全部就近对口至格致中学鼓山校区。入读市金山小学设定购房时间3年以上；将福州三十一中（福州十五中分校）并入福州三十六中，交通路小学及教场小学对口到整合后的福州三十六中，将居住或暂住在工业路以北的茶亭和上海街道的工业路小学毕业生由福州十四中调整安排到福州三十六中就读；西园中心小学的留城借读生和进城务工人员随迁子女从福州七中划入福州教育学院二附中。对进城务工人员随迁子女入读小学一年级实行电脑派位招生，五城区及闽侯县城关6645名进城务工人员随迁子女被就近派位到各个接收小学。筹措专项资金补助进城务工人员随迁子女入学集中区域及学校，对义务教育阶段民办学校给予和公办学校同等生均公用经费补助。年底，全市义务教育阶段进城务工人员随迁子女在校生13.5万人，其中85.9%在公办学校就读。

【科学教育】　开展市少年科学素养竞赛，普及防震减灾、防范核辐射科学知识。群众路小学22名学生在全省中小学电脑制作活动中分获一、二、三等奖。市金山小学、鼓山中心小学被省教育厅评为“福建省科技教育基地学校”。市金山小学、鼓山新区小学被省知识产权局、省教育厅、省科协认定为“福建省知识产权普及教育试点学校”。

【特殊教育】　以鼓楼区、台江区为试点开展重度残疾儿童少年送教上门服务。开展自闭症儿童教育调研。提高特殊教育覆盖面，闽侯县和福清市的特教学校开设学前教育班。支持市盲校的盲人足球队、盲人音乐，市聋哑学校的语言康复、劳动技能、文体活动，市开智学校和连江县特教学校的竞技体育，福清市特教学校的石雕工艺等教学活动。市聋哑学校被教育部、中残联授予“全国特殊艺术人才培养基地”称号，该校在全国特教学校蓝球百队赛中，男队获华东地区第一名、全国第七名，女队获华东地区第二名、全国第四名。由市盲校盲人足球队组成的省代表队获全国第八届残疾人运动会冠军，5人入选国家队备战2012年伦敦残奥会。全年残疾儿童招生241人、在校生3712人；在特殊教育学校就读的有1242人，其中视障386人、听障476人、智障2652人，其他残疾198人。

实施“特殊教育学校提升工程”，新建、改扩建永泰、闽侯、仓山等特殊教育学校教学综合楼，计划建筑面积4125平方米、投资628万元。年内竣工1项（永泰县特殊教育学校综合楼），动工建设2项（闽侯县特殊教育学校综合楼、仓山区培智学校教学楼）。福州聋哑学校、市盲校、福清市特教学校、连江县特教学校基本实现办学条件现代化，并通过市级评估，上报省教育厅复评。

启动“中国——费城行动”计划，通过国内外专家专题讲座、骨干教师国内或国外集中培训、网络远程教育等方式，探索、提高、改进、普及计算机作为辅助工具在视觉障碍者学习、工作、生活中的使用，为高素质视觉障碍者提供融入高等教育机会。市盲校融入由上海、南京、浙江3校组成的“长三角合作共同体”（“长三角”视障教育研讨会）。

【举办首届“海峡儿童阅读论坛”】
市教育局、福州教育学院、福建少年儿童出版社等部门联合举办首届以“牵手文学　温暖童年——教育的高度和文学的温度”为主题的“海峡儿童阅读论坛”系列活动，2455名小学语文骨干教师、家长以及幼师、中师学生参加活动。活动邀请国际儿童读物联盟中国分会主席海飞等海峡两岸儿童文化界学者参加。新成立的“海峡儿童阅读中心”协助学校举办“书香校园”、教师培训、社会公益活动，重点建设班级读书会、校园读书会、亲子共读会、教师读书会。

【“一校一特色”活动】　开展“一校一特色”活动，鼓山中心小学连续两届代表中国参加在美国举行的国际电脑机器人竞赛，获国家、省、市、区各级嘉奖；鼓山新区小学开展“中国少年儿童平安行动”，获“全国平安教育活动优秀组织奖”，代表福建省进京领奖；新店中心小学首创“中宫六六格”字帖，获国家专利，并在全国有关省市推广使用，学校作为福州市校园文化特色示范点之一，接受全市校长参观，吸引北欧五国大使到校参观；鼓山苑小学受邀在三坊七巷民俗节展示福州中秋习俗“摆塔”。

（李财满）

普通中学教育

【概况】　全市普通中学326所（独立设置少数民族中学1所），其中完全中学

82所,高级中学23所,初级中学208所,九年一贯制学校13所。在校初中生21.52万人,在校高中生11.19万人,初中毕业生7.21万人。初中适龄人口入学率99.26%,初中毕业升学率95.08%,优质普高招生人数占总招生人数67.5%,高中阶段毛入学率113%。

【中招工作】 全市初三报考7.25万人,各类高级中等学校首批录取6.95万人,其中普通高中3.79万人、五年制高职和中职学校3.16万人。享受"农村独生子女和二女绝育家庭女儿"加分考生4817人,占加分总人数79.1%;少数民族加分考生626人,占加分总人数10.3%。年内对中招工作进行改革:一是实行物理和化学学科奖励分办法。物理和化学学科除以等级方式记载外,分别以卷面成绩的20%和10%作为奖励分计入总分进行投档录取。中招投档总分480分,其中语文、数学、英语各150分,物理20分,化学10分。二是减少中招加分项目。按照"新生新办法,老生老办法"原则,取消青少年科技创新大赛市级一等奖获奖者,省、市级音乐、美术(含书法)比赛获奖者,获国家二级运动员称号考生的加分照顾政策,保留青少年科技创新大赛省级及以上奖项的中考加分照顾政策,保留全国教育行政部门主办或联办的文艺比赛(仅限声乐、器乐、舞蹈等3项)集体一等奖和个人项目前三名获奖者的加分项目。取消中招加分照顾的项目纳入学生综合素质评价考核。三是放宽进城务工人员随迁子女报考五年制高职院校的限制,省内户籍考生可在福州报考五年专。

【普通高中会考】 1月,学业基础会考报名参加考生8.43万人次,设58个考点,3022个考场;6月,学业基础会考报考7.75万人次,设61个考点,2743个考场。高二3.96万名学生参加物理、化学、生物实验考查,高三4.54万余名学生参加通用技术考查。

【扶持内地民族班】 指导内地新疆高中班教育教学工作。关注长乐华侨中学、福清华侨中学新疆班和阳光国际学校西藏班的安定稳定工作,全国两会期间,实行零报告制度;协调市财政局下拨内地新疆高中班的专项定额补助;联合市卫生局,确定市第一医院、第二医院为福州市内地民族班学生患急重病市级定点救治医院,开辟就医"绿色通道",简化就医手续。

【科技教育】 开展"珍爱生命之水"——2011年福建省暨福州市青少年科学调查体验活动。联合市科协举办第七届福州市青少年电脑机器人大赛;组织优秀选手参加第九届福建省青少年电脑机器人大赛;派出7支代表队参加第十一届中国青少年机器人竞赛,获一等奖6项,二等奖1项,获奖总数和成绩均列全省首位。组织参加第五届亚洲机器人锦标赛,福州三中2支机器人代表队分获高中组程控赛冠军、对抗赛亚军、操控赛亚军,并获团体金奖。组织参加第二十六届福建省青少年科技创新大赛,福州市获一等奖16项,其中9项被福建省选送参加第二十六届全国青少年科技创新大赛并分获一等奖1个,二等奖7个,三等奖1个,同时获4个专项奖(21世纪科技创新奖、高士其科普奖、周培源青少年科技创新奖、华东理工大学青少年科技创新奖),获奖总数居全省第一。举办第二十七届福州市青少年科技创新大赛暨第四届"两马"青少年科技创新

表35 **2011年全国青少年科技创新大赛、机器人大赛获奖名单**

获奖学生	选送学校	获 奖 项 目
侯博锋	福建师大附中	第26届全国青少年科技创新大赛一等奖
余晟兴	福州第一中学	第26届全国青少年科技创新大赛二等奖
郑子熙	福州延安中学	第26届全国青少年科技创新大赛二等奖
陈希锴	福州第三中学	第26届全国青少年科技创新大赛二等奖
陈铭业	福州第三中学	第26届全国青少年科技创新大赛二等奖
林立禾	福州第二中学	第26届全国青少年科技创新大赛二等奖
何雯诗 姚 知 王 恒	福建师大附中	第26届全国青少年科技创新大赛二等奖
黄言何	台江第六中心小学	第26届全国青少年科技创新大赛二等奖
陈可楠 何霄一 刘 狄	福州第三中学	第26届全国青少年科技创新大赛三等奖
林邦彦	福州青少年活动中心	第11届中国青少年机器人竞赛一等奖
叶华龙 范佛养 黄 翔 黄崇斐	福州阳光国际学校	第11届中国青少年机器人竞赛一等奖
陈德康 林诚泷 林 奇	福清玉屏中心小学	第11届中国青少年机器人竞赛一等奖
许思源 黄子捷 何游龙 张秦铭	福州市创未来机器人俱乐部代表队	第11届中国青少年机器人竞赛一等奖
林实俊 李绪嘉 岩龙挺 谢 安	福建师大附中	第11届中国青少年机器人竞赛一等奖
林 炜 傅榕锋	福州第十中学	第11届中国青少年机器人竞赛一等奖
张宝文 应兆平	福州阳光国际学校	第11届中国青少年机器人竞赛二等奖

作品巡回展,59 项(其中马祖 4 项)入围第二十七届福建省青少年科技创新大赛(2012 年 3 月举行)。组织参加第十六届全国青少年信息学奥林匹克联赛福建赛区比赛,37 人获一等奖,占全省一等奖 55.2%。邀请"台湾创意发展协会理事长"洪荣昭博士为师生举办"台湾科技创意活动的组织与指导"报告会。联合市科协举办全市中小学校科技辅导员培训班、福州市青少年电脑机器人指导教师培训班。组织学校申报福建省知识产权普及教育试点中小学和福建省科技教育基地学校,推荐铜盘中学、格致中学鼓山校区、福清二中申报省知识产权试点学校,福州高级中学和闽江学院附中被评为"福建省科技教育基地学校"。

10 月 19 日,乡村学校少年宫项目建设福建启动仪式在福州金城小学举行。

【教学开放周活动】　下发《关于 2011～2012 学年度普通中、小学市级教学开放周(日)时间安排的通知》。活动分 2 个层次进行:一是举办教学观摩周,观摩周活动由各校独立承办。二是举办教学开放周,在罗源三中等 20 所中学举办市级教学开放周(日)活动,组织部分教师听课和评课,检测新课程改革的课堂教学效果。

【设立福清德旺中学】　5 月,同意福清市设立福建省福清德旺中学。该校由福耀玻璃工业集团股份有限公司董事局主席曹德旺捐赠 1.9 亿元完成校舍、基础设施、教学设施建设,福清市政府配套 2000 万元资金购买相关教学仪器和设备。学校属公办高级中学,办学形式为公办民助,办学规模为每个年级 16 个班,隶属福清市教育局,实行董事会领导下的校长负责制。教职工编制和人员配备比例按规定执行,教师实行聘任制。秋季面向福州各区县(市)招生,经全省各地市(区)教育行政部门同意后,可向全省招生。

(简素玉)

中等职业教育

【概况】　全市中等职业中专学校 42 所(不含技工和省属在榕学校),其中公办校 30 所(包括行业办的福州工业学校、福清卫生学校、福州体育学校、福州艺术学校等 4 所)、民办校 12 所。市级以上重点职专学校 29 所,占全市中职学校数 67.4%(其中国家级重点职专 11 所、省级重点职专 8 所、市级重点职专 10 所),合格校 14 所。全市中等职业中专学校全日制在校生 6.7 万人,其中省级以上重点职专在校生 5.1 万人,占全市中职学校在校生总数 76%。秋季,永泰职专并入永泰城建职专,闽侯尧沙美术职专并入闽侯职专,长乐民生职专暂停招生。年内,福清龙华职专、长乐职专、罗源职高被省教育厅认定为"全省首批标准化县级职教中心",连江职专、闽清职专申报全省第二批县级职教中心标准化建设单位。

【中职招生】　市属中职学校招生人数 2.58 万人(其中全日制 1.9 万人,非全日制 6766 人),比增 2816 人;市属技工校招生人数 6121 人(其中全日制 2562 人,非全日制 3559 人)。

推进非全日制学历教育,招收未升学初中和普通高中毕业生、现退役士兵、农民工、在职职工、社会人员等接受中等职业非全日制学历教育。罗源县、长乐市等职专面向省外和西部地区招生。

【毕业生就业】　市中职学校(不含技工校)毕业生 1.37 万人,就业(含升学)人数 1.32 万人,就业率 96%。就业去向中,到各种所有制性质企事业单位 8601 人,从事个体经营 2570 人,升入高一级学校 2023 人;从事第一产业 369 人,从事第二产业 2450 人,从事第三产业 1.04 万人。就业渠道中,学校推荐 8270 人,中介介绍 418 人,其他 4506 人。

【示范学校和重点专业建设】　福州建筑职业中专学校作为列入国家中等职业教育改革发展示范校建设计划项目。福清龙华职专电子技术、福州交通职专汽车运用与维修、长乐职专汽车运用与维修、福州旅游职专旅游服务与管理专业等被省教育厅认定为创建国家示范专业;福州电子职专动漫制作专业被省教育厅认定为创建国家改革创新重点专业;福州交通职专汽车运用与维修专业被认定为省级紧缺技能型人才培养基地;永泰城建职专"建筑工程施工"专业列入 2011 年中央财政支持的职业教育实训基地建设项目。

开展新一轮 14 所中职学校达标认定工作和省级、国家级重点职校复评工作;组织检查 19 所省级以上重点校办学条件和学校管理工作,检查 27 所年内新开设的 65 个专业基本办学条件。开展市级重点专业评审工作,15 所中职学校 21 个专业被认定为市级重点专业。

新增设焊接技术、纺织技术、城市轨道运营等 50 个专业,调整停办 45 个人才需求饱和、就业率低的专业。继续实施"一校一策"目标管理,出台《福州市"十二五"中等职业教育专业结构调整规划》。

【校企合作】 全市开展校企合作办学的职业学校30所,合作企业377家,校企合作办学专业数77个,学生人数2.77万人,其中开展订单培养学校23所,订单培养专业44个,订单培养人数6027人;到企业办学学校17所,专业36个,办班人数7653人。

扩大职教集团规模,新组建福州机电职教集团、长乐市纺织技术职教集团2个行业性职教集团以及福清市职教集团、罗源湾职教集团2个区域性职教集团,至年底,全市有13个职教集团。促成福清龙华职专引企入校,共建实训基地,引进福清祥兴集团箱包制作生产流水线与福清华立电脑配件有限公司电子产品组装流水线,实行跟单式教学,推动实现课堂教学与就业岗位"零距离"对接。

【技能竞赛】 1月8~9日、14~15日由市教育局、市人力资源和社会保障局联合举办首届福州市中等职业学校教师技能大赛,主赛场设在福州财金职专学校,分赛场设在文教职专、建筑职专、电子职专、省理工学校、福州黎明职业技术学院等校,设置参赛项目27个,覆盖中职教育15大类专业,包括公共基础课和专业技能课竞赛项目,34所中职学校1040名教师报名参赛。大赛获一等奖112人、二等奖209人、三等奖299人。

3月19日,第六届福州市中等职业学校学生职业技能大赛暨省属中职学校选拔赛在福州文教职专开幕。竞赛由市教育局、市劳动与社会保障局、省属中职校选拔赛组委会联合主办,市职教中心、文教职专等10所中职学校共同承办,省属、市属49所中职校1926名学生和72名教师参赛,竞赛项目涵盖17个大类专业,其中学生竞赛项目69个,教师竞赛项目5个。

年内,市代表队在参加全省职业院校师生职业技能大赛中获全省"五个第一"分别是学生获奖项目数(113个)、总得分,教师获奖项目数(12个)一等奖奖项、总得分全省第一,并获全省中职组团体成绩唯一的一等奖、优秀组织奖、贡献奖。参加国赛选手31人,占全省1/3,获奖23人,其中二等奖6人,三等奖17人,获奖率占全省1/3。召开全市2011年中等职业教育技能大赛总结表彰会,市教育基金会等赞助11.76万元。

组织学生参加全省第二届、全国第八届中等职业学校"文明风采"竞赛活动,获省赛各奖项29个(一等奖1个、二等奖13个、三等奖15个),获全国各奖项68个(一等奖7个、二等奖26个、三等奖26个、优秀奖9个),占全省获奖项目总数12.2%;福州建筑职专和福州电子职专获全省优秀组织奖;福州财金职专、福州商贸职专、福州旅游职专、福州建筑、福州工业学校、闽侯职专等学生参赛7个项目获全国一等奖。

【实训基地建设】 投入1.5亿元建设市中职教育公共实训基地,支持福州建筑职专公共实训基地建设,下拨300万元支持市属中职校重点专业校内实训基地建设。

表36 **2011年福州市参加全国职业院校技能赛获奖学生及指导教师名单**

项目	姓名	成绩	所属学校	指导教师
电子产品装配与调试	张 跃	二等奖	福州电子职专	杨金勇
单片机控制装置安装与调试	陈严武	二等奖	福州电子职专	闫亚红
建筑CAD	陈赐阳	二等奖	福州建筑职专	林 枫
建筑设备安装与调控(给排水)(团体项目)	林展城 黄友斌	二等奖	福州建筑职专	陈 锋 黄 浩
女士中长翻翘(教习模特)	林 凤	二等奖	福州商贸职专	陈 榕
单片机控制装置安装与调试	李 湧	三等奖	福州电子职专	闫亚红
制冷与空调设备组装与调试	周高榕	三等奖	福州电子职专	郑敏旺
制冷与空调设备组装与调试	程 沈	三等奖	福州电子职专	郑敏旺
女式春夏时尚成衣款式设计、立体造型与纸样修正	雷倩倩	三等奖	福州财金职专	谢伟敏
模特服装表演	林丽清	三等奖	福州文教职专	刘曼华
模特服装表演	王希婷	三等奖	福州财金职专	王海云
模特服装表演	马 兰	三等奖	福州文教职专	刘曼华
平面模特展示	林含诗	三等奖	福州文教职专	陈 怡 郑秀琳
平面模特展示	陈 静	三等奖	福州旅游学校	郭 健
工程算量	陈圣佳	三等奖	福州建筑职专	卢 赏
楼宇智能化(安防布线调试)(团体项目)	郭 阳 陈 书	三等奖	福州建筑职专	翁寿俊
楼宇智能化(安防布线调试)(团体项目)	颜发天 倪楠辉	三等奖	福州建筑职专	翁寿俊
建筑CAD	瞿宜举	三等奖	福州建筑职专	林 枫
女士中长翻翘(教习模特)	王青青	三等奖	福州商贸职专	张萍儿

表 37　2011 年全国职业院校学生技能作品展洽会福州传统工艺旅游商品展示项目（福州旅游职专）获奖情况

作品名称	奖　次
《把三坊七巷带回家》	一等奖
《福州印象之三坊七巷》	二等奖
《闽中瑰宝》《榕城古韵》《印迹·三坊七巷》	三等奖

（林培斌　徐本元）

中小学德育

【文明教育】　配合全国文明城市考评工作，组织师生开展"不给他人添麻烦，做文明有礼福州人""我们的节日""文明志愿服务行动""小手携大手""榕城文明小博客"等系列活动。提高"创建文明城市"知晓率，编发倡议书，开展创建知识问答、给家长一封信等活动，进校开展模拟问卷调查，调动师生、家长参与支持创建。

【环保教育】　结合福州市"国家环保模范城市"复查迎检工作，以及创建"绿色学校"工作，组织开展以"弘扬生态文明，共建绿色校园"为主题的"义务植树月活动"。开展"我心中的福州内河"宣传教育活动，收到学校推荐绘画、征文作品各1200多份。6月11～17日，结合节能宣传周，在全市学校开展以倡导节能生活方式、消费模式为重点的节能减排宣传教育活动；8月27～28日，市教育局、"香港观鸟会"、省观鸟协会共同举办环境教育能力培训，全市50多名老师和环保志愿者参训。

【党性教育】　开展纪念建党90周年系列活动，全市中小学组织"历史的选择"等主题征文比赛、"学党史、跟党走"知识竞赛活动；"五四"期间，开展"党旗辉映团旗红，青春奋进促跨越"主题团日竞赛、"红歌唱响青春校园"活动；"六一"期间，集中开展"红领巾心向党"统一主题队日活动；在数字青少年宫开展"党在我心中"第六届网络夏令营，近95万人次参加；"中小学弘扬和培育民族精神月"期间，组织上好"开学第一课"，突出"党在我心中"主题，开展主题班、团、队会、读书教育活动及社会实践活动等，引导学生珍惜幸福生活。在全市开展"历史的选择"中学生演讲、小学生讲故事比赛基础上，与市少儿电视台合作举办市级专场比赛，46名学生获奖，其中6名获奖者推荐参加省级比赛，获一等奖4人、二等奖1人、三等奖1人。

【道德教育】　开展"做一个有道德的人"主题实践活动，开展美德少年评选，全市60名学生分获6个类型美德少年称号（"文明有礼美德少年""勤俭自立美德少年""诚实守信美德少年""尊老爱亲美德少年""助人为乐美德少年""尽责奉献美德少年"），推荐3名学生参加省美德少年评选，其中2人被评为省美德少年，1人获提名奖。开展以"学习美德少年　做一个有道德的人"为主题的学习宣传福州市"美德少年"先进事迹活动。

【法制教育】　开展法纪专题教育月活动，依托电视台拍摄针对校园暴力的法制教育专题片《花季·花祭》，组织学生观看、撰写观后感，收到观后感2000多篇。组织学生旁听法庭宣判会活动。7月12～15日，举办中学生毒品预防教育夏令营，组织学生参观强制戒毒所并与禁毒工作人员面对面交流等活动。组织人员审阅完善《福州中小学反邪教宣传教育读本》，与有关单位联合在全市举办95场反邪教讲座。

【数字青少年宫建设】　3月26日，迎接中共中央政治局常委李长春到群众路小学视察福州市数字青少年宫。年内学校组织策划第六届网上夏令营、"做文明有礼福州人"等网上主题活动，在群众路小学组织开展"三坊七巷网上游"主题队会观摩研讨活动，配合电教馆着重推进数字青少年宫常运用、广覆盖。

【榕台青少年交流】　6月16～19日，举办两岸城市青少年创意族谱联展及交流活动，以"同根同源情相牵"为主题，在福州"三坊七巷"南后街宗陶斋展出榕台

6月17日，两岸青少年创意族谱联展在"三坊七巷"举行。

两地学生作品120余件。台北市创意族谱访问团一行20人到榕参加开幕式,与市教育学院二附小师生进行交流;7月11~20日,配合科协开展两岸中学生自然探索夏令营活动,15名市优秀中学生赴台交流;8月21~24日,配合政协开展第八届榕台青年夏令营,40名台湾师生在榕参观游览并开展"结对子"活动。

(方炳泉)

4月27日~5月2日,福州小茉莉合唱团参加在台湾新竹举行的第四届海峡两岸合唱节。

中小学体育卫生艺术

【实施"体育、艺术2+1项目"】 各校实施"体育、艺术2+1项目",通过学校组织的课内外体育和艺术教育活动,让每个学生在九年义务教育阶段能够掌握2项体育运动技能和1项艺术特长。

【阳光体育活动】 举办市第四十八届中小学生田径运动会及初高中游泳、篮球、足球、排球、羽毛球、乒乓球等各类单项锦标赛,举办市高中健美操、拉拉操等比赛,组织市区300名中学生参加市政府举办的"十万人健步行"活动,举办"福州市少年高尔夫球夏令营",举办2011年福州市中小学生定向运动联赛总决赛,组织参加2011年全国青少年"未来之星"阳光体育节,开展第五届全国亿万学生阳光体育冬季长跑活动,参加2010~2011学年粤港澳闽学界埠际羽毛球、足球、乒乓球锦标赛。

【"全国校园足球"活动】 举办"全国校园足球"裁判、教练和校长培训班。结合福州市及学校教育教学具体情况制定活动与联赛计划,福州市布点的16所中学、30所小学均参加,中学组每队参加16场比赛,小学组每队参加20场比赛。在亚足联教练日开展"精英教练进校园"义务执教活动,选派优秀选手参加"全国足球夏令营"活动。

【校园艺术活动】 举办为期10天的小茉莉艺术团及教师合唱团暑期业务培训班,结合纪念建党90周年活动,与省文明办、市文明办联合主办"童心向党"红歌唱响校园歌咏展演暨庆"六一"晚会专场演出。5月,小茉莉合唱分团赴台湾参加第四届海峡两岸合唱节获优秀表演奖;7月,参加"2011香港国际青少年合唱节"活动获金奖。组织小茉莉艺术团参加省教育厅举办的庆祝教师节演出。教师合唱团参加市直机关纪念建党90周年歌咏比赛活动,获一等奖,同时参加2011第二届中国南方(海口)国际合唱艺术周活动。

举办以"纪念建党90周年"为主题的福州市第十届学校艺术周及校园艺术节活动,全市中小学全体学生参与"班班有歌声、班班有美展"等活动。举办福州市第二十届中小学生钢琴比赛、民乐比赛活动,开展纪念中国共产党建党90周年福州市中小学生书画、摄影比赛。举办第八届中小学生合唱节活动;中小学生现场硬笔、毛笔书法比赛;中小学生"小石子杯"现场动漫绘画等比赛。举办2011年福州市"学无涯"杯青少年电子制作锦标赛。

【非物质文化遗产传承活动】 在近100所中小学中开展非物质文化遗产28个项目传承活动。福州旅游职专学校、台江第四中心小学被教育部授予第一批全国中小学中华优秀文化传承学校。

【卫生与健康教育】 组织21个检查组3次检查市直属所有学校和各县(市)区中小幼及职专学校的食品卫生安全,专项整治全市近千所学校、托幼机构校内供餐单位。

在中小学校园开展控烟活动,创建无烟学校。初中以上学校将预防艾滋病教育和无偿献血知识纳入学校教育教学计划。

(李　莉)

中小学教师工作

【概况】 2011~2012学年度市中小学(含幼儿园)教职工编制总数5.34万人,实有教职工5.19万人,缺编1483人,其中中学超2419人,职专缺825人;城镇小学缺935人,农村超285人;城镇幼儿园缺754人,农村缺1528人;特殊学校缺145人。市属中小学2011~2012学年度教职工编制总数6299人,实有教职工5910人,市属中小学缺389人。

教师资格首次全面实行网上申报,市教育局组织召开教师资格认定工作部署会议,按照法定条件、程序、权限,组织开展认定工作。春季开展师范类应届毕业生和在职人员教师资格认定工作,认定4320人;秋季开展面向社会人员教师资格认定工作,认定251人。

【教师交流工作】 通过对教师队伍的现状进行调查摸底分析、组织赴兄弟省、

表 38　**2011 年教育先进人物**

获奖称号	获奖者	工作单位
全国巾帼建功标兵	曾淑煌(女)	福州市铜盘中学
福建省"五一"劳动奖章	王小秋(女)	福州第十九中学
	林丽敏(女)	福州对外贸易职业中专学校
福州市第三十二届劳动模	吴钦明	福州外语外贸职业技术学院
	洪书源	福州教育学院
	李志杰	福建师范大学附属中学
	朱之琳(女)	福州屏东中学
	戴红盛	福州高级中学
	王铨俤	福建省福州旅游职业中专学校
	陈钰年	福州教育学院附属第三小学
	廖秀梅(女)	福州市钱塘小学
	黄风英(女)	福州市义序中心小学

市考察学习、深入校际交流试点县、区调查研究等方式,撰写调研报告,代拟并建议政府出台《福州市推进县域内义务教育学校教师校际交流试点工作指导意见》。在台江区、闽侯县义务教育阶段教师"校际交流"试点基础上,增加鼓楼、仓山、连江试点单位。各试点单位坚持以小片区管理模式为核心,实行"师资互派、资源共享、统一教学、捆绑考核"。校际交流中以骨干教师、超编教师的交流为重点,调整、改善教师配置,发挥骨干教师示范、引领、辐射作用。除连江县尚未启动试点工作外,其他试点县区均建立小片区管理模式,按进度要求开展试点工作。闽侯县交流人数 371 人,占 23.07%;台江区 68 人,占 10.85%;鼓楼区 172 人,占 19.72%;仓山区 116 人,占 9.16%。

下发《关于加强农村学校任(支)教服务期制度管理的补充通知》,针对支教工作需要改进的突出问题,就加强支教工作组织计划指导、规范支教课时工作量、完善支教考核机制等方面做修改、补充,规范农村任(支)教人员审批备案、经历确认、档案建立等程序,调整充实部分市直学校与农村学校、薄弱学校帮扶共建单位。开展闽宁教育对口支援工作,推选 12 名优秀教师参加福建省第 13 批赴宁夏支教工作。

【业务培训】　择优选定 23 所中学校本培训基地校、30 个学科实验点。进一步完善市中小幼名师工作室网站,培训各学科名师工作室成员 230 名,开设中小学名师工作室讲座近 300 场。邀请 56 名全国著名专家、名校长、名教师到榕进行高端培训,开设 100 多场讲座。开展各类业务培训,分批选派中小学各学科名、特、优教师及教育管理者赴教育先进地区和著名高等学府培训。举办 6 期中小学、幼儿园市级骨干教师培训,岗位培训 568 场。组织农村教师全员岗位培训、农村骨干教师培训、农村一般校高三教师培训,参训 1 万多人。

【市区中小学教师招聘】　制订 2011 年市区中小学招聘教师计划和方案,接收 23 名福州地区生源免费师范毕业生,组织招聘优秀毕业生供需见面活动。通过用人学校与毕业生双向选择,由用人学校面试考核的办法招聘福州市紧缺学科优秀毕业生 106 人,其中硕士研究生 76 人,部属重点师范院校师范本科毕业生 30 人。4797 人次通过省教师招考统一笔试学科网络报名笔试资格审核,另 823 人报名参加由市教育局组织的职专、幼教新任教师及学校教辅人员岗位招考。年内录用毕业生 539 人,其中市属学校录用 110 人、区属学校录用 429 人;录用在职教师 14 人,安排市属学校 10 人,区属学校 4 人;录用市属校医务人员 4 人。

高等教育

【概况】　2011 年,福州各县(市)区教育局开展生源地信用助学贷款工作,受理并向银行推荐、审批 2092 件,贷款合同金额 1189 万元。闽江学院、福州职业技术学院申办 3 个城市轨道交通类专业。4 月,教育部正式批复设立福州外语外贸学院,从 2011 年秋季开始招收本科学生,福州外语外贸学院在校生 7100 人。

市辖区内有高等学校 31 所,在校生 28.2 万人,教职工 2.64 万人,其中市属高校 10 所,在校生 5.1 万人,教职工 3768 人;9 所市属高职院校全年实际招生 1.17 万人,较上年略有增加,在校生规模 3.28 万人,比增约 2000 人,增长率达 6.5%。高等教育毛入学率达 42.3%。

【高招工作】　研究生招生　1 月 15～16 日举行福州市攻读硕士学位研究生考试,全市报考 8792 人,比增 957 人,增幅 12.2%,其中全国统考报名 8432 人,法硕联考 260 人,推荐免试生 100 人。福州大学、福建师范大学、福建农林大学等院校单考生、管理类统考 1148 人委托福州市组织考试,全市设 11 个考点 352 个考场。

普通高校招生　于 2010 年 12 月初完成 2011 年普通高考(高职单招)网上报名和现场确认工作。全市报名 4.07 万人,比增 211 人,其中普通高考报名人数 3.77 万人,比上年减少 163 人,"高职单招"报名人数 2968 人,比增 374 人。

成人高校招生　10 月 15～16 日举行福州市成人高考,2.59 万人报考,比增 4469 人,增幅 20.1%,其中专科起点升本科 9584 人报考,高中起点升本科 228 人报考,高中起点升专科 1.60 万人报考,免试生 21 人。全市设考点 30 个,考场 1043 个,其中 27 个考点设在市区,3 个考点设在福清市。

【组织各类考试】　组织各类考试 17 次 36 项,报考 50.19 万人次,66.22 万科次,各类考试报考人数占全省总量

48.6%;全年无试卷保管安全泄密事故、重大考场集体舞弊事件及其他重大事故;非学历证书考试报考人数增长幅度较大,学历证书考试报考人数呈下降趋势。

自学考试报考6.37万人、12.81万科次,办理毕业审定和毕业生电子注册3217人。全国英语等级考试报考3626人、5063科次。中英合作商务管理、金融管理专业考试报名548人、1215科次。面向社会认定教师资格“两学”考试报名2.51万人、3.95万科次。全国大学英语四、六级考试、全国高等学校英语应用能力考试,福州地区39所高校在校生报考34.87万人。资格证书考试报名1634人、3084科次。自学考试开考体制改革试点专业考试报考5.43万人、10.59万科次。中国书画等级考试报考2199人。全国计算机等级考试报考4.05万人。新任教师招聘考试4211人、8422科次。政法干警招聘考试3823人、7646科次。高校自主招生考试1200人、6000科次。

(吴玫颖)

【思想政治教研工作】 市委宣传部、市委教育工委、团市委等部门联合制定下发《关于进一步加强和改进市属高校大学生思想政治教育工作的实施意见》。开展“三支队伍”培训活动,推动市属高校配齐配强思政工作“三支队伍”。市属高校全面建立独立建制的思政课教研部门,思政课教师数量基本满足教学需要;辅导员队伍师生比例达到1:200教育部颁布标准;基本建成心理健康教育师资队伍。

组织市属高校思政课协作组开展校际联合教研活动,进行教学观摩课活动,举办市属高校思想政治理论课“优秀教学论文”“精彩多媒体课件”“精彩教案”征集评选和教学论坛活动,编印优秀教学论文集,表彰获奖教师。

【民办高校督导】 邀请省教育厅派民办高校督导专员和有关专家组成检查组,于上半年对7所市属民办高校就法人治理结构、办学条件、办学管理、教学质量、校园维稳安全工作方面进行办学情况检查。同时重新审核7所民办高校的举办者资格。

【市职业院校“黎明杯”烹饪技能大赛】 1月14~15日,市教育局联合市人力资源与社会保障局举办,福州黎明职业技术学院、福州烹饪职业教育集团承办市职业院校“黎明杯”烹饪技能大赛。10所高中职院校、技工学校的89名师生参加。教师组17人次,学生组96人次分获金、银、铜奖,部分单位和个人获大赛组委会授予的其他奖项。

【优秀表彰活动】 结合“创先争优”活动和建党90周年纪念活动,举办市属高校2011年度市级“三好”学生、优秀学生干部、先进班集体评选表彰活动,经过各校评选、推荐、公示,评出市级“三好”学生178人、优秀学生干部89人、先进班集体54人。

【高校与街道共建文明社区】 配合全市创建全国文明城市工作,市属高校与街道社区全面签订共建协议,制订共建方案,开展共建活动,派出师生帮助街道社区组织文艺宣传、慰问助老、未成年人帮扶、卫生环保、科技服务、文明生活习惯养成教育等活动,共建项目100多个,出动8000多人次。

(马　宁)

【闽江学院】 全校设中文、外语、数学、物理学与电子信息工程、计算机科学、旅游、管理学、服装与艺术工程、地理科学、化学与化学工程、历史学、法律、公共经济学与金融学等13个系;设新华都商学院、美术学院、蔡继琨音乐学院、成人教育学院、爱恩国际学院、软件学院、海峡学院、交通学院、海外教育学院等9个学院,以及公共体育教学部、思政教研部、现代教育技术中心、教育科学研究所等教辅与公共教学单位。拥有5个省级重点学科、工商管理硕士(MBA)学位点、41个本科专业。拥有以诺贝尔经济学奖获得者、长江学者等优秀人才领衔的高水平师资队伍。全校教师承担各级各类科研项目1385项,其中主持国家、省(部)级科研项目190项。

10月17日,经国务院学位办批准,学校申报的工商管理硕士(MBA)学位点被列入“服务国家特殊需求人才培养项目”,成为全国首个创业与创新方向的工商管理硕士(MBA)学位点。经省学位办批准,新增1个本科专业(日语)。

至年底,全日制在校生2万人、非全日制在校生6500多人(不含短期培训),各类藏书209.3万册,校园占地168.55公顷,校舍建筑面积49.97万平方米。

应用型人才培养　新建本科院校电子信息类专业人才培养模式创新实验区被评为2011年省级人才培养模式创新实验区,毛泽东思想和中国特色社会主义理论体系概论、解析几何、物理化学、织物结构与设计学、社交礼仪、中国现当代文学6门课程被评为2011年省级精品课程,林文忠教授被评为2011年省级教学名师,音乐学被评为2011年省级特色专业,30个项目获2011年省大学生创新性实验计划项目立项。学生参加各类学术科技作品、活动竞赛获市级以上奖励354项(次),其中国家级172项(次)、省级163项(次),首次获“挑战杯”大学生课外科技作品国家级奖项;获实用新型技术2项。

师资队伍建设及管理　全年引进或接收各类人才43人,其中博士11人(含副教授1人),硕士32人;新聘4名社会知名人士、专家为客座教授,聘任8名台湾合作院校的专任教师。新增享受国务院政府特殊津贴专家1人,市“优秀人才”2人,“闽都学者”3人,高级职称人员43人,1人获“福建省青年创业良师益友奖”。专任教师中具有高级职称的教师占33.5%、硕士以上学位教师占67%。9月起,首次按学年度实施《闽江学院教师岗位聘任与考核暂行办法》《闽江学院行政管理岗位聘任与考核暂行办法》。

招生就业　计划面向全国31个省(自治区)、市招收普通全日制本专科生5910人(本科4160人),实际录取5894人(本科4215人),录取率逾99.7%。新华都商学院试点班金融学、会计学2个本科专业首次列入福建省本科第一批次招生。成人学历教育录取本专科生1259人。2011届毕业生年度就业率96.48%。

交流合作　与中国移动福建分公司建立战略合作关系,合作内容涉及产学研合作、共建数字化校园、大学生实习实训等。海峡学院首批近300名学生赴台湾“中国文化大学”和“实践大学”开展为期一学年的分段对接学习。爱恩国际学院举办全国首个“中美合作”本科国际课程教育项目正式招生；与加拿大布鲁克大学合作，5月正式揭牌成立孔子学院，学校向布鲁克大学捐赠中文图书2016册及孔子巨型塑像1尊。与闽侯县人民政府签署文化共建合作协议，与省文明办合作办省文明礼仪培训基地，为近700人次提供职业技能鉴定、继续教育培训等服务。举办首届中国青年创业领袖公益培训班。学校被授予福州市“科技拥军示范基地”称号。

办学条件　海峡学院大楼、学生公寓1区5号楼、超山人行路桥等工程交付使用；完成工科大楼、风雨操场、学生公寓4区11号楼主体工程以及校本部教学楼、学生公寓顶层空调安装、配电房增容改造等；校园绿化面积达40多万平方米。在福州大学城各高校中率先开通移动图书馆，实现馆内无线网络全覆盖，参与大学城信息共享平台建设，推出“闽院—E读”等6个新服务平台系列。

校园文化实施大学生“文明修身工程”，开展“环境优化、文明养成、繁荣文化、遵纪守法、勤学立身、诚信感恩、自强励志”七大行动和覆盖学生日常学习生活主要内容的“十无”校园创建活动。开展“校园四季”文化活动，打造培养应用型人才实践育人平台。1项成果获教育部组织评选2011年高校校园文化建设优秀成果二等奖，2项成果获省高校校园文化建设优秀成果二等奖。在省第十四届大学生运动会上，学校代表团获7金9银13铜，甲组（本科院校）总锦标第8名。学校获省第十一届“文明学校”、省“大中专学生‘三下乡’社会实践先进单位”等称号。

（万　芳）

【福州职业技术学院】　开设广告设计与制作、旅游管理、市场营销、计算机网络技术、应用电子技术、艺术设计（动漫设计）、国际商务、财会电算化、计算机应用、金融保险等36个全日制专业。设有自动化研究所、高等职业教育研究所、礼仪研究所和启航软件、星客动漫、翻译等工作室。9月学院招收全日制高职学生2478人，在校生近1.7万人，其中全日制学生5931人，电大开放教育学生8042人，成人学历生3058人。在职教职工382人，其中专任教师210人。2011届毕业生一次性就业率99.3%，社会满意率100%。完成省级示范性高职院校建设目标任务。《产业转型升级背景下高职院校专业有效发展研究》获国家社会科学基金项目。

建立政校企合作办学机制　成立由“政校企”三方共同参与的学院政校企合作办学理事会，代市长杨益民担任名誉理事长，副市长黄忠勇担任理事长。组建市旅游服务行业、电子信息与机械行业、动漫游戏行业、商贸服务行业4个政校企合作工作委员会。组建学院三级政校企合作工作机构。成立由学院书记、院长为组长的政校企合作工作领导小组，工作办公室和由系主任为组长的各系政校企合作工作组。

市旅游服务行业、电子信息与机械行业、动漫游戏行业、商贸服务行业先后出台支持福州职业技术学院开展合作办学实施意见、校企合作实施细则、管理制度等相关文件，从政校企联席会议与信息沟通制度、实习实训基地建设、企业兼职教师的聘用与管理、企业员工教育培训管理、校企合作科研开发管理等方面建立健全政校企合作长效机制。

专业（群）与课程建设　围绕“优化现代服务业专业，强化工科专业”办学定位，主动与省会中心城市主体产业集群对接，以特色专业为主干，加强专业群的整合与建设。将经济系电子商务专业与管理系物流管理专业调整到商贸系，增强以市场营销重点建设专业为核心的经营管理专业群建设合力；以广告设计与制作、旅游管理、市场营销等3个示范性重点建设专业为龙头，带动计算机网络技术、应用电子技术、模具设计与制造、通信技术、软件技术等专业建设与发展。成功申报工程造价、网络系统管理专业，在全省高职院校中首次开设城市轨道交通类专业，与广州铁路职业技术学院联合培养福州地铁发展所需的城市轨道交通车辆、城市轨道交通运营管理专业高端技能型人才。经过专业结构调整与布局，形成对接区域产业发展的文化创意、旅游休闲管理、经营管理、财会金融、建筑工程管理、信息技术工程、电子工程、机电工程、交通工程等9个专业群，初步形成服务海西和省会中心城市主体产业群专业布局。

以首批6个重点教改专业为引领，与漳州职业技术学院相关专业课改专家对接，促进基于工作过程系统化的课程体系与教学内容改革。编制146门课程标准，投入66万元开发建设首批22门优质核心课程，启动实施5项省教育改革试点项目和17项院级教学改革项目工作。加强校企合作教材建设，正式出版教材5部，累计24部，闽台合作教材立项6部。建成网络教学综合平台，运行44门课程，建成以广告设计与制作专业为典型代表的共享型专业教学资源库。

广告设计与制作专业“项目实战”人才培养模式，旅游管理专业“三三式”工学结合人才培养模式，市场营销专业“三段实训”实践教学模式，金融保险专业“订单式”人才培养模式，计算机网络技术专业“双主体式”人才培养模式，应用电子技术专业“嵌入式”人才培养模式6个可操作、可示范的工学结合人才培养模式在全省专业建设中发挥辐射带动作用。

师资队伍建设　至2011年，3年中通过采用引进、聘用、培养等方式打造“名师工程”，有15名访问学者，5名省级教学名师；校企联合培养实施“专业带头人培养工程”，引进人才5名，遴选18名专业带头人；实施下企业锻炼“双师工程”，200余名教师到企业顶岗挂职，聘请企业兼职教师93名，教学团队中“双师型”教师占80%；以访学进修方式加强“专业水平提升工程”，20余名教师赴国（境）外进修，46名教师提升硕、博士学历。全院在职教职工382人（专任教师210人），其中具有高级职称93人，中级职称181人，具有博士学位4人，硕士学位136人。年内，2人被评为省级教学名师，市场营销专业教学团队被评为省级教学优秀团队。

实训基地建设　重新整合院内实训基地，形成“五大实训中心”：机械与电子工程实训中心、计算机网络实训中心、文化创意实训中心、经贸物流实训中心、旅游综合实训中心。“五大实训中心”有校内实训基地20个（实训分室99个，新增35个），设备总投入4542.5万元，建筑面积1.04万平方米,规划和在建面积2万平方米;数控技术专业、计算机网络技术专业获中央财政"支持高等职业学校提升专业服务能力"项目,文化创意共享实训基地为中央财政支持职业教育实训基地,影视动画实训基地、应用电子技术实训基地、物联网网络一体化实训基地等为省级财政支持高职教育实训基地;与金科集团、安博教育集团共建2个"生产性"实训中心,企业投入737.63万元。政校企联手共建校外实训基地,院外实训基地92个,新增47个;合作企业93家,新增65家,4家合作企业为世界500强企业。分别与冠捷电子公司、联合动力集团、中国人寿保险公司等大企业合作,建立"厂中校"实习实训基地,在合作企业生产车间或培训中心建立教学区。实训基地实行分类分级管理,建立以实习计划、实习组织、实习管理、成绩考核为主要内容的管理体系。

职业技能竞赛　10月,举办第八届"蓝天超市杯"职业技能大赛,蓝天量贩超市有限公司、金科集团、安博教育集团等26家企业联办。全院7个系1440多名学生和43位专业教师、实验员分别参加35个学生组项目和3个教师组项目。

学院给予评审通过"计算机设备维护"等11个工学结合实践项目5000~10000元经费资助,有计划地培育省级、国家级技能竞赛项目。院级技能大赛项目从2009年23个增加到38个,参与学生人数从630人增到1440多人,间接参与学生3000多人,占总学生数50%。设立教师竞赛项目,教师参与度达90%。

69名学生参加2011年福建省职业院校技能大赛21个项目中的12项,获1个一等奖,7个二等奖,8个三等奖及团体一等奖;获2011年首届全程电子商务ERP全国技能竞赛一等奖,海峡两岸高职学院技能竞赛一等奖。

社区教育与社会培训　学院在全市各县(市)区均挂牌成立社区学院。社区大学有校外直属教学点10个,有在册师资库成员150多名。"福州终身学习在线"网站设立社区教育、职业教育、继续教育、青少年教育、老年教育、农村教育等6个模块,有近3万讲视频学习资源。

2009~2011年,学院开展社区居委会干部、城镇失业人员、农民工技能提升等培训近8000人次;推进"双证书"制度,组织学生和社会人员参加38个工种,近9000人次的职业技能鉴定;与市委组织部联合举办农村经济管理大专班3期,700多名村主干参加课程学习。

高等特殊教育　2009~2011年,学院招收广告设计与制作、计算机应用技术两个专业听障生59人。省、市财政下拨特殊教育办学专项经费累计446万。学院建成特教实训室6间,投入实训经费从2009年的30万元增加到180万元。开创听障特教"残健融合"的人才培养模式。听障生与普通学生同台参与各级各类职业技能大赛,开创学院培养听障生职业技能新领域。第10届全国信息化核心技能大赛暨微软办公软件核心技能世界大赛中特教班3人均获WORD2003个人项目三等奖、EXCEL2003个人项目三等奖及"特殊教育学生组团队特等奖"。2009级广告设计与制作专业听障生汪秀儿参加在厦门举办的海峡两岸高职学院技能竞赛交流获一等奖,在与福州市本科院校学子比赛中,获第四届福州市大学生动漫设计大赛唯一金奖。在2011年全省职业院校技能竞赛(高职组)中,2009级广告设计与制作专业听障班学生汪秀儿、王宇淮、吕彬、程宏、杨祥榕获二维动画项目的二等奖。

闽台高职合作交流　在与大华技术学院、和春技术学院、中州科技大学3所院校合作的基础上,增加亚洲大学、朝阳科技大学2所院校。拓展广告设计与制作、金融保险等2个合作专业。闽台项目在校生总数589人。至2011年,3年中双方互派教师14批次,24名台湾高校教师到学院讲学,学院派出10批次30多名学院管理干部、专业带头人、骨干教师赴台湾进修访学,访修时间大部分1个多月。专业领域拓展至非闽台合作专业,2009~2011年,学院选派10个专业,115名学生赴台交流学习,拨专款120万元采购台版图书,投入20万~30万元合作编著优质教材8~10部。与台湾合作院校教师、台资企业技术骨干联合编写教材,《零售管理》《中国旅游地理》等7部闽台合作教材建设项目批准立项,其中《中国旅游地理》《旅游景区服务与管理》2部教材正式完成。学院教师与台湾教师共同开发课题5项,其中1项省社科课题,1项省教育厅A类课题,3项省教育规划课题。

省级示范性高职院校建设项目终期验收　制定《福州职业技术学院省级示范性高等职业院校建设项目任务分解书》,内容涵盖政校企合作、专业建设、课程改革、师资建设、实训基地建设、学生素质拓展、社会服务、校园文化、教学管理、人事制度、财务管理等25个一级建设项目,99个二级建设项目,325个三级建设项目。根据项目分级、分层次管理,明确各级任务负责人、实施人,召开7次省级示范性高职院校建设推进会,开展督查、考核、反馈、整改重要环节工作。开展建设项目的提升与完善、佐证材料的收集与整理、建设成果的总结与宣传等工作。至年底,项目全部完成,其中国家级项目4个,省教改试点项目5项,省高职教改综合试验项目1项,省财政支持高职教育实训基地3个,地方财政支持省级示范重点建设专业3个,省级精品专业5个,省级精品课程12门,省级教学成果奖一等奖1项,省级教学名师5名,学院综合建设4项。

学院二期工程建设　学院二期工程建设项目被列入福州市2011年"五大战役"中"民生工程战役"项目,于3月破土动工,进入工程建设阶段。学院二期工程规划建筑总面积6.35万平方米,项目有学生公寓建筑面积4.91万平方米、食堂建筑面积1.10万平方米、地下室(人防)面积3428平方米,配套规划建设2座桥梁、校内道路、管综、围墙、绿化景观等。

(林艺芳)

【福州教育学院】　2011年,培训中、小、幼各类学校各级教师约10万多人次,培训教育行政干部近700多人次。面向全省招收三年制专科生,培养具有专科学历的小学教师和其他各类人才。开办6个初等教育类专业和8个非师范类专业,在校全日制学生1899人。与国内知名师范院校合作开办各类成人专科班、专升本函授班。年内,师范类就业率90.5%,非师范类为95.9%。

在"中学教师继续教育培训管理平台"上,完善"教师考勤管理系统""评价反馈系统""授课教师人才库",授课教师资源库中存入 400 多名国家级、省级和本地专家学者、一线名特优骨干教师。

校长培训　由市委教育工委组织部主办、福州教育学院教育行政干部培训中心承办的福州市第三期农村校长教育管理能力提升工程培训班暨福州市第十八期中学校长提高(连江)培训班于 7 月 14 日结业。4 月 11 ~ 12 月 23 日,市农村校长教育管理能力提升工程第四期培训班暨福州市第十九期中学校长提高培训班举办,县(市)区 46 名参训学员完成规定学习科目结业。

11 月 26 日 ~ 12 月 9 日,市第一期初级中学校长高级研修班学员在完成第一阶段赴东北师范大学开展理论培训的基础上,赴北京市顺义区北京四中顺义分校、杨镇二中、牛栏山实验中学进行第二阶段跟岗培训。

11 月 27 日 ~ 12 月 6 日,由市委教育工委组织部主办、福州教育学院承办的以"校园文化建设"为主题市小学校长高级研修培训班在京举行,市属及各县(市)区 37 人参加。

校本培训　在市区择优确定 23 所中学校本培训基地校、30 个学科实验点,从中选取 4 所学校作为"专家引领模式下的校本培训示范校"。23 所基地校根据学校及学科特色设计培训课程,年均开设 20 场专题讲座、50 节教学观摩示范课,6100 名市区属中学教师参训。

中学教师培训　举办 2 期"福州市中学名优教师高级研修班"、1 期心理健康骨干教师市级培训,培训 4 个学科(语、数、英、心理健康)150 多人。组织开展"国培计划(2011)"——县级教师培训机构培训者远程培训,参训 48 人。举办为期 8 个月的骨干班主任培训,100 名市区中学优秀班主任参加,在集中培训阶段与市德育研究会合作,实际参训 260 人。开展市区属中学教师岗位培训,2011 ~2012 学年培训 6070 人。开展县(市)私立中学教师全员岗位培训,送培下县 332 场、3.29 万人次,人均接受 72 学时培训,2011 ~ 2012 学年培训 9600 人。开展初高中新课程培训,暑期培训教师 2000 人,举办专题研讨 34 场、专家讲座 60 场,聘请国家级专家 16 人,省市级学科教学专家 12 人,9 月培训 900 人。举办 18 场农村一般校高三教师高考研究专项培训,参训教师 1500 多人。开设第十八、十九、二十期骨干教师市级培训班,605 名中学教师参训。开展中学新教师见习期培训,203 人参训。

英语教师培训　与美国 Sino – American Bridge 培训机构合作,邀请 6 名美国一线教师为市一般校英语教师进行英语教学能力及听说能力提升培训,全市五区七县(市)120 名一般校英语教研组长或骨干教师参加培训。举办英特尔未来教育培训班,100 人参训。组织全市 72 名中学英语教师参加听说能力培训及考试。举办福清小学英语骨干教师县级培训班第一阶段教育教学理论培训,35 人参加。

小学、幼儿园教师培训　开展 9 门学科全员教师岗位培训 1000 多人,其中 6 门技能学科岗位培训 227 人。组织首期小学语文、数学教研员、名优教师高级研修班,43 人赴长春东北师大培训。组织"福州市小学英语、音乐、美术、幼教教研员、名优教师课程指导力研修提高培训班",78 人参加。举办市小学音乐一年级教师新教材全员培训班,258 人参加。开展小学、幼儿园新录用教师岗前培训,培训 576 人。举办市第二十期、二十一期、二十二期幼儿园园长任职资格培训,3 期培训 233 人。开展市第五期、第六期骨干教师市级培训,培训 122 人;市非学前教育专业毕业的幼儿园教师培训 53 人;市幼儿园教师岗位培训 200 多人。

完成第二十七期小学语文骨干教师结业培训,结业 71 人;举办第二十九期小学数学骨干教师市级培训,81 人参加,完成第一阶段集中理论培训;协助福清教师进修学校举办语文、数学、英语三学科县级骨干教师培训班,培训 137 人,完成第一阶段理论培训;举办第 30 期小学语文骨干教师市级培训,75 人参加,完成第一阶段集中理论培训。

督学培训　首次承办市教育督导专职督学培训,培训分为 2 个阶段。第一阶段:为期 2 天半,采用集中面授、专家讲座形式,邀请 3 名全国知名教授、专家开设讲座;第二阶段组织参训督学下校听课、评课、交流研讨 1 天。

教育技术培训　暑期将教育技术培训纳入省教育学院网络平台,组织 300 名中小学各学科骨干教师参训;11 月,教育技术全员培训任务纳入"福建省教育学院网络平台""全国教师继续教育网""福建师大远程网络培训平台",组织全市近 1.4 万名中小学教师参加并通过不少于 52 学时的教育技术培训。

教学交流与研讨活动　全年举办教学交流会议与研讨活动 24 场。2 月 24 日,召开福州市 2010 ~ 2011 学年第二学期幼教教研工作会议。9 月 15 ~ 16 日,院教研中心组织各县(市)区进修校中、小学教研室主任在闽侯召开会议,近 30 人参加。23 日,院教研中心组织召开市级教学开放周活动筹备会议,承办市级教学开放周(即课堂教学研究教学开放周)学校分管副校长或教务主任参加会议。27 ~ 29 日,举办福州市小学阅读教学比赛观摩活动,全市各校选送 18 节优质课参赛,参加观摩教师约 3000 人次,推荐 3 人参加省第九届小学阅读教学比赛观摩活动。10 月 24 ~ 28 日,学院美术科组织部分优秀中小学美术教师赴黄山参加"第六届全国中小学美术课现场观摩、评选活动"。25 日,召开市县(市)兼职教研员会议,县(市)高中 9 个高考学科兼职教研员参加会议。召开福州市特殊教育教学研讨会,11 所特殊学校校长、教导主任、骨干教师等 50 多人参加。11 月 22 日,举办小学数学课堂有效教学专题研讨暨市直属小学教师研训活动,市直属小学全体数学教师和部分区县教师代表、省学科带头人培养对象等近 200 人参加。12 月举办市教师技能大赛决赛,福州各县(市)区、直属校中小学、幼儿园各学科教师近 500 人参加,394 人分获各学科组别一、二、三等奖。举办"福州市小学口语交际教学研讨会",400 多名教研员、教师代表参加,市直属小学 6 名老师展示口语交际课。年内,在市儿童学园、市蓓蕾幼儿园、市直机关幼儿园、马尾区实验幼儿园、福州台江区实验幼儿园开展"福州市幼儿园课程改革教育教学现场观摩研讨活动暨研训一体"活动 7 场,参加活动 700 多人次。举办全市性小学教学开放日活动 8 场,承办学校有闽清池园镇中心小学、台江第三中心小学、罗源县实验小学、琅岐实验小学、福州金山小学、闽侯县实验小学、鼓山新区小学、闽清县梅城镇中心小学。

分别在鼓楼区、台江区、马尾区、罗源县组织“福州市幼儿园公带民教研片教学开放周活动”5场，展示10节公开课，听课教师980人次。

校外实习基地建设 与福州儿童学园、福州蓓蕾幼儿园、台江实验幼儿园、旗讯口幼儿园、马尾实验幼儿园、麦顶小学、新店中心小学、福州二中、福州四中、福州十一中、闽江学院附中、华侨中学、德慧泉早教中心13个教学教研实践基地校校长签订共建校外实习基地协议书。与福州教育学院附属第一小学、福州教育学院附属第二小学、福州教育学院附属第三小学、福州群众路小学、福州乌山小学、福州金山小学、福州鼓楼钱塘小学、福州鼓楼第一中心小学、福州台江第三中心小学、福州台江实验小学10所教学教研实践基地续签共建校外实习基地协议书。11月1日，与福建新大陆电脑股份有限公司、华映科技(集团)股份有限公司、福州国脉科技股份有限公司3家企业签订共建校外实习基地协议书。

“名师工作室”活动 组织名师工作室开展各级各类培训活动，各名师工作室开设讲座近300场。11个中学名师工作室网站逐步完善，初步实现优质资源共享，传播课改理念，研究中高考，在线答疑解难等功能。选送中学名师工作室成员及优秀骨干教师30多人次到省外名师工作室、部属高校等开展访学活动。

2～11月，小学语文、数学、英语、音乐4个名师工作室分别到平潭、福清、长乐、闽清、罗源、连江、永泰等县市送培下县30多场。

暑期“三下乡”社会实践活动 7月5～12日，院团委“关爱农民工子女及留守儿童”的“三下乡”服务队，携手漳浦县赤湖镇西潘小学开展“陪伴成长，留守不孤单”爱心帮扶活动。8月5～20日，“用心关爱，让梦起航”心理支教服务队携手罗源二中，开展关爱留守儿童活动。

大学生心理健康工作 3月10日，举行心理健康协会成立仪式，聘请院人文社科系教师国家二级心理咨询师翁洁老师担任协会指导老师。

院学生处、人文社科系联合举办“心理小康——幸福生活我主张”第三届525大学生心理素质拓展月活动。

招生就业 面向全省计划招收900名高职高专类学生(其中福建华南女子职业学院办学点100名)。8月下旬，针对福州地区大学城考生，录取10名闽侯考生，实际招生录取929名。9月5日，校办学点报到学生723人，报到率90.4%。福建华南女子职业学院办学点学前教育专业120名，报到104名，报到率86.7%。

院成人教育计划招生150名学前教育专业学生。12月20日，录取329名高起专学生。

574名毕业生中，师范生398人，非师范生176人，初次就业率(至8月底)，师范生62.8%，非师范生90.9%；至年底，就业率为师范生90.5%，非师范生95.9%。

高级骨干教师聘任仪式 10月19日，举行客座教授、副教授和教学顾问、带班导师聘任仪式，聘请福建师范大学叶一舵教授等28人为学院客座教授、聘请福州教育学院附属第一小学林莘等28人为客座副教授，聘请福州教育学院三附小关波等8人为教学顾问、带班导师。

赛事成绩 在首届全国高师、高职小学教育专业(语文方向)学生教学技能(说课)竞赛观摩活动中，1人获特等奖，2人获一等奖，3人获优秀指导老师奖，学院获“最佳组织奖”。在“中华诵·2011年全球华人学生暨第三届全国学生汉字书写大赛”福建赛区比赛中25人获奖，其中，1人获高校组软笔特等奖，其作品获选参加全国赛，1人获“优秀指导教师奖”，4人获一等奖，4人获二等奖，16人获三等奖。在全国初等音乐教育学生弹唱比赛中，获全国初等音乐教育学生弹唱比赛团体一等奖，获钢琴独奏一等奖1人、二等奖2人，获个人全能二等奖2人、三等奖1人，获钢琴弹唱二等奖1人、三等奖2人，获声乐独唱三等奖1人，3人获“优秀指导老师奖”。“繁星”合唱团获福建省大学生艺术节合唱节比赛金奖，徐青老师获优秀指挥奖。“繁星”合唱团参加省文化厅组织的90红歌比赛，获二等奖第一名。在“青春校园，魅力社团”优秀社团、优秀校刊评比展示暨颁奖仪式中，玄章书印社被评为“福州市优秀社团”“福州市最受欢迎社团”，《繁星》刊物获“福州市优秀学生校刊”称号。

(福州教育学院)

(编辑　邱敏佳)

综　　述

2011年，福州市文化事业部门紧紧围绕市委市政府中心工作，服务海西省会中心城市建设，促进文化、新闻出版、广电、报纸等各项事业繁荣发展。文艺精品频出，闽剧《王茂生进酒》《红裙记》《南归梦》及双人舞《青·恋》获国家级大奖。举办系列群众文艺演出逾百场，完成317个综合文化站建设及1336个农家书屋的免费对外开放。全市300余家出版物发行单位完成销售总额15亿元。福州广电系统在反映福州市科学发展、跨越发展的新闻报道中，发挥了重要的阵地作用，全系统实现总收入7.68亿元。全年中央、省属、境外媒体到榕开展50多批次专题采访活动，中央和省属主流媒体对福州市中心工作正面报道1.5万多篇(条)，其中《人民日报》刊发近80篇(条)；境外媒体报道1.3万多篇(条)。福州市境外落地媒体形成以报纸、网络、广播、电视多媒介以及中英文、福州话多文本的“四报一网四栏目”传播格局。

专业文艺

【概况】　2011年，福州市文艺精品创作实现突破，闽剧《王茂生进酒》《红裙记》《南归梦》及双人舞《青·恋》获国家级大奖；在省第二十五届戏剧剧本征文比赛、省文艺百花奖、省第七届武夷奖青年演员比赛等文艺赛事中福州艺术作品与艺术人才均取得优异成绩。开展庆祝建党90周年系列文化活动，参与承办“党旗更鲜艳”——省市庆祝中国共产党成立90周年文艺晚会、第十一届福建音乐舞蹈节等大型纪念活动。儿童剧《判官审石头》全省公益巡演20场，闽剧《王茂生进酒》《与妻书》在各(县)市公益巡演。市属文艺院团下乡演出1000多场。福州画院举办“画坛巨擘·百年辉煌”郑乃珖先生诞辰100周年纪念活动、柯桐枝花鸟画展、黄山市书画院画师作品展等艺术展览及学术研讨活动51场。

【文艺演出】　3月18日，“升级版”闽剧《王茂生进酒》在福州闽剧院举行首场演出，启动各区县专场巡演。

“五一”期间，林则徐纪念馆举办林公伬唱以及评话专场演出，演出评话《鸦片鬼浮生记》、伬唱《林则徐审孝子》、古筝《渔舟唱晚》等。

7月22日，由市文化新闻出版局、省艺术馆、福州日报社主办，空军94647部队、福州歌舞剧院承办的“军民共建　鱼水情深——庆祝建军84周年慰问演出”在部队驻地礼堂举行，演出《在灿烂阳光下》《大中国》《毛主席的战士最听党的话》等歌舞、武术节目。

8月26日，由台湾九歌儿童剧团与市歌舞剧院联袂演出的儿童剧《判官审石头》在福州会堂演出，并在全省巡演20场。

9月起，由市文化新闻出版局主办、省实验闽剧院承办的以辛亥革命七十二烈士林觉民为主线的闽剧《与妻书》在全市各区县巡回公演。

双人舞《青·恋》获第九届全国舞蹈比赛优秀创作奖。

【艺术展览】 1月1日,由雪峰书画研究会主办的"广霖、温心坦、林之本书画作品联展"在福州画院开展。

2月3日,"海峡两岸摄影名家聚焦福州"摄影展在林则徐纪念馆展出,有海峡两岸14名摄影名家的82幅作品。3~12日,在福州画院举行"余端照诗书画印作品展",展出"书援经典""书吾心志""书延笔意"3个主题近60幅作品。25~27日,"闽都撷英——中青年书法家优秀作品展暨作品集首发式"在福州画院举行,展出余端照、林少可等13名福州中青年书法家近百件精品。

3月20~23日,"长乐·福清书法联展"在长乐市博物馆举行,展出书法100多件,作品篆隶楷行草五体皆备。25日~27日,黄山市书画院画师作品展在福州画院举行。26日,孙朱平意象山水画展暨八闽名家书画邀请笔会在汉唐文化城艺术馆举行,黄光辉、曾纪尧、曾光明、陈冷月、唐金泉等省市书法家现场泼墨挥毫。30~31日,"福建交通运输行业大干150天、打好五大战役精彩瞬间职工摄影展"在福州画院举行,展出作品139件。

4月24~26日,中国画鱼水创始人、长乐籍画家陈义水"从艺五十周年画展"在福州画院举行。

5月1~6日,"福州画院新画师作品展"在福州画院举行,展出梁丹雯、方政和、黄梦洁3人作品50余幅。8日,"陈德宏从艺65周年作品回顾展"在福州画院开展,展出作品81幅。23日,"爱我中华情系两岸——福州、南京、台湾纪念辛亥革命100周年书画联展暨文化创意产业发展研讨会"在福州画院开幕,省、市、区书画界知名人士及南京鼓楼区、台湾文化艺术界知名人士等200多人出席。27~29日,"榕城'十老'第十回书法联展暨《榕城十老书法选集》首发式"在福州画院举行。

6月2日,福州画院王和平、郑大干等书画家到空军驻闽某部走访慰问,当场创作赠送10余幅书画作品。28日~7月4日,"红色印记"——纪念中国共产党成立90周年福州市美术、书法、摄影作品联展在福州画院举行,展出美术、书法、摄影等作品近200幅,省市领导及艺术界嘉宾300余人出席开幕仪式。

7月8~10日,"墨彩溢馨香——仓山名家书画回顾展"在福州画院举行,展出宋省予、蔡鹤洲、蔡鹤汀、林光、林子白、章友芝、郭德森、林鸿翥、刘松年、郑乃珖、杨启舆、陈启涛、陈明谋、陈德宏14名仓山区已故老一辈书画家作品71幅。11~15日,"第三届福建省书法篆刻作品展"在福州画院举行,展出部分评委作品、获奖作品、入展作品269件。25~27日,"庆祝中国共产党成立90周年——第六届福建青年美术作品展"在福州画院举行,展出美术作品200多件。经专家评审,评选一等奖15名、二等奖32名,三等奖66名。

8月1~3日,"中国将军、军地书画名家作品联展暨福建军旅书画院揭牌仪式"在福州画院举行,展出中国将军、省部级领导、军旅书画院成员及著名书画家作品近百幅,300余人参加开幕式。20日,赵跃鹏作品展在福州画院开展,为期5天,展出53件写意花鸟作品。

9月29日~10月2日,市人大书画院在福州画院举办"翰墨丹青颂祖国"书画展,展出85件各级人大代表、人大工作者、人大书画院成员作品。

10月,福州画院举办罗英画展等美术作品展览。13日,《吴桐森画集》首发式暨"艺海游踪"研讨会在福州画院举行,画展为期3天,展出吴桐森不同时期中国画作品60余件,画集为大八开式,收录作品近200篇幅。

11月5~8日,"水墨情韵——陈大明中国画展"在福州画院举行,展出作品40余幅。11月10日,"蒋昌忠、瑞永德、李午申、刘永顺美术精品展"在福州画院举行,展出4名画家作品100幅。19~23日,"感悟重生——百名画家进灾区,笔绘龙门新面貌"美术作品展览在福州画院举行,展出全国百名画家163幅艺术作品。

12月3日,"画坛巨擘·百年辉煌"——郑乃珖先生诞辰100周年纪念活动在福州画院开幕,纪念大会暨《画坛巨擘·郑乃珖精品集》《郑乃珖纪念文集》首发式在于山堂举行。

表39 **2011年度福州市文艺获奖情况**

获奖赛事	奖项	类别	获奖人及获奖作品
2009~2010年度国家舞台艺术精品工程	入选	闽剧	《王茂生进酒》(福州闽剧院)
第十二届中国戏剧节	优秀剧目奖、优秀表演奖	闽剧	《红裙记》(福州市艺术学校)
第二十五届全国"田汉戏剧奖"	一等奖首位	闽剧	《南归梦》(王羚、吴金泰编剧)
第九届全国舞蹈比赛	优秀创作奖	双人舞蹈	《青·恋》(林姝敏、邹洋)
华东六省一市首届"新红歌大赛"	创作金奖、表演、辅导银奖	女声表演唱	《总书记来到古田》(朱家麒作词、池小霞作曲、福州闽都合唱团表演)
福建省"说唱声声颂党恩"庆祝建党90周年曲艺创作征文评选	一等奖	评书	《梅园新村》(王晓智)
	二等奖	评话	《"弥勒"做生日》《灶公与猫仙》(黄宗沂)
		伬唱	《礼物》(王宇)
	三等奖	评话	《画粮票》(周兰)
		伬唱	《市长妈妈》(黄永东)

续表 39

获奖赛事	奖项	类别	获奖人及获奖作品
福建省第二十五届会演剧本征文比赛	优秀剧本奖	闽剧	林则徐复出》(陈元挺)
	剧本奖	话剧	《严复》(马文正)、《冬天后是春天》(金爱珠)
		闽剧	《春秋凤凰台》(马书辉)、《百蝶香柴扇》(周祥光)
	入围剧本奖	闽剧	《广陵散》(张英惠)
福建省近代以来重大历史题材美术创作作品展	入围参展	美术	《浩气长存》(刘兴淼)、《敢叫荒滩变绿洲》(张剑)
福建省首届"金钟花奖"声乐比赛总决赛	民族组一等奖	声乐	陈乃航、王春黎
福州市现代戏征文暨第二十二届戏剧剧本征文评选	二等奖(一等奖空缺)	戏剧剧本	《林则徐复出》《严复》《鸳鸯金铃》《冬天是怎样走到春天的》《悠悠寸草心》
	三等奖	戏剧剧本	《天演路》《梦之缘》《丽玉公主》《枪挑小梁王》《天下漆王》《复国记》《风雨彩虹》
	入围奖	戏剧剧本	《林祥谦》等7个剧本

(王 宇)

群众文化

【概况】 2011年,全市完成14个省级援建乡镇综合文化站建设,完成130个乡镇综合文化站改造完善工程,173个街道(乡镇)综合文化站和1336个农家书屋免费对外开放。在节假日期间,举办系列文艺演出,组织纪念建党90周年系列活动,开展"红歌进社区""90首红歌展演"等红歌学唱、传唱活动,举办第十三届海交会大型焰火民俗文艺晚会,完成三坊七巷水榭戏台接待演出和"闽江游"传统文化节目演出60多场,开展12场"走进美的小区"系列文艺演出活动,组织第十二届新福州人歌手赛、首届"激情广场大家唱"歌手大赛、第三届少儿故事大王比赛等群文赛事,开展合唱、舞蹈等免费艺术辅导及农村小学艺术扶贫工作,全年辅导3万多人次。轮训村级文化协管员、农家书屋管理员、"扫黄打非"义务监督员等基层文化队伍约1000人次。村级文化协管员培训工程入选全国公共文化服务体系示范项目。

【群艺赛事】 1月1日,由市委宣传部和市文新局主办,市群众艺术馆承办的"福州市第十一届新福州人歌手大赛"结束,参赛人数327人,30人进入决赛,来自湖南益阳、山东淄博、福建南平的3人分获县市组、院校组、城区组一等奖。

1月14日~7月1日,中国华艺广播公司与福州群众文化活动品牌"激情广场"四大团队("五一之声""唱响五一""温泉之声""中洲岛激情广场")携手推出以红歌大赛为主题的节目《超给力红歌大联盟》,活动范围覆盖福州市区,每周五12:00~13:00在中国华艺广播公司FM107.1频道节目中举行周赛。

5月14日,福州市首届少儿歌手比赛暨"红歌·红领巾"全省少儿歌手电视大赛福州赛区选拔赛在九日台音乐厅举行。分为幼儿组、儿童组、少年组3个组别,从各县(市)区300多名幼儿园、小学、初中在校学生中选拔产生。6月,福州市选送省赛的9人分获1金5银3铜。

5月22日,市文化新闻出版局主办、市群众艺术馆承办的第十一届福建省音乐舞蹈节福州赛区(群文组)选拔赛在九日台音乐厅举行,有声乐、器乐、合唱、舞蹈等项目38个作品参赛。

11月5日,第三届福州市少儿故事大王比赛在九日台音乐厅落幕。比赛由市群众艺术馆与各县(市)区文化馆共同举办,设幼儿、小学低年级、小学高年级3个组别,评选一等奖3名、二等奖8名、三等奖15名、优秀奖若干名。

【文化下乡活动】 1月12日,市文化新闻局组织市歌舞剧院、福州闽剧院、市图书馆和市林则徐纪念馆等单位,深入帮扶点闽清县桔林乡汤兜村开展文化下乡活动。市歌舞剧院和福州闽剧院举办文艺演出,林则徐纪念馆和市图书馆向该村文化活动室赠送电脑、液晶电视、录像机、音响、办公桌椅等设备及图书。

1月25日,市少儿图书馆在仓山区建新镇台屿村图书流通点开展新春下乡慰问活动。邀请6名书法家为村民义务书写春联500多幅;现场发放科普小册子500册、宣传品300多份;举办图书咨询、交流等延伸服务活动。

【"走进美的小区"演出】 该活动由市文化新闻出版局主办,市群众艺术馆承办,全年举办12场。其中1月14日,"走进美的小区"新春慰问演出在武警福建总队直属支队教导大队驻地举行。4月8日,"红歌进社区——百首红歌传唱活动"暨"走进美的小区"第84场"红歌嘹亮"晚会在金山香江明珠小区举行。9月9日,"走进美的小区"第88场"我们的节日——中秋"文艺演出在金山榕城广场举行。10月14日,"走进美的小区"第89场文艺演出在西湖晨曦广场举行。11月30日,"走进美的小区"晚会第90场在马尾新城马江剧院举行。12月9日,"走进美的小区"第91场演出首次走进农村,在仓山区城门镇樟岚村举行。

【春节国庆期间群艺演出】 2月3日,

市委宣传部、市文化新闻出版局主办，市群众艺术馆承办的“红红火火过大年——春节广场文艺演出”在“五一广场”上演，近万人观看。“美在西湖”新春专场文化活动在西湖公园举行，市歌舞剧院、市曲艺团、福州闽剧院献上闽剧折子戏、评话、伬艺、歌舞等节目。2月3~4日，福州闽剧院、市歌舞剧、市曲艺团在水榭戏台每天3场举办专场演出。2月5日，福州闽剧院青年演员在南后街光禄吟台开展闽剧服装、道具教学展示。2月3~8日，市曲艺团在八旗会馆举办“评话、伬艺新春演出”。2月10日，市文化新闻出版局主办的2010新春钢琴音乐会举行，张朝、卓见、连庆鸿、陈雅敏等14名国内重点音乐院校榕籍学子演奏《奏鸣曲第二、三乐章》《诙谐圆舞曲》《梅菲斯托圆舞曲》《波兰舞曲》《快乐岛》等世界经典名曲。2月12日，“我们的节日”——2011年新春民族音乐会上演，福州三山民乐团献上民族管弦乐合奏《春节序曲》《海西芳韵》《榕城盛会》，弹拨乐合奏《欢乐的节日》，笙独奏《挂红灯》等经典民乐。

国庆期间举办“美在西湖”闽剧专场、曲艺专场；曲艺书场八旗会馆福州评话、伬唱公益性演出；福州闽剧院剧场闽剧公益性演出等。10月1~2日，市文化新闻出版局和市委宣传部在五一广场联合主办庆国庆系列演出——“十月阳光”“祖国万岁”2场。

【红歌演出活动】 3月25日，市文化新闻出版局、省音乐家协会联合主办，市群众艺术馆承办的“红歌进社区——百首红歌传唱活动”在台江区上海街道东辉社区举办，拉开“百首红歌传唱活动”序幕。活动以传唱的形式高唱百首红歌，深入全市各社区、激情广场，宣传和推广福建省入围全国的“唱响中国群众最喜爱的新创作歌曲”36强作品《我要去延安》和两岸音乐人共同打造的《两岸一家亲》。

4月7日，省市歌唱家、优秀青年歌手在温泉公园，为4个激情广场活动点的歌友们献上《我爱你中国》《阳光乐章》《红旗飘飘》等经典红歌。

4月27日，市文化新闻出版局主办，市群众艺术馆、鼓楼区华大街道党工委承办的“红歌进社区文艺演出”在省体育中心举行，市歌舞剧院青年歌手与新疆昌吉州到榕交流艺术馆人员登台献艺。

5月14日，举行全省少儿歌手电视大赛福州赛区选拔赛。

5月10日，省音协和市文化新闻出版局联合主办，市群众艺术馆承办的“百首红歌进社区”活动在中洲岛激情广场举行。

5月18~22日，市文新局和省合唱协会联合主办、市群艺馆承办的“红歌献给党·第五届福州合唱音乐周”在于山九日台音乐厅举行，福州闽都合唱团、省合唱协会直属合唱团、省聂耳合唱团、福大至诚男女声合唱团、温泉公园激情广场、西湖之友、马尾马江之声等37支合唱团近2000人参加。

6月17日，市直机关党工委组织的庆祝建党90周年“颂歌献给党”合唱比赛决赛中，市文化新闻出版局合唱队演唱的《唱支山歌给党听》获50人以上组第一名。

6月27日，市委宣传部、市文化新闻出版局主办，市群众艺术馆承办的“福州市庆祝建党90周年合唱音乐会”在九日台音乐厅举行。福建榕树合唱团、省立医院女专家合唱团、省市编办合唱团等演唱《唱支山歌给党听》《毛委员来到我家乡》等经典红歌。

7月1日，市委宣传部主办，市文化新闻出版局、鼓楼区委宣传部承办的“激情跨越红歌飞扬”——福州市纪念建党90周年激情广场大型群众歌会在温泉公园举行，福清市分会场举办大型文艺晚会“旗帜颂”，12支合唱队伍同时在长乐人民会堂广场举行方阵合唱。

8月27日，市委文明办、市文化新闻出版局、福建腾新食品股份有限公司联合主办“爱国歌曲大家唱——第2届‘海欣鱼丸杯’福州激情广场文化节”在温泉广场启动，为期1个多月。首场展演上，5支合唱团队献唱《翻身农奴把歌唱》《保卫黄河》《九秩荣光共产党》《祖国给我理想》等经典红歌曲目。活动举办5场展演和1场总展演，约20支合唱团队1100多人次参演。

【民俗和群艺展演活动】 元宵节期间，市博物馆在福州文庙举办猜灯谜、免费鉴宝、国学讲座、汉服展演等系列活动。灯谜竞猜活动中，市博物馆和市灯谜协会推出5000余条趣味谜语；联合福州晚报举办第30场文物鉴赏活动，免费为50多人鉴定近200件文物；举办第30场国学讲座；组织传统汉族服饰展演，进行剪纸、扎红绳等技艺展示。

2月14日，由市委宣传部、市文化新闻出版局、市台办、市旅游局、仓山区委、区政府联合主办以“弘扬临水文化、促进两岸交流”为主题的第四届(福州)陈靖姑民俗文化节在闽江公园南园九龙壁广场开幕，海峡两岸20多座临水夫人宫观的千余名信众参加。台湾“九天民俗技艺团”表演“欢喜神童”，仓山区表演高湖舞龙舞狮、小彩婆"三十六婆官送平安"节目。同时举办《临水文化在仓山》首发式。

2月14~16日,举行"两马同春闹元宵"活动,活动于14日在马祖开幕,福州市各区县赠送给马祖的2181盏花灯和马祖自制花灯同时亮起,马尾赴马祖交流团56人与数千马祖乡亲共同参加马祖北竿塘岐村元宵节庆祝活动。第九届"两马同春闹元宵"音乐焰火晚会于16日在福州马尾举行,焰火表演分《春天的交响》《姹紫嫣红 "两马"同春》《同根同源 海峡情深》《盛世中华 "两马"同庆》4个篇章。

2月15日,长乐市委市政府主办,长乐市委宣传部等承办的长乐市第四届2011年民俗文化节文艺汇演在长乐市人民会堂举行。潭头镇民俗《潭头闹元宵》、江田镇闽剧《华光庙会》、鹤上镇民俗《迎亲》、航城街道抬阁和童谣表演等节目参演。

2月17日,2011年福州四大元宵灯会(三坊七巷、五一广场、闽江公园、马尾)落幕,观灯人数230万人次。

5月18日,第十三届海峡两岸经贸交易会、第八届中国福建商品交易会大型民俗焰火文艺演出"炫舞飞歌耀闽江"在闽江公园望龙台演出,五城区10多支民俗表演队伍和专业艺术院团近800名演员参加演出。

9月9日,在福州电视台《城市能见度》栏目举办的"文明社区,和谐福州""中秋情系老同志"活动中,福州闽都国标舞艺术团应邀在连翔社区老人院表演摩登舞《晚霞争艳》、拉丁舞《生命之歌》等节目。

10月22日,在第三届福州市直机关运动会开幕式上,闽都国标舞艺术团表演体育舞蹈节目《争艳》。

【艺术与业务培训】 1月7日,市群众艺术馆礼堂举行2010年度艺术培训学员汇报演出。激情广场大家唱活动点、福州闽都合唱团、福州闽都舞蹈团的学员们表演舞蹈、合唱、联唱、钢琴四手联弹、少儿电子琴合奏等节目。

4月9日,市群众艺术馆主办的福州闽都国标舞艺术团正式成立,光明港拉丁舞队和摩登舞队、星光灿烂拉丁舞艺术中心等艺术团现场进行汇报演出。福州闽都国标舞蹈艺术团分为拉丁舞班和摩登舞班,团员年龄最大64岁,最小7岁。

5月12日,市群艺馆2011年上半年激情广场舞蹈骨干培训班在小剧场开班,全市各激情广场活动点的30多名舞蹈骨干参加培训,培训班每周授课一次,每次2课时,连续5周。新疆昌吉州群众艺术馆到市群艺馆交流学习,教授学员维吾尔族舞蹈基本动作。

9月4日,开办福州市2011年下半年"激情广场声乐骨干提高班"。

9月7日,市文新局与省艺术馆联合主办的2011年全省综合文化站站长(福州地区)培训班(第1期)在台江区文化馆开班,鼓楼区、台江区、仓山区、晋安区、闽侯县、闽清县、永泰县等区县的80人参加培训,省艺术馆、省稽查总队专家分别授课。9月8日,在马尾区马江剧院举行第2期培训,马尾区、福清市、长乐市、连江县、罗源县等县市(区)综合文化站站长72人参加。

11月4日,2011年第1期村级文化协管员暨农家书屋管理员、扫黄打非义务监督员培训班在福清市文化馆开班,福清市、长乐市、闽侯县3个县(市)的150名村级文化协管员、农家书屋管理员、扫黄打非义务监督员参加培训。

11月8日,仓山区文体局在区老干局举办文化站站长、农村文体协管员培训班,城门、建新、盖山、仓山、螺洲、金山等镇街的102名文体协管员及各镇街文化站站长参加"辛亥革命在福州"专题讲座和文物保护、民俗文化传承等内容培训。年内仓山区举办9期文化站站长、农村文体协管员培训班。

【文化馆站建设】 3月,市文化新闻出版局制定、下发《福州市乡镇综合文化站管理考评暂行办法》,从组织保障、经费保障、运行保障、活动开展4个方面对全市乡镇综合文化站管理、运行进行综合考评。乡镇综合文化站评定分为3个等级,并进行授牌,文化站建设补助资金向评定为"一级"的乡镇综合文化站倾斜,要求未达级的乡镇综合文化站限期整改。

6月14~15日,省文化厅文化馆评估定级考评组到榕开展文化馆评估定级复评,抽查复评市群众艺术馆、鼓楼区文化馆、仓山区文化馆、台江区文化馆、晋安区文化馆、马尾区文化馆、长乐市文化馆7家单位。对福州市各级文化馆近几年的工作及此次评估定级工作给予肯定。

(王 宇 林 楠)

文化市场

【概况】 2011年,全市有娱乐场所665家、音像店220家、网吧664家、书店851家、民间职业剧团140家,有诺亚方舟娱乐连锁等一批大中型文化娱乐企业。年内市及各县(市)区分别成立文化市场综合执法队伍。

【市场安全检查】 市文化新闻出版局出动867人次,对全市文化娱乐场所消防安全进行检查,检查场所338家次。其中市社会文化管理办公室出动798人次,检查市(区)属娱乐场所266家次,发出整改通知书76份。

【网吧管理】 以打击违规接纳未成年人进入网吧为重点,整治网络文化市场,查处取缔黑网吧77户,查封违法经营场所18处,没收电脑主机860台、显示器810台,罚没款18.77万元,配合电信部门切断70户黑网吧信号。1月,市文化新闻出版局与市公安局联合下发《关于进一步加强网吧管理工作的通知》,打击全市网吧违规接纳未成年人、超时经营、超台数经营等违法违规经营行为。7~8月,开展暑期网吧专项整治行动,8月中旬采取暗访督导及交叉检查等方式,开展创建全国文明城市网吧迎检巩固专项整治行动。建成市级网吧视频监控平台,9月1日,总投资近100万元的市网吧监控平台正式运行,同时建立网吧监控平台值守、登记、处置制度,至年底,网吧监管软件安装上线率逾80%,五城区文体局实现对辖区网吧的网络实时监控。

完成全市664家网吧换证工作,对未按规定安装、使用网吧监控平台软件和报停时间较长以及与因学校原因与中小学距离不足200米,经限期未完成搬迁整改的网吧予以暂缓换证,对暂缓换证的网吧要求其承诺在一年内选址重新开业,逾期未完成的注销其网络文化经营许可证。

【市场稽查与综合执法】 市文化新闻出版局下发《关于进一步加强电子游戏娱乐场所内容监管的通知》《关于开展娱乐场所等文化市场专项整治的通知》等文件。对县域文化市场进行检查,派专人驻县指导查办重大案件,检查经营单位80家次,查处违规单位3家次。市文化市场综合执法支队受理"12318"文化市场举报热线投诉电话212起,出动执法人员4197余人次,检查各类经营单位8170家次,立案76起,处罚违规经营单位76家(移交县区吊证2家)。4月1日~7月31日,在五城区开展为期4个月的娱乐场所等文化市场专项整治。4月9日~9月15日,市文化市场综合执法支队出动1200多人次,检查2000多家次,督导组发出整改通知书420份,查处违规单位133家次,罚款87.6万元。聘请285名基层干部群众为扫黄打非义务监督员,定期组织义务监督员与市文化市场稽查队伍联合检查。市文化市场综合执法支队参评的3份卷宗中,2份获省文化厅执法卷宗评比一等奖,1份获三等奖,其中1份获全国文化市场综合执法卷宗评比三等奖。

【第四届海峡两岸文博会】 11月,第四届海峡两岸(厦门)文化产业博览交易会福州市有53个签约项目,签约额总计76.362亿元,其中上台签约10项、签约额25.96亿元;招商项目32项,总投资177.958亿元;参展企业15个;重要客商5家。市直部门、各区县及部分企业参展观摩总人数270多人,参展规模为历届之最。

【培训和宣传】 市文化新闻出版局组织政策法规、办案技能、执法文书等相关业务技能培训班4期,参训人员150余人次,组织联合执法30余次。10月13日,举办全市文化市场综合执法办公系统培训班。10月下旬起,在各区县开展"新形势下做好文化市场综合执法工作及执法队伍建设"专题调研活动。

年内发放网吧文明经营倡议书300多份,编印《文化市场执法讯息》简报20期。组织新闻媒体集中曝光有影响的文化市场案件,3月15日省电视台新闻频道《现场》栏目,3月16、17日福州电视台新闻"110"和福州新闻频道,分别报道市文化市场综合执法支队夜查网吧情况;3月17日福州晚报刊登《文化执法部门夜查网吧超时上网》,18日福州日报刊登《我市加快建设网吧监控平台,6月前可全部建成》等报道。

(周　兰)

非物质文化遗产

【概况】 2011年,举办海峡两岸民俗文化节展演活动,开展第六个"全国文化遗产日"宣传展示活动,组织闽剧、评话和伬艺等国家非物质文化遗产项目展演,举办非物质文化遗产展板展示,宣传《非物质文化遗产法》。举办"两马同春闹元宵"、第四届(福州)陈靖姑民俗文化节、2011年福州四大元宵灯会及各类民俗文化活动。福建海峡寿山石文化研究院成为福建省首家入选第一批国家级非物质文化遗产生产性保护示范基地。

【第二批中华老字号名录】 2月,福州市聚春园、同利肉燕、老卤酱鸭、永和鱼丸、老天华乐器等8家企业上榜商务部公布的第二批中华老字号名录。至年底,全市有10家中华老字号企业。

【"中国民间文化艺术之乡"】 11月15日,福清市(闽剧)、鼓楼区(南后街花灯)、晋安区(寿山石雕)、晋安区新店镇(腰鼓)4家单位被授予文化部2011~2013年度"中国民间文化艺术之乡"称号。

【全国第六个"文化遗产日"宣传活动】 6月1~15日,市文化(文物)部门以"文化遗产与美好生活""依法保护,重在传承"为主题,开展一系列宣传全国第六个"文化遗产日"展示活动。在全市各级文化场所悬挂横幅,宣传文化遗产保护工作,庆祝《中华人民共和国非物质文化遗产法》正式实施;在福州闽剧院、市曲艺团、林则徐纪念馆等文化场所举办闽剧、福州评话、福州伬艺等国家非物质文化遗产项目展演活动;在福州五一广场古城墙前举办非物质文化遗产展板展示活动;在福州三坊七巷举办"文化村官非遗视角"摄影展。

【非物质文化遗产保护】 福建海峡寿山石文化研究院入选第一批国家级非物质文化遗产生产性保护示范基地名单,成为福建省唯一入选项目。至年底,福州市传承软木画有限公司、福州传统脱胎漆器保护基地成为省级生产性保护示范基地。年内实施"文化遗产保护工程",修复完成各级文物保护单位24处。三坊七巷社区博物馆成为全国首批生态(社区)博物馆示范点。完成《三坊七巷申报世界文化遗产突出普遍价值研究报告》《朱紫坊文化遗产保护规划》和三坊七巷申报世界文化遗产预备名录所需申报文本和保护规划纲要编制工作。159处文物点列入国家涉台文物保护名录省推荐名录。进行闽王墓、罗源陈太尉宫等涉台文物保护工程,完成闽王祠修复工程。配合市水环境公司于国庆前完成白马河两岸文化景观雕塑作品及晋安河文化景观雕塑作品征集、评审工作以及淮安地区文物点保护修复方案编制工作。

【非物质文化遗产宣传展示活动】 组织"非物质文化遗产进高校"及闽剧、评话、伬艺专场展演。多项非物质文化遗产项目参加省非物质文化遗产展览,多名非遗专家和传承人参加第四届海峡两岸(厦门)文化产业博览交易会的非物质文化遗产论坛。

(王宇林　楠)

文化交流

【概况】 2011年,榕台文化互动持续深入,各类文化交流日益频繁。连续第9年组织文化交流团赴马祖参加"两马同春闹元宵"联欢活动。在台湾新竹市举行第四届海峡两岸合唱节，在台中市、高雄市举办歌舞剧《开闽王》交流演出。组织“爱我中华、情系两岸”书画联展、海峡两岸摄影名家聚焦福州摄影展、首届“笔墨家园”三地书画名家邀请展、黄山市书画院画师作品展等艺术交流展览。

【内地书画作品交流展】 陈云画作巡展 1月15～21日，由南昌画院、福州画院主办的“寂寞之墨——陈云画展”在南昌美术馆举行，4月19～25日，由福州画院、山西艺术研究创作中心、太原画院联合主办的同题画展，在山西省文艺大厦展览馆展出。9月9日，由福建博物院主办，福建积翠园艺术馆、福州画院承办在福建博物院积翠园艺术馆展出。画展展出陈云在不同阶段创作的国画作品50余幅。至12月，该画展在上海、南京、福州、合肥、厦门、南昌、长沙等地举行。

柯桐枝花鸟画展 9月15～20日，湖南省美术家协会、福建省美术家协会、湖南省花鸟画家协会、中国美协湖南创作中心、福州画院主办的“和祥盛世·共享花香——柯桐枝花鸟画展”在福州画院举行。

西安美院水墨作品邀请展 12月10～14日，西安美术学院、福州画院共同主办的“学院立场——西安美术学院5人水墨作品邀请展”在福州画院美术馆举行，展出西安美术学院刘永杰、姜怡翔、李阳、刘丹、李云集5名画家近期46幅作品。

【海内外书画作品交流展】 6月17日，“相聚福州——海内外书画家作品交流展”在福州画院举行，参展书画家为市政协书画院和市海内外书画家联谊会特聘画师，其中23人来自中国台湾、香港地区及新加坡，展出作品近200幅。

9月6～8日，美国纽约画院院长、长乐籍女画家张立君“在水一方”画展在福州画院开展，展出60件作品。

11月10～13日，省收藏家协会、福州园宝斋连锁艺术机构联合主办“朝鲜印象——朝鲜当代美术（山水）精品展”在福州画院举行，展出4名当代朝鲜功勋级画家安秀、崔官玄、李银光、南光赫等美术山水100幅。

【两岸文化交流活动】 2月13日，福州“两马同春闹元宵”交流联欢团赴马祖，为期3天。56名交流联欢团员表演《钱棍舞》《林冲夜奔》等7个传统闽剧节目，在马祖参加“元宵点灯仪式”，与北竿民众大联欢，拜会马祖知名人士。2月16日，近500名台湾乡亲从马祖到马尾，参加“两马同春闹元宵”活动。

2月16日，市委宣传部主办、市文化新闻出版局承办、各县（市）区宣传部协办的两岸重大文化交流项目——2011（福州）海峡两岸民俗文化节展演活动在福州大戏院举行。

4月29日～5月1日，中国音乐家协会、福州市人民政府、台湾新竹市政府共同主办，福州市文化新闻出版局、台湾新竹市文化局、中国音乐家协会合唱联盟联合承办的“为了艺术，为了爱”第四届海峡两岸合唱节在台湾新竹市举行，海峡两岸18支合唱队及4支童声展演队1100多人参加。

5月19～21日，“笔墨家园·相聚海西”两岸三地名家书画大型邀请展首站活动在福州画院举行，以“笔墨家园”为主题，分为福州、台北、纽约3站，展出福州、台北、纽约20名书画名家80余幅作品。

6月8日，“闽台佛教书画联展”在福州画院开幕，开启“第三届海峡论坛·闽台佛教文化交流周”活动，两岸佛教界大德法师及信众数百人出席，展出作品150多幅，其中台湾作品70多幅。

11月26日，台湾书法家廖舜瀰个人作品展在福州画院举行，由市美术馆主办，市书法家协会、春海堂美术馆协办，展出大篆、小篆、隶书、行草书等作品近百幅，其中有五屏条、八屏条、十六屏条巨幅作品。

（王 宇）

文物 博物

【概况】 2011年，福州市投资近4亿元，修复闽王祠、独立厅等12处文物保护单位，修缮“三坊七巷”蒙学堂等66处历史建筑，相继开放南后街宗陶斋、光禄吟台周哲文艺术馆等9处院落。福州市属文博馆所举办专题展览及文物鉴赏、国学讲座等活动137场（次），参观人员155.6万人次。其中专题陈列展览16场、文物鉴赏活动10场、博物馆所进校园19所、博物馆所进课堂活动15次、夏令营2场、国学讲座69场。开展免费讲解7107场次，培训义务讲解员和志愿者152名。对台、澳文物、学术交流4批次。修复对联4副，中堂5幅，信札20张。

省市侨联将福州辛亥革命纪念馆命名为“福建省侨联爱国主义教育基地”。林则徐纪念馆被省纪委、省监察厅授予“第一批全省廉政教育基地”称号，市博物馆获评市委文明办颁发的“福州未成年人思想道德建设工作先进集体”，市博物馆、林则徐纪念馆被市委文明办、市教育局授予“福州市青少年学生第二课堂”称号，林则徐纪念馆被团市委、市党史办、市老促会、少先队福州市工委授予“福州市青少年革命传统教育基地”称号，市博物馆宣教部获市总工会颁发的“五一先锋岗”，林则徐纪念馆公众服务部获市妇联授予的“巾帼文明岗”称号。

【三坊七巷文物保护修复工程】 年内投资近4亿元，修复黄任故居等6处文物保护单位，修缮蒙学堂等66处历史建筑。至年底，修复25处文物保护单位和105处历史建筑。同时吸引民间资本投资，相继开放南后街宗陶斋名人字画展、光禄吟台周哲文艺术展、郭柏荫故居等9处院落或展览。

8月24日，国家文物局局长单霁翔、副局长宋新潮参加福州三坊七巷社区博物馆揭牌仪式。三坊七巷成为首批生态（社区）博物馆示范点（全国5个）。

【三坊七巷、福建船政申报中国世界文化遗产预备名单】 三坊七巷基本保留唐宋以来古老的坊巷格局，是中国古代坊巷制度延续至今保存最完整的历史街区。5月10日，国家文物局召开世界文化遗产地申报工作专家审查会，对“三坊七巷”申遗项目进行技术审查。继续委托北京清华城市规划设计研究院文化遗产保护研究所对申报文本和保护规划进行修改、完善。

福建船政是洋务运动时期中国引进西方先进设备和技术创办的规模最大的

造船军工企业。在北京清华城市规划设计研究院文化遗产保护研究所指导、参与下，马尾区政府和市文物局联合编制中国近代工业遗产——福建船政申遗文本，并委托北京清华城市规划设计研究院文化遗产保护研究所编制保护规划。

12月底，福州市向省文化厅、省文物局上报三坊七巷和中国近代工业遗产——福建船政的申遗文本和保护规划。

【开展仿古福船概念性设计方案工作】 福船是中国“四大古船”之一，郑和下西洋、中国册封琉球国等均使用福船。其水密隔舱制造技术列入联合国教科文组织非物质文化遗产名录。为增加白马河等内河游的文化内涵，2月27日起，市文物局对仿古福船进行前期研究论证。3月，市文物局通过《福州晚报》2次向社会各界征集与福船有关的资料、图片和线索等。同时邀请福州古船研制工作室、福州闽船文化研究工作室和浙江省舟山岑氏木船制造有限公司编制仿古福船概念设计方案。5月，福州古船研制工作室编制的福船(封舟)、仿古福船式闽江游船和仿古福船式内河游船概念设计方案入选。由鼓楼区政府、台江区政府分别建造3艘仿古福船式白马河游船投入运营。

【开展内河文化内涵挖掘工作】 6月，市文物局在《福州晚报》上向全社会征集与白马河、晋安河有关典故、民间传说、历史故事、重要事件、相关名人以及白马河、晋安河沿岸的风土人情、宗教信仰、民俗节庆等文字资料(含图片、影像资料等)。同时邀请文物、民俗、旅游等方面专家对白马河等内河的历史文化内涵进行深入挖掘、论证、提炼，将有关内容编入导游词，并评选出《晋安河的故事》《白马河畔的记忆与典故》等4篇优秀文章。

经挖掘、提炼白马河文化内涵，邀请中国美术学院上海易鼎雕塑景观设计有限公司、福州美术家协会雕塑委员会、九龙雕塑设计3家设计单位编制白马河雕塑概念性设计方案。同时会同市水环境建设开发公司委托上海易鼎雕塑景观设计有限公司、福州立青文化艺术有限公司联合(由林靖领衔)设计制作雕塑作品“白马三郎”“缺哥望小姐”“拿公一字救万民”，委托福州美术家协会雕塑委员会监制、福州市晋安区艺都园林有限公司(由程俊华领衔)制作“白马河里厍浦乐”“白马河畔洗衣乐”，5组作品于12月31日完成并在白马河畔树立。

经挖掘晋安河文化内涵，专家提炼出10个雕塑作品主题。通过报纸、广播、网站等新闻媒体向社会有奖征集这些雕塑作品主题设计方案，同时邀请福建师大雕塑艺术研究所所长、雕塑教研室主任、教授徐志坚，北京服装学院造型艺术系副教授邓柯，上海易鼎雕塑景观设计有限公司林靖编制雕塑作品设计方案。经公开征集和邀请，收到19个单位(个人)创作的69件雕塑作品设计方案。12月底，邀请中央美术学院雕塑系公共艺术工作室主任教授秦璞、清华大学美术学院雕塑系教授许正龙、《雕塑》杂志执行主编宋伟光到榕对上述69件作品设计方案进行评审。经评审，专家推荐10组雕塑作品，并评选出6组优秀作品。

市民参观“陈世善雕塑艺术作品展”插文物博物。

【开展涉台文物保护】 2月，向省文物局提出申请，要求将新发现的212处涉台文物增补列入国家涉台文物保护名录。经审查，有166处文物点列入国家涉台文物保护名录。

闽王祠修复工程，3月进场施工，修复闽王祠后进建筑，12月底工程完工，并通过省文物局验收。

年内修复省级文物保护单位福州商务总会旧址之八角亭、高氏文昌阁、市级文物保护单位独立厅。编制完成全国重点文物保护单位罗源陈太尉宫、闽侯灵济宫碑亭、省级文物保护单位仓山区安澜会馆的修复设计方案。

【完成闽王墓修复工程】 闽王墓位于晋安区新店镇斗顶山，因年久墓体部分出现开裂。年内省文物局拨款50万元，市文物局组织施工同时进行环境整治和绿化。年底，闽王墓修缮工程通过省文物局验收。

【金斗桥考古发掘】 10月起，为配合三坊七巷申遗工作，福建博物院与市三坊七巷管委会、市文物考古工作队组成联合考古队，对文儒坊西段、金斗桥西侧原垃圾转运站地块进行抢救性考古发掘，发掘面积近1300平方米。经发掘，发现水井44座、灰坑42座、房基4座以及唐宋时期城墙、木质挡墙及巷路遗迹等，出土有钱纹砖、瓦当、板瓦等建筑构件和青花瓷、青瓷、黑釉瓷、青白瓷等瓷器，器形有盘、碗、碟、瓶、豆、执壶、瓷枕、器盖等。发掘为探索三坊七巷形成及演变和福州古代的城市变迁提供重要线索。

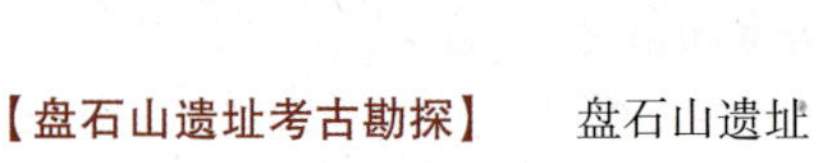

【盘石山遗址考古勘探】 盘石山遗址

位于晋安区新店镇盘石村,1988 年 1 月普查时发现,出土物多为商周时期遗物。为了解地下文物分布情况,5 月 10 日 ~6 月 21 日,市文物考古工作队对"琴亭新区七期"项目选址红线图范围进行考古勘探、试掘,试掘面积达 270 平方米。发现 1 座商周时期墓葬及宋代的 2 个灰坑和 1 条沟,出土陶罐 1 件,陶豆 1 件、一定数量的青瓷片、青白瓷片和少量的商周印纹硬陶片。经考古,基本探明盘石山遗址的主要分布范围,理清遗址的核心范围和非核心范围。出土的陶瓷标本为研究古代陶瓷制造业提供实物资料。

【博物馆展览】 福州古民居选萃展 1 月 1 日,市博物馆与福州大学建筑学院联合在华林寺大殿举办,展出中国古建筑基本知识、福州古民居特点、福州古民居选萃等。

馆藏文房用具展 1 月 1 ~20 日,举办文房雅趣—馆藏文房用具展,展出从南朝至民国的 200 多件文房用品,包括古砚、笔筒、镇纸、笔洗、印章等。

陈世善雕塑作品展 1 日 ~2 月 28 日,举办陈世善雕塑艺术作品展,展出作品 586 件,有佛像、神像、鬼怪造型;亲友、家人肖像;世界名人面具、瓦当造型、壁饰壁挂、罗汉头像、人面泥哨、活动面具、傩面具等。其间,陈世善现场进行泥塑表演及教授,接待观众 5 万多人。

福州工艺瑰宝展 2 月 20 日 ~3 月 20 日举办,展出工艺美术大师吴芝生、潘发清、陈健、陈友新、林中乔等创作的 50 多件工艺美术作品,包括脱胎漆器、软木画、根雕等颇具福州特色的民间传统文化艺术作品。

福建嘉德工艺精品展 3 月 24 ~29 日举办,展出由福建嘉德拍卖有限公司提供的 95 件汉代至清代的玉器、瓷器、犀角雕等,其中有 1 尊经中央电视台鉴宝栏目及故宫博物院专家鉴定确认的清代老坑翡翠观音雕件。

福州沿海水下文化遗产保护专题展 4 月 23 日举办,展出从近 2 万件福州沿海出水文物遴选出的 200 余件精品,其中多数展品为"碗礁一号"出水的清代康熙年间青花瓷上品。

全省革命文物联展 6 月 11 日 ~9 月 30 日,市博物馆、林则徐纪念馆举办"八闽丰碑——纪念中国共产党诞辰 90 周年全省革命文物联展"。展览以历史记载和图片展示中国共产党党史及福建人民在中国共产党领导下的斗争史,主要内容包括:星火燎原、革命怒火、抗日烽火、迎接解放。

景德镇陶瓷艺术展 7 月 1 日 ~8 月 31 日,市博物馆和景德镇陶瓷馆联合在市博物馆举办"辉煌历程 瓷韵馨香—建国以来景德镇陶瓷艺术展",展出景德镇陶瓷馆藏的 1949 年以来景德镇生产的陶瓷艺术品 109 件(套)。

市博物馆馆藏文物精品展 8 月 18 日 ~9 月 17 日,由市文化新闻出版局和新疆奇台县文体局主办,市博物馆、新疆奇台县博物馆承办,在新疆奇台县博物馆举行,展出福州市博物馆馆藏的 71 件文物,包括寿山石雕、平潭碗礁出水文物、福州名人字画等。

辛亥革命福州文献文物展 9 月 29 日 ~10 月 29 日,市博物馆和省收藏家协会联合在市博物馆举办"纪念辛亥革命一百周年收藏文献 · 文物展",展览介绍广东会馆、蒙学堂等 10 处福州辛亥革命史迹,展出 300 多件有关辛亥革命的文物和文献资料,包括清宣统年间至民国初年的钱币和邮票、陈海瀛纪念吴适手稿、建国大纲、铁道部收回广东粤汉铁路公债券、中华民国元年中国社会党规章、宣告及吴适生前用过的画屏、印盒等,2 万多人参观。

【元宵节活动】 2 月 13 ~17 日,市博物馆在在福州文庙开展元宵节活动。市博物馆和市灯谜协会推出 5000 多条谜语,进行传统灯谜竞猜;与《福州晚报》联合举办文物鉴赏活动,邀请省文物鉴定组专家林存琪、周端为 50 多名市民鉴定近 200 件文物;开展传统剪纸、扎红绳子活动;联合福建汉服天下进行汉服表演,展示 12 套传统汉族服饰。活动接待游客 5.6 万多人。

【举办"缅怀先烈,共享红茶"沙龙活动】

9 ~12 月每周五下午,林则徐纪念馆与元泰红茶集团举办 12 期"缅怀先烈,共享红茶"沙龙活动,每期沙龙都有社会知名人士或中国台湾地区、海外茶人参与。参与人员边品红茶,边听取林则徐精神和人格魅力的介绍,并参观"纪念辛亥革命百年,共享红茶世界"主题图片展。

【举办"2011 · 福州金秋博物馆节"】

11 月 4 ~6 日,市博物馆举办"2011 · 福州金秋博物馆节"。期间,演出歌舞、闽剧、曲艺等 3 个专场;举办科普、民俗、亲子 3 个专场活动,有软陶制作、折环保花、亲子绘画大赛等;开展鉴宝、谜语竞猜、福建商专学子共庆博物馆节专场、国学讲座、寿山石专题讲座、文博小志愿者现场讲解观摩培训、少儿绘画大赛等活动,接待游客 3.8 万多人。

【举办"牵手市博 欢聚周末"活动】

3 月 19 日起,市博物馆与共建单位、共建学校合作,开展平均每周一期的"牵手市博 欢聚周末"系列主题活动。年内举办 22 场,活动分为工艺秀场和文化工场,其中工艺秀场包括手工剪纸、串珠编制、丝网花制作、陶艺捏制、漆画制作、布艺"爱心鞋垫"缝制、机器人展演互动等,文化工场包括儿童话剧、舞蹈、歌唱等表演及中英文绘本阅读等。

【开办国学讲座】 1 月 15 日起,市博物馆与市教育局、福建众人公益社团等社团合作,邀请柯远扬、赖文龙、王国英等老师,平均每周在福州文庙举办 1 次国学讲座,讲授《弟子规》《论语》《儒学精粹》等国学经典、诗词赏析。每场听众均逾 100 人,全年举办讲座 69 场,观众逾 6000 人。文庙儒学讲坛成为传播国学文化精粹,弘扬闽都文化,解读名城福州历史文化的新平台。

【开展陈列展板进校园活动】 市博物馆继续开展博物馆流动大教室——陈列展板进校园活动,全年开展 11 场,学校包括福大阳光学院、师大附小、十六中学、格致中学、师大附中、法海小学等。活动采取展板解说和学生互动形式,介绍福州的历史内涵、名人轶事、风土人情等,展示福州传统文化。

【鉴宝活动】 市博物馆和福州晚报社联合,每月 1 天在市博物馆或福州文庙举办免费鉴宝活动,邀请省文物鉴定组

免费鉴宝活动

林存琪、周端、林忠干、陈赞尧等专家为市民免费鉴宝。年内举办10次鉴宝活动,鉴定3000多件收藏品,包括有陶瓷、字画、铜器、寿山石、玉器、杂项等,其中发现有清末状元、外交家洪钧的书法,民国时期名家胡佩衡制作的象牙扇等具有一定文物价值的收藏品。

【两岸交流活动】 2月3日~4月30日,由市委宣传部、市文联主办,福州日报社、市广电集团、市林则徐纪念馆和市摄影家协会联合承办,在林则徐纪念馆举行主题为“海峡两岸摄影名家聚焦福州”的第二届海峡摄影展,展出海峡两岸14名摄影名家的82幅作品。

3月12日~5月12日,由省新闻摄影学会、省华侨摄影学会主办,市林则徐纪念馆、市摄影家协会和EOS俱乐部联合承办,在林则徐纪念馆举行“会会新疆”专题摄影展,展出来自福建、香港和台湾20多名摄影家的近100幅作品。

5月12~18日,市林则徐纪念馆在中国台湾台北市参加由中华两岸旅行协会举办的“2011台北两岸观光博览会”推荐会,向台湾民众推介林则徐纪念馆和福州的林则徐史迹。

【讲解员比赛获奖】 9月23~28日,选派8名讲解员参加省文物局主办、厦门陈嘉庚纪念馆承办的“纪念辛亥革命100周年“嘉庚杯”讲解员比赛。市博物馆卞琼怡、市林则徐纪念馆林毓鑫、三坊七巷社区博物馆师翠翠获三等奖,市文物局获“组织奖”。

(陈毓彪)

新闻出版

【概况】 2011年,福州市有出版物(电子出版物、音像制品、报纸、期刊、图书)发行经营单位856家,销售总额14.2亿元,从业人员近4000人,其中出版物(报纸、期刊、图书、电子出版物)发行经营单位648家,包括总发行企业1家。出版物(含电子出版物)批发企业88家,连锁经营企业2家(网点99家),网上书店1家,各县(市)区出版物发行零售单位558家;拥有专业出版物的批发市场1家(福州海峡出版物批发市场),入驻出版物批发企业45家,营业面积近5000平方米;音像制品发行经营单位208家(音像制品批发连锁经营单位16家),各县市区从事音像制品零售192家。

有印刷企业520家,其中出版物印刷企业61家,出版物(专项)印刷企业26家,包装装潢印刷企业266家,其他印刷品印刷企业167家;注册资本21.9亿元,资产总额75亿元,工业总产值59亿元,利润总额1.7亿元,全行业从业人员近2万人;产值超亿企业9家,产值1000万元以上93家,主要分布在鼓楼区、仓山区、金山区、晋安区、福清市5个区(市),形成3个印刷产业聚集区,分别位于鼓楼区、福州金山工业区和福清印刷企业聚集区。

有侨刊乡讯9份,其中周报《福清侨乡报》《吴航乡情》《海峡时报》《梅城报》《福州晚报·海外版》5份,双月报《闽侯乡音》《涌泉乡音》《青芝乡讯》3份,季刊《闽都文化》1份。有内部连续性出版物23份,包括《福州工商金融》等1份半月刊,《福州港》《福州共青团》《福州宣传》等4份月刊,《福州社会科学》《福州工运》《福建二建》《福州党风廉政之窗》等6份双月刊,《高职研究》《福州城市科学》《福州统计》《税务》等11份季刊。

【打击非法出版物】 全年出动执法人员5239余人次,取缔地摊游商150家次,收缴各类非法出版物2.9万余本、盗版碟片4.5万余片,开具整改通知单332份,罚款47万余元。

1月,市文化市场综合执法支队联合市公安局治安支队开展打击六合彩类非法出版物专项行动,查获六合彩类非法出版物1.6万余张。

3月23日,市文新局(版权局)查处福建永强力加动力设备有限公司和福清茂利电子有限公司侵权PROIE软件案件。

4月22日,福州市2011年侵权盗版及非法出版物集中销毁活动在金山剧院广场举行,集中销毁盗版及非法出版物72万片(册)。

6月~9月,在“花鸟市场”收缴非法书刊134册。

8月10日,市文化市场综合执法支队与市公安局上海派出所联合捣毁博美诗邦和大利嘉城制售盗版音像制品窝点,分别查获盗版音像制品2000多张和5000多张。

9月初,市文化新闻出版局组织开展中小学教辅材料(包括图书、报纸、期刊、音像制品、电子出版物等)出版、印刷、复制、发行情况专项整治行动,出动执法人员390人次,查处并取缔无证无照经营单位36家,没收盗版书籍2534本,查缴盗版音像制品7177张,收缴各类淫秽等非法书刊93册。9月下旬,市文化市场综合执法支队破获1起利用网络(淘宝网)出售非法境外图书案件。

10月8日，市文化市场综合执法支队配合省新闻出版局稽查总队取缔鼓楼区杨桥路东方百货1家无证经营书店。14日，市文化市场综合执法支队联合市公安局苍霞派出所，在台江区一无名店内，查获涉嫌非法音像制品3436片；捣毁位于博美诗邦和大利嘉城制售盗版音像制品窝点，查获盗版音像制品7000余张。

11月，罗源县扫黄办查处1起涉嫌非法出版刑事案件。

年内，永泰县扫黄办组织公安、文化等部门查处2家非法经营单位，收缴盗版光盘5047片。

【培训与交流】 1月7日，市文化新闻出版局召开2011年新闻出版企业年度核验工作暨统计年报工作会议，各县（市）区文体局负责人、印刷企业代表、发行企业代表约400人参加。8月11日，举办出版物印刷企业专项检查迎检工作动员部署会，全市出版物印刷企业负责人约60人参加。9月26～28日，省新闻出版局在市行政学院举办全省绿色印刷和印刷法规培训班，市印刷企业、生产经营部门、申报绿色印刷有关企业负责人等60人参加。10月13日，题为“调结构、促升级、谋发展”的2011年全省印刷业发展经验交流会在泉州晋江召开，福州市新闻出版主管部门、印刷协会、企业代表参加。11月24日，省新闻出版局在福州市梅峰宾馆举办全省出版物批发（连锁）企业负责人法规培训班，福州市出版物（含音像制品）批发（连锁）企业法定代表人和主要负责人93人参加。11月29日，市文化新闻出版局组织市15家印刷企业到福清印刷工业园区实地参观考察，该园区被列入福清市文化产业“十二五”规划重点建设产业基地。

【农家书屋】 3月11日，“建设800家农家书屋，实现每个行政村建1个农家书屋”被列入2011年市委、市政府为民办实事项目。至年底，全市2195个行政村全部实现1村1家农家书屋目标，比全省规定时间提早一年完成。

6月，在长乐市农家书屋“双十佳”评选中，古槐镇中街村等10家入选“十佳农家书屋”，王金勇等10人当选“十佳农家书屋管理员”。

9月6～7日，国家新闻出版总署印刷发行司“全国农家书屋工程”协调小组，到长乐市和马尾区检查农家书屋工程建设情况，肯定农家书屋工程建设工作。

【第二届中国·福州海峡版权（创意）产业精品博览交易会】 5月14～16日，第二届中国福州海峡两岸版权（创意）博览交易会精品拍卖会预展在福州画院举行，展出339件艺术精品，首创作品拥有权、使用权一同拍卖的方式。

5月18～22日，由省政府、中国版权协会联合主办，市政府、省新闻出版局共同承办的第二届中国·福州海峡版权（创意）产业精品博览交易会在福州海峡国际会展中心举行。532家（名）单位和个人作者参展，比上届增长70%；总参展作品1530件（从海峡两岸近3000件报送作品中精选出来）；台湾动漫创作协会、台湾漆艺协会等8家台湾专业协会为协办单位；台湾参展作品530件，企业和作者240家（名），比上届增长17%；签约项目35项，其中合同项目21项，协议项目4项，意向项目10项；签约金额及现场交易额61.2亿元；版权创意精品拍卖和现场版权创意精品销售交易额2300多万元。同时举办海峡设计创意高峰论坛、海峡装修设计竞赛、海峡动漫作品设计大赛、版权创意精品拍卖会、海峡鉴宝、现场版权登记、现场群众最喜欢展区和展品评选等活动。

【出版物检查】 对全市55家出版物印刷企业进行抽查，出动执法人员120人次，检查出版物印刷企业46家。8月18～21日，市文化市场综合执法支队检查全市中小学周边书店、主干道邮政海西报刊亭、海峡图书批发市场，要求出售点下架鬼怪惊悚类读物，计1250余本，要求省邮政报刊零售公司暂停向海西报刊亭配送此类读物。

【文化创意产业】 建成1个国家级文化产业示范基地、16个省级文化产业示范基地、5个市级文化创意产业示范基地（园区）、14个市级文化创意产业示范企业。建成福州动漫游戏产业基地、三坊七巷文化旅游基地、马尾船政文化街区、福百祥1958文化创意园等产业园区和基地。

（王 宇 周 兰）

图 书 馆

【概况】 2011年，全市14家公共图书馆接待读者115万人次，图书流通点385个，其中市图书馆和市少儿图书馆接待读

7月20日，福州市少年儿童图书馆开展庆“八一”送图书进军营活动。

者11万人次,流通图书19万多册,建立图书流通点210个。市图书馆采购中文图书8303种、2.11万册,报刊658种、9475册;购买书生之家、超星、中国知网等电子图书4.51万册,添置新东方电脑学习、两岸关系数据库、电子连环画、爱迪科森网上报告厅、起点考试等数据库;总藏量为102.75万册,其中纸质中文书刊为56.66万册;收藏有《四库全书》《四库全书存目丛书补编》《明清宫藏台湾档案汇编》《馆藏民国台湾档案汇编》《钦定四库全书荟要》《列国志》等丛书、400多册清末古籍、2000多册线装书、4000余种地方文献;总流通量为18.92万人次,外借书刊为15.91万册次,书刊阅览为12.04万册次。市图书馆在金城、宁化等社区、乡镇以及省、市残联、驻榕部队建立89个图书流通点,在台江后洲街道、新港街道、茶亭街道、鳌峰街道、象园街道、仓霞街道、义洲街道科协等建立7个图书流通点;全年送书52次、4.85万册。1月,长乐市图书馆被中宣部、文化部、国家广电总局、国家新闻出版总署等单位联合授予"全国服务农民服务基层文化建设先进集体"称号。

【市少儿图书馆系列活动】 1月,组织系列"贺新年"读书宣传活动。提供3000册新书展借,发放200册科普小册子;开辟近百部爱国影片、动漫卡通、绿色网络等电子阅览节目,举办名人与图书馆图片展等读书宣传活动;邀请福州市6名书法家赴仓山区台屿村图书流通点为村民书写春联近300对,发放科普读物300多册。

3月8日,在闽侯县白沙镇开展拥军活动,为驻闽73117舟桥部队文化中心图书流通点送去首批流通图书1000册。

3月29日,"纪念辛亥革命100周年图片巡回展览"首站活动在闽侯县南通镇通洲图书馆举行,并在全市近百个图书流通点巡展。

4月23日"世界读书日"期间,举办新书展介,推出3000多册新书;在馆内设立新书专架、低幼专架、动漫专架、科普专架、网络阅读等专栏;在各图书流通点举办书目推荐图片巡展、更换新书、设立新图书流通点、读书征文、阅读讲座等活动。

5月25日,与闽侯县文体局、教育局、图书馆等单位联合在闽侯县鸿尾乡埕头小学开展"庆六一"读书宣传活动,送去500册图书,在校内设立图书馆流通点,不定期为学校更换新书。

6月1日,与小金星国际幼儿园联合举办欢庆"六一"国际儿童节读书宣传活动,并为该图书流通点更换新书350册。

6月2日,在闽清县白中镇中心小学设立图书流通点,为该校近500名师生送去1000册书刊。

6月21日,联合省图书阅读学会,向闽侯县公益图书室"正道图书馆"捐赠图书1200多册。

7月20日,联合闽侯县图书馆开展庆"八一"送图书进军营活动,在闽侯县南屿驻闽海军92383部队文化中心设立图书流通点,送去首批流动图书800多册。至年底,市少儿图书馆设立军营图书流通点12个,流通图书5多册。

9月6日,开展"中秋社区行"读书宣传活动,为晋安文华社区、台江凤凰社区2个文明创建流通点分别更换图书300册、500册。

国庆节期间,举办"纪念辛亥革命100周年"图片展览,新书展借/阅,2500册动漫、连环画等电子图书免费提供读者。

11月2日,与闽清县图书馆等单位共同开展"流动图书馆进农村行动",通过图书交流形式,确保人均拥有3册新书,做到定期更换。在闽清县白中镇黄石中心小学设立以"优育优教"为主题的图书流通点服务,为该校送去第一批800本新书。

【市图书馆系列活动】 5月23日,启动市图书馆2011年服务宣传周活动,举办纪念中国共产党成立90周年主题书刊推荐和图片展,开展"党的知识"有奖问答活动;免费开放全国文化信息共享工程数字资源和电子书刊,举办百部爱国主义影片展播活动;组织开展图书馆知识宣传、咨询服务,深入社区建立图书流通点及开展送书活动;举办第八届"兴榕杯"书评写作征文。

8月1日,到驻榕73126部队开展庆"八一"送图书进军营活动,送书1000册。至年底,在驻榕各部队建立28个图书流通点。

国庆节前夕,送书到社区、军营,换书5000册。10月1~3日,在电子阅览室为外地到榕务工人员免费放映经典影片。10月1~7日在外借部、报刊部举办新书、新过刊展借/阅。组织系列专题刊展,在一楼大厅举办"继往开来　再创辉煌——喜迎国庆62周年"图片展览,推出免费浏览全国文化资源共享工程上有关国庆节专栏、海西文化网、42万册电子图书、林则徐专题库等活动,同时准备80种电子报纸、200种电子期刊参与活动。

【长乐市第五届读书节开幕】 1月20日,在长乐市博物馆举行长乐市第五届读书节开幕式,并举行向农家书屋捐书仪式。以"书香长乐　文明和谐"为主题,举行"品读好书,品味生活"图书推荐阅读、"书香进企业"、知识讲座、征文比赛、图书捐赠等20多项活动,整个活动持续到4月。

【图书馆专业技术培训】 11月14~18日,开办"福州市图书系列专业职务人员继续教育培训班",县(市)区图书馆、中小学图书馆的80多名图书馆管理人员参加。培训班邀请省市图书馆专家与业务骨干及公共文化课老师授课,以视频播放、业务讲授、互动交流方式进行。

【基础设施建设】 3月18日,晋安区新文化馆、图书馆大楼启用,并向市民开放。两馆总投资2200万元,总面积4228平方米,藏书4.5万册。设有10多个艺术培训馆所,是五城区中较为完善的区级文化馆、图书馆。

4月,海峡图书馆动工建设,项目投资估算4亿元(不包括地价),累计完成投资9436万元。5月,闽侯县文化中心、闽清县"三馆"(图书馆、博物馆、文化馆)动工。12月底,福清市"三馆"(图书馆、档案馆、科技馆)封顶。

(王　宇)

新华书店

【概况】 2011年,福建新华发行集团

福州分公司销售收入2.31亿元,比增15%;实现利税1280万元,比增28%。以市场为主导,做好"常销书""畅销书""重点书"的"三书"发行带动一般书销售。加大一般书团购力度,在保持上年团购销售总量4100万元基础上,实现销售5200万元(含大中专教材),比增26.8%。福州分公司中小学、幼儿园教学用书销售码洋8298万元,比增7.6%。大中专教材发行码洋3600万元,比增63%。同时承办2011年全省图书馆馆配图书样采会,举办首届中小学图书馆馆配图书现采会。参与与"文化三下乡"活动和"农家书屋"工程建设,分公司各单位参与农家书屋工程建设,配送农家书屋118家,配送图书音像制品8.47万册,码洋144.04万元。音像制品销售约760万元,比减27.57%。

参与社会公益活动,与闽侯县洋里乡茶苑村捆绑结对帮扶,帮扶资金2万多元,慰问金5400元。开展"三结对三服务"活动,结对共建活动7场,投入经费2.6万元,为共建社区办实事3件;开展"万名党员、干部进社区、进家庭"志愿服务活动26次,参加152人次,办实事19件。组织党团员志愿者文明交通劝导以及其他志愿服务活动38次,参加190人次,每人志愿服务60小时。年内获"全国新闻出版行业文明单位""全国新闻出版系统先进集体""福州市先进基层党组织"等称号,继续获中央文明委授予"全国文明单位",杨桥图书城通过"省级青年文明号"各项指标考评。

【公益活动】 与闽侯县洋里乡茶苑村捆绑结对帮扶,帮扶资金2万多元,慰问金5400元。开展"三结对三服务"活动,结对共建活动7场,投入经费2.6万元,为共建社区办实事3件;开展"万名党员、干部进社区、进家庭"志愿服务活动26次,参加152人次,办实事19件。组织党团员志愿者文明交通劝导以及其他志愿服务活动38次,参加190人次,每人志愿服务60小时。

【推广营销活动】 与各出版社共同配合开展营销活动,其中较大型活动有:中国少年儿童出版社名家名作校园行及《大头儿子小头爸爸》作者郑春华签售活动,北京理工大学出版社2011年少儿动漫类促销活动,2011年海豚出版传媒五一节"礼品书"促销活动,《现场直播》新书发布会活动,《史蒂夫·乔布斯传》新书发布会等。在开展常年节假日、纪念日营销活动基础上,注重策划大型营销活动,其中4月18日,"1958创意园"图书网点(晋安书城)试营业,策划举行3个大型促销活动;5月24日,台江新华图书城重装开业,策划一系列买赠促销活动;6~8月,与省新华福龙图书有限公司联合在各卖场开展"精品图书优惠展销"活动,实现销售码洋约50万元。

【政治读物宣传征订】 开展"庆祝建党90周年、纪念辛亥革命100周年百种重点出版物"精品图书展销活动。面向机关、社区、军营、学校,进行重点政治理论读物和畅销书宣传征订,取得显著成效:重点发行《中国共产党党史》(一、二卷)2979册,码洋4.12万元;《胡锦涛总书记在庆祝中国共产党成立90周年大会上的重要讲话》及读本等1.58万册,码洋5.61万元;《"十二五"规划纲要》657册,码洋5913元;《朱镕基讲话实录》1134册,码洋约25万元;《政府工作报告》及辅导材料769册。与市、区宣传部配合,开展《从怎么看到怎么办——理论热点面对面·2011》宣传征订工作,发行7339册,码洋11.01万元。全年政治理论读物发行码洋比增59.41万元,增长89.37%。

【图书网点建设】 4月,按照福州市委、市政府提出的图书网点建设要"覆盖五区、走进社区、贴近学区、跟进新区"要求,把网点建设作为企业履行社会责任,在晋安区1958文化创意园内开设新华图书城。

【图书馆馆配图书样采会和现采会】 4月配合集团公司开展全省图书馆馆配图书样采会,全国278家重点大型出版社参加采样会,比增128家。同时邀请全省高校图书馆、公共图书馆、中小学图书馆122家参会采购,实现图书交易码洋约370万元,比增销售70万元。10月12日,举办"首届福建中小学图书馆馆配图书现场采购会",邀请全国50余家出版社参展,组织6000多种新书、音像制品,活动销售码洋约200万元。全年一般书(剔除大中专教材)销售码洋9735.05万元,比增23.68%。

【多元产业发展】 探索从"卖场经营"向"经营卖场"方式转变,拓展不同业态合作。与台湾上市企业美食达人公司下属上海和夏餐饮公司合作,将85度C新式连锁餐厅引入新华书店。在福州台江新华图书城开设85度C连锁餐厅。盘活现有物业、卖场等资源,探索收益回报率最大化途径。引入文化用品、数字、电子产品等相关业态,开发利用各书城网点内部场地。在部分卖场做好书店内、外部立面广告开发,寻求广告招租,开辟部分区域或书架与出版社合作经营。开发文化礼品、电子教育系列产品、文房四宝等多元经营产品,全年实现多元产品销售769万元,比增8.55%。

(吴晓鹰)

福州日报社

【概况】 2011年,福州日报社所属《福州日报》《福州晚报》、福州新闻网(以下简称"两报一网")围绕市委、市政府中心工作,按照"围绕中心,同题竞技,差异表达,形成合力"的总体要求,营造良好舆论氛围,不断提高新闻宣传水平。同时,推进报业体制机制改革,实施采编、发行、广告、印务"四轮齐驱、良性互动、整体推进"发展战略,建立"一媒体一公司一网站"发展格局。"两报"发行量稳中有升,晚报市场阅读率居福州地区第二位,报社各项经济指标创历史最高水平。

全年举办活动有:承办"感动福州十大人物"评选活动,承办"海峡温泉旅游节"活动,举办海峡西岸(福州)第24届住交会,举办日报小记者团"童心HUA世界"活动,举办现实版"开心农场"读者俱乐部活动,举办"绿色超市"活动,举办"晚报欢乐社区行"活动,依托阅报栏开展社会公益宣传活动,开展送温暖献爱心活动,赴京参加全国"纪念建党90周年党报事业发展成就展"。

【贯彻胡锦涛总书记“七一”讲话精神和有关会议精神的主题宣传】 贯彻“七一”讲话和十七届五中全会精神主题宣传,开设《学习贯彻胡锦涛总书记重要讲话精神,全力推动福州富民强市和谐宜居建设》《学习贯彻胡锦涛“七一”讲话》等专栏,组织记者深入基层一线,报道各县(市)区以实际行动学习贯彻“七一”重要讲话精神,推出“台江商贸业加速转型升级”“福清小城镇建设快马加鞭”“长乐加快重点项目建设”“福州开发区五大战役进展顺利”“罗源滨海新城凸显宝钢效应”“连江‘旅游新城’逐步崛起”“闽清加快工业园区建设”“永泰加快新城区建设步伐”等系列报道。

年初至“五一”前后,日报开设《回眸“十一五” 展望“十二五”》,晚报开设《辉煌“十一五”》,新闻网开设“辉煌‘十一五’,展望‘十二五’”等专栏专版专题网页,宣传报道福州市深入贯彻十七届五中全会精神。至年底,“两报一网”有关报道发稿360篇。

贯彻十七届六中全会精神主题宣传,研究制定《福州日报社关于学习宣传贯彻六中全会精神初步贯彻意见》。“两报一网”结合“走转改”活动,深入基层,以专题访问、经验性深度报道、现场新闻、综述、言论等形式,分阶段开展报道,营造全市学习宣传贯彻六中全会精神的良好舆论氛围。日报开设《贯彻六中全会精神,推进文化强市建设》专栏,晚报开设《走基层,看文化》专栏,福州新闻网在网站首页开辟“贯彻六中全会精神”专题。“两报一网”有关报道发稿130多篇。

贯彻福州市第十次党代会精神主题宣传,“两报一网”组织精干力量,开展市第十次党代会的会前、会中、会后报道。会前,日报刊发评论员文章《着力思想大解放 在“敢为”上动真格》《着力素质大提升 在“能为”上下工夫》《着力作风大转变 在“有为”上见实效》,发表社论《立足更好起点 实现新的跨越——热烈庆祝中国共产党福州市第十次代表大会开幕》。日报开设《科学发展 辉煌五年—喜迎市第十次党代会》专栏,推出“迎接市第十次党代会系列报道”——《在科学发展中实现新跨越》《奏响“沿江向海”交响曲》《产业经济百舸争流》《让百姓安居乐业》《改革开放激发城市活力》《提升居民幸福指数》《盈盈一水间,榕台两相依》《生态宜居,绿满福州》《现代服务业——打造跨越发展新引擎》《谱好“创”字曲 唱好“争”字歌—福州市深入开展创先争优活动综述》等。会中,“两报一网”搞好程序性报道,开展专题报道,推出《热盼幸福指数节节高——市第十次党代会代表聚焦民生期待》《马上就办,说干就干——市第十次党代会代表畅谈优化发展环境》《五年铸辉煌,明天更精彩——图说市第十次党代会》《成就鼓舞人心,号角催人奋进——市民热议党代会》《全力构建福州大都市区》《福州五年内率先建成小康社会》等报道。会后,“两报一网”重点报道全市上下学习宣传贯彻党代会精神情况,宣传报道全市各级各部门以“三为”精神建设海西省会中心城市,做好“三维”项目对接和“三群”联动发展,开展集中服务企业行动和市、县领导联合接待群众来访活动,福州大都市区建设、福莆宁同城共赢共发展、马尾新城建设、继续打好“五大战役”等市委、市政府中心工作以及相关重大建设项目报道。报道全市迎接省第九次党代会以及学习贯彻省第九次党代会精神情况。“两报一网”有关报道发稿220多篇。

【“海西建设”宣传报道】 日报开设《富民强市·和谐宜居》《共建宜居城市》等专栏,晚报开设《比学赶超·跨越发展》《富民强市·跨越发展》《绣山点睛——福州规划保护山体本报邀你献策》等专栏,宣传报道福州市发挥省会中心城市龙头带动作用,坚持“先行先试、加快转变、民生优先、党建科学”,宣传福州市产业发展大提升、城市建设大提升、商业市场大提升、文化大提升、旅游大发展、环境大变化、民生大改善,实现福州科学发展、跨越发展。福州新闻网推出融图文、视频等为一体的大型专题,加强“福网论坛”网上舆论正面引导,在论坛开设“富民强市、和谐宜居”相关栏目,加强“福网宽频”建设,推出自采、自编、自导、自播的视频、音频新闻,“二次传播”报纸重要信息,视频直播“富民强市、和谐宜居”等重大举措、重大活动。

组织全体采编人员研读《海峡西岸经济区发展规划》;开辟重要版面转载《人民日报》、新华社、《福建日报》等重要报道,展示省市各地贯彻落实《海西规划》具体行动;采访报道全省贯彻落实《海西规划》动员大会、市委常委(扩大)会议;深入基层采访《海西规划》实施过程中与群众切身利益相关的热点难点问题,推出《海西发展中的“福州元素”》《大福州:乘风破浪正当时》《我市全力打造海西创新型省会中心城市》《福州明年形成百亿元新能源产业规模》等一批深度报道。全年“两报一网”有关报道发稿1400多篇。

【纪念中国共产党成立90周年主题宣传】 “两报一网”把纪念建党90周年宣传报道,与福州党史特点特色、大干“十二五”开局之年、推动福州科学发展新跨越结合起来。5月起,《福州日报》开辟纪念建党90周年《福州党旗红,省会新跨越》《先锋颂》《“我的入党故事”口述实录》专栏,福州晚报开设《海西大潮涌 福州大跨越》《峥嵘岁月九十载》专版专栏,福州新闻网开辟纪念建党90周年专题网页。“两报一网”分3个阶段开展报道:

5~6月底:宣传报道全市打好“五大战役”,创建全国文明城市,以实际行动迎接建党90周年。开展寻访福州红色足迹系列报道,组织记者走进老区基点村,组织“五老”话福州,介绍永泰塘前中共福建省委旧址等老区新貌,推出《永泰县官烈村:深山续写斗争传奇》《红色透堡 重教之风延续不绝》《福清善山村:红土地绽放“金色光”》《闽侯荆溪镇桃田村:革命老区成了蔬菜基地》《罗源应德:深山老林中的战斗堡垒》等报道,报道福州党史上的“第一”,推出林祥谦、王荷波、吴石等福州籍优秀中共党员事迹以及福州第一位市委书记方尔灏等党史人物,通过口述实录形式,推出一批党员“入党故事”。

“七一”前夕至7月:“两报一网”重点报道福州市举办庆祝大会、系列文艺、系列主题展览等各项大型活动。6月29日福州日报推出《旗帜——福州市隆重纪念建党90周年特刊》,7月1日福州晚报推出《领航——中国共产党成立90周年纪念特刊》。

同时举办“唱响榕城·红歌汇”2011福州激情广场文化节、“重走革命路·红色之旅”活动、小记者“红色观影团”活动、“党在我心中”网络知识竞赛、“永远跟党走——红歌会”等迎接建党90周年大型系列活动。

【创建全国文明城市专题报道】 日报开设《创文明城市，为福州添福》《创建全国文明城市，构建和谐宜居福州》《城市文明观察哨》《文明福州，持续文明》等专栏，晚报开设《打造宜居城市，创建文明省城》《倡文明、讲道德、树新风》《做文明人，创文明城》《文明福州，持续文明》等专版专栏，福州新闻网开辟“文明频道”。8～9月，结合福州迎接全国文明城市考评，日报推出“创建全国文明城市系列综述”5个专版——《我们的节日异彩纷呈》《滴水汇江海，共建靠大家》《城市建设者——他们让省会福州越变越美》《共建绿色生态福州》《民有所呼 我有所应》，晚报派出多名记者走进各行业，采写“福州创建全国文明城市纪实”8篇系列报道。“两报一网”有关报道发稿1300多篇。

【重大主题活动宣传】 全国“两会”期间，开辟《关注全国两会》专栏，突出报道《政府工作报告》关于民生方面内容。省、市“两会”期间，“两报一网”开辟专版专栏专题网页，围绕社会关注热点，策划组织大量代表委员热议民生话题，报道建设“有福之州”主要目标、任务等，邀请专家解读政府工作报告。“两报一网”开设《聚焦“5·18”》等专栏专版，采取深度报道、动态新闻、通讯、特写、评论等形式，报道海交会盛况，推出《十三年海交会让福州走进新时代》、《海交会将实物展示三分之一产品》《第十三届海交会可望签约项目捷报频传》《福州21个重点项目上台签约》《第二届海峡版博会开幕——10个重点项目签约额逾25亿元》《十三载海交会“做大”了台商》等报道。《福州日报》刊发《台湾商品特色浓，福州市民采购忙——海交会台湾馆和ECFA早收清单产品展区人期旺》，晚报刊发《口福眼福耳福，去海交会享福——“5·18”展区亮点迭出，本报带你一睹为快》展现海交会“亮点”。发稿380多篇。

【对台宣传】 宣传报道福州市建设两岸交流合作先行城市。聚焦由大陆、台湾和香港专家精心策划的“两马同春闹元宵”活动，以“乡亲、乡情、乡源”为主题，突出报道马尾、马祖文化特色和海峡两岸情缘等内容。派记者随团赴台采访两岸合唱节，推出《两岸合唱节以歌会友以歌传情》等一系列报道。推出反映两岸交流合作的《平潭海峡号首航台湾台中》《今年榕台直航旅客吞吐量力争突破30万人次》《两岸文化创意合作情定芍园壹号》《福建高中毕业生可申请赴台深造》等报道。报道国务院通过《平潭综合实验区总体发展规划》，福州市抓住这一契机，把平潭建成两岸同胞合作建设、先行先试、科学发展的共同家园。“两报一网”有关报道发稿500多篇。

7月21～28日，晚报与台湾媒体主办、市台办与福州世欧房地产开发有限公司协办的第二届榕台大学生新闻营在台湾举行，25名福州籍优秀大学生赴台参加。包括人民网、新华社、中新社、新浪网在内的逾百家媒体对此事报道。台湾《联合报》、中时电子报、联合新闻网、客家之音、台湾中天电视台、公共电视台等近30家台湾媒体对新闻营活动进行报道。

【对外宣传】 继续办好美国《侨报》“福州新闻”专版、马来西亚《联合日报》“福州晚报”专版、英国《英中时报》和印尼《国际时报》的“今日福州”专版，晚报海外版发行量30多万份。

晚报在美国纽约闽侨书屋内设立“福州晚报专柜”，陈设晚报及晚报记者撰述、出版的《凤鸣三山》丛书、《闽都诗文名篇》《福州海军世家》《船政新发现》《福建成台名列传》等10余部介绍闽都文化书籍以及晚报征集的闽都文化名家专著。

【“走转改”活动】 8月起，全面组织开展“走基层、转作风、改文风”活动，通过机制创新使“走转改”常态化、制度化。把“走转改”摆上报社重要议事日程，落实活动各项要求，成立活动专项领导小组，研究制定“走转改”活动实施方案，召开全社“走转改”活动动员大会，推动“走转改”活动开展。报社广大采编人员深入基层一线，把“走转改”活动与学习宣传六中全会精神和市党代会精神结合，报道福州市基层在文化强市工作中的生动实践和富民强市、和谐宜居工作的实践；报道“三为”精神在推动福州科学发展、跨越发展中的生动体现，报道“三维”项目在福州的进展情况；深入“五大战役”现场，跟踪报道其进展、成效、影响、经验等；报道民生工程、为民办实事工程进展情况，通过百姓视野来观察写实；报道“马尾新城”等重点项目建设进展；继续报道文明创建工作。“两报”总编辑、副总编辑、编委带队下基层30多次，各媒体一线采编人员下基层200多人次，推出“走转改”报道300多篇。

“两报一网”加强专栏、专版设置，通过版面引导记者深入基层。《福州日报》在重要版面开设《走基层 转作风 改文风——来自一线的报道》《走基层 转作风 改文风——党报记者乡村行》《党报热线》栏目；《福州晚报》在要闻版、时政新闻版开设《树立群众观点，倡朴实之风——晚报记者“走基层、转作风、改文风”》《走基层，看文化》《广角》《调查》《坊巷》等专栏；福州新闻网开辟《走基层 转作风 改文风——来自一线的报道》专栏，利用“家住榕城”等论坛栏目，与网友开展互动交流，进行网上正面舆论引导。

加强县（市）记者工作站建设，要求新记者原则上轮流到县（市）记者工作站锻炼1年，每个月必须在派驻地工作22天以上。在城区工作的年轻记者首先分配跑热线新闻、跑社区新闻，深入福州社会生活第一线采写新闻。加强基层联系点建设，要求所有记者在日常工作中主动挂钩基层各社区、派出所等单位，报道来自基层一线的新闻。报社在各县（市）区全部建立联系点。

日报启动“党报记者乡村行”活动，从10月24日起，派出记者深入各县（市）区部分农村“蹲点”采访。晚报组织采编志愿者队伍赴基点村，开展送温暖献爱心等志愿者活动，走进闽清塔庄等革命老区小学，建立“福州晚报爱心图书室”。报社组织开展“走转改”稿件评选竞赛、专题征文、专题讨论等。

日报专副刊部与《福清侨乡报》副刊部联合组织“手拉手”小记者团活动。晚报专副刊部开展“开心农场”“绿色超市”“晚报欢乐社区行”活动。

【报业体制机制改革】 以六中全会精神为指导,通过“三破三合”(“三破”指爆破、冲破、突破,“三合”指整合、融合、磨合)深化报业体制机制改革。报社通过“三破”,寻找报业发展“蓝海”,创新报业体制机制改革,转变报业发展方式,推动报社发展。按照“统分结合”原则,宜统则统,宜分则分,统出合力,分出活力。同时建立完善用工分配机制、“两报”版面内容评价机制、资源整合和融合的激励机制、采编、经营四级策划机制、差异表达机制、人才引进培养使用机制,健全完善报社内控制度。

建立“一媒体一公司一网站”发展格局。《福州日报》重点与福州新闻网融合互动,日报广告部通过公司化改革,成立福州日报文化传播公司;《福州晚报》重点与“东街口·晚报在线”融合互动,每周二至周六在晚报开设“新闻评报团”“晚爆话题”“晚报俱乐部”等栏目。晚报先行先试成立的福州报业传媒公司进入成长期、形成良性发展态势;福州新闻网发挥省级主流重点网络媒体优势,成立福州报业网络文化传播有限公司。家园杂志社实行整体公司化运作,其“homeland 家园”网站开通杂志在线订阅,网站开设“博客”“微博”“俱乐部”等栏目。

4月,报社把报业发行公司、家园杂志、晚报在线、“风影天下”网络图片公司等全部纳入福州报业传媒公司,逐步实现人员、业务、财务统一管理。拓展多元化经营,福州报业传媒公司4月举办海峡西岸(福州)第二十四届住交会,6月举办首届海峡西岸(福州)节能产品博览会,承办第二届海峡版权博览会、福建商洽会的布展、海交会户外布展;引进中央歌剧院、中国民族歌舞团在福建大剧院举办“奏响榕城·融侨2011新年音乐会”“哈楼之夜·中国经典民族歌舞晚会”,承办融侨根·中国年系列活动(融侨旗山梦幻迪斯尼8场演出,融侨外滩2011新春民俗艺术节8场演出)、“奇遇经典 欢乐五一”融侨观山府系列活动;7月初与市歌舞剧院签订战略合作协议,在文化演艺产业上开展横向合作,市歌舞剧院授予报业传媒有限公司演出代理权。报业传媒公司年初成立户外部,整合报社资源进军户外广告业,出台《福州报业传媒公司户外广告经营考核办法》。6月,社党组专题研究并通过《福州报业传媒公司经营管理办法》《福州报业传媒公司人事管理办法》。邀请国泰君安证券公司专家为全社中层以上干部举办题为《福州日报社上市工作宣讲》的专题辅导讲座。

(游向东)

广播电影电视

【概况】 2011年,福州广播电台和福州电视台开设100多个新闻专栏,实施129场报道战役,突出宣传报道纪念建党90周年、建设海西省会中心城市、“5·18”经贸活动、创建全国文明城市等重点内容。近千条反映福州市科学发展、跨越发展的广电新闻在中央和福建广电两台播出。全市广电系统193件作品在市级评选中获奖,其中62件作品在全省评选中获奖。福州电台《晚安宝贝》《四明山上青青草》2件作品获全国大奖,福州电视台电视作品《巴斯的生死七天》参评全国大奖。市广电局与央视合拍的大型纪录片《天趣人意——福州脱胎漆器》获中国电视纪录片十优作品奖和省百花奖一等奖。动画片《白马少年》《红军长征的故事》《三七小福星之海峡兄弟》《乌龙小子(一)》《逗逗宇宙大冒险》被国家广电总局推荐为优秀国产动画片。

以广播影视现代传媒业、动画制作业为重点领域的广播影视创意产业发展迅速,初步形成以内容与信息技术为特征的数字电视、移动电视、手机电视、网络电视等新型媒体;以动画原创制作产业中心和3D数字电影为特征的现代影视创意产业。手机电视开始试播8套节目,车载移动电视成功试播,以3D为代表的现代数字电影逐步普及,并引进IMAX巨幕电影。“十二五”广播电视“村村通”工程、农村有线广播“村村响”工程、县(市)城区数字影院建设工程、农村电影放映“2131”工程、广播电视无线覆盖工程“五大工程”为主体的公共服务体系加速构建。

市广电局坚持依法行政,加强行业管理。对市属媒体组织开展广电节目阅评和广告整治工作,发出12期节目阅评通报和15个广告整改通知。单独或与公安等有关部门联合执法,检查全市有经营视频点播业务的宾馆饭店、100多家境外卫星接收单位和市辖影剧院,处理无证网站3家,确保广电传输播出连续9年无安全责任事故发生。

经营创收,福州广电系统全年总收入7.68亿元,其中广电集团创收5.64亿元,比增12.8%;全市影院票房收入1.3亿元,居全省第一。

开展纪念建党90周年、创先争优、“走基层,转作风,改文风”、政风行风建设、专家讲座和员工培训等系列活动。全系统有全国青年文明号1个、省市级青年文明号9个、全国“五一劳动奖状”1个、省级“巾帼示范岗”1个、省级文明单位3个、市级文明单位3个,市广电局获省广电系统先进集体。

【新闻宣传报道】 新闻广播除保留并精办“榕广新闻网”《政风行风热线》等节目外,增设新闻性版块式节目《榕广直播室》。推出39个报道专栏,完成61项主题宣传任务,突出宣传报道坚持科学发展观、纪念建党90周年、学习贯彻省市“党代会”精神、创建全国文明城市、“富民强市、和谐宜居”等内容。分别提供236篇、55篇新闻稿件给中央电台和福建广播电台播出。获得省级新闻奖5个,其中现场直播《同城时代——福厦高铁首趟客运列车启动》参评中国新闻奖,系列报道《平抑菜价保民生》参评中国影视奖。

电视宣传六大主题报道特色突显:一是中共十七届六中全会宣传声势强劲,开辟《贯彻六中全会精神 加快推进文化强市》等专栏,通过加强动态报道、解读式报道和突出主题宣传相结合等方式,播出消息近百条。二是报道全市各地各部门组织的建党90周年纪念活动,拍摄并播出45集系列报道《党旗映榕城》、10集大型电视系列片《追寻》、10集系列专题片《福州:红色传奇》。三是开辟多个专栏宣传省、市党代会,播发专题新闻50多条。四是在创建全国文明城市宣传中,开设《创建文明城市,构建和谐福州》等专栏,制作一批文明宣传片、公益广告,舆论监督不文明现象,《福州新闻》组织"文明社区行"活动等,共播出创建文明城市相关信息1500多条,推出专题报道50多期。五是宣传建设海西省会中心城市,先后组织"辉煌'十一五'""展望'十二五'""富民强市、和谐宜居""贯彻落实海西规划""打好五大战役"等宣传活动。六是"5·18"等重大经贸活动宣传特色鲜明,开设"聚焦'5·18'""记者看盛会"等专栏,制作"闽台情缘"等专题,播发相关新闻250多条,制作宣传片《海西明珠　有福之州》。年内,电视新闻节目上中央台127条,其中《新闻联播》15条;上省台559条,福州电视台被中央电视台授予"2010年度全国电视新闻协作先进集体"称号。新闻中心获省新闻类先进集体。

美国大纽约侨声广播电台台长薛纯阳向福建公所陈主席(右)赠送左海之声落地节目推广光碟。

【专业频道频率】　福州电台"交通之声"全面更换节目标头,并进行节目改版,增设《网罗天下》新闻资讯类节目和《光阴的故事》《周末音乐纵贯线》经典音乐类节目。围绕"创建全国文明城市"等主题,开展100多场宣传活动,主要内容有为车友贴"876文明车标"、与市交巡警支队合作在全市高架桥人行天桥和百余家商户悬挂横幅倡导市民文明开车等。5月,第十七届福州国际汽车展开幕,"交通之声"作为省内唯一获邀请现场直播广播媒体,全程直播报道车展盛况。"7·23"甬温线动车特大事故发生后,"交通之声"举办特别直播节目,播发与"温州新闻广播"连线报道,为听众寻找失踪亲人提供新闻信息服务,直播长达10个小时。

福州电台对马祖广播频率"左海之声"继续保持上年开播初期所设置的各档节目。节目广播有效覆盖马祖地区,通过网络覆盖台湾本岛。6月1日,"左海之声"广播通过大纽约侨声广播电台转播实现在美国纽约落地,成为全国地市电台中第一个在美国纽约落地的电台。

福州电台音乐广播结合"类型化""栏目化"节目设置特点,进行节目改版,形成一套全新节目格局:周一至周五早中晚交通高峰时段举办娱乐互动脱口秀类节目,上、下午举办与市场对接类节目,相应时段举办陪伴性音乐节目;周六至周日,细分成若干时段,举办若干指向性节目。改版后的各档节目《动力车播客》录播工人、农民、教师等各阶层听众代表在社会生活中的独特细节和深刻感悟。广播少儿节目《晚安宝贝》录播主持人每周走进小学参加"主题班会"引导少年儿童树立正确人生观、价值观的实况。该节目参加国家广电总局举办的全国广播电视少儿精品节目评选获三等奖及5万元奖金。

福州电视台新闻综合频道实施晚间黄金时段重大改革,突出民生和本土特色,以《新闻110》品牌栏目延伸为重点,新办《城市能见度》《聊斋夜话》2档贴近市民的节目,取消黄金剧场,在全国城市台中率先实现晚间新闻节目全覆盖。生活频道突出方言节目的贴近性和趣味性,打造"本土品牌",精办方言节目《攀讲》,并延伸开设《攀讲故事会》《攀讲网事》《攀讲学堂》3个新栏目,收视率稳居福州地区之冠。少儿频道树立"逗逗"品牌新形象,力推"聪明逗"和《向前看齐》2档节目。影视频道多渠道引进大片、好片,将剧场品牌效应放大。电视台完成3G新闻直播系统、在线图文包装系统、高新转播车、全台节目播出系统的改造并相继投入使用。

【福州明珠网】　提高音视频网站品牌,网络电视台试播成功。明珠网的点击率、日均IP量、页面访问量等比增近150%,注册用户突破4万户,日均点击量13万人次。福州广电集团加快网络电视台建设,初步完成网络电视台综合频道硬件建设和内容设置,设有传统媒体节目10档,自办节目6档。

【精品与品牌栏目】　福州电台老牌名栏目《政风行风热线》年初在"新浪微博""腾讯微博"相继开设官方微博,开始在福州广电集团"福州明珠网"网站上同步直播。全年上线单位71家,其中主要领导上线66家,主要领导上线率93%,接到群众诉求818件,办理反馈810件,反馈率99%。其中在上线时间内接到诉求579件,当事人满意或基本满意551件,不满意26件。8月29日推出以"有效沟通,加强监督,民主评议,促进我市政风行风建设"为主题的大型特别节目,9月13日开展以"文明福州人人爱,你我参与更精彩"为主题的社区行活动。市纪委书记骆安生在栏目组上报材料上作出3次批示,肯定《政风行风热线》是"党委、政府的重要窗口之一"。

电视方言节目《攀讲》是生活频道的品牌节目。在新开办的3个栏目中,《攀讲故事会》栏目以情景剧定位,面向社会征集演员,长时间收视率保持在5%。大年除夕,生活频道第一次用福州方言举办——2011福州十邑春节联欢晚会。新华社、中新社、中国日报网和本地各大媒体连续进行宣传报道,节目通过福州明珠网同步播出,吸引亚、欧、美等近30个国家和地区十邑乡亲,首播收视率创福州电视台连续3个小时平均7.4%的最高纪录,频道占有福州市场份额25.1%。

【"走转改"与成果】 福州电台、福州电视台在开展"走、转、改"活动中,领导带头下基层、抓落实、拓宽报道范围,反映面向基层,服务群众的新闻。二台开设"记者在基层""记者走基层""一线见闻""蹲点日记""记者调查""攀讲帮你忙""攀讲文明进社区"等专栏,播出各类新闻、系列、专题600多篇(期),其中电视200多篇、广播400多篇。反映群众呼声,为群众解决实际问题100多件。电台、电视台分别在福州市各县(市)区建立23个和100多个基层联络点,编辑、记者400多人次走进基层,开展蹲点调研、宣讲采访活动。广播播出《斑马线上的"守望者"》《陈镇国:遍寻石桥写春秋》《大山深处的教师》《水库"管工"林时荣》《燃气管网抢修工》等新闻;电视新闻通过直传通道向省台、中央台传送"走转改"活动系列稿件,在央视播出《走基层·劳动者之歌:巡线工为燃气管道排雷》《走基层·劳动者:工作岗位默默奉献》《纸伞守护者 传递传统工艺》等新闻。

【电影与动画】 年内,推动指导县(市)城区数字影院建设,规范电影放映市场管理,制定《关于加强和规范电影放映市场管理工作的通知》,规范放映市场审批条件和审批程序,审批东都、世茂、仓山万达3家电影院。建立电影放映单位基本情况月报制度,加强电影市场年审和日常监督。与各影院签订《电影放映单位文明管理责任书》,通过宣传、自查、检查、整改,提高文明观影水平。

以3D技术为代表的现代数字电影带动电影票房收入持续攀升。城区电影银幕数达67块,全市票房收入突破1.3亿元,稳居全省第一。5月,福州万达影城率先引进IMAX巨幕电影,以逼真高清晰度的观影效果获市民称赞,吸引厦门、泉州、漳州市民观看。

按照"基本上保证一村(行政村)一月一场电影"工作要求,全年放映电影2.71万场次,走访52个行政村,观影人数270万人次。

成立"福州市动画产业服务中心",跟踪产量,推动申报工作。动画片产量超过1万分钟,年产值2.76亿元,产量位居全省第一、全国第九。动画片《白马少年》《红军长征的故事》《三七小福星之海峡兄弟》《乌龙小子(一)》《逗逗宇宙大冒险》被国家广电总局推荐为2011年优秀国产动画片。

12月2日,福州万达国际电影城仓山店开业。

【网络与数字电视】 网络中心挖掘市场潜力,拓展经营效益,在数字整转、互动宽带增值业务、网络经营收费、工程建设等方面取得成果。集团成立网络缆化工程指挥部,年内完成湖东东路等192条道路及路段的有线电视光电缆搬迁下地,搬迁和改造光交接箱65个,覆盖光站近1400个,重新发放光电缆1200余公里,配合福州市地铁一号线20个站点建设,内河景观改造和重点市政道路工程建设。网络前端机房传输51套模拟节目、130套数字电视节目、11套音频广播、4套数据广播。执行总局及集团安全传输维护相关规章制度,停播率8秒/百小时,实现全年安全播出零事故。全市有线电视用户171.05万户。有线电视入户率85.92%,比增3.42%,数字电视用户53.7万用户,比增18.59%。数字电视收视入户率26.97%,比增17.52%。

【车载移动电视试播成功】 12月1日,车载移动电视(福州电视台移动频道)开始试播。2日,对公交车载电视进行声道调试,以实现画面与声音同步播放。移动频道的节目录制以新闻资讯、专题、音乐电视MTV、轻松视频为主,同时提供乘客公交线路报道、天气预报等生活资讯。公交车播报站点语音提示时,车载电视会自动降低声音。节目播放时间为每天5:30~23:00,基本覆盖公交车营运时间。至12月底,福州市3000多辆公交车和福州公交集团400辆的士均安装车载移动电视。车载电视规格为公交车19寸,的士7寸。

【市场份额与创收】 电台收听市场占有份额48.3%,占福州地面广播市场份额近50%。电视台新闻时段收视总市场份额18.2%,高于省台(不含东南卫视)。改版后14个新闻自办节目收视率逾1%,比增100%。生活频道突出"本土品牌",栏目和频道都稳居福州地区收视冠军。少儿频道收视份额超过中央和省电视台少儿节目收视份额。集团经营创收总额5.64亿元，比增12.8%。

【广播影视公共服务体系建设】 一是“农村有线广播村村响工程”。市广电局在开展基本数据采集和分析基础上，制定《福州市广播村村响工程实施方案》，在闽侯县4个行政村开展试点，在昙石山村举办全省试点现场会，争取市财政支持配套资金48.2万元，下发有关县区。12月25日，连江县率先完成242个行政村的“村村响”工程建设。年底，全市2197个行政村均安装“广播村村响”设备。二是县(市)城区数字影院工程建设。按照“到2012年全面完成县(市)区建有数字影院”要求，市局深入调研，督促指导7个县(市)城区全面启动数字影院建设和改造。至12月，福清市、长乐市、连江县、罗源县、闽清县5个县(市)城区建成数字电影院，闽侯县、永泰县城区开始筹建。三是农村电影放映“2131”工程建设。至年底，全市农村电影放映“一村一月一场电影”全面覆盖福州地区所有行政村，达2208个。四是广播电视无线覆盖工程建设。完成闽侯、连江、罗源3个县高山台站无线覆盖工程验收，全市7个县(市)高山发射台覆盖工程建设任务全部完成。制定下发高山台站配套设施建设工作通知及设施技术标准和功能要求，并制定高山台站运行维护管理工作实施细则，确保中央、省市级广播电视一套节目安全传输。

【合作与交流】 6月1日，福州电台“左海之声”3档节目在美国大纽约侨声广播电台落地播出，节目覆盖纽约全市及周边地区，这是全国第一家在美国落地的地市级电台广播频率。按照双方规定，从6月1日起每周六、日17点至18点安排“左海之声”的《左海故事会》《张林音乐时间》《虾油弟和橄榄妹》3档方言节目免费在大纽约侨声广播电台播出；待条件成熟时，联合制作1档30分钟的以在美华人、华侨及到纽约省亲访友、学习、公务等福州籍人士为受众的日播型直播节目。9月12日，福州人民广播电台联合美国ICN电视联播网制作《团圆夜·思乡情——2011年福州·纽约中秋特别节目》，8点在“左海之声”直播，纽约时间晚上9点通过大纽约侨声广播电台播出。

9月20日，福州广播影视局和福州广电集团应台湾“中华广播影视局节目制作商业同业公会”邀请，带团赴台参加台北电视节。福州电视台福州方言节目《攀讲》连续3年参加展出。赴台人员拜访中视、华视、东森等电视台，与其进行交流学习。12月2日，福州人民广播电台“左海之声”应邀参加在澎湖举行的2011年闽台广播协作会，与台湾地区多家电台负责人达成共识；2012年春节期间，福州电台“左海之声”将以“龙年说龙”为主题，结合福州特色制作“龙在福州”“龙与音乐”“龙与地名”等5期系列节目在台湾27家广播电台联播，系列介绍福州在经济、文化、社会发展方面的成就和变化。

【文化生活报】 围绕市委市政府中心工作，推出42个主题报道，突出宣传纪念建党90周年、创建全国文明城市、海交会、商交会和文化建设等内容。《闽都神韵》专刊刊发数十篇乡土名家、文化学者撰写的文史稿件。关注民生话题，扩充生活资讯类版面，加大普通市民衣食住行、柴米油盐等方面实用信息刊发分量。

（郑润生 周培灿 颜新华）

主流媒体看福州

【概况】 2011年，中央、省属新闻媒体及港澳台等海内外媒体报道福州市在科学发展、跨越发展进程中的新思路、新举措、新成果、新经验，展示福州作为海峡西岸省会中心城市的良好形象。全年中央、省属、境外媒体到榕开展50多批次专题采访活动，中央和省属主流媒体对福州市中心工作正面报道1.5万多篇(条)，其中《人民日报》刊发近80篇(条)；境外媒体报道1.3万多篇(条)。福州市境外落地媒体形成以报纸、网络、广播、电视多媒介以及中英文、福州话多文本的“四报一网四栏目”传播格局。

【“五大战役”宣传报道】 围绕福州“打好五大战役 大干开局之年”确定的重大项目，组织10多家省市新闻媒体集中采访海峡蔬菜批发中心、海峡水产品交易中心、台江金融街万达广场等部分企业负责人，报道福州市专业市场发展，城市综合体形成规模的前景和态势。围绕做好全省大拉练工作宣传，在《福建日报》推出《有福之州 激情跨越竞风流》《比学赶超新跨越·福州》等福州专版，刊发《福州：持续突进领跑海西》等重要报道。中央、省属媒体高度关注福州市与央企项目合作对接活动，《经济日报》《工人日报》《福建日报》、人民网、新华网、搜狐网等媒体先后刊发《福州市与央企签约21个大项目》《福州发展又装新引擎》《为提速发展发动新“引擎”》《福州将打造国际航空城》《中石油等央企纷赴榕抢滩布局 加速经济增量提质》《福州市借力央企串起千亿元产业链》等重头报道。

组织策划面向境外的立体式系列大型采访活动，先后组织第三届“两岸媒体福州行”活动、“台商眼中的福州十二五”、第三届对台对外媒体福州行、台湾广播媒体福州联合采访等采访活动，邀请《人民日报》海外版、央广对台广播中心、《福建日报》《香港文汇报》《大公报》《香港商报》《中时旺报》、台湾中天电视台、东森电视台、快乐广播网等中央、省对外对台主要媒体及港台驻闽媒体记者近300人(次)深入闽江口发展区、罗源湾港区、福州保税港区、福清台湾农民创业园等福州市“五大战役”和新经济增长区域建设一线、旅游文化建设重点项目开展集中采访活动，刊发《海西创意产业园悄然崛起》《榕台共建海峡电子商务中心》等500多篇专题报道。

【第十三届海峡两岸经贸交易会报道】 中央、省属新闻媒体刊播海交会各类新闻报道1547篇(条)，境外媒体刊播1200多篇(条)，发稿量创历年新高。中央电视台组织4个报道小组，一套《新闻联播》、二套《环球财经连线》、四套《中国新闻》和《海峡两岸》以及七套、九套相关栏目播发海交会新闻报道11条。《人民日报》刊发综述文章《468家台湾本土企业和41个团组参展海峡两岸经贸交易会——ECFA密切榕台经贸合作》。新华社派出16人组成报道组，报道海交会盛况350多篇(条)。中新社派出8人组成报道组,刊发稿件130多篇(条)。《福建日报》、福建电视台、福建人民广播电台、《海峡都市报》等30多家省属新闻媒体关注海交会,报道500多篇(条)。《福建日报》派出20人采访组,刊发《海交会:对台交流　互利双赢》等综述报道。60多家台港澳及对外媒体参与报道海交会,凤凰卫视等15家港澳本地影响力大的媒体连续4天以大幅版面报道榕台港经贸合作成果与福州外向型经济发展状况,20多家海外华文媒体同步刊发海交会报道。

【市经贸代表团赴港澳活动宣传报道】 3月28日~4月1日,福州市主要领导在省委书记孙春兰率领下带领福州分团随省团赴港澳开展经贸交流合作活动。《人民日报》、新华社、香港中通社、《澳门日报》等130多名(人次)记者参加福州市每场活动采访,组织5场专访,刊发500余篇新闻报道、专题、综述。《人民日报》要闻版、海外版及人民网跟踪报道福州市每场活动,并刊发对市主要领导的采访报道;中央电视台中文国际频道、新闻频道、财经频道主要新闻栏目刊播3篇长新闻。《南华早报》《澳门日报》等13家港澳主流媒体同步多天以重要版面集中报道福州市投资环境与三地合作新优势新突破。

【第四届海峡两岸合唱节宣传报道】 第四届海峡两岸合唱节在台湾新竹举办期间,《人民日报》、新华社、中央电视台等16家大陆驻台及随团媒体全程跟踪报道。《人民日报》要闻版刊发大篇幅综述报道《第四届两岸合唱节在新竹举行,参与人数超过前三届》;中央电视台综合频道、中文国际频道、新闻频道、英语新闻频道的《新闻联播》《中国新闻》《台湾连线直播》《早间新闻》以及英语晚间整点新闻等主要栏目播发《第四届海峡两岸合唱节创下多项新纪录》和对市领导的采访报道;央广中国之声、神州之声、央视《中国新闻》台北演播室等3家国家广播电视媒体组织4次面向全球和中国台湾地区的连线报道,累计持续播出时间60分钟;《福建日报》在主要版面连续7天刊发新闻报道及综述通讯。台湾东森电视台、《台湾联合报》等12家台湾主要媒体连续多天以大篇幅、专版进行报道,《中时电子报》、联合新闻网等台湾主要新闻网站、媒体转刊发合唱节新闻报道,谷歌搜索网络报道量逾15万条次。

【第二届中国·福州海峡版权(创意)产业精品博览交易会报道】 中央、省市新闻媒体、境外新闻媒体、网络媒体等87家近150名记者参加版博会的采访报道,据不完全统计,刊播相关报道577篇(条)。《人民日报》、中央电视台等中央媒体刊播报道112篇(条)。《人民日报》海外版刊登《第二届海峡"版博会"举行》报道;中央电视台一套《新闻联播》、四套《海峡两岸》栏目对版博会开幕情况进行报道;新华社通过文字消息、图片新闻、视频新闻等形式,先后刊出《第二届中国福州海峡版博会开幕,总参展作品1530件》《台湾新竹玻璃工艺品闪耀海峡版博会》等报道;中新社以《首届版博会在福州开幕,凸显"海峡"元素》为题进行综合报道,并以《高校女生在海峡版博会上演绎动漫秀》为题刊发新闻照片。

《福建日报》、福建电视台等省属新闻媒体派出多组记者全面深入多角度报道版博会,刊发相关报道89篇(条)。《福建日报》从5月初起,刊发《汇两岸版权精品,创合作共赢空间——写在第二届版博会即将开幕之际》等几十篇稿件;福建电视台《新闻联播》相继播出《裸眼3D电视将首次亮相"版博会"》《第二届中国·福州海峡版权(创意)产业精品博览交易会开幕》等专题报道。《台湾联合报》《香港文汇报》《美国侨报》等境外媒体报道版博会消息34篇(条);人民网、新华网、凤凰网、福建之窗、东南新闻网等网络媒体刊发报道239篇(条)。

【创建全国文明城市宣传报道】 中央、省属主流媒体围绕"让文化更好地服务城市建设发展""共建人文福州,共享发展成果""建设宜居宜业城市,体现人文情怀"等主题,报道福州市在创建中做好民生工程的各项举措和具体成效。《人民日报》《经济日报》等中央媒体先后刊发《有福之州　和谐宜居》《福建跨上金麒麟》《山水榕城美丽家——福州坚持以人为本创建全国文明城市纪实》《好人暖榕城:福州市"好人建设"扬善风》《福州:文明创建推动城市绿色发展》等报道。《福建日报》在重要版面刊发《有福之州,和谐宜居》《福州:又现玉带绕三山》《千年翡翠重耀夺目光彩》《福州数字青少年宫拆"墙"透"绿"》《榕城交通建设提速》《创"闽都"新局　建有"福"之州——福州城市建设与发展纪实》等重要通讯。在福州市获得全国文明城市之后,刊发《文明福州,永不止步——写在福州市荣膺全国文明城市称号之际》等一系列建设文明城市后续报道。

【文化强市系列宣传报道】 围绕福州加快文化强市建设进程,中央、省各大媒体关注福州市推动文化创意产业发展举措和成效。上半年,新华网转载《福州晚报》的《福州文化创意产业快马加鞭》报道,中国新闻网刊登《福州推动榕台文化创意产业对接合作》报道,《中国旅游报》刊发《福州投资142亿元打造三大文化旅游综合体》报道,《福建日报》刊发《保护、开发、继承、创新——福州文化产业异军突起》报道,《海峡都市报》刊发《福州打造环城内河旅游带》报道;下半年,《人民日报》《光明日报》、人民网等中央媒体刊发《榕城文脉发新枝》《这儿的文化正在喷发》《文化产业:福州经济发展新引擎》等大幅报道。

【加强社会管理创新工作宣传报道】 《人民日报》、新华社、《光明日报》、中央人民广播电台、中新社、《福建日报》等中央、省属主流新闻媒体采访"12345"福州便民呼叫中心,集中报道福州市委市政府关注民生、畅通群众诉求渠道,以及福州公安推出社会管理新举措、推行网上警务保平安等典型经验和做法。《人民日报》刊发《让民意诉求不再堵》等报道,《福建日报》在头版刊发《民心专线解民忧——福州便民呼叫12345》《福州12345:高效源于健全机制》《"潮"元素拉近福州警民距离》等报道。

(郑玉捷　余新赦)

(编辑　邱敏佳)

卫生事业

【概况】 2011年，福州市卫生事业争取中央及省级资金8572万元用于医疗卫生项目建设。建成连江县医院病房楼（总建筑面积2.37万平方米、总投资0.95亿元），闽清县医院病房大楼（总建筑面积1.35万平方米、总投资0.31亿元），马尾开发区医院病房楼（总建筑面积1.53万平方米、总投资0.35亿元），推进福清市医院新院（总建筑面积13万平方米、总投资5.2亿元），福清市妇幼院新院（总建筑面积7.4万平方米、总投资1.98亿元），永泰县医院门诊综合楼（总建筑面积1.64万平方米、总投资0.33亿元）等项目建设。加快建设福州儿童医院（总建筑面积3.54万平方米、总投资1.68亿元），市四医院（总建筑面积1.69万平方米、总投资0.42亿元），闽清精神病防治院（总建筑面积1.27万平方米、总投资0.34亿元），福州肺科医院（总建筑面积0.9万平方米、总投资0.47亿元）4所市级特色专科医院，完成年度投资8700万元。启动建设福建省立医院金山院区一期项目（总建筑面积7.5万平方米、总投资3.81亿元），完成年度投资1500万元，争取引进港澳台资金、先进医疗、管理技术来榕投资兴建高水平的大型医疗机构。开展各种形式的志愿服务活动320次，为5万余人提供义诊咨询、扶贫帮困等志愿服务。

【基本药物制度】 加强基本药物配备使用管理，全市所有政府举办的基层医疗卫生机构均配备和使用基本药物目录药品，其他医疗机构按规定配备和使用基本药物，严格控制非基本药物使用。全市所有政府举办的各级医疗卫生机构实行药品零差率销售。检查督促药品零差率销售改革实施情况，建立信息管理系统，实行动态监测。组织乡镇（街道）以上政府所属非营利性医疗机构参加包括基本药物在内的药品集中采购，实施基本药物统一配送。建立基层医疗卫生机构多渠道补偿机制。各县（市）区按照“核定任务、核定收支、绩效考核、财政补助”的原则，负责基层医疗卫生机构基本建设、设备购置、人员经费、公共卫生服务经费。加强医疗机构药事工作监管，出台《关于规范医疗机构药品采购管理工作办法》等制度；全年县及县以上医院采购招标药品约9.3亿元，县以上医院和166所基层医疗机构全部实行网上采购药品。

【新型农村合作医疗保障建设】 全市336万名农民参加新农合，参合率99.3%，各级财政年人均补助标准220元。调整补偿方案，提高各级住院补偿比例及封顶线，建立健全重大疾病住院补充补偿制度，全面推进普通门诊统筹补偿扩面工作，提高新农合受益面和受益水平，实现在各级定点医疗机构就医

5月13日，省立医院金山分院开工，省市领导参加开动奠基仪式。

即时结算功能。全市20.65万参合人员获得新农合补偿,补偿基金支出4.56亿元,随访调查显示新农合服务满意度95%。连江县率先开展按病种定额付费试点改革,逐步建立与定点医疗机构谈判协商机制和风险分担机制。探索稽核方式改革,加强定点医疗机构计算机辅助稽核。

【城乡公共卫生服务】 按照“基本公共卫生均等化、重大公共卫生专业化”的原则统筹发展各级医疗卫生机构公共卫生服务。继续免费为城乡居民提供11项基本公共卫生服务。人均基本公共卫生服务经费标准提高到25元。城乡0~6岁儿童系统管理率,城乡孕产妇系统管理率,高血压规范管理人数,重性精神病患者规范管理人数,城乡居民健康档案建档率,老年人健康管理率,糖尿病规范管理人数等项目均超额完成全年计划任务。实施7项重大公共卫生服务项目,落实预防为主方针,完成适龄妇女宫颈癌检查、艾滋病母婴传播阻断项目等工作。

【公立医院改革试点】 确定市一医院为电子病历和慢性病一体管理试点医院。推进市二医院与厦门大学附属眼科中心合办眼科医院项目,与闽侯县人民医院合作兴办“市二医院青口分院”项目框架基本形成。市传染病医院与福建医大附属第一医院共建福建孟超肝胆医院外科项目正式开业。指导连江、闽侯按照《福建省县级公立医院综合改革试点工作方案》开展县级医院综合改革试点。推进省级重点联系县医院福清市医院和连江县医院建设。

【公共卫生事件应急处置】 马尾、福清、长乐、闽侯等独立设置应急办的县级卫生行政部门人员编制到位,市本级、各县(市)区均建立突发公共卫生事件专家委员会,更新充实传染病、食物中毒、医疗救援、核和生化防恐4支应急处置队伍。新制定饮用水安全、脊髓灰质炎等应急预案2部,修订完善应急预案3部,处置福州市报告的6起突发公共卫生事件。组织人员赶赴温州,跨省协调处理甬温线特大动车事故中福州籍死伤者的医疗救治和善后工作。完成全国田径运动会选拔赛、中国国际医疗器械博览会等18场重大国际国内重要会议、重大活动的保障工作。

【基层医疗卫生服务】 全面实施省市为民办实事基层医疗卫生机构建设项目。新建5所乡镇卫生院,实现每个乡镇至少1所卫生院,提升20所中心乡镇卫生院的诊疗设备,建设完善8所社区卫生服务中心,686所村卫生室业务用房改扩建列入中央或省级投资建设项目。制定并实施《福州市县级以上医院对口支援基层医疗卫生机构管理办法》,探索和创立相对完善的对口支援“福州模式”,规范县级以上医院对口支援基层卫生工作。由省人民医院、市一医院等省市属医院领办或帮扶社区卫生服务中心25家。制定《福州市全科医生签约健康服务试点工作方案》,在鼓楼区、台江区开展全科医师签约服务试点工作。争创全国和省级示范社区卫生服务中心,组织创建市级示范卫生院和卫生所,台江区后洲社区卫生服务中心被授予“全国示范社区卫生服务中心”。鼓楼区、台江区被列入省社区卫生服务重点联系区。福清市将村医管理的职能授予卫生协会,规范乡村医生管理。福清市、永泰县率先为村卫生所投保医疗责任险,长乐市为乡镇卫生院投保医疗责任险。

9月30日,举行福州市社区康复医疗试点启动仪式。

【卫生监督】 先后召开5次市卫生系统“三城同创”工作部署会议、多次专题会议,组织五区卫生部门专项评查中小餐馆和公共场所“五小”店,督促各区做好创建文明城市工作。开展各项食品安全、公共场所卫生、医疗市场、职业病防治专项整治活动,出动执法人员2.8万余人次,查处违法添加非食用物质和滥用食品添加剂,采购和使用病死或者死因不明的畜禽及其制品、劣质食用油等行为,落实食品采购索证索票、台账登记制度,强化餐饮服务环节食品安全监管等公众关注的卫生监督工作。开展规范行政权力运行工作,梳理行政职权项目,修订《中华人民共和国食品安全法》等多部法律法规的自由裁量权标准,继续完善和简化网上行政许可和处罚审批工作。

【疾病防控】 免疫规划疫苗常规免疫接种率逾95%;完成麻疹、脊髓灰质炎疫苗查漏补种工作,规范预防接种服务,重新考核认定170家规范化预防接种门诊。调整充实鼠疫、霍乱、人禽流感、登革热等重点传染病监测体系,监测敏感性和预警预测能力有所提高,年内无霍乱、人禽流感病例、登革热本土病例和流感聚集性疫情报告,甲乙类传染病发病保持平稳;完成狂犬病暴露预防处置门诊的设置工作。落实结核病、艾滋病、血吸虫病等重点传染病控制。定期开展地方病监测,通过《地方病防治规划(2005～2010年)》省级终期评估。推广医院－社区一体化防治管理模式,扩大死因监测和重性精神疾病管理治疗覆盖面。开展健康教育和健康促进,举办世界结核病防治日、全国预防接种日、碘缺乏病防治日等多场大型宣传活动,印发各类宣传材料150多万份,推进全民健康生活方式行动和创建无烟医疗卫生机构工作。

【妇幼保健】　孕产妇死亡率下降至9.78/10万,婴儿死亡率下降至4.25‰,5岁以下儿童死亡率下降至5.79‰。建设与区域卫生信息系统衔接的妇幼信息网,建成福州儿童医疗救治分中心(设在儿童医院内)。实施农村孕产妇住院分娩补助项目,组织实施危重症孕产妇转诊救治,规范剖宫产手术管理。实施城乡已婚低保妇女常见妇女病免费检查和农村妇女乳腺癌检查项目。实施农村育龄妇女孕前和孕早期免费增补叶酸项目、农村孕妇和城市低保孕妇免费产前筛查诊断项目。督导禁止非医学需要鉴定胎儿性别和选择性别终止妊娠专项治理工作,督导儿童系统保健、托幼园所管理和儿童疾病综合管理。

【医疗服务管理】　完善医院管理体系　推进预约诊疗服务工作,三级医院门诊预约15万人次,门诊预约率及口腔科、产前检查、术后病人复查复诊预约率上升。加强医疗要素监督管理,审核确定医师定期考核机构,测评全市1.38万余名医师的业务水平、工作成绩、职业道德,开展年度医院评价、医院感染、急诊质量、医疗美容、医疗广告等专项检查工作。市一医院通过"三甲"复评,成为福州市第一家三甲综合医院。举办4期国家级医院管理培训班,开展临床岗位技能市级竞赛,获省级竞赛2项单项三等奖。成立福州市临床用药质控中心,层层签订抗菌药物临床合理应用责任状,医疗机构抗菌药物使用率、使用强度同比明显下降。市二级以上医院推广实施优质护理服务示范工程活动,市二医院骨科二病区获"国家优质护理服务优秀病房"称号,市一医院1人获得"国家优质护理服务优秀个人"称号。

持续发展中医药事业　市政府常务会研究并原则通过《福州市人民政府关于扶持和促进中医药事业发展的实施意见》。与福建省中医药大学等部门开展社区康复医疗体系建设试点工作。开展药品零售企业设置中医坐堂医诊所省级试点工作。加强基层医疗机构中医科、中药房建设,推动中医药服务进乡村、进社区、进家庭。加强中医药继续教育基地建设,加大中医药适宜技术推广力度。完成对福州市中西医结合医院、连江县等7家中医医院的管理年检评估工作,罗源县中医院在国家中医药管理局组织的检查评估中,取得较好成绩。开展中医重点特色专科专病督导检查工作。"十一五"期间重点专科市二医院的骨科和市传染病院的肝病科通过国家评审验收。市一医院通过全国综合医院中医药工作示范单位的评估检查。

规范干部保健　加强对定点医院管理,进一步规范医院的医疗行为,做到"因病施治,合理用药,杜绝浪费"。每月审核各定点医院的医疗费用,管好用好医疗经费,审核非定点医院的住院医疗费用,落实外诊报销管理制度,开展老干部外诊医疗费报销手续和"特殊检查"审批工作。全年办理入(住)院手续3956人次,为33名新增保健人员办理病历和医疗证,为541名长期瘫痪在床、行动不便人员办理"代诉取药卡"。

人才队伍建设　市政府批转《关于加大力度培养和充实基层医疗卫生人才队伍的实施意见》,出台优惠政策鼓励医学院校毕业生到基层医疗卫生单位工作,稳定基层卫生人才队伍。市属医疗单位招聘人员170人。福州市通过副高级职称考试131人,通过正高级职称笔试33人。重点加强基层医疗卫生机构卫技人员培训工作,委托市疾控中心、市医学会、市四医院等开设培训班,为基层医疗卫生单位培训临床、公卫医师,医技、护理等专业人员。加强全科医师培养,组织227人参加全科医师培训。

信息化建设　县级以上医院完成社保卡就诊一卡通的接口改造,基层医疗机构均实现就诊身份识别和医保结算功能。完成居民健康档案信息系统硬件平台的软硬件系统集成,33家县(市)区级以上医院完成改造和人员培训。市基层医疗卫生机构完成信息系统建设任务,实现健康档案与诊疗信息一体化。城乡居民健康档案规范化电子建档数372.7万份,建档率57.25%。

(曹传坚)

【城乡环境卫生整洁行动】　根据中共福建省委、省政府统一部署和市政府办公厅印发的《2011年福州市城乡环境卫生整洁行动方案及城乡环境卫生整洁春季行动实施方案的通知》,在城区,围绕创建全国文明城市和国家卫生城市复审迎检工作全面推进整洁行动;在农村,以治理垃圾为重点全面推进家园清洁行动。城乡环境卫生整洁行动工作加强宣传报道,各媒体相关新闻报道157篇(片),设置宣传专栏965个、悬挂宣传条幅397条。畅通市民投诉渠道,各县(市)区在主要公共场所、社区(村)张贴城乡整洁行动宣传海报,公布投诉电话,依托市"12345"便民呼叫中心受理群众环境卫生相关诉求件3万多件次,及时批转率100%,部门及时答复率98%。由福州市城建委、市容管理局、卫生局、环保局、商贸服务业局、水利局等爱卫会成员单位组成6个督查组,负责督查各县(市)区整洁行动开展情况,建立城乡环境整洁行动进展情况月通报制度。

【创建卫生城镇卫生村】　检查指导福清市、长乐市、闽侯县的省级卫生城市(县城)复查工作,组织有关专家进行暗访,形成书面和视频材料通报当地政府落实整改。创建30个市级卫生村,各县(市)申报创建省级卫生村7个,福清市、长乐市被省爱卫办重新确认为省级卫生城市。

【城区除"四害"】　下发《2011年福州市除四害专项整治实施方案》《福州市除四害工作指南》,发动市民参与病媒生物防制。爱国卫生月期间,举办福州市除"四害"技术培训班,市直机关、各区爱卫办、各街镇130多人参加培训。在开展统一除四害活动期间,联系新闻媒体进行宣传报道,下发除四害宣传画1500套(6000张)和家庭除四害套餐1.01万盒。全年开展2次统一灭鼠活动,使用"溴鼠灵"灭鼠蜡丸40吨,开展4次全市外环境下水道热烟雾灭蟑螂活动,6次外环境灭蚊蝇,组织开展2次全市室内统一烟薰灭蟑螂活动。加强登革热监测超标点督查、指导。在重要活动期间,分别对海峡国际会展中心、内河旅游项目等各种重要活动场所进行消杀督查。坚持每周检查通报制度,开展夏季爱国卫生工作期间,市爱卫办下发除四害整改通知书49份。

【农村改厕】 完成农村改厕1.44万户,其中,市爱卫办完成8200户国家重大公共卫生服务农村改厕项目及4848户市级面上推广农村改厕任务,市委农办完成1093户,市农业局完成230户。至年底,全市农村无害化卫生户厕100.13万户,农村无害化卫生厕所普及率79.02%。

【国家卫生城市复审迎检】 印发《2011年福州市国家卫生城市复审迎检工作方案》《加强福州市夏季爱国卫生工作实施方案》,组织委员单位根据各自职责开展巩固国家卫生城市工作。4、9月份,分别接受省爱卫办和全国爱卫办国家卫生城市复审暗访组的暗访检查。11月,福州市被全国爱卫办重新确认为国家卫生城市。

(郭耀武)

【第六十六届医博会】 10月31~11月3日,在福州海峡国际会展中心举办第六十六届中国国际医疗器械博览会、第十三届中国国际医疗器械设计与制造技术展览会,20多个国家和地区2400多家企业参加,展出面积逾12万平方米,展位数量5800个。展会设置"未来之星"展区,重点推出一批具有自主创新能力、在业内获好评的中小企业。

(市政府办公厅)

体育事业

【概况】 2011年,福州市成功申办第八届全国城市运动会,加快福州海峡奥体中心比赛场馆建设。全市有体育社会组织55家,社会体育指导员868人,老人健身气功辅导员105人,健身辅导站点覆盖率98%,举行全民健身比赛活动上千场,参与活动人数逾百万人次,参加健身活动人数约占全市总人口43%。争创全国全民健身示范城市。被国家体育总局授予全国全民健身示范城市试点单位,全国群众体育优秀组织奖,全国全民体质监测先进单位,全国体育系统"五五"普法先进单位,全国第七届城市运动会体育道德风尚奖。

6月30日,在福州市体育馆举行全国百城健身气功交流展示活动福州大会。

【群众体育】 研究制定《福州市全民健身实施计划(2011~2015)》,把全民健身事业纳入"十二五"国民经济和社会发展规划,写入市政府工作报告,经费列入财政预算。1月15日,在北江滨闽江公园举办全国徒步健身大会开幕式暨"红红火火过大年"福建·福州第七届十万人健步行活动。活动设市城区主会场和马尾区及其他七县(市)分会场,约10万群众参加,同时在望龙台公园处开展健身展示表演、国民体质监测、健身气功和武术项目的交流。9月24日,在金山国家级全民健身中心举行全国门球公开赛暨福建·福州第五届海峡门球邀请赛,来自全国各地的45支代表队参赛。9月25日,在鼓山风景区举行全国群众登山健身大会暨"中国体彩杯"福建·福州第五届海峡两岸十万人登山活动,活动设1个主会场和7个(县市)分会场近10万人参加。年内举办3期广播体操培训班,推广第九套广播体操。其他主要活动有:福州市直机关第三届机关运动会、福州市第八届社区运动会、福州市第六届农民运动会、农村百队千场篮球赛、福州市第二十六届冬泳比赛、福州市老体协庆祝建党90周年举办"丰碑颂"文体晚会。市老体协在国际交流活动中获14枚金牌,长乐市代表福建省参加全国第二届健身气功比赛中获3枚金牌2枚银牌。

【竞技体育】 在第十五届省运会带牌、带分赛的第一年,福州市获18枚金牌,居全省之首。第七届城市运动会,福州市运动员获6金8银5铜及体育道德风尚奖。

在国际比赛中,福州籍运动员张杰在世界举重锦标赛上获男子62公斤级挺举和总成绩冠军,黄珊汕在世界杯蹦床系列赛中获冠军,姚金男在世界体操锦标赛上获1银1铜,在体操世界杯分站赛上夺得3项冠军,李发彬在世界青年举重锦标赛上获得冠军,吴仙书在亚洲青年举重锦标赛上获得冠军,薛晨在世界沙排锦标赛中获得亚军,郑幸娟等6人获得伦敦奥运会参赛资格。在国内比赛中,黄珊汕、刘灵玲、俞大康、昝捷等在全国蹦床锦标赛上均获得冠军,福州女篮队获得全国U15、U17比赛冠军,全年,福州市运动员在国内各类比赛中有60人次进入前三名。

年内,承办全国田径大奖赛,全国击剑冠军赛,全国马拉松游泳锦标赛暨世锦赛选拔赛、福建"海西中国体彩杯"山地自行车赛等全国性比赛。

【体育交往】 福州成功申办第八届全国城市运动会引起“台北奥运会主席”秦威，“台湾体育总会理事长”郑锦洲极大关注，表示台北等城市要组团参赛，加深闽台、榕台体育交流与合作。国家体育总局副局长希望第八届全国城市运动会能办出海峡两岸特色，更好推动沿海体育事业的发展。

5月27日，在海峡国际会展中心浦下河段举办“福建中发置业杯”2011年福州海峡两岸传统龙舟和标准龙舟赛，有36支代表队参赛，来自中国台湾的台北、台中、高雄、苗栗的5支龙舟队应邀参赛，两岸参赛选手1000多人，观众10万多人。9月前后举办福州市第五届海峡两岸门球邀请赛、“中国体彩杯”福州市第五届海峡两岸登山活动。市冬泳协会组织173人赴台参加两岸游泳交流，马尾区体育代表团一行63人赴马祖参加第六届“两马”体育联谊赛。

11月6日，市体育总会、市空手道协会举办2011年福州国际空手道——武术交流比赛大会，有来自丹麦、英国、德国、意大利、日本、俄罗斯、西班牙等15个国家的500多名运动员参加。

【后备人才培养基地建设】 加强国家级、省级体育后备人才基地建设，福州市体校、福清体校作为2008～2012全国高水平体育后备人才基地，通过国家体育总局中期检查，继续保持该称号。篮球项目争创全国单项训练基地，通过国家体育总局初检。在福清、长乐、闽侯、连江、闽清5所少体校被评为省高水平体育后备人才基地基础上，新增加鼓楼、台江、仓山、晋安、马尾5所少体校。全市国家级、省级体育后备人才基地数量居全省首位。加强市级体育后备人才基地建设和体育传统校建设，在连续3年考核评估基础上，重新命名25个市级单项体育后备人才基地和25所重点体育传统校，对训练不正常、效益不显著单位取消命名和经费补助。利用县(市)区体育资源，发挥男排与福清、举重与马尾、武术散手与闽清区域特色，采取县(市)区联办，壮大项目队伍。组织市级年度少儿体育竞赛，检验县(市)区体校、传统校训练情况，选拔十五届省运会适龄队员，充实各项目队伍。

【体育设施】 作为民生工程和办实事项目之一，年内，财政和体彩投入资金2150万元，完成340个农民健身工程，251条健身路径，2个全民健身活动中心，更新100条健身路径，建成12个青少年校外体育活动中心。长乐市筹集资金1000万元建设休闲健身长廊，连江县投资150万元修建1条2千米登山健身步道。投入资金30亿元加快建设福州海峡奥林匹克体育中心“一场三馆”(体育场、体育馆、游泳馆、网球馆)及少体校新校区。

(林　英　林　浚)

(编辑　邱敏佳)

旅游

综述

2011年,福州市旅游产业以"温泉古都、有福之州"为旅游城市形象定位,以休闲度假游为重点,开展旅游市场营销。全年旅游接待人数2756.25万人次,比增17.5%,旅游接待人数位居全省首位;旅游收入316.75亿元,比增18.4%;接待入境游客76.17万人次,创汇10.28亿美元,分别比增9%和22%。其中"十一"黄金周期间,接待游客120.97万人次,比增16.09%;实现旅游收入6.82亿元,比增14.05%。在2010年底成立市旅游协会基础上又成立旅行社、景区和温泉3个旅游协会分会。

至年底,全市有29个国家A级旅游景区(其中国家AAAA级旅游景区9个)、3个国家级风景名胜区、1个中国十大历史文化名街、4个国家森林公园、5个全国工农业旅游示范点、1个全国休闲农业与乡村旅游示范点、9个温泉旅游度假区、17个国家重点文物保护单位,以及一批公园、度假区和旅游区。有星级饭店64家,其中福州市区40家、福清市10家、长乐市5家、连江县3家、闽清县2家、罗源县2家、永泰县2家;在星级饭店中有五星5家、四星16家、三星33家、二星10家;共有客房1.05万间,床位1.71万张。有旅行社123家,其中出境游组团社13家,一般社110家。有导游3260人,其中专职导游718人,兼职导游2542人。福建省中国旅行社高级导游员黄玉麟获评2011年全国优秀导游员和全省优秀导游员,福州南国风旅行社、福州星旅导游服务公司总经理郑宪获评2011年全省优秀导游员。

景区开发

【旅游项目建设】 全年在建旅游项目25项,计划总投资264.11亿元,年度计划投资41.57亿元,全年完成投资42.45亿元。其中,列入2011年市"五大战役"的15个项目全部动建,全年完成投资35.95亿元,超额完成年度投资计划。源脉温泉休闲园建成开业,海峡文化村(一期)项目基本建成。中国温泉博物馆、光明谷温泉、樱花泉等一批温泉旅游项目以及榕树湾演艺中心、贵安新天地等一批文化旅游项目加快推进。朱紫坊、上下杭、闽安村、螺洲镇、林浦村等一批历史文化名街区项目前期工作加紧推进。加大招商力度,推出5大类30个旅游招商项目,在香港澳门招商会、"5·18"海峡两岸经贸交易会、"9·8"旅博会以及文博会上,旅游签约项目14项,计划投资150.7亿元,居全省首位。

【景区提升】 加大景区建设力度,完善旅游配套设施。全年A级景区提升工程项目5项,投资4340万元;乡村旅游富民工程项目4项,投资逾亿元。其中,石竹山景区完成20面新道路标识牌的设计制作、景区内游步道路灯全部更新和星级厕所部分建设,天生农庄完成新游乐场、水上冲浪以及游步道的部分建设,龙台山景区完成游客接待中心、停车场、登山道建设,白沙湾正在进行生态农庄、军博园主干道绿化和住宿区建设。

旅游产业

【特色旅游品牌】 突出"温泉古都、有福之州"主题,围绕古都文化游、温泉休闲游、滨江滨海游、自然生态游等特色品牌,构筑全方位、上规模、有特色、高水平的旅游产业体系。旅游产品逐渐从观光旅游占主体,转向观光、休闲度假旅游和乡村、会展等新业态旅游。

古都文化游方面,以三坊七巷为核心,辐射带动船政、昙石山、寿山石文化旅游开发,三坊七巷致力创建AAAAA级景区,马尾船政获评国家AAAA级景区。温泉休闲游方面,按照"五个一批"(即改造恢复一批、提升完善一批、促成建设一批、促进动工一批、策划推出一批)目标,加快推进温泉项目建设,为"中国温泉之都"品牌提供支撑。滨江滨海游方面,闽江游线路延伸至日游和夜游,运力达游艇(船)8艘720多客位;内河综合旅游开发开始起步,规划编制《白马河、晋安河、光明港旅游总体规划》,白马河实现试通游船;闽江游艇旅游港、黄岐(环马祖澳)旅游区等一批滨海旅游项目加快推进。

【乡村旅游】　开展星级乡村旅游经营单位评定，推进乡村旅游试点工作。在全省首批三星级以上乡村旅游经营单位中，福州市有10家(其中四星级5家：永泰县乐峰赤壁生态园、天门山生态农业园，福清市天生农庄，长乐市九龙山庄，闽侯县棋磐寨；三星级5家：长乐市闽山水农家乐，闽侯县龙台山生态园、白沙湾生态农庄、龙泉山庄，永泰县千江月休闲农庄)，占总数的25%，居全省第一。闽侯棋盘寨获“全国休闲农业与乡村旅游示范点”称号。

【“海峡旅游”品牌】　启动福建省居民经福州口岸赴“金马澎”个人游，7月29日首批111名游客经“两马小三通”前往马祖个人游。开通6条空中客运直航和“福州—马祖—基隆”海上直航，成为大陆第一个与台湾本岛既开通空中客运直航又开通海上客运直航的口岸城市。健全赴台旅游联席会议机制，牵头成立由台办、公安、旅游部门及各赴“金马澎台”游组团社等单位组成的联席会，协调解决赴台旅游工作有关问题。开展对台包裹搭载福州旅游宣传，入岛参加第六届海峡两岸台北旅展，加强对台旅游宣传。草拟《福州市关于赴台湾、马祖、澎湖旅游的奖励办法(试行)》，鼓励经福州口岸赴马祖、澎湖和台湾旅游。自2008年7月开放大陆居民赴台湾本岛旅游之后，截至2011年年底，经福州口岸赴台湾本岛旅游的福建游客累计近4.41万人次。其中经“两马小三通”赴台约占20%，经空中、海上直航赴台约占80%。2011年，经福州口岸赴马祖旅游超过950人次，比上年增长一倍以上，赴台旅游进入快速增长期。

1月15日，首届福州温泉旅游节暨新春旅游推介会在五一广场开幕。
(陈建国　摄)

表40　　福州市五星级、四星级饭店名单

星级	饭店
五星级	福州西湖大酒店、福建外贸中心酒店、福州金源大饭店、福州美伦华美达大酒店、福州香格里拉大酒店
四星级	福州大饭店、福清融侨大酒店、福建金仕顿大酒店、福清兰天大酒店、福州梅峰宾馆、福清顺华君悦大酒店、福建山水大酒店、阿波罗(福州)大酒店、国谊(福建)大酒店、福建阳光假日大酒店、福建闽江饭店、福州晋都戴斯酒店、福清瑞鑫大酒店、福建黄金大酒店、福州新紫阳大酒店、福建国惠大酒店

表41　　福州市金牌和AAAAA级、AAAA级旅行社名单

评级	旅行社
金牌	福建省中国旅行社、福建省康辉国际旅行社、福建省旅游公司、福建春秋国际旅行社
AAAAA级	福建省中国旅行社、福建省康辉国际旅行社、福建省春秋国际旅行社、福建省旅游公司、福建省康泰国际旅行社、福建世纪神舟国际旅行社、福建省铁路国际旅行社、福建省青旅国际旅行社
AAAA级	福清新东方旅行社、福州西湖国际旅行社、福清南方国际旅行社、福建省中旅假日旅行社、福清世纪假日旅行社、福建省白云旅行社

宣传营销

【媒体宣传营销】　4~9月，分别在中央电视台《新闻30分》《朝闻天下》《走遍中国》《爱电影》等栏目播放5秒或15秒的城市旅游形象宣传广告。7月起，在美国ICN国际卫视开播为期一年的《走进福州》电视专栏。在福厦、温福动车线上播放《福州旅游城市形象品牌》广播介绍。在台湾36家电台播出《旅游我最大》“走进福州”体验节目。

策划编印《福州旅游观光手册》《福州旅游精品线路》《福州文明旅游》《泡遍福州(温泉旅游指南)》《福州一日游/自助游/自驾游指南》等宣传品。在80多家酒店、重点旅游景区、机场旅游集散中心投放各类旅游宣传资料并实行定期配送制度，为游客提供最新的旅游资讯。在长乐国际机场出发大厅发布为期一年的城市旅游宣传广告，为游客营造福州城市旅游的“第一印象”。

【"走出去、请进来"营销】 开拓珠三角、长三角、华北等重点客源市场,赴广州、东莞、深圳、济南、泰安、枣庄等地举办"中国温泉之都"旅游推介会。利用厦门"9·8"旅游博览会的交流平台,组织温泉旅游专场推介会,安排线路,签订互送客源合作协议,并邀请各地旅游业界踩线。邀请中青旅、中国国旅、首旅康辉总社等央企旅行商到榕考察、踩线,分别签订《战略合作框架协议》。

【节庆活动营销】 主办两届福州温泉旅游文化节,庆祝"中国温泉之都"创建成功。组织"2011年'中国旅游日'福建福州启动仪式"和"欢度国庆佳节·畅游有福之州"暨黄金周旅游广场宣传活动,组织重点景区、旅行社、旅游饭店、商品企业、汽车公司等集中开展宣传推介、推出惠民举措,营造浓厚的假日旅游氛围。各县(市)区举办美食旅游节、琅岐葡萄采摘节、陈靖姑文化节、畲族文化旅游节、"两马闹元宵"、石竹山梦文化节等节庆活动。

旅游管理

【旅游安全管理】 由市整顿与规范市场经济秩序办公室牵头,全年组织交通、工商、公安、卫生、物价、消防等部门,在节假日和旅游旺季开展集中整治"黑社""黑车""黑导"等非法经营活动。

健全旅游安全管理体系和旅游投诉处理机制建设,发挥市旅游产业协调领导小组及假日旅游协调工作领导小组综合协调作用,加强与安监、整规、公安、工商、交通等相关部门配合,开展旅游安全等专项整治活动。全年立案处理投诉95起,比降29.1%,办结率100%。出动检查人员252人次。全市没有发生重大旅游安全事故。

【提升服务质量】 持续开展"金牌旅行社"评选和"旅行社服务质量信用等级评定"活动,加强诚信旅游示范单位创建。组织开展新标准"宣贯年、执行年"活动;指导旅游饭店评星工作,促使3家饭店被评为四星级,7家筹备参评。组织开展星级饭店行业"优质服务示范岗""优质服务大使"双十佳评比活动,加强酒店行业服务窗口建设,提升服务质量。探索建立导游从业激励保障机制,加强校企联合,组织导游年审与提升培训,促使1500多名导游参加培训并通过年审;发出《致全市导游朋友的一封信》,对全市导游提出争当宣传福州、展示福州的使者,争当展示风采、文明服务的先锋,争当善于学习、力争上游的榜样,争当净化环境、推动发展的主力等"四个争当"要求。

(董晓燕)

(编辑 黄 铭)

三坊七巷

综述

2011年,福州三坊七巷按照《三坊七巷文化遗产保护规划》和《三坊七巷街区保护规划》总体要求,加快保护修复进度。全年完成保护修复投资4亿元,超年度计划25%。至年底,三坊七巷保护修复工程完成25处文保单位的修复,完成105处历史建筑以及37处更新建筑项目的建设。

年内,福州三坊七巷生态(社区)博物馆正式揭牌。按照《社区博物馆规划及近期实施方案》,结合院落功能定位,打造重点文化聚落,完成已建和在建展馆14处。同时配合创建国家AAAAA级旅游风景区,完善旅游配套设施,形成“由点连线、线线成面”的区域效应,年内三坊七巷推出招租项目36个,占地面积约2万平方米,引进客栈、文化创意产品、餐饮等不同类型的文化商业业态。全年签订合同150份,入驻商家163户,三坊七巷—澳门路—安泰河沿线文化商业氛围逐渐形成,实现租金收入3307万元。

规划设计

【朱紫坊规划】 先期介入朱紫坊历史街区保护修复,开展朱紫坊保护修复前期调查,收集相关资料,配合北京清华城市规划设计研究院完成《福州朱紫坊文化遗产保护规划》。朱紫坊定位为以居住功能为主体,商业、旅游、文化等多种功能并存,具有浓厚福州传统建筑文化特色和典型福州传统社区文化特色的传统街区。7月,该规划通过专家评审。

【两山两塔两街区规划】 开展“两山、两塔、两街区”(两山指乌山、于山,两塔指乌塔、白塔,两街区指三坊七巷街区、朱紫坊街区)概念性规划前期工作,核定该区域的四至边界,重新梳理域内历史文化要素。开展三级文物点、宗教文化、名木古树、历史文化名城遗迹的调查,评估其整体价值,摸清该区域内住户分布情况。配合市规划院完成《两山两塔两街区文化遗产特区概念性规划》。

【地下空间调整规划】 开展三坊七巷地下空间调整文本编制工作,以缓解三坊七巷停车压力,改善街区环境,完善街区功能。10月,《三坊七巷地下空间调整方案》通过专家评审。

【旅游规划】 《福州三坊七巷旅游总体规划》编制基本完成。完成国家AAAAA级景区申报文本编制,最终确立将申报国家AAAAA级景区名称定为“三坊七巷景区”(三坊七巷、林则徐纪念馆、乌山),景区面积127公顷。

保护修复

【拆迁工作】 完成光禄坊建工大楼、省高院办公楼、省公安厅宿舍、隆普营新村4处成套房拆迁工作,完成坊巷内多处院落留住户的整合调换。至年底,三坊七巷范围内除116户按市长令可以保留外,完成搬迁及拆迁3678户,尚有省国防工办、医疗器械厂等37户未拆迁,4313户居民(含乌山及澳门西风貌协调区新增拆迁户)分别迁至鹤林新城、凤湖地块、丞相坊地块、省高院宿舍地块的新房。

【工程建设】 完成鄢家花厅、陈承裘故居、陈衍故居、陈元凯故居、何振岱故居、黄任故居等6处文保单位的修复。完成蒙学堂、文儒坊16号等66处历史建筑以及光禄坊公园AB地块等30处更新建筑项目建设。全面启动已出让地块建设,基本完成通湖路A地块、黄巷3号地块施工,吉庇路B地块、光禄坊C地块年内进场施工。完成安泰河沿岸绿化、景观等配套整治工程以及永久性用水用电工程的施工。

开展留住户院落整合以及自行修复工作,文儒坊13号和55号、大光里8号、光禄坊33号、塔巷24号等留住户已完成自行修复。委托西安文物保护修复中心继续开展三坊七巷彩绘壁画科研与保护修复工作,在水榭戏台、小黄楼、二梅书屋、林聪彝故居4处全国重点文物保护单位的基础上,对刘家大院、郭柏荫故居等11处文保单位的彩绘壁画进行修复。

完成天后宫髹漆工程以及神像神龛布展工作,并于农历三月二十三(4月25日)妈祖诞辰日举行开光仪式。

【社区博物馆建设】 8月24日,福州三坊七巷社区博物馆正式揭牌成立,成为国内首座建成的生态(社区)博物馆。三坊七巷社区博物馆是以“地域+传统+记忆+居民”的模式重新组织保护与展示的新型博物馆,它将传统博物馆的遗产保护、传承、展示和宣传等功能与三坊七巷历史文化街区的保护、现代社区的发展等相互协调,融为一体,实现保护与发展的统一,成为现代博物馆发展的主流方向。

三坊七巷社区博物馆有1个中心展馆、37个专题馆、24个展示点。中心展馆以解读坊巷为展示主线,通过里坊制度寻根、明清建筑探微、闽都名人追忆和非遗文化传承,系统介绍社区居民的邻里生活,辐射老福州社会生活,展现三坊七巷的个性和独特的历史文化内涵,成为社区博物馆信息中心、档案资料数据库。

至年底,完成中心展馆(刘家大院)钢构及展陈深化方案,已建和在建展馆14处,包括:三坊七巷建设成果展、容宝欧洲古董(光禄坊79号A)、车模展(光禄坊79号B)、福州民间藏品艺术馆(谢家祠)、福州漆艺博览馆(林聪彝故居)、雅乐馆(刘齐衔故居)、金丝楠木桢楠馆(鄢家花厅)、福州当代艺术馆(王麒故居)、天开园(郭柏荫故居)、福船文化博览苑(尤氏民居)、宗陶斋(南后街77号)、三坊七巷美术馆(南后街8号)、文化艺术馆(南后街75号)、福州雕刻艺术馆(南后街79号)。

【世界文化遗产申报】 与市文物局协同开展工作,提供基础资料,配合清华大学完成《三坊七巷申报世界遗产突出普遍价值研究报告》,配合省、市考古队开展三坊七巷考古发掘工作,委托北京清华城市规划设计研究院编制《三坊七巷申请列入世界遗产预备名单申报文本》和《三坊七巷遗产地保护管理规划》。

【考古发现】 启动文儒坊西侧地块考古工作,考古发掘面积近1300平方米。对发掘区内的地下文化层逐层揭露,清理出唐五代夯土城墙74米、木质挡墙1处,宋代房基4处、台基1处,以及明清时期水井44处、灰坑42处、台基1处,并出土大量唐代以来的陶瓷片、建筑砖瓦等遗物。通过地层划分,以及出土器物的排比分析,确认遗址中自唐以来的多种遗迹,为研究三坊七巷形成与格局演变、临街设市等提供线索与资料,并申报国内重大考古发现。

8月24日,国家文物局局长单霁翔(右)和省委常委、市委书记袁荣祥(左)共同为三坊七巷生态(社区)博物馆揭牌。 (俞松 摄)

文化活动

【民俗活动】 结合传统民俗节日节点,开展“春节庙会活动”“2011年元宵灯会”“五一坊巷记忆游”“中秋拜月”等民俗活动,实现民俗文化活动常态化。9月21日举行的“中秋拜月”,是福州市首次在安泰河畔举行的中秋灯会祭月活动,活动以传统祭月礼为主,包括敬酒礼、献果礼、献月饼礼、诵读祝文等仪式。

【学术活动】 组织召开首届“三坊七巷与台湾”研讨会,邀请包括台湾及大陆学者代表在内约100人参会,收到论文60余篇,两岸学者在研讨会期间从历史文物、文化教育、成台名人、文化产业建设等多个层面阐述三坊七巷与台湾的密切联系。举办“林觉民清明祭奠”“七一红色主题活动”“辛亥革命一百周年纪念”等活动。

【宣传活动】 加强与《海峡都市报》《东南快报》等省内平面媒体和新浪、搜狐等网络媒体互动,结合重大活动,开辟专栏,加大宣传力度。全年,省内主流媒体发布三坊七巷新闻800余条。利用三坊七巷官方微博、博客等新媒体传播三坊七巷新闻、趣闻,并定期开通微博访谈,和网友互动交流。三坊七巷官方微博入选2011年福建最具影响力政府机构微博十强。三坊七巷官方网站累计点击量32.9万次,日最高点击量近6000次。

开发以三坊七巷元素为题材的宣传品,陆续开发、推出三坊七巷纪念册、纸雕、漆盒、纸镇、牛角梳、折扇、“福”字剪纸贴、挂历等10余种宣传品,充分展示三坊七巷元素内涵。利用影视剧提升三坊七巷文化内涵,配合完成电影《与妻书》《恋夏》以及电视剧《孝子诊所》《望海》的拍摄。

【文物收集】 加强文史档案整理,启动文物征集工作。收集春晖堂字画1242幅、印章124枚;接收刘氏后裔捐赠龙山刘氏族谱9册、刘齐衔后裔书画作品5幅、中正剑等。订制牌匾17块、对联17副、门封牌8块。

旅游开发

【旅游接待】 三坊七巷景区与74家旅行社,86家省、市直机关单位签订长期合作协议。接待团队6365批次6.37万人次;接待中央领导及省部级领导24批次477人次,主要有中央政治局常委、中央文明委主任李长春,原中央政治局常委、中央纪检委书记吴官正,十一届全国人大常委会副委员长、党组成员路甬祥;接待外国政要6批83人次,分别是伊拉克驻华大使阿卜杜·克礼姆·姆斯塔法、世界越柬老社团领袖访问团、美国塔科马市市长、荷兰海尔德省副省长范海琳、日本那霸市经济观光部副部长平良克几、爱沙尼亚驻上海总领事。

【创建国家AAAAA级旅游景区】 对照AAAAA评分标准,新增南口多功能游客中心。整合三坊七巷历史文化街区、乌山历史风貌区以及林则徐纪念馆等旅游资源,形成坊巷院落游、名人故里游、古建筑园林游、文化展示游等多条专题旅游线路,利用已有的生态游步道将3个景区以旅游环线的方式串联成整体。根据不同参观需求,设计1小时游、2小时游、3小时游、半日游和全日游线路。

完善公共服务设施,增设外部交通标识牌110面,规范景区标识系统,增设299面中、英、日、韩等语种标识牌。编撰梳理讲解词,更新并增加自主语音导览器,实现景区内中、英、日等多语种解说。在澳门路、通湖路设置单侧大巴停车位15个,景区停车场面积增至2.06万平方米。与鼓楼区南街街道社区卫生服务中心建立景区医疗救助运送合作关系。委托市环保局监测景区空气质量、水环境、噪声环境。

【旅游营销】 实施"走出去"营销策略,沿福厦、温福动车沿线城市开展宣传推介。赴台湾参加海峡两岸旅游观光博览会,开拓对台旅游市场。参加珠三角旅游宣传推介会,拓展珠三角客源市场。

加大"请进来"力度,接待华信航空台中旅行社、浙江台州等高铁沿线旅行社来景区踩线,推广景区多条特色线路,带动台湾及省外游客参观三坊七巷。

加入电子商务营销平台,在推出三坊七巷"年卡""家庭卡""情侣卡"的基础上,与海峡旅游网上超市(先行网)、同程网、旅游互联网等网络平台建立合作关系,加入"海峡旅游景区通票""海峡旅游休闲卡""畅游神州卡"等旅游营销平台,扩大景区影响力。

3月5日,三坊七巷景区门票销售工作正式启动。首批10个售票景点包括:严复故居、二梅书屋、王麒故居、小黄楼、郭柏荫故居、水榭戏台、林聪彝故居、谢家祠、刘家大院、周哲文艺术馆等10个文物保护单位。年内,三坊七巷游客量812.9万人次,旅游经济收入383.8万元。

主题活动

【杨桥路林觉民·冰心故居】 位于鼓楼区杨桥路86号,坐西朝东,三进,四周有风火墙。黄花岗福建十杰之一林觉民和著名作家冰心(谢婉莹)先后在此居住。1991年11月,故居被辟为辛亥革命纪念馆,除厅堂和林觉民居室保留原状陈列外,前后厅两旁的南北厢房作为展室,主要展出与辛亥革命有关的福州人、物、事的照片。

2011年,纪念辛亥革命100周年献礼影片《与妻书》在此拍摄。

【郎官巷二梅书屋】 系清代林星章旧居。始建于明末,坐南向北,前后、东西五进,贯通郎官巷与塔巷,占地面积2434平方米,因院内植有两株梅花,斋名为"二梅书屋",是福州典型的明清民居代表。2006年公布为第六批全国重点文物保护单位。2010年2月,被辟为福建省民俗博物馆。

2011年5月,举办龙泉窑宋元明清瓷器展,展出60件宋元明清时期浙江名窑龙泉窑烧制的青瓷器以及清代景德镇仿龙泉窑瓷器。

【郎官巷严复故居】 主座清式建筑,花厅为民国式双层楼房,两座毗连,占地面积609平方米。为时任福建省督军李厚基于民国9年为中国近代著名的思想家、翻译家和教育家严复购置。2006年公布为第六批全国重点文物保护单位。2010年6月,故居重新修复作为严复纪念馆对外开放。

2011年3月,补充展板内容及展陈文物,完善严复"少年砺志、投身海军、天演惊雷、教育救国、严复与儿孙"5个主题,作为严复生平事迹展览。

【塔巷王麒故居】 系民国初新编陆军第十一混成旅旅长王麒住宅。始建于清初,两座毗邻,占地面积2225平方米。建筑雕工精致,图案精美,是一座典型的古建筑代表。该建筑内园林优美,造园者匠心独运,采用象形的假山石和灰塑等塑造出弥勒佛、观音菩萨等形象,增添宗教文化气氛,是三坊七巷中有代表性的园林精品。1991年为福州市人民政府挂牌保护单位。

2011年3月,完成门房大厅、厢房、披榭、花厅等处扫尾修复工作。10月,与集珍坊(福州)文化产业投资有限公司合作,辟为福建当代艺术馆对外开放。馆内展示包括寿山石、漆艺、木雕、竹刻、瓷器、红木家具等福建当代工艺珍品。

【衣锦坊水榭戏台】 始建于明万历年间(1573~1620年),原是郑姓住宅,清道光年间(1821~1850年),为湖南布政使兼按察使孙翼谋家族所有。建筑三座毗连,主座前后三进,总面积2675平方米。花厅中有建在水池上的戏台,面积30平方米,是福州地区唯一的水榭戏台。2006年公布为第六批全国重点文物保护单位。

2011年3月,辟为福州地方戏剧演艺场。9月,国家一级演员、梅花奖得主周虹在水榭戏台举办"三坊月·闽剧情"专场演出。

【黄巷小黄楼】 唐代崇文阁校书郎黄璞曾居该地,现存建筑系清道光年间由梁章钜修葺,占地3300平方米。建筑分布紧凑,园内有亭台楼阁、小桥流水,是福州市保存较好的古式花厅园林。

6月19日,副省长、市长苏增添参观三坊七巷保护修复成果展示馆。(包华 摄)

2006年公布为第六批全国重点文物保护单位。

2011年底,小黄楼辟为福建楹联博物馆。展陈90余块从明代至民国期间的牌匾文物,包括姚启圣、林则徐、萨镇冰等福建籍或者涉台相关仕宦名人手迹,内容涉及科举、祝寿、友人勉励等。

【黄巷郭氏民居】 始建于明末,原系衙署,清同治年间郭柏荫购置重修。主座三进,东墙外花厅园林,建筑面积2130平方米。2005年公布为福建省第六批文物保护单位。

2011年3月,完成主座建筑及园林假山修复。8月,与天开园(福建)文化传播有限公司合作,辟为福建省级非物质文化"仙作"古典家具展示馆。馆内展示100余套福建仙游红木家具,包括皇宫圈椅、餐桌、条案以及罗汉床等,内容涉及红木制品的发展、材质、工艺流程等。

【宫巷林氏民居】 始建于明代;清顺治二年(1645年),南明隆武政权在该处设大理寺衙门;道光年间,林聪彝购置居住。建筑左右三座,主座前后四进,东侧设有园林,总占地面积3000平方米,是明、清时期福州最大的豪宅之一。2006年公布为第六批全国重点文物保护单位。

2011年,与福州古越典藏文化传播有限公司合作,将林氏民居辟为福州漆器漆艺博物馆对外开放。馆内展出1200余件清代以来的典藏漆器作品以及150多幅当代老中青漆画大师的画作。

【光禄坊刘氏民居】 刘家大院自西而东四座并列,总面积4532平方米,为福州市区规模最大的一处宅院。原是清初著名画家许友故居"米友堂"和清康熙年间进士、内阁中书林佶故居"朴学斋"。嘉庆年间由刘照购得。清末民国初年,传至刘齐衔孙刘健庵、刘步溪堂兄弟,对宅院加以重建。2005年被公布为福建省第六批文物保护单位。

2011年,结合三坊七巷社区博物馆建设,辟为社区博物馆中心展示馆,完成钢构及展陈深化方案。

【吉庇巷谢家祠】 始建于明代,坐北朝南,前后四进,建筑面积946平方米。清末,林觉民等曾在该处创办阅报所。"五四"运动期间,福建学生联合会在该处成立。之后,黄展云创办"营前模范村",以该处为城内办公地点。2005年公布为福建省第六批文物保护单位。

2011年,作为福州民间藏品展示馆对外开放,该馆征集到500多件藏品,主要有清代古典家具、清代官窑以及青花瓷瓷器,近现代如齐白石、徐悲鸿、傅抱石等名人书画等。

【周哲文艺术馆】 位于光禄吟台青砖楼,该楼建于1951年,为苏联专家建造。2011年3月,完成建筑外立面改造及夜景灯光敷设,并作为周哲文艺术馆正式对外开放。艺术馆陈设作品分3层,馆内陈列篆刻大师周哲文印章作品300多枚,还有书画作品60余幅,其中包括吴作人、李可染、沙孟海等大家之作。

景区管理

【招商管理】 依托文化资源优势,扩大和资本市场的交流合作,吸引社会资金,盘活闲置资产。一是完善招商信息网络,在平面媒体和网络媒体上及时提供招商信息资讯,并在营销部门设立业务平台,提供人工咨询服务;二是统筹协调招商引资工作的各个环节,建立健全营销、文保工程、物业、街肆景观等部门的协作机制;三是创新招商思路,拓展招商领域,在符合准入条件的前提下,引进不同类型的文化商业业态,提升三坊七巷的文化内涵;四是增设服务窗口,对入驻商户主动服务、靠前服务、全程服务,改善投资环境;五是探索文化资源和资本市场交流合作的新模式。由民间资本投资并相继开放的展馆有南后街宗陶斋名人字画展、光禄吟台周哲文艺术展、郭柏荫故居、王麒故居、谢家祠、林聪彝故居、小黄楼、刘齐衔故居等9处院落,形成项目投资(资金加展品)近3亿元。

【景区服务】 配合创建AAAAA级景区工作,启动《三坊七巷历史文化街区保护管理办法》编制工作,完善管委会组织架构,调整优化服务内容,加大街面、道路卫生巡查,落实日常维护保养工作,对景区重点部位及工地实行分片包干,定期检查。突出客户服务工作,配合办理业主入住,审批装修方案,监督现场施工。接待处理商铺及设施的维修服务和投诉,并反馈处理结果、征询改善意见。联合社区工作人员加强日常巡查,着重排查工地、木工棚和各文物保护单位。定期检查三坊七巷内的消防栓、消防水带箱、消防水枪等设施。落实施工安全管理条例,建立安全隐患登记制度,逐项落实整改情况。

(董炳强)

(编辑 黄 铭)

人民生活

【概况】 2011年，在宏观调控政策的引领下，居民收入显著提高，城镇居民人均可支配收支加速增长，农民人均纯收入突破万元且消费活跃，同时，反映与城乡居民生活息息相关的民生指标的运行也在波动中朝着积极向好的趋势发展。

【城镇居民收入】 城镇居民人均可支配收入26050元，比增14.6%，增幅较上年提高2.6个百分点，扣除价格因素实际增长9.4%，其中人均工资性收入18848元，比增13.2%，占人均可支配收入总额的72.4%，拉动可支配收入增长9.7个百分点，是城镇居民增收的主要动力；人均转移性收入6434元，比增6.6%，占人均可支配收入总额的24.7%，拉动可支配收入增长1.8个百分点；人均财产性收入1395元，比增23%，增速较上年提高2.4个百分点，拉动可支配收入增长1.1个百分点。

政府出台促进居民增收的四项措施：一是事业单位绩效改革和公务员增资政策；二是提高最低工资标准和个税起征点；三是上调企业离退休人员基本养老金；四是增加就业机会，城镇新增就业人数15.32万人，城镇登记失业率2.36%。

【城镇居民消费支出】 城镇居民人均消费性支出17847元，比增13.1%，增幅较上年提高1.2个百分点，扣除价格因素实际增长7.9%。城镇居民恩格尔系数37.7%，较上年下降1.2个百分点。居民消费热点集中在服装、金银珠宝和家用电器产品，城镇居民人均购买衣着支出比增27.7%，人均购买金银珠宝饰品支出比增56.3%，人均购买家用电器产品支出比增42%。居民家庭网络信息化水平的提高，带动其生活方式发生变化，居民人均通过互联网购买商品和服务支出达125元，比增2.7倍。

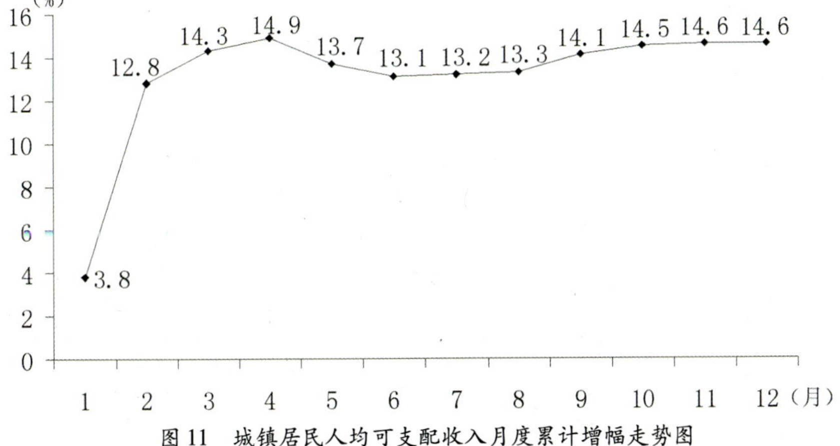

图11 城镇居民人均可支配收入月度累计增幅走势图

【农村居民收入】 农民人均纯收入达10107元，比增18.3%。农民人均纯收入增速12年来首次超过城镇居民，高出3.7个百分点。城乡居民收入的比值达2.58∶1，小于上年2.66∶1的比值。主要特点：一是农村居民务工人数增加，促进工资性收入大幅增长，农村居民中本地务工人数比增12.5%，农村居民人均纯收入中工资性收入5476元，比增22.4%，对农村居民人均纯收入增长的贡献率达64.1%，拉动农村居民人均纯收入增长11.7个百分点；二是农村居民家庭经营收入增长，农村居民中经营非农产业人数比增11.3%，同时随着畜禽品和渔产品价格走高，特别是农村散养的富泉羊、土鸡、土鸭以及土鸡蛋等产品日益走俏，全年农村居民人均家庭经营纯收入3040元，比增17.8%，对农村居民人均纯收入增长的贡献率达29.4%，拉动农村居民人均纯收入增长5.4个百分点；三是随着各项支农惠农政策、农村养老保险制度和失地农村居民补贴等政策的落实到位，各种转移性收入增长较快。农村居民人均非生产性收入1591元，比增6.8%，对农村居民纯收入增长的贡献率达6.5%，拉动农村居民人均纯收入增长1.2个百分点。

【农村居民消费支出】 农村居民人均生活消费支出7353元，比增21.1%。农村居民恩格尔系数44.8%，较上年下降0.7个百分点。构成农村居民生活消费支出的八大类商品全面上升，其中农村居民人均食品支出比增19.3%，人均衣着支出比增28.7%，人均居住支出比增11.5%，人均家庭设备用品及服务支出比增42.3%，人均交通和通讯支出比增4.7%，人均文化教育、娱乐用品及服务支出比增23.9%，人均医疗保健支出比增45%，人均其他商品和服务支出比增52.2%。

【低收入群体基本生活补助】 在全省率先启动联动机制，且启动条件低于省定条件、补助标准高于省定标准，联动机制的启动暂以居民消费价格指数(CPI)结合食品类消费品价格指数(未实行低收入价格指数之前)作为衡量指标，确定启动联动机制的标准。加大财政资金对低收入户的补贴，全年4城区发放价格补贴938.9万元，受益对象25.6万人次。7月起，扩大救助范围，在城乡低保、农村五保、城市失业人员的基础上，增加重点优抚对象、革命五老人员。

【民生保障】 初步实现每个乡镇至少有一所卫生院，健全完善社区卫生服务中心；初步实现每个乡镇(街道)有一所公办幼儿园，同时全面建立校园周围安全保障；内河整治和改造逐步扩大，城区空气质量优良率达98.6%。推动新农合、城镇居民医保、城镇职工医保等工作，参保人数达570多万；将城镇居民医保和新农合政府补助标准提高至每人每年220元；加大社会保障投入，全年社保支出11.47亿元；开展城镇居民养老保险试点，探索居家养老服务模式；城市和农村低保对象人均补助水平每月分别提高60元和50元。

市场物价

【居民消费价格】 2011年，全市居民消费价格总水平平均上涨4.8%，构成居民消费价格总指数的八大类商品全年价格“七升一降”，其中食品类价格上涨10.7%，居住类价格上涨5.3%，医疗保健和个人用品类价格上涨3.2%，家庭设备用品及维修服务类价格上涨2.3%，烟酒及用品类价格上涨2.2%，交通和通信类价格上涨0.9%，衣着类价格上涨1%，娱乐教育文化用品及服务类价格下降1.7%。

面对物价上涨形势，市政府介入平抑部分食品价格，加强储备调控，完善和扩大平价店、平价区、平价直通车，免除国有农贸市场摊位费，搞活流通，降低供销流通费用以及加大财政投入，保障“菜篮子”基地、市场监控、水产养殖、食品安全等领域的建设，稳定市场供应。

【房地产价格】 市政府出台“限购”“限贷”及税收等相关政策，多管齐下调控房价，引导购房取向。同时推动保障房建设，全年筹集财政性资金20.43亿元，用于购置和建设廉租房、公租房。开工建设各类保障性住房3.44万套，启动城市棚户区改造2.77万户，保障房建设与财税调控政策形成合力，促进房价回归合理价位。市区新建房价格指数经历年初高涨后，从3月开始趋缓，到5～8月连续4个月对峙后开始松动下行。从二手房价格走势看，在一系列房价调控政策的作用下，二手房价格在经历年初微涨阶段后，下半年率先新建房出现下跌趋势，且逐月下滑。

【工业生产者价格】 在近两年全球经济持续恢复、境外市场需求拉动和国际大宗商品价格上涨等国际因素影响，以及国内经济持续增长、市场需求总体

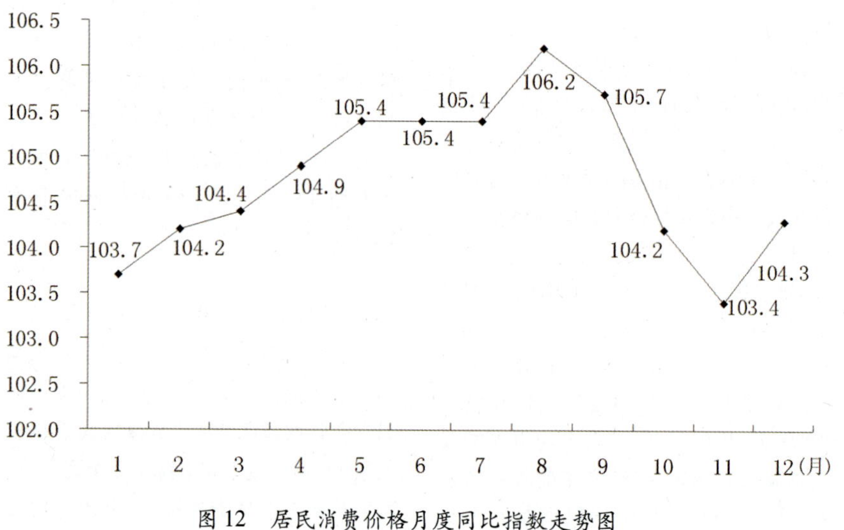

图12 居民消费价格月度同比指数走势图

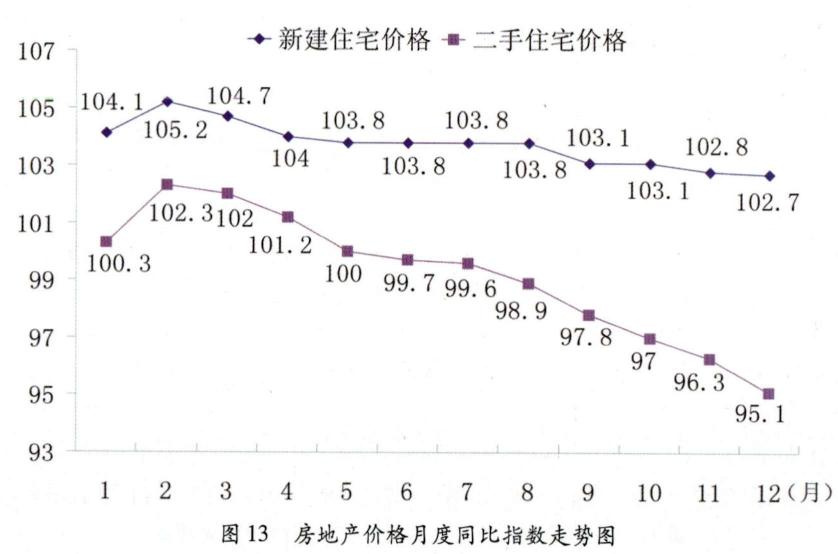

图13 房地产价格月度同比指数走势图

增加、上游能源和基础原材料价格上涨、企业用工成本增加等国内影响因素的共同推动，2011 年 PPI 同比指数总体呈上涨态势，工业生产者购进价格上涨 9.9%，工业生产者出厂价格上涨 3.2%。进入第四季度，由于欧美债务危机及国内经济增长放缓的影响，化学纤维制造业、纺织业、黑色金属冶炼及压延加工业和通信设备计算机及其他电子设备制造业等几大重要行业出厂价格开始出现下行，使得第四季度福州市工业生产者出厂价格月度环比出现下降，同比涨幅也逐月回落。

从工业生产者价格月度运行看，2011 年前期，月度同比基本保持上涨态势，尤其是前 10 个月，工业生产者购进价格上涨幅度均超过 9%，工业生产者出厂价格涨幅除 4 月徘徊在 3% 以内之外，其余月份涨幅均超过 3%。进入第四季度二者涨幅均呈回落态势，并于 12 月下行至全年最低点，工业生产者出厂价格甚至出现下降。

（杨　军）

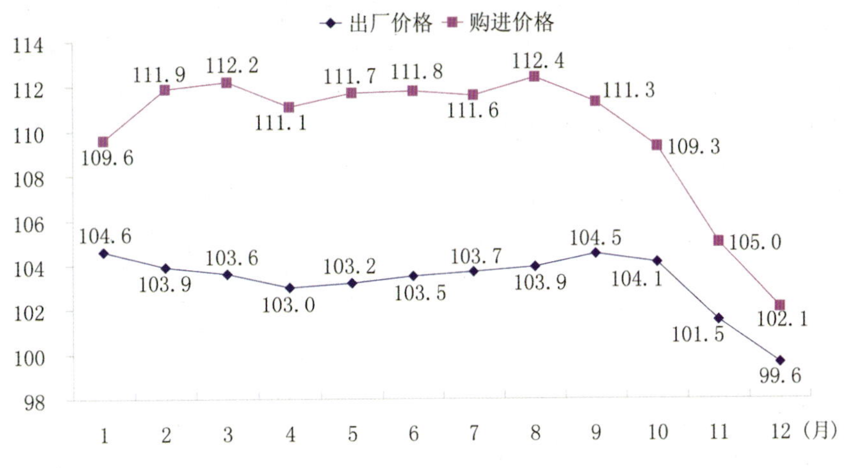

图 14　工业生产者价格月度同比指数走势图

7 月 1 日，福州市启动免费孕前优生健康检查项目。

人口和计划生育

【概况】　2011 年，福州市新出生人口 6.05 万人，人口出生率 9.93‰，人口自增率 5.07‰，出生人口政策符合率 95.17%，出生人口性别比 106.03，较好完成省定责任目标。全市 13 个（4 个国家级、9 个省级）服务机构分别被评上国家、省级示范站（所），7 个服务机构通过省级示范站（所）评估验收。规划的 46 个精品服务站所和 31 个科技长廊均通过验收。福州市作为 2011 年福建省唯一一个推荐单位，向国家人口计生委申报为 2011 年度国家人口和计划生育综合改革示范市创建单位。闽清县通过国家计划生育优质服务先进单位的验收，永泰县通过福建省计划生育优质服务先进单位的验收。

【计生政策宣传】　联合市科协编印生殖健康系列科普挂图和丛书，提供给城乡标准科普宣传栏与农家书屋、人口文化图书角使用。通过每月一期的《福州人口报》和福州市人口计生公众信息网网络平台，报道全市人口计生工作新动态；开设移动信息平台，发送各类计生宣传短信；在西湖公园门口设立 LED 显示屏滚动播放人口计生信息。

【落实计生政策】　组织考核队对全市进行不定期检查指导，对查出存在问题较多的乡镇，实行黄牌预警告、黄牌警告或单列管理，对各地排名连续两轮处在后三位的乡镇主要领导在帮促期间实行不重用、不调动、不提拔；加大计生“一票否决”力度。年内对 1181 个申报评先评优单位进行审核把关，对 1946 个申报评优评先个人严格执行“一票否决”制。同时落实“成才、安居、致富、亲情、保障”5 项工程，建立健全计划生育十三大优惠优待制度。

【健全利益导向机制】　一是将农村部分计划生育家庭奖励扶助制度对象年龄提前到男 55 岁、女 50 岁，部分县（市）区还提高奖励扶助标准，仓山、晋安、闽侯分别将奖扶标准从每人每月 100 元提高到 120 元，福清将奖扶标准提高到每人每月 150 元。二是组织小额贴息贷款工作，小额贴息贷款省级财政贴息发放落实 767 户，贴息金额 57.91 万元，超额完成对象到户任务；市级财政小额贴息贷款落实 2646 户，贴息金额 199.41 万元，向市财政申请下拨经费。三是市计生协会建立生育关怀公益金。福州市规定各县(市)区应从上年征收的社会抚养费总额中按10%的比例提取幸福工程和生育关怀行动的专项资金,其中50%用于开展幸福工程救助计生贫困母亲发展生产,50%用于开展生育关怀行动帮扶计生特困户。全市县、乡两级计生协会普遍建立生育关怀公益金,有11个县(市)区从征收的社会抚养费中提取幸福工程和生育关怀行动专项资金。年内市人口福利基金会募集到社会各界爱心人士捐赠的款物3240万元。

【规范计生工作】 一是开展创建乡镇(街道)计生办"文明窗口"活动和依法行政示范乡镇(街道)活动,全市有45个乡镇(街道)通过考核验收,上报省级依法行政示范乡镇(街道)15个,推荐上报马尾区马尾镇、长乐市吴航街道为国家级示范乡镇。二是推进阳光计生行动规范化建设,出台《福州市人口计生委关于进一步开展"阳光计生行动"的通知》;继台江区人口计生局被评为全国"阳光计生行动"示范单位后,全市"阳光计生行动"基本实现全覆盖。三是加强政务信息网和人口计生公众信息网建设,将社会抚养费征收标准在政务网上公开,同时成立信访工作领导小组,设立举报箱、举报电话,化解矛盾纠纷。四是坚持畅通"四个"渠道:1. 建立"12356"阳光计生服务热线;2. 通过福州电视台政风行风热线栏目实现主要领导上线,现场解答群众诉求;3. 加强"12345"便民呼叫中心网上诉求平台件的处理力度,利用"12345"平台解决264件咨询和诉求件,均为满意件;4. 加强网上审批工作,市人口计生系统生育服务证办理和病残儿医学鉴定等实现网上审批,网上审批病残儿150人,无投诉件。

【突破计生工作难点】 加大社会抚养费征收力度,截至2011年10月30日,全市当年度应征收社会抚养费3.58亿元,实际征收2.58亿万元,征收率72.24%;10万元以上征收案例384例,征收金额4011.92万元。综合治理性别比偏高问题,开展"关爱女孩"行动。推进打击"两非"新突破,全市"两非"案件立案85件,结案33起。

【免费孕前优生检查】 出台《福州市免费孕前优生健康检查项目实施方案》,加大投入,确保人员、场所、设备三到位。全市投入2890余万元用于服务场所升级改造和设备配置,招收各类专业技术人员17人,聘请信息录入人员11人。提高受检人群覆盖率,建立、健全监控体系,加强与宣传、卫生、财政、民政、公安等相关部门的配合,推进免费孕前优生健康检查项目实施。截至12月30日,全市完成免费孕前优生健康检查5.75万人次。改进药具发放工作,对安全套免费发放机进行外观改造并扩大发放范围,提高计生药具进高校覆盖率。

【流动人口计生服务管理】 加强流动人口"一站式"管理,协同市综治办做好"一站式"建设工作,与劳动、公安、卫生等部门联合推进流动人口均等化服务工作。全市整合2243名社区协管员,成立470个流动人口"一站式"综合服务管理中心。深化流动人口自我服务管理模式,各县(市)区在上海市、广州市、襄樊市等地建立11个"以流动党组织为依靠、以商会为依托、以工作站为基础、以流动人口为主人"的流动人口计生服务管理站。各级流动人口服务管理部门采取上门走访和邮寄的方式,与省内外550个地市县(其中市人口计生委与71个地市)建立"信息互通、资源共享、管理互动、服务互补"的双向区域协作。

(林　涛)

人力资源和社会保障

【概况】 2011年,福州市城镇新增就业人口15.32万人,完成年任务14.5万人的105.66%;下岗失业人员再就业9223人,完成年任务0.8万人的115.29%;城镇就业困难对象再就业3841人,完成年任务0.31万人的123.9%;农业富余劳动力转移就业6.37万人,完成年任务5万人的127.4%;全年城镇登记失业率2.36%,控制在省下达的3.5%年度目标以内。至年底,全市社会养老保险参保人员353.66万人,医疗保险参保人员232万人,工伤保险参保人员96.91万人,失业保险参保人员91.51万人,生育保险参保人员88.01万人。

【就业工作】 加大就业创业帮扶力度,将小额贷款受益面扩大到全体城乡创业妇女;在合作金融机构推行"一站式"服务,扩大小额贷款免担保信用社区试点,全年发放小额担保贷款2113笔1.3亿元,带动6000多人实现就业。简化就业困难人员社保补贴申领程序,为5.2万名就业困难人员发放社保补贴4800万元。

加强企业用工服务,坚持每周五举办大、中型公益招聘会活动,先后开展"就业援助月""春风行动""民营企业招聘周""大中专学生暑假工专场招聘会"

12月30日,福州市举行企业"诚信用工承诺"授牌和"以工引工"聘书发放仪式。

8月13日，举行《中华人民共和国社会保险法》专题讲座，邀请人力资源和社会保障部法制司副司长芮立新授课。

"复退军人和军嫂就业专场"等就业服务专项活动。针对春节前后企业用工需求高峰，组织开展十万岗位送基层、企业诚信用工承诺等活动。

破解企业结构性用工矛盾，针对四川、河南等省劳务输出量减少的新情况，在全省率先出台扶持重点企业用工、鼓励校企对接和"以工引工"财政补贴政策，开辟湖北、云南、贵州等新的劳务合作基地，拓展市重点企业与湖北、广西、江西等省职业、技工院校校企用工对接平台。至年底，已与省内外38个城市（地区）签订劳务合作协议，8个劳务输出地区组建驻榕劳务工作站，208家重点用工企业与省内外84所职业、技工院校签订校企合作协议。

规范劳务派遣工作，市劳务派遣公司与309家单位建立劳务派遣关系，派遣人数1.38万人；派遣人员劳动合同签订率100%，社会保险参保率95%以上。

【技工教育与职业培训】 创新技工教育发展模式，对接八大支柱产业结构性用工需求，突出"机、电"特色和以实践训练为主的办学方针，坚持走市场化道路，调整专业设置，拓展校企联合办学和"订单式"培养模式，提升技工教育办学层次与教学水平。

加快高技能人才队伍建设，拟订《福州市高技能人才发展"十二五"规划》，在龙头企业开展高技能人才考核认定试点工作，提升职业技能鉴定规模与质量。全年职业技能鉴定6.56万人，发证5.68万人，其中高级工4855人，技师598人，高级技师186人。

推进各类职业技能培训，落实职业培训资金直补企业政策，开展企业紧缺技术工种培训。全年在403家企业开展直补鉴定1.72万人，与福耀玻璃、南方铝业、东南汽车等公司对接开展叉车、电气焊、钳工、汽修等紧缺技术工种培训1000人，落实培训补助资金193.6万元。同时开展农业富余劳动力转移就业培训1.2万人，举办SIYB创业培训班236期、培训5886人，开展特种作业安全技术培训2564人。

【社会保险】 健全覆盖城乡的养老保险体系，连续第7年提高企业退休人员养老金待遇，月人均养老金1350.39元，比增14.64%。在晋安区、福清市、闽侯县开展城镇居民养老保险试点，新型农村社会养老保险实现制度全覆盖，34.75万名60周岁以上老年农村居民按月享受养老金待遇。将2008年2月19日前被征地农民纳入养老保障范围，帮助1416名无力参保的县及县以上集体企业退休人员解决老年生活保障问题。解决缴费不足15年的超龄企业退休人员养老保险政策性补缴问题。

深化基本医疗保险制度改革，解决在榕务工农民工医疗保险断保续交问题。城镇职工和城镇居民医疗保险统筹基金报销比例分别达85%和70%；城镇职工医疗保险统筹基金最高报销封顶线提高至24.5万元；城镇居民参保财政补助标准提高至每人每年220元，统筹基金最高支付限额由6万元提高至14万元。在全省率先启动城镇居民基本医疗保险普通门诊统筹，对实施基本药品制度的乡镇、社区医保定点机构实行门诊特殊病种零起付线结算办法，开展按人头、按病种付费和总额预付等结算方式改革。探索解决医保参保人异地就医报销难和个人医疗费垫付负担重问题，与广州市开展异地就医医保即时结算试点并将拓展至其他省市。

做好宗教教职人员参保工作，全市宗教教职人员参加基本养老保险单位38个，参保人员471人；参加医疗保险登记场所1255处，参保人员3287人，超额完成省下达任务。

推进失业、工伤、生育保险工作，在全省率先建立失业保险与物价上涨挂钩联动机制，累计为3728名失业人员发放物价上涨补贴107万元。在全省率先出台领取失业保险金人员按月加发基本医疗保险费的政策，累计为2.19万名（次）领取失业保险金人员发放基本医疗保险费373.65万元。工伤保险和生育保险实现市级统筹，工伤保险参保人员现人均赔付待遇比"十五"期末增长25%，其中工亡待遇提高120%。

加强社会保险基金监督，开展就业专项资金、医疗保险基金和失业保险基金专项检查，加强社保基金收支预算和基金管理内控制度。

【劳动关系维权】 加强劳动保障监察执法，坚持日常巡查和重点打击相结合，开展清理整顿人力资源市场秩序、解决企业职工工资拖欠、企业执行最低工资标准情况等专项执法活动，落实农民工工资保证金和欠薪应急保障金制度。全年检查用工单位6055个，涉及用工40万人，清退童工14人，取缔非法中介机构9家，为职工追回被拖欠工资8300万元。至年底，市本级有346家建筑施工企业预存工资保证金1.36亿元。

提升法规仲裁工作水平，加强行政复议和行政诉讼案件制度化、规范化、程序化建设，推行"调裁结合，以调为主"的劳动争议简易程序和办案方针，提升劳动争议仲裁质量与效率。全年立案受理劳动争议仲裁案件5673件,结案率90%以上,其中调解4105件,调解率72.36%。

健全协调劳动关系三方机制,开展创建和谐劳动关系工业园区与企业活动,发布企业工资增长指导线,调整最低工资标准和非全日制用工小时最低工资标准。建立全市统一的劳动用工备案和就业登记制度,开展劳动合同制度实施专项行动、工资集体协商"要约活动"和集体合同"彩虹计划",提高各类企业劳动合同签订率和社会保险参保率。

(陈中钦)

民　政

【概况】　2011年,福州市民政工作落实动态管理下的"应保尽保"和社会救助标准与物价上涨挂钩联动机制,城乡低保标准再次提标。新建一批农村敬老院,提高农村五保供养水平。拓展医疗救助"一站式"服务。落实对养老服务机构的政策扶持,养老机构数与床位数继续增加,开展以"关爱老人、构建和谐"为主题的"敬老月"系列活动。推进福利事业单位基础设施建设。推行军休所"十个一"规范化建设。优化农村社区发展布局,推进城市社区"三有一化"建设,充实社区服务人才队伍,开展对农村基层干部的轮训。指导街道、社区开展创先争优活动,开展社会组织党员基层大走访活动。

【优抚工作】　落实优抚对象抚恤补助标准自然增长机制。开展重点优抚对象数据审定、更新工作,新增重点优抚对象227人,减员692人。开展退役残疾军人残情复查工作,提交37例残疾军人省级鉴定。开展烈士纪念设施普查,普查录入923处烈士纪念设施。开展部分农村籍退役士兵老年生活补助发放工作。开展"两节"期间拥军优属走访慰问活动,发放慰问款物80.67万元。福州市连续第7次获"全国双拥模范城"称号。

【安置工作】　开展退役士兵服务、管理和培训工作,接收退役士兵、转业士官2538人,其中城镇安置对象926人(转业士官83人),农村户口1581人,其他对象31人。推行"经济补偿、扶持就业、重点安置、城乡一体"的退役士兵安置政策,鼓励和扶持退役士兵走自主创业的道路,加强城镇退役士兵技能培训,培训退伍军人781人,发放自谋职业一次性补偿金2377.74万元。

落实军休干部的"两个待遇",在16个军休所开展规范化建设活动,逐步推进军休干部房改工作。承办全省军休运动会,分6批次组织415名军休干部到武夷山疗养。

10月10日,福建省军队离退休干部运动会在福州市开幕。

【社会救助】　城乡居民最低生活保障　开展低保申请、入户调查、核实审批和监督检查,确保动态管理下的"应保尽保"和低保金的按时足额发放。3月1日起,将城区低保标准调整为多人户350元/月、单人户380元/月,将农村低保标准调整为多人户250元/月、单人户280元/月。全年全市保障城市低保对象1.01万户、2.03万人,发放城市低保金5748万元;保障农村低保对象3.83万户、7.75万人,发放农村低保金9472万元。落实对城乡低保对象等困难群众发放物价补贴和对城乡3种重度残疾对象发放救助金、补助金工作。

五保供养　新建7所农村敬老院,将城区农村五保供养标准调整为集中供养每人每月400元,分散供养每人每月350元。全市保障农村五保对象8476人,全年发放五保金2656万元,人均月补助259元。

医疗救助　城乡医疗救助工作实现全覆盖,将全部重度残疾人、低收入家庭重病患者和低收入家庭中60周岁以上的老年人纳入救助范围,提高救助比例。全市审核批准城市医疗救助人数6091人,发放救助金446万元;审核批准农村医疗救助人数9902人,发放救助金830万元。

【灾害救济】　下达自然灾害生活补助资金、冬春救灾款600万元,救助灾民4.11万人次。启动市级救灾物资储备仓库建设。开展"5·12"防灾减灾宣传日活动,完成避灾点建设3200个。为802户受灾农户发放农村住房保险理赔金294.29万元。

【社会福利】　全市各类养老服务机构已投入使用的有43家,在建的有20家,共有床位1.4万张。推进长乐市福利中心建设,总投资9000万元。组织实施孤残儿童"明天计划""重生计划",开展"肢残助行"工作,为一批贫困残疾人申请配置轮椅和安装假肢矫形器。推进市儿童福利院蓝天计划楼附属工程、市精疗院新病房大楼、市第二社会福利院3号院民楼等综合福利设施建设。

市属福利企业改制进入扫尾阶段,完成工艺漆器厂职工安置费用发放,市塑革制品厂改制方案获市政府通过，即将对职工实施货币安置。

【基层群众自治组织】　开展大学毕业生服务社区工作，面向社会招募31名高校毕业生，分别安排到连江、罗源、闽清、永泰等县城社区居委会工作。开展社区综合服务站建设，投入660万元建成22个社区综合服务站。开展新修订的《中华人民共和国村委会组织法》培训，共培训200多名农村基层干部，推行农村户代表会议制度，建立村务监督委员会，完善村委会民主决策、民主管理、民主监督制度。推进农村社区建设工作，仓山区获主“全国农村社区建设实验全覆盖示范单位”。

【老区建设】　下拨扶持老区建设专项资金672万元，分别用于道路硬化、安全卫生饮用水、修缮学校、革命遗址维修保护、省级老区科技示范基地等项目建设。下达革命“五老”人员定期补助资金911万元，医疗补助资金82.33万元。开展“两节”走访慰问革命“五老”人员活动，走访慰问革命“五老”人员1400多人，发放慰问款物70.3万元、年画7000张。

【老龄事务】　推动居家养老服务工作从5城区向县（市）拓展，市财政安排专项资金408万元用于社区居家养老服务中心（站）设施建设及运营资金的补贴、政府购买服务的补助，全市建成210个社区居家养老服务中心（站）。居家养老工作获“2011年中国城市管理进步奖”。

部署开展“拗九节”敬老活动，组织近600名志愿者为老年人送上礼品2200多份。落实老年人权益保障和优待政策，为老年人提供无偿或低偿爱心助老服务，为“空巢老人”免费安装应急呼叫救助“一拨通”。马尾区在全市率先建立高龄老年人生活补贴制度，对80～99周岁、具有马尾区户籍的高龄老人，每人每月发放补助金200元；对100岁及100岁以上的高龄老人，每人每月发放补助金500元。

【殡葬服务】　推进闽清、罗源、闽侯县、晋安区火化区拓展，开展全市性公墓清理整顿工作，对部分陵园存在建大墓、墓价高、建“活人墓”等问题进行监督与管理，加快公益性公墓、骨灰堂（楼、塔）建设。针对清明节祭扫人流高峰问题，开展安全保障工作，引导市民错峰祭扫、文明祭扫，市殡仪馆等8家殡葬服务单位接待祭扫群众79万人次，未发生安全事故。

10月6日，市委副书记、代市长杨益民与市老年公寓老人共度重阳节。

【婚姻、收养登记】　加强婚姻登记业务管理，实现婚姻登记“零差错”，涉外婚姻登记窗口被市委、市政府授予“十佳办事窗口”称号。加强对县（市）区婚姻登记场所和服务设施改造的督促力度，推动各县（市）区加快落实婚姻登记机构、编制。2011年，全市办理涉外、涉港、澳、台、侨结婚登记3721对，离婚登记663对，收养13例。

【救助管理】　督促各县（市）开展救助站建设，12个县（市）区基本落实救助机构和人员编制。开展“5·18”海峡两岸经贸交易会、“6·18”海峡项目成果交易会等重要时段流浪乞讨人员的救助管理工作，全年救助流浪乞讨人员4587人次。年内“福州市流浪未成年人救助保护中心”挂牌成立，落实人员编制10人。

【区划地名管理】　围绕创建全国文明城市，加强市区路名牌、门楼牌设置维护工作，新设单立柱路名牌775面、悬挂式巷（里、弄）名牌681面、门牌5848面，命名公布51条道路、8条桥梁名称。

【民间组织管理】　在市级社会组织中开展创先争优活动，提高社会组织党建水平。全市社会组织中的500多名党员开展基层大走访活动，走访群众3112人次，慰问困难党员群众529人，为群众办实事、办好事726件。在全市民间组织中开展社会组织年检工作，完成296家社团、198家民办非企业单位的年检任务。

【边界管理】　全年完成9条界线联检任务，其中市间县级界线4条，总长235.49公里；市内县级界线5条，总长278.25公里。与宁德、南平、三明、泉州、莆田市制定《毗邻市间边界纠纷应急处置预案》，签定共建“平安边界”协议书。开展“平安边界”创建活动，全市3893.6多公里的边界线无恶性纠纷事件发生。

【福利彩票销售】　推进“刮刮乐”网点即开型福利彩票和“中福在线”福利彩票销售工作，全年完成2.3亿元的福利彩票销售任务。

（陈东升）

（编辑　黄　铭）

鼓楼区

【概况】 鼓楼区位于福州市城区北部，北以峰福铁路、东以晋安河与晋安区为界，南以琼河、东西河、斗池路、上浦路与台江区为界，西南以闽江与仓山区为界，西北与闽侯县相邻。区域面积35.7平方公里。辖9个街道、1个镇、79个社区、15个经合社，户籍人口57.86万人。

区内地热资源丰富，长5公里的温泉带有“千古华清第一汤”之称，温泉水量大、水温高、水质好；名胜众多，屏山、乌山、于山“三山”鼎立，乌塔、白塔“两塔”耸峙，镇海楼“一楼”雄踞，有西湖公园、左海公园、温泉公园、金牛山公园、江滨公园、西禅寺、开元寺、法海寺等游览胜地，著名的三坊七巷、朱紫坊是福州历代古民居代表建筑群；有林则徐故居、文庙、闽王祠等重点文物保护单位107处。

2011年，鼓楼区完成市级“五大战役”项目21个，完成年度投资76亿元。获“全国科普示范区”称号；区政府门户网站在全国区县政府网站绩效评估中排名第17位；地方财政收入增量在全省排名第17位；连续5年在全市绩效评估中获得优秀。区财政统筹12.9亿元改善民生，占总支出的74.8%，10类21件为民办实事项目如期完成。

【经济建设】 实现地区生产总值708亿元，比增13.3%，三次产业结构为0:23.9:76.1；财政总收入35.4亿元，比增31.4%，其中地方财政收入21.5亿元，比增27.3%；工业总产值247.56亿元，比增16.4%，其中规模以上工业增加值61.2亿元，比增17.3%；城镇以上固定资产投资312.5亿元，比增0.3%；社会消费品零售总额522.46亿元，比增22%；出口总额55.60亿美元，比增46.83%；进口总额10.61亿美元，比增25.92%；城镇居民人均可支配收入2.78万元，比增15%。

服务业 启动国家服务业综合改革试点工作，实现第三产业增加值538.8亿元。推进恒力城、恒宇国际大厦、宇洋中央金地等20幢楼宇建设，签约47个项目，总投资10.6亿美元；对接12个“三维”项目，总投资15亿元；引进注册资金50万元以上的企业2502家，其中注册资金千万元以上企业241家。引进王府井百货、舒友国际等知名服务业企业，新增百家限额以上商贸企业；大东街口商圈克服地铁施工的不利影响，大洋、东百等百货商业年销售额均突破10亿元；全区社会消费品零售总额占全市近1/3。三坊七巷获评全国首个社区博物馆；“芍园壹号”成为全市文化创意产业示范园，引进中意（海西）设计创新中心；接待游客570万人次。

招商引资 新批及增资合同项目56项，合同外资2.22亿美元，比增12.36%；实际利用外资（验资口径）1.97亿美元，比增8.4%。“5·18”海峡两岸经贸交易会签约外资项目21项，总投资2.78亿美元，协议外资1.58亿美元，其中合同项目20项，合同外资1.55亿美元。“6·18”厦门投资贸易洽谈会签约项目17项，总投资2.66亿美元，协议外资2.08亿美元，其中合同项目10项，合同外资1.66亿美元。引进三元达科技园、海西大宗商品电子交易平台、光通讯用固体激光器研发生产中心、海康人寿保险等项目，福建联合产权交易所和海西商品交易所落户鼓楼区；随省、市赴港开展经贸交流活动，签约香格里拉二期、恒力·创富中心、睿能电子增资股改、3DNet等9项重点项目。

市政建设 启动地铁1号线（鼓楼段）等8个地块征迁项目，完成打铁桥等4个项目征迁扫尾。新建、续建灰炉村等15个安置房项目，建成凤湖新城一、三、五区以及公正新苑、凤舞家园、蔡厝里、白水塘等49万平方米的安置房，5000多户居民按时回迁。完成安乐巷等39条小街巷改造。改造提升福新路等21条道路店招店牌，完成华林路等7条道路41幢建筑景观改造。开展安泰河、五四河等9条内河综合整治，推进生态景观廊道建设。深化拓展数字化网格管理应用领域，推进垃圾后压式收运、公厕市场化运作试点工作，开展占道经营、违章广告等专项整治。拆除违法建设4.4万平方米。完成27个无物业小区整治和4223户自来水一户一表改造。率先在全省试点智能化公共便民自行车服务，累计使用21万人次，物联网智能交通管理系统覆盖68家主要停车场。

【社会事业】 科技教育 科技专利申请量居全市首位。教育投入实现“三增长”目标,通过教育强区市级初评。在鼓二小、铜盘小学、井大小学等建成约3万平方米的综合教学楼,启动中山小学、鼓五小等6所学校教学楼建设及梅峰小学等3所学校预留地征迁工作,校安工程进度走在全省前列。新建、改造丞相坊等4所幼儿园,实现“一街镇一公办园”目标,提高早教普及率,全区有12家早教机构。

文化卫生体育 举办纪念建党90周年及辛亥革命100周年等系列活动;举办乌石山登高文化节等传统文化活动;吴清源围棋会馆承接国内高级别围棋赛事;区青少年校外体育活动中心、十街镇青少年校外活动场所建成并对外开放。推进社区卫生服务中心运行机制改革,完成社保就诊“一卡通”工程,建立居民健康档案41.6万份;10个社区卫生服务中心全面推行国家基本药物制度,并纳入医保定点单位。

计划生育 全年出生人口4395人,人口出生率9.71‰,出生人口政策符合率99.93%,出生人口性别比为106.63。开展免费孕前优生健康检查,实施流动人口均等化服务,计生各项指标保持省级一类先进水平。

社会保障 城镇新增就业2.9万人,实现下岗失业人员再就业2167人,61个社区获评省级充分就业单位。完善社会保障和社会救助体系,推进社保扩面,全区参保人员12.7万人。低保户和低保边缘户救助标准提高、覆盖面扩大,全年发放低保金、优抚金1263万元。开展扶贫济困活动,筹措143万元善款资助困难群众1660人次。改善18个社区办公用房条件,提高社区干部、环卫工人等公益性岗位待遇水平。新增20个居家养老社区服务站,开元、洪山桥社区居家养老服务站获评省级示范单位。落实社会救助、保障标准与物价上涨挂钩联动机制,开辟平价商店、“菜篮子”社区平价直通车。

鼓楼区青少年校外体育活动中心建成并对外开放。

生态环境保护 推进“四绿工程”,完成金牛山体育公园、屏山公园二期绿化改造,新建成的乌石山广场连通三坊七巷和乌山历史风貌区。全年新增公共绿地2公顷,绿地率31.4%,绿化覆盖率37.3%,人均公共绿地面积7.1平方米。全年环境空气达到一级(优)的天数为39天,占监测天数的27.1%,二级以上天数达100%。内河水体共计监测62个断面,达标断面57个,达标率91.9%。

平安创建 推进“春季攻势”“清网行动”,公众对社会治安满意率达96%。开展八大重点领域安全生产专项整治,事故发生率比降8.7%。10个街镇全部建立综治信访维稳中心,健全信访及人民调解工作机制,化解矛盾纠纷806件。全年受理“12345”群众诉求1.52万件,及时回复率99%;为弱势群体提供法律援助130余起。建成100个自然灾害避灾点和7个地震应急避难场所。推进社区矫正、预防青少年违法犯罪工作。开展食品安全专项整治,治理“餐桌污染”,取缔无证餐馆270家次。

【高新技术产业】 福州软件园重点推进海峡软件新城建设,福晶激光元器件基地建成投产;中科光芯光电等近百家企业入驻园区,联迪商用POS机销量跃居全国同行业之首,福昕软件PDF系列产品市场占有率排名全球第二;动漫产业基地年产原创动画片超过1万分钟;园区全年实现技工贸总收入208亿元,比增23%;获评“2011年中国软件和信息技术服务业最具品牌影响力的产业园区”。福州高新区洪山园的基础设施建设不断完善,产学研一体化平台优化升级,年内对接项目28项,新增8家高新技术企业;园区全年实现技工贸总收入120亿元,比增20%。

表42 **2011年鼓楼区街道(乡镇)基本情况一览**

街道(乡镇)	辖地面积(平方公里)	人口		社区(经合社)(个)	规模以上工业总产值(万元)	财政总收入(万元)	地方财政收入(万元)	财政支出(万元)
		户数(户)	人口数(人)					
鼓东街道	1.084	14270	46450	6+1	55186	63297	33030	1498
鼓西街道	1.837	18966	62736	7+1	2839	24477	15666	1131
温泉街道	2.242	17921	84329	7+1	16054	48383	31817	1110

续表42

街道（乡镇）	辖地面积（平方公里）	人口		社区(经合社)（个）	规模以上工业总产值(万元)	财政总收入（万元）	地方财政收入（万元）	财政支出（万元）
		户数(户)	人口数(人)					
东街街道	0.720	10245	33086	5	38285	34952	20343	1287
南街街道	1.544	17153	51249	7	1997	10713	6487	1040
安泰街道	1.588	10818	30442	7	7646	20573	15436	1153
华大街道	3.349	24036	96507	10	42588	24124	16424	1152
水部街道	1.310	10956	31662	5+1	34248	31484	21586	1230
五凤街道	9.625	22935	63080	13+4	106022	14953	7275	1506
洪山镇	12.401	26870	79082	12+7	1041058	41151	25002	2534

注:数据由鼓楼区统计局、财政局提供。

(张　林　徐　飞)

台 江 区

【概况】 台江区位于福州市城区中部、闽江下游北岸,东以光明港、晋安河与晋安区为界,西、南以闽江与仓山区为界,北以琼河、东西河、斗池路、上浦路与鼓楼区为界。陆域面积18平方公里,水域面积1.91平方公里,岸线全长7800多米。辖10个街道、73个社区,户籍人口33万人。

全长26公里的闽江福州段有12公里黄金岸线在台江,滨江优势明显。全区有文物保护单位26个,古桥有河口万寿桥、星安桥、白马桥、路通桥、三通桥、彬德桥、台江万寿桥。基本完好的古建筑纪念馆、会馆数量较多,有琉球馆、南公园民俗馆、陈文龙纪念馆、古田会馆、汀州会馆、三山会馆、闽清会馆,以及大庙山系列文物、张真君祖殿等。

2011年,台江区超年度计划39个百分点完成市级"五大战役"项目,海峡金融商务区和闽江北岸中央商务区转入大开发、大建设阶段,累计落户项目26个,总投资约370亿元,动建项目20个。组织举办全国科普日、科技周等系列科普活动,新建15座社区科普宣传栏,出台《关于促进残疾人事业发展实施意见》,完成残疾人家庭无障碍改造等12项残疾人服务实事项目,获"全国科普示范区""全国残疾人工作先进单位"等称号。

【经济建设】 实现地区生产总值247.88亿元,比增13.1%,三次产业结构为0:22.25:77.75;财政总收入21.48亿元,比增15.6%,其中地方财政收入12.89亿元,比增20.9%;工业总产值134.55亿元,比增15.5%,其中规模以上工业总产值127.94亿元,比增15.8%;全社会固定资产投资236.93亿元,比增7.1%;社会消费品零售总额256.47亿元,比增22.3%;出口总额12.21亿美元,比增65.2%;进口总额2.5亿美元,比增15.32%;城镇居民人均可支配收入24555元,比增14.1%。

服务业　实现商品销售额727.11亿元,比增25.02%;海峡金融商务区万达广场年营业额超10亿元;万(象)宝(龙)、中亭街商圈年销售额分别达18亿元、100亿元;红星美凯龙、青年会1912、荣誉酒楼元洪店等一批高端商贸项目开业运营;全区限额以上商贸企业增至234家,限额以上商贸零售额占全区消费品零售总额的40%,较上年提高10个百分点。"闽江游"年接待游客首次突破10万人次,较上年翻一番。新引进交通银行福建省分行和兴业银行,全区拥有金融行业总部7个。39家设计型企业入驻榕都318文化创意艺术街区,成立全省首个青年文化创意产业孵化基地。海峡电子商务产业基地正式开园,台湾正品网、台湾创龙科技、福州两岸经贸发展有限公司等40家企业正式签约入驻,总注册资金5亿元,该基地加快构筑海峡两岸电子商务公共服务先行先试的合作平台,打造国家电子商务公共服务示范基地。

招商引资　全年合同外资2.3亿美元,比增8.15%;实际利用外资(验资口径)1.19亿美元,比增6.69%。利用"5·18"海峡两岸经贸交易会、"9·8"厦门投资贸易洽谈会、省民营企业产业

鸟瞰台江　(郑敏良　摄)

项目洽谈会等平台,签约外资项目25项,总投资3.52亿美元;引进苏宁置业、王府井百货等一批重点知名企业。对接"三维"项目,在福州市与中央企业项目洽谈会上,中石化、宝钢德盛、华电集团等一批央企与台江区初步达成落户意向。

市政建设　启动轨道交通1号线达道站及轨道交通控制中心地块房屋征收;台五小、台六小教育预留地等地块进场实施征收,斗池路、二开关厂及瑄后街等地块开始办理征收前期手续。推进保障性安居工程建设,红星苑一期、桂园怡景二期、鳌港苑三期等38.3万平方米保障房竣工;上海新苑完成工程量的68%,红星苑三期转入地面施工,福机新苑、新港苑加快建设。拓宽、改造新透路、新兴路等5条支路和115条小街巷。完成长乐南路、曙光支路等城区主次干道7.8公里绿化改造工程,新增水岸华庭、一支河、达道河等河岸绿地2.95公顷。完成109栋(处)建筑立面景观改造及11条主次干道1295面店牌店招整治。开展内河综合整治,改造达道河、光明港一支河、瀛洲河等8条内河,完成截污4646米,新砌驳岸567米,新增休闲步道4637米,提升解放大桥——闽江大桥段江滨夜景建设。

【社会事业】　科技教育　区本级财政集中统筹用于科技、教育、卫生、文化、体育等方面的支出达4.6亿元,比增29%。注重培育企业科技项目,今日特价、腾新食品等高新技术企业获得国家和省级创新资金专项扶持。组织开展形式多样的科普活动,年内获"全国科普示范区"称号。建成宁化小学,启动台一小、三十六中改扩建工程,完成6500平方米的校舍安全加固,光明小学、三十八中等15所学校达到义务教育学校标准化建设要求。新增红星苑幼儿园等6所公办幼儿园,实现每个街道拥有1所公办幼儿园的目标。

文化卫生体育　区文化活动中心投入使用,区青少年校外活动中心完成主体建设,区文化馆获评国家一级文化馆。八角亭、文昌阁等文物保护单位完成修复工程。开展"激情广场大家唱"、闽剧票友会等群众文化活动,《马江战鼓》等文艺节目获省音乐舞蹈节比赛一等奖。台江籍运动员在省、市比赛中夺冠19个。在全市率先启动全科医生签约服务试点工作,药品零差价销售、社保卡"一卡通"实现社区卫生服务中心全覆盖,群众对社区卫生满意率达92.9%。

计划生育　全年出生人口2480人,人口出生率8.31‰,人口自然增长率2.06‰,出生人口政策符合率99.88%,出生人口性别比为103.61。推进"阳光计生行动",区计生局获评"全国基层阳光计生行动示范单位"称号。在13个示范点开展创建流动人口计划生育管理信息化、规范化工作,强化统计数据质量管理。

社会保障　城镇新增就业7154人,发放小额担保贷款1592万元,帮助88人实现自主创业,带动就业220人,武夷绿洲社区、"两街"社区获评全省首批充分就业星级社区。开展城镇居民社会养老保险试点前期工作,完成城镇居民基本医疗保险年度参保任务,低保对象实现"应保尽保"。

生态环境保护　加强环境监测能力,全区环境质量保持在国家环境空气质量标准二级水平,工业企业危险废物、医疗废物处置率均达100%。全年新增绿地面积9.8公顷,全区绿化覆盖率21.39%,人均公共绿地面积2.35平方米。创建环境保护各类宣传平台,全区有"绿色社区"48个,创建率达65%以上;"绿色学校"32个,覆盖率达91.4%。

平安创建　创新社会矛盾调解机制,率先设立区人民调解中心和医患纠纷、道路交通事故等行业性人民调解组织,全年排查矛盾纠纷1071起,调解成功率99.7%。开展领导大接访活动,引导群众依法表达合理诉求,解决一批信访突出问题。开展消防安全、道路交通、建筑施工等专项整治行动,整治"台农"市场等重点场所,各项安全指标低于全市事故控制指标平均数。深化"平安台江"建设,人民群众对社会治安满意率达94.5%。

表43　**2011年台江区街道(乡镇)基本情况一览**

街道(乡镇)	辖地面积(平方公里)	人口		社区(村)	规模以上工业总产值(万元)	财政总收入(万元)	地方财政收入(万元)	财政支出(万元)
		户数(户)	人口数(人)					
瀛洲	2.20	13386	36569	7	17833.50	10153.60	5165.10	806.00
义洲	0.87	11625	31120	7	10365.70	4597.50	2420.00	500.78
洋中	0.88	9294	24193	6	42453.30	6498.30	3672.20	800.96
新港	1.35	13076	40747	7	1002489.20	26276.90	11166.20	699.41
上海	2.65	17411	48219	10	18208.60	9189.80	5512.50	718.73
宁化	2.90	8614	23142	5	17593.60	11757.30	6278.50	532.92
后洲	0.96	15087	37618	11	30396.90	33223.40	20169.00	1293.78
茶亭	0.88	8957	24428	6	17488.85	11225.90	6000.90	848.63
苍霞	1.07	13001	33932	8	8971.70	3512.50	1735.40	777.67
鳌峰	5.10	9698	27233	6	79165.60	51616.70	34114.10	692.00

注:数据来自台江区公安分局、统计局、财政局。

(林希文)

仓 山 区

【概况】 仓山区位于福州市城区南部、闽江下游南岸,辖闽江入海口处整个南台岛,分别与鼓楼区、台江区、晋安区、马尾区和闽侯县、长乐市隔江相望。区域面积142平方公里。辖8个街道、5个镇、87个社区居委会、102个行政村,户籍人口47万人。

仓山区四面环江,文化底蕴深厚,人文史迹众多,素有“琼花玉岛”之称。区内高校密集,科教优势明显,拥有福建师范大学、福建省电力研究所等60多所大中专院校和众多国家、省、市级科研机构,是历史悠久的文教区。区内保留着许多古罗马式、哥特式、巴洛克式等西式风格建筑群,形成仓山区独特的建筑特色和风貌。有200多处自南朝以来的历史文化遗迹,金山古寺、陈若霖故居、严复故居、陈绍宽故居、陈景润纪念馆、烟台山公园、高盖山公园等人文、自然景观与正在开发的马杭洲、橘园洲、闽江公园(南园)等沿江沙洲构成仓山区丰富的旅游资源。

2011年,仓山区实施“五大战役”项目122项,总投资848.96亿元,完成年度投资124.32亿元;承担市“五大战役”项目10项,完成年度投资57.66亿元,提前2个月完成全年任务。

【经济建设】 实现地区生产总值293.5亿元,比增12.3%,三次产业结构为0.94:58.11:40.95;财政总收入21.15亿元,比增27.1%,其中地方财政收入13.34亿元,比增36.1%;工业总产值630.77亿元,比增12.3%,其中规模以上工业总产值590.91亿元,比增12.3%;全社会固定资产投资318.5亿元,比增0.9%;社会消费品零售总额202亿元,比增21%;出口总额18.49亿美元,比增18.0%;城镇居民人均可支配收入2.46万元,比增15%,农民人均纯收入1.27万元,比增12.2%。

农业 发展茶叶、花卉等优势产业,建成南江滨茉莉花茶专业市场。发挥现代农业技术创新基地和科技特派员创业示范基地的辐射带动作用,发展农产品精深加工业,有国家级农产品加工示范基地和加工技术研发中心3家,省、市级农业产业化龙头企业13家,省、市级科技特派员创业示范基地10个,市级现代农业技术创新基地6个。

工业 全区有高新技术企业50家,其中亿元以上高新技术企业10家;规模以上工业企业502家,数量位居全市第一,产值总量全市第四。引导企业上市融资,联合动力有限公司在德国上市,另有9家公司列入上市后备企业。落实各类扶持资金2854万元,惠及全区327家企业。全年新创中国驰名商标3个、福建省著名商标10个。

服务业 引进现代服务业项目,建成、在建的大型商贸项目14项,总投资约358亿元。其中,仓山万达广场、乐都汇购物广场、金榕大润发等建成开业;海西国际物流商贸城、福州红星国际等在建。发展文化创意产业,新华文化创意园(二期)、金山橘园时尚设计创意园、烟台山桥头堡文化创意园在建,总投资2.6亿元的福州海峡文化创意产业园项目正式落户仓山。

招商引资 引进内资项目32项,实际到资80亿元;引进外资项目26项,实际利用外资1.62亿美元、比增5.1%。落实“回归工程”,拓展对台招商合作领域,引进一批技术含量高、发展潜力大的产业龙头企业及产业链配套项目,18个项目列入区重大外资项目库,总投资37.58亿美元。

市政建设 完成41项533多公顷的交地任务,拆除旧房建筑面积127.62万平方米,保障环岛路、螺城路、联建新苑及林浦一、二期等省市重点项目建设。加快安置房建设,东部新城1号地块、金闽三期等9项75.7万平方米的安置房建成并交付使用;东部新城7~9号地块、园亭新村等安置房项目在建。南江滨东大道、濂水路等市政道路建成通车;林浦大桥、淮安大桥的主体工程合龙,乌龙江大桥改造及连接线拓宽工程、三环二期等项目基本建成。福州市城市发展展示馆、金山公交停车场等大型社会事业和公益配套项目在建。完成湖畔支路、龙院路等21条小街巷的修复改造。投入经费1.21亿元,开展市容市貌专项整治,强化主次干道和背街小巷的市容保洁,改造垃圾转运站17座,新建公厕27座。投入260多万元,开展南台都市小区、阳光新村等36个无物业小区整治。拆除违法建筑559处,总面积22.28万平方米。投入2.08亿元,配合推进跃进河、港头河等8条内河综合整治。

俯瞰金山 (杨婀娜 摄)

【社会事业】 科技教育 安排科技计划项目经费1024万元,组织申请和实施各级各类科技计划项目59项,获得扶持经费1610万元。19项科技成果获得省、市科技进步奖,促成69项科技成果对接转化;专利申请量1120件;有院士工作站3个,省级知识产权优势企业4家,市级知识产权试点(示范)企业26家。投入1.27亿元,建成胪雷小学、浦新保障房小学等3所小学,新增学位4500个;完成校安工程加固项目12幢2.13万平方米,拆除重建项目6幢2.58万平方米。启动义务教育"小片区"管理试点,开展外来工随迁子女电脑派位就学工作,落实城乡义务教育阶段学生免除学杂费政策,惠及全区6.6万名学生。新办公办幼儿园9所,新增幼儿学额2880个。

文化卫生体育　投入2200万元,新建农家书屋38家,建成区青少年校外体育活动中心,实现各镇街综合文化站、青少年校外体育活动场所全覆盖。开展舞龙、龙舟、激情广场等民间群众性文娱活动,"俏老太街舞团"走进中央电视台。举办第四届陈靖姑民俗文化节。投入近1000万元资金完成陈氏五楼、安澜会馆、独立厅、汇丰银行等文物修复保护工作。区代表队参加省第七届农运会,总分全市第一;盖山浦下龙舟队在国际国内比赛中7次夺冠。在5个镇卫生院和5个社区卫生服务中心开展药品零差率销售试点,药品零售价格下降20.1%。健全疾病预防控制三级网络,完善公共卫生应急处置机制,防治手足口病、肺结核等各类传染病。省立医院(金山医院)正式动建。重视食品卫生安全工作,开展"餐桌污染"整治。

计划生育　全年出生人口4755人,人口出生率10.74‰,人口自然增长率5.59‰,出生人口政策符合率98.49%,出生人口性别比为104.43。

社会保障　城镇新增就业19186人,转移农村富余劳动力3671人。全区3255户、6960人纳入城乡低保,全年发放低保金2107万元。10.05万人办理被征地农民社会养老保险,2.56万名60周岁以上农民办理新型农村养老保险。参加城镇居民基本医疗保险人员18.41万人,新农合参合率99.8%。建立覆盖全区低收入群体的医疗救助体系,城乡低保对象全部纳入医疗援助范围。新建社区居家养老服务站10家,农村敬老院1家。发放各类优抚对象和革命"五老"人员抚恤、补助经费1168万元。

生态环境保护　加大闽江流域水环境整治,取缔违法排污企业16家,完成主要污染物减排任务。推进"四绿"工程,改造提升闽江南岸灯光夜景。全区城市园林绿化覆盖面积3082.58公顷,拥有公园13座,总面积315.48公顷,绿化覆盖率44%。

平安创建　化解历史遗留的安置补偿、"两权证"办理、留用地政策兑现等系列问题,76件涉法涉诉的历史积案实现"案结事了"。投入497万元,建设镇街综治信访维稳中心和一站式服务中心,构建区、镇、村三级联动的"大调解"工作平台。做好社区矫正和安置帮教工作,加强特殊人群服务管理。

开展"三合一"厂房、公共聚集场所、交通安全、危险化学品、地质灾害点等安全隐患排查和整治工作,查处关停"三合一"企业63家,依法取缔非法储存危险化学品仓库2家。

表44　**2011年仓山区街道(乡镇)基本情况一览**

街道(乡镇)	辖地面积(平方公里)	人口		社区(村)(个)	工业总产值(万元)	财政总收入(万元)	地方财政收入(万元)	财政支出(万元)
		户数(户)	人口数(人)					
下渡街道	1.700	10546	29661	9	996	1972	1246	713
仓前街道	1.900	10053	30017	10	1156	2571	1373	601
上渡街道	2.000	9486	26656	8	1315	1938	1373	672
临江街道	1.980	7843	22085	8	34571	1898	1231	582
对湖街道	2.500	11905	34414	7	1724	1472	1133	519
三叉街街道	0.597	6427	18367	7	17165	2242	1248	524
东升街道	1.200	3616	9749	4	25869	2793	1757	427
金山街道	13.090	19989	59800	22	9564	24438	19655	1286
仓山镇	5.800	—	—	13	833114	14273	9410	1782
城门镇	55.000	23773	80549	25	1027583	17823	9802	11225
盖山镇	36.000	24145	80589	31	1266123	25301	11743	4378
建新镇	30.000	23352	66828	37	283314	41887	27819	6964
螺洲镇	6.400	3608	11377	8	176095	4624	2359	1178

注:仓山镇人口分属对湖、仓前、上渡和下渡街道中统计,建新镇含淮安人口(户数1614、人口数6123,指农大及周边飞地人口)。数据来自仓山区统计局。

(吴建雄)

晋 安 区

【概况】 晋安区位于福州市城区东北部,东邻连江县,西以晋安河与鼓楼区为界,西北与闽侯县接壤,北与罗源县毗连,东南与马尾区相邻,南隔光明港与台江区相望。区域面积约552平方公里,其中北峰山区面积约429平方公里。辖4个镇、2个乡、3个街道、113个村委会、80个社区居委会,户籍人口39.22万人。

晋安区是闽越文明的发祥地之一,境内有见证福州2200年历史的冶城遗址,还有鼓山国家级风景名胜区、福州国家森林公园、福州动物园、福州儿童公园、福建寿山国家矿山公园以及鼓岭避暑山庄、涌泉寺、林阳寺、皇帝洞大峡谷等自然人文景观。非金属矿产、地热温泉等资源丰富,是全国最大的叶蜡石矿区之一,国石首选“候选石”、福建省石、世称“天遣瑰宝”的寿山石独产于晋安区,江泽民、李岚清曾分别亲笔题词“国石瑰宝”“寿山国石”。宦溪桂湖温泉地热资源储量大、水质好、温度高、分布广,含有氯、钾、氧等矿物质和微量元素。福州火车站和汽车北站坐落其间,温福铁路、向莆铁路、三环路、机场二期高速公路、绕城高速公路贯穿境内。经济门类比较齐全,拥有福兴经济开发区、金城投资区和金城民营、宦溪工业集中区等工业载体,有建材、汽配等19类29个专业市场,经济外向度较高。

2011年,晋安区安排实施40个重点项目,完成投资113.2亿元,占年计划198%。21个“五大战役”项目全部超额完成,完成投资80.84亿元,占年计划162.88%。

【经济建设】 实现地区生产总值322.08亿元,比增13%,三次产业结构为1.37:37.55:61.08;财政总收入19.25亿元,比增13.5%,其中地方财政收入12.21亿元,比增21.4%;工业总产值299.54亿元,比增12.4%,其中规模以上工业产值275.38亿元,比增12.4%;城镇固定资产投资252.6亿元,比增30.8%;社会消费品零售总额311.52亿元,比增21.1%;自营出口(海关口径)12.60亿美元;城镇居民人均可支配收入2.68万元,比增14.1%;农民人均纯收入1.34万元,比增15.9%。

农业 发展果蔬、茶叶、花卉、食用菌、中药材等优势产业,新建蔬菜大棚12公顷,新植水果、茶叶33.33公顷,改造中低产果园、茶园206.67公顷。推动满堂香生态农业有限公司等7家省、市级龙头企业发展。

工业 继续推动产业转型升级,发展高意科技、日立工机、思嘉环保等重点工业企业,规模以上工业企业275家,光机电、机械制造、生物制药、纺织鞋业成为工业主导产业。推进省内首家民办开发区福兴经济开发区改造提升工作。

服务业 盛辉物流、盛丰物流、岚辉集团等3家企业总部大楼开工建设。五四北泰禾城市广场、东二环泰禾城市广场、世欧·王庄商业广场、紫阳商贸中心等项目动工。推进鼓山嘉里大通物流中心、新店汤斜烟草物联网基地项目和益凤物流分拨中心等前期工作。全市最大的温泉旅游项目——宦溪桂湖生态温泉城81公顷旅游地块挂牌出让。实施以柱里水库周边环境综合整治、扩建柳杉王公园为重点的鼓岭地区二期综合整治,建成鼓岭柱里国际会议中心酒店贵宾楼和商务会所各1栋。

招商引资 全年合同外资1.60亿美元,实际利用外资1.05亿美元。“5·18”海峡两岸经贸交易会、“9·8”厦门投资贸易洽谈会期间签约外资项目16个、内联项目21个;“6·18”海峡项目成果交易会期间对接科技项目44个。推进“三维”项目对接,签约落实民企、外企项目15个。

市政建设 王庄危旧房改造项目进入全面建设阶段,乐东、紫阳、象园片安置房进入施工阶段;晋安新城横屿组团项目二期于10月启动,签订3186户,完成90.05%;光明港综合整治项目房屋征收工作于11月23日启动,签约2097户,完成95.3%。向莆铁路、三环路东北B段、省核辐射应急指挥中心、市海峡妇女儿童活动中心等项目征迁工作基本完成,地铁1号线项目征迁工作进入扫尾阶段,东山苗圃、远东丽景等市社会保障房项目征迁工作正在实施。福兴大道、福新东路拓宽改造工程基本完成。总投

位于北峰寿山村的中国寿山石馆。

资1.15亿元的北二环、东三环(民宅)、福飞路、远洋路(国货互通段)、福新中路等道路景观整治和144条小街巷整治、15条重要路段店牌店招整治工程全面竣工。投资4.3亿元的新店溪、解放溪等33条内河整治基本完成整治任务。改善北峰山区交通条件,实施新霍线风没亭至坝坑段等山区道路改造建设工程,道路安保工程、亮灯工程继续向北峰山区延伸。推进市容环境卫生等专项整治,第三次获"全省文明城区"称号。

【社会事业】 科技教育 建设全国科技进步先进区和福建省知识产权强区,实施省、市级科技重大项目6项,新认定高新技术企业5家,申请专利533件,专利申请量增长率居全市五城区首位,3家企业研究中心被认定为市第一批院士(专家)工作站。福州七中、十中通过省二级达标校市级评估验收,新建成晋安第六中心小学等4所学校,新创办5所乡镇幼儿园,实施25个"校安工程"项目。落实外地生源与本地生源同等待遇等政策,新接纳3800多名进城务工人员随迁子女入学。

文化卫生体育 区文化馆、图书馆正式对外开放,20个数字青少年宫投入使用;区青少年校外体育活动中心竣工,3个乡镇(街道)综合文化站、45个"农家书屋"和45个省、市级全民健身工程基本建成。公办乡镇卫生院和社区服务中心实现基本药品零差率改革全覆盖,基层医疗机构完成社保卡"一卡通"接口改造。

计划生育 全年出生人口3975人,人口出生率9.27‰,出生人口政策符合率99.35%,出生人口性别比108.01。获省"人口和计划生育综合改革示范区"称号。

社会保障 城镇新增就业2.7万人,转移农村富余劳动力2319人。基本建立覆盖城乡的社会养老保险制度,推进新型农村社会养老保险试点工作,续保缴费率92.85%;被征地农民养老保障工作全面推开;作为全国首批的城镇居民社会养老保险试点,60周岁以上人员基础养老金发放率100%;城镇居民基本医疗保险参保8.386万人;新型农村合作医疗制度参合率99.55%。落实城乡最低生活保障制度,为1967个城乡低保家庭发放低保金1074万元。启动区社会福利中心建设前期工作,建成21个居家养老服务站点。全区除8个拆迁村外,其余105个建制村全部完成村级综合服务场所配套建设。推进住房公积金扩面、住房补贴发放、保障性住房申请审核等工作开展。

生态环境保护 开展农村环境连片整治、重点流域水环境综合治理,整治日溪乡南峰、梓山村等畜禽养殖污染工作,宦溪污水集中处理设施投入试运行。创建省级生态村4个、市级生态村30个。推动"四绿"工程建设,完成南湖公园、金鸡山公园改造提升及长乐路等重点路段沿线绿化改造。新增城市绿地4300平方米,全区建成区绿地率43.2%,绿化覆盖率44.8%,人均公共绿地面积36平方米。完成纵深沿海防护林建设110.13公顷,全区植树造林2685.86公顷。

平安创建 建成139个流动人口综合信息服务管理平台。开展"严打"专项行动,人民群众对社会治安满意率达95%。畅通"12345"便民呼叫中心建设,办理网上诉求件7144件,办结率100%。

表45 **2011年晋安区街道(乡镇)基本情况一览**

街道(乡镇)	辖地面积(平方公里)	人口		社区(村)(个)	规模以上工业总产值(万元)	财政总收入(万元)	财政总支出(万元)
		户数(户)	人口数(人)				
鼓山镇	50.0	29945	83903	38	1448407	23874	10726
新店镇	48.3	34457	92360	38	642500	14424	12552
岳峰镇	11.3	21458	59861	19	184000	9655	4792
宦溪镇	133.0	3492	11535	24	252436	3376	3491
茶园街道	4.7	17221	51568	15	34856	22826	4207
王庄街道	3.6	11880	32729	12	16006	6129	2162
象园街道	1.6	15701	40953	9	10657	2134	2018
寿山乡	170.8	3336	12349	22	188464	1998	2604
日溪乡	130.6	1488	6972	12	27680	1220	1885

注:数据来自晋安区统计局。

(张 谨)

马尾区

【概况】 马尾区地处东南沿海、闽江下游北岸,距闽江口17海里,是福建省的重要商港、福州的水上门户。东南临江与长乐市隔江相望,东北毗邻连江县琯头镇,西与晋安区鼓岭乡接壤,地势西北高、东南低。总面积275.58平方公里(其中开发区面积23平方公里)。辖1个经济区、3个镇、1个街道,户籍人口16.51万人。

境内地表水资源丰富,闽江年过境径流量611.35亿立方米。淡水资源丰富,建有库容1825万立方米的白眉水库,有日供水12万吨和日供水2.5万吨的自来水厂各1座。建有220千伏变电站2座,容量600兆瓦,其中220千伏鼓山变电站为全省唯一枢纽变电站;建有110千伏变电站4座,容量189兆瓦。建有燃气混气站一座,日供LPG混合气6万立方米,主干管压力2千克/平方厘米,配套管网遍布科技园区主要干道,可供各种工业气体。

区内列入国家级文物保护单位2处,省级文物保护单位5处,市级文物保护单位9处,区级文物保护单位64处。开辟的旅游景点主要有中国船政文化博物馆、中法马江海战纪念馆、罗星塔公园,旅游线路主要有船政文化游、"两马"(马尾、马祖)亲情游。

2011年,实施市级"五大战役"项目24项,完成投资41.46亿元。

福建船政建筑遗址——船政一号船坞、罗星塔。(刘述先 摄)

【经济建设】 实现地区生产总值277.9亿元,比增13.1%,三次产业结构为1.9∶69.2∶28.9;财政总收入37.75亿元,比增17.2%,其中地方财政收入21.68亿元,比增12.9%;农林牧渔业总产值9.34亿元;工业总产值704.39亿元,比增16.1%,其中规模以上工业总产值700.52亿元,比增16.1%;全社会固定资产投资72.2亿元;社会消费品零售总额59.76亿元,比增20.7%;出口总额28.79亿美元,比增26.7%;进口总额17.13亿美元,增长1.3%;城市居民人均可支配收入30242元,比增14.9%;农民人均纯收入13708元,比增15.9%。

农业　有市级农业产业化龙头企业12家,年总产值75亿元。在龙头企业的带动下,加快发展现代农业。引导合作社、水产养殖户与沃尔玛、永辉等大型超市开展"农超对接"。

工业　总投资10.2亿美元的科立视触控材料项目落地,一期动工建设;中铝瑞闽高精铝板带、上润智能执行器等一批重点工业项目竣工投产。汽车尾气净化器、料盘移动式编烟机等19个项目获国家、省、市科技扶持资金,新大陆集团入选首批国家技术创新示范企业,天晴数码被科技部认定为创新发展示范企业,慧翰微电子研发出全球首款同时支持WIFI与蓝牙4.0标准无线模组。国家电子信息产品检验中心落成,高新技术产业标准化示范区通过国家验收。

服务业　建成海西物流、百事达等企业总部,推进华浔、福建移动、阳光钢贸城等9个总部项目。承办海峡(福州)渔业周水产品交易会活动,海峡水产品交易中心与20多个国家和地区实现贸易往来,年交易量超过200万吨。福建物联网产业创投基金获批,阳光汇鑫小额贷款公司和华福证券马尾营业部设立。首家五星级酒店对外营业,游客服务中心以及中旅、春秋等旅行社相继布点。

招商引资　新增对外贸易经营权企业49家;新批外资和增资项目28项;合同利用外资金额2.36亿美元,比增5.6%;实际利用外资额2.8亿美元,比增9.6%。"5·18"海峡两岸经贸交易会签约内外资项目17项,总投资8.65亿美元。"9·8"厦门投资贸易洽谈会签约项目9项,总投资4.58亿美元。马尾港与台北、高雄等港口海上货运直航实现常态化,货运量达305万吨。马尾对台水陆路邮件监管中心发送邮包超过1.5万件,成为两岸邮包重要集散中心。

市政建设　编制完成《马尾新城(快安、马江片)规划》《琅岐—长安概念性总体规划》,实现重点建设区域控制性详规全覆盖。推进琅岐闽江大桥工程建设,实施环山观光道、快洲路等15项市政基础设施项目,动工建设滨江文化广场,建成城市中心广场。开展文明创建活动,通过全国文明城市考评验收和创建全国卫生城市、国家环保模范城市省级复查,亭江镇在全市率先进入“全国文明村镇”候选名单。

【社会事业】 科技教育 通过国家新认定的高新技术企业47家;实施品牌战略、标准战略,新增中国驰名商标3件、中国名牌产品4个、省著名商标44件、省名牌产品38个,16家企业参与国家和行业标准制修订43项,马尾成为全省唯一的国家高新技术产业标准化示范区,被评为全国科技进步先进区、全省科普先进区。加快实施福州三中江滨分校、福州教育学院魁岐一附小等教育重点工程;推动12所中小学创建义务教育标准化学校;推进职业教育与行业、企业合作对接,加快发展学前教育、职业教育。

文化卫生体育 完成船政文化街区建设工程,举办船政文物赴台展,被国台办授予“海峡两岸交流基地”。闽安村获评“中国历史文化名村”。启动“智慧马尾”,推进“三网融合”,巩固农村数字电影“2131”放映工程。马尾镇卫生院开工建设,区医院、亭江卫生院病房大楼建成并投入使用。区科技馆、图书馆动工建设,区青少年校外体育活动中心主体工程基本完成,镇街青少年校外体育活动场所建成。

计划生育 全年出生人口879人,人口出生率6.01‰,出生人口政策符合率98.75%,出生人口性别比101.61。获“国家计划生育优质服务先进区”称号。

社会保障 初步建立以“三保五救助”为框架的社会保障救助体系。养老、失业、医疗、工伤、生育等社会保险覆盖面扩大、标准提高,低收入家庭生活保障实现应保尽保。推行新型农村合作医疗、城镇居民基本医疗保险,参保率分别达100%和95%。新建“居家养老”站点5个,率先高标准发放全区80岁以上老年人津贴,实施覆盖城乡居民和被征地农民的社会养老保险制度。

生态环境保护 推进节能减排工作,实施节能减排重点工程22项。化学需氧量、二氧化硫、氨氮排放量分别比降9.8%、12%、6.5%,全面完成年度减排指标;万元工业增加值能耗0.157吨标准煤,比降5%。饮用水源水质达标率100%,空气质量保持在优良水平。开展闽江流域水环境和畜禽养殖污染综合整治,实施农村环境连片整治示范项目。率先创建国家生态工业园区。亭江镇、罗星街道通过国家级生态镇街创建初次验收。完善雨污水管网接驳,污水处理率91%,生活垃圾无害化处理率100%。新增各类绿地面积29.6万平方米,建成区绿化覆盖率41.3%;完成植树造林371.67公顷,森林覆盖率62%。

平安创建 推行“和谐征迁”工作法,深化“平安马尾”建设,提升综治基层基础规范化水平,人民群众对社会治安满意率达97%以上,位居全市第一。同时加强权力运行监管力度,将全区35个行政执法部门5299项行政职权目录及运行图在网上公布,构建权力阳光运行平台。清理行政审批事项,规范行政审批和行政处罚程序。建立网上行政执法监察系统,拓展“12345”等便民服务和公共监督平台。

表46 **2011年马尾区街道(乡镇)基本情况一览**

街道(乡镇)	辖地面积(平方公里)	人口		社区(村)(个)	规模以上工业总产值(亿元)	本级财政总收入(不含基金)(万元)	本级财政总支出(一般预算)(万元)
		户数(户)	人口数(人)				
罗星街道	28.08	10376	34081	11	217.47	4592	1759
马尾镇	53.62	10033	32225	17	400.88	8612	1810
亭江镇	105.60	9704	27176	20	79.56	14475	2288
琅岐镇	88.28	21142	71658	28	2.61	3926	3660

注:数据来自马尾区统计局。

(兰爱金)

福 清 市

【概况】 福清市地处福建东南沿海、福州南翼,北与长乐市、闽侯县为邻,西北与永泰县相连,西南与莆田市毗邻,东南两面临海,与平潭县隔海相望。区域面积2430平方公里,其中陆域面积1519平方公里,海域面积911平方公里。辖17个镇、7个街道,户籍人口128.2万人,另有旅居海外的华侨和新移民近90万人,遍布近120个国家和地区。

境内海岸线长408公里,其中深水岸线117公里,是福建省“两集两散”和福州市“南集北散”港口发展战略中规划建设的深水集装箱枢纽港。建成江阴港区1~5号5个5万吨级(兼靠10万吨级)集装箱泊位,6、7、10号泊位在建,24号泊位国电配套码头扩建工程启动,推进8~9号、21~23号以及元洪港区1~3号等泊位前期工作。福州保税港区一期通过国家验收,江阴港区获批设立国家汽车整车进口口岸。

人文自然景观众多,有“中华梦乡”之誉的石竹山,入选国家AAAA级旅游风景区;瑞岩山弥勒石佛造像被列为全国重点保护文物;另有日本三大佛教流派之一黄檗宗祖庭万福寺、南少林寺遗址、灵石国家森林公园等诸多名胜古迹。

2011年,开展重点项目建设“立功竞赛”活动,357个“五大战役”项目累计完成投资302.8亿元,其中115项重点项目完成投资193.3亿元。年内,货物吞吐量1360万吨,集装箱吞吐量78.7万标箱。12月16日,福州保税港区一期正式通过国家验收。12月22日，福清市被授予“福建省文明城市”称号。

【经济建设】 实现地区生产总值555.01亿元，比增12.0%，三次产业结构为13.6:50.6:35.8；财政总收入(不含基金)49.2亿元，比增17.2%，其中地方财政收入30.91亿元，比增21.7%；农业总产值124.04亿元，比增4.9%；工业总产值1185.1亿元，比增13.5%，其中规模以上工业总产值1127亿元，比增13.6%；全社会固定资产投资402亿元，比增16.2%；社会消费品零售总额180.5亿元，比增19.5%；出口总额45.54亿美元，比增2.1%；城镇居民人均可支配收入2.64万元，比增14.9%；农民人均纯收入1.19万元，比增17.4%。

农业 新增市级以上农业产业化龙头企业12家，成为全省首个获批国家农业产业化示范基地的县市。新发展设施农业近427公顷，完成标准化水产养殖池塘改造400公顷，获全国绿色食品原料(枇杷)标准化生产基地县(市)称号，福清台湾农民创业园升格为国家级园区。

工业 新增上市企业1家，中国驰名商标4件，省名牌产品、著名商标8件，9家企业成为循环经济示范企业。核电1号、2号机组开始内部设备安装，3号机组进入反应堆施工阶段。奋安铝业、福融辉BOPP第二条生产线、中能电气一期、煌上煌食品、新福兴LOW－E玻璃等项目建成投产。

服务业 创元国际大酒店主体建成并开始内部装修，融商大厦在建，东壁岛旅游开发项目正式挂牌。启动泛石竹山旅游景区整合工作，引进永鸿文化城等大型文化产业项目。

招商引资 新批合同利用外资2.33亿美元，比增20.9%；实际利用外资1.6亿美元，比增15.7%；内资实际到资103.7亿元。强化“三维”项目对接，签订中国化学工程集团公司已内酰胺、中石油LNG、江阴优质镍铁、江阴港区21～23号泊位、中科院广州化学研究所锂电池隔膜等大型项目。

市政建设 启动城乡发展战略规划和对接平潭专项规划编制工作，推进新一轮城市总体规划修编和观音埔片区等重点区域控制性详规编制工作。完成福俱大道(清荣至清繁)、西环路(清荣至市医院新院)等11条总长13公里的市政道路及大北溪拓宽改造一期工程建设，动建清繁大道、观音山隧道、观音埔大桥、洪宽大道拓宽改造工程等21个市政项目，铺设污水管网21公里，建成市垃圾焚烧发电厂并投入试运行。启动新一轮46个“双百工程”试点村建设，建成农村公路31条27.2公里，完成元载大桥改造及东瀚、镜洋农村客运站和438个村级综合服务场所建设，实施涉及6个镇5.5万人的农村饮水安全工程和7座小(一)型水库除险加固工程建设，启动新一轮农村电网改造升级工程，完成“造福工程”搬迁65户294人。

建设中的观音山隧道。

【社会事业】 科技教育 改扩建15所公办幼儿园，崇文小学竣工投入使用，230所完小校以上的中小学通过福州市义务教育标准化学校认定，教育工作以优秀等级通过福州市级对县督导复查评估。

文化卫生体育 完成龙山、龙江社区卫生服务中心和三山镇、沙埔镇卫生院改造提升工程，新建16家村级慈善卫生所。“两馆一中心”进行内部装修，“三馆”主体工程即将封顶，相继建成5个省级以上农民体育健身中心、市青少年校外体育活动中心和19个镇街青少年校外体育活动场所，成立中国音乐家协会合唱联盟福清培训基地，举办“旗帜颂”大型晚会、红歌会以及首届广场舞联赛等系列活动，组织侨乡合唱团赴台参加第四届海峡两岸合唱节并获金奖。少儿舞蹈《小板凳》获亚洲国际青少年艺术节金奖。

计划生育 全年出生人口13423人，人口出生率10.57‰，出生人口政策符合率93.26%，出生人口性别比为106.03。被列为全国人口早期教育示范区和国家第二批免费孕前优生健康检查试点单位。

社会保障 投入9100万元，新建保障房面积2.9万平方米，完成新增廉租房60套、公共租赁房650套的年度保障房建设任务。启动新农保和城镇居民养老保险工作，参保率分别达96.2%和91.3%。提高新农合和城镇居民医保政府补助标准，新农合参合率99.9%，城镇居民医保参保人员8.42万人。新建12个社区服务站。建成545个避灾点和总面积5.28万平方米的“两馆一中心”广场地震应急避险场所。

生态环境保护 建成8个省级生态镇街、140个市级生态村，开展龙江整治，拆除157场13.4万平方米的畜禽养殖场，龙江水质达标率保持在75%。全年完成造林绿化2687公顷，新增绿地254公顷，绿化覆盖率42.77%，人均公共绿地面积11.7平方米。

【台湾农民创业园升级】 6月，福清台湾农民创业园被农业部、国台办批准为国家级台湾农民创业园。至年底，引进台湾农业优良品种500多种，推广种植面积4666多公顷；落户台资农业企业65家，总投资3.2亿美元，年产值6.8亿元，带动3.2万户农户发展增收。

表 47　　2011 年福清市街道(乡镇)基本情况一览

街道(乡镇)	辖地面积(平方公里)	人口		社区(村)(个)	农林牧渔业总产值(万元)	规模以上工业总产值(万元)	财政总收入(万元)	地方财政收入(万元)	财政总支出(万元)
		户数(户)	人口数(人)						
玉屏街道	7.30	24995	71715	17	2677	22374	31887.33	13560.07	3742.02
龙山街道	34.00	18408	54403	17	26868	54799	11907.81	4900.34	1759.27
龙江街道	31.10	10869	35535	11	35000	494542	7763.07	2896.31	1180.04
音西街道	51.10	15502	45672	16	35000	206000	53000.00	34713.00	4035.00
宏路街道	36.60	10646	32753	12	8595	583750	38364.63	25882.97	4047.27
石竹街道	15.40	4956	14872	10	14330	4657284	64986.66	33098.80	1639.16
阳下街道	69.00	12877	39775	22	23869	1273716	36164.94	13422.28	2066.80
镜洋镇	88.60	8479	26262	17	30400	822373	13091.11	5047.12	1753.65
东张镇	128.50	9605	31361	19	29838	41595	3102.60	1406.46	1592.55
一都镇	108.00	3625	11759	7	14658	0	154.21	103.62	882.35
渔溪镇	115.30	15562	49740	22	59200	204858	7319.46	3809.45	1718.91
上迳镇	52.53	9283	32516	16	43610	316392	5044.86	1154.39	1129.35
江阴镇	69.75	23615	81286	23	44600	837984	33918.77	5567.79	1671.78
新厝镇	73.60	7904	26714	16	34000	52176	2622.13	1836.38	1151.11
海口镇	52.64	23697	74747	20	61000	158649	4851.90	1391.29	944.21
南岭镇	34.30	2164	6948	8	23000	0	384.44	291.44	589.46
城头镇	70.50	16923	57498	26	72870	799919	8046.07	2690.77	2096.33
龙田镇	88.00	35225	128409	42	9380	508689	10654.13	4301.65	2709.22
江镜镇	56.70	25318	97314	26	80950	43231	2042.55	829.32	1347.49
港头镇	45.00	23854	80002	31	42400	28060	1228.82	658.48	1402.79
三山镇	102.00	34429	117223	36	112554	30131	10243.44	3707.66	3640.87
高山镇	40.50	20097	68388	24	33900	57051	4974.46	2974.32	3598.39
东瀚镇	74.00	12176	41268	17	39500	0	376.60	233.88	930.61
沙埔镇	40.00	13087	49740	22	27765	8124	849.81	478.06	1744.31

注:数据来自福清市统计局。

(方　南)

长乐市

【概况】　长乐市地处闽江口南岸,东与台湾隔海相望,北与马尾经济技术开发区一江相连,南邻福清市,距福州城区约 30 公里,是福建省会窗口城市、两岸“三通”的重要对接点。陆域面积约 680 平方公里,海域面积 3313 平方公里。辖 4 个街道、12 个镇、2 个乡,户籍人口 69.02 万人。

长乐市有海外华人、华侨及港澳同胞 50 余万人,遍布世界近百个国家(地区),是福建省著名侨乡和台胞祖籍地。境内花岗石储量达 3 亿立方米,硅砂储量居全国市县序列第二位;青山晚熟龙眼曾为历朝贡品,漳港海蚌是世界稀有的海味奇珍。有国家 AAA 级旅游景区 2 个(显应宫、冰心文学馆),董奉山国家森林公园、闽江河口国家湿地公园等各类公园 200 多个,文化展馆 70 多座,三星级酒店 4 家,四星级酒店 1 家。公路总长 1100 多公里,其中高等级公路总长 770 公里,沈海、福厦、机场高速公路穿境而过,福州长乐国际机场年旅客吞吐量突破 720 万人次。华能福州电厂总装机容量 272 万千瓦,拥有 22 万伏变电站 4 座、11 万伏变电站 17 座,自来水日供水能力 16 万吨。江海岸线总长 130 多公里,松下港区及闽江口内港区建成码头泊位 18 个,其中万吨级以上泊位 12 个,年总吞吐量 1492 万吨。

2011 年,安排“五大战役”项目 272 项,完成投资 194.6 亿元,占年度计划投资的 132.5%,其中 39 项列入福州市“五大战役”重大项目,完成投资 91.08 亿元,占年度计划投资的 150.9%,69 个项目建成投产或竣工,81 个项目新开工建设,56 个项目基本完成前期工作。入选第 11 届全国县域经济百强县、2011 年度福建省县域经济实力十强行列。12 月 22 日,获评省级文明城市。

【经济建设】　实现地区生产总值

386.1亿元,比增14.6%,三次产业结构为8.7:67.3:24;财政总收入(不含基金)33.05亿元,比增30.6%,其中地方财政收入18.69亿元,比增30.1%;农林牧渔业总产值62.17亿元,比增4.9%;工业总产值1204.69亿元,比增20.5%,其中规模以上工业总产值1140.43亿元,比增21.1%;全社会固定资产投资223.90亿元,比增49.1%;社会消费品零售总额86.40亿元,比增20.4%;出口总值3.7亿美元,比增44.6%,进口总值9.3亿美元,比增26.1%;城镇居民人均可支配收入26731元,比增14.4%;农民人均纯收入11709元,比增17.5%。

农业　加快发展特色渔业和设施农业,被列入省现代渔业发展县(市),设施农业企业增至23家。17家企业被列入福州市级农业产业化龙头企业,“青山龙眼”“罗非鱼养殖”通过福州市标准化示范区验收。滨海堤防、洋屿闸出口清淤等17项重点水利工程开工建设。

工业　实施“百亿企业”工程,推动金纶高纤、力恒锦纶、锦江科技、恒申合纤、雪人制冷、鑫海冶金、吴航不锈钢、明一食品等龙头企业加快发展,鼓励引导其他骨干优势企业通过增资裂变、股份改造、联合兼并等方式壮大企业规模。延伸传统产业链条,推动纺织业做大做强聚合、棉纺、化纤、经编行业,并向CPL、PTA等产业链上游延伸。培育新的产业,重点推动明一食品、海西企业港、网龙动漫等项目建设,大力发展粮油食品、机械装备、电子信息、动漫创意等产业。

服务业　加快培育现代服务业,推进落实一批大市场、大商贸、总部经济及酒店业、物流业、金融业重点项目,捷康海峡医用设备市场、鹤上钢贸市场动工建设,龙门国惠酒店建成营业,东关商务大楼即将开业,冶金大厦、翔孚物流、安吉汽车租赁等项目进展顺利,新引进浦发、华夏两家银行,金融机构达18家,位居全省县级市首位。

招商引资　全年内资实际到资83.93亿元,比增77.4%;实际利用外资3615万美元。推进“三维”项目对接,加大重大项目引进生成力度,组织参加省、市各类招商对接活动,对接签约央企、外企、民企“三维”项目90项,总投资436亿元,新引进宝钢集团不锈钢深加工园区、红星美凯龙、海西企业港、华讯亚太等一批项目。

市政建设　开展“基础设施建设年”活动,推进道路、水电、码头等基础设施建设,完成滨海大道南北澳段、峡漳路拓宽改造、201省道文岭至赶兜段、营前口综合整治4项道路新改扩建工程。营滨路、金港路、金梅路等7条道路动建;东区水厂及配套管网基本建成,营前22万伏及湖滨二期、长林、玉田等11万伏变电站投入使用。松下港0号5千吨、3号15万吨级泊位完成主体工程,18号、19号5万吨级泊位在建。成立市政建设管理处,实施吴航路、会堂路等路段“白改黑”和电线缆线下地,完成15公里污水管网铺设,推进城市主干道、重点区域建筑景观改造提升和夜景灯光、背街小巷路灯建设。建成香江公园、长安公园一期等6处公园,改造提升南山公园、郑和公园。更新60辆节能环保公交车辆,开辟鹤上、营前公交线路,更新投放170辆的士;开展以“三车”为重点的城区道路交通综合整治。加大市容卫生综合治理力度,推进城乡违法建设拆除,拆除62处面积1.8万平方米。

5月16日,在中国长乐第七届郑和开洋节暨第十三届海交会长乐专场招商会上,举行捷康城项目动工仪式。

【社会事业】　科技教育　推进企业技术改造创新和品牌资本运营,鑫港纺机获中国纺织工业协会科学技术二等奖,新增高新技术企业3家,40家企业实施技术改造升级,完成投资30.2亿元,全年引进先进设备400多台套,11件商标获评省著名商标,“雪人制冷”获评全国驰名商标,其公司在深交所中小企业板上市,实现长乐市企业境内上市零的突破。投资6000万元完成23项校安工程,新扩建校舍1.53万平方米,拆除改造校舍危房3.28万平方米。建成湖南中心幼儿园,动建湖南中心小学二部、古槐新桥小学,整合优化5所农村中小学校;实施公办高中和职专教育免交学费。年内获评省级教育先进县(市)。

文化卫生体育　建成陈怀恺艺术人生馆;获评全国首批集邮文化先进城市。乡镇卫生院和社区卫生服务中心实现基本药品零差率改革全覆盖,基层医疗机构全部完成社保卡“一卡通”接口改造,完成松下、文岭、玉田、古槐4所乡镇卫生院改造和市二医院住院部主体工程。建成市青少年校外体育活动中心和少体校,完成20条自然村“健身路径”工程,建设47个农民体育健身点;长乐市选手在第八届全国武术之乡比赛中获3枚金牌。

计划生育　全年出生人口6965人,人口出生率9.72‰,出生人口政策符合率93.08%,出生人口性别比105.94。征收社会抚养费7207.90万元,大额征收175例1820.27万元。各项计生奖励优惠政策全部按时兑现,已婚育龄群众享有免费基本计划生育技术服务的落实率达100%,药具服务能满足育龄群众的需求。

社会保障　市财政统筹用于民生的公共服务支出达3.2亿元,完成十大类36项为民办实事项目。城镇新增就业7763人,转移农村富余劳动力6616人,城镇登记失业率1.9%,低于省、福州市平均水平。城乡居民社会养老保险实现制度全覆盖,参保人员31.4万人;提高低保及五保供养、各类优抚对象生活补助标准,全年发放各类低保金、生活补助金2917万元。提高居民基本医疗保险待遇,新型农村合作医疗参合率达98.25%,城镇居民医疗保险参保率达96%。开展各类扶贫济困、医疗救助活动,救助金额2200多万元,投入1750万元扶持革命老区加快发展。

生态环境保护　关停3家制革、造纸企业,完成鑫海冶金等重点减排设施整改提升,拆除、整治112家畜禽养殖场,基本实现境内闽江流域无畜禽养殖场,启动莲柄港重要主河道鹤上和金峰段整治工程,城区污水处理厂完成厂区中控系统改造,日处理能力达3.75万吨,滨海污水处理厂建成投入使用,年度4项减排指标全面完成。建成炎山饮用水源水质自动监测站,完成周边4家企业排污管网建设,实施6个乡镇51个村安全饮水工程和城区24个小区旧供水管网改造,启动大樟溪引水工程规划编制工作。完成长限环岛、广场路等城市道路绿化,增加立体绿化80处,新增绿地面积33.33公顷。完成2个国家级、7个省级生态乡镇和13个省级生态村、87个福州市级生态村创建。承办福建省纪念"全民义务植树运动"30周年活动,全年完成造林3733公顷,为历年之最,获评省级森林城市。

平安创建　健全乡镇(街道)综治信访维稳中心,完善城乡社会治安防控体系,社会公众安全感满意率保持在93%以上。实行领导包案处理信访积案和定期接访制度,息诉息访17件信访积案;全年排查化解矛盾纠纷8476起。加强道路交通、消防、矿山、危险化学品等重点领域安全监管,组织开展320多场各级各类安全生产检查整治行动;开展食品安全大整治活动。

【长乐新区建设】　长乐新区规划面积20.38平方公里,分为首占片区和营前片区,是长乐市"三城三群"的城市空间布局中临江城的重要核心区。新区规划定位为大福州中心城市的重要分区、长乐市未来商务、商贸和高端物流的重要发展区和生态宜居新城。

规划设计　根据长乐新区从首占片区延伸到营前片区的发展思路,对首占、营前控制性详细规划进行整合优化提升,并以三汉港为核心轴、以"一馆三中心"(即规划展览馆、行政服务中心、文化艺术中心、体育中心)为亮点进行重点区域城市设计。在市政建设方面,完成新区"四纵四横"道路填土方工程,广场南路、会堂南路、民主路、和谐路、海峡路进场施工;占前路、和谐路延伸段、西洋南路、民主路延伸段进入前期工作阶段。

项目推动　区内现有51个项目中,外语外贸学院部分主体工程封顶,东岱湖基本开挖形成,武警指挥学院、消防大楼、检察院大楼、冶金大厦、长安公园等公建项目以及龙汇御景、永荣城市广场、岱湖城等房地产项目在建,工商局办公大楼、联通大楼、市人民医院、一中分校、附小二分校、实验幼儿园分园、首占公交站以及长乐中心客运站等项目进入报批、设计等前期工作阶段。

表48　**2011年长乐市街道(乡镇)基本情况一览**

街道(乡镇)	辖地面积(平方公里)	人口		社区(村)(个)	农林牧渔业总产值(万元)	规模以上工业总产值(万元)	财政总收入(万元)
		户数(户)	人口数(人)				
吴航街道	8.25	22053	56189	13	335	24884	48581
航城街道	57.00	13159	40304	20	16118	819777	54157
营前街道	34.56	11266	35264	12	21939	703552	16917
首占镇	30.90	7739	27748	13	18303	45965	2406
玉田镇	54.50	11250	41384	11	33155	54476	1120
罗联乡	21.50	3319	10894	8	14683	28753	657
松下镇	38.60	7067	25414	9	29920	1288270	27361
江田镇	86.40	15260	53815	17	29808	1784287	24601
古槐镇	51.80	16500	58599	23	25594	388292	7956
文武砂镇	32.00	6349	21509	9	54437	361264	7179
鹤上镇	48.50	17399	58412	22	34136	1189171	16275
漳港街道	42.40	16793	53548	19	54000	1631141	14667
湖南镇	32.80	9731	28828	11	31279	756746	18305
金峰镇	29.88	20020	68456	21	17763	702010	19662
文岭镇	28.80	10211	33918	12	66011	292157	4030
梅花镇	5.80	6177	15991	6	103868	81640	702
潭头镇	56.00	17397	54828	23	61293	329908	5070
猴屿乡	19.60	1964	5082	4	9061	0	289

注:数据来自长乐市统计局。

(黄　强)

闽侯县

【概况】 闽侯县位于福建省东部,属省会城市福州市辖县,呈月牙形拱卫福州市区,素有“八闽首邑”之称。土地面积2136平方公里。辖1个街道、8个镇、6个乡、317个行政村(居),总人口75万人(含上街大学新校区学生数)。

水力资源理论蕴藏量10多万千瓦,林木总蓄积量251万立方米,探明的矿产有金、钨、钼、铁、铜、硫磺、明矾、石灰石、石英石等21种,闽江砂石是天然的建材,地热资源丰富。境内有国家级风景名胜区十八重溪、全省八大旅游品牌之一的昙石山文化遗址、与福州鼓山齐名的旗山、“南方第一丛林”雪峰寺等旅游胜地,盛产柑橘、荔枝、龙眼、橄榄四大名果,是“中国橄榄之乡”。

2011年,实施“五大战役”项目269项,完成投资195.41亿元。列入市级“五大战役”项目38项,完成年度投资50.04亿元,超计划28个百分点。获评全国综合实力“百强”县(市),并连续两年获评全省县域经济实力十强县、经济发展十佳县、科学发展十优县。

【经济建设】 实现地区生产总值300.25亿元,比增15%,三次产业结构为9.1:60.9:30;财政总收入(不含基金)52.58亿元,比增30.2%,其中地方财政一般预算收入28.6亿元,比增33.9%;农业总产值45.85亿元,比增4.9%;工业总产值616.53亿元,比增17.9%,其中规模以上工业总产值547.02亿元,比增18.4%;全社会固定资产投资297.95亿元,比增50%;出口总额10.2亿美元,比增16%;进口总额6亿美元,比增3.12%;城镇人均收入26172元,比增15.3%;农民人均纯收入9512元,比增18.5%。

农业 农林水投入2亿元,比增12.8%,发放种粮补贴、农资综合补贴等4858万元。扩大特色水果、高山茶、食用菌、无公害蔬菜等品牌影响力,加快发展都市型观光休闲农业,新培育6家省市副食品基地、2个精致农业发展示范区,全县55家龙头企业和重点基地,创产值20亿元,带动农户增收6.2亿元。除险加固山塘水库21座,新发展大棚设施农业93公顷,补充耕地135公顷,实现占补平衡。加强“五新”推广、气象服务、动植物疫病防控等工作。

工业 汽车、机电、工艺、建材、食品、纺织等支柱产业分别完成规模产值234.23亿元、80.19亿元、57.46亿元、59.6亿元、36.28亿元和28.6亿元,新增高新技术产业产值78亿元。提升“两区三园”承载功能,青口投资区产值突破310亿元,比增16.5%。闽侯经济技术开发区一、二期投产企业71家,产值突破60亿元,比增50.8%。海西高新园18个项目动建,推进生物医药和机电产业园建设,兆元光电等项目动工建设。

服务业 海峡汽车文化广场(一期)基本建成,推进南通物流园前期工作开展,新引进万全、新华都等物流企业。改造提升20个便民商业网点、3个城乡集贸市场。旗山森林温泉度假村建成开业,获评全省首家中国AAAAA级绿色饭店。全年接待游客140.6万人次,旅游总收入2.75亿元,分别比增19.2%和23.3%。

招商引资 全年合同外资3.51亿美元,比增37.57%;实际利用外资(验资口径)1.5亿美元,比增11.31%。举办“5·18”海峡两岸经贸交易会闽侯专场招商会,参加“6·18”福建省项目成果交易会、“9·8”中国投资贸易洽谈会,全年审批外资项目(含增资)35项,其中新引进爱德克斯汽配等千万美元以上项目14项。

市政建设 加快建设县城新区“一园一馆三中心”(闽都民俗园、博物馆、市民服务中心、文化中心、科技中心)和旧城改造安置房等项目,推进县城新区滨江新城城市综合体、市民文化广场等项目建设,竹岐沿江片开发进入论证阶段,“跨江发展、两翼联动”的大县城发展态势逐步显现。青口、荆溪、南屿、白沙4个试点小城镇62个项目全面实施,完成投资56.36亿元,完成年度计划的107.9%。甘洪路(改扩建)、荆溪新区中路B标段、福银高速南连接线等建成通车,推进新南港大桥等一批项目。“造福工程”搬迁、库区移民后期扶持、农村饮用水安全、卫生户厕改造等投入达4800多万元。加大清违力度,加强市容市貌整治,实施国宾大道、甘洪路等主要路段景观改造工程。

【社会事业】 科技教育 科技项目投入3200万元,14个项目获上级科技部门立项扶持,福州环宇汽车碰撞实验室通过国家评审。加快建设东南学校等一批学校,完成13.3万平方米校安工程重建加固,开展省级义务教育均衡发展和中小学教师校际交流试点工作。全年105人被“211”工程高等院校录取。

文化卫生体育 推进闽都民俗园等文化项目建设,青少年校外活动中心建成并对外开放,举办纪念建党90周年系列活动。推进基层医疗机构综合改革,全面实施基本药物制度,加快县医院医技楼和廷坪卫生院(新院)建设,建成南屿、鸿尾卫生院医技楼和15个村卫生所。

计划生育 全年出生人口6394人,人口出生率9.03‰,出生人口政策符合率94.95%。

社会保障 城镇新增就业1.08万人次,转移农村富余劳动力8100人次。发放被征地老龄农民生活补助金6000万元,惠及3.9万人。新农保实现全覆盖,全县7.4万名老人全部领到基础养老金,提高城镇居民医保和新农合补助标准,年发放补助金1.5亿元。建成安置房39.6万平方米。落实事关群众利益十项实事,实施社会保障与物价上涨联动机制。

生态环境保护 节能减排各项措施全面落实,推进闽江流域(闽侯段)水环境综合整治。投入5800多万元加强污水处理设施建设,南通污水处理厂投入使用。实施“四绿”工程,完成一批道路沿线绿化和公园改造提升项目,新增公共绿地12.2万平方米,造林绿化1.12万公顷。开展爱国卫生运动,实施“家园清洁”行动。

平安创建 开展交通安全设施建设年活动,开展食品安全大整治,安全生产形势保持稳定。落实信访“路线图”,持续开展“大接访”活动。深化“平安闽侯”建设,加强社会治安综合治理,群众对社会治安满意率保持在94%以上。

【闽都民俗园】 至年底,累计完成建

设投资约5080万元,主要包含土地平整、一期商业街工程、二期园区建筑工程、三期市政园林绿化工程施工等。闽都民俗园项目于2010年12月开工建设,选址甘蔗街道,紧靠昙石山博物馆,占地0.79公顷,总投资约9960万元,主要包括生产民俗园、生活民俗园、文化教育园、仿古商业街和游客管理中心、停车场等其他配套工程。项目工期2年,分3期进行施工建设,一期为7座沿街两层商铺(建筑面积9121平方米),二期为园内景区管理服务中心、农家大院、副业作坊、文艺苑、私塾等其他园内建筑(建筑面积6851.78平方米),三期主要是园内市政园林景观和其他附属工程建设。

表49 **2011年闽侯县街道(乡镇)基本情况一览**

街道(乡镇)	辖地面积(平方公里)	人口		社区(村)(个)	农林牧渔业总产值(万元)	规模以上工业总产值(万元)	财政总收入(万元)
		户数(户)	人口数(人)				
甘蔗街道	47	16616	44116	17	11096	515062	57111
白沙镇	175	10379	33413	23	25559	102611	9936
南屿镇	171	19887	59347	24	28876	409181	34179
尚干镇	5	5957	17440	13	8001	266334	12399
祥谦镇	89	19021	61758	20	44567	408784	16482
青口镇	127	26477	82047	40	57087	2380432	195696
南通镇	112	16145	45624	17	51288	99321	6418
上街镇	157	20672	83016	23	13721	146347	66954
荆溪镇	137	14981	45669	19	46683	833655	31597
竹岐乡	224	8479	28504	22	34470	85871	4447
鸿尾乡	157	9669	33267	20	30625	186641	7620
洋里乡	151	8776	30212	23	39292	23258	740
大湖乡	282	9412	32497	23	40181	7931	472
廷坪乡	217	10038	35364	25	20982	2697	362
小箬乡	46	2759	9884	8	11125	2089	479

注:数据来自闽侯县统计局。

(施理光)

闽都民俗园效果图

连江县

【概况】 连江县地处福州市东部、闽江口北岸,东面毗邻台湾、马祖列岛,距马祖最近处仅8千米,西傍闽都,在福州半小时经济圈内,南部琯头镇与琅岐岛隔江相望,北控闽浙通道,因县域形似展翅凤凰得名"凤都",并有"闽都金凤"之称。县域总面积4280平方公里,其中海域面积3112平方公里、陆域面积1168平方公里。辖22个乡镇、271个村居,人口约63.59万人。

境内矿藏资源丰富,初步探明的金属矿藏有锌、银、铀、钨等15种,非金属矿藏有高岭土、叶蜡石、花岗石、贝壳、泥煤等。地热资源丰富,被国土资源部评为"中国温泉之乡",贵安温泉日合理开采量1万立方米,水温82度。境内有三湾(罗源湾、黄岐湾、定海湾)、三口(可门口、闽江口、敖江口),海域面积广阔,具备优质的港口码头资源和水产资源。在黄岐镇和琯头镇均设有台轮停泊点和对台贸易点。近海有东引、东沙、茭只、四母屿4个渔场,与闽中渔场连成一片,北上达浙江渔场,南下至闽南和台湾浅滩渔场,东部为台湾北部渔场,是全国县级水产第二大县、全省水产第一大县,拥有"中国鲍鱼之乡"等称号,年产鲍鱼2.28万吨。全县有7处省级重点文物保护单位。

2011年,实施"五大战役"项目210项,完成投资83.98亿元,占年度计划投资的138.8%。列入福州市"五大战役"项目25项,年度完成投资44.56亿元,占年度计划投资的166.6%。实施重点项目106项,完成投资109.14亿元,占年度计划投资的124.8%。列入福州市2011年重点项目34项,完成投资41.26亿元,完成年度计划投资的118.4%。

12月23日,马尾船政(连江)工业园区举行开工典礼式。

【经济建设】 实现地区生产总值235.55亿元,比增13.3%,其中第一、二、三产业增加值分别为77.26亿元、94.61亿元、63.68亿元,分别比增4.8%、26.2%、8.3%,三次产业结构为32.8:40.2:27;财政总收入(不含基金)21.71亿元,比增43.4%,其中地方财政收入14.69亿元,比增49.9%;上划中央收入7.02亿元,比增31.5%;财政支出22.64亿元,比增39%。建筑业实现增加值10.5亿元,比增15.4%。房屋竣工面积380.59万平方米,比增1.8%;实现利润总额1.94亿元,比增22%。货物运输周转量296.03亿吨公里,比增30.3%。

农业 农林牧渔业总产值133.5亿元,比增5.0%,其中农业产值9.86亿元,比增0.1%;林业产值0.68亿元,比增22.5%;牧业产值3.3亿元,比增1.1%;渔业产值116.23亿元,比增6.0%。落实强农惠农政策,发放各类涉农补贴10.5亿元。开展水利建设年活动,投入2.4亿元改善水利基础设施;建成18个村饮水安全项目,5.7万人受益;修复病险水库3座。全年水产品产量71.95万吨,比增6.6%。5家企业获评新一轮农业产业化省级重点龙头企业。举办首届2011海峡(福州)渔博会连江鲍鱼节。组织造福搬迁244户900人,涉及8个乡镇10个自然村。

工业 实施12项省市级产业调整和振兴工业重点技改项目,创建2个市级企业技术中心。19项工业新增长点项目实现新增产值202.6亿元,比增39.6%。青岛啤酒、百洋食品琯头基地项目竣工投产,北茭风电、德通金属、富德巴机械、神州学人机电等项目开工建设。完成工业总产值287.44亿元,比增27.9%;工业增加值84.11亿元,比增27.8%。规模以上工业企业144家,其中产值亿元以上重点企业33家。可门火电厂成为全县首家年产值超过50亿元的大型企业。

服务业 海峡钢贸城、龙芝商贸城开始招商。可门物流4号、5号泊位投入运营,可门港年货物吞吐量2600万吨。东雁文化旅游综合体项目加快推进,海峡文化村、中嘉蝶泉湾等项目粗具规模。启动编制《连江县旅游发展总体规划》;年内接待游客90万人次,比增28%。实现服务业增加值63.68亿元,比增8.3%;实现社会消费品零售总额53.48亿元、比增23.3%,其中限额以上零售额14.86亿元、比增75.3%,限额以下零售额38.62亿元、比增10.7%。

招商引资 实际利用外资3785万美元,内资到资30.1亿元。进出口总额5.52亿美元,比增31.1%,其中出口4.77亿美元,比增34.1%;进口7551万美元,比增14.8%。制定出台《连江县新落地大型企业鼓励办法》,组织举办第十三届海交会连江专场推介会暨第六届"亲情回归"恳谈会,参加"5·18"海峡两岸经贸交易会、"9·8"厦门投资贸易洽谈会等重大招商活动。年内签约中石油油气钢管制造、神华罗源湾煤港电一体化等项目63项。

市政建设 对接"福州大都市"战略构想,调整连江县城市总体规划,《贵安温泉旅游区总体规划》完成修编。加大城区基础设施建设力度,城关至贵安江滨路、鳌峰大桥、敖江南路、文笔东路、马祖西路建成通车,温泉路基本建成,完善丹凤东西路、可门路路灯、绿化、人行道等市政设施,县影剧院、王家庄公园投入使用,污水处理厂二期工程建成,垃圾焚烧发电厂建设进展顺利。加快推进敖江南岸防洪排涝工程,实施下山河整治。发展公共交通,扩大公交车覆盖面,投入运营城区出租车。完善农村路网,201省道马鼻至文山公路贯通通车,安凯至黄岐、红厦至蚼坞公路改造工程开工建设,新建、改造农村公路41公里。

【社会事业】 科技教育 高新技术产业实现增加值9.53亿元,比增61.2%。申报省科技计划项目11项,市科技计划项目7项。专利申请量63件,其中发明33件,实用新型21件,外观设计7件。拥有省名牌产品4个,著名商标20个,知名商标26个。全年投入1.1亿元,加快推进15个中小学"校安工程"建设项目,新建校舍2.2万平方米,加固校舍1.4万平方米。福建商业高等专科学校潘渡校区、第三实验小学于秋季开学,启明中学新校区主体工程建成。黄如论中学、县实验幼儿园分别通过"省二级达标学校"和"省级示范园"评估验收。加强校园技防建设,在各中小学校校门口、学生宿舍等重点部位安装视频监控探头、高音喇叭和报警按钮,并与县"110"中心联网。全县有82部校车安装GPS安全服务系统。

文化卫生体育 围绕重大活动和节庆日,组织举办"5·18"宣传推介会、连江青岛啤酒节、鲍鱼节等宣传活动,组织开展大型广场红歌会、党史知识竞赛等系列活动;加强连台文化交流,举办"马祖澳两岸焰火迎新年"、马祖澳两岸"连江人与辛亥革命"研讨会和马祖澳两岸旅游风光摄影采风等活动,启动"千名连江人游马祖"对台旅游交流计划;研究制定文化创意企业引进高学历、高职称、高技能技术人员和管理人员的奖励办法;县图书馆接待读者6.04万人次,流通图书文献资料1.02万册次;开展两岸图书交流活动,获赠马祖地方文献30多册;改造提升5个乡镇综合文化站,新建103家农家书屋。有线数字电视信号全面覆盖县城区,乡镇数字电视整体转换开始试点。基层医疗卫生机构全部推行药品"零差价"销售;县医院综合病房大楼建成投入使用,4所乡镇卫生院完成改造。建设49个村级篮球场和36条进村健身路径,县青少年校外体育活动中心建成;举办2011海峡渔业周连江"水乡渔村杯"两岸矶钓邀请赛、全国群众登山健身大会暨福州市第五届海峡两岸登山连江分会场活动等体育赛事;培养选送的体育选手获第六届亚洲青少年武术锦标赛女子刀术第一名、全国青少年武术套路冠军赛刀术第一名。

计划生育 全年出生人口6912人,人口出生率10.34‰,人口自然增长率4.94‰,出生人口政策符合率94.4%,出生人口性别比为106.06。县财政投入约100万元资金,兑现计生奖励扶助和优惠帮扶政策。加大两非打击力度,破获两非案件16例,同比下降0.04个百分点。

社会保障 城镇新增就业3165人,转移农村富余劳动力7029人。公开招考55名高校毕业生进入事业单位和国有企业工作。提高最低工资标准和城乡低保标准,实施社会救助和保障标准与物价上涨挂钩联动机制,增加困难群体的生活补助。社会保障水平提高,"五险"累计扩面2.75万人。新型农村社会养老保险参保率90.4%,6.5万名60周岁以上的农村老人实现按月领取养老金,实施被征地农民养老保障制度。新型农村合作医疗保险参保率保持在99%以上,补偿水平进一步提高。新建公共租赁房、廉租房360套,改善困难群体住房条件。加快县社会福利中心和乡镇敬老院建设,建成3个社区居家养老服务站。

生态环境保护 开展生态乡镇、村创建工作,建立农村"家园清洁行动"长效管理机制,农村环境连片整治小沧、潘渡片区项目竣工。加强污染源监管,淘汰落后产能,关闭小造纸厂5家、粘土砖企业9家。继续开展敖江流域水环境综合整治,拆除禁养区内养猪场41家,遏制石板材污染和畜禽养殖污染。加快推进"四绿"工程,全年造林6866.7公顷。全县新增绿化覆盖面积9.78公顷。

平安创建 开展维稳工作"三支队伍"建设,配备维稳群众工作队22支981人、维稳信息员1351人、网络舆情引导员74人。坚持按"路线图"依法处理信访事项,开展市县领导大接访活动,实行县乡领导包案制度。加强和创新社会管理,加强普法教育、人民调解、法律援助等工作,加大矛盾纠纷排查化解力度。开展社会治安专项打击和集中整治行动,保持社会安定稳定。落实安全生产责任制,开展安全生产大检查、大整改活动。

表50 **2011年连江县街道(乡镇)基本情况一览**

街道(乡镇)	辖地面积(平方公里)	人口		社区(村)(个)	农林牧渔业总产值(万元)	规模以上工业总产值(万元)	财政总收入(万元)	财政总支出(含基金)(万元)	一般预算支出(万元)
		户数(户)	人口数(人)						
凤城镇	6.19	19737	65774	12	715	18284	10443	2197.27	997.27
敖江镇	41.54	10689	37164	14	5669	1010789	31717	2032.74	1490.74
江南乡	75.18	7464	25123	16	9313	18101	5817	1025.00	906.86
东湖镇	45.85	5030	16605	10	9106	5695	1037	655.71	533.15
浦口镇	52.40	10735	37759	14	46018	17427	2617	889.26	878.18

续表50

街道(乡镇)	辖地面积(平方公里)	人口		社区(村)(个)	农林牧渔业总产值(万元)	规模以上工业总产值(万元)	财政总收入(万元)	财政总支出(含基金)(万元)	一般预算支出(万元)
		户数(户)	人口数(人)						
东岱镇	24.73	10058	35360	9	69142	27545	1654	777.06	801.07
晓澳镇	20.08	11180	37166	7	109751	169446	3245	1164.59	1064.59
琯头镇	61.09	18058	56787	28	140095	508661	16093	5943.35	5394.2
潘渡乡	142.87	5870	19584	11	36581	—	4007	1138.03	786.58
小沧乡	65.24	1183	4275	5	1991	—	91	335.70	334.3
丹阳镇	111.53	8484	28292	18	18831	43529	1343	821.92	798.18
蓼沿乡	124.57	8035	28656	23	9173	24031	1018	1143.43	1164.91
长龙镇	66.51	3783	12569	7	15080	4139	1280	366.75	366.75
透堡镇	25.81	5862	21514	8	27802	2445	1042	514.83	513.83
马鼻镇	38.82	12014	44147	15	51329	8987	2728	821.98	543.86
官坂镇	49.44	8688	31618	16	49283	6597	830	744.81	718.71
坑园镇	39.33	6042	22637	8	73095	6820	1618	838.68	688.27
下宫乡	32.36	3790	14152	9	26171	26533	129	535.74	475.41
筱埕镇	33.00	8191	27902	11	85048	138248	1319	2326.57	2227.31
黄岐镇	13.43	7416	24580	11	199718	27074	896	5774.25	5755.75
安凯乡	30.88	4994	17494	11	72841	32686	464	1523.49	1513.49
苔菉镇	8.30	7943	26737	8	213457	8418	796	4675.85	4675.85
其他	—	—	—	—	64789	622531	126895	—	—

注:数据来自连江县统计局。

(游元泰)

闽清县

【概况】 闽清县位于福建省东南部、闽江中下游,距福州城区50公里。区域面积1466平方公里。辖11个镇、5个乡、291个村(居),户籍人口31.4万,有20多万名侨胞旅居新加坡、马来西亚、印尼等12个国家和地区。

闽清交通发达,316国道横贯境内32.3公里,合福高速铁路、京台高速公路、外福铁路和闽江航运均穿境而过,福银高速公路贯穿境内39公里,并有云龙、金沙两个互通口,形成公路、水路、铁路纵横交错、四通八达的交通网络。境内有高岭土、叶蜡石、紫砂页岩、铁、锰、钨等矿藏,尤以高岭土蕴藏最为丰富,由此形成的以建陶和电瓷为主的陶瓷业是闽清最具特色的产业,是全国著名的建陶、电瓷生产和出口基地。有华东地区最大的水电站——水口水电站,拥有库区水域面积13平方公里。森林覆盖率68.3%,有杉、松、竹和许多阔叶树种,是福建省重要林业县和23个南方落叶果树基地县之一,盛产橄榄、李果、柑橘、蜜柚和无核柿"五大名果",糟菜、粉干、橄榄"闽清三宝"闻名遐迩;有全省最大的淡水养殖基地。有全国单座最大的古民居"宏琳厝",有全国迄今发现的"世界稀有、中华之最"的国家级黄楮林自然保护区,有"八闽岳祖"白岩山、美菰原始林海和白云山景区,有"中国温泉第一溪"——黄楮林温泉景区、大明谷温泉村和七叠温泉景区等,形成"名山、碧水、温泉、古民居"的特色旅游。

2011年,闽清县实施"五大战役"项目7个,总投资7.95亿元,年度投资3.74亿元,实际完成投资4.63亿元,完成计划的124%。

【经济建设】 实现地区生产总值100亿元,比增12.1%,三次产业结构为17.87:59.19:22.94;财政总收入(不含基金)7.86亿元,比增0.2%,其中地方财政收入3.99亿元,比增7.7%;农业总产值29.93亿元,比增5.0%;工业总产值140.83亿元,比增16.5%,其中规模以上工业总产值128亿元,比增17.1%;全社会固定资产投资24.1亿元,比增40.0%;社会消费品零售总额25.85亿元,比增18.3%;海关出口总额9200万美元,比增24.3%;城镇居民人均可支配收入18278元,比增14.0%;农民人均现金收入8163元,比增17.4%。

农业 落实粮食直补、良种补贴、农机具购置补贴和水稻、森林综合保险等政策,发放补贴1370万元,投保水稻1.03万公顷、森林11.17万公顷,全年粮食产量8.49万吨。发展特色农业,种植蔬菜1.28万公顷、油茶348.67公顷,栽培食用菌9595万袋,出栏优质鸡60万羽。加快发展现代农业,建立远方牧业等10个农业生产示范基地,引进台湾雪莲果等一批海峡两岸农业合作项目。加强农业基础设施建设,推进梅溪等3个乡镇农业综合开发土地治理项目,改造中低产田926.67公顷,完成大限等2座水库除险加固,修复水毁工程45处,恢复灌溉面积133.33公顷。开展农村防灾减灾工作,新建防火林带183.5公里,布设15个气象灾害信息发布终端,禽流感、口蹄疫等重大动物疫病免疫率达100%。

工业　开展"工业发展年"活动,盛利达、嘉威科技等项目竣工投产,联兴陶瓷、双棱纸业等一批项目动工建设,加快推进产业优化升级,金盛钢业等24家规模以上企业实施技改扩产,完成投资4.1亿元,年新增产值12.3亿元。关停9家小造纸企业,对12家规模以上使用天然气的陶瓷企业在技改、用气等方面继续给予补助,兑现财政补助资金182.3万元。建筑业年产值60亿元,新成立建筑施工企业3家,提升资质等级2家。九鼎、神州、一建等3家一级建筑企业拓展省外市场,省外建安产值约占总产值的75%。

服务业　加强城乡商贸体系建设,投入501万元,完成梅花园、东桥农贸市场升级改造,新扩建农家店30家,销售家电下乡产品3.1万台,兑现补贴787万元。进一步完善旅游景区设施。加快推进七叠温泉景区二期配套工程,黄楮林温泉景区漂流项目投入使用,雄江汤都水城投入试营业。

招商引资　全年实际利用外资279.00万美元,比增25.7%。签约内资项目13项,总投资3.4亿元,在建和新建工业项目21个,完成投资2.9亿元。举办"十八坂"商品交易会和"5·20"招商专场会,组织参加"5·18"海峡两岸经贸会、"6·18"海峡项目成果交易会和"9·8"厦门投资贸易洽谈会等招商活动。制定出台《闽清县金融信贷支持经济发展考评奖励暂行规定》,鼓励金融机构加大对企业、重点项目、基础设施等有效信贷投放。福建海峡银行在闽清县开设支行,县农联社发放各项支农贷款10.82亿元,9家融资性担保公司办理担保贷款1.6亿元。

闽清县青少年校外体育活动中心

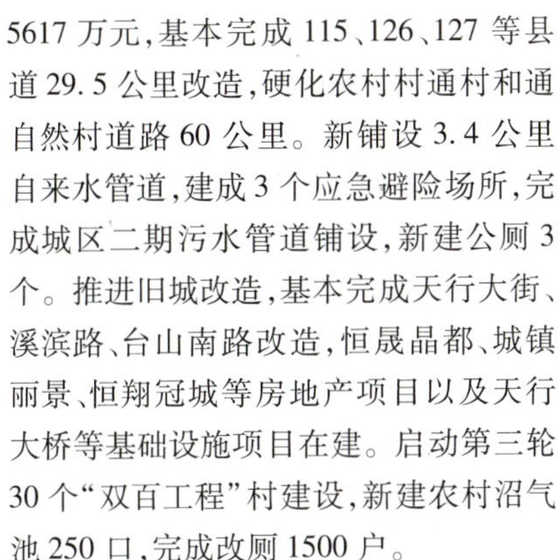

市政建设　加快城乡便捷通道建设,投资5617万元,基本完成115、126、127等县道29.5公里改造,硬化农村村通村和通自然村道路60公里。新铺设3.4公里自来水管道,建成3个应急避险场所,完成城区二期污水管道铺设,新建公厕3个。推进旧城改造,基本完成天行大街、溪滨路、台山南路改造,恒晟晶都、城镇丽景、恒翔冠城等房地产项目以及天行大桥等基础设施项目在建。启动第三轮30个"双百工程"村建设,新建农村沼气池250口,完成改厕1500户。

【社会事业】　科技教育　县陶瓷行业创新中心建立煤碳实验室,并通过省计量认证。闽清陶瓷技术孵化器经国家发改委批准立项,完成一期工程规划、初步设计。推进校安工程建设,基本完成一中新校区防洪堤建设,一中体艺馆动建,筹建新城关幼儿园和新城关小学,组织160名教师开展轮岗交流和学科对口支教。

文化卫生体育　举办纪念建党90周年红歌演唱会和庆祝辛亥革命100周年活动,完成"三馆"综合楼主体工程,建成县青少年校外体育活动中心。实施药品零差率销售改革,开展基层医疗卫生机构债务化解,组织招收68名医学类全日制本科毕业生和卫生系统在岗编外人员。

计划生育　全年出生人口3677人,人口出生率11.31‰,人口自然增长率6.24‰,出生人口政策符合率93.39%,出生人口性别比107.62,同比上升2.12个百分点。年内通过全国计生优质服务县验收。

社会保障　推进新农合医疗制度和城镇居民基本医疗保险制度扩面工作,13.4万人参加新农保,参保工作位居全市前三名。实施被征地农民养老保障和全县公职人员健康体检制度。加快保障性住房建设,完成207套建设任务,18户城区住房困难居民实施危旧房改造,30户获得住房困难货币补贴。

生态环境保护　推进"四绿工程"建设,6个乡镇20个村完成建设任务,完成造林面积1.176万公顷。开展重点流域水环境综合整治,闽江流域境内国控省控段面和城区及建制镇集中式饮用水源水质均达到功能区考核标准。

平安创建　深化"平安闽清"建设,开展"六五"普法工作,推进平安先行创建活动,梅溪镇等11个乡镇被市综治委命名为"平安先行乡镇"。落实"信访路线图"和"四位一体"信访工作体系;强化食品安全等专项整治,落实部门安全监管"一岗双责"和企业安全生产主体责任。

表51　**2011年闽清县街道(乡镇)基本情况一览**

街道(乡镇)	辖地面积(平方公里)	人口		社区(村)(个)	农林牧渔业总产值(万元)	工业总产值(万元)	地方财政收入(万元)	地方财政一般预算支出(万元)
		户数(户)	人口数(人)					
梅城镇	9.27	13857	40060	12	4365	63014	3892.6	308.70

续表51

街道(乡镇)	辖地面积(平方公里)	人口		社区(村)(个)	农林牧渔业总产值(万元)	工业总产值(万元)	地方财政收入(万元)	地方财政一般预算支出(万元)
		户数(户)	人口数(人)					
梅溪镇	144.13	6883	22214	21	21434	77079	1391.9	756.42
云龙乡	40.42	3556	11515	10	23014	328071	1784.8	276.33
白樟镇	80.78	5527	18276	14	21189	222922	1209.7	575.00
金沙镇	156.67	4339	14058	19	20038	50015	245.6	295.67
白中镇	41.80	5540	18593	14	12749	218125	1745.6	324.38
池园镇	89.47	7194	23651	20	17313	16044	838.8	330.68
上莲乡	122.68	3819	13107	18	19781	4322	158.3	303.00
坂东镇	58.53	13241	43207	28	28495	62975	600.1	428.47
三溪乡	47.00	3009	9586	12	11771	698	16.1	207.65
塔庄镇	73.27	7356	25494	25	24230	19971	81.7	309.00
省璜镇	116.67	5589	19539	27	25587	1442	413.8	288.41
雄江镇	111.20	2142	6172	13	12006	9717	117.4	257.57
桔林乡	107.20	2135	6826	13	12192	11649	106.4	224.03
东桥镇	187.34	6024	21628	23	21563	32451	272.5	268.85
下祝乡	80.14	5536	20205	22	19540	1115	17.5	413.15

注:数据来自闽清县统计局。

(许孙泉)

罗源县

【概况】 罗源县位于福建东部沿海、闽江口金三角北翼,与台湾、马祖隔海相望,境内三面环山,一面临海。区域面积1187平方公里,其中海域面积52.5平方公里。辖6个镇、5个乡、194个村(居)。户籍人口25.3万,其中畲族人口占8.1%,为福建省畲族主要聚居区之一。

境内物产丰富,有花岗岩、叶蜡石、高岭土和食用菌、海带、紫菜及林竹果茶等特色资源。东部的罗源湾口小腹大水深,海域面积240平方公里,避风遏浪、不冻不淤,是福建省六大天然深水良港之一,被确定为福州深水外港、台轮停泊点、对台贸易点和临时一类通商口岸。所辖的北岸港区自然岸线长41.2公里,其中港口码头岸线长11.7公里,可建设码头泊位45个,划分为6个码头作业区,可建设20万吨~30万吨以上大型码头。拥有围垦造地约3333公顷及周边可开发利用腹地,土地储量约6667公顷,可供成片开发临港工业建设用地。

2011年,全县65项“五大战役”完成投资88.7亿元;其中17项市级“五大战役”项目完成投资53.5亿元,超年度计划40%。

【经济建设】 实现地区生产总值135亿元,比增17.5%,三次产业结构为16.2:69.2:14.6;财政总收入首次突破10亿元,达10.14亿元,比增43.3%,其中地方级财政收入6.11亿元,比增47.7%;农业总产值37.5亿元,比增4.1%;工业总产值348亿元,比增27.1%,其中规模以上工业总产值327亿元,比增28.4%;全社会固定资产投资97.5亿元,比增45.8%;社会消费品零售总额26.6亿元,比增19.3%;出口总额6091万美元,比增0.2%;进口总额2.14亿美元;城镇居民人均可支配收入19217元,比增14.8%;农民人均纯收入8243元,比增18.4%。

农业 在稳定粮播面积的基础上,大力发展渔业、食用菌、茶叶、林竹等农业产业,全年水产品产量11.76万吨,产值21.3亿元;食用菌产量5.6万吨,产值3.8亿元;茶叶栽培2773.33公顷,产值1.2亿元,被列入农业部“现代茶叶建设县”;种植油茶666.67公顷,建设毛竹丰产示范基地400公顷。

工业 完成工业固定资产投资40.3亿元,占全县固定资产投资总量的41.3%;宝钢德盛、亿鑫钢铁、三金钢铁、海峡西岸软包装等一批大项目完成产值197.8亿元,比增68.6%,成为县工业经济发展的主力军;海峡西岸软包装第四条生产线、源鑫混凝土搅拌站等项目建成投产;华东船厂18万吨船坞、宇星彩板冷轧线与酸洗线、永荣不锈钢第二条生产线等项目试投产;宝钢德盛冷轧线和镍25合金、恒久专用车、晟元冷轧等项目在建。

服务业 推进港口物流业发展,建成顺丰钢材加工仓储中心,入驻企业69家。金源瑞都超市、百乐建材市场等相继开业;“家电下乡”销售额1.1亿元,比增123%;新建或改造“万村千乡市场工程”农家店13家。年末金融机构存款余额59.3亿元、贷款余额38.3亿元,分别比增37.1%和17.4%。

招商引资 全年合同外资6350万美元,实际利用外资2520万美元,比增

6%。签约外资项目5项,分别为阿利亚系列游艇、霍口友兴新能源、悦得二期、显丰再生资源、福万塑胶,利用外资6350万美元。内资项目3项,分别为万达杂货码头、源鑫物流配套码头、福亮钢化玻璃,合同金额6.4亿元。

市政建设　滨海城建设全面开展,实现投资28亿元,完成项目控制性详规编制、386.67多公顷鱼虾塘征收、内滩水库退养、南堤景观带3.5公里加固拓宽、133.33多公顷用地填方、一期土地挂牌出让等工作。改造提升现有城区,推进东方星城二期、蓝湾明珠、盛世名城等住宅小区建设,开发房地产面积24.6万平方米;完成筑家双星东侧道路建设和溪尾路改造;新增2条公交线路;建成北江滨公园,续建莲花山、凤山公园。实施新农村"双百工程",加快上长治、北山、福湖等一批综合示范精品村、重点示范村建设;完成199户900人造福搬迁;建成通村水泥路27公里。实施中房、霍口2个乡镇中央财政小型农田水利重点县项目;改建起步防洪堤6.8公里,落实山洪灾害非工程措施。

【社会事业】　科技教育　通过2011年全国县(市)科技进步考核。海林食品公司"海带、紫菜加工技术研究与示范"等3个项目被列入福州市2011年度农业星火计划项目及福州市区域科技重大项目。新建2所乡镇中心幼儿园和19幢中小学校舍,28所中小学通过义务教育标准化省级验收;职业中学被确认为全省首批"标准化职教中心",并启动建设7.33公顷校外实训基地;高考应届生本科上线率68.2%,其中罗源一中本科上线率96.7%。

文化卫生体育　改造提升城区2个电影院,下乡放映电影2300多场;有线电视光纤网络继续向乡村延伸,新一轮广播"村村响"工程基本完成。在全省率先实施国家基本药物制度和药品零差价改革,基本公共卫生服务项目全面实施;74所村级卫生所完成改建;创建"全国农村中医药工作先进单位"通过评审。建成县青少年校外体育活动中心,举办县第五届运动会,"铃卜情""畲山猎"2个项目代表福建省参加全国第九届少数民族运动会并获奖。

计划生育　全年出生人口2869人,人口出生率10.8‰,人口自然增长率5.76‰,出生人口政策符合率94.91%,出生人口性别比104.78。蝉联"全省计划生育一类先进县"称号,进入"全国计划生育优质服务县"行列。

社会保障　城镇新增就业2170人,转移农业富余劳动力6911人。扩大城镇职工、居民医保覆盖面,新型农村合作医疗参合率99%,报销医疗费4250万元;新型农村社会养老保险参保率90%。实施退养渔民、被征地农民和畜禽养殖户转产转业工作;建成经济适用房68套和廉租房220套,完成可湖、坂沙搬迁安置房主体工程,解决困难家庭和项目涉迁群众住房问题。开展食品药品安全专项整治。县慈善总会救助1101人次;在飞竹镇安后村建成全市首个慈善安居楼。

生态环境保护　建成城区生活污水处理厂二期工程,日污水处理能力提高到2万吨,实施"两溪一河"及城区部分下水道清淤改造和南溪南岸截污工程;基本完成城区垃圾无害化处理厂技改。完成造林绿化1.198万公顷,占任务的109.5%。

平安创建　深化"平安罗源"建设,加强治安综合整治,全县社会治安形势总体保持平稳。推行"保安巡逻+保险理赔"治安防范机制,城关地区沿街店面被盗案件大幅下降。实施县领导信访值班制度,开展为上访群众提供法律咨询和法律援助工作。开展安全生产检查整改工作;开展食品安全专项整治。

【港区建设】　全年货物吞吐量1300万吨,比增14%;海事码头基本建成,将军帽作业区15万吨码头进入桩基施工,开展宝钢德盛专用码头和碧里作业区6号泊位前期工作,完成深水航道一期疏浚工程。碧里至将军帽疏港公路、碧里油杭至濂澳公路建设和104国道水古至上楼段公路改建等工程完成投资2亿元。敖江径流取水工程动工建设,滩内水厂二期工程在建,完成城区江滨路、溪尾路供水管道改造工程。完成110千伏寿桥变电站增容、110千伏管柄变电站技改和35千伏斌溪变电站Ⅱ期扩建。开发区岐鹤路完成主体工程,岐鹤桥和松岐中路路基建设加快推进;金港工业区防洪排涝工程分步实施,完成下土港排洪渠建设、白水垦区海堤强化加固和滞洪区清淤,燕窝蛋水闸竣工运行。

碧里作业区5万吨泊位

表 52　　2011 年罗源县街道(乡镇)基本情况一览

街道(乡镇)	辖地面积(平方公里)	人口		社区(村)(个)	农林牧渔业总产值(万元)	规模以上工业总产值(万元)	财政总收入/财政总收入(万元)	财政总支出(万元)
		户数(户)	人口数(人)					
凤山镇	131.7	17055	53197	16	6483	63694	16910/11917	2271
白塔乡	71.0	4473	15232	15	16575	46685	3006/1143	938
松山镇	63.6	9780	36314	22	107869	6335	3538/2098	1666
起步镇	72.6	8373	28423	21	34541	30125	2012/750	965
洪洋乡	71.0	4069	13585	18	14804	51496	2166/803	662
中房镇	131.0	7252	23928	23	22803	12314	616/329	674
飞竹镇	120.8	4667	15981	18	19525	24044	1001/465	806
西兰乡	117.0	4180	13673	17	19198	125576	3664/1433	1016
霍口乡	190.5	5689	19064	24	29620	0	409/257	780
碧里乡	98.7	6808	23161	12	71573	0	2858/2155	1152
鉴江镇	66.6	3942	13354	9	32049	10716	835/457	596

注:数据来自罗源县统计局。

(尤　乾)

永泰县

【概况】　永泰县地处福州西南部,东邻闽侯、福清,西界德化、尤溪,南连莆田、仙游,北接闽清。区域面积 2241 平方公里。辖 9 个镇、12 个乡、254 个行政村、10 个社区。户籍人口 36.28 万人。县内有畲、傣、蒙、回等 12 个少数民族,人口 6000 多人。

全省重点林业县　有山地面积 18.14 万公顷,耕地面积 2.04 万公顷,林地面积 16.14 万公顷,森林覆盖率 76.8%;果树面积 1.67 万公顷,以李果、青梅、柿子、板栗、柑橘等为主,常年水果产量逾 8 万吨,其中李果种植面积、产量均居全国首位,素有“李果之乡”称誉,2001 年被国家林业局授予“中国李乡”和“全国经济林建设先进县”称号。“永泰芙蓉李”“永泰柿饼”获国家地理标志证明商标。

中国优秀旅游县　具有游览价值的景观 110 处,建成并对外营业景区 20 个,是全省十大旅游重点县之一。2008 年 1 月,永泰县获评“中国优秀旅游县”。青云山景区是“国家 AAAA 级旅游景区”和“国家重点风景名胜区”,也是“福州十大名片”之一。天门山为国家 AAAA 级旅游景区和全国农业旅游示范点,姬岩景区为省级重点风景名胜区。赤壁、天门山获评福建省首批四星级“乡村游”经营单位。名山室为全国重点文物保护单位,嵩口镇为中国历史文化名镇。

中国温泉之乡　全县 8 个乡镇都有温泉矿藏,发现温泉自露点 12 处,日流量为 2666.3 升/秒,经勘察评价全县地下热水日开采量可达 1.28 万吨。全县温泉储量占福州市的 18.4%,为福州各市县之首。2008 年 5 月获全省首个“中国温泉之乡”称号。

水电及矿产资源　水能理论蕴藏量 88 万千瓦,可开发水电装机容量 51 万千瓦,建成电站 116 座,装机 12 万千瓦,是全国农村第二批实现电气化县和“十五”期间全国水电农村电气化建设县之一。发现或初步探明储量的金属矿和非金属矿有金、银、钼、锌、紫砂土、高岭土等 10 多种。

2011 年,安排“五大战役”项目 51 项,开工 41 项,完成投资 52.27 亿元,占年计划的 98.1%。其中重点项目建设战役完成投资 45.1 亿元,占年计划的 102.9%;城市建设战役完成投资 3.61 亿元,占年计划的 88.7%;民生工程战役完成投资 1.83 亿元,占年计划的 87.1%;新增长区域战役完成投资 1.43 亿元,占年计划的 47.5%;小城镇改革发展战役完成投资 0.3 亿元,完成年计划任务。

【经济建设】　实现地区生产总值 85.6 亿元,比增 12%,三次产业结构为 33.4∶36.9∶29.7;财政总收入(不含基金)4.12 亿元,比增 28.1%,其中地方级财政收入(不含基金)2.8 亿元,比增 33.2%;农林牧渔业总产值 43.77 亿元,比增 5.2%;工业总产值 39.6 亿元,比增 16%,其中规模以上工业总产值 30.9 亿元,比增 17.1%;全社会固定资产投资(含铁路、高速公路)55.2 亿元,比增 19.6%,其中城镇固定资产投资 22.7 亿元,比增 72.8%,房地产开发投资 7.86 亿元,比增 11.4%;全社会消费品零售总额 27.2 亿元,比增 20.5%;城镇居民人均可支配收入 17847 元,比增 14%;农民人均纯收入 7338 元,比增 18.4%。

农业　开展粮食高产创建活动,启动种植水稻保险工作,全县参保面积 6666.67 公顷。实施农业部粮食高产创建项目,面积 672 公顷。引进 7 个水稻新品种,落实再生稻 2000 公顷、超级稻 4000 公顷。全年蔬菜种植面积 1.49 万公顷,产量 38.45 万吨;水果种植面积 1.43 万公顷,产量 8.87 万吨。芙蓉李种植被列入国家级农业标准化示范区建设项目。建立省级无公害茶园示范面积 420 公顷;引进武夷山桐木关的正山小种,在伏口乡紫山村建立生态茶园 20 公顷;茶叶实现绿茶、红茶、乌龙茶等多茶类生产。示范推广油茶新品种,新增油茶面积 800 公顷。投资 3883 万元完成水利水毁工程修复与冬春水利建设任务,除险加固 5 座小(二)型以上水库。

工业　完成金泰纺织技改项目,全县纺织产业规模增加到 50 万纱锭。冷制取山茶精油项目实验楼、成品仓库及灌装车间主体封顶;顺达食品有限公司 1 号楼封顶,2 号楼完成主体浇砼;福州艾瑞数码影像材料 3 号楼封顶;双隆捷特数码科技项目完成防洪堤建设,开始前期工作。海西(永泰)创意产业园开始征地拆迁,并编制控制性详细规划;海峡(永泰)影视基地列入省级文化重点项目;台口新兴产业园区完成初步设计。永泰抽水蓄能电站完成正常蓄水位、施工总布置图、实物指标调查细则审查、可探硐等前期工作。组建永富、闽峰、华荣等 3 家集团企业。建筑业完成建安产值 108 亿元,比增 23.6%;建安和房地产业入库税收 1.63 亿元,比增 28.9%。

服务业　实现服务业增加值 25.4 亿元,比增 12.1%。全县金融机构人民币存款余额 59.5 亿元,比增 19.9%;个人储蓄存款 38.8 亿元,比增 19%;各项贷款余额 28.6 亿元,比增 43.2%。青云山风景名胜区管委会正式挂牌运作。天门山成功创建国家 AAAA 级旅游景区。赤壁、天门山获评福建省首批四星级“乡村游”经营单位。永泰汤埕温泉旅游综合体、城南城市旅游综合体项目完成征地工作,开始土石方开挖及堤坝浇筑;云顶景区二期工程动工建设。盛亿温泉大酒店主楼已建 13 层;下林五星级酒店完成招拍挂,进入平面图设计;樱花泉、香米拉酒店主体工程基本完成。全年接待游客 209 万人次,创旅游产值 5.5 亿元,分别比增 24%、28%。

招商引资　签约外资项目 1 项,总投资 1500 万美元;实际利用外资 1113 万美元,比增 27.2%;新批合同外资 1500 万美元,比增 25.1%;出口总值 1790 万美元,比增 25.2%。内资到资 13.47 亿元,比增 142.8%。

市政建设　向莆铁路永泰段完成投资 14.75 亿元,占年计划投资的 113.5%;福永高速公路永泰段完成投资 10.06 亿元,占年计划投资的 72.6%;省道 203 线改造马洋大桥到界竹口公路砼路面铺设完成 4.84 公里,埔埕口至洑口公路改造砼路面铺设完成 56 公里;省道 202 线城关至莆田界段公路改造完成年计划投资的 80%。龙峰园到县政府段路面和立面景观改造、闽江下游(永泰段)防洪排涝工程基本完成,清凉溪清凉镇段防洪工程通过完工验收;滨江景观工程南湖公园广场、龙峰园已基本完成土方开挖。南、北江滨路部分基础工程开始动工;火车站站前大道土石方完成 84%,完成站前广场土石方。樟树坂大桥完成部分桥梁桩基、墩柱工程;刘岐大道进行土石方开挖;龙头大道进行污水管道施工。人民会堂主体工程封顶;大樟溪岸房地产项目(一期)开始基础施工;泗洲华庭部分主体施工完成过半;永福广场二期开始地下室土方开挖。刘岐大桥南侧拆迁安置房开始动建;樟城影院、刘岐立塘地块安置房完成年计划投资的 70%;樟树坂大桥东侧安置房完成招投标;高速路安置地建设 14 个有 6 个完成 90% 以上;立塘廉租房完成地上八层浇砼;南江滨廉租房动建。城区公交正式开通,重要路口设置“红绿灯”。赤锡乡赤锡村被列为福州市新农村建设综合示范精品村。

【社会事业】　科技教育　申报国家级引智项目和福州市区域重大科技项目各

9 月 16 日,省委常委、市委书记杨岳在永泰调研闽江下游永泰段防洪堤建设和景观改造工程。

1项;汇合茶业等4个科技项目列入省、市科技计划。永泰二中、三中通过省二级达标校市级评估验收;永泰职业中专学校与永泰城乡建设职业中专学校完成整合。依托福建广播电视大学永泰工作站成立永泰县社区学院。3~5周岁幼儿在园数6506人,入园率86.33%,学前一年入园率96.2%;小学适龄儿童入学率100%,三类残疾儿童入学率95.5%;初中适龄人口入学率98.2%,毛入学率105.1%,年保留率98.5%,年辍学率2.6%;普通高中在校生5918人,高中阶段教育毛入学率87.5%;2011年高考各批次上线率均超过全省各批次招生计划录取率。实验小学新校区完成主体工程并进入装修。安排校安工程重建项目15个,其中4个项目竣工、2个项目封顶、6个项目主体在建。动建新实验幼儿园和东门幼儿园。建成6所"乡村少年宫"示范学校,葛岭中心小学为中央专项彩票公益金支持的"乡村学校少年宫"项目首批资助学校。2011年初中应用物理知识竞赛、数学竞赛及初高中化学竞赛获全国二等奖1人、省级奖项3人、市级奖项22人。1人被授予"全国教育系统关心下一代工作先进工作者"称号。

文化卫生体育　建成3个省级综合文化站、89个村级农家书屋;配合市文化局开展"文艺大篷车"文化三下乡活动,广场文化活动由城关走向乡镇;《日落日出》由作家出版社出版。县医院门诊综合楼主体已建至三层;启动138个村卫生所改造工程及县卫生监督所业务用房建设。基层医疗卫生机构全部实施基本药物零差率销售,并实行"三核一补"财务管理办法。城乡居民健康档案规范化电子建档率达60.7%。为100例贫困白内障患者免费开展复明手术。成立永泰县慢性病诊疗技术推广基地。推进村级篮球场等农村文体设施建设。举办县第16届运动会。县青少年体育活动中心完成主体工程并进入装修。建成56个村级篮球场、17条健身路径。组队参加市第六届农民运动会,参加全国"武术之乡"武术比赛,获3金1银4铜。永泰籍运动员姚金男在2011年体操世界杯德国站(B级赛)比赛获高低杠、平衡木、自由操3枚金牌,多哈站(B级赛)获自由操冠军,东京体操世界锦标赛获1银、2铜。

计划生育　全年出生人口3811人,人口出生率10.19‰,人口自然增长率为4.45‰,出生人口政策符合率91.55%,出生人口性别比为104.34。县财政投入计生经费1511.57万元,人均39.78元。投入近30万元重新装修县计生服务站,投入近80万元购买免费孕前优生健康检查相关仪器设备。成功创建省级计生优质服务先进县。实现与全国流动人口服务管理工作平台对接,流动人口各种免费服务率达85%以上。开展打击"两非"专项整治行动,查处"两非"案件3例。3月3日,在上海市闵行区梅陇镇设立全省首个驻沪计划生育工作站——永泰梧桐镇驻沪流动人口计生工作站。

社会保障　城镇新增就业2630人,城镇登记失业率控制在1.98%;实现城镇下岗失业人员再就业125人,其中城镇就业困难人员再就业58人;转移农村富余劳动力7452人,完成农业富余劳动力转移就业培训1600人。开展妇女创业就业小额贷款贴息补助。组织零就业家庭成员培训30户,实现农村贫困户"一户一就业"35人。参加企业职工基本养老保险1.06万人,城镇职工基本医疗保险2.04万人,城镇居民基本医疗保险3.97万人,机关、事业单位养老保险6692人,农村社会养老保险1.13万人。征收失业保险金413万元。实施新型农村社会养老保险制度,全县参保登记13.62万人。提高城市居民低保标准、新农合补偿标准,新农合参合率99.1%。第3期廉租房48套竣工交付使用;公共租赁房企业投资部分180套全面竣工,政府投资部分40套进入装修。保障性安居工程项目全部开工。

生态环境保护　《永泰国家级生态县建设规划》于9月通过县人大会议审查。17个乡镇编制乡镇环境保护规划。完成8个国家级生态乡镇、9个省级生态乡镇、15个省级生态村和140个市级生态村的创建工作。完成2010年农村环境连片整治示范项目,并通过市环保局验收。大樟溪流域水环境整治5项重点项目按计划推进,完成9个乡镇集中饮用水源保护区区划编制并通过专家评审。21个乡镇成立环境保护工作站。自然保护区面积达全县国土面积的11.6%;推进城乡绿化一体化建设,完成造林绿化1.09万公顷。城区空气污染指数(API)均值为41,空气质量优良率100%,达到国家一级标准,县域内未出现酸雨;城区及乡镇饮用水源水质达标率100%;生活垃圾清运率100%。

平安创建　12月,获评全省首批"平安先行县"。探索在社区实行以小区为单位的"网格化"管理模式,4个村居被命名为省级以上民主法治示范村(社区)。与中国电信福州公司签订总投资超过2亿元的"数字永泰—智慧城市"信息化战略协议。投资20多万元安装流动人口综合信息服务管理平台,推进乡镇流动人口"一站式"建设。在金泰纺织有限公司设立首个非公调解组织。为社区矫正对象免费发放天翼手机;组建县医患纠纷调委会和第三方调处中心;在全市率先成立人民调解中心。社会治安满意率始终保持95%以上,列全市第四名。

【景观整治及夜景改造工程完工】　完成城区主干道、沿街建筑物立面整治和夜景灯光工程,整修城区公园,工程总投资1.26亿元。一是龙峰园至县府路道路改造,投资3500万元,铺设沥青路面3.28万平方米、人行道30000平方米、雨污管网3400米、电力管道4500米、通信管道2650米、路灯142盏、路沿石1.05万米,并在城关中学道路交叉口和安华大厦道路交叉口安装交通红绿灯。二是沿街立面改造,投资2760万元,改造沿街立面86幢、立面面积8.76万平方米、店面844间。三是夜景灯光工程,投资876万元,在沿街建筑安装点光源4005盏、护栏管3.84万盏、各种投光源674盏。四是公园改造,项目总用地面积约8万平方米,总投资3000万元,结合闽江下游永泰段城区防洪改造,将南湖段防洪堤和南湖公园改造为新南湖公园;将龙峰园防洪堤和龙峰园公园改造为新龙峰园公园。

【整合永泰城乡建设职业中专学校】
2011年秋季,永泰职业中专学校和永泰城乡建设职业中专学校实现资源整合,合并为永泰城乡建设职业中专学校。整合后的学校设建筑类、财经类、信息技术类、医学类、旅游服务类、机械电子类等七大类13个专业,2011年秋季完成招生1316人,在校生2547人。

【“科技强警县”通过验收】 6月,“科技强警县”创建工作通过省级考核验收。2008年以来,投入科技强警经费1900多万元,完成公安三级网、四级网带宽升级,建设公安办公自动化(OA)系统,平均百名民警拥有入网计算机113台,公安350兆无线通信基站增加至3处,城区公安无线通信覆盖率100%。开通视频会议系统、网上警务室。投入50多万元建设葛岭台口大桥路段治安卡口。投入405.3万元添置消防车辆器材装备。完成网吧“过滤王”系统建设。全县建成77个“全球眼”监控探头。完成全县13家重点单位重要部位视频监控159个。“110”指挥中心建成“三台合一”接处警系统、城市报警与视频监控系统、无线通信系统、校园治安视频监控系统、警务视频监督系统、全省公安三级视频指挥系统等。全面启用全省执法办案系统、工作执法网上考核系统。开通使用全市维稳工作系统。投入2300万元,完成看守所、拘留所和武警中队营房搬迁。

表53　**2011年永泰县街道(乡镇)基本情况一览**

街道(乡镇)	辖地面积(平方公里)	人口		社区(村)(个)	农林牧渔业总产值(万元)	工业总产值(万元)	财政总收入(万元)	财政总支出(万元)
		户数(户)	人口数(人)					
塘前乡	88.28	1544	4583	6	9736	34649	238.55	219.76
葛岭镇	255.74	4981	16765	16	34835	7503	271.56	345.32
樟城镇	4.75	11987	33688	7	1937	1597	—	357.04
城峰镇	78.52	8248	25681	16	18536	103331	—	385.18
清凉镇	102.75	3445	11588	12	39836	7016	72.64	478.66
富泉乡	63.82	2065	6839	9	11055	3045	46.94	277.46
岭路乡	114.84	2202	7951	10	15388	1185	311.46	390.28
赤锡乡	100.51	4352	15589	15	16087	9184	134.17	322.05
梧桐镇	171.9	11129	37977	22	33038	8896	229.68	510.77
嵩口镇	246.8	9864	31373	21	33586	4695	45.91	692.99
伏口乡	133.03	3840	12837	10	12972	4398	70.81	362.46
盖洋乡	112.74	2821	9087	10	13568	1185	9.71	255.69
长庆镇	165.24	7732	23830	15	28839	23599	112.37	341.44
东洋乡	49.65	2763	8480	10	11632	3045	179.31	305.59
霞拔乡	63.1	5205	16800	11	12786	1976	22.15	345.8
同安镇	143.26	9378	30659	23	25438	7748	40.87	500.55
大洋镇	109.16	9506	33097	18	23656	9545	92.2	407.76
盘谷乡	30.56	3077	10141	6	11936	5569	191.7	335.46
红星乡	46.23	2834	8665	8	13509	3177	420.92	291.87
白云乡	104.4	4189	13344	13	25983	2592	144.41	362.66
丹云乡	57.15	1188	3848	6	12096	1610	19.9	206.55

注:数据来自永泰县统计局。

(陈文琳)

(编辑　黄　铭)

市委市政府重点调研课题(选编)

编　者　按

2011年,中共福州市委、市政府年度重点调研课题共28篇,本栏目选编17篇有大量社会调查数据等存史资料的重点调研报告。主要从全面、客观、真实记录福州市2011年社会各行业、各部门工作的角度出发,着重挑选本书已有栏目不能较好覆盖的社会化行业的课题内容,编写过程坚持"浓缩精华、过滤一般、保存史实",主要摘录"现状"及"存在的问题"等"已然"内容,对"对策建议""未然"内容不录。

进一步加强高层次人才队伍建设的研究

市委组织部课题组

一、高层次人才工作现状

2011年,全市高层次人才队伍的总数达4万余人,中央"千人计划"5人,政府特殊津贴专家107人,"新世纪百千万人才工程"省级人选19人,福州市首届优秀人才134人,福建省软件杰出人才21人。全市有11人和7个团队入选福建省引进高层次创业创新人才(团队),19人和2个团队入选"福州市第一批引进高层次优秀人才(团队)"。福州籍中国科学院、工程院院士(含原中科院学部委员)累计达69人,在榕工作的两院院士6人。

1. 编制规划,强化服务,不断优化高层次人才工作环境。

一是编制人才规划。编制《福州市中长期人才发展规划纲要(2010~2020年)》及《任务分工方案》,将"高层次人才培养工程""海内外优秀人才集聚工程"等作为未来十年推进福州人才高地建设的重点工程,加强对高层次人才工作的宏观指导和统筹协调。二是强化贴心服务。对引进的高层次人才,实行"一对一""保姆式""全过程服务",对入选中央"千人计划"人才、福建省引进高层次创业创新人才及团队、福州市引进高层次优秀人才及团队和福州市首届优秀人才进行帮扶,重点帮助解决生活和工作中的困难。对带项目、带资金、带技术的海内外各类高层次人才及团队,委派专人负责,做好全程跟踪服务。2011年上半年,为12名引进的高层次创业创新人才(团队)办理二级医疗保健,使他们在福州更加安身、安心、安业。三是营造宣传氛围。运用报纸、电视、网络等宣传阵地,宣传福州市人才发展的战略目标、指导方针、总体部署和重大举措。同时,宣传人才强市建设、优秀人才典型事迹和人才工作先进经验。在《福州日报》、福州电视台等市属新闻媒体开设专栏,宣传市首届优秀人才、福建省引进的高层次创业创新人才及创新团队和福建省软件杰出人才的先进事迹,营造尊重劳动、尊重知识、尊重人才、尊重创造的社会氛围。

2. 引育结合,创新举措,广纳海内外高层次人才。

围绕全市支柱产业、重点行业、重点企业的人才需求,引进经济社会发展所需的各类高层次人才。同时,注意盘活本土人才"存量"。

一是拓宽引才渠道。通过发布人才招聘信息,贴近高新企业对海内外高层次人才的需求情况,向海内外招聘一批能突破关键技术、发展高新产业、带动新兴学科的高层次人才。2011年4月,联合其他4个设区市举办闽东北5市高层次人才招聘会,150多家福州企事业单位招收具有硕士研究生以上学历或副高以上职称的高层次人才188人。5名高层次人才与用人单位现场签约,60多名达成初步意向。2011年"6·18"期间,促成22名来自美、英、法的生物医药博士与福州市生物医药单位达成初步合作协议。

二是制定柔性引才政策。坚持"以我为主、按需引进、突出重点、讲求实效"的方针,采用灵活务实的柔性流动政策,引进一批高层次人才。吸引2006年诺贝尔经济学奖获得者、美国经济学家埃德蒙德·菲尔普斯教授、俄罗斯科学院院士、欧洲科学院院士、俄罗斯著名化学家尤里·亚列山德罗教授,我国部分"两院"院士及著名经济学家曹凤岐、樊纲等一批高层次人才和急需人才到榕工作。

三是实施项目带动引才。实行人才与项目对接、与产业互动,为高层次人才搭建创业平台,引进海外高层次人才。如:围绕福州加快发展方式转变和经济结构战略性调整,通过国家外专局立项资助,执行涉及农业、工业、城建、环保等领域80多个引智项目,引进海内外高层次人才100多人次到榕服务,助推福州市现代农业、高新技术产业和节能减排、新能源产业发展。

四是搭建柔性聚才平台。鼓励企业博士后科研工作站,对设站的企业给予30万元建站资助,对每名在站博士后研究人员,每年发放5万元生活津贴,并提供博士后公寓,取得重大贡献并留在福州工作的博士后,还可购买面积150平方米的限价房。至年底,全市有9家博士后科研工作站,13家企业可独立开展博士后工作,在站博士后14人。出台《福州市促进院士(专家)工作站建设的若干规定》,对每个设院士工作站企业给予30万元建站资助,设专家工作站的给予15万元资助。至年底,福州市建立14家院士工作站、20家专家工作站,发放建站资助经费540万元。一批进站院士(专家)及其研发团队在福州市开展60个科技项目研发攻关,预计可新增产值25亿元,实现利税5.8亿元。

五是培育本土人才。成立研究生培训服务工作总站,先后与12所国内外著名高校合作,以项目开发和人才培养相结合的方式办学,培养电子与通信、计算机技术等专业的高端人才1500多人。同时,利用国外友好城市、社会团体以及国家外专局等渠道,每年选派高层次优秀专业技术人才、党政领导干部、企业经营管理者到境外研修、培训。2011年7月,组织城市规划、建设和城市管理部门相关人员24人赴新加坡进行为期30天的短期专题培训,提高城市经营管理水平。

3. 以用为本、搭建平台,激发高层次人才创造活力。

一是对接平台建设。发挥省会城市高等院校、科研院所的科研实力,与在榕高校、科研院所对接合作,成立"福州市与在榕高校、科研院所合作工作协调小组"及其办公室。统筹协调在榕高校院所和部分企业、科技园区之间对接合作工作,探索建立顺畅的信息沟通渠道和常态化的合作机制。同时,依托福州新闻网建立"福州市科技成果对接网站",实行网站会员制,吸引高校院所、院士专家和各类企业在网站上发布信息、寻求合作。网站自2009年4月建立之后,注册登记院士专家会员2021人、高校院所和企业会员312家。筛选并发布可转让成果项目信息1746项,共享科研、生产设备信息484项,企业技术及人才需求信息624项。通过搭建对接合作平台,促成246项院士专家项目、科研成果成功对接,产值将达40多亿元。二是加强科技平台建设。围绕福州市支柱产业、重点产业集群,组建模具、陶瓷、生物医药、软件等30家行业技术创新中心,覆盖福州市近70%的重点行业。行业技术创新中心依托高校、科研院所和企业等社会各界力量,与北京大学、上海交通大学、厦门大学、福州大学、台南科技大学、韩国中央大学等高校科研院所建立合作关系,集聚一批高素质的行业技术带头人和技术骨干,向企业提供技术开发、技术咨询、市场信息和产品检测等服务。全市有国家级工程实验室1个,省级工程实验室8个;国家级重点实验室1个,省部共建重点实验室1个、省级重点实验室24个;国家级企业技术中心3个,省级企业技术中心48个。同时,加强科技企业孵化器建设。至年底,福州市建有5个科技企业孵化器,孵化总面积19万平方米,入孵企业483家,其中福州市高新技术产业创业服务中心等3个科技孵化器是国家级创业中心。三是创建留学人员创业园。依托海西高新技术产业园创业大厦,筹划设立面积约1.6万平方米的福州市留学人员创业园。福州市出台《福州市关于进一步鼓励和支持留学人员来榕创业的若干意见》,在资金扶持、住房保障配偶及未成年子女落户、子女入托、入中小学义务教育阶段等方面为高层次留学人才到榕创业创新提供政策保障。在电子信息技术等12个重点领域,留学人员新创办企业入驻福州市留学人员创业园,可获100平方米经营场地,并在2年内免交租金,第三年也只要按市场价的50%缴纳租金;在创业园外租用各类生产、科研用房的也可在一定年限内获得租金补贴。

4. 充分发挥对台区位优势,推动榕台人才交流合作。

一是依托产业促进人才合作。吸引一批大型台资企业及数百家中小配套企业落户福州,形成台湾大型企业产业集群。至年底台湾到榕交流人员累计近300万人次,创办台资企业1980多家,在榕创业就业的台湾各界人才近3000人,在榕的5所高校获得招收台湾地区学生的资格,多所院校选派学生赴台进行交流和选修课程。福州职业技术学院作为福建省首批闽台合作高职院校,于2011年8月首批派出应用电子技术等5个专业91名高职生赴台进行一个学期的学习,探索建立"厂中校"实训基地,与台湾实施"校校企"联合培养人才,实行"2+1"办学模式。二是构筑平台促人才合作。依托中国科协青年科学家福州活动基地,开展对台民间科技双向交流与合作,与台湾海峡两岸学术文化交流协会等17个民间科研机构、台湾大学等22所高校的150多名专家学者建立联系。利用"5·18"海交会、"6·18"项交会、"两岸农业合作论坛""海峡(福州)渔业周"等活动平台,促进榕台人才在经贸、工业、农业、渔业、服务业等方面的交流合作。比如,超大现代农业集团与福建农林大学合作成立"台湾农民创业园科技服务中心";台湾中国科技大学与网龙公司达成协议,每年派遣一批大学生到网龙公司进行暑期实践活动。三是拓宽渠道促人才合作。探索建立榕台区域科技人才互联网,鼓励人才流通自由,致力于产业界的专业人才培训、派遣与引进。巩固闽江学院与台湾"中国文化大学"、台湾实践大学合作成立闽江学院海峡学院的成果,聘用台湾优秀师资直接参与核心专业课程的教学工作,组织学生、教师和管理人员赴台参加职业技能培训学习,深化在榕高校与台湾高校进行的第一个本科层次"分段对接"联合培养人才项目。2010年7月,福州市皮肤病院录用台籍硕士毕业生陈柏叡,首开全国事业单位录用台籍高校毕业生先河。福州市软件园推出管委会副主任职位,作为首批选聘台湾专才职位之一,吸引5名台湾专才报名竞聘,经资格审查、面试及实地考察、政治背景核查等程序,前进国际股份有限公司总经理特别助理王朝隆成功获聘,聘期两年。同时,福州软件园管委会还在新竹设立驻台办事处,对接新竹科技园区和台北电脑公会。2011年3月,福州市组团赴香港、澳门开展人才、智力、项目和技术对接与合作,促进榕港澳三地人才优势互补和资源共享。

二、存在的问题及原因

一是对人才资源是第一资源的认识有待提高。社会上往往比较重视物质资源、环境资源、资金资源以及其他资源开发,轻视人才资源开发。比较重视产业结构、区域结构、需求结构、贸易结构以及其他结构调整,轻视人才结构调整。比较重视各个领域、行业、项目中的物质投入,轻视人才投入。比较重视一般管理创新、工作创新、政策创新、制度创新,轻视人才制度创新。这些都制约了各类人才作用的发挥,迫切要求更新观念,把人才资源是第一资源的理念贯穿到具体实际工作中去。二是在人才资源配置上,政府和市场的作用还不够平衡。在市场经济条件下,对人才资源流动的调节起基础性作用的毫无疑问是市场,但是过多依赖市场调节,受各种利益的驱使,势必会造成人才流动的无序混乱和人才资源浪费,这就需要政府进行调节干预。三是人才的服务管理水平还有待提高。由于受行业竞争的影响,一些非公企业不愿意过多地对外披露企业人才现状,尤其是高层次人才的情况和有关企业人员配备、用工情况及高层次人才需求等信息,这在一定程度上加大高层次人才管理服务工作的难度。四是人才发展的体制机制障碍尚未消除。在激励机制方面,福州市工资收入水平整体偏低,许多企业级酬挂钩的分配制度不够清晰。在培养机制方面,缺乏长远培养规划的培养措施,人才的培养与社会的现实需求存在较大差距。如:高校专业课程设置的教科书内容,严重滞后于产业发展的技术需求,据业内估计脱节滞后约7年。在评价机制方面,以能力和业绩为导向的人才评价机制还未真正建立起来。比如,以游戏软件开发为主的企业,其核心技术骨干虽是稚气未脱的少年,但却是企业的高层次研发人才,按照传统的人才评价机制,是不可能纳入高层次人才队伍的。

福州市县域经济发展状况及对策的研究

市委政研室、市发改委课题组

一、福州县域经济发展的现状

到2010年末,福州市辖6个县及2个县级市。从各县分布看,东部沿海有县(市)5个,西部3个。其中,福清市、长乐市、闽侯县是全省经济较发达县(市);连江县、罗源县、闽清县、平潭县是全省中等发展水平县(市);永泰县是全省一般发展水平县。2010年底,县域总人口为457.3万人,占全市的70.8%,土地面积占全市的89.8%。县域作为国民经济的基础单位,在全市经济发展中发挥着积极作用。

1. *县域经济是福州经济发展的重要支撑*。2010年,福州2市6县经济总量约占全市经济总量的50.5%,规模以上工业总产值约占全市的63.7%,地方财政收入占全市的35%,全社会固定资产投资完成额占全市的44%。县域实际利用外资金额4.14亿美元,占全市的35%。

2. *特色经济比较突出*。福州市几乎每个县(市)都有一批特色产业,如福清的电子、塑胶,长乐的纺织、钢铁,闽侯的汽车、工艺,连江的水产及水产品加工,罗源的冶金和加工业,闽清的建陶、电瓷,永泰的生态休闲旅游业等。全市各县(市)围绕特色经济发展涌现出一大批专业村、专业镇和专业小区,成为县域经济快速发展的龙头,促进了区域经济规模效益的提高。

3. *民营经济成为推动县域经济发展的最具生机与活力的力量*。2010年,福州2市6县的民营经济上缴税收占财政收入的比重超过60%。民营经济已成为县域经济的重要组成部分,是财政收入的主体和吸纳就业的主渠道,同时也是农民增收的重要来源。

4. *县域生产力布局由分散向集中转变,集聚效应凸现*。一是小城镇建设步伐加快,荆溪、青口、龙田等一批经济强镇迅速崛起,城镇化水平明显提高;二是县域支柱产业和骨干企业快速成长,成为县域经济的重要支撑;三是工业园区、专业村、专业镇、专业小区快速发展,成为县域经济的龙头,区域经济规模效益明显提高。

5. *城镇面貌发生深刻变化*。基础设施建设不断加强,以高速铁路、高速公路、港口为重点的对外连接通道日臻完善。温福、福厦铁路、渔平高速和平潭海峡大桥建成通车,向莆铁路、合福铁路、江阴港、可门港、罗源湾北岸铁路支线加快建设,依托高速公路,基本形成以中心城区为中心的"一小时经济圈"。

二、福州县域经济存在的问题

1. *经济发展差距过大*。受自然资源、经济发展基础等诸多因素的影响,县域经济发展水平参差不齐,不平衡性问题突出。从2010年统计数字看,人均GDP过4万元的县(市)有2个,低于4万元超过3万元的有4个,低于3万元的有1个,最高的49962元,最低的只有29160元,高低相差1.71倍;县(市)地方财政收入过10亿元的有3个,接近10亿元的有1个,低于5亿元的有3个,最高的达25.41亿元,与最低的相差12倍。农民人均纯收入最高的与最低的相差1.63倍。县域经济发展不平衡的矛盾在城市化、基础设施建设、社会事业发展等方面均有存在,且差距不断扩大。

2. *产业结构升级缓慢*。除了福清、长乐部分县(市)外,目前大多数县(市)第一产业所占比重仍然过大。第一产业增加值占GDP比重高出全市水平19.3个百分点,第二产业增加值占GDP的比重比全市水平低3.1个百分点,第三产业占GDP的比重比全市水平低16.2个百分点。这种结构特点决定整体县域经济受自然灾害影响大、经济比较效益小的现状。

3. *财力严重不足*。从各县财政情况看,除福清、长乐、闽侯经济发达县(市)外,永泰、闽清是典型的"吃饭"财政,县域财政只能在低水平、低层次上运转。同时,由于乡镇企业和民营经济发展比较缓慢,尤其是停收农业税后,一些乡镇财政已形同虚设,只能靠财政转移支付过日子。从金融机构信贷情况看,在发展县域经济过程中,资金来源渠道不畅,资金短缺且较为分散,特别是国家宏观政策收紧,对以中小企业为主体的县域经济影响巨大。县级银行普遍没有信贷权,加之县域企业贷款担保难,县域企业尤其是中小企业很难得到银行的信贷支持。农村信用社虽然在满足农户小额贷款需求方面发挥重要作用,但由于资本金不足等原因,无法满足县域中小企业的贷款需求。

4. 小城镇建设相对滞后。尽管近年来省、市出台加快小城镇建设的一些政策,但由于没有小城镇建设的专项资金投入,县(市)除了能够对本县城加大投入外,对其他小城镇根本没有专项资金投入,致使小城镇建设严重滞后于经济发展,没能发挥出应有的辐射和带动作用。

5. 土地管理利用问题日益突出。一方面,由于土地利用总体规划滞后,建设用地供给指标不足,制约工业化和城镇化进程;另一方面,由于集体建设用地管理不规范,造成土地资源的闲置浪费,有的不尊重群众意愿,强行搞农户承包地使用权流转,损害农民利益。

(课题组成员:潘佳　林津　朱红艳　沈秋贵　林徐峰　执笔:朱红艳)

加强我市重点建设项目投融资工作的对策和建议

市重点办、市政府发展研究中心课题组

一、福州市重点建设项目投融资工作的现状分析

“十二五”时期是福州市科学发展、跨越发展和建设福州大都市的关键时期,加快重点项目建设,完善城市道路桥梁、供水供气、污水和垃圾处理、内河整治等基础设施的任务十分繁重,而这些城市基础设施项目建设周期长、资金需求规模大、融资要求高,合理运用市场化投融资手段,调动各类投资主体的积极性,为重点项目建设提供有效融资保障。2010 年,福州市出台《福州市政府投资项目 BT 融资管理办法》,推动项目 BT 融资运作。福州市重点项目完成投资 928.6 亿元,约占全社会固定资产投资额的 40%,比 2009 年重点项目完成投资量增加 366.9 亿元,增长 65.3%,超过 2006 ~ 2008 年 3 年重点项目完成投资量总和,有 99 项铁路、高速公路、工业、能源、商贸和社会事业等重点项目建成投产。2011 年,全市重点项目预计完成投资超过 1100 亿元,竣工项目预计超过 100 项,均创历年最佳水平。

尽管全市重点项目建设保持持续稳定的发展态势,但要看到“十二五”期间,全市全社会固定资产投资总量预计达到 1.35 万亿元,其中重点项目完成投资总量约 4500 亿元。根据 2011 年重点项目年度计划投资 1032 亿元约需融资 550 亿元(各级政府和政府融资平台约需融资 255 亿元)的比例,“十二五”期间重点项目约需融资 2400 亿元,其中,2012 ~ 2015 年约需融资 1835 亿元(各级政府和政府融资平台约需融资 830 亿),融资压力巨大。而且,从重点项目建设投融资工作角度来看,存在以下几个问题:

(一)从融资主体来看,政府投资仍占较大比重

近年来,福州市城市基础设施建设绝大部分靠政府财政投入。如 2010 年市级重点项目中的城市基础设施项目(含铁路、公路、高速公路、市政道路、环保、供水、供电、供气等项目)完成投资约 340 亿元,其中政府投资(含政府融资平台投资)约 305 亿元,占 90%;民营及非福州市属的国有企业投资约 35 亿元,主要投向污水、垃圾处理、LNG 液化天然气、主干电网及部分铁路支线项目,仅占 10%。虽然在投资额度上有所增长,投资结构也有所改善,但仍然停留在以政府财政投入为主的基础设施建设投融资模式层面上。

(二)从融资渠道来看,多元化投融资渠道仍然不畅

一是融资渠道和融资手段单一,造成各种项目对政府投资和银行贷款的需求持续高涨。2011 年央行 6 次提高存款准备金率,金融机构的放贷规模大幅缩减,新项目贷不到款,已落实贷款放不出来的现象有所加剧,导致福州市部分项目出现资金紧张问题。如一批高速公路项目因建设资金未落实无法动建;福永高速公路因为银行贷款不到位,材料款欠款严重,造成部分停工;连江可门港铁路支线项目银行贷款额度被压缩,铁路公司资金断链,严重影响工程建设和拆迁扫尾工作等。二是市场的主体作用和民间资本的聚集作用没有得到充分的挖掘和利用。特别是福州民间资本实力雄厚和融资能力强的优势得不到体现,政策层面对民间资本已无障碍,但进入项目操作层面时的隐性门槛仍然较高。总体上,目前福州市项目融资运作水平较低,缺乏市场化的融资和运作机制。在投资项目的决策、建设、运营等方面的机制也不够活,项目的法人责任制、投资成本控制以及约束机制等都还有待加强。发达国家和地区大量将民间、社会、企业资金引入基础设施建设领域,并通过建立风险管理机制,协调各方利益,使项目得以顺利实施和运营的成功经验和融资模式,值得学习和借鉴。

(三)从融资模式来看,市场化投融资模式还不活跃

创新城市基础设施建设投融资模式,将经营性领域的投资向社会资本开放,让各种资本参与投资兴建城市经营性基础设施,这是许多先进发达地区在实践中总结出的成功经验。但是,目前这种机制创新在福州基础设施建设领域还不够活跃。许多新型融资方式如以“产品支付”为基础的融资模式、以“杠杆租赁”为基础的融资模式、TOT 项目融资模式、PPP 项目融资模式等还缺乏使其落地生根的政策支持与实践。

(四)从融资体制上看,各方面还需要理顺关系

当前,福州市投融资平台刚组建时间不长,定位不够清晰,资产规模较小,造成企业自身造血能力不足,限制市场化融资能力的提高,企业投融资主体的地位尚未真正确立。因此,福州市政府项目融资工作主要是在市政府领导下,由市财政局、土地中心以及几个融资平台分别负责,项目公司往往不

负责融资工作,融资主体又不负责项目运作。在项目公司和融资主体分离的模式下,缺乏一个机构根据项目进展程度和还本付息需要,统筹考虑政府项目统一融资,造成有些项目资金到位快于工程进展程度,资金闲置、浪费严重;有些项目则陷入资金紧缺的境地,项目进展受到阻碍,资金利用效率无法提高。同时,市政府授权国资委对投融资平台履行出资人职责,但由于行政管理体制改革的滞后,阻碍国资委出资人职责的全面履行,政府对企业国有资产的监督管理仍主要采取行政命令的方式,一定程度制约投融资平台的发展。

二、上海、重庆等城市投融资工作的做法和经验

城市基础设施重点建设项目融资模式主要有:资源融资、权益融资、债务融资和项目融资4种类型。其中项目融资是以项目未来的净现金流量和项目自身的资产作为偿还贷款的保证,以项目导向、有限追索、风险分担为主要特点的现代市场化融资模式,包括:BOT("建设—经营—转让")、BT("建造—移交")、TOT("移交—经营—移交")、PFI("私人主动融资")ABS("资产证券化")、PPP("公共部门与私人企业合作")等模式。改革开放以来,特别是进入新世纪以来,中国投融资体制改革不断深化,鼓励创新投融资方式,上海、重庆等先进城市在城市基础设施投融资领域大胆改革,不断创新投融资方式,推进投融资市场化进程,积累了许多经验。

(一)上海市投融资工作经验

上海在投融资方面一直走在前列,已形成"政府引导、社会参与、市场运作"的社会投资增长机制。在融资模式的市场化方面,实行多种方式:一是有期限有偿转让市政设施部分专营权,利用BOT、TOT等方式,盘活存量资产。上世纪90年代中期,将南浦、杨浦、徐浦3座大桥和沪嘉公路、打浦路隧道20年的专营权以及延安东路隧道30年的专营权转让给香港中信泰富集团,盘活城市基础设施的存量,实现资金的有效滚动使用。2002年3月,城投公司将拥有的沪杭高速公路上海段99.35%的股权,以32.07亿元出让给福禧投资控股有限公司,民间资本首次大举进入大型基础设施存量领域。二是充分利用资本市场,大力发展直接融资。大力推进以上市公司为重点的资产重组和资本运作,如将已建成的能源、地铁、水厂等项目包装上市或"借壳"上市,从国内资本市场上融资。发挥旗舰上市公司上海实业平台作用,在融资建设市政设施方面走出一条新路子,并推出"上海概念",成为连接国内优质资产和香港资本市场进行城市基础设施建设的桥梁。上海城投公司利用其旗下的三家公司上市及发行企业债券致力于扩大直接融资,加快浦东、浦西的高架道路建设。三是发行信托产品,为市政项目筹集资金。2002年,上海爱建信托投资公司推出国内首个资金信托产品——总规模5.5亿元的"上海外环隧道项目资金信托计划",为市政建设筹集资金,也为民间投资者提供投资渠道。

同时,上海市在城建管理体制、运营模式等方面也进行全方位改革:一是改变城市建设方面财政拨付体制,变一级预算单位的统收统支为归口使用包干,促进归口部门的改革积极性。二是改革垄断行业,打破自来水、煤气等自然垄断行业的垄断。如自来水按地域一分为四,组建4家公司,同时将企业内部的制水、管网、销售等各个环节分开,实行竞争。三是改变政府资金投入方式,所有建设项目都以项目公司的方式,实行市场化运作。对轨道交通实行投资、建设、运营、监管"四分开",将竞争机制引入各个环节,这一举措加快轨道交通的建设步伐。

(二)重庆市投融资工作经验

2002年以来,重庆市着力打造八大投资集团(即"1+7"的格局,1家地方金控集团,负责处置不良资产、金融控股、土地储备、参股国企;其他7家则分别负责高速公路、城建、旅游、城市交通、一体化供排水服务等),形成政府主导、市场运作、社会参与的多元投资格局。为了充实"八大投"投融资平台资本金,重庆采取"五大注入"措施:一是国债注入。把分散到全市各区县200多亿元的几百个国债项目的资金所有权统一收上来,并按项目性质归口注入相应的投资集团。二是规费注入。将路桥费、养路费、部分城市维护费等作为财政专项分别归口注入投资集团。三是土地集团收益权注入。重庆市政府赋予部分投资集团土地储备功能,并将土地增值部分作为对投资集团的资本金注入。四是存量资产注入。将重庆市过去几十年形成的200亿元存量资产,比如路桥、隧道、水厂等,划拨给相应的投资集团,从而成为投资集团的固定资产。五是税收返还。通过对基础设施、公共设施投资实施施工营业税等方面的税收优惠,将其作为资本金返还给投资集团。"五大注入"总体上给"八大投"注入资本金1500亿元,在短时间之内"八大投"的实力迅速壮大,至2009年已全部跨入资产100亿集团行列,其中重庆高速公路集团有限公司总资产已达960亿元。

"重庆模式"的资本运作核心是整合集中政府资源、充分将存量资金资产资本化,利用国有土地杠杆撬动,向银行和市场借钱投入基础建设和老国企改造。一是强化融资平台。在其组建政府投融资平台时,对八大平台的"五大注入",提升投融资平台的信用等级,并通过提供资本以及间接政策性援助,以增加投资公司的经营收入,使其具有自我造血功能。二是用好土地储备和出让。在土地利用上,重庆构建两个循环系统:"储地—融资—建设"循环,保证城市基础设施建设投资;"储地—整治—出让"循环,保证投资公司自身投融资能力。三是整合各块资源。2009年4月,重庆市打破条块分割,将开发投资集团公司、重庆公交集团公司、重庆站场集团公司合并,组建成为重庆城市交通开发投资集团公司,形成统一的投融资平台,新的集团公司总资产达300亿元。四是通过对投资集团之间的互保及财政专项资金的使用等方面做出严格的规定,提高城建资金链安全。

创新型投融资模式。在运用这些市场化项目融资模式时,政府应委托具有雄厚实力的工程咨询机构对其投资额、运营费用、运营收入等进行详细测算,以免投资方市场定价过高,影响基础设施的使用效率,同时也要防止投资方利润过高,影响社会公平。经营性重大基础设施的建设,可考虑引进国有企业、民营企业和外商直接投资或其投资组合,以市场化的项目融资模式或依托现有经营企业进行融资建设,以减少政府财政投资压力,提高基础设施管理和运营效率。

(课题负责:胡冀闽　郭艳芳　执笔:黄尚斌　曾加　林宝剑)

我市农村药品“两网”建设的研究与思考

市食品药品监督管理局课题组

一、福州市农村药品“两网”建设的现状

(一)监督网络建设情况。农村药品监督网络和供应网络(以下简称“两网”)建设,是国务院食品药品放心工程的一项重点工程。食品药品监督管理部门现在的监管对象是药品、保健食品、化妆品和医疗器械(以下简称“三品一械”)。全市2010年有药品生产企业31家,批发企业111家,零售连锁企业16家(门店数281个),单体药店1308家;医疗器械生产企业72家,经营企业1031家;医疗机构制剂室9家;各级各类涉药(械)医疗机构4360多家;保健食品生产企业39家,经营企业1800余家;化妆品生产企业28家,经营企业3000余家。八县(市)食品药品监督管理局监管对象都在1000家以上。为填补五城区和县(市)以下无食品药品监管机构的空白,解决药品监管面大、监管人员少的困难,市局在市区街道聘请43名药品协管员,八县(市)局聘请173名县级药品监督员、505名乡(镇)级药品协管员、1731名村级药品信息员(主要职责是调查、收集和报送药品相关信息)协助搞好本辖区的“三品一械”监督管理工作,形成“横到边、竖到底”的三级社会监督网络。同时,在98个乡(镇)成立由乡(镇)分管领导任主任的药品安全协管办。

(二)供应网络建设情况。按照“市场主导,政府引导,政策扶持,法律规范”的原则,由药品批发企业或连锁企业直接将药品配送到乡(镇)卫生院、村卫生所(室)、个体诊所、乡村药店和便民药柜。全市149家乡(镇)卫生院,2563家村卫生所和个体诊所通过创建验收被评为合格以上药房(药库)。全市设在乡(镇)的药店达176家,设在行政村的药店达262家,较“十五”末增加1.2倍。同时,采取资金扶助方式在“老、少、边、岛、渔”地区设立便民药柜188个,销售乙类非处方药品。全市药品供应网络实现100%进乡(镇)和行政村,保证农村居民在15分钟以内就可以购得常用药品。

二、存在的主要问题及原因分析

(一)对“两网”认识还不够到位。国务院办公厅《关于进一步加强药品安全监管工作的通知》(国办发〔2007〕18号)中明确指出:“地方各级人民政府要对本地区药品安全工作负总责。”但有的基层政府认为乡(镇)一级政府没有药品监督执法权,不能开展药品监督管理工作,混淆了行政管理权与行政执法权的关系,由于存在认识误区,导致一些政府对“两网”建设乃至药品安全工作重视不够。

(二)监督网络基础还比较薄弱。福州市建立的“县、乡、村”三级药品监督网络,聘请的“三员”主要来自计生、妇联、卫生、司法、工商以及乡(镇)、村行政机构和涉药单位等,都为兼职人员,从事监督工作带有义务性质,在现行体制下,发挥的作用有限。这种非长效、不稳定的监管机制很难深入推进农村药品监督网络的建设。

(三)供应网络发展还不够平衡。将以赢利为目的的医药经营企业纳入农村药品供应网内,向乡(镇)、村发展经营网点,势必造成医药经营企业向经济条件较好和交通便利的农村地区发展,而“老、少、边、岛、渔”等一些交通不便的农村地区则无人进驻,这是药品供应网络建设不平衡的一个重要原因。

(四)“两网”运行经费得不到完全保障。经费是保证农村药品“两网”有效运行的基础和保障。“两网”建设的宣传、培训、考评、“三员”的报酬和通讯补助以及药品协管办的正常运转等工作都需要一定的经费支撑才能有效开展。目前,中央和省级财政都设立专门经费,但市、县均未设立配套经费,难以满足“两网”建设的实际需要,“两网”建设的巩固和发展受到限制。

(课题指导:吴兴发　课题成员:何震　林曦　阮雄　柳秉金　执笔:周韶辉　张平生)

优化福州产业布局建立现代产业体系的研究

市委政研室课题组

一、福州产业布局基础条件分析

“十一五”规划以来,福州市按照“一区两翼、双轴多极”的空间发展思路,持续推进产业结构调整,现代产业体系建设初具成效,初步形成工业与服务业相互促进的发展局面。

(一)发展现状

1. 主导产业地位日益突显。2010年,福州市三次产业结构调整为9.2:44.5:46.3,呈现“三、二、一”产业发展格局。在工业领域,三大主导产业占规模以上工业总产值比重为53.37%,其中,电子信息业实现产值722.8亿元。主要集中在市区、马尾、融侨开发区,形成冠捷、华映、华冠为龙头的电子信息产品制造业集群。机械制造业实现产值898亿元,其中,装备制造主要集中于城区、闽侯、洪宽,汽车产业主要集中于青口汽车城,形成以东南汽车、福耀玻璃等为代表的汽车产业集群。船舶产业主要集中在闽江口地区,形成以马尾造船、东南造船厂为代表的闽江口船舶产业集群。纺织产业实现产值796亿元,主要集中在长乐等地,形成化纤、棉纺织、针织、染整、服装、纺织机械等较为完整的产业链。

2. 产业布局加速向两翼集聚。产业空间分布呈现板块发展态势:中心区包括市区、马尾、闽侯等地;南翼包括福清、长乐;北翼包括连江、罗源,工业产业总体布局逐渐向南北两翼集聚,永泰、闽清山区生态经济带也逐步形成一批特色产业集中区。2010年南北两翼实现规模工业产值2303亿元,占全

市工业总量的50.9%,比2005年提高3.8个百分点。

3. 产业园区功能日渐完善。工业园区规划建设水平不断提高,工业向园区集中发展,产业特色逐渐凸显,支撑作用和载体功能进一步提高。2010年,福州市经济技术开发区、融侨经济技术开发区等省级以上工业园区累计完成工业总产值约2955亿元,占全市工业总产值65.26%。园区内以高新技术产业和先进制造业为主导,集研发、生产、服务应用为一体,配套兴办金融、房地产、贸易、服务业等第三产业,初步形成特色鲜明的产业园区载体平台。

4. 现代服务业发展水平不断提升。"十一五"期间,以连锁经营、电子商务等为特征的商贸服务业蓬勃发展,经营模式实现由传统超市、百货店向城市综合体的转变。现代物流业发展迅速,拥有国家AAA级以上物流企业达12家。旅游业资源整合加快,闽都文化、温泉生态、滨海休闲等多元化旅游资源日益融合,形成温泉游、闽江游、文化游等三大品牌。金融市场平稳发展,信贷结构持续调整,对外开放进程加快。文化创意产业有序推进,形成文化创意产业集中区、三坊七巷文化旅游街区、动漫游戏产业基地、海峡工业设计创意园等一批文创产业集中区。

(二)存在的主要问题

"十一五"规划以来,福州市产业竞争力不断提高,产业发展基础不断夯实,但产业发展和布局仍面临一些亟待解决的问题:

1. 区域发展不够均衡。中心城区及福清、长乐、马尾、闽侯等地产业发展基础较好,连江、罗源、闽清、永泰等县产业发展相对滞后,且发展差距呈拉大趋势,区域间产业协同发展与配套能力有待进一步提升。

2. 布局规划相对滞后。城市总体规划、土地利用规划与产业发展规划有待进一步衔接,分区功能定位与产业布局、产业分工协作体系尚未形成,制约了产业整合与规模扩张。

3. 产业链缺失较为突出。电子信息、纺织、汽车等主导产业与传统产业链仍有待延伸拓展,如信息产业缺"芯"与面板、纺织产业缺高档面料、服装等。现有产业发展仍处于价值链低端,初级产品、中低档产品比重大,附加值不高,缺乏自主品牌,产业链整合、配套还存在较大空间。

4. 载体功能有待拓展。产业园区载体功能尚未获得充分发挥,多数园区特色不够突出,缺乏形成一批专业型、配套型产业园区,现有部分园区产业大而不强,规模经济效应、产业竞争力不强等问题依然较为突出。

5. 服务产业结构有待优化。传统服务业比重大,发展相对成熟;现代服务业尤其是设计研发、物流服务、文化创意等生产性服务业发展相对滞后,尚未形成规模和集聚效应,制约了先进制造业基地的建设进程。

二、产业发展空间布局

随着中心城区的逐步扩大,福州市区与周边闽侯、长乐、连江、福清等县(市)的联系日益紧密。未来福州大都市区将构筑"一主、三副、两轴"空间结构:一主即福州中心城区主中心,三副即连江—可门副中心、长乐副中心、福清副中心,两轴即沿海发展轴、沿江发展轴,包括中心城区、长乐市区—滨海新城、福清、连江、环江阴湾地区、环罗源湾地区等六大板块。

按照"一城两翼、双轴多极"城市发展战略与"沿江向海、拓展提升、错位发展"思路,统筹"三带四区"及新增长区域总体规划,促进各项专项规划与总体规划相协调相衔接;统筹产业、交通、市场、港口等项目布局,促进不同区域、产业发展方式的转变;统筹基础设施、社会事业项目建设,促进资源高效配置;统筹各类开发区产业发展,促进产业空间布局优化,为构建大都市区创造良好的外部环境。

(一)统筹"三带"发展布局

沿海产业带:以罗源湾到江阴港区,通过沿海高速公路、铁路等大通道建设,有效整合各产业功能区,建成沿海临港产业聚集区和先进制造业集中区。沿江产业带:以闽江、乌龙江为依托,发挥"两江四岸"区位优势,重点发展高新技术产业和高端装备制造业,建成区域特色突出的产业集聚带。山区生态经济带:以永泰、闽清为核心,包括闽侯、罗源、连江等依山部分区域,发挥生态环境优势,加强环境保护和生态建设,重点发展生态农业、生态旅游、创意产业等,建成绿色生态产业带。

(二)统筹"四区"发展布局

统筹中心城区主城区、南翼、北翼、特色县域以及新增长区域产业空间布局,结合福州大都市城市总体规划,推进福清、长乐、闽侯、连江4县(市)管理体制、财政体制先行先试改革,加快城市化建设进程;有序引导"四区"及新增长区域产业空间布局、重点产业发展,形成产业合理分工、区域功能互补、协调联动发展的区域发展新格局。

1. 中心城区主中心产业空间布局与发展重点。按照"东扩南进、沿江向海"发展方向,集中力量抓好东部新城、马尾新城、晋安新城以及"两江四岸"等重点区域建设,拓展城市发展空间,增强对周边地区的带动辐射功能。强化科技创新、综合服务和文化功能,提升鼓楼、台江等中心城区服务业水平,着重发展商务办公、金融、科技研发、创意产业等高端服务业与高新技术产业,建成海西服务业中心、科技创新中心和福州大都市发展核心区。重点区域主要有经济技术开发区、高新技术产业开发区、高新技术产业园区(软件园)等。

2. 南翼地区产业空间布局与发展重点。由福清副中心和长乐副中心等区域组成,依托江阴集装箱码头、长乐空港和保税港区,重点发展精细化工、生物医药、机械装备、电力能源以及电子信息、纺织、轻工等制造业;围绕港口码头发展物流仓储、金融保险等现代服务业,建成福州市经济增长点的重要产业基地。其中,福清副中心主要包括融侨经济技术开发区、保税港区、元洪投资区、江阴开发区、福清出口加工区等;长乐副中心主要包括滨海工业集中区(长乐经济开发区)、航空港工业集中区、东南IC制造基地等。

3. 北翼地区产业空间布局与发展重点。由连江—可门副中心和罗源湾北岸地区组成,以深水港区为依托,南岸重点发展装备机械、能源电力等重化产业;北岸主要包括松山片区、金港片区和牛坑湾片区等,重点发展金属深加工、新型材料、机械制造、机电、船舶修造和港口物流业,重点建设宝钢德盛不锈钢生产基地和不锈钢精深加工产业园,构筑产业发展新高地。其中,连江—可门副中心主要包括连江经济开发区、可门经济开发区、海西水产品加工基地、贵安温泉旅游度假区等。

4. 特色县域产业空间布局与发展重点。

——闽清县。依托白金工业园区,重点培育机械、轻工等产业,整合提升陶瓷、工艺品、食品加工等传统产业,培育生态休闲旅游业,建成海峡西岸制造装配加工基地和生态休闲旅游县。

——永泰县。重点发展休闲生态旅游、农副产品精深加工、文化创意等产业,着力推动海西(永泰)文化创意产业园、休闲生态旅游胜地、海峡(永泰)影视基地等项目建设。

5. 新增长区域产业发展重点。

根据福州市"十二五"规划纲要确定的新增长区域,包括环罗源湾、江阴半岛、长乐滨海和航空港工业区、东部新城、晋安新城、马尾新城、琅岐岛、青口汽车城、荆溪甘蔗新区、上街南屿南通新区、海西(永泰)文化创意产业园、闽清白金工业园区等。

——东部新城。建成以会议展览、商务办公为主体的核心区,形成集行政办公、文化体育、居住、商业服务等功能于一体的现代化综合性新城区。

——晋安新城。重点推进王庄片区、横屿组团、福兴经济开发区等地区改造建设,建设集生活居住、高新技术产业、商贸物流、总部经济、文化休闲于一体的新城市综合体和新城区中心。

——马尾新城。重点建设高新技术产业和研发基地、总部经济、港口物流中心、综合型生活新城、对台交流合作基地,形成集商贸、商务办公、旅游度假、高新技术研发、港口物流等功能于一体的现代化新城区,实现向宜居宜业新城区转变。

——琅岐岛。按照国际旅游岛规划,打造"琅岐国际旅游度假区",发展农业观光、休闲旅游业以及高新技术产业、都市型工业,拓展福州经济技术开发区发展空间。

——荆溪甘蔗新区。按照"高起点规划,高标准建设,高水平经营",建设以甘蔗为中心,包括荆溪、白沙、竹岐等乡镇部分地区在内的大县城,形成以休闲度假居住、现代物流为主的宜居宜业的山水新城,推动闽侯对接市区,连片发展。

——上街南屿南通新区。发展定位为福州城市副中心与生态科学城,以建设海西高新技术产业园、生物医药园、机电园、商贸批发市场为重点,打造现代化科技城和商贸城。

——闽清白金工业园区。以陶瓷工业为主,力争建成新型建材业、机械加工、轻工产品等产业于一体的特色工业集中区。

——海西(永泰)文化创意产业园。按照"一轴二廊三片"集中式空间布局结构,借助丰富的山水、地热温泉资源,着力打造集广电、出版、报业杂志、网络动漫、高新技术产品研发及休闲度假娱乐为一体的综合型园区。

(课题指导:杨益民　陈为民　徐铁骏　课题成员:蒋全狮　陈国松　辜珠金　伍长南　吴肇光　林昌华)

进一步推进"海上福州"建设的思路与建议

市委政研室、市海洋与渔业局课题组

一、福州市海洋经济发展现状

1. 海洋经济规模日益壮大。自2005年以来,全市海洋产业增加值的增幅高于全市地区生产总值增幅的1~10个百分点,海洋产业增加值对全市地区生产总值的贡献率均在15%以上,"十一五"期间,海洋产业增加值平均增速高于同期全市地区生产总值5.2个百分点。2010年,全市海洋经济总量为1253.69亿元,海洋产业增加值511.6亿元,海洋经济增加值占全市地区生产总值比重为16.39%。海洋三次产业结构由2005年的30.8:13.6:55.6调整为2010年的24:32:44。以海洋经济为依托的沿海县(市)区2010年地区生产总值合计约占全市的一半,江阴、罗源湾两大港区为重点的"南北两翼"四县(市)临港工业对全市规模以上工业增长的贡献率达55.4%。2010年,全市海洋渔业、海洋交通运输业、滨海旅游业、海洋水产品加工业、临海电力业及海洋船舶修造业等海洋经济支柱产业产值合计占全市海洋生产总值的72.81%,海洋主导产业形成。

2. 海洋渔业生产优势突出。2010年,全市渔业经济总产值570亿元,渔业经济增加值255亿元,渔业产值201亿元,连续多年稳居全省第一。福州市远洋捕捞业的渔获量和船舶数量均居全省第一、全国第二,成为全国重要的远洋渔业生产和集散中心,全市200多艘远洋渔船分布在大西洋、印度洋和南北太平洋,年产量约18.5万吨。全年全市水产品加工总量128.6万吨,占全省水产品加工总量比重53%;南美白对虾、锯缘青蟹、鲍鱼等高优品种形成区域性规模化生产;全市水产品加工总产值155.7亿元,水产品加工总量、总产值位列全省首位。

——海洋经济临港产业集聚。近年来,以江阴、罗源湾、滨海、元洪四大临港工业集聚区为载体,重点发展大进大出的钢铁冶金、电力能源、石油化工、食品加工等产业,形成规模优势和集群优势。2010年"南北两翼"的连江、罗源、福清、长乐四县完成规模工业产值2303亿元,占全市工业总量的50.9%,使临港工业成为海洋经济发展的主力军。

——海洋滨海旅游异军突起。近年来,福州重点发展闽江口、黄岐半岛、福清湾和平潭岛4个滨海旅游区,推进滨海旅游向海洋旅游扩张,形成海上、海岛、海岸、腹地旅游产品系列,自然景观、人文景观、民俗文化、宗教文化旅游产品类型,开发船政文化建设工程、东壁岛滨海旅游开发工程、目屿岛旅游开发工程等重点项目。2010年,滨海旅游业产值达231亿元,占全市海洋经济总量的18.4%,是福州海洋经济规模最大的产业。

——海洋经济基础设施健全。目前,福州沿海地区基本形成以深水海港为核心、南北向铁路高速公路为主轴、东西向疏港支线为联接、空海国际航线为支撑、城际轨道交通为未来支持的综合立体交通运输体系。福州港共有生产性泊位122个(其中5万吨级以上泊位14个),最大靠泊能力为15万吨级散货船、15万吨集装箱船,开通远洋干线8条,重点港区规模化、多元化和集约化发展水平明显提高。同时,推进与宁德、莆田港区的整合,打造海西北部大港。2010年,全市海洋交通运输业产值148亿元,福州港(一港四区)完成吞吐量7124.8万吨(其中集装箱147.05万标箱)。

——海洋经济科技支撑加强。整合成立福州市海洋与渔业技术中心,陆续建成琅岐优高水产养殖示范与淡水良种繁育基地等科研中试基地,引进太平洋牡蛎、九孔鲍等优良品种,推广一批新的养殖技术和模式,取得一批自主创新、在国内处于领先地位的技术成果,获得全国科学大会奖和国家、省、市科技进步奖多项。参与"908"海域使用现状调查、福建省海湾数模与环境研究、罗源湾环境容量与养殖规划研究等国家、省级海洋重点科技项目,并将研究成果广泛应用于海洋综合管理工作。

——海洋经济开放合作深化。加强与新西兰、澳大利亚等国的渔业交流,与日本长崎市建立密切的水产交流合作关系。2009年开始连续3年成功举办海峡(福州)渔业周,成为中国南方地区规模最大,集渔业科技研讨、文化交流、博览展示、经贸合作、消费宣导、洽谈订货等于一体的渔业盛会,签约总金额达139.56亿元。先后举办"海峡渔业经济合作与发展论坛"等,促进两岸渔业合作与发展的深入交流。首次实现台湾水产品在大陆直销,马尾水产批发中心成为台湾水产品销往大陆的主要集散地,在榕台资水产企业近70家。"十一五"期间,"两马"航线完成5992航次,进出旅客32.08万人次,对台货运直航(含试点直航)船舶进出5737航次,完成集装箱吞吐量151.13万标箱。

——平潭开放开发取得突破。加大对平潭发展的人力、物力、资金方面的支持。建成平潭海峡大桥、长江澳风力发电场、幸福洋围垦等重大基础设施和海洋产业项目,促成平潭综合实验区的设立。平潭综合实验区将按照"共同规划、共同开发、共同经营、共同管理、共同受益"的两岸合作新模式,建设成为两岸同胞合作建设、先行先试、科学发展的共同家园,开辟福州乃至全国海岛开放开发的新模式。市第十次党代会提出要全力支持和融入平潭的开放开发,2011年11月12日,福州市政府与平潭综合实验区管委会签订了合作框架协议,按照科学布局、优势互补、资源共享、合作共建、互利双赢的原则,统筹福州大都市区区域规划,推动两地同城化发展。

同时,完成《福州市海洋功能区划》《闽江口海域使用规划》《福州市海洋环境保护规划》《福州市海洋环境状况公报》《福建省长乐海蚌资源增值保护区》《福州市平潭岛礁海洋特别保护区规划》等编制和修编工作,建立连江黄湾岛、长乐人屿岛、平潭牛山岛和山洲列岛等4个无居民海岛生态保护区,制定海岛生态环境保护规划,提高海域综合管理和海洋环境保护工作的科学化水平,保障海洋经济的科学发展、跨越发展。

二、建设"海上福州"及近年来福州市发展海洋经济主要思路和成效

(一)建设"海上福州"决策有关情况

1. 决策背景。海洋是福州的重要组成部分,习近平同志担任福州市委主要领导期间(1990~1996年),更是把海洋开发作为确立福州发展新优势的重要工作来抓。1991年全市水产工作会议根据海洋开发刚刚起步的情况作出《关于加快开发海洋资源,加快渔业发展的决定》,探索发展海洋经济的新路子。1994年市委、市政府出台《关于建设"海上福州"的意见》,并在平潭县举行建设"海上福州"研讨会进行动员部署。

2. 决策内容。《关于建设"海上福州"的意见》指出,"建设'海上福州',是实现福州市今后20年经济社会发展战略的重要组成部分,是构筑闽江口金三角经济圈的重要内容","是发展经济的大动作,也是建立福州发展新优势的重要内容",提出要"从我市海洋资源特点和经济技术基础实际出发,坚持以改革开放促开发,以科技为先导,以发展海洋经济为中心,以海岸带、海域开发为主攻方向,实行海岛、港湾、大陆架、滩涂、近海、外海、远洋统筹兼顾,全方位立体式综合开发,推动种植业、养殖业、捕捞业、加工业和海洋高科技产业的协调发展,全面振兴海洋经济,建成'海上福州',为将来福州更快更好地发展提供广阔的空间、奠定坚实的基础",要求"根据我市海洋的区位条件、资源优势和经济基础以及20年经济社会发展战略,初步设想,用7年时间即到2000年,海洋产业粗具规模,海洋开发能力达到国内先进水平,海洋产业产值突破百亿元大关。再用10年时间即到2010年,把闽江口金三角经济圈的沿海地带和广阔海域建成养殖和海洋工业高度发达,港口经济和运输业实力雄厚,海岸经济、滨海旅游、商业贸易兴旺的繁荣地带和海域。到2010年,实现全市海洋产业总产值650亿元,占当年国民生产总值的1/3,使海洋产业成为国民经济的支柱产业之一。"

3. 决策意义。

——建设"海上福州"决策有力推动福州海洋经济发展。全市水产品总产值从1993年23.36亿元,提高到2010年的258.2亿元,占全市大农业总产值的53.8%;全市水产品加工总值从1993年的5.29亿元,提高到2010年的155.66亿元,占全市海洋经济总量的12.42亿元;全市深水泊位从1993年的6个,增加到2010年的17个。全市海洋产业增加值从1993年的21.5亿元提高到2010年的511.6亿元,相当于全市地区生产总值的16.39%,已经成为国民经济的重要支柱产业之一。

——建设"海上福州"决策强调要增强海洋国土观念和海洋经济意识。习近平《在建设"海上福州"研讨会上的讲话》(1994年5月26日)中强调"福州的优势在于江海,福州的出路在于江海,福州的希望在于江海,福州的发展也在于江海。认识海洋的目的是为开发海洋,建设'海上福州'。沿海是我们辽阔的地域,是扩大对外开放的优势所在,我们切不可忽略了这一优势,也不能搞成单一的开发,而是通过综合开发,形成大产业优势。"近年来,福州市正向实现省会福州由滨江型城市向滨海型城市跨越,福州港由河港向海港发展,工业经济向以江阴、罗源湾两大港区为重点的南北两翼集聚。

——建设“海上福州”决策的核心理念对福州发展具有重要指导作用。习近平在“讲话”中强调要充分认识到“建设‘海上福州’,是福州经济发展的必然趋势,是发挥福州优势,培育经济新生长点的重要途径”“既是发展福州历史的需要,也是扩大对外开放的要求”“建设‘海上福州’,对促进祖国统一将起重要作用”等,把建设“海上福州”作为福州的重要机遇、重大责任和光荣使命来认识和把握。

——建设“海上福州”决策首次从战略高度重视和推动平潭岛开放开发。习近平在《在建设“海上福州”研讨会上的讲话》中谈到建设“海上福州”总体布局时强调,“我们要从整体战略布局出发,依据各个岛屿的地理位置、资源条件和自身功能,有目标有重点地开发建设海洋牧场、大陆岛桥、自由贸易岛、度假旅游区、科学试验场、海产品加工区等,使规模较大的岛屿成为集旅游、贸易、科研、生产、加工等多功能、综合性的开发基地;小型岛屿成为不同功能、各具特色的‘海中乐园’。近期要集中力量加快平潭、琅岐、江阴、粗芦、川石等基础条件较好的岛屿的开发建设进度。平潭已被国家科委正式确定为国家海岛综合开发试验区,要在发挥多种开发利用功能方面大胆探索,创造经验。”这段话为海峡西岸经济区、尤其是平潭综合实验区的设立做了很好的铺垫。

(二)近年来福州市发展海洋经济主要思路

1996年市委、市政府出台《关于培育和发展水产支柱产业的决定》,提出要加快“海上福州”建设步伐,把水产业培育发展成为福州市国民经济跨世纪的支柱产业。1998年市委七届九次全会通过了市委、市政府“关于贯彻《中共福建省委关于进一步加快发展海洋经济的决定》的实施意见”,提出要加快海洋产业的“两个根本性转变”,建设一个繁荣昌盛的“海上福州”,促进福州市海洋经济的大发展。2006年,为贯彻落实省委、省政府关于建设海洋经济强省、加快建设海峡西岸经济区的战略部署,市委、市政府出台《关于加快建设海洋经济强市的决定》并制定《福州市“十一五”建设海洋经济强市专项规划》。2007年市委、市政府出台《关于实施“以港兴市”战略推进“南北两翼”发展的意见》,对加快港口建设、优化港区功能、发展临港经济等做了专项部署。2009年5月国务院发布《关于支持福建省加快建设海峡西岸经济区的若干意见》提出要“建设现代化海洋产业开发基地”,赋予建设“海上福州”新的历史使命。2011年市委九届十八次全会通过的“市委、市政府关于进一步贯彻落实《海峡西岸经济区发展规划》的实施意见”提出要“进一步推进海陆联动,做大做强港口群和海洋经济”,赋予建设“海上福州”新的内涵。

三、福州海洋经济存在的问题与不足

尽管福州市以全省1/13的海域面积和1/3的海岸线,创造相当于全省1/3强的海洋经济总量,多项海洋产业产值、海产品产量居全省首位,顺利地完成“十一五”规划发展目标。但是,福州的海洋经济与沿海先进地区相比在总量、结构等方面还存在明显差距,福州海洋经济的发展成效、后劲与海洋资源大市的地位和基础还不相匹配,全市海洋产业总产值尚未达到《关于建设“海上福州”的意见》所提出的占全市生产总值1/3的要求,实现“再造一个海上福州”的战略构想还任重道远。这些问题与不足主要体现在以下几方面:

1. *发展思路存在局限。*对海洋经济的宏观指导不够,陆海统筹往往只局限于局部地区,尤其是外海、深海和海岛等大海洋开发缺乏战略性开发思路和手段。海洋经济发展的平台还不够广阔,在发展结果上表现为福州海洋经济总量相当于沿海海洋经济先进城市天津市的52.7%,但单位海岸线产出则仅相当于天津市的0.62%、全国的80%。

2. *发展体制比较松散。*目前,海洋经济产业管理工作分散在众多部门,尚缺乏对海洋产业统一协调的部门,福州市缺乏海洋经济专门系统的扶持政策,海洋经济整合度不高。“十一五”期间制定的“收取的海域使用金除上缴中央财政外的地方留成部分,主要用于海域开发建设,海洋保护和管理以及发展海洋渔业等”等有限政策也落实不到位。

3. *发展方式相对粗放。*海洋经济发展的基础设施和技术装备相对落后,全市超过10%的海洋产业主要有渔业、交通运输、水产品加工、旅游等,其产业基础依靠的还是鱼类、港口等基本海洋资源,海水产品加工业产值只相当于海洋渔业产值的77.3%;这说明福州海洋经济的主体仍是传统海洋产业,其发展模式主要还是“资源开发型”,发展阶段还处在低增值的粗放型发展阶段。罗源湾等地海水养殖业与临港产业争资源、争空间的矛盾突出。海洋产业结构不合理,海洋第二产业比重仍然较低,临港工业的集聚带动作用还有提高的空间,休闲渔业、海洋新兴产业尚未形成规模。

4. *发展支撑力量薄弱。*目前,福州市海洋与渔业技术中心仅有各类专业技术人员46人,全市没有以海洋学科为主的高校,本地海洋科技总体水平较低、力量单薄、人才缺乏、成果有限。大量的海洋生产科技开发都要依赖省内外其他城市的科研力量,海洋技术进步活动主要集中在传统渔业领域,缺乏对海洋新兴产业的支撑,海洋公共服务和科技创新能力不适应海洋事业发展的需要。海洋科技成果转化与产业化程度偏低,海洋开发利用总体水平和层次较低,海域资源开发中直接利用自然资源的第一次开发较多,综合利用资源、适应经济社会发展需要的深度开发不足。

5. *发展资源出现衰退。*临港产业与近海养殖的海域资源矛盾日益尖锐,近海捕捞过度造成的渔业资源衰退还未有效缓解;海洋环境污染较为严重,陆源污染物已成为影响海洋环境质量的主要原因,因海洋污染而引发的海水养殖生物死亡事件时有发生,生态受损趋势尚未得到有效控制。海洋灾害影响严重,防灾减灾能力不足,海上突发事件应急救助、海洋灾害预警监控等公共服务体系有待加强。

附表一：

福州海洋资源基本情况及对比

内容 地区	福州市	福建省	全国
海岸线	大陆海岸线920千米，海岛海岸线390千米	大陆海岸线3752千米，海岛海岸线807千米。	中国海岸线总长度3.2万公里，其中大陆海岸线1.8万公里，岛屿海岸线1.4万公里。
海域面积	1.06万平方公里	13.63万平方公里	约473万平方公里
滩涂面积	6.25万公顷	18.98万公顷	380万公顷
港口资源	拥有罗源湾、福清湾等深水良港，可建5万至30万吨泊位码头的宝贵资源和良好条件。福州港北起罗源湾，南至兴化湾北岸，海岸线长1310千米，主要由罗源湾港区、闽江口内港区、松下港区和江阴港区四大港区组成。	沿海分布大小海湾125个，海湾屏蔽性好，条件优良，有7个海湾可大规模开发建设5万吨级以上的深水泊位，其中多处可建设20万吨～30万吨的超大型深水泊位，岸线资源为全国之最。	我国现有沿海港口150余个(含长江南京及以下港口)，主要划分为环渤海、长江三角洲、东南沿海、珠江三角洲和西南沿海5个港口群体，形成煤炭、石油、铁矿石、集装箱、粮食、商品汽车、陆岛滚装和旅客运输等8个运输系统的布局。
海洋生物及渔业资源	有海藻类149种，浅海和潮间带底栖生物主要经济种类289种。海洋鱼类有409种，常见的有250种，经济价值较高的有100多种。沿海蟹类100多种，较常见的有70多种，经济价值较高的有20多种。	近海有海洋生物3312种，其中鱼类752种。水深200米以内的海洋渔场面积达12.15万平方千米，浅海滩涂可利用养殖面积达15万公顷；鱼、虾、贝、藻种类的数量居全国前列。	海洋生物2万多种，海洋鱼类3000多种。
滨海旅游资源	面对台湾，近邻港澳，“海、江、山”风光秀丽，名胜古迹众多，“台、港、侨”优势独特，主要有马尾琅岐岛滨海度假区、福清东壁岛、连江黄岐半岛战地风光等滨海旅游区。	滨海旅游发展条件较好，拥有多种多样的海岸类型，构成许多壮丽的自然景观。海洋文化底蕴深厚，福州船政文化、莆田妈祖文化等在海内外都具有较高的知名度和影响力。	可管辖的海域南北延伸近40个纬度，面积达300多万平方千米，有中温带、暖温带的海上景致和热带、亚热带的海洋风光，滨海旅游资源丰富多样。全国共有滨海旅游景点1500多处。
潮汐能	全市可供开发的潮汐能资源蕴藏量为4.05×105千瓦，年发电量为10.9亿千瓦时。	全省可用于潮汐发电的海域面积达3000多平方千米，居全国第二，其蕴藏的潮汐能达1000万千瓦以上，居全国首位。	潮汐能蕴藏量达2179万千瓦以上，年发电量约624亿千瓦时。
风能	沿海平均风速3米/秒的天数年均200天以上，属全国一类风能利用区。港湾外面岛屿和半岛尖端处风能功率密度最大，一般可达30瓦/平方米以上。	全省可供近、中期开发的陆地风场有17处，总装机容量可达156万千瓦，年发电量约43亿千瓦时，是我国南部的风能富集区。	风能储量达32亿千瓦，可开发的装机容量逾2.53亿千瓦，居世界首位。

附表二：

2010 年福州海洋经济主要产业基本情况

地区＼指标	福州（亿元）	占全市 GDP 总量比重（%）	比增（%）	福建（亿元）	比增（%）	全国（亿元）	比增（%）
海洋经济主要产业总产值	1253.69	—	19.24	4405.69	22.6	38439（总产值）	12.8
海洋经济主要产业增加值	511.60	16.38	18	1659.9	21	22370	12.3
海洋渔业总产值	201.52（增加值 114.2）	16.07	19.03	533.83	19	2813（增加值）	4.4
海洋交通运输业总产值	147.80（增加值 70.9）	11.79	15.00	—	—	3816（增加值）	16.7
海洋水产品加工业总产值	155.66（增加值 47.4）	12.42	29.39	358.9	31.5	—	—
滨海旅游业总产值	231.11（增加值 91.0）	18.43	16.00	1011.46	17.9	4838（增加值）	7.9

附表三：

2005～2010 年福州市海洋经济总量一览

年份	海洋产业总产值（亿元）	比增（%）	海洋产业增加值（亿元）	比增（%）	占全市生产总值比重（%）	同期全市生产总值比增（%）	同期海洋产业增加值对全市生产总值的贡献率（%）
2005	472	—	214	—	14.35	10.47	—
2006	606	28.39	262	22.43	15.53	11.59	24.55
2007	771	27.23	325	24.05	16.02	16.87	18.40
2008	915	18.68	382	17.54	16.22	13.86	17.46
2009	1051	14.86	434	13.61	16.67	9.54	20.94
2010	1254	19.31	512	17.97	16.39	16.63	15.02
“十一五”期间			海洋产业增加值平均增速 19.06%			全市地区生产总值平均增速 13.84%	

附表四：

2010 年主要沿海城市海洋经济总量对比

城市	海洋经济总值（亿元）	海岸线总长（公里）	单位海岸线产出（亿元/公里）
福州	1253.69（增加值 496.14）	1310	0.96（单位海岸线增加值产出 0.38）
全国	38439	3.2 万	1.20
天津	2380	153.47	15.51
大连	1515	1906	0.79
青岛	1683	862.64	1.95
宁波	806	1562	0.52
厦门	246.8（增加值）	226	1.09（单位海岸线增加值产出）
广州	1250（增加值）	228.4	5.47（单位海岸线增加值产出）

（课题成员：王振松　戴清泉　张其顺　潘佳　白俊超　朱红艳　沈秋贵　林徐峰　执笔：潘佳　林徐峰）

加快农田水利设施建设 夯实现代农业发展基础

市委政研室课题组

一、福州市农田水利设施现状

农田水利基本建设是发展现代农业的重要基础,是改善农民生产、生活条件的重要保障,是促进粮食增产、农业增效和农民增收的重要支撑。福州市属亚热带海洋性季风气候,年平均降水量为900毫米~2100毫米,水资源总量为635.2亿立方米,人均拥有量为1705立方米,不足全省人均拥有量的1/2。福州市目前的粮食自给率仅维持在46%左右的低水平上,若遇上灾害年份,粮食的外部依赖性就更加强烈,客观上对农田水利建设提出更高要求。

近年来,福州市的农田水利建设已基本形成大、中、小结合,蓄、引、提并举的农田水利灌、排体系:2010年已建成蓄水工程2883座。其中,大型水库2座,中型水库10座,小(一)型水库98座,小(二)型水库350座,小山塘2423座,蓄水容积9.1亿立方米;另有引水工程11506处,提水工程1190处。共建成3.33公顷以上灌区527处,有效灌溉面积6.19万公顷,其中,万亩以上灌区23片,设计灌溉面积3.69万公顷。现有的12.73万公顷耕地面积中,有效灌溉面积达11.42万公顷,占89.7%;旱涝保收面积8.49万公顷,占66.7%;机电排灌容量11.5万千瓦,有效灌排面积3.90万公顷。建成堤防288处,总长66.07公里。

二、福州市农田水利设施建设存在的主要问题

1. 硬件设施方面

首先,灌溉水源日见短缺。随着经济社会的不断发展,工业和城市生活用水急剧增长,与农业灌溉争抢水源的现象时有发生,而农业经济的低比较效益使得农田灌溉在水资源的市场分配上处于弱势,很多灌区用水得不到保证。其次,水量浪费大。由于年久失修,设施老化,福州市自流灌区渠系水有效利用系数一般仅0.4~0.6,灌溉效率低,而灌溉制度大多采用漫灌等形式,水量浪费大,同时部分水体遭到严重污染,已不适合灌溉。第三,现有工程设施配套不全。虽然灌区骨干工程经多年建设、改造日趋完善,但配套工程建设明显滞后,有的缺乏田间工程,有的有灌无排,有的设施已经老化,加上管理体制不健全,管理措施不力,工程效益未能充分发挥。

2. 资金投入方面

首先,国家投入不足。据统计,财政支农资金的60%都用于大江大河的治理和气象事业发展,直接用于农业生产性支出的仅占40%左右,这40%用于小型农田水利建设的又微乎其微。第二次全国农业普查数据也显示,全国70%以上的村庄没有任何农田水利投资,而能够获得国家投资的村庄仅占9.56%。其次,工程水费收缴难,用于工程再投入资金少。现行水价低于供水成本,渠道不配套,缺少量水设施,水费征收难,特别是农业税取消后,水利设施正常运转已面临困境,工程维修养护资金更是捉襟见肘。第三,政策性融资能力有限。由于目前小型农田水利设施仍主要实行集体所有、集体管理,这种产权制度造成经营主体、运行机制、经营模式、产权归属难以清晰,致使农田水利设施建设工程贷款缺乏合格的承贷主体,而且多数农田水利建设项目不直接产生效益,贷款本息偿还难。同时,农田水利基础设施承受的自然风险大,农业保险机制又缺失,导致农业信贷风险补偿机制不健全,这些都给信贷资金的介入造成障碍,制约农田水利建设的可持续发展。

3. 制度和组织方面

首先,基层水管单位经营困难,社会化服务能力不强。随着水利市场化改革的推进,部分地方乡镇水管站被撤并、裁减,基层水利工程单位变成"自收自支"经营主体。由于水价等相关配套改革滞后,公益性人员经费、工程维修养护经费落实不到位,不少地区基层水管站收不抵支、生存困难,技术人员严重流失。据统计,1994年底,福州市设水利水电工作站118个,人员有401人,而2010年的调查显示仅剩连江县的19个水利工作站独立存在,人员85人,而其余的均已并入乡镇农业综合服务中心。由此,基层水管单位无论从机构设置还是经费保障方面,都难以满足当前农田水利建设工作的要求。其次,农民用水户协会等合作组织发育不全,功能发挥受限。由于农田水利工程产权不清晰,许多农民用水者协会的经营权、受益权等无法得到充分保障,缺乏正常运行和维护水利设施的资金。

(课题负责:林凯　课题成员:周中华　郑铃　陈君椿　何泽舜　潘东曦　执笔:何泽舜)

全力培育千亿产业 扶持壮大百亿企业

市经济委员会课题组

"十二五"期间,福州市工业发展的总体思路是"进一步转变经济发展方式,促进产业转型升级,做大做强新兴产业,改造提升传统产业,加快发展服务业,迅速形成一批具有引领优势、规模优势、集聚优势的千亿产业,打造一批具有行业争先、技术领先、效益优先的百亿企业,促进经济由主要依靠物质资源消耗向创新驱动转变、由粗放式增长向集约型发展转变,实现又好又快发展"。其中加快培育和发展福州市千亿产业和百亿企业,对于促进和带动福州市工业经济结构的战略性调整,实现工业跨越式发展目标具有极其重要的意义。

一、发展现状

近年来,福州市工业总量持续壮大,2010年,全市全部工业产值完成4853.4亿元,全部工业增加值完成1092.8亿元。其中规模以上工业产值完成4528.6亿元,规模以上工业增加值完成1076.3亿元。工业增加值占GDP比重稳定在36%左右,工业在全市国民经济中的主体地位突出,根据所生产的产

品不同可分为八大产业。福州市将全力培育电子信息、机械制造、纺织服装、冶金建材、石油化工、轻工食品等六个产业成为千亿产业。这六大产业主要呈现如下特点:

一是产业集中度不断提高,主导产业作用增强。"十一五"期间,电子信息、机械制造、冶金建材、轻工食品、纺织服装、石油化工等产业支撑全市工业发展,产业链不断延伸,产品竞争力不断增强。2010 年,六大产业规模以上工业总产值占全市规模以上工业总产值的 90.4% 。

二是产业区域布局趋向合理,南北"两翼"地位日益提升。福州市加快城区"退二进三"步伐,推动工业向南北两翼集聚,取得良好成效。规模以上工业中南北两翼占福州市工业产值的比重由 2001 年的 38.1% 上升到 2010 年的 50.9% ,上升 12.8 个百分点。

三是园区建设步伐加快,产业发展的基础设施及环境条件不断完善。福州打造集研发、生产、服务应用为一体的产业园区,为促进全市工业集聚发展提供有效的载体平台。2010 年,福州市 10 个重点工业园区累计完成工业总产值 2877.4 亿元,占全市工业总产值的 59.3% ,园区集聚效应逐步突显。

目前,福州市近 3000 家规模以上工业企业,产值 1 亿元以上的有 719 家。2010 年产值 3870.7 亿元,占全市规模以上工业产值的 85.5% ,其中产值 10 亿元以上的有 80 家,2010 年产值 2173.4 亿元,占全市规模以上工业产值的 48% 。大企业发展主要有以下特点:

一是大企业数量增多、实力增强。近年来,福州市工业大企业的数量迅速增多,2006 年福州市产值 10 亿元以上企业仅有 27 家,2010 年发展到 80 家,平均每年新增超 10 家。大企业数量不仅增多,竞争实力也显著增强,从外延式粗放型扩张的"做大",逐步向更加注重内涵效益及品牌提升的"做强"发展模式转变,中铝瑞闽、冠城大通、星网锐捷、飞毛腿电子、福耀玻璃、亚通新材料、海壹食品等企业产品获得中国名牌产品称号。

二是地域分布趋于集中。产业局部向南北两翼集聚,临江向海型工业发展,大企业、大集团地域分布也趋于集中,2010 年,全市 80 家产值 10 亿元以上企业中,长乐(24 家)、福清(19 家)、罗源(8 家)、连江(5 家)就分布了 56 家,占总量的 70% 。

三是行业分布趋于均衡。近年来,福州市纺织化纤、机械制造、冶金建材、轻工食品、电子信息等主导产业发展趋于均衡,改变福州市大企业主要集中于电子、汽车船舶的比较单一的行业分布局面。2010 年,全市 80 家产值 10 亿元以上企业中,纺织化纤(19 家)、冶金建材(18 家)、机械制造(13 家)、轻工食品(11 家)、电子信息(8 家)等行业分布比较均衡。

二、优势条件

首先,区位优势明显。福州市是省会中心城市,地处长江三角洲、珠江三角洲、台湾等中国 3 个最活跃的经济板块的中间地带,尤其是当前正值国家支持福建省加快海峡西岸经济区建设的重大机遇期,福州作为海峡西岸经济区中的最中心城市,具有先行先试的良好政策环境,在对台产业合作方面具有先天优势。

其次,物流条件优越。福州具有较发达的海、陆、空交通运输网络,是省内最主要的物流集散中心,高速铁路、高速公路、航空港等交通设施建设位居全省前列,港口资源丰富,拥有福建省六大深水港中三个深水港,即罗源湾、福清湾、兴化湾,建有闽江口内港区、江阴港区、松下港区、罗源湾港区等四个港区,可建20万吨级以上泊位45个。福州优越的物流条件,对吸引和发展大型临港重化工业布局具有明显的优势。

第三,金融服务便利。作为省会城市,各大银行均在福州市布局设点,且多数为区域总部,网点众多、金融产品丰富。此外,福州市中小企业信用担保机构众多,小额贷款公司逐步试点开展,企业上市融资培育机制也日趋完善,政府搭台牵线、银行与企业对接融资的政银企对接频繁开展,拓展企业的融资渠道。

第四,产业基础良好。经过多年发展,福州市工业已经具备一定的产业基础,具有较完善的产业链配套。形成福清电子及汽车玻璃、长乐纺织化纤、闽清建陶、青口汽车城、闽侯工艺品等产业集聚区,捷联电子、福耀玻璃等龙头企业在国内甚至全球都占有举足轻重的地位,这对产业集聚具有较强的吸引力。园区载体、配套设施进一步完善,海西高新技术产业园区、福兴经济开发区改造提升加快推进,生物医药园、机电产业园、铝深加工产业园、东南 IC 产业制造基地等专业产业园区正抓紧建设。

三、制约因素

一是产能规模制约。与加快实现工业跨越性发展的要求相比,福州市企业规模普遍偏小,经济实力及影响力偏弱,技术开发能力不强、企业管理水平不高、产品结构还较落后、赢利能力不强,在市场竞争能力上与国际跨国公司、央企等相比不在一个档次。除电子、汽车、冶金等产业集中度较高外,福州市塑胶制鞋、工艺品、陶瓷、食品等行业多数为中小企业,缺少有竞争力的大企业集团和知名品牌,中国 500 强、世界 500 强企业缺乏。2010 年,全市仅有大型企业 18 家,产值 100 亿元以上的企业(集团)2 家(捷联电子、华映);产值 50 亿元以上的 6 家;产值 10 亿元以上的 80 家。"十二五"期间,福州市提出培育 15 家百亿元大企业、大集团发展目标,但除此之外,其他企业的资产规模和产能与建成大企业、大集团的要求相比仍存在较大差距。

二是产业集群发展较慢。一方面配套能力不足。福州市产业集聚程度虽在逐渐增强中,但总体而言,产业与产业之间,企业与企业之间的关联度仍不是很高。除少数龙头企业带动周边配套企业发展外,多数企业处于单兵作战的状态,企业之间缺乏竞争与合作,产业配套能力仍嫌不足。另一方面,生产服务业跟不上制造业的发展,金融、研发、法律、会计、中介、职业培训、行业协会等生产性服务业规模不大,高端服务不足,服务功能不强,与企业的不断发展不相匹配。

三是生产要素成本上升,能源、资源和环境压力加大。福州市企业曾借助生产要素的低成本优势,取得快速发展,但随着各生产要素的价格上升,这种成长模式受到极大制约。

四是高端管理人才缺乏。福州市企业高端管理人才比较缺乏,特别是民营企业,多为家族式管理,企业发展到一定程度,不可避免地遭遇人才瓶颈。此外,现有企业老总、企业经理的素质也亟待进一步提升,"小富即安"的心态比较普遍,引领企业做大做强的愿望不强。

(课题成员:陈志毅　郑建新　林凤蕃　叶苏　陈敏瑜　执笔:林凤蕃　叶苏)

加强生态文明建设 提升城市宜居品质

市委政研室课题组

一、福州市城市生态文明建设现状

近年来,福州市城市生态建设取得长足的进步,2009年被列入全国可再生能源建筑应用示范城市。生态环境质量及城市环境综合整治定量考核成绩持续位居全省前列。2009年,顺利通过国家园林城市复查;2010年6月,被授予全国绿化模范城市。在2010年7月南京举行的"上海世博主题论坛"大会上,环境保护部中国环境规划院首次公布中国环境宜居城市的监测指标体系,福州以综合得分最高位居宜居城市榜首。

1. 加大园林绿化建设力度。新建动物园、儿童公园、琴亭湖公园等十多个公园。同时,对西湖、白马河、鼓山、屏山、乌山、于山、温泉等公园景区实施改扩建。完成西、北二环等主干道沿线绿化改造提升和海峡国际会展中心广场等重点区域的绿化建设;对五一路、五四路、华林路、永安街、鼓屏路等道路进行拆违建绿;对中心城区主干道具备立体绿化的围墙、栏杆、桥墩、驳岸进行垂直绿化,增加城市绿视率;在城市公园、景区、道路、河岸广泛种植开花乔、灌、花、草。至2010年底,新增绿地面积710万平方米,城区拥有绿地总面积6407.48公顷,公园绿地820公顷,城市建成区绿地率达36.29%,绿化覆盖率达40.3%,人均公园绿地面积达11.15平方米。福州市森林覆盖率达54.9%,城郊山区森林覆盖率达56.28%,

2. 加强环境整治工作。建成红庙岭垃圾焚烧发电厂、祥坂污水处理厂扩容工程、洋里污水处理厂一期技改工程等76项重大环境保护基础设施。2010年,福州市城市生活污水集中处理率93.22%,生活垃圾无害化处理率98.38%。市区空气质量优良率96.17%,区域环境噪声、交通噪声均优于国家规定标准。工业固体废物综合处置利用率98.14%,工业危险废物综合处置利用和医疗废物处置率均达100%。重点流域水环境综合整治和畜禽养殖污染、石板材行业污染等专项治理取得明显成效。闽江、敖江(福州段)及龙江水质达标率分别由2005年的98.6%、83%、28%,提高到2010年的100%、100%、75%;市级集中式饮用水源地水质达标率从2005年的96.22%,提高到2010年的98.9%。

3. 提高卫生管理水平。2011年,福州市道路专业清扫长度约1060.6千米,清扫面积约2106.7万平方米;机械清扫作业路面增加到57条,面积约100.6万平方米,机械清扫率达58%。新增、更新一批先进的机械设备和垃圾转运站、公厕等。对垃圾焚烧发电厂、填埋气体发电厂、飞灰处理厂实施日常监管,确保垃圾无害化处理设施稳定达标运行。通过拆违章、砌驳岸、打通道、整立面、清淤泥、上绿化及宣传内河法等措施,建立市、区、街(镇)与社区紧密互动的管理态势。中心城区主要河道内河生态补水工作得到较好发展,列入管理的河道保洁率达100%。渣土垃圾基本实现有序处置,实施渣土运输市场准入制度,强化日常管理与执法,确保市区道路干净整洁。

二、存在的问题

1. 城市总体规划有待进一步完善。福州市城市总体布局一直受地理结构(三面环山一面临海)的限制,城市资源承载力和生态环境受到制约,造成城市建设用地紧张、城区交通拥堵、公共空间缺乏、建筑密度高等突出问题,严重影响城市宜居品质。目前,福州市城区人均用地尚未达到我国城市人均用地面积指标,在城区土地利用率处于饱和状态的情况下,需要改善城市布局。

2. 城市绿地布局合理性有待提高。福州市城市绿化体系的框架基本形成,但城市绿地系统规划还不够完善,城市绿化面积落后于实际需要。目前,城市园林绿地分布不均,成片的绿地和广场主要分布在城区的北部与西部,南部和东部公共绿地较少,基本上没有大块绿地,城市公园总面积和人均面积不够,特别是中心区偏少。大多数城市公园面积偏小,1/4以上为山地公园,缺少大型性、综合性公园。根据卫星获得的热红外遥感图像显示,在市区存在明显的"高温区"和"冷湖",城市局部地区热岛现象明显。

3. 城市景观特色不够明显。福州市在城市化建设进程中,设计思路和设计水平有待提高,特别是在体现福州山水自然景观、历史文化名城风貌以及"榕城"特色上尚缺力度。滨河两岸建筑布局不尽合理,缺少河滨开敞空间与绿化;外围山体屏障缺少绿化通廊引入城市;城区内山体之间的景观通道被城市无序建设阻碍,城市轮廓缺乏韵律与秩序,使得福州城区的山、水、景观之间缺乏联系,不能充分展现滨江环山的城市风貌。

4. 城市热岛效应仍然存在。由于城市建成区面积的不断扩大,造成大量的人工铺砌的道路、广场等钢筋水泥建筑物取代了绿地。城区内发达的工业、交通运输以及日常生活所产生的大气污染物,使城市空气中CO_2、NO_2和气溶胶微粒等有害物的浓度大大增加。由于城区人口密度不断加大,"温室效应"增加,使得福州一到夏季就"高烧不退",城市热岛效应加剧。

三、加强生态文明建设,提升城市宜居品质近期要抓好的工作

1. 建设环福州绿色屏障。实施"三沿一环"(沿路、沿江、沿海、环城)范围内的第一重山脊及重要水源地水库库区的保护工作。沿路:新建和现已通车的高速公路、国省道和铁路沿线两侧以外,在1千米范围内涉及山地的,从林缘起向外延伸至第一重山脊。沿江:重点流域"三江",即闽江、敖江、龙江。其中,闽江干流及一级支流两岸,干堤以外,在2千米范围内

涉及山地的,从林缘起向外延伸至第一重山脊;敖江、龙江干流及一级支流两岸,河岸或干堤以外,在1千米范围内涉及山地的,从林缘起向外延伸至第一重山脊。沿海:沙岸从适宜植树的地方起向岸上延伸不少于200米,泥岸从红树林或适宜植树的地方起向陆地延伸使林带宽度不少于100米,岩岸指临海第一重山脊的临海坡面。环城:城市和县城建成区边缘,在1千米范围内涉及山地的,从林缘起向外延伸至第一重山脊。重要水源地水库:库区内尤其是第一重山脊的轻中度以上水土流失治理区。力争全市主要交通干线一重山、重点流域一重山和沿海基干林带的可绿化宜林地的绿化程度达到100%,一重山低质低效林分补植改造面积达到90%以上,对沿路、沿江、环城一重山范围内废弃矿山"青山挂白"进行治理和植被恢复,植被恢复治理率达到95%以上,规划的主要江河和中型以上水库一重山的水土流失治理率达到90%以上。

2. 加强绿色廊道的建设。城市慢行交通系统是城市绿色交通系统的首要构成及综合交通体系的重要组成部分,由步行系统与非机动车系统两大部分构成。经过多年的规划积累,福州市的道路绿线网、河道绿线网已初具规模,并与城市公共绿地衔接。从规划上来看,应大力提倡绿色交通,引导居民更多地利用步行、非机动车出行,并与轨道交通、常规公交实现无缝接驳,提高公交出行率,实现以人为本、低碳节能的目的。

3. 深入发掘山体特色。规划部门目前正在编制《山体保护规划》,提出严格控制山体及周边的城市建设行为,逐步引导山体上的单位、住户、矿场等外迁、关闭,恢复山丘的自然特征和原有风貌,还山于民。针对山体特色,对每座山体提出相应的保护主题,使山体成为群众日常生活中环境优美的游憩空间,成为福州市吸引游客前来观光旅游的绿色名片。

(课题成员:曾庆生　张文惠　张文静　申家驹　林劲鹏　陈辉　周建国　谢绍洪　张文娟　谢家洺　刘钢生　杨武　执笔:曾庆生)

我市全面推进温泉之都建设的研究

市旅游局课题组

一、福州市具备推进温泉之都建设的优势

1. 具有推进温泉之都建设的资源优势

福州自古就是全国有名的温泉城市,温泉资源丰富,具有分布广、储量大、埋藏浅、水温高、水质优等特点,而且开发利用历史悠久,文化积淀深厚,管理机制健全。2010年12月29日,国土资源部正式发布公告,福州市获"中国温泉之都"称号,成为全国省会城市中率先摘取"中国温泉之都"金字招牌的城市。重点对市区的桂湖、螺洲、淮安3个温泉点进行勘探:一是中心城区蕴藏丰富的温泉。福州市中心城区地热异常面积有9平方千米,现开采的地热田面积5平方千米,而且城区外沿的桂湖、淮安、螺洲等区域均有温泉分布。温泉资源位于市中心,这在全国省会城市中独一无二。二是温泉资源分布广。除市区外,福州郊县的永泰、连江、闽侯、闽清、福清、长乐等县(市)均有天然温泉出露。永泰县、连江县也分别获得"中国温泉之乡"称号。三是温泉储量大、水温高。目前,福州地区温泉日可开采量超过6万吨,其中中心城区1.48万吨。温泉平均水温为72℃,最高温度为108℃。根据地质勘探部门研究,福州城区千米以下的深表层还有相当丰富的温泉储量。四是温泉水质优。福州温泉水质纯净,无色无味,富含硫磺、氯、钠、氟、氡等10多种有益人体健康的矿物质和微量元素,是不可多得的医疗热矿泉。

2. 具有推进温泉之都建设的市场前景

福州市作为与台湾一水之隔的省会中心城市,在区位优势、经济总体实力、人口数量与素质优势、外资引入、各种形式的劳务外汇流入,以及风俗习惯、人文、地域、文化等方面,具备温泉开发利用的优越条件。近年来,温泉开发利用范围从澡堂洗浴逐步扩大到科研、工农业生产、医疗保健、水产养殖、旅游宾馆以及文体娱乐业等方面,温泉已成为福州历史的一部分。

3. 具有推进温泉之都建设的产业基础

一是改造恢复一批温泉老澡堂和古温泉遗迹。改造提升三山座、工人、德天泉、市直机关、温泉、醒春居、华清池等7座老澡堂及恢复八角井古井遗迹。

二是完善一批温泉文化和景观设施。对已建成的温泉旅游景区、温泉公园以及市区星级温泉酒店强化温泉文化元素,完善温泉设施和标识标牌,全市2010年评定授牌10家温泉旅游酒店。

三是推动建设一批温泉旅游项目。2010年9月出台《福州市人民政府关于进一步加快旅游业发展的意见》。目前,福州市正参照外地的做法、经验研究制订促进加快发展温泉旅游的用地、税费、审批等方面的优惠措施,如:经勘察,有温泉资源的地块,优先作为温泉旅游项目用地供应;在温泉资源开发中采用新技术,经审核,有利于资源保护和综合利用的温泉开发企业,可免收或减半征收地热矿产资源补偿费;可以在充分利用现有贷款融资模式的基础上,探索融资模式的创新。除贷款融资方式外,可以结合温泉旅游行业和自身企业的具体情况,使用各种行之有效的直接融资方式。市中心的源脉温泉休闲园、旗山森林温泉度假区(一期)、贵安温泉度假村(二期)、乐峰赤壁温泉度假村、七叠温泉生态农业观光园等建成开业;闽侯光明谷温泉、旗山森林温泉度假区(二期)、连江温泉高尔夫五星级温泉酒店、海峡文化村、永泰樱花泉温泉养生俱乐部等在建项目也正在加紧建设。

四是促成动工一批温泉旅游项目。连江东雁文化旅游综合体项目于2011年2月动工建设;永泰梧桐汤埕温泉旅游等项目力争2012年内动工建设。

五是策划推出一批重点温泉旅游招商项目。盘整一批有一定规模、适合开发大型、高端温泉旅游项目的地块,推出中国温泉博物馆、古田路高级温泉会所、淮安温泉会议中心、桂湖温泉旅游综合体、贵安温泉旅游项目、东龙湾海上温泉旅游区等项目进行招商。2011年,古田路高级温泉会所已摘牌,正

在加紧方案设计和报批;中国温泉博物馆及地下体验区已动工建设;淮安温泉会议中心、桂湖温泉旅游综合体、贵安温泉旅游项目、东龙湾海上温泉旅游区等项目正做前期准备工作。

二、制约福州市推进温泉之都建设的问题

尽管福州市温泉旅游优势多、市场形势好,但目前温泉旅游普遍存在缺少文化内涵、温泉经营同质化严重、配套设施比较单一等问题,甚至存在着无序化竞争的隐忧。

1. 温泉资源使用粗放

福州许多酒店和住宅小区都引入温泉,许多单位用户,只是将温泉作为单纯的沐浴用水,其开发利用的附加值和社会经济效益都很低。

2. 开发利用模式落后

福州现在温泉旅游开发模式尚处于室内温泉开发的第一代开发模式和露天环境温泉开发的第二代开发模式上。开发模式的滞后必然导致福州温泉旅游整体水平无法上更高的层次。

3. 文化内涵挖掘不够

福州温泉旅游产品更多局限于疗养、洗浴等功能,忽视本土文化的挖掘改造,没有开发休闲、健身、观光、科普等综合型项目。在产品设计上没对福州文化,尤其是福州温泉文化进行消化吸收,温泉旅游产品无法体现福州的城市个性和福州人文景观与文化氛围。

(课题组组长:郑立　执笔:林啸)

加强副食品基地和市场供应保障机制建设的政策研究

市商贸服务业局课题组

一、福州市副食品基地建设和市场供应保障的基本情况

(一)货源保持充足。2010年,福州市肉品、蔬菜、蛋禽市场供应坚持本地生产、外地调入的双保障,形成以基地生产为基础、外地货源适时补充的保障体系。全市现有蔬菜种植面积约10.33万公顷,市调控基地0.80万公顷,生猪直控基地28家,禽蛋直控基地8家,副食品基地蔬菜、生猪、禽肉、蛋品产量稳定保持在年均60多万吨、出栏55万头、220万羽、1.5万吨的较高水平,有效保障了市场供应。"菜篮子"市场供求均衡、品种丰富,蔬菜、猪肉日均上市量分别达2500吨和135吨,"菜篮子"蔬菜品种常年保持在60多种以上。建立"准确监测、深刻分析、科学预测、快速反应、及时调控"的运行调控体系,市场监测样本覆盖全市130多家企业,及时收集系统监测数据,分析消费品市场运行情况,针对可能影响市场供应的需求变化,及时启动生活必需品的应急预案。

(二)质量持续提升。福州市建立和完善"地方政府负总责、监管部门各负其责、食品生产经营者为第一责任人"的责任机制,连续11年把食品安全工作列入市委、市政府"为民办实事"项目。各级各部门在开展"菜篮子"种植、养殖、屠宰、加工、流通、消费各个环节的专项整治活动的同时,坚持集中整治与长效机制建设相结合、企业自律与政府监管相结合,统筹兼顾,突出重点,促使食品安全监管各项制度落到实处。2010年,福州市肉类、蔬菜、水产品、奶等主要食品的污染得到有效治理,食品生产经营秩序趋于规范,全市30多项食品安全检测指标全部达标,没有发生重大食品安全事故。2011年,福州市有35家猪禽副食品基地通过省农业厅和国家农业部无公害产地和无公害产品论证。

(三)流通网络日益健全。2010年,福州市相继建成海峡农副产品批发物流中心和海峡水产品批发市场。海峡农副产品批发物流中心项目一期用地面积57.91公顷,建筑面积40万平方米,项目总投资12.58亿元,年交易额达100亿元,蔬菜日交易量达1700多吨,市场配备完善的监控系统、信息发布系统、仓储物流配送中心、农产品检验检测中心,并投资400万元开发"一卡通"电子交易结算系统。商贸部门与交警部门协调,健全和落实蔬菜等鲜活农产品运输"绿色通道"政策,实行鲜活农产品免收过路过桥费,在城区对蔬菜等生鲜农产品配送货车发放特别通行证,确保24小时运输蔬菜车辆进城畅通,方便停靠。全市商场超市90%以上的"菜篮子"商品通过绿色通道进入市区。同时组织大型连锁超市、农副产品、水产品批发市场和基地生产经营户代表召开产销对接专题会,支持超市与蔬菜基地发展"订单农业",进行"农超对接"和建设农产品直接采购基地,产销对接初见成效。

(四)"菜篮子"工作机制不断完善。福州市"菜篮子"工程建设领导小组由副省长、市长苏增添担任组长,分管领导副市长陈为民担任副组长,26个市直部门和12个县(市)区为成员,统一领导和协调全市"菜篮子"工程建设工作。领导小组下设办公室(挂靠市商贸服务业局),负责制定全市"菜篮子"工程建设工作规划和政策,协调解决"菜篮子"发展重大问题。各县(市)区也相应成立"菜篮子"工程建设领导机构和办事机构,确保"菜篮子"各项工作措施落实到位。

二、存在的问题和差距

首先,灾害天气、价格异常波动等不确定因素增多,加大市场保障工作的难度。2010年以来,蔬菜价格处于高价位运行,零售价格提高20%～50%,强化了通胀预期,价格持续下跌,导致生产下滑。其次,蔬菜可控保障能力仍处较低水平。由于蔬菜分散小生产的格局没有从根本上得到改变,淡旺季失衡现象比较突出,而蔬菜储备和基地的可控保障能力仅占需求总量的60%。第三,流通建设现代化水平较低。冷链和规模化、专业化的第三方物流企业较少,大部分农产品交易依靠传统的批发市场,能够直接进入统一配送系统的不足10%,市区蔬菜零售有40%左右通过农贸市场的小商小贩批发配送。据统计,蔬菜从产地到批发,再到零售,流通总损耗达到20%以上。第四,精深加工低水平发展。蔬菜、肉类等"菜篮子"商品的精深加工比重较低,大多是初级加工或未加工产品。

(课题成员:沈鹭滨　王锋　刘景秀　执笔:沈鹭滨)

对ECFA早期收获计划实施后促进榕台贸易往来的若干思考

市委台办课题组

一、ECFA早收计划实施以来榕台贸易往来情况

2010年6月29日,海协会与台湾海基会签署海峡两岸经济合作框架协议(ECFA)。根据协议,2011年1月1日起两岸全面实施货物贸易与服务贸易早期收获计划(早收计划)。在货物贸易方面,大陆对539项原产于台湾的产品实施降税,台湾对267项原产于大陆的产品实施降税。在服务贸易方面,大陆向台湾开放会计、计算机及相关服务、研究与发展、会议、专业设计、进口电影片配额、医院、民用航空器维修、银行服务业、保险业及证券期货业等11个服务部门、19项内容;台湾向大陆开放研究与发展、会议、展览、特制品设计、进口电影片配额、经纪商、运动及其他娱乐、航空电脑定位系统以及银行等9个服务行业。

(一)货物贸易方面

1. 2011年10月,榕台进出口贸易总体呈增长趋势。据统计,2011年1月至10月榕台贸易进出口17.02亿美元,同比增长2.1%。其中出口4.06亿美元,同比增长21.1%;进口12.96亿美元,同比下降2.6%。

2. ECFA早收计划影响明显。2011年1~10月,福州市进出口ECFA早收清单产品(包括享受和未享受ECFA关税减让优惠的所有ECFA早收清单产品)价值2.82亿美元,同比增长18.7%,占同期福州市对台进出口比重的16.5%,占同期福建省进出口ECFA早收清单产品比重的20.6%。其中出口0.76亿美元,同比增长41%,占同期福州市对台出口比重的18.6%,占同期福建省对台出口ECFA早收清单产品比重的28.1%;进口2.06亿美元,同比增长12.2%,占同期福州市对台进口比重的15.9%,占同期福建省对台进口ECFA早收清单产品比重的18.7%。1~10月,福州关区对台湾进口的ECFA项下早收清单产品价值2737.17万美元,减免税款791.03万元。涉及企业82家,其中福州市台资企业36家。

3. ECFA进出口产品以电子信息、机械汽配、轻纺等福州市传统产业原料、部件、机器设备为主。其中进口大宗商品主要有:电子印制电路用覆铜板、车身(包括驾驶室)未列名零件、附件、聚甲基丙烯酸甲酯非泡沫塑料板、片、膜等、纱、织物等整、涂机器、橡胶制的鞋外底及鞋跟、漂白或染色机器、机动车辆用电气照明装置等。出口大宗商品主要有:未列名已装配的光学元件、其他彩色监视器、阀门零件等。

4. 福州市辖区签发ECFA原产地证书数量居全省首位。1~10月,福州市辖区为申请企业签发ECFA原产地证书140份,签发数量居全省首位,签证金额约200万美元,口岸分布福州、厦门和上海等地。

(二)服务贸易方面

1. 金融合作呈现多元化。海峡银行与台湾华南银行从业务合作到战略投资合作。继2011年5月海峡银行与台湾华南银行在台北签署《业务合作协议书》后,7月海峡银行即向主管部门就引进台湾华南银行作为战略投资者有关事项和方案进行请示和汇报。台资拟参股闽侯县村镇银行和建立台资融资性担保公司。台中金融主管经理人协会有意引进台湾金融业者参股闽侯县村镇银行。10月台湾第二大上市金控公司富邦金控旗下的富邦财险进驻福州市。同时,富邦金控拟在福州市海峡金融街投建"富邦金融海西总部大楼"项目正在洽谈中。

2. 建筑领域人才资质认定先行先试。2010年,福建省首家两岸合资建筑工程企业福建拓福工信建筑工程有限公司在福州市成立。2011年6月,经市政府研究,同意由市城建委、公务员局、教育局等部门按照先行先试精神对这家建筑公司中台湾派遣技术人员的职称评定、执业资格认定等,报请省有关部门给予办理。

3. 文化创意产业合作逐渐深入。如台资企业福州统联文具礼品有限公司与福建神画时代数码动漫有限公司拟共同投资550万美元开展创意形象与实体产业合作,互用形象进行产品生产及创作媒体作品。同时,福州市正在规划建设台湾文化创意园、台湾创意商品一条街等,更好地承接台湾文化创意产业转移。9月底,在福州市举办的中国(福州)动漫消费电子展中邀请到台湾文化创意经济促进会理事长、台湾数位内容创意产业发展联盟会长、台湾动漫创作协会理事长等一批台湾文化创意界的知名人士来榕交流,推动榕台文化创意产业交流和合作。

4. 商贸服务业合作后劲十足。台湾润泰集团在金山投建的大润发购物中心于9月底开业,另外计划投资7亿元选址仓山区建设15万平方米的商业购物中心等城市综合体。台湾蓝天电脑集团拟投资5亿美元在福州市兴建IT商贸(品牌)企业总部及百脑汇旗舰IT商场。富士康科技集团拟在福州市投建集科技成果转化中心(创新、创意、创业三创中心)、富士康科技体验馆、赛博数码广场、国际名牌旗舰总店、台商企业总部为一体的大型高科技智能综合体。

5. 榕台医疗合作崭露头角。福州市第一家以台资注册的福州台江康德口腔门诊部自开业以来受到广泛关注。同时,福州市正争取台湾中国医药大学附设医院等台湾医疗机构来榕设立独资"三甲"医院。与台湾有关方面开展医疗服务和医保对接的沟通、协商工作也在积极推动中。

二、ECFA早收计划实施中遇到的主要问题

(一)货物贸易方面

1. 企业对ECFA优惠政策缺乏了解。自ECFA签定以来,福州海关、检验检疫局、市台办、外经贸局及省贸促会等单位做了大量的宣传工作,如发放宣传册、举行ECFA政策宣讲会等,但仍有相当一部分企业对ECFA优惠政策不甚了解或重视不足,未申请签发ECFA原产地证书,或只申请签发一般原产地证书,因此无法享受优惠税率。

2. 大陆地区HS编码与台湾方对应不一致。如ECFA正式实施后,福州市辖区企业出口一批模具主要用于冲压金属、硬质合金,钢板等,其台湾客户在咨询台湾海关部门时,台湾海关提供了商品编码为82073010(冷压及冲压金属片机器用

冲头及模落鎚锻),而此税号相对应的大陆编码为 82073000(锻压或冲压工具)。两地 HS 编码不同,影响 ECFA 优惠政策的顺畅实施。

3. 原产地证明申办手续较繁琐。部分出口企业反映检验检疫部门一般需先行验货后才签发原产地证明,申办流程周期较长,有些货物在台湾进口报关时仍无法拿到相关证明导致无法享受优惠政策。

4. 福州市对台进出口大量商品未享受 ECFA 关税减让。1~10 月,福州市 ECFA 项下对台进口产品目录 39 项,占大陆早收清单产品目录的 7.2%;对台出口产品目录 15 项,占台湾早收清单产品目录的 5.6%。由于早收清单纳入的多是工业产品,但工业产品多属原物料、来料加工,这部分本来就可享受退税,因此在一定程度上也影响了企业运用的积极性。而食品等民生产品在早收清单中的比重很少(只有少数农产品),但在榕台贸易中的比重较大,未纳入 ECFA 早收清单的食品等产品则无法享受优惠税率。

(二)服务贸易方面

1. 金融准入门槛较高。如根据现有规定台资参股银行,参股比例不得超过 20%,而台资希望参股比例能扩大至 49%。再如参股闽侯县村镇银行,根据相关规定发起行福州市农商行占 51%,其余 49% 由闽侯县各企业共同投资,其中非国有股份(包括台资股份)比例超过 5% 须上报国家银监会审批。还规定须以境内企业的形式参股,参股的企业须成立 2 年以上且有赢利。

2. 建筑领域人才资质认定适用不广。虽然 2011 年福州市在台湾建筑领域人才资质认定上有所突破,但只是针对福建拓福工信建筑工程有限公司的个案处理,不适用福州市其他建筑企业比照此引进台湾技术人才。

(执笔:徐娴)

新形势下加快福州外贸转型升级的对策思考

市对外贸易经济合作局课题组

一、当前福州市外贸转型升级面临的形势与挑战。

当前,世界经济有所复苏,但国际金融危机的影响致深,难以一时消除,甚至在一定范围、一定区域、一定时空有反弹迹象,如欧债危机等。技术性贸易壁垒成为当今贸易设限重要手段。欧盟实施的 ROHS、REACH、EUPS 等指令,以及日本的肯定列表制度,抬高商品准入的门槛。反倾销、反补贴案件频频发生。国内宏观经济环境持续向好势头发展,更加注重转变经济增长方式,更加注重促进贸易平衡,更加注重政策调控。外贸企业需承受相应增加环保成本、资源成本和劳工成本不断扩大,以及人民币长期升值趋势等多重压力。

1. 对外贸易总体呈高位快速增长态势。"十一五"期间全市外贸进出口总额累计达 980.85 亿美元,是"十五"期间的 2.1 倍;其中出口 651.48 亿美元,是"十五"期间的 2.41 倍,约占全省出口总值的 1/4;进口 329.37 亿美元,是"十五"期间的 1.75 倍。2011 年 1~8 月,出口 124 亿美元,同比增长 20.75%,8 月份当月实现出口 23.61 亿美元,创福州市单月出口值历史最好水平。

2. 内资出口企业快速发展。截至 2010 年底,福州市有出口实绩的民营企业已达 1541 家,超过外资企业成为最庞大的外贸经营队伍;2011 年 1~8 月,内资企业出口 67.7 亿美元,占全市出口总值的 54.6%,内资企业出口超过外资企业,成为福州市出口的主要力量,使福州市出口经营主体结构逐步趋向合理。

3. 对外贸易结构不断优化。加工贸易产品逐步向高端化方向发展,出口占比不断下降,一般贸易出口占比不断提升。加工贸易进料比由"十五"末的 61.7% 降低到"十一五"末的 54.1%。2010 年一般贸易出口 87.54 亿美元,是 2005 年的 2 倍,年均增长 14.9%;占全市出口的比重由十五末期的 46.5% 提高到 53.4%。2011 年 1~8 月一般贸易出口 78.03 亿美元,同比增长 52.17%,高于同期全市平均水平 31.42 个百分点,占全市出口值的 62.92%。

4. 出口商品竞争力不断提高。福州市前十大出口产品中有 7 个具有很强的出口竞争力且在国内产品出口中具有一定地位。分别为:电子信息设备,纺织服装,鞋靴,家具等杂项用品,非金属矿物制品,皮革箱包,交通运输工具。福州市机电和高新技术产业以加工贸易为主。2010 年,福州市机电产品出口达 81.23 亿美元,占比 49.75%,其中加工贸易 53.42 亿美元,占比 65.77%。高新技术产品出口达 39.75 亿美元,占比 24.36%,其中,加工贸易 36.12 亿美元,占比 90.88%。

5. 缺乏大型出口企业支撑,容易造成出口波动。2010 年,福州市出口实现上亿美元的企业为 41 家,其中出口超过 10 亿美元的企业只有捷联电子 1 家企业,由于过分依赖捷联电子的拉动,容易造成出口波动。2011 年 1~8 月,该企业出口 14.59 亿美元,同比负增长 26.65%,净减少 5.3 亿美元,影响出口增长 5.16 个百分点。

6. 缺乏自主出口品牌。2011 年 1~8 月,福州只有 8 家企业获得商务部"重点支持和发展的出口名牌"、23 家企业获得省级"国际知名品牌"称号。

(课题指导:张献勇 课题成员:潘啸严 周文 王耀飞 执笔:郑金途)

福州市物联网产业发展研究

市委政研室课题组

物联网是互联网的延伸,作为前沿交叉领域,物联网等新兴产业必需植根于高新技术产业,尤其是电子信息产业和软件行业,在这方面,作为 9 个国家高新技术电子信息产业基地之一,福州有着良好的基础。目前,全市拥有高新技术企业

277家、高新技术产业总产值突破1500亿元,福州软件园拥有软件及电子信息等各类企业442家,福州物联网产业已粗具规模。

一、物联网产业发展规划获得高度重视和共识。

《福建省加快物联网发展行动方案(2010~2012年)》在"主要任务"方面提出要把鼓楼作为全省2个物联网重点示范区之一:"依托福建移动传输网,以福州市便民呼叫中心12345平台为支撑,以智能交通为重点,突出城市管理、交通物流、公共安全、商贸流通、民生服务等惠民领域,重点做好城市网格管理、公共停车管理、社会治安防控、旅游自助导览、移动电子商务、社区居家养老等6类项目先行先试,建设海峡西岸省会智慧中心城区。"2011年2月通过的《福州市国民经济和社会发展第十二个五年规划纲要》提出要"把培育新兴产业作为转变发展方式、塑造竞争新优势的着力点,推进产业基础较好、技术优势明显、设备先进、产品市场前景广阔的新兴产业发展。力争新兴产业产值年均增长超过20%,到2015年,新兴产业总体规模和水平位居全省前列,使之成为国民经济的先导性、支柱性产业。"提出要"大力发展新型显示、高端通信设备、物联网、云计算等新一代信息技术产业,抓好三网融合试点,培育壮大一批先进龙头企业。积极发展物联网产业,发展电子标签、传感器、视频监控终端等;加快云计算研发应用,使其成为福州信息产业发展的新引擎。"2011年4月《关于扎实推进国家创新型城市试点工作的实施意见》提出要"积极培育和发展下一代互联网(NGI)、下一代网(NGN)等新兴高新技术产业集群,重点培育物联网、传感网等领域的产品研发,突破物联网产业关键技术,加快信息识别和传感技术的产业化,促进物联网技术在食品安全、灾害监测、现代物流、智能交通等领域的推广应用。"

二、物联网产业自主创新具备较好基础和态势。

产业体系完整:从物联网框架系统来看,福州拥有的物联网技术和产品生产涉及传感网络、传输网络和应用网络,拥有传感器、网络传输、数据处理等基本完善的产业框架。核心技术突出:福州在传感仪表、自动化控制、电子回执、射频读卡器、自助终端、物联网操作系统级中间件平台、智能家居系统等领域的研发居国内领先水平,拥有自主的核心技术和品牌。研发力量强大:部分企业和高校科研机构创建一系列物联网产业研发基础平台:如厦大与新大陆集团共建的SOC联合实验室,就核心技术展开研究;星网锐捷集团与多家高校研究机构组成了网络通讯研究院,拥有1000多名高素质的研发团队。同时积极拓展市场,在全国城市管理、智能监控、食品追溯、水质监测等系统,福州物联网企业的技术产品应用较为广泛,传感仪表已进入国外市场,二维码智能识读机具、各式标签、智能卡、RFID读写设备、网络终端等已在国内许多领域广泛应用。

三、物联网产业发展壮大拥有优势企业和集群。

在福州软件园、福州经济技术开发区和金山工业集中区都拥有一批涉及物联网产业的优秀企业,他们取长补短、优势互补、合作共赢,稍加整合就可以建立区域性的密切型的物联网产业链,形成有竞争力的物联网产业集群。

——新大陆集团产业横跨物联网信息、三网融合通信和绿色环保科技三大领域,是国内领先的集物联网核心技术、核心产品、行业应用和商业模式创新于一身的综合性物联网企业,三网融合数字电视综合业务供应商和无线通信设备供应商,是福州扶持发展的物联网龙头企业。新大陆拥有国际领先、完全自主知识产权的物联网二维码识读核心技术、行业芯片设计技术,2010年研发出全球首颗二维码解码芯片,二维码采集器已经广泛应用到美国彩票设备、韩国税控和银行系统、欧洲地铁等领域,并与中国移动、中国银联联手打造中国第一家"电子回执"业务,填补了电子商务交易完成后缺乏电子凭证的空白,电子支付领域年销售额达到100亿元。新大陆首创的"动物溯源系统",已在农业部生猪生产流通环节运用。新大陆在动物与食品溯源、二维码移动电子凭证、"商E通"时空物流商和冷链物流上的开创性商业模式实践,成为事实上的物联网行业应用标准,奠定了公司在国内物联网知名企业的地位。2009年物联网应用实现产值2.2亿元,占公司收入约20%、占净利润40%,预估未来3年利润复合增速可望超过40%。2010年新大陆集团旗下的新大陆电脑公司实现产值9亿元。

——福建星网锐捷通讯股份有限公司是国内领先的网络、通讯、终端、视频应用系统及综合解决方案提供商,国家重点高新技术企业和网络通信龙头企业,多次承接国家火炬计划、国家和省级技术创新项目、国家863计划项目。公司与中科院计算机、清华大学、华中科技大学、厦门大学、福州大学等高校建立长期合作关系,2009年,与华科大携手共建"下一代互联网接入系统国家工程实验室";同时,还与Microsoft、TI、Motorola、Intel/AMD建立五大联合技术中心。星网锐捷公司关于物联网的产品主要有固网支付系统、GPS定位系统和无线多媒体预警系统。其研发应用的V90彩信监控器GSM网络终端可组成一个区域性的融入传感网的无线多媒体预警系统,用于安防行业、电力监控、通信基站监控、公安定点监控、医疗卫生、农业数据采集、自然灾害预警等行业,并与中国移动开展合作。2010年实现产值32.6亿元。

——福州福大自动化科技有限公司是一家以工业自动化为主营,融科、工、贸于一体,专业从事工业自动化工程项目设计、安装、调试等服务和代理销售各类进口名牌电气及自动化产品的民营高新技术企业,所承接设计、施工的控制系统项目主要涉及机械、电力、冶金、石化、林产、食品加工、制药、烟草、市政工程等行业领域,是中国规模最大的电气产品分销商及工业自动化系统集成商,被行业主流媒体誉为"工控行业巨头"。该公司凭借自动控制领域的优势,结合物联网技术和"云计算"方法,提出"云控制"概念;同时该公司组建了福建中海创集团,制定了物联网智慧城市战略。2010年实现产值44亿元。

——福建上润精密仪器有限公司主要产品为新型仪器元器件和材料、自动化系统集成及软件工程、分析仪器、计时仪器、传感仪器、智能执行器等高新技术产品,主要用于过程自动化领域,其中的智能执行器产品曾被我国神六、神七载人航天飞船选用。近年来,开始进军高水平光机电仪一体化产品和物联网技术,是福建省仪器仪表行业高新技术产业化的代表,其输送传感技术广泛运用在国内大型油田。2010 年实现产值 10.6 亿元。

——福州欣创摩尔公司拥有 XC - MES、XC - IRDS、XC - 16100、SMO(ServiceManagerofObject,对象服务管理平台)数据采集控制中间件等多项软件著作权和专利,及多项产品通过欧盟 CE 认证。2008 ~2011 年申请物联网相关产品和技术专利数达到 11 项,获批专利数 5 项,获得相关软件产品著作权 6 项。2009 年 6 月 18 日,省信息产业厅对海西无线与射频识别产业促进中心授牌,成为该中心理事长单位。公司的“基于无线射频的物品溯源信息管理平台”、“基于 SMO 数据采集中间件技术的数据控制器软件系统”、“省肉品质量安全信息可追溯系统”以及“制造执行系统”先后获得福建省自主创新软件产品先行先试项目和福建省企(事)业信息化优秀解决方案。在业界率先开发物联网操作系统,并在此基础上推出多项应用,如精益生产制造执行系统已在冠捷电子全球工厂、飞毛腿电子等大型企业应用,自助导游系统已在福州三坊七巷景区运行,武警部队基层武器装备电子化信息系统、肉品安全信息追溯平台系统、水产养殖水质远程监测控制系统等已申请专利。

四、物联网应用示范试点项目取得初步成效。

2009 年 12 月份以来,鼓楼区以省市扶持建设物联网鼓楼示范区为契机,按照省领导“可先在数字鼓楼上先试,在中低端广泛性、群众性的领域,先筛选若干项目,一个一个做”的批示精神,立足省会中心区特点,先后在交通管理、城市管理、社区惠民服务、社会治安防控、旅游导览、电子商务等 6 个领域启动物联网应用试点项目建设。目前 6 个领域试点项目建设进展顺利:

——交通管理应用领域。主要是利用物联网技术,构建物联网鼓楼示范区智能交通管理系统,“盘活”中心城区有限的停车泊位资源,提高停车泊位综合利用率,对车辆行驶及停车进行科学、有效、智能地引导,有效缓解道路车流拥堵和停车难的问题。一是建设基于物联网智能车位感应(太阳能感应、红外地感、视频识别等)、RFID 技术、手机刷卡和 Wlan 等技术的智能停车系统平台,在区政府大院停车场实现了停车智能管理和手机刷卡、拨打电话(12345)、发短信等方式电子收费,以其科学、快捷、高效的停车服务得到众多驾驶人的认可。二是建立停车综合查询系统,对鼓楼区 67 个公共停车场资源进行整合,重点对东百商圈等可供公众开放的停车场信息资源进行采集,建立起全区公共停车场服务管理平台,为公众提供车位查询、车位预定,高效引导停车,均衡各停车场综合利用率,缓解福州市中心城区停车难问题,目前,已完成冠亚广场、正大广场等 13 个停车场信息整合接入,实现手机和网站查询车位余量。三是建设实时路况查询系统:通过交通运输公司及公安分局等数据资源支撑与汇总,结合已安装 GPS 车辆车流量采集、浮动车技术、视频监控采集等综合手段,实时采集道路交通流量信息,通过手机综合服务平台向公众提供智能交通实时路况、视频及交通流量信息查询,及时引导车辆避开拥堵路段,智能分流道路车流量,降低道路堵塞率。

——城市管理应用领域。鼓楼区在全省率先利用物联网技术建成城市数字化网格管理系统,与福州市“12345”便民服务中心实现有机整合,在网格部件、案件及队伍管理中通过传感技术实现重点路段的视频监控,执法车辆定位、工作人员实时在线管理、定位、跟踪、轨迹回放的应用,实现物联网智能识别、定位、跟踪、监控等技术在城市管理方面的应用。系统运行 2 年多来,累计立案 10.73 万件、结案 10.71 万件,结案率达 99.82%。2010 年以来,鼓楼区以建设物联网鼓楼示范区为契机,深化扩展城市网格管理功能,构建无线移动视频监控、高空视频和执法车定位及线路跟踪管理,实现手机浏览鼓楼区重点道路视频监控、数字定位功能。

——社区惠民服务应用领域。利用物联网技术构建社区居家养老亲情通,为老年人量身定制安全、方便的亲情通话、位置定位、活动轨迹回放、区域告警、紧急呼叫等功能。2010 年 2 月,社区居家养老亲情通在军门社区投入试点应用,得到老年人喜爱和赞许,开启物联网在社区惠民服务领域的应用。2010 年 5 月以来,将亲情通定位终端拓展在校园安全应用,通过 GPS 围绕校园设定监控区域,家长可通过手机随时了解小孩位置,鼓楼区共有 1128 名家长特为小孩购置了校园平安亲情通。2010 年 9 月进一步将亲情通定位终端扩展到鼓楼区司法局社区矫正人员应用,实现对鼓楼区社区矫正人员的实时监控(定位)、轨迹回放(查询)、越界告警(短信)、请假申请等功能。

——社会治安防控应用领域。打造鼓楼数字化综合城市治安管理平台,构建覆盖省委、省政府、省人大、省政协周边地区及辖区内的重点路段、复杂场所和要害部位的智能报警综合性远程视频监控平台,将辖区重点部位、单位、场所、物业小区以及交通“全球眼”等视频监控系统汇聚接入该平台,打造网上视频巡逻平台。2011 年在鼓楼区 7 所公立幼儿园建立校园安全身份识别管理系统,学生和工作人员通过刷卡出入,对人员进行身份鉴别、确认及通行时间等进行实时控制和记录,若发生外来人员强行闯入时,人员身份识别管理系统可联动视频监控系统,校园监控中心、公安局监控中心的监视将自动弹出报警提示和该出入口对应的视频图像,以物联网技术解决社会和家长关注校园安全防控的问题,提升校园治安管理水平。

——旅游景区应用领域。主要是将物联网技术应用在旅游景区的自助导览、票务管理、资源管理、客流管理、安全管理。2010 年 1 月起,鼓楼区陆续在“三坊七巷”和乌山历史风貌区、镇海楼建设物联网旅游自助导览,共布设 41 个 RFID 传感器,设立 9 面二维码导览牌,90 套讲解设备,投放 55 台无线语音导览机。游客只需向景区管理处租用一台自助导览机,便可一边游览景区,一边享受全程自动讲解服务;或者根据景区内二维码导览牌提示,手机拍照二维码或者发送移动短信来接收相关景点的语音详细解说,崭露了物联网在旅游自助导览应用的魅力和前景。目前正规划推进在三坊七巷建设智能旅游(国家)实验室项目、体验智能旅游各项功能和物联网电子门票等数字化智能旅游项目建设,并在旅游自助导览机上添加英语和日语 2 种语言供国外游客使用。

——电子商务应用领域。鼓楼区以东百商圈为核心,选择公共事业领域、超市、大型百货类、文化娱乐领域等相关合作单位,为大众提供手机刷卡支付服务,开启物联网电子商务手机支付试点应用,通过手机进行远程购物和现场购物。目前全区联盟商家250家,手机钱包合作商户98家,手机支付网点780个,其中布放二维码机具250点,月条码流量30万条,全区手机支付月均活跃数达75139次;启动公交手机钱包刷卡项目,布设公交POS网点88个。

五、物联网产业发展存在的不足。

在现实层面上,物联网产业发展还面临着成本、技术、政策、用户壁垒等许多的瓶颈制约。这些制约因素一方面与经济社会发展阶段性环境局限有关,另一方面与行业自身技术发展和经营水平高低有关,也与政府对物联网产业发展的宏观战略、具体政策的影响分不开。物联网产业在当前这个特定的发展阶段有其自身的局限性和稚弱性。一是福州地区还缺乏创新能力强、带动作用大、具有国际影响力的骨干龙头企业;二是福州物联网上下游产业尚未形成完整的产业链,科技成果产业化水平还不高,不能满足物联网应用发展的需要;三是福州物联网公共技术平台不足,企业技术创新和生产制造成本较高;四是福州物联网应用分散、集成度不高,缺少跨部门、跨领域的综合应用,市场驱动力不足;五是政府在推动物联网应用项目时做法缺乏灵活性,一部分企业反映许多政府主导的物联网应用项目时往往事先就确定了占据市场绝对优势的电信运营商,其他民营物联网企业无从介入,更谈不上竞争;另一部分企业反映,地方政府在招标推广物联网应用项目往往拘泥于一些硬性资质规定,结果中标的常常是北京、上海等外地企业或挂靠企业,许多有技术特点优势的本土企业却被挡在门外,只能承接分包业务。

(课题成员:潘佳　朱红艳　沈秋贵　林徐峰　执笔:潘佳　沈秋贵)

加强福州方言文化建设的研究

市方志委课题组

一、福州方言文化的特点

福州方言从西晋衣冠南渡开始融入中原语音,至唐末五代时定型,在方言谱系中占有重要地位。福州方言,又称福州话,是闽江下游旧福州府"十邑"的共通语,也是整个闽东地区的代表性方言,在今福州市属5区2市6县通行,今宁德市所辖2市5县也能听懂,闽北地区的尤溪、建瓯、顺昌、将乐等地则以福州方言为第二方言,而福建之外的浙江省泰顺县、平阳县、苍南县部分乡镇也通行福州方言。

福州方言是多来源的。其源头应当是古闽越族语音,魏晋之前的早期移民带来古吴语和古楚语,东晋南朝隋唐时期大量中原正音融汇而入,上古汉语和中古汉语比较明显地留存在福州方言中,如《阿房宫赋》中形容宫殿层数和栋数的"层层落落",到今天仍是福州方言中表述建筑物的量词。近代以来,普通话中的新词更大量进入福州方言,甚至有些外国语如日语、英语等也有部分词语进入福州方言。

福州方言具有相当的稳定性。近300年来,福州方言无论是在语音的声韵母、音变规律、字音变读等方面,还是在词汇方面都发生一定变化,但是这种变化又是极其缓慢的。正因如此,福州方言具有比较强烈的地方特色,能够反映不同时代的地域文化特点。音类上说,同一个音类的字在福州方言中常有多种读法,这些不同读法往往反映不同时代的语音特点。字音上说,一个字有多种读法在福州方言中很常见,其中有些属于文白读,有些因为在不同时代构词分别读为不同层次的音,有些是为区别字义而变读。语言结构上说,由于语音系统自身条件及词汇语法制约,福州方言语音包含着一系列语流音变,包括变声、变韵、变调、轻声等。而从福州方言的外部关系上看,由于福州所处的政治、经济和文化地位,对周围小方言的影响很大,本身又拥有较大的稳固性,这在南方方言中比较少见。

福州方言定型于唐末五代,保存大量中唐以前的发声音调,而唐宋时期又是我国诗词创作的一个高峰,留下许多伟大的作品,其中的不少作品需要用当时的发音去读,方能更体现出其神韵,福州方言就能在这方面为我们洞见唐宋文明的灿烂提供强有力的臂助。而且唐宋之后的大量文艺作品也还有古音的留存,用福州方言来品读,更能够体味到当时的市井风貌、鱼龙百戏,诸如:

明旦(明天)

《世说新语·方正》:明旦报仲智,仲智狼狈来。

《逸史·李君》:有故,明旦先径往城中,不及奉陪也。

虫蚁(小虫子,昆虫)

唐杜甫诗《缚鸡行》:小奴缚鸡向市卖,鸡被缚急相喧争。家中厌鸡食虫蚁,不知鸡卖还遭烹。

新妇(儿媳妇)

《乐府诗集·孔雀东南飞》:新妇初来时,小姑始扶床。

礼数(礼貌)

唐杜甫诗《哭韦大夫之晋》:丈人叨礼数,文律早周旋。

《董解元西厢记》:礼数不同体怪呵,教我女儿见哥哥咱。

宋朱熹《与魏元履书》:一请犹是礼数,若又再请,则无谓矣。

倚(ai)(倚靠,仰仗)

《汉书·货殖列传》引时谚:贫求富,农不如工,工不如商,刺绣文不如倚市门。

唐李白诗《扶风豪士歌》:做人不倚将军势,饮酒岂顾尚书期

去(ko)置动词后作结果补语而非趋向补语。

唐王维诗《观别者》:爱子游燕赵,高堂有老亲,不行无可养,行去百忧新。

唐李商隐诗《僧壁》:大去便应欺粱颗,小采兼可隐针锋。

宋苏轼诗《海棠》:只恐夜深在睡去,故烧高烛照红妆

趁钱(挣钱,赚钱)

《水浒传》:为是他有一座酒肉店,在城乐快活林内,甚是趁钱。

《二刻拍案惊奇》卷32:说这女子也可怜,缝衣补裳,趁钱过日。

二、福州方言文化现状

目前,福州方言也和许多传统文化的载体一样,受到强烈的冲击,也面临着如何在现代潮流中保持自身文化特色,如何在大融合的年代中保持独立的文化身份等问题,针对这些问题,我们就需要对现状有个比较准确的判断。总体上说,掌握福州方言的人群在分布上表现出两大特点,一是分布上的地域特点,二是分布上的年龄特点。

地域特点表现为在福州中心城区福州方言已是居于少数的沟通载体,前十数年还能在社会上通行的方言词语也都已被普通话词语所取代,如"鼎边糊、菜头粿、尾梨糕、糖粿、肉绒、虾油、番薯钱、灶糖灶饼、梗兜、洗汤、面布、做年做节、依公依嬷"等都改为"锅边糊、萝卜糕、马蹄糕、年糕、肉松、鱼露、地瓜片、年糖年饼、树兜、泡温泉、毛巾、过年过节、爷爷奶奶"等等。即便是在传统的福州家庭内部,也多为普通话占主导的双语并行。根据对杨桥河南社区和西营里社区的调查显示,现在福州市区和县市城区的家庭,可分为三代人同住和一代与二、三代人分居两种。老一代人独居的讲福州话,三代人同居的,一二代人之间讲福州话,二代与三代之间讲普通话,这种一家双语制的现象很普遍。如一位老人家一边喊孙子:"宝宝吃饭啰"(普通话),一边对老伴说:"你也去食吧"(福州话)。

而在福州中心城区外,福州方言的通行程度就大大提高。八县(市)的城关和乡镇,依然普遍通用福州方言。调查人员在各县城关听到的还多是福州话,且发音都保留着鲜明的地方色彩。走进稍偏远的乡村,若用普通话问路、购物,听者还很不习惯。乡村中,除夫妻一方是外地人外,家庭人员间的交流还多是福州话。

年龄构成特点不仅表现为银发人群中通用福州方言和中青年人群中通用普通话的区别,更表现为在青少年中随着年龄增长,对福州方言掌握程度的不同。2010 年 6 月,我们分别对林则徐小学一年级 252 名学生和福州第二中学高中一年段 545 名学生的问卷调查,其中:

林则徐小学一年级

既不会说福州话,也听不懂	96 人	38.1%
听得懂福州话,但不会说	50 人	19.8%
听得懂福州话,但说得不好	62 人	24.6%
会进行简单的福州话交流	33 人	13.1%
福州话讲得很不错	11 人	4.4%

福州第二中学高中一年段

既不会说福州话,也听不懂	133 人	24.4%
听得懂福州话,但不会说	85 人	15.6%
听得懂福州话,但说得不好	144 人	26.4%
会进行简单的福州话交流	110 人	20.2%
福州话讲得很不错	73 人	13.4%

在林则徐小学中会进行福州话简单交流和讲得很不错的两项合计仅占抽样人群的 17.5%,而福州第二中学会进行简单的福州话交流和讲得很不错的两项合计占抽样人群的 33.6%,可见福州方言的掌握程度和年龄有着密切的关系。

三、福州方言普及与推广的严峻形势及原因分析

当前,福州话的普及与推广,特别是在青少年群体中存在一定的困难,在某种程度上已退变为他们的"外来语"而不是"母语"。造成这种现状的原因是多方面的,既有伴随着经济社会文化发展而产生的具有时代特点的问题,如城市发展、外来文化涌入带来的乡土意识变化等;也有因为福州方言自身特点而产生的个性问题,如福州方言受众面相对较小、艺术形式拓展不足等。

首先,人口比例发生迅速而猛烈的改变。外来人口比例迅速提高,广大外来人员的加入使得福州方言的使用空间遭到压缩。原先由福州本地人聚居能够通用福州方言的社区,随着外来人员的增加,使用普通话的程度越来越高,福州方言的使用领域逐渐失去。调查人员从八一七路南门兜至安泰桥作试探性语言交流,与 11 家门店的 20 名营业员对话,其中 16 名为外来人员,4 名福州人,与顾客交流时全部说普通话。

其次,社会生活发生重要的改变,使得福州方言赖以传播的环境产生变化。一是随着城市的改造,人们居住环境的改变,传统的乘凉时用福州话讲故事、盘诗(方言对歌)情景等逐步消失,使得福州话原本能潜移默化的功能逐渐失去用武之地。在新建的小区中,依靠口口相传来保存共同记忆和方言精髓的方式越来越困难。二是福州市区如今缺少的闽剧、评话、伬唱的演出场合。"福州话、闽剧、评话进小学"难以落实,青少年一代对已作为国家"非遗"的闽剧、评话、伬唱以及福州话"三宝"(熟语、歌谣、故事)感到陌生。在被调查的青少年中众口一词:"没看过闽剧,也没听过评话、伬唱"。三是电视的普及和 1996 年以前广播中无福州话栏目,使得福州方言在大众传播上缺少手段。而现代都市人长期处在电视所营造的语言环境中,也使得很多福州方言词语被普通话词语替代。综合以上三点,由于社会的发展,福州方言传播在家庭邻里小环境和社会大环境中都遇到困难,造成其功用的狭窄化和受众的扁平化。

再次,普通话推广影响到福州方言的使用。福州方言和标准普通话有着较大的区别,其发音、变声都很容易影响对普通话声调的掌握,比如即便基本不会说福州方言的福州人,到外地区也很容易被人认出口音,这就是语调环境的影响。而自 1956 年国务院颁发《关于推广普通话的指示》,在全国范围内大力推广普通话,福州市经过 40 余年的努力,85% 以上的福州人能够以普通话进行交流。根据对仓山区城门镇濂江、狮山、福连、绍岐 4 个村的调查,现在只有 80 岁以上的老人不会听、说普通话,其余的都能用普通话进行交流。而与此同时,很多家长担心自己的子女因讲福州话而影响汉语拼音学习,影响讲好普通话,影响英语口语学习。因此,大约从 20 世纪 80 年代开始,新生儿学语时,家长就教他们讲普通话,福州方言传播最重要的家庭环境被极大地压缩。

(课题组长:张硕　课题成员:王小珍　方炳桂　张灵　课题执笔:张灵)

关于积极构建覆盖城乡社会保障体系的调研与思考

市人力资源和社会保障局课题组

一、“十一五”期间福州市社会保障工作开展情况

1. 养老保险覆盖面进一步扩大。福州市企业退休人员养老金连续6年调整提高,连续11年按时足额社会化发放。至“十一五”期末,全市城镇企业职工基本养老保险参保人数达91.5万人,月人均养老金达到1170元,比“十五”末期增长101.6%。机关事业单位养老保险参保人数达12.8万人。新型农村社会养老保险和被征地农民养老保障工作稳步推进,参保人数分别达23.8万和6165人。

2. 覆盖城乡的医疗保障体系基本建立。城镇职工基本医疗保险实现市级统筹,投入财政补助资金12亿元,在全省率先解决12.04万名关闭破产国有、城镇集体企业退休人员和1.46万名困难企业在职人员医疗保障问题,在榕高校大学生全部纳入城镇居民基本医疗保险范围。到“十一五”期末,城镇职工基本医疗保险参保人数达100万人,城镇居民基本医疗保险参保人数达143万人,城镇职工与城镇居民合计参保率达95%以上。全市(包括平潭)含农业人口的11个县(市)区全部建立新型农村合作医疗制度,参合人数达343万人,参合率达97%以上。

3. 失业、工伤、生育保险扎实推进。企业职工工伤、生育保险实现市级统筹,农民工参加“平安计划”的工伤保险稳步推进。到“十一五”期末,全市参加失业保险职工达82.44万人,工伤保险参保人数由2003年年底《工伤保险条例》实施前的38.05万人扩大到86.5万人,全市生育保险参保人数达73.1万人。

4. 社会保障管理服务水平有新提高。全市22.8万名企业退休人员全部实现社会化管理服务,纳入社区管理率达99.17%。推进“金保工程”建设,启动社会保障卡建设,建成市人力资源和社会保障信息数据中心。

5. 社会保险基金实现安全平稳运行。“十一五”期间,福州市强化社会保险基金征缴,实现城镇养老、医疗、失业、工伤、生育等五项社会保险地税统一征收,开展社保基金专项治理活动,共整改不规范使用基金2090万元,部分历史遗留问题得到解决。完成职工医疗、工伤、生育保险市级统筹工作。同时,建立健全社保基金监管组织体系,市本级成立基金监督专门机构,专人负责基金监督工作,确保基金安全稳定。

6. 城乡救助体系不断完善。“十一五”期间,城市低保标准先后4次提标,农村低保标准先后3次提标,全市城乡低保金发放总额达5.55亿元,城市低保人均补差比2005年底提高125.9%,农村低保人均月补助比2005年底增长37.8%,全市农村五保供养金从2005年人均85元提高到目前的234元,增长175.3%。同时,建立城乡医疗救助,全审核批准城乡医疗救助1.65万人,发放救助金额2011.9万元。5年来,共救助各类流浪乞讨人员7.37万人次。

7. 社会福利事业加快发展。落实兴办民办养老机构相关优惠政策,机构数和床位数大幅增加。全市基本形成以公办养老机构为示范,以民办养老机构为骨干,以社区为依托,以居家为基础的养老服务体系。“十一五”期间,全市投入近亿元,征地兴建市救助管理站新站,新建市社会福利院老人公寓、第二社会福利院院民楼及儿童福利院“蓝天计划”儿童楼,已征地着手对市精神病人疗养院病房大楼进行扩建。同时,资助县区实施县级社会福利中心建设计划及敬老院建设,鼓楼区、罗源县福利中心已建成投入使用,全市共新建、改扩建农村敬老院44所。

二、“十二五”时期福州市社会保障体系面临的形势

“十二五”时期是福州市全面建设小康社会的关键时期,也是全市经济持续快速健康发展、实现经济发展方式转变的黄金时期。贯彻实施《中华人民共和国社会保险法》,修改完善社会保险政策法规的任务艰巨,解决社会转型和历史遗留问题引发的各类社会保险矛盾的难度依然很大;社会保险费征缴管理机制还不健全,五险的参保登记、基数核定等重要环节尚未统一;统筹城乡的社会保险体系尚未建立,城乡居民社会保险水平还比较低,被征地农民的社会保险制度还不合理不完善,消除社会保险制度碎片任务艰巨;四城区没有社保分支机构,市级经办机构超负荷运转,镇(街)劳动保障事务所没有配备专职人员,社区劳动保障工作站被整合后群众就近就地办理劳动保障事项难以落实,与基本公共服务均等化的要求还有差距;城市人口增加和人口老龄化使社会保险基金支付面临更大压力等。

(课题组成员:李群　陈光震　卓劲松　宋培义　张端仁　陈宗利　刘登祥　陈钦　邵培清　吴军翔　执笔:陈中钦)

大力推进福州家政服务业发展的研究

市委政研室课题组

一、福州发展家政服务业前景广阔

1. 家政服务业呈现广阔市场需求

据第六次全国人口普查数据显示,截至2010年11月1日,福州市常住人口218万户,0~14岁人口103万人,60周岁以上老年人口90万人,80岁以上高龄人口正以每年8.5%的速度增长,残疾人口39万人。据有关调查,约有60%的城市居民有家政服务需求,若按1个家政服务员可为3个家庭提供服务计算,福州家政服务市场可提供43.6万个就业岗位,按每个家庭年均消费3000元计算,家政服务市场一年至少是39亿元。

2. 家政服务业进入快速发展期

从国际经验看,人均GDP超过6000美元,标志一个国家或地区进入中等发达国家水平,经济将进入“服务业发展带动

阶段”,服务业占GDP比重会达到60%~70%。2010年,福州人均GDP已达6924美元,三个产业的比重分别为9.2:44.5:46.3。呈现“三二一”的发展格局,服务业正成为经济发展的主导力量,进入“服务业发展带动阶段”。随着福州向“服务经济”进一步转型,福州家政服务业作为一个重要服务产业,发展空间很大。随着人民生活水平的日益提高和消费观念的转变,家政服务也由“急需型”扩展到“享受型”,广大居民对家政服务的要求既包括简单的保洁、做饭、育婴等基本层面,又在向营养配餐、家庭教育、家庭管家、家政律师、家庭医生、心理咨询等多方面快速发展。

2007年,福州市出台《福州市加快发展服务业的实施办法》;2010年8月,财政部、商务部确定福州作为家政服务体系建设试点城市,并给予福州市800万的扶持资金和相关优惠政策;2010年9月国务院发布《国务院办公厅关于发展家庭服务业的指导意见》,对加快与大力推动家庭服务业的发展提出要求。鼓励与支持地方政府探索具有中国特色的家庭服务业发展规律,切实推动家庭服务业的健康发展;十二五规划中福州提出“围绕便民利民,建立比较健全的惠及城乡居民多种形式的家庭服务体系”等家庭服务业发展目标。

二、福州家政服务业存在的主要问题

福州家政服务业发展前景广阔,经济条件、社会条件、政策条件均已达到推动其快速发展的条件,但目前整个行业仍处于较为低端的发展层次,行业总体服务质量和水平不高,供需矛盾突出,社会满意度较低。比较其他行业而言,家政服务业已成为福州城市功能建设中的“明显短板”。中国家庭服务业协会近日评出的全国30家家庭服务业知名品牌中,福州没有一家家政服务企业上榜。

1. 政府对家政服务业推动与管理明显不够

一是政府对家政服务业发展不够重视。面对福州市家政服务业这个数十万人就业、产值数十亿、服务覆盖城乡居民的大产业,政府部门还没有将其上升到“重要城市产业”与“重大民生产业”的高度与地位。整个行业发展缺乏系统规划、资源投入与有效举措。对福州市家政服务业的发展规模、行业结构、从业人员数量、经济社会效益等基本情况底数不清等。二是行业缺乏收费标准与规范。当前,福州家政服务没有统一的收费标准,导致很多服务项目价格无限制上涨。一些家政服务人员甚至根据用户的家庭经济情况随意定价。同时,整个行业缺乏统一的服务质量标准,行业监管缺乏操作依据,家政服务质量得不到保证。三是行业准入比较混乱。有市、区工商局审核批准的,有市人力资源和市社会保障局经营许可的,有市民政局审批的民办非企业组织,还有街道、社区开办的劳动服务站。行业准入的混乱让家政服务机构泥沙俱下,小规模、分散化、低水平现象突出。

2. 社会对家政服务行业认识不足

受到传统观念的制约,社会绝大多数人依然认为服务是一种“非正规就业”,服侍人、收入低、丢面子,没有任何保障,社会地位不高,家政服务员人格得不到尊重现象仍较严重。家政服务员谈不上像“英国管家”和“菲佣”那样把家政服务当做一种体面事业来做。城市下岗人员大部分人不愿意进入家政行业;农村剩余劳动力中的一部分农民工自愿从事家政服务行业,却由于文化素质不高的原因不能满足被服务家庭的生活需求;拥有较高素质的大学生受到社会偏见影响,宁愿选择赚钱较少的其他职业也不愿从事家政服务,高端家政人才十分缺乏。家庭用户在录用家政服务员时大多仅对家政服务员的身份证进行查验,对于健康证明、户籍或居住证明查验较少,缺乏风险意识。据调查,福州市80%以上的用户未购买过家政服务综合保险,90%的用户未与家政服务员签订劳动协议。用户的不成熟消费,使得家政服务的权利义务边界非常模糊,服务质量难以有效管控。

3. 家政服务企业产业化程度不高

山东济南“阳光大姐”、北京华夏中青、杭州三替等全国知名家政服务企业占有当地家政服务业80%以上的市场份额。相比之下,福州市家政服务业总体上处于小、散、弱的状态,没有形成规模经济和品牌效应。目前,福州市注册登记的家政服务机构有188家,其中,家政服务公司57家、家政服务站63家,仅将家政服务作为其中一个经营项目的68家。全市最大的省家政服务有限公司注册资金仅为530万,注册资金50万元以上的不到5%,家政公司多为低层次运作,经营方式90%以上以中介经营为主。中介模式的企业在企业管理、服务、培训与保障方面均不足,“散兵游勇”的工作方式泛滥,服务专业化、规范化与标准化难以实施和监控,家政服务质量难以保障。

(课题负责:郭艳芳　执笔:薛晴)

(编辑　苏　颖)

2011 年在榕工作的院士

姓　名	出生日期	籍贯	当选年度	职务　职称	毕业院校	研究领域
谢联辉	1935.3	龙岩	1991	中国科学院院士、福建农林大学学术委员会主任、病毒研究所所长	福建农学院	植物病理学
魏可镁	1939.8	福清	1997	中国工程院院士、福州大学教授、原校长	福州大学	化学催化剂工程
吴新涛	1939.4	晋江	1999	中国科学院院士、福建省科协主席、中国科学院福建省物质结构研究所研究员	厦门大学	物理化学(结构化学)
洪茂椿	1953.9	莆田	2003	中国科学院院士、中科院福建物质结构研究所所长、研究员	福州大学	无机化学
谢华安	1941.8	龙岩	2007	中国科学院院士、福建省农科院研究员、原院长	龙岩农校	杂交水稻育种
付贤智	1957.7	邵武	2009	中国工程院院士、中共福州大学委员会常委、副书记、副校长、教授、博士生导师	北京大学	光催化

(苏燕铃)

2011 年福州市先进人物

全国“五一”劳动奖章获得者(5 人)

姓　名	工　作　单　位	职务(职称)
林春兰(女)	福州市公安局鼓山派出所	副所长
陈　巧	福州市电信分公司	总经理、党委书记
陈荣华	福清信芳冷冻食品有限公司	董事长
朱小燕(女)	农行福州湖东支行	行　长
俞裕銮	福州市东山苗圃管理处	员　工

福建省“五一”劳动奖章获得者(39人)

姓名	工作单位	职务(职称)
蒋银花(女)	长乐市金源纺织有限公司前纺车间一纺A班	班长
兰寿弟	福建华科光电有限公司OTP项目抛光组	组长
俞海金	东南(福建)汽车工业有限公司生产部冲压组	副技术长
任萍(女)	福州兴春赠品制造有限公司	业务主管
鲍瑞忠	福建永兴房地产有限公司	项目经理
应龙	福州市鼓楼运输公司	出租车司机
宋利红(女)	福州营达公交有限公司线路班	班长、车长
林根	福州勉海电器维修服务有限公司	技术员
胡玉柳	福州机场二期高速公路有限公司	职员
姚文(女)	中国邮政储蓄银行有限责任公司福建省分行	部门经理
刘燕(女)	中国银行股份有限公司福州市市中支行营业部	副主任
江信谨	福州璜泰电器有限公司售后维修安装组	组长
刘世英	福建联迪商用设备有限公司	研发负责人
林建银	福建医科大学基础医学院	教师
王小秋(女)	福州第十九中学	教师
王华(女)	福州市艺术学校	教师
姚履枫(女)	福州市传染病医院第二病区	科主任
程道敏	闽侯县洋里乡农业服务中心	主任
叶锋	福清市人民政府音西街道办事处	科员
陈仁兵	福州市国土资源局国土资源监察支队仓山大队城门中队二中队	中队长
林碧芳(女)	闽侯县荆溪镇厚屿社区居委会	妇女主任
陈丽娇(女)	福州市科技园区洪山园管理委员会	管理员
卢斌	福清市公安局玉屏派出所	所长
欧阳圣章	长乐市公安局城关派出所	副所长
张秀冲	连江县潘渡乡人民政府	职工
郑其铣	福州市马尾区农村发展局农业科	科长
林镇	福州市公安局特警支队四大队	副大队长
冯三药	福建省大地管桩有限公司品管部	主任
陈德龙	福建省龙湟市政工程有限公司	项目经理
邱奕多	福州建工(集团)总公司土建(泥工)班	班长
黄久生	福建飞远城市配送有限责任公司	运营经理
潘在奇	福建省轮船总公司	工会主席
邹小雄	福建福人木业有限公司	工会主席
秦亚鸣	福建同春药业股份有限公司	党委书记、总经理
林栋	福建六建集团有限公司	总经理
林根平	福建省福州市地方税务局外税分局	局长
吴裕寿	福建省闽清县供电有限公司	总经理
陈友平	福清华泰鞋业有限公司	总经理

福州市第三十二届劳动模范名单(280人)

姓 名	工 作 单 位	职务(职称)
阮丽善(女)	福建东南电化股份有限公司	总工程师
张卫东	福州耀隆化工集团公司搬迁筹建处	主 任
黄水儿	福建戴姆勒汽车工业有限公司生产部焊装车间	主 任
陈为本	宝钢德盛不锈钢有限公司分厂	厂 长
何慧琼(女)	福建省福抗药业股份有限公司	工段长
李万平	福建福日电子股份有限公司综合办公室	主任
翁慈超	福州天宇电气股份有限公司商务科	科 长
吴立旺	福州雕刻工艺品总厂	车间主任
黄海莺(女)	福建嘉达纺织股份有限公司	车间主任
薄长富	青岛啤酒(福州)有限公司	总经理
郑施波	福州海王福药制药有限公司	副总经理、董事会秘书
陈连芳	福州新光塑胶模具有限公司	总经理
元时荣	冠城大通股份有限公司	班 长
谢 丹	福建日立工机有限公司	技术员
陈友强	福建中能电气股份有限公司成套设计科	科 长
王 煜	金陵药业股份有限公司福州梅峰制药厂	车间主任
许 珊(女)	福州汇邦制衣有限公司	车间主任
黄敬荣	福州福特科光电有限公司	组 长
张明忠	福州市交通建设集团有限公司	职 工
周兴勇(女)	福建路信交通建设监理有限公司	监理工程师
林 震	福州海峡出租车有限责任公司	驾驶员
王镜秋	福州市道路运输管理处出租车管理大队	大队长
高学辉	福州佳通第一塑料有限公司	车间主任
林 原	福州市农业科学研究所食用菌研究室	主 任
林元灼	福州市江洋农场	党委书记、场长
林志坤	福州大北农生物技术有限公司	班组长
吴钦明	福州外语外贸职业技术学院	董事长
洪书源	福州教育学院学生处	处 长
廖秀梅(女)	福州市钱塘小学	校 长
黄风英(女)	福州市义序中心小学	教 师
陈钰年	福州教育学院附属第三小学	校长、书记
李志杰	福建师范大学附属中学	科 员
朱之琳(女)	福州屏东中学	校 长
戴红盛	福州高级中学	教 师
王铨俤	福建省福州旅游职业中专学校	教 师
吴 翔	福清市东张镇南湖小学	教师、校长
钟田田(女)	福州市林则徐纪念馆公众服务部	主 任
郑道新	福州市第二医院	院 长

姓　名	工　作　单　位	职务(职称)
严　争(女)	福州市第一医院科	主　任
李　芹(女)	福州市传染病医院	副院长
林　敏(女)	福州市第四医院	护士长
廖锦芳(女)	福州市中医院	副院长
江风华	福州市公安局晋安分局茶园派出所	中队长
林翔峰	福州市公安局台江分局鳌峰派出所	副中队长
陈能文	福州市公安局经济犯罪侦查支队	法制员
陈奋翔	福州市公安局鼓楼分局交通巡逻警察大队	副大队长
林　敏	福建外贸马江储运公司	副总经理
杨树新	中国福万(福建)玩具有限公司	董事长助理
翁喜龙	福州百事可乐饮料有限公司品控部	经　理
肖良行	福建新代实业有限公司	班组长
范小萍(女)	福州钜全汽车配件有限公司机械部	经　理
陈金玉	福建省金通建设集团有限公司	总经理
王荣荣	福州市动物园管理处动管科	科　长
许小曦	福州市内河管理处管理监察科	科　长
邱道红	福州公共交通集团有限责任公司	驾驶员
邓月祥	中建五局福建公司	安全员
周桂生	福州西酒物业有限公司	卫生工
梁丽娟(女)	福州公共交通集团有限责任公司	驾驶员
吴晓然(女)	福州市自来水有限公司	班组长
郑碧霞(女)	BP(福建)石油有限公司	班组长
林加平	福建二建建设集团公司	工会副主席
陈　峰	福州市环境监测站	站　长
林向武	中建七局第三建筑有限公司工程部	经　理
林亚凡	福建省榕圣市政工程股份有限公司福飞路重点工程	党支部书记
林兰英(女)	福州房地产发展集团有限公司	部门经理
杨大东	福州市建筑设计院	副总建筑师、建筑三所所长
林　新	福建八建建筑工程有限公司	项目技术负责人
黄兆琼	福州市鼓楼区国家税务局	局　长
黄立健	福州民天实业有限公司海峡蔬菜批发市场	经　理
郑志伟	中国工商银行福建省分行营业部	总经理
周美钦	福州商业储运公司仓储部	经　理
张智钗	福州聚春园集团贸总酒店	经　理
李卫民	兴业银行股份有限公司福州分行	行　长
石敏熙(女)	中国平安财产保险福建分公司办公室	经　理
林建明	福建海峡银行福清支行	支行长
蔡　翎(女)	福州市干鲜果总公司果品批发市场管理委员会	主　任
林　江	福州市粮食批发交易市场管理处交易科	主　任

姓　名	工　作　单　位	职务(职称)
林功永	永辉超市股份有限公司	工会主席
丁建晋	福州市烟草专卖局城北分局稽查大队	队　长
龚水金	福州新华都综合百货有限公司防损部	经　理
杨仁慧	福建建州物产集团股份有限公司	董事局主席、总裁
周　森(女)	福州天福集团福建兰庭房产代理有限公司	权证经理
宁绍国	福州美可食品有限公司	班组长
吴秀娟(女)	福建六福药业有限公司	董事长
潘忠灯	福建盛丰物流集团有限公司福州分公司	经　理
陈道兴	福建省宏捷投资集团有限公司	董事长
辛明进	福建省盛辉物流集团仓储部	经　理
林德建	福州华威出租汽车有限公司	车队长
林俊敏	福建海川工程监理有限公司	董事长
邹新安	福州森林公园鸟语林	技术主管
曹雪忠	福州德通金属容器有限公司	董事长
官志松	福州圆满人生殡仪服务有限公司	总经理助理
张振敏	福辉贸易实业有限公司福辉珠宝金行门市部	项目业务经理
江必雄	福州市交通运输委员会安全监督处	处　长
黄诒建	福州市房地产交易登记中心测量预售处	副处长
王其斌	福州市发改委战役办	副主任
王建忠	福州市商贸局企管处	处　长
林少鹏	福州市三坊七巷管理委员会文物保护工作处	副处长
郑金武	福州市环保局办公室	主　任
郑皓滨	福州市国家安全局	科　长
陈　浩	福州市计生委计生服务站	科　员
刘玉媚(女)	福州市体校	击剑教练
陈永章	福州日报社日报	编委、编辑部主任
俞　波	福州市城区内河综合整治工作指挥部技术规划组	组　长
黄勇峰(女)	福建华电可门发电有限公司	工会主席、纪委书记
林祥瑜	福州海关缉私局	机电长
池　明(女)	福州市产品质量检验所化验室	主　任
蒋德源	福州出入境检验检疫局食品检验处动物源性食检科	科　长
宋勤芳(女)	中国移动福建公司省客户服务中心热线服务室	经　理
陈　捷	中国移动福建公司福州分公司	副总经理
刘光宇	福州超高压输变电局	变电运行工
王　柠	福建医大附属第一医院神经内科	主　任
林　辉	福建方圆统一律师事务所	律　师
陈　霖	福州市保安服务公司	总经理
吴建国	福建省马尾造船股份有限公司工程队	队　长
余　舫	福建省邮电规划设计院有限公司	科研人员

姓　名	工　作　单　位	职务(职称)
伍　鹏	中铁十七局集团第六工程有限公司	特级项目经理
谢　盟	中国福州外轮代理有限公司仓储部	负责人
严　凤(女)	福建师范大学音乐学院	副院长
郑晓立	福州国际航空港有限公司	信息维护员
林如辉	福建省电力有限公司福州电业局亿力工程配电工程班	班　长
檀云娇(女)	福州市邮政局城南营业局金融业务部	主　任
洪木生	福州港务集团有限公司	工会主席
刘谭华	福州港引航站引航科	科　长
赵广愚	福州东南眼科医院	科主任
陈　晞(女)	福州市儿童福利院护育二处	主　任
陈晓宁	福州邮区中心局	班　长
肖宗妹(女)	福州市社会福利院护理部	主　任
严　硕	福州广播电视集团	记　者
林肇鹏	完美(中国)日用品有限公司福建分公司	总经理
张景茂	福州福大自动化科技有限公司软件研发中心	技术主管
马清平	鼓楼区城市管理执法局	中队长
林　健	福州市鼓楼区房地产管理局施工科	科　长
郑巧汀(女)	鼓楼区鼓东街道开元社区	书记、主任
李盛响	福州市鼓楼建筑工程集团公司	副总经理
傅超真(女)	鼓楼区华大街道龙峰社区党委社区	书记、主任
丁　晓(女)	鼓楼区东街街道财政所	副所长
黄文华	福州市左海公园	段　长
叶　馨(女)	沃尔玛深国投百货有限公司福州山姆会员商店收银区	主　任
陈依梅(女)	五凤街道兰亭社区居委会	书记、主任
吴燕娇(女)	台江区司法局	局　长
郑剑熙	台江区房地产管理局拆迁工程处	副主任
陈贵升	福州江滨建设开发公司工程部	副经理
林普英(女)	福州市台江区环卫处洋中街道环卫所	保洁员
盛小红(女)	台福(福州)有限公司	质检员
高晓燕(女)	福州市台江区人民检察院公诉科	检察员
杨雨亮	仓山区劳动和社会保障局	局　长
蔡文建	仓山区人民法院刑事审判庭	审判员
俞化斌	仓山区城市管理执法局	中队长
刘学峰	仓山区金山街道金洲社区	书记、主任
王庆刚	福建鑫威电器有限公司技术部	主　任
林　琳	仓山区园林管理所	园林工
刘乃利	福州永达鞋业有限公司	技术员
陈　勋	晋安区危旧房改造工作办公室安置科	科　长
唐　人	晋安区人民法院行政庭	庭　长

姓　名	工　作　单　位	职务(职称)
李美棋	福州市公安局岳峰派出所	所　长
陈巧金(女)	福建富的乐运动用品有限公司	职　员
邹耀平	福州大同纤维纺织有限公司	领　班
李春燕(女)	晋安区王庄街道鼎屿社区	书　记
李仲福	福州市马尾区委办公室、区委政研室	副秘书长、主任
李丽娜(女)	马尾区计生服务站	站　长
李鹭华(女)	马尾区人民法院监察室	副主任
林　海	马尾区马尾镇环卫所	所　长
陈为仁	福建华荣海运集团股份有限公司	董事长
赵康林	飞毛腿(福建)电子有限公司	技术主管
吴建发	中国国际钢铁制品有限公司	车间副主任
黄伟铭	福建国光电子科技股份有限公司	技术工
朱赛容(女)	福州琅岐经济区榕升种养殖场	技术工
郑卫东	福清市建设局	副局长
詹传莺	福清市邮政局港头支局	职　工
薛命惠	福清市教育局计财科	科　长
徐永建	福清华侨中学	教　师
陈　武	福清市医院检验科	主　任
俞宏武	福清市城市管理执法局环卫处	主　任
王　平	福清市总工会	副主席
陈　筠(女)	福清市社会劳动保险管理中心	退管经办
林先斌	福清融侨大酒店有限公司	职　工
王命建	福清市公安局音西派出所	教导员
庄　政	福清出入境检验检疫局办公室	副主任
林万新	福建福强精密印制线路板有限公司	总经理、支部书记
江启达	福耀玻璃工业集团股份有限公司	技术员
林慧姬(女)	福州市江阴工业区开发建设有限公司	职　工
陈小平	福清市地税局	纪检组长
陈　平	福州坤彩精化有限公司	职　工
何钦辉	福清市龙田镇人民政府林业站	站　长
杜　欣	福建亚通新材料科技股份有限公司	电　工
翁　凡	福建宇凡律师事务所	执业律师
曾　志	长乐市农村信用社	理事长
蒋春彬	长乐市地税局城关分局	分局长
谢文进	长乐市公安局	督察长
吴华新	福建锦江科技有限公司	董事长
邹雪玉(女)	长乐市农业局植保值检站	站　长
陈孔韬	长乐华侨中学办公室	副主任
钱新春	长乐市吴航街道城监中队	副队长

姓　名	工　作　单　位	职务(职称)
李华新	中国电信股份有限公司长乐分公司	总经理
高云团	长乐宏顺型材有限公司	车间主任
卓国营	长乐供电公司	电　工
林青青(女)	长乐市金砂港针纺实业有限公司	车间主任
李　坚	甘蔗街道办事处规划建设服务中心	主　任
林惠钦(女)	闽侯县荆溪镇人民政府	党委统战委员
郑登宇	福州闽泉编织公司	车间主任
李为胜	闽侯县青口镇人民调查委员会	调解员
杨维昆	福州和胜汽车配件公司	总务员
宋瑞莲(女)	闽侯南港鞋业公司	技术员
王叶林	闽侯闽兴编织公司	车间主任
林秀芳(女)	闽侯县实验小学	教　师
潘依椿	中共闽侯县委政法委员会防范处理邪教科	科　长
刘炜峰	闽侯嘉盈金属制品公司	技术员
郑金章	福建省金盛钢业有限公司	总经理、轧钢车间主任
张文光	闽清县建设局	主任、工程师
池景平(女)	闽清县医疗保险管理中心	会　计
邱祥钦(女)	闽清县农办区划办	主　任
吴尔坡	闽清县坂东镇人民政府	科技副镇长
陈惠盛	罗源县公安局城关派出所	刑　警
陈　霖(女)	罗源县中医院	内科主任
张正坚	罗源县霍口畲族乡东宅小学	教　师
黄忠文	罗源县人事局调配科	科　长
黄大超	福建省亿鑫钢铁有限公司烧结车间	主　任
林晓冬	福建宇星实业有限公司镀锌线	班　长
李孔忠	福建省连江县供电有限公司	总经理
周秀兰(女)	连江县环境卫生管理所	职　工
林德华	连江县医院急诊科、门诊部	主　任
李幼芬(女)	连江清禄鞋业有限公司	职　工
兰香莲(女)	福建龙和食品实业有限公司	作业员
缪慈辉	福州贵安温泉会议中心有限公司工程部	负责人
王良辉	连江县发展和改革局重点办	主　任
张爱民(女)	连江县邮政局	部门经理
侯协辉	永泰县供电有限公司	党委书记
许玉桂(女)	永泰县环卫所班	组　长
刘福荀(女)	永泰县计划生育服务站	副站长
陈　菁(女)	永泰县城关中学	教　师
林建成	福州建新花卉集团公司	总经理
李中瑜	仓山区金山街道潘边村	花卉种植户

姓　名	工　作　单　位	职务(职称)
庄祥亨	福州市仓山区仓山镇湖边村理财小组、居家养老站	组长、站长
游允安	晋安区岳峰镇鹤林村	党支部书记
李继忠	晋安区新店镇义井村	党支部书记
章　杰	福州伟望农业开发有限公司	总经理
叶加坤	马尾区马尾镇下德村	村干部
梁仁钦	福清市镜洋镇波兰村	党支部书记
林和星	福清市阳下街道溪头村	党支部书记、村委会主任
王水英(女)	福清市新厝镇江兜村	支部书记
林必玲	福清市海口镇岑兜村	农　民
方贤秋	福清市阳下街道北林村	农　民
杨利雄	福清市沙浦镇牛峰村	农　民
陈美英(女)	福清市阳下街道中亭村	农　民
翁财建	福清市一都镇一都村	农　民
黄祥喜	长乐市吴航街道东关村	党支部书记
陈　栩	长乐市鹤上镇仙街村	党委书记
陈天宝	长乐市大地农业综合开发有限公司	种植大户
黄寿贵	长乐市文岭镇东庄村村委会	主　任
王泉义	长乐市泉义农业专业合作社	社　长
刘义雄	长乐市潭头镇大宏村	农　民
方昌强	长乐市罗联乡方厝村	农　民
黄昭生	闽侯县甘蔗街道昙石村	党支部书记
林佑昇	闽侯县尚干镇洋中村	党支部书记
林　军	闽侯县祥谦镇枕峰村	党委书记
陈嫩嫩	闽侯县竹岐榕中村	农　民
叶延青	闽侯县荆溪港头村	农　民
王贞华	闽侯县白沙镇白沙村	农　民
龚招忠	闽清县梅溪镇渡口村	党支部书记
刘胜文	闽清县坂东镇坂中村	党支部书记
刘建国	闽清县东桥镇安仁溪村	村委会主任
陈由鱼	闽清聚福工艺品有限公司	车间主任
罗玉香(女)	闽清县云龙乡竹柄村	种植大户
肖国水	罗源县霍口畲族乡岐峰村	农　民
翁代财	罗源县松山镇岐后村	农　民
林书桔	罗源县起步镇杭山村	农　民
郑秀莺(女)	福州市宏星烨食品有限公司	总经理
林学敏	罗源县碧里乡新沃村	村委会主任
魏　锦	连江县筱埕永盛鲍鱼养殖场	场长、养殖大户
林　斌	连江旭隆食品有限公司	车间主任
陈立武	连江县丹朱食用菌专业合作社	种植大户

姓　名	工　作　单　位	职务(职称)
张伙利	连江县远洋渔业有限公司	董事长
谢国坤	连江县东岱镇龙山村	村委会主任
林连忠	连江县安凯乡同心村	党支部书记
林立忠	永泰县三丰农产品精制厂	厂长、农产品加工大户
汪和忠	永泰县葛岭镇台口村	党支部书记
卢玉胜	永泰县同安镇斋岭林场	油茶种植大户
张伯春	永泰县丰裕果蔬农民专业合作社	蔬菜种植大户
张春娟(女)	永泰县辅弼土鸡繁养专业合作社	土鸡养殖大户

(余荣发)

(编辑　苏　颖)

市政府2011年地方法规、规章、文件(选录)

福州市科学技术进步若干规定

(2011年2月24日福州市第十三届
人民代表大会常务委员会第三十四次会议通过
2011年5月21日福建省第十一届
人民代表大会常务委员会第二十三次会议批准)

第一条 为了促进科学技术进步,充分发挥科学技术第一生产力的作用,推进本市经济建设和社会发展,根据《中华人民共和国科学技术进步法》、《中华人民共和国促进科技成果转化法》和《福建省科学技术进步条例》等法律、法规,结合本市实际,制定本规定。

第二条 本规定适用于本市行政区域内的国家机关,企业、事业单位,社会团体及其他组织和个人。

第三条 实施科教兴市、人才强市和可持续发展战略,实行自主创新、重点跨越、支撑发展、引领未来的科学技术工作指导方针,构建区域科技创新体系,建设创新型省会城市。

第四条 市、县(市、区)人民政府应当加强科学技术进步工作的领导,制定科学技术发展规划,制定科学技术进步工作指标和考核办法,实行目标管理责任制。

市、县(市、区)人民政府科学技术行政部门负责对本行政区域内的科学技术进步工作实施综合管理和统筹协调。其他行政部门应当在各自的职责范围内负责有关的科学技术进步工作。

市、县(市、区)人民政府应当重视发挥科学技术社会团体在促进科学技术进步中的作用。

第五条 市、县(市、区)人民政府应当建立科技工作联席会议制度,完善科学技术进步工作的协调机制,建立财政性资金设立的科学技术公共平台资源共享使用制度,促进科学技术资源的整合和有效利用。

第六条 各级人民政府应当加强科学技术普及工作,每年应当开展科学技术宣传月(周)活动。

建立健全城乡科学技术普及网络,建设和完善科学技术普及设施,各县(市、区)至少建成一所以科学技术普及活动为主的科技场馆。

科学技术普及设施和场所不得改作他用,财政性资金投资建设的科学技术普及场馆,应当常年向公众开放,对青少年实行免费或者优惠。

第七条 市、县(市、区)人民政府应当引导和支持建立以企业为主体,市场为导向,企业同科学技术研究开发机构、高等学校相结合的技术创新体系。

鼓励企业、事业单位和社会力量设立研究开发机构,引导企业、科学技术研究开发机构和高等学校联合开发、共建经济实体和产业技术创新战略联盟。

市、县(市、区)人民政府应当支持本行政区域内的高新技术产业开发区、经济技术开发区、科技园、软件园等各类园区发展,优化基础设施配套,提高服务管理水平,发挥其集聚和辐射带动作用。

鼓励和支持发展科技企业孵化器、行业技术创新中心、生产力促进中心、现代农业技术创新基地等公共服务平台和从事科技咨询评估、知识产权、技术交易、科技信息等活动的中介服务机构。

第八条 本市科学技术进步的重点发展领域为:

(一)电子与信息技术;

(二)现代农业与海洋科学技术;

(三)生物工程技术;

(四)医药卫生科学技术;

(五)高技术服务业;

(六)新材料、新能源、高效节能和环境保护技术;

(七)光机电一体化技术;

(八)现代管理科学;

(九)适用本地区支柱产业、重点投资项目的其他高新技术。

第九条 加强政府间和民间多形式的国(境)内外科学技

术合作与交流。鼓励研究开发机构、高等学校、学术团体和科学技术工作者与国(境)内外科技界建立合作关系。

促进本市与台湾地区的科技合作,建立两地科技人才、技术、设备、项目信息资源的交流机制,支持两地在本市行政区域内进行科技产业、技术和人才的合作与互动,支持两地联合设立科技交流与合作平台。

第十条 鼓励企业、事业单位和群众性科技组织进行中间试验、工业性试验、农业试验示范。

实行独立核算的属高新技术的中试基地,经高新技术企业认定管理机构认定,享受高新技术企业的优惠待遇。

经省、市科学技术行政部门和有关主管部门认定的企业技术开发机构,享受独立研究开发机构的优惠待遇。

第十一条 实施知识产权战略,提高企业、事业单位创造、运用知识产权的能力,开发具有自主知识产权的产品,扶持企业向外国申请专利以及申请国内发明专利。

鼓励和支持企业实施技术标准化战略,参与国际标准、国家标准、行业标准和地方标准的制订。

第十二条 本市优先推广应用下列科学技术成果:

(一)能广泛应用,提高产业技术水平,形成一定规模效益,对经济建设或者行业技术进步有明显促进作用的;

(二)能促进高产、优质、高效农业和农村经济发展的;

(三)能形成高新技术产业,具有国内、国际市场竞争力的;

(四)能节约能源与原材料,有效发挥本地资源优势,使资源可持续利用,保护生态环境和改善劳动条件的;

(五)能促进少数民族地区、边远贫困地区社会经济发展的。

第十三条 培育和发展技术市场,促进科技成果商品化,加速科技成果向生产领域转移。税务部门对符合条件的技术开发、技术转让、技术咨询和技术服务,应当按国家有关规定给予减免税收的优惠待遇。

第十四条 鼓励和支持企业、事业单位和农村集体经济组织,在生产经营活动和新产品开发、技术改造和设计施工过程中,优先选用国家、省、市推广的科学技术成果。

鼓励企业、农村集体经济组织与具备条件的科研单位、高等院校建立产学研和农科教基地。

第十五条 建立以政府投入为引导,企业投入为主体,社会资本广泛参与的多层次、多元化科技投入体系。

各级人民政府应当逐年增加科学技术经费,其增长幅度应当高于同级财政经常性收入的年增长幅度。每年度预算用于科学技术支出的资金,市本级应当占预算支出的百分之三以上,县(市、区)占百分之二以上,乡(镇)占百分之一点五以上。

各级人民政府应当完善科学技术经费使用和管理制度,财政、审计等部门应当根据职责,对科学技术经费使用和管理情况进行监督检查。

第十六条 企业用于研究开发新技术、新产品、新工艺发生的费用按税法规定可以在计算应纳税所得额时予以加计扣除。

第十七条 鼓励金融机构加大对科技成果转化、科技型中小企业的信贷支持和金融服务力度,开展专利权、商标专用权等知识产权质押贷款和科技保险业务。

引导社会资本进入科学技术风险投资领域。

支持有条件的科技型企业采取上市、发行企业债券等多种形式进行资本市场融资。

第十八条 鼓励国(境)内外的组织和个人投资或者捐资,支持本市科学技术进步事业的发展,其合法权益受法律保护。

第十九条 市人民政府设立科学技术奖,授予在科学技术研究开发中取得重大成果,以及在引进、推广、应用先进科学技术成果中为本市经济建设、环境和资源保护、技术进步等方面作出显著贡献的公民、法人或者其他组织。

市人民政府设立优秀新产品奖,授予在开发高新技术产品、促进高新技术推广和应用,为振兴经济和社会发展作出突出贡献的公民、法人或者其他组织。

县(市、区)人民政府可以设立科学技术奖,报市科学技术行政部门备案。

第二十条 市人民政府设立科技型中小企业技术创新资金,资助科技型中小企业开展技术创新。

市人民政府设立科技企业孵化器发展资金,扶持入孵企业高新技术项目的孵化和孵化器公共平台建设。

市人民政府设立知识产权专项资金,扶持和奖励知识产权示范单位,资助专利申请等。

第二十一条 经认定的高新技术企业和自主创新产品按国家和省、市有关规定享受信贷、政府采购等优惠待遇;经认定的高新技术企业按照国家有关规定享受税收优惠。

经认定的高新技术企业、行业技术创新中心、企业技术中心、工程(技术)研究中心、重点(工程)实验室、现代农业技术创新基地由市人民政府给予奖励或者资助。

第二十二条 职务科学技术成果实施转化的,科学技术成果完成单位与成果完成人可以根据不同的转化方式,按照国家和省、市有关规定,约定成果完成人应当获得的股权、收益或者奖励。

第二十三条 市人民政府应当建立科技人才储备机制,制定科技人才培养、选拔、引进、使用和管理的有关制度。

鼓励和支持高层次优秀人才在本市创业。对符合本市相关规定的高层次优秀人才,经认定给予创业经费和科研经费支持。对引进的高层次优秀人才提供生活津贴、安家补贴、配偶安置、子女入学等优惠待遇。

鼓励和支持企业设立院士(专家)工作站、博士后科研工作站,对建立院士(专家)工作站或者博士后科研工作站的企业给予建站资助,对进站开展科研的博士后给予资金资助。

第二十四条 科学技术工作者的知识产权经法定机构评估后,可以按其价值依法入股投资企业。

第二十五条 本规定自公布之日起施行。1997 年 6 月 27 日福州市第十届人民代表大会常务委员会第三十次会议通过,1997 年 10 月 25 日福建省第八届人民代表大会常务委员会第三十五次会议批准的《福州市科学技术进步若干规定》同时废止。

福州市城市供水管理办法

(2011年4月28日福州市第十三届人民代表大会常务委员会第三十五次会议通过 2011年7月28日福建省第十一届人民代表大会常务委员会第二十五次会议批准)

第一章 总 则

第一条 为了加强城市供水管理,发展城市供水事业,保障城市正常供、用水,根据《中华人民共和国水法》、《城市供水条例》等法律、法规,结合本市实际,制定本办法。

第二条 在本市行政区域内的城市供水、用水和管理活动,应当遵守本办法。

本办法所称城市供水,包括城市公共供水、自建设施对外供水和二次供水。

第三条 城市供水实行保护水源、合理开发利用水源和计划用水、节约用水相结合的原则,确保供水安全,优先保障居民生活用水,统筹安排工业用水和其他用水。

各级人民政府应当加强供水和节约用水的科学技术研究和管理,对保护水源和节约用水成绩显著的单位和个人,应当给予奖励。

第四条 福州市建设行政主管部门是本市城市供水行政主管部门,负责组织本办法的实施。

县(市)建设行政主管部门主管本行政区域内的城市供水工作。

规划、水利、环保、房管、公安、卫生、价格等有关部门应当在各自职责范围内负责实施本办法。

第二章 供水工程建设

第五条 城市供水行政主管部门应当根据城市供水专项规划,制定年度建设计划,报同级人民政府批准后实施。

城市规划区范围内应当按照供水专项规划要求预留公共供水设施用地和管网走廊。

新建、改建、扩建道路应当同时规划、建设公共供水管道。

第六条 城市供水工程建设实行项目业主负责制。新建、改建、扩建供水工程应当报城市供水行政主管部门批准后,按基本建设程序组织建设。

第七条 从事城市供水工程设计、施工及监理的单位,应当具有相应的资质,并遵守国家规定的技术标准和规范。

第八条 公共消火栓的设置应当符合城市消防专业规划和有关的技术规范。城市道路的公共消火栓由供水企业建设,费用由公共消火栓建设专项资金列支。

用户需增设消防旁通管的,应当向供水企业提出申请,建设和维护费用由用户承担。

第九条 新建项目的供水设施,应当按照一户一表、水表出户的要求设计、建设,符合设计规范要求的,供水企业应当提供供水服务。

已建项目的供水设施不符合一户一表、水表出户要求的,用户应当配合供水企业进行供水设施改造。

第三章 供水和用水

第十条 城市供水经营项目实施授予经营或者特许经营制度。

特许经营的,由市人民政府依法采取招标、拍卖等方式将一定范围和期限内城市供水的特许经营权授予符合条件的城市供水企业。

城市供水企业应当取得卫生行政主管部门核发的《卫生许可证》。

第十一条 供水企业应当建立健全水质管理和检测制度,设置水质监测点,确保供水水质符合国家规定的标准。

卫生行政主管部门应当加强对城市供水水质的监测,定期和不定期结合进行水质抽检,并向社会公布监测结果。

第十二条 供水企业应当按照国家有关规定设置供水管网测压点。供水管网的服务水压应当符合国家标准。

第十三条 禁止擅自将自建供水设施的供水管网系统与城市公共供水管网系统连接。因特殊情况确需连接的,必须经供水企业同意后报城市供水行政主管部门和卫生行政主管部门批准,并在管道连接处采取必要的防护措施。

禁止产生或者使用有毒、有害物质的单位将其生产用水管网系统与城市公共供水管网系统直接连接。

第十四条 禁止在城市公共供水管道上直接装泵抽水或者安装影响正常供水的其他设施。禁止转供城市公共供水。

第十五条 二次供水设施的产权人或者其委托的管理单位应当建立水质管理制度,防止水质污染。储水设施每半年至少清洗、消毒一次。

从事二次供水设施清洗、消毒的单位应当将清洗、消毒的结果按照国家有关规定报检,确保水质符合国家标准,并向用户公布。

二次供水的具体管理办法,由福州市人民政府制定。

第十六条 供水企业应当保持不间断供水。因工程施工或者设备检修等原因确需停止供水的,应当经城市供水行政主管部门批准,并提前二十四小时通知用户;因发生灾害或者紧急事故不能提前通知的,应当在抢修的同时通知用户,尽快恢复正常供水,并报告城市供水行政主管部门,抢修超过二十四小时仍不能恢复供水的,应当采取应急供水措施。

抢修供水设施确需拆除地上建(构)筑物的,应当及时通知所有权人或者使用人。抢修结束后,应当依法予以修复或者相应补偿。

第十七条 供水企业应当制定供水服务规范和重大事故、不可抗力等各种情况的应急预案,设立供水管网设施应急抢修队伍和维修服务网点,提供二十四小时服务热线和紧急抢修抢险服务。

第十八条 城市供水价格应当按照国家规定的原则确定,并依法实行听证制度,报有权机关批准。

使用城市公共供水的单位用户列入城市计划供水管理,

按国家规定经有权机关批准，核定用水定额。超定额用水部分实行累进加价计费。

第十九条 工业用水要采取循环用水、一水多用、废水处理综合利用等节约用水措施，不断提高工业用水的重复利用率。

第二十条 开户使用城市公共供水、增加用水容量、改变用水性质、停止用水、恢复用水以及更名过户的，用户应当提出书面申请，供水企业应当在接到申请之日起七日内作出书面答复；逾期不答复的，视为同意。申请人对答复有异议的，可以书面向城市供水行政主管部门提出。城市供水行政主管部门应当在接到书面异议之日起七日内告知审查结果。

开户使用城市公共供水或者增加用水容量的用户，应当按照国家规定承担相应的工程费用。供水企业对超负荷用水的管网应当进行改造，用户应当予以配合。

供水企业不得向违法建设项目供水。

第二十一条 供水企业应当与用户签订供用水合同；本办法实施前未签订合同的，应当补签供用水合同。供用水合同的示范文本由城市供水行政主管部门依法编制。

第二十二条 生活用水、生产经营用水等不同性质用水应当分别装表计量。未分别装表计量的，应当从高适用水价。

第二十三条 供水企业应当向最终用户收取水费。

供水企业应当以书面形式通知用户缴纳水费，用户应当按照合同约定的期限缴纳水费；逾期不缴纳的，按照合同约定承担违约责任。

第二十四条 用户水表自然损坏无法计量的，按照用户前三个抄表周期的平均用水量收费；因特殊原因不能安装水表的，按照供用双方约定定量收费。

第二十五条 用户不得采取故意损坏水表、私自开启水表封印、私自拆卸水表、倒装水表、表前接管、对磁卡水表的磁卡非法充值等方式窃水。

用户窃水造成用水不能依表计量的，按照单位时间管径流量乘以用水时间计量收费：

(一)单位时间管径流量，以出水管道在正常供水服务水压下单位时间内的连续流量计算。

(二)用水时间，居民用户按一百八十日(每日一小时)计算，非居民用户按一百八十日(每日六小时)计算。

第二十六条 用户对水表计量精度有异议的，可以向具有法定资质的机构申请检定。检定结果符合国家标准的，检定费用由用户承担；不符合国家标准的，检定费用由供水企业承担。

对发生异议前最近一个抄表周期的用水量，由供水企业根据检定结果确定的误差比例追收或者退还水费。

第二十七条 任何单位和个人不得擅自从公共消火栓和消防旁通管取水用于与灭火无关的用途。

消防部门在灭火或者演习用水结束后，应当及时关闭公共消火栓。消防部门应当按月向供水企业函报当月消防用水量。

用户消防旁通管由供水企业铅封。火警时用户可自行破封取水，在火警用水结束后二十四小时内报供水企业加封。

第二十八条 环卫、园林绿化、市政等部门需从城市公共供水管道取用自来水的，应当向供水企业申请专用取水点，并承担工程建设费用和用水费用。

第四章 供水设施维护

第二十九条 供水企业的服务水压符合国家标准不需要设置二次供水设施的建筑，最终用户计量水表以外的供水管道及附属设施(含水表)，由供水企业负责管理和维护；水表以内的供水管道及附属设施，由用户负责管理和维护。

第三十条 供水专项规划范围内，供水企业的服务水压不符合国家标准的，由供水企业投资建设和管理维护二次供水设施。建筑物对于水压的要求超过国家标准需要设置二次供水设施的，二次供水设施和建筑物内供水管道及附属设施的管理维护由用户负责，建筑物外供水管道及附属设施的管理维护由供水企业负责。

第三十一条 城市公共供水管道和与其连接的用户自建户外管道及其附属设施，应当经供水企业查验合格后移交统一管理。

第三十二条 在下列供水设施的安全保护范围内禁止挖坑、取土、修建建(构)筑物、堆放物品及进行其他危害供水设施安全的活动：

(一)水源输水管及其附属设施两侧各十米，规划部门认定的不具备条件的地区两侧各六米；

(二)市区配水主干管及其附属设施两侧各五米，规划部门认定的不具备条件的地区两侧各三米。

禁止在供水管道及其附属设施的地面上种植树木，埋设线杆。

第三十三条 任何单位和个人不得堆、压、淹、埋计量表和表箱(井)；不得擅自开关城市公共供水闸门；不得利用城市公共供水管道作避雷装置和电器接零、接地。

第三十四条 可能影响城市公共供水设施安全的建设工程开工前，建设单位应当向供水企业查明地下供水管网情况。施工影响城市公共供水设施安全的，建设单位或者施工单位应当与供水企业商定保护措施，并由施工单位负责实施。

因工程建设确需改装、拆除或者迁移城市公共供水设施的，建设单位必须持规划批准文件报城市供水行政主管部门批准，并由供水企业负责施工，所需费用由建设单位承担。移动公共消火栓的，还需经消防部门批准。

第三十五条 公共消火栓由供水企业负责维修，维修经费每年按计划从公共消火栓维护专项资金中列支。

第五章 法律责任

第三十六条 未经城市供水行政主管部门批准建设城市供水工程，或者不具备相应的资质从事城市供水工程设计、施工及监理的，由城市供水行政主管部门责令停止违法行为，并可处以五万元以上十万元以下的罚款。

第三十七条 供水企业有下列行为之一的，由城市供水行政主管部门责令改正并可处以罚款：

(一)自建设施未经许可擅自对外供水的，处以五万元以上十万元以下的罚款；

(二)使用未验收或者验收不合格的供水工程的，处以一

万元以上五万元以下的罚款;

(三)因供水企业的责任造成供水水质、服务水压不符合国家标准的,处以一万元以上五万元以下的罚款;

(四)擅自停止供水或者未履行停水通知义务的,处以一万元以上三万元以下的罚款;

(五)未按本办法规定履行供水设施管理和维护职责的,处以三千元以上一万元以下的罚款;

(六)未按照规定检修供水设施或者在供水设施发生故障后未及时抢修的,处以三千元以上一万元以下的罚款。

前款违法行为,情节严重的,报经县级以上人民政府批准,可以责令停业整顿;造成他人损失的,应当承担相应的赔偿责任。

第三十八条 违反本办法规定,有下列行为之一的,由城市供水行政主管部门责令改正:

(一)窃水或者转供城市公共供水的;

(二)在城市公共供水管道及其附属设施的安全保护范围内进行危害供水设施安全活动的;

(三)擅自将自建设施供水管网系统与城市公共供水管网系统连接的;

(四)产生或者使用有毒有害物质的单位将其生产用水管网系统与城市公共供水管网系统直接连接的;

(五)在城市公共供水管道上直接装泵抽水的;

(六)擅自拆除、改装、迁移城市公共供水设施的;

(七)擅自开启消火栓或者破封消防旁通管用于与消防无关活动的;

(八)擅自改变用水性质的;

(九)利用城市公共供水管道作避雷装置或者电器接零、接地的;

(十)施工时未对供水管道采取保护措施或者保护措施不当影响正常供水的。

有前款第一项、第五项、第八项所列行为之一的,应当补缴水费并处以应缴交水费的二倍以上五倍以下的罚款。有前款其他项所列行为之一,属单位用户的,可处以一万元以上五万元以下的罚款;属个人用户的,可处以一千元以上一万元以下的罚款。造成损失的,依法承担赔偿责任。

有本条第一款第一项、第三项、第四项、第五项、第六项所列行为之一,情节严重的,经县级以上人民政府批准,还可以在一定时间内停止供水。

第三十九条 用户在被停止供水期间擅开闸门、塞头用水的,由城市供水行政主管部门责令改正,并可处以三千元以上三万元以下的罚款。

第四十条 违反本办法规定,未定期清洗、消毒二次供水储水设施的,或者清洗、消毒的结果未按国家规定报检并向用户公布,以及二次供水水质不符合国家标准的,由卫生行政主管部门责令改正,并处以五百元以上三千元以下罚款;造成损害的,应当承担相应的法律责任。

第四十一条 违反本办法其他规定的,由公安、卫生、规划、环保、消防等有关行政管理部门依据有关法律、法规予以处罚;构成犯罪的,依法追究刑事责任。

第四十二条 城市供水行政等有关主管部门工作人员玩忽职守、滥用职权、徇私舞弊的,由其所在单位或者上级机关予以行政处分;构成犯罪的,依法追究刑事责任。

第六章 附 则

第四十三条 本办法所称二次供水,是指将城市公共供水或者自建设施供水经储存、加压或者净化处理后向用户提供用水。

第四十四条 本办法自公布之日起施行。1999年8月25日福州市第十一届人民代表大会常务委员会第十一次会议通过,2000年7月28日福建省第九届人民代表大会常务委员会第二十次会议批准的《福州市城市供水管理办法》同时废止。

福州市人民政府令

第49号

《福州市医患纠纷预防与处置办法》已经2011年1月4日市人民政府第1次常务会议通过,现予发布,自2011年2月1日起施行。

市长:苏增添

二〇一一年一月二十四日

福州市医患纠纷预防与处置办法

第一章 总 则

第一条 为有效预防和处置医患纠纷,保护患者和医疗机构及其医务人员的合法权益,维护医疗秩序,保障医疗安全,根据《中华人民共和国人民调解法》、《中华人民共和国侵权责任法》等有关法律法规,结合本市实际,制定本办法。

第二条 本办法所称医患纠纷,是指医患双方因对医疗机构的医疗行为和结果及其原因、责任上产生分歧而引发的争议。

第三条 本市行政区域内各级医疗机构的医患纠纷预防、调解与处置,适用本办法。

第四条 医患纠纷的处置应当遵循预防为主、调解优先、公平公正、依法处置的原则。

第五条 卫生行政部门应当依法履行监督管理职能,指导医疗机构做好医患纠纷的预防与处置工作;司法行政部门应当依法对医患纠纷人民调解工作实施指导管理,组织成立由专(兼)职人民调解员组成的医患纠纷人民调解委员会;公安机关应当加强对医疗机构的治安管理,维护医疗机构的正常工作秩序;保险监督管理机构应当依法对医疗责任保险工作实施监督管理。

第六条 市、县(市)区建立医患纠纷调解处置中心(以下简称医调中心),医调中心由同级司法行政部门管理,负责指导医患纠纷人民调解委员会等开展医患纠纷调处工作。

医患纠纷人民调解委员会调解医患纠纷不收取任何费用。

第七条 新闻媒体应当遵循有关法律法规,恪守职业道德,客观公正地报道医患纠纷事件,正确发挥舆论引导和监督作用。

第八条 医疗机构应当按照有关法律法规,加强自身管理,提高医疗服务质量和服务水平,确保医疗安全。

医疗机构及其工作人员的合法权益受法律保护。患方应当依法维护自身权益和解决医患纠纷,维护医疗机构正常的工作秩序。

第二章 预 防

第九条 卫生行政部门应当规范医疗机构、医务人员及医疗技术准入,加强对医疗机构执业行为的监督和管理,督促医疗机构建立医患纠纷预防与处置工作报告制度。

第十条 医疗机构的负责人对本单位的内部治安保卫工作负责,并依照《企业事业单位内部治安保卫条例》建立治安保卫组织机构及各项规章制度,落实单位内部治安保卫工作责任制,制定内部单位治安突发性事件处置预案,完善治安防控体系建设。

第十一条 医疗机构应当建立健全医务人员违法违规行为通报和责任追究制度、医疗质量监控和评价制度、医患沟通制度、安全责任制度。

二级以上医疗机构应当设立医患纠纷调解室,负责接待患方咨询和投诉,宣传医疗知识和相关法律法规,处理医患纠纷。医患纠纷调解室应当配备专(兼)职调解员、相关学科专家和医疗机构法律顾问等专业人员,主动配合医调中心工作。有条件的医疗机构可积极协调公安机关在医院或周边设立警务室。

第十二条 医疗机构与所在地公安机关之间应建立联络员和情报互通机制,医疗机构发现有重大医患纠纷苗头的,应及时报告所在地公安机关。

第十三条 公安机关应依照有关规定,将辖区内县级以上医疗机构提交所在地县级以上人民政府确定为治安保卫重点单位,指导督促医疗机构落实治安防范制度和措施,及时整改治安隐患,落实相关治安保卫工作的规定。

第十四条 医疗机构应当按照有关规定参加医疗责任保险,参保医疗机构的保险费用从业务费中列支,按规定计入医疗机构成本,不得因参加医疗责任保险而提高收费标准或者变相增加患者负担。

第三章 处 置

第十五条 医患纠纷处置工作实行属地管理。市区范围内省、市属医疗机构的医患纠纷,由市医调中心负责处置;其他医疗机构的医患纠纷,由所在地县(市)区医调中心负责处置。

第十六条 医调中心履行下列职责:

(一)指导医患纠纷人民调解委员会的工作;

(二)向医疗机构提出防范医患纠纷的意见、建议;

(三)向政府有关部门通报医患纠纷和调处工作的情况。

第十七条 医患纠纷人民调解委员会履行下列职责:

(一)调解医患纠纷,防止医患纠纷激化;

(二)宣传法律、法规、规章和医学知识,引导医患双方当事人依据事实和法律公平解决纠纷;

(三)向患者及其亲属或者医疗机构提供医患纠纷调解咨询和服务;

(四)对医患双方经调解达成的协议,应制作调解协议书;对达不成协议的,应作出终止调解决定书,并告知可通过诉讼途径解决纠纷。

第十八条 医患纠纷可以依法通过以下方式处理解决:

(一)医患双方自行协商解决;

(二)向医调中心申请调解;

(三)向卫生行政部门提出医疗事故争议处理申请;

(四)向人民法院提起民事诉讼。

第十九条 发生医患纠纷后,医疗机构应当按照下列程序处置:

(一)发生医患纠纷时,医疗机构应及时向所属卫生行政部门及同级医调中心报告,并组织专家进行会诊,将会诊意见告知患方;

(二)医疗机构应当认真听取患方的诉求,答复患方的咨询和疑问,告知患方有关医患纠纷处置的办法和程序,积极做好纠纷化解工作,防止事态扩大;

(三)在医患双方共同在场的情况下,按《医疗事故处理条例》规定封存现场实物及相关病历资料,封存后的资料由医疗机构负责保管;

(四)医疗机构应妥善保存调解医患纠纷过程中的相关资料,保存时间不得少于一年;

(五)处置完毕后,医疗机构向所属卫生行政部门提交医患纠纷处置报告,报告纠纷的发生经过及处置情况。

第二十条 发生医患纠纷后,患方有权要求查阅、复印或者复制门诊病历、住院志、体温单、医嘱单、化验单(检验报告)、医学影像检查资料、特殊检查同意书、手术同意书、手术及麻醉记录单、病理资料、护理记录、医疗费用以及国务院卫生行政部门规定的其他病历资料等。

第二十一条 医患双方当事人不能确定死因或对死因有异议的,可以按《医疗事故处理条例》规定进行尸检。

第二十二条 医调中心接到医患纠纷调解申请后,按照下列程序调处医患纠纷:

(一)及时派员赶赴现场宣传相关法律法规、政策和解决途径,引导医患双方通过医调中心依法进行调解;

(二)指定1名人民调解员为首席调解员和2名人民调解员、1名记录员参加调解。医患双方可以推举代表参与调解,单方代表人数不超过5名,对调解员提出回避申请且存在法定理由的,医患纠纷人民调解委员会应当予以调换;

(三)在查明事实、分清责任的基础上,促使医患双方当事人达成调解协议;无法达成调解协议的,终止调解并告知医患双方。

索赔金额在人民币10万元以上的,应当经过医疗事故技术鉴定或司法鉴定,并根据鉴定结论进行调处。

医患纠纷人民调解委员会调解医患纠纷应当自受理调解申请之日起1个月内调结。医患双方当事人同意延期的,可以再延期1个月。仍未达成调解协议的,视为调解不成,医患双方当事人可以依法向人民法院提起诉讼。

第二十三条 当事人向卫生行政部门提出医疗事故争议处理申请的,卫生行政部门应当依据《医疗事故处理条例》的有关规定进行调解。

第二十四条 医患纠纷当事人已向人民法院提起民事诉讼,卫生行政部门或医调中心不得受理其调解申请,已经受理调解申请的,应当终止调解,并通知医患纠纷当事人,但受人民法院委托调解的除外。

第二十五条 患方所在单位、当地乡镇人民政府(街道办事处)和基层群众自治组织应当配合医患纠纷处置工作。

第二十六条 承担医疗责任保险的保险机构应按照与医疗机构签定的协议,依据医调中心调解协议书达成的协议,履行赔付手续。

第二十七条 公安机关接到关于医患纠纷的治安警情后,应当按照下列程序处置:

(一)立即组织警力赶赴现场;

(二)开展教育疏导,制止过激行为,维护医疗秩序;

(三)依法处置现场发生的各类违法行为;

(四)对患者在医疗机构内死亡,其亲属拒绝将尸体移放太平间或殡仪馆的,应责令其亲属或强制将尸体移送太平间或殡仪馆;

(五)依法对违法犯罪行为开展调查取证工作;

(六)对严重影响医疗机构正常医疗办公秩序的行为,应依法采取处置措施。

第四章 法律责任

第二十八条 医务人员违反《中华人民共和国执业医师法》等规定,有下列行为之一的,由卫生行政部门依法给予行政处罚;构成犯罪的,依法追究刑事责任:

(一)违反卫生行政规章制度或者技术操作规范,造成严重后果的;

(二)由于不负责任延误危急患者的抢救和治疗,造成严重后果的;

(三)隐匿、伪造或者擅自销毁医学文书及有关资料的。

第二十九条 患者或者其亲属,以及其他人员有下列行为之一的,经公安机关劝导教育无效或造成后果的,依据《中华人民共和国治安管理处罚法》给予行政处罚;构成犯罪的,依法追究刑事责任:

(一)占据医疗机构诊疗或办公场所,寻衅滋事的;

(二)拒不将尸体移放太平间、殡仪馆或在医疗机构拉横幅、设灵堂、张贴大字报等扰乱医疗秩序的;

(三)阻碍医师依法执业,侮辱、诽谤、威胁、殴打医务人员或者侵犯医务人员人身自由的;

(四)破坏、抢夺医疗机构的设备、财产和病历、档案等重要资料的;

(五)其他违反法律法规的行为。

第三十条 建立医患纠纷处置责任追究制度,在处置医患纠纷过程中,公安、卫生、司法行政、医调中心、医疗机构等部门及其工作人员违反法律法规及本办法规定,玩忽职守,不履行法定义务的,依照有关规定给予行政处分;情节严重、构成犯罪的,依法追究刑事责任。

第三十一条 新闻机构或新闻记者对真相未明、调查结果尚未公布的医患纠纷作失实报道,或在报道中煽动对立情绪,造成严重社会不良影响和后果的,依照国家有关规定追究责任。

第五章 附则

第三十二条 驻榕军队医疗机构医患纠纷的处置工作按照军队相关规定办理,不适用本办法。

第三十三条 本办法自2011年 2月1日起施行。

福州市人民政府令

第50号

《福州市地方税收保障实施办法》已经2011年3月15日市人民政府第10次常务会议通过,现予发布,自2011年4月15日起施行。

市长:苏增添

二〇一一年三月十五日

福州市地方税收保障实施办法

第一章 总 则

第一条 为保障地方税收收入,维护纳税人的合法权益,促进地方经济和社会的和谐发展,根据《中华人民共和国税收征收管理法》及其实施细则、《福州市人民代表大会常务委员会关于加强地方税收保障的决定》等法律、法规,结合本市实际,制定本办法。

第二条 本办法所称的地方税收保障,是指在本市行政区域内各级人民政府、税务机关以及有关部门、单位和个人根据税收管理的特点和要求,为保障地方税收及时、足额收缴入库所采取的监督、支持、协助以及奖惩等措施的总称。

本办法所称的税务机关包括国家税务局和地方税务局。

第三条 地方税收保障以税收法律、法规为依据,以“政府主导、税务主管、部门配合、社会参与”为原则,以部门联动、源头控管、综合管理为主要手段,加强地方税收的征管,保障地方税收收入。

第四条 各级人民政府应当加强对地方税收保障工作的领导,组织、协调有关部门和单位落实地方税收保障措施,对地方税收保障工作情况进行监督和考核,落实保障工作经费。

第五条 税务机关应当加强税收征收管理,严格税源控管,积极培植税源,依法组织地方税收收入。

第六条 任何单位和个人都应当依法及时足额缴纳税款,有关部门、单位和个人应当支持、协助税务机关依法征收税款。

第二章 税收监管

第七条 税务机关应当严格控管税源,依法加强发票管理,有计划地推广应用税控装置。

凡属于发票管理范畴的票据,都应当依法纳入发票监管范围,有关单位应当积极支持、配合。

第八条 税务机关及其工作人员不得违反税收法律、法规的规定,不征、少征、多征、提前征收、延缓征收或者摊派税款;不得利用职权混淆预算级次或税种征收,不得虚收、异地征收或者截留挪用税款。

第九条 税务机关应当加强欠税管理,欠税发生后,税务机关应当依法催缴并严格按日计算加收滞纳金,直至采取税收保全、税收强制执行措施清缴欠税。

第十条 税务机关应当建立健全社会监督机制,接受纳税人、新闻媒体和社会团体对税收执法的评议和监督,公开改进措施,并反馈改进结果。

第十一条 税务机关应当实行税务公开,公开税收法律法规和政策、办税程序、纳税服务规范以及纳税人权利和义务等。

凡是未依法公开的税收法律法规和政策,不得作为税务机关征收管理的依据。

第十二条 税务机关应当依法为纳税人、扣缴义务人提供政策宣传、纳税咨询、办税指导、权利救济等各种便捷、经济的服务,采取各种措施降低纳税人的纳税成本。有特殊困难的老年人、残疾人等纳税人办理纳税事宜,税务机关应当提供必要的便利。

税务机关为纳税人提供的纳税服务不得收取费用。

第十三条 税务机关应当公平、公正、文明执法,不得滥用职权故意刁难纳税人、扣缴义务人和其他涉税当事人。

第十四条 税务机关应当依法收集、使用和保管纳税人的纳税资料,依法为纳税人的情况保密。未经纳税人同意,不得对外泄露纳税人以及与纳税情况相关的信息。

第十五条 任何单位和个人都有权对违反税收法律、法规行为进行举报。

税务机关接到举报后应当及时调查,依法处理,并对举报人的情况严格保密。根据举报贡献大小,并按照相关规定给予举报人奖励。

第三章 税收协助

第十六条 市、县(市)区人民政府应当通过政务网络系统等建立地方税收保障信息交换平台,健全相关部门之间的税源信息交换和共享制度,实现涉税信息的互联互通。

第十七条 市、县(市)区人民政府有关行政主管部门和公用企业事业单位应当履行税收协助义务,指定人员负责涉税信息传递工作,按照《福州市行政管理部门和公用企业事业单位向税务机关提供的第三方信息清单》要求向同级税务机关传递涉税信息。

国家税务局和地方税务局之间应当按照有关规定传递涉税信息。

上述部门和单位如当期未产生信息的,实行零报送制。

第十八条 下列各相关行政主管部门和有关单位应当在各自职责范围内,无偿协助税务机关做好地方税收征管工作:

(一)公安机关协助税务机关查询纳税人以及其他涉税人员身份证明、暂住人口居住情况、境内外人员出入境记录等信息、对税务机关移送的涉税犯罪案件及其他违法信息线索进行查处,并将查处结果向税务机关通报。

(二)房屋登记机构、国土资源行政主管部门对税务机关查询、查封纳税人以及其他涉税人员的房产、土地使用权的,应当给予协助;对税务机关委托拍卖或者变卖纳税人以及其他涉税人员的房产、土地所有权或者使用权的,应当协助办理过户手续(但用于房屋征收安置的房产除外)。对申请办理房产、土地权属变更手续的单位和个人按规定应当提供却不能提供正式发票、完税证明或者不征税证明等,不予办理相关手续。

(三)工商行政主管部门对申请办理工商注销手续的企业、个体工商户等,发现其不能提供税务登记注销证明的,应书面告知申请人先到税务机关办理相关手续。

(四)财政主管部门对国家、省、市级人民政府规定的有奖发票、涉税举报的经费和代扣代缴、代收代缴、委托代征的手续费以及提供第三方信息奖励经费,按照规定在年度预算中予以安排。

(五)人力资源和社会保障行政主管部门协助税务机关查询再就业优惠证发放、社保缴纳信息。

(六)统计行政主管部门应协助税务机关查询特定行业营业利润等行业数据指标。

(七)科技、民政部门应及时查处涉嫌研究开发费用、技术合同伪造,骗取高新技术企业资格、福利企业资格的案件,并将查处结果向税务机关通报。

(八)审计部门应当及时提供涉税线索,协助提供相关的税务审计资料。

第十九条 税务机关对有关部门和单位提供的涉税信息应当科学分析、综合利用,不得用于税收管理之外的其他用途。对涉及国家秘密、商业秘密、个人隐私的信息,应当予以保密。

第二十条 税务机关应当做好有关部门和单位涉税信息传递辅导工作,协助同级政府做好地方税收保障考核工作,根据经济和社会发展情况,定期提出修改有关部门和单位提供涉税信息以及协助税收征管的意见。

第二十一条 市、县(市)区人民政府应当将地方税收保障工作纳入年度工作考核范围,对负有地方税收保障责任的有关部门和单位参与税收协助的情况和成效进行考核,将考核结果定期通报。考核的内容主要包括:

(一)有关部门和单位税收协作开展情况;

(二)有关部门和单位涉税信息传递情况;

(三)受托代征税款的单位和个人代征税款情况;

(四)有关部门和单位作为扣缴义务人的税款扣缴情况;

(五)税务机关通过税收保障措施,组织税收收入情况。

市、县(市)区人民政府对地方税收保障工作考核优秀的单位和个人应当予以表彰和奖励。

第四章　委托代征

第二十二条　税务机关根据有利于税收控管和方便纳税的原则,根据国家有关规定,可以对零星分散、异地缴纳、便于源头控管的税收实行委托代征,有关部门、单位和个人应当给予支持和协助。

第二十三条　税务机关应当按照规定与受托代征税款的单位和个人签订委托代征协议。

受托代征税款的单位和个人应当按照协议规定依法代征税款,不得擅自扩大或者缩小代征范围,不得违反委托代征协议,擅自不征或者少征应征税款,不得将代征税款再委托给其他单位和个人代征。

第二十四条　对代征税款难度较大的,可以在规定范围内从高执行代征手续费给付比例,具体办法由财政部门和税务机关另行制定。

受托代征税款的单位可根据代征工作需要合理使用手续费。

第五章　法律责任

第二十五条　违反本办法规定,负有税收协助义务的有关行政主管部门未能有效开展协助、未及时提供涉税信息,造成地方税收损失的,税务机关应当报告本级人民政府,由本级人民政府依据有关规定对有关部门及其责任人员作出处理。

第二十六条　有关部门、单位和个人有下列行为之一的,对直接负责的主管人员和其他直接责任人员依法给予处分;构成犯罪的,依法追究刑事责任:

(一)擅自作出同税收法律、行政法规相抵触的决定,或者非法干预、阻挠、取代税务机关依法执行公务的;

(二)违反本办法规定,未按照规定用途使用涉税信息,造成严重后果的;

(三)违反本办法规定,挤占、挪用或者延迟解缴代征税款,造成国家税款流失的。

第二十七条　税务机关有下列行为之一的,对负有直接责任的主管人员和其他直接责任人员依法给予行政处理或处分;构成犯罪的,依法追究刑事责任:

(一)未按规定实行税务公开或违反办税程序的;

(二)违反规定拒不提供纳税服务的;

(三)未依法履行为纳税人保密义务造成损失的;

(四)截留、挪用税款或者代征手续费的;

(五)混淆税款入库级次或者多征、少征、提前或延缓征收税款的;

(六)滥用职权、徇私舞弊、玩忽职守,造成税收损失的。

第六章　附　则

第二十八条　本办法自2011年4月15日起施行。

附件

福州市行政管理部门和公用企业事业单位向税务机关提供的第三方信息清单

序号	提供单位	提供信息项目(具体内容由各单位与税务机关协商确定)	周期要求
1	发展和改革主管部门	建设投资项目立项信息	每月终了后15日内
2	重点项目主管部门	1. 重点建设项目投资计划及进度信息	每月终了后15日内
		2. 续建项目信息	
		3. 重大产业储备项目信息	
3	工商行政主管部门	1. 企业(含外国和外地驻榕施工企业)、个体工商户及分支机构开业、变更(含股权变更)、注销、吊销信息	每季度终了后15日内
		2. 外国企业常驻代表处设立、变更、注销信息	
		3. 当事人动产抵押登记信息	
		4. 食品流通许可证发放、变更和注销信息	
4	建设行政主管部门	1.《福建省房屋建筑工程和市政基础设施工程竣工验收备案表》备案信息	每季度终了后15日内
		2. 建设项目招投标信息	
		3. 建设工程项目合同备案信息	
		4. 建筑工程施工许可证发放信息	
		5. 外地设计、施工、建筑企业在榕开展工程或提供劳务的项目备案信息	
		6. 典型工程建安造价指标信息	

续表

序号	提供单位	提供信息项目(具体内容由各单位与税务机关协商确定)	周期要求
5	房屋登记机构	1. 房产转移、变更信息(交易价格、数量、面积、类型)	每季度终了后15日内
		2. 商品房预售许可证登记、变更信息(开发企业名称、预售证号、项目名称、坐落、预售楼号、预售面积、批准日期)	
		3. 房产总登记信息(开发企业名称、项目名称、坐落、总面积、办结日期)	
		4. 房地产预售备案涉税信息(开发企业名称、项目名称、楼号、单元号、面积、金额、签约日期)	
6	国土资源主管部门	1.《国有土地使用权证书》登记、变更信息	每季度终了后15日内
		2. 国有土地使用权出让、转让信息和采矿权出让信息	
7	经济主管部门	外地驻榕办事机构登记备案信息	每季度终了后15日内
8	公安机关	1. 驾管所接受各驾培学校为学员报名驾驶的信息	每季度终了后15日内
		2. 车辆登记、过户、注销信息	
		3. 经营性停车场登记信息	
		4. 特种行业许可证发放、变更以及注销信息	
		5. 准许纳税人购买爆炸用品的审批信息	
		6. 旅馆业床位数量	
9	科技主管部门	1. 对非行政事业单位奖励或补贴信息	每季度终了后15日内
		2. 技术合同登记信息	
10	外经主管部门	1. 外商投资企业设立、变更(含股权转让)、注销信息	每季度终了后15日内
		2. 境外单位或个人转让商标、专利、非专利技术信息	
		3. 出口统计表信息	
		4. 对外贸易经营者备案登记信息	
		5. 本地企业到境外投资核准登记信息	
11	规划行政主管部门	1. 建设用地规划许可证发放、变更信息	每季度终了后15日内
		2. 建设工程规划许可证发放、变更信息	
		3.《建设工程规划条件核实意见书》发放信息	
12	教育行政主管部门	各类民办学校的设立、变更、注销信息	每半年终了后15日内
13	民政部门	1. 福利企业的认定、变更、注销信息	每半年终了后15日内
		2. 民办非企业单位登记、变更、注销信息	
14	国有资产监督管理部门	所出资国有企业兼并、转让、划转、改组、改制、破产信息	每半年终了后15日内
15	文化行政主管部门	1. 文化经营许可证发放、变更、注销信息	每月终了后15日内
		2. 出版印刷许可证发放、变更、注销信息	每半年终了后15日内
		3. 文化团体演出登记信息	
		4. 各类营业性演出信息	
16	卫生行政主管部门	1. 医疗机构执业许可证的认定、发放、变更、注销信息	每半年终了后15日内
		2. 卫生许可证发放、变更、注销信息	
17	体育主管部门	各类商业性体育比赛(含涉外体育比赛)或其他重要体育活动信息	每月终了后15日内

续表

序号	提供单位	提供信息项目(具体内容由各单位与税务机关协商确定)	周期要求
18	残联	残疾人证发放、变更、注销信息	每半年终了后15日内
19	财政主管部门	1. 行政、事业单位之外的财政拨款信息	年度决算后30日内
		2. 拨付同级公立医院购买医药、器械和设备的信息	每半年终了后15日内
20	质量技术监督部门	1. 组织机构代码证发放、变更、注销信息	每季度终了后20日内
		2. 锅炉检测信息	
		3. 税控加油机信息	
21	医疗保险管理机构	零售药店医保结算数据信息	逢双月终了后15日内
22	粮食主管部门	1. 国有粮食购销企业和其他粮食企业信息	每季度终了后15日内
		2. 国有粮食购销企业的变更、改制信息	
23	商贸主管部门	酒类经营备案登记信息	每月终了后15日内
24	统计行政主管部门	提供分行业城镇固定资产投资信息	每季度终了后15日内
25	供电企业	1. 企事业单位和个体工商户用电立户、变更以及注销信息	每季度终了后15日内
		2. 企事业单位和个体工商户的用电信息	每半年终了后15日内
26	自来水公司	1. 企事业单位和个体工商户用水立户、变更以及注销信息	每季度终了后15日内
		2. 企事业单位和个体工商户的用水信息	每半年终了后15日内
27	住房公积金管理机构	企业、事业单位公积金年度汇缴明细信息	年度终了后45日内
28	物价主管部门	公益性收费、经营服务性收费项目及收费标准调整信息	每季度终了后15日内
29	交通行政主管部门	1. 交通建设项目审批信息	每半年终了后15日内
		2. 车辆、船舶营运证发放信息	每季度终了后15日内
30	水利主管部门	水利建设项目审批信息	每季度终了后15日内
31	市产权交易服务中心	国有资产转让信息	每月终了后15日内
32	公务员局	外籍文教专家、教师登记信息	年度终了后45日内
33	人力资源和社会保障局	定点医保许可证发放、变更、注销信息	每半年终了后15日

福州市人民政府令

第51号

《福州市展会管理办法》已经2011年8月31日市人民政府第29次常务会议通过,现予发布,自2011年11月1日起施行。

代市长:杨益民

二○一一年九月二十三日

福州市展会管理办法

第一条 为扶持和引导展会行业健康发展,优化办展办会环境,促进展会行业快速发展,保护参与展会的单位、个人合法权益,根据国家有关规定,结合本市实际,制定本办法。

第二条 本办法所称的展会:

(一)"展"是指主办单位通过招展方式引入参展商,在固定场所以及一定期限内,通过物品、技术或者服务的展示,进行产品、服务贸易和信息、技术交流的商业性活动。

(二)"会"是指在固定场所及一定的时间内,召开与展览有关的大型会议,由各类部门、行业组织、企业主办的展中论坛、研讨会、订货会等活动。

第三条 本办法适用于本市五城区内举办的展会活动,但下列展会除外:

(一)经营者为推介自己生产或经营的产品而举办的展销活动;

(二)政治性、公益性展会等非商业性展会。

第四条 展会发展应当以市场化、国际化、专业化、品牌化为重点,坚持行业自律、有序竞争、依法保护各方合法权益的原则。

第五条 展会举办单位包括主办单位、承办单位、协办单位。

主办单位是指负责制定展会计划和实施方案,对展会活动进行策划、组织和管理的单位。

承办单位是指受主办单位的委托,负责具体实施招展办展、宣传推广、安全保卫、交通运输等展会组织、操作以及管理事项的单位。

协办单位是指为主办、承办单位策划、组织、操作、管理展会提供协助的单位,可以承担部分展会有关事项。

第六条 市商贸服务业主管部门是本市展会行业的主管部门,负责本市展会活动的统筹规划、监督管理、指导协调。

工商、外经、科技、旅游、公安、消防、卫生、质监、知识产权等相关行政主管部门,按照各自职责,共同做好展会活动的相关管理和服务工作。

第七条 本市展会业协会应当制定行业标准和行业规范,配合政府及有关部门做好展会的协调、服务工作,建立行业自律机制,引导会员规范经营行为,保护会员的合法权益。

展会业协会可以接受本市有关部门委托开展展会统计、评估、信息交流和行业人才培训等工作。

第八条 市商贸服务业主管部门应当会同财政、工商、外经、旅游等部门编制本市展会行业发展规划,报经市人民政府批准后组织实施。

市商贸服务业主管部门应当根据展会行业发展规划适时发布展会项目指导目录。

第九条 展会举办单位应当在每年11月1日前向市商贸服务业主管部门申报拟在下一年度举办的展会活动计划和组织实施方案。市商贸服务业主管部门应当根据本市展会行业发展规划进行审查,汇总编制全市下一年度展会计划,并向社会公布。

第十条 主办单位应当在举办展会四十五日前持下列材料向市商贸服务业主管部门申请登记备案:

(一)展会举办申请书(含展会名称、起止日期、举办地点、展览规模、相关举办单位名称,参展商品或服务种类,展会负责人、地址、联系电话等事项);

(二)主办(承办)单位的有效法人资格证件;

(三)展会组织实施方案(含展会安全工作方案和突发事件应急预案);

(四)与场馆签订的场地使用证明;

(五)参与主办、承办、协办的单位证明,两个以上单位共同主办、承办展会的,应当提交共同主办、承办协议书;

(六)展会名称中使用"第X届"等字词的,应当提供前几届展会相关证明材料;

(七)委托承办单位、展馆单位代为办理申请手续的,应提交委托书。

第十一条 市商贸服务业主管部门在接到举办单位申请材料后,应在5个工作日内进行备案审查,符合本办法规定的,予以登记备案,并向社会公布。

展会的名称、内容、举办单位、场所和时间等事项因故需要变更的,举办单位应当及时向原登记机关申请办理变更登记手续。

第十二条 申请举办的展会名称应符合下列规定:

(一)与其他展会名称相区别,与展会内容、规模相一致;

(二)未经外经部门批准,展会名称不得使用"国际"、"全球"、"亚洲"、"亚太"等字词;

(三)未经国家有关部门批准,展会名称不得使用"全国"、"中国"、"中华"、"国家"、"海峡"等字词;

(四)未经省有关部门批准,展会名称不得使用"福建"、"八闽"、"东南"、"海西"等字词。

第十三条 在本市举办的内容、名称相同或者相类似的专业性展会,举办周期相隔时间原则上不少于一个月。

第十四条 品牌展会开幕当日的前后三个月内,不得举办与其在内容、名称相同或者相类似的展会。

品牌展会由市商贸服务业主管部门会同有关部门及行业协会进行评选和认定,评选过程和结果应当向社会公开。

第十五条 主办单位委托承办单位办展的,应当签订书面合同,明确各方的权利、义务。未经主办单位同意,承办单位不得再以转包、分包等形式委托其他单位承办展会。

主办单位或经授权的承办单位应与展馆单位签订租赁合同,明确双方的权利义务。

第十六条 展会经市商贸服务业主管部门登记备案后,方可进行招展信息(广告)发布和招展活动。

招展信息(广告)应当以主办单位名义发布,未经主办单位授权,承办单位不得擅自发布招展信息(广告)。

招展信息(广告)应当客观、真实。禁止发布下列信息:

(一)与登记备案的展会内容、名称不一致的信息;

(二)对不同参展商招展发布不一致的信息;

(三)虚假和引人误解的广告宣传;

(四)其他违反法律、法规、规章规定的广告等信息。

第十七条 参展商应当具有合法的经营资格和相应的经营范围,其展品应当符合相关质量标准和法律法规的规定。

参展商不得有以下行为:

(一)展示、销售存在产品质量或者法律法规禁止流通的商品或者服务;

(二)侵犯他人知识产权;

(三)进行虚假或者引人误解的宣传;

(四)未经批准,擅自销售境外展品。

第十八条 主办单位应当与参展商签订书面合同,明确双方的权利和义务,对侵害消费者合法权益的赔偿责任进行约定。

签订参展合同之前,主办单位应当要求参展商提供其符合第十七条第一款规定条件的证明文件,建立参展商商品资信档案。在展会举办期间,主办单位应当对参展商的行为进行监督。

第十九条 展会应当在具有商业用途、相应功能规模、符合卫生、消防和安全要求并经有关部门认定的场馆举行。

场馆单位负责场馆的管理维护,应当定期检修场馆设备、设施,确保场馆及相关设备、设施的完好及正常运行;建立场馆安全防范制度,配备保安人员,在展会期间做好安全、消防等工作。

第二十条 场馆经营单位应当建立现场巡查制度,对展会期间下列情况进行巡查:

(一)展会与申报材料内容是否一致;

(二)主办单位是否有存在虚假宣传;

(三)参展商及其参展行为是否符合本办法的有关规定;

(四)其他相关情况。

第二十一条 各相关行政主管部门应当对展会活动进行现场监督检查,举办单位、参展商和场馆单位应当自觉接受监督检查。

市商贸服务业主管部门应当建立投诉处理制度,公开举报投诉电话,协调处理展会期间的各类投诉事项。

第二十二条 举办单位可以根据展会实际情况,制定展会知识产权投诉处理规则,现场设立知识产权投诉接待机构,公布投诉电话,协调处理展会期间的各类知识产权投诉事项。

第二十三条 消费者在展会举办期间购买商品或者接受服务,其合法权益受到损害的,按照消费者权益保护有关法律法规规定处理。

第二十四条 市商贸服务业主管部门应当会同市工商、外经等有关部门制定展会活动有关合同的示范文本,引导展会有关各方依法签订合同。

第二十五条 举办单位应当对展会活动的信息进行统计和评估,并在展会结束后的十个工作日内,将有关信息数据及总结评估报告上报市商贸服务业主管部门。

展馆单位每月底应向市商贸服务业主管部门报告上月已办展会情况。

第二十六条 市商贸服务业主管部门应当会同市工商、外经、旅游等有关部门建立展会信息服务平台和信用档案数据库等信息系统,发布展会活动动态信息,为主办单位、参展商等提供咨询服务。

市商贸服务业主管部门应会同有关部门根据展会市场综合管理情况,对展会主办单位、承办单位、场馆单位、参展商等展会从业单位进行评估,定期公布违法和失信办展信息,并向社会公开。

第二十七条 违反本办法规定,有下列行为之一的,由市商贸服务业主管部门责令改正,并可处以一万元以上二万元以下罚款:

(一)举办展会活动未向市商贸服务业主管部门登记备案;

(二)展会主、承办单位向市商贸服务业主管部门申请登记备案时隐瞒真实情况或者弄虚作假的;

(三)擅自改变展会的名称、内容等事项并从事招展、办展活动;

(四)未经同意,擅自将其他单位列为主办、联合主办、承办或者协办单位;

(五)主办单位、参展商从事与展会名称、内容不符的活动;

(六)擅自发布招展信息;

(七)主、承办单位或者展馆单位为不具备参展资格的单位和个人以及不符合国家法规规定质量标准的商品提供参展场所。

第二十八条 违反本办法其他规定的,由相关部门依据《中华人民共和国产品质量法》、《中华人民共和国消费者权益保护法》、《中华人民共和国广告法》等法律法规处理。

第二十九条 商贸、工商、技术监督等相关行政管理部门及其工作人员玩忽职守、滥用职权、徇私舞弊的,由有关部门依法给予行政处分;涉嫌犯罪的,依法追究刑事责任。

第三十条 本办法自2011年11月1日起施行。

福州市人民政府令

第52号

《福州市人民政府关于修改〈福州市市直行政事业单位办公用房管理办法〉的决定》已经2011年10月9日市政府第32次常务会议通过,现予公布,自公布之日起施行。

代市长:杨益民

二〇一一年十月十八日

福州市人民政府关于修改《福州市市直行政事业单位办公用房管理办法》的决定 附:修正本

现决定对《福州市市直行政事业单位办公用房管理办法》作如下修改:

一、将第三条第(二)项的"为机关工作服务的业务用房"修改为:"为机关工作服务的配套用房,包括档案室、计算机房、食堂、会议礼堂、配电房、车库等"。

二、将第八条修改为:"未经市机关局同意,行政事业单位不得自行处置其使用的办公用房及相应土地,不得改变办公用房的用途,不得将办公用房出租、出借或调整给其他单位使用。"

三、将第十八条第二款修改为:"办公用房已出租或正在经营的,使用单位应当及时将租赁合同等有关材料报告市机关局,由市机关局根据出租用房的使用功能、合同期限及全市办公用房调剂使用情况进行处置;对于合同到期的出租用房,由使用单位负责收回,交由市机关局根据办公用房使用功能进行处置,其中暂不使用的办公(配套)用房,经市机关局会同规划、国土等部门审核同意后,由市机关局委托使用单位采取公开招投标方式进行出租。"

四、将第二十条修改为:"不宜再作办公用房使用的闲置房屋,交由市国有房产管理中心归口管理。对于合同到期的房屋,尚未纳入本市房屋征收或者土地出让计划的,市国有房产管理中心拟重新出租时,应在出租合同中明确规定所出租房屋如遇政府征收情形,合同终止,由市国有房产管理中心无偿收回房屋;对已纳入本市房屋征收或者土地出让计划的,不得重新出租或出售。

市国有房产管理中心出租或出售收回的闲置办公用房,应当采取公开招标、拍卖的方式,按照有关规定进入市产权交易中心进行交易。"

五、将第二十六条第一款改为第二款,增加一款,作为第一款:“办公用房使用单位应当做好办公用房及其配套用房的安全监管工作,对存在安全隐患的要及时采取措施排查,确保使用安全。”

本决定自公布之日起施行。

根据本决定对《福州市市直行政事业单位办公用房管理办法》作相应的修改,重新公布。

福州市市直行政事业单位办公用房管理办法

(2008年7月2日福州市人民政府令第40号公布根据2011年10月18日福州市人民政府令第52号公布的《福州市人民政府关于修改〈福州市市直行政事业单位办公用房管理办法〉的决定》修正)

第一章 总 则

第一条 为加强市直行政事业单位办公用房管理,维护国有资产的安全和完整,实现资源优化配置,提高使用效益,根据国家和省、市有关规定,制定本办法。

第二条 市直行政事业单位办公用房管理遵循所有权与使用权相分离、统筹规划、统一建设、规范管理、合理调配、专业化服务的原则。

第三条 本办法适用于市直行政事业单位办公用房管理,包括市党政机关、人大机关、政协机关、检察机关、审判机关、民主党派机关、人民团体机关以及由市财政全额拨款的事业单位依法占有和使用的属于国有资产的下列房屋及其相应土地:

(一)办公室用房;

(二)为机关工作服务的配套用房,包括档案室、计算机房、食堂、会议礼堂、配电房、车库等;

(三)招待所或培训中心等非住宅用房。

第四条 福州市人民政府授权市机关事务管理局(以下简称“市机关局”)负责市直行政事业单位办公用房的统一管理。

第二章 权属登记管理

第五条 办公用房权属已登记的或者交由下属单位或其他单位登记的单位,应当将办理的《土地使用权证》和《房屋所有权证》原件及其他原始档案资料移交市机关局。

办公用房权属未作登记的单位,应当及时办理权属登记手续,并将办理的《土地使用权证》和《房屋所有权证》原件及其他原始档案资料移交市机关局。

新建、改(扩)建和划拨(转让)办公用房应报市机关局审核同意,产权属市机关局。

第六条 由于历史原因等造成办理权属登记资料缺失或不全的,由所在单位提供有关证明材料,市机关局协助甄别分类报“市房屋所有权、土地使用权登记发证遗留问题协调工作领导小组”协调有关部门补办相关手续后,办理权属登记。

第七条 特殊用途(指安全保密、司法、涉外、宗教、监狱、教育、医疗、科研、文体场馆等)办公用房,由使用单位申办权属登记,报市机关局备案。

第八条 未经市机关局同意,行政事业单位不得自行处置其使用的办公用房及相应土地,不得改变办公用房的用途,不得将办公用房出租、出借或调整给其他单位使用。

第九条 市机关局应当加强办公用房产权管理,建立办公用房管理信息系统,健全档案资料。

第三章 规划建设管理

第十条 办公用房的建设由市机关局根据本市城市总体规划和办公用房的使用现状及需求,按照优化整合、相对集中、完善功能、提高效率的原则,统一提出规划建设意见,报市政府批准。

第十一条 行政事业单位根据需求向市机关局提出办公用房建设项目申请,市机关局按照有关规定组织评估论证,提出审查意见报有关部门核准后,由各单位按照程序组织实施。

第十二条 办公用房建设项目的设计、施工、监理以及工程建设的建筑材料、设备、设施等采购应当严格按照省、市有关规定进行招投标。

第四章 调配使用管理

第十三条 市机关局根据行政事业单位职能配置、内设机构和人员编制,按照办公用房配备标准核定各单位的办公用房面积。各单位申请办公用房使用权时,应当与市机关局签订办公用房使用协议,明确权利、义务和责任。

第十四条 办公用房实行统一调剂使用,凡超过配备标准面积、已对外出租、出借或被企业、非财政全额拨款的事业单位挤占用房以及其他闲余办公用房,均纳入统一调配范围。

第十五条 新建办公用房在建成后,各使用单位应当按照“建新交旧”的原则,按期上交旧办公用房,不得继续占用或自行处置。对机构和人员编制作了调整的单位应当重新核定办公用房面积。被撤销的单位和对办公用房进行调整后的单位应当如期上交原办公用房,不得自行处置。

上交的办公用房,由市机关局根据各单位的需求情况统筹安排。

第十六条 各单位现有办公用房尚未达到配备标准面积的,不足部分由市机关局从现有办公用房存量中统筹调剂解决;无法调剂的,由市机关局提出意见报市政府研究解决。

第十七条 办公用房处置由市机关局按财政部《行政单位国有资产管理暂行办法》及《事业单位国有资产管理暂行办法》规定的国有资产处置程序报批,各行政事业单位不得擅自处置。

第十八条 经核定的办公用房,使用单位擅自将办公用房出租、转借或改变用途及无正当理由闲置六个月以上的,由市机关局予以收回。

办公用房已出租或正在经营的,使用单位应当及时将租赁合同等有关材料报告市机关局,由市机关局根据出租用房的使用功能、合同期限及全市办公用房调剂使用情况进行处置;对于合同到期的出租用房,由使用单位负责收回,交由市机关局根据办公用房使用功能进行处置,其中暂不使用的办公(配套)用房,经市机关局会同规划、国土等部门审核同意后,由市机关局委托使用单位采取公开招投标方式进行出租。

第十九条 群众团体组织、企业、非财政拨款的事业单位挤占办公用房的,应予清退;因特殊情况无法清退的,应当报市机关局批准并按规定收取租金。

第二十条 不宜再作办公用房使用的闲置房屋,交由市国有房产管理中心归口管理。对于合同到期的房屋,尚未纳入本市房屋征收或者土地出让计划的,市国有房产管理中心拟重新出租时,应在出租合同中明确规定所出租房屋如遇政府征收情形,合同终止,由市国有房产管理中心无偿收回房屋;对已纳入本市房屋征收或者土地出让计划的,不得重新出租或出售。

市国有房产管理中心出租或出售收回的闲置办公用房,应当采取公开招标、拍卖的方式,按照有关规定进入市产权交易中心进行交易。

第二十一条 办公用房的出租、出售处置收益,应当全额上缴市财政,实行"收支两条线"管理。

第五章 维修养护管理

第二十二条 根据损坏程度和修缮工作量的大小,办公用房维修分为大修、中修和日常维修。

大修:指对办公用房及其设施进行的全面修复;

中修:指对办公用房及其设施进行的局部修复;

日常维修:指对办公用房及其设施进行的及时修复和日常维护、保养。

第二十三条 大、中修以上维修项目预算价 30 万元(含 30 万元)以上和专项维修工程,由各单位根据办公用房损坏程度提出维修养护方案,报市机关局核准后组织实施;日常维修养护由各单位组织实施。

大、中修以上维修项目和专项维修工程应当按照检查鉴定、项目核准、资金安排、项目招标和竣工验收的程序逐步实施。

第二十四条 办公用房的维修(包括旧办公用房装修),主要是恢复和完善其使用功能,应当坚持经济适用、量力而行的原则,严格控制装修标准,不得变相进行改建、扩建或超标准装修。

第二十五条 办公用房维修工程应当按省、市有关规定进行公开招标,并加强工程监督管理,确保工程质量。工程竣工后,由使用单位会同市机关局、设计单位、工程监理单位联合验收。

第二十六条 办公用房使用单位应当做好办公用房及其配套用房的安全监管工作,对存在安全隐患的要及时采取措施排查,确保使用安全。

市机关局应当定期会同各单位对办公用房的质量、安全情况进行检查,建立维修项目数据库,为做好维修工作提供科学依据。

第二十七条 办公用房实行专业化物业管理,并逐步向市场化过渡。特殊用房或涉及安全保密等不宜实行物业管理的,可由使用单位自行管理。

物业管理公司的选择,应当按规定采用公开招投标的方式进行。

第六章 经费管理

第二十八条 办公用房管理费用应当纳入市政府年度经费预算,基建、维修资金纳入市政府年度基建投资计划,其资金按照市政府有关财政投资项目资金管理办法执行。

第二十九条 各单位根据办公用房使用功能状况和修缮的有关标准,统一编制大、中修及专项维修方案和经费预算,报市机关局核准,经市财政审批后纳入各部门预算。

各单位按照核定的面积和规定的标准,编制办公用房日常维修和物业管理经费预算,报市财政审核批准后,报市机关局备案,列入各部门预算。

第七章 法律责任

第三十条 各行政事业单位对使用的办公用房负有保护其安全、完整的责任,因使用不当、不爱护公物或随意拆改造成的损失,应予赔偿,并由相关部门依法追究单位领导及相关责任人的行政责任。

第三十一条 违反第十八条规定,使用单位擅自将办公用房出租、转借或改变用途的,除收回办公用房外,出租收入上缴市财政,造成经济损失和恢复办公用房原样所需费用由单位或责任人承担,并由相关部门依法追究单位领导及相关责任人行政责任。

第三十二条 办公用房建设、维护、调配和管理接受市监察、审计、财政等有关部门的监督和检查。

第八章 附 则

第三十三条 本办法自 2008 年 8 月 1 日起施行。

福州市人民政府令

第 53 号

《福州市人民政府关于废止〈福州市城市房屋拆迁裁决行政强制执行若干规定〉的决定》已经 2011 年 10 月 24 日市人民政府第 33 次常务会议通过,现予公布。自公布之日起施行。

代市长:杨益民

二〇一一年十一月二日

福州市人民政府关于废止〈福州市城市房屋拆迁裁决行政强制执行若干规定〉的决定

2011 年 10 月 24 日市人民政府第 33 次常务会议决定,废止下列市人民政府规章:

《福州市城市房屋拆迁裁决行政强制执行若干规定》(2003 年 7 月 30 日市政府令第 28 号公布)

本决定自公布之日起施行。

福州市人民政府关于加强城市消防安全工作的实施意见

榕政〔2011〕1号

(2011年1月30日)

各县(市)区人民政府,市直各委、办、局(公司):

随着我市经济社会的快速发展和城市化进程的加快,城市公共消防安全问题日趋突出。为提升城市火灾防范和应急管理能力,确保人民生命财产安全,依据《中华人民共和国消防法》、《福建省消防条例》、《福建省消防设施管理办法》、《福州市消防安全管理办法》等法律法规规章和《国务院关于进一步加强消防工作的意见》(国发〔2006〕15号)、《福建省人民政府关于加强城市消防安全工作的意见》(闽政〔2011〕4号)等文件,结合我市实际,提出如下实施意见:

一、明确城市消防安全工作任务

以党的十七大精神为指导,全面贯彻落实科学发展观,坚持"以人为本、生命至上",加强城市消防公共基础建设,健全灭火应急救援体系,落实单位主体责任,强化部门监管职能,持续整治消防安全突出问题,消除火灾隐患,构建"政府统一领导、部门依法监管、单位全面负责、群众积极参与"的消防工作格局和城市消防安全长效管理机制,提升公众消防安全素质和城市抗御火灾的综合实力,坚决遏制重特大火灾事故发生,为海峡西岸经济区省会中心城市发展、社会稳定和人民群众安居乐业创造良好的消防安全环境。

二、夯实城市公共消防安全基础

(一)加快城市消防规划修编。各县(市)区人民政府是城市消防规划的编制主体,应加快对消防专项规划的修编工作。调整修编城市总体规划时,应当同步修订消防专项规划。"十一五"规划期间未完成消防规划编制和审批的一般建制镇要在2011年底前全部完成编制和审批工作。市政府每年将对消防规划编制和落实情况开展专项检查,对消防规划不落实或落实不到位的,责成有关部门和县(市)区进行整改。

(二)加强公共消防设施建设。各县(市)区人民政府要负责组织实施城市消防站、消防供水、消防通信、消防车通道等公共消防设施建设和消防装备配备。对已建城区消防供水、消防通道的改造和建设步伐要加快;对公共消防设施不能满足灭火应急救援需要的,要及时增建、改建、配置或者进行技术改造。工业园区的公共消防设施应按照总体规划与城市建设统一设计、同步建设、同步发展。财政部门要根据现行财政管理体制,按照事权划分的原则,将公共消防设施和消防装备的建设、维护、管理经费纳入预算予以保障。规划、建设部门在新城开发、旧城改造时,要严格按照城市规划和消防规划,完善消防安全布局。公安机关消防机构要依据城市消防规划,提出消防站、消防通信、消防装备的建设配备年度实施计划,报同级人民政府批准实施。城市交通隧道、地铁、港口的建设或主管部门要按规范要求设置消防给水和灭火设施。每条城市地铁线路周边应规划建设消防站,满足城市地铁灭火救援需要。城乡建设部门要牵头解决市政消火栓配置不足、缺失、损坏、被圈占、被埋压的问题。2011年四城区要完成175个欠账消火栓的增设和109个损坏消火栓的修复,2012年全市要完成所有536个欠账消火栓的增设和251个损坏消火栓的修复,逐年按照规划对新建区域同步增设市政消火栓,全部达到配备标准。2011年,30%的重点镇、中心镇、一般建制镇公共消防设施要达到配备标准;2012年,60%的重点镇、中心镇、一般建制镇公共消防设施要达到配备标准;2013年,90%的重点镇、中心镇、一般建制镇公共消防设施要达到配备标准;2014年,重点镇、中心镇、一般建制镇公共消防设施要全部达到配备标准。

(三)加强城市消防应急救援体系建设。各县(市)区人民政府要加强综合应急救援队伍建设,建立健全由公安、安监、供水、供电、供气、通信、医疗救护、交通运输、环境保护、工程抢险、气象等有关部门和单位参与的应急响应和指挥体系,加强成员单位之间的沟通协调。要加强对火灾等公共安全突发事件的风险评估和预案编制,建立综合应急救援联席会议制度,定期召开成员单位联席会议,组织成员单位开展应急拉动演练,提升队伍的快速反应和综合救援能力;要建立专家组联席会议制度,定期召开专家组会议,发挥专家组在灭火和应急救援战斗力提升中的作用。要加大对救援力量、战勤保障和灭火救援物资储备等建设的投入,提升应急救援综合保障能力。近期,市区要配备90米以上,马尾区、福清市、长乐市要配有1辆53米以上,其他县要配备1辆20–32米举高类消防车。

依法应当建立单位专职消防队的各类大型化工、电力、易燃易爆生产储存经营企业和港口、城市交通隧道、大型物资仓库(基地)的主管单位,要按照不低于二级普通消防站的标准建设专职消防队(站)。要针对本企业的火灾危险性,配备特种车辆和器材:大型化工、易燃易爆生产储存经营企业专职队应配备大功率泡沫消防车,泡沫液储备量不少于灭火用量的2倍;大型电力企业专职消防队应配备干粉消防车;港口专职消防队应配备消防拖船;城市交通隧道专职消防队应配备照明车和大功率排烟器材。公安机关消防机构可以根据扑救火灾需要,调动专职消防队及其灭火物资装备。

各级公安机关消防机构应当根据城市公共消防安全现状,制定各类应急预案,提高对重大火灾与特殊灾害事故的处置能力;熟练掌握消防安全重点单位和高层建筑内部消防设施的应用;有针对性地开展实战性、跨区域多力量联合演练。特别要加强超高层建筑灭火救援战法研究,不断提升处置高层建筑火灾等灾害的能力。

三、整治城市突出消防安全问题

(一)调整完善城市消防安全布局。各县(市)区人民政府对不符合城市消防安全布局的易燃易爆危险物品生产、储存、装卸场所以及易燃易爆气体和液体的充装站、供应站、调压站场所等重大火灾危险源,要限期搬迁;对无法保证消防安全的,要责令停止使用;结合城区改造、内河整治等增设内河取水口或取水平台,并提升内河水位,确保火场供水需要。台江、仓山等木屋较集中的区要加快改造计划,在制订近期旧城改造计划时,要优先安排棚屋区、"城中村"、木屋毗连区等易燃建筑密集区的拆迁、改造。

(二)大力整治建筑消防安全隐患。各县(市)区人民政府要对重大火灾隐患单位实行政府挂牌督办,健全重大火灾隐患立、销案制度和挂牌督办制度;对一时难以整改又不能保障安全的要依法责令其停产停业。对存在重大火灾隐患的营业性公众聚集场所,工商、文化新闻出版等行政主管部门要坚决依法吊销相关证照,予以取缔。公安机关消防机构要牵头组织开展对高层建筑、地下公共建筑和其他设有人员密集场所建筑的排查整治,督促整改建筑消防设施不符合要求、违规使用易燃可燃材料装修等火灾隐患,依法查处消防违法行为。燃气业务主管部门要督促管道燃气经营企业及时检查、维修、更换损坏的燃气管道、仪表、阀门、报警装置等部件,并在管道总阀门处设置醒目标识。气象部门要加强对建(构)筑物防雷装置的安全检查,防止因雷击引起的火灾。

(三)加强建筑施工现场的安全监督。各级建设行政主管部门要组织开展建筑施工工地检查整治,督促落实安全设施与主体工程项目安全生产"三同时"(同时设计、同时施工、同时生产和使用),督促建设、设计、施工、监理等单位落实责任,指导施工单位建立施工现场消防安全制度,严厉打击不办理施工许可擅自施工、建筑施工企业无资质施工,以及违法分包、转包、挂靠等行为;加大对施工现场特别是作业区、生活区及仓库、活动板房等重点部位的消防安全措施落实情况的检查力度;督促施工单位落实电焊等明火作业的防火措施,严肃查处电工、焊工、机械工、架子工等特种作业人员无证上岗和违规操作;将建筑外墙改造纳入监管范围,禁止使用聚氨酯泡沫等易燃填缝剂和保温装饰材料;检查安全网、外脚手架、垫板等设施的防火性能,消除安全网等设施及建筑施工材料现场堆放存在的安全隐患。公安机关消防机构要检查、督促大型人员密集场所和其他特殊建设工程的施工单位按照规定配置临时消防水源、消防器材,安装消火栓并配备水枪水带,设置消防车通道。

(四)开展危险化学品的检查整治。安全生产监督管理部门要组织负有危险化学品管理职责的部门对危险化学品的生产、经营、储存企业开展检查,督促危险化学品企业落实安全责任制。对内部管理制度和操作规程不健全、不落实的,安全设施和器材配置不符合要求或未保持完好有效的,要责令改正;对易燃易爆场所设置位置不符合安全规定的,要责令限期改造、搬迁,并报同级人民政府督促落实。

(五)消除影响灭火救援的障碍。各县(市)区人民政府要组织有关部门对建筑周边占用防火间距和消防车通道违法搭盖的建(构)筑物依法予以拆除,改造建筑周边影响灭火救援的架空电力设施。城市园林绿化部门要整治城市园林绿地内因城市绿化景观工程导致堵塞、占用消防车通道、消防登高场地等问题。户外广告设施的设置必须符合消防安全规定,市容主管部门要根据公安机关消防机构的函告,对影响建筑灭火救援的户外广告设施,依法予以清理。公安机关交通管理部门要依法清理由其规划设置在建筑、特别是高层建筑周边影响灭火救援的停车泊位,完善道路禁停标志、标线等交通设施,同时加强周边道路的交通秩序管理。住房保障和房产管理部门要督促物业服务企业按照《物业服务合同》的约定和消防法律法规有关规定,履行消防安全职责。

四、落实消防安全主体责任

(一)落实高层建筑消防安全主体责任。明确高层建筑业主、使用人、管理人是高层建筑消防安全的责任主体。物业服务企业或其他统一管理人接受委托时,应当与业主办理消防资料、消防设施设备的承接查验等移交手续,规范供配电管理制度和操作规程,积极配合供电企业做好高层建筑供配电系统的日常维修、养护和管理。物业服务企业或其他统一管理人要按照消防法律法规有关规定和合同约定,对管理区域内的消防共用部位和共用消防设施设备实施消防安全管理,落实消防控制室值班制度,并对业主、使用人履行消防安全职责情况进行指导,劝阻、制止业主或者使用人影响消防安全的行为;使用人对各自使用部分消防安全负责。业主多、产权分散,消防管理责任主体不明的高层公共建筑,存在火灾隐患难以整改的,由所在的县(区)人民政府应协调建筑各产权单位或其上级主管部门,明确整改责任,确保安全。

(二)落实人员密集场所消防安全主体责任。各级各部门要按照行政职责督促公共娱乐场所、商场市场、宾馆饭店、学校、医院、劳动密集型企业等人员密集场所,深入开展消防安全"四个能力"(检查消除火灾隐患、组织扑救初起火灾、组织人员疏散逃生和消防宣传教育培训能力)建设。人员密集场所要设立1名专职消防安全员,负责"四个能力"建设的培训、督促和检查;要按照消防法律法规规定,履行消防安全职责,落实员工消防教育培训制度,制定灭火和应急疏散预案,确定疏散引导人员,定期组织开展演练;要设置规范醒目的消防安全标识,定期对消防设施、电气线路进行全面检测。消防控制室必须实行每日24小时值班,每班不少于2人。值班操作人员必须经专业培训合格后持证上岗。宾馆、公共娱乐场所等应配备一定数量的防烟面具、应急手电筒等逃生器材及其使用说明。严禁场所边使用(营业)边施工。2011年,所有消防安全重点单位消防安全"四个能力"建设要达标;2012年,属于人员密集场所的一般单位基本达标。

(三)落实建设工程消防安全主体责任。建设单位应对工程项目消防安全负总责,设计、施工、工程监理单位依法对建设工程的消防设计、施工质量负责。设计单位应严格执行有关建筑设计防火规范。建筑高度超过100m的公共建筑,应按规范设置避难层,高度超过250m的高层建筑,防火设计应按规定报公安机关消防机构组织专题论证。施工单位应对消防施工质量负责,落实施工现场特别是明火作业的消防安全措施;在施工前对施工人员进行消防安全教育;在建设工地醒目位置、施工人员集中住宿场所设置消防安全宣传栏和消防安全警示标识;组织灭火和应急疏散演练。工程监理单位必须严格依照消防法律法规、国家工程建设消防技术标准、消防设计文件实施工程监理,不得同意使用、安装不合格的消防产品和建筑材料。产品质量监督部门、工商行政管理部门、公安机关消防机构应当按照各自职责加强对消防产品质量的监督检查。

五、提升公众消防安全素质

(一)广泛开展消防安全宣传教育。各县(市)区政府每年要制定并组织实施消防宣传教育计划,要组织本辖区负责消防管理的领导干部进行一次消防安全培训。公安机关消防机构要协调有关部门指导和监督社会消防安全教育培训工作,推进消防宣传进学校、进企业、进农村、进社区、进家庭。各级文明办、公安、教育、民政、共青团等部门要按照《福州市消防志愿者行动实施意见》要求,推动消防志愿者队伍建设,积极开展消防志愿宣传活动,完成注册消防志愿者人数达到本地区常住适龄人口总量的3%,确定消防志愿者试点乡镇(街道)和社区、学校、企业不少于1个。教育部门、学校及其他教育机构要将消防知识纳入教学内容,全市100%的学校开设消防知识教育课程,每学期至少开展一次火场逃生疏散演练。科技、司法行政等部门和单位要将消防法律法规和消防知识列入科普、普法工作内容,城市社区居民和社会单位员工消防知识普及率要达到90%。街道办事处和单位要在社区、办公区等场所设立消防宣传教育专栏和消防安全标识,每年组织消防演练不少于一次;街道、社区或居民住宅区的物业服务企业要按一定比例在小区明确若干名专(兼)职消防宣传员,有条件的小区每栋设一名。

(二)加强从业人员的消防培训。公安、教育、民政、文化新闻出版、广电、旅游等部门应当按照《社会消防安全教育培训规定》(公安部第109号令)的规定,组织和监督管理消防安全教育培训工作,并纳入相关工作检查、考评。建设行政主管部门应当指导和监督建设工程设计、施工、监理单位、施工图审查机构、城市燃气企业、物业服务企业等开展消防安全教育培训工作,将消防法律法规和工程建设消防技术标准纳入建设行业相关执业人员的继续教育和从业人员的岗位培训及考核内容。公安机关消防机构要会同人力资源和社会保障部门共同推进消防控制室值班人员、自动消防设施操作人员等消防行业特有工种职业技能培训和鉴定。2011年,全市50%以上的消控室值班、操作人员应取得相应的国家职业资格证书;2012年,消控室值班、操作人员应全部取得相应的国家职业资格证书。人力资源和社会保障部门、安全生产监督管理部门要将消防法律法规和消防安全知识纳入电工、电焊、气焊等特殊工种人员的培训鉴定。机关、团体、企业、事业单位职工上岗前消防安全培训率要达到100%;对在岗的职工每年至少进行一次消防安全培训;单位员工"三懂三会"(懂火灾危害性、懂火灾扑救方法、懂预防火灾的措施,会报火警、会使用灭火器、会火灾逃生)达到100%;住房保障和房产管理部门要督促物业服务企业定期开展经常性消防安全宣传教育,每年至少组织一次本单位员工和所服务的居民参加消防培训和灭火疏散演练。

(三)加大公益消防宣传力度。各级宣传部门要落实消防宣传职责,定期组织当地新闻媒体召开消防宣传座谈会议,组织广播、电视、报刊、网站等媒体有针对性地面向社会开展消防安全宣传教育。新闻媒体要改进消防宣传教育形式,采取重大消防安全隐患曝光等方式,提升公众对火灾隐患整治、火灾事故预防的关注度;积极宣传消防法律法规、刊播各类安全防范知识、消防公益广告,普及消防知识和逃生自救常识。

六、强化城市公共消防安全监管

(一)各级人民政府要加强对消防工作的领导,落实消防工作责任制,将消防工作纳入国民经济和社会发展计划,建立防火安全委员会或消防工作联席会议制度,每季度召开例会,研究并协调解决消防工作重大问题,适时组织开展消防安全专项治理。近期,要组织编制"十二五"消防工作专项规划,并组织实施。

(二)城区各乡镇(街道办事处)要配备专兼职消防安全管理人员,建立专职、志愿消防队伍,落实消防安全职责,指导辖区内单位(场所)建立并落实消防工作责任制,开展消防安全检查。街道(镇)和社区要组建专职、志愿消防队,2011年,人口5万以上、年GDP1亿元以上的建制镇建成专职、志愿消防队伍;2012年,全市街道(镇)、社区要按照有关规定建成专职、志愿消防队伍。社区居委会要组织居民签订防火公约,经常性地开展防火安全检查、消防安全教育、灭火和应急疏散演练,督促整改火灾隐患。

(三)负有消防安全监督管理职责的相关部门,按照现行事权划分原则,在其法定职责范围内强化职能监督:

规划、建设行政主管部门要加强对建设工程规划、设计、施工、监理单位的监督管理,督促其落实消防安全职责;对不符合城市消防安全布局要求、不满足消防间距和消防通道要求的建设项目,不得核发建设用地规划许可证和建设工程规划许可证;对依法应当进行消防设计审核的建设工程未经审核或审核不合格的,不得发放施工许可证。住房保障和房产管理部门、房屋交易登记部门对依法应当进行消防设计审核的建设工程未经审核或审核不合格的,不得核发商品房预售许可证;对缺少消防验收合格文件或备案资料的建设工程,不得颁发房屋权属证书;要规范商品住宅专项维修资金的归集、使用和管理;配合有关部门落实多产权、多使用人且无物业管理和未建立专项维修资金的建筑责任主体;配合有关部门落实火灾隐患整改资金。

工商行政管理部门要严格执行关于市场主体登记前置审批的规定,把好市场主体登记准入关。凡消防审批被依法列为市场主体登记前置审批的,要加强登记审查,坚持先证后照。

文化新闻出版部门依法对未经消防安全检查或检查不合格,以及被公安机关消防机构依法查封、责令停产停业的公共娱乐场所,予以取缔或吊销文化经营行政许可证照。

公安机关消防机构要主动参与消防专项规划的编制和城乡规划审查;定期组织对市政消火栓、消防车通道开展检查,对不能满足灭火应急救援需要的,提请当地人民政府责成有关部门增建、改建、配置或者进行技术改造;依法对国务院公安部门规定的建设工程实施消防设计审核、验收,对公众聚集场所在投入使用、营业前实施消防安全检查;实施消防监督检查,组织开展以高层(地下)建筑以及人员密集场所为重点的火灾隐患排查整治,督促社会单位强化消防安全管理,依法查处消防违法行为;调查火灾原因,统计火灾损失,依法对火灾事故作出处理。

供电企业要排查整改不符合规范要求的供电企业产权的建筑供配电设施;依法检查用户产权重要负荷的配电设施、自备应急电源的配置及设备运行状况,对不符合规范要求的,通知产权人限期整改并报当地人民政府,由当地人民政府组织有关部门督促落实。

旅游部门要将场所消防安全纳入星级旅游饭店、内河旅游船A级旅游景区质量等级评定和复核,督促落实消防安全防范措施;将消防安全知识纳入全区导游人员行业管理和旅游职业培训内容。

物价部门要对公安机关消防机构委托的火灾直接财产损失鉴定及时办理。

教育部门要加强对学前教育机构教学、活动场所及设施消防安全条件的审查。

监察部门要督促相关职能部门依法依规认真履行职责,实施跟踪督办,对重特大火灾事故进行责任调查,依法严肃追究有关领导和责任人的责任。

其他相关部门要根据各自职能承担监管职责,同时要负责本部门、本行业消防安全工作,及时消除火灾致灾因素。

七、建立消防安全管理长效机制

(一)建立部门联合执法机制。对重大火灾隐患、违法违章等消防安全问题,要由隐患所在单位的行政主管部门会同公安消防机构牵头组织有关部门开展联合执法,负有消防安全监督管理职责的部门要建立火灾防控信息通报机制,并在职责范围内加强监督管理。

(二)建立隐患整改资金保障机制。建筑共用消防设施的维护保养费用,在保修期内的由建设单位承担;对已竣工但尚未出售或者尚未交付物业买受人的,或依法未经消防验收、备案,或验收、备案抽查不合格而交付使用的,因建设单位的违法行为造成建设项目未达到工程建设消防技术标准的,建设单位应当负责整改并承担相关费用。

已建立专项消防设施专项维修资金的,依照相关规定支取使用。建筑存在重大火灾隐患的,经公安机关消防机构书面通知后,业主不进行维修、更新、改造或者经过维修、更新、改造仍存在重大火灾隐患的,市、县(市)区人民政府住房保障和房产管理部门应会同公安消防机构、所在街道办事处督促物业使用人或管理人组织代修,维修费用从相关业主专项维修资金分户账中先行列支。维修资金不足,由所在地县(市)区人民政府或上级主管部门协调解决。没有建立专项维修资金的,由业主按照专有部分占建筑总面积的比例分摊。

(三)建立诚信监管机制。建设行政主管部门要将消防安全内容纳入建设、设计、施工、监理单位、物业服务企业的诚信评定,对逃避责任、不主动整改消防安全隐患的企业,按照诚信管理规定调整等级,实施资质、项目动态管理。

(四)建立市场调节机制。公共娱乐场所应当参加火灾公众责任保险,引导人员密集场所、易燃易爆企业积极参加火灾公众责任保险,发挥保险在火灾防范、风险管理和灾后补偿方面的作用,利用市场手段平抑火灾风险、辅助社会管理。消防产品质量认证、消防设施检测、消防安全监测等消防技术服务机构和执业人员,应当依法获得相应的资质、资格;依照法律、行政法规、国家标准、行业标准和执业准则,接受委托提供消防技术服务,并对服务质量负责。

(五)建立督办责任追究机制。各县(市)区人民政府、各级部门应逐级建立消防安全责任制,履行各自消防安全职责,对未履行职责的政府主要领导人、部门的正职负责人通报批评;导致重、特大火灾事故发生的,给予警告、记过、记大过、降级直至撤职的行政处分;构成犯罪的依法追究刑事责任。

各县(市)区人民政府要认真贯彻本意见,结合当地实际,研究制定具体实施办法,统筹安排,抓好相关工作落实,确保城市公共消防安全。

福州市人民政府关于在城区实施猪肉质量安全信息可追溯系统管理的通告

榕政〔2011〕5号

(2011年4月26日)

为进一步规范我市生猪产品经营行为和市场流通秩序,确保入市流通的生猪产品质量,保障人民群众肉品消费安全,根据《食品安全法》、《生猪屠宰管理条例》等有关法律法规及《商务部财政部关于开展“放心肉”服务体系建设试点工作的通知》(商秩发〔2009〕273号)等文件规定,经研究,决定在福州市城区实施猪肉质量安全信息可追溯系统管理。现就有关事项通告如下:

一、自本通告发布之日起,在城区各生鲜超市、农贸市场安装调试肉品质量可追溯系统相关的电子网络平台、手持交易终端、溯源电子计价秤、追溯系统查询终端等设备,各生鲜超市、农贸市场业主应予以配合。

二、从2011年10月1日起,福州市城区开始实施肉品质量安全信息可追溯系统管理,凡进入城区市场销售生鲜猪肉的经营者,必须符合以下准入条件:(一)取得工商营业执照,在农贸市场、超市等固定摊位销售;(二)猪肉产品必须是福州市定点屠宰场屠宰或提供,并具备动物产品检疫合格证和合格验讫印章(以下简称两章两证);(三)必须使用肉品质量追溯卡和溯源电子计价秤,凭追溯卡进行销售。

三、城区定点屠宰场应当按规定配置相关的溯源设施和设备,实施进场检疫检验登记,出场称重发证(两章两证)写卡。

四、城区生猪产品经营业主(包括批发市场、农贸市场、超市、冻库等)、经营者必须严格按照生猪产品市场准入条件,实施进货查验,配置和安装相关的溯源设施和设备(IC卡、IC卡读卡器、溯源电子计价秤等),凭配发的肉品质量追溯设备进行市场交易。

五、猪肉制品生产加工企业应持溯源IC卡进行批发采购;餐饮单位和学校、医院、单位食堂等应严格落实索证索票制度,从市场采购符合准入条件经营者的生猪产品,建立猪肉采购和使用台账。

六、从2011年10月1日起,生猪产品经营者销售生鲜猪肉时,应向消费者提供肉品质量追溯票据,消费者可按追溯票据上的追溯码登录福建食品安全溯源网(http://www.fjspaqsy.gov.cn)查询生猪来源、定点屠宰场、经销市场及摊位、动物产品检疫和肉品品质检疫是否合格等信息。

七、鼓励消费者在购买猪肉时向零售商索取质量追溯票据,对肉品经营行为进行监督,并积极举报违法行为。

对违反本通告的行为,由市、区商贸、工商、质监、农业、卫生、公安、市容管理等部门依法查处。

八、本通告自发布之日起执行。

社会监管投诉举报电话:12312

特此通告

福州市人民政府关于废止部分规范性文件的通知

榕政〔2011〕6 号

(2011 年 11 月 2 日)

各县(市)区人民政府,市直各委、办、局(公司):

经市人民政府研究,决定对《福州市人民政府关于印发福州市棚屋区拆迁安置优惠政策的通知》等 9 件与国务院《国有土地上房屋征收与补偿条例》不一致的规范性文件予以废止,不再作为行政管理的依据。

本通知自公布之日起生效。

附件:福州市人民政府决定废止的规范性文件目录(共 9 件)

福州市人民政府决定废止的规范性文件目录(共 9 件)

1.《福州市人民政府关于印发福州市棚屋区拆迁安置优惠政策的通知》(2000 年 6 月 30 日榕政综〔2000〕185 号公布)

2.《福州市人民政府办公厅关于贯彻实施国务院〈城市房屋拆迁管理条例〉有关问题的通知》(2001 年 11 月 11 日榕政办〔2001〕185 号公布)

3.《福州市人民政府关于促进旧屋区改造的实施意见》(2003 年 5 月 8 日榕政综〔2003〕108 号公布)

4.《福州市人民政府关于停止办理金山新区规划道路两侧红线范围内建筑相关证照问题的通知》(2003 年 9 月 17 日榕政综〔2003〕222 号公布)

5.《中共福州市委办公厅、市人民政府办公厅关于转发福州市房管局、财政局〈关于切实维护被拆迁人合法权益的意见〉的通知》(2004 年 5 月 21 日榕委办〔2004〕68 号公布)

6.《福州市人民政府关于提高房屋拆迁临时安置补助费(过渡费)标准的通知》(2007 年 6 月 12 日榕政综〔2007〕151 号公布)

7.《福州市人民政府办公厅转发福州市东部新城征地拆迁安置指挥部关于东部新城征地拆迁补偿实施意见(试行)的通知》(2007 年 6 月 30 日榕政办〔2007〕109 号公布)

8.《福州市人民政府关于东部新城拆迁补偿安置实施细则的批复》(2007 年 9 月 14 日榕政综〔2007〕289 号公布)

9.《福州市人民政府办公厅关于进一步明确东部新城征地拆迁安置指挥部若干工作职责及工作程序的通知》(2007 年 11 月 12 日榕政办〔2007〕191 号公布)

福州市人民政府关于公布规范性文件清理结果的决定

榕政〔2011〕9 号

(2011 年 12 月 26 日)

各县(市)区人民政府,市直各委、办、局(公司):

根据国务院办公厅《关于做好规章清理工作有关问题的通知》(国办发〔2010〕28 号)和省政府办公厅《关于印发政府规章清理工作方案和规范性文件清理工作的通知》(闽政办〔2010〕203 号)的要求,市政府对 2000 年 1 月 1 日至今市政府及市政府办公厅发布的现行有效的规范性文件进行了清理,清理结果已经 2011 年 12 月 20 日市政府第 39 次常务会议审议通过,现予以公布。废止或宣布失效的规范性文件,自本决定公布之日起不再执行。

一、《福州市人民政府关于开展闽江下游河道采砂整治工作的通告》(榕政〔2007〕15 号)等 171 件规范性文件继续有效(具体目录详见附件一)。

二、《福州市人民政府关于工业用地出让有关问题的通知》(榕政综〔2007〕276 号)等 198 件规范性文件继续有效并适时进行修改(具体目录详见附件二)。

三、《福州市人民政府关于加强闽江调水工程峡南取水口水源保护区环境管理的通告》(榕政〔2000〕4 号)等 218 件规范性文件予以废止或宣布失效(具体目录详见附件三)。

附件:1. 继续有效的市政府及市政府办公厅发布的规范性文件目录(共 171 件)

2. 继续有效并需适时修改的市政府及市政府办公厅发布的规范性文件目录(共 198 件)

3. 废止或宣布失效的市政府及市政府办公厅发布的规范性文件目录(共 218 件)

福州市人民政府关于印发福州市国有土地上房屋征收与补偿实施意见(试行)的通知

榕政综〔2011〕13 号

(2011 年 2 月 21 日)

各区人民政府,市直各委、办、局(公司):

《福州市国有土地上房屋征收与补偿实施意见(试行)》已经市政府常务会议研究同意,现印发给你们,请结合实际,认真贯彻执行。

福州市国有土地上房屋征收与补偿实施意见(试行)

为贯彻国务院公布施行的《国有土地上房屋征收与补偿条例》,实现房屋征收与补偿工作规范有序开展,保障城市建设顺利实施,结合我市实际,现提出如下实施意见。

一、凡属省、市发展改革部门立项、市级以上财政出资和跨区项目,由市人民政府负责房屋征收与补偿工作;凡属各区发展改革部门立项、区级财政出资的项目以及市人民政府下达由各区人民政府组织实施的其他项目,由各区人民政府负责房屋征收与补偿工作。

二、市住房保障和房产管理局是本市房屋征收部门,各区房屋管理部门是各区房屋征收部门,市、区房屋征收部门负责组织实施城区房屋征收工作。

三、房屋征收部门可以委托已取得资质的房屋征收实施单位承担房屋征收与补偿的具体工作。

四、为了公共利益需要征收房屋的,由项目业主向房屋征收部门提出申请并提交建设项目批准文件、建设项目规划红线图和国有土地使用权批准文件等材料。

五、房屋征收部门收到项目业主提交的征收申请及相关材料后,应在3日内在房屋征收范围张贴房屋征收告知书,告知被征收人的权利和义务;并委托征收实施单位对房屋征收范围内房屋的权属、区位、用途、建筑面积、无产权房屋等情况进行摸底、调查,被征收人应当予以配合,征收实施单位应将摸底、调查结果报经市房屋征收部门审核后在房屋征收范围内向被征收人公布。

房屋征收部门应书面通知规划、建设、工商、房地产交易登记等部门暂停办理新建、扩建、改建房屋、改变房屋用途、权属和抵押登记、工商登记等相关手续。

六、被征收人应当在房屋征收告知书发布之日起5日内自行协商选定房地产价格评估机构;若被征收人在此期限内无法通过协商方式选定房地产价格评估机构的,则以70%以上户数选定的房地产价格评估机构作为多数人意见确定评估机构;若被征收人无法形成多数意见的,则在上述期限届满后3日内由房屋征收部门通过公开抽号的方式随机选定。公开抽号时,邀请被征收人代表、被征收房屋所在区监察部门、街道(镇)、社区(村)组织代表等参与监督。

七、房屋征收部门拟定的房屋征收补偿方案应在房屋征收范围内和征收部门门户网站予以公布,征求公众意见,征求意见期限为30日。被征收人需提交意见的,应持本人身份证明和房屋权属证明在征求意见期限内以书面形式提交。

八、因旧城区改建需要征收房屋,70%以上被征收人认为征收补偿方案不符合规定的,房屋征收部门应组织由被征收人和公众代表参加的听证会,并根据听证会情况修改方案。参加听证会的公众代表可包括被征收房屋所在地街道(镇)、社区(村)组织代表、人大代表或者政协委员、法律工作者等。

九、市人民政府实施的房屋征收项目,由项目主管部门牵头开展社会稳定风险评估并提交风险评估报告;各区人民政府实施的房屋征收项目,由项目所在地辖区政府牵头开展社会稳定风险评估并提交风险评估报告;其他的房屋征收项目,由项目所在地辖区人民政府牵头开展社会稳定风险评估并提交风险评估报告。

十、房屋征收决定涉及被征收人户数在1000户以上的,作出房屋征收决定前,应当经市人民政府常务会议讨论决定。

十一、房屋征收补偿费用应含被征收房屋货币补偿和购买、建设产权调换房屋的费用。房屋征收补偿费用应根据房屋征收补偿和安置用房购买、建设进度足额到位。

十二、各区人民政府组织实施的房屋征收项目,其房屋征收补偿方案在向公众公布征求意见前,应报经市房屋征收部门审核。

市、区房屋征收补偿标准按我市现行的房屋拆迁补偿标准执行。

十三、房地产价格评估机构应对各评估事项进行科学鉴定,独立、全面、客观、公正、准确地进行估价并出具评估报告。

房地产价格评估机构有下列行为之一的,房屋征收部门应当将其列入不良信用档案并暂停将其列入房屋征收评估机构公示目录,暂停期限为1年:

(一)未依照约定及时出具估价报告的;

(二)估价报告经鉴定存在明显重大技术问题的。

十四、房地产价格评估机构有下列行为之一的,房屋征收部门应当将其列入不良信用档案并禁止将其列入房屋征收评估机构公示目录:

(一)未依照约定及时出具估价报告次数累计达两次的;

(二)估价报告经鉴定存在重大技术问题次数累计达两次的;

(三)接受评估委托后无正当理由拒绝继续房屋估价的;

(四)拒不按鉴定意见修改估价报告的;

(五)出具虚假估价报告,估价结果严重失实的;

(六)擅自转让房屋征收评估业务的;

(七)出现其他违法违规行为的。

十五、各县(市)人民政府可参照本意见执行。

十六、本意见今后与国家及省相关部门出台的规定或办法不一致的,从其规定。

十七、本意见自公布之日起施行。

福州市人民政府关于印发《福州市道路停车泊位经营管理办法》的通知

榕政综〔2011〕19号

(2011年2月28日)

各县(市)区人民政府,市直各委、办、局(公司):

《福州市道路停车泊位经营管理办法》已经市政府审议通过,现印发给你们。

福州市道路停车泊位经营管理办法

第一条 为维护城市机动车停放场所秩序,规范机动车道路停放行为,保障城市交通有序安全畅通,根据《中华人民共和国道路交通安全法》、《中华人民共和国治安管理处罚法》、《福州市停车场管理办法》等法律、法规,结合本市实际,制定本办法。

第二条 本市市区范围内道路停车泊位的施划(设置)由市公安机关交通管理部门会同市建设行政主管部门按照《福州市停车场管理办法》的规定组织实施。

第三条 供机动车停放使用的道路停车泊位分为收费泊位和免费泊位两种使用类型。

道路停车泊位实行收费使用的,由市人民政府授权的单位或组织负责经营管理。

道路停车泊位经营管理者负责道路停车泊位收费系统的建设、维护和管理,并负责收取占用城市道路资源费。

第四条 对于收费使用的道路停车泊位,其收费标准实行政府定价,由市物价部门依照“分区域、分时段”的原则核定标准。

道路停车泊位经营管理者应当按照核定标准收取停车费,按物价部门统一规定的格式实行明码标价。

第五条 道路停车泊位经营管理者应当遵守下列规定:

(一)负责保持道路停车泊位及其配套设施的市容环境卫生整洁。

(二)管理人员佩戴统一标志,规范管理,维护机动车停放秩序。

(三)管理人员应当按照标准收费并使用核定发票。

(四)管理人员定期清点停放机动车,发现可疑机动车,及时向公安机关报告。

第六条 驾驶人在道路停车应当在规定的停车泊位内停放,并遵守以下规定:

(一)服从道路停车管理人员指挥、按序停放;

(二)除免费停车泊位外,驾驶人应依法按规定标准缴费。

(三)道路停车泊位供机动车停放,机动车和车内财物安全由驾驶人自行负责。

道路停车泊位管理者不按照标准收费或不使用核定发票收费的,停车人有权拒缴该费用。

第七条 任何单位和个人不得有下列行为:

(一)擅自占用道路设置停车泊位或者擅自撤销道路停车泊位;

(二)运载易燃、易爆、剧毒、放射性或其他危险物品在道路停车泊位停放;

(三)在道路停车泊位收费系统设备上涂抹、刻划或者张贴悬挂广告、招牌、标语等物品;

(四)破坏道路停车设备、设施的行为;

(五)在道路停车泊位停车时跨压车位线或停车时车身超出车线位;

(六)在道路停车泊位停车未缴费或缴费后超时停车又不补缴、未按照占用车位数量缴费的;

(七)使用伪造、变造缴费停车卡;

(八)未经许可经营道路停车收费项目,扰乱道路停车秩序;

(九)其他扰乱道路停车秩序的行为。

第八条 违反本办法第七条第(一)、(二)、(四)、(五)、(六)、(七)、(八)、(九)项规定的,由公安机关依据《中华人民共和国治安管理处罚法》和《中华人民共和国道路交通安全法》立案查处。

第九条 违反本办法第七条第(三)项规定的,由道路停车泊位经营管理者予以劝阻并清理;拒不清理的,由辖区市容管理部门依法予以处罚。

对损坏道路停车泊位收费系统设备的,道路停车泊位经营管理者可以要求其赔偿损失。

第十条 不按规定缴纳占用城市道路资源费的,道路停车泊位经营管理者可以锁车。缴费责任人应到指定地点补缴占用城市道路资源费,按规定补缴的,道路停车泊位经营管理者应当予以开锁放行。

第十一条 道路停车泊位管理者可将恶意逃避缴费车辆信息提交市机动车管理部门,纳入车主个人信用记录,并依法向机动车驾驶人或者车主追偿。

市机动车管理部门可要求恶意逃避缴费车辆在申请机动车检验合格标志时,在缴清占用城市道路资源费欠款后,始予核发检验合格标志。

第十二条 道路停车泊位经营管理者违反第五条规定之一,有关行政管理部门应责令其改正,拒不改正的,可以取消其道路停车泊位经营资格。

第十三条 本办法自颁布之日起施行。

福州市人民政府关于印发《福州市城乡医疗救助办法》的通知

榕政综〔2011〕24 号

(2011 年 3 月 31 日)

各县(市)区人民政府,市直各委、办、局(公司):

经市政府研究同意,现将《福州市城乡医疗救助办法》印发给你们,请遵照执行。

福州市城乡医疗救助办法

第一章 总 则

第一条 根据《福建省城市医疗救助办法》(闽政〔2009〕22 号)和《福建省农村医疗救助办法》(闽政〔2009〕23 号)精神,结合我市实际,制定本办法。

第二条 医疗救助是指政府和社会对因病而无经济能力进行治疗或因支付数额庞大的医疗费用而陷入困境的城乡经济困难家庭人员实施专项帮助和经济支持的一项社会救助制度。

第三条 医疗救助的指导思想:以科学发展观为统领,坚持以人为本,按照构建社会主义和谐社会的要求,建立管理科学、标准合理、程序便捷、操作规范的城乡医疗救助制度,着力解决困难群众最关心、最现实、最迫切的基本医疗保障问题,努力实现困难群众"病有所医"的目标。

第四条 医疗救助制度应遵循下列原则:

(一)救急、救难、公平、便捷。

(二)救助水平与当地经济社会发展水平和财政承受能力相适应。

(三)政府主导、社会参与,政府救助与社会扶助相结合。

(四)与城镇职工基本医疗保险、城镇居民基本医疗保险和新型农村合作医疗三大社会基本医疗保险制度相衔接。

(五)救助基金专款专用、收支平衡、略有结余。

第二章 医疗救助对象

第五条 医疗救助对象为具有当地户籍、符合救助条件的城乡居民。

(一)第一类救助对象为:

1. 城乡最低生活保障对象(含农村五保供养对象、城市"三无"人员)。

2. 重点优抚对象(含革命"五老"人员,即老地下党员、老游击队员、老接头户、老交通员、老苏区干部)。

3. 重度残疾人。重度残疾人是指持有第二代中华人民共和国残疾人证,残疾等级为二级(含二级)以上的人员。

4. 需强制治疗的重性精神病人等省、市政府规定的其他救助对象。

(二)第二类救助对象为:

1. 低收入家庭重病患者。

2. 低收入家庭 60 周岁以上老年人。

低收入家庭是指经民政部门认定,家庭年人均收入在当地城乡低保标准两倍以内、未享受低保待遇的家庭。

第三章 医疗救助范围和标准

第六条 第一类救助对象医疗救助范围和标准为:

(一)资助参加城镇居民基本医疗保险或新型农村合作医疗。对救助对象参加户籍所在地居民医保或新农合需个人缴纳的费用,由政府给予全额资助。

(二)住院救助。对救助对象患病住院治疗(含住院分娩)发生的、属于社会基本医疗保险制度支付范围的医疗费用(含起付线以下的费用),扣除社会基本医疗保险基金支付金额后,给予 50% 的救助。

(三)特殊门诊救助。对救助对象患门诊特殊病种及治疗项目发生的,属于社会基本医疗保险可报销范围内的门诊费用(含起付线以下的费用),扣除社会基本医疗保险支付金额后,给予 50% 的救助。门诊特殊病种及治疗项目范围参照三大社会基本医疗保险制度有关规定分别确定。

(四)城乡医疗救助不设起助线。住院救助和门诊特殊病种救助年度合计救助金额封顶线为 10000 元。

(五)农村五保供养对象和城市"三无"人员在定点医院住院和门诊特殊病种治疗的医保目录内的费用(含起付线以下的费用),扣除社会基本医疗保险基金支付金额后,在封顶线内给予全额的救助。市属社会福利机构收养的"三无"人员的救助费用由市财政直接补助,救助标准同前。

(六)日常救助。对农村五保供养对象和分散居住的城市"三无"人员每人每年按 100 元标准给予门诊医疗救助。同时,县级民政部门根据基金使用情况,发给 70 周岁以上的低保对象等特殊困难人员一定金额的门诊医疗救助金。

(七)定额救助。对患重大疾病而无力治疗的城乡最低生活保障对象(含农村五保供养对象、分散居住的城市"三无"人员),县级民政部门根据二级以上定点医疗机构医生(须具有副主任医师以上职称)出具的疾病诊断书(加盖医疗机构公章),根据实际情况,经调查审核后,给予 300－2000 元(每人每年限 2000 元以内)的救助,帮助其及时治疗。此项救助总支出应控制在当年筹资总额的 10% 以内。

(八)二次救助。对享受上述医疗救助后,医疗费用负担仍然很重,且家庭经济特别困难的救助对象,和因重大疾病住院所发生的应报销费超出医疗救助基金最高报销限额的救助对象,县级民政部门可根据当年城乡医疗救助基金结余情况再次给予救助。在年终时统一确定救助名单并发放,救助额度为每人每年 1000－5000 元。

(九)需强制治疗的重性精神病人等省、市政府规定的其他救助对象,其救助范围、标准和程序按照有关文件规定执行。其中,需强制治疗的精神病人限额内医疗费用救助内容为:已参加社会基本医疗保险的精神病人限额内医疗费用先由医疗保险基金支付后,再由医疗救助基金补足 5000 元;未参加社会基本医疗保险的(含流浪乞讨人员)限额内医疗费用从医疗救助基金中列支。

第七条 第二类救助对象医疗救助范围和标准为:

因病住院发生的属于社会基本医疗保险支付范围的医疗费用,在社会基本医疗保险基金支付后,个人自付仍有困难的,可向县级民政部门提出救助申请,县级民政部门根据当年城乡医疗救助基金使用情况,给予个人自付部分(不含起付线以下费用)30% 救助,救助金额年度内累计不超过 3000 元。

第八条 下列情形发生的医疗费用不属于医疗救助范围:

(一) 社会基本医疗保险药品目录、诊疗项目目录和医疗服务设施目录(简称医保三目录)范围以外的费用。

(二)因自杀、自残、打架斗殴、酗酒、吸毒、违法犯罪等所发生的医疗费用。

(三)因交通事故、医疗事故等应由他方承担的医疗费用。

(四)因镶牙、整容、矫形、配镜以及保健、康复等所发生的费用。

(五)未按规定办理相关手续,在非定点医疗机构就医的费用(抢救费用除外)。

(六)市人民政府规定的其他不属于医疗救助范围的情形。

第九条 积极开展慈善救助,发动社会力量参与医疗救助工作。各级政府鼓励慈善公益组织每年从慈善募集资金中安排一定数额,对医疗费用负担较重、家庭特别困难的救助对象,给予慈善救助。

第四章　医疗救助服务

第十条　加强医疗救助与社会基本医疗保险制度有机衔接,在现有软件基础上,使用全省统一的医疗救助管理软件,建立统一的信息管理平台,实现资源共用、信息共享、结算同步、监管统一。

社会基本医疗保险定点医院作为医疗救助的定点医疗机构,应完善各项诊疗规范和管理制度,严格执行医保三目录,合理检查、合理用药,保证服务质量,切实为医疗救助对象减轻医疗费用负担。

第十一条　第一类医疗救助对象住院和特殊门诊救助程序为:救助对象持医疗卡、低保证(或五保证、优抚证、二代残疾证)等相关证件到定点医疗机构就诊。定点医疗机构根据民政部门每年提供给社会基本医疗保险经办机构的救助对象名单及变动情况,按照医疗救助的有关规定,为救助对象提供医疗救助费用"一站式"即时结算服务,垫付应由医疗救助基金支付的医疗费用,再与社会基本医疗保险经办机构结算,救助对象只需支付自付部分。民政部门向社会基本医疗保险经办机构提供预付资金并定期结算。

对暂未实现"一站式"医疗救助费用结算服务的,医疗救助对象在社会基本医疗保险定点医疗机构就医并结算后,持医保卡、身份证、本人(或监护人)银行账号、低保证(或五保证、优抚证、二代残疾证)及相关材料到社会基本医疗保险经办机构申请办理医疗救助。城市医疗救助对象由城镇医保管理机构承办,农村医疗救助对象由新农合管理机构承办。异地参保的,回户籍所在地县(市)区申请医疗救助,承办机构同前。根据民政部门提供的救助对象名单区分城市和农村救助对象,新增救助对象由县(市)区民政部门出具证明,并及时加入名单。

第十二条　其他救助项目办理程序为:申请定额救助的,医疗救助对象提供二级以上定点医疗机构医生(须具有副主任医师以上职称)出具的疾病诊断书(加盖医疗机构公章),向县级民政部门申请;申请二次救助或第二类救助对象申请救助的,医疗救助对象持当年度患病住院治疗的医疗费用收据(即发票)、医疗费用清单、医保结算单等向县级民政部门申请。填写《福州市困难群众医疗救助申请表》,经乡镇(街道)出具意见,并经县级民政部门调查核实后按救助标准及救助家庭实际困难情况进行救助。救助资金由县级民政部门直接发放,有条件的地方,要采取社会化发放。

第十三条　建立健全医疗救助工作的民主监督机制,接受群众的社会监督,做到政策公开、资金公开、保障对象公开。

第十四条　第一类医疗救助对象在定点医疗机构住院期间,院方对其住院床位费、护理费给予减收50%的优惠;大型设备检查费、手术项目费用给予减收20%的优惠。

第十五条　医疗救助对象需转到非定点医疗机构就诊或因急诊、急救到非定点医疗机构治疗时,按当地社会基本医疗保险制度的有关规定办理。

第五章　医疗救助基金筹集和管理

第十六条　各县(市)区应多渠道筹集医疗救助基金。医疗救助基金主要来源于各级财政预算资金、彩票公益金、社会捐赠资金、救助基金利息收入以及其他资金。

第十七条　医疗救助基金筹集标准应根据经济社会发展水平、财政承受能力、医疗保障水平等因素适时调整。由各级财政预算安排的医疗救助资金应列入各级财政预算。具体筹资标准按省定标准执行(目前城乡筹资标准均为每人每年130元),不足部分由县级财政拨付。

设立统一的城乡医疗救助基金,实行城乡医疗救助基金统筹调剂使用,增强基金抗风险能力。

省级财政根据各县(市)区财力状况确定补助标准,并通过专项转移支付形式补助给有关县(市)区。市级财政根据各县(市)区的财力状况,对医疗救助资金给予适当的补助,具体办法是扣除省级补助资金外,对永泰县、闽清县、罗源县,市级财政给予补助80%。对鼓楼区、台江区、仓山区、晋安区,市级财政给予补助25%。

第十八条　市财政从年度地方留成的社会福利彩票公益金中提取2%的资金作为医疗救助调剂金,用于临时救助和补助有特殊困难的地区。经市民政局、市财政局共同审定后拨付。

第十九条　民政部门根据当地城乡医疗救助对象人数和救助基金筹资负担标准,编制年度医疗救助资金预算,报同级财政部门审核安排;并根据年度医疗救助资金预算和救助资金使用需求,向同级财政部门报送救助资金使用计划。财政部门对民政部门报送的救助资金使用计划进行审核后,应及时将救助资金拨付至民政部门城乡医疗救助资金专账。

第二十条　市及各县(市)区财政部门应在社会保障基金财政专户中建立"城乡医疗救助基金"专账,并按照社会保障基金财政专户管理有关规定,对救助基金的各项收入和支出实行专账核算、专项管理。县级民政部门相应设立城乡医疗救助资金专账,用于办理资金的收支业务及与城镇基本医疗保险机构、新农合机构的结算。县级城镇基本医疗保险机构和新农合机构应根据救助情况,定期向民政部门报送医疗救助资金使用计划。

四城区(鼓楼、台江、仓山、晋安)医疗救助基金筹集使用程序为:省、市补助资金按标准下达到各区,和区配套资金等共同构成区城乡医疗救助基金。市医保管理中心和区新农合机构根据上年救助资金支出情况,年初向区财政和民政部门报送医疗救助资金使用计划。区民政部门年初将所需城乡医疗救助资金分别预拨至市医保管理中心和区新农合机构,并于年终结算,其余资金用于办理日常救助、定额救助、二次救助和第二类救助对象的医疗救助工作。其他县(市)区的医疗救助基金筹集使用程序参照此程序办理。

第二十一条　市、县(市)区财政部门根据救助对象参加城镇居民基本医疗保险的人数、补助标准,足额安排救助对象参加城镇居民基本医疗保险所需补助资金,并及时拨付至城镇居民基本医疗保险基金专户。县(市)区民政部门应及时将资助救助对象参加新农合所需补助资金及时拨付至新农合基金专户。

第二十二条　各地应加强医疗救助基金管理,做到基金收支基本平衡,略有结余。各县(市)区医疗救助基金历年累计结余不得超过当年筹集基金总额的15%。

第二十三条 医疗救助基金实行专款专用,不得从中提取管理费或列支其他任何费用。年度医疗救助基金有结余的,应全部结转下年度使用,不得挪作他用或转作本级财政下年度预算。

第二十四条 民政、劳动保障、卫生、财政、监察、审计等部门要加强对医疗救助基金使用情况的监督检查。采取隐瞒、欺诈等手段骗取医疗救助基金的,依法责令退还;构成犯罪的,由司法机关依法追究刑事责任。对截留、挤占、挪用、贪污等违法违纪行为,依照有关法律法规严肃处理。

第六章 组织实施

第二十五条 医疗救助实行"政府主导、民政主管、部门配合、社会参与"的工作运行机制。

市政府成立"福州市城乡医疗救助工作协调小组",负责指导和协调全市医疗救助工作。协调小组下设办公室,办公室挂靠市民政局,负责协调小组的日常工作。各县(市)区也应成立相应机构,负责指导和协调本地区医疗救助工作。

第二十六条 各级政府应切实加强领导,精心组织,认真实施,配备必要的人员和工作经费。各有关部门密切配合,加强制度衔接,为做好医疗救助工作提供有力支持。

第二十七条 民政部门负责牵头组织实施和管理医疗救助工作,研究制定医疗救助政策和实施细则,建立健全医疗救助各项规章制度。

第二十八条 财政部门负责医疗救助基金的筹集和拨付,并会同民政等相关部门,加强对资金管理和使用情况的监督检查。

第二十九条 卫生部门负责加强对定点医疗机构的监管,规范医疗服务行为,督促落实医疗优惠政策;鼓励并引导定点医疗机构优先、合理使用国家基本药物和适宜诊疗技术,控制医疗费用的不合理增长;做好农村经济困难家庭人员参加新农合的服务管理工作,为救助对象提供医疗费用"一站式"即时结算服务。

第三十条 人力资源和社会保障部门负责做好城市经济困难家庭人员参加城镇居民基本医疗保险的服务管理工作和救助对象医疗费用"一站式"即时结算服务。

第三十一条 残疾人联合会负责重度残疾人的认定,并配合民政部门做好重度残疾人的医疗救助工作。

第三十二条 审计、监察部门负责对医疗救助资金的审计监督,确保资金安全和合理使用。

第三十三条 加强部门协调和信息通报工作。县(市)区民政部门每季度第二周将医疗救助对象名册或变动情况分别报送城镇医保管理机构和新农合管理机构;残联每季度第一周将残疾人救助对象名单区分城市和农村分别报送民政部门;城镇医保管理机构和新农合管理机构每季度第一周向民政部门报送上一季度的医疗救助统计报表及相关救助情况。

第三十四条 有关单位、组织和个人应如实提供所需资料,配合做好医疗救助工作的调查核实。

第七章 附 则

第三十五条 本办法适用于福州市辖各县(市)区。各县(市)区可在本办法基础上制定实施细则,并报上级民政部门备案。

第三十六条 在校困难大学生医疗救助办法另行制定。

第三十七条 本办法由市民政局负责解释。

第三十八条 本办法自印发之日起执行。《福州市城市医疗救助试行办法》(榕政办〔2008〕59号)、《福州市农村困难家庭医疗救助试行办法》(榕政综〔2006〕154号)同时废止。

福州市人民政府关于调整福州市四城区国有建设用地使用权出让和划拨规费标准的通知

榕政综〔2011〕25号

(2011年3月15日)

各县(市)区人民政府,市直各有关单位:

根据《财政部、国土资源部、中国人民银行关于印发〈国有土地使用权出让收支管理办法〉的通知》(财综〔2006〕68号)、《福建省人民政府关于保障工业发展用地促进经济发展的若干意见》(闽政〔2003〕6号)有关规定,为进一步规范国有建设用地使用权出让和划拨规费收费标准,经市政府研究,决定对福州市四城区国有建设用地使用权出让和划拨规费标准进行调整。现就有关事项通知如下:

一、国有建设用地使用权出让地段差价收取标准

1. 营利性科教、文体、卫生、市政设施、码头、非公共交通车辆停车场,按同级住宅用地基准地价的20%收取地段差价。

2. 工矿仓储用地地段差价调整为一级地段5万元/亩、二级地段4万元/亩、三级地段3万元/亩。

3. 已购公有住房和安置房、集资房、单位自建房以及榕政综〔1991〕112号文件出台前开发的商品房等涉及个人住房划拨国有建设用地使用权出让的,其地段差价按基准地面价的10%征收(其中,经济适用房上市交易的,按基准楼面价的10%征收)。

4. 除上述1、2、3项外,当容积率小于或等于基准容积率、出让年限为法定最高年限时,地段差价按基准地价的40%征收。

二、城市基础设施配套费征收标准

凡在我市鼓楼、台江、仓山、晋安四城区范围内进行各类工程建设(包括新建、扩建和改建)的,均应按《福建省人民政府关于印发福建省城市基础设施配套费征收管理规定的通知》(闽政〔2002〕53号)及《福建省物价局、福建省财政厅关于城市基础设施配套费收费标准的通知》(闽价〔2004〕房116号)规定的标准征收(详见附件)。

闽政〔2002〕53号文件规定的城市土地类别与《福州市人

民政府关于公布福州市四城区土地级别与基准地价更新结果的通知》(榕政综〔2009〕81 号)规定的相应土地级别对应。其中,住宅、商业(含写字楼)一类与住宅用地 I 级、II 级相对应;住宅、商业(含写字楼)二类与住宅用地 III 级、IV 级相对应;住宅、商业(含写字楼)三类与住宅用地 V 级、VI 级相对应;工业一类、二类、三类与工业一级、二级、三级分别对应。

三、不再收取温泉保护费。

四、本通知自公布之日起实施。2006 年 10 月 31 日《福州市人民政府关于印发福州市四城区土地使用权出让和划拨规费标准的通知》(榕政综〔2006〕235 号)与本通知规定不一致的,执行本通知规定。本通知未涉及事项,仍按榕政综〔2006〕235 号文件规定执行。

附件:福州市城市基础设施配套费征收标准

福州市城市基础设施配套费征收标准 单位:元/平方米

住宅			商业(含写字楼)			工业		
一类	二类	三类	一类	二类	三类	一类	二类	三类
80	60	40	110	80	50	50	30	20

注:1. 学校非经营性建设项目,中央、省属单位和外地驻当地政府机构兴办的非经营性建设项目(不含住宅),残疾人非经营性福利事业建设项目,经省科技行政主管部门认定的国家和省确定扶持的高新技术建设项目以及行政机关办公楼建设项目,按住宅的收费标准减半征收;医疗、科研非经营性建设项目按商业的收费标准减半征收。

2. 非营利性能源、交通、水利等基础设施用地配套费按照工业用地配套费标准征收。

3. 其他建设项目按住宅的收费标准征收。

福州市人民政府关于加强野生动植物资源保护的通知

榕政综〔2011〕39 号

(2011 年 4 月 12 日)

各县(市)区人民政府,市直有关单位:

保护好野生动植物资源,对维护生态平衡、保持生物多样性、加强生态文明建设、促进经济社会全面协调可持续发展,具有十分重要的意义。为切实做好野生动植物资源保护工作,规范经营利用行为,现就有关事项通知如下:

一、非法收购、运输、出售、加工红豆杉等国家重点保护野生植物,以及非法猎捕、收购、运输、出售穿山甲、蛇类等野生动物是违法犯罪行为。各级各有关部门要广泛深入开展宣传工作,不断增强广大群众法制观念,并提高对食用野生动物危害性的认识,使"保护珍贵树木、保护野生动物人人有责"逐渐成为社会风尚。

二、要加强对木材经营、加工单位的管理,引导经营单位主动向当地林业主管部门申报经营、加工品种,完善木材进出仓管理台帐、票据等登记制度,以实现规范化管理。

三、要加强对餐饮企业管理,禁止违法收购、经营野生动物及其制品,餐饮企业店名和牌匾要禁止出现"野味"等字样。

四、要加强对药品生产企业、医药流通企业、医院的管理,药品生产企业生产含有穿山甲鳞片、蛇类等野生动物成份的中药材、中成药的,应当依法办理《福建省野生动物经营加工许可证》;所有含麝香、熊胆、赛加羚羊角、穿山甲鳞片和蛇类原材料的成药和产品,应依照国家林业局、卫生部、国家工商行政管理总局、国家食品药品监督管理局、国家中医药管理局等五部门的相关规定,在其最小销售单位包装上加载"中国野生动物经营利用管理专用标识"后方可进入流通。

五、要加强对物流市场经营行为监管,督促物流企业遵守国家相关法律法规,严禁违法运输红豆杉、穿山甲、蛇类等野生动植物及其制品。对发现的违法行为,要及时移送司法机关处理,防止物流环节成为破坏野生动植物资源、实施违法犯罪的通道。

六、各级林业、工商、卫生、药监、公安、贸发、铁路、海关等部门要密切配合,在职能范围内,严厉打击破坏野生动植物资源的违法犯罪行为,对发现不属于本部门管辖的破坏野生动植物资源案件,要及时移交相关职能部门查处。要建立健全部门间协调工作机制,定期开展联合执法,形成工作合力,从快、从重处理好破坏野生动植物资源的案件。

福州市人民政府关于公布福州市征地补偿标准的通知

榕政综〔2011〕42 号

(2011 年 4 月 1 日)

各县(市)区人民政府,市直各委、办、局(公司):

为进一步规范征地补偿工作,切实维护被征地农民合法权益,根据《国务院办公厅关于进一步严格征地拆迁管理工作切实维护群众合法权益的紧急通知》(国办发〔2010〕15 号)、《国土资源部关于进一步做好征地管理工作的通知》(国土资发〔2010〕96 号)、《福建省人民政府关于调整耕地年产值和征地补偿标准的通知》(闽政〔2011〕5 号),现将福州市征地补偿标准予以公布,并就有关事项通知如下:

一、我市征地补偿实行耕地统一年产值和征地片区综合地价两种标准。其中,耕地统一年产值标准最高为 1440 元/亩,最低为 1100 元/亩;征地片区综合地价标准最高为 80000 元/亩,最低为 28000 元/亩。具体详见附表。

二、实行征地统一年产值标准补偿的区域,征收土地按所在区域的耕地统一年产值标准计算土地补偿费和安置补助费,其中,耕地为 25 倍、果园和其他经济林地为 9.5—15 倍、非经济林地为 6 倍、养殖生产的水面和滩涂为 8 - 11 倍、盐田为 7 - 9 倍、未利用地为 1.5 倍。

青苗及地上附着物补偿费的具体标准由各县(市)人民政

府按《福建省实施<中华人民共和国土地管理法>办法》和国家、省、市有关规定执行。

三、使用国有农场土地,参照农场所在乡(镇)、街道的区域(区片)征地补偿标准执行;农场周边涉及多个区域(区片)的,按周边区域(区片)的征地补偿最高标准执行。

四、马尾区和各县(市)人民政府应按照本通知的规定,根据地类、产值、土地区位、农用地等级、耕地质量、人均耕地数量、土地供求关系、当地经济发展水平和城镇居民最低生活保障等因素,划分具体区域范围,确定各区片的耕地统一年产值和征地区片综合地价标准并公布实施,同时报福州市人民政府备案。

五、加强对实施新征地补偿标准的监督。征地补偿工作政策性较强,市发改、监察、财政、国土、信访、人力资源和社会保障、民政、住房保障和房产管理、农业、水利等部门,要按照各自职责,加强对征地补偿工作的监督检查,防止弄虚作假和侵害被征地农民合法权益的情况发生,切实维护被征地农民的合法权益。

六、本通知自2011年1月1日起执行。各县(市)区人民政府要切实做好新旧征地补偿标准的衔接工作,加强政策宣传,妥善解决实施过程中遇到的问题,确保新征地补偿标准顺利实施。对于本通知执行前已依法取得农用地转用和土地征收批准的项目,按经省级以上政府批准的土地征收方案和土地使用方案的补偿标准执行。

附件:福州市耕地统一年产值和征地区片综合地价标准表

福州市人民政府关于印发《福州市外地驻榕办事机构登记备案管理办法》的通知

榕政综〔2011〕47号

(2011年5月3日)

各县(市)区人民政府,市直各委、办、局(公司):

《福州市外地驻榕办事机构登记备案管理办法》已经市政府研究同意,现印发给你们,请遵照执行。

福州市外地驻榕办事机构登记备案管理办法

第一条 为加强对外地驻榕办事机构的登记备案管理和服务,更好地发挥外地驻榕办事机构的作用,促进我市与外地的交流、合作和发展,根据国家、省有关规定,结合本市实际,制定本办法。

第二条 本办法适用于本市鼓楼区、台江区、仓山区、晋安区、马尾区(以下简称市五城区)范围。

第三条 本办法所称外地驻榕办事机构,是指市五城区以外的政府机关、企事业单位在市五城区内设立的非经营性办事处、联络处、工作处、代表处(不含境外政府、公司、其他组织设立的机构)。

第四条 福州市经济委员会按照职责权限负责外地驻榕办事机构的登记备案管理和服务工作。市公安、工商、税务、人力资源和社会保障、房管、质监等部门,按照各自职责,协同做好外地驻榕办事机构的管理和服务工作。

第五条 设立外地驻榕办事机构应当符合下列条件:

(一)有专职负责人和工作人员,负责人必须是中华人民共和国大陆境内公民;

(二)有固定的办公场所及必要的办公设施;

(三)其他依法应当符合的条件。

第六条 设立外地驻榕办事机构应当按照下列程序办理登记手续:

(一)需设立驻榕办事机构的外地单位,按规定向市经委提交办理登记手续的相关材料;

(二)市经委收件后,经查验符合条件的,应当在受理后5个工作日内发给《外地驻榕办事机构登记证》(以下简称《登记证》)。

第七条 设立外地驻榕办事机构,应当向市经委提交以下相关材料:

(一)办事机构派出单位的书面申请公函(申请公函的内容包括:拟设立驻榕办事机构的名称、职责任务、业务范围、隶属关系、人员编制等);企事业单位还须按规定出具派出单位的《营业执照》或《登记注册证书》;

(二)由派出单位出具的办事机构负责人任命书、身份证及复印件、工作简历;

(三)固定的办公场所证明(写字楼需附租房合同复印件,居民住宅楼需附房屋租赁备案证复印件)。

第八条 市经委应当做好对外地驻榕办事机构的日常管理和服务,组织外地驻榕办事机构进行信息交流,发放文件资料,提供协调服务,为其开展工作创造条件。

第九条 外地驻榕办事机构办理登记备案后需更改名称、办公地址、负责人等登记事项的,应由派出单位出具公函及相关资料,及时到市经委办理变更登记手续。

外地驻榕办事机构撤销时,应持单位公函到市经委办理注销登记手续,并将《登记证》、有关文件和印章上交市经委处理。

外地驻榕办事机构遗失《登记证》的,应当在登报声明后,按规定申请补领。《登记证》不得仿造、涂改、出借、转让和买卖。

第十条 外地驻榕办事机构《登记证》实行年检制度,《登记证》有效期为一年,各办事机构须在规定时间内到市经委办理年检手续。

第十一条 外地驻榕办事机构有下列情况之一的,登记备案部门可予以撤销登记。撤销登记备案后,《登记证》自行失效,由市经委在相关媒体公示,且在两年内不予重新登记。

(一)无相对固定的工作人员和经费来源,时间超过半年;

(二)逾期不办理年检手续,经催办仍未按要求进行年检,时间超过三个月;

(三)工作行为超出办事机构限定范围;

(四)有严重违法违规行为。

第十二条 外地驻榕办事机构在本市办理购房产权证、办理代码证书、开立银行账户、机动车注册登记、子女入托就学等事项,按规定到有关部门办理;有关部门应当积极依法给予办理。

第十三条 外地驻榕办事机构应当依法维护其招用职工的合法权益;无法与在本市招用的职工建立劳动合同关系的,由本市劳务派遣组织与其招用的职工签订劳动合同,并按规定缴纳社会保险费。

第十四条 外地驻榕办事机构需要开办经济实体的,必须按规定到工商行政管理和税务部门办理有关登记注册手续。

第十五条 外地驻榕办事机构管理部门的工作人员应当遵守国家的法律法规,依法行政。对滥用职权、徇私舞弊、玩忽职守的,由有关部门按规定给予行政处分;构成犯罪的,依法追究刑事责任。

第十六条 外地驻榕办事机构为本市经济建设和社会事业做出突出贡献的,由市政府或有关部门予以表彰奖励。

第十七条 本办法自2011年6月1日起施行,有效期五年。

福州市人民政府关于印发福州市创建国家创新型城市若干配套政策的通知

榕政综〔2011〕54号

(2011年5月12日)

各县(市)区人民政府,市直各委、办、局(公司):

《福州市创建国家创新型城市若干配套政策》已经市十三届政府第14次常务会议审议通过,现予以印发,请认真遵照执行。

福州市创建国家创新型城市若干配套政策

为扎实推进国家创新型城市试点工作,深入贯彻落实国务院和省委、省政府关于加快建设海峡西岸经济区的决策部署,创造激励自主创新的政策环境,加快推进高新技术产业发展,促进《福州市"十二五"科技发展规划》实施,推动福州科学发展、跨越发展。特制定福州市创建国家创新型城市配套政策如下:

一、确保财政科技投入

各级政府要确保财政科技投入,"十二五"期间,市、县(市)区两级政府财政科技投入增幅要明显高于财政一般预算支出的增幅。每年度财政预算用于科学技术支出的资金,市本级应当占一般预算支出的百分之三以上,县(市)区占百分之二以上。优化政府科技投入结构,发挥政府科技投入的引导性作用,确保用于本区域激励自主创新,构建公共技术服务平台,发展高新技术产业,使之落实在科技成果的转化上,落实在鼓励企业税收的增长以及研发投入的增加上,落实在与国家级、省级扶持资金的同步配套上。

二、鼓励企业加大研究开发投入

营造企业自主创新的激励环境,推动企业成为自主创新的主体,引导企业加大技术创新资金投入。企业为获得科学与技术(不包括人文、社会科学)新知识,创造性运用科学技术新知识,或实质性改进技术、工艺、产品(服务)而持续进行的具有明确目标的研究开发活动,其在一个纳税年度中实际发生的费用支出,允许在计算应纳税所得额时按照规定实行加计扣除。未形成无形资产计入当期损益的,在按照规定据实扣除的基础上,按照研究开发费用的50%加计扣除;形成无形资产的,按照无形资产成本的150%摊销。

三、拓宽科技企业直接融资渠道

对列入上市后备企业资源库的企业按《福州市人民政府关于进一步推进企业上市的意见》(榕政综〔2010〕94号)办理。鼓励发展风险投资资金,市级风险投资基金加大对我市各类高成长性企业的风险投资的跟进投资,建立健全以政府风险投资补助为引导、民营风险投资为主体、风险投资规模不断扩大、风险投资进入与退出良性循环的运行机制。鼓励有实力的创投机构在我市设立公司开展业务,提供各种增值服务。符合条件的风险投资机构享受《福州市促进金融业发展若干意见》(榕政综〔2010〕128号)的优惠政策。

四、创新科技企业间接融资

对省百家重点企业、省市新增长点企业实现产值、税收增长目标的,给予流动资金贷款贴息。加大金融机构对科技型企业的扶持力度,鼓励和支持科技型企业以软件著作权、专利权、商标权等知识产权产品进行质押贷款,拓宽企业融资渠道。对获得银行知识产权质押贷款的企业进行贴息,贴息比例最高不超过贷款利息的50%,贴息时间从计算贴息之日起最长不超过1年,每家企业享受贴息总额不超过30万元。

五、提升企业自主创新能力

鼓励企业建立研发机构,对在我市行政区域内设立的企业技术中心、工程(技术)研究中心和重点(工程)实验室等企业研究开发机构,新通过国家级、省级和市级认定的,分别给予100万元、30万元和10万元的一次性奖励。设立福州市区域科技重大专项资金,主要用于福州市企业争取国家、省科技重大专项的配套及培育福州市区域科技重大项目,发挥财政资金对企业投入的引导和放大作用。扶持我市产业集群内企业的原创创新、集成创新和引进消化吸收再创新等各类技术创新活动,促进科技成果和核心专利技术的实施和产业化。加快培育科技型中小企业,"福州市科技型中小企业技术创新资金"专项用于配套国家、省创新资金项目以及培育中小企业的自主创新项目。鼓励企业争取国家、省级各类科技计划项目支持,对列入国家级科技计划、省重大科技专项计划、省级以上(含省级)公共技术服务平台建设计划,并获得项目经费支持的,分别按国家级和省级给予50%和30%的配套资助,或按下达项目部门的要求给予经费配套,但最高不超过50万元。启动市级创新型企业认定工作,对"十二五"期间新认定的国家级、省级创新型企业分别给予50万元和15万元研发经费奖励。

六、加速高新技术产业发展

鼓励符合条件的企业申报高新技术企业,对“十二五”期间省级以上认定的高新技术企业给予 10 万元一次性奖励,对国家火炬计划重点高新技术企业给予项目重点扶持。列入福州市高成长性企业培育计划的高新技术企业,按照《福州市人民政府印发关于培育福州市高成长性企业的意见的通知》(榕政综〔2009〕215 号)给予兑现奖励。鼓励高新技术企业总部迁入我市,对年工业销售收入在 10 亿元以上、企业连续 3 年税收比上年增长超过 15% 的高新技术企业总部,在我市新建研发大楼的土地价格实行优惠地价。坚持以信息化带动工业化,以高新技术改造和提升传统产业,以示范促进发展,对制造业企业的信息化建设给予支持。扶持软件产业发展,按照《福州市推动动漫游戏产业发展的若干政策(试行)》(榕政综〔2010〕69 号)等有关规定给予支持和奖励。

七、推广科技保险工作

积极鼓励高新技术企业参加科技保险,设立科技保险补贴专项资金,用于补贴企业的科技保险费用支出。对参加科技保险、并被认定为高新技术企业年度科技保险保费总额按 25% 比例给予补贴,每家企业每年的补贴额最高不超过 20 万元。企业科技保险保费纳入高新技术企业研究与开发费用核算范围,享受国家规定的税收优惠政策。

八、实施知识产权战略

强化企业知识产权创造中的主体地位,促进专利的创造、运用与产业化,设立福州市专利技术实施与产业化计划项目资金。强化知识产权政策导向,继续按《福州市扶持和培育自主知识产权奖励办法》(榕政综〔2008〕63 号)执行专利申请资助和奖励政策;加大对发明创造奖励和扶持力度,福州市专利金奖和福州市专利优秀奖奖金额度分别为 3 万元和 1 万元。对项目实施地在福州,获得中国专利金奖和中国专利优秀奖的专利权人分别给予一次性奖励 20 万元和 5 万元。对列入国家级、省级和市级知识产权示范(试点)的企事业单位分别奖励 20 万元、12 万元和 8 万元。

九、推进标准和品牌建设

支持企业实施标准战略,推动以我为主形成技术标准,鼓励企业参与技术标准的研制,对参与国际标准化组织标准、国家标准和行业标准的拥有自主知识产权的技术标准制定项目,分别给予不超过 30 万元、20 万元和 15 万元的资助。推动企业实施品牌战略,培育壮大以自主创新为支撑的知名品牌,对获得国家级、省级名牌产品和市产品质量奖,国家级驰名商标、省级著名商标的工业企业按照《关于进一步实施名牌战略、提高福州产品市场竞争力的若干意见》(榕委〔2003〕113 号)的规定给予奖励,重点扶持这些企业的自主研发能力的提升。

十、鼓励产学研的结合与互动

发挥我市科技资源优势,设立市校科技合作专项经费,促进在榕高校、科研院所与企业间开展合作,建立以企业为主体、高校和科研机构参与的产学研联合体,形成优势互补、利益共享和风险共担的运行机制,对接省 6·18 成果交易会,鼓励企业与高校、科研院所合作建设实验室。鼓励企业与我国两院院士及专家开展紧密型的创新合作,对新建立院士工作站(博士后工作站)、专家工作站的市属企业,经认定后一次性分别给予 30 万元、15 万元的建站资助,对两院院士与企业签署并实施“技术、项目或产品开发合作”的,按合同约定支付给院士的报酬给予企业 50% 的资助,最高不超过 30 万元。整合资源,完善福州技术交易中心的功能和作用,建立网上技术交易市场,构筑以项目为载体,集企业技术需求发布、高校和科研院所成果供给、技术成果交易等功能为一体的产学研公共服务平台。

十一、强化科技进步奖对创新的引导功能

加大对科技进步奖项目和人员的奖励力度,市科学技术进步奖一等奖、二等奖、三等奖奖金额度分别为 10 万元、6 万元和 2 万元。对获得国家科技进步一、二等奖第一完成单位的我市企事业单位,给予 100 万元的研发经费支持;对获得福建省科技进步一等奖、二等奖第一完成单位的我市企事业单位,分别给予 30 万元、15 万元的研发经费支持。

十二、推动孵化器的建设与发展

扩大我市科技企业孵化器的总体规模,鼓励在大学城周边、科技园区内以及产业集群较为明晰的县(市)区建设科技企业孵化器。设立“福州市科技企业孵化器发展资金”(以下简称“孵化器发展资金”),扶持入孵企业的发展和孵化器公共服务平台的建设,对经人事部门认定的留学人员、具有硕士以上学位人员、具有高级专业技术职务任职资格的人员进入我市属地孵化器创办企业(占 35% 以上的股份),以及国家 863 成果转化项目、国家科技进步奖项目、省科技进步二等奖及以上项目入驻孵化的,在孵化器发展资金中优先给予资助。对我市属地范围内新通过国家级、省级认定的科技企业孵化器,分别一次性补助 100 万元、50 万元(不重复补助),专项用于其公共技术服务平台的建设。

十三、构建公共技术服务平台

围绕我市重点支柱产业和特色产业,启动建立产业技术创新战略联盟,新通过省级和市级认定的,分别给予 50 万元和 30 万元的一次性奖励,用于产业关键共性技术研发。建设和完善以“行业技术创新中心”为主要载体的科技公共服务体系,“十二五”期间要做大做强一批行业技术创新中心,面向我市特色产业集群提供技术集成、测试分析、技术咨询等公共技术服务,按照《福州市行业技术创新中心管理办法》(榕科〔2004〕136 号)的规定,对经认定和考核的中心择优给予项目经费补助,用于提高其创新服务能力。加大公益性社会科技发展的投入力度,用于扶持我市健康医疗、公共安全、环境保护、资源利用等领域的应用技术和实用技术研究,改善民生促进和谐发展。充分运用信息、网络等现代技术,整合科技资源,构建科学数据信息、科技文献、大型科学仪器等科技资源共享平台,为区域创新提供社会化服务。

十四、加快发展技术经纪服务

依托和支持现有生产力促进中心、科技企业孵化器、国家技术转移示范机构、专利技术展示交易中心以及行业技术创新中心等公益性科技中介机构开展技术经纪活动;鼓励企业等社会组织建立技术经纪机构;鼓励高校、科研院所、具备一定条件的行业协会设立专业化、市场化运作的技术转移机构;支持科技人员创办、领办技术经纪机构;鼓励和吸引国内外及台、港、澳地区技术经纪组织到我市设立技术经纪机构。鼓励专业技术人员开展技术经纪活动。积极引导市内高校、科研机构、企业以及科技中介机构、专利代理机构、行业协会中的专业技术人员专、兼职从事技术经纪工作。

十五、为新农村建设提供科技支撑

加大农业科技投入力度,开展农业“五新”研发、应用和推广,实施现代农业产业化项目,面向市级以上农业产业化龙头企业,优先扶持优良品种培育、引进和推广、农产品深加工等关键技术的研发和成果转化;支持公益型农业科研机构和农技推广机构的农科教结合项目,鼓励其与农业生产一线合作,加快良种繁育、动植物疫病防控、节约资源和防治污染技术的研发和推广;促进榕台农业科技合作与交流,面向海峡两岸(福州)农业合作试验区重点项目及台资农业企业,重点支持设施农业、精致农业、生态农业、农业综合技术等的引进与合作以及扶持台湾农民在我市创业。支持农村科技信息平台建设,为“三农”提供一线科技服务,按《福州市现代农业技术创新基地认定和扶持办法》(榕政办〔2004〕150 号),继续开展现代农业技术创新基地的筛选和认定工作,对新认定的“福州市现代农业技术创新基地”给予 20 万元的研发经费支持;对列入省级以上农业科技成果转化资金资助的项目给予 30% 的经费配套支持;对列入国家和省级科技富民强县、星火技术创新示范工程的项目,分别按国家级和省级给予 50% 和 30% 的配套资助,但最高不超过 50 万元。

十六、积极运用政府采购推进企业自主创新

对本市企业开发的符合政府采购技术标准和目录的具有自主知识产权的产品和服务,应予优先采购,不断提高政府采购中本市自主创新产品和服务的比例。对重大政府投资项目尤其是标志性工程,要向本市企业开放项目的前期资讯,要通过工程设计、预算控制、招投标等形式,引导和鼓励优先购买本市高新技术企业的产品和服务,对新认定的省自主创新产品每项奖励 2 万元。

十七、建立高层次人才绿色通道

对引进的高层次优秀人才按《福州市引进高层次优秀人才暂行办法》(榕政综〔2009〕66 号)给予经费补助和相应待遇,市直有关单位必须提供高效快捷的服务。对高层次优秀人才担纲的科研项目在市级科技计划项目中优先给予支持。对获得国家和省、市级专利奖的专利,发明人或者设计人可以破格申报相关专业技术职务任职资格。

十八、建立健全创建国家创新型城市目标考核制度

把高新技术产业增加值占 GDP 的比重、财政科技投入增长率、专利申请量、市以上名牌产品数、市以上知名、驰名、著名商标数等指标作为对县(市)区政府绩效考核的重要内容,各级各部门要切实加强对科技工作的组织领导,建立有利于区域自主创新的领导体制和协调协作机制,把增强自主创新能力的各项工作落到实处。

本政策自颁布之日起执行,有效期至 2015 年 12 月 31 日止。扶持对象为在福州市辖区内注册,缴税关系在本市,具有法人资格的各类企事业单位及相关个人。各县(市)区的财政科技投入的使用可参照本政策执行。实施中如遇国家、省颁布新的规定,则按新规定执行。

福州市人民政府关于印发《福州市政府质量奖管理办法》的通知

榕政综〔2011〕69 号
(2011 年 6 月 8 日)

各县(市)区人民政府,市直各委、办、局(公司):

《福州市政府质量奖管理办法》已经市政府 2011 年第 6 次常务会议审议通过,现予以印发,请认真贯彻执行。

福州市政府质量奖管理办法

第一章　总　则

第一条　为全面落实科学发展观,引导、激励我市企业和组织不断追求卓越绩效,提高市场竞争力,全力推动跨越式发展,根据《中华人民共和国产品质量法》和国务院《质量振兴纲要》的有关规定,参照《福建省质量奖管理办法》,结合我市实际,制定本办法。

第二条　福州市人民政府设立福州市政府质量奖,作为我市经济领域的最高质量荣誉,用于表彰在经济领域中实施卓越绩效管理,在结构、技术、质量、市场、管理和效益各方面应适应我市发展需求且经济社会效益显著的企业或组织。

第三条　福州市政府质量奖的评审工作,建立以推广实施卓越绩效经营模式为基础,以社会公示、专家评议、政府决策为科学决策程序,以政府积极推动、引导、监督为保证,以促进企业或组织取得显著的经济效益和社会效益为宗旨的总体推进机制。

第四条　福州市政府质量奖的评审,遵循企业或组织自愿申请、市场评价、好中选优、不收费和科学、公正、公平、公开的原则。

第五条　福州市政府质量奖每两年评审一次,每次可按照制造业、服务业和小企业等分类分别进行评审,每次评审所有类别授奖总数不超过五家。

第二章　评审机构和职责

第六条　福州市人民政府设立福州市政府质量奖评审委员会(以下简称“市质评委”)。市质评委由市政府有关部门人员组成,市政府分管副市长任主任委员,市政府办公厅、市质量行政主管部门和市经贸行政主管部门负责人任副主任委员,成员由市质量行政主管部门研究提出,上报福州市人民政府批准。市质评委负责研究、确定福州市政府质量奖评审工作的方针、政策;指导和监督福州市政府质量奖评审活动的开展;审定获奖企业或组织名单。

第七条　市质评委下设办公室(以下简称“市质评办”),挂靠在福州市质量行政主管部门,具体负责福州市政府质量奖的组织实施工作。市质评办主任由福州市质量行政主管部门主要负责人兼任,市质量行政主管部门和市经贸行政主管部门的分管负责人兼任副主任,有关部门相关处室主要负责人任成员。市质评办具体职责是:

(一)制订(修订)福州市政府质量奖管理办法和评价细则。

(二)制订福州市政府质量奖标志管理办法。

(三)制订评审人员的管理规定,组建评审专家库。

(四)受理福州市政府质量奖的申请,组织实施福州市政府质量奖的材料审查、现场评审和监督管理工作。

(五)审查、公示评审结果,向市质评委提请审定福州市政府质量奖拟获奖企业或组织候选名单。

(六)对获得福州市政府质量奖的企业或组织进行监督。

(七)其他日常工作。

第八条 市质评办下设材料审查组、现场评审组和监督检查组。材料审查组和现场评审组从评审专家库相关专业的专家中随机抽取组成。监督检查组由市直有关部门监察人员和部分专家组成,负责对整个评审过程进行监督。

福州市政府质量奖评审专家库的评审专家,应经过专业培训,获得相关资质后方能从事福州市政府质量奖的评审工作。福州市政府质量奖评审人员管理规定由市质评办另行制定。

第三章 申报条件

第九条 申报企业或组织应遵守国家法律法规,诚信经营,并依据评审标准,在自我评价基础上提出申请。申报企业或组织应同时具备以下基本条件:

(一)在福州市行政区域范围内具有独立法人资格,且合法从事生产经营活动 3 年以上(含 3 年)。

(二)建立完善的质量管理体系,同时通过相关的质量管理体系认证、环境管理体系认证和职业健康安全管理体系认证,实施卓越绩效管理成效显著,质量管理处于省内同行业领先水平。

(三)主导产品或服务质量严于国家(行业)标准要求;依法接受国家法定的质量管理监督检查;在国家、省级产品质量监督抽查中连续三年合格;出口产品的企业,三年内未因质量问题被进口国通报。

(四)符合福州市经济发展结构要求,各项节能减排指标达到国家有关规定和地方政府指标要求,处于省内同行业领先水平。

(五)具有杰出的经营业绩或社会贡献;经营规模、实现利税、总资产贡献率居市内同行业前列,最近 3 年未发生亏损。

(六)连续三年无重大质量、安全、环保事故。

(七)具有良好的诚信记录和社会声誉;依法纳税,三年内无税收违法行为发生。

第十条 为确保公平和公正原则,鼓励更多企业追求卓越绩效,企业或组织获本级以上同类奖项五年内,或累计获奖两次以上的,不受理其申请,二次以上参评获奖的,不占用名额。

第四章 评审标准

第十一条 福州市政府质量奖评审标准和实施指南分别采用现行有效的国家标准 GB/T19580《卓越绩效评价准则》和指导性技术文件 GB/Z19579《卓越绩效评价准则实施指南》。

第十二条 为保证福州市政府质量奖评审标准的有效实施和在不同行业评审工作中的一致性,在同一标准要求下,可按不同行业制订评审标准实施指南,以体现行业特点。

第十三条 福州市政府质量奖评审标准综合考量结构、质量、技术、市场、管理、效益等方面的内容,注重企业或组织的社会责任、战略策划与实施、顾客和市场、资源和过程管理、售后服务等方面的全过程控制,注重其运作绩效、满足顾客需要和持续改进的能力,以及适应内外部环境变化的创新能力和发展潜能。

第五章 评审和授予

第十四条 市质评办按评审年度通过媒体向社会公布福州市政府质量奖的具体申报条件及工作安排,受理并审核申报材料。

第十五条 企业或组织在自愿的基础上,如实填写《福州市政府质量奖申报表》,按照评审标准和填报要求,从采用方法、工作展开和实施结果三个方面对实施卓越绩效管理情况进行自我评价,同时应向主管税务机关申请开具相关涉税证明,并将申报表、自我评价报告和必要的证实性材料一并提交市质评办。

第十六条 市质评办材料审查组对申报企业或组织的申报材料进行符合性审查,出具材料初评报告,并提出可否进行现场评审的建议。

第十七条 市质评办通过报刊或者网络等媒体向社会公示申报企业或组织的质量经济指标,公示期为 10 个工作日。

第十八条 市质评办组织对所有材料符合性审查意见和公示结果进行集体审议,确定符合现场评审条件的企业或组织名单。参加审议人员由市质评办成员、三分之二以上的材料审查组成员、监督检查组组长组成。

第十九条 市质评办组织现场评审组按现场评审标准和要求,对符合现场评审条件的企业或组织进行现场评审,出具现场评审报告。评审组一般由三至五名专家组成。

第二十条 申报企业或组织对评审组现场评审指出的问题进行原因分析,提出改进措施并落实整改,向市质评办提交改进报告和必要的证明材料。

第二十一条 监督检查组按照不少于 20% 的比例对经过现场评审的企业或组织进行监督抽查,向市质评办提交监督抽查意见。

第二十二条 市质评办对申报企业或组织的申报材料、现场评审报告、改进报告、监督抽查意见等进行全面审查,提出获奖候选名单,并将相关的全部材料一并报送市质评委。

第二十三条 市质评委组织市质评委成员对候选获奖企业或组织的全部材料进行评议,以无记名投票表决方式确定获奖企业或组织建议名单(需五分之四以上市质评委委员参加会议,且参加会议的三分之二以上委员同意)。

第二十四条 市质评办通过报刊或者网络等媒体向社会公示拟获奖企业或组织建议名单,公示期为 10 个工作日。公示期间有异议的,由市质评办核实后,将异议和核实材料一并报送市质评委按第二十三条再次评议。再次评议与原建议不一致的,撤销其建议名单;再次评议结果与原建议一致的,同公示结束无异议的名单一并报市政府批准。

第二十五条 福州市人民政府批准福州市政府质量奖的最终获奖名单并向社会公布。

第二十六条 福州市人民政府组织召开福州市政府质量奖颁奖大会,表彰奖励福州市政府质量奖获奖企业或组织,推广获奖企业或组织的先进经验,引导广大企业和组织学习卓越的经营管理模式,推进质量水平的整体提高。

颁奖大会由市政府领导向各获奖企业或组织颁发福州市政府质量奖奖杯和证书,并给予每家50万元等额的一次性奖励,其中10万元用于奖励该企业或组织的质量负责人。

已获本级以上同类奖项或二次以上参评获奖的,不再发奖励金。

第六章 监督管理

第二十七条 获奖企业或组织可在其产品外包装、广告上宣传、展示福州市政府质量奖标志,但必须同时注明获奖时间,并确保不造成产品获奖的误解。

被撤销福州市政府质量奖称号的企业或组织,不得在其产品外包装、广告上展示福州市政府质量奖标志或进行任何获奖的宣传。

第二十八条 获奖企业或组织有义务宣传、分享和交流其实施卓越经营管理的成功经验,带动和促进广大企业或组织提高经营管理质量水平,提升竞争力。

第二十九条 任何企业、组织或者个人不得伪造或冒用福州市政府质量奖标志,不得擅自制作福州市政府质量奖证书和奖杯。伪造或冒用福州市政府质量奖标志的,由有关部门依法查处。

第三十条 申请福州市政府质量奖的企业或组织所提供的材料必须真实,不得弄虚作假。对以弄虚作假等不正当手段骗取福州市政府质量奖的,经市质评委核实后由市质评办提请福州市人民政府撤销其福州市政府质量奖称号,收回奖杯、证书和奖金,并向社会公告。同时,永久取消其申报资格。

第三十一条 对获得福州市政府质量奖的企业或组织,由市质评办每两年组织一次监督抽查,评价其是否能够持续保持获奖条件。存在问题的,由市质评办督促整改;有下列情形之一的,由市质评办提请福州市人民政府撤销其福州市政府质量奖称号,并向社会公告:

1、发生重大质量、安全、环保事故的;

2、经营管理不善,出现严重经营性亏损的;

3、发生其他违反福州市政府质量奖宗旨与原则的重大事项的。

第三十二条 参与福州市政府质量奖工作的人员,在推荐、评审、监督和其他有关工作中弄虚作假、徇私舞弊、违法违纪的,依照有关法律法规予以处理。

第三十三条 任何组织和个人不得利用评奖工作收取费用。

第七章 附 则

第三十四条 福州市政府质量奖所需的奖励、评审和办公等相关经费,由福州市人民政府作为专项资金列入当年度财政预算。

第三十五条 本办法自发布之日起施行,解释权归福州市政府质量奖评审委员会。

福州市人民政府关于进一步推进县域义务教育均衡发展的意见

榕政综〔2011〕93号

(2011年7月25日)

各县(市)区人民政府,市直各委、办、局(公司):

为贯彻落实《国家中长期教育改革和发展规划纲要(2010-2020年)》、《福建省中长期教育改革和发展规划纲要(2010-2020年)》精神,进一步推进我市义务教育均衡发展、促进教育公平,提出本意见。

一、指导思想

以邓小平理论、“三个代表”重要思想和科学发展观为指导,以“政府主导、县域推进、统筹城乡、分类指导、分步实施”为原则,以推进义务教育学校标准化建设、提升教师素质、规范办学行为和提高教育教学质量为重点,以建立和完善义务教育投入的长效机制为保障,着力缩小校际之间和城乡之间的差距,努力办好每一所学校,切实保障适龄儿童少年平等接受义务教育的权利,促进教育公平和社会和谐。

二、目标要求

(一)总体目标

在2012年底前全市12个县(市)区实现县域义务教育初步均衡发展,在2014年底前分区域实现县域义务教育基本均衡发展。建立完善义务教育均衡发展的政策保障体系,实现县域内学校之间办学条件、师资队伍、教育教学质量基本均衡。

初步均衡的主要要求为:县域义务教育学校建设、教师编制、生均公用经费标准实现城乡统一并落实到位;以公办中小学为主保障进城务工人员随迁子女免费接受义务教育;“超大班额”问题得到有效缓解;及时消除D级危房,农村寄宿制学校基本消除“大通铺”现象;教师、校长校际交流有序开展,农村紧缺学科教师基本配备到位,大部分学校能开齐开足课程,学习困难学生得到有效帮扶。

基本均衡的主要要求为:县级政府落实义务教育经费保障职责,城乡一体化的义务教育发展机制健全完善,县域内义务教育学校标准化建设任务全部完成,教师、校长定期交流全面落实,城区“小片区”管理模式实施到位,适龄儿童少年平等接受义务教育权利有效保障,开齐开足省颁课程,教育教学质量整体提高,中小学办学行为全面规范。

(二)分阶段目标

鼓楼区、台江区、马尾区(含琅岐经济区)于 2012 年底前实现县域义务教育基本均衡发展;仓山区、晋安区、福清市、长乐市、闽侯县、连江县、闽清县、罗源县、永泰县于 2014 年底前实现县域义务教育基本均衡发展。

三、主要任务

(一)制定推进县域义务教育均衡发展的规划

各县(市)区要根据全省统一部署的分区域实现义务教育均衡发展年限规划安排,按照省颁义务教育初步均衡发展和基本均衡发展的标准,制定推进本县域内义务教育均衡发展的具体方案,进一步完善政策和配套措施,将目标任务分解到各年度和每所学校,确保推进义务教育均衡发展规划所确定的各项目标任务全面落实。

(二)如期完成县域义务教育学校标准化建设任务

1. 优化完善中小学布局。按照《福建省人民政府批转省教育厅关于进一步完善中小学布局实施意见的通知》(闽政〔2010〕28 号)要求,统筹考虑城镇化发展、未来人口变动趋势、城乡布局结构调整和人民群众的现实需要,结合实施中小学校舍安全工程、农村寄宿制学校建设,抓紧完善修订县域中小学布局规划和学校建设规划,积极稳妥推进中小学布局调整,确定长期保留、过渡性保留和拟撤并的学校。在调整过程中,既要坚持适度集中、积极优化教育资源配置,又要注重稳妥推进、方便学生就近入学。新建住宅小区必须按规划配套建设中小学,做到同步规划、同步建设、同步使用。逐年减少班生数,在确保进城务工人员随迁子女入学的前提下,有条件的小学 2011 年起新生班额控制在 54 人以下;2012 年底前新增 2.14 万个学位,新生班额控制在 52 人以下,并解决 66 人以上“超大班额”问题;小学新生班额 2013 年控制在 50 人以下,2014 年控制在 48 人以下,2015 年控制在 45 人左右。2015 年初中班额不超过 50 人。

2. 按标准配齐教学仪器设备和图书资料。各县(市)区要根据福建省《教育规划纲要》提出的“2015 年前基本配齐义务教育阶段的教学仪器设备和图书资料,基本完成学校标准化建设”和我市分阶段目标要求,制定计划,落实资金,对照《福建省“义务教育学校标准化”建设基本标准》,确定每一所完全小学、初级中学完成标准化建设的年限,按序时进度要求推进义务教育学校标准化建设,确保本县域义务教育学校标准化建设与实现义务教育基本均衡发展的年限同步或适当超前。

3. 按进度开展“义务教育标准化学校”评估验收。“义务教育标准化学校”由各县(市)区教育局负责逐校建设和申报,福州市教育局按照《福建省教育厅关于开展“义务教育标准化学校”建设与评估的通知》(闽教综〔2009〕54 号)的要求进行验收,促进每一所完全小学、初级中学都达到省定基本办学标准。

(三)整体提升中小学教师队伍素质

1. 全面实施教师、校长交流制度。按照《福建省人民政府关于进一步加强中小学教师队伍建设的意见》(闽政文〔2008〕344 号)要求,完善“以县为主”的教师管理体制,县域内公办学校教职工人事关系收归县管,均衡配置义务教育教师资源。2011 年在鼓楼区、台江区、仓山区、闽侯县、连江县启动县域内义务教育学校教师校际交流工作,2013 年在其他县(市)区全面实施。建立健全义务教育学校教师校际交流的运行机制和保障政策,建设农村学校教师周转房,解决寄宿制学校教师异地任教和支教教师住宿问题。

2. 配齐配足义务教育学校教师。按省定要求核定教职工编制,近年新增的教师编制优先用于补充薄弱学校和农村学校紧缺学科教师,对超编的县(市)区允许按当年退休教师数的 20% 核定专项编制,用于农村学校紧缺学科教师的补充。确保 2012 年底前开齐开足国家规定的课程。实施农村紧缺教师代偿学费计划,引导鼓励大学毕业生到农村任教。

3. 加大教师培训工作力度。县(市)区教育局要制定义务教育教师和管理人员培训规划,强化教师培训机构及培训能力建设,教师培训经费按县(市)区中小学、幼儿园全体教职工年工资总额的 1.5 - 2.5% 比例核定并列入政府财政预算。落实五年一周期的教师培训制度。大力实施农村教师(校长)教育教学能力提升工程,加强农村学校、薄弱学校和薄弱学科的骨干教师培训。通过远程网络培训和送培下乡等形式,为农村、山区教师培训输送优质师资和培训资源。

(四)保障所有适龄儿童少年平等接受义务教育

1. 加强进城务工人员随迁子女就学的服务与管理。坚持政府负责、公办为主,确保进城务工人员随迁子女由公办学校充分吸纳,并与当地学生享有同等的义务教育政策。满足进城务工人员随迁子女集聚地区和城镇化发展较快地区的义务教育就学需求。加强进城务工人员随迁子女入学后的教育服务和管理,完善在就学地参加中考和中招录取的办法。按照预算内生均公用经费标准和实际接收人数,对接收进城务工人员随迁子女的公办学校足额拨付教育经费。加强对以接收进城务工人员随迁子女为主的民办学校的扶持和管理。

2. 建立农村留守儿童关爱服务体系。农村寄宿制学校优先满足留守儿童住宿需求,积极实施教育关爱工程,着力构建学校、家庭、社会共同关心留守儿童健康成长的教育网络,形成推进农村留守儿童工作的整体合力。利用学籍管理系统,建立完善在校留守儿童的档案,完善学校教职工与留守儿童结对帮扶机制,通过电话、网络、联系卡等多种方式加强与留守儿童家长的沟通联系,注重心理疏导,充分发挥学校教育的主阵地作用。

3. 保障残疾儿童少年接受义务教育。实施“特殊教育学校提升工程”,全面改善特殊教育学校办学条件。推进全市 11 所特教学校全部实现办学条件标准化。具体目标如下:到 2011 年底,福州聋哑学校、福州市盲校、福清市特教学校、连江县特教学校基本实现办学条件现代化;到 2012 年底,长乐市特教学校、闽侯县特教学校、福州市开智学校、永泰县特教学校基本实现办学条件标准化;到 2013 年底,福州市育智学校基本实现办学条件标准化;到 2014 年底,福州市晋安区启智学校、福州市仓山区培智学校基本实现办学条件标准化。同时,做好特殊教育向两头延伸工作,积极发展残疾儿童学前及高中阶段教育。在福州市聋哑学校和福州市盲校率先实现两头延伸的基础上,至 2013 年,鼓楼区、福清市、连江县、闽侯县、长乐市的特殊学校实现两头延伸;至 2014 年,台江区、仓山区、晋安区、永泰县的特殊学校实现两头延伸。公办特殊教育学校在“三免一补”的基础上,逐步提高学生的生活补助标准。落实特殊教育学生公用经费标准和特殊教育教师编制、津贴。逐步扩大重度残疾儿童送教上门工作试点范围,完善普通教育学校接收残疾儿童少年随班就读的办法和保障体系。

4. 完善家庭经济困难、学习困难等学生的帮扶制度。落实家庭经济困难学生资助政策,帮助学习困难学生顺利完成学业,确保适龄儿童少年不因家庭经济困难、学习困难等原因而失学。关爱、帮助、转化品行有缺点的学生,不得违反法律和国家规定开除未成年学生,努力消除辍学现象。

(五)全面提高教育教学质量

1. 推进管理体制创新。实施义务教育“小片区”管理,2011年在市区和改革试点县(鼓楼区、台江区、仓山区、晋安区、马尾区、闽侯县)的城区建立“小片区”管理模式试点,以片区内优质学校为龙头捆绑周边一般校,实行“师资互派、资源共享、统一教学、捆绑考核”,带动一般校提升办学水平。2012年起将“小片区”管理模式逐步推广至其他县(市)的城区。鼓励优质学校在城乡之间组建教育集团,促进优质教育资源共享。

2. 加强学校教育教学管理。深化课程改革,全面落实义务教育课程方案,2012年前开齐开好省颁的所有各类课程。2014年九年义务教育巩固率达到98%以上。推广晋安区“一校一特”办学经验,不断增强地方课程和校本课程特色,促进学校内涵建设。推进“福州数字青少年宫”网上德育平台向中小学延伸,2013年底前农村中心小学、城镇完小以上学校按标准全面建立“数字青少年宫活动室”。减轻学生过重的课业负担,形成较成熟的教育质量监测评估体系并不断完善,创造学生多元化发展的时间和空间,促进个体综合素质提高。推广校本教研、校本培训,积极采用现代远程教育手段保证学校教育教学质量,加强校际间的教研和优质教育资源的共享,促进城乡之间、校际之间教育质量的均衡提升。

3. 规范中小学办学行为。各县(市)区政府和教育部门要树立科学的教育政绩观,不得以升学率对地区和学校进行排名,不单纯以升学考试成绩奖惩学校和教师,不得举办或变相举办重点校、重点班。义务教育学校要按政策规定招生,不得进行小学升初中选拔性招生,不得违反规定利用节假日、双休日、课余时间组织学生集体补课或上新课,不得违反规定向学生和家长乱收费。

四、保障措施

(一)加强组织领导

各县(市)区要将加快推进义务教育均衡发展作为贯彻国家和福建省《教育规划纲要》的一项紧迫任务,摆上重要议事日程,精心制定实施方案,完善相关政策措施,明确目标任务和责任单位。建立由各级地方政府牵头、有关部门共同参与的推进义务教育均衡发展的工作机制。人事、编制、教育、发改、财政、建设、国土资源等部门要按职责分工落实相关工作,加强联动,共同推进义务教育均衡发展工作。

(二)完善义务教育经费保障机制

切实落实各级政府义务教育投入责任,将义务教育全面纳入财政保障范围,建立义务教育经费稳定增长机制。严格按照教育法律、法规规定,年初预算以及预算执行中的超收收入分配要体现法定增长要求,保证义务教育财政拨款增长高于财政经常性收入增长,并保证按在校学生人数平均的教育费用和生均公用经费逐步增长。按照规定征足、管好、用好教育费附加,改善中小学办学条件。土地出让金收入用于教育设施建设的资金要有一定比例用于义务教育。加大对经济欠发达地区尤其是革命老区和少数民族地区义务教育的财政转移支付力度。各县(市)区应对农村边远山区的学校予以倾斜扶持。

(三)开展督导评估

县域义务教育初步均衡发展、基本均衡发展的具体标准由省里统一制定并负责组织评估认定工作。将推进县域义务教育均衡发展作为考核地方政府及其主要负责人的重要内容。经省级教育督导机构评估达到义务教育初步均衡发展、基本均衡发展标准的县(市)区,由省政府批准认定后上报教育部审核认定。教育部对通过审核认定的基本均衡发展县(市)区授牌并予以公布表彰。省政府对授牌表彰的县(市)区予以适当奖补。各县(市)区政府要加强指导,认真总结推广成功经验,对义务教育均衡发展成绩显著的相关职能部门和人员给予表彰奖励。

附件:福州市分年度实现县域义务教育基本均衡发展规划表

福州市人民政府关于做好2011年普通高等学校毕业生就业工作的通知

榕政综〔2011〕109号

(2011年8月24日)

各县(市)区人民政府,市直各委、办、局(公司):

为贯彻落实《国务院关于进一步做好普通高等学校毕业生就业工作的通知》(国发〔2011〕16号)和《福建省人民政府关于做好2011年普通高校毕业生就业工作的通知》(闽政〔2011〕33号)精神,切实做好我市2011年普通高等学校毕业生(以下简称高校毕业生)就业工作,现提出如下意见:

一、深刻领会做好高校毕业生就业工作的重要意义

高校毕业生是国家宝贵的人才资源,是我市人才队伍增量的主要来源。做好高校毕业生就业工作,事关我市“人才强市”战略的实施,事关改革发展稳定大局,事关人民群众的切实利益。2011年我市高校毕业生数量继续攀升,加上往年未就业高校毕业生多年累积递增,当前和今后一段时期高校毕业生就业工作任务依然十分繁重。各级各部门要充分认识新形势下做好高校毕业生就业工作的重要意义,进一步增强政治意识、责任意识,切实把高校毕业生就业摆在当前就业工作的首位,把促进高校毕业生充分就业与推进人才队伍建设相结合,实行更加积极的就业创业政策,全力以赴做好高校毕业生就业工作,为在更高起点上推动福州科学发展新跨越提供人才智力支撑。

二、积极做好高校毕业生就业援助工作

1. 鼓励高校毕业生到中小企业就业。充分发挥中小企业吸纳高校毕业生就业主渠道作用,对积极吸纳高校毕业生就业的企业,按照规定给予相关就业扶持政策。对到我市当年新聘高校毕业生达到10人以上的中小企业就业,与企业签订一年以上劳动合同并缴纳社会保险且在我市政府人事部门所属人事人才公共服务机构办理人事代理手续的应届高校毕业生,其社会保险个人缴纳部分由市政府给予30%补助,补助期限最长不超过一年,所需经费由市财政予以安排。高校毕业生从企业、社会团体到机关事业单位就业的,其参加基本养老保险缴费年限合并计算为工龄。对到中小企业就业的高校毕业生在专业技术职称评定、科研项目经费申请、科研成果或荣誉称号申报等方面,享受与国有企事业单位同类人员同等待遇。(责任单位:市公务员局、市人力资源和社会保障局、市财政局、市科技局,各县(市)区政府)

2. 引导高校毕业生面向基层就业。鼓励高校毕业生参加选调生计划、大学生村官计划、“三支一扶”计划、志愿服务欠发达地区计划、服务社区计划等服务基层项目。自本通知发布之日起,参照省里标准为市级在岗“三支一扶”高校毕业生统一办理基本养老保险、基本医疗保险、失业保险、工伤保险和生育保险以及住房公积金,并将市级在岗“三支一扶”高校毕业生生活补贴每人每月提高200元。办理社会保险、住房公积金以及提高生活补贴所需经费由市财政安排。根据省里统一安排,继续实施高校毕业生到农村中小学、乡镇卫生院、县乡农技推广机构就业等项目,按规定实施相应的学费和助学贷款代偿。鼓励高校毕业生为国防建设作贡献,积极做好入伍高校毕业生退役后的就业服务和专升本升学工作,进一步完善高校毕业生入伍服义务兵役的学费补偿和助学贷款代偿工作。(责任单位:市委组织部、市委编办、市公务员局、市民政局、市财政局、市人力资源和社会保障局、市教育局、市卫生局、市农业局、团市委、市征兵办,各县(市)区政府)

3. 支持高校毕业生面向第三产业就业创业。大力发展具有增长潜力的生产性服务业和生活性服务业,为高校毕业生创造更多就业机会。鼓励高校毕业生创办第三产业项目,重点对现代物流、信息咨询、电子商务、中介服务、文化创意等现代服务业创业项目予以扶持。为自主创业的高校毕业生落实好工商注册、税收减免、资金扶持、创业场所、创业指导等各项创业扶持政策。毕业后两年内从事个体经营的高校毕业生,除国家限制行业外,自其在工商部门首次登记注册之日起三年内,按照规定免交各项登记类、管理类和证照类行政事业性收费。发挥小额担保贷款政策促进就业的积极作用,对符合条件的高校毕业生自主创业的,可在创业地按规定申请小额担保贷款,享受不超过10万元贷款额度的财政贴息扶持;对合伙经营和组织起来就业的,按符合贷款条件人员人均不超过10万元和经营项目可适当扩大贷款规模的原则予以财政贴息扶持,但最高额度不超过40万元。自主创业的高校毕业生需要人事代理的,由政府人事部门所属人事人才公共服务机构提供三年免费人事代理服务。(责任单位:市公务员局、团市委、市财政局、市人力资源和社会保障局、人行福州中心支行、市工商局、市地税局,各县(市)区政府,各市属高校)

4. 提高储备高校毕业生生活补助标准。按照“重点关注、重点推荐、重点服务”的原则,加大对家庭经济困难并就业困难的“双困”毕业生的就业帮扶力度。将福州生源农村低保家庭、城镇特困职工家庭、零就业家庭的未就业本科学历应届高校毕业生纳入我市人才储备范畴,待就业一年内提供生活补助和免费住宿,并在就业指导、就业推荐等方面提供免费服务。自本通知发布之日起,储备人员生活补助费提高到每人每月360元。“双困”毕业生符合就业困难人员条件的,由县(市)区级公共就业服务机构在其《就业失业登记证》上予以注明,凭证享受相关就业援助政策。优先安排“双困”毕业生参加就业见习,优先招募“双困”毕业生到公益性岗位就业。困难家庭高校毕业生参加公务员考试和事业单位招聘工作人员考试时,免收报名费和体检费。做好少数民族高校毕业生就业工作,在公务员和事业单位工作人员招考、国有大中型企业招工时,同等条件下优先招录重点帮扶对象和少数民族高校毕业生。(责任单位:市公务员局、市人力资源和社会保障局、市教育局、市财政局、市民宗局、市妇联、市残联、市总工会,各县(市)区政府,各市属高校)

三、大力支持高校毕业生参加免费技能培训和就业见习

积极组织有培训需求的高校毕业生参加职业技能培训和技能鉴定,帮助其提高就业能力。对到我市各级政府人事部门所属人事人才公共服务机构办理待就业登记的福州生源应届高校毕业生,待就业一年内可参加一次由政府提供补贴的职业技能培训。职业技能培训补贴标准根据参加培训职业(工种)确定,最高不超过800元(不含鉴定费)。高校毕业生参加职业技能培训后,在取得国家相关部门承认的职业资格证书6个月内实现就业的,按照培训补贴标准的100%给予培训费补贴;6个月内没有实现就业的,按照培训补贴标准60%给予培训费补贴。继续实施省“三年三万”就业见习计划,2011年新建市级见习基地20家,组织1500名高校毕业生参加就业见习。各县(市)区要结合当地产业发展需要和高校毕业生情况,扶持一批规模较大并有一定社会影响力的企事业单位作为就业见习单位,为有见习需求的未就业高校毕业生提供见习机会。见习期间由见习单位和当地政府提供不低于当地最低工资标准的基本生活补助,并为见习生办理人身意外伤害保险。要进一步完善就业见习管理办法,明确见习对象范围、见习基地条件、见习补贴标准、见习考核评估等事项,规范见习活动。(责任单位:市公务员局、市财政局、市人力资源和社会保障局、团市委,各县(市)区政府,各市属高校)

四、努力提升高校毕业生就业公共服务水平

政府人事部门及其所属人事人才公共服务机构要积极引导离校未就业高校毕业生主动回生源地登记,建立待就业高校毕业生信息数据库,提供就业培训、就业推荐服务。未就业的高校毕业生可按规定办理失业登记,并纳入户籍所在地失业人员统一管理,落实相关就业扶持政策。政府人事部门及其所属人事人才公共服务机构要多渠道、多形式举办各类人才交流会,为高校毕业生和用人单位搭建双向选择平台。政府人事部

门及其所属人事人才公共服务机构举办的各类面向高校毕业生的招聘活动,全部实行用人单位和高校毕业生免费入场,并为毕业后两年内待就业的高校毕业生提供免费档案保管和转递服务。政府人事部门所属人事人才公共服务机构、公共就业服务机构、高校毕业生就业指导服务机构和其他就业服务机构要加大投入,统一就业信息数据标准,实现高校毕业生就业信息共享,提高就业信息服务水平。要进一步加强人力资源市场管理,大力开展人力资源市场清理整顿工作,严厉打击非法职业中介和招聘过程中的各类欺诈行为。要认真执行残疾人就业条例的有关规定,保障残疾人高校毕业生的就业权益。要切实落实取消就业体检中乙肝检测项目的有关规定,防止各类就业歧视,维护高校毕业生公平就业权利。(责任单位:市公务员局、市人力资源和社会保障局、市教育局、市财政局、市残联,各县(市)区政府,各市属高校)

五、认真做好高校毕业生就业指导服务与安全稳定工作

加强正面宣传和舆论引导,通过报刊、广播、电视、网络等媒体,大力宣传党和政府对高校毕业生就业工作的重视,宣传促进高校毕业生就业的政策措施,宣传高校毕业生到基层就业、到企业就业、自主创业方面的先进典型,努力营造良好舆论氛围和就业创业环境,帮助高校毕业生树立就业信心。组织开展大学生创业大赛、大学生自主创业先进人物评选表彰等活动,充分发挥典型带动和模范带头作用,提高大学生的创业素质和创业能力。要结合当前形势和就业政策,加强高校毕业生就业教育和心理辅导,引导高校毕业生理性、客观地认清就业形势,合理调整就业期望值,树立正确的就业观和成才观。要高度重视就业安全稳定工作,及时了解掌握高校毕业生思想动态,妥善化解矛盾;在预防群体性事件、保证招聘会安全、防范招聘欺诈和传销陷阱、预防和处置突发性事件等方面,要制订具体工作方案和应急预案,及时排查并消除安全隐患,确保就业安全和校园稳定。(责任单位:市委宣传部、市教育局、市公务员局、市公安局,各县(市)区政府,各市属高校)

各县(市)区政府、市直各有关部门和各市属高校要根据中央和省委、省政府关于做好高校毕业生就业工作的部署,结合本通知精神,尽快制订具体贯彻意见并认真抓好落实。

福州市人民政府关于进一步鼓励和支持留学人员来榕创业的若干意见

榕政综〔2011〕126 号

(2011 年 9 月 23 日)

各县(市)区人民政府,市直各委、办、局(公司):

为贯彻落实省委、省政府赴浙江、江苏学习考察精神和《福州市中长期人才发展规划纲要(2010—2020 年)》,以更大的魄力做好引才用才工作,大力实施人才强市战略,建设创新型城市,在更高起点上推动福州科学发展新跨越,加快建设开放、文明、和谐、幸福的新福州,进一步凸显省会中心城市龙头带动作用,根据中央组织部、人力资源和社会保障部《关于支持留学人员回国创业的意见》(人社部发〔2011〕23 号)精神,结合我市工作实际,特提出以下意见:

一、创业扶持

(一)在海西高新技术产业园内设立"福州市留学人员创业园",吸引留学人员进入园区内从事科学研究、产品开发和成果转化。入园企业由市公务员局和市高新区管委会共同把关。

(二)留学人员新创办企业入驻市留学人员创业园,两年内由创业园为其提供 100 平方米以内免费经营场地,第三年按市场价的 50% 交纳租金,第四年开始按市场价全额交纳租金。在福州市办理工商注册和税务登记,从事高新技术成果转化和创业咨询服务的留学人员创办企业,在创业园或福州市各类园区、孵化器以外租用各类生产、科研性用房用于创业,经市公务员局、市财政局认定后,三年内由市财政给予场地租金补贴,补贴标准为 5 元/平方米·月(以实际租用的面积计算,实际租用面积超过 100 平方米的,按 100 平方米计算)。

(三)留学人员进入市留学人员创业园创办高新技术领域的企业、重点产业升级企业、科技项目对接成果转化的企业或具有前瞻性、引领性的企业,可按《福州市市级股权风险投资资金管理暂行办法》规定的程序,向市投资管理公司优先申请市级股权风险投资资金。

市政府引导和鼓励各类社会资本参与创业投资,为留学人员来榕创业拓宽融资渠道;鼓励担保机构和再担保机构为留学人员创办企业提供贷款担保和再担保服务。

(四)市政府每年从财政预算安排的引进高层次优秀人才专项经费中安排留学人员创业启动资金,用于支持留学人员来榕创业和留学人员创办企业创新发展。留学人员入驻市留学人员创业园创办企业,可向市公务员局提出申请创业启动资金,市公务员局会同市科技局组织专家进行项目专业分类评审,按照专家评审结论给予不同等级的创业启动资金。对于优秀创业项目,市政府可指定国有投资公司以参股的方式给予企业注册资金 10%—20% 的创业启动资金。

市政府鼓励在大学城周边、科技园区内以及产业集群较为明晰的县(市)区建设科技企业孵化器,同时设立"福州市科技企业孵化器发展资金",扶持入孵企业的发展和孵化器公共服务平台的建设,对经人事部门认定的留学人员进入我市属地孵化器创办企业(占 35% 以上的股份),在孵化器发展资金中优先给予扶持。

对符合《福州市引进高层次优秀人才暂行办法》的引进条件的带技术、带项目、带资金来榕创业发展的优秀留学回国人员和创新团队,由市公务员局会同市科技局组织专家对其项目进行评估认定后,给予 50 万元—200 万元的创业启动资金支持;对引进的科技创新型优秀人才,经认定后,给予 30 万元—100 万元的科研经费支持。

(五)留学人员带高新技术成果、项目来福州市实施转化或从事高新技术项目引进开发,可优先申请国家留学人员科技活动项目择优资助经费,优先推荐申报国家、省创新基金(资金)和科技计划项目。对列入国家级科技计划、省重大科技专项计划并获得项目经费支持的,市政府分别按国家级和省级给予一定比例的配套资助,或按下达项目部门的要求给予经费配套。

(六)优先推荐科研水平高、具有良好产业化前景的留学人员创办企业参评国家级、省级创新型试点企业,鼓励留学人员创办企业设立省市级技术中心、国家重点实验室,申报高新技术企业、海西产业人才高地。市留学人员创业园中的企业可优先使用福州市创业服务中心、福州市科技情报研究所、福州市科技成果对接网、市级行业技术中心、中科院海西研究院等公共技术平台的各类科技资源及海西高新技术产业园现有的技术支撑平台,促进科技成果转化。

(七)鼓励留学人员创办企业申请专利,加大对留学人员创办企业发明创造奖励和扶持力度。对获得福州市专利金奖和福州市专利优秀奖的留学人员,市政府将分别给予 3 万元和 1 万元的奖金。对项目实施地在福州,获得中国专利金奖和中国专利优秀奖的专利权属人,市政府将分别给予 20 万元和 5 万元的奖金。

(八)留学人员来榕创办企业,持有效证件向有关部门和单位办理审批手续,有关部门和单位要为其在企业登记、工商税收、进出口业务、劳动人事等方面提供优惠和便利。留学人员来榕从事高新技术研究或科技成果转化的,有关部门和单位要优先解决投资立项、融资、孵化用房等实际问题。

(九)留学人员来榕兴办评估、咨询、顾问等中介服务机构或第三产业,市直各相关职能部门应积极支持。留学人员投资领域除国家禁止行业外,其他行业可适当放宽。

(十)留学人员直接用于科学研究、科学实验和教学的进口仪器设备,所在单位符合国家规定的科研和教学仪器免税资质的,由所在单位向海关提出申请,经批准予以免税。

(十一)留学人员来榕创办的企业,经认定为高新技术企业的,在企业注册登记之日起五年内,自企业获利之日起头三年的企业所得税先行征收,征收的属地方留成部分由市政府奖励返还给企业。年缴纳个人所得税不低于 3 万元的留学人员,市财政按其上一年度所缴工薪个人所得税地方留成部分的 50% 返还,返还期不超过五年。

(十二)留学人员创办企业中建立博士后工作站的,由市财政按规定给予所在企业一次性 30 万元资助。进入企业博士后工作站工作的博士后,经市公务员局认定后,由市财政按规定给予在站博士后每人每年 5 万元的补助经费。

(十三)留学人员创办企业设立经市政府认定的院士(专家)工作站,由市财政对设立院士工作站的企业给予建站补助经费 30 万元,对设立专家工作站的企业给予建站补助经费 15 万元。

二、创业保障

(一)在国家认可的海外大学取得博士学位满五年以上的留学回国人员;具有硕士学位且具有正高职称的留学回国人员;拥有独立知识产权且其科技成果具有市场潜力,来榕实施成果转化的创新型留学回国人员均可申报福州市引进高层次优秀人才,经市政府认定后发放住房补贴 20 万元。享受住房补贴的留学人员,必须与用人单位签订不低于五年的聘用合同或在榕创办企业不低于五年时间。

(二)符合条件的留学人员可优先申请购买福州市人才公寓,也可按有关规定申请公共租赁房等各类保障性住房。

(三)留学人员评聘专业技术职务,不受评聘时限和岗位职数的限制。优秀留学人员申报专业技术职务任职资格时,经市公务员局组织专家委员会认定可破格评审。来榕创业留学人员首次申报职称时,可比照国内同等资历人员申报相应级别专业技术职务任职资格的评审,免试外语和计算机。对其在海外取得的与国内相对应的技术职务或执业资格,经验证后,由市公务员局或市人力资源和社会保障局会同有关部门办理确认手续。

(四)来榕创业的留学人员按照国家有关规定参加福州市各项社会保险(有社会保险双边或多边互免协议的除外),包括基本养老、基本医疗、失业和工伤保险等,缴费年限以实际缴纳各项社会保险费的年限为准。留学人员可凭劳动、聘用等有效合同和市公务员局的证明在本市建立个人住房公积金账户。非福州户籍的留学人员可按规定在福州缴存和使用住房公积金,离开福州时,可按规定办理住房公积金的提取或转移手续。已加入外国籍的留学人员在国内跨统筹地区流动,按照有关规定办理社会保险关系转移接续,享受各项社会保险待遇和个人住房公积金时,在缴费标准、转移办法和享受待遇等方面与中国公民有相同的权利和义务。

(五)对留学人员创办企业中取得突出业绩的专业技术人员,优先向国家、省、市推荐申报享受政府特殊津贴人员、新世纪百千万人才工程省级人选、省引进高层次创新创业人才、省优秀人才、市优秀人才等荣誉或奖项。

(六)留学人员携配偶及未成年子女落户本市不受户口指标限制,凭留学人员身份认定证书或留学人员工作证和相关证明材料到公安部门办理户口迁入手续。其子女入园、入义务教育阶段中小学,由市教育行政主管部门优先予以解决。符合《福州市引进高层次优秀人才暂行办法》引进条件的优秀留学人员的义务教育阶段及学龄前随迁子女,由市教育部门安排优质学校入学入园。

(七)夫妻双方在海外连续居住 1 年以上的持中国护照的留学人员,在海外期间未按政策生育及在海外怀孕后回福州生育第二个子女的,可按国家有关规定在计划生育服务管理等方面给予适当照顾;其子女来榕,可按国家有关法律政策规定,随父母在榕落户。

(八)市公安、外事部门应进一步简化留学人员出入境手续,缩短审批时间,为留学回国人员中的外籍高科技、高层次管理人才出入境提供便利,对需多次临时入境人员,可根据实际需要发给有效期二年以上、最长不超过五年的多次入境有效“F”签证。

(九)留学人员兑换外汇、申领机动车驾驶证和办理机动车注册登记等相关事项可参照《关于支持留学人员回国创业的意见》(人社部发〔2011〕23 号)的有关规定办理。

三、服务支持

(一)加强组织领导。设立福州市留学人员创业联席会议制度。联席会议在福州市政府的领导下,加强对留学人员来榕创业工作的宏观指导,研究解决全市留学人员创业工作中的重大问题,统筹协调相关部门职责分工。联席会议由市公务员局牵头,市委统战部、市科技局、市财政局、市公安局、市教育局、市人力资源和社会保障局、市外侨办、市工商局、市国税局、市地税局、市住房保障和房产管理局、市台办、市高新区管委会、市人口计生委、福州海关等单位组成。联席会议召集人由市政府分管副市长担任,成员单位的有关负责同志为联席会议成员。

福州市留学回国人员工作站是管理留学人员来榕创业和工作的职能机构,具体承办留学回国人员来榕登记、身份认定,帮助来榕留学人员择业;协助非教育系统留学回国人员科研活动资助经费的申报;完善"来榕留学人员信息库",构建互动式来榕创业信息服务平台;建立与海内外各类留学人员组织和社会团体联系的有效渠道,加强与海外留学人员的联系;负责其他留学人员管理、组织协调和政策咨询等工作。

成立市留学人员创业园管理办公室,由市留学回国人员工作站管理,主要负责创业园发展规划、建设和发展中的重大问题和政策的研究与协调,并积极创造条件为园内企业提供"创业一站式"服务。

(二)优化创业服务。市留学人员创业园管理办公室积极为留学人员创办企业提供无障碍、一站式、个性化、全方位的服务:为新创办企业免费代办工商、税务、银行开户、代码登记等手续;代理企业向市科技局申报各类科技项目、申请高新技术企业认定、申报科技进步奖、申请专利及成果鉴定;帮助企业引进急需的科技人才和企业专业技术人员申报职称;与银行等金融机构协调,帮助解决企业初创期的融资难问题;开展创业导师聘请工作,为创业企业提供智力支持;积极搭建信息平台,帮助创业企业分析市场风险、拓宽市场销售渠道。

市人事人才公共服务中心为留学人员创办企业免费提供三年人事代理和创业咨询服务,免费组织留学人员创办企业参加福州市组织的人才招聘会、海外招聘团,在福州市人事人才信息网发布招聘信息等,大力支持创业企业积极引进人才。

(三)开展创业奖励。对福州市科学技术、经济社会发展做出突出贡献的留学回国人员,由市公务员局牵头,会同相关部门,每两年组织一次"福州市留学回国人员创业奖"评选活动,以福州市人民政府的名义对获奖者予以表彰。

四、附则

(一)本意见所称的留学人员是指在海外学习并获得国家认可的学士及以上学位的公派、自费出国留学人员(包括已获得留学国国籍或居住国永久居留权者),以及在国内已取得大学本科以上学历或具有中级以上专业技术职务任职资格,到海外高等院校、科研机构、公司工作或学习两年以上并取得一定成果的访问学者和进修人员。

(二)本意见所称的留学人员创办企业是指海外留学人员以专利、科研成果、专有技术等在榕创办、办理工商注册和税务登记的企业。留学人员创办企业一般要由留学人员担任企业法人代表,或者留学人员自有资金(含技术入股)及海内外跟进的风险投资占企业总投资的30%以上。

(三)本意见适用在港、澳、台学习的同等条件人员。

(四)本意见自颁布之日起实施。

(五)本意见由市公务员局负责解释。

福州市人民政府关于推进居家养老服务工作的实施意见

榕政综〔2011〕141号

(2011年10月19日)

各县(市)区人民政府,市直各委、办、局(公司):

居家养老服务是指政府和社会力量依托社区(村),为居住在家中的老年人提供生活照料、家政服务、康复护理、精神慰藉、文化娱乐等服务的一种新型社会养老服务模式。目前,我市60岁以上老年人口达86.14万人,占全市人口比例为12.09%。绝大部分老年人在家中养老。居家养老是适合国情、市情的主要养老方式。为积极应对我市人口老龄化,支持和鼓励发展社区居家养老服务,满足日益增长的社会养老服务需求,根据全国老龄办等十部委《关于全面推进居家养老服务工作的意见》(全国老龄办发〔2008〕4号)、《福建省人民政府关于推进居家养老服务工作的实施意见》(闽政文〔2009〕150号)等文件精神,结合我市实际,提出如下推进我市居家养老服务工作的实施意见。

一、推进居家养老服务的指导思想、总体目标和基本原则

(一)指导思想。以科学发展观为统领,以构建社会主义和谐社会为目标,坚持"政府主导、部门协同、社会参与、市场推动"的方针,积极鼓励社会力量参与发展养老服务事业,发展社区养老服务,培育社会服务组织,鼓励连续经营,支持规模发展,构建居家养老服务的社区支持体系和社会化发展机制,形成投资主体多元化、服务对象公众化、服务方式多样化,各具特色、整体推进的居家养老服务发展格局,不断满足广大老年人日益增长的居家养老服务需求。

(二)工作目标。不断提高城乡社区居家养老服务的覆盖面和受益面。在2011年全市建立和完善210个社区居家养老服务中心(站)的基础上,继续全面推进社区居家养老服务中心(站)建设、队伍建设、服务网络及信息化建设。到2012年,实现城市社区居家养老服务中心(站)全覆盖,农村社区(村)依托社会福利中心、乡镇敬老院、老年公寓、老年活动中心(室)、老年学校等现有场所,增加服务功能,完善服务内容和形式,开展以村民互助和各类志愿服务为主要内容的居家养老服务。力争到2015年,居家养老服务网络覆盖城市所有街道、社区和80%以上的乡镇、50%以上的农村社区,形成服务设施不断充实完善,专业化和志愿者相结合的队伍不断发展壮大,服务内容更加丰富,服务运作长效机制更加完善,政府购买服务对象不断增加的格局,不同层次的居家养老服务需求得到基本满足。

(三)基本原则。一是坚持以人为本。从老年人实际需求出发,为老年人提供方便、快捷、高质量、人性化的服务。二是坚持依托社区。整合社会资源、调动各方积极性,在社区层面普遍建立居家养老服务的机构、场所和服务队伍。三是坚持因地制宜。紧密结合实际,建立与经济社会发展水平相适应,与社区(村)人文环境和老年人需求相适应,符合各地实际的居家养老服务模式。四是坚持社会化方向。实行政府主导与社会兴办相结合,无偿服务、低偿服务和有偿服务相结合,充分调动社会各方面参与发展居家养老服务业的积极性,提高养老服务的社会化水平。

二、推进居家养老服务工作的主要任务

居家养老服务要以老年人的需求为导向,以日间照料和上门服务为主要方式,服务项目上坚持基本服务和选择性服务相结合,为老年人提供日托照料、护理陪伴、代购代办、配餐送餐、家政服务等,同时兼顾老年人的多种需求,提供疾病防治、康复护理、安全救援、法律维权、文体娱乐、学习教育、心理咨询等服务。居家养老服务的组织方式:子女应为居家老年人提供更多的生活照料和精神慰藉,对子女确定无力照顾的老年人,政府鼓励和帮助采取机构服务、专业组织服务、志愿者服务、义工服务、邻里互助服务等多种方式实施居家养老服务。

(一)建立和完善居家养老服务组织网络。

在城市社区搭建"一站式"服务平台,建立上下联动、部门配合、养老服务机构协调运转的居家养老服务网络,着力构建居家养老"十五分钟"服务圈。农村地区要创造条件,为居家老年人提供便捷服务。大力推动专业化的老年医疗卫生、康复护理、文化娱乐、老年教育、信息咨询等服务项目,不断完善为老服务网络,充实服务内容。

1. 加强社区生活保障性商业服务设施建设。鼓励和支持社会养老服务、家政服务、餐饮服务等机构参与居家养老服务工作,通过选拔、招标、签订协议等方式,把服务质量高、服务信誉好、实力强的社会服务机构确定为居家养老服务和政府购买服务的定点单位。有条件的社区可通过开设托老所、老年人餐厅,为老年人提供方便、卫生、优惠的配餐、送餐服务。

2. 为老年人提供医疗保健服务。实施"社区医生进家庭"制度,建立健全城乡老年人健康档案。"十二五"期间,城市社区65周岁及以上老年人健康管理率达85%以上、农村社区达80%以上。切实加强与改进老年医疗保健服务,组织社区卫生服务中心开展预约的上门随访、送医、送药、康复护理等服务,扶持发展老年护理院,支持有条件的医院开设老年专科,逐步在城市社区卫生服务中心开展康复服务。开展老年人慢性病管理,加强保健知识普及工作。采取积极措施,尽快解决养老机构入住老年人、空巢老人的医保问题;逐步扩大医疗保险支付范围,将符合条件的家庭病床纳入医保范围;针对城镇居民医疗保险参加对象中60岁以上老年人,适当扩大门诊特殊病种的医疗机构范围,让老年人能就近在社区医疗机构就诊。

3. 为老年人提供社区文化娱乐、教育学习、体育健身、精神慰藉等服务。切实改善城乡基层和社区老年人教育学习和文体娱乐活动的设施条件,组织和指导老年人进行文化娱乐和科学健身活动,不断丰富老年人精神文化生活。重视老年人心理健康和精神关爱,为老年人提供精神慰藉、心理咨询、心理疏导等服务;帮助老年人协调家庭关系、社会关系,预防和解决老年群体的社会问题,积极为老年人提供法律咨询、法律援助及维护老年人赡养、财产和婚姻等合法权益的服务。到2015年,全社会老年人入学率达到18%以上;经常参加体育锻炼的老年人在城市达到60%以上、农村达到45%以上。

4. 组织志愿者、义工开展助老服务。组织志愿者或义工开展长期结对帮扶服务、企业助养贫困老人等活动,对空巢、高龄、失能等老年群体,采用定期或不定期上门服务,努力解决这些特殊老年群体在养老方面存在的困难。对确有需要的老年人,组织家政服务机构或专业服务人员上门进行生活照料;对生活不能自理的老年人,可采取专人上门包户的方式提供服务。有条件的社区可开设老年人日间照料室,及时为老年人提供便捷服务。

5. 建设全市统一的居家养老服务信息化平台。在鼓楼区开展居家养老服务信息平台建设试点,并确保年底前建成,在2012年底建成全市统一的居家养老服务信息平台。同时,依托城市社区信息平台,普遍建立为老服务热线、紧急救援系统、数字网络服务系统、邻里互助系统等多种求助和服务形式,建立起覆盖城市社区,与老年人沟通便捷、服务及时的居家养老服务信息化服务网络。

(二)建立和完善居家养老服务设施。

各级政府和有关部门要根据老年人日益增多的实际,把居家养老服务设施建设作为发展社会事业,保障和改善民生的重要内容,统筹规划建设社区居家养老服务设施,合理配置资源,探索适应当地特点的居家养老服务模式。

1. 将居家养老服务设施纳入城乡建设规划,力争到2012年实现居家养老服务中心(站)在城市社区全覆盖。新建城市居民区和旧城连片改造居住区,应将居家养老服务用房作为公共服务配套设施规定的配置指标纳入建设工程设计方案,由建设单位统一规划设计、统一建设、同步验收,验收合格后及时交所在地街居使用,所配建的社区居家养老服务中心(站)用房不少于80平方米。现有老城区没有居家养老服务用房或设施不能满足需要的社区,由各区政府负责,通过盘活利用社区资源,新建和改扩建、购买、租赁等途径解决。

2. 合理整合现有各类为老服务资源。各部门设立在社区(村)的卫生服务机构、文化站(点)、劳动保障工作站等为老服务机构,在社区(村)统一安排下开展居家养老服务。政府兴办的公共服务设施应优先为老年人提供服务。社区内教育、科技、文化、体育等资源优惠向老年人开放,以满足老年人就地、就近学习、活动的需要。

3. 农村社区应紧紧依托老年福利服务中心、乡镇敬老院、老年人活动中心等开展居家养老服务。积极推进县级社会福利中心、乡镇敬老院以及社区居家养老服务中心(站)建设,特别是对列入省、市民生工程和为民办实事项目,加大资金保障和项目建设协调力度,确保项目如期建成。

4. 认真贯彻省有关技术规范,确保新建市政道路、公共建筑、住宅和养老服务设施无障碍率达到100%,加快推进与老年人生活密切相关公共建筑、养老服务设施、居住小区的无障碍设施改造,积极支持旧住宅增设电梯。积极探索建设集居家养老、机构养老、医疗保健、文化娱乐、体育健身、学习教育、休闲购物于一体的适合老年人特点的老年社区,为老年人提供更加安全、便利的生活环境。

(三)加强居家养老服务队伍建设。

1. 建立专业服务队伍。对居家养老服务从业人员实行全员培训持证上岗,考试合格的发给职业资格证书或培训合格证书;参加培训人员符合条件的,按规定给予职业培训补贴与职业技能鉴定补贴。县(市)区民政、老龄部门及街道(乡镇)应根据实际需要确定相应的工作人员负责居家养老服务工作。每个社区居家养老服务中心(站)可根据本中心(站)情况决定是否配备一名助老协管员,若需配备,所需经费由中心(站)的运转补助经费中列支。

2. 建立志愿者和义工服务队伍。以开展"空巢老人志愿服务行动"为载体,积极发展居家养老服务志愿者组织,不断完善志愿者招募制度和定向、接力服务制度;动员、鼓励国家机关工作人员、居民、大中专院校学生以及社会各界为居家老年人提供多种形式的养老服务。

3. 建立低龄健康老年人公益服务"时间储蓄"制度。本着自愿和量力而行的原则,组织低龄健康老年人开展各种公益服务,对其服务时间和内容予以记录,采取时间或劳务储蓄的方式,作为以后转换相应时间为自己免费居家养老服务。鼓励老年人采取自愿结合的方式,开展家庭式互助养老,或以社区养老服务设施为依托的社区式居民互助养老。

(四)规范健全居家养老服务管理机制。

1. 着力培育社会养老服务组织。积极支持社会养老服务、餐饮服务、家政服务、物业管理、教育文化等机构通过签订协议的形式参与承办专业化的社区居家养老服务项目,扶持发展连片辐射、连锁经营、统一管理的服务模式。对新设立的以居家养老服务为主要内容的社会服务机构,降低准入门槛,简化登记程序,实行备案制度,创造宽松发展环境,推动居家养老服务的发展。

2. 建立健全政府购买居家养老服务制度。按照"区分对象、突出重点、适度普惠"的原则,认真贯彻落实榕政综〔2008〕234 号文件关于政府购买服务的政策,政府购买服务补贴统一采用居家养老服务券的形式支付,并逐步扩大服务券使用范围。适当提高政府购买服务补贴标准,将无偿服务提高到每人每月 400 元,低偿服务提高到每人每月 200 元。适当提高企业退休人员社会化管理活动经费,人均标准提高到每年 40 元。

3. 规范居家养老服务管理。建立健全居家养老服务中心(站)监管、考评、奖励机制。推进居家养老服务标准化、规范化建设,加快制定各类标准,规范服务、收费等行为,引导老年人与服务机构通过签订协议、合同,明确管理机构、服务机构和服务对象的权利、义务、责任,确保服务质量和安全。

三、推进居家养老服务工作的保障措施

(一)科学制定规划,持续有序推进。各级政府要将居家养老服务体系建设纳入当地经济社会发展、服务业发展和社区(村)建设的总体规划,进一步明确居家养老服务的目标任务,科学制定每个年度推进的工作计划,不断完善推进发展本地居家养老服务的措施,做到统筹安排,有序推进,持续发展。

(二)完善政策机制,加大扶持力度。各级要充分发挥政府投入的主导作用,加大政策扶持和引导,带动社会力量的投入和有效参与,逐步形成居家养老服务投入增长的长效机制。"十二五"期间,市、区两级财政每年继续按 1:1 配比落实安排居家养老服务专项资金,用于社区居家养老服务中心(站)建设一次性补助和运营补助、政府购买服务补贴等。同时,各县(市)区政府要根据实际任务,安排相应的居家养老服务工作经费。认真贯彻落实国家、省、市有关扶持养老服务业优惠政策,对社区居家养老服务中心(站)在用地、用水、用电、用气、数字电视开通以及税费等方面按居民使用价格政策执行或给予优惠。就业困难人员从事居家养老服务工作,按照省政府《关于进一步做好促进就业工作的通知》(闽政〔2008〕18 号)规定,享受社会保险补贴、职业技能培训补贴等就业扶持政策。就业困难人员自谋职业,自主创办居家养老服务经济实体,可享受小额担保贷款贴息优惠政策。开展居家养老服务工作还要与已出台的有关社区建设、社会保障、公共服务、医疗保健等政策措施的衔接,让老年人受益。

(三)建立工作机制,加强统筹协调。在区、街道(乡镇)和社区(村)建立居家养老服务中心站(点),受政府委托负责本辖区内居家养老服务的实施与管理,其主要职责是:建立老年人信息库,对享受政府购买服务的老年人资格进行评估;全面掌握并及时发布居家养老服务需求信息,引导为老服务机构和组织适时调整服务内容;对居家养老服务人员相关资格进行审查,接受服务对象的信息反馈,检查监督服务质量;指导居家养老服务中心站和服务站开展工作,定期对居家养老服务工作进行检查。市老龄、民政部门和各县(市)区政府要适时对开展居家养老服务工作情况进行评估,并针对存在的问题提出具体的改进措施。

(四)加大宣传力度,营造发展氛围。开展居家养老服务工作,有利于更好地发挥家庭养老主渠道作用,促进家庭和谐、代际和谐,巩固社会和谐基础;进一步弘扬中华民族尊老敬老的传统美德,尊重老年人情感和心理需求,提高老年人生命、生活质量。运用多种形式,积极宣传开展居家养老服务工作的重要意义,引导老年人树立养老服务消费观念。通过宣传教育,强化公民尊老养老助老的社会意识,推动社会自觉关心、重视、支持、参与居家养老服务工作,形成有利于居家养老服务发展的社会环境。

(五)加强组织领导,形成工作合力。居家养老服务是融社区服务和社会福利于一体的社会化服务工作,是惠及广大老年群众的重要民生工程,涉及面广,政策性强,各级各部门必须加强领导,统筹安排,相互配合,形成合力。各县(市)区政府应当根据实际,研究制定推进居家养老服务的政策措施。各级发展改革、教育、民政、财政、劳动保障、规划、国土、文化、卫生、体育、人口计生、税务等部门以及工青妇等群团组织要按照居家养老服务工作的职责和任务分工,落实工作目标责任,细化工作措施。各级民政、老龄部门要充分发挥牵头指导、协调服务作用,抓好基础调研,及时与有关部门沟通交流,通报情况,确保各项工作任务落到实处,推进社区居家养老服务持续健康有序发展,更好地服务和保障海西建设,实现福州科学发展的新跨越。

福州市人民政府关于印发加快创意产业发展扶持政策实施意见的通知

榕政综〔2011〕147 号
(2011 年 10 月 26 日)

各县(市)区人民政府,市直各委、办、局(公司):

《关于加快创意产业发展扶持政策的实施意见》已经市政府第 31 次常务会议研究同意,现印发给你们,请结合各自实际,认真贯彻执行。

关于加快创意产业发展扶持政策的实施意见

为加快福州市创意产业发展,促进产业结构优化升级,现就加快我市创意产业发展提出如下实施意见:

一、加快创意产业发展的总体要求和主要目标

(一)总体要求

以科学发展观为指导,按照加快转变经济发展方式,实现科学、跨越发展的新要求,充分发挥我市资源禀赋和比较优势,坚持市场化、产业化、社会化发展方向,加快创意产业发展,努力提高创意产业发展水平及其在经济社会发展中的地位和作用,增强省会中心城市综合实力和竞争力。

(二)主要目标

加强对创意产业的培育、规范、引导和扶持,基本形成产业特色鲜明、布局合理、品位高尚、创新能力强、知名品牌多的创意产业发展格局,把创意产业培育成福州市国民经济发展的新兴支柱产业,创意产业整体水平和竞争力跨入全国先进城市行列。

1. 产业规模。形成一批具有较大影响力的创意产业集聚区和中介机构,培育一批具有较强竞争力和影响力的创意产业龙头企业,创意产业重点领域保持持续增长,就业容量明显增加,市场竞争力显著增强,实现创意产业增加值保持年均两位数增长速度,力争高于 GDP 增速。

2. 产业布局。发挥省会中心城市优势,在中心城区和重点县(市)大力发展创意产业。综合利用自然人文景观、文化遗址等资源,结合我市产业结构调整,在符合条件的专业产业园区或服务业集聚区内建立创意产业基地,充分发挥区域特色产业集聚效应,吸引各种创意产业相关企业集聚,引进一批国内外创意设计大师来榕设立工作室,形成重点突出、特色明显、带动力强的创意产业空间布局。

3. 产业水平。建设发展若干个在全国有影响的创意产业基地,形成一批具有福州特色、在国内外有影响力的创意品牌;培育一批在国内有影响力的知名设计师和创意大师;具备举办国内外创意产业大型活动的能力,争取获得举办创意产业大型展会的机会,以展示福州城市综合实力;推进榕台创意企业的合作与交流。

二、创意产业发展的重点领域

根据《福建省人民政府关于印发加快我省创意产业发展指导意见的通知》(闽政〔2007〕17 号)和《福建省人民政府办公厅关于印发进一步加快我省创意产业发展实施意见的通知》(闽政办〔2010〕302 号)等文件精神,结合福州实际和比较优势,我市近中期(2011 ~ 2015 年)重点发展下列创意产业领域:

1. 创意设计。重点发展工业设计、工艺美术品研发设计、建筑设计等领域。

——工业设计。围绕福州电子信息、机械制造、纺织服装、轻工等重点行业,加强产品的外观、模具和功能设计,形成较强的工业产品外观造型和功能设计能力,力求在造型、色彩、材质、功能搭配和装饰物等的选择上突出时尚化特征,提升产品的内涵和附加值。积极构建若干个服务全市和海峡西岸经济区的工业设计公共服务平台,使福州成为海峡西岸经济区乃至国内具有一定知名度和影响力的工业设计中心。(由市经委牵头,市有关部门配合)

——工艺美术研发设计。主要发展以美术技巧制成的各种与实用相结合并具有欣赏价值的造型艺术业,推动具有浓郁福州特色、在国内外享有盛誉、富有创意内涵的寿山石雕、脱胎漆器、漆艺产品、软木画、木根雕、铁艺等工艺美术品行业的发展。(由市经委牵头,市城镇集体工业联合社等有关部门配合)

——建筑设计。重点发展与建筑、环境等有关的设计活动,包括建筑装饰、装饰设计、室内设计、环境设计、园林景观设计、城市规划设计等行业。(由市建委牵头,市有关部门配合)

2. 数字服务创意。重点发展动画动漫及网络游戏、软件设计等领域。

——动漫业。以加快福州国家动画产业基地、长乐海西动漫之都建设为契机,重点发展动画、动漫原创制作、网络游戏生产、衍生产品开发。加快发展一批有发展潜力和发展优势的动漫企业,实现动漫网游产业规模化发展。(由市经委牵头,市有关部门配合)

——软件业。依托福州软件园等重点创意产业园区,加快开发移动通信增值软件和信息化软件集成系统等应用软件。大力开发应用于汽车电子、智能化仪器仪表、数字医疗设备等产品的嵌入式、实时操作软件。开发游戏软件、财务软件、企业管理软件、财税管理软件、网络管理软件等各种应用软件。(由市经委牵头,有关部门配合)

3. 文化创意。重点发展文化休闲旅游业、广播影视制作、新闻出版、文化创作与表演、广告设计、会展服务、传统文化民俗艺术传承、创新和产业化等领域。(由市委宣传部总牵头)

——文化休闲旅游业。加快旅游景区和旅游基地建设,以城市人文资源和自然资源为依托,创新旅游项目,丰富旅游品种,拓展旅游线路,促成文化与旅游有机结合。(由市旅游局牵头,市有关部门配合)

——广播影视制作。努力通过内容创新、科技创新、延伸产业链、拓展服务领域等手段,推动广播、电影、电视及音像制作业快速发展,培育一批有品牌知名度和市场影响力的精品栏目以及名策划、名主持。重点发展以内容和技术更新为特征的广播影视业、新闻出版报业和互联网信息服务、广播电视传输

服务。重点加快网络媒体、数字电视、移动电视、手机电视等新型媒体发展。(由市广播电影电视局牵头,市有关部门配合)

——新闻出版。继续发挥福州作为省会中心城市在传统新闻出版业方面已经拥有的良好的社会效益和影响力,进一步整合资源,优化结构,重点培育有一定知名度和影响力的品牌报刊,拓展音像出版、电子出版、网络出版等新的出版业态。(由市文化新闻出版局牵头,市有关部门配合)

——文化创作与表演。根据市场和目标人群细分,重点发展适应海峡西岸省会中心城市需要的文化作品和演艺产业,扶持发展具有福州特色的闽剧等演艺产业,加快演艺产业市场化、品牌化和规模化进程。(由市文化新闻出版局牵头,市有关部门配合)

——广告设计。大力发展广告策划、广告设计、广告创意咨询,重点培育一批拥有自主品牌和技术先进、主业突出、特色明显、核心竞争力强的广告创意龙头企业。拓展移动电视广告、手机短信广告、网络游戏广告等新业务。(由市工商局牵头,市有关部门配合)

——会展业。依托海西产业优势,大力整合会展资源,创办、培育一批重大的创意会展,形成以海峡国际会展中心为依托的海峡创意产业会展基地。(由市商贸服务业局牵头,市贸促会等有关部门配合)

——传统文化民俗艺术传承、创新和产业化。推动闽剧、评话、伬艺、十番音乐等一批具有地方特色的传统文艺的继承与创新,不断推出精品,推出人才。(由市文化新闻出版局牵头,市有关部门配合)

4. 时尚设计及咨询服务创意。重点发展时尚设计、管理及咨询服务等领域。

——时尚设计创意。重点发展在引导消费、丰富生活中体现创造性及其价值的创意设计活动,包括休闲、时尚、美容、美食、婚庆、节庆、摄影等行业的设计策划。(由市商贸服务业局牵头,市有关部门配合)

——咨询策划创意。重点发展为企业或个人提供各类商业、投资、教育、生活消费及其他咨询、策划服务的创意活动,包括市场调查、会展咨询等重点行业。(由市商贸服务业局牵头,市有关部门配合)

三、扶持创意产业发展的政策措施

(一)加大财税政策扶持力度

1. 新成立的创意企业。在我市新注册成立、符合本意见重点发展领域、具有独立法人资格的创意企业,自注册成立之日起3年,对企业按当年在我市缴纳的企业所得税地方留成部分的50%给予奖励。

2. 新引进的大中型创意企业或企业集团。鼓励福州以外知名度较高、影响力较强的大中型创意企业在福州设立地区总部。对新引进我市的注册资本100万元人民币以上、具有独立法人资格、从事创意产品生产和创意服务的创意企业或企业集团:

(1)创意设计类企业,其中工业设计类企业年销售收入100万元以上,其他创意设计类企业年销售收入500万元以上;

(2)动画创意类企业年销售收入1000万元以上,其他数字服务创意类企业年销售收入1亿元以上;

(3)文化创意类企业年销售收入500万元以上;

(4)时尚设计及咨询服务类企业年销售收入500万元以上。

自符合条件的年度起3年内,按其符合条件的年度在我市缴纳营业税、企业所得税的地方留成部分给予50%奖励。

3. 重点创意企业。组织开展市级创意产业重点企业评定工作,根据企业资产规模、产值、利润、从业人员、品牌影响等指标,兼顾企业成长性、带动性等情况,每两年组织一次评选市级创意产业重点企业。凡被认定为市级创意产业重点企业的,被认定当年,以该企业上一年度实际缴纳的营业税和企业所得税税额为基数,新增的地方留成部分给予100%奖励。

4. 企业研发投入。从事创意产业的企业发生的符合规定的开发新技术、新产品、新工艺发生的研究开发费用,未形成无形资产计入当期损益的,在按照规定据实扣除的基础上,按照研究开发费用的50%加计扣除;形成无形资产的,按照无形资产成本的150%摊销。

企业发生的职工教育经费支出,不超过工资薪金总额2.5%的部分,准予在企业所得税前扣除;超过部分,准予在以后纳税年度结转扣除。

固定资产按规定实行加速折旧办法;创意企业获得高新技术企业资格的,减按15%的税率征收企业所得税。

5. 从事创意产业的企业所得税纳税人。从事创意产业的企业所得税纳税人在一个纳税年度内取得的符合条件的技术转让所得,不超过500万元的部分,免征企业所得税;超过500万元的部分,减半征收企业所得税。

6. 相关财政优惠政策不得重复享受。企业同一年度如遇同时符合国家、省和我市的几项财税优惠政策的情况,应先享受法定税收优惠,与本意见规定计算的奖励额相比不足部分再由财政奖励。企业违反规定被财税审计等机关查补的税款不得享受本意见规定的财政奖励。

7. 税收奖励申请的受理、审批和拨付

税收收入属市本级的企业,其税收奖励申请先报行业主管部门审核,再报市财政局受理、审批并办理拨款。

税收收入属市区共享的企业,其税收奖励申请先报行业主管部门审核,再报企业税收共享区财政局受理,奖励金额在150万元以下的,由区财政部门审批并办理拨款;奖励金额在150万元以上的,由区财政局初审并上报市财政局审批后,由区财政局负责办理拨款。

市区共享税收企业的奖励金,按现行财政体制市区共享比例,由市、区共同负担,应由市级财政承担的部分,由市财政年终通过上下级体制结算,专项补助区级财政。

税收收入属马尾区和七县(市)的企业,其税收奖励申请由所在县(市)财政局受理、审批并办理拨款。

税收奖励实行跨年办理。企业可于享受奖励政策年度的次年7月底前向市、区财政部门申请奖励,逾期不予受理。

8. 企业申请税收奖励应提供以下材料:

(1)税收奖励申请报告;

(2)市级以上各相关行业主管牵头部门的资格确认或市政府有关创意产业基地、产业聚集区、重点创意企业的认定文件,营业执照、工商登记证、税务登记证复印件;

(3)已缴税款相关凭证或税务部门开具的纳税证明原件及复印件(经核对无误后,原件退回企业);

(4)其他需要提供的资料。

(二)鼓励创意企业拓宽融资渠道

健全完善政府支持引导,全社会参与的多元投融资机制,鼓励社会资本加大对创意产业的投资,鼓励风险投资机构对创意产业开展业务。

1. 贷款贴息。在我市注册的具有独立法人资格的创意企业,对已形成一定规模,能起到产业带动效应的投资额在 500 万元以上的重点创意产业项目,按同期银行贷款基准利率计算,2 年内给予 100% 项目贷款贴息支持(每年贴息额以企业所交税收地方留成部分为上限,最高不超过 100 万元)。

2. 贷款贴息申请的受理、审批和拨付。

贴息的贷款需为本意见正式颁布之日以后的贷款,贴息的金额为贷款之日起 2 年的利息,利息补贴可逐年申请或者 2 年一并申请。

重点创意产业项目由项目所属行业主管部门为贷款贴息的受理单位,负责项目、企业的初审,并按要求编制相关预算,经市财政局审核后,按相关程序报批后拨付。

3. 企业申请贷款贴息需提供的材料:

(1)贷款贴息申请报告;

(2)重点创意产业项目由项目单位提供重点创意产业项目的相关证明材料以及项目单位的营业执照、工商登记证、税务登记证复印件;

(3)企业与承贷金融机构签定的项目贷款合同、借款凭证、实际支付的贷款利息结算清单。

4. 风险补偿。对担保公司为创意企业提供融资担保的,时尚设计及咨询服务类企业按年度担保平均余额 5‰,创意设计类企业按年度担保平均余额 8‰,数字服务创意、文化创意和高新技术创意企业按年度担保平均余额 16‰给予风险补偿。

5. 风险补偿申请的受理、审批和拨付。

风险补偿需为本意见正式颁布之日以后的融资担保。

风险补偿由担保公司提出申请,接受融资担保的创意企业行业主管部门为受理单位,负责初审,并按要求编制相关预算,市财政局审核后,按相关程序报批后拨付。

6. 风险补偿申请贷款贴息需提供的材料:

(1)风险补偿申请报告;

(2)融资担保合同;

(3)担保公司和创意企业的营业执照、工商登记证、税务登记证复印件。

(三)加大产业园区(基地)、品牌、人才等奖励政策扶持力度

1. 重点扶持市级创意产业园区(基地)。每 2 年评选认定一批市级重点创意产业园区(基地),由市政府授牌,并给予 10 万元资金奖励。认定办法和评定工作由市发改委牵头制定和组织,报市政府审定。

市级创意产业园区(基地)被评为国家、省级创意产业园区(基地),给予一次性 50 万元、20 万元奖励,同一年同一项目分获不同认定的,依照从高不重复的原则予以奖励。

市级重点创意产业基地(园区)的开发业主对外招商转让或出租房屋的,应依法办理相关手续。前 2 年出租或转让房产收入产生的营业税、契税或印花税,可按 30% 奖励开发业主,用于创意产业基地(园区)基础设施的维护和入驻基地(园区)企业的租金补贴。

重点创意产业园区(基地)实施动态管理,在运行中出现不符合条件的园区(基地)将予以调整。

2. 积极鼓励创意企业创品牌。获国家驰名、省著名商标品牌的创意企业给予 100 万元、5 万元的奖励;获国家级、省部级奖励的创意原创作品,一次性分别奖励 20 万元、10 万元,获国家重大奖项或国际级奖励的给予 2 倍奖励,获多级奖励的从高但不重复奖励;对国家级、省级出版发行单位出版发行原创数字媒体作品的,按其年度发行销售收入的 5% 给予奖励,最高不超过 100 万元;对经国家出版总署和文化部批准,正式上线运营的原创创意产品,每款奖励 5 万元;获国家出版总署和文化部认定并推广的益智类创意产品,每款奖励 10 万元。

3. 实施创意人才奖励机制。设立市创意人才奖金,每 2 年开展一次创意大师、创意新人评选活动,每次评定 10 名福州市创意大师,每人奖励 10 万元;10 名创意新人,每人奖励 5 万元。

4. 鼓励设立技术中心。创意企业或高校设立技术中心,凡被认定为国家级、省级、市级技术中心,一次性分别奖励 100 万元、30 万元、10 万元。创意企业的研发项目获得国家、省创意产业扶持计划并得到资金支持者,给予 25% 的地方配套资金,所需资金由各级财政按财政体制承担。

5. 基地、企业获国家、省级有关认定后,基地向市发改委,企业向行业主管部门提出奖励申请,初审后,报市财政局审核后办理。在申请奖励时,应提供国家、省相关评定证书或文件原件及复印件(经核对无误后,原件退回企业)。

(四)落实兑现我市已出台的扶持创意产业发展优惠政策

1. 鼓励盘活存量房地产资源。凡利用金山工业区、福兴工业区、福州软件园等现有产业园区和工业区存量资源以及城市中心的老厂房、旧仓库、传统文化街区等存量房产资源和可利用的历史建筑进行保护性改造和开发,兴办创意产业,建立创意产业大楼和集聚区,不涉及重新开发建设,且符合国家规定、城市功能布局优化及有利于产业升级的,经有关行业主管部门和市规划局、市国土资源局确认,市财政局批准,暂不征收原产权单位土地年租金。原产权单位该部分土地系以划拨方式取得的,土地使用权性质可保持不变。

2. 把创意产品和服务纳入地方政府采购范围。凡纳入本市预算管理的机关、事业单位和社会团体,在采购创意产品和服务时,在同等条件下应优先采购本市创意产业企业的产品和服务。

3. 鼓励创意企业积极拓展境内外市场。创意企业参加政府主管部门主办的国际性或全国性博览会,提前申请并经同意

的,给予每个国际标准展位展位费50%、最高不超过1万元的补贴。鼓励创意企业积极参加在本市举办由主管部门审批通过的创意展会,并给予展位费50%的补贴。

4. 建立创意设计企业孵化基地。在部分创意产业园区(基地)建设若干"创意设计企业孵化基地",对入驻孵化基地的企业自入驻之日起,其租赁面积在100平方米以内的房租,第一年全免,第二年减免75%,第三年减半收取,第四年起全额收取。

5. 鼓励现有工业设计企业做大做强。鉴于福州现有工业设计企业规模小、数量少、实力较弱的情况,为促进现有工业设计企业的发展,同意现有工业设计企业参照本意见中新成立的创意企业所享受财税扶持政策。

(五)强化组织保障

1. 加强组织领导。各级各有关部门要加强对创意产业发展的组织领导,把促进创意产业发展工作纳入重要议事日程,建立健全工作机制,加大政策贯彻落实力度,确保国家、省、市政府出台的支持创意产业发展的各项政策措施落实到实处。成立市创意产业发展办公室,办公室挂靠市发改委,具体负责协调推进我市创意产业发展工作,进一步健全联席会议制度,各成员单位、相关部门要加强沟通,各司其责,密切配合,齐抓共管,共同推进创意产业的繁荣发展。

2. 明确部门职责。建立市创意产业联席会议(以下简称联席会议)制度,联席会议由市发改委、市委宣传部、市建委、市经委、市台办、市财政局、市商贸服务业局、市工商局、市文化新闻出版局、市广播电影电视局、市旅游局、市教育局、市人力资源和社会保障局、市科技局、市外经贸局、市统计局、市国税局、市地税局、市贸促会、市城镇集体工业联合社等部门组成,市创意产业发展办公室为牵头单位,不定期召集召开联席会议。联席会议重点研究拟定扶持我市创意产业发展的规划、重大政策措施和实施办法;组织创意产业园区(基地)、重点企业、人才的评选认定推荐工作;协调推进创意产业发展中需提请市政府解决的重大问题。

市发改委负责研究拟订市创意产业发展战略、规划和重大政策,协调推动创意产业规划实施和项目建设;市经委负责牵头推进工业设计、工艺美术品研发、软件业、动漫业等领域重点创意企业发展;市建委负责牵头推进建筑设计领域发展;市委宣传部负责总体协调推进文化创意领域发展,市文化新闻出版局、市广播电影电视局、市工商局牵头推进广播影视、新闻出版、文化创作与表演、广告设计、传统文化民俗艺术传承、创新与产业化等领域发展;市旅游局牵头推进文化休闲旅游业发展;市商贸服务业局负责牵头推进会展业、时尚设计及咨询服务创意发展;市财政局设立创意产业发展专项资金,采取项目补助、贴息、奖励等方式重点扶持创意产业发展;市国税局、市地税局负责落实国家、省有关扶持创意产业发展的税收优惠政策。各部门按职责分工加强对创意产业的行业管理和企业服务工作,畅通企业和政府之间的沟通渠道,努力争取上级有关部门对我市创意产业发展的支持,保障和促进创意产业健康有序发展。

3. 注重规划引导。各级各有关部门要按照《福州市"十二五"文化创意产业发展规划》的目标任务,抓好创意产业和企业的组织实施工作;要组织编制《福州市创意产业储备项目目录》和《创意产业基地认定办法》,明确重点鼓励发展的创意产业项目和创意产业基地;要围绕全市创意产业发展目标编制重点领域专项规划,明确发展目标、重点任务、重大项目和保障措施。

4. 构建创意产业公共服务平台。各牵头负责部门要引导、协助成立创意产业行业协会,成为政府和企业之间的桥梁纽带,传达政府政策意图,反映企业愿望和要求,维护企业合法权益,规范行业行为,并充分发挥行业协会在引导产业升级和拓展业务等方面的作用。依托创意产业行业协会,联合相关高校、企业,共同筹建相关行业的创意设计公共服务平台,开展基础性、通用性、前瞻性设计研究工作,推动设计相关软件等信息技术产品的研究开发和推广应用,建立实用、高效的设计基础数据库、资料信息库等,并提供多方位、跨学科的产品设计研发服务,重点加强创意设计技术研发,为创意设计企业发展提供技术支撑。

5. 建立创意人才支撑体系。重点支持闽江学院、福州职业技术学院等市属高校,设立创意产业相关学科专业,积极培育引进高素质的师资力量,培养创意产业高端人才。支持市属高校、中职学校、创意企业联合办学,建立若干创意产业人才培养基地或实训基地,培养企业急需的专门人才。

6. 建立统计指标体系。市统计局要会同有关部门在国家现行统计指标体系框架下,建立健全创意产业统计制度及统计指标体系,全面跟踪掌握创意产业发展的总体规模、经济效益等基础数据,及时准确地跟踪、监测和分析研究我市创意产业发展状况。

福州市人民政府关于延长市区工业企业和物流企业城镇土地使用税优惠政策的通知

榕政综〔2011〕152号

(2011年11月2日)

各县(市)区人民政府,市直各委、办、局(公司):

为进一步促进我市工业企业和物流企业加快发展,经研究,决定对《福州市人民政府关于延长工业企业土地使用税优惠政策的通知》(榕政综〔2010〕53号)文中有关市区工业企业和物流企业城镇土地使用优惠政策再予以延期一年,即:市城区工业、物流企业2011年度土地使用税的征收,按《福州市人民政府关于调整城镇土地使用税土地纳税等级及税额标准的通知》(榕政综〔2008〕26号)文件规定属于四级(含四级)以上土地的,按每平方米税额8元征收,然后由所属区财政按年度每平方米2元给予补贴。

从2012年1月1日起,对福州市城区工业、物流企业城镇土地使用税征收,恢复按榕政综〔2008〕26号文件规定执行。

特此通知

福州市人民政府关于扶持和促进中医药事业发展的实施意见

榕政综〔2011〕171号
(2011年11月23日)

各县(市)区人民政府,市直各委、办、局(公司):

为贯彻落实党的十七大提出“扶持中医药和民族医药事业发展”的要求,坚持中西医并重的卫生工作方针,充分发挥中医药的优势和作用,根据《国务院关于扶持和促进中医药事业发展的若干意见》(国发〔2009〕22号)、《国务院关于支持福建省加快建设海峡西岸经济区的若干意见》和《福建省人民政府关于扶持和促进中医药事业发展的实施意见》(闽政〔2010〕13号)精神,结合我市实际,提出如下实施意见:

一、指导思想、基本原则和主要目标

(一)指导思想。坚持以邓小平理论和“三个代表”重要思想为指导,深入贯彻落实科学发展观,围绕福州公共卫生体系建设的总体目标,立足福州市中医药事业发展实际,遵循中医药自身发展规律,保持和发扬中医药特色优势,推动继承与创新,大力扶持和促进我市中医药事业发展,不断满足人民群众的中医药服务需求,为人民健康服务,为海峡西岸经济区建设服务。

(二)基本原则。坚持中西医并重,把中医药与西医药摆在同等重要的位置;坚持继承与创新的辩证统一,既要保持特色优势又要积极利用现代科技;坚持中医与西医相互取长补短、发挥各自优势,促进中西医结合;坚持统筹兼顾,推进中医药医疗、保健、科研、教育、产业、文化全面发展;坚持发挥政府扶持作用,动员各方面的力量共同促进中医药事业发展。

(三)主要目标。根据我市的经济社会发展和医疗卫生服务的需求,进一步深化医药卫生体制改革,进一步健全中医药医疗服务体系、科研创新体系和人才教育培养体系。力争至2015年,在全市建立起城乡统筹、发展均衡、功能完善、特色鲜明、与群众需求相适应的中医药服务体系,中医药服务能力和可及性明显提高,对外影响力和辐射力明显增强;中医药事业发展的基础条件较大改善,人才队伍结构进一步优化,中医药学术水平和防病治病能力明显提高,科研创新能力进一步增强;传统医学文化得到充分保护,中医药文化进一步弘扬,努力使我市中医药整体实力继续位居全省前列。

二、扶持和促进中医药事业发展的主要措施

(一)加快完善中医药服务体系。

1. 优化中医药机构布局。各县(市)区政府要将中医药服务机构建设纳入区域卫生发展总体规划,切实加强对中医医疗机构的政策引导和扶持,合理配置中医药服务资源,要坚持政府主导和公益性原则,继续抓好政府主办的各级中医医疗机构规划设置,每个县(市)都要办好一所承担本区域中医基本医疗任务、代表区域中医医疗水平的中医医疗机构,对现有中医医院不得撤销合并、不改变性质。政府举办的增挂社区卫生服务机构的区级中医院,要保留中医院的牌子和基本功能设置,充分发挥中医药的特色优势,有条件的要争创等级中医院。没有设置中医院的县区要在新一轮医疗资源规划调整中,重新设置和布局。

鼓励支持社会力量举办中医医疗机构,积极促进非公立中医医疗机构发展。制定优惠措施,鼓励企事业单位、社会团体和个人捐资支持中医药事业。鼓励有资质的中医专业技术人员特别是名老中医开办中医诊所或个体行医,允许符合条件的药品零售企业举办中医坐堂医诊所。非公立中医医疗机构在医保定点、科研立项、职称评定和继续教育等方面,与公立中医医疗机构享受同等待遇。建立和完善监督与制约机制,依法强化对中医药医疗机构执业行为的监管,维护良好的市场秩序,为人民群众提供满意的中医药服务。

到2015年,逐步建立以福州市中医院、福州中西医结合医院为龙头,以各县(市)区中医医院和中医专科医院为骨干,综合医院中医科室和基层医疗卫生机构中医科室为重要力量,以中医诊所、门诊部、中医“坐堂医”诊所等为补充,融合医疗、康复、预防、保健为一体,覆盖城乡、布局合理、功能完善的中医药医疗卫生服务体系。

2. 加快中医医院基础设施和内涵建设。各县(市)区政府要加大对辖区中医医院业务用房和设备配置的投入,完善基础设施,配齐基本设备,提高综合诊疗能力和水平。到2015年,全市市、县两级中医医院的规模、服务功能应达到住房和城乡建设部、发展和改革委员会批准发布的《中医医院建设标准》的要求,医院设备、人员编制、实用人才配置要与其规模、等级、功能相适应;福州中西医结合医院综合实力争取进入全国中西医结合医院先进行列;福州市中医院力争达到三级甲等中医医院水平,核定床位数≥500张;福清、长乐、闽侯、连江、罗源、永泰县中医医院达到二级甲等或以上中医医院标准,核定床位数≥100张;闽清县中医院达到二级乙等或以上中医医院标准,核定床位数≥60张。

3. 加强综合医院中医科建设。市、县两级综合医院应按照卫生部和国家中医药管理局关于综合医院中医科建设标准,设立中医科、中药房,并设置一定比例的中医病床。引导各级综合医院重视中医药和中西医结合工作,根据中医药发展规律和自身特点,充分利用人才、设备优势,努力为从事中医药和中西医结合工作的人员提供良好条件。积极开展国家和省级综合医院中医药工作先进单位和示范中医科创建工作。

4. 健全和完善基层中医药服务网络和功能。大力加强城市社区卫生服务中心和乡镇卫生院的中医科、中药房建设,推进乡镇卫生院示范中医科、强化中药房建设项目,力争至2015年,实现城市社区卫生服务中心和甲类、乙类乡镇卫生院都设置中医科和中药房,配备一定比例的中医药专业技术人员、基本中医诊疗器具和必备中药;每个城市社区卫生服务站要有1名能够提供中医药服务的执业医师,每个村卫生室要有1名以中医为主或能运用中西医两法开展诊疗服务的乡村医生。推进农村中医药工作先进单位和社区中医药先进单位创建工作,列入创建国家级、省级农村中医药工作先进单位的县(市)和社区中医药工作先进单位的区,市里给予相应的奖励经费。鼓励和支持公立医疗机构的中医执业医师通过增加执业注册地点的方式,到城市社区、农村医疗机构开展中医药医疗服务。扩大范围允许符合条件的药品零售企业举办中医坐堂医诊所。

(二)切实提高中医药服务能力。

1. 加强中医重点专科(专病)、特色专科建设。鼓励支持市、县级中医院积极创造条件,申报建设国家级、省级重点中医专科和农村医疗机构特色中医专科,市、县财政要落实项目配套资金并及时足额到位,医保部门应优先将符合条件的有传统中医特色专科(专病)的医院纳入定点医疗机构范围。力争至2015年,将福州中西医结合医院的中西医结合骨科建设成为全国一流的中西医结合骨科专科。全市中医医疗机构列入建设和达标的国家级和省级重点专科力争达到15个。每个县(市)区级中医院都有1~2个省级重点中医专科,农村医疗机构特色中医专科数量有较大幅度增加。培育一批特色突出、优势明显、疗效显著的中医名科,在全市形成中医药专科品牌优势。

2. 增强中医医疗机构的竞争力。全市中医医院要坚持以中医、中西医结合为主的办院方向,继承并发挥中医药优势,充分运用现代科学理论和技术,加强中医、中西医结合临床研究,提高诊疗水平与中医药防治效果,更好地适应经济社会发展需要。各地卫生行政部门要把中医医疗机构纳入当地公共卫生突发事件的救治体系和医疗紧急救援网络,加强中医医院急诊科建设,增强应急救治能力。深化中医医疗机构内部运行机制改革。加强中医医院医疗服务与绩效管理,引入竞争机制,深化人事制度、分配制度和后勤服务社会化改革,加强经济管理,推行成本核算,合理控制中医医疗机构经济运行成本。

3. 发展中医预防保健康复服务。充分发挥中医预防保健特色优势,在疾病预防与控制中积极运用中医药方法和技术。推动中医医院和基层医疗卫生机构开展中医预防保健服务,城市社区卫生服务中心、乡镇卫生院等基层医疗机构积极开展中医药预防保健服务,开展中医体质辨识服务和健康指导,运用中医药知识和方法,开展慢性病患者健康管理服务,逐步健全城乡中医药预防保健服务体系。抓好福州市中医院和仓山区中医院开展中医"治未病"试点工作,逐步扩大试点范围,3年内普及到全市各中医医院。鼓励社会力量投资兴办中医预防保健服务机构,依法规范管理,满足人民群众不同层次的中医药养生保健康复服务需求。

(三)积极培植、发展中药产业。

1. 促进中药资源的可持续利用。开展全市中药材资源普查,建立中药材数据库以及道地药材、大宗药材、珍稀野生中药材种质资源库、基因库。加强药用野生动植物资源保护,建立闽产道地药材原产地保护区。加强道地药材、大宗药材、珍稀野生中药材良种繁育、审(认)定及配套技术研究,建立中药材良种繁育体系和良种培育基地。结合农业、林业产业结构调整,加快建设一批中药材规范化种植生产基地。引导有实力的企业投资中药材规范化种植,鼓励中药企业发展中药材规范化种植基地。支持中药材生产企业参加规范化种植认证。

2. 加大中药新药创新研发支持力度。引导风险投资基金支持中药新品种创新研究和我市的名优大品种中成药二次开发,在短期内打造一批大品种名优中成药。继续开展民间中医药(含青草药)验方收集整理汇总工作,加强畲医畲药等民族医药研发,开展中医名方、验方筛选评价研究与普及应用,开发新一代中药制剂产品。

3. 培育大型中药企业和产业集群。选择有条件的中药企业进行重点扶持,争取加快进入资本市场,培植和壮大一批本土龙头中药生产企业。力争用3~5年时间培育出自主创新能力强、知名度高、年销售上亿元的大型中药企业。重点支持若干个集道地中药材规范化种植、现代中药研发、生产、商贸、信息交流等为一体的中药现代化科技产业基地,培育若干个产值上亿元的现代中药产业集群。加大对中药行业驰名商标、著名商标的扶持与保护力度。优化中药产品内销、出口结构,提高中药名优产品附加值,扶持中药企业开拓国内国际市场。

4. 支持中药制剂的研发和使用。鼓励将名老中医验方开发为使用方便的医疗机构中药制剂。验方在二级以上(含二级)医疗机构药事委员会的备案记录、调剂记录和临床病历,均可以作为使用历史的证明资料,依法简化中药制剂申报程序,加快审批进度。支持医疗机构中药制剂进社区、进农村,让更多患者受益。经药品监督管理部门批准,医疗机构的中药制剂可以在技术协作、对口支援的医疗机构和社区卫生服务中心(站)共同使用。扶持医疗机构中药制剂的配制生产。支持二级以上(含二级)中医医疗机构共建制剂室,鼓励医疗机构委托GMP达标的药品生产企业和GPP达标的医疗机构制剂室加工配制医疗机构中药制剂。

5. 加强中药管理。食品药品监督管理部门在职责范围内,积极协助各相关企业开展中药品种注册工作,充分体现中药特点,着力提高中药新药的质量和临床疗效。加强中药材、中药饮片流通监管。加强对医疗机构使用中药饮片和配制中药制剂的管理。

(四)大力推进中医药继承、创新与传播。

1. 加快中医药科技进步与创新。鼓励中医药技术人员开展临床科研工作。加大科研投入和扶持力度,科技部门每年在中医药科研立项和经费上予以倾斜,加强中医药临床基础与应用研究,重点加强骨伤、妇科、肛肠、肿瘤、糖尿病等在我市具有优势的常见病、多发病的中医药防治和中医"治未病"预防保健的研究。至2015年,争取1~2个中医重点专科成为省级临床研究基地,2~3项科研项目力争获得省级和省级以上成果奖。科技主管部门扶持开展福州道地药材良种培育,发展福州市中药材种植规范化生产基地,密切产学研合作,加强中药研发的扶持力度,进一步壮大中医药产业实力。遵循中医药发展规律,在中医药科研立项、成果奖励等方面实行同行评议。

2. 做好中医药继承工作。设立福州市名老中医药专家工作室,设立专项基金系统,研究与传承福州市名老中医药专家的学术思想、临证经验和技术专长;挖掘、整理民间中医药单、验方和诊疗技术。知识产权主管部门要重视中医药知识的产权保护,在挖掘、整理民间中医单、验方和诊疗技术过程中注意做好商业秘密保护,对一些具有显著优势或特点的中药材,积极组织申报地理标志产品，推进其制作技艺列入国家等各级非物质文化遗产名录；结合应用专利和商业秘密等保护方式，在中草药药剂的研发使用过程中及时将新技术、新工艺、新功能、新处方、新用途申请专利；在引进外资开发中医药过程中注意防止传统知识流失。加快民族医药发展，予以一定的经费支持，对福州市畲医畲药进行抢救性调研挖掘。

3. 加强中医药文化传播和普及。做好福州中医药文物、古迹的保护利用以及中医药非物质文化遗产保护传承工作；弘扬董奉、陈修园中医药文化，支持建立福州市中医院青草药种植应用与教学科研基地，着力打造福州中医药文化品牌。中医机构建设要在环境、建筑、服务和管理等方面体现中医药文化特征。要在全社会大力开展中医药知识宣传普及，加强舆论引导，营造全社会尊重、保护中医药传统知识和关心、支持中医药事业发展的良好氛围。

4. 促进中医药交流与合作。发挥民间、政府多渠道作用，开展多层次、全方位的国际交流与合作。以海西建设为契机，以海峡论坛为平台，建立福州与台湾中医药专家学者学术交流互动机制；创办海峡两岸国医论坛，加强与台湾各类中医药学术团体和产业团体的交流与合作。积极拓展中医药对外合作领域，吸引境外资金投资中医药事业，支持有条件的单位、个人到境外开展中医药业务工作。

（五）全面加强中医药人才队伍建设。

1. 加强中医药学科领军人才的引进和培养。要采用多种方式，重点引进急需人才和学科带头人。制定实施中医药学科带头人和技术骨干培养计划，发挥激励机制的导向作用，鼓励优秀中医药技术骨干脱颖而出，造就新一代中医药领军人物。开展福州市国医名师评选工作，探索建立基层优秀中医药工作者的评选机制。以中医临床能力培养和评价为重点，完善中医师承制度；对已确定为国家级、省级的中医药专家师承导师和优秀中医临床研修人才的科研经费，市级财政按国家、省专项经费1:1给予配套资金支持。

2. 完善中医药(中西医结合)从业人员的继续医学教育工作。采取多种形式和途径，巩固并提高不同学历层次、不同知识结构、不同职称的中医药人员的业务素质。鼓励西医学习中医，选派符合条件的西医医生报考省卫生厅组织的、由福建中医药大学承办的脱产带薪西学中班以及其他各类西学中继续教育。

3. 加强基层中医药实用型人才的培养。为了推进中医药人才队伍建设，卫生、人事、教育、财政、编制等部门要共同研究，制定专门方案，从福建中医药大学等中医院校吸收中医、中西医专业的优秀毕业生，充实到各级医疗机构中。

对2008年12月26日前已聘用且在乡镇卫生院中医药技术岗位工作满1年，全日制医、药学类大专及以上学历并具有相应执业资格的毕业生，可在编制范围内，直接采取考核的方式予以人编聘用，受聘人员在受聘单位服务期原则上不得少于5年。到乡卫生院工作的大中专及以上中医药专业毕业生，可提前转正定级，转正定级时薪级工资高定1级。凡在乡卫生院工作并获得士级及其以上专业技术职务的人员，薪级工资向上浮动一级，在8年内离开的取消这级工资，8年后离开的保留这级工资。

每年安排一定的培训经费，实施中医住院医师规范化培训，加速中医药队伍知识更新。以福州市中医院和福州中西医结合医院为依托，建立基层中医药人员培训基地，通过继续医学教育、业务培训和适宜技术推广等方式，加快培养基层中医药实用型人才，3年内全市乡村医生、社区全科医生和乡镇中医师轮训一遍，通过培训，中医药适宜技术在社区和乡镇卫生服务机构的推广覆盖率达到100%，每个乡镇卫生院和社区卫生服务中心至少有1名中医师掌握不少于10项中医药适宜技术，力争每个村卫生室和社区服务站至少有1名医师掌握不少于4项中医药适宜技术。

三、完善中医药事业发展的扶持保障政策

（一）加强对中医药工作的组织领导。各县(市)区政府要切实加强对中医药工作的领导，把扶持中医药事业发展作为关心群众、保障民生、促进社会和谐的大事，纳入重要议事日程，统筹协调并定期研究解决中医药事业发展中的问题，认真落实各项政策措施。各级机构编制部门要会同本级卫生、人事、财政部门，按照中医药事业发展的要求和省核定编制标准，科学合理核定辖区中医医疗机构的编制，加强中医药管理机构建设，及时配备中医药管理人员；同时，根据社区卫生服务中心和乡镇卫生院发展需要，按一定比例合理核定社区卫生服务中心和乡镇卫生院中医药人员编制，为基层群众提供简、便、验、廉的中医药服务。

（二）加大对中医药事业投入。各级政府要强化政府责任，按照公共财政体制要求，建立稳定的财政投入机制，确保对中医药事业的投入逐年增加。要落实对公立中医医院投入倾斜政策，根据医药卫生体制改革实施方案和省政府有关要求，制定实施有利于发挥中医药特色优势的具体补助办法，提高公立中医医院和综合医院中医科经费补助标准。完善相关财政补助政策，鼓励医疗卫生机构提供中医药适宜技术服务。有条件的县(市)区对政府举办的中医医疗机构实行中医特色服务年度绩效考核制度，并与财政补偿挂钩，考核合格的中医医疗机构人员基本工资、国家规定范围内津贴由财政全额拨款。市本级财政每年要安排一定的中医药发展专项经费，重点扶持中医药基础设施建设、基本的中医诊疗和急诊科抢救仪器设备的配置，中医院特色评价奖励、人才培养、学科(专科专病)建设、中医药继承、科研创新、农村和社区中医药体系建设、适宜技术推广、中医科普宣传等项目。各县(市)区每年要设立不低于50万元的中医药发展专项经费，并列入当年财政预算，扶持和促进中医药事业发展。

（三）完善鼓励中医药服务的医疗保障政策。医疗保障政策和基本药物政策要鼓励中医药服务的提供和使用。将符合条件的中医医疗机构纳入城镇职工、居民基本医疗保险、工伤保险、生育保险、新型农村合作医疗和社会救助定点医疗机构范围。积极推荐将符合条件的中医诊疗项目、中药品种和医疗机构中药制剂纳入医保费用支付报销范围，并适当提高报销比例。按照中西并重的原则，基本药物的供应保障、价格制订、临床使用、报销比例要充分考虑中医药特点，鼓励使用中医药。纳入新农合定点医疗机构的县级中医医院可以执行下一级定点医疗机构费用起付线和报销比例。

(四)明确部门职责。卫生部门要履行好中医药事业发展的统筹规划、综合协调和行业管理职能。食品药品监督管理部门要加强药品质量管理,建立对创新中药审批的优先服务机制,支持医疗机构中药特色制剂的研制,促进中医特色发挥。发展改革部门要将中医药事业发展纳入国民经济与社会发展的总体规划,优化中医药资源的配置,促进中医药事业的发展。财政部门要加大对中医药事业投入,激励中医药适宜技术的应用,为现代中药事业发展创造良好的条件。国土资源部门对列入国家和地方国民经济和社会发展规划的中医医院基本建设项目,优先列入年度土地供应计划,符合国土资源部《划拨用地目录》的,所需用地可采取划拨方式提供。科技部门要抓好中医药科技创新,根据中医药学科特点评定科研课题和成果,为中医药事业发展提供技术支撑。知识产权部门要制定有利于中医药知识产权保护以及鼓励中医药科研成果和技术专利转化为现实生产力的政策措施。物价部门要制定体现中医药技术价值的服务项目与收费标准。人力资源和社会保障部门要制定合理的中医药基本医疗保险费用结算办法。教育部门要加大对中医药的人才培养和科普宣传教育。编制部门要结合中医药事业发展的实际,科学、合理核定中医药管理部门和医疗机构编制。公务员局要积极支持中医药人才队伍建设,要根据学科特点研究制定适宜中医药人才成长的优惠政策。文物部门要重视中医药文物保护与利用工作,充分发挥其继承、宣传中华优秀传统文化的载体作用。台办和外事部门要支持中医药对台、对外交流与合作。

福州市人民政府关于印发福州市鼓励加快总部经济发展实施办法的通知

榕政综〔2011〕191 号

(2011 年 12 月 25 日)

各县(市)区人民政府,市直各委、办、局(公司):

《福州市鼓励加快总部经济发展的实施办法》已经市政府 2011 年第 37 次常务会议研究同意,现印发给你们,请结合实际,认真贯彻执行。

福州市鼓励加快总部经济发展的实施办法

为进一步加快福州市总部经济发展,引导全市各县(市)区产业转型升级,提高企业资源配置能力,提升城市服务能级,发挥中心城市的辐射带动功能,根据《福建省人民政府关于促进总部经济发展的意见》(闽政〔2011〕75 号)精神,结合福州市发展实际,特制定鼓励加快总部经济发展的实施办法如下:

一、总部企业认定条件和扶持政策

(一)新设立总部企业认定和扶持政策

1. 认定条件

凡在我市新注册设立的且同时具备以下条件的企业,可认定为新引进的总部企业。

(1)在我市境内工商登记注册和税务登记,具有独立法人资格,实行统一核算,并在福州市境内汇总缴纳企业所得税。

(2)总部企业投资或授权管理和服务的企业不少于 3 个。

(3)营业收入中来自下属企业和分支机构的比例不低于 20%。

(4)实际到位注册资本金不低于 5000 万元人民币;中介服务、研发机构、软件、动漫创意、文化产业等总部企业实际到位注册资金不低于 1000 万元。

(5)年度入库税收(不含海关税收)在全省纳税不低于 1000 万元;中介服务、研发机构、软件、动漫创意、文化产业等总部年度入库税收(不含海关税收)在全省纳税不低于 500 万元。

(6)经特别批准的总部企业,企业未能达到以上认定条件,但企业具有行业领军优势地位或新兴产业、对市财政或经济增长贡献大,经市总部经济发展工作领导小组会议讨论通过,可适当放宽认定条件。

2. 扶持政策

(1)开办补助

注册资本 5000 万元至 1 亿元以下的,给予 2% 的开办补助;注册资本 1 亿元以上的,给予 3% 的开办补助。

对于中介服务、研发机构、软件、动漫创意、文化产业等总部,注册资本 1000 万元至 5000 万元以下的,给予 2% 的开办补助;注册资本 5000 万元以上的,给予 3% 的开办补助。

开办补助金额最高不超过 1000 万元,从企业入驻后地方级收入中的增值税、营业税和企业所得税(以下涉及的地方税收贡献额均按照本口径执行)中分年安排。企业注册资金分期到位的,每年按实际到位数进行计算和补差。

(2)用地优惠

①为充分发挥企业总部的产业集聚效应,境内外企业在我市设立的企业总部,原则上应相对集中规划布局。

②按同地段同用途基准地价的楼面地价确定的宗地价格为底价挂牌出让;以基准地价的楼面地价确定的宗地价格低于土地取得费、前期开发费及出让规费之和的,按成本价为底价挂牌出让。

③经认定符合条件的总部企业,可联合申请建设总部大楼。

④实施灵活用地年限和出让金收取方式。对国内外大型总部企业的供地,经市国土资源局审核并报市政府同意后,根据国内外大型总部企业发展需要,准予在法律规划的年限内合理确定用地年限,经批准可分期付款缴纳土地出让金。

⑤总部企业应按出让合同约定的期限和条件开发、利用土地,不得擅自改变土地用途,项目建成后应以自用为主,未经批准不得转让。

(3)办公用房补助

①新引进的总部企业,在本市新购建总部办公用房或租赁自用办公用房的,给予一次性补助。总部企业投资购建办公用房(不包括附属和配套用房),自新建成或购置之月起 3 年内,可按房产实际入库的房产税的 40% 给予补助;租用写字楼的

总部企业,按自用办公用房建筑面积计算,按照租金市场指导价的40%给予一次性18个月的租金补助。每个总部企业享受的办公用房补助原则上最高累计不超过500万元,从企业入驻后对地方税收贡献额中分年安排。

②总部企业在享受补贴和奖励期间不得转租、转让,不得改变办公用房的用途。如因特殊原因必须改变房屋用途、转让或转租,其已领取的补助应予退还。

(4)经营贡献奖励

经认定符合条件的总部企业,前2年,按企业对地方税收贡献额的80%给予奖励,后3年按企业对地方税收贡献额的40%给予奖励。

(5)规费减免

新引进的总部企业,自认定当年起,其应缴纳的行政事业性收费属于地方政府审批权限范围内的部分,前2年全部免收,后3年减半征收。

(6)人才支持

①总部企业引进的人才符合《福州市引进高层次优秀人才暂行办法》规定,经市政府认定后发放住房补贴、给予科研经费支持等。市引进人才服务中心和市人事人才公共服务中心将为总部经济企业引进人才提供优质服务。

②对总部企业个人所得税年纳税额在3万元以上的高管人员,可享受以下优惠政策:

Ⅰ市财政按其上一年度所缴工薪个人所得税地方留成部分的50%返还,返还期不超过三年。

Ⅱ其子女入园、入义务教育阶段中小学,由市教育行政主管部门就近安排优质学校入学入园。

Ⅲ招聘专业技术职务,不受评聘时限和岗位数的限制。优秀人员申报专业技术职务任职资格时,经市公务员局组织专家委员认定可破格评审。

Ⅳ高管人员携配偶及未成年子女落户本市不受户口指标限制,凭相关证明到公安部门办理户口迁入手续。

③总部企业设立博士后科研工作站和院士工作站给予30万元的一次性建站资助;对进站开展科研工作的博士后,每年每人资助5万元。

④优先办理总部企业人员的因公出境申请。对总部企业负责人、中层管理人员、专业技术人员等根据企业的需要,按公安部规定进行备案后,公安出入境管理部门为其办理往来港澳商务1年多次或3个月多次有效签注;台湾居民可优先办理5年期《台湾居民来往大陆通行证》和1至5年居留签注或一年多次往返签注;因紧急商务活动急需办理出国、出境手续的,公安出入境管理部门及其他相关部门开辟“绿色通道”,优先予以审批办理。

(二)现有总部企业认定条件和扶持政策

1. 认定条件

(1)在福州市境内工商登记注册和税务登记,具有独立法人资格,实行统一核算,并在福州市境内汇总缴纳企业所得税。

(2)总部企业投资或授权管理和服务的企业不少于3个。

(3)营业收入中来自下属企业和分支机构的比例不低于20%。

(4)实际到位注册资金不低于5000万元人民币;对于中介服务、研发机构、软件、动漫创意、文化产业等总部,实际到位注册资金不低于1000万元。

(5)上年度在全省纳税不低于1000万元,在本市纳税额不低于500万元;对于中介服务、研发机构、软件、动漫创意、文化产业等总部上年度在本市纳税额不低于300万元。

(6)企业所有具有独立法人资格的子公司应全部改制为分支机构。

(7)经特别批准的总部企业,未能达到以上认定条件,但企业具有行业领军优势地位或新兴产业、对市财政或经济增长贡献大,经市总部经济发展工作领导小组会议讨论通过,可适当放宽认定条件。

2. 扶持政策

(1)用地优惠

①经认定符合条件的总部企业,可申请总部办公大楼建设用地,总部办公大楼用地按同地段同用途基准地价的楼面地价确定的宗地价格为底价挂牌出让;以基准地价的楼面地价确定的宗地价格低于土地取得费、前期开发费及出让规费之和的,按成本价为底价挂牌出让。

②企业利用自有工业用地建设企业总部的,以现批准用途与原工业用途基准地价的楼面地价的差价补缴土地出让金,原工业用地使用权类型为划拨的,还应按规定缴交划拨工业用地转出让有关土地费税。

③经认定符合条件的总部企业,可联合申请建设总部大楼。

④实施灵活用地年限和出让金收取方式。对国内外大型总部企业的供地,经市国土局审核并报市政府同意后,根据国内外大型总部企业发展需要,准予在法律规划的年限内合理确定用地年限,经批准可分期付款缴纳土地出让金。

⑤总部企业应按出让合同约定的期限和条件开发、利用土地,不得擅自改变土地用途,项目建成后应以自用为主,未经批准不得转让。

(2)办公用房补助

①现有总部企业因业务发展需要新购建或新租赁自用办公用房的,按照新引进总部企业办公用房补贴标准的50%给予补助。

②总部企业在享受补贴和奖励期间不得转租,不得改变办公用房的用途。如因特殊原因必须改变房屋用途、转让或转租,其已领取的补助应予退还。

(3)经营贡献奖励

本年度比上年度对地方纳税额新增20%以内,按增量的60%给予奖励;新增20%至50%部分,按增量的70%给予奖励;新增50%以上部分,按增量的80%给予奖励。

(4)人才支持

比照新设立总部企业相关政策。

(三)省外企业新设立子公司或分支机构改为子公司的认定条件和扶持政策

1. 认定条件

(1)省外企业在我市新设立独立法人资格的子公司或将

我市分支机构改为子公司。

(2)在福州市境内工商登记注册和税务登记,具有独立法人资格,实行统一核算,并在福州市境内缴纳企业所得税。

2. 扶持政策

(1)自新设子公司或将分支机构改为子公司当年起,对地方税收贡献额100万元以上且年度环比新增贡献额30万元以上的,前2年按新增量的80%给予奖励;后3年按新增量的40%给予奖励。奖励期限暂定为5年。

(2)自新设子公司或将分支机构改为子公司当年起,前2年全部免收市级行政性收费,后3年市级行政性收费减半。

二、认定审核程序和申报材料

(一)认定审核程序

1. 企业申报

总部企业申报工作实行属地化管理,各县(市)区政府负责对辖区内总部企业的申报材料进行核实,经县(市)区政府核实后,报市总部经济发展工作领导小组办公室核准。(申请表格详见附件1,统一由市发改委网站提供。)

总部企业申报时间一年两次,上半年3月1日至20日,下半年9月1日至20日。

2. 初步审核

市总部经济发展工作领导小组办公室对县(市)区政府核实上报的企业申报材料进行初审,并将企业申报材料转报相关部门审核。相关部门应对企业申报的材料在5个工作日内提出审核意见。市总部经济发展工作领导小组办公室根据相关部门提交的审核意见,综合提出审核意见。

3. 审定发证

经市总部经济发展工作领导小组办公室审核后,上报市政府审定通过后发放认定证书。

(二)申报材料

1. 现有总部企业申报材料

(1)企业法人代表签署的《福州市总部企业认定申请表》;

(2)企业营业执照、组织机构代码证、税务登记证复印件(原件查验);

(3)符合本办法"总部企业认定条件和标准"的证明文件;

(4)经审计的企业上年度的财务会计报表复印件(原件查验);

(5)税务部门出具的企业上年度纳税证明文件原件;

(6)下属控股公司或分支机构的证明文件复印件(包括工商营业执照、税务登记证明、批准证书等);

(7)其他相关证明文件。

2. 新设立或迁入本市总部企业申报材料

(1)企业法人代表签署的《福州市总部企业认定申请表》;

(2)企业营业执照、组织机构代码证、税务登记证复印件(原件查验);

(3)符合本办法"总部企业认定条件和标准"的证明文件;

(4)母公司法人代表签署的设立总部或分支机构、履行基本职能的授权文件和对拟任总部企业法定代表人的授权文件,以及管理的下属控股企业或分支机构名单和基本情况(包括工商营业执照、税务登记证明、批准证书等);

(5)申请用地扶持的,提供企业与土地交易中心签订的《成交确认书》复印件,企业与国土资源局签订的《土地使用权出让合同》复印件,国土资源局颁发的《建设用地批准书》复印件、缴费凭证,土地使用证复印件等;

(6)申请购置办公用房补助的,提供按市国土、房产交易登记有关规定办理的购房合同复印件、购房发票复印件、房屋所有权证复印件;

(7)申请租赁办公用房补助的,提供经房地产交易登记部门备案的房屋租赁合同复印件、支付租金的发票复印件;

(8)其他相关证明文件。

三、保障机制

(一)组织机构

1. 成立市总部经济发展工作领导小组。该领导小组由市政府主要领导任组长,主管副市长任副组长,市发改委、经委、商贸服务业局、国土资源局、财政局、国税局、地税局、统计局、工商管理局、外经贸局、城乡规划局、人力资源和社会保障局、公务员局、文化新闻出版局、科技局等部门主要负责人以及各县(市)区政府主要领导为成员。该领导小组负责协调全市总部经济的发展规划、政策制定、资格认定的审定、奖励政策确定等工作。领导小组下设办公室,挂设在市发改委,负责总部企业资格综合审核及重大问题协调工作,协同有关部门进行总部企业的认定,建立总部经济工作联席会议制度。各县(市)区政府要成立相应的领导机构,负责落实本辖区的发展总部经济的工作。

2. 建立总部企业信息库。市工商管理局、国税局、地税局、统计局要增加总部企业的识别标志,建立总部企业信息库,定期反馈总部企业的数量和主要经济指标,为动态掌握总部企业的变动情况提供基础性资料。

3. 领导小组办公室会同有关职能部门对经认定的总部企业进行动态跟踪,每年牵头组织有关部门对总部企业的运作情况进行评价。

(二)优化发展环境

为营造适合总部经济发展的环境,优化总部经济发展空间布局,加快制定《福州市总部经济发展规划》,明确各县(市)区总部经济规划区和集聚区,使全市总部经济形成清晰的功能区分,实现错位、互补发展。加强总部企业办公用地的保障,在每年新供用地中,提供一定比例的用地,以满足总部企业用地需求。在中心城区集中建设或改造一批高档商务楼宇作为总部经济发展的载体,加快推动总部经济发展。

(三)总部企业履约保障

1. 经认定的总部企业注册地在5年内迁离我市的,由该领导小组办公室责令其按一定比例退回所得奖励和补助。以虚假资料获得财政奖励和补助的,由该领导小组办公室责令其全额退回所得奖励和补助,情节严重的,将依法追究相关负责人的责任。

2. 经认定的总部企业不再具备总部职能或违反国家法律法规且情节严重的,市总部经济发展工作领导小组会议审定确认后,报请市政府取消其总部企业资格,其享受的有关优惠政策同时终止。

(四)政策实施

1. 企业总部税收按属地原则在总部经济区属地各县(市)区缴纳入库。本实施意见涉及的各项奖励、补贴资金,由市级财政和县(市)区财政根据现行财政体制按分成比例承担。

2. 市级财政每年通过预算适度安排总部经济发展专项资金,各县(市)区可根据地方总部经济发展及奖励情况每年相应安排专项资金。

3. 市级总部经济发展专项资金主要用于支持市属各区发展总部经济,对经认定的总部企业缴纳的增值税、营业税和企业所得税,涉及市、区的分享部分,按奖励金额根据市对区财政体制分担。

4. 扶持金融服务业总部发展的相关政策按《福州市人民政府关于印发福州市促进金融业发展若干意见的通知》(榕政综〔2010〕128号)和《福州市人民政府办公厅关于转发福州市促进金融业发展若干意见实施细则的通知》(榕政办〔2010〕225号)等政策实施。

5. 总部经济发展专项资金管理办法和资金结算办法,以及用于开展总部企业的认定、统计等后续管理费用,对各县(市)区发展总部经济考核奖励等,由市总部经济发展工作领导小组办公室和财政部门另行制定,并报市政府批准后实施。

6. 总部企业申请财税支持的申报、审批、拨款等程序,另行制定办法。

四、其他

1. 本办法自发布之日起试行,试行期5年。《福州市人民政府关于《福州市鼓励境内外企业在福州设立地区总部的若干规定(试行)》(榕政综〔2008〕198号)同时废止。

2. 新设立的总部企业从认定次年起,享受本办法。同一企业不重复享受相同类型的奖励扶持政策。

3. 本实施办法由市发改委负责解释。

(编辑　苏　颖)

表 54　**2011 年福州市经济社会主要指标完成情况**

项目	单位	2011 年	2010 年	2011 年比 2010 年增长(%)
一、人口与就业				
年末常住总人口	万人	720.00	711.54	1.2
年末户籍总人口	万人	649.41	645.90	0.5
#市区人口	万人	190.02	188.59	0.8
全社会从业人员	万人	425.59	389.24	9.3
#城镇单位年末从业人员数	万人	128.07	105.48	21.4
#城镇单位年末在岗职工人数	万人	121.01	100.11	20.9
城镇私营个体从业人员	万人	73.79	65.35	12.9
二、经济总量				
地区生产总值	亿元	3736.38	3123.41	13.0
第一产业	亿元	325.09	282.73	4.1
第二产业	亿元	1711.19	1401.92	15.9
#工业增加值	亿元	1355.19	1127.59	15.2
第三产业	亿元	1700.10	1438.76	11.9
人均地区生产总值	元	52152.00	44000.00	11.9
三、工业				
规模以上工业总产值	亿元	5321.18	4544.17	16.1
#轻工业	亿元	2190.57	1819.62	13.6
重工业	亿元	3130.61	2724.55	17.7
#国有企业	亿元	368.14	298.78	14.5
集体企业	亿元	84.84	54.46	57.0
外商及港澳台商投资企业	亿元	2643.61	2335.14	12.6
#大中型工业企业	亿元	3559.05	2780.69	12.7
规模以上工业销售产值	亿元	5169.28	4401.51	22.5

续表 54

项目	单位	2011 年	2010 年	2011 年比 2010 年增长(%)
#出口交货值	亿元	1292.54	1170.05	13.2
四、农林牧渔业				
农林牧渔业总产值	亿元	552.60	480.01	4.0
#农业产值	亿元	144.64	129.89	4.1
林业产值	亿元	15.81	13.31	5.7
牧业产值	亿元	74.24	61.10	1.2
渔业产值	亿元	299.20	258.19	4.7
农林牧渔业主要产品产量				
粮食总产量	万吨	59.98	60.69	-1.2
水果产量	万吨	38.02	34.90	9.0
蔬菜产量	万吨	299.50	288.68	3.7
茶叶产量	万吨	1.82	1.66	9.6
食用菌产量	万吨	11.69	10.67	9.5
肉类总产量	万吨	26.40	25.31	4.3
禽蛋总产量	万吨	12.30	12.05	2.0
水产品总产量	万吨	184.79	177.10	4.3
农业机械总动力	万千瓦	134.63	132.83	1.4
五、固定资产投资				
全社会固定资产投资	亿元	2720.28	2317.44	23.2
#城镇以上固定资产投资	亿元	2649.63	2231.69	23.2
#城镇项目投资	亿元	1693.19	1411.57	14.4
#房地产开发投资	亿元	956.45	670.69	42.6
施工房屋建筑面积	万平方米	4989.92	3599.46	38.6
#住宅	万平方米	3853.62	2908.55	32.5
竣工房屋建筑面积	万平方米	588.93	345.81	70.3
#住宅	万平方米	505.87	294.57	71.7
商品房销售额	亿元	627.81	502.99	24.8
六、交通运输、邮电				
客运总量(发送量)	万人次	19506.96	18600.16	4.9
铁路	万人次	1524.00	1314.00	16.0
公路	万人次	17542.54	16898.60	3.8
水路	万人次	71.74	55.65	28.9
航空	万人次	368.68	331.91	11.1
货运总量(发送量)	万吨	16028.72	14907.41	7.5
铁路	万吨	361.73	336.50	7.5
公路	万吨	9600.28	8394.19	14.4
水路	万吨	6061.57	6171.99	-1.8

续表 54

项目	单位	2011 年	2010 年	2011 年比 2010 年增长(%)
航空	万吨	5.14	4.73	8.7
沿海港口货物吞吐量	万吨	8218.28	7124.80	15.3
集装箱吞吐量	万标箱	166.02	147.05	12.9
年末邮电局(所)	处	227.00	239.00	-5.0
年末程控电话交换机总容量	万门	337.25	348.87	-3.3
年末固定电话用户	万户	193.51	200.16	-3.3
年末移动电话用户	万户	821.77	746.73	10.0
七、贸易旅游、物价				
社会消费品零售总额	亿元	1947.81	1624.28	19.9
接待境外旅游人数	万人次	76.17	67.02	13.7
居民消费价格指数(以上年为 100)	%	104.80	103.20	—
八、对外经贸				
进出口总额	亿美元	347.25	246.00	41.2
出口总额	亿美元	241.31	163.14	47.9
进口总额	亿美元	105.94	82.86	27.9
新批外资项目	项	170.00	186.00	-8.6
合同外资金额	亿美元	17.70	16.73	5.8
实际利用外资(验资口径)	亿美元	12.77	11.85	7.8
实际利用外资(历史可比口径)	亿美元	26.86	24.82	8.2
九、财政、金融				
财政总收入(不含基金收入)	亿元	506.01	402.51	25.7
财政一般预算收入	亿元	320.04	247.82	29.1
财政一般预算支出	亿元	363.30	262.42	38.4
金融机构年末存款余额(本外币)	亿元	6910.13	6100.92	13.2
金融机构年末存款余额(人民币)	亿元	6706.94	5909.42	13.5
#储蓄存款余额	亿元	2542.27	2326.96	9.8
金融机构年末贷款余额(本外币)	亿元	6190.73	5231.41	22.0
金融机构年末贷款余额(人民币)	亿元	5835.43	4953.91	21.6
十、教育				
学校数				
高等院校	所	31.00	31.00	0.0
中等职业技术学校	所	61.00	69.00	-11.6
高中	所	104.00	105.00	-1.0
初中	所	268.00	290.00	-7.6
小学	所	1013.00	1173.00	-13.6
在校学生数				
高等院校	人	292678.00	281680.00	3.9

续表 54

项目	单位	2011 年	2010 年	2011 年比 2010 年增长(%)
中等职业技术学校	人	170184.00	136177.00	25.0
高中	人	109504.00	111881.00	-2.1
初中	人	198696.00	215224.00	-7.7
小学	人	432486.00	417019.00	3.7
专任教师数				
高等院校	人	17910.00	17209.00	4.1
中等职业技术学校	人	4817.00	4603.00	4.6
高中	人	8384.00	8431.00	-0.6
初中	人	15513.00	15959.00	-2.8
小学	人	24474.00	24541.00	-0.3
招生数				
普通高校招生数	人	89735.00	87328.00	2.8
成人高校招生数	人	26054.00	23188.00	12.4
中等职业学校招生数	人	90810.00	46045.00	97.2
成人高校在校生数	人	67521.00	63218.00	6.8
十一、文化				
文化馆	个	12.00	12.00	0.0
博物馆、纪念馆	个	15.00	15.00	0.0
博物馆、纪念馆收藏文物	万件	2.33	2.09	11.5
艺术表演团体	个	12.00	12.00	0.0
艺术表演团体演出场次	场	3071.00	4079.00	-24.7
公共图书馆	个	13.00	13.00	0.0
公共图书馆图书藏量	万册	312.58	262.58	19.0
广播综合人口覆盖率	%	98.26	98.26	0.0
电视综合人口覆盖率	%	98.50	98.50	0.0
有线电视用户	万户	171.05	158.59	7.9
十二、卫生				
卫生机构数	个	1934.00	1837.00	5.3
#医院	个	85.00	82.00	3.7
卫生机构床位数	张	25886.00	24035.00	7.7
#医院	张	20689.00	19290.00	7.3
卫生技术人员数	人	38640.00	34366.00	12.4
#医生	人	15004.00	13813.00	8.6
每千人拥有卫生机构床位数	张	4.25	3.97	7.1
#医院	张	3.40	3.18	6.9
每千人拥有卫生技术人员数	人	6.35	5.67	12.0
#医生	人	2.46	2.28	7.9

续表 54

项目	单位	2011 年	2010 年	2011 年比 2010 年增长(%)
十三、人民生活				
在岗职工工资总额	亿元	496.17	342.93	44.7
在岗职工年平均工资	元	41725.00	34806.00	19.9
城镇居民人均可支配收入	元	26050.00	22723.00	14.6
城镇居民人均消费性支出	元	17847.00	15778.00	13.1
城镇恩格尔系数	%	37.70	38.90	—
城市居民人均可支配收入	元	26633.00	23246.00	14.6
城市居民人均消费性支出	元	18363.00	16323.00	12.5
农村居民人均纯收入	元	10107.00	8543.00	18.3
农村居民人均消费支出	元	7353.00	6071.00	21.1
农村恩格尔系数	%	44.80	45.48	—
十四、城市基本情况				
城市道路长度(8 米以上道路)	公里	870.20	836.73	4.0
城市道路面积(8 米以上道路)	万平方米	2169.00	2019.55	7.4
建成区绿化覆盖面积	公顷	9400.00	8869.00	6.0
建成区绿化覆盖率	%	40.50	40.30	—
建成区绿地面积	公顷	8604.00	8122.00	5.9
公共绿地面积	公顷	2452.00	2294.00	6.9
人均公共绿地面积	平方米	11.20	11.15	0.4
年末公园数	个	52.00	51.00	2.0
年末公园面积	公顷	2452.00	2288.00	7.2
年末公交营运车辆	标台	3968.00	3498.00	13.4
年末公交营运线路	条	186.00	161.00	15.5
公交日客运量	万人次	190.00	162.00	17.3
每万人拥有公交车辆	标辆	20.91	18.58	12.5
自来水厂	座	8.00	8.00	0.0
综合生产能力	万吨/日	154.50	148.50	4.0
供水总量	万吨	39305.00	38974.00	0.8
#生活用水量	万吨	21752.00	21717.00	0.2
液化气供气总量	吨	72970.00	75234.00	-3.0
#家庭用气	吨	35574.00	30674.00	16.0
天然气供气总量	万立方米	9794.00	7412.50	32.1
#家庭用气	万立方米	3117.00	3017.00	3.3
用气普及率	%	99.82	98.85	—

说明:1. 2011 年规模以上工业统计范围的起点标准从年主营业务收入“500 万元及以上”提高到“2000 万元及以上”。

2. 2011 年起在岗职工工资总额包含劳务派遣人员。

表 55

全国 26 个省会城市对比资料

城市	土地面积（平方公里）		户籍总人口（万人）	地区生产总值（亿元）		第一产业增加值（亿元）	
		市区面积		2011 年	比上年增长（%）	2011 年	比上年增长（%）
福州	11968	1786	649.41	3736.38	13.0	325.09	4.1
广州	7434	3843	814.58	12423.44	11.3	204.54	3.0
成都	12121	2172	1163.28	6854.58	15.2	327.34	3.7
南京	6587	4733	636.36	6145.52	12.0	163.61	4.1
哈尔滨	53068	4275	993.30	4243.40	12.3	447.20	7.0
沈阳	12860	3471	722.69	5914.86	12.3	279.06	6.5
长春	20571	4789	761.80	4003.00	13.3	290.10	4.7
济南	8177	3257	606.64	4406.29	10.6	237.86	4.4
武汉	8494	8494	827.24	6756.20	12.5	198.70	4.0
西安	10108	3582	791.83	3864.21	13.8	173.14	6.7
杭州	16596	3068	695.71	7011.80	10.1	236.07	2.5
石家庄	15848	456	997.29	4082.60	12.0	414.90	4.3
太原	6988	1460	365.02	2080.12	9.9	33.88	3.1
合肥	11430	925	706.13	3636.61	15.4	208.20	3.5
南昌	7402	617	504.95	2688.87	—	134.80	—
郑州	7446	1010	758.91	4912.66	13.2	131.66	3.7
长沙	11816	1910	656.62	5619.33	14.5	243.38	4.0
南宁	22112	6479	711.49	2211.51	13.5	306.31	5.7
贵阳	8043	2403	376.12	1383.07	17.1	62.55	2.8
昆明	21013	4105	544.04	2509.58	14.0	133.83	6.1
兰州	13086	1632	323.30	1360.03	15.0	40.00	5.2
西宁	7649	510	197.42	770.15	15.0	27.41	5.1
银川	9025	2311	162.22	974.79	12.0	46.66	4.9
海口	2305	2305	—	712.75	12.3	48.16	6.5
乌鲁木齐	13788	9576	249.35	1690.03	15.3	22.06	5.8
呼和浩特	17224	2054	232.26	2177.26	11.3	109.44	5.1

续表 55

城市	第二产业增加值（亿元）		#工业增加值（亿元）		第三产业增加值（亿元）	
	2011 年	比上年增长（%）	2011 年	比上年增长（%）	2011 年	比上年增长（%）
福州	1711. 19	15. 9	1355. 19	15. 2	1700. 10	11. 9
广州	4576. 98	11. 7	4140. 59	11. 5	7641. 92	11. 3
成都	3143. 82	19. 8	2610. 80	20. 5	3383. 42	12. 4
南京	2760. 99	12. 3	2390. 51	13. 0	3220. 91	12. 3
哈尔滨	1647. 20	14. 4	1197. 20	14. 0	2149. 00	12. 0
沈阳	3027. 63	14. 0	2726. 52	14. 0	2608. 17	11. 0
长春	2092. 70	14. 9	1784. 30	15. 0	1620. 20	13. 0
济南	1828. 97	11. 7	1507. 88	12. 2	2339. 46	10. 3
武汉	3254. 02	16. 4	2709. 02	17. 8	3303. 48	9. 6
西安	1697. 16	16. 4	1189. 61	16. 2	1993. 91	12. 1
杭州	3322. 15	9. 8	2939. 14	11. 1	3453. 58	11. 0
石家庄	2031. 90	13. 6	1808. 70	13. 5	1635. 80	12. 1
太原	949. 19	11. 6	708. 47	11. 9	1097. 05	8. 7
合肥	2002. 20	19. 8	1560. 40	22. 4	1426. 20	11. 4
南昌	1579. 29	—	1223. 72	—	974. 78	—
郑州	2898. 43	17. 1	2590. 29	19. 1	1882. 57	8. 5
长沙	3151. 68	18. 3	2662. 47	20. 4	2224. 27	10. 7
南宁	846. 34	19. 7	629. 33	20. 0	1058. 85	11. 1
贵阳	586. 84	21. 3	454. 90	22. 3	733. 68	15. 2
昆明	1161. 18	16. 7	848. 89	15. 5	1214. 57	12. 3
兰州	656. 55	16. 3	497. 25	15. 2	663. 48	14. 3
西宁	411. 28	18. 4	356. 28	20. 3	332. 01	12. 0
银川	528. 85	16. 9	402. 53	17. 9	399. 28	7. 2
海口	177. 91	13. 5	123. 56	13. 0	496. 68	12. 4
乌鲁木齐	759. 06	10. 0	659. 06	10. 7	908. 91	20. 0
呼和浩特	789. 99	10. 7	651. 43	11. 9	1277. 83	12. 2

续表 55

城市	农业总产值（亿元）		规模以上工业总产值（亿元）		社会消费品零售总额（亿元）	
	2011 年	比上年增长（%）	2011 年	比上年增长（%）	2011 年	比上年增长（%）
福州	552.60	4.0	5321.18	16.1	1947.81	19.9
广州	350.61	2.6	15712.72	12.7	5243.02	17.1
成都	547.00	3.8	7568.26	—	2861.28	18.4
南京	282.18	15.3	10352.03	24.3	2670.30	17.8
哈尔滨	880.90	7.5	2591.20	14.7	2070.40	17.4
沈阳	534.77	6.5	10880.60	13.2	2426.87	17.5
长春	523.79	5.0	7051.60	—	1512.20	17.5
济南	422.99	4.4	5130.12	13.6	2023.10	17.2
武汉	329.49	4.0	7390.66	21.8	2959.04	18.0
西安	272.67	6.6	3534.22	21.0	1935.18	20.1
杭州	357.63	13.1	12230.29	20.5	2548.36	18.7
石家庄	727.30	3.1	7260.60	—	1663.00	18.0
太原	63.16	3.5	2408.30	22.5	973.29	17.9
合肥	364.87	3.5	5617.41	—	1111.12	19.0
南昌	229.70	4.6	—	27.0	928.34	18.5
郑州	235.47	6.3	8459.70	20.3	1987.10	18.4
长沙	387.72	4.0	5976.08	30.7	2125.91	18.0
南宁	506.27	6.0	1744.20	42.8	1073.15	18.5
贵阳	96.55	2.9	1466.29	28.9	584.33	20.5
昆明	225.07	6.8	2589.10	19.7	1271.73	20.0
兰州	63.99	20.6	—	—	639.70	17.4
西宁	50.49	5.6	942.38	27.5	271.29	17.1
银川	87.64	5.3	1220.81	33.1	274.47	19.2
海口	76.81	6.6	488.56	—	387.18	18.1
乌鲁木齐	41.88	11.7	2009.23	20.1	695.03	23.3
呼和浩特	195.08	20.1	—	—	890.05	17.6

续表55

城市	全社会固定资产投资(亿元)		#城镇固定资产投资(亿元)		#房地产开发投资(亿元)	
	2011年	比上年增长(%)	2011年	比上年增长(%)	2011年	比上年增长(%)
福州	2720.28	23.2	2649.63	23.2	956.45	42.6
广州	3412.20	10.0	—	—	1305.36	32.7
成都	5006.02	19.2	—	—	1595.64	24.8
南京	4010.03	21.3	3757.25	43.2	896.73	18.8
哈尔滨	3012.00	32.1	—	—	562.00	55.8
沈阳	4560.60	29.2	4412.17	29.3	1684.72	16.2
长春	2360.30	30.3	—	—	666.40	22.8
济南	1934.30	18.1	1305.90	7.5	527.16	8.8
武汉	4255.16	22.1	4232.38	22.5	1274.17	25.2
西安	3352.12	30.2	2211.16	39.4	1002.67	19.0
杭州	3105.16	17.1	—	—	1302.27	36.2
石家庄	3106.64	28.5	2877.36	6.7	789.14	46.7
太原	1024.14	25.1	—	—	312.08	29.4
合肥	3376.97	26.8	2479.97	33.8	880.29	10.4
南昌	2022.66	26.1	—	—	279.66	21.5
郑州	2900.00	25.1	—	—	923.60	19.2
长沙	3510.24	26.1	3197.37	20.2	886.92	29.6
南宁	2003.68	37.1	1892.90	36.3	377.16	18.8
贵阳	1600.59	—	1537.36	—	467.36	—
昆明	2701.11	25.0	2275.53	24.8	625.97	42.1
兰州	950.57	57.2	870.00	44.0	159.67	35.0
西宁	528.01	31.0	463.86	26.9	117.29	22.9
银川	733.85	28.8	702.67	29.9	207.67	29.1
海口	404.60	26.2	394.82	14.6	145.14	39.8
乌鲁木齐	635.36	27.0	427.62	22.4	195.57	34.3
呼和浩特	1031.68	17.1	1027.07	16.7	344.49	35.4

续表 55

城市	进出口总值（亿美元）		#出口总值（亿美元）		实际利用外资额（亿美元）	
	2011 年	比上年增长（%）	2011 年	比上年增长（%）	2011 年	比上年增长（%）
福州	347.25	41.2	241.31	47.9	12.77	7.8
广州	1161.72	12.0	564.73	16.7	43.76	4.6
成都	379.06	53.9	229.56	65.5	65.50	34.9
南京	573.44	25.8	308.65	24.0	35.66	26.6
哈尔滨	51.20	16.6	22.60	13.1	16.00	20.2
沈阳	106.20	35.2	48.25	18.4	55.02	8.9
长春	173.44	31.2	22.70	13.3	30.80	15.5
济南	104.02	40.4	60.48	49.1	11.00	5.8
武汉	227.90	25.9	117.33	34.0	37.60	14.2
西安	125.79	21.0	58.04	9.2	20.05	28.0
杭州	639.72	22.2	415.21	17.5	47.22	8.4
石家庄	141.70	27.7	70.80	22.3	8.10	27.1
太原	85.34	7.9	35.05	11.9	6.79	16.1
合肥	123.09	20.9	78.20	34.0	18.13	16.2
南昌	78.84	48.6	56.57	53.9	22.87	13.4
郑州	159.96	210.1	96.38	178.8	31.00	63.1
长沙	74.89	23.1	40.84	15.0	26.01	16.3
南宁	25.10	13.9	16.62	4.8	—	—
贵阳	37.69	65.7	27.80	92.9	—	106.9
昆明	120.22	18.3	66.03	24.0	12.74	26.3
兰州	18.80	62.1	12.30	34.7	1.06	—
西宁	8.16	22.3	5.94	49.8	—	—
银川	12.10	21.2	8.14	20.5	1.87	320.0
海口	39.36	-0.3	15.21	16.4	4.07	-43.1
乌鲁木齐	90.30	50.9	66.96	50.9	1.60	15.0
呼和浩特	20.25	34.4	10.24	34.9	8.86	5.8

续表 55

城市	财政一般预算收入(亿元)		年末金融机构本外币各项存款余额(亿元)	居民储蓄存款余额(亿元)	年末金融机构本外币各项贷款余额(亿元)
	2011 年	比上年增长(%)	2011 年	2011 年	2011 年
福州	320.04	29.1	6910.13	2625.06	6190.73
广州	979.48	—	—	—	—
成都	680.71	30.1	17287.00	5983.00	14163.00
南京	635.00	22.4	14241.99	3968.03	11723.52
哈尔滨	300.30	27.0	6612.50	—	5070.10
沈阳	620.12	33.3	9040.70	3778.30	7040.00
长春	288.60	59.6	5619.10	2319.30	5251.00
济南	325.40	22.3	8364.10	2446.70	8009.80
武汉	673.26	40.0	11519.58	4036.23	10157.53
西安	318.55	31.7	10526.32	4191.14	7700.19
杭州	—	—	18396.57	5547.48	16573.74
石家庄	221.23	35.2	6755.80	3257.80	3698.10
太原	174.72	26.2	7641.03	2667.11	5731.17
合肥	338.51	21.1	5822.06	1701.80	5512.63
南昌	187.03	27.7	5120.13	1617.82	4126.46
郑州	502.31	29.9	9026.80	3275.80	6157.10
长沙	425.78	35.5	7364.27	2526.93	7483.83
南宁	186.29	19.3	4728.14	1581.03	4845.07
贵阳	187.09	37.3	3625.10	1257.90	3030.07
昆明	317.69	25.2	7604.64	2636.61	7501.63
兰州	86.49	27.9	3833.55	1287.46	2917.88
西宁	45.25	31.1	1873.41	680.06	1853.30
银川	96.62	50.9	1820.25	729.33	1990.32
海口	60.93	21.0	2354.12	—	2461.19
乌鲁木齐	206.20	39.3	4098.81	1481.19	2579.40
呼和浩特	151.43	19.5	3224.03	1061.27	3269.63

续表 55

城市	城镇居民人均可支配收入（元）		城镇居民恩格尔系数(%)	居民消费价格指数（以上年为100）	农民人均纯收入（元）	
	2011 年	比上年增长（%）	2011 年	2011 年	2011 年	比上年增长（%）
福州	26050	14.6	37.7	104.8	10107	18.3
广州	34438	12.3	34.0	105.5	14818	16.9
成都	23932	14.9	37.0	105.4	9895	20.6
南京	32200	13.7	35.8	105.4	13108	17.8
哈尔滨	20031	14.1	32.7	105.6	9608	19.8
沈阳	23326	13.6	32.3	105.4	11575	15.5
长春	20487	14.3	30.9	105.5	—	—
济南	28892	14.1	31.7	105.4	10412	16.9
武汉	23738	14.1	39.6	105.2	9814	18.3
西安	25981	16.8	31.3	105.6	9788	26.3
杭州	34065	13.4	36.9	104.8	15245	15.6
石家庄	20534	12.3	34.7	105.7	7822	18.9
太原	20149	16.8	32.7	105.4	8888	16.8
合肥	22459	17.9	38.0	105.7	7862	18.7
南昌	20741	13.5	35.1	105.0	8484	17.9
郑州	22477	16.0	37.4	104.9	11050	19.8
长沙	26451	15.9	35.9	105.5	13400	19.6
南宁	20005	10.9	40.2	105.7	5848	16.8
贵阳	19420	17.0	38.7	102.9	7381	23.5
昆明	21966	16.4	37.5	104.9	6985	13.3
兰州	15953	13.5	38.2	105.4	5252	14.5
西宁	15842	12.5	41.0	105.7	6634	21.4
银川	19481	14.1	35.3	105.5	7070	14.8
海口	19730	18.0	43.5	105.4	7191	6.5
乌鲁木齐	16141	12.1	39.8	104.5	8436	12.9
呼和浩特	28877	14.7	30.6	105.5	10038	14.8

（市统计局综合处）

（编辑　苏　颖）

说　明

一、本索引采用主题词分析法，按主题词首字汉语拼音字母(同音字按声调)顺序排列。

二、栏目、分目标题用黑体字。“特载”“专文”“大事记”“市委市政府重点调研课题(选编)”“人物”“市政府2011年地方法规、规章、文件(选录)”“统计资料”内容不作索引。

三、索引主题词后的数字表示页码，数字后的a、b、c表示栏别左中右。

四、空一字起排的款目为上一主题的“附见”。

E

F

G

H

M

N

P

X

Y